Anforderungsbereich III (Reflexion und Problemlösung)

Er umfasst den selbstständigen und kritischen Umgang mit neuen und umfasse[nden] Sachverhalten – Ziele sind eigenständige Wertungen, Deutungen und Begründu[ngen]

beurteilen urteilen	Hypothesen oder Behauptungen im Zusammenhang → p[rüfen;] eine Aussage über deren Richtigkeit, Angemessenheit us[w.,] wobei die Kriterien selber gefunden werden müssen
bewerten Stellung nehmen	wie → *beurteilen*, aber zusätzlich mit Offenlegen und → *Begründen* eigener Wertmaßstäbe, die Pluralität einschließen und zu einem Werturteil führen, das auf den Wertvorstellungen unserer freiheitlich-demokratischen Grundordnung basiert
entwickeln	Analyseergebnisse und eigenes Fachwissen heranziehen, um zu einer eigenen Deutung zu gelangen
sich auseinandersetzen diskutieren	zu einer historischen Problemstellung oder These eine Argumentation → *entwickeln*, die zu einer → *begründeten* Bewertung (→ *bewerten*) führt
prüfen überprüfen	Aussagen (Hypothesen, Behauptungen, Urteile) auf ihre Angemessenheit hin → *untersuchen*
vergleichen	auf der Grundlage von Kriterien historische Sachverhalte problembezogen → *gegenüberstellen*, um Gemeinsamkeiten, Unterschiede, Ähnlichkeiten, Abweichungen oder Gegensätze zu → *beurteilen*

Übergeordnete „Operatoren", die Leistungen in allen drei Anforderungsbereichen verlangen

interpretieren	Sinnzusammenhänge aus Materialien erschließen und eine → *begründete* Stellungnahme abgeben, die auf einer Analyse (→ *analysieren*), Erläuterung (→ *erläutern*) und Bewertung (→ *bewerten*) beruht
erörtern	eine These oder Problemstellung durch eine Kette von Für-und-Wider- bzw. Sowohl-als-auch-Argumenten auf ihren Wert und ihre Stichhaltigkeit hin abwägend → *prüfen* und auf dieser Grundlage eine eigene Stellungnahme dazu → *entwickeln*; die Erörterung einer historischen Darstellung setzt deren Analyse (→ *analysieren*) voraus
darstellen	historische Entwicklungszusammenhänge und Zustände mithilfe von Quellenkenntnissen und Deutungen → *beschreiben*, → *erklären* und *beurteilen*

Zusammengestellt nach www.kmk.org/doc/beschl/196-13_EPA-Geschichte-Endversion-formatiert.pdf und Renate El Darwich/Hans-Jürgen Pandel, Wer, was, wo, warum? Oder nenne, beschreibe, zähle, begründe. Arbeitsfragen für die Quellenerschließung, in: Geschichte lernen H. 46 (1995), S. 33-37

BUCHNERS KOLLEG
GESCHICHTE

11
12

Ausgabe Brandenburg

Herausgegeben von
Maximilian Lanzinner

C.C.Buchner

Buchners Kolleg Geschichte 11/12
Ausgabe Brandenburg

Unterrichtswerk für die gymnasiale Oberstufe

Herausgegeben von
Maximilian Lanzinner

Bearbeitet von
Thomas Ahbe, Boris Barth, Dieter Brückner, Judith Bruniecki, Bernhard Brunner, Christoph Hamann, Klaus Dieter Hein-Mooren, Alexandra Hoffmann-Kuhnt, Ingo Kitzel, Bernd Kleinhans, Gerlind Kramer, Thomas Ott, Bernhard Pfändtner, Reiner Schell, Wolfgang Wagner, Jürgen Weber und Hartmann Wunderer
unter Mitarbeit der Verlagsredaktion

Dieses Werk folgt der reformierten Rechtschreibung und Zeichensetzung.
Ausnahmen bilden Texte, bei denen künstlerische, philologische oder lizenzrechtliche Gründe einer Änderung entgegenstehen.

2. Auflage, 2. Druck 2015
Alle Drucke dieser Auflage sind, weil untereinander unverändert, nebeneinander benutzbar.

© 2012 C.C.Buchner Verlag, Bamberg
Das Werk und seine Teile sind urheberrechtlich geschützt. Jede Nutzung in anderen als den gesetzlich zugelassenen Fällen bedarf der vorherigen schriftlichen Einwilligung des Verlages. Dies gilt insbesondere für Vervielfältigungen, Übersetzungen und Mikroverfilmungen. Hinweis zu § 52 a UrhG: Weder das Werk noch seine Teile dürfen ohne eine solche Einwilligung eingescannt und in ein Netzwerk eingestellt werden. Dies gilt auch für Intranets von Schulen und sonstigen Bildungseinrichtungen.

Lektorat: Doreen Eschinger
Assistenz: Kerstin Schulbert
Einband: ARTBOX Grafik und Satz GmbH, Bremen
(unter Verwendung folgender Abbildungen: Kapitol in Washington D.C., US-Flaggen und das Felsenporträt des ersten amerikanischen Präsidenten, George Washington, am Mount Rushmore in South Dakota, Fotomontage, nach 1980/Graffiti an der Berliner East Side Gallery, Fotografie von 2011)
Herstellung: ARTBOX Grafik und Satz GmbH, Bremen
Druck- und Bindearbeiten: Stürtz GmbH, Würzburg

www.ccbuchner.de

ISBN 978-3-7661-**4665**-6

Mit Buchners Kolleg Geschichte lernen und arbeiten

Buchners Kolleg Geschichte ist **Lern- und Arbeitsbuch** zugleich. Es enthält einerseits Material für den Unterricht und ist andererseits für die selbstständige Wiederholung des Unterrichtsstoffs und für eine systematische Vorbereitung auf das Abitur geeignet.

Die **Orientierungsdoppelseiten** leiten in Text und Bild in die vier Großkapitel ein.

Einführungsseiten stehen am Beginn der acht Themenkapitel. Die Chronologie stellt zentrale Daten mit prägnanten Erläuterungen zusammen. Der problemorientierte Überblickstext skizziert die Stoffauswahl und vermittelt die Relevanz des Themas. Durch übergreifende Arbeitsaufträge werden Anregungen für die Wiederholung und Vertiefung des Stoffes gegeben.

Jedes Kapitel ist geteilt in einen **Darstellungs- und Materialienteil**. Die Darstellung ist in überschaubare Einheiten gegliedert und vermittelt ein Verständnis für die historischen Zusammenhänge und Strukturen. Wichtige Begriffe und Personen werden bei der Erstnennung kursiv hervorgehoben. Werden sie in der Randspalte erläutert, erscheinen sie farbig.

Die Materialien decken alle wichtigen Quellengattungen ab. Sie veranschaulichen und vertiefen einzelne Aspekte, stellen kontroverse Sichtweisen dar und thematisieren weiterführende Fragen. Arbeitsaufträge helfen bei der Erschließung der Texte, Statistiken, Diagramme, Karten, Grafiken und Bilder. Darstellungen und Materialien sind durch Verweise miteinander vernetzt.

Die **Methodenkompetenz** wird auf zwei Ebenen gefördert:
- Arbeitsaufträge zu den Materialien trainieren den sicheren Umgang mit Methoden.
- Thematisch integrierte Methoden-Bausteine führen auf optisch hervorgehobenen Sonderseiten zentrale historische Arbeitstechniken für die eigenständige Erarbeitung und Wiederholung an einem konkreten Beispiel vor.

Ergänzt wird dies durch eine Übersicht der zentralen fachspezifischen **Methoden wissenschaftlichen Arbeitens**.

„Erinnern" zeigt anhand typischer Beispiele, wie sich der Umgang mit historischen Ereignissen im Laufe der Geschichte verändert. Es wird deutlich, dass Individuen und Staaten in ihrer Gedenkkultur einem zeitgemäßen Selbstverständnis Ausdruck verleihen.

Mithilfe der Doppelseiten zu den **Historischen Lernorten** kann der Besuch außerschulischer Lernorte vor- und nachbereitet werden.

Auf unserer Homepage (*www.ccbuchner.de*) bieten wir Filmausschnitte zu Ereignissen, die in diesem Buch behandelt werden („**Geschichte in Clips**"). Geben Sie dazu in das Suchfeld unserer Internetseite den im Buch genannten Code ein.

Auf den **Zusammenfassungs- und Vertiefungsseiten** der Rubrik **Perspektive Abitur** finden Sie zum Abschluss jedes Großkapitels themen- und fächerübergreifende Arbeitsaufträge, mit denen sich die erworbenen Kompetenzen überprüfen lassen. Literatur- und Internettipps regen zu eigenständigen Recherchen an und unterstützen bei der Prüfungsvorbereitung.

Abschließend werden unter der Rubrik **Klausurtraining** Hinweise für das systematische Vorgehen bei der Bearbeitung einer Klausur gegeben. Am Beispiel von Übungsaufgaben mit Lösungsvorschlägen kann das erworbene Wissen angewendet und überprüft werden.

Inhalt

Wandel und Revolutionen in Vormoderne und Moderne

■ Das Zeitalter der demokratischen Revolutionen

Einführung 10

Politische und gesellschaftliche Umbrüche in Nordamerika 12

„American Revolution" – Ein moderner Staat entsteht 18

Methoden-Baustein: Historiengemälde analysieren 35

Exkurs: Was heißt und wozu beschäftigen wir uns mit Geschichtskultur? 38

Erinnern: „The Fourth of July" – ein nationaler Gedenktag 42

Die Französische Revolution 45

Die Amerikanische und Französische Revolution im Vergleich –
Urteile und Bewertungen von Zeitzeugen und Historikern 64

Erinnern: Der 14. Juli – ein Mythos? 66

Methoden-Baustein: Umgang mit historischer Fachliteratur 73

■ Dampf, Eisen und Strom verändern die Welt: die Industrielle Revolution

Einführung 76

Die Industrialisierung in England 78

Die Entstehung der Industriegesellschaft in den deutschen Staaten 90

Methoden-Baustein: Statistiken und Diagramme auswerten 102

Ansätze zur Lösung der Sozialen Frage 105

■ Der Durchbruch der Moderne um 1900*

Einführung 116

Die zweite Welle der Industrialisierung 118

Moderne Massengesellschaft – neue Lebensqualität oder Ende der Kultur? 132

Expansion im Industriezeitalter: Motive und Grundzüge des
europäischen Imperialismus 150

Imperialistische Politik: nationale und internationale Auseinandersetzungen 166

Methoden-Baustein: Karikaturen analysieren 177

Perspektive Abitur: Zusammenfassen und vertiefen 180

Perspektive Abitur: Weiterlesen und recherchieren 181

Deutschland im Spannungsfeld zwischen Demokratie und Diktatur

■ Die Weimarer Republik: das Scheitern der ersten deutschen Demokratie*

Einführung 184

Vom Obrigkeitsstaat zur Republik 186

Die Weimarer Verfassung. 192

Belastungen und Herausforderungen für die Republik 198

Außenpolitik zwischen Revision und Annäherung. 206

Gesellschaft zwischen Revolution und Tradition. 211

Die Zerstörung der Demokratie 220

Methoden-Baustein: Politische Plakate analysieren 229

■ Nationalsozialistische Gewaltherrschaft

Einführung 232

Die NS-Ideologie. 234

Machtübernahme der Nationalsozialisten und „Gleichschaltung". 239

Propaganda in allen Bereichen. 245

Ausgrenzung und Verfolgung. 249

Arbeitswelt und Wirtschaftspolitik. 257

Der Weg in den Krieg 262

Der Zweite Weltkrieg 267

Terror und Holocaust 272

Widerstand. 279

Methoden-Baustein: Umgang mit historischen Spielfilmen. .286

Erinnern: Der Nationalsozialismus im Spiegel der Geschichtskultur 290

Geschichte vor Ort: Sachsenhausen als historischer Lernort 300

Perspektive Abitur: Zusammenfassen und vertiefen 302

Perspektive Abitur: Weiterlesen und recherchieren. 303

Konflikt und Konfliktlösung in der Welt seit 1917

■ Der Aufstieg der Großmächte UdSSR und USA*

Einführung 306

Russland vom Zarenreich bis zur Oktoberrevolution 308

Russland und die Sowjetunion unter Lenin und Stalin 318

Aufstieg der USA zur Weltmacht 332

US-Politik im Ersten und Zweiten Weltkrieg 344

Methoden-Baustein: Einen Essay verfassen 355

Essay-Thema: „Vorreiter der Moderne. Warum sind die Vereinigten Staaten
vielen Menschen so suspekt?" Ein Essay von Dan Diner 356

■ Der Kalte Krieg und das Ende der Bipolarität

Einführung 358

Der Ost-West-Konflikt seit dem Zweiten Weltkrieg 360

Krisen und Konflikte im Zeichen des Kalten Krieges 368

Methoden-Baustein: Politische Reden analysieren 380

Das Ende der Bipolarität 383

Erinnern: Der Kalte Krieg im Spiegel der Geschichtskultur 388

Geschichte vor Ort: History sells? Der Checkpoint Charlie als historischer Lernort 402

Perspektive Abitur: Zusammenfassen und vertiefen 404

Perspektive Abitur: Weiterlesen und recherchieren 405

Ereignis und Struktur am Beispiel der doppelten deutschen Geschichte

▪ Demokratie und Diktatur in Deutschland nach 1945

Einführung 408

Zwischen Zusammenbruch und Neubeginn 410

Die doppelte Staatsgründung 424

Bundesrepublik Deutschland: politische und wirtschaftliche
Entwicklung 1949-1989 436

Die DDR 1949-1989: Staat und Wirtschaft 465

Methoden-Baustein: Schlüsselbilder interpretieren 493

Von der friedlichen Revolution zur Wiedervereinigung 496

Erinnern: Die deutsche Nachkriegsgeschichte im Spiegel der Geschichtskultur 510

Geschichte vor Ort: Tatort Teilung: die Gedenkstätte Berliner Mauer
als historischer Lernort 522

Perspektive Abitur: Zusammenfassen und vertiefen 524

Perspektive Abitur: Weiterlesen und recherchieren 525

Perspektive Abitur: Klausurtraining 526

Perspektive Abitur: Übungsaufgaben mit Lösungsvorschlägen 527

Anhang

Personenregister 539

Sachregister 541

Bildnachweis

Methoden wissenschaftlichen Arbeitens

* Wahlpflichtthemen

Geschichte In Clips:
> Auf unserer Hompage (www.ccbuchner.de) befinden sich Filmausschnitte zu
> Ereignissen, die in diesem Buch behandelt werden. Geben Sie dazu in das Suchfeld
> unserer Internetseite den im Buch genannten Clip-Code ein.

Der Begriff „Modernisierung" erfreut sich als politisches Schlagwort großer Beliebtheit. Er wird gewöhnlich dann verwendet, wenn Veränderungen hin zu einem fortschrittlicheren Entwicklungsgrad bezeichnet werden; der vormalige Zustand wird dabei abgewertet. Für traditionsverbundene Menschen bedeutet Modernisierung jedoch oft nur einen Verlust von geschätzten Gewohnheiten, der ihre Lebenswelt belastet und ihre Wertvorstellungen befremdet.
Die klassische Modernisierungstheorie beschreibt die Entwicklung von einfachen Agrargesellschaften zu komplexen, demokratisch-pluralistischen Industriegesellschaften. In Mittel- und Westeuropa vollzog sich dieser Übergang vom 18. bis zum 20. Jahrhundert. Modernisierung wird grundsätzlich als Prozess verstanden, der bis heute fortdauert. Angestrebt werden Verbesserungen in Wirtschaft, Politik und Gesellschaft, immer noch in Mittel- und Westeuropa, aber ebenso in weniger entwickelten Regionen der Welt. Wie fragwürdig es allerdings sein kann, ein Land pauschal als modern einzuschätzen, verdeutlicht ein Blick auf ein Beispiel. Das Deutsche Kaiserreich erreichte einen hohen Grad an wirtschaftlichem und industriellem Fortschritt. Sein politisch-gesellschaftliches System jedoch galt gegen-

über Staaten wie den USA, Großbritannien oder Frankreich als rückständig. Die Nationalsozialisten förderten neue Technologien und Medien, aber nicht um die Lebensqualität zu verbessern, sondern um verbrecherische Ziele zu verwirklichen. Die Neuerungen endeten im Krieg und im Holocaust. Modernisierung ist also keinesfalls als ein linearer und zielorientierter Prozess zu verstehen, der zwangsläufig in fortschrittliche Staats- und Gesellschaftsformen mündet.
Deshalb ist es besser, nur Teilprozesse der Modernisierung zu betrachten, die zu Neuerungen führten. Solche Teilprozesse waren in Mittel- und Westeuropa: Nationalstaatsbildung, politische Partizipation und Bürgergesellschaft, Industrialisierung, Erhöhung des Lebensstandards, Verbesserung der Bildung, Ausbau der Infrastruktur, Massenkommunikation, Globalisierung. Die Entstehung der Industriegesellschaft wird daher genauso der Modernisierung zugerechnet wie die Amerikanische und die Französische Revolution, die grundlegende Freiheits- und Menschenrechte garantierten.
Gerade die Industrialisierung verdeutlicht, dass wir die Folgen von Modernisierung im Rückblick, aus zeitlicher Distanz, immer wieder anders einschätzen. Im 19. Jahrhundert galten rauchende Schornsteine noch als willkommenes Zeichen des Fortschritts. Seit den 1970er-Jahren werden ihre Folgen als existenzielle Bedrohung gesehen. Klimawandel und Umweltverschmutzung sind heute große Herausforderungen der Menschheit. Das Bewusstsein, dass Wachstum Grenzen hat und die natürlichen Lebensgrundlagen gefährdet, schärfte die kritische Betrachtung der Industrialisierung.

Wandel und Revolutionen in Vormoderne und Moderne

Das Zeitalter der demokratischen Revolutionen

◄ „The Bloody Massacre ..."
*Kolorierter Kupferstich von dem aus Boston stammenden Silberschmied Paul Revere.
Am 5. März 1770 kam es zu einer Auseinandersetzung zwischen Dockarbeitern und britischen Soldaten. Als diese fünf Menschen töteten, wurde das „Massaker" zum Symbol für koloniale Unterdrückung.*

Koloniegründung	1607	In Jamestown (Virginia) entsteht die erste dauerhafte britische Niederlassung in Nordamerika.
	1620	Die religiös verfolgten Pilgrim Fathers aus England landen in Nordamerika.
	1754–1763	Briten und Franzosen kämpfen im French and Indian War um die Vorherrschaft auf dem nordamerikanischen Kontinent; der Friedensvertrag von Paris (1763) beendet den Krieg. Großbritannien wird zur allein bestimmenden Kolonialmacht in Nordamerika.
Die Amerikanische Revolution	1776–1783	Dreizehn britische Kolonien in Nordamerika erkämpfen ihre Unabhängigkeit. Der „Frieden von Versailles" beendet den Unabhängigkeitskrieg im Jahr 1783.
	1776	Die „Virginia Bill of Rights" wird verkündet und zum Vorbild der inneramerikanischen und europäischen Verfassungsentwicklung.
	1789	Der Verfassungskonvent verabschiedet die Bundesverfassung der Vereinigten Staaten von Amerika. George Washington wird erster Präsident der USA.
Die Französische Revolution	17.6.1789	Die Deputierten des Dritten Standes wandeln die Generalstände in Frankreich in eine Nationalversammlung um.
	14.7.1789	Die städtische Volksbewegung zeigt ihre Macht; in Paris wird die Bastille erstürmt.
	Sommer 1789	Auf dem Lande erheben sich die Bauern; die „Große Furcht" greift um sich.
	4.8.1789	„Augustbeschlüsse" der Nationalversammlung; die feudalen Privilegien sollen abgeschafft werden.
	1791	Frankreich wird konstitutionelle Monarchie.
	1792	Die Monarchie wird abgeschafft und die Republik eingeführt.
	21.1.1793	Ludwig XVI. wird hingerichtet.
	17.9.1793	„Gesetz über die Verdächtigen": Höhepunkt der Schreckensherrschaft.
	27.7.1794	Robespierre und seine Anhänger werden gestürzt.
	1799	Nach einem Staatsstreich erklärt Napoleon Bonaparte die Revolution für beendet.

Freiheit, Recht und Nation ■ *„Aus einem kleinen Funken, der in Amerika angezündet wurde, ist eine Flamme emporgestiegen, die sich nicht mehr austilgen lässt. Ohne zu verzehren [...] windet sie ihren Fortschritt von Nation zu Nation und besiegt durch stille Wirkung. Der Mensch findet sich verändert und weiß kaum wie. Er erwirbt eine Kenntnis seiner Rechte, indem er richtig auf seinen Vorteil achtet, und entdeckt endlich, dass die Macht und Stärke des Despotismus bloß in der Furcht besteht, ihm zu widerstehen, und dass ‚um frei zu sein, es genug ist, dass er es sein will‘.“*

Diese Zeilen verfasste der 1737 in England geborene amerikanische Publizist Thomas Paine um 1790. Sie enthalten die drei Schlüsselbegriffe des Zeitalters der demokratischen Revolutionen: Freiheit, Recht und Nation. Paine leitete aus ihnen das Selbstbestimmungsrecht der Menschen und das Recht der Völker ab, nach eigenen Vorstellungen regiert zu werden. Die Monarchien waren für ihn dem Untergang geweiht. Die Zukunft sollte der demokratischen Republik gehören.

In Amerika erkämpften sich 13 amerikanische Kolonien in dem von 1776 bis 1783 dauernden Krieg die Unabhängigkeit von Großbritannien, nachdem sie lange Zeit ihre weitgehende Selbstbestimmung verteidigt und sich gegen hohe Steuern und andere britische Willkürmaßnahmen gewehrt hatten. Nachdem der Unabhängigkeitskrieg gewonnen und die USA entstanden waren, zog es Paine zurück nach Europa. Dabei musste er feststellen, wie viel schwerer es dort war, republikanische Vorstellungen zu verwirklichen. Während er in England deshalb verfolgt wurde, nahmen ihn die Revolutionäre in Frankreich mit offenen Armen auf. 1789 war dort die alte ständische Ordnung beseitigt und 1791 eine konstitutionelle Monarchie eingeführt worden. Wie wenig die Volksbewegung von den 1789 verkündeten Menschenrechten hielt, musste Paine 1793 selbst erfahren: Wie viele andere wurde er ins Gefängnis geworfen, weil er nicht radikal genug war.

Das Ringen um eine demokratische Grundordnung schuf in Frankreich eine neue politische Kultur, die vorwiegend in den Städten die Massen erreichte. Männer und Frauen aus allen Schichten organisierten sich in politischen Klubs und warben u.a. in Zeitungen, Flugblättern und Reden für ihre Überzeugungen. 1799 erklärte Napoleon Bonaparte, der sich durch einen Staatsstreich an die Spitze des Landes gesetzt hatte, die Französische Revolution für beendet. Bis dahin hatte letztlich nur das wohlhabende Bürgertum seine wirtschaftliche und politische Lage wesentlich verbessern können.

Als der 72-jährige Paine 1809 verarmt und vergessen starb, herrschte Napoleon I. schon fünf Jahre als Kaiser der Franzosen. Nach dem Ende der Revolution hatte er wirtschaftliche und rechtliche Reformen eingeleitet und mit militärischen und diplomatischen Mitteln die Vormachtstellung Frankreichs in Europa durchgesetzt. Dabei war 1806 auch das Heilige Römische Reich Deutscher Nation zerfallen. Die „Befreiungskriege“ leiteten das Ende Napoleons ein. Sie brachten zwar den Sieg über die französische Fremdherrschaft, doch die Angst vor Revolutionen blieb – bei den Fürsten und bei den meisten Bürgern.

▶ *Wo lagen die Ursachen für die demokratischen Revolutionen in Amerika und Frankreich?*
▶ *Wer waren die Träger dieser Revolutionen und welche wirtschaftlichen, rechtlichen, sozialen und ideologischen Gründe gab es für das Verhalten der Handelnden?*
▶ *Welche Gemeinsamkeiten und Unterschiede lassen sich beim Vergleich beider Revolutionen feststellen?*

Politische und gesellschaftliche Umbrüche in Nordamerika

Voraussetzungen ■ Der Gründung der Vereinigten Staaten von Amerika im Jahr 1776 ging ein rund 150 Jahre dauernder Prozess der Kolonisation voraus. Die Erfahrungen aus dieser Epoche beeinflussten die Entstehung und Geschichte der USA und wirken bis heute nach. Drei Faktoren im Besonderen erwiesen sich als bedeutsam:

1. das Aufeinandertreffen unterschiedlicher Kulturen,
2. die ethnische und religiöse Vielfalt der Siedler,
3. die Beziehungen der Kolonien zum britischen Königreich.

Europäer in Nordamerika ■ Während *Christoph Kolumbus* 1492 noch glaubte, auf der Westroute nach Indien auf einer Insel vor Asien gelandet zu sein, war der spätere Namensgeber *Amerigo Vespucci* 1504 nach mehreren Erkundungsfahrten davon überzeugt, eine „Neue Welt" entdeckt zu haben. Diese war jedoch nur vermeintlich unbekanntes Terrain. Vor 11 bis 15 000 Jahren hatten sich Völker aus Asien über die Beringstraße auf den Weg nach Osten gemacht und auf dem nordamerikanischen Kontinent angesiedelt. 500 Jahre vor Kolumbus waren bereits skandinavische Seefahrer, Kaufleute und Missionare bis zur nordostamerikanischen Küste Neufundlands gesegelt. Aber erst um 1500 gewann die westliche Hälfte der Erde für die Europäer an Bedeutung.

Auf der Suche nach Gold, Silber und anderen wertvollen Rohstoffen eroberten die Spanier fast ganz Süd- und Mittelamerika und drangen bald in den Südwesten des nordamerikanischen Kontinents vor. Hingegen besiedelten die Franzosen, Niederländer und vor allem die Engländer die Ostküste Nordamerikas. Nachdem bereits mehrere von England aus gestartete Versuche gescheitert waren, gelang es im Jahre 1607 einer privaten Handelsgesellschaft, der „*London Company of Virginia*", mit dem Stützpunkt **Jamestown** die erste dauerhafte angelsächsische Siedlung in der „Neuen Welt" zu errichten. Die Geschäftsleute hofften auf große Gewinne durch Gold- und Silberfunde sowie andere koloniale Waren. Missernten, Krankheiten und Konflikte mit den Ureinwohnern, den **„Indianern"**, drohten das Projekt jedoch scheitern zu lassen. Erst als 1612 mit dem Anbau von Tabak in *Plantagenwirtschaft* begonnen wurde, stabilisierte sich die Kolonie Virginia – benannt nach der englischen Königin Elisabeth I., der „Jungfräulichen" – und erwirtschaftete die erhofften Gewinne. Weitere englische Ansiedlungen an der Südostküste Nordamerikas folgten.

Im Gegensatz zu diesen Kolonien im Süden entstanden die sogenannten Neuengland-Kolonien an der Nordküste nicht aus wirtschaftlichen, sondern aus religiösen Motiven. Als erste erreichten 1620 die „Pilgerväter" (*Pilgrim Fathers*), eine Gruppe strenggläubiger **Puritaner**, die Küste bei Plymouth. Sie hatten sich von der anglikanischen Staatskirche abgewandt und wurden in England unterdrückt und verfolgt. In der „Neuen Welt" hofften sie, ihre religiösen und politischen Vorstellung verwirklichen zu können. Noch während der Überfahrt hatten sie an Bord ihres Schiffes „Mayflower" die Grundzüge ihrer zukünftigen Ordnung in einem Gesellschaftsvertrag niedergelegt, dem sogenannten *Mayflower-Compact* (▶ M1). Darin verpflichteten sie sich, streng nach christlichen Regeln zu leben. Diese Siedlung in Neuengland bildete den Auftakt für eine puritanische Einwanderungswelle. Andere religiöse Minderheiten folgten; englische Katholiken siedelten sich in Maryland,

▲ **Pfeife rauchender Indianer, wahrscheinlich der südlichen Cheyenne.**
Ausschnitt aus einer indianischen Malerei auf einem Leinentuch, undatiert.

Jamestown: benannt nach König James I., der von 1603 bis 1625 England regierte

„Indianer": Die Namensgebung geht auf den Irrtum von Kolumbus zurück, der glaubte, in Indien gelandet zu sein. Der Begriff gilt heute als diskriminierend und wird in den USA meist durch die Bezeichnung „Native Americans" oder indigene Bevölkerung ersetzt.

Puritaner: Selbstbezeichnung (lat. puritas: Reinheit) der Angehörigen einer strenggläubigen protestantischen Glaubensrichtung in England und Schottland, die vor allem durch den Reformator Johann Calvin geprägt wurde. Sie gerieten im 16. Jh. in Konflikt mit der anglikanischen Staatskirche, da sich diese nach ihrer Ansicht nicht weit genug vom Katholizismus gelöst hatte.

▶ **Die „Gründerstaaten" und die koloniale Besitz-verteilung in Nordamerika bis 1763.**
Um 1760 gehörten acht Kolonien der Krone (crown colonies), drei waren im Besitz von Privateigentümern (proprietary charter) und zwei in Gesellschafterbesitz (corporate charter). Die rechtliche Stellung der Kolonien gegenüber dem Mutterland hing von einer „Charter", einer Art Verfassungsstatut, ab.

Quäker und **Hugenotten** in Pennsylvania an. In Rhode Island wurden erstmals Kirche und politisches Gemeinwesen getrennt und die religiöse Freiheit des Einzelnen rechtlich abgesichert.

Der Zustrom von Einwanderern aus ganz Europa nahm rasch zu. 1690 lebten etwa 200 000 Auswanderer im Gebiet der britischen Kolonien, 1790 fast vier Millionen. Vor allem in den Mittelatlantik-Kolonien zwischen Virginia und Neuengland herrschten religiöse Toleranz und ethnische Vielfalt. Trotz ihrer unterschiedlichen Herkunft, Religion und Sprache verband die Kolonisten das gemeinsame Ziel, ein freies und besseres Leben aufzubauen.

Viele Amerikaner: „Native Americans" ... Die bunt gemischte amerikanische Gesellschaft, später als „melting pot" bezeichnet, schloss die „*Native Americans*", die indianischen Ureinwohner, von vornherein aus. Diese besiedelten in Hunderten verschiedener Stämme den nordamerikanischen Kontinent, lebten als nomadische Jäger und Sammler oder betrieben Ackerbau und Viehzucht. Für die ersten europäischen Siedler waren die Indianer zunächst wichtige Handelspartner und Verbündete gegen gemeinsame Feinde.

Als die Weißen jedoch immer weiter in den Lebensraum der indigenen Bevölkerung eindrangen, häuften sich die bewaffneten Konflikte. Dabei unterlagen die Ureinwohner fast immer der überlegenen Bewaffnung der Siedler. Nur wenige Weiße empfanden Skrupel gegenüber der eigenen Eroberermentalität. In puritanischen Augen galt die Verdrängung und Vernichtung der Ureinwohner als gerechtfertigt, da die „sündhaft Ungläubigen" und „Wilden" dem göttlichen Gebot, sich die Erde untertan zu machen, nicht nachgekommen waren und demnach keinen Anspruch auf das Land geltend machen konnten.

Für die „Native Americans" bedeutete die Besiedlung durch die Europäer das Ende ihrer Kultur und ihre fast vollständige Vernichtung. Die meisten starben an eingeschleppten Krankheiten. Kriege, Vertreibungen, Zwangsarbeit, Alkoholismus und Hungersnöte dezimierten ihre Zahl zusätzlich. Heute schätzt man, dass sich die Zahl der Ureinwohner auf dem Gebiet der USA und Kanadas von ursprünglich sechs bis sieben Millionen innerhalb von nur hundert Jahren um mehr als 90 Prozent verringerte.

Quäker: protestantische Sekte, die sich auf die Gleichheit aller Menschen beruft. Aus ihrem Bibelverständnis heraus lehnen sie Eid, Kriegsdienst und Sklaverei sowie jegliche kirchlichen und staatlichen Autoritäten ab und wurden daher in Europa zeitweise verfolgt.

Hugenotten: Anhänger der reformatorischen Lehre in Frankreich, deren Glaube stark vom Calvinismus geprägt war. Seit 1530 wurden sie in Frankreich unterdrückt; 1685 erreichte die Verfolgung einen Höhepunkt und löste eine große Fluchtwelle in protestantische Gebiete Europas, nach Amerika und Südafrika aus.

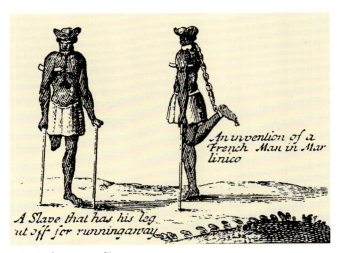

▲ **Bestrafungsarten für Sklaven.**
*Stich nach einer Vorlage aus dem Jahr 1647.
Sklaven, die sich den Anweisungen der Aufseher auf den Plantagen widersetzten oder die sich der Zwangsarbeit durch Flucht entziehen wollten, wurden brutal bestraft.*

... und Afroamerikaner ■ Als ebenso schwere und bis heute fortdauernde Belastung sollte sich die Versklavung von Afrikanern erweisen. Die ersten Schwarzen waren 1619 von einem holländischen Schiff in Jamestown als Arbeitskräfte in die Kolonie Virginia verkauft worden. Nach und nach führten alle britischen Kolonien afrikanische Zwangsarbeiter ein. Anfangs wurden sie nach Ablauf einer vereinbarten Arbeitszeit in die Freiheit entlassen. Als ab 1660 die Erblichkeit der Sklaverei schrittweise rechtlich festgeschrieben wurde, blieben die Schwarzen auf Lebenszeit mit Kind und Kindeskindern persönlicher Besitz ihrer weißen Herren.

Um 1770 lebten etwa 500 000 schwarze Sklaven in den englischen Kolonien, das war mehr als ein Fünftel der Bevölkerung in den 13 Kolonien. Besonders die Plantagenbesitzer in den südlichen Kolonien nutzten die billigen Arbeitskräfte. Bis zur Mitte des 19. Jahrhunderts wurde der Süden der USA zur größten Sklavenhaltergesellschaft der Welt.

Privilegierte, Unterdrückte und Auserwählte ■ So unterschiedlich wie die Motive für ihre Gründung war auch die wirtschaftliche und gesellschaftliche Entwicklung der Kolonien. Im Süden mit seinem feucht-warmen Klima herrschten Land- und Plantagenwirtschaft vor. Hier gaben die reichen Plantagenbesitzer den Ton an, die einen aristokratischen Lebensstil nach englischem Vorbild entwickelten. Die Bewirtschaftung der großen Tabak-, später auch Reis- und Baumwollplantagen beruhte von Anfang an auf der Ausbeutung unfreier Arbeitskräfte. Mittellose Europäer, die ohne Geld die Überfahrt antraten, arbeiteten als „Sklaven auf Zeit" über mehrere Jahre auf den Höfen oder Plantagen der Siedler, bis sie die Kosten ihrer Überfahrt abgearbeitet hatten. Schon bald aber verrichteten ausschließlich afrikanische Sklaven die Arbeit. Die Sklaverei trennte Weiße und Schwarze voneinander. Die Hautfarbe bestimmte die rechtliche und soziale Stellung. Neben der strikten Rassenhierarchie entwickelte sich ein großes soziales Gefälle zwischen reichen und armen Weißen.

In den Mittelatlantik- und Neuengland-Kolonien ließ das Klima eine Plantagenwirtschaft nicht zu. Daher spielte dort die Sklaverei keine große Rolle. Vielmehr lebten die Siedler von konventioneller Landwirtschaft, von Handwerk und Handel, an den Küsten zudem von Schiffbau und Walfang. Aber auch hier herrschten unter den Kolonisten von Anfang an große soziale Unterschiede zwischen Etablierten und Neuankömmlingen, Reichen und Armen, Gebildeten und Ungebildeten.

Die Puritaner prägten die entstehende amerikanische Gesellschaft entscheidend: Sie glaubten an ihre göttliche Auserwähltheit und waren der Überzeugung, einen besonderen Platz in der Geschichte einzunehmen. Wirtschaftlicher Erfolg galt für sie als Zeichen der Auserwähltheit, daher waren sie zielstrebig und fleißig – eine Einstellung, die maßgeblich zum wirtschaftlichen Aufschwung der Kolonien beitrug. Die Kehrseite dieses Auserwähltheitsglaubens waren ein ausgeprägter Durchsetzungswillen und oftmals Intoleranz gegenüber Andersdenkenden. Wer gegen die engen Normen der Gemeinden verstieß, wurde ausgegrenzt oder bestraft. Auch in der „Neuen Welt" wurden Außenseiter verfolgt, im schlimmsten Fall durch Hexenprozesse.

▲ „Pilgrim Fathers – The First Thanksgiving at Plymouth."
*Gemälde von Jennie Augusta Brownscomb, 1912.
Im Herbst 1621, ein Jahr nach ihrer Ankunft in Plymouth, beschlossen die Pilgerväter, nach der Ernte gemeinsam mit dem benachbarten Wampanoag-Stamm ein Fest zu feiern. Daraus entwickelte sich der Thanksgiving-Day, eine Art Erntedankfest, das in den USA als staatlicher Feiertag immer am vierten Donnerstag im November begangen wird. Eng mit dem Gründungsmythos verbunden, ist die Tradition fest im US-amerikanischen Selbstverständnis verankert.*
▪ Analysieren Sie die Stilelemente des Gemäldes. Erläutern Sie seine Aussage.

Vorbild England ▪ Auch wenn die englischen Kolonien ein selbstständiges, voneinander unabhängiges Dasein führten, fühlten sie sich als Teil des Empire und standen loyal zur Krone. Verwaltung, Rechtsprechung, Wirtschaft und Kultur orientierten sich am englischen Vorbild (▶ M2).

Mit zunehmender wirtschaftlicher Bedeutung wuchs Englands Interesse an den nordamerikanischen Kolonien. Sie sollten dem Mutterland als Absatzmärkte und Rohstofflieferanten dienen. Um mehr Kontrolle über die Kolonien zu erlangen, ersetzte der König die bis dahin frei gewählten Gouverneure durch seine Beamten.

Politische Mitbestimmungsrechte waren an Bedingungen wie Eigentum, Steueraufkommen und Aufenthaltsdauer gebunden. Ärmere Bürger, Frauen und Sklaven blieben von der politischen Entscheidungsfindung und Mitbestimmung ausgeschlossen. In den nördlichen Kolonien konnten etwa drei Viertel, in den südlichen bis zu 50 Prozent der weißen Männer an den Wahlen zu den Repräsentativversammlungen (*assemblies*) teilnehmen. In England waren dagegen in der Mitte des 18. Jahrhunderts nur 15 Prozent der männlichen Bevölkerung wahlberechtigt. In keinem Land der Welt gab es zu dieser Zeit mehr Mitbestimmungsrechte als in den englischen Kolonien, sieht man von den Indianern und Afroamerikanern ab.

◀ „Living History" in Plimoth Plantation.
Foto von 1966.
Plimoth Plantation ist ein „lebendiges Freilichtmuseum" bei Plymouth in Massachusetts. Ab 1947 wurde das Museumsdorf als Rekonstruktion der ersten puritanischen Siedlung vier Kilometer von Plymouth entfernt entsprechend dem Zeitpunkt 1627 errichtet. Dazu wurden Häuser und Gärten nachgebaut, Tiere zurückgezüchtet und Schausteller engagiert, die dort wie die Pilgerväter im 17. Jahrhundert leben. Ebenfalls zum Museum gehört die nachgebaute Mayflower II.

M1 Der „Mayflower Compact"

Bevor sie an Land gehen, legen die Familienoberhäupter einer Puritanergruppe am 11. November 1620 auf dem Auswandererschiff „Mayflower" ein Gelöbnis ab:

Im Namen Gottes, Amen. Wir, die Unterzeichner dieses, treue Untertanen unseres erhabenen Herrschers und Herrn König Jakobs I., von Gottes Gnaden Königs von Großbritannien, Frankreich und Irland, Hüters des Glaubens usw., haben
5 zur Ehre Gottes und zur Ausbreitung des christlichen Glaubens und zum Ruhm von König und Vaterland eine Fahrt unternommen, um die erste Kolonie in den nördlichen Teilen von Virginia zu gründen. Und wir kommen hierher feierlich und wechselseitig, vor Gottes Angesicht und voreinander,
10 überein und vereinigen uns selbst zu einem bürgerlichen politischen Körper; zur besseren Ordnung unter uns und zu Schutz und Förderung der oben genannten Absichten; und kraft dieses wollen wir von Zeit zu Zeit verordnen, errichten und einrichten rechte und billige Gesetze, Verfügungen,
15 Erlässe, Einrichtungen und Ämter, wie es uns am zuträglichsten und zweckmäßigsten für das allgemeine Wohl der Kolonie erscheint: Und wir versprechen dazu alle schuldige Unterwerfung und Gehorsam.

Der Historiker Wilfried Mausbach setzt sich 2008 mit der Auslegung des „Mayflower Compact" auseinander:

Das puritanische Erbe ist bis heute zu spüren, auch wenn der
20 politische Einfluss wohl vor allem auf Missverständnissen beruht. Der berühmte, als amerikanisches Gründungsdokument verklärte „Mayflower"-Vertrag beispielsweise erweist sich bei genauerem Hinsehen nicht als Dokument demokratischer Weitsicht, sondern als hastig gefundene Notlösung. Als die Pilgerväter sich nämlich – viel zu weit nach Norden 25 abgetrieben – entschließen, in Plymouth zu landen, lassen einige der nichtpuritanischen Reisenden durchblicken, dass sie sich nicht mehr an die mit ihren Kolonisationspatenten akzeptierten Bedingungen gebunden fühlen. Um nicht im Chaos zu enden und sicherzustellen, dass alle den Anord- 30 nungen des Gemeinderats Folge leisten, setzt das Oberhaupt der Pilgrims, William Bradford, hastig ein Dokument auf. Alle männlichen Erwachsenen müssen es unterzeichnen, erst dann dürfen sie einen Fuß an Land setzen.
Eine revolutionäre politische Neuerung haben in dem May- 35 flower-Vertrag erst spätere Generationen gesehen. Demokratisch war an der Vereinbarung allenfalls die implizite Vorstellung, dass legitime Herrschaft der Zustimmung der Regierten bedürfe. Bedeutungsvoller ist hingegen die Übertragung des puritanischen Selbstverständnisses auf den 40 Umgang miteinander. „Von Anfang an waren Politik und Religion einig", schrieb Alexis de Tocqueville[1] im Jahr 1835, „und sie haben seither nicht aufgehört, es zu sein." In der puritanischen Gemeindeverfassung, dem Kongregationalismus, sah der französische Publizist und Politiker die repu- 45 blikanische Regierungsform gleichsam vorweggenommen. Er übersah allerdings, dass sich die puritanischen Kirchenmitglieder in Plymouth die wichtigsten politischen Ämter gegenseitig zuschanzten. In der benachbarten Massachusetts Bay Colony war aktives wie passives Wahlrecht per 50 Gesetz sogar an die Vollmitgliedschaft in einer puritanischen Gemeinde gebunden.
Erst als England die beiden puritanischen Experimente 1691 zur Kronkolonie Massachusetts zusammenfasste, hatte es mit derart theokratischen[2] Herrschaftsformen ein Ende. 55 Gleichwohl bot die aus dem Alten Testament übernommene und auf den politischen Bereich übertragene Vertragsidee

---

[1] Die Werke Alexis de Tocquevilles (1805-1859) über die Amerikanische und Französische Revolution werden bis heute gelesen; er gilt als Begründer der vergleichenden Politikwissenschaft.
[2] Theokratie: Herrschaftsform, bei der die Herrschaft religiös legitimiert ist, der Herrscher aufgrund göttlicher Berufung regiert

den amerikanischen Anhängern der europäischen Aufklärung später einen politischen Anknüpfungspunkt.

60 In ähnlicher Weise gilt dies für die „basisdemokratische" Erweiterung des englischen Parlamentarismus. Sogenannte town meetings konnten zwar in grundlegende politische Entscheidungen gar nicht eingreifen, aber sie wurden in den folgenden Jahrhunderten zur Keimzelle amerikanischer

65 Demokratie überhöht und sind bis heute landauf, landab Teil eines unvermeidlichen Wahlkampfrituals.

Erster Text: Fritz Wagner, USA. Geburt und Aufstieg der neuen Welt. Geschichte in Zeitdokumenten 1607-1865, München 1947, S. 18 f.
Zweiter Text: Wilfried Mausbach, Kampf der Kulturen, in: Spiegel Special Geschichte. Aufstieg und Krise einer Weltmacht, Nr. 4/2008, S. 25-36, hier S. 29 und 31

1. *Arbeiten Sie heraus, zu welchen Maßnahmen sich die Unterzeichner des „Compact" verpflichten.*

2. *Erläutern Sie, welche Autoritäten bei der Gestaltung des „bürgerlichen politischen Körpers" zugrunde liegen sollen.*

3. *Beurteilen Sie Gründe und Zielsetzung des Gelöbnisses. Überlegen Sie, welche Konflikte darin angelegt sind.*

4. *Analysieren Sie die historische Bewertung des „Mayflower Compact" durch Mausbach. Überlegen Sie, welche Gründe für die beschriebene Auslegung des Vertrages eine Rolle gespielt haben könnten.*

M2 Ein erstes Zeugnis politischer Selbstverwaltung

Die „Verordnung für Virginia" vom 24. Juli 1621 gehört, neben dem Mayflower-Vertrag (M1), zu den ersten Zeugnissen politischer Selbstverwaltung. Die Virginia Company in London bestätigt hiermit die 1619 eingeführte Volksvertretung. Diese Verordnung bleibt in Kraft, auch als die Kolonie 1627 dem englischen König direkt unterstellt wird:

II. Wir verordnen und erklären also kraft der uns von Seiner Majestät unter dem Großen Siegel verliehenen Autorität [...], dass es von jetzt ab zwei oberste Ratsversammlungen in Virginia geben soll, zur besseren Regierung der genannten

5 Kolonie.

III. Die eine dieser Ratsversammlungen, namens Staatsrat – dessen Aufgabe hauptsächlich in der Unterstützung des Gouverneurs mit Rat, Achtsamkeit und Umsicht bestehen soll – soll von Zeit zu Zeit gewählt, ernannt, bestellt und ent-

10 lassen werden durch Uns, die genannten Schatzmeister, Rat und Kompanie, und unsere Nachfolger [...]. Und sie sollen den Gouverneur unterstützen: erstlich und hauptsächlich in der Förderung der Ehre und des Dienstes Gottes und in der Ausbreitung Seines Reiches unter den Heiden; weiterhin in der Einrichtung der genannten Kolonie, unter schuldigem 15 Gehorsam gegenüber Seiner Majestät und aller gesetzlichen, von Seiner Majestät angewiesenen Autorität; und endlich in der Erhaltung von Gerechtigkeit und christlichem Umgang unter den Bewohnern und von Stärke und Fähigkeit zur Abwehr der Feinde. 20

IV. Die andere Ratsversammlung, die einmal jährlich und nicht öfter, außer in ganz außerordentlichen und bedeutsamen Fällen, gemeinhin vom Gouverneur einberufen wird, soll für jetzt aus dem genannten Staatsrat und zwei Vertretern jeder Stadt, Bezirks oder sonstigen selbstständigen Niederlassung bestehen, wie auch in dem genannten Staatsrat, alle Angelegenheiten durch die Mehrheit der jeweils anwesenden Stimmen entschieden, bestimmt und angeordnet werden, wobei dem Gouverneur immer der Einspruch vorbehalten bleibt. Und diese Allgemeine Versamm- 30 lung voll Vollmacht haben, zu verhandeln, zu beraten und zu beschließen sowohl anlässlich aller das öffentliche Wohl der genannten Kolonie und jedes ihrer Teile betreffenden dringlichen Angelegenheiten, wie auch allgemeine Gesetze und Verordnungen im Interesse der genannten Kolonie zu 35 ihrer guten Regierung zu machen, anzuordnen und in Kraft zu setzen, wie dies von Zeit zu Zeit notwendig und erforderlich erscheint.

V. In allen anderen Dingen fordern wir die Allgemeine Versammlung wie auch den genannten Staatsrat auf, möglichst 40 vollständig Regierungsweise, Gesetze, Sitten, Gerichtsverfahren und sonstige Justizverwaltung dem im Königreich England herrschenden Brauch anzunähern und anzugleichen, wozu auch wir durch Seiner Majestät Freibrief angehalten sind. 45

Fritz Wagner, a.a.O., S. 19 f.

1. *Fertigen Sie ein Schaubild an, in dem die genannten Institutionen dargestellt sind. Fassen Sie dabei die jeweiligen Kompetenzen zusammen.*

2. *Beurteilen Sie die Stellung der beiden Ratsversammlungen nach ihrer politischen Mitbestimmung.*

3. *Prüfen Sie, inwiefern das politische System Englands als Vorbild diente.*

„American Revolution" – Ein moderner Staat entsteht

▲ „Join, or die."
Holzschnitt nach einem Entwurf von Benjamin Franklin. Die Zeichnung erschien erstmals am 9. Mai 1754 in der „Pennsylvania Gazette" und gilt als die erste politische Karikatur Nordamerikas. Franklin (1706-1790) war zunächst Buchdrucker und Zeitungsmacher, dann Schriftsteller, Erfinder, Politiker und später auch Gesandter seiner Heimat in Großbritannien und Frankreich.

● *Interpretieren Sie die Karikatur. Berücksichtigen Sie dabei die Entstehungszeit und das Motto. Informieren Sie sich über Franklin in Lexika oder im Internet.*

Ende der „wohlwollenden Vernachlässigung" ■ Die nordamerikanischen Kolonien besaßen im 18. Jahrhundert innerhalb des British Empire große Bedeutung. Ihre Bevölkerungszahl war von den ersten Siedlungen bis 1770 auf 2,5 Millionen angewachsen. Großbritannien, wie das Königreich nach der Vereinigung Englands und Schottlands ab 1707 genannt wird, zählte damals 6,5 Millionen Einwohner.

Bevölkerungswachstum und steigender Wohlstand kennzeichneten die Entwicklung in den Kolonien. Der Bedarf an amerikanischen Rohstoffen wie Tabak, Baumwolle, Indigo, Reis, Pelzen und Holz hatte in Europa ständig zugenommen. Gleichzeitig waren die Kolonien zu einem immer wichtigeren Absatzmarkt für englische Produkte sowie für Wein, Rum, Zucker, Tee aus anderen Teilen der Welt geworden. Trotz expandierender Wirtschaft gab es Probleme. Die britische Krone hatte Wirtschaft und Handel der Kolonien mit einer Fülle von Handels- und Schifffahrtsgesetzen eingeengt. Außerdem fehlten aufgrund der englischen Währungspolitik Investitionskapital und Kreditmöglichkeiten.

Handelsvergehen und Schmuggel konnten angesichts der großen Entfernung zu Großbritannien, der nahezu 2000 Kilometer langen nordamerikanischen Siedlungsgrenze und den wenigen in den Kolonien stationierten Soldaten von der Regierung in London kaum unterbunden werden. Größere Probleme bereitete der britischen Krone die anhaltende Rivalität mit Frankreich um die Hegemonie (Vorherrschaft) in Europa und der Welt. Dieser Konflikt wurde auf dem europäischen Kontinent im *Siebenjährigen Krieg* (1756-1763) und in Nordamerika im *French and Indian War* (1754-1763) ausgetragen. In den Kolonien kämpften Siedler loyal an der Seite britischer Truppen gegen die Franzosen. Beide Seiten wurden dabei von Indianern unterstützt. Die Briten im Mutterland und in den Kolonien triumphierten. Im *Frieden von Paris* (1763) sprach man ihnen das französische Quebec und das spanische Florida zu. Großbritannien war damit zur allein bestimmenden Kolonialmacht in Nordamerika geworden.

Doch der Krieg hatte die Finanzen des Königreiches außerordentlich belastet. Die Staatsverschuldung betrug rund 130 Millionen Pfund (nach heutigem Wert ungefähr neun Milliarden Euro). Für die britische Regierung galt es, die Schulden abzubauen, ohne die Sicherheit der Kolonien zu gefährden. Die bisherige „wohlwollende Vernachlässigung" der Kolonien wurde beendet. Noch 1763 unterstellte die britische Regierung alle neu gewonnenen Gebiete unmittelbar der Krone, legte den Hauptkamm der Appalachen als westliche Grenze für Besiedlung und Landkäufe fest und sicherte den Indianern das Gebiet zwischen Appalachen und Mississippi zu. Gleichzeitig wollte sie dafür sorgen, dass die bestehenden Handels- und Schifffahrtsgesetze strenger überwacht würden.

„No taxation without representation" ■ Mit dem Zuckergesetz (*Sugar Act*) von 1764 endete die Politik der „wohlwollenden Vernachlässigung". Das britische Parlament erhob neuartige Zölle u.a. auf Zuckerrohrsirup (Melasse) und Kaffee, wenn sie aus nichtbritischen Häfen eingeführt wurden. Dazu verbot die Regierung in London den Kolonien, eigenes Geld zu drucken, und beschloss Maßnahmen, um dem lebhaften

Schmuggel beizukommen. Die Kolonialparlamente protestierten. Nach ihrer Auffassung waren sie allein berechtigt, Steuern zu beschließen. Das Parlament in London, in dem kein gewählter Vertreter der Kolonisten saß, dürfe lediglich den Handel regulierende Gesetze erlassen. Erstmals machte die Forderung „No taxation without representation" die Runde.

Die Spannungen nahmen zu, als 1765 ein Einquartierungsgesetz und ein Steuermarkengesetz (*Stamp Act*) folgten (▶ M1). Mit dem Stamp Act wurden die Kolonien erstmals direkt besteuert. Alle Kaufverträge, Schuldscheine, Testamente sowie Zeitungen, Flugschriften und Spielkarten mussten mit einer Gebührenmarke bzw. einem Steuerstempel versehen werden. Das Mutterland versprach sich davon jährliche Mehreinnahmen in Höhe von ca. 100 000 Pfund (heute etwa sieben Millionen Euro). Noch bevor das Gesetz in Kraft trat, trafen sich erstmals Vertreter aus neun Kolonialparlamenten im Oktober 1765 in der etwa 25 000 Einwohner zählenden Stadt New York zum *Stamp Act Congress*. Gemeinsam erklärten sie in ihren Petitionen an König, Oberhaus und Unterhaus, dass sie nur Steuern zahlen würden, denen sie „persönlich durch ihre Abgeordneten" zugestimmt hätten (▶ M2).

▲ **Teekanne aus dem Jahr 1766.** *Der Schriftzug ruft zur Abschaffung des Stamp Act auf.*

Die Fronten verhärten sich ■ Es blieb nicht bei Bittschriften. Kaufleute aus New York, Philadelphia und Boston riefen gleichzeitig zum Boykott englischer Waren auf, um die Regierung in London zu zwingen, das Gesetz zurückzunehmen. Unter dem Namen „Söhne der Freiheit" (*Sons of Liberty*) entstand außerdem in New York eine grenzüberschreitende Geheimgesellschaft. Ihre Mitglieder, die aus der Mittelschicht stammten, verhinderten den Verkauf der Steuermarken und überwachten den Warenboykott. Sie schreckten dabei vor gewaltsamen Aktionen gegen britische Beamte nicht zurück. Großbritannien hatte das Nachsehen: Die Steuereinnahmen gingen bis Ende 1765 um 30 500 Pfund (heute etwa zwei Millionen Euro) zurück. Daraufhin wurde Anfang 1766 das Steuermarkengesetz aufgehoben. Das britische Parlament war aber nicht bereit, das Recht der Kolonisten auf Selbstbesteuerung anzuerkennen. Am 18. März 1766 erklärte es: „Die [...] Kolonien in Amerika waren und sind rechtmäßig der Krone und dem Parlament von Großbritannien untergeordnet und von ihnen abhängig" (*Declaratory Act*). Ein Jahr später wurden die *Townshend-Gesetze** verabschiedet. Sie erhoben Einfuhrzölle auf Artikel des Alltagsbedarfs wie Glas, Blei, Farben, Papier und Tee. Zudem richtete man eine zentrale Zollbehörde in der etwa 16 000 Einwohner zählenden Hafenstadt Boston ein.

Die Händler und Unternehmer in den Kolonien zeigten deutlich, was sie von dem Vorgehen hielten: Sie reagierten erneut mit einem Importstopp. Der Widerstand breitete sich aus: Frauen forderten dazu auf, englische Textilien durch einheimische zu ersetzen und Tee nur noch aus einheimischen Kräutern aufzubrühen. Britische Beamte oder diejenigen, die sich nicht am Boykott beteiligten, wurden von radikalen Anhängern der „Freiheitsbewegung" durch die Straßen gejagt, geteert und gefedert.

---

* Charles Townshend (1725-1767): britischer Schatzkanzler

20 Das Zeitalter der demokratischen Revolutionen

▲ **„Boston Tea Party."**
Kolorierter Kupferstich aus der 1789 in London veröffentlichten „History of North America" von W. D. Cooper.

■ *Der Kupferstich weicht an einem wichtigen Punkt von dem überlieferten Geschehen ab. Arbeiten Sie diesen heraus und erläutern Sie die Intention des Künstlers.*

Wieder gab das Parlament nach: Im April 1770 nahm es die Townshend-Gesetze zurück. Nur ein Teezoll blieb bestehen. Einen Monat zuvor hatte die Protestbewegung ihre ersten Märtyrer bekommen: Vor dem Bostoner Regierungsgebäude (*State House*) war es am 5. März 1770 zu einer Schlägerei zwischen Arbeitern und britischen Soldaten gekommen. Die Wachsoldaten schossen in Notwehr in die Menge. Fünf Männer, darunter ein freier Schwarzer, starben. Die aufgebrachten „Söhne der Freiheit" erklärten das Ereignis zum Massaker (*Boston Massacre*).

Der Wendepunkt ■ In allen Kolonien entstanden „Commitees of Correspondence", die sich gegenseitig informierten und Aktionen abstimmten. Mit Flugschriften, Leserbriefen und Nachrichten beeinflussten sie die Bevölkerung. Eine Trennung vom Mutterland forderten sie zu diesem Zeitpunkt aber noch nicht.

Der allmähliche Verfall der britischen Macht wurde 1773 deutlich. Das Parlament in London hatte im Mai beschlossen, die finanziell stark angeschlagene *East India Company** zu unterstützen. Sie sollte ihren Tee direkt in den Kolonien verkaufen können. Der Teezoll wurde gesenkt und man erhoffte sich einen steigenden Umsatz. Es kam anders. Der Tee wurde boykottiert. Anfang Dezember 1773 verweigerte die Bostoner Stadtverwaltung drei Teeschiffen der East India Company, ihre Ladung im Hafen zu löschen. Nach gescheiterten Verhandlungen zwischen Vertretern der Stadt und dem britischen Statthalter nahmen die „Sons of Liberty" das Heft in die Hand. In der Nacht zum 17. Dezember schlichen als Indianer verkleidete Mitglieder des Geheimbundes

---

* Die Ende 1600 durch königlichen Freibrief gegründete East India Company (Ostindienkompanie) war Mitte des 18. Jh. ein wichtiger Machtfaktor: Sie besaß in den von ihr kontrollierten Gebieten die Militärgewalt, ernannte die Gouverneure, übte die Zivilgerichtsbarkeit aus und durfte eigene Münzen prägen. Neben der Bank von England war sie damals die größte Aktiengesellschaft Großbritanniens.

auf die Schiffe und warfen alle 342 Teekisten im Wert von gut 10 000 britischen Pfund (heute etwa 700 000 Euro) über Bord. Mit der später ironisch als *Boston Tea Party* bezeichneten Aktion war ein Wendepunkt in dem Konflikt zwischen Kolonien und Mutterland erreicht (▸ M3).

Die „Unerträglichen Gesetze" ■ London reagierte mit aller Härte. Im Parlament wurden 1774 in kurzer Folge vier Gesetze (*Coercive Acts*: von „coercive" = zwingen, etwas erzwingen) verabschiedet, die die Kolonisten als „Unerträgliche Gesetze" (*Intolerable Acts*) bezeichneten. Im Einzelnen bestimmten sie:

- Der Bostoner Hafen sollte gesperrt bleiben, bis die Stadt den Tee erstattet haben würde.
- Die Gemeindeversammlungen (*town meetings*) in Massachusetts wurden der königlichen Kontrolle unterstellt.
- Gerichtsverhandlungen gegen straffällige königliche Beamte sollten nach Großbritannien verlegt werden.
- Britische Soldaten konnten bei Bedarf auch in Privathäuser einquartiert werden.

Die Gesetze sollten zu einer Isolierung des Unruheherdes führen. Sie erreichten allerdings das genaue Gegenteil: Kaufleute und Politiker der Küstenkolonien von New York bis nach South Carolina hinunter solidarisierten sich mit Massachusetts und kritisierten die britischen Maßnahmen öffentlich.

„Ich bin ... ein Amerikaner" ■ Die widerstandsbereiten Kolonialparlamente reagierten wie schon neun Jahre zuvor auf den „Stamp Act": Sie beriefen einen Kongress ein, um eine gemeinsame Haltung gegenüber Großbritannien abzusprechen. Vom 5. September bis 26. Oktober 1774 tagten in der Stadt Philadelphia 55 Delegierte aus zwölf Kolonien. Georgia zögerte noch. Bereits am zweiten Versammlungstag verkündete *Patrick Henry* aus Virginia: „Die Unterscheidung zwischen Virginiern, Pennsylvaniern, New Yorkern und Neuengländern hat aufgehört. Ich bin kein Virginier, sondern ein Amerikaner." Diese Ansicht teilten damals noch längst nicht alle Delegierten. Gemeinsam erklärten sie aber die „Intolerable Acts" für unvereinbar mit der britischen Verfassung. Am Ende dieser Versammlung, die als *Erster Kontinentalkongress* in die Geschichte einging, wurde ein Einfuhrboykott britischer Waren beschlossen, der streng überwacht werden sollte. Außerdem vereinbarte man, am 10. Mai 1775 erneut zusammenzukommen.

Das britische Parlament reagierte auf die Beschlüsse des Ersten Kontinentalkongresses mit einer Seeblockade. Die Kolonien sollten wirtschaftlich in die Knie und zum Einlenken gezwungen werden – ein Vorgehen, das in den Kolonien als „Kriegserklärung" interpretiert wurde.

Unabhängigkeitskampf und Bürgerkrieg ■ In der Nähe von Boston kam es bei den beiden Landstädtchen Lexington und Concord im April 1775 zu ersten Gefechten zwischen Soldaten der Krone und einheimischen Bürgerwehren (**Milizen**). Wer den ersten Schuss abgab, ist bis heute nicht bekannt. Damit hatte der Kampf um die Unabhängigkeit der Kolonien vom Mutterland begonnen, ohne dass dies den Beteiligten zu dem Zeitpunkt schon bewusst war.

Am 10. Mai 1775 trat wie vereinbart in Philadelphia der *Zweite Kontinentalkongress* zusammen. Die Delegierten der zwölf Kolonien, denen sich später auch Vertreter Georgias anschlossen, riefen den Verteidigungszustand für alle Kolonien aus und

Miliz (lat. militia: Militärdienst): Bürger- oder Volksarmee, deren Angehörige nur kurzfristig ausgebildet und nur im Kriegsfall einberufen werden

George Washington (1732-1799): Plantagenbesitzer, Offizier und Politiker, ab 1775 Befehlshaber der Kontinentalarmee im Amerikanischen Unabhängigkeitskrieg (1775-1783), 1787 Vorsitzender des Verfassungskonvents in Philadelphia und von 1789 bis 1797 erster Präsident der USA (Federalist). Er festigte die republikanische Demokratie u.a. durch Bildung eines Kabinetts und Neutralitätspolitik; eine dritte Amtszeit lehnte er ab. Washington war der populärste Amerikaner seiner Zeit und gilt bis heute als Nationalheld.

Common Sense: Der Titel „Common Sense" ist mit einem deutschen Begriff nicht zu übersetzen. Er bedeutet zugleich gesunder Menschenverstand, Gemeinsinn, Nüchternheit und praktische Vernunft.

Thomas Paine (1737-1809): englischer Steuereinnehmer, Journalist und Politiker; emigrierte 1774 nach Amerika, wurde Mitherausgeber des Pennsylvanian Magazine und Aktivist im Kampf gegen die Sklaverei; 1776 Veröffentlichung seiner Schrift „Common Sense". Paine gilt als einer der geistigen Gründerväter der USA.

Thomas Jefferson (1743-1826): Rechtsanwalt aus Virginia; nach der Unabhängigkeit der Vereinigten Kolonien 1785-1789 amerikanischer Gesandter in Frankreich, 1789-1794 Außenminister und 1801-1809 der dritte Präsident der USA

organisierten den „Revolutionary War": Die Milizen wurden in eine reguläre Armee, die Kontinentalarmee, umgeformt und der 43-jährige Plantagenbesitzer und Milizoffizier **George Washington** zum Oberbefehlshaber ernannt.

Die Kontinentalarmee kämpfte gegen die britischen Soldaten und ihre ausländischen Hilfstruppen, die etwa 30 000 Söldner, die vor allem aus Hessen-Kassel und Braunschweig-Wolfenbüttel kamen und allgemein als „Hessians" bezeichnet wurden.[*] Außerdem setzten beide Seiten Sklaven und Native Americans für ihre Kriegsziele ein. Hinter den Kampflinien fand zugleich ein Bürgerkrieg zwischen den „Freiheitskämpfern" und den „Loyalisten" statt. Diese königstreuen Siedler, etwa ein Fünftel der Bevölkerung, wurden als Rebellen verdammt, enteignet und verfolgt. Mit eigenen Milizen von etwa 100 000 Mann wehrten sie sich dagegen.

„These United Colonies are ... free and independent!" Nicht auf den Schlachtfeldern, sondern in den Medien, den Kolonialparlamenten und auf dem Zweiten Kontinentalkongress fielen die zukunftsweisenden Entscheidungen. Am Anfang stand die anonym veröffentlichte Flugschrift **„Common Sense"**. Sie erschien im Januar 1776 und löste eine breite öffentliche Diskussion aus. In wirkungsvoller Sprache erläuterte ihr Verfasser **Thomas Paine** das Recht auf Widerstand gegen die korrupte britische Monarchie und forderte die sofortige Erklärung der Unabhängigkeit der Kolonien (▸ M4 und M5).

Nachdem der Zweite Kontinentalkongress im Mai 1776 die Kolonien aufgefordert hatte, eigene republikanische Verfassungen zu entwerfen, setzte eine breite Verfassungsdiskussion ein. Zum Vorbild für viele Kolonien wurde die *Virginia Bill of Rights*, die bereits im Juni veröffentlicht worden war. Sie schrieb die Gewaltenteilung, die regelmäßige Wahl der Abgeordneten, Geschworenengerichte sowie einen Katalog von Grund- und Menschenrechten vor, allerdings ohne dabei die Rechte der Frauen und der Afroamerikaner zu berücksichtigen (▸ M6 und M7).

Die weitreichendste Entscheidung fiel auf dem Zweiten Kontinentalkongress in Philadelphia am 4. Juli. Mit der notwendigen Einstimmigkeit der anwesenden Delegationen hatten die Delegierten bereits am 2. Juli 1776 festgestellt: „These United Colonies are, and of right ought to be, free and independent states." Zwei Tage später wurde die von dem 33-jährigen Rechtsanwalt **Thomas Jefferson** entworfene *„Declaration of Independence"* veröffentlicht (▸ M8). Sie enthielt mit dem Hinweis auf die „unveräußerlichen Rechte" der „gleich geschaffenen" Menschen ein politisches Glaubensbekenntnis, zu dem sich liberale Amerikaner bis heute alljährlich am 4. Juli bekennen.

Die Briten kapitulieren Der Unabhängigkeitskrieg dauerte nahezu acht Jahre. Die schlechte Ausrüstung und Versorgung der Kontinentalarmee, das fehlende Geld (der Kontinentalkongress besaß noch kein Recht, Steuern zu erheben) und Seuchen senkten die Kampfmoral. Desertationen und Niederlagen waren die Folge. Die Schlacht von Trenton (1776) und der Sieg von Saratoga (1777) hoben die Kampfmoral. Die Guerillataktik[**] der Kontinentalarmee, die unzureichende Zusammenarbeit der britischen Befehlshaber sowie die langen militärischen Nachschubwege prägten die Kriegsführung. Entscheidend wurde die Unterstützung der „Freiheitskämpfer" durch das absolutistische Frankreich. Es unterstützte sie mit Waffen und Geld und nach Abschluss

---

[*] Von den deutschen Söldnern starben 8 000, 17 000 kehrten heim und 5 000 desertierten und siedelten in Amerika.

[**] Guerillataktik: Kleinkrieg, ohne eindeutigen Frontverlauf

eines Freundschafts- und Handelsvertrages auch mit Soldaten und Kriegsschiffen. Um Großbritannien zu schwächen, beteiligten sich ab 1779 Spanien und ab 1780/81 auch die Niederlande an dem Krieg. Aus dem Unabhängigkeitskrieg war ein internationaler Seekrieg geworden.

Im Oktober 1781 kapitulierte die britische Armee bei Yorktown im Südosten von Virginia. Großbritannien musste im *Frieden von Versailles* (1783) die Unabhängigkeit der 13 Vereinigten Kolonien anerkennen und ihnen das Gebiet zwischen den Appalachen und dem Mississippi zuerkennen. Florida wurde von den Briten an Spanien abgetreten, um Gibraltar als Kolonie behalten zu können.

Als die britischen Truppen abzogen, verließen auch die letzten noch verbliebenen 7000 königstreuen Soldaten das Land. Sie fanden in Kanada oder Großbritannien eine neue Heimat. Anders als später im revolutionären Frankreich spielten Anhänger der Monarchie in der nordamerikanischen Politik keine Rolle mehr.

Staatenbund oder Bundesstaat? Erst die Konföderationsartikel (*Articles of Confederation*) von 1777, die im März 1781 in Kraft traten, hatten aus den unabhängigen Einzelstaaten einen handlungsfähigen Staatenbund gemacht. Festgelegt worden war, dass alle wichtigen Entscheidungen wie Kriegserklärungen und Militärbündnisse, Münzherstellung und Kreditaufnahme nur mit Zustimmung von mindestens neun Einzelstaaten möglich seien und eine Änderung der Konföderationsartikel nur einstimmig erfolgen dürfe. Nach dem Krieg galt dieser Staatenbund einigen Politikern als nicht mehr handlungsfähig genug. Sie forderten einen Bundesstaat mit einer starken Zentralregierung, um der hohen Staatsverschuldung, der Inflation und der Nachkriegsdepression besser begegnen zu können.

„Shays' Rebellion" Argumente für eine starke Bundesregierung lieferten soziale Unruhen. Die schlechte wirtschaftliche Lage hatte die Farmer in Massachusetts besonders stark getroffen. Sie litten unter der Geldknappheit, der drückenden Last der Kopfsteuer (*poll tax*)* und unter Schulden. Im Gegensatz zu anderen Staaten war Massachusetts nicht bereit gewesen, die wirtschaftlichen Probleme durch die Ausgabe neuen Papiergeldes zu lindern und dafür eine steigende Inflation in Kauf zu nehmen. Bedroht von Zwangsversteigerungen und dem Verlust ihrer Existenzgrundlage behinderten ab August 1786 einige hundert Farmer mit Gewalt die Durchführung von Gerichtsverfahren. Ihr Anführer war der pensionierte Hauptmann *Daniel Shays*. Erst im Februar 1787 gelang es einer von Bostoner Bürgern bezahlten Miliz von 4000 Mann, die Proteste der Farmer zu beenden.

Die Bundesverfassung Am 25. Mai 1787 kamen mit Zustimmung des Zweiten Kontinentalkongresses in Philadelphia 55 Delegierte aus zwölf Staaten zusammen, nur Rhode Island fehlte. Die Versammlung hatte den Auftrag, „die Verfassung der föderalen Regierung den Erfordernissen der Union anzupassen". Um eine freie Aussprache und Kompromisse zu ermöglichen, tagte der *Verfassungskonvent* hinter verschlossenen Türen. Unter dem Vorsitz von George Washington entstand der Entwurf einer Bundesverfassung. Er ging deutlich über den Auftrag des Kongresses hinaus.

▲ **Wappen der USA.**
Die Vorderseite des noch heute verwendeten großen Wappens ist im Wesentlichen seit der ersten, 1782 vom Kongress verabschiedeten Fassung unverändert geblieben: Über dem Weißkopfseeadler prangen 13 Sterne und auf seiner Brust trägt er ein Schild in den amerikanischen Farben. Im Schnabel hält der Adler ein Spruchband mit dem Motto: „E Pluribus Unum": „Aus Vielen (wird, werde oder wurde) Eines". Mit den Krallen umfasst das Wappentier links einen Olivenzweig und rechts Pfeile.
- Analysieren Sie die Symbolik des Wappens.
- Interpretieren Sie es vor dem Hintergrund seiner Entstehungszeit.

---

* Die einheitliche Kopfsteuer musste von jedem Mann über 16 Jahren gezahlt werden. Die Höhe des Vermögens und des Einkommens spielten dabei keine Rolle.

Der Verfassungsentwurf wurde am 17. September 1787 einstimmig angenommen. Er nahm den Einzelstaaten von ihrer Souveränität nur so viel, wie der Bund brauchte, um den Handel im Innern zu ordnen und die Nation nach außen wirkungsvoll zu vertreten und zu schützen. Er legte ein System der Gewaltenteilung und wechselseitigen Kontrollen (*checks and balances*) fest, wie es sich auch in den Verfassungen der Einzelstaaten fand. Weder der Kongress mit seinen beiden gewählten Kammern (Senat und Abgeordnetenhaus) noch der vom Volk indirekt zu wählende Präsident waren damit in der Lage, allein die absolute Gewalt auszuüben. Die Regelung des Wahlrechts blieb den Einzelstaaten überlassen. Forderungen nach Abschaffung der Sklaverei wurden ignoriert (▶ M9). Das **Zensuswahlrecht** schloss 20 bis 40 Prozent der erwachsenen Männer von den Wahlen aus. Frauen, Afroamerikaner und Indianer erhielten kein Recht zu wählen.

Die Grundrechte ▪ Bevor die Bundesverfassung in Kraft treten konnte, musste sie von mindestens drei Viertel der Einzelstaaten ratifiziert werden. Vor den Entscheidungen entwickelte sich in den Medien eine breite öffentliche Diskussion. Zwei Gruppierungen standen sich zuletzt gegenüber: Die *Föderalisten* und die *Antiföderalisten*. Hinter den Föderalisten standen vor allem Handel und Gewerbe. Sie erhofften sich von einer starken Zentralgewalt mehr politische Stabilität und einen wirtschaftlichen Aufschwung. Ihre Gegner kamen vor allem aus den ländlichen Gebieten. Sie misstrauten jedem staatlichen Zentralismus, forderten mehr Rechte für die Einzelstaaten und eine Grundrechteerklärung, wie sie die „Virginia Bill of Rights" enthielt.

Um die Öffentlichkeit und die Ratifikationskonvente der Einzelstaaten für die Ziele der Föderalisten zu gewinnen, erschien von Oktober 1787 bis Mai 1788 in New York und Virginia eine Serie von 85 Zeitungsartikeln zur Rechtfertigung der Bundesverfassung. Die unter dem Pseudonym *Publius** veröffentlichten *Federalist Papers* kommentierten die Verfassungsbestimmungen und sind noch heute ein wichtiger Beitrag zur politischen Theorie (▶ M10).

Nachdem am 21. Juni 1788 New Hampshire als neunter Bundesstaat die Verfassung angenommen hatte, trat sie in Kraft. Aus den folgenden Präsidentschaftswahlen gingen die Föderalisten als Sieger hervor. Anfang Februar 1789 wurde George Washington einstimmig vom Wahlmännergremium zum ersten Präsidenten der Vereinigten Staaten gewählt. Er trat sein Amt im April an.

Den Befürchtungen, die Bundesregierung wäre laut Verfassung nicht an die Grundrechte gebunden, entzog der Kongress die Grundlage. Nachdem auch in Frankreich am 26. August 1789 eine „Erklärung der Menschen- und Bürgerrechte" veröffentlicht worden war, verabschiedete der Erste Kongress im Herbst 1789 eine Grundrechteerklärung (*Bill of Rights*) in Form von zehn Verfassungszusätzen (*amendments*). Sie wurden Ende 1791 in die Bundesverfassung aufgenommen (▶ M11). Zu den Grundrechten zählen u.a. Religions- und Meinungsfreiheit, das Recht auf Waffenbesitz, der Schutz vor willkürlicher Hausdurchsuchung oder Verhaftung sowie der Schutz vor grausamen Strafen (Folter). Die Stellung der Frau in Politik und Gesellschaft, das Problem der Sklaverei und die Rechte der Indianer blieben aber auch in diesem Dokument unberücksichtigt.

Die Verfassung und die „Bill of Rights" schlossen die 1776 begonnene Amerikanische Revolution ab. Menschen unterschiedlicher Herkunft hatten erfolgreich gegen den traditionellen Herrschaftsanspruch eines monarchischen Staates gekämpft und einen unabhängigen republikanischen Staat gegründet.

Zensuswahlrecht: Wahlsystem, bei dem das Wahlrecht an den Nachweis von Besitz, Einkommen oder Steuerleistung (Zensus) gebunden ist. Das allgemeine Männerwahlrecht wurde in den USA 1830 eingeführt.

---

* Publius: römischer Vorname, von lat. populus: das Volk

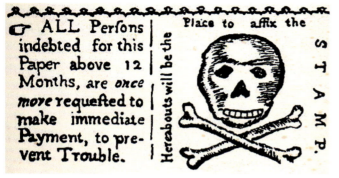

▲ **The Hated Stamp.**
Cartoon von 1765.
Das „Stamp Act" traf vor allem die Zeitungsmacher. Sie protestierten mit solchen Cartoons auf den Titelblättern ihrer Zeitungen gegen das Gesetz.
- *Beschreiben Sie die darstellerischen und sprachlichen Gestaltungsmittel.*
- *Erläutern Sie die beabsichtigte Wirkung der Abbildung auf die Bevölkerung.*
- *Beurteilen Sie, inwieweit die Presse die Öffentlichkeit für ihre Interessen instrumentalisierte.*

M1 The Stamp Act

In Großbritannien wird eine „Stempelsteuer" erhoben. Am 22. März 1765 beschließt das britische Parlament mit großer Mehrheit, diese Steuer in Zukunft auch in seinen nordamerikanischen Kolonien zu erheben. Im Beschluss heißt es:

Es sei hiermit verordnet [...], dass vom [1.11.1765] an und hernach in den Kolonien in Amerika, die derzeit oder künftig der Herrschaft seiner Majestät, seiner Erben und Nachfolger unterstehen, erhoben, auferlegt, gesammelt und an seine Majestät gezahlt werden soll:
Für jedes Stück Pergament oder Blatt Papier, auf dem bei welchem Gerichtshof in den britischen Kolonien in Amerika auch immer, eine Erklärung, Prozessverteidigung, Erwiderung, Replik[1], Einwendung oder ein Gesuch, handschriftlich oder gedruckt, abgefasst werden wird, sowie für jede Kopie davon, eine Stempelsteuer von drei Pence. [...]
Für jedes Blatt, auf welchem [...] ein Seefrachtvermerk oder Seefrachtbrief – für welche Art von Gütern, Waren, Handelsartikeln, die aus den genannten Kolonien und Ansiedlungen ausgeführt werden sollen, er auch immer angefertigt worden sein mag – oder eine Tilgung oder eine im Bereich der genannten Kolonien gewährte Freigabe abgefasst ist, eine Stempelsteuer von vier Pence. [...]
Und für jede Packung Spielkarten und alle Würfel, die verkauft oder benutzt werden [...], [werden] folgende Stempelsteuern [erhoben]:
Für jede Packung solcher Karten die Summe von einem Schilling. Und für jedes Paar solcher Würfel die Summe von zehn Schillingen. [...]
Für ein Pamphlet[2] und eine solche Schrift, die höchstens einen halben Bogen[3] umfasst [...], eine Stempelsteuer von einem Halfpenny pro gedruckter Kopie. [...]
Für jede in einer Gazette[4], Zeitung oder einer anderen Schrift oder einem Pamphlet erhaltene Anzeige [...] eine Steuer von zwei Schilling. [...]
Für jeden Almanach[5] oder Kalender für ein bestimmtes Jahr oder einen beliebigen Zeitraum darunter, der nur einseitig [...] beschriftet oder bedruckt ist [...], eine Stempelsteuer von vier Pence. [...]
Vergehen gegen [...] Gesetze des Parlaments hinsichtlich des Handels oder der Steuereinnahmen [...] werden in einem öffentlichen Gerichtshof oder in einem Admiralitätsgerichtshof [...] zur Verhandlung gebracht.

Angela und Willi Paul Adams (Hrsg.), Die Entstehung der Vereinigten Staaten und ihrer Verfassung. Dokumente 1754 - 1791, Münster 1995, S. 78 f.

1. *Beschreiben Sie anhand der Materialien, die Sie täglich benutzen, was alles unter das Stempelsteuergesetz fiel.*
2. *Erläutern Sie die Motive der Krone für das Stempelsteuergesetz.*
3. *Überprüfen Sie, ob die Maßnahme, Würfel und Spielkarten zu besteuern, bestimmten gesellschaftlichen Vorstellungen entspricht.*

M2 The Stamp Act Resolutions

Im April 1765 erreicht das „Stempelsteuergesetz" die Kolonien. Eine breite Protestwelle entsteht. In den Parlamenten der Kolonien wird das Stempelsteuergesetz verurteilt. Abgeordnete von neun Kolonien treffen sich illegal in New York und beschließen am 19. Oktober 1765:

- Es ist für die Freiheit eines Volkes unabdingbar und das unbezweifelte Recht von Engländern, dass ihnen keine Steuern auferlegt werden ohne ihre Zustimmung, die sie persönlich oder durch ihre Abgeordneten erteilt haben.

[1] Replik: Entgegnung
[2] Pamphlet: Flugschrift, Broschüre
[3] Bogen: Ein Druckbogen hat 16 Seiten.
[4] Gazette: Zeitung
[5] Almanach: Jahrbuch mit Kalender und Texten

▲ „Taxation without representation."
Foto eines Autokennzeichens, 2007.
Mit dieser Losung forderten Bürger aus Washington, D.C., eine Vertretung ihrer Stadt im Kongress.

■ Erklären Sie die Ironie des Autokennzeichens. Sie müssen dazu den politischen Status der Stadt klären sowie das Motto, auf das die aktuelle Feststellung Bezug nimmt.

- Das Volk dieser Kolonien ist im Unterhaus von Großbritannien nicht vertreten und kann es wegen der geografischen Gegebenheiten auch nicht sein.
- Die einzigen Vertreter des Volkes dieser Kolonien sind Personen, die von ihm selbst gewählt worden sind. Keine Steuern sind ihm jemals in verfassungsmäßiger Weise auferlegt worden und können ihm in Zukunft auferlegt werden, außer durch seine jeweiligen Legislativen.
- Da alle Bewilligungen für die Krone freiwillige Gaben des Volkes sind, ist es unvernünftig und unvereinbar mit den Grundsätzen und dem Geist der britischen Verfassung, dass das Volk Großbritanniens Seiner Majestät das Eigentum der Bewohner der Kolonien übereignet. [...]
- Dass die Stempelsteuerakte, die den Einwohnern dieser Kolonien Steuern auferlegt [...], offenbar den Umsturz der Rechte und Freiheiten der Kolonisten erstreben. [...]
- Dass die Zölle, die durch verschiedene frühere Parlamentsbeschlüsse verhängt wurden, extrem belastend und kränkend sind; wegen der Verknappung des Hartgeldes ist ihre Bezahlung absolut nicht zu verwirklichen.
- Da die Gewinne aus dem Handelsverkehr der Kolonien letztlich in Großbritannien zusammenfließen und sie ihrerseits die Fabrikate bezahlen, die sie nur von dort beziehen dürfen, so leisten sie dadurch praktisch einen sehr großen Beitrag zu allen Geldbewilligungen, die der Krone dort gewährt werden.
- Dass die durch verschiedene Parlamentsbeschlüsse kürzlich auferlegten Handelsbeschränkungen diesen Kolonien die Möglichkeit nehmen, die Fabrikate Großbritanniens zu kaufen.
- Dass Wachstum, Wohlergehen und Glück dieser Kolonien vom vollen und freien Genuss ihrer Rechte und Freiheiten, sowie von einem gegenseitig freundschaftlichen und gewinnbringenden Verkehr mit Großbritannien abhängen.
- Dass den britischen Untertanen in diesen Kolonien das Recht zusteht, Bittschriften beim König sowie bei jedem Parlamentshaus einzureichen.

Willi Paul Adams und Angela Meurer Adams (Hrsg.), Die Amerikanische Revolution in Augenzeugenberichten, München 1976, S. 51, und Fritz Wagner, USA. Geburt und Aufstieg der neuen Welt. Geschichte in Zeitdokumenten 1607-1865, München 1947, S. 44 f.

1. Beschreiben Sie die Argumentation des Stempelsteuerkongresses.
2. Erläutern Sie anhand von M1 und M2 den Zusammenhang von Wirtschaft und Politik.
3. Nehmen Sie aus der Sicht des britischen Parlamentes Stellung zu den Vorwürfen und leiten Sie mögliche Reaktionen daraus ab (M1 und M2).

M3 „Das Volk sollte sich nie erheben, ohne etwas Erinnerungswürdiges zu tun ..."

Nach der „Boston Tea Party" (siehe S. 20) schreibt John Adams[1] am 17. Dezember 1773 in sein Tagebuch:

Gestern Abend wurden drei Ladungen Bohea-Tee ins Meer geschüttet. Heute Morgen segelt ein Kriegsschiff los [nach England].
Dies ist die bisher großartigste Maßnahme. Dieses letzte Unternehmen der Patrioten hat eine Würde, eine Majestät, eine Erhabenheit an sich, die ich bewundere. Das Volk sollte sich nie erheben, ohne etwas Erinnerungswürdiges zu tun – etwas Beachtenswertes und Aufsehenerregendes. Die Vernichtung des Tees ist eine so kühne, entschlossene, furchtlose und kompromisslose Tat, und sie wird notwendigerweise so wichtige und dauerhafte Konsequenzen hervorrufen, dass ich sie als epochemachendes Ereignis betrachten muss.
Dies war nur ein Angriff auf Eigentum. Ähnlicher Gebrauch der Volksgewalt kann zur Vernichtung von Menschenleben führen. Viele wünschten, dass im Hafen ebenso viele Leichen wie Teekisten schwämmen – eine viel geringere Zahl von Menschenleben jedoch würde die Ursache all unseres Unglücks beseitigen.
Die bösartige Genugtuung, mit der Hutchinson, der Gouverneur [...] und die Zollkommissare die schwierige Lage des Volkes bei dem Kampf um die Rücksendung des Tees nach London und zum Schluss auch die Vernichtung des Tees mit angesehen haben, ist unglaublich. Man kann sich kaum

[1] Der Jurist John Adams (1735-1826) kam aus einer puritanischen Familie aus Massachusetts. Er unterstützte die Unabhängigkeitsbewegung und beteiligte sich an der Abfassung der Unabhängigkeitserklärung (siehe M8, S. 30 f.). Er wurde 1789 Vizepräsident und 1797 zweiter Präsident der Vereinigten Staaten.

vorstellen, dass es so gewissenlose und hemmungslose
Menschen gibt. Welche Maßnahmen wird das Ministerium
ergreifen? Werden sie empört sein? Werden sie es wagen,
empört zu sein? Werden sie uns bestrafen? Wie? Indem sie
Truppen einquartieren? Die Gründungsurkunde widerrufen?
Noch höhere Zölle einziehen? Unseren Handel beschränken?
Sich an Einzelnen rächen? Oder wie?

Die Frage ist, ob die Vernichtung des Tees nötig war. Ich
fürchte, sie war absolut notwendig. Er konnte nicht zurückgeschickt werden, weil Gouverneur, Admiral und der Zoll es
nicht erlaubten. Allein in deren Macht lag es, den Tee zu retten. An der Wasserfestung und den Kriegsschiffen wären die
Teeschiffe nicht vorbeigekommen. Die Alternative war daher,
den Tee zu vernichten oder an Land zu bringen. Ihn an Land
zu bringen hätte bedeutet, dass wir das Besteuerungsrecht
des Parlaments anerkennen, gegen das der Kontinent zehn
Jahre lang gekämpft hat. Es hätte bedeutet, dass wir die Arbeit von zehn Jahren zunichte machen und uns und unsere
Nachkommen den ägyptischen Sklaventreibern unterwerfen
– den drückenden Abgaben, der Schmach und Schande, den
Anschuldigungen und der Verachtung, dem Elend und der
Unterdrückung, der Armut und der Knechtschaft.

Herbert Schambeck u.a. (Hrsg.), Dokumente zur Geschichte der Vereinigten
Staaten von Amerika, Berlin ²2007, S. 69 f.

1. *Weisen Sie anhand der sprachlichen Elemente die Position Adams zur „Boston Tea Party" nach (siehe S. 20).*
2. *Entwickeln Sie zum selben Anlass einen Tagebucheintrag aus der Sicht eines Loyalisten (Königstreuen), der die britische Politik verteidigt.*

M4 Thomas Paine: Common Sense

Im Januar 1776 veröffentlicht Thomas Paine anonym die Streitschrift „Common Sense". Sie wird der erste politische Bestseller Amerikas und erreicht innerhalb von drei Monaten eine Auflage von 120 000 Exemplaren. Er schreibt:

Über die Monarchie und die Erbfolge
Da alle Menschen nach der Ordnung der Schöpfung ursprünglich gleich waren, kann diese Gleichheit nur durch spätere Ereignisse zerstört worden sein [...], ohne dass man dabei
auf solch harte und böse klingende Begriffe wie Unterdrückung und Habgier zurückgreifen muss. [...] Aber es gibt noch
eine andere und wichtigere Unterscheidung, die auf keinen
wahrhaft natürlichen oder religiösen Grund zurückgeführt
werden kann, nämlich die Unterscheidung der Menschen in
Könige und Untertanen. Die Natur unterscheidet nur nach
männlich und weiblich, der Himmel nach gut und böse [...].

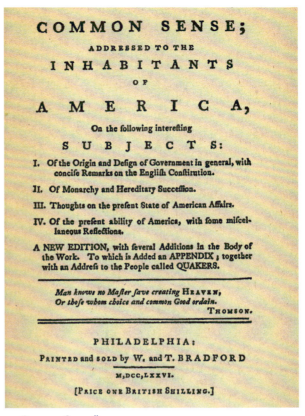

▲ „Common Sense."
Titelblatt der Originalausgabe von 1776.

Kurz gesagt: Monarchie und Erbfolge (und dies nicht nur in
diesem oder jenem Königreich) haben nichts anderes bewirkt, als die Welt in Schutt und Asche zu legen. Es ist eine
Regierungsform, gegen die das Wort Gottes Zeugnis ablegt
und die mit Blut befleckt ist. [...]

Gedanken über den gegenwärtigen Stand der Sache Amerikas
Unsere Pläne zielen auf den Handel, und dieser wird, wenn er
ordentlich betrieben wird, uns den Frieden und die Freundschaft mit ganz Europa sichern; denn es liegt im Interesse
ganz Europas, Amerika als Freihafen zu haben. [...] Da ganz
Europa der Absatzmarkt für unseren Handel ist, sollten wir
keine parteiische Verbindung mit einem Teil davon eingehen.
Es liegt im wahren Interesse Amerikas, sich aus europäischen
Streitigkeiten herauszuhalten, was es niemals tun kann, solange es durch die Abhängigkeit von Großbritannien zum
Zugewicht in der Waagschale der britischen Politik wird. [...]
Alles, was wahr und naturgemäß ist, spricht für die Trennung. Das Blut der Getöteten, die klagende Stimme der
Natur schreien: ES IST ZEIT SICH ZU TRENNEN. [...]

Um die Sache auf einen Punkt zu bringen: Ist die Macht, die eifersüchtig auf unseren Reichtum ist, geeignet, uns zu regieren? Wer auch immer auf diese Frage mit Nein antwortet, ist ein Unabhängiger [independent], denn Unabhängigkeit bedeutet nichts anderes, als dass entweder wir unsere eigenen Gesetze machen werden, oder der König, der größte Feind, den dieser Kontinent hat oder haben kann, uns sagen wird: Es soll keine anderen Gesetze geben als solche, die mir gefallen. Aber wo bleibt, sagen einige, der König von Amerika? Ich sage dir, mein Freund, er regiert oben im Himmel und richtet keine Gemetzel unter der Menschheit an so wie der königliche Unmensch aus Großbritannien. [...] Eine eigene Regierung ist unser natürliches Recht; und wenn man ernsthaft über die Vergänglichkeit menschlicher Dinge nachdenkt, wird man zur Überzeugung kommen, dass es sehr viel sicherer und weiser ist, uns gelassen und überlegt eine eigene Verfassung zu schaffen, solange wir noch die Möglichkeit dazu haben, als ihre Entstehung der Zeit und dem Zufall anzuvertrauen.

Thomas Paine, Common Sense, übersetzt und herausgegeben von Lothar Meinzer, Stuttgart 1982, S. 16, 27, 36 f., 45 und 52 f.

1. *Beschreiben Sie Paines Haltung zur Monarchie.*
2. *Erläutern Sie, wie Paine das Verhältnis zwischen den Kolonien und England sieht.*
3. *Vergleichen Sie Paines Argumentation mit der Rechtsauffassung der Verfasser des Stempelsteuerprotests (M2, S. 25 f.).*
4. *Erörtern Sie Pro und Kontra der verfassungsrechtlichen Prinzipien für ein unabhängiges Amerika.*

M5 „Welche Vorteile wird die Unabhängigkeit bringen?"

In einem anonymen Zeitungsartikel aus Philadelphia heißt es am 17. Februar 1776:

Einen freien und unbeschränkten Handel; eine große Zunahme des Wohlstandes und einen entsprechenden Anstieg des Grundstückswertes; die Einrichtung und allmähliche Entwicklung und Verbesserung der Manufakturen und der Naturwissenschaften; einen großen Andrang von Einwanderern, die, angezogen von der Milde freier, gleicher und toleranter Regierung, ihre Heimatländer verlassen und in diesen Kolonien siedeln; eine erstaunliche Vermehrung unserer derzeitigen Bevölkerung. Wo Fleiß belohnt wird; wo Freiheit und Eigentum gesichert sind; wo die Armen leicht ihren Lebensunterhalt finden, und wo die mittlere Klasse mit ihrer Arbeit ihre Familien bequem unterhalten kann, dort

muss sich die Bevölkerung schnell vermehren. Einigen dieser Umstände verdanken wir bereits die Verdoppelung unserer Einwohnerzahl in etwas mehr als den vergangenen 25 Jahren. Wenn unter den bisherigen Beschränkungen unseres Handels und der Manufakturen die Bevölkerung derart zugenommen hat, ist es nur vernünftig, einen noch rapideren Anstieg zu erwarten, wenn diese Beschränkungen erst einmal aufgehoben sind. [...] Nehmen wir an, der Krieg dauere sechs Jahre und jedes Jahr koste uns drei Millionen. Wenn am Ende dieser Zeit der Sieg unsere Unabhängigkeit bewirkt und sichert, werden in der Rückschau 18 Millionen vielleicht nicht als eine große Belastung angesehen werden. Ungehinderter Handel wird dann neue Quellen des Reichtums eröffnen. [...] Für die Freiheit ist kein Preis zu hoch, und spätere Generationen werden die Unabhängigkeit für 18 Millionen als einen billigen Kauf betrachten.

Angela und Willi Paul Adams (Hrsg.), Die Entstehung der Vereinigten Staaten und ihrer Verfassung. Dokumente 1754 - 1791, Münster 1995, S. 185 f.

1. *Arbeiten Sie aus M4 und M5 die Motive für den Unabhängigkeitskampf der nordamerikanischen Kolonien heraus.*
2. *Entwickeln Sie zum Zeitungsartikel einen ablehnenden und/oder einen zustimmenden Leserbrief.*

M6 Politische Rechte für Frauen?

An dem Widerstand gegen die Briten beteiligen sich viele Frauen. Sie organisieren sich in Geheimbünden („Töchter der Freiheit"), boykottieren britische Waren und fordern ihre Mitbürgerinnen auf, Kleider selbst herzustellen und nur amerikanische Waren zu kaufen. Einige Frauen unterstützen den politischen Kampf mit Zeitungsartikeln, andere helfen und kämpfen im Unabhängigkeitskrieg. Darüber hinaus versuchen manche, ihre Ehemänner von der Gleichberechtigung der Geschlechter zu überzeugen. Abigail Adams schreibt am 31. März 1776 ihrem Mann John Adams:

Ich sehne mich nach der Nachricht, dass Ihr die Unabhängigkeit erklärt habt. Und, nebenbei, in dem neuen Gesetzbuch, das Ihr – meiner Meinung nach – notwendig machen müsst, solltet Ihr – wie ich wünsche – an die Frauen denken und sie großzügiger und günstiger behandeln als eure Vorfahren es taten. Gebt keine solche unbegrenzte Macht mehr in die Hände der Ehemänner. Erinnert euch, dass alle Männer Tyrannen wären, wenn sie könnten. Wenn den Frauen keine besondere Sorge und Berücksichtigung zuteil wird, sind wir entschlossen, einen Aufruhr zu schüren. Wir werden uns nicht durch irgendwelche Gesetze gebunden fühlen, bei denen wir kein Stimm- oder Vertretungsrecht haben.

▶ **Abigail Adams.**
Porträt von Mather Brown, 1785.
Abigail Adams (1744-1818) kam aus einer angesehenen Familie aus Massachusetts und war an philosophischen und politischen Fragen sehr interessiert. 1766 heiratete sie John Adams (siehe S. 26). Ihr Rat beeinflusste dessen Politik und Karriere maßgeblich.

Dass euer Geschlecht von Natur aus tyrannisch ist, ist als Wahrheit so völlig bewiesen, dass es keine Erörterung mehr erlaubt. Aber die von euch, die glücklich sein wollen, geben freiwillig das strenge Anrecht des Herren auf zugunsten des sanfteren und teureren als Freund. Warum dann nehmt Ihr es nicht aus der Macht der Bösen und Zügellosen, ohne Strafe mit uns grausam und entwürdigend umzugehen? Männer von Verstand verabscheuen in allen Zeiten solche Sitten, die uns nur als die Mägde eures Geschlechtes behandelt. Betrachtet uns also als von der Vorsehung unter euren Schutz gestellt. Und in Nachahmung des höchsten Wesens macht von dieser Gewalt nur zu unserem Glück Gebrauch.

John Adams antwortet am 14. April 1776:

Was dein außerordentliches Gesetzbuch betrifft, da kann ich nur lachen. Man hat uns erzählt, dass unser Kampf (gegen England) die Bande der Obrigkeit überall gelockert habe, dass Kinder und Lehrlinge ungehorsam würden, dass Schulen und Universitäten aufgewühlt würden, dass Indianer ihre Wächter missachteten und Neger unverschämt gegen ihre Herren würden. Aber dein Brief war der erste Hinweis, dass noch ein anderer Klüngel – zahlreicher und mächtiger als alle anderen – zur Unzufriedenheit herangezüchtet wird. Das ist ein ziemlich grobes Kompliment, aber du bist so frech, dass ich es nicht ausstreichen werde.
Verlass dich drauf, wir wissen etwas Besseres, als unsere männlichen Einrichtungen außer Kraft zu setzen. Obwohl sie in voller Rechtskraft stehen, sind sie – wie dir bekannt – wenig mehr als Theorie. Wir wagen es nicht, unsere Gewalt auszuüben. Wir sind verpflichtet, fair und sanft vorzugehen: Und in der Praxis – du weißt es – sind wir die Untergebenen.

Gerold Niemetz (Hrsg.), Vernachlässigte Fragen der Geschichtsdidaktik, Hannover 1992, S. 96

1. *Geben Sie die Argumente von Abigail Adams wieder.*
2. *Ordnen Sie den Briefwechsel in die zeitgenössische Situation ein.*
3. *Beurteilen Sie die Antwort von John Adams.*
4. *Entwickeln Sie Argumente für eine Fortsetzung des Streites zwischen dem Ehepaar Adams.*

M7 Virginia Bill of Rights

Am 15. Mai 1776 fordert der Zweite Kontinentalkongress die zur Trennung von Großbritannien bereiten Kolonien auf, sich eigene Verfassungen zu geben. Die Verfassunggebende Versammlung von Virginia stellt am 12. Juni 1776 ihrer „Constitution" eine Rechteerklärung voran, die für alle späteren Grundrechtserklärungen vorbildlich ist:

Abschnitt 1: Alle Menschen sind von Natur aus in gleicher Weise frei und unabhängig und besitzen bestimmte angeborene Rechte, welche sie ihrer Nachkommenschaft durch keinen Vertrag rauben oder entziehen können, wenn sie eine staatliche Verbindung eingehen, und zwar den Genuss des Lebens und der Freiheit, die Mittel zum Erwerb und Besitz von Eigentum und das Erstreben und Erlangen von Glück und Sicherheit.
Abschnitt 2: Alle Macht ruht im Volke und leitet sich folglich von ihm her; die Beamten sind nur seine Bevollmächtigten und Diener und ihm jederzeit verantwortlich.
Abschnitt 3: Eine Regierung ist oder sollte zum allgemeinen Wohle, zum Schutze und zur Sicherheit des Volkes, der Nation oder Allgemeinheit eingesetzt sein; von all den verschiedenen Arten und Formen der Regierung ist diejenige die beste, die imstande ist, den höchsten Grad von Glück und Sicherheit hervorzubringen […]; die Mehrheit eines Gemeinwesens hat ein unzweifelhaftes, unveräußerliches und unverletzliches Recht, eine Regierung zu verändern oder abzuschaffen, wenn sie diesen Zwecken unangemessen oder entgegengesetzt

befunden wird, und zwar so, wie es dem Allgemeinwohl am dienlichsten erscheint. [...]

Abschnitt 5: Die gesetzgebende und ausführende Gewalt des Staates sollen von der richterlichen getrennt und unterschie-
25 den sein [...].

Abschnitt 6: Die Wahlen der Abgeordneten, die als Volksvertreter in der Versammlung dienen, sollen frei sein; alle Männer, die ihr dauerndes Interesse und ihre Anhänglichkeit an die Allgemeinheit erwiesen haben, besitzen das Stimm-
30 recht. Ihnen kann ihr Eigentum nicht zu öffentlichen Zwecken besteuert oder genommen werden ohne ihre eigene Einwilligung oder die ihrer so gewählten Abgeordneten, noch können sie durch irgendein Gesetz gebunden werden, dem sie nicht in gleicher Weise um des öffentlichen Wohles willen
35 zugestimmt haben. [...]

Abschnitt 8: Bei allen schweren oder kriminellen Anklagen hat jedermann ein Recht, Grund und Art seiner Anklage zu erfahren, den Anklägern und Zeugen gegenübergestellt zu werden, Entlastungszeugen herbeizurufen und eine rasche
40 Untersuchung durch einen unparteiischen Gerichtshof von zwölf Männern seiner Nachbarschaft zu verlangen, ohne deren einmütige Zustimmung er nicht als schuldig befunden werden kann; auch kann er nicht gezwungen werden, gegen sich selbst auszusagen; niemand kann seiner Freiheit
45 beraubt werden außer durch Landesgesetz oder das Urteil von seinesgleichen. [...]

Abschnitt 12: Die Freiheit der Presse ist eines der starken Bollwerke der Freiheit und kann nur durch despotische Regierungen beschränkt werden. [...]
50 *Abschnitt 16:* Die Religion oder die Ehrfurcht, die wir unserem Schöpfer schulden, und die Art, wie wir sie erfüllen, können nur durch Vernunft und Überzeugung bestimmt sein und nicht durch Zwang oder Gewalt; daher sind alle Menschen gleicherweise zur freien Religionsausübung berechtigt, ent-
55 sprechend der Stimme ihres Gewissens; es ist die gemeinsame Pflicht aller, christliche Nachsicht, Liebe und Barmherzigkeit aneinander zu üben.

Günther Franz (Hrsg.), Staatsverfassungen, München ³1975, S. 7, 9 und 11

1. *Arbeiten Sie die Grundprinzipien der Erklärung heraus. Welche sind für eine Demokratie unverzichtbar?*

2. *Nehmen Sie Stellung zu der Aussage, dass diejenige Regierung „die beste" sei, „die imstande ist, den höchsten Grad von Glück und Sicherheit hervorzubringen".*

M8 Declaration of Independence

Der Zweite Kontinentalkongress beschließt am 2. Juli 1776, dass die 13 Vereinigten Kolonien freie und unabhängige Staaten sind. In der am 4. Juli 1776 vom Kongress gebilligten Unabhängigkeitserklärung der „Vereinigten Staaten von Amerika" heißt es:

Wenn es im Laufe der Menschheitsgeschichte für ein Volk notwendig wird, die politischen Bande zu lösen, die es mit einem anderen Volke verbunden haben, und unter den Mächten der Erde den selbstständigen und gleichberechtigten Rang einzunehmen, zu dem natürliches und göttliches Ge- 5 setz es berechtigen, so erfordert geziemende Achtung vor den Ansichten der Menschen, dass es die Gründe darlegt, die es zur Absonderung bewegen.

Folgende Wahrheiten bedürfen für uns keines Beweises: Dass alle Menschen gleich geschaffen sind; dass sie von 10 ihrem Schöpfer mit gewissen unveräußerlichen Rechten ausgestattet sind, dass dazu Leben, Freiheit und das Streben nach Glück gehören, dass zur Sicherung dieser Rechte Regierungen unter den Menschen eingesetzt sind, die ihre rechtmäßige Autorität aus der Zustimmung der Regierten 15 herleiten; dass, wenn immer irgendeine Regierungsform diesen Zielen abträglich wird, das Volk berechtigt ist, sie zu ändern oder abzuschaffen und eine neue Regierung einzusetzen und diese auf solchen Prinzipien zu errichten und ihre Gewalten solchermaßen zu organisieren, wie es ihm 20 zur Gewährleistung seiner Sicherheit und seines Glücks am ratsamsten erscheint.

Die Vernunft gebietet freilich, dass seit Langem bestehende Regierungen nicht aus geringfügigen und flüchtigen Anlässen geändert werden sollten; und dementsprechend hat 25 alle Erfahrung gezeigt, dass die Menschen eher geneigt sind zu leiden, solange die Missstände erduldbar sind, als sich durch Beseitigung altgewohnter Formen Recht zu verschaffen. Aber wenn eine lange Reihe von Missbräuchen und Übergriffen, die ausnahmslos das gleiche Ziel verfolgen, die 30 Absicht deutlich werden lässt, das Volk unumschränktem Despotismus zu unterwerfen, so ist es sein Recht wie auch seine Pflicht, eine solche Regierung zu beseitigen und durch neue schützende Einrichtungen für seine künftige Sicherheit Vorsorge zu treffen. [...] 35
Die Regierungszeit des jetzigen Königs von Großbritannien ist voll wiederholt begangenen Unrechts und ständiger Übergriffe, die alle unmittelbar auf die Errichtung einer unumschränkten Tyrannei über unsere Staaten abzielen.

Es folgt eine Auflistung von 18 Beschwerden; darunter:

Er hat es abgelehnt, andere Gesetze zugunsten großer Bevölkerungskreise zu verabschieden, wenn diese Menschen nicht auf das Recht der Vertretung in der Legislative verzichten wollten, ein Recht, das ihnen unschätzbar wichtig ist und nur Tyrannen schrecken kann. [...]

Er hat wiederholt Volksvertretungen aufgelöst, weil sie mit männlicher Festigkeit seinen Eingriffen in die Rechte des Volkes entgegengetreten sind. [...]

Er hat Richter in Bezug auf ihre Amtsdauer, die Höhe und den Zahlungsmodus ihrer Gehälter von seinem Willen allein abhängig gemacht.

Er hat eine Unzahl neuer Behörden eingerichtet und Schwärme von Beamten hierher geschickt, um unser Volk zu belästigen und seine Substanz aufzuzehren.

Er hat in Friedenszeiten bei uns ohne die Zustimmung der gesetzgebenden Körperschaften stehende Heere unterhalten.

Er hat danach gestrebt, das Militär von der Zivilgewalt unabhängig zu machen und es ihr überzuordnen.

Er hat sich mit anderen zusammengetan, um uns einer Form der Rechtsprechung zu unterwerfen, die unserer Verfassung fremd und von unseren Gesetzen nicht anerkannt war; und er hat seine Zustimmung zu ihren angemaßten gesetzgeberischen Handlungen erteilt [...].

Er hat seinen Herrschaftsanspruch hier aufgegeben, indem er uns als außerhalb seines Schutzes stehend erklärte und Krieg gegen uns führte.

Er hat unsere Meere geplündert, unsere Küsten verwüstet, unsere Städte niedergebrannt und unsere Mitbürger getötet. Er schafft zum gegenwärtigen Zeitpunkt große Heere fremder Söldner heran, um das Werk des Todes, der Verwüstung und der Tyrannei zu vollenden, das er bereits mit solcher Grausamkeit und Heimtücke begonnen hat, wie sie in den barbarischsten Zeiten kaum ihresgleichen finden, und die des Oberhauptes einer zivilisierten Nation gänzlich unwürdig sind. [...]

Er hat Erhebungen in unserer Mitte angeschürt und sich bemüht, auf die Bewohner unserer Grenze zur Wildnis hin die erbarmungslosen indianischen Wilden zu hetzen, deren Kriegführung bekanntlich darin besteht, alles ohne Rücksicht auf Alter, Geschlecht oder Zustand niederzumachen. [...]

Daher tun wir, die in gemeinsamem Kongress versammelten Vertreter der Vereinigten Staaten von Amerika, unter Anrufung des obersten Weltenrichters als Zeugen für die Rechtschaffenheit unserer Absichten, im Namen und Auftrag des wohlmeinenden Volkes unserer Kolonien feierlich kund zu wissen, dass diese Vereinigten Kolonien freie und unabhängige Staaten sind und rechtens sein sollen; dass sie von jeglicher Treuepflicht gegen die britische Krone entbunden

▲ „Declaration of Independence, July 4th, 1776."
Historiengemälde von John Trumbull, 1787.
Thomas Jefferson (siehe S. 22) überreicht dem Präsidenten des Zweiten Kontinentalkongresses die Unabhängigkeitserklärung. Links von ihm (im braunen Anzug) John Adams (siehe S. 26), rechts Benjamin Franklin.

sind, und dass jede politische Verbindung zwischen ihnen und dem Staate Großbritannien vollständig gelöst ist und sein soll; und dass sie als freie und unabhängige Staaten das uneingeschränkte Recht haben, Krieg zu führen, Frieden zu schließen, Bündnisse einzugehen, Handel zu treiben und alle sonstigen Handlungen vorzunehmen und Tätigkeiten auszuüben, zu denen unabhängige Staaten rechtens befugt sind.

Udo Sautter, Die Vereinigten Staaten. Daten, Fakten, Dokumente, Tübingen/Basel 2000, S. 148 und 150

1. *Analysieren Sie den Aufbau der Unabhängigkeitserklärung. Arbeiten Sie die Aussagen der einzelnen Abschnitte heraus.*

2. *Beschreiben Sie das Verhältnis zwischen dem englischen König und den Kongressteilnehmern.*

3. *Ordnen Sie die Unabhängigkeitserklärung in einen historischen Zusammenhang ein und beurteilen Sie, welche Funktionen die Unabhängigkeitserklärung hatte.*

4. *Erörtern Sie die Wirkung der Erklärung in der amerikanischen Bevölkerung und bei ausländischen Regierungen.*

5. *Beurteilen Sie, welche politische Bedeutung die Erklärung über den aktuellen Anlass hinaus hatte.*

6. *Weisen Sie die Einflüsse Paines (siehe M4, S. 27f.) auf die Unabhängigkeitserklärung nach.*

▲ **Phillis Wheatley.**
Stich aus ihrem 1773 veröffentlichten Gedichtband.
- Beschreiben Sie das Leben der Phillis Wheatley. Recherchieren Sie dazu im Internet.
- Überprüfen Sie die Behauptung, dass Sklavinnen damals doppelt unterdrückt waren.

M9 Petition an die Revolutionäre zur Abschaffung der Sklaverei

Am 13. Januar 1777 erhält die Gesetzgebende Versammlung von Massachusetts folgende Bittschrift:

Diese Petition einer großen Anzahl von Schwarzen, die im Zustand der Sklaverei gehalten werden inmitten eines freien und christlichen Landes, legt in aller Demut dar, dass ihre Verfasser begreifen, dass sie mit allen anderen Menschen
5 ein natürliches und unveräußerliches Recht auf die Freiheit gemeinsam haben, die der große Schöpfer des Weltalls der ganzen Menschheit gleichermaßen verliehen hat und auf die sie niemals durch irgendeinen Vertrag oder eine Vereinbarung verzichtet haben – sondern sie wurden unrechtmäßig
10 durch die Handhabung grausamer Macht von ihren liebsten Freunden getrennt und einige sogar aus den Armen ihrer zärtlichen Eltern fortgerissen – aus einem volkreichen, freundlichen und fruchtbaren Land wurden sie unter Verletzung des Naturrechts und des Völkerrechts und allen zarten
15 Gefühlen der Menschlichkeit zum Trotz hierhergebracht, um wie Lasttiere verkauft und wie diese zu lebenslanger Sklaverei verurteilt zu werden.

In einem Volk, dass sich zur milden Religion Jesu bekennt, das sich den Geheimnissen des rationalen Seins nicht verschließt und dem es auch nicht an Mut fehlt, sich den ungerechten
20 Versuchen anderer, es in einen Zustand der Knechtschaft und Unterwerfung zu zwingen, zu widersetzen, brauchen wir das hohe Haus nicht daran zu erinnern, dass ein Leben in Sklaverei wie das der Unterzeichneten, ohne alle sozialen Rechte und ohne alles, was das Leben erträglich macht, schlimmer
25 ist als das Nichtsein.
Dem löblichen Beispiel des guten Volkes dieser Staaten folgend, haben die Verfasser dieser Petition lange und geduldig das Ergebnis einer Petition nach der anderen, die sie der Legislative dieses Staates zugeleitet haben, abgewartet, aber
30 sie können nur bekümmert feststellen, dass sie alle einen nur zu ähnlichen Erfolg gehabt haben. Sie können nicht umhin, ihrem Erstaunen Ausdruck zu geben, dass niemals bedacht worden ist, dass alle Prinzipien, nach denen Amerika im Laufe seiner unglücklichen Differenzen mit Großbritannien gehan-
35 delt hat, stärker als tausend Argumente für die Verfasser dieser Petition sprechen. Daher flehen sie das hohe Haus in aller Demut an, dieser Petition gebührend Gewicht beizumessen und sie zu erwägen und durch die Legislative ein Gesetz zu erlassen, durch das sie wieder in den Genuss all
40 dessen gesetzt werden, was das natürliche Recht eines jeden Menschen ist [...].

Eberhard Brüning (Hrsg.), Anspruch und Wirklichkeit. Zweihundert Jahre Kampf um Demokratie in den USA: Dokumente und Aussagen, Berlin 1976, S. 107 f.

1. Arbeiten Sie die Argumente der Verfasser dieser Bittschrift gegen die Sklaverei heraus.
2. Nehmen Sie Stellung zu der Petition.

M10 Die Furcht vor Tyrannei

Der Jurist und Journalist Thomas Darnstädt schreibt in einem 2008 veröffentlichten Aufsatz:

25 von 56 Unterzeichnern der Unabhängigkeitserklärung waren Rechtsanwälte, und als die Verfassung ein paar Jahre später die Unabhängigkeit von der Krone staatsrechtlich besiegelte, schwärmte der damals auch in der Alten Welt geschätzte politische Kolumnist Thomas Paine[1]: „Das Recht
5 ist jetzt König."
Ein Weltreich, auf Recht gebaut. Das Volk, der neue Souverän, spielte für die amerikanischen Verfassungsväter eine ambivalente Rolle: Es sollte zwar an allen Hebeln der Macht

[1] Thomas Paine: Siehe S. 22 und M4, S. 27 f.

„American Revolution" – Ein moderner Staat entsteht

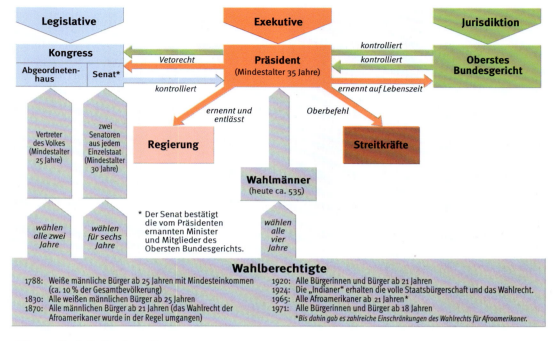

▲ Die amerikanische Bundesverfassung.
■ Erklären Sie anhand des Schaubildes den Grundsatz der „checks and balances".

---

sitzen – aber möglichst keinen davon bedienen. Das unveräußerliche Recht, nach Glückseligkeit zu streben, könnte zu schwersten Störungen der grandiosen Republik-Maschine führen. Ungezügelter „Ehrgeiz" und „Leidenschaft" im Volke, warnte Hamilton[2], könnten schnell zu einer „Tyrannei" der Mehrheit werden.
Die Furcht vor Tyrannei war der Grund für die Lossagung von der britischen Krone, die Furcht vor Tyrannei war der alles bestimmende Gedanke der amerikanischen Verfassung. Damit die Freiheit von fremder Autorität nicht in Zügellosigkeit tyrannische Formen annehme, konstruierten die Verfassungsjuristen eine „repräsentative" Demokratie, um die „Wirkungen der Freiheit" zu kontrollieren. Nicht einfach die Mehrheit sollte sagen, wo es langgeht, sondern der Mehrheitswille werde abgepuffert von Repräsentanten im alten, staatstragenden Sinne: Es sollte nicht so sehr darauf ankommen, ob die Abgeordneten die Mehrheitsverhältnisse und sozialen Schichten im Volk repräsentieren, sondern ob es kompetente Leute sind, Honoratioren mit Common Sense[3]. [...]

Gewaltenteilung war das Patentrezept, Tyrannei in Zaum zu halten, ein raffiniertes System der checks und balances, in dem „Ehrgeiz dem Ehrgeiz entgegenwirkt" (Madison[4]).

Thomas Darnstädt, Revolution der Juristen, in: Spiegel Special Geschichte Nr. 4/2008, S. 82

1. *Geben Sie die Kernaussagen des Textes wieder. Klären Sie vorab unbekannte Begriffe.*
2. *Überprüfen Sie anhand des Schaubildes Darnstädts Behauptung, das Volk „sollte zwar an allen Hebeln der Macht sitzen – aber möglichst keinen davon bedienen".*
3. *Beurteilen Sie, welche Position Darnstädt gegenüber dem Werk der Verfassungsväter einnimmt.*

---

[2] Alexander Hamilton (1755-1804) zählte wie James Madison (1751-1836) und John Jay (1749-1829) zu den Autoren der „Federalist Papers", die sich für einen starken Bundesstaat und die Annahme der Verfassung von 1787 einsetzten (siehe S. 24).
[3] Common Sense: Siehe S. 22.
[4] James Madison (1751-1836): Siehe Anm. 2.

▲ **Federal Hall National Memorial mit der Statue des ersten Präsidenten, George Washington, auf der Wall Street in New York City.**
Foto von 2006.
Obwohl die Federal Hall nur für kurze Zeit als erstes Kapitolgebäude fungierte, fanden hier wichtige Ereignisse statt, so u.a. der Amtsantritt George Washingtons. Auch die „Bill of Rights" wurde dem ersten Kongress der Vereinigten Staaten in diesem Gebäude erstmals vorgestellt.

M11 Bill of Rights

Am 25. September 1789 verabschiedet der Kongress zehn Ergänzungsartikel (amendments) der Verfassung: die „Bill of Rights". Folgende Grundrechtsartikel treten am 15. Dezember 1791 in Kraft:

Artikel I: Der Kongress darf kein Gesetz erlassen, das die Einführung einer Staatsreligion zum Gegenstand hat, die freie Religionsausübung verbietet, die Rede- oder Pressefreiheit oder das Recht des Volkes einschränkt, sich friedlich zu versammeln und die Regierung durch Petition um Abstellung von Missständen zu ersuchen.
Artikel II: Da eine gut ausgebildete Miliz für die Sicherheit eines freien Staates erforderlich ist, darf das Recht des Volkes, Waffen zu besitzen und zu tragen, nicht beeinträchtigt werden.
Artikel III: Kein Soldat darf in Friedenszeiten ohne Zustimmung des Eigentümers in einem Hause einquartiert werden und in Kriegszeiten nur in der gesetzlich vorgeschriebenen Weise.
Artikel IV: Das Recht des Volkes auf Sicherheit der Person und der Wohnung, der Urkunden und des Eigentums, vor willkürlicher Durchsuchung, Verhaftung und Beschlagnahme darf nicht verletzt werden, und Haussuchungs- und Haftbefehle dürfen nur bei Vorliegen eines eidlich oder eidesstattlich erhärteten Rechtsgrundes ausgestellt werden und müssen die zu durchsuchende Örtlichkeit und die in Gewahrsam zu nehmenden Personen oder Gegenstände genau bezeichnen.
Artikel V: Niemand darf wegen eines Kapitalverbrechens oder eines sonstigen schimpflichen Verhaltens zur Verantwortung gezogen werden, es sei denn aufgrund eines Antrages oder einer Anklage durch ein Großes Geschworenengericht. [...] Niemand darf wegen derselben Straftat zweimal durch ein Verfahren in Gefahr des Leibes und des Lebens gebracht werden. Niemand darf in einem Strafverfahren zur Aussage gegen sich selbst gezwungen noch des Lebens, der Freiheit oder des Eigentums ohne vorheriges ordentliches Gerichtsverfahren nach Recht und Gesetz beraubt werden. Privateigentum darf nicht ohne angemessene Entschädigung für öffentliche Zwecke eingezogen werden.
Artikel VI: In allen Strafverfahren hat der Angeklagte Anspruch auf einen unverzüglichen und öffentlichen Prozess vor einem unparteiischen Geschworenengericht desjenigen Staates und Bezirks, in welchem die Straftat begangen wurde, wobei der zuständige Bezirk vorher auf gesetzlichem Wege zu ermitteln ist. Er hat weiterhin Anspruch darauf, über die Art und Gründe der Anklage unterrichtet und den Belastungszeugen gegenübergestellt zu werden, sowie auf Zwangsvorladung von Entlastungszeugen und einen Rechtsbeistand zu seiner Verteidigung.
Artikel VII: In Zivilprozessen, in denen der Streitwert zwanzig Dollar übersteigt, besteht ein Anrecht auf ein Verfahren vor einem Geschworenengericht, und keine Tatsache, über die von einem derartigen Gericht befunden wurde, darf von einem Gerichtshof der Vereinigten Staaten nach anderen Regeln als denen des gemeinen Rechts erneut einer Prüfung unterzogen werden.
Artikel VIII: Übermäßige Bürgschaften dürfen nicht gefordert, übermäßige Geldstrafen nicht auferlegt und grausame oder ungewöhnliche Strafen nicht verhängt werden.
Artikel IX: Die Aufzählung bestimmter Rechte in der Verfassung darf nicht dahingehend ausgelegt werden, dass durch sie andere dem Volke vorbehaltene Rechte versagt oder eingeschränkt werden.
Artikel X: Die Machtbefugnisse, die von der Verfassung weder den Vereinigten Staaten übertragen noch den Einzelstaaten entzogen werden, bleiben den Einzelstaaten oder dem Volke vorbehalten.

Udo Sautter, a.a.O., S. 195-197

1. *Fassen Sie Gemeinsamkeiten und Unterschiede der „Virginia Bill of Rights" von 1776 (M7, S. 29 f.) und der „Bill of Rights" von 1789 zusammen.*
2. *Nehmen Sie in einem Plädoyer Stellung für die Aufnahme der „Bill of Rights" in die Verfassung der Vereinigten Staaten.*

Historienbilder als „Geschichtsbilder"

Historiengemälde „erzählen" Geschichte. Es gibt sie seit der Antike. Die Gattung beschränkt sich nicht auf Malerei, sondern umfasst auch Mosaike, Kupferstiche oder Reliefs. Besonders beliebt waren Historienbilder im 19. Jahrhundert, als sie auf bedeutende Ereignisse, Personen, Leistungen und Traditionen der Geschichte aufmerksam machten. Sie trugen so zur Identifikation der Öffentlichkeit mit dem eigenen Volk und der eigenen Nation bei.

Historiengemälde analysieren

Historienbilder sind Kunstwerke. Die Künstler bemühen sich, historische Sachverhalte darzustellen und zu deuten – die „historische Realität" bilden sie nicht ab. Das gilt unabhängig vom zeitlichen Abstand zum dargestellten Geschehen. Sie verherrlichen, rechtfertigen oder kritisieren vergangene Ereignisse. Oft sind Historienbilder öffentliche oder private Auftragsarbeiten. Sie sagen dann immer auch etwas über die Sichtweisen der Auftraggeber aus.
Die Analyse und Interpretation erfordert daher nicht nur Kenntnisse über die dargestellte Zeit, sondern auch über die Entstehungszeit des Bildes, den Künstler und seinen Auftraggeber.

Formale Kennzeichen
- Wer ist der Künstler / die Künstlerin?
- Wann und wo ist das Kunstwerk entstanden?
- Stammt der „Bildtitel" vom Künstler oder wurde er von anderer Seite zugefügt?
- Um welche Kunstgattung (Gemälde, Holzstich, Kupferstich, Fresko, Relief etc.) und welches Format (z.B. Monumentalgemälde) handelt es sich?

Bildinhalt
- Wen oder was zeigt das Kunstwerk?
- Welche Komposition (Bildaufbau, Figuren etc.) liegt dem Bild zugrunde?
- Welche Perspektive (Vogel-, Zentralperspektive etc.) hat der Künstler gewählt?
- Wie ist die Farbgebung (hell, dunkel, kontrastreich etc.) und die Lichtführung (konzentriert oder gleichmäßig)?
- Welche Symbole und Sinnbilder (Allegorien) werden verwendet?

Historischer Kontext
- Aus welchem Anlass ist das Bild entstanden?
- An welches Ereignis, an welchen Sachverhalt oder an welche Person wird erinnert?
- Handelt es sich um eine realistische oder allegorische (sinnbildliche) Darstellung?
- Inwiefern haben die politischen, religiösen oder sozialen Verhältnisse der Entstehungszeit das Kunstwerk beeinflusst?

Intention und Wirkung
- Was ist über die Haltung des Künstlers und der Auftraggeber bekannt?
- An wen richtet sich das Kunstwerk?
- Welche Absichten verfolgten Künstler bzw. Auftraggeber?
- Welche Wirkungen erzielte das Bild bei zeitgenössischen Betrachtern?

Bewertung und Fazit
- Wie lassen sich Aussage und Wirkung des Gemäldes bewerten?
- Gibt es weitere Quellen zum Bildthema, mit denen sich das Kunstwerk vergleichen lässt?

Methoden-Baustein

Beispiel und Analyse

- *Westufer des Delaware:* Pennsylvania
- *Sonnenaufgang:* Zeichen für den Beginn einer neuen Zeit oder Symbol für die Aufklärung
- *Drei stehende Männer im Mittelpunkt des Bildes*
- *Flagge der Vereinigten Staaten:* existiert 1776 noch nicht
- *Weitere Boote der Armee Washingtons:* symbolisieren die Streitmacht

▲ **„Washington Crossing the Delaware."** Ölgemälde von Emanuel Gottlieb Leutze, Düsseldorf 1851.

- *Hinweis auf die Jahreszeit:* Eisschollen verstärken die Dramatik
- *George Washington:* heroische Haltung und Ruhepol im Bild verweisen auf die Position des Oberbefehlshabers
- *Zwölf Personen im Boot:* symbolisieren „Vollkommenheit" oder die ersten Unterzeichner der Unabhängigkeitserklärung
- *Bootsform und Größe:* sind bewusst vereinfacht bzw. verkleinert

Formale Kennzeichen ■ Das 378,5 x 647,7 cm große Monumentalgemälde entstand 1850/51 in Düsseldorf und ist heute im Besitz des Metropolitan Museum of Art in New York. Geschaffen hat es Emanuel Gottlieb Leutze (1816 - 1868), der 1825 mit seinen Eltern aus Schwäbisch-Gmünd nach Philadelphia kam und dort zum Porträtmaler ausgebildet wurde. 1841 ging der 25-jährige Leutze zu Studienzwecken an die Akademie nach Düsseldorf. Er blieb mit Unterbrechungen bis 1859 in der rheinischen Kunstmetropole, in der damals viele amerikanische Kunstmaler lebten. Das Historiengemälde „Washington Crossing the Delaware" – der Titel stammt vom Künstler – machte Leutze zu einem der berühmtesten Maler des 19. Jahrhunderts in den Vereinigten Staaten und in Deutschland. Ob er es in einem bestimmten Auftrag oder aus eigenem Antrieb malte, ist bis heute ungewiss. Möglicherweise wollte er sich damit für die Ausmalung des Washingtoner Kapitols empfehlen.

Bildinhalt ■ Das Bild zeigt im Vordergrund ein Boot mit zwölf Männern, das durch die Eisschollen eines Flusses gerudert wird. Im Hintergrund der rechten Bildhälfte sind weitere Kähne mit Soldaten, Pferden und Waffen zu erkennen. Links von der Mitte des Gemäldes steht in der aufgehenden Sonne aufrecht ein General: George Washington, der Oberbefehlshaber der aufständischen Truppen im Amerikanischen Unabhängigkeitskrieg. Hinter ihm, in der Mitte des Bildes, flattert im Wind das Sternenbanner, gehalten von zwei Personen und umringt von den übrigen Insassen des Bootes. Sie sind alle durch unterschiedliche Kleidung, Mimik und Gestik individuell gestaltet.

Historischer Kontext ■ Leutze erinnert mit dem Historiengemälde an eine Episode des Unabhängigkeitskampfes. Am späten Nachmittag des 25. Dezember 1776 verließ General Washington mit einer Truppe von 3500 Mann, darunter Sklaven und freie Schwarze, die Westküste von New Jersey, überquerte am folgenden Morgen um etwa vier Uhr den Delaware-Strom und siegte danach über die vor Trenton lagernden britischen Einheiten. Der Sieg entschied den Unabhängigkeitskrieg nicht. Es dauerte noch vier Jahre, bis die Briten bei Yorktown endgültig aufgaben, und weitere zwei Jahre, bis die Unabhängigkeit der USA 1783 im Frieden von Versailles anerkannt wurde.

Intention und Wirkung ■ Das Bild erzählt die schicksalhafte Überquerung des Delaware vom Ende her. Der erfolgreiche Ausgang der Überquerung soll die erschöpften und niedergeschlagenen Truppen angespornt haben, den Unabhängigkeitskampf fortzusetzen. Um dies deutlich zu machen, dramatisierte Leutze das Geschehen. Er malte den Fluss breiter und vereister, als er war, und ein Sternenbanner, das erst 1777 zur amerikanischen Flagge wurde. In das Boot nahm er nicht zufällig zwölf Amerikaner auf, denn die Zahl zwölf steht symbolisch für Vollkommenheit und erinnert z. B. an die zwölf Apostel. Denkbar ist aber auch, dass Leutze damit die zwölf Kolonien symbolisieren wollte, die am 4. Juli 1776 die Unabhängigkeitserklärung angenommen hatten (New York hatte sich enthalten). Nicht grundlos lässt der Künstler auch das Morgenlicht auf den zielstrebigen Washington und die flatternde Fahne fallen, obwohl die Sonne im Dezember um vier Uhr morgens noch nicht scheint. Die Botschaft des Bildes lautet: Wer für Freiheit und Unabhängigkeit kämpft, wird nicht untergehen.
Leutzes Gemälde wurde 1851 in Deutschland und den USA gezeigt. Überall wurde es enthusiastisch aufgenommen. Für manchen deutschen Betrachter drückte es nach der gescheiterten Revolution von 1848/49 wohl den Wunsch nach einer Republik mit einem starken Freiheitshelden aus. In Amerika wurde das Gemälde zur Ikone des nationalen Selbstbewusstseins. Noch heute hängen Drucke davon in fast jeder Amtsstube und jedes Kind lernt es spätestens in der Schule kennen.

Exkurs: Was heißt und wozu beschäftigen wir uns mit Geschichtskultur?

„Geschichte" ist präsent ▪ Unter Geschichtskultur versteht man „die Gesamtheit der Formen, in denen Geschichtswissen in einer Gesellschaft vorhanden und wirksam ist" (Wolfgang Hardtwig). Ereignisse oder Produkte, die im Umgang mit Geschichte entstehen, jede Beschäftigung mit Geschichte, sei sie wissenschaftlicher oder privater Natur, ist somit ein Teil der Geschichtskultur.

Die Geschichtskultur hat daher zahlreiche und extrem unterschiedliche Facetten: In Form von teils belanglosen, teils wirksamen Mythen findet sie Niederschlag im Geschichtsbewusstsein.* In Gedenktagen, historischen Festen und lokalen Erinnerungsfeiern wird Vergangenheit gedeutet, und diese von der Politik inszenierte Gedenkkultur selbst wird in den Medien kommentiert.** Bisweilen wird ein ganzes Jahrhundert oder gar eine ganze Epoche zum Gegenstand außerwissenschaftlicher Sehnsüchte, etwa nach der angeblich „guten alten Zeit". In Form von Verantwortung für geschehenes Unrecht ragt Geschichte aber auch als Auftrag in unsere Gegenwart hinein, wird kontrovers diskutiert, angenommen oder abgelehnt, manchmal auch instrumentalisiert. Dabei ist „Geschichte" auch im Alltag nahezu allgegenwärtig, sei es im Kino oder im Fernsehen, sei es in der Freizeitkultur, bei der touristischen Vermarktung von Vergangenheit oder beim Einsatz von historischen Elementen in Werbestrategien (▶ M1).

▲ **Figur aus dem Computerspiel „Legends of Troy" (2011).** *Hier bildet die Schlacht um Troja den Rahmen für die Handlung. Die Figuren haben mit historischen Griechen jedoch wenig gemein.*

Formen von Geschichtskultur ▪ Geschichtskultur bedient sich unterschiedlichster wirkmächtiger medialer Formen. Diese können sehr plakativ, aber auch intellektuell oder ästhetisch sehr ambitioniert oder kreativ sein. Vermittelt wird Geschichtskultur weniger über Fachbücher als vielmehr über Museen oder Gedenkstätten, über Filme und Literatur, über das Feuilleton der großen Tageszeitungen, über Ausstellungen oder Kunst (z. B. Denkmäler, „Stolpersteine" usw.), selbst über Computerspiele und Redensarten und vieles andere mehr. Alle diese Formen von Geschichtskultur erzeugen neue Perspektiven auf die Vergangenheit. Dabei werden wissenschaftlich erforschte historische Sachverhalte häufig als Grundlage benutzt, jedoch von den „Produzenten" von Geschichtskultur auf eigene Art und Weise interpretiert und präsentiert.

Die historische Forschung hat auf diese unterschiedlichen Formen der Präsentation von Geschichte insgesamt nur sehr wenig Einfluss. Oft tut sich die Wissenschaft schwer damit, die einflussreiche Geschichtskultur als Forschungsfeld aufzugreifen. Diese scheint sich völlig unbekümmert nach ihren eigenen Gesetzmäßigkeiten zu entwickeln, wobei bisweilen uralte und triviale Klischees weitertransportiert werden.

Das Eigenleben der Geschichtskultur sollte dennoch keinesfalls pauschal verdammt werden – man sollte ihr reflektiert begegnen und untersuchen, welche Werthaltungen und Urteile sie reproduziert oder infrage stellt.

---

* vgl. S. 66 - 69
** vgl. S. 42 - 44

Definitionen und Konzepte ■ Es erscheint sinnvoll, im Rahmen einer Behandlung von *„Geschichts- und Erinnerungskultur"* die Bestandteile dieser Wortzusammensetzung einmal näher zu betrachten.

Der allgegenwärtige Begriff *„Kultur"* umfasst heute mehr als nur Kirchen und Theater, Bücher und schöne Künste. Es geht vielmehr um „das wechselseitige Zusammenspiel von Denkformen, Verhaltensmustern und den daraus hervorgebrachten Einrichtungen" einer Gesellschaft. Kultur beinhaltet somit nicht nur Materielles, sondern auch „Überzeugungen, Verständnisse, Weltbilder, Ideen und Ideologien, die das soziale Handeln beeinflussen, weil sie entweder aktiv geteilt oder passiv respektiert werden" (Friedrich H. Tenbruck).

Stärker auf die Themen der Historie bezogen ist das Konzept der *Geschichtskultur* (▶ M2). Ihre Erscheinungsformen lassen sich – gemäß dem Kulturwissenschaftler *Jörn Rüsen* – nach drei unterschiedlichen Dimensionen analysieren: In der *ästhetischen Dimension* geht es um „Schönheit", hier soll das „Fühlen" der Menschen angesprochen werden. Die *politische Dimension* fragt dagegen nach „Macht" und befriedigt das „Wollen". Die *kognitive Dimension* schließlich strebt nach der „Wahrheit" und spricht dadurch das „Denken" an.

Weiterhin gehört zum Konzept der Geschichtskultur, über *Erinnerung* und *Gedächtnis* nachzudenken. Abweichende Zeugenaussagen – etwa über einen nur wenige Wochen zurückliegenden Verkehrsunfall – zeigen, wie subjektiv die wahrgenommene Wirklichkeit sein kann. Die Kulturwissenschaftler *Aleida* und *Jan Assmann* haben Formen und Funktionen des Erinnerns in der Gesellschaft erforscht und drei Formen von „Gedächtnis" definiert: das kollektive, kommunikative und kulturelle Gedächtnis.

Das *kollektive Gedächtnis* enthält alle Erinnerungen an die Vergangenheit, die für diese Gruppe noch eine Bedeutung haben. Gemeinsames Erinnern und die Weitergabe der Erfahrungen an jüngere Gruppenmitglieder stiften *Identität*. Das kollektive Gedächtnis von Nationen ist die wesentliche Quelle für das nationale Bewusstsein. Dabei enthält das kollektive Bewusstsein sowohl „harte Fakten" als auch Überzeugungen, Meinungen und Mythen über sich und andere.

Das *kommunikative Gedächtnis* setzt lebendige Zeitgenossen der erinnerten Ereignisse voraus. Diese erzählen – mit allen Problemen der Subjektivität – über ihr eigenes Erleben. Das kommunikative Gedächtnis hat daher nur geringe historische Tiefe. Nach dem Tod der letzten Zeitzeugen verstummt diese Quelle.

Das *kulturelle Gedächtnis* dagegen greift auf materielle Zeugnisse zurück. Es reicht daher so weit zurück wie die Quellen selbst. Diese Quellen erfordern jedoch andere Mittel der Erschließung als die Erzählungen der Zeitzeugen. Meist werden hier spezialisierte Historiker tätig. Dafür beleuchten die schriftlichen, bildlichen und gegenständlichen Quellen Bereiche, die dem Auge des Normalbürgers verschlossen bleiben.

Die beiden grundlegenden Formen der Erinnerung sind die Erzählungen der Zeitgenossen und die Forschungen der Historiker; sie fließen in das kollektive Gedächtnis einer Nation ein. Es ist dabei aus drei Gründen in ständiger Bewegung: 1. Die Gesellschaft entscheidet stets aufs Neue, was noch erinnerungswürdig ist. 2. Menschen, die noch aus eigenem Erleben zu den ältesten Erinnerungen sprechen können, sterben aus. 3. Die Erforschung der Quellen aus vergangenen Zeiten schreitet stetig voran und setzt in jeder Generation neue Akzente.

Die in diesem Buch behandelten Aspekte der Geschichtskultur greifen auf beide Formen des kollektiven Gedächtnisses zurück. Geschichtskultur bedient sich dabei oft attraktiver Darbietungen, sonst würde sie nicht akzeptiert und überliefert werden. Diese Leistung der Geschichtskultur sollte daher auch eine Herausforderung für den Geschichtsunterricht wie für die Popularisierung wissenschaftlicher Forschung sein.

M1 „History" vs. „Heritage"

In einem Artikel, der auf den „Geschichts- und Erinnerungsboom" in Deutschland Bezug nimmt, wird auf die konkurrierenden Formen der Vergangenheitsbetrachtung eingegangen:

In Deutschland vollzieht sich seit einigen Jahren ein regelrechter Geschichtsboom: Städte reinszenieren und rekonstruieren aufwändig (wie Frankfurt am Main) ihre versunkenen Altstadtviertel oder bauen (wie Potsdam) ihre zerstörten
5 Stadtschlösser wieder auf. Jeden zweiten Tag eröffnet ein neues Museum, wobei der Anteil privater Museen ständig steigt. Fast jeder Mensch ist wohl schon einmal über einen Mittelaltermarkt geschlendert, und viele mögen zudem einen der zahlreichen Histotainment-Parks besucht haben, in
10 denen immer Mittelalter oder Römerzeit ist. Auch die jüngere Geschichte erfreut sich immer größerer Beliebtheit: An der Berliner Museumsinsel bietet ein privates DDR-Museum die „DDR zum Anfassen" an, und wer von Trabis und FKK genug hat, kann sich ein paar Straßenzüge weiter in der Stasi-
15 Kneipe „Zur Firma" stärken.
Schon dieser kurze Aufriss zeigt, dass sich um das historische Erbe, um „Heritage", inzwischen eine erlebnisorientierte Heritage-Industrie rankt. Von ihr profitieren nicht nur kommunale, nationale und internationale öffentliche, sondern in
20 zunehmendem Maße auch unterschiedlichste private Akteurinnen und Akteure. Historische Stoffe, begriffen als ein für die Gegenwart relevantes und daher erhaltenswertes Erbe, haben und machen in Deutschland Konjunktur.
Bis vor Kurzem dominierte hierzulande eine fachwissen-
25 schaftlich geprägte Form der Vergangenheitsbetrachtung, die das materielle historische Objekt, das durch Vitrinen geschützte „Original", und eine quellenbasierte, textzentrierte Vermittlung historischer „Fakten" in ihr Zentrum stellte. Der amerikanische Geograf David Lowenthal hat diese west-
30 europäisch-modern geprägte Form der Vergangenheitsbetrachtung als „History" bezeichnet. Seit dem Umbruch zu „Heritage" als neuer dominanter Vergangenheitsbetrachtungsform aber werden historische Stoffe, oft unter Zuhilfenahme von Rekonstruktionen und Mitmachangeboten, von
35 einem sich immer weiter auffächernden Anbieterspektrum zunehmend als personalisierte, erlebnis- und emotionsorientierte, sich mit dem Alltag der Menschen eng verknüpfende, sinnstiftende Narrationen von der Vergangenheit präsentiert. Dem Heritage-Boom steht eine große Zögerlichkeit der
40 deutschen Politik und Wissenschaft gegenüber, sich mit den neuen, hierzulande oft vorschnell als „kommerziell", „populistisch" oder „disneyhaft" verpönten, touristisch jedoch enorm erfolgreichen, erlebnisorientierten Geschichtsvermittlungsangeboten zu beschäftigen. [...]

Die britischen Heritage-Forscher John Tunbridge und Gregory 45 Ashworth haben gezeigt, dass unterschiedliche Auslegungen des Begriffs eines der häufigsten Szenarien für Konflikte um die Präsentation einer Vergangenheit als Heritage darstellen. Historikerinnen und Kustodinnen verstünden unter „Authentizität" gewöhnlich eine fixe Wahrheit, die „Echtheit" eines 50 historischen Originals, das Authentizität „besitze" und somit einen Wert an sich habe. Demgegenüber definierten Heritage-Planerinnen und Tourismusanbieterinnen Authentizität den Bedürfnissen der Konsumentinnen und Konsumenten entsprechend. Für diese gilt all das als authentisch, was den 55 Erwartungen entspricht: Menschen, die einen Ort gezielt aufsuchen, bringen üblicherweise ein vorgefertigtes Bild von diesem Ort mit, das sie sich zuvor über unterschiedliche Medien angeeignet haben. Besucherinnen und Besucher des Checkpoint Charlie erwarten beispielsweise, vor Ort Relikte 60 des berühmten Kontrollpunkts und der Mauer zu finden. Originale sind dabei nicht unbedingt notwendig, denn als Träger einer historischen Information oder auch Impression, einer authentischen Erfahrung, vermag eine gute Kopie ebenso gut zu taugen wie ein „Original". 65
Laut Tunbridge und Ashworth durchmischen sich beide Auffassungen von Authentizität in der Praxis sehr häufig, was die Forscher nicht nur auf die Akteursvielfalt, sondern auch auf die besondere Organisationsstruktur der Heritage-Industrie zurückführen: „[D]ie verwendeten Materialien, das heißt 70 Museen, denkmalgeschützte Gebäude, historische Stadtbilder und so weiter, stehen unter der Obhut von Personen oder Institutionen, die ein angebotszentriertes Verständnis ihrer Arbeit haben, während die Produzentinnen von Heritage ein nachfrageorientiertes Verständnis aufweisen." Trete ein Kon- 75 flikt um konkurrierende Definitionen von Authentizität auf, so äußere dieser sich meist in Form wechselseitiger Vorwürfe des Elitismus bzw. der Trivialisierung – so zum Beispiel, wenn touristische Anbieter mit einer nachfrageorientierten Auffassung von Authentizität Heritage kommodifizieren[1] und 80 in diesem Zusammenhang „Themenparks" entstünden, die von Produzentinnen mit einer angebotsorientierten, quellenbasierten Auffassung von Authentizität üblicherweise als „unauthentisch" oder „disneyhaft" abgelehnt werden.

Sybille Frank, Der Mauer um die Wette gedenken, in: Aus Politik und Zeitgeschichte 31‑34 (2011), S. 47 f. und S. 51 f.

1. *Erklären Sie die Begriffe „History" und „Heritage" und zeigen Sie die Unterschiede auf.*
2. *Benennen Sie die Akteure, die sich im Feld von „History" und „Heritage" bewegen, und erläutern Sie deren Handlungsabsichten.*

[1] kommodifizieren: im Sinne von einrichten, festlegen, kreieren

3. Diskutieren Sie, welches der Konzepte Sie für die Betrachtung und Bewertung von Vergangenheit sinnvoller halten.

M2 Wie lässt sich Geschichtskultur definieren?

Die Historikerin Hilke Günther-Arndt reflektiert über den Begriff „Geschichtskultur":

Die Geschichtskultur ist der gesellschaftliche Raum, in dem Individuen und soziale Gruppen in der Gegenwart einen Bezug zur Vergangenheit herstellen. Denn die Vergangenheit ist vergangen, sie kann nur durch eine erinnernde Rekons-
5 truktion als Geschichte vergegenwärtigt werden, d.h. Sinn und Bedeutung erlangen. Insofern ist Geschichtskultur eine durch und durch kulturell geprägte Kommunikation. Aus soziologischer Sicht kann Geschichtskultur als „Produktion, Distribution und Rezeption [...] historischen Wissens in ei-
10 ner Gesellschaft" bezeichnet werden (Klaus Füßmann). Die Hervorbringung (Produktion) neuen historischen Wissens obliegt dabei der geschichtswissenschaftlichen Forschung, die Verteilung oder Vermarktung (Distribution) z.B. Lehrern, Museen oder Journalisten, die Rezeption (historisches Ler-
15 nen) erfolgt z.B. durch Schüler, Gedenkstättenbesucher oder ein Kinopublikum. Wolfgang Hardtwig definiert Geschichtskultur als „Gesamtheit der Formen, in denen Geschichtswissen in einer Gesellschaft präsent ist". [...]
Jörn Rüsen erweitert diese Definitionen, wenn er Geschichts-
20 kultur als „Gesamtbereich der Aktivitäten des Geschichtsbewusstseins" bestimmt. Sie lasse sich „als ein eigener Bereich der Kultur mit einer spezifischen Weise des Erfahrens und Deutens der Welt, der Orientierung der menschlichen Lebenspraxis in ihr, des menschlichen Selbstverständnisses
25 und der Ausprägung von Subjektivität beschreiben und analysieren". Diese „spezifische Weise" der Auseinandersetzung mit der Welt ist historisches Denken, Voraussetzung dafür bei jedem Individuum Erinnerung. Selbstreflexives Denken von Menschen ist in der Regel mit dem geistigen Akt
30 des Erinnerns verbunden: Wie ist es dazu gekommen, dass ich x gemacht habe? Historisch ist eine Erinnerung dann, wenn sie die eigene, lebensgeschichtliche Erinnerung überschreitet. Das geschieht in historischen Lernprozessen, die wir uns nicht nur als Geschichtsunterricht in der Schule vor-
35 stellen dürfen. Historisches Lernen kann auch in Familiengesprächen, beim Fernsehen oder Lesen, im Museum oder bei Computerspielen, also in einer direkten oder indirekten Kommunikation erfolgen. Es ermöglicht die Internalisierung des kulturellen Gedächtnisses einer sozialen Gruppe (Jan
40 Assmann) als individuelles Konstrukt.

▲ **Mittelaltermarkt auf Schloss Broich bei Mülheim a.d. Ruhr.** *Foto von 2010.*
■ *Mittelaltermarkt? Werden da nicht noch andere Epochen mit dem „Mittelalter" kreativ vermixt?*

Erinnerungskultur und Geschichtskultur unterscheiden sich durch unterschiedliche Formen historischen Wissens. Das Wissen der Erinnerungskulturen ist für die sie tragende soziale Gruppe (z.B. eine Nation) wertegebunden und soll die Identität der Gruppenmitglieder sowie ihr gemeinsames Handeln 45 stärken, die Einhaltung der historisch begründeten Werte ist eine soziale Verpflichtung (Jan Assmann). Die Geschichtskultur umfasst dagegen alle Formen historischen Wissens in einer Gesellschaft, auch die der wissenschaftstheoretisch auf „Wahrheit" verpflichteten Geschichtswissenschaft. 50

Hilke Günther-Arndt, Geschichte als Beruf, in: Gunilla Budde, Dagmar Feist und Hilke Günther-Arndt (Hrsg.), Geschichte. Studium – Wissenschaft – Beruf, Berlin 2008, S. 34-36

1. Beschreiben Sie, was Hilke Günther-Arndt unter „Geschichtskultur" versteht.
2. Erläutern Sie, in welchem Maß jeder Mensch Anteil an Geschichtskultur hat.
3. Erörtern Sie, inwiefern jeder Mensch eigene Vorstellungen von Geschichte haben kann und ob diese Vorstellungen von der Geschichtskultur seiner Gesellschaft geprägt werden.

„The Fourth of July" – ein nationaler Gedenktag

Am Anfang steht die Unabhängigkeitserklärung In den Vereinigten Staaten gibt es eine Reihe von nationalen Gedenktagen. Zwei sind von besonderer Bedeutung: „Thanksgiving" und „The Fourth of July". Am 4. Juli wird an die „Declaration of Independence" erinnert. Sie war am 2. Juli 1776 von den Delegierten des Kontinentalkongresses in Philadelphia beschlossen und am 4. Juli gebilligt und unterzeichnet worden* (▶ M1).

Geradezu hellseherisch hatte John Adams** direkt nach der Entscheidung an seine Frau Abigail geschrieben: „Der zweite Tag des Juli 1776 wird der denkwürdigste Zeitpunkt in der Geschichte Amerikas sein. Ich bin geneigt zu glauben, dass er von den nachfolgenden Generationen als der große jährliche Festtag gefeiert werden wird […]. Er sollte mit Gepränge und Umzügen, mit Vorführungen, Spielen, Vergnügungen, Kanonenfeuer, Glockengeläut, Freudenfeuern und Illuminationen von einem Ende des Kontinents bis zum anderen von nun an auf alle Zeiten gefeiert werden." So kam es. Ohne eine förmliche Aufforderung der Regierung feierten ein Jahr später die Bürger Philadelphias, Bostons und anderer Städte am 4. Juli die „Geburt der Nation". Die Feiern wiederholten sich. Zunächst nicht regelmäßig und überall, bald aber in allen Bundesstaaten. An dem Tag zogen Soldaten feierlich durch die Städte und schmückten die Bürger Straßen und Plätze mit dem Sternenbanner. Politiker oder Schauspieler lasen die Unabhängigkeitserklärung öffentlich vor. Außerdem wurden speziell für diesen Tag verfasste feierliche Gedichte (Oden) vorgetragen, Ansprachen gehalten und Konzerte gegeben.

▲ **Uncle Sam.**
Foto vom 4. Juli 2010 aus Amherst (New Hampshire). „Uncle Sam" gilt als die nationale Personifikation der USA. Pate für diese volkstümliche Figur soll ein Armeelieferant aus dem Krieg 1812-1814 gegen Briten und Indianer gewesen sein.

Erinnern und fordern Im Mittelpunkt dieser Feste stand das Bekenntnis zu den 1776 verkündeten „selbstverständlichen Wahrheiten": die Gleichheit aller, die unveräußerlichen Rechte eines jeden Menschen, die Freiheit sowie das Streben nach Glück. Die alljährliche Erinnerung an die Unabhängigkeitserklärung prägte das Selbstverständnis der Amerikaner, ihre nationale Identität und Weltanschauung – und ließ den 4. Juli zum wichtigsten staatlichen Feiertag werden.

An diesen Festtagen wurde nicht nur an die Unabhängigkeitserklärung erinnert, sondern auch die Erfüllung der 1776 verkündeten Werte gefordert. In der Mitte des 19. Jahrhunderts prangerte man die ungelöste Sklavenfrage an. Während des amerikanischen Bürgerkrieges (1861-1865) rechtfertigten sich die Anhänger der Union und die Gegner der Sklaverei mit dem Geist von 1776 ebenso wie die Gegenseite der Konföderierten. Mitte des 20. Jahrhunderts nutzte die Bürgerrechtsbewegung den Gedenktag, um gegen die anhaltende Diskriminierung der Schwarzen und den Vietnam-Krieg zu protestieren (▶ M2). Zugleich wurde an diesem Tag auch immer wieder der amerikanische Einsatz für Demokratie und Freiheit der Völker auf der ganzen Welt gerechtfertigt.

Heute überdecken oft Volksbelustigungen, Picknicks, patriotische Umzüge und Feuerwerkspektakel die politische Bedeutung des Gedenktages (▶ M3). Trotzdem bietet er immer noch Anlass zur nationalen Selbstbestätigung sowie zu Appellen an die Zukunft.

---
* Siehe M8, S. 30 f.
** Siehe Anm. 1, S. 26.

M1 Stolz auf die Nation

Der 1917 geborene John F. Kennedy von der Demokratischen Partei wird 1961 US-Präsident. Er ist der erste katholische und jüngste gewählte Präsident der USA. Aus Anlass der Unabhängigkeitsfeier spricht er am 4. Juli 1962 in der Independence Hall in Philadelphia, dort, wo die Unabhängigkeitserklärung formuliert worden ist:

Was jedoch dieses große Dokument [die Unabhängigkeitserklärung] von allen anderen unterschied, war die endgültige, unwiderrufliche Entscheidung, die mit ihm getroffen wurde: die Geltendmachung der Unabhängigkeit, freie Staaten
5 anstelle von Kolonien und die Verpflichtung, für dieses Ziel Leben, Gut und die heilige Ehre einzusetzen.
[Diese] Erklärung hat nicht nur eine Revolution gegen die Engländer, sondern überhaupt eine Revolution im Leben der Menschen ausgelöst. Ihre Verfasser waren sich dieser welt-
10 weiten Auswirkungen voll bewusst; und George Washington erklärte, „dass es bei dem Experiment, das den Händen des amerikanischen Volkes anvertraut wurde, letztlich um Freiheit und Selbstregierung überall auf der Welt geht". Diese Prophezeiung hat sich bewahrheitet. 186 Jahre lang hat diese
15 Idee der nationalen Unabhängigkeit den Erdball erschüttert – und sie ist auch heute weiterhin die gewaltigste Kraft überall auf der Welt. [...]
Wenn es ein Problem gibt, das die Welt heute teilt, dann ist es die Unabhängigkeit – die Unabhängigkeit Berlins oder Laos'
20 oder Vietnams, das Sehnen nach Unabhängigkeit hinter dem Eisernen Vorhang, der friedliche Übergang zur Unabhängigkeit in jenen neu entstehenden Gebieten, deren Schwierigkeiten einige gern ausbeuten möchten.

Der von 2001 bis 2009 regierende US-Präsident George Walker Bush von der Republikanischen Partei hält am 3. Juli 2006 folgende Ansprache:

Am 230. Jahrestag der Unterzeichnung der Unabhängigkeits-
25 erklärung würdigen wir den Mut und den Einsatz jener, die dieses Land gegründet haben, und wir zelebrieren die Werte der Freiheit und Gleichheit, die unser Land stark gemacht haben. Die Patrioten des Unabhängigkeitskrieges handelten aufgrund der Überzeugung, dass „alle Menschen gleich ge-
30 schaffen worden sind" und „dass sie von ihrem Schöpfer mit bestimmten unveräußerlichen Rechten ausgestattet sind". Durch die Verbreitung dieser Ideale haben Generationen von Amerikanern bei vielen Menschen in jedem Teil der Erde die Hoffnung auf Freiheit geweckt.
35 Wenn sie ihre Unabhängigkeit feiern, können die Amerikaner stolz auf ihre Geschichte sein und mit Zuversicht in die Zukunft blicken. Wir erbieten unsere Dankbarkeit allen amerikanischen Patrioten der Gegenwart und der Vergangenheit, die bestrebt waren, die Freiheit zu verbreiten und die Grundlagen für Frieden zu legen. Aufgrund ihrer Opfer bleibt dieses
40 Land auch weiterhin ein Leuchtfeuer der Hoffnung für all jene, die von Freiheit träumen – und für die Welt ein leuchtendes Beispiel dafür, was freie Menschen erreichen können. Möge Gott die Vereinigten Staaten von Amerika weiterhin segnen.
45

▲ **Independence Hall in Philadelphia.**
Undatiertes Foto.

Erster Text: Europa-Archiv 17. Jg. (1962), S. D 373 f. (etwas vereinfacht)
Zweiter Text: http://amerikadienst.usembassy.de/ us-botschaft -cgi/ad-detailad.cgi?lfdnr=2037 (Zugriff: 26. Januar 2010)

■ *Ordnen Sie die beiden Reden in ihren historischen Kontext ein und vergleichen Sie anschließend die politischen Einstellungen der Präsidenten.*

▲ **Offizielles Bicentennial Logo von 1976.**
Die Regierung nutzte die Zweihundertjahrfeier (Bicentennial), „um mit Stolz auf das von uns Erreichte zu zeigen und ein erregendes Bild unserer Entwicklung zu entwerfen". Diese Vorstellung wurde von denen kritisiert, die die Bedeutung des 4. Juli in dem stets neuen Vergleich zwischen Ideal und Wirklichkeit sehen.

Internettipp: Informationen zur Zweihundertjahrfeier siehe unter http://en.wikipedia.org/wiki/United_States_Bicentennial

M2 Eine Erklärung besorgter schwarzer Bürger

Am 4. Juli 1970 veröffentlicht ein „Nationalkomitee Schwarzer Geistlicher" folgende „Unabhängigkeitserklärung":

Wir halten es für selbstverständliche Wahrheiten, dass alle Menschen nicht nur gleich geschaffen und von ihrem Schöpfer mit bestimmten unveräußerlichen Rechten ausgestattet sind, zu denen das Leben, die Freiheit und das Streben nach
5 Glück gehören, sondern dass die Menschen, wenn diese Gleichheit und diese Rechte vorsätzlich und konsequent verweigert, vorenthalten und versagt werden, bei ihrer Selbstachtung und ihrer Ehre verpflichtet sind, sich in gerechtem Zorn zu ihrem Schutz zu erheben. [...]
10 Wir, das schwarze Volk der Vereinigten Staaten von Amerika, in allen Teilen dieses Staatenbundes, rufen daher den höchsten Richter dieser Welt zum Zeugen für die Redlichkeit unserer Absichten an und erklären [...], dass wir rechtens frei und unabhängig sein werden von der Ungerechtigkeit,
15 Ausbeutungsherrschaft, institutionalisierten Gewalt und dem Rassismus des weißen Amerika und dass wir, wenn wir nicht die volle Abschaffung dieser Unmenschlichkeiten und Befreiung von ihnen erlangen, dazu aufrufen werden, diesem Staat den Gehorsam aufzukündigen, und uns in jeder Weise weigern werden, an dem Übel mitzuwirken, das uns und 20 unseren Gemeinden zugefügt wird.

Eberhard Brüning (Hrsg.), Anspruch und Wirklichkeit. Zweihundert Jahre Kampf um Demokratie in den USA: Dokumente und Aussagen, Berlin (Ost) 1976, S. 664 - 668; Zitat S. 664 und 667f.

■ *Beurteilen Sie die Ankündigung, dem „Staat den Gehorsam aufzukündigen". Berücksichtigen Sie dabei die Aussagen der Unabhängigkeitserklärung (siehe M 8, S. 30f.). Recherchieren Sie dazu im Internet die Hintergründe der Bürgerrechtsbewegung.*

M3 Remember

Im Jahre 2010 bittet die „Journal Times" ihre Leser, Briefe zum Unabhängigkeitstag zu schreiben. Joanna Storm ist eine der Schreiberinnen; ihr Leserbrief erscheint am 4. Juli 2010:

Diese Nation wurde von bedeutenden Männern gegründet, die die Verfassung der Vereinigten Staaten geschrieben haben! Wie die 10 Gebote ... sind sie Vorschriften! Allerdings haben die Macht des Geldes und Großunternehmen unsere Regierungsbeamten so beeinflusst, dass sie die Verfassung aus 5 einem anderen Blickwinkel betrachten. [...]
Wir müssen uns [...] bei Feiern zum 4. Juli an seine wahrhaftige Bedeutung erinnern. Es geht um mehr als um Feuerwerk und Grillpartys, es geht um jene, die sich geopfert haben, damit wir in den Vereinigten Staaten in Freiheit leben kön- 10 nen, jene Menschen, die dafür Sorge getragen haben, die Verfassung auf den Weg zu bringen.
Menschen, die wir ins Amt wählen, müssen sich daran halten und dürfen die Verfassung nicht abändern oder falsch auslegen. Es steht uns nicht zu, neue Gesetze zu verabschieden, 15 um dadurch Wählerstimmen oder die öffentliche Meinung zu gewinnen. Wir müssen zurück zum Wesentlichen, uns auf den Gründungsgedanken dieses Landes besinnen und darüber nachdenken, weshalb wir Männer und Frauen in den Krieg schicken ... (nämlich) für unsere Freiheit! GOD Bless America! 20

www.journaltimes.com/news/local/article (Zugriff: 31. Januar 2011; übertragen von Gerlind Kramer)

■ 1. *Geben Sie die Meinung der Leserin mit eigenen Worten wieder.*
■ 2. *Arbeiten Sie die implizierten Vorwürfe an die Amerikaner und ihre Politik heraus.*
■ 3. *Nehmen Sie Stellung zu der Aufforderung, darüber nachzudenken, „weshalb wir Männer und Frauen in den Krieg schicken".*

Die Französische Revolution

◀ **Das Erwachen des Dritten Standes.**
Kolorierter Holzschnitt von 1793. Unter dem Titel „Denkwürdige Ereignisse, welche die Revolution veranlasst haben, die sich in Frankreich während der Jahre 1789/90/91 ereignete" wurden vier Bilder unterschiedlicher Künstler zu einer „Bildzeitung" zusammengesetzt und von Jean-Baptiste Letourmi in Orléans verlegt. Das abgebildete zweite Bild beschwört den 14. Juli, den Sturm auf die Bastille, mit dem Hinweis: „Ich habe zu lange unter der Unterdrückung meiner Feinde gelebt, ich will endlich meine Fesseln sprengen."

Die alte Ordnung zerfällt ■ Frankreich war am Ende des 18. Jahrhunderts ein dicht besiedeltes Land und zählte etwa 28 Millionen Einwohner. Landwirtschaft und Kolonialhandel prägten die Wirtschaft. Rund ein Drittel der Bevölkerung konnte lesen und schreiben. Die Gesellschaftsordnung war ständisch (▶ M1). Den *Ersten Stand* bildete der katholische Klerus. Er zählte ca. 130 000 Köpfe und besaß rund zehn Prozent des Grundeigentums. Sein Privileg war es, von der Einkommen- und Grundsteuer befreit zu sein. Den *Zweiten Stand* bildete der Adel. Obwohl nur etwa 25 000 Familien dazu zählten, gehörten ihm rund 25 Prozent des gesamten Grundbesitzes. Auch er war zum größten Teil von den Abgaben und den direkten Steuern befreit. Dazu hatte er besondere Rechte vor Gericht und Vorrechte bei der Vergabe von hohen Kirchen-, Verwaltungs- und Militärämtern. Dem *Dritten Stand* gehörten 98 Prozent der Bevölkerung an: Bauern und Bürger. Seine Steuern und Abgaben bildeten die Grundlagen des Staatshaushaltes und stellten die Einkünfte der privilegierten Stände sicher.

Die Unterschiede zwischen dem verarmten und dem wohlhabenden Provinzadel sowie dem Hofadel waren sehr groß. Seine kulturelle Führungsfunktion hatte der Adel längst verloren. Die neue Bildungselite war aristokratisch-bürgerlich gemischt. Ihre Wortführer setzten sich ganz im Sinne der Aufklärung gegen Vorurteile, kirchliche Unterdrückung und für politische Freiheit ein und förderten damit den Zerfall der ständischen Ordnung. Adel und Bürgertum waren auch durch den wirtschaftlichen Wandel verbunden. Hatte der Adel früher jede Handelstätigkeit als unstandesgemäß abgelehnt, beteiligte er sich inzwischen auch an Geld- und Kolonialgeschäften. Sogar in der Landwirtschaft waren Adel und Bürger zu Partnern und Konkurrenten geworden. Beide nutzten die alten feudalen Rechte der Grundherrschaft auf Kosten der Bauern voll aus. Sie profitierten von der bäuerlichen Fronarbeit und vom Jagd- und Fischereimonopol.

Besonders groß waren die sozialen Unterschiede innerhalb des Dritten Standes. So gehörte allein dem Großbürgertum ein Viertel des Grundbesitzes. Den von der Landwirtschaft lebenden Franzosen blieben nur rund 40 Prozent des Bodens. Die Kleinbauern waren auf zusätzliche Erwerbsquellen angewiesen, dabei mussten sie mit den Menschen ohne Grundbesitz konkurrieren. Bei Missernten waren Kleinbauern, Gesinde und Tagelöhner von der Not unmittelbar betroffen.

In den Städten waren das Großbürgertum (Bankiers, Unternehmer etc.) und die aufgeklärte Bildungselite (Künstler, Anwälte, Ärzte, Beamte etc.) tonangebend. Die Sorgen der Arbeiter und Dienstboten, der Ladenbesitzer, Gastwirte und Handwerker fanden kaum Gehör; sie lebten oft am Rande des Existenzminimums.

Ancien Régime: wörtlich: alte, ehemalige Regierung. Der Begriff steht für die vorrevolutionären Zustände

Machtkämpfe schwächen die Krone ◼ Die Finanzkrise des **Ancien Régime**, die durch die Unterstützung des amerikanischen Freiheitskampfes* noch vergrößert worden war, konnte nicht gelöst werden. Alle Versuche der Krone, die Stände entsprechend ihren Einkünften gleichmäßig zur Deckung der öffentlichen Lasten heranzuziehen, scheiterten am Widerstand von Klerus und Adel. Als Ende der 1780er-Jahre das Wirtschaftswachstum ausblieb, entwickelte sich die Finanzkrise zur Staatskrise.

Ludwig XVI., der seit 1774 regierte, rief 1787 Vertreter der höheren Geistlichkeit, des Hofadels, der Obersten Gerichtshöfe, der Provinzialstände und der Stadtmagistrate ein, um die Krise zu lösen. Doch diese **Notabeln** erarbeiteten keine Reformen, sondern forderten den Monarchen auf, die **Generalstände** (*États Généraux*) einzuberufen. Nur sie sollten das Recht haben, über eine Steuerreform zu beraten. Die Versammlung der Generalstände war zuletzt 1614 einberufen worden. Ludwig XVI. weigerte sich zunächst, diese Forderung zu erfüllen. Er gab aber nach und verzichtete damit auf den Anspruch, allein die Geschicke des Landes zu lenken.

Die im Januar 1789 veröffentlichte Wahlordnung für die Generalstände verkündete, dass die gesamte männliche Bevölkerung über 25 Jahre, die in den Steuerlisten eingetragen war, wählen durfte. Adel und Klerus konnten ihre Vertreter direkt wählen, die Bürger und Bauern durften ihre Deputierten aber nur indirekt, über Wahlmänner, bestimmen.

Der Wahlkampf politisierte die Bevölkerung. Begriffe wie *Freiheit, Gleichheit, Glück, Souveränität* und *Repräsentation*, die schon zuvor den amerikanischen Unabhängigkeitskampf geprägt hatten, wurden zu Schlagwörtern. Die Position der **Patrioten** fand ihren programmatischen Ausdruck in einer im Januar 1789 von dem dreißigjährigen **Abbé Sieyès** veröffentlichten Flugschrift mit dem Titel „Was ist der Dritte Stand?" (▶ M2). Im Zusammenhang mit der Wahl konnten die Wähler der Regierung Klagen, Beschwerden und Wünsche nennen. Sie wurden in „Beschwerdeheften" (*Cahiers de doléances*) zusammengefasst. Die Monarchie stand bei dieser ersten modernen Volksbefragung nicht zur Diskussion.

Notabeln: durch Stellung, Vermögen und Bildung ausgezeichnete Mitglieder der Gesellschaft

Generalstände: Ständevertretung ganz Frankreichs mit je 300 Abgeordneten des Klerus, des Adels und des Dritten Standes (= Bürger, Bauern)

Patrioten: Vaterlandsfreunde; hier die Ständevertreter, die gegen die Privilegien des Klerus und Adels kämpften

Emmanuel Joseph Sieyès (1748-1836): Angehöriger des Klerus und Politiker. Er war einer der einflussreichsten Wortführer des Dritten Standes, wurde Abgeordneter des Nationalkonvents und unterstützte 1799 als Mitglied der Regierung den Staatsstreich Napoleons.

Die Revolution der Deputierten ◼ Am 5. Mai 1789 eröffnete der König die Sitzungsperiode der Generalstände feierlich. Doch die Erwartungen wurden enttäuscht. Die Stände tagten getrennt, und die Reformen sollten an die Aufrechterhaltung der Ständeordnung gebunden sein. Nachdem die Versammlung deshalb über einen Monat handlungsunfähig geblieben war, forderte Sieyès die Abgeordneten des Ersten und Zweiten Standes auf, gemeinsam mit dem Dritten Stand zu tagen. Dem Aufruf folgten

---

* Siehe den Abschnitt zur „American Revolution".

▲ „Le Serment du Jeu de Paume."
Lavierte Federzeichnung auf Papier von Jacques-Louis David, 1791.
Mit seinen Bildern feierte David die Französische Revolution und wurde später von Napoleon zum Hofmaler ernannt.
Diese Zeichnung vom „Ballhausschwur" war als Vorlage für ein Gemälde gedacht, das in einer Größe von neun mal sechs Metern im Sitzungssaal der Nationalversammlung hängen sollte. Sie gibt nicht den tatsächlichen Hergang der Ereignisse wieder, sondern will durch die Darstellung eines feierlichen Momentes, in dem der Präsident der Nationalversammlung die Hand zum Schwur hebt, die Geburtsstunde der Verfassunggebenden Nationalversammlung feiern. So fand beispielsweise die im Vordergrund dargestellte Verbrüderung eines Ordensgeistlichen, eines Weltgeistlichen und eines protestantischen Pfarrers nachweislich nicht statt.
- Die einzelnen Teile und Gesten sind aufeinander bezogen. Analysieren Sie, wie Aufbruchsstimmung einerseits und Einheit der Nation andererseits dargestellt werden.

reformwillige Männer aus Adel und Klerus. Am 17. Juni erklärten sich 491 gegen 90 Abgeordnete zur *Nationalversammlung (Assemblée Nationale)*. *Rousseaus* Lehre von der **Volkssouveränität** aufgreifend, verkündete Sieyès, „dass es der Versammlung – und nur ihr – zukommt, den Gesamtwillen der Nation auszudrücken und zu vertreten; zwischen dem Thron und dieser Versammlung kann kein Veto, keine Macht des Einspruchs stehen". Das war revolutionär! Die an Stand und Auftrag ihrer Wähler gebundenen Deputierten (*imperatives Mandat*) hatten sich eigenmächtig (*souverän*) zu Abgeordneten der gesamten Nation erklärt, die nur noch dem Allgemeinwillen (*Volonté générale*) dienen wollten. Damit hatte der Dritte Stand nicht nur den ersten Schritt vom politisch unmündigen Untertanen zum mitbestimmenden Staatsbürger (*Citoyen*) vollzogen, sondern darüber hinaus die Nation als politische Gemeinschaft rechtsgleicher Bürger gefordert, in der es keine ständischen Unterschiede mehr geben sollte.

Als die Krone daraufhin kurzfristig den Versammlungsraum der Deputierten des Dritten Standes schloss, zogen die reformbereiten Abgeordneten aller drei Stände in eine nahe gelegene Sporthalle und beteuerten am 20. Juni in einer improvisierten Erklärung, dem *Ballhausschwur*, „niemals auseinanderzugehen und sich überall zu versammeln, wo es die Umstände gebieten sollten, so lange, bis die Verfassung des Königreiches ausgearbeitet ist und auf festen Grundlagen ruht". Angesichts der Entschlossenheit der Deputierten gab der König sein alleiniges Recht, Ständeversammlungen einzuberufen, zu vertagen oder aufzulösen, preis. Feierlich erklärte sich

Volkssouveränität: Das Volk ist Träger der Staatsgewalt; es übt sie aus durch Wahlen, Abstimmungen und Organe, die von ihm beauftragt sind.

daraufhin am 9. Juli 1789 die Mehrheit der Abgeordneten zur *Verfassunggebenden Nationalversammlung (Assemblée Nationale Constituante)*. Sie teilten von da an ihre Souveränität mit derjenigen des Königs. Der Monarch herrschte nicht mehr absolut.

Der 14. Juli 1789 und die städtische Volksrevolution ■ Ludwig XVI. berief Mitte Juli eine konservative Regierung und zog die Truppen um Paris und Versailles zusammen. Die Furcht vor einer politischen Wende traf in Paris mit sozialen Problemen zusammen. Die Brotpreise hatten eine schwindelerregende Höhe erreicht. Notleidende Bürger forderten Brot und Waffen und rissen die verhassten Zollstationen nieder. Bei der Suche nach Munition und Kanonen stürmte die aufgebrachte Menge am 14. Juli die *Bastille.* Die alte Festung diente als Staatsgefängnis und Pulverlager – und galt als Symbol der Unterdrückung.* Ihre Eroberung, bei der sieben Gefangene befreit werden konnten und 98 Angreifer im Kampf fielen, gab den Aufständischen in Paris ein fortwirkendes Bewusstsein von Macht. Es hatte die „Ketten der Knechtschaft" (Rousseau) gesprengt – und ganz Europa nahm das staunend zur Kenntnis.

Hinter den Kulissen des Aufruhrs übernahm das wohlhabende Bürgertum die Stadtverwaltung. Ein *Ständiger Ausschuss,* der zukünftige Stadtrat, kümmerte sich um die neu gegründete **Nationalgarde**, die Polizei, die Justiz und die Lebensmittelversorgung. An die Spitze der Verwaltung beriefen die Bürger einen Bürgermeister (*Maire*). Die Selbstverwaltung von Paris hatte begonnen, und weitere Städte des Landes folgten dem Beispiel.

Nationalgarde: im Juli 1789 in Paris entstandene Bürgerwehr; ihre Mitglieder kamen aus dem Bürgertum. Sie bestand mit Unterbrechungen bis 1871.

Die Revolution der Bauern ■ Auch auf dem Lande hatte man von den Generalständen Reformen erwartet. Als die Taten ausblieben, protestierten die Bauern mit friedlichen und gewaltsamen Mitteln gegen ihre Grundherren. Sie verweigerten Abgaben, stürmten Herrensitze, Schlösser und Klöster und vernichteten die Urkunden, die ihre Verpflichtungen belegten. Gleichzeitig verbreitete sich eine „Große Furcht" (*Grande Peur*) vor herumstreunenden Bettlergruppen, plündernden Räuberbanden und Rachefeldzügen der Aristokratie. Sie stellte sich im Nachhinein oft als unbegründet heraus.

Von der ständischen zur bürgerlichen Ordnung ■ Während die ersten Adligen ins Exil gingen, richteten sich die politischen Hoffnungen der Bevölkerung auf die Verfassunggebende Versammlung. Waren die fast 1 200 Abgeordneten in der Lage, die ständische Gesellschaftsordnung in eine auf Freiheit und Gleichheit beruhende bürgerliche Ordnung umzuwandeln? Diese Aufgabe verlangte zunächst die Umformung der ständischen in eine bürgerliche Rechtsordnung. Der erste Schritt dahin war die Abschaffung der Sonderrechte (Privilegien) von Ständen, Provinzen und Städten. Die folgende Gesetzgebung regelte erstmals die politische Gleichberechtigung aller Stände und – daraus resultierend – die rechtliche und steuerliche Gleichheit der Bürger. Freie (ständisch ungebundene) Staatsbürger sollten von nun an selbst über ihr Eigentum (vor allem über Grund und Boden) verfügen können.

In einem zweiten Schritt wurde am 26. August 1789 die *Erklärung der Menschen- und Bürgerrechte* verabschiedet. *Marquis de Lafayette*, der im amerikanischen Unabhängigkeitskrieg gekämpft hatte und nun Befehlshaber der Nationalgarde war, hatte

---

* Siehe S. 66 - 72.

der Nationalversammlung am 11. Juli den Entwurf der Erklärung vorgelegt. Sie sollte Teil der zu erarbeitenden Verfassung werden und verkündete nach dem Vorbild der *Virginia Bill of Rights* von 1776* die wirkungsmächtigsten Prinzipien der Französischen Revolution von 1789: die Freiheit des Individuums (*Liberté*), die Gleichheit der Bürger (*Egalité*) sowie, weniger deutlich und wirksam, die Brüderlichkeit (*Fraternité*) aller Menschen. Die „Charta der modernen Demokratie" (*François Furet*) hatte Nachteile. So löste sie die noch schwache Forderung nach der Gleichberechtigung der Geschlechter nicht ein.

Von zentraler Bedeutung während der Verfassungsberatungen war die Frage, welche Kompetenzen dem Monarchen künftig zugestanden werden sollten. Seine Exekutivgewalt wurde nicht infrage gestellt, aber in der Gesetzgebung räumte die Mehrheit der Deputierten dem König nur noch ein aufschiebendes Einspruchsrecht (*suspensives Veto*) ein, mit dem er Gesetze zwar nicht generell verhindern, aber für vier Jahre blockieren konnte. Trotz dieser Zugeständnisse wollte der König die Verfassung zunächst nicht anerkennen.

Während man in Versailles politisch nicht vorankam, hungerten viele Einwohner von Paris. Mit der Bemerkung „Die Männer trödeln, die Männer sind feige, jetzt nehmen wir die Sache in die Hand" zogen am 5. Oktober 1789 etwa 6000 Frauen nach Versailles, um gegen die Not zu demonstrieren; ihnen folgten rund 20000 Nationalgardisten. Im Verlauf des Protestes erkannte Ludwig XVI. die von der Konstituante (Verfassunggebende Nationalversammlung) erarbeiteten Verfassungsartikel einschließlich der „Augustbeschlüsse" und der Menschenrechtserklärung an. Um ihn besser kontrollieren zu können, wurde er gezwungen, mit seiner Familie in die Hauptstadt zu ziehen; die Abgeordneten folgten ihm. Paris wurde Zentrum der Macht.

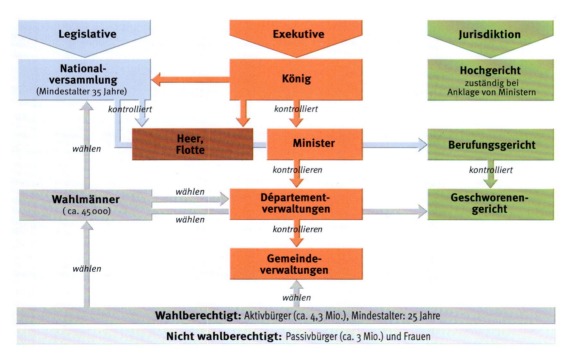

▲ **Die Verfassung der konstitutionellen Monarchie von 1791.**
■ *Vergleichen Sie mit der amerikanischen Bundesverfassung (S. 33).*

* Siehe M7, S. 29 f.

Charles Maurice Talleyrand (1754–1838): Priester und Politiker; seit 1798 war er als Bischof von Autun Vertreter des Ersten Standes in den Generalständen. Er wurde Mitglied der Nationalversammlung, leistete 1790 den Eid auf die Verfassung, woraufhin er vom Papst gebannt wurde. Von 1797 bis 1807 Außenminister Napoleons und nach dessen Niederlage ab 1814 erneut Außenminister.

Die Arbeit der Konstituante ■ Die Revolution lähmte Handel und Gewerbe. Der Staat nahm kaum noch Steuern ein. Zur Sanierung des Staatshaushalts beschlossen die Abgeordneten auf Vorschlag des 35-jährigen Bischofs von Autun, **Charles Maurice Talleyrand**, die Verstaatlichung der Kirchengüter. Orden und Klöster wurden aufgelöst. Die Versteigerung der kirchlichen Güter begann. Die Nationalisierung der Kirchengüter hatte die staatliche Kirchenverfassung zur Folge. Der Staat übernahm die sozialen Aufgaben des Klerus, wie Schulen, die Kranken- und Armenpflege, und machte aus Bischöfen und Geistlichen vom Volk wählbare Staatsdiener. Er bezahlte von nun an die Priester und forderte dafür von ihnen einen Eid auf die Verfassung. Dies führte zum Streit. Zahlreiche Priester lehnten den Eid ab, da sie sich nur der katholischen Kirche gegenüber verantwortlich fühlten. Vom Papst und vom König, der das Gesetz blockierte, wurden sie darin bestärkt.

Eine weitere spektakuläre Entscheidung der Abgeordneten war die Abschaffung des erblichen Adels am 19. Juni 1790. Bei den folgenden Bemühungen, Staat und Wirtschaft neu zu ordnen, konnten die Abgeordneten zum Teil auf die im Ancien Régime begonnenen Reformen zurückgreifen. Die nun durchgeführten Verwaltungs-, Justiz-, Finanz-, Steuer- und Gemeindereformen griffen ineinander und wurden parallel zu einer Neueinteilung des Landes in 83 etwa gleich große Verwaltungsbezirke (*Départements*) vollzogen. Die Binnenzölle fielen und die *Berufs- und Gewerbefreiheit* wurde eingeführt. Ganz im Sinne der neuen Wirtschaftsordnung wurde aber auch den Handwerkern und Arbeitern das Recht auf Vereinigung und Streik im Juni 1791 genommen; eine Regelung, die bis 1864 bzw. 1884 bestehen blieb.

Die Erklärung der Menschen- und Bürgerrechte vom 26. August 1789 schloss die staatsbürgerliche Gleichheit der Protestanten und Juden noch nicht ein. Nachdem die Protestanten am 24. Dezember 1789 die vollen Bürgerrechte erhalten hatten, erlangten die Juden von Bordeaux sie am 28. Januar 1790. Erst am 24. September 1791 beschloss dann die Nationalversammlung die Emanzipation aller 40 000 in Frankreich lebenden Juden per Gesetz.

Eine neue politische Kultur ■ Die Revolution schuf eine neue politische Kultur. Sie drückte sich in unzähligen öffentlichen Versammlungen, Reden, Demonstrationen, zahlreichen – oft nur kurzlebigen, aber zum Teil auflagenstarken – Zeitungen, Plakatanschlägen, Bildern und Grafiken aus. Einen besonderen Stellenwert erhielten die großartig inszenierten Revolutionsfeiern, die an den solidarischen Aufbruch und die gemeinsamen Ziele erinnerten. Theater, Dichtung, Musik, Malerei und Architektur wurden vom Revolutionsverlauf beeinflusst oder versuchten ihrerseits, die Massen zu beeinflussen.

Die politische Debatte bezog ihre Dynamik aus dem zunehmenden Organisationsgrad der städtischen Bevölkerung. Ausgangspunkt der Entwicklung war die Vereinigung der bretonischen Deputierten zur Zeit der Generalstände. Seit dem Umzug der Nationalversammlung nach Paris wurde der *Jakobinerklub*, benannt nach dem Dominikanerkloster Saint-Jacques, zum Sammelpunkt politisch interessierter Bürger und Mandatsträger. Mitglieder waren zumeist Akademiker und Angehörige des Besitzbürgertums. 1791 hatte ihr Klub bereits rund 1000 Tochtergesellschaften in der

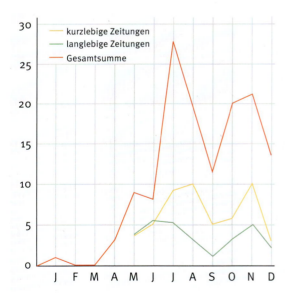

▲ **Zeitungsgründungen in Paris im Jahr 1789.**
Die revolutionären Ereignisse waren die Grundlage für die Beschleunigung, Demokratisierung und Politisierung der Presse im Jahr 1789. Deren ständige Radikalisierung wirkte ihrerseits auf die Revolution zurück und trieb sie voran.
Pierre Rétat, Die Zeitungen des Jahres 1789: einige zusammenfassende Perspektiven, in: Reinhart Koselleck und Rolf Reichardt (Hrsg.), Die Französische Revolution als Bruch des gesellschaftlichen Bewusstseins, München 1988, S. 156

Provinz. Neben dem Jakobinerklub entstand im April 1790 in Paris der **Club des Corde-liers**. In ihm sammelte sich die kleinbürgerliche städtische Volksbewegung, die **Sanscu-lotten**. In den Klubs und Volksgesellschaften – darunter auch etwa 60 reine Frauenklubs – wurde einerseits die Arbeit von Deputierten und Stadtverordneten diskutiert und vorbereitet, andererseits wurden von hier aus Petitionen und Demonstrationen in Gang gebracht. Die Bewegung erfasste die Massen. Zwischen 1789 und 1795 wurden in 5 500 Orten ca. 6 000 politische Klubs gezählt, sie hatten um 1794 etwa 500 000 bis 600 000 Mitglieder.

Frankreich wird konstitutionelle Monarchie ■ Durch einen Fluchtversuch ins Ausland, der am 20. Juni 1791 scheiterte, verlor Ludwig XVI. seine Glaubwürdigkeit und sein An-sehen – bei den Deputierten und in der Bevölkerung. Die Mehrheit der Abgeordneten wollte dennoch die Revolution beenden, um endlich wieder zu stabilen Verhältnissen zurückzukehren. Diese Haltung führte zur ersten Spaltung des Jakobinerklubs. Die verfassungsorientierten, monarchisch eingestellten Mitglieder (rund 1 800 von 2 400) gründeten den *Club des Feuillants*, benannt nach dem ehemaligen Feuillantinerkloster. Ihre Gegner nahmen für sich in Anspruch, über die „Reinhaltung" der revolutionären Prinzipien zu wachen. Sie behielten den alten Namen Jakobiner.

Am 14. September 1791 musste Ludwig XVI. einen Eid auf die von der Konstituante verabschiedete Verfassung ablegen. Aus Frankreich war eine **konstitutionelle Monarchie** geworden. Der König stand nicht mehr „über dem Gesetz", sondern regierte „nur durch dieses", wie es die Verfassung bestimmte.

Die Konstitution, der die Menschenrechte vorangestellt wurden, änderte nichts an der Rechtsungleichheit zwischen Männern und Frauen (▶ M3). Die Gleichheit der Bürger fand zudem im Zensus- und Männerwahlrecht ihre Grenzen. Die Bevölke-rung wurde in politisch berechtigte (steuerzahlende) Aktivbürger (*Citoyens actifs*) und schutzbefohlene Passivbürger (*Citoyens passifs*) eingeteilt. Das Wahlrecht war indirekt. Von den 4,3 Millionen Aktivbürgern erfüllten nur etwa 45 000 die Voraussetzungen, als Wahlmann kandidieren zu können. Die Wahlmänner konnten dann aber grundsätzlich jeden Aktivbürger zum Abgeordneten wählen.

Die Zweite Revolution ■ Die neue *Gesetzgebende Nationalversammlung* (*Assemblée Nationale Législative*) trat am 1. Oktober 1791 zusammen. Von den 745 Deputierten bildeten 345 die Mitte. Sie besaßen keine direkten Bindungen zu bestimmten Klubs. 264 Abgeordnete gehörten zur *Rechten*. Sie waren oder wurden Mitglieder im Klub der Feuillants und wollten die Revolution beenden. Die zahlenmäßig kleinste Abge-ordnetengruppe stellten die 136 Abgeordneten der *Linken*. Sie hatten sich in den Klubs der Jakobiner, Cordeliers und anderer Gesellschaften organisiert, forderten ein allge-meines Wahlrecht und waren gegen das Vetorecht des Königs. Die Jakobiner gliederten sich noch auf in *Girondisten**, die ihren Rückhalt im mittleren und gehobenen Provinz-bürgertum hatten, und *Montagnards* („Bergpartei"), die ihren Aufstieg den Arbeitern und einfachen Bürgern verdankten.

Zwei Jahre nach dem Sturm auf die Bastille hatten über 40 000 Franzosen ihr Land verlassen, nicht nur Adlige und Geistliche, sondern auch Bürger und Bauern. Die Emigranten, unter ihnen die beiden Brüder des Königs, mobilisierten die europäischen Regierungen gegen die Revolution. Als Österreich und Preußen drohten, die Monarchie

---

* Girondisten: benannt nach ihrer Herkunft aus dem Département Gironde im Südwesten Frankreichs

Club des Cordeliers: so benannt nach seinem ersten Tagungsort, einer Kirche der Franziskaner, die im Volks-mund „cordeliers" genannt wurden

Sansculotten (franz. sans-cu-lotte: ohne Kniebundhosen): revolutionäre Stadtbewohner, die von ihrer körperlichen Ar-beit lebten. Äußere Kennzei-chen der Sansculotten waren die rote Mütze, die Pike und das brüderliche Du.

Konstitutionelle Monarchie: Regierungsform, in der die absolute Macht des Monar-chen durch eine Verfassung gesetzlich begrenzt wird. Ein König steht zwar weiterhin an der Spitze des Staates, an der Gesetzgebung aber wirkt ein Parlament mit.

in Frankreich militärisch zu retten, eröffneten französische Truppen im April 1792 einen Angriff auf die österreichischen Niederlande (Belgien). Zugleich erklärte das Parlament den „nationalen Notstand" und begann den Kampf gegen die „inneren und äußeren Feinde" unter dem Motto *„Das Vaterland ist in Gefahr"*. Erste militärische Niederlagen und die Befürchtung, dass der König mit den „Feinden des Vaterlandes" zusammenarbeiten könnte, führten in Paris zur Absetzung der königstreuen Stadtverwaltung und zur Bildung der *Kommune des Aufstands*. Unter deren Führung brach am 10. August 1792 die *Zweite Revolution* aus: Bürger und Soldaten stürmten das königliche Schloss, die *Tuilerien*. Unter dem Druck der Aufständischen sahen sich die Abgeordneten veranlasst, den König seines Amtes zu entheben und ihn und seine Familie zu inhaftieren. Die konstitutionelle Monarchie war zerbrochen.

Im Schatten des Grauens ein Neuanfang ■ Von nun an wurden die königstreuen Politiker offen verfolgt. Willkürliche Verhaftungen waren an der Tagesordnung, erste politisch motivierte Hinrichtungen folgten. Grausamer Höhepunkt wurden die Gewalttaten zwischen dem 2. und 5. September 1792 (*Septembrisaden*). In einer Art Angstpsychose vor gegenrevolutionären Aktionen drangen Gruppen der städtischen Volksbewegung in die Gefängnisse ein und töteten Gefangene. Der Terror blieb nicht auf Paris beschränkt, aber allein hier wurden etwa 1500 Aristokraten, Eid verweigernde Priester und Strafgefangene ermordet. Weder der vom Parlament ernannte *Provisorische Vollzugsrat*, dem **Georges Jacques Danton** als Justizminister angehörte, noch die Führer der Pariser Kommune waren fähig oder willens, diese blutigen Aktionen zu unterbinden.

In dieser gewalttätigen Atmosphäre fanden die Wahlen zu einer neuen Nationalversammlung nach dem allgemeinen Wahlrecht statt. Die Unterscheidung zwischen Aktiv- und Passivbürgern war ebenso aufgehoben worden wie das Zensuswahlrecht. Alle Männer über 21 Jahre durften wählen. Trotzdem gingen weniger als zehn Prozent der Berechtigten zur Wahl.

Am 21. September 1792 traten die 749 Abgeordneten des *Nationalkonvents* (*Convention Nationale*) zusammen. Sie riefen die „eine und unteilbare Republik" aus und wollten eine republikanische Verfassung erarbeiten. In diesem Parlament bildeten die Girondisten die neue Rechte. Sie setzten sich ein für eine dezentrale Verwaltung des Landes, die Unverletzlichkeit des Eigentums, Wirtschaftsfreiheit, Rechtssicherheit und die Fortsetzung des begonnenen „Kreuzzuges für die Freiheit der Welt"*.

Prozess gegen den König ■ Die republikanische Phase der Revolution begann mit militärischen Erfolgen. In der *Schlacht von Valmy* (20. September 1792) vertrieben die Revolutionstruppen das von Preußen und Österreich aufgebotene Heer. Der Kampf gegen die „Feinde der Republik" stärkte das republikanische und nationale Bewusstsein der Franzosen. Nach dem Motto *„Krieg den Palästen, Friede den Hütten!"** zogen jetzt die Revolutionstruppen in Speyer, Worms, Mainz und Frankfurt am Main ein.

In Paris hatte sich der Nationalkonvent zum Gericht erhoben. Nachdem im November 1792 geheime Unterlagen entdeckt worden waren, die eine Zusammenarbeit des einstigen Königs mit feindlichen Mächten belegten, wurde er wegen „Verschwörung

---

Georges Jacques Danton (1759 - 1794, hingerichtet): Er war Mitbegründer des Cordeliers-Klubs, wurde 1792 Abgeordneter des Nationalkonvents und war zeitweise Mitglied des Wohlfahrtsausschusses.

---

* Dieses Zitat prägte der girondistische Abgeordnete Jacques-Pierre Brissot de Warville am 31. Dezember 1792.

** Das Zitat stammt aus einem Bericht an den Konvent von Pierre Joseph Cambon vom 15. Dezember 1792.

gegen die Freiheit" und „Anschlägen gegen die nationale Sicherheit" angeklagt. Über 90 Prozent der Abgeordneten stimmten für schuldig. Uneinigkeit entstand erst über das Strafmaß und den Zeitpunkt der Strafvollstreckung. Am 21. Januar 1793 wurde Ludwig XVI. vor den Augen des Volkes auf der *Place de la Révolution*, der heutigen *Place de la Concorde*, hingerichtet. In ganz Europa, nicht nur in den Fürstenhäusern, erschrak man über das gewaltsame Ende des französischen Monarchen.

Die Revolution in der Krise Im Winter 1792/93 weitete sich der Krieg aus, Hunger- und Teuerungsunruhen nahmen zu und in ländlichen Regionen wie der Vendée setzten gegenrevolutionäre Rebellionen ein. In dieser Phase der Revolution wurden ein außerordentliches Gericht, das spätere *Revolutionstribunal*, und revolutionäre *Überwachungsausschüsse* gebildet. Um schnell und effektiv handeln zu können, richtete der Konvent dazu eine Regierung in Form von zwei zwölfköpfigen Gremien ein: den *Wohlfahrtsausschuss* (*Comité de salut public*) und den *Sicherheitsausschuss* (*Comité de sûreté générale*). Der erste Ausschuss übernahm die Leitung und Kontrolle über Kriegsführung, Regierung, Verwaltung und Wirtschaft, der zweite entwickelte sich zu einer Art Polizeiministerium. Mit diesen Maßnahmen hatte das Parlament das Gewaltmonopol des Staates zurückgewinnen wollen. Dabei ignorierten die Abgeordneten jede Gewaltenteilung und schufen so die Grundlagen für die „Schreckensherrschaft" (*Terreur*).

Die angespannte Lage sollte durch Zugeständnisse an die Volksbewegung beruhigt werden. Das Parlament beschloss Höchstpreise (*Maximum*) für Getreide, Zwangsanleihen bei den Reichen und Bodenverteilung an die Armen. Doch diese Maßnahmen reichten den radikalen Kräften nicht. Sie organisierten die Ausschaltung ihrer politischen Gegner. Am 2. Juni 1793 zogen 80 000 Frauen und Männer vor das Parlament, um die Auslieferung von 29 führenden girondistischen Abgeordneten und zwei Ministern zu erzwingen. Sie wurden für die katastrophale innen- und außenpolitische Lage verantwortlich gemacht. Das war das Ende der Girondisten, aber zugleich auch ein schwerer Schlag gegen das repräsentative System.

Mit dem Ausschluss der Girondisten übernahmen die Montagnards die Führung im Parlament. Um das Vertrauen der Sansculotten zu gewinnen, wurde am 24. Juni 1793 eine neue Verfassung verabschiedet. Sie verkündete ein erweitertes Wahlrecht und garantierte soziale Grundrechte (Recht auf Arbeit, öffentliche Unterstützung, allgemeinen Unterricht für Jungen und Mädchen). Obwohl die Verfassung durch eine Volksabstimmung bestätigt wurde, blieb sie Programm. Der Grund: Das Parlament hatte beschlossen, die Verfassung erst nach Beendigung des Krieges in Kraft zu setzen.

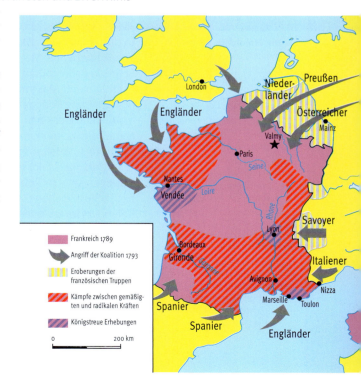

▶ **Die belagerte Republik im Sommer 1793.**
Auseinandersetzungen zwischen den Regierungstruppen und ausländischen Armeen oder gegenrevolutionären Gruppen. In diesen Kämpfen fielen hunderttausende Menschen. Allein der Bürgerkrieg zwischen der königlich-katholisch gesinnten Landbevölkerung und den republikanischen Revolutionstruppen in der Vendée von 1793 bis 1796 führte in einigen Gemeinden zu einem Bevölkerungsverlust von 25 bis 35 Prozent.

„Gesetzgeber! Setzt den Terror auf die Tagesordnung!"

Inflation, Arbeitslosigkeit, Lebensmittelknappheit, Krieg im Innern und nach außen ließen die Bevölkerung nicht zur Ruhe kommen. Die Ermordung des von den Sansculotten verehrten Journalisten und Konventsabgeordneten *Jean-Paul Marat* am 13. Juli 1793 durch die 24-jährige *Charlotte Corday*, eine Sympathisantin der Girondisten, verschärfte die Spannungen. Der Kampf gegen die soziale Ungleichheit wurde radikaler. Daran änderten auch die entschädigungslose Abschaffung aller Feudalrechte (17. Juli 1793) und die Einführung der Todesstrafe für Schieber und Schwarzhändler (26. Juli 1793) nichts. Jedoch fanden die Abgeordneten im August 1793 eine Lösung für die Kriegsführung: die Einführung der *allgemeinen Wehrpflicht* (*Levée en masse*) für alle unverheirateten Männer zwischen 18 und 25 Jahren.

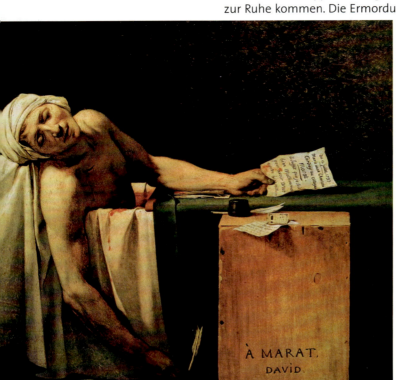

▲ **Der ermordete Marat.**
Ölgemälde von Jacques-Louis David, 1793.
Jean-Paul Marat (1744 - 1793) vertrat in seiner populären Zeitung „L'Ami de Peuple" (Der Volksfreund) die Interessen der städtischen Volksbewegung. Als Präsident des Jakobinerklubs und Mitglied des Nationalkonvents kämpfte er gegen die Girondisten.
■ Erläutern Sie, wie Marat auf dem Gemälde stilisiert wird.

Maximilien de Robespierre
(1758 - 1794, hingerichtet): Rechtsanwalt; Mitglied des Jakobinerklubs, Abgeordneter des Nationalkonvents und seit Juli 1793 im Wohlfahrtsausschuss tätig

Am 2. September 1793 forderten die Sansculotten von den Abgeordneten „Macht alle gleich!" (▶ M4), drei Tage später umstellten sie das Parlament und verlangten: „*Gesetzgeber! Setzt den Terror auf die Tagesordnung!*" Diese Forderung galt den Wucherern, Spekulanten und Kriegsgewinnlern. Die Abgeordneten mussten die Forderung ernst nehmen. Denn nur mit Unterstützung der Sansculotten konnten sie die Aufstellung der Volksarmee durchführen, die Waffen, Kleider und Lebensmittel für das Heer beschaffen sowie die aufständischen Gebiete unter Kontrolle bringen.

In dieser Lage beschloss das Parlament ein „Gesetz über die Verdächtigen" und legte ein „Allgemeines Maximum" für Preise und Löhne fest. Damit war der Höhepunkt der Schreckensherrschaft erreicht. Verantwortlich für den Terror zeichnete der 35-jährige Rechtsanwalt **Maximilien de Robespierre**. Der Abgeordnete des Nationalkonvents war der führende Kopf der Montagnards und stand seit Juli 1793 mit diktatorischer Macht an der Spitze des Wohlfahrtsausschusses. Für Robespierre war der Terror ein politisches Mittel, die Republik von allen tatsächlichen und möglichen Gegnern zu befreien (▶ M5). Meinungs-, Versammlungs- und Religionsfreiheit galten nicht mehr. Kirchen und Klöster wurden geschlossen und abgerissen, der christliche Glaube verfolgt und verhöhnt. Dagegen setzten Robespierre und seine Anhänger republikanische Vernunftkulte. Ein deutliches Zeichen für die „Zeitenwende" stellte die Einführung des republikanischen Kalenders im Oktober 1793 dar. Er folgte der Einführung des Dezimalsystems für Maße und Gewichte und ersetzte den siebentägigen christlichen Wochenrhythmus durch einen zehntägigen. Zum Beginn des Jahres I der „einen und unteilbaren Republik" wurde rückwirkend der 22. September 1792 erklärt – am 21. September war die Monarchie abgeschafft worden; der Revolutionskalender galt bis 31. Dezember 1805.

„Die Revolution frisst, gleich Saturn, ihre eigenen Kinder"

Denunziantentum und Spitzelwesen stützten den Polizei- und Justizterror. Alle überregionalen Klubs, die nicht zu den Jakobinergesellschaften gehörten, wurden verboten. Zeugnisse der Staatsbürgertreue wurden obligatorisch und Hausdurchsuchungen alltäglich. Die Gefängnisse waren bald überfüllt und die Prozesse eine Farce. Die **Guillotine**, die „Sense der Gleichheit", wie der Volksmund sie nannte, wurde zum Inbegriff der Schreckensherrschaft. Der girondistische Konventsabgeordnete *Pierre-Victurnien Vergniaud* kennzeichnete sie vor seiner Hinrichtung mit dem später oft zitierten Satz: „Die Revolution frisst, gleich Saturn, ihre eigenen Kinder." Die Verantwortlichen ließen ihre blutige Herrschaft durch das „*Grundgesetz der Revolutionsregierung*" legitimieren (4. Dezember 1793). Bald fielen selbst Revolutionsanhänger wie Danton dem Terror zum Opfer. Aber auch Robespierre verlor seinen Rückhalt. Am 27. Juli 1794 (9. Thermidor des Jahres II) stürzte ihn eine Mehrheit des Parlaments, um die Schreckensherrschaft zu beenden. Er und 105 seiner engsten Anhänger wurden ohne Prozess hingerichtet. Die Bilanz des Terrors: Landesweit waren von März 1793 bis Ende Juli 1794 etwa 500 000 Menschen verhaftet und circa 50 000 guillotiniert worden. Diese geschätzten Zahlen berücksichtigen die Toten der Aufstände nicht.

Guillotine: Hinrichtungsgerät, benannt nach dem Arzt Joseph Ignace Guillotin (1738-1834), der sich als Abgeordneter in der Konstituante für einen humaneren und für alle Stände gleichen Vollzug der Todesstrafe eingesetzt hatte

Nach der Schreckensherrschaft ■ Die neue Regierung beseitigte Polizei- und Justizterror, Wirtschaftslenkung und Meinungsdruck schrittweise. Politische Gefangene wurden entlassen und die Jakobinerklubs geschlossen. Eine „Säuberung" des öffentlichen Dienstes von Jakobinern begann. Die Not der städtischen Kleinbürger hielt allerdings an, denn die Lebensmittelpreise wurden wieder freigegeben und stiegen zusätzlich noch wegen der anhaltenden Inflation. Als die Sansculotten im Mai 1795 „*Brot und die Verfassung von 1793*" forderten und das Parlament bedrohten, beendeten regierungstreue Truppen diese letzte große Aktion der Sansculotten blutig.

Im August 1795 veröffentlichte der Nationalkonvent eine neue Verfassung, es war die dritte seit 1791 (▶ M6). Mit ihr wurde das Zensuswahlrecht wieder eingeführt. Danach erfüllten nur noch etwa 30 000 Franzosen die Voraussetzungen, um Wahlmänner zu werden und Abgeordnete wählen zu können.

Noch stärker als die vorhergehenden Regierungen versuchten die neuen Machthaber durch eine expansive Außenpolitik, die innenpolitische Misere auszugleichen. Sie ließen ihr Volksheer im Glauben an die Revolution und Nation gegen die stehenden Heere der traditionellen Mächte Europas marschieren. Mit Erfolg. Am Ende des *Ersten Koalitionskrieges* 1797 war das gesamte linksrheinische Gebiet erobert. Die Republik, wie zuvor schon die Monarchie, erklärte den Rhein als die natürliche Grenze Frankreichs.

Die Revolution und die Frauen ■ Mit dem Sturz der Girondisten im Juni 1793 endete auch der von wenigen Frauen und Männern geführte politische Dialog zwischen den Geschlechtern. Dabei hatten Frauen im revolutionären Alltag – wie der Zug der Marktfrauen nach Versailles zu Beginn der Revolution gezeigt hatte – eine wichtige Rolle übernommen. Sie demonstrierten gegen Missstände, entsandten Deputationen und meldeten sich mit Petitionen und Streitschriften zu Wort. Frauen organisierten sich teils in Volksgesellschaften der Männer, teils in eigenen Klubs. Nach Kriegsbeginn stellten sie freiwillige Frauenregimenter für den Kampf gegen die Feinde der Revolution auf. Trotzdem waren Forderungen der Frauen, sie in Ausbildung, Beruf, Ehe und Familie besserzustellen, kaum berücksichtigt worden, sieht man von dem 1792 erlassenen Scheidungsrecht ab. Von der Mitarbeit in den Kommunen und im Parlament blieben Frauen weiterhin ausgeschlossen.

Nach gewalttätigen Ausschreitungen verbot der Nationalkonvent im Oktober 1793 alle Frauenklubs. Danach wurde den Frauen auch das Petitionsrecht genommen und der Besuch des Parlaments sowie der Volksgesellschaften untersagt. In der gelenkten

▲ **Tanz um den Freiheitsbaum.**
Ölgemälde eines unbekannten Künstlers, um 1792/93. Die Revolutionsheere brachten den Brauch, Freiheitsbäume zu pflanzen, in deutsche Gebiete.
■ Erläutern Sie, welche zwei Teilnehmer des Reigens auffallen.

Olympe de Gouges
(1755-1793, hingerichtet): Schriftstellerin und Frauenrechtlerin; verfasste 1791 die „Erklärung der Frau und Bürgerin"

Presse verunglimpfte man politisch aktive Frauen nun als „unweiblich" und „blutrünstig" und forderte sie auf, ihre republikanischen Aufgaben im Haushalt, in der Familie und bei der Erziehung der Kinder zu erfüllen. Es blieb nicht bei verbalen Diskriminierungen. Frauen wurden in Gefängnisse geworfen und starben auf dem Schafott. **Olympe de Gouges**, die in einem Manifest freie Wahl des Volkes zwischen Monarchie, föderativer oder zentralistischer Republik verlangt hatte, wurde am 3. November 1793 wegen „Gefährdung der Volkssouveränität" hingerichtet. Madame *Manon Roland*, die mit einem führenden Girondisten verheiratet war und einen einflussreichen Salon geführt hatte, verurteilte man fünf Tage später wegen „Konspiration gegen die Republik und Entfachung des Bürgerkrieges" zum Tode.

Revolutionäre Stimmung auch in den deutschen Ländern ■ Überall im territorial zersplitterten *Heiligen Römischen Reich Deutscher Nation* brachen mit den Nachrichten vom Sturm auf die Bastille alte sowie neue soziale, rechtliche und konfessionelle Konflikte aus. Es kam zu regional begrenzten Bauern- und Handwerkerunruhen in Baden, in der Pfalz, im Rheinland, in Kursachsen und in Schlesien sowie zu lokalen Aktionen in Trier, Köln, Göttingen, Hamburg, Nürnberg, Ulm und Reutlingen. Sie alle wurden mit Gewalt unterdrückt.

Der französische Versuch, die Gedanken der Aufklärung in praktische Politik umzusetzen, wurde zunächst von einem großen Teil des Bildungsbürgertums mit Sympathie verfolgt. Es entstand ein ausgedehnter Revolutionstourismus nach Paris und eine breite Revolutionspublizistik. Zentren der intellektuellen Auseinandersetzung mit der Revolution waren die Universitäten, die höheren Schulen, Lesegesellschaften und Freimaurerlogen. In einigen deutschen Städten entstanden sogar politische Vereinigungen nach dem Vorbild der französischen Jakobinerklubs.

Nirgendwo sonst im Reich fanden die Ideen der Französischen Revolution eine so weite Verbreitung wie in Mainz. Angeregt von den Franzosen, die am 21. Oktober 1792 Mainz besetzt hatten, und gefördert von dem kurz darauf gegründeten Jakobinerklub wurde in den von den alten Herrschern befreiten Gebieten Anfang 1793 ein *Nationalkonvent der freien Deutschen diesseits des Rheins* gewählt. Am 18. März riefen dessen Abgeordnete einen *Rheinisch-Deutschen Freistaat* für das Gebiet zwischen Landau und Bingen aus. Doch der erste deutsche Versuch, eine auf Freiheit, Gleichheit und Eigentum beruhende demokratische Staats- und Gesellschaftsordnung einzuführen, scheiterte wenige Monate später: einerseits, weil die Franzosen begannen, das Land wirtschaftlich auszubeuten, andererseits, weil zur gleichen Zeit Rheinhessen und die Pfalz von österreichisch-preußischen Truppen zurückerobert wurden. Abgesehen davon hatten das Schicksal der französischen Flüchtlinge und die Hinrichtung Ludwigs XVI. die deutsche Revolutionsbegeisterung stark abgeschwächt.

Bonaparte und das „amtliche" Ende der Revolution In Paris brachen erneut Machtkämpfe aus, als sich militärische Rückschläge einstellten. In dieser Lage rief Sieyès, der Mann der ersten Stunde, den 30-jährigen, aus korsischem Kleinadel stammenden **Napoleon Bonaparte** zu Hilfe. Als siegreicher Oberbefehlshaber der Truppen in Italien war er zur unentbehrlichen Stütze der Machthaber geworden. Das hinderte Bonaparte nicht, die Regierung am 9. November (18. Brumaire) 1799 zu stürzen und den Widerstand des Parlaments mit Waffengewalt zu brechen. Ein Kollegium von drei Konsuln trat an die Stelle der alten Regierung. Bonaparte wurde *Erster Konsul* und ließ sich seine Stellung vom Volk bestätigen. Von über drei Millionen Stimmen wurden nur 1562 gegen ihn abgegeben – bei allerdings vier Millionen Enthaltungen. Danach erklärte er die Revolution für „amtlich beendet".

Das vermögende Bürgertum wurde damit letztlich zum Gewinner der Revolution. Es hatte von der Veräußerung der Nationalgüter am stärksten profitiert und den Adel endgültig aus wichtigen Positionen in Verwaltung und Militär verdrängt. Die städtischen Unterschichten und die kleinen Bauern gehörten zu den Verlierern. Ihre soziale und politische Lage hatte sich nicht wesentlich verbessert.

Urteile über die Revolution Die Bewertung der Französischen Revolution ist bei Zeitgenossen wie Historikern umstritten wie nur wenige andere historische Ereignisse (▶ M7-M9). Unstritten ist hingegen ihre politische Wirkung. Nach der Revolution genügten Gottesgnadentum und Erbfolge nicht mehr, um Herrschaft zu rechtfertigen. Verfassungen wurden gefordert und Rechte eingeklagt. Politik war nicht mehr die ausschließliche Sache der Herrscher. Intensiver als zuvor mussten sie sich um öffentliche Anerkennung bemühen.

Napoleon Bonaparte (1769-1821): kämpfte als Anhänger Robespierres gegen die Royalisten; kam 1799 durch einen Staatsstreich an die Regierung. 1804 krönte er sich selbst zum Kaiser der Franzosen und nannte sich fortan Napoleon I.

▲ **Napoleon I. Bonaparte im Krönungsornat.**
Gemälde von François Gérard, 1805.

M1 Einteilung der französischen Bevölkerung um 1788/89

Stand/Gruppe	Anzahl[1]	Anteil in %
Erster Stand	130 000	0,47
Bischöfe, Prälaten, Äbte	10 000	0,03
Nonnen	40 000	0,15
Mönche	20 000	0,07
Pfarrer	30 000	0,11
Vikare	30 000	0,11
Zweiter Stand	350 000	1,25
Hofadel	20 000	0,07
Begüterter Provinzadel	100 000	0,36
Verarmter Adel	130 000	0,46
Amtsadel	100 000	0,36
Dritter Stand	27 445 000	98,28
Großbürgertum (Großkaufleute, Bankiers, Reeder, Unternehmer etc.)	220 000	0,79
Mittelschichten (Anwälte, Ärzte, mittlere Kaufleute, kleinere Beamte, Künstler, Intellektuelle etc.)	475 000	1,70
Kleinbürgertum (Handwerker, Ladenbesitzer, Gastwirte etc.)	1 400 000	5,01
Arbeiter und Dienstboten in der Stadt	2 100 000	7,52
Dienstboten auf dem Lande	1 200 000	4,30
Seeleute, Flussschiffer	350 000	1,25
Soldaten	200 000	0,72
Großbauern, dörfliche Oberschichten	3 400 000	12,18
Kleinbauern	8 600 000	30,80
Gesinde, Tagelöhner, ländliches Proletariat[2]	9 500 000	34,00
Summe	27 925 000	100,00

Nach: Michael Erbe, Die gesellschaftlichen Konflikte und der Ausbruch der Französischen Revolution, in: Klaus Malettke (Hrsg.), Soziale und politische Konflikte im Frankreich des Ancien Régime, Berlin 1982, S. 106 f. (vereinfacht)

█ *Bestimmen Sie anhand der Übersicht die ungefähren Bevölkerungsanteile in Stadt und Land.*

[1] Die Angaben wurden zum Teil geschätzt und/oder auf der Grundlage anderer Daten hochgerechnet.
[2] Dazu gehörten um 1789 vier bis fünf Millionen bettelnde und vagabundierende Menschen.

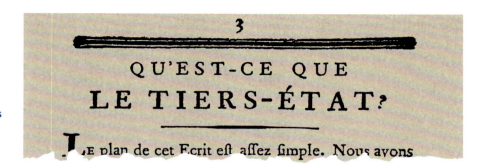

▶ Überschrift des ersten Kapitels der Schrift „Was ist der Dritte Stand?" von Emmanuel Joseph Sieyès.

M2 „Qu'est-ce que le tiers-état?"

Der katholische Geistliche Emmanuel Joseph Sieyès, genannt Abbé Sieyès, verfasst Ende 1788 die Schrift „Qu'est-ce que le tiers-état?". Sie wird kurze Zeit später anonym veröffentlicht, erreicht eine Auflage von über 30 000 Exemplaren und wird damit zur maßgeblichen „Kampfschrift" des Dritten Standes:

Der Plan dieser Schrift ist ganz einfach. Wir haben uns drei Fragen vorzulegen.
1. Was ist der Dritte Stand? ALLES.
2. Was ist er bis jetzt in der politischen Ordnung gewesen? NICHTS.
3. Was verlangt er? ETWAS ZU SEIN. [...]

Also, was ist der Dritte Stand? Alles, aber ein gefesseltes und unterdrücktes Alles. Was wäre er ohne den privilegierten Stand? Alles, aber ein freies und blühendes Alles. Nichts kann ohne ihn gehen; alles ginge unendlich besser ohne die anderen. [...]

Was ist eine Nation? Eine Körperschaft von Gesellschaftern, die unter einem *gemeinschaftlichen* Gesetz leben und durch dieselbe *gesetzgebende Versammlung* repräsentiert werden usw. [...]

Der Dritte Stand umfasst also alles, was zur Nation gehört; und alles, was nicht der Dritte Stand ist, kann sich nicht als Bestandteil der Nation ansehen. Was also ist der Dritte Stand? ALLES. [...]

Unter dem Dritten Stand muss man die Gesamtheit der Bürger verstehen, die dem Stand der gewöhnlichen Leute (*l'ordre commun*) angehören. Alles, was durch das Gesetz privilegiert ist, einerlei auf welche Weise, tritt aus der gemeinschaftlichen Ordnung heraus, macht eine Ausnahme für das gemeinschaftliche Gesetz und gehört folglich nicht zum Dritten Stand. [...]

Der Dritte Stand hat bis zur Stunde keine wahren Vertreter auf den Generalständen gehabt. Er hat also keinerlei politische Rechte. [...]

Was verlangt der Dritte Stand? Etwas zu werden.

[...] Man kann die wirklichen Forderungen des Dritten Standes nur nach den authentischen Beschwerden beurteilen, welche die großen Stadtgemeinden (*municipalités*) des Königreichs an die Regierung gerichtet haben. Was sieht man da? Dass das Volk etwas sein will, und zwar nur das Wenigste, was es sein kann. [...] Es will haben 1. echte Vertreter auf den Generalständen, das heißt Abgeordnete, die aus seinem Stand kommen und die fähig sind, die Interpreten seines Willens und die Verteidiger seiner Interessen zu sein. Was nützt es ihm, an den Generalständen teilzunehmen, wenn das dem seinen entgegengesetzte Interesse dort dominiert? [...] Es verlangt weiter 2. eine Zahl von Vertretern, die derjenigen ebenbürtig ist, welche die beiden anderen Stände zusammen besitzen. Diese Gleichheit der Vertretung wäre indessen völlig illusorisch, wenn jede Kammer eine eigene Stimme besäße. Der Dritte Stand verlangt deshalb 3., dass die Stimmen nach Köpfen und nicht nach Ständen gezählt werden. [...]

Ich bitte zu beachten, welch gewaltiger Unterschied zwischen der Versammlung des Dritten Standes und den Versammlungen der beiden anderen Stände besteht. Ersterer vertritt fünfundzwanzig Millionen Menschen und berät über die Interessen der Nation. Die beiden letzteren haben, sollten sie zusammentreten, nur die Vollmacht von ungefähr zweihunderttausend Einzelpersonen und denken nur an ihre Vorrechte. Man wird sagen, der Dritte Stand allein könne keine „Generalstände" bilden. Nun, umso besser, dann wird er eben eine „Nationalversammlung" bilden!

Eberhard Schmitt und Rolf Reichardt (Hrsg.), Emmanuel Joseph Sieyès. Politische Schriften 1788-1790, München/Wien ²1981, S. 119, 123-125, 127, 130, 131 und 180

1. *Erklären Sie, was die Ausführungen von Sieyès zu einer Kampfschrift macht.*
2. *Erarbeiten Sie eine Definition des Begriffes „Nation" aus dem Artikel.*
3. *Arbeiten Sie die Argumente Sieyès' dafür heraus, dass nur der Dritte Stand die Nation vertreten könne.*

M3 Menschenrechte für alle?

Der Verfassung von 1791 wird die am 26. August 1789 von der Konstituante feierlich verkündete „Erklärung der Menschen- und Bürgerrechte" (linke Spalte) vorangestellt. In Anlehnung an dieses Dokument veröffentlicht 1791 die 36-jährige Schriftstellerin Olympe de Gouges die „Erklärung der Rechte der Frau und Bürgerin" (rechte Spalte):

Da die Vertreter des französischen Volkes, als Nationalversammlung eingesetzt, erwogen haben, dass die Unkenntnis, das Vergessen oder die Verachtung der Menschenrechte die einzigen Ursachen des öffentlichen Unglücks und der Ver-
5 derbtheit der Regierungen sind, haben sie beschlossen, die natürlichen und unveräußerlichen und heiligen Rechte der Menschen in einer feierlichen Erklärung darzulegen, damit diese Erklärung allen Mitgliedern der Gesellschaft beständig vor Augen ist und sie unablässig an ihre Rechte und Pflichten
10 erinnert; damit die Handlungen der Gesetzgebenden wie der Ausübenden Gewalt in jedem Augenblick mit dem Endzweck jeder politischen Einrichtung verglichen werden können und dadurch mehr geachtet werden; damit die Ansprüche der Bürger, fortan auf einfache und unbestreitbare Grundsätze
15 begründet, sich immer auf die Erhaltung der Verfassung und das Allgemeinwohl richten mögen. Infolgedessen erkennt und erklärt die Nationalversammlung in Gegenwart und unter dem Schutze des Allerhöchsten folgende Menschen- und Bürgerrechte:

20 Art. 1
Die Menschen sind und bleiben von Geburt frei und gleich an Rechten. Soziale Unterschiede dürfen nur im gemeinen Nutzen begründet sein.

Art. 2
25 Das Ziel jeder politischen Vereinigung ist die Erhaltung der natürlichen und unveräußerlichen Menschenrechte. Diese Rechte sind Freiheit, Eigentum, Sicherheit und Widerstand gegen Unterdrückung. [...]

Art. 4
30 Die Freiheit besteht darin, alles tun zu können, was einem anderen nicht schadet. So hat die Ausübung der natürlichen Rechte eines jeden Menschen nur die Grenzen, die den anderen Gliedern der Gesellschaft den Genuss der gleichen Rechte sichern. Diese Grenzen können allein durch Gesetz
35 festgelegt werden.

Art. 6
Das Gesetz ist der Ausdruck des allgemeinen Willens. Alle Bürger haben das Recht, persönlich oder durch ihre Vertre-

Wir, die Mütter, Töchter, Schwestern, Vertreterinnen der Nation, verlangen in die Nationalversammlung aufgenommen zu werden. In Anbetracht dessen, dass Unkenntnis, Vergessen oder Missachtung der Rechte der Frauen die alleinigen Ursachen öffentlichen Elends und der Korruptheit der Regie- 5 rungen sind, haben wir uns entschlossen, in einer feierlichen Erklärung die natürlichen, unveräußerlichen und heiligen Rechte der Frau darzulegen, damit diese Erklärung allen Mitgliedern der Gesellschaft ständig vor Augen ist und sie unablässig an ihre Rechte und Pflichten erinnert; damit die 10 Machtausübung von Frauen ebenso wie jene von Männern jederzeit und somit auch mehr geachtet werden kann; damit die Beschwerden von Bürgerinnen, nunmehr gestützt auf einfache und unangreifbare Grundsätze, sich immer zur Erhaltung der Verfassung, der guten Sitten und zum Wohl 15 aller auswirken mögen.
Das an Schönheit wie Mut im Ertragen der Mutterschaft überlegene Geschlecht anerkennt und erklärt somit, in Gegenwart und mit dem Beistand des Allmächtigen, die folgenden Rechte der Frau und Bürgerin: 20

Artikel I
Die Frau ist frei geboren und bleibt dem Manne gleich in allen Rechten. Die sozialen Unterschiede können nur im allgemeinen Nutzen begründet sein.

Artikel II 25
Ziel und Zweck jedes politischen Zusammenschlusses ist der Schutz der natürlichen und unveräußerlichen Rechte sowohl der Frau als auch des Mannes. Diese Rechte sind: Freiheit, Sicherheit, das Recht auf Eigentum und besonders das Recht auf Widerstand gegen Unterdrückung. [...] 30

Artikel IV
Freiheit und Gerechtigkeit besteht darin, den anderen zurückzugeben, was ihnen zusteht. So wird die Frau an der Ausübung ihrer natürlichen Rechte nur durch die fortdauernde Tyrannei, die der Mann ihr entgegensetzt, gehindert. Diese 35 Schranken müssen durch Gesetz der Natur und Vernunft revidiert werden.

Artikel VI
Das Gesetz sollte Ausdruck des allgemeinen Willens sein. Alle Bürgerinnen und Bürger sollen persönlich oder durch 40

ter an seiner Formung mitzuwirken. Es soll für alle gleich sein, mag es beschützen, mag es bestrafen. Da alle Bürger in seinen Augen gleich sind, sind sie gleicherweise zu allen Würden, Stellungen und Beamtungen nach ihrer Fähigkeit zugelassen ohne einen anderen Unterschied als den ihrer Tugenden und ihrer Talente.

Art. 7

Jeder Mensch kann nur in den durch das Gesetz bestimmten Fällen und in den Formen, die es vorschreibt, angeklagt, verhaftet und gefangen gehalten werden.

[...]

Art. 10

Niemand soll wegen seiner Meinung, selbst religiöser Art, beunruhigt werden, solange ihre Äußerungen nicht die durch das Gesetz festgelegte öffentliche Ordnung stören.

Art. 11

Die freie Mitteilung der Gedanken und Meinungen ist eines der kostbarsten Menschenrechte. Jeder Bürger kann also frei schreiben, reden, drucken unter Vorbehalt der Verantwortlichkeit für den Missbrauch dieser Freiheit in den durch Gesetz bestimmten Fällen. [...]

Art. 17

Da das Eigentum ein unverletzliches und heiliges Recht ist, kann es niemandem genommen werden, wenn es nicht die gesetzlich festgelegte, öffentliche Notwendigkeit augenscheinlich erfordert und unter der Bedingung einer gerechten und vorherigen Entschädigung.

---

ihre Vertreter an seiner Gestaltung mitwirken. Es muss für alle das Gleiche sein. Alle Bürgerinnen und Bürger, die gleich sind vor den Augen des Gesetzes, müssen gleichermaßen nach ihren Fähigkeiten, ohne andere Unterschiede als die ihrer Tugenden und Talente, zu allen Würden, Ämtern und Stellungen im öffentlichen Leben zugelassen werden.

Artikel VII

Für Frauen gibt es keine Sonderrechte; sie werden verklagt, in Haft genommen und gefangen gehalten in den durch das Gesetz bestimmten Fällen. Frauen unterstehen wie Männer den gleichen Strafgesetzen.

[...]

Artikel X

Niemand darf wegen seiner Meinung, auch wenn sie grundsätzlicher Art ist, verfolgt werden. Die Frau hat das Recht, das Schafott zu besteigen. Sie muss gleichermaßen das Recht haben, die Tribüne zu besteigen, vorausgesetzt, dass ihre Handlungen und Äußerungen die vom Gesetz gewahrte öffentliche Ordnung nicht stören.

Artikel XI

Die freie Gedanken- und Meinungsäußerung ist eines der kostbarsten Rechte der Frau, denn diese Freiheit garantiert die Vaterschaft der Väter an ihren Kindern. Jede Mutter kann folglich in aller Freiheit sagen: „Ich bin die Mutter eines Kindes, das du gezeugt hast", ohne dass ein barbarisches Vorurteil sie zwingt, die Wahrheit zu verschleiern. [...]

Artikel XVII

Das Eigentum gehört beiden Geschlechtern vereint oder einzeln. Jede Person hat darauf ein unverletzliches und heiliges Anrecht. Niemandem darf es als wahres Erbteil der Nation vorenthalten werden, es sei denn, eine öffentliche Notwendigkeit, die gesetzlich festgelegt ist, mache es augenscheinlich erforderlich, jedoch unter der Voraussetzung einer gerechten und vorher festgesetzten Entschädigung.

Ute Gerhard, Menschenrechte – Frauenrechte 1789, in: Viktoria Schmidt-Linsenhof (Hrsg.), Sklavin oder Bürgerin? Französische Revolution und Neue Weiblichkeit, Frankfurt am Main 1989, S. 69 - 72

---

1. *Diskutieren Sie die Funktion der Präambel der Erklärungen.*

2. *Arbeiten Sie aus den beiden Erklärungen die bestehenden Missstände heraus.*

3. *Stellen Sie fest, an welchen Stellen die Erklärungen die bestehende Gesellschaftsordnung überwinden wollen.*

M4 „Macht alle gleich!"

In Paris beschließen die Sansculotten am 2. September 1793 folgende Adresse an den Nationalkonvent:

Abgeordnete des Volkes!
[...] Beeilt euch, den Preis der Grundnahrungsmittel unverrückbar festzusetzen, ebenso den der Rohstoffe, den Arbeitslohn, die Industrieprofite und die Handelsgewinne; ihr habt
5 dazu das Recht und die Macht ... „Aber wie!" werden euch die Aristokraten, die Royalisten, die Gemäßigten, die Ränkeschmiede sagen. „Heißt das nicht Hand an das Eigentum legen, das heilig sein soll und unverletzlich?" [...] Zweifellos; aber wissen sie nicht, diese Schurken, wissen sie nicht, dass
10 Eigentum nur soweit gut ist, als es den Bedarf des Einzelnen befriedigt? Wissen sie nicht, dass keiner das Recht hat, etwas zu tun, was dem anderen schaden kann? Was gibt es Schändlicheres, als willkürlich einen Preis für die Lebensmittel zu verlangen, den sieben Achtel der Bürger nicht aufbringen
15 können? [...]
1. Die ehemaligen Adligen sollen keinerlei militärische Funktionen ausüben noch irgendein öffentliches Amt bekleiden dürfen, welcher Art es auch sei. [...]
2. Alle Grundnahrungsmittel sind unveränderlich auf den
20 Preis der sogenannten „früheren Jahre" 1789 bis 1790 festzusetzen, jedoch in Ansehung ihrer unterschiedlichen Qualität.
3. Ebenso sollen die Rohstoffpreise festgesetzt werden, und zwar so, dass die Industrieprofite, die Arbeitslöhne und die
25 Handelsgewinne durch Gesetz in Grenzen gehalten werden und den gewerblichen Arbeiter, den Bauer und den Kaufmann in die Lage versetzen, sich nicht nur die Dinge zu verschaffen, die er zum Leben braucht, sondern auch all das, was es ihm angenehm machen kann. [...]
30 5. Jedem Département wird eine genügende Summe bewilligt, damit der Preis der Grundnahrungsmittel für alle Einwohner der Republik auf gleicher Höhe gehalten werden kann. [...]
8. Es soll ein Maximum für Vermögen festgesetzt werden.
35 [...]
11. Ein Bürger soll nicht mehr als eine Werkstatt oder einen Laden besitzen dürfen.
12. Alle, die Waren oder Grund und Boden unter ihrem Namen innehaben, sollen als deren Eigentümer gelten.
40 Die Sektion Sans-Culottes meint, dass diese Maßnahmen Überfluss und Ruhm wieder herbeiführen, nach und nach die zu große Ungleichheit der Vermögen beseitigen und die Zahl der Eigentümer ansteigen lassen werden.

Walter Markov, Revolution im Zeugenstand. Frankreich 1789 - 1799, Bd. 2: Gesprochenes und Geschriebenes, Leipzig ²1986, S. 489 f.

---

1. *Überlegen Sie, ob die Forderungen mit Artikel 4 der Erklärung der Menschenrechte (M3, S. 60) vereinbar sind.*

2. *Diskutieren Sie, ob die Realisierung der Forderungen die finanziellen Probleme des Staates gelöst hätte.*

M5 Terror per Gesetz

Die Zeit des „Großen Terrors" beginnt mit dem vom Nationalkonvent am 17. September 1793 beschlossenen „Gesetz über die Verdächtigen":

Artikel 2. Als Verdächtige gelten: 1. alle, die sich durch ihr Verhalten, ihre Beziehungen oder ihre in Wort oder Schrift geäußerten Ansichten als Anhänger der Tyrannei, des Föderalismus[1] und als Feinde der Freiheit erwiesen haben; 2. alle, die sich nicht auf die durch das Gesetz vom 21. März dieses Jahres 5 vorgeschriebene Weise über die Mittel ihrer Existenz und die Erfüllung ihrer Bürgerpflichten ausweisen können[2]; 3. alle, denen die Beglaubigung der Staatsbürgertreue verweigert worden ist; 4. durch den Nationalkonvent oder seine Kommissare von ihren Ämtern suspendierte oder abgesetzte und 10 nicht wieder eingesetzte öffentliche Beamte, namentlich diejenigen, die kraft des Gesetzes vom 12. August dieses Jahres abgesetzt worden sind oder noch abgesetzt werden müssen; 5. jene unter den ehemaligen Adligen, ob Männer, Frauen, Väter, Mütter, Söhne oder Töchter, Brüder oder Schwestern wie 15 auch Bevollmächtigte von Emigranten, die nicht beständig ihre Verbundenheit mit der Revolution kundgetan haben; 6. alle, die in dem Zeitraum zwischen dem 1. Juli 1789 und der Verkündung des Gesetzes vom 8. April 1792 emigriert sind, auch wenn sie in der von diesem Gesetz bestimmten Frist 20 oder davor nach Frankreich zurückgekehrt sein sollten.

Walter Markov, a. a. O., S. 499 f.

■ *Nehmen Sie zu dem Gesetz Stellung. Beachten Sie, dass der Nationalkonvent damit das Gewaltmonopol des Staates zurückgewinnen wollte.*

---

[1] Als Parteigänger des Föderalismus galten alle, die die Einheit der Republik und den zentralen Führungsanspruch der Regierungsausschüsse infrage stellten.
[2] Dieser Artikel ist gegen die Spekulanten gerichtet.

M6 Staatsform und Wahlrecht von 1789 bis 1795

Zwischen 1789 und 1799 werden in Frankreich vier Verfassungen verabschiedet. Sie alle dokumentieren unterschiedliche Stadien der Revolution und sind Ausdruck eines intensiven Erfahrungs- und Lernprozesses. Die Festlegung der Regierungsform und die Wahlrechtsbestimmungen zeigen die Spannbreite der Bemühungen auf, die Ausübung und die Beteiligung der Bevölkerung an der Macht zu regeln.

	Ancien Régime (Wahlordnung von 1789)	Verfassung von 1791	Verfassung von 1793 (trat nicht in Kraft)	Verfassung von 1795
Regierungsform	absolutistische Monarchie	konstitutionelle Monarchie	Republik	Republik
Staatsoberhaupt	König	König	–	5 Direktoren
Vertretungssystem	Generalstände (beratende Funktion) 1. Stand: ca. 300 Vertreter 2. Stand: ca. 300 Vertreter 3. Stand: ca. 600 Vertreter	Nationalversammlung für 2 Jahre (etwa 745 Vertreter aus 83 Départements)	Nationalrepräsentation für 1 Jahr (je 1 Abgeordneter auf 40 000 Einwohner, 749 Abgeordnete, zuzüglich 28 aus den Kolonien)	– Rat der Alten (250 Mitglieder) – Rat der Fünfhundert (beide Räte wurden alljährlich zu einem Drittel erneuert)
Wahlverfahren	nach Ständen	indirekt	direkt	indirekt
Wahlberechtigung (in den Urversammlungen)	– Männer (beim Adel auch Frauen) – 25 Jahre – Eintragung in die Steuerliste	– Männer – 25 Jahre – fester Wohnsitz seit einem Jahr – weder Tagelöhner noch Dienstleute – Steuerleistung im Wert von 3 Arbeitstagen – Mitglied der Nationalgarde – Bürgereid	– Männer – 21 Jahre – ein Jahr in Frankreich	– Männer – 21 Jahre – ein Jahr in Frankreich und/oder (ehemaliger) Soldat – Jungwähler sollten lesen und schreiben können und einer qualifizierten Arbeit nachgehen
Voraussetzungen, um als Wahlmann bestellt zu werden Eigentum/Einkommen im Wert von – in Städten über 6 000 Einwohner – in Städten unter 6 000 Einwohner – auf dem Land	–	– aktives Bürgerrecht – 25 Jahre – 200 Arbeitstagen – 100 - 150 Arbeitstagen – ca. 150 Arbeitstagen	–	– aktives Bürgerrecht – 25 Jahre – 100 Arbeitstagen – 150 Arbeitstagen – 150 - 200 Arbeitstagen
Zahl der Wahlmänner	–	etwa 45 000	–	etwa 30 000
Voraussetzungen, um als Abgeordneter gewählt zu werden	–	aktives Bürgerrecht	aktives Bürgerrecht	Rat der Fünfhundert: – 30 Jahre – fester Wohnsitz seit 10 Jahren Rat der Alten: – 40 Jahre – fester Wohnsitz seit 15 Jahren

1. *Erläutern Sie die in den Verfassungen aufgeführten Begriffe und Stichwörter.*

2. *Bestimmen Sie die gesellschaftlichen Interessen, die in den Verfassungen ihren Niederschlag gefunden haben.*

Die Amerikanische und Französische Revolution im Vergleich –
Urteile und Bewertungen von Zeitzeugen und Historikern

M7 „Sie war umfassender ...“

Der Mathematiker und Schriftsteller Marie-Jean-Antoine-Nicolas Caritat, Marquis de Condorcet (1743 - 1794), der als gemäßigter Jakobiner an der Französischen Revolution teilnimmt, zieht sich 1793 die Feindschaft der radikalen Revolutionäre zu. In einem kurz vor seinem Tod abgeschlossenen Werk stellt er fest:

Sie [die Französische Revolution] war umfassender als die amerikanische, daher verlief sie im Innern weniger friedlich; denn die Amerikaner, zufrieden mit den aus England überkommenen bürgerlichen und Strafgesetzen, hatten kein
5 mangelhaftes Steuersystem zu reformieren, weder eine feudale Tyrannei und erbliche Klassenunterschiede noch reiche oder mächtige privilegierte Körperschaften und ein System religiöser Unduldsamkeit zu beseitigen und konnten sich deshalb darauf beschränken, neue Gewalten einzuführen
10 und sie an die Stelle derjenigen zu setzen, durch die bislang die britische Nation über sie regiert hatte. Diese Neuerungen betrafen in keiner ihrer Einzelheiten die Masse des Volkes; nichts änderte sich an den Beziehungen, die sich zwischen den Individuen bereits herausgebildet hatten. Aus dem ent-
15 gegengesetzten Grunde musste die Revolution in Frankreich die gesamte Einrichtung der Gesellschaft erfassen, alle sozialen Beziehungen verändern und noch die letzten politischen Zusammenhänge durchdringen, bis hin zu den Individuen, die friedlich von ihrem Besitz oder ihrem Gewerbe leben und
20 an öffentlichen Bewegungen weder durch ihre Ansichten und Beschäftigungen noch durch ihr Streben nach Vermögen, Ehre oder Ruhm Anteil nehmen.

Condorcet, Entwurf einer historischen Darstellung der Fortschritte des menschlichen Geistes, hrsg. von Wilhelm Alff, Frankfurt am Main 1976, S. 167

M8 „Wahr ist es, dass ...“

Der in preußischen Diensten stehende Friedrich von Gentz (1764 - 1832), der 1802 nach Österreich geht und dort Diplomat wird, vergleicht in einem im Juni 1800 im „Historischen Journal“ veröffentlichten Essay die Ursachen und Grundsätze beider Revolutionen. Mit seinen Überlegungen beginnt die deutsche politikwissenschaftliche Amerikaforschung.

Wahr ist es, daß die Unabhängigkeits-Erklärung, die der Congreß im Nahmen der Colonien von sich gab, mit einem Ein-
gange anhob, worin „die natürlichen und unveräußerlichen Rechte des Menschen“ als das Fundament aller Staats-Verfassungen betrachtet werden; daß auf diese unbestimmte 5 und den größten Mißdeutungen ausgesetzte Formel einige nicht weniger unbestimmte, nicht weniger zum Mißbrauch geschickte Grundsätze folgten, aus denen man das uneingeschränkte Recht des Volkes, seine Regierungsform zu ändern, und das, was man in der neuern Revoluzions-Sprache seine 10 *Souveränität* genannt hat, herleiten konnte; und daß selbst die meisten Constituzions-Urkunden der einzelnen Amerikanischen Staaten jene müßigen und in ihrer Anwendung so gefährlichen *Deklarationen der Rechte* an ihrer Spitze trugen, aus denen späterhin so viel Unglück über Frankreich und die 15 ganze civilisirte Welt geflossen ist. [...] Nie sind im ganzen Laufe der Amerikanischen Revoluzion die *Menschen-Rechte* ausgerufen worden, um die *Rechte der Bürger* zu zerstören: nie hat man die Souveränität des Volkes zum Vorwande gebraucht, um das Ansehen der Gesetze oder die Fundamente 20 der gesellschaftlichen Sicherheit zu untergraben: nie hat man zugegeben, daß ein Individuum, oder auch eine ganze Classe von Individuen, oder selbst die Repräsentanten dieses oder jenes einzelnen Staates, sich auf die Deklaration der Rechte bezögen, um positiven Verbindlichkeiten zu entgehen, 25 oder dem gemeinschaftlichen Souverän den Gehorsam aufzusagen: nie ist es endlich einem Gesetzgeber oder Staatsmann in Amerika in den Sinn gekommen, die Rechtmäßigkeit fremder Staats-Verfassungen anzufechten, und die Amerikanische Revoluzion, als Modell für irgendein andres Volk, oder 30 als eine neue Epoche in den allgemeinen Verhältnissen der bürgerlichen Gesellschaft darzustellen. [...]
Die Amerikanischen Colonien waren schon vor der Revoluzion zu einem hohen Grade von Selbständigkeit gelangt, und die Herrschaft der brittischen Regierung in Amerika war 35 weniger das Verhältniß eines unmittelbaren Souveräns, als eines obersten Schutzherrn. Die Amerikanische Revoluzion hatte von jeher mehr das Ansehen eines auswärtigen als eines bürgerlichen Krieges. [...]
Es gab im Innern der Colonien keine Art von Personal- oder 40 Real-Prärogativen[1], und keine andere Rangordnung, als die, welche sich auf die Ausübung öffentlicher Funkzionen gründete. Das Eigenthum war, wie es die Neuheit der bürgerlichen Gesellschaft in diesem Lande mit sich brachte, viel gleichförmiger, als es in alten Staaten der Fall seyn kann, 45 vertheilt, und die Verhältnisse zwischen der besitzenden

---

[1] Prärogativen: Vorrechte

und arbeitenden Classe waren einfacher und eben deshalb wohlthätiger. Da die Revoluzion in der innern Organisazion der Colonien wenig änderte, da sie bloß eine auswärtige Ver-
50 bindung auflöste, welche die Amerikaner immer mehr wie eine Bürde, als wie einen Vortheil betrachten mußten, so war außer den wenigen, die an der obersten Landes-Administration Theil nahmen, niemand bei der Aufrechterhaltung der alten Form unmittelbar und wesentlich interessirt. Was diese
55 Form gutes und gefälliges gehabt hatte, blieb unberührt: die Revoluzion hob nur das auf, worin sie drückend gewesen war.

Zitiert nach: Ernst Fraenkel, Amerika im Spiegel des deutschen politischen Denkens. Äußerungen deutscher Staatsmänner und Staatsdenker über Staat und Gesellschaft in den Vereinigten Staaten von Amerika, Köln/Opladen 1959, S. 79 - 81

M9 Zentrale Unterschiede

Der Darmstädter Historiker Hans-Christoph Schröder (geb. 1933) vergleicht die Amerikanische mit der Französischen Revolution. Hier einige seiner zentralen Thesen:

Der untypische, abweichende Verlauf der Amerikanischen Revolution lässt sich in dem einen Satz zusammenfassen, dass sie keine Zielverfehlung und Deformation, keine starken Pendelausschläge zur einen oder anderen Richtung, keine
5 Terrorherrschaft, keinen Umschlag in die Diktatur und keine Restauration erlebte. (S. 167)

Die Freiheit steht im Zentrum der Amerikanischen Revolution in allen ihren Aspekten und Phasen, für alle ihre verschiedenen Richtungen und Gruppierungen. Sie bildet den
10 Ausgangspunkt des kolonialen Widerstandes gegen England, aber ebenso des Kampfes der Antifederalists gegen die Unionsverfassung von 1787. (S. 168)

Die Amerikanische Revolution weist in sehr viel geringerem Maße den Doppelcharakter einer politischen Revolution und
15 einer sozialen Protestbewegung auf als andere Revolutionen in der Geschichte. Man kann sie als eine fast rein politische Revolution bezeichnen. (S. 169)

Da die Amerikanische Revolution die Erhaltung einer freiheitlichen Verfassung als Ausgangspunkt hatte und da sie durch-
20 weg von einer libertären Zielsetzung bestimmt war und nicht etwa von einer radikal-egalitären, sozialen, religiösen oder primär nationalen Zielsetzung, die Freiheitseinbußen in geringerem Maße als Zielverfehlungen hätten erscheinen lassen, war Amerika in gewissem Umfang bereits gegen eine
25 Fehlentwicklung seiner Revolution geschützt. (S. 170)

Es fehlte in Amerika, was in der Revolutionsgeschichte einmalig sein dürfte, jede gewaltsame Säuberung und Auf-

lösung von Parlamenten. Es kam dort auch nicht zu jenem unheilvollen Nebeneinander rivalisierender Institutionen und Machtzentren, wie sie besonders die Französische und 30 Russische Revolution kennzeichnen. (S. 174)

Das „Recht auf Freiheit" konnte in der Amerikanischen Revolution die dominierende Rolle spielen, weil im Unterschied zu Frankreich das „Recht auf Existenz" oder das „Recht auf Brot" es nicht aus seiner Schlüsselstellung verdrängten. (S. 180) 35

Für die Französische Revolution war es fatal, dass die Entwicklung in der Hauptstadt nicht mit der des übrigen Landes synchron verlief. Etwas zugespitzt lässt sich sagen, dass Amerika das Problem der „föderalistischen" Revolte erspart blieb, weil es einerseits keine Hauptstadt mit einer vom Hunger 40 getriebenen, radikalisierten und stets von Neuem in den Lauf der Revolution eingreifenden Bevölkerung besaß und andererseits von Anfang an eine föderalistische Struktur gehabt hat. (S. 182)

Berücksichtigt werden muss die Tatsache, „dass das revolu- 45 tionäre Regime in Amerika nach außen hin niemals isoliert und diskreditiert dastand, wie etwa später die Revolutionsregime in Frankreich und Russland". (S. 184)

Es gab in Amerika nicht den verzweifelten Versuch einer „levée en masse", einer Zusammenfassung aller Kräfte und 50 gewaltsamen Eliminierung aller „Verräter" und Verdächtigen. (S. 184)

Das gegenseitige Sichemporschaukeln von Verrat, konterrevolutionärer Intrige und revolutionärem Radikalisierungsprozess, das die Französische Revolution charakterisiert, fehlte 55 in Amerika so gut wie völlig. (S. 185)

Hans-Christoph Schröder, Die Amerikanische Revolution. Eine Einführung, München 1982

1. *Stellen Sie anhand der Texte von Condorcet (M7) und Gentz (M8) die sozialen, innen- und außenpolitischen Unterschiede zwischen den Revolutionen fest.*

2. *Arbeiten Sie Übereinstimmungen und Unterschiede zwischen Condorcet (M7) und Gentz (M8) heraus.*

3. *Stellen Sie fest, wie Gentz (M8) die Unterschiede zwischen den Revolutionen bewertet. Erläutern Sie die unterschiedlichen Bewertungen.*

4. *Untersuchen Sie, welche Aussagen Schröders (M9) sich auf Condorcet (M7) und Gentz (M8) beziehen können.*

5. *Erörtern Sie die Vor- und Nachteile einer vergleichenden Betrachtung der beiden Revolutionen.*

6. *Erarbeiten Sie eine eigene vergleichende Betrachtung.*

Der 14. Juli – ein Mythos?

▲ „Die Erstürmung der Bastille."
Ölgemälde von Charles Thévenin, 1793.
Die Festung war Ende des 14. Jahrhunderts zur Verteidigung gegen die Engländer erbaut und später zum Staatsgefängnis gemacht worden. Sie hatte 1,5 Meter dicke Mauern und acht ungleich hohe Rundtürme, der höchste maß 22 Meter.
Die im Bild gezeigte blau-weiß-rote Trikolore (lat. tricolor: dreifarbig) ist eine Kombination aus den Farben der Stadt Paris (blau und rot) und dem weißen Lilienbanner der Monarchie. Offiziell wurde die Trikolore erst 1794 zur Nationalflagge erklärt.
- *Das Gemälde deutet den Sturm auf die Bastille als nationales Ereignis. Erklären Sie die Aussage.*
- *Von dem Bild gibt es auch eine Fassung, die statt der Trikolore eine weiße Fahne zeigt. Überlegen Sie, inwiefern sich damit die Bildaussage verändert.*

Mythen gehören zu unserer Erinnerungskultur ■ Der Begriff „Mythos" hat für den Historiker eine doppelte Bedeutung: Er weist zum einen auf eine Verfälschung von Tatsachen oder zum anderen auf eine sinnstiftende Erzählung hin. Eine „gefälschte" Geschichte kann von der Geschichtswissenschaft einfacher erkannt und widerlegt werden als zu Mythen gewordene Geschichten. Ihnen kommen die Historiker nur näher, wenn sie diese sinnstiftenden Erzählungen ebenfalls dekonstruieren, das heißt die angegebenen Tatsachen prüfen und der Frage nachgehen, warum und wieso an ein bestimmtes Ereignis erinnert wurde und wird. Ausgangspunkt für eine umfassende und gründliche Untersuchung dieser Mythen sind oft sogenannte „Erinnerungsorte" (*Lieux de mémoire*). Das können Daten wie der „14. Juli", ein Motto wie „Freiheit – Gleichheit – Brüderlichkeit", ein bestimmter Ort wie die „Bastille" oder ein Name wie „Robespierre" sein.

Die Funktion von Mythen ■ Mythen spielen eine wichtige Rolle, um politische Ansprüche zu begründen und Menschen zu mobilisieren. Das Verständnis dafür, einer bestimmten Nation anzugehören, wird davon beeinflusst, wie und wo in der Gegenwart an die gemeinsame Vergangenheit erinnert wird.

Grundlage der politischen Mythen sind eingängig erzählte Geschichten, die zum kulturellen Gedächtnis einer Gesellschaft zählen und politische Ansprüche begründen halfen. Sie interpretieren die Vergangenheit, idealisieren bestimmte Aspekte und verschweigen Schattenseiten. Zu den politischen Mythen gehören auch symbolische Handlungen. So werden nationale Gefühle geweckt, wenn die Nationalhymne zu hören und die -flagge zu sehen ist oder wenn ein Nationalfeiertag festlich begangen wird. Auch diese symbolischen Handlungen beruhen oft auf politischen Mythen. Sie drücken eine gemeinsame Übereinstimmung, eine „kollektive Identität", zwischen den Staatsbürgern und ihrem Staat aus. Damit wird deutlich, dass eine nationale Identität nicht nur etwas mit der gemeinsamen Herkunft, dem gemeinsamen Staatsgebiet und Recht, der gemeinsamen Sprache und Religion der Menschen zu tun hat, sondern auch das Ergebnis einer sozialen Konstruktion ist. Herrscher und Regierende können politische Mythen nutzen, um ein Gemeinschaftsgefühl zu erzeugen oder um ihre Macht zu rechtfertigen.

Nationale Symbolik am 14. Juli ▪ Alljährlich wird heute in Frankreich an den 14. Juli gedacht. Nach einer Umfrage von 1989 halten 60 Prozent der Franzosen den „Bastille-Sturm" für das wichtigste Ereignis der Französischen Revolution. An den Abenden des 13. Juli finden in allen französischen Dörfern und Städten Feste statt, die an die ausgelassenen Feiern des einfachen Volkes während der Revolutionszeit erinnern. Am folgenden Morgen beschwören dann die Regierenden in Paris die nationale und republikanische Einheit Frankreichs mit einer großen Militärparade. Sie knüpfen damit an die erste Jahresfeier der Revolution vom 14. Juli 1790 an. Die französischen Nationalfeiertage enden abends mit aufwändigen Feuerwerken. Mit solchen Spektakeln hatte sich schon Ludwig XIV. die „Geister und Herzen" seiner Untertanen gesichert.

Der heutige Umgang mit dem 14. Juli geht nicht unmittelbar und durchgängig auf die Revolution von 1789 zurück. Er ist das Ergebnis von Deutungen und Mystifizierungen. Erst in einer politischen Krisenzeit konnten die Republikaner 1880 den 14. Juli gegen den massiven Widerstand der Monarchisten zum Nationalfeiertag machen. Die von den Republikanern inszenierte Hundertjahrfeier der Revolution 1889 stand noch unter dem Leitmotiv „Eintracht und Befriedung" der innenpolitisch stark zerstrittenen Nation. Erst die militärischen Erfolge Frankreichs über das Deutsche Reich und seine Verbündeten im Ersten und Zweiten Weltkrieg trugen dazu bei, den 14. Juli fast ganz aus seiner ursprünglichen Bedeutung herauszulösen und zu einem Tag der wehrhaften Nation zu machen. In den Grundzügen ist dies bis heute so geblieben.

1989, zur Zweihundertjahrfeier der Revolution (*Bicentenaire de la révolution*), fanden in Frankreich über 6000 Veranstaltungen statt. Sie reichten vom Staatsakt mit Militärparaden über wissenschaftliche Tagungen und Straßenfeste bis zur Pflanzung von Freiheitsbäumen. Dabei wurde aber nicht nur an den „Sturm auf die Bastille" vom 14. Juli und die Einheit der Nation erinnert, sondern auch an die internationale Bedeutung der Erklärung der Menschen- und Bürgerrechte vom 26. August 1789.

Was machte den 14. Juli zum Mythos? ▪ Von Anfang an wurde dem Sturm auf die Bastille am 14. Juli 1789 eine besondere Bedeutung gegeben. Das sahen schon die Zeitgenossen so (▶ M1, M2). Aber worauf beruhte die außerordentliche Symbolkraft der „Bastille"? Die Antwort der Historiker lautet: Sie gründete vor allem darauf, dass
- der „Staatskerker" als „Zwingburg der Despoten" und „Ort des Schreckens" galt,
- das einfache Volk die Festung heldenmütig im Sturm eroberte,

▲ Sansculotten tragen ein Modell der Bastille.
Gouache der Brüder Lesueur, 1790/91.
Solche Bastille-Modelle wurden bei Umzügen durch die Städte getragen.

- das Volk die willkürlich verhafteten und seit Jahrzehnten in Ketten liegenden Kritiker des Despotismus befreite,
- die Bastille zerstört und „vermarktet" wurde,
- man die „Sieger der Bastille" zu „Helden der Nation" machte und
- seit dem 14. Juli 1790 des Bastille-Sturms öffentlich gedachte.

Diese Gründe sind, wie die Forschung belegt hat, das „Ergebnis eines kollektiven Mystifizierungsprozesses" (*Rolf Reichardt*). Folgende Argumente sprechen für diese Behauptung: In zahlreichen vorrevolutionären Schriften, die oft von ehemaligen Häftlingen stammten, wurde die Bastille immer wieder als Ort der despotischen Willkür dargestellt, in der unschuldige Vorkämpfer der Freiheit in menschenunwürdigen Kerkern angekettet um ihr Überleben kämpfen mussten. Diese Schilderungen entsprachen aber nicht den Tatsachen. Die Bastille war 1789 ein fast leeres und unbedeutendes Gefängnis.

Die Bastille wurde nicht im Sturm erobert. Sie war nach einer chaotischen, militärisch wenig wirksamen Belagerung den Aufständischen übergeben worden. 98 Angreifer und sieben Verteidiger kamen dabei ums Leben. Der „Blutzoll" für die befreiende Tat rechtfertigte nicht die anschließende Lynchjustiz der aufständischen Menge an dem gefangenen Gouverneur der Bastille und dem Vorsteher der königlichen Stadtverwaltung, deren Köpfe man auf Piken gespießt zur Schau gestellt hatte.

Die Bastille wurde nicht eingenommen, um zu Unrecht gefangengehaltene und in finsteren Kerkern misshandelte Insassen zu befreien. Die Angreifer suchten nach Waffen und wollten die gefährlichen Kanonen auf den Festungstürmen beseitigen. Erst nachträglich wurde die Befreiung „unschuldiger Männer" in der Presse hervorgehoben. Dabei verschwiegen die meisten Reportagen, dass die „Befreier" nur sieben gut genährte Gefangene (zwei Geistesgestörte, vier Fälscher und ein wegen sittlicher Vergehen eingesperrter Adliger) in den Turmzimmern vorgefunden hatten. Statt über Tatsachen zu berichten, schrieb man über einen erfundenen „ehrwürdigen Greis", der „dreißig Jahre" in dem Gefängnis gesessen habe (▶ M3, M4).

Der Vorsatz, die Bastille zu zerstören, entstand nicht am 14. Juli. Seit Mitte der 1780er-Jahre wurde von offizieller Seite aus erwogen, die Festung abzureißen. Noch am Abend des 14. Juli ergriff der 34-jährige Bauunternehmer *Pierre-François Palloy* die Gelegenheit, mit der Schleifung der Festung zu beginnen. Zwei Jahre später war die Bastille baulich nicht mehr vorhanden. Dafür lebte sie nun in den Köpfen der Menschen weiter, denn Palloy hatte sie zur Touristenattraktion gemacht, Bürgerfeste auf ihren Trümmern zelebriert, aus den Steinen Bonbonnieren, Tintenfässer, Würfelbecher und Miniatur-Bastillen machen lassen und dazu Bastille-Modelle als Zeichen der Unfreiheit in alle 83 Départements versandt. Seine revolutionäre Vermarktungsstrategie hatte den Bastille-Mythos vergrößert.

Noch am Abend des 14. Juli 1789 gab es in Paris Umzüge für die „Sieger der Bastille" (*Vainqueurs de la Bastille*). Wie römische Imperatoren sollen sie triumphierend durch die Straßen gefahren worden sein. Im Juni 1790 verlieh die Nationalversammlung den offiziell ermittelten 863 „Vainqueurs" (darunter eine Frau und elf deutsche Männer) Vorrechte und Ehrenzeichen dafür, dass sie „ihr Leben aufs Spiel gesetzt hatten, um ihr

Vaterland zu befreien und das Joch der Sklaverei abzuschütteln".

Zu den Vorrechten der „Vainqueurs" gehörte es, auf dem Föderationsfest vom 14. Juli 1790 auf einer Ehrentribüne sitzen zu dürfen. Das am ersten Jahrestag des Bastille-Sturms auf dem Pariser Marsfeld begangene Fest galt weniger diesem Ereignis als der Beschwörung der Einheit der Nation. Nationalgardisten aus allen 83 Départements legten hier gemeinsam mit den königlichen Linientruppen feierlich einen Eid auf „die Nation, das Gesetz und den König" ab.

Die gemeinsame Erinnerung an dieses nationale Föderationsfest, das zum Vorbild aller weiteren öffentlichen Revolutionsfeiern wurde, ließ die Kontroversen zwischen Republikanern, Konservativen und Royalisten um die Opfer der Revolution allmählich vergessen. Langfristig trug es dazu bei, dass die Mehrheit der Franzosen den am 6. Juli 1880 durch Gesetz verkündeten 14. Juli als Nationalfeiertag annahm (▶ M5 bis M7).

▲ **Fest der Föderation auf dem Marsfeld in Paris am 14. Juli 1790.**
Ölgemälde von Hubert Robert, um 1790.
Das Marsfeld, ein Truppenübungsplatz, befand sich dort, wo heute der Eiffelturm steht. Vor der Militärschule, die im rechten Bildhintergrund des Gemäldes zu sehen ist, hatte man ein Zelt für den König aufgeschlagen. Auf der gegenüberliegenden Seite der Tribüne, auf der die königliche Familie Platz genommen hatte, war der „Altar des Vaterlandes" errichtet worden, an dem Lafayette, der Kommandeur der Nationalgarde, als Erster den Eid auf „die Nation, das Gesetz und den König" vor 300 000 Menschen ablegte.

Welche historische Bedeutung bleibt dem „Bastille-Sturm"? ■ Die Entmythologisierung des 14. Juli sollte nicht dessen historische Einordnung vergessen lassen. Auf der einen Seite erinnerten die Historiker und Politiker daran, dass der Bastille-Sturm unnötig und der Anfang der Schreckenszeit gewesen sei. Die eigentliche Revolution habe bereits zuvor mit der Entstehung der Nationalversammlung (17. Juni) und dem Ballhausschwur (20. Juni) stattgefunden, außerdem lag den Abgeordneten seit dem 11. Juli der Entwurf für die Erklärung der Menschen- und Bürgerrechte vor.

Auf der anderen Seite wurde darauf verwiesen, dass am 14. Juli die Nationalversammlung von der Auflösung bedroht, der wichtigste Minister entlassen und das Militär um Paris einsatzbereit war. Erst am 14. Juli siegte „die Entschlossenheit über die Zögerlichkeit", indem das Volk von Paris „das Heft der Politik selbst in die Hand" nahm (*Erich Pelzer*). Der König zog die Truppen zurück, holte den am 11. Juli entlassenen, populären Minister *Jacques Necker* wieder ins Amt und steckte sich am 17. Juli beim Festakt zum Gedenken an die Opfer des 14. Juli in Paris unter dem Jubel der Bevölkerung die ihm überreichte blau-rote Kokarde der Revolutionäre an die Hutkrempe. Ein Zurück zu den alten Zuständen war danach nicht mehr möglich.

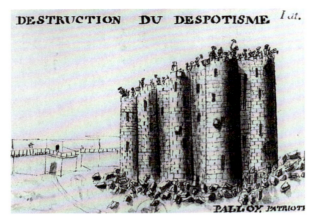

▲ „Niederschlagung des Despotismus."
Radierung von Pierre-François Palloy, 1789.

M1 „Erlösen Sie uns, Sire ..."

In einer Broschüre, die unter dem Titel „Les Litanies du Tiers État" vor der Eröffnung der Generalstände im Mai 1789 veröffentlicht worden ist, fordert man den König auf:

Erlösen Sie uns, Sire,
Von der Käuflichkeit der Ämter
Von der Unwissenheit der Richter
Von der Inquisition der Presse
5 Von dem Missbrauch der Lettres de cachet[1]
Von den Verliesen der Bastille.

Gudrun Gersmann, Im Schatten der Bastille. Die Welt der Schriftsteller, Kolporteure und Buchhändler am Vorabend der Französischen Revolution, Stuttgart 1993, S. 217

---

[1] Lettres de cachet: königliche Haftbefehle, die seit Ludwig XIV. genutzt wurden, um missliebige Personen ohne richterliches Urteil entweder aus dem Lande zu verweisen oder in ein Staatsgefängnis zu stecken. Unter Ludwig XVI. hatten sie kaum noch Bedeutung. Bemerkenswert ist, dass der Adel diese „Haftbefehle" auch nutzte, um mit königlichem Einverständnis Angehörige vor einem Gerichtsverfahren zu schützen. Im Juni 1789 wurden die „Lettres de cachet" per Gesetz von der Nationalversammlung abgeschafft; 1811 führte sie Napoleon wieder ein.

M2 Zeitzeugenbewertungen

Am 15. Juli 1789 verkündet der 48-jährige Journalist Antoine Joseph Gorsas im „Courrier de Versailles":

Dieser gestrige Kampftag wird als ewig denkwürdig in den Festkalender unserer Geschichte eingehen. Er bereitet die größte und vielleicht glücklichste Umwälzung vor!

Der englische Botschafter Lord Dorset berichtet am 16. Juli 1789 aus Paris an den Duke of Leeds:

Auf diese Weise, Mylord, hat sich die größte Revolution vollzogen, die es je in der Geschichte gab, und wenn man das Gewicht der Ergebnisse in Betracht zieht, hat sie verhältnismäßig wenig Blut gekostet. Von diesem Augenblick können wir Frankreich als ein befreites Land betrachten, den König als einen Monarchen mit sehr eingeschränkter Macht, und der Adel ist mit dem Rest der Nation auf ein Niveau gerückt.

Der englische Arzt Dr. Edward Rigby hält sich seit Anfang Juli als Tourist in Paris auf. Seiner Familie schreibt der 42-Jährige am 19. Juli:

Ich bin Zeuge der außerordentlichsten Revolution gewesen, die vielleicht jemals in der menschlichen Gesellschaft stattgefunden hat. Ein großes und weises Volk kämpfte für die Freiheit und Rechte der Menschheit; sein Mut, seine Umsicht und seine Ausdauer sind mit Erfolg belohnt worden, und ein Ereignis, das zum Glück und Gedeihen von Millionen ihrer Nachkommen beitragen wird, ist mit sehr geringem Blutverlust und mit einer Unterbrechung der Alltagsgeschäfte von nur wenigen Tagen eingetreten.

Der Arzt, Naturwissenschaftler und Publizist Jean-Paul Marat ist bei Beginn der Revolution 46 Jahre alt. Er wird Vertreter der radikalen städtischen Volksbewegung. Am 30. Juni 1790 bilanziert er in seiner Zeitung „L'Ami du Peuple" („Der Volksfreund"):

Es steht fest, dass wir die Revolution dem Aufstand des einfachen Volkes verdanken; und es ist nicht weniger gewiss, dass die Einnahme der Bastille hauptsächlich Zehntausenden armen Arbeitern der Vorstadt Saint-Antoine zu verdanken war.

Erster Text: Walter Markov, Revolution im Zeugenstand. Frankreich 1789-1799, Bd. 1: Aussagen und Analysen, Leipzig ²1986, S. 80 f.
Zweiter Text: Erich Pelzer, 14. Juli 1789 – Geschichte und Mythos eines denkwürdigen Tages, in: Wolfgang Krieger (Hrsg.), Und keine Schlacht bei Marathon. Große Ereignisse und Mythen der europäischen Geschichte, Stuttgart ²2006, S. 194
Dritter Text: Gustav Landauer, Briefe aus der Französischen Revolution, Bd. 2, Berlin (Ost) ³1985, S. 134 f.
Vierter Text: Walter Markov, a. a. O., S. 78 f.

M3 „Erinnert Euch immer …"

Eine der populärsten Flugschriften über den Sturm auf die Bastille, der Lebensbericht des fiktiven Bastille-Gefangenen Comte de Lorges, erscheint im September 1789; sie endet mit folgendem Aufruf:

Erinnert Euch immer dieses denkwürdigen Tages in den Annalen der Geschichte Frankreichs; es schlug zwölf, und plötzlich war ein dumpfes Geräusch zu vernehmen, das bis in die Tiefe meines Kerkers hinabhallte. […]
5 Das Geräusch hörte auf, und bald darauf erklangen Triumph- und Freudengesänge in meinen Ohren. Die Soldaten der Freiheit kommen in Massen heran, die Türen meines Kerkers bersten unter den mächtigen Schlägen der Belagerer. […] Ich möchte ewig feiern, ja, ich möchte, dass dieser vierzehnte
10 Tag des Monats Juli ein Festtag werde und dass die Reste meines Vermögens dafür verwendet werden, jedes Jahr fünf Gefangene, die durch ein übereiltes Urteil in Ketten gelegt wurden, zu befreien.

Hans-Jürgen Lüsebrink und Rolf Reichardt, Die Bastille. Zur Symbolgeschichte von Herrschaft und Freiheit, Frankfurt am Main 1990, S. 167

M4 Ein „Ort des Gräuels"

Die Nachrichten aus Frankreich lassen eine Art Revolutionstourismus entstehen. Am 17. Juli macht sich der 43-jährige Pädagoge, Schriftsteller und Verleger Joachim Heinrich Campe aus Braunschweig auf den Weg nach Paris. Am 4. August erreicht er die Stadt. In Briefen an seine Tochter Lotte schildert er seine Eindrücke. Sie werden 1789/90 in seiner eigenen Zeitschrift, dem „Braunschweigischen Journal", veröffentlicht. In dem Brief vom 9. August geht er auf die „Bastille" ein, berichtet über die „geheimen Siegelbriefe" („Lettres de cachet", siehe Anm. zu M1), „welche von dem schimmernden Throne des Despotismus wie aus einer von der Sonne bestrahlten Glanzwolke am blauen Himmel, oft ganz unerwartet herabschossen, und das Haupt eines unschuldigen, ruhigen, gar nichts Arges ahnenden Bürgers trafen". Campe schließt die Schilderung mit dem Hinweis:

Dies, dies war es eigentlich, was die Bastille zu einem Ort des Gräuels und zum Gegenstand der Verwünschung nicht nur in Frankreich, sondern auch durch ganz Europa machte – die *gesetzlose Willkürlichkeit* nämlich, mit der man Schuldige und
5 Unschuldige ohne alles vorhergegangene rechtliche Verfahren an diesen Ort des Jammers schleuderte, um sie hier auf viele Jahre, oft auf Lebenszeit, lebendig zu vergraben, oder wohl gar, wie es mehr als wahrscheinlich ist, sie zum Teil heimlich, durch Gift oder Strang aus der Zahl der Lebendigen
10 verschwinden zu lassen.

Horst Günther (Hrsg.), Die Französische Revolution. Berichte und Deutungen deutscher Schriftsteller und Historiker, Frankfurt am Main 1985, S. 32 f.

M5 Vorschlag

Am 21. Mai 1880 stellen 64 Abgeordnete der Deputiertenkammer den Gesetzesantrag, den 14. Juli zum Nationalfeiertag zu erklären. In der entscheidenden Sitzung am 8. Juni 1880 rechtfertigt der radikale Abgeordnete Antoine Achard den Antrag so:

Er erinnert an den Bastille-Sturm vom 14. Juli 1789 und zugleich an das Bundesfest vom 14. Juli 1790. Der Bastille-Sturm war das ruhmreiche Vorspiel, der erste Akt der Revolution; er beschloss die alte Welt und eröffnete die neue Welt. […]
5 Das Bundesfest hat die moderne Welt geschaffen […und] auf unzerstörbarer Grundlage die Einheit des Vaterlandes begründet. (*Auf der Linken: Sehr gut, sehr gut!*) – Das Volk […] hat den 14. Juli immer mehr als jeden anderen Gedenktag gefeiert; er ist sein Fest, weil es das Fest der Freiheit des Vaterlandes war. – Wir schlagen ihnen also in gewisser Weise die
10 Bestätigung eines Volksfestes vor.

Hans-Jürgen Lüsebrink und Rolf Reichardt, a. a. O., S. 247

▲ Der Nationalfeiertag am 14. Juli 1880.
Gemälde von Alfred Roll, 1882.

M6 Widerstand

Die Julifeiern von 1880 eröffnen das Jahrzehnt eines regel-rechten Kulturkampfes um die Bedeutung des 14. Juli. Das katholisch und monarchisch gesonnene Frankreich wehrt sich dagegen. In einem 1880 in Grenoble veröffentlichten Beitrag heißt es:

Der 14. Juli 1789 war selbst und in seinen Folgen ein Tag der Unordnung des aufständischen betrunkenen Pöbels, ein Tag der Niedertracht und Lüge, ein Tag des Eidbruchs, ein Tag der militärischen Gehorsamsverweigerung, Fahnenflucht und
5 des Verrats, ein Tag der Plünderungen, der tierischen Barbarei und des Kannibalismus. [...] Kurz, er bedeutet die Freigabe aller Verbrechen und den eigentlichen Beginn jener revolutionären Epoche, die zu Recht *Terreur* genannt wird.

Hans-Jürgen Lüsebrink und Rolf Reichardt, a. a. O., S. 250

M7 „Es lebe die Republik!"

Der Präfekt des südwestlichen Departements Corrèze ver-sendet 1901 folgendes Rundschreiben an alle Bürgermeister:

Wie alle Jahre sind Sie auch diesmal wieder aufgerufen, das nationale Fest, das Fest der Republik zu begehen. Sie werden dem Jahrestag des Bastille-Sturms umso mehr Glanz verleihen, als er das Fest der Regierung geworden ist. [...] Sie
5 schmücken die öffentlichen Gebäude mit den drei Farben, welche die Revolution Frankreich beschert hat. Sie sorgen dafür, dass Schüler, Frauen und Männer zu Banketten, zum Tanz und zu Spielen zusammenkommen. Sie lassen insbesondere das Alter und die Kindheit ehren. Möge eine Gefühlsgemein-
10 schaft für Frieden und Freiheit Ihre Versammlung beseelen, möge aus der Brust aller Bürger ein einziger Ruf erschallen: Es lebe die Republik!

In einem Handbuch mit Musterreden für Bürgermeister, Schul-direktoren und alle Repräsentanten des öffentliches Lebens, das erstmals 1909 veröffentlicht und zuletzt 1983 wiederaufgelegt worden ist, heißt es:

Eine Festung, ein Gefängnis, ein Grab, wo Schuldige wie Unschuldige bei lebendigem Leibe verfaulten, wie es den
15 Großen gefiel. Die Bastille war gleichsam das Symbol, das sichtbare Zeichen des königlichen Despotismus. [...] Ihr bloßer Name versetzte die Tapfersten in Schrecken. [...]
Doch 1789 verlieh eine großmütige Wut über die Ungerechtigkeit und Unterdrückung der Könige dem Volk von Paris

ungeahnte Kraft; mit Gewalt bemächtigte es sich dieser ge- 20
heimnisumwitterten Festung, die als uneinnehmbar galt. Und es gab den Gefangenen die Freiheit zurück, den Opfern einer Autokratie, die es nicht länger ertrug. [...] Mit der Einnahme der Bastille [...] beginnt das Zeitalter des Fortschritts und der Freiheit. 25

Der französische Generalkonsul Gilles Thibault lädt aus Anlass des Nationalfeiertages am 14. Juli 2007 Gäste aus Politik, Wirtschaft und Kultur in den Innenhof des Düsseldorfer Rathauses zu einem Fest ein. In der kurzen Eröffnungsrede sagt er:

Aber kommen wir [...] auf den 14. Juli, den Tag im Jahre 1789, an dem die Bevölkerung von Paris die Bastille stürmte. Noch heute steht dieses Datum für eines der wichtigsten Ereignisse zur Sicherung der Demokratie weltweit.
Seitdem haben wir hoffentlich aus der Geschichte gelernt, 30
dass Demokratie, Freiheit und Gleichheit niemals gesicherte Werte darstellen, sondern dass permanent um sie gerungen werden muss.

Erster Text: Hans-Jürgen Lüsebrink und Rolf Reichardt, a. a. O., S. 253
Zweiter Text: ebd., S. 253
Dritter Text: www.botschaft-frankreich.de/konsulate/IMG/discours_14_juillet_2007.pdf (Zugriff: 20. Oktober 2009)

1. *Erörtern Sie die Bedeutung von Zeitzeugenberichten und -bewertungen als historische Quellen für den Historiker (M1 und M2). Überlegen Sie dabei, welche Rolle es spielt, von wem der Bericht bzw. die Bewertung zu welchem Zeitpunkt abgegeben worden ist.*

2. *M1 bis M4 liefern Material für einen „kollektiven Mystifizierungsprozess" (Rolf Reichardt). Erläutern Sie diese Aussage.*

3. *Untersuchen Sie die Kontroverse, die der Erklärung des 14. Juli zum Nationalfeiertag vorausging (M5 und M6). Informieren Sie sich in dem Zusammenhang über die Anfangsjahre der französischen Dritten Republik.*

4. *Erläutern Sie den Kompromisscharakter des Vorschlags (M5).*

5. *Stellen Sie fest, inwiefern sich die „amtliche" Erinnerungsarbeit allmählich veränderte (M7).*

Methoden-Baustein: Umgang mit historischer Fachliteratur 73

Historische Fachliteratur ist ein Sammelbegriff für wissenschaftliche Veröffentlichungen. Darin entwickeln Historiker Darstellungen der Geschichte aus Quellen und aus Fachliteratur oder setzen sich mit bereits vorliegenden wissenschaftlichen Werken auseinander. Historische Fachliteratur umfasst Textsorten wie wissenschaftliche Bücher eines Autors (Monografien), Aufsätze in Sammelbänden eines oder mehrerer Herausgeber oder in (Fach-)Zeitschriften, gedruckte Vorträge, Lexikonartikel und Rezensionen (Buchbesprechungen).

> **Historische Fachliteratur als interpretierte Vergangenheit**

Umgang mit historischer Fachliteratur

Die Literatur über die Französische Revolution ist unüberschaubar. Ein Verzeichnis der Aufsätze und Bücher zu dem Thema von 1985 enthält über 42 000 Titel. Um Ordnung in die ständig wachsende Zahl der Veröffentlichungen zu einem Thema zu bringen, liest man Forschungsberichte und die Werke angesehener Historiker. Durch Buchbesprechungen kann man sich zudem über Neuerscheinungen informieren.

Da es keine objektive, ein für alle Mal gültige oder richtige und verbindliche Geschichtsschreibung gibt, fällt die Beurteilung historischer Fachliteratur schwer. Wichtig ist die Einsicht, dass sie immer abhängig ist von der Person, die die Forschung betreibt, von der Zeit, in der geforscht wird, von den Fragen, die der Forscher an die Vergangenheit stellt, von den ausgewerteten Quellen und von der benutzten Literatur. Für das Verständnis eines Textes, seine Einordnung und Bewertung ist es daher notwendig, ihn mit anderen Darstellungen zu vergleichen und ihn nach bestimmten Kriterien zu untersuchen.

Formale Kennzeichen

- Wer ist der Autor / die Autorin?
- Welche Funktion, welchen Beruf oder welche Stellung hat er / sie?
- Welche Textsorte liegt vor (z.B. Lexikonartikel, Fachbuch, Essay oder Rezension)?
- Wann, wo und aus welchem besonderen Anlass (Jubiläum, Jahrestag etc.) ist der Text veröffentlicht worden?

Textinhalt

- Was wird thematisiert?
- Wie ist der Text aufgebaut? Welche besonderen Merkmale gibt es (Sprache, Stil)?
- Mit welchen Argumenten bzw. Belegen (Quellen, Sekundärliteratur) begründet der Autor / die Autorin seine / ihre Aussagen?
- Welche Behauptungen oder Thesen werden aufgestellt?

Historischer Kontext

- Welchen Zeitraum, welches Ereignis oder welche Person behandelt der Text?
- Auf welche wissenschaftliche / politische Diskussion geht der Autor / die Autorin ein?
- In welchem Bezug steht der Autor / die Autorin zum behandelten Thema?

Intention

- An welche Adressaten wendet sich der Text?
- Welche Aussageabsicht hat er?
- Welchen Standpunkt nimmt der Autor / die Autorin ein?

Bewertung

- Wurde das Thema schlüssig und überzeugend bearbeitet oder ist die Argumentation lückenhaft? Wurden mehrere Perspektiven berücksichtigt?
- Nimmt der Autor / die Autorin Wertungen vor oder stellt er/sie Vermutungen auf?
- Wie lässt sich der Text bzw. die Publikation insgesamt einordnen und bewerten?

Beispiel und Analyse

M1 „Im Zentrum der modernen Weltgeschichte"

Albert Soboul fasst das Ergebnis der Revolution 1973 wie folgt zusammen:

Zehn Jahre revolutionäre Ereignisse hatten allerdings die Lage in Frankreich im Wesentlichen in Übereinstimmung mit den Wünschen der Bourgeoisie und Besitzenden grundlegend verändert. Die alte Aristokratie war samt ihren Privilegien und ihrer früheren gesellschaftlichen Bedeutung zerschlagen, und die letzten Spuren der Feudalität waren beseitigt. Mit der radikalen Zerstörung der gesamten feudalen Hinterlassenschaft, der Befreiung der Bauern von den Herrenrechten, den kirchlichen Zehnten und – eingeschränkt – auch von den kollektiven Zwängen (contraintes communautaires), mit der Aufhebung der Zunftmonopole und der Herstellung des nationalen Marktes beschleunigte die Französische Revolution die Entwicklung des Übergangs vom „Feudalismus" zum Kapitalismus und bildete zugleich eine ihrer entscheidenden Etappen. Indem sie andererseits die provinziellen Besonderheiten und die lokalen Vorrechte aufhob und die Staatsgewalt des Ancien Régime zerbrach, schuf sie vom Direktorium bis zum Empire die Voraussetzungen eines modernen Staates, der den wirtschaftlichen und sozialen Interessen der Bourgeoisie entsprach. [...]

Die Französische Revolution steht damit im Zentrum der modernen Weltgeschichte, am Kreuzweg verschiedener gesellschaftlicher und politischer Strömungen, welche die Nationen entzweit haben und noch weiterhin entzweien werden. Ihr Enthusiasmus begeistert die einen, die an die Kämpfe für Freiheit und Unabhängigkeit und an ihren Traum von der brüderlichen Gleichheit denken – bei anderen löst er Hassgefühle aus. Den einen bedeutet ihr aufgeklärter Geist einen Angriff auf Privileg und Tradition – andere sehen darin maßlose Vernunft, die mit ihrer gewaltigen Kraft die ganze Gesellschaft neu ordnen wollte. Die Revolution, ob bewundert oder gefürchtet, lebt weiter im Bewusstsein der Menschen.

Albert Soboul, Die große Französische Revolution. Ein Abriss ihrer Geschichte (1789-1799), Frankfurt am Main ⁵1988, S. 571 ff.

M2 „Die erste Erfahrung mit der Demokratie"

In einem Essay von 1978 hebt François Furet hervor:

Was die Originalität des damaligen Frankreich ausmacht, ist nicht, dass es von einer absoluten Monarchie zu einem repräsentativen Regime übergegangen ist, oder von der Welt des Adels zur bürgerlichen Gesellschaft: Das übrige Europa ging den gleichen Weg ohne Revolution und ohne Jakobiner, wenn auch die Ereignisse in Frankreich hier und da die Entwicklung beschleunigen und Nachahmer erzeugen konnten. Doch die Französische Revolution ist eben keine Übergangsphase, sondern ein Ursprung, sowie das Trugbild eines Ursprungs. Das Einmalige an ihr macht sie historisch interessant, und übrigens ist gerade dieses „Einmalige" allgemein geworden: Es ist die erste Erfahrung mit der Demokratie.

François Furet, 1789 – Vom Ereignis zum Gegenstand der Geschichtswissenschaft, Frankfurt am Main 1980, S. 96

M3 Einfluss auf die politische Kultur Europas

Rolf E. Reichardt schreibt 1998 über die Französischen Revolution:

Überall wirkte die Revolution bei unzufriedenen Gruppen als Anstoß, überfällige Reformen und Veränderungen im jeweils eigenen Land energischer zu betreiben. Überall löste sie eine Welle politischer Publizistik von neuer Radikalität und sozialer Reichweite aus, welche die revolutionären Grundvorstellungen und Schlagworte verbreitete. Überall verband sich damit sowohl eine neuartige Klubkultur als auch eine internationale Freiheits- und Gleichheitssymbolik – beides nach französischem Vorbild. Überall wurden durch die so bewirkten Akkulturationsprozesse[1] neue soziale Gruppen und Schichten an die Politik herangeführt beziehungsweise zusätzlich politisiert, überall erkämpften sich diese Gruppen unter Rekurs[2] auf die Revolution Zugang zum Politischen: die Intellektuellen auf der Apenninenhalbinsel, das mittlere Bürgertum im Alten Reich, die kleinen Leute auf den Britischen Inseln. Überall bildeten sich in Auseinandersetzung mit der Revolution deutlicher als zuvor gegensätzliche politische Lager heraus. So hat die Französische Revolution, wie unterschiedlich sie auch vordergründig auf einzelne Länder einwirkte, letztlich wichtige Impulse zur Herausbildung einer gemeinsamen, tendenziell demokratischen politischen Kultur Europas gegeben.

Rolf E. Reichardt, Das Blut der Freiheit. Französische Revolution und demokratische Kultur, Frankfurt am Main ³2002, S. 331

[1] Akkulturation: Übernahme fremder geistiger und materieller Kulturgüter durch Einzelpersonen oder ganze Gruppen
[2] Rekurs: Rückgriff auf etwas

Formale Kennzeichen ▬ Alle drei Textauszüge stammen von renommierten Revolutionshistorikern. Albert Soboul (1914 - 1982) hatte lange Jahre den Lehrstuhl für die Geschichte der Französischen Revolution an der Sorbonne in Paris inne. Sein 1962 erschienenes Werk „Précis d'histoire de la Révolution française" wurde zum Standardwerk.
Der ebenfalls in Paris lehrende François Furet (1927 - 1997) hat gemeinsam mit Denis Richet 1965 / 66 das Werk „La Révolution" verfasst. Das Buch wurde in alle wichtigen Sprachen der Welt übersetzt und gilt inzwischen als „Klassiker der modernen Geschichtsschreibung".
Rolf E. Reichardt (geb. 1940) hat an der Universität Gießen gelehrt und gilt heute als einer der besten deutschen Kenner der Revolutionszeit.

Textinhalt ▬ Soboul weist der Französischen Revolution eine zentrale Stellung in der modernen Weltgeschichte zu, deren Wirkung bis heute anhält. Für ihn markiert sie den Übergang vom „Feudalismus" zum Kapitalismus und schuf die Voraussetzungen für einen modernen, bürgerlichen Staat.
Sein jüngerer Kollege Furet lehnt die besondere Bedeutung der Revolution für den Übergang von einer aristokratischen zu einer bürgerlichen Gesellschaft ab. Was sie einmalig und bedeutend werden ließ, seien die ersten (positiven und negativen) Erfahrungen mit der Demokratie.
Reichardt lehnt sich an Furet an. Er stellt die Revolution vor allem als ein differenziertes kultur- und mentalitätsgeschichtliches Ereignis dar. Durch sie seien soziale Schichten politisiert worden, die bislang vom politischen Leben ausgeschlossen waren. Vor allem die neue Publizistik und neue politische Umgangsformen trugen zur Entwicklung einer neuen demokratischen Kultur in ganz Europa bei.

Historischer Kontext ▬ Soboul steht in der Tradition der sozialistischen Geschichtsschreibung. Er vertritt die marxistische These, wonach die Revolution im Wesentlichen ein Klassenkonflikt war und den Übergang von einer feudalen zur kapitalistischen Produktionsweise darstellt. Insofern ist sie für ihn eine „bürgerliche Revolution". Für Furet ist die Revolution dagegen nicht von diesen Klassenkonflikten bestimmt, sondern von mehreren, ineinandergreifenden Prozessen. Wie Furet sieht auch Reichardt den Verlauf der Revolution nicht durch Klassengegensätze festgelegt. Er versteht sie vor allem als ein politisches und kulturelles Ereignis.

Intention ▬ In den hier zitierten Beiträgen richten sich Soboul und Reichardt an ein breites Publikum, um ihm einen Überblick ihrer Forschungen zum Thema zu liefern. Das Zitat von Furet stammt dagegen aus einem Essay, der sich kritisch mit der Geschichtsschreibung über die Französische Revolution auseinandersetzt.

Bewertung ▬ Den drei Textauszügen liegen unterschiedliche theoretische Ansätze zugrunde. In ihnen wird zum Teil direkt und indirekt aufeinander Bezug genommen. Die ausgewählten Auszüge lassen die unterschiedlichen Bewertungen der Französischen Revolution ansatzweise deutlich werden.

Dampf, Eisen und Strom verändern die Welt: die Industrielle Revolution

◀ **Das Eisenwalzwerk.**
*Ölgemälde von Adolph Menzel, 1872/75.
Das Werk zeigt die Walzhalle für Eisenbahnschienen der Königshütte in Oberschlesien.
Es ist das erste Industriegemälde in Deutschland, das den industriellen Arbeitsprozess und die harten Arbeitsbedingungen ins Zentrum rückt.*

Industrieller Aufbruch und Liberalisierung

- **seit ca. 1750** — In ganz Europa steigen die Bevölkerungszahlen stark an.
- **um 1760** — In England beginnt die Industrielle Revolution.
- **1764 - 1784** — Weiterentwicklung der Dampfmaschinentechnik, vor allem durch James Watt.
- **1767/68** — James Hargreaves erfindet die erste industrielle Spinnmaschine („Spinning Jenny").
- **1776** — Adam Smith veröffentlicht „Der Wohlstand der Nationen".
- **1785** — Edmond Cartwright entwickelt den ersten mechanischen Webstuhl mit Dampfkraftantrieb.
- **1807 - 1811** — In Preußen beginnt die Bauernbefreiung, 1810 wird die Gewerbefreiheit eingeführt.
- **1814/15** — Auf dem Wiener Kongress wird Europa neu geordnet.
- **1825** — Erste Eisenbahnstrecke (Stockton – Darlington) für den Personenverkehr eröffnet.
- **1834** — Durch den Deutschen Zollverein entsteht ein Binnenmarkt ohne Handelsbarrieren.

Durchbruch der Industrialisierung, Soziale Frage und Arbeiterbewegung

- **1835** — Die erste deutsche Eisenbahnstrecke verläuft zwischen Nürnberg und Fürth.
- **ca. 1840** — Die Industrialisierung gelangt auf dem europäischen Kontinent zum Durchbruch. Um 1850 erreicht die Industrialisierung in den deutschen Staaten ihre erste Hochphase.
- **1848/49** — Nationale, soziale und liberale Forderungen bestimmen die Revolution von 1848/49; die Arbeiter- und Frauenbewegung beginnt sich zu organisieren und Lösungen für die Soziale Frage zu finden.
- **ab 1850** — In den deutschen Staaten gründen sich Großbanken auf Aktienbasis, z. B. die Darmstädter Bank für Handel und Industrie (1853) sowie die Deutsche Bank (1870).

Aufstieg zum Industriestaat

- **1871 - 1873** — Die Gründung des Deutschen Reiches löst einen wirtschaftlichen Boom aus („Gründerzeit"), der in eine bis 1895 anhaltende Phase verlangsamten Wachstums („Große Depression") umschlägt.
- **1878 - 1890** — Mit dem „Sozialistengesetz" will Bismarck die Arbeiterbewegung ausschalten.
- **1883 - 1889** — Staatliche Sozialgesetze schaffen einen Rechtsanspruch auf finanzielle Leistungen im Alter, bei Krankheit oder Unfall.

War die Veränderung Europas durch die Industrielle Revolution ein Fortschritt? ■ Die Industrialisierung Europas, die Mitte des 18. Jahrhunderts in England begann, löste einen tief greifenden Wandlungsprozess aus. Er veränderte die traditionelle Arbeits- und Lebenswelt der Menschen grundlegend. Aus Ländern, in denen die meisten Menschen von der Landwirtschaft lebten, wurden Industrienationen, in denen der überwiegende Teil der Bevölkerung in der gewerblichen Produktion tätig war und immer mehr Waren in Fabriken gefertigt wurden. Da dieser Vorgang zu einer radikalen Veränderung der Gesellschaft und der wirtschaftlichen Strukturen führte, bezeichnen Historiker den Prozess als „Industrielle Revolution".

„Revolutionär" waren damals auch viele technische Neuerungen. Dazu zählten Schlüsselerfindungen wie die Spinnmaschine, der mechanische Webstuhl oder die Eisenbahn. Sie revolutionierten entweder die Produktion von Gütern oder Nahrungsmitteln, den Informationsaustausch, den Transport oder das tägliche Leben. Insgesamt sorgten sie dafür, dass die Menschen in immer höherem Tempo und nach immer präziserem Takt arbeiteten, sich fortbewegten und miteinander kommunizierten.

Im Laufe der Industrialisierung wurden unterschiedliche Industriezweige zum Motor der Gesamtwirtschaft. Anfangs war dies die Textilindustrie, später folgten die Schwerindustrie und der Maschinenbau. In der Phase der „Zweiten Industriellen Revolution" sollten gegen Ende des 19. Jahrhunderts schließlich die Elektro- und die chemische Industrie zu den „Schrittmachern" für das wirtschaftliche Wachstum werden. Die Dynamik der Wirtschaft, ihr Auf- oder Abschwung hängt seit der Industrialisierung nicht mehr vorrangig von den Erträgen der Landwirtschaft ab, sondern von der Produktion und dem Konsum von Industriegütern.

Die großen gesellschaftlichen Veränderungen führten zum Entstehen einer neuen Schicht: die der Arbeiter. Deren Eingliederung in die Gesellschaft und die Verbesserung ihrer elenden Lebensumstände wurden zur großen Herausforderung der Zeit. Viele Zeitgenossen begriffen die technischen Errungenschaften und die Mehrung des Wohlstandes als „Fortschritt". Die durch die Industrialisierung verursachte Zerstörung der Umwelt wurde nur von wenigen kritisiert. Heute sehen die meisten Historiker die Industrialisierung noch immer als „Fortschritt", wenn damit die Verbesserung der Lebensverhältnisse der Menschen gemeint ist. Wegen der Umweltprobleme nehmen die Unsicherheit und die Bedenken aber zu.

> ▶ *Welchen Vorbedingungen unterlag die Industrialisierung und wie gestaltete sich ihr Verlauf?*
> ▶ *Wodurch wurde dieser Prozess gefördert und was hemmte die Industrialisierung?*
> ▶ *Welche positiven sozialen und wirtschaftlichen Folgen und welche negativen Auswirkungen lassen sich für den Vorgang der Industrialisierung feststellen?*

Die Industrialisierung in England

Die „Industrielle Revolution" begann in England. Warum gerade England zum Mutterland der Industrialisierung wurde, hatte verschiedene Gründe.

▶ **Bergmann.**
Druckgrafik von Robert und Daniel Havell nach einer Vorlage von George Walker, 1813. Das Blatt zeigt einen Bergmann auf dem Heimweg von der Kohlengrube Middleton, die im Hintergrund zu sehen ist. Vor dem Einsatz von Dampflokomotiven ab dem Jahre 1812 wurde die Kohle in Waggons, die von Pferden gezogen wurden, in die Fabriken nach Leeds transportiert.

Die Bevölkerungsexplosion ■ Seit Mitte des 18. Jahrhunderts stieg die Bevölkerung in Europa stark an (▶ M1). In Großbritannien fiel das Wachstum noch deutlicher aus als auf dem Kontinent. Zwischen 1800 und 1850 nahm die Bevölkerung um 75 Prozent zu, im übrigen Europa nur um 40 Prozent. Das lag erstens an einer gestiegenen Geburtenrate. Da in Großbritannien ständische Heiratsbeschränkungen weggefallen waren, heirateten die Menschen früher und bekamen mehr Kinder. Zweitens stieg die Lebenserwartung. Dies war eine Folge des medizinischen Fortschritts, der zum Rückgang von Seuchen wie Pest, Pocken, Cholera oder Typhus führte. Und drittens verbesserte sich die Versorgung der Bevölkerung mit Nahrungsmitteln deutlich, da man bessere Anbaumethoden anwendete. Für die wirtschaftliche Entwicklung war das Wachstum der Bevölkerung in zweierlei Hinsicht von Bedeutung. Es gab ein großes Angebot an Arbeitskräften, die nicht mehr in der Landwirtschaft beschäftigt werden konnten, zugleich stieg die Nachfrage nach landwirtschaftlichen und gewerblichen Produkten.

Die Agrarverfassung ■ Anders als in weiten Teilen Europas war es in England bereits im Verlauf des 16. und 17. Jahrhunderts zu einer Kommerzialisierung des Grundbesitzes gekommen. Grund und Boden wurden in erster Linie als Kapitalanlage und nicht als soziales Privileg betrachtet. Im Verlauf des 17. Jahrhunderts konzentrierte sich der Besitz an Land zunehmend in den Händen von wenigen Großgrundbesitzern, die überwiegend dem niederen Adel, der *Gentry*, angehörten. Durch Einhegungen (*enclosures*) war es ihnen gelungen, Gemeindeland, das zuvor von allen genutzt werden konnte, in Privateigentum zu überführen. Zudem kauften sie kleinere Bauernhöfe auf und schufen so große geschlossene Ländereien, die sie effizient bewirtschaften konnten.

Die Großgrundbesitzer waren daran interessiert, unter Einsatz ihres Kapitals möglichst viel Profit aus ihren Ländereien zu ziehen. Sie nutzten die Böden intensiver aus, verbesserten die Viehhaltung und bauten neue Produkte an. Durch die damit verbundene Steigerung der Produktion konnte die stark wachsende Bevölkerung ernährt werden. Die Fortschritte in der Landwirtschaft waren eine grundlegende Voraussetzung für die Industrialisierung (▸ M2).

Die Konzentration des Grundbesitzes in den Händen weniger hatte auch soziale Konsequenzen. Viele Kleinbauern mussten in die Städte abwandern oder als Lohnarbeiter auf den landwirtschaftlichen Großbetrieben arbeiten. Da sie, anders als in weiten Teilen des übrigen Europa, nicht verpflichtet waren, auf ihren Ländereien zu bleiben, stellten sie auch ein Reservoir an Arbeitskräften für die aufkeimende Industrialisierung dar.

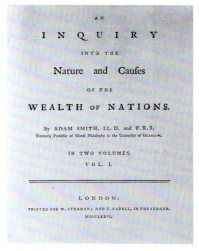

▲ „An Inquiry into the Nature and Causes of the Wealth of Nations."
Titelblatt der Erstausgabe, London 1776.

Die Idee des Wirtschaftsliberalismus Die Industrialisierung in Europa wurde maßgeblich durch die Theorie des Wirtschaftsliberalismus vorbereitet und verbreitet. Für sie lieferte der schottische Ökonom und Moralphilosoph *Adam Smith* (1723-1790) in seinem Buch „Der Wohlstand der Nationen" (1776) die Grundlage. Als Quelle allen Wohlstandes fasste er die Arbeit und die Arbeitsteilung auf. Das Gewinnstreben des Einzelnen sei die Antriebskraft der Wirtschaft. Die Gesetze des Marktes, der freie Wettbewerb und das Wechselspiel von Angebot und Nachfrage würden das Gemeinwohl fördern, da nur solche Güter und Dienstleistungen bestehen blieben, für die auch eine Absatzmöglichkeit vorhanden sei. Die Lehre des Wirtschaftsliberalismus wies auch dem Staat eine neue Rolle zu. Der Staat dürfe die wirtschaftlichen Prozesse nicht nach eigenen Interessen steuern, wie das im **Merkantilismus** geschah. Vielmehr müsse er sich darauf beschränken, günstige Rahmenbedingungen für die Wirtschaft zu schaffen (▸ M3).

Merkantilismus: von den Fürsten gelenkte Wirtschaftsform zur Zeit des Absolutismus. Sie stärkte die einheimischen Gewerbe und erhöhte die Steuereinnahmen.

Das gesellschaftlich-politische System Die englische Regierungsform der parlamentarischen Monarchie förderte die wirtschaftliche Entwicklung und ließ der Wirtschaft weit größere Spielräume als die absolutistisch regierenden Fürsten im übrigen Europa. Durch den Erwerb von Kolonien sicherte man sich neue Absatzmärkte und billige Rohstoffe.

Positiv für die wirtschaftliche Entwicklung wirkte sich zudem aus, dass die gesellschaftlichen Schranken zwischen Adel und Bürgertum in England weniger starr waren als auf dem Festland. Im englischen Hochadel (den *Peers*) erbte nur jeweils der älteste Sohn den Titel und den größten Teil des Besitzes. Die jüngeren Söhne nahmen daher weit stärker als im übrigen Europa am bürgerlichen Wirtschaftsleben teil und gingen Beschäftigungen in Handel und Gewerbe nach. Sie investierten, wie die Bürgerlichen, ihr Vermögen in den Bergbau, in den Überseehandel und in die sich entwickelnde Industrie. So legten sie ihr Geld nicht nur in Grundbesitz an, wie es der übrige europäische Adel gemäß seinem Stand für angemessen hielt. Auch der niedere Adel war kein rechtlich völlig abgeschlossener Stand. Im Grunde wurde jeder dazugerechnet, der ein großes Landgut besaß und den adligen Lebensstil teilte. Deshalb war es reichen Bürgern möglich, durch den Erwerb von Grundbesitz in die Gentry aufzusteigen; umgekehrt konnten Mitglieder des niederen Adels einer wirtschaftlichen Tätigkeit nachgehen, ohne einen Ansehensverlust befürchten zu müssen.

Im Gegensatz zu den Ländern auf dem europäischen Festland, in denen vor allem die Aristokratie und die Spitzen der Mittelschicht Träger des Konsums waren, entwickelte sich in England eine Massenkaufkraft mit einer höheren Nachfrage nach Gütern, die über den unmittelbaren Lebensbedarf hinausgingen. Seit 1694 besaß England eine Zentralbank, die *Bank of England*, die für ein gut funktionierendes Finanzwesen sorgte.

Naturräumliche Gegebenheiten und Rohstoffe ◼ Die Insellage Großbritanniens bot für den Seehandel beste Voraussetzungen, da das Land über eine Vielzahl von Häfen verfügte. Große Rohstoffmengen aus den britischen Kolonien konnten so mit Schiffen billig transportiert werden. Ebenso günstig war der Export von britischen Waren zu den internationalen Absatzmärkten.

Daneben gab es eine im Vergleich zum übrigen Europa gut ausgebaute Infrastruktur im Binnenland mit zahlreichen Kanälen und Straßen. Das Land verfügte zudem über große und relativ leicht abzubauende Vorkommen an Kohle und Eisenerz, auf deren Grundlage Eisen und Stahl hergestellt werden konnten.

Zusammenwirken der Faktoren ◼ Zusammen bewirkten diese Faktoren, dass die Industrialisierung in Großbritannien zu Beginn des 19. Jahrhunderts rasch voranschritt. Das durch Landwirtschaft und Handel erwirtschaftete Kapital wurde in neue Erfindungen und Industrien investiert. Dafür standen sowohl die nötigen Rohstoffe als auch die Arbeitskräfte zur Verfügung. Durch die Bevölkerungsexplosion und den Export von Gütern konnte der Absatz der produzierten Waren gesteigert werden, was den Ertrag des investierten Kapitals mehrte und wiederum zu neuen Investitionen anregte. Ein kontinuierliches Wirtschaftswachstum war die Folge (▶ M4).

Die Textilindustrie ◼ Aus den Kolonien Großbritanniens konnte Baumwolle billig ins Mutterland eingeführt und dort zu Textilien weiterverarbeitet werden. Die Waren wurden dann nach Europa oder wieder in die Kolonien verkauft.

Zuvor schon nahm das Land in der Erzeugung und Verarbeitung von Schafwolle in Europa eine führende Stellung ein. Das lag an der Menge, aber auch an der Qualität der hergestellten Wollerzeugnisse, die durch den hohen Stand der Schafzucht bedingt war. Demgegenüber spielte die Produktion von Baumwolle im 18. Jahrhundert zunächst anders als in Indien nur eine untergeordnete Rolle. Daher konnten die in Großbritannien gefertigten Stoffe weder preislich noch qualitativ mit den in Indien hergestellten Textilien konkurrieren. Denn die Stoffe wurden in Großbritannien, wie auch im übrigen Europa, fast ausschließlich von der Landbevölkerung in Handarbeit hergestellt. Um die Mitte des 18. Jahrhunderts entwickelte sich nun die Baumwollindustrie zum führenden Wirtschaftszweig, zur ersten **Schrittmacherindustrie** in England.

> **Schrittmacherindustrie**: Leitsektor, der das Wirtschaftsleben eines Landes vorantreibt

Dieser Prozess war nur durch eine Reihe von technischen Erfindungen möglich, die man durch Prämien gefördert hatte. Die Herstellung von Stoffen erfolgt in zwei Schritten. Zunächst muss die Rohwolle zu einem Garn gesponnen werden, dann wird aus diesem Garn ein Stoff gewoben. Um die Textilproduktion zu steigern, musste also zunächst eine Möglichkeit gefunden werden, mehr Garn herzustellen. Die Lösung für dieses Problem fand 1767/68 der Zimmermann *James Hargreaves*, der eine Spinnmaschine entwickelte („Spinning Jenny"). Damit war es möglich, die Garnmenge, die ein einzelner Arbeiter herstellen konnte, zu vervielfachen. Durch weitere technische Innovationen gelang es, nicht nur die Menge, sondern auch die Qualität des Produkts zu erhöhen. Auf die Spinnmaschine von Hargreaves folgten Maschinen mit immer größerer Leistung. 1769 erfand *Richard Arkwright* eine Spinnmaschine, die von einem Wasserrad angetrieben wurde („Waterframe"). Zehn Jahre später stellte *Samuel Crompton* eine weiterentwickelte Version („Spinning Mule") vor. 1785 konstruierte *Edmond Cartwright* einen mechanischen Webstuhl mit Dampfkraftantrieb („Power Loom").

Um 1812 vermochte ein einzelner Arbeiter mittels dieser verbesserten Spinnmaschinen so viel Garn zu erzeugen wie 200 vor dem Einsatz von Hargreaves' „Spinning

▲ **Saal einer Baumwollspinnerei.** *Stich um 1830.*
Die Spindelwagen der Spinnmaschinen liefen auf Schienen und waren eine ständige Stolpergefahr.

Jenny". Durch den mechanischen Webstuhl, der seit 1820 weite Verbreitung fand, konnten nun auch fertige Stoffe in weitaus größeren Mengen fabriziert werden. Das führte zu sozialen Spannungen, da die selbstständigen Weber der billigeren industriellen Konkurrenz hoffnungslos unterlegen waren. So bewältigte ein Arbeiter um 1825 mit einer Webmaschine die 15-fache Arbeit eines Handwebers.

Baumwolltextilien wurden zum bedeutendsten Exportartikel Großbritanniens. Das Zentrum der britischen Textilindustrie lag in der Grafschaft Lancashire, wo sich allein in der Stadt Manchester zwischen 1786 und 1801 50 Textilfabriken ansiedelten. Gleichzeitig wuchs die Bevölkerung der Stadt zwischen 1790 und 1800 von 50 000 auf 95 000 Einwohner an.

Die Entstehung des Fabrikwesens Der Einsatz von Maschinen in den Fabriken löste die Fertigung im häuslichen Umfeld ab und veränderte das Arbeitsleben grundlegend. Massengüter wurden arbeitsteilig und – im Gegensatz zur **Manufaktur** – mithilfe von Maschinen hergestellt. Der Produktionsablauf wurde in einzelne Arbeitsschritte zerlegt. Die Tätigkeit der Industriearbeiter reduzierte sich auf einfache, monotone Handgriffe, die auch von ungelernten Arbeitskräften ausgeführt werden konnten. Um die vorgegebenen Zeit- und Ablaufpläne einzuhalten, waren die Arbeiterinnen und Arbeiter gezwungen, ihren Arbeitsrhythmus den Maschinen anzupassen. Um einen ungestörten Produktionsablauf zu gewährleisten, versuchten die Unternehmer, ihre Arbeiter durch oft rigide Fabrikordnungen an die neue Arbeitsdisziplin zu gewöhnen.

Manufaktur (von lat. manu factum: von Hand gemacht): Betriebsform des 16. bis 18. Jahrhunderts, in der bereits Arbeitsteilung und Massenfertigung üblich sind, ohne dass jedoch Maschinen zum Einsatz kommen

▲ **„Rain, Steam, and Speed – The Great Western Railway."**
Ölgemälde von William Turner, 1844.
- Beschreiben Sie, wie es Turner gelingt, die „vierte Dimension" (die Zeit) sichtbar zu machen.

James Watt (1736 - 1819): ab 1757 Mechaniker an der Universität Glasgow, seit den 1760er-Jahren mit der Verbesserung der Dampfmaschine beschäftigt, Durchbruch in den 1780er-Jahren mit der Verlagerung des Kondensationsprozesses aus dem Zylinder in einen gekühlten Kondensator. Watts Dampfmaschine wurde 1785 erstmals in einer Baumwollfabrik eingesetzt.

Die Schwerindustrie Die Entwicklung der Schwerindustrie, also die Erzeugung von Eisen und Stahl mithilfe von Kohle und Erz, erfolgte deutlich später als die Entfaltung der Textilindustrie.

Kohle spielte in England bereits im 18. Jahrhundert auch in privaten Haushalten eine große Rolle als Heizmaterial. Mit Beginn der Industrialisierung stieg der Bedarf an. Nach der Weiterentwicklung der Dampfmaschine durch **James Watt** wurde die Kohle zum wichtigsten Energieträger.

Wurden Dampfmaschinen zunächst vor allem in den Bergwerken zum Antrieb von Pumpen und Aufzügen verwendet, so erwiesen sie sich auch in anderen Gewerbezweigen als nützlich. Mit der Dampfmaschine war es erstmals möglich, einen Antrieb an jedem beliebigen Standort – unabhängig von Wind- und Wasserrädern – zur Verfügung zu haben.

Durch technische Innovationen konnten Eisen und Stahl im Laufe der Zeit nicht nur qualitativ hochwertiger, sondern auch billiger produziert werden. Dadurch wurden die Voraussetzungen für eine leistungsfähige Maschinenbauindustrie geschaffen. Im Vergleich zur Textilindustrie stieg die Produktion in der Schwerindustrie allerdings zunächst nur langsam. Es mangelte an einer wachsenden Nachfrage nach Erzeugnissen. Zudem musste, anders als in der Textilindustrie, deutlich mehr Kapital aufgewendet werden, um eine Produktionssteigerung zu erzielen. Für einen entscheidenden Aufschwung sorgte hier der Bau der Eisenbahnen. Er war für die Industrialisierung in zweifacher Hinsicht von großer Bedeutung. Zum einen brachte er eine große Nachfrage nach Kohle und Stahl für den Bau und Betrieb der Bahnen, zum anderen wurde der Transport von Industriegütern billiger. 1825 wurde die erste Eisenbahn für den

Personenverkehr zwischen Stockton und Darlington eröffnet. Mitte des 19. Jahrhunderts hatte die englische Schwerindustrie eine weltweit unangefochtene Spitzenposition erreicht.

Die Industrialisierung breitet sich aus ■ Auf dem Kontinent setzte die Industrialisierung – zunächst in Belgien, dann auch in Frankreich, der Schweiz und den Staaten des Deutschen Bundes – zwar deutlich später ein, jedoch holten diese Länder den Rückstand gegenüber England immer schneller auf.

Die zuvor landwirtschaftlich und handwerklich geprägten Staaten wandelten sich in einem Zeitraum von etwa einem Jahrhundert allmählich zu modernen Industrienationen (▸ M5). Folgende Merkmale kennzeichneten sie:

- Eine Vielzahl technischer Innovationen ermöglichte die mechanische Massenproduktion von Gütern und damit ein kontinuierliches Wirtschaftswachstum.
- Vergleicht man die **Sektoren** der Gesamtwirtschaft, nahm die Landwirtschaft (primärer Sektor) ab, während die gewerbliche Produktion (sekundärer Sektor) überproportional zulegte.
- Das Fabriksystem als eine Form arbeitsteiliger Produktion breitete sich aus. Dabei wurden Massengüter rationell und – im Gegensatz zur Manufaktur – mithilfe von Maschinen hergestellt. Der Produktionsprozess wird in einzelne Arbeitsschritte zerlegt. Die Beschäftigten mussten genaue Zeit- und Ablaufpläne einhalten.
- Bisherige Energieträger wie Holz, Wasserkraft oder Nutztiere wurden ergänzt oder ersetzt durch Steinkohle, ab dem Ende des 19. Jahrhunderts auch durch elektrischen Strom. Die Weiterentwicklung der Dampfmaschine machte die Produktion unabhängig von natürlichen Energiequellen wie z.B. Flussläufen und ermöglichte es, den Energieträger Kohle effizient einzusetzen. Mit der Dampfkraft konnten wiederum Kohlevorkommen unter Tage abgebaut werden, nachdem man das Grundwasser abgepumpt hatte.
- Das überregionale Verkehrsnetz wurde durch Kanäle, Straßen und Eisenbahntrassen ausgebaut. Mit modernen Transportmitteln wie zum Beispiel der Eisenbahn konnten Waren und Rohstoffe schneller und kostengünstiger transportiert werden. Die Eisenbahn entwickelte sich selbst zu einem Schrittmacher der Wirtschaft.
- Lohnarbeit wurde zur überwiegenden Erwerbsform.
- Weltwirtschaftliche Zusammenhänge wurden immer entscheidender, da andere Länder oder Kolonien für die Beschaffung von Rohstoffen und als Absatzmärkte wichtig waren. So nutzte Großbritannien ein weltweites Handelssystem: Es importierte hauptsächlich Rohstoffe aus Afrika und Amerika und lieferte verarbeitete Baumwollprodukte und günstige Massenwaren nach Europa und Übersee.
- Der Aufbau industrieller Unternehmen erforderte Kapitalmengen, die ein Einzelner auch mithilfe von Krediten nicht aufbringen konnte. Dies führte zur Gründung von Aktiengesellschaften, Banken, Bau- und Montanunternehmen.

Alle diese Vorgänge bewirkten eine radikale Umwälzung der wirtschaftlichen, politischen und gesellschaftlichen Strukturen in den industrialisierten Ländern. Auch wenn sich dieser Wandel nicht plötzlich, sondern über Jahrzehnte und in den einzelnen Staaten zeitversetzt vollzog, wird er von Historikern als „Industrielle Revolution" bezeichnet (▸ M6).

> **Sektoren**: Wirtschaft und Arbeitsleben werden in drei Bereiche zusammengefasst. Der **primäre (erste) Sektor** liefert Nahrungsmittel (Land- und Forstwirtschaft, Fischerei etc.). Der **sekundäre (zweite) Sektor** umfasst die Verarbeitung von Rohstoffen in Industrie und Handwerk. Der **tertiäre (dritte) Sektor** schließt alle Dienstleistungen ein (z.B. Handel, Logistik und Transport, Banken, Versicherungen, Gastronomie, Schulbildung, Medizin, Kranken- und Altenpflege, Seelsorge, Polizei usw.).

M1 Bevölkerung ausgewählter europäischer Länder 1750 - 1910 (in Millionen)

	1750	1800	1830	1860	1890	1910
Deutschland[1]	18,0	23,0	28,2	36,2	49,4	64,9
Frankreich	21,0	27,3	32,6	37,4	38,3	39,6
Großbritannien	7,4	10,5	16,3	23,1	33,1	40,8
Irland	3,2	4,8	7,8	5,8	4,7	4,4
Italien	16,0	17,2	21,2	25,0	30,3	34,7
Österreich	–	–	15,6	18,2	24,0	28,6
Russland	28,0	40,0	56,1	74,1	117,8	160,7
Spanien	8,2	10,5	14,6	15,7	17,6	20,0

[1] für 1750 und 1800 zusammen mit Österreich

Carlo M. Cipolla und Knut Borchardt (Hrsg.), Europäische Wirtschaftsgeschichte, Bd. 4, Stuttgart 1985, S. 489

■ *Vergleichen Sie die Wachstumszahlen hinsichtlich a) der nationalen Entwicklung einzelner Länder, b) der europäischen Entwicklung.*

M2 Der Malthusianismus

Der Historiker Winfried Schulze erläutert das sogenannte Malthusische Gesetz. Diese Theorie versucht Ende des 18. Jahrhunderts, die Folgen des starken Bevölkerungswachstums abzuschätzen:

Robert T. Malthus (1766-1834), zunächst Pfarrer, ab 1805 Professor für Geschichte und politische Ökonomie, formulierte in seiner Schrift „An Essay on the Principle of Population" 1798 die von ihm als Gesetz formulierte Beobachtung, dass
5 sich die Grundlagen der materiellen Existenz in arithmetischer Reihe[1], die Bevölkerung aber in geometrischer Reihe[2] vermehren. Die Konsequenz dieser divergierenden Kurven seien unvermeidliche Hungersnöte, wenn nicht durch „preventive checks" für eine Anpassung der Bevölkerung an den
10 Rahmen der wirtschaftlichen Verhältnisse gesorgt würde. Zur Einordnung des Malthusianismus sollen die folgenden Bemerkungen dienen. Seine Entstehung fällt zusammen mit dem Beginn der durch die Industrielle Revolution ausgelösten gesellschaftlichen Umwälzungen und ist letztlich durch
15 diese bedingt. In der arbeitsintensiven agrarischen Gesellschaft musste dem grundbesitzenden Adel und dem Königtum an hohen Geburtszahlen gelegen sein, da dadurch der

hohe Arbeitsbedarf und der Ersatz von Bevölkerungsverlusten gedeckt werden konnte. Dies ist der Inhalt merkantilistischer Politik, die besagt: Reichtum des Staates ist zunächst 20 Reichtum an Volk. Malthus' Theorie scheint nun die erste Reaktion auf das Anwachsen der städtischen Unterschichten (vor allem in England) zu sein, die in neuer Weise Politik beeinflussten und ein in zunehmendem Maße unkontrollierbares Element darstellten. Insofern ist Malthus' antinati- 25 vistische[3] Orientierung und seine Stellungnahme gegen Sozialreformen auch interpretierbar als Reaktion auf eine neue politische Bedeutung der Unterschichten. Darüber hinaus muss man jedoch auch die Malthusianische Theorie in den allgemeinen Diskurs der Frühen Neuzeit über die Vermeh- 30 rung der Bevölkerung einordnen. Schon das 16. Jahrhundert kennt die Furcht vor einer drohenden Überbevölkerung und die Empfehlung zur Auswanderung oder gar zum Krieg, um damit die Bevölkerung zu reduzieren. Auf der anderen Seite aber gibt es im 16. Jahrhundert auch schon eine wachstums- 35 orientierte Bevölkerungspolitik, die Bevölkerungswachstum als unverzichtbare Grundlage wirtschaftlichen Wohlergehens und damit auch der politisch-ökonomischen Macht eines Staates ansieht.

Winfried Schulze, Einführung in die Neuere Geschichte, Stuttgart [4]2002, S. 98

[1] arithmetische Reihe: 1, 2, 3, 4 usw.
[2] geometrische Reihe: 1, 2, 4, 8 usw.

[3] antinativistisch: hier: gegen die Steigerung der Geburtenrate gerichtet

Die Industrialisierung in England

1. *Erläutern Sie, auf welchen theoretischen Annahmen das Malthusische Gesetz beruht.*

2. *Nennen Sie den Grund, warum Malthus gegen den merkantilistischen Grundsatz „Reichtum des Staates ist Reichtum an Volk" Position bezieht.*

3. *Begründen Sie, warum es nicht zur vorhergesagten Katastrophe einer Überbevölkerung kam.*

4. *Vergleichen Sie mit der Bedeutung von hohen Geburtsraten in modernen Industriegesellschaften. Welche neuen Faktoren müssen dabei berücksichtigt werden?*

M3 Die Begründung der Marktwirtschaft

Der englische Nationalökonom Adam Smith begründet in seinem Buch „An Inquiry into the Nature and Causes of the Wealth of Nations" („Der Wohlstand der Nationen") 1776 ein Gegenmodell zum Merkantilismus:

Tatsächlich fördert er [der Einzelne] in der Regel nicht bewusst das Allgemeinwohl noch weiß er, wie hoch der eigene Beitrag ist. Wenn er es vorzieht, die nationale Wirtschaft anstatt die ausländische zu unterstützen, denkt er eigent-
5 lich nur an die eigene Sicherheit, und wenn er dadurch die Erwerbstätigkeit so fördert, dass ihr Ertrag den höchsten Wert erzielen kann, strebt er lediglich nach eigenem Gewinn. Und er wird in diesem wie auch in vielen anderen Fällen von einer unsichtbaren Hand geleitet, um einen Zweck
10 zu fördern, den zu erfüllen er in keiner Weise beabsichtigt hat. Auch für das Land selbst ist es keineswegs immer das schlechteste, dass der Einzelne ein solches Ziel nicht bewusst anstrebt, ja gerade dadurch, dass er das eigene Interesse verfolgt, fördert er häufig das der Gesellschaft
15 nachhaltiger, als wenn er wirklich beabsichtigt, es zu tun. Alle, die jemals vorgaben, ihre Geschäfte dienten dem Wohl der Allgemeinheit, haben meines Wissens niemals etwas Gutes getan. [...] Der Einzelne vermag ganz offensichtlich aus seiner Kenntnis der örtlichen Verhältnisse weit besser
20 zu beurteilen, als es irgendein Staatsmann oder Gesetzgeber für ihn tun kann, welcher Erwerbszweig im Lande für den Einsatz seines Kapitals geeignet ist und welcher einen Ertrag abwirft, der den höchsten Wertzuwachs verspricht. Ein Staatsmann, der es versuchen sollte, Privatleuten vor-
25 zuschreiben, auf welche Weise sie ihr Kapital investieren sollten, würde sich damit nicht nur, höchst unnötig, eine Last aufbürden, sondern sich auch gleichzeitig eine Autorität anmaßen, die man nicht einmal einem Staatsrat oder Senat, geschweige denn einer einzelnen Person ge-
30 trost anvertrauen könnte, eine Autorität, die nirgendwo so gefährlich wäre wie in der Hand eines Mannes, der, dumm

und dünkelhaft genug, sich auch noch für fähig hielte, sie ausüben zu können. [...]
So wird in jeder Wirtschaftsordnung, in der durch besondere Förderung mehr volkswirtschaftliches Kapital in einzelne 35 Erwerbszweige gelenkt werden soll, als von selbst dorthin fließen würde [...], in Wirklichkeit das Hauptziel unterlaufen, das man zu fördern vermeint. Sie verzögert den Fortschritt des Landes zu Wohlstand und Größe [...].
Gibt man daher die Systeme der Begünstigung und Be- 40 schränkung auf, so stellt sich ganz von selbst das einsichtige und einfache System der natürlichen Freiheit her. Solange der Einzelne nicht die Gesetze verletzt, lässt man ihm völlige Freiheit, damit er das eigene Interesse auf seine Weise verfolgen kann und seinen Erwerbsfleiß und sein Kapital im 45 Wettbewerb mit jedem anderen oder einem anderen Stand entwickeln oder einsetzen kann. Der Herrscher wird dadurch vollständig von einer Pflicht entbunden, bei deren Ausübung er stets unzähligen Täuschungen ausgesetzt sein muss und zu deren Erfüllung keine menschliche Weisheit oder Kenntnis 50 jemals ausreichen könnte, nämlich der Pflicht oder Aufgabe, den Erwerb privater Leute zu überwachen und ihn in Wirtschaftszweige zu lenken, die für das Land am nützlichsten sind. Im System der natürlichen Freiheit hat der Souverän lediglich drei Aufgaben zu erfüllen, die sicherlich von höchster 55 Wichtigkeit sind, aber einfach und dem normalen Verstand zugänglich: erstens die Pflicht, das Land gegen Gewalttätigkeit und Angriff anderer unabhängiger Staaten zu schützen, zweitens die Aufgabe, jedes Mitglied der Gesellschaft soweit wie möglich vor Ungerechtigkeiten oder Unterdrückung 60 durch einen Mitbürger in Schutz zu nehmen oder ein zuverlässiges Justizwesen einzurichten, und drittens die Pflicht, bestimmte öffentliche Anstalten und Einrichtungen zu gründen und zu unterhalten, die ein Einzelner oder eine kleine Gruppe aus eigenem Interesse nicht betreiben kann, weil der 65 Gewinn ihre Kosten niemals decken könnte, obwohl er häufig höher sein mag als die Kosten für das ganze Gemeinwesen.

Adam Smith, Der Wohlstand der Nationen. Eine Untersuchung seiner Natur und seiner Ursachen. Aus dem Englischen übertragen und herausgegeben von Horst Claus Recktenwald, München 1978, S. 371, 572 und 582

1. *Nennen Sie in eigenen Worten die Aufgaben, auf die sich laut Smith der Staat beschränken sollte.*

2. *Diskutieren Sie Smiths These von der Übereinstimmung zwischen dem Interesse des Einzelnen und demjenigen der Gesellschaft.*

3. *Vergleichen Sie Smiths Konzept mit der gegenwärtigen Wirtschaftspraxis.*

▲ **Walzwerk in Merthyr Tydfil.**
*Aquarell von Thomas Hornor, um 1817.
In Walzwerken wurden aus schmiedefähigem Eisen u.a. Schienen hergestellt.*
- *Analysieren Sie die Gestaltungsmittel und arbeiten Sie heraus, welcher Eindruck von der Anlage vermittelt wird.*

M4 Aufschwung und Technologie

Der Historiker Toni Pierenkemper erläutert, welche grundsätzlichen Neuerungen sich während der Industrialisierung durchgesetzt haben:

Dies erscheint als das historisch Einmalige des europäischen Industrialisierungsprozesses. Die betroffenen Nationen erzielten ein langfristiges und stetiges Wirtschaftswachstum. Immerhin erlebte Großbritannien seit den 1760er-Jahren,
5 d.h. seit mehr als zweihundert Jahren, eine durchschnittliche jährliche Steigerung des Pro-Kopf-Sozialprodukts von 1,2 Prozent, und Deutschland und Frankreich folgten mit ähnlichen Raten, nämlich mit 1,7 Prozent seit den 1830er- (Frankreich) bzw. seit den 1850er-Jahren (Deutschland).
10 Nun hat es allerdings auch zu vorindustriellen Zeiten bemerkenswerte ökonomische Aufschwungphasen gegeben. Diese vollzogen sich jedoch immer in kleinräumig organisierten traditionellen Gesellschaften, in denen Ernteschwankungen, Krankheiten und Seuchen sowie Kriege und
15 Eroberungen diesen gelegentlichen Aufschwüngen bald ein Ende setzten. Die traditionellen Gesellschaften stießen bei ihren Versuchen, zu einer langfristigen ökonomischen Expansion zu kommen, immer wieder an quasi natürliche Grenzen. Vielversprechenden Aufschwüngen folgten bald enttäuschende Abschwünge. Entscheidend für die Befan- 20 genheit in dem durch die Natur gesetzten Rahmen waren vor allem technische Gründe. Innovationen erfolgten nur vereinzelt und bauten nicht aufeinander auf. Der Mensch hatte die „Methode der Erfindung"[1] noch nicht erfunden. Dies gelang erst in der Industriellen Revolution. Hier er- 25 folgte erstmals, und von nun an andauernd, die systematische Anwendung von Wissenschaft und Technologie auf die Produktion von Gütern und Dienstleistungen. Hinzu traten in den traditionellen Gesellschaften kulturelle Faktoren und soziale Werte, die einer beschleunigten ökono- 30 mischen Expansion entgegenstanden. Sie blieben in einem Teufelskreis der Armut befangen, die eine Expansion der Produktion nur bei steigenden Inputs und sinkenden Erträgen ermöglichte. Realisierte Zuwächse wurden bald wieder durch eine wachsende Bevölkerung aufgezehrt. Diese 35 latente Armut der vorindustriellen Welt konnte erst durch die Industrialisierung überwunden werden.

Toni Pierenkemper, Umstrittene Revolutionen. Industrialisierung im 19. Jahrhundert, Frankfurt am Main 1996, S. 26 f.

1. *Erklären Sie, was mit der „Methode der Erfindung" gemeint ist.*
2. *Stellen Sie die grundlegenden Veränderungen während der Industrialisierung im Vergleich mit den traditionellen Gesellschaften dar.*
3. *Prüfen Sie, welche „kulturelle[n] Faktoren und soziale[n] Werte" zuvor eine ökonomische Expansion verhindert hatten.*

[1] Cipolla, Industrielle Revolution, Bd. 3, Stuttgart 1985, S. 1-10

M5 Internationale Industrialisierung in Zahlen

a) Rohbaumwollverbrauch in einzelnen Ländern, Jahresdurchschnitte (in tausend Tonnen):

	Österreich-Ungarn	Frankreich	Deutschland	Russland	Großbritannien
1751-1760	–	–	–	–	1,3
1761-1770	–	–	–	–	1,7
1771-1780	–	–	–	–	2,3
1781-1790	–	4,0	–	–	8,1
1791-1800	–	–	–	–	13,9
1801-1814	–	8,0	–	0,9	31,8
1815-1824	–	18,9	–	1,0	54,8
1825-1834	6,8	33,5	3,9	1,8	105,6
1835-1844	14,3	54,3	11,1	6,1	191,6
1845-1854	26,5	65,0	21,1	21,5	290,0
1855-1864	32,7	74,1	42,0	34,3	369,4
1865-1874	40,8	85,9	85,6	53,1	475,8
1875-1884	67,1	99,5	134,3	109,6	605,0
1885-1894	96,9	127,0	208,2	158,3	691,8
1895-1904	135,4	174,0	309,3	251,7	747,7
1905-1913	191,4	231,1	435,4	352,2	868,8

Carlo M. Cipolla und Knut Borchardt (Hrsg.), a.a.O., S. 509

b) Anteil einiger ausgewählter Länder an der Weltindustrie-produktion* 1830 bis 1913:

	1830	1860	1880	1900	1913
Großbritannien	9,5	19,9	22,9	18,5	13,6
Deutschland	3,5	4,9	8,5	13,2	14,8
Frankreich	5,2	7,9	7,8	6,8	6,1
USA	2,4	7,2	14,7	23,6	32,0

* gesamte weltweite, vor allem gewerbliche Gewinnung sowie Be- und Verarbeitung von Rohstoffen

Wolfram Fischer u.a. (Hrsg.), Handbuch der europäischen Wirtschafts- und Sozialgeschichte, Bd. 5, Stuttgart 1985, S. 150

c) Veränderungen in der Beschäftigungsstruktur, Anteile der Wirtschaftssektoren an der Gesamtwirtschaft (in Prozent):

	ca. 1800			ca. 1850			ca. 1900		
	L	I	DL	L	I	DL	L	I	DL
Großbritannien	40	30	30	22	48	30	9	51	40
Deutschland	62	21	17	56	24	20	40	39	21
Frankreich	–	–	–	52	27	21	41	29	29
USA	74	–	–	55	21	24	40	28	32

L = Landwirtschaft, I = Industrie/Handwerk,
DL = Dienstleistungen

Christoph Buchheim, Industrielle Revolutionen. Langfristige Wirtschaftsentwicklung in Großbritannien, Europa und Übersee, München 1994, S. 33

d) Stein- und Braunkohleproduktion ausgewählter Länder, Jahresdurchschnitt (in Millionen Tonnen):

	1845–1849	1850–1854	1855–1859	1860–1864	1865–1869	1870–1874	1875–1879	1880–1884	1885–1889	1890–1894	1895–1899	1900–1904	1905–1909	1910–1913
Frankreich	4,4	5,3	7,6	10,0	12,7	15,4	17,0	20,2	21,5	26,3	30,6	33,0	36,4	39,9
Deutschland	6,1	9,2	14,7	20,8	31,0	41,4	49,9	65,7	78,1	94,0	120,1	157,3	201,2	247,5
England	46,6	50,2	67,8	86,3	120,5	132,7	135,7	158,9	167,9	183,2	205,1	230,4	260,2	275,4
Belgien	5,1	6,8	8,6	10,2	?	14,7	14,7	17,5	18,4	19,9	21,5	23,3	24,8	24,8

Knut Borchardt u. a. (Hrsg.), Europäische Wirtschaftsgeschichte, Bd. 4, Stuttgart 1985, S. 503

e) Roheisenproduktion je Einwohner in einzelnen Ländern:

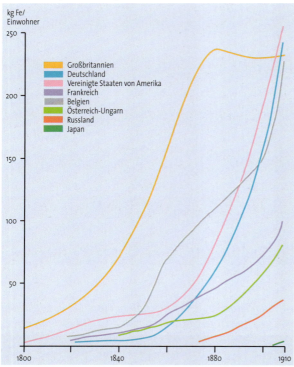

Friedrich Wilhelm Hennig, Die Industrialisierung in Deutschland 1800–1914, Paderborn [8]1993, S. 153

1. Vergleichen Sie die Entwicklung des Verbrauchs in den einzelnen Ländern (Tabelle a) und erläutern Sie die Tendenz.

2. Ermitteln Sie die Steigerungsraten der jeweiligen Zeiträume in England in Prozent (Tabellen a–d) und erstellen Sie Liniendiagramme (zu Diagrammen siehe S. 102–104).

3. Erläutern Sie die Grundzüge der wirtschaftlichen Entwicklung und stellen Sie im Vergleich der einzelnen Länder die nationalen Unterschiede heraus. Beachten Sie bei der Entwicklung der Länder auch besonders das Verhältnis der Wirtschaftssektoren zueinander.

M6 „Industrielle Revolution"?

Der italienische Wirtschaftshistoriker Carlo M. Cipolla schreibt 1976 über die Bedeutung der englischen Industrialisierung:

Zwischen 1780 und 1850, in weniger als drei Generationen, wandelte eine weitreichende Revolution, die in der Geschichte nicht ihresgleichen hat, das Gesicht Englands. Von da an war die Welt nicht mehr die gleiche. Die Historiker haben das Wort Revolution oft gebraucht und missbraucht, um eine radikale Veränderung zum Ausdruck zu bringen, aber keine Revolution war je so dramatisch revolutionär wie die „Industrielle Revolution" – ausgenommen vielleicht die neolithische[1]. Beide änderten [...] den Lauf der Geschichte, denn jede bewirkte einen Bruch im geschichtlichen Ablauf. Die neolithische Revolution entwickelte sich im Lauf Tausender von Jahren. [...] Der Mensch hatte Zeit, sich nach und nach anzupassen. Die Industrielle Revolution hingegen hat die Welt überfallen, unsere ganze Existenz umgekrempelt, die Strukturen aller bestehenden menschlichen Gesellschaften über den Haufen geworfen – und das innerhalb von nur acht Generationen.

Der Historiker Toni Pierenkemper problematisiert 1996 den Begriff „Industrielle Revolution":

Eine Vorstellung von „Industrieller Revolution", die sich eng am überproportionalen Wachstum des industriellen Sektors orientiert, Industrialisierung also als Strukturwandel begreift, vermeidet zugleich auch Fehlinterpretationen hinsichtlich der historischen Einmaligkeit dieses Prozesses. Niemals zuvor ist Derartiges in einem solchen Umfang geschehen! Carlo M. Cipolla befindet sich daher völlig im Recht, wenn er den

---

[1] Die neolithische Revolution bezeichnet den Übergang der Menschheit vom Nomadentum zur Sesshaftigkeit in der Jungsteinzeit (um 10 000–6000 v. Chr.).

epochalen Charakter und die weitreichenden Konsequenzen dieser englischen Entwicklung mit der neolithischen Revolution, d.h. der Sesshaftwerdung des Menschen vergleicht. Andere Autoren [...] beziehen sich auf revolutionäre, technische Innovationen und offenbaren dabei ein gänzlich anderes Verständnis der Industrialisierung als hier vorgetragen. Natürlich spielen auch technische Innovationen [...] im Rahmen der Industrialisierung eine Rolle. Sie vermögen allein jedoch nicht zu einem derartigen, folgenreichen Strukturwandel zu führen, sondern nur im Zusammenhang mit anderen wichtigen Faktoren. [...] In Großbritannien wurde mit der Industrialisierung ein Prozess in Gang gesetzt, der sich in einer eindeutigen Verschiebung der Struktur der volkswirtschaftlichen Hauptsektoren niederschlug. Dieser Entwicklung sind zahlreiche weitere Industriestaaten gefolgt, weshalb sich eine Ansicht etablieren konnte, die im Rahmen der „Sektortheorie" Gründe für einen derartigen zwangsläufig ablaufenden Strukturwandel der Wirtschaft formulieren zu können glaubte. In Großbritannien verlor jedenfalls der Agrarsektor während des 19. Jahrhunderts dramatisch an Bedeutung, gleichgültig, ob gemessen am Anteil der Wertschöpfung oder der Beschäftigten. [...] In England scheint es in der Tat so gewesen zu sein, dass [mit dem Durchbruch zur Industrialisierung] keineswegs ein plötzlicher und rapider Anstieg der gesamtwirtschaftlichen Wachstumsrate auf ein neues, nie gekanntes Niveau verbunden war. Die Industrielle Revolution ist demnach nicht ausschließlich als der Ausgangspunkt zu einem gänzlich neuen Zustand der Wirtschaft, zum modernen Wirtschaftswachstum zu sehen, sondern zugleich als Kulminationspunkt[1] einer bereits Jahrhunderte andauernden Entwicklung mäßigen Wirtschaftswachstums.

Der Historiker Jürgen Osterhammel grenzt die Begriffe „Industrielle Revolution" und „Industrialisierung" voneinander ab:

Ein Wachstum des Bruttoinlandsprodukts von 8 Prozent im Jahr, wie China es um 2000 herum erlebt hat (das Wachstum der Industrieländer nach 1950 lag im langfristigen Durchschnitt bei 3 Prozent), war im Europa des 19. Jahrhunderts vollkommen unvorstellbar. Insofern das chinesische Wachstum heute weithin von der Expansion der Industrie getrieben wird, erst danach von den „postindustriellen" Sektoren Dienstleistungen und Telekommunikation, setzt sich die Industrielle Revolution in der Tat mit gesteigerter Kraft bis in die Gegenwart fort. Die Industrie war nie revolutionärer als heute. Dies ist freilich nicht der Begriff der Industriellen Revolution, den die Historiker verwenden. Ihnen zufolge handelt es sich um einen komplexen Prozess wirtschaftlichen

Umbaus, der sich zwischen 1750 und 1850 – auf ein Jahrzehnt mehr oder weniger muss man sich nicht festlegen – auf der britischen Hauptinsel (nicht in Irland) abspielte. Alles andere sollte man „Industrialisierung" nennen und kann es zunächst formal bestimmen als ein über mehrere Jahrzehnte stetig anhaltendes Wachstum der realen Erzeugung (*output*) pro Kopf innerhalb einer Volkswirtschaft von mehr als 1,5 Prozent pro Jahr. Damit sollte im Idealfall eine entsprechende oder etwas höhere Zunahme des durchschnittlichen Realeinkommens der Bevölkerung verbunden sein. [...] Industrialisierung steht meist unter „kapitalistischen" Vorzeichen, muss es jedoch nicht: Im 20. Jahrhundert waren einige „sozialistische" Länder mit ihrer Industrialisierung zeitweise durchaus erfolgreich. Es wäre auch übertrieben zu erwarten, dass Industrialisierung *alle* Bereiche einer Volkswirtschaft durchdringt. Das mag heute selbstverständlich sein, kam aber im 19. Jahrhundert so gut wie nie vor. Komplett durchmodernisierte „Industriegesellschaften" gab es damals nirgends auf der Welt. Neben den USA, Großbritannien und Deutschland wären um 1910 herum wenige andere Länder mit dem Begriff „Industriegesellschaft" auch nur annähernd richtig beschrieben.

Erster Text: Carlo M. Cipolla, Die Industrielle Revolution in der Weltgeschichte, in: Carlo M. Cipolla und Knut Borchardt (Hrsg.), Europäische Wirtschaftsgeschichte, Bd. 3, Stuttgart 1976, S. 1 und 10
Zweiter Text: Toni Pierenkemper, a.a.O., S. 18 f. und 29 f.
Dritter Text: Jürgen Osterhammel, Die Verwandlung der Welt. Eine Geschichte des 19. Jahrhunderts, München 2008, S. 915 f.

1. *Erläutern Sie Cipollas Vergleich zwischen neolithischer und Industrieller Revolution.*

2. *Erörtern Sie, worauf sich der Prozess der Industrialisierung gründet bzw. nach Meinung Pierenkempers nicht zurückführen lässt.*

3. *Arbeiten Sie heraus, wie Osterhammel die Begriffe „Industrielle Revolution" und „Industrialisierung" definiert.*

4. *Urteilen Sie, ob Ihnen der Begriff der „Industriellen Revolution" angemessen scheint.*

[1] Kulminationspunkt: Höhepunkt

Die Entstehung der Industriegesellschaft in den deutschen Staaten

▶ „Die Eisengießerei und Maschinenbauanstalt von A. Borsig im Jahre 1847."
Ölgemälde von Carl Eduard Biermann im Auftrag des Firmenchefs, 1847.
Im Zentrum der Uhr- und Wasserturm sowie die Gießereianlage. Die Kesselschmiede befindet sich links, rechts ist die Montagehalle zu sehen. Biermann malte die Fabrik so, als würde sie der Unternehmer vom Garten seiner Villa aus betrachten, die damals aber nicht an dieser Stelle stand.

Stapelrecht: Recht einer Stadt, wonach vorbeiziehende Kaufleute ihre Waren für eine bestimmte Zeit zum Verkauf ausstellen mussten. Dabei hatten die Bürger der Stadt das Vorkaufsrecht. Mit einer Abgabe konnten sich die Kaufleute vom Stapelzwang freikaufen.

Ausgangslage um 1800 ■ Im Vergleich zu Großbritannien setzte die Industrialisierung in Deutschland deutlich später ein. Das hatte mehrere Ursachen. Um 1800 bestand das Heilige Römische Reich Deutscher Nation aus rund 300 Teilstaaten, die eine unterschiedliche Wirtschafts- und Handelspolitik betrieben. Eine Vielzahl verschiedenartiger Maß-, Münz- und Gewichtssysteme wie auch die vielen Zoll- und Mautgrenzen behinderten den überregionalen Handel. Zwar wurde durch die Neuordnung Deutschlands auf dem *Wiener Kongress* (1814/15) die Zahl der Einzelstaaten auf 38 reduziert, Handelshemmnisse blieben jedoch bestehen.

Das ökonomische Denken vieler Herrscher in Deutschland war noch vom Merkantilismus geprägt. Durch staatliche Eingriffe wie Zölle, Ein- und Ausfuhrverbote sowie Handelsmonopole und **Stapelrechte** sollten die eigenen Kaufleute und Handwerker geschützt und die Wirtschaftskraft des eigenen Staates gestärkt werden. Diese Maßnahmen behinderten aber den freien Handel zwischen den deutschen Staaten, zulasten größerer Betriebe, die für einen überregionalen Markt produzieren wollten.

Die *Zünfte*, die seit dem Mittelalter bestehenden Zusammenschlüsse der Handwerker in einer Stadt, sicherten ihren Mitgliedern zwar ein gewisses Einkommen, setzten jedoch dem unternehmerischen Streben des Einzelnen deutliche Grenzen. Sie reglementierten nicht nur die Zahl und Größe der einzelnen Betriebe an einem Ort, sondern versuchten auch, den Verkauf aller von außerhalb kommenden Handelserzeugnisse zu verhindern.

Da die deutschen Staaten im Gegensatz zu England oder Frankreich keine Kolonien besaßen und mit Ausnahme einiger großer Städte wie Hamburg oder Bremen keinen Überseehandel betrieben, fehlten billige Rohstoffe und zusätzliche Absatzmärkte. Als weiteres Hemmnis erwies sich das im Vergleich zu Großbritannien wesentlich schlechter ausgebaute Verkehrswesen. Die Mobilität der Einwohner war in Deutschland weit geringer als in Großbritannien. Viele der auf dem Land lebenden Menschen konnten aufgrund rechtlicher Bindungen den Grund und Boden, den sie bewirtschafteten, nicht ohne Weiteres verlassen.

Bauernbefreiung und Gewerbefreiheit Um mit anderen Ländern konkurrenzfähig zu sein, musste insbesondere die Wirtschafts- und Sozialordnung in den deutschen Staaten modernisiert werden. Preußen übernahm dabei eine Vorreiterrolle. Dort setzten *Karl Freiherr vom und zum Stein* (1757-1831), dem durch eine längere Reise die Verhältnisse in England bekannt waren, sowie der preußische Außenminister und Staatskanzler *Karl August Fürst von Hardenberg* (1750-1822) zahlreiche Reformen in Gang, durch die sich die Kräfte des Landes möglichst frei entfalten sollten. In wirtschaftlicher Hinsicht standen zwei Vorhaben im Zentrum der Reformbemühungen: die *Bauernbefreiung* und die Einführung der *Gewerbefreiheit*.

In Preußen begann die Befreiung der Bauern aus ihrer Abhängigkeit und ihrer rechtlichen Bindung an den Grundherrn mit dem Oktoberedikt aus dem Jahre 1807 (▶ M1, M2). Das von den Bauern bestellte Land und die Hofstellen konnten nun gegen Ablösezahlungen in ihr Eigentum übergehen. Bauern und Landarbeiter verließen ihren Grund und Boden und zogen in die Städte, da sie die Ablösesummen nicht aufbringen konnten. Auf diese Weise standen sie als Arbeitskräfte für die Industrialisierung zur Verfügung. Die landwirtschaftliche Produktion erhöhte sich, da vor allem Gutsbesitzer ihre Anbauflächen vergrößerten und neue Anbaumethoden nutzten. Bis zur Mitte des 19. Jahrhunderts war die Bauernbefreiung fast überall in Deutschland abgeschlossen.

Preußen war auch bei der Einführung der Gewerbefreiheit 1810 Vorreiter unter den deutschen Staaten. Von einigen Berufsfeldern wie dem Gesundheitswesen abgesehen, konnte nun jeder das Gewerbe seiner Wahl ausüben und über den Standort, die Größe seines Betriebes sowie die dort eingesetzten Techniken selbst bestimmen. Erforderlich war nur ein Gewerbeschein zur Registrierung bei den Behörden. Die Zünfte, die bis dahin den Zugang zu den einzelnen Handwerksberufen und die Betriebsgröße geregelt hatten, verloren ihre Kontrollfunktion. In der Folge kam es zunächst zu einer Zunahme der Handwerksbetriebe. Allerdings mussten aufgrund der großen Konkurrenz viele Betriebe bald wieder schließen. Die dadurch arbeitslos gewordenen Handwerker wurden zum Teil Lohnarbeiter in den größeren Werken und den ersten Fabriken.

Die Gewerbefreiheit schuf Raum für Eigeninitiative und Unternehmergeist. Dies wiederum führte zum Einsatz neuer Maschinen und fortschrittlicher Produktionsmethoden.

▲ **Freiherr vom und zum Stein.**
Gemälde von Johann Christoph Rincklake, 1804.

▲ **Karl August Fürst von Hardenberg.**
Gemälde von Johann Heinrich Tischbein, um 1810.

Der Deutsche Zollverein Auch nach Gründung des Deutschen Bundes 1815 hemmten weiterhin Zollgrenzen den Handel zwischen den einzelnen Staaten. Zudem bestanden innerhalb der Territorien auch noch Binnenzölle. Einer der Vorkämpfer für die Idee, Deutschland zu einem einheitlichen Wirtschaftsgebiet zu machen, war der Volkswirtschaftler *Friedrich List*. Seiner Ansicht nach sollten alle Zölle und Mauten innerhalb des Landes aufgehoben werden, die Flüsse und Straßen frei passierbar sein und nur nach außen ein einheitlicher Zoll gelten. Trotz mancher Schwierigkeiten und Einwände von Fürsten und Regierungen, die um ihre Einnahmen bangten und eine Beschränkung ihrer Souveränität fürchteten, schlossen sich fast alle großen deutschen Staaten 1834 zum *Deutschen Zollverein* zusammen. Ausgenommen blieb allerdings Österreich, das auf Drängen Preußens dem Zollverein nicht beitreten durfte.

Durch den Zollverein entstand ein weitgehend einheitlicher Markt, der den Absatz von Gütern aus der gewerblichen Massenproduktion erleichterte. Da nun das Risiko für Kapitalanlagen in Fabriken, die auf eine große Nachfrage nach ihren Gütern angewiesen waren, deutlich sank, wurde desto stärker investiert.

▲ **Friedrich List.**
Pastell nach einer Lithografie von Josef Kriehuber, um 1845.

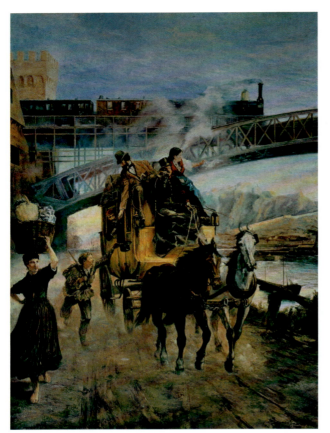

▲ **Eisenbahnbrücke über den Rhein bei Ehrenbreitstein.**
Gemälde von Paul Meyerheim, 1873/76 (Ausschnitt). Das Bild ließ Unternehmer Albert Borsig für seine Berliner Villa anfertigen.

Erfolgreicher Nachzügler ■ In Deutschland kam die Industrialisierung in der ersten Hälfte des 19. Jahrhunderts zunächst nur zögerlich in Gang. Allerdings befand sich die Wirtschaft der deutschen Staaten insgesamt von 1815 bis 1835 in einer Aufwärtsentwicklung. Vor allem in der Landwirtschaft stieg durch neue effizientere Anbaumethoden, die Verwendung ertragreicher Pflanzen und die Verbesserung der Tierzucht die Produktion stark an, in den Jahren 1815 bis 1845 um 50 Prozent. Dadurch konnten nicht nur die stetig zunehmende Zahl von Bewohnern im eigenen Land versorgt, sondern auch Agrarprodukte in andere Länder exportiert werden.

Dennoch entstand eine bis dahin nicht gekannte Massenarmut, der *Pauperismus* (lat. pauper: arm): Die strukturellen Veränderungen (Bevölkerungswachstum, Gewerbefreiheit, Bauernbefreiung) und die rationellere Produktion in der Landwirtschaft rissen immer mehr Menschen aus ihrer alten Lebensordnung. Die Zahl der Arbeitskräfte nahm stärker zu als die Zahl der freien Arbeitsstellen. Trotz der Produktionssteigerungen hatte die gewerbliche Industrie im Vergleich zu England noch einen deutlichen Rückstand. Das Überangebot an Arbeitskräften führte zusätzlich zur Senkung der Löhne.

Die Eisenbahn als „Schrittmacher" ■ In Deutschland wurden nun die Schwerindustrie und der Maschinenbau zu entscheidenden Trägern der Industrialisierung. Insbesondere der Eisenbahnbau erwies sich als Motor der Entwicklung. Auch hier trat Friedrich List als entschiedener Befürworter auf (▸ M3). Die Eisenbahnen wurden in Kürze zu schnellen und günstigen Transportmitteln, was alle Wirtschaftsbereiche und den Handel begünstigte. Die erste deutsche Eisenbahnlinie wurde 1835 zwischen Nürnberg und Fürth in Betrieb genommen.

In den folgenden Jahren wurde das Schienennetz in den deutschen Staaten rasch ausgebaut. Gab es um 1840 erst 579 Streckenkilometer, so waren 1850 bereits 7123 Kilometer Schienen verlegt worden.

Zur Gewinnung von Eisen und Stahl wurden moderne Fabriken gegründet. Diese entstanden meist in Gegenden mit Kohlebergbau, wie dem Ruhrgebiet, dem Saargebiet und Sachsen. Etwa 1850 begann die „Durchbruchphase" der deutschen Industrialisierung. Der Aufschwung hielt bis in die Siebzigerjahre an. Um 1870 war Deutschland zwar noch immer ein Land, in dem der größte Teil der Bevölkerung in der Landwirtschaft tätig war und das einen hohen Anteil seiner Wirtschaftsleistung in diesem Sektor schuf. Der Prozess der Industrialisierung beschleunigte sich aber zunehmend. Der Anteil der Menschen, die in der gewerblichen Produktion und im Dienstleistungsbereich arbeiteten, stieg ebenso stark an wie die Zahl der Fabriken. Diese Entwicklung verlief nicht gleichmäßig in allen Teilen Deutschlands, sondern fand vorwiegend in den industriell führenden Regionen statt (▸ M4).

	Aktiven* in Mio. Mark			
	1860	1880	1900	1913
Notenbanken	0,95	1,57	2,57	4,03
Kreditbanken	0,39	1,35	6,96	22,04
Privatbankiers**	1,50	2,50	3,50	4,00
Sparkassen	0,51	2,78	9,45	22,56
Kreditgenossenschaften	0,01	0,59	1,68	6,17
Priv. Hypothekenbanken	0,09	1,85	7,50	13,55
Öffentliche Boden- und Kreditanstalten	0,68	1,76	4,05	7,20
Lebensversicherungen	0,07	0,44	2,42	5,64
Andere Versicherungs- gesellschaften	–	0,35	0,83	2,05
Sozialversicherung	–	–	0,87	2,25
Andere	–	–	–	0,98
Gesamt	4,25	13,50	40,50	91,00

▲ **Entwicklung der Geld- und Kreditinstitute 1860 - 1913.**

Nach: Hermann Aubin und Wolfgang Zorn (Hrsg.), Handbuch der deutschen Wirtschafts- und Sozialgeschichte, Bd. 2, Stuttgart 1976, S. 591

* Aktiven oder Aktiva sind Teil der Bilanz eines Unternehmens und zeigen die Höhe der verwendeten Finanzmittel auf.
**Hier ist die Bedeutung der Privatbankiers vor allem zwischen 1850 und 1873 hervorzuheben: Sie entwickelten die Geschäftsweisen der deutschen Großbanken und waren nicht zuletzt Gründer dieser Banken.

Aktiengesellschaften und Großbanken ■ Der Aufbau eines Industriebetriebes erfordert nicht nur Arbeitskräfte und Maschinen, Rohstoffe und das Knowhow zur Herstellung von Produkten, sondern vor allem Kapital. In der Anfangsphase der Industrialisierung hatten die Unternehmer ihre Firmen noch aus eigenen Mitteln, Ersparnissen oder Erbschaften finanziert, denn große Banken oder Kreditanstalten gab es noch nicht. Da für den Bau von Fabriken, Eisenbahnen oder Zechen enorme Kapitalmengen nötig waren, organisierten sich die meisten Unternehmen in Form von *Aktiengesellschaften*, bei denen sich Aktionäre über den Ankauf von Anteilen am Gründungskapital – den *Aktien* – am Gewinn und Verlust des Unternehmens beteiligten. Auch ausländische Kapitalgeber konnten auf diese Weise Eigentum an deutschen Firmen erwerben. Die ursprünglichen Gründerfamilien behielten zwar in der Regel einen großen Teil des Kapitals, Geschäftsführer übernahmen jedoch nun die Leitungsfunktionen, und die Gesellschaftsmitglieder konnten über ihr Stimmrecht Einfluss ausüben. 1907 waren vier Fünftel der 100 größten deutschen Industrieunternehmen Aktiengesellschaften. Rund zwei Drittel des gesamten Kapitals befanden sich in ihren Händen (▸ M5).

Seit der Mitte des 19. Jahrhunderts wurden viele Banken auf Aktienbasis gegründet. Zu den wichtigsten Großbanken wurden die 1851 gegründete *Disconto-Gesellschaft*, die *Darmstädter Bank für Handel und Industrie* (1853), die *Deutsche Bank* (1870) und die *Dresdner Bank* (1872). Sie stützten den Ausbau und die Modernisierung der Unternehmen mit Krediten und machten die deutsche Industrie damit von ausländischem Kapital unabhängig. Gleichzeitig waren die Großbanken auch mit eigenen Sitzen in den Aufsichtsräten der Industrieunternehmen vertreten. Das verschaffte ihnen Einfluss auf die Unternehmenspolitik und damit auf die industrielle Entwicklung.

Deutschland wird Industriestaat ◼ Nach dem Krieg gegen Frankreich von 1870/71 und der Gründung des Deutschen Reiches verstärkte sich das Wachstum der deutschen Wirtschaft und Industrie noch einmal sprunghaft. Deutschland wurde nun endgültig zu einem Industriestaat. Für diesen Wachstumsschub gab es mehrere Gründe: Die Reichsgründung führte zur Entstehung eines nationalen Wirtschaftsraums, der mit einer weitgehend einheitlichen Wirtschaftspolitik geführt wurde. Durch die von Frankreich zu zahlende Kriegsentschädigung in Höhe von fünf Milliarden Goldfrancs wurde der Kapitalmarkt beträchtlich erweitert.

Sowohl die Regierung als auch Privatleute waren bereit, erhebliche Summen in die Wirtschaft zu investieren. Insbesondere die Schwerindustrie, der Maschinenbau, die Eisenbahnen und die Bauwirtschaft profitierten davon. So wuchs allein die Roheisenproduktion in den Jahren zwischen 1870 und 1873 um 61 Prozent.

Zusätzliche Impulse erhielt die Wirtschaft durch eine Gesetzesänderung, die es erleichterte, Aktiengesellschaften zu gründen. Dies führte innerhalb kürzester Zeit zur Gründung einer Vielzahl von Banken, Eisenbahngesellschaften, Bau- und Montanunternehmen. So wurden in der Zeit von 1871 bis 1873 im Deutschen Reich 928 neue Aktiengesellschaften gegründet, wesentlich mehr als in den zwanzig Jahren zwischen 1850 und 1870. Aktiengesellschaften hatten durch die Beteiligung der Aktionäre mehr Kapital zur Verfügung und konnten daher größere Investitionen tätigen.

Vom Gründer-Boom zur „Gründerkrise" ◼ Dieses rasante Wachstum erlebte 1873 einen jähen Einbruch, der durch eine Börsenkrise ausgelöst wurde („*Gründerkrise*"). Der Optimismus der Unternehmer und Aktionäre hatte dazu geführt, dass die Produktionsmittel erweitert wurden und die Aktienkurse wegen der großen Nachfrage stark stiegen. Als sich die Spekulationen als überzogen herausstellten, kam es weltweit zu erheblichen wirtschaftlichen Problemen und zu Konkursen von Unternehmen. In Deutschland wurden bis 1876 61 Banken, vier Eisenbahngesellschaften und mehr als 100 Industrieunternehmen zahlungsunfähig. Dem Kurssturz an den Börsen folgte eine längere Phase der wirtschaftlichen Entwicklung, die geprägt war von einem deutlich abgeschwächten Wachstum, sinkenden Preisen und Unternehmergewinnen, Produktionsrückgängen und zunehmender Arbeitslosigkeit. Historiker sprechen daher von den Jahren 1873 bis 1895 als Zeit der „*Großen Depression*".

Die Krise bewirkte ein Umdenken. Der Staat sollte eine aktivere Rolle in der Wirtschafts- und Finanzpolitik spielen. Die Eisenbahnen wurden verstaatlicht, Marktpreise und Verkehrstarife wurden von staatlicher Seite reguliert. Das Bankgesetz von 1875, nach dem sich die Privatnotenbanken der neu gegründeten *Reichsbank* als zentraler Notenbank unterzuordnen hatten, sorgte für eine Konzentration und Vereinheitlichung des deutschen Bankenwesens. Vor allem die Industrie und die Landwirtschaft forderten einen verstärkten Schutz gegen die ausländische Konkurrenz. Zu diesem Zweck

Die Entstehung der Industriegesellschaft in den deutschen Staaten

▲ **Die Gussstahlfabrik Friedrich Krupp in Essen aus der Vogelschau.**
Farbdruck nach einem Aquarell von J. Scheiner, 1879/80.
Friedrich Krupp, der aus einer angesehenen Essener Bürgerfamilie stammte, gründete 1811 mit zwei Teilhabern eine Gussstahlfabrik. Angesichts der napoleonischen Besatzung, der Kontinentalsperre und der Befreiungskriege wäre das Unternehmen fast gescheitert. Seit der zweiten Hälfte der 1830er-Jahre wuchs der Betrieb ständig. Inzwischen hatte Friedrich Krupps ältester Sohn Alfred die Firma übernommen und der Deutsche Zollverein bessere Rahmenbedingungen geschaffen. Krupp verdiente viel am Eisenbahnbau. Das Unternehmen stellte Schienen, Achsen, Walzen und vor allem nahtlose Eisenbahnreifen her. Bald kam die Herstellung von Kanonen, Geschützrohren und anderen Rüstungsgütern hinzu.

wurden seit 1879 neue Schutzzölle erhoben. Damit war die liberale Freihandelspolitik der Frühphase der Industrialisierung in Deutschland beendet.

Insgesamt verlief die wirtschaftliche Schwächephase in Deutschland nach der „Gründerkrise" aber günstiger als in anderen Ländern. Obwohl die Preise, Umsätze, Aktienkurse und Gewinne sanken und die Arbeitslosigkeit zunahm, schritt der Industrialisierungsprozess auch in der Phase von 1873 bis 1895 deutlich voran. Dies zeigt sich auch in den von der „Gründerkrise" besonders betroffenen Gewerbezweigen: der Schwerindustrie, dem Maschinenbau und dem Baugewerbe. Dort kam es bei sinkender Nachfrage zu Massenentlassungen. Gleichzeitig nutzten aber viele Unternehmer in der Schwerindustrie die Krise, um ihre Betriebe zu rationalisieren und die Produktionsabläufe mithilfe neuer Techniken effizienter zu gestalten. Als in den 1880er-Jahren die Konjunktur wieder anzog, verzeichneten die Leitsektoren Schwerindustrie und Kohleförderung erneut hohe Produktionszunahmen. Aber auch die Metallverarbeitung, die Textil- und die Bauindustrie profitierten vom erneuten Wachstumsschub.

M1 Das Oktoberedikt

Auf Betreiben des preußischen Staatskanzlers Karl Freiherr vom und zum Stein und gegen den Widerstand konservativer Adliger leitet der Erlass des preußischen Königs von 1807 die Reorganisation des preußischen Staatswesens ein:

Wir Friedrich Wilhelm, von Gottes Gnaden, König von Preußen etc. etc.

Tun kund und fügen hiermit zu wissen:
Nach eingetretenem Frieden hat Uns die Vorsorge für den
5 gesunkenen Wohlstand Unserer getreuen Untertanen, dessen baldigste Wiederherstellung und möglichste Erhöhung vor allem beschäftigt. Wir haben hier erwogen, daß es, bei der allgemeinen Not, die uns zu Gebot stehenden Mittel übersteige, jedem Einzelnen Hilfe zu verschaffen, ohne den
10 Zweck erfüllen zu können, und daß es sowohl den unerläßlichen Forderungen der Gerechtigkeit, als den Grundsätzen einer wohlgeordneten Staatswirtschaft gemäß sei, alles zu entfernen, was den Einzelnen bisher hinderte, den Wohlstand zu erlangen, den er nach dem Maß seiner Kräfte
15 zu erreichen fähig war; Wir haben ferner erwogen, daß die vorhandenen Beschränkungen teils in Besitz und Genuß des Grund-Eigentums, teils in den persönlichen Verhältnissen des Land-Arbeiters Unserer wohlwollenden Absicht vorzüglich entgegenwirken, und der Wiederherstellung der
20 Kultur eine große Kraft seiner Tätigkeit entziehen, jene, indem sie auf den Wert des Grund-Eigentums und den Kredit des Grundbesitzers einen höchst schädlichen Einfluß haben, diese, indem sie den Wert der Arbeit verringern. Wir wollen daher beides auf diejenigen Schranken zurückführen,
25 welche das gemeinsame Wohl nötig macht, und verordnen daher Folgendes:
§ 1. Jeder Einwohner Unserer Staaten ist, ohne alle Einschränkung in Beziehung auf den Staat, zum eigentümlichen und Pfandbesitz unbeweglicher Grundstücke aller Art berechtigt;
30 der Edelmann also zum Besitz nicht bloß adliger, sondern auch unadliger, bürgerlicher und bäuerlicher Güter aller Art, und der Bürger und Bauer zum Besitz nicht bloß bürgerlicher, bäuerlicher und anderer unadliger, sondern auch adliger Grundstücke, ohne daß der eine oder der andere zu
35 irgendeinem Güter-Erwerb einer besondern Erlaubnis bedarf, wenngleich, nach wie vor, jede Besitzveränderung den Behörden angezeigt werden muß. Alle Vorzüge, welche bei Güter-Erbschaften der adlige vor dem bürgerlichen Erben hatte, und die bisher durch den persönlichen Stand des Besitzers begründete Einschränkung und Suspension gewisser
40 gutsherrlichen Rechte, fallen gänzlich weg.
[...]

§ 2. Jeder Edelmann ist, ohne den Nachteil seines Standes, befugt, bürgerliche Gewerbe zu treiben; und jeder Bürger oder Bauer ist berechtigt, aus dem Bauer- in den Bürger- und 45 aus dem Bürger- in den Bauerstand zu treten.
[...]
§ 10. Nach dem Datum dieser Verordnung entsteht fernerhin kein Untertänigkeits-Verhältnis, weder durch Geburt noch durch Heirat noch durch eine Übernehmung einer unter- 50 tänigen Stelle noch durch Vertrag.
§ 11. Mit der Publikation der gegenwärtigen Verordnung hört das bisherige Untertänigkeits-Verhältnis derjenigen Untertanen und ihrer Weiber und Kinder, welche ihre Bauergüter erblich oder eigentümlich oder erbzinsweise oder erbpächt- 55 lich besitzen, wechselseitig gänzlich auf.
§ 12. Mit dem Martini-Tage eintausendachthundertundzehn (1810) hört alle Guts-Untertänigkeit in Unsern sämtlichen Staaten auf. Nach dem Martini-Tage 1810 gibt es nur freie Leute, so wie solches auf den Domänen in allen Unsern Pro- 60 vinzen schon der Fall ist, bei denen aber, wie sich von selbst versteht, alle Verbindlichkeiten, die ihnen als freien Leuten vermöge des Besitzes eines Grundstücks oder vermöge eines besonderen Vertrages obliegen, in Kraft bleiben.

Walter Demel und Uwe Puschner (Hrsg.), Von der Französischen Revolution bis zum Wiener Kongreß 1789 - 1815 (Deutsche Geschichte in Quellen und Darstellung, Bd. 6), Stuttgart 1995, S. 328 f. (Rechtschreibung modernisiert)

1. *Arbeiten Sie die Grundgedanken des Edikts heraus und ordnen Sie sie in den europäischen Kontext ein.*

2. *Erläutern Sie, warum das Edikt den Widerstand konservativer Adliger hervorrief.*

3. *Stellen Sie die Auswirkungen der Reformen auf die preußische Gesellschaftsordnung dar. Welche Probleme bleiben ungelöst?*

M2 Die „Bauernbefreiung" aus adliger Sicht

Kurz nach dem Oktoberedikt von 1807 äußert sich Friedrich August Ludwig von der Marwitz, preußischer General, Politiker und Wortführer der märkischen Adligen, über Karl Freiherr vom und zum Stein und die preußischen Reformen:

Er fing nun mit ihnen (und an Gehilfen aus den anderen Klassen fehlte es nicht) die Revolutionierung des Vaterlandes an, den Krieg der Besitzlosen gegen das Eigentum, der Industrie gegen den Ackerbau, des Beweglichen gegen das Stabile, des krassen Materialismus gegen die von Gott 5 eingeführte Ordnung, des (eingebildeten) Nutzens gegen das Recht, des Augenblicks gegen die Vergangenheit und Zukunft, des Individuums gegen die Familie, der Spekulan-

▲ „Arbeiter im Rübenfelde."
Gemälde von Max Liebermann, 1876.
Seit der „Bauernbefreiung" gab es viele, die wie diese Erntehelfer auf den Gütern der Grundbesitzer als Tagelöhner arbeiteten.

ten und Comtoire[1] gegen die Felder und Gewerbe, der Büros gegen die aus der Geschichte des Landes hervorgegangenen Verhältnisse, des Wissens und eingebildeten Talents gegen Tugend und ehrenwerten Charakter. Hiermit, als ob die bekriegten Kategorien, das Eigentum, der Ackerbau, die stabilen Verhältnisse, die alte Ordnung, das Recht, die Gemeinschaftlichkeit der Standesgenossen und das Prinzip der Tugend und Ehre die Ursachen unseres Falles gewesen wären! Und deswegen gab er das Land dem Feinde preis! Er machte nun den Anfang zu seiner sogenannten Regeneration des preußischen Staats mit allerhand auf die Rousseauschen und Montesquieuschen Theorien[2] gegründeten Gesetzen, solchen, wie sie aus der Französischen Revolution, samt dem Schaden, den sie angerichtet, längst bekannt waren. [...]
Im Eingang wurde [...] als Zweck des Gesetzes der größere Wohlstand angegeben, der dadurch erreicht werden würde. [...]
Um nun zu diesem ersehnten Wohlstand zu gelangen, sollte:
a) Jeder Edelmann Bauerngüter, jeder Bürger und Bauer Rittergüter kaufen können. Damit fiel die bisherige Sicherheit der Bauern in ihrem Grundbesitz weg; jeder reiche Gutsbesitzer konnte sie jetzt auskaufen und fortschicken. (Zum Glück war beinahe niemand mehr reich.) – Ferner wurden Gerichtsbarkeit, Polizei, Kirchenpatronat für jeden hergelaufenen Kerl käuflich, der Geld hatte, statt dass es bis dahin des landesherrlichen Konsenses bedurft hatte.
b) Die Verteilung jeder Besitzung in beliebig kleine Portionen wurde erlaubt. Dadurch entstand die jetzige ungeheure Masse der kleinen Grundbesitzer, die von ihrer kleinen Scholle nicht leben können und die keinen Schutzherrn mehr haben, der an ihrer Erhaltung interessiert und dazu verpflichtet ist.
c) Sogar Lehn- und Fideikommissgüter[3] durften nun einzelne Stücke vererbpachten, und das Recht der Anwärter auf die unveränderte Sukzession[4] wurde mit einem Federzuge vernichtet.
d) Das Untertänigkeitsverhältnis wurde für alle Bauern, die Eigentümer ihrer Grundstücke waren, sogleich, und für die übrigen Lassbauern (Nießbraucher) zum Martinstag[5] 1810

[1] Comtoir: auch Comptoir, Comptor oder Comtor (von franz. compter: zählen); ältere Bezeichnung für Ladentisch oder Schreibstube, hier für Kaufleute, Makler
[2] Die Staatstheoretiker Jean-Jacques Rousseau und Charles-Louis Baron de Secondat de Montesquieu gelten als zwei der einflussreichsten Schriftsteller der Aufklärung.
[3] Fideikomissgüter (von lat. fidei comissum: zu treuen Händen belassen): ein vor allem im deutschen Niederadel angewandtes Recht, nach dem ein Familienvermögen, meist Grundbesitz, ungeteilt vererbt werden musste und im Besitz der Familie verblieb
[4] Sukzession: Nachfolge, Erbfolge
[5] Martinstag am 11. November

aufgehoben. Dass die größte Masse der Bauern zu letzteren gehörte und es der ersteren nur äußerst wenige gab, ist schon erinnert worden. – Hierdurch wurden nicht nur Miss-
50 verständnisse erregt, indem die Bauern glaubten, auch ihre Dienste und Abgaben seien aufgehoben (in Oberschlesien kam es zum Aufruhr, und die Kriegsmacht musste einschreiten), sondern, und vorzüglich, die Vollendung der Erziehung der Bauernkinder fiel weg. Diese geschah nämlich, nachdem
55 sie eingesegnet waren, durch den dreijährigen Dienst (bei geringerem Lohn) in einer geordneten Wirtschaft. Jetzt laufen sie mit vierzehn Jahren in die weite Welt, daher die vielen Armen, Vagabunden und Verbrecher.
Zum Schluss folgte der pomphafte Ausruf: „Mit dem Mar-
60 tinitag 1810 gibt es also in Unsern Staaten nur freie Leute!" [...] – gleich als ob bis dahin irgendwo in unserem Lande Sklaverei oder Leibeigenschaft existiert hätte! – Letztere fing vielmehr alsbald zu entstehen an, nämlich Leibeigenschaft des kleinen Besitzers gegen den Gläubiger – des Armen und
65 Kranken gegen die Polizei und Armenanstalten –, denn mit der Pflichtigkeit war natürlich die Verpflichtung des Schutzherrn zur Vorsorge aufgehoben.

Der preußische Minister und enge Mitarbeiter Steins, Theodor von Schön, entstammt einer alten ostpreußischen Domänenpächterfamilie. In seinen autobiografischen Aufzeichnungen bewertet er das Oktoberedikt von 1807:

Ein von der Landespolizeibehörde gefertigter Küchenzettel für das untertänige Gesinde bestimmte [1797], dass jeder
70 Knecht oder jede Magd jährlich vier Pfund Fleisch bekommen solle, und das Brot war auch so sparsam zugemessen, dass die Beköstigung mit der im Magdeburgischen oder Halberstädtischen grell kontrastierte. Die Folge davon sprang in die Augen; denn die Arbeiter waren so schwach, dass man auf
75 einem Gute in Schlesien etwa dreiunddreißig Prozent mehr Menschen haben musste als man bei gleicher Wirtschaft im Magdeburgischen hatte. Gottlob! seit dem Edict vom 9. Oktober 1807 ist es anders, und wie, wenn der gemeine Mann sich hebt, die höheren Stände dadurch mitgehoben
80 werden, so steht der schlesische Adel jetzt klarer, freier von Vorurteilen und gebildeter da. Erbuntertänigkeit, Leibeigenschaft oder wie die Zweige der Sklaverei sonst bezeichnet werden mögen, sind überhaupt der Bildung und Würdigkeit der Gutsherren niemals günstig, mit dem Begriff des Adels
85 stehen sie in grobem Widerspruch.

Erster Text zitiert nach: Werner Conze (Hrsg.), Die preußische Reform unter Stein und Hardenberg. Bauernbefreiung und Städteordnung, Stuttgart ³1963, S. 41-43
Zweiter Text zitiert nach: Günther Franz (Hrsg.), Quellen zur Geschichte des deutschen Bauernstandes in der Neuzeit, Darmstadt 1963, S. 386

1. *Erläutern Sie die von Marwitz skizzierten Reformen und deren Folgen. Beurteilen Sie seine Darstellung.*
2. *Vergleichen Sie die Bewertung der Reformen durch Marwitz mit der von Theodor von Schön. Finden Sie Gründe für die jeweilige Sicht. Ziehen Sie Informationen zu Marwitz und Schön hinzu.*
3. *Überzeugen Sie (als Marwitz oder als Schön) Ihre Mitschüler in einem Streitgespräch von Ihrer Position.*

M3 Die neuen Transportmittel

Der Volkswirtschaftler und Politiker Friedrich List, der mit der Gründung der Leipzig-Dresdener-Eisenbahngesellschaft im Jahre 1834 einen wichtigen Grundstein für den Eisenbahnbau gelegt hat, beschreibt im Jahre 1837 die Auswirkungen der Eisenbahn:

Die neuen Transportmittel ersetzen die lebende Kraft durch die mechanische Kraft, die in ihrem Umfang beinahe unbegrenzt und in ihrer Anwendung zur unendlichen Verbesserung geeignet ist, um die den Menschen drückende Last der Arbeit zu verringern und ihn dadurch zum Gebieter und Ge- 5 stalter der Natur zu machen. Diese Kraft steigert die Produktion und reduziert bei jenen den Konsum von Lebensmitteln, die ausschließlich mit dem Transport beschäftigt sind, weil sie diese nicht verbrauchen; infolgedessen ermöglicht sie die Ernährung und das Wohlergehen einer viel größeren Anzahl 10 von Menschen. Sie fördert die Wissenschaft und die Technik, weil man sie für den Bau der Maschinen benötigt. Sie erfordert beträchtliche Mengen in Eisen und Steinkohle; deswegen fördert sie die beiden bedeutendsten Wirtschaftszweige, den Bergbau und die Industrie. Sie verlangt viel Kapital, das 15 hohe Zinsen bringen und vor allem für die vermögenden Klassen von Nutzen sein wird. Da sie aber auch kleineren Kapitalbesitzern die Gelegenheit bietet, die Früchte ihres wirtschaftlichen Handelns sicher und vorteilhaft anzulegen, fördert sie die Industrie und die Wirtschaft zwischen den 20 nützlichsten Klassen der Bürger.
Die neuen Transportmittel versetzen die Menschen in die Lage, besser mit der Natur zu kämpfen als dies mithilfe der alten möglich war. Damit vermag er den Winden und den Stürmen, der Strömung der Flüsse, den sintflutartigen 25 Wolkenbrüchen, der Härte des Winters und der brennenden Hitze der heißen Zonen zu trotzen. [...]
Während die alten Transportmittel zwischen den niedrigen Klassen und der Oberschicht in Bezug auf die Schnelligkeit und Bequemlichkeit eines Ortswechsels eine riesige Kluft 30 entstehen und aufrechterhalten ließen, werden die neuen Transportmittel zum Wohle, zum Vorteil und zum Nutzen,

▲ **Elektrolokomotive der Firma Siemens & Halske.**
Vorführung der ersten, ursprünglich als Kohlebahn gedachten Elektrolokomotive auf der Berliner Gewerbeausstellung von 1879. Die Elektrifizierung der Eisenbahn begann aber erst in den 1890er-Jahren im städtischen Nahverkehrsbereich.

die daraus erwachsen, eine weitgehende Angleichung aller Klassen bewirken. Aufgrund von Aufzeichnungen, die über die schon bestehenden Eisenbahnlinien vorliegen, wurde ausgerechnet, dass die Vorteile der neuen Transportmittel zu mehr als 19/20 der Mittel- und Unterschicht zugutekommen. [...] Die neuen Transportmittel werden, wenn sie ihre volle Verbreitung erreicht haben, was den Nutzen und die Bedeutung für den Warenaustausch anbelangt, nicht nur in keiner Beziehung hinter den alten Transportmitteln zurückstehen, sondern den alten Transportmitteln sogar insofern dienen, als die Transporte auf Straßen und Kanälen dadurch nur noch zahlreicher werden. Außerdem beflügeln sie durch den Transport von Personen, Briefen, Nachrichten, Büchern und Zeitungen den geistigen Austausch in einem solchen Maße, dass deren Bedeutung in dieser Hinsicht noch viel größer sein wird als im Hinblick auf den materiellen Handel. Die neuen Transportmittel werden für den Abbau der Überbevölkerung der alten Länder und für die Gründung neuer Kolonien, für die Vermischung der Rassen, für die Verbreitung und die Fortschritte der Wissenschaften, für die Technik, die Zivilisation, die Toleranz, die allgemeine Ausbildung aller Klassen, für die Erhaltung der Vaterlandsliebe, für die Ausrottung von Vorurteilen und des Aberglaubens sowie von unsittlichen und schädlichen Verhaltensweisen und der Trägheit, für die Verbreitung neuer Erfindungen und nützlicher Verfahren, für die Kenntnis von Fremdsprachen und der Literatur, für die Existenz der Armen und der Gebrechlichen, wie z.B. der Blinden, der Taubstummen, der Findelkinder, für die Verbesserung der Gesetzgebung und der nationalen wie der örtlichen Verwaltung, für die politischen Institutionen und die Wohltaten der ganzen Spezies, für die Aufrechterhaltung von Ruhe und Ordnung usw. weitaus größere Dienste leisten als die alten Transportmittel.

Friedrich List, Die Welt bewegt sich. Über die Auswirkungen der Dampfkraft und der neuen Transportmittel auf die Wirtschaft, das bürgerliche Leben, das soziale Gefüge und die Macht der Nationen (Pariser Preisschrift 1837), zitiert nach: Gerhard Henke-Bockschatz (Bearb.), Industrialisierung, Schwalbach/Ts. 2003, S. 75 f.

1. *Arbeiten Sie Vorteile und Wirkungen der Eisenbahn heraus. Ordnen Sie sie nach Bereichen.*
2. *Beurteilen Sie Lists Plädoyer. Welche seiner Argumente entsprechen einem Wunschbild, welche der Wirklichkeit? Welche Bedeutung misst er der Wirtschaft bei?*
3. *Analysieren Sie, inwiefern List die Bedingungen industrieller Entwicklung nachzeichnet. Entwerfen Sie auf dieser Grundlage ein Schaubild und erläutern Sie es.*
4. *Nehmen Sie Stellung zu Themen, Sprache und Stil: Inwiefern ist List ein „Kind seiner Zeit"?*

M4 Regionale Entwicklung

a) Das deutsche Eisenbahnnetz bis 1866

b) Die industriellen Standorte in Deutschland um 1900

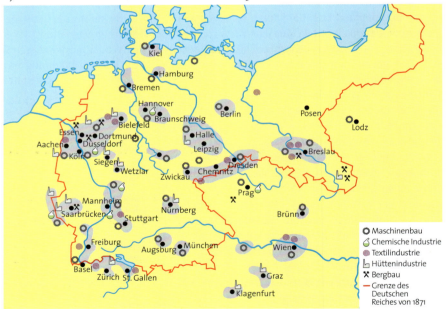

■ Nennen Sie Gründe für die Entwicklung der Industrie in den Regionen. Welche Voraussetzungen spielen eine Rolle? Erläutern Sie die Zusammenhänge in den Karten a) und b).

M5 Großbetriebe und ihre Folgen

Der Nationalökonom Gustav Schmoller, der sich als Mit-
begründer des „Vereins für Socialpolitik" auch sozialpolitisch
engagiert, weist 1892 auf die strukturellen Veränderungen
hin, die aus der wirtschaftlichen Entwicklung zu industriellen
Großbetrieben resultieren:

Die Großbetriebe sind heute mehr oder weniger selbstständige Anstalten für die Produktion, den Handel, den Verkehr,
welche vom Haushalt der Mitarbeitenden ganz, auch mehr
und mehr von den Lebensschicksalen der Beteiligten los-
5 gelöst, ihre eigentümliche Verfassung, ihr eigenes, dauerndes, durch die Generationen hindurch fortdauerndes Leben
haben. Der intime, rein private Charakter der alten kleinen
Geschäfte ist schon deshalb verschwunden, weil an den
Großbetrieben die wirtschaftliche Existenz ganzer Gruppen
10 verschiedener Familien hängt. Da sind die leitenden Persönlichkeiten, dann die Aktionäre, stillen Teilhaber, sonstigen
Kapitalinteressenten und Gläubiger, endlich die Werkmeister
und Arbeiter; aber nicht bloß sie kennen den Betrieb und
haben ein Interesse an ihm; nein, da sind noch Hunderte und
15 Tausende von Kunden, die von nah und fern das Geschäft
verfolgen, dann zahlreiche Händler und Lieferanten, Konkurrenten, endlich die Nachbarn, die ganze Stadt, der Kreis, die
Provinz, welche ein Interesse an dem Auf- und Niedergang
des großen Betriebes haben. Die Lage, die baulichen Ein-
20 richtungen, die guten oder schlechten Verkehrsbedingungen
jedes Großbetriebs werden ebenso zu einer Gemeinde- und
Bezirksangelegenheit wie die Rückwirkung auf Schulwesen,
Steuerkraft, Bevölkerungszu- oder -abnahme, Wohlstand
und Verarmung der ganzen Gegend, Art der Siedlung und
25 Grundeigentumsverteilung die weitesten Kreise berührt. So
ist es wahr, dass die Großbetriebe die Volkswirtschaft immer
mehr in einen gesellschaftlichen Prozess verwandeln, wobei
private und allgemeine Interessen immer komplizierter verbunden und ineinander verschlungen werden. Der einzelne
30 Großbetrieb wird, welche rechtliche Verfassung er auch im
Einzelnen haben mag, zu einem Mittelding zwischen einem
privaten und einem öffentlichen Haushalt; auch wo der Privatunternehmer an der Spitze desselben bleibt, kann er nicht
mehr dieselbe Stellung haben wie in seiner Familienwirt-
35 schaft; es schieben sich allgemein Interessen, Elemente der
öffentlichen Organisation in den Großbetrieb ein. [...]
Zunächst ist nun zu erwähnen, dass die enorme Wichtigkeit,
die notwendige lokale Ausbreitung bestimmter Betriebe über
ganze Gemeinden und Länder, der Zusammenhang einzelner
40 Geschäfte mit dem öffentlichen Dienste und den nationalen
sowie den idealen Interessen oder auch die Monopolstellung
einzelner Geschäfte dazu geführt hat, bestimmte Unterneh-

mungen in die Hände des Staates oder der Gemeinden zu
bringen. Die Eisenbahnen und andere Verkehrsmittel, einzelne Teile des Kreditgeschäfts und der Versicherungsge- 45
werbe, ein Teil der Forsten, der Bergwerke, der Hütten, militärische Werkstätten, lokale Gas-, Wasser-, elektrische Werke
sind so in öffentliche Verwaltung übergegangen [...].
Wohl aber hat sich im Zusammenhang mit dieser großen
Änderung zugleich eine tief greifende Verschiebung der 50
Stellung des Kapitals vollzogen. Je größer die Betriebe sind,
desto mehr arbeitet fremdes Kapital von Gläubigern darin,
das mehr als Verzinsung nicht erhält. Auch das Aktien-, Ge-
nossenschafts-, das Kapital stiller Teilhaber erwartet eigentlich nicht mehr als Verzinsung. Das Kapital rückt so mehr und 55
mehr aus der herrschenden Stellung hinaus; es wird das, was
es von Natur sein soll, ein dienendes Glied; die Kapitalisten
leiten das Geschäft nicht mehr, sondern die geschäftlichen
Intelligenzen; der Unternehmergewinn wird mehr und mehr
Bezahlung hochqualifizierter Arbeit, und soweit er dem Ka- 60
pital bleibt, zerteilt er sich in viele Hände, die Aktien und Ge-
nossenschaftsanteile besitzen; teilweise geht er, nämlich bei
gewissen Genossenschaften, zugleich mit in die Hände der
Kunden; teilweise fließt er als Tantieme, Gewinnbeteiligung,
Prämien in die Taschen der Angestellten und Arbeiter. 65

Walter Steitz (Hrsg.), Quellen zur deutschen Wirtschafts- und Sozialgeschichte von der Reichsgründung bis zum Ersten Weltkrieg, Darmstadt
1985, S. 160-163

1. *Erläutern Sie die strukturellen Unterschiede zwischen*
einem Großbetrieb und einem kleinen Familien-
unternehmen.

2. *Nehmen Sie Stellung zu Schmollers Aussage, die*
Großbetriebe würden die Volkswirtschaft immer mehr
in einen gesellschaftlichen Prozess verwandeln. Wie
steht er persönlich zu den Veränderungen?

Geschichte in Zahlen

Statistiken präsentieren Daten und Informationen, um gegenwärtige und vergangene Verhältnisse und Zusammenhänge zu verstehen und Veränderungen zu erkennen. Sie fassen Wahlergebnisse zusammen, zeigen die Lohn- und Preisentwicklung auf, liefern Daten über das Klima, die Bevölkerung, aus Umfragen ermittelte Meinungen und vieles mehr. Aus den Befunden lassen sich Aussagen über die Geschichte ableiten. Zur Veranschaulichung werden die statistischen Daten als (Zahlen-)Tabellen oder als Diagramme dargestellt.

Statistiken und Diagramme auswerten

Bis ins 20. Jahrhundert wurden Daten noch nicht systematisch und flächendeckend gesammelt. Zudem erschweren unterschiedliche Bezugsgrößen wie z.B. Gewichte, Maße, Währungen und Räume (Grenzen) die Vergleichbarkeit. Gültige Aussagen können jedoch nur auf der Grundlage untereinander vergleichbarer und möglichst lückenloser Angaben gemacht werden. Deshalb werden die Daten der Statistiken meist bearbeitet, d.h. nach bestimmten Gesichtspunkten ausgewählt, vereinheitlicht und sortiert.

Die in Statistiken aufgelisteten Größen können absolute Größenangaben sein, also exakte Werte einer Messeinheit, z.B. Tonnen, Euro, Stück. Ebenso häufig finden sich relative Werte, also Prozentanteile oder Indizes, d.h. Verhältniszahlen, die sich auf einen Ausgangswert beziehen. Hierbei werden die Verhältnisse eines Stichjahres mit der Indexzahl 100 angesetzt, die Werte der anderen Jahre entsprechend ihrer Abweichung von jenen des Stichjahres angegeben (z.B. ein Jahr mit dem Index 80 liegt demnach 20 Prozent unter dem Stichjahr).

Für die Darstellung von Entwicklungen (z.B. Bevölkerungszahlen) eignen sich Linien- oder Kurvendiagramme, um Anteile innerhalb einer Gesamteinheit (z.B. Stimmenanteile bei Wahlen) zu veranschaulichen, werden oft Kreisdiagramme („Tortendiagramme") verwendet, Säulen- oder Balkendiagramme erleichtern den Vergleich von Mengen oder verschiedenen Bezugsgrößen.

Formale Kennzeichen
- Um welche Art von Statistik handelt es sich?
- Wer hat sie erstellt oder in Auftrag gegeben?
- Wann und wo ist sie entstanden bzw. veröffentlicht worden?

Inhalt
- Worüber informiert die Statistik (Thema/Inhalt, Zeit, Raum, Messgrößen)?
- Welche Zahlenwerte (absolute Werte, Prozentangaben, Indizes) werden verwendet?
- Woher stammen die Zahlen? Sind die Angaben verlässlich und vollständig?
- Wird ein Zustand oder eine Entwicklung (Anstieg, Rückgang, Stagnation) dargestellt?

Historischer Kontext
- Auf welche Epoche, welches Ereignis oder welchen Sachverhalt bezieht sich die Statistik?
- Ist die Statistik in der betreffenden Zeit entstanden oder das Ergebnis einer Forschungsarbeit?

Intention und Wirkung
- Welche Aussageabsicht hat die Statistik?
- Für welche Zielgruppe wurde die Statistik erstellt?

Bewertung und Fazit
- Welche Gesamtaussage bzw. welche Thesen lassen sich formulieren?
- Müssen die Angaben durch andere Informationen ergänzt oder korrigiert werden?

Beispiel und Analyse

Nominaleinkommen:
tatsächlich erwirtschaftetes durchschnittliches Arbeitseinkommen (Grundlage siehe Fußnote) im jeweiligem Jahr, angegeben in absoluten Beträgen (Mark) und als Index (1913 = 100)

Lebenshaltungskosten:
als (Preis-)Index (1913 = 100); der Preisindex ist das Preisniveau der Konsumgüter (Berechnungsgrundlage siehe Fußnote)

Realeinkommen:
als Index (1913 = 100); von Preisen und Inflation bereinigtes Nominaleinkommen, das sich aus dem Index Nominaleinkommen und dem Index der Lebenshaltungskosten berechnet ($\frac{Nominaleinkommen}{Preisindex} \times 100$ = Index Realeinkommen); zeigt im Gegensatz zum Nominaleinkommen die reale Kaufkraft der Arbeitnehmer

Indexwerte:
für alle Messgrößen dasselbe Stichjahr 1913 für den direkten Vergleich

Zeitleiste:
Angaben regelmäßig in Zehnjahresabständen zwischen 1810 und 1910 sowie in Jahresabständen zwischen 1910 und 1913; gleiche Jahresangaben für alle Messgrößen ermöglichen einen direkten Vergleich/Bezug der Daten

Jahr	Nominaleinkommen* absolut in Mark	Index (1913 = 100)	Index der Lebenshaltungskosten** (1913 = 100)	Realeinkommen Index (1913 = 100)
1810	278	26	45	58
1820	293	27	42	64
1830	288	27	51	53
1840	303	28	49	57
1850	313	29	45	64
1860	396	37	62	60
1870	487	45	69	65
1880	545	50	86	58
1890	650	60	82	73
1900	784	72	83	87
1910	979	90	98	92
1913	1083	100	100	100

▲▼ **Entwicklung des Nominal- und Realeinkommens von Arbeitnehmern auf dem Gebiet des späteren Deutschen Reiches 1810 - 1913.**

Umwandlung der Tabelle in ein kombiniertes Linien-Säulen-Diagramm:
zwei Achsen zum Vergleich der Indizes (y-Achse = Indizes; x-Achse = Jahre); Säulendiagramm zum Vergleich der Indizes Nominaleinkommen und Lebenshaltungskosten; Liniendiagramm zeigt den Trend des Realeinkommens an

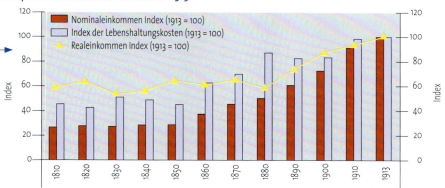

Fußnoten/Erläuterungen:
geben Auskunft über Herkunft und Zusammensetzung der Daten; wichtiger Hinweis für die Verlässlichkeit der Daten und eine Hilfe für die Interpretation

* Einkommen 1810 bis 1849: Bauhandwerker (v.a. Maurer, Zimmerergesellen) von acht Städten und durchschnittliche Einkommen in der Baumwollindustrie; 1850 bis 1870: Arbeitseinkommen in Industrie und Handwerk (ohne Angestellte); 1871 bis 1913: Jahresverdienste von Arbeitnehmern in Industrie, Handel und Verkehr

** Da die Ausgaben für Nahrung, Kleidung und Wohnung sowie Sonstiges vor 1913 nicht systematisch berechnet wurden, basieren die Zahlen auf Schätzungen und Näherungswerten, die sich v.a. auf die Preise von Waren stützen. Für 1810 bis 1870 wurde als für Städte repräsentativ der Lebenshaltungskostenindex für Nürnberg angesehen (Roggenbrot, Rind-, Schweine-, Kalb-, Hammelfleisch, Bier, Milch, Roggenmehl, Schweineschmalz, Eier, Kartoffeln, Butter, Wohnung, Föhrenholz, Talg, Bekleidung (ab 1850 Bekleidung, Textilien, Hausrat und Lederwaren)). Für die Jahre 1871 bis 1913 liegt ein korrigierter Index zugrunde.

Nach: Wolfram Fischer, Jochen Krengel und Jutta Wietog (Hrsg.), Sozialgeschichtliches Arbeitsbuch, Bd. I.: Materialien zur Statistik des Deutschen Bundes 1815-1870, München 1982, S. 155-157

Formale Kennzeichen ■ Historiker haben die vorliegende Statistik für ein Arbeitsbuch erstellt, das 1982 erschien. Die auf unterschiedlicher Grundlage gewonnenen Einzeldaten wurden aufbereitet. Zur Veranschaulichung wurde die Tabelle für dieses Schulbuch in ein Diagramm umgewandelt.

Inhalt ■ Die Statistik zeigt die Entwicklung des Nominal- und Realeinkommens von Arbeitnehmern im Zeitraum von 1810 bis 1913 auf dem Gebiet des Deutschen Reiches in seinen Grenzen von 1871. Das Nominaleinkommen wird in absoluten Zahlen und als Index angegeben, die Lebenshaltungskosten sowie das aus ihnen errechnete Realeinkommen hingegen nur als Index. Bezugspunkt ist das Stichjahr 1913. Für den Zeitraum 1810 bis 1910 wird jeweils in Zehnjahresschritten vorgegangen, für den Zeitraum 1910 bis 1913 jeweils in Jahresschritten.
Die Zahlenreihen belegen insgesamt einen Anstieg des Nominaleinkommens um das beinahe Vierfache, der Lebenshaltungskosten um mehr als das Doppelte und des Realeinkommens um etwas weniger als das Doppelte. Das Nominaleinkommen wächst dabei zwischen 1810 und 1850 zunächst langsam, steigt dann von der Jahrhundertmitte bis kurz nach der Reichsgründung 1871 sprunghaft an, bricht während der sogenannten „Großen Depression" nach 1874 ein, um nach 1890 bis 1913 rasch zuzunehmen. Die Indizes der Lebenshaltungskosten liegen zwar insgesamt über denen des Nominaleinkommens, zeigen jedoch einen geringeren Anstieg. Demgegenüber pendelt der Index der Realeinkommen in den Jahren 1810 bis 1880 vergleichsweise konstant zwischen 58 und 65, steigt ab 1890 jedoch deutlich an.

Historischer Kontext ■ Die Statistik beleuchtet einen Teilaspekt der Industrialisierung und der Sozialen Frage im 19. Jahrhundert auf dem Gebiet des Deutschen Reiches. Die ansteigende Entwicklung der Löhne und auch der Lebenshaltungskosten entspricht der industriellen Entwicklung. Sie ist damit ein Indikator für den zunehmenden Industrialisierungsgrad.

Intention und Wirkung ■ Die Statistik verdeutlicht, wie sich das Einkommen der Arbeitnehmer während des 19. bis zum Beginn des 20. Jahrhunderts entwickelt hat. Da das Nominaleinkommen die reale Kaufkraft des Geldes nicht berücksichtigt, muss es in Bezug zu den Lebenshaltungskosten betrachtet und daraus das Realeinkommen errechnet werden. Dies erst zeigt an, wie viel Geld den Arbeitnehmern tatsächlich zur Verfügung stand. Die Statistik belegt, dass mit den teilweise sprunghaft steigenden Löhnen kein vergleichbarer Anstieg der Reallöhne verbunden war, die zu einem großen Teil für die ebenfalls steigenden Lebenshaltungskosten verbraucht wurden.

Bewertung und Fazit ■ Die Trends der Statistik lassen sich mit dem wirtschaftlichen Aufschwung während der Industrialisierung im 19. Jahrhundert erklären. Die Statistik macht zwar deutlich, dass die Nominallöhne nicht dem tatsächlichen Einkommen der Arbeitnehmer entsprechen. Allerdings verleiten die Zahlen dazu, von dem Anstieg der Reallöhne auf eine zwar geringe, jedoch stetige Verbesserung der Lebensbedingungen zu schließen. Für Lebenshaltungskosten und Realeinkommen nennt die Statistik aber keine absoluten Zahlen. So bleibt unklar, ob und in welchem Umfang die erzielten Nominaleinkommen das Existenzminimum abdeckten. Darüber hinaus geben die stark verallgemeinernden statistischen Mittelwerte keine Auskunft über die Verdienstunterschiede von gelernten und ungelernten Arbeitern sowie von Männern und Frauen. Die Zahlen sagen also nichts darüber, wie viele Menschen Not litten und ob sich die Soziale Frage mit fortschreitendem Industrialisierungsgrad entschärft hat. Sie sagt auch nichts über Arbeitsbedingungen, Konsumgewohnheiten bzw. -möglichkeiten oder Wohnverhältnisse aus.

Ansätze zur Lösung der Sozialen Frage

▲ „Der verhängnisvolle Weg der Arbeiter."
Karikatur von 1891.

Die Entstehung der „Sozialen Frage" Das hohe Bevölkerungswachstum im 19. Jahrhundert führte trotz wachsender Wirtschaft und damit der Zunahme an Beschäftigung zu einem Überangebot an Arbeitskräften. Die Löhne reichten häufig nicht aus, um das Überleben der Familien zu sichern. Für die Industriearbeiter und die Lohnarbeiter in der Landwirtschaft, die nichts als ihre Arbeitskraft hatten, um ihren Lebensunterhalt zu sichern, wurde zeitgenössisch der Begriff **Proletarier** üblich. Frauen und Kinder waren gezwungen, zum Familieneinkommen beizutragen. Dadurch wuchs das Angebot an Arbeitskräften weiter, die Löhne blieben niedrig und die Arbeitsbedingungen schlecht. Die Beschäftigten litten unter den übermäßigen Belastungen. Tägliche Arbeitszeiten von 16 bis 18 Stunden waren keine Seltenheit. Gearbeitet wurde an sechs Tagen in der Woche, Urlaub gab es nicht. Lediglich die Sonn- und Feiertage waren meist frei. Durch unzureichend gesicherte Maschinen und nicht ausreichend abgestützte Stollen in Kohlebergwerken kamen viele Bergleute zu Tode. Die Lebenserwartung war gering. Die Sterblichkeit der Arbeiterkinder lag wesentlich höher als in anderen Bevölkerungsschichten. Dazu trugen vor allem auch die schlechten Wohnverhältnisse bei, die häufig Krankheiten hervorriefen. Immer mehr Menschen zogen in die Industriegebiete und waren in Großunternehmen tätig. Zwischen 1882 und 1907 verdoppelte sich die Arbeiterschaft in Deutschland, bis zum Ersten Weltkrieg wurde sie zur größten sozialen Gruppe.

Trotz ihres wachsenden Anteils an der Bevölkerung blieben die Arbeiter lange ohne politische Mitbestimmung. Die Wahlsysteme bevorzugten häufig Bürger mit großem Vermögen, so etwa das **Dreiklassenwahlrecht** in Preußen, das die unteren Schichten nahezu zur politischen Bedeutungslosigkeit verurteilte. Bereits die Zeitgenossen sahen die Not und die daraus erwachsenden sozialen Probleme. Sie dachten über Möglichkeiten nach, wie die Lebensumstände der Arbeiter verbessert werden konnten (▶ M1).

Proletarier: Der Begriff leitet sich ab von der Bezeichnung für diejenigen Bürger im Alten Rom, die nichts anderes besaßen als ihre eigenen Nachkommen (lat. proles).

Dreiklassenwahlrecht: Wahlsystem, bei dem die wenigen Großsteuerzahler der ersten Klasse (etwa fünf Prozent der Wahlberechtigten) ebenso viele Abgeordnete wählen konnten wie die Masse der Bevölkerung (rund 80 Prozent). Ein großer Teil der Unterschichten blieb von den Wahlen ausgeschlossen.

Genossenschaft: Zusammenschluss von selbstständigen Personen zu einem Geschäftsbetrieb. Damit können verschiedene Bereiche wie Einkauf, Lagerung oder Maschinenhaltung gemeinsam („genossenschaftlich") betrieben und die Kosten verteilt werden.

Nur wenige Politiker ergriffen Maßnahmen, um die Lage von Handwerkern, Bauern und Arbeitern zu verbessern. So gründeten Mitte des 19. Jahrhunderts *Hermann Schulze-Delitzsch* und *Friedrich Wilhelm Raiffeisen* unabhängig voneinander die ersten **Genossenschaften**, die Hilfe zur Selbsthilfe boten. Vorschuss- und Kreditvereine – die Vorläufer der heutigen Volksbanken – sollten den Mitgliedern Kredite für nötige Investitionen gewähren.

Einzelne Unternehmer versuchen zu helfen Die Mehrzahl der Unternehmer sah in den Arbeitern in erster Linie einen Kostenfaktor und kümmerte sich nicht um deren Lebensbedingungen. Nur wenige Arbeitgeber entschieden sich, die Lage ihrer Beschäftigten zu verbessern. Dabei spielten nicht nur christliche und allgemein humanitäre Überlegungen eine Rolle, sondern auch die Furcht, die zunehmende Verelendung der Arbeiter könnte zu Aufständen oder zur Revolution führen. So gründeten etwa die Großunternehmer *Alfred Krupp* und *Friedrich Harkort* in ihren Betrieben ab 1836 erste Betriebskrankenkassen. Dies sicherte die Familien der Arbeitnehmer ab, wenn der Ernährer krank wurde oder wegen Invalidität nicht mehr oder nur eingeschränkt arbeiten konnte. Ergänzt wurde diese Absicherung im Krankheitsfall durch eine Altersversorgung, zu deren Finanzierung die Unternehmer beitrugen. Der Bau von Werkswohnungen sollte die Wohnsituation der Beschäftigten verbessern, Hygiene- und Sicherheitsvorschriften am Arbeitsplatz dienten der Vorbeugung von Krankheiten und Unfällen. Durch den Einkauf von Lebensmitteln und Gütern des täglichen Bedarfs in *Konsumvereinen* konnten die Lebenshaltungskosten der Arbeiter gesenkt werden. Diese Unternehmer betrachteten sich selbst als Patriarchen (Hausväter), die für das Wohl ihrer Beschäftigten ebenso Verantwortung trugen wie für den wirtschaftlichen Erfolg. Im Gegenzug erwarteten sie von den Arbeitern Gehorsam, Fleiß und Unterordnung sowie den Verzicht auf politische und gewerkschaftliche Aktivitäten (▶ M2).

▲ **Denkmal für Alfred Krupp auf dem Gelände der Villa Hügel in Essen.** *Undatiertes Foto.*

Karl Marx (1818-1883): protestantisch getaufter Jude aus Trier; Journalist, Philosoph und Begründer des Marxismus

Friedrich Engels (1820-1895): Kaufmann, Philosoph und sozialistischer Politiker aus Barmen, Freund und Mitarbeiter von Marx

Der revolutionäre Weg: Karl Marx und der Kommunismus Unter dem Eindruck der katastrophalen Lebensumstände der Arbeiterschaft entwickelte der Philosoph und Journalist **Karl Marx** in Zusammenarbeit mit dem Unternehmersohn **Friedrich Engels** die Theorie des modernen *Kommunismus*. Im Zentrum von Marx' Weltbild stand der Gedanke, dass die Wirtschaft das zentrale Element jeder Gesellschaft sei (Materialismus). Veränderungen in einer Gesellschaft können demnach nur durch die Änderung der materiellen Verhältnisse erreicht werden (▶ M3). Marx unterteilte die Geschichte der Menschheit bis in die Gegenwart in vier Zeitabschnitte: Urgesellschaft, antike Sklavenhaltergesellschaft, mittelalterliche Feudalgesellschaft und die Epoche des Kapitalismus, der auf dem Privateigentum an Produktionsmitteln beruhe. Seiner Ansicht nach war das soziale Elend der Arbeiter eine zwangsläufige Folge der Produktionsbedingungen des Kapitalismus, da sich in dieser Gesellschaftsordnung zwei Klassen gegenüberstünden: die Unternehmer (die *Bourgeoisie*), die allein über die Produktionsmittel verfügten, und die Arbeiter (*Proletarier*), die nur ihre Arbeitskraft verkaufen könnten. Die Lösung dieses Problems sah Marx in der *sozialistischen Revolution*, die seiner Ansicht nach unausweichlich war. In dieser Revolution werde das Proletariat die Herrschaft über die Bourgeoisie erringen und das Privateigentum an Produktionsmitteln abschaffen. Sämtliche Fabriken, Banken und Bergwerke würden vergesellschaftet. Danach entstehe die kommunistische Gesellschaft, in der alle Klassengegensätze aufgehoben wären: Die Produktionsmittel seien Eigentum der Gesellschaft und jeder Mensch könne sich ohne Ausbeutung durch andere selbst verwirklichen.

Reform statt Revolution: die Sozialdemokratie Die Anfänge der Arbeiterbewegung in Deutschland, worin das sozialdemokratische Gedankengut seine Wurzeln hat, reichen bis zur Mitte des 19. Jahrhunderts zurück. Vereinzelt bildeten sich Arbeitervereine, die die materiellen Lebensumstände ihrer Mitglieder zu verbessern suchten. Allerdings blieb ihre Wirkung lokal stark begrenzt. Das Verbot politischer Vereine in den deutschen Staaten setzte überdies ihren Betätigungsmöglichkeiten klare Grenzen. Erst mit der Revolution von 1848 / 49 kam es zu größeren Zusammenschlüssen. So vereinigten sich im September 1848 mehr als 30 Arbeitervereine zur „Allgemeinen Deutschen Arbeiterverbrüderung". Sie forderten die Gründung von Konsumgenossenschaften, von Unterstützungskassen im Krankheitsfall, ferner das allgemeine Wahlrecht und das **Koalitionsrecht**. Das Scheitern der Revolution von 1848 / 49 und die darauf folgende Phase reaktionärer Politik in vielen deutschen Staaten führte zu einem Verbot aller Arbeitervereine und ließ die Hoffnungen der Arbeiter auf eine Verbesserung ihrer Situation sinken.

Erst die Entspannung der politischen Situation zu Beginn der 1860er-Jahre ließ die Bildung von Arbeiterparteien zu. 1863 gründete **Ferdinand Lassalle** den *Allgemeinen Deutschen Arbeiterverein* (ADAV). Im Gegensatz zu Marx hielt er es für möglich, die Soziale Frage durch Reformen zu lösen und dabei die staatliche Grundordnung beizubehalten. Um dieses Ziel zu erreichen, mussten jedoch die Arbeiter einen größeren Einfluss auf die Politik gewinnen. Daher war eine zentrale Forderung Lassalles die Einführung des allgemeinen, gleichen, direkten und geheimen Wahlrechts, damit die Arbeiter ihre Interessen auch politisch vertreten konnten.

1869 gründeten *Wilhelm Liebknecht* und *August Bebel* in Eisenach eine zweite Arbeiterpartei: die *Sozialdemokratische Arbeiterpartei* (SDAP). Anders als der ADAV setzte diese Partei auf den Marxismus und die Revolution als Mittel zur Überwindung der sozialen Probleme. Um die Kräfte zu bündeln, näherten sich die SDAP und der Arbeiterverein Lassalles einander an und schlossen sich 1875 in Gotha zur *Sozialistischen Arbeiterpartei Deutschlands* (SAPD) zusammen. Das Gothaer Programm der Partei war zwar von marxistischen Ideen beeinflusst, verzichtete aber auf die gewaltsame Revolution zur Durchsetzung einer sozialistischen Gesellschaft. Die Umgestaltung der Gesellschaft sollte auf friedlichem, gesetzlichem Wege erfolgen (▶ M4). Bei den Reichstagswahlen 1877 konnte die Partei erste Erfolge verbuchen: Sie erhielt 9,1 Prozent der Stimmen und konnte zwölf Abgeordnete in den Reichstag entsenden.

Weite Kreise des Bürgertums empfanden die Sozialdemokratie als eine Bedrohung ihres Besitzstandes. Reichskanzler **Otto von Bismarck** versuchte daher, die Partei durch das „Sozialistengesetz" (1878 - 1890) zu unterdrücken und mithilfe staatlicher Sozialgesetzgebung die Arbeiter für sich zu gewinnen. Damit scheiterte er jedoch. Als 1890 das „Sozialistengesetz" aufgehoben wurde, gründete sich die Partei in Halle neu und nannte sich nun *Sozialdemokratische Partei Deutschlands* (SPD). Zu den zentralen Forderungen der Partei gehörten die Vergesellschaftung der Produktionsmittel, der Acht-Stunden-Tag, das Verbot der Kinderarbeit und das Koalitionsrecht. Obwohl die Sozialdemokratie im politischen System des Kaiserreiches auch nach der Aufhebung des „Sozialistengesetzes" in eine Außenseiterrolle gedrängt wurde, wuchs ihre Anhängerschaft stetig. Bereits 1890 erhielt die Partei bei den Reichstagswahlen 20 Prozent der Stimmen und war mit 35 Abgeordneten im Parlament vertreten. 1912 wurde sie mit 34,8 Prozent der Stimmen und 110 Abgeordneten sogar die stärkste Fraktion im Reichstag und blieb dies auch bis zum Ende des Kaiserreiches.

Koalitionsrecht: erlaubt den Zusammenschluss zu Vereinen und Parteien

Ferdinand Lassalle (1825 - 1864): Sohn eines jüdischen Kaufmanns aus Breslau; Philosoph, Journalist und Politiker

Otto von Bismarck (1815 - 1898): von 1862 bis 1890 mit kurzer Unterbrechung preußischer Ministerpräsident; 1871 - 1890 deutscher Reichskanzler

▲ „Mann der Arbeit aufgewacht ..."
Stickerei mit einem Porträt des Arbeiterführers August Bebel, 1910.
Die Zeilen stammen aus dem „Bundeslied" des Allgemeinen Deutschen Arbeitervereins. Sie wurden 1864 von Georg Herwegh gedichtet.

Jahr	Freie	Christliche	Hirsch-Dunckersche	Insgesamt
1890	278 000	–	63 000*	341 000
1895	259 000	5 000	67 000	331 000
1900	680 000	77 000	92 000	849 000
1905	1 345 000	192 000	116 000	1 653 000
1910	2 017 000	316 000	122 000	2 455 000
1913	2 549 000	343 000	107 000	2 999 000
1914	2 076 000	283 000	78 000	2 437 000

* 1891

▶ **Mitgliederentwicklung der Gewerkschaften 1890 bis 1914.**
Nach: Volker Berghahn, Das Kaiserreich 1871-1914. Industriegesellschaft, bürgerliche Kultur und autoritärer Staat (Gebhardt, Handbuch der deutschen Geschichte, Bd. 16), 10., völlig neu bearb. Aufl., Stuttgart 2003, S. 337

Die Gewerkschaften ■ Mit den gleichen Schwierigkeiten wie die Arbeitervereine hatten die nach englischem Vorbild gegründeten Gewerkschaften zu kämpfen. Diese Vereinigungen der Arbeiter, die sich für bessere Arbeitsbedingungen und höhere Löhne – auch mithilfe von Streiks – einsetzten, entstanden in Deutschland seit 1848. Koalitionsverbote, die den Zusammenschluss von Arbeitern untersagten, sowie das Verbot von Streiks behinderten zunächst die gewerkschaftliche Tätigkeit. Erst seit den Sechzigerjahren konnten sich die Arbeitervereinigungen wirksam für die Interessen ihrer Mitglieder einsetzen. Jetzt wurde eine Vielzahl von Gewerkschaften gegründet, die sich teils eng an die Arbeiterparteien anlehnten. 1877 hatten die den Sozialdemokraten nahe stehenden *Freien Gewerkschaften* rund 52 000 Mitglieder. Da wegen des „Sozialistengesetzes" auch die Arbeit dieser Gewerkschaften stark beeinträchtigt wurde, wurde erst 1890 unter Führung von *Carl Legien* die „Generalkommission der Freien Gewerkschaften" gegründet. Diese Dachorganisation aller Einzelgewerkschaften führte ab 1899 eine ganze Reihe großer Streiks durch, mithilfe derer die Gewerkschaften versuchten, bessere Arbeitsbedingungen für ihre Mitglieder zu erreichen. Die Zahl der gewerkschaftlich organisierten Arbeiter stieg vor dem Ersten Weltkrieg deutlich an. Insbesondere die Freien Gewerkschaften profitierten davon. Ihre Mitgliederzahl erhöhte sich von rund 294 000 (1890) auf über 2,5 Millionen (1913). Neben den sozialdemokratisch ausgerichteten Gewerkschaften entstanden 1868 auch bürgerliche Gewerkschaften unter der Führung von *Max Hirsch* und *Franz Duncker*, die *Hirsch-Dunckerschen Gewerkvereine*. Schließlich gab es mehrere *Christliche Gewerkschaften*, die sich erst 1901 zum „Gesamtverband der christlichen Gewerkschaften Deutschlands" zusammenschlossen. Gemessen an den Mitgliederzahlen blieben diese Gewerkschaften aber in ihrer Bedeutung weit hinter den Freien Gewerkschaften zurück.

Die bürgerliche Frauenbewegung ■ In den deutschen Staaten hatten sich auch Frauen bereits im Vormärz und noch mehr während der Revolution von 1848/49 zu Vereinen zusammengeschlossen. Seitdem drängten sie auf gesellschaftliche Veränderungen und erhofften sich politische Freiheit. Wichtige Impulse für den Kampf um die Rechte der Frau waren dabei von der Aufklärung und der Französischen Revolution ausgegangen. Vor allem aber hatte der gesellschaftliche Wandel infolge der Industrialisierung nicht nur die Soziale Frage, sondern zugleich auch die „Frauenfrage" aufgeworfen.

Nachdem das *Preußische Vereinsgesetz* von 1850 den Frauen die Mitgliedschaft in politischen Vereinigungen sowie die Teilnahme an politischen Veranstaltungen verbot, konzentrierten sich die Vereine in den 1860er-Jahren auf die Mädchenbildung und auf

▲ **Eine Versammlung sozialdemokratischer Arbeiterinnen.**
Nachträglich kolorierter Holzstich nach einer Zeichnung von Carl Koch, 1890.

die Berufschancen unverheirateter Frauen (▶ M5). Bürgerliche Frauen engagierten sich für die Verbesserung der sozialen und ökonomischen Lage der Arbeiterinnen und Arbeiterfrauen. Erste Kinderschutzvereine wurden gegründet, in deutschen Großstädten entstanden Entbindungsheime und „Kinderbewahranstalten". Volksküchen wurden eingerichtet, um berufstätige Frauen zu entlasten und sie mit gesunder Ernährung bekannt zu machen. Die Frauen erteilten Mädchen aus den Unterschichten Hauswirtschaftsunterricht, kümmerten sich um Not leidende Arbeiterfamilien, Prostituierte und die Reintegration weiblicher Strafgefangener.

1865 wurde auf Initiative von **Louise Otto-Peters**, der Vorsitzenden des Leipziger Frauenbildungsvereins, der *Allgemeine Deutsche Frauenverein* (ADF) gegründet. Er gilt als Ausgangspunkt der organisierten deutschen Frauenbewegung. Ziel des ADF war es, „alle der weiblichen Arbeit im Wege stehenden Hindernisse" zu beseitigen. Langfristig sollten bessere Bildung und die Öffnung qualifizierter Berufe für Frauen die Voraussetzungen für politische Mitsprache sein.

Aber erst durch den 1894 nach amerikanischem Vorbild gegründeten Dachverband der Frauenvereine, den *Bund Deutscher Frauenvereine* (BDF), erhielt die Frauenbewegung größere Bedeutung. 1901 umfasste sie fast 140 Vereine mit verschiedenen Anliegen. Es gab Berufsvertretungen, Beratungs- und Rechtsschutzvereine, Damenturnklubs, weibliche Wandergruppen sowie Vereine zur Sozialfürsorge für Frauen oder mit konfessionellem Charakter. Nur eine kleine Minderheit dieser Vereinigungen stellte politische Forderungen: Frauenwahlrecht, Frauenstudium und Legalisierung der Abtreibung. Der BDF diskutierte zwar Fragen des Arbeiterinnenschutzes, der Gewerbefreiheit oder des Wahlrechts. Der Schwerpunkt seines Engagements galt indessen der Bildungsförderung und der Ausarbeitung von familienrechtlichen und bildungspolitischen Petitionen, die jedoch alle ohne Erfolg blieben.

Zu den führenden Persönlichkeiten der bürgerlichen Frauenbewegung zählten **Hedwig Dohm**, die sich neben den Forderungen nach gleicher Ausbildung und weiblicher Erwerbstätigkeit für das Frauenwahlrecht aussprach, sowie **Helene Lange**, die als Vorsitzende des ADF und des BDF die Frauenbewegung für viele Jahre prägte.

Louise Otto-Peters (1819-1895): Schriftstellerin und Journalistin; gründete 1849 die erste deutsche „Frauen-Zeitung" und engagierte sich seit den 1860er-Jahren in der bürgerlichen Frauenbewegung

Hedwig Dohm (1831-1919): Schriftstellerin und Frauenrechtlerin. Sie kämpfte für die völlige rechtliche, soziale und ökonomische Gleichberechtigung und das Frauenwahlrecht.

Helene Lange (1848-1930): Lehrerin und Frauenrechtlerin. Sie setzte sich vor allem für bessere Bildungs- und Berufschancen für Frauen ein. 1890 gründete sie den Allgemeinen Deutschen Lehrerinnenverein (ADLV).

▲ **Clara Zetkin.**
Foto von 1897, aufgenommen während des Internationalen Kongresses für gesetzlichen Arbeitsschutz in Zürich.

Clara Zetkin (1857-1933): Volksschullehrerin und sozialistische Politikerin. 1878 schloss sie sich den Sozialdemokraten an und wurde daraufhin aus dem Schuldienst entlassen; ab 1890 organisierte sie die sozialdemokratische Frauenbewegung.

Die sozialistische Frauenbewegung ■ Den Gegenpol zur bürgerlichen Frauenbewegung bildete die sozialistische Frauenbewegung, die seit 1889 von **Clara Zetkin** angeführt wurde. Die Organisation zählte um 1908 rund 30 000 Mitglieder. Sie verstand sich als Teil der sozialistischen Arbeiterbewegung, engagierte sich jedoch vorrangig für den Schutz der Arbeiterinnen, die Abschaffung der Kinderarbeit, gleiche Rechte und Löhne wie für Männer sowie die Aufklärung der Frauen über ihre „Klassenlage". Clara Zetkin ging es um die vollständige politische Gleichberechtigung der Frauen im Rahmen einer groß angelegten Lösung der Sozialen Frage. Gemäß der sozialistischen Lehre, nach der die entscheidende Form der Ungleichheit vor allem zwischen den verschiedenen Klassen bestand, war die Gleichheit aller nur durch eine proletarische Revolution zu erreichen. Der Einsatz für Reformen im bestehenden System galt als unzureichend. Im Unterschied zu den anderen politischen Parteien konnten in der SPD Frauen einzelne Ämter übernehmen; doch fanden sich auch hier die Männer kaum mit dem Emanzipationsgedanken ab.

Initiativen im Bereich der christlichen Kirchen ■ Die großen sozialen Probleme, die mit der Industrialisierung einhergingen, führten lange Zeit zu keinem Engagement der Amtskirchen. Zu dieser passiven Haltung trug ein konservatives Weltbild bei, das die Solidarität mit Sozialisten und Kommunisten ablehnte. Hinzu kam ein generelles Misstrauen gegenüber der Industrialisierung und den von ihr verursachten sozialen Veränderungen. So blieb sowohl in der katholischen als auch in der evangelischen Kirche das Engagement auf die Initiative Einzelner beschränkt. Der evangelische Pastor *Johann Hinrich Wichern* gründete 1833 in Hamburg das „*Rauhe Haus*", das sich um alleinstehende Jugendliche bemühte. Diese erhielten eine handwerkliche oder hauswirtschaftliche Ausbildung und sollten zu verantwortungsbewussten Menschen erzogen werden. Noch heute kümmert sich die Stiftung „Rauhes Haus" um hilfsbedürftige Jugendliche. Für die Sozialarbeit in der evangelischen Kirche richtungsweisend wurde die von Wichern 1848 angeregte „*Innere Mission*", die zur Entstehung zahlreicher sozialer Einrichtungen der evangelischen Kirche (Krankenanstalten, Altersheime usw.) führte.

Auf katholischer Seite traten vor allem der Kölner Domvikar *Adolf Kolping* und der Mainzer Erzbischof *Wilhelm von Ketteler* mit ihrem Einsatz für die Verbesserung der Lage der Arbeiter hervor. Die von Kolping gegründeten katholischen Gesellenvereine unterstützten seit 1849 vor allem die wandernden Handwerksgesellen bei der Suche nach preiswerter Unterkunft und Betreuung. Das daraus hervorgegangene *Kolpingwerk* leistet noch heute einen wichtigen Beitrag in den sozialen Diensten der katholischen Kirche. Am Ende des 19. Jahrhunderts leitete Papst *Leo XIII.* (1878-1903) eine grundsätzliche Neuorientierung der katholischen Kirche in Hinblick auf die sozialen Probleme der Zeit ein. In seinem Rundschreiben an die Gläubigen, der *Sozialenzyklika* „*Rerum Novarum*" von 1891, forderte der Papst die europäischen Regierungen auf, für Arbeitsschutz und gerechten Lohn Sorge zu tragen. Die praktische Wirkung der Enzyklika blieb jedoch begrenzt.

Der Staat greift ein Gemäß den liberalen wirtschaftspolitischen Vorstellungen des 19. Jahrhunderts sollte der Staat so weit wie möglich auf ein Eingreifen in die wirtschaftliche Ordnung verzichten. Daher beschränkten sich auch in Deutschland die wenigen gesetzlichen Regelungen auf die Eindämmung der schlimmsten Auswüchse bei der Frauen- und Kinderarbeit. Infolge der Entstehung der Arbeiterparteien und des zunehmenden politischen Drucks der Arbeiterbewegung nahmen die Ängste des Bürgertums vor einer sozialen Revolution zu. Nach der Gründung des Deutschen Reiches 1871 versuchte Reichskanzler Bismarck daher, den Zulauf zur Arbeiterbewegung auf zweierlei Weise zu verringern. Durch das „Sozialistengesetz" von 1878 sollten die Arbeiterparteien politisch ausgeschaltet werden. Gleichzeitig nahm Bismarck sozialpolitische Forderungen der Arbeiterbewegung auf und versuchte, durch eine fortschrittliche *Sozialgesetzgebung* die Arbeiterschaft mit dem Staat zu versöhnen (▶ M6).

Dabei waren es vor allem drei gesetzliche Maßnahmen, die im Zentrum seiner Sozialpolitik standen.

1. Das 1883 erlassene Gesetz über die Einführung einer *Krankenversicherung* schrieb die Mitgliedschaft für alle Arbeiter und einen Teil der Angestellten in Gewerbe- oder Industriebetrieben vor. Die Beiträge für die neu gegründeten Ortskrankenkassen wurden zu zwei Dritteln von den Arbeitnehmern und zu einem Drittel von den Arbeitergebern getragen. Die Versicherten besaßen nun einen Anspruch auf kostenfreie ärztliche Behandlung und eine finanzielle Absicherung im Krankheitsfall. War bisher Krankheit für den Arbeitnehmer gleichbedeutend mit dem Verlust seines Einkommens, so bekam er nun von den Ortskrankenkassen in den ersten 13 Wochen seiner Erkrankung eine Beihilfe.
2. Anders als bei der Krankenversicherung trugen bei der 1884 eingeführten *Unfallversicherung* ausschließlich die Unternehmer die Kosten für die Beiträge. Mit dieser Versicherung sollten die Risiken eines Arbeitsunfalls für die Beschäftigten gemindert werden. Der Geschädigte eines Betriebsunfalls musste dem Unternehmer nicht mehr dessen Verschulden nachweisen, um Anspruch auf Versorgung zu erhalten. Die Versicherung übernahm die Arzt- und Heilkosten und sicherte dem Arbeitnehmer für die Dauer seiner Invalidität eine Rente, die zwei Drittel seines Lohnes betrug. Im Todesfall erhielt die Witwe 60 Prozent der Rente ihres verstorbenen Mannes.
3. 1889 wurde schließlich die *Alters- und Invaliditätsversorgung* gesetzlich geregelt. Durch die Gründung der Rentenversicherung wurden Arbeitnehmer mit einem niedrigen Einkommen im Alter und im Fall der Erwerbsunfähigkeit abgesichert. Finanziert wurde diese Versicherung zum einen durch Beiträge der Arbeitnehmer und der Unternehmen, zum anderen durch einen staatlichen Zuschuss. Versicherungspflichtig waren alle Arbeitnehmer ab 16 Jahren mit einem jährlichen Lohn von bis zu 2 000 Mark. Die Altersrente wurde ab dem 70. Lebensjahr ausbezahlt und richtete sich nach dem Verdienst und der Versicherungsdauer. Wenn ein Arbeitnehmer länger als ein Jahr erwerbsunfähig war, erhielt er eine Invalidenrente.

Dank dieser Gesetze verbesserte sich die soziale Sicherheit der Arbeitnehmer spürbar. Alter und Krankheit waren nun nicht mehr gleichbedeutend mit dem Verlust jeglichen Einkommens. Zwar sorgten die Versicherungen nur für Notfälle vor, trotzdem waren die Arbeiter in Deutschland nun im Vergleich zu anderen europäischen Ländern deutlich besser abgesichert. Die von Bismarck angestrebte Schwächung der Sozialdemokratie wurde mit diesen Maßnahmen allerdings nicht erreicht.

▼ **„Merkwürdige Frage."**
Karikatur auf Bismarcks Sozialreformen aus der sozialdemokratischen Satirezeitschrift „Der wahre Jacob" (Nr. 318), 1891 (Ausschnitt).

M1 Neue Hörigkeit

Der Professor für Rechts- und Staatswissenschaft Franz Josef Ritter von Buß ist der erste deutsche Politiker, der auf das Los der Arbeiter aufmerksam macht. Am 25. April 1837 redet er im Badischen Landtag über das „soziale Problem":

Das Fabrikwesen erzeugt eine Hörigkeit neuer Art. Der Fabrikarbeiter ist der Leibeigene eines Brotherrn, der ihn als nutzbringendes Werkzeug verbraucht und abgenutzt wegwirft. [...] Der Fabrikarbeiter ist aber nicht bloß der Leibeigene eines
5 Herrn, er ist der Leibeigene der Maschine, die Zubehörde einer Sache. [...] Was hilft dem Arbeiter die Freiheit der Aufkündigung, dieser Wechsel der Lohnsklaverei? Um leben zu können, muss er arbeiten: Nicht immer findet er alsbald Arbeit in einer andern Fabrik; bei der größten Abgewandtheit seines
10 Gemütes von seinem Brotherrn bleibt er an dessen Geschäft gefesselt, und sah man nicht oft Fabrikherren zum Zweck gemeinsamer Herabdrückung des Lohnes sich verbünden? Auch die politische Stellung des Fabrikarbeiters ist trostlos. Wegen seiner Abhängigkeit kann er politische Rechte nicht
15 genießen, und würden sie ihm auch gewährt, so würde er, als Werkzeug seines Brotherrn, sie nach dessen Laune ausüben müssen. Nach der gesamten Stellung des Arbeiters kann der Staat ihm nicht einmal den Schutz gewähren, den das materielle Recht ihm schuldet: Nur als Armer fühlt der Arbeiter
20 die Wohltaten des Staatsverbandes. [...] Die durch den gewerblichen Aufschwung, durch die Tendenz unserer Staaten zur Überbevölkerung und den Mangel an anderweitiger Unterkunft anschwellende Anzahl der Fabrikarbeiter führt wegen ihrer ökonomischen Unsicherheit zu
25 einer wahren Massenarmut, dem sogenannten Pauperismus. [...] Eine Ersparung ist dem Arbeiter selbst bei günstigen Verhältnissen nur in geringem Maße möglich; jede längere Unterbrechung der Arbeit zwingt ihn, die öffentliche Hilfe anzusprechen. [...]
30 Die Schaffung einer Masse von Fabrikproletariern wirft [...] nicht bloß einen verheerenden Krankheitsstoff in die Gesellschaft, sondern in ihr wird auch eine furchtbare, stets bereite Waffe den politischen Faktionen[1] angeboten. Die Tendenz des Umsturzes, wahrlich in unsern Tagen nur zu sehr verbreitet,
35 findet in den Fabrikheloten[2] die nahen Verbündeten, einmal weil ihre eigne unbehagliche Stellung in jeder gesellschaftlichen Veränderung ihnen eine Abhilfe vorspiegelt, ferner weil sie in dem die Fabrikherren schützenden Staat den eignen Feind erblicken.

Ernst Schraepler (Hrsg.), Quellen zur Geschichte der sozialen Frage in Deutschland, Bd. 1: 1800-1870, Göttingen ³1964, S. 66-70

[1] Faktion: politische Gruppierung
[2] Helot (griech.): Sklave

---

1. *Beschreiben Sie die soziale und rechtliche Situation der Arbeiter.*
2. *Erläutern Sie die Probleme, die nach Buß aus der sozialen Lage der Arbeiter entstehen.*
3. *Arbeiten Sie aus seinen Kritikpunkten mögliche Lösungsansätze heraus.*

M2 „Ein Wort an die Angehörigen meiner gewerblichen Anlagen"

Die sogenannte „Große Depression" führt ab 1874 zu Firmenzusammenbrüchen und einer bislang nicht gekannten Streikwelle. Der Unternehmer Alfred Krupp richtet 1877 folgenden Aufruf an seine Arbeiter:

Trotz wiederholter Warnung scheint sich unter einem Teile von Euch der Geist der Sozialdemokratie einschleichen zu wollen. Dieser Geist aber ist verderblich, und jeder Verständige muss ihn bekämpfen, der Arbeiter so gut wie der Arbeitgeber. [...] Um die Lage meiner Arbeiter zu verbessern, war 5 ich von jeher zunächst darauf bedacht, ihnen ein möglichst sorgenfreies Dasein für die Zeiten zu verschaffen, in denen sie selbst nicht mehr arbeiten könnten. Ihr selbst wisst es am besten, wie es mit Kranken, Invaliden und ausgedienten Arbeitern bei uns gehalten wird. Dann habe ich den Arbeitern 10 Wohnungen gebaut, worin bereits 20000 Seelen untergebracht sind, habe Schulen gegründet, Schenkungen verliehen und Einrichtungen getroffen zur billigen Beschaffung von allem Lebens- und Hausbedarf. Ich habe mich dadurch in eine Schuldenlast gesetzt, die abgetragen werden muss. 15 Damit dies geschehen kann, muss jeder seine Schuldigkeit tun in Frieden und Eintracht und in Übereinstimmung mit unseren Vorschriften.
[...] Unter den schwierigsten Umständen habe ich den Mut gehabt, für meine Leute einzutreten, und behalte ihn auch in 20 der jetzigen schweren Zeit. Ich hoffe, dass wir sie überwinden werden, dass wir Arbeit behalten werden. Alle Kräfte werden dafür nach allen Seiten aufgewandt. Das sollten die Arbeiter dankbar erkennen [...]. Ich gebe Euch nun diesen Rat: Lasst Euch nicht blenden durch schöne Worte und erwartet das 25 Heil nicht von solchen, die einen neuen mühelosen Weg zur Volksbeglückung gefunden haben wollen. Die Angelegenheiten des ganzen Vaterlandes sollen jedem wichtig und teuer sein, aber dazu hilft gar nichts [...] das Schwatzen über politische Angelegenheiten, das ist nur den Aufwieglern 30 willkommen und stört die Pflichterfüllung. Eine ernste Beschäftigung mit der Landespolitik erfordert mehr Zeit und tiefere Einsicht in schwierige Verhältnisse, als Euch zu Gebote steht. Das Politisieren in der Kneipe ist nebenbei sehr teuer,

dafür kann man im Hause Besseres haben. Nach getaner
Arbeit verbleibt im Kreise der Eurigen, bei den Eltern, bei der
Frau und den Kindern. Da sucht Eure Erholung, sinnt über
den Haushalt und die Erziehung. Das und Eure Arbeit sei
zunächst und vor allem Eure Politik. Dabei werdet Ihr frohe
40 Stunden haben.

Gerhard Adelmann u.a. (Hrsg.), Quellensammlung zur Geschichte der
sozialen Betriebsverfassung, Bd. 2, Bonn 1965, S. 295

1. *Erläutern Sie, welche Sozialmaßnahmen Krupps sich aus
dem Text erschließen lassen. Zeigen Sie seine Motive auf.
Welche Gegenleistungen erwartet Krupp?*

2. *Arbeiten Sie heraus, welche Stellung Krupp dem
Unternehmertum zuweist. Welches Bild des Arbeiters
schwebt ihm vor? Inwieweit hat sich das Verhältnis
Unternehmer – Arbeiter verändert?*

M3 Das Manifest der Kommunistischen Partei

*Karl Marx und Friedrich Engels unterhalten im Londoner Exil
Beziehungen mit dem „Bund der Kommunisten", einem Ge-
heimbund, der das private Eigentum an den „Produktivkräften"
(Fabriken, Maschinen usw.) abschaffen will. In dessen Auftrag
veröffentlichen sie im Februar 1848 das „Manifest der Kommunistischen Partei".*

Ein Gespenst geht um in Europa – das Gespenst des Kommunismus. [...] Die Geschichte aller bisherigen Gesellschaft
ist die Geschichte von Klassenkämpfen.
Freier und Sklave, Patrizier und Plebejer, Baron und Leibeige-
5 ner, Zunftbürger und Gesell, kurz, Unterdrücker und Unter-
drückter standen in stetem Gegensatz zueinander, führten
einen ununterbrochenen, bald versteckten, bald offenen
Kampf, einen Kampf, der jedes Mal mit einer revolutionären
Umgestaltung der ganzen Gesellschaft endete oder mit dem
10 gemeinsamen Untergang der kämpfenden Klassen. [...]
Unsere Epoche, die Epoche der Bourgeoisie, zeichnet sich jedoch dadurch aus, dass sie die Klassengegensätze vereinfacht
hat. Die ganze Gesellschaft spaltet sich mehr und mehr in zwei
große feindliche Lager, in zwei große, einander direkt gegen-
15 überstehende Klassen: Bourgeoisie und Proletariat. [...]
Im Anfang kämpfen die einzelnen Arbeiter, dann die Arbeiter
einer Fabrik, dann die Arbeiter eines Arbeitszweiges an einem
Ort gegen den einzelnen Bourgeois, der sie direkt ausbeutet.
Sie richten ihre Angriffe nicht nur gegen die bürgerlichen
20 Produktionsverhältnisse, sie richten sie gegen die Produk-
tionsinstrumente selbst; sie vernichten die fremden konkurrierenden Waren, sie zerschlagen die Maschinen, sie stecken
die Fabriken in Brand [...].

Auf dieser Stufe bilden die Arbeiter eine über das ganze Land
zerstreute und durch ihre Konkurrenz zersplitterte Masse. [...] 25
Aber mit der Entwicklung der Industrie vermehrt sich nicht
nur das Proletariat; es wird in größeren Massen zusammen-
gedrängt, seine Kraft wächst, und es fühlt sie mehr.
Es werden ferner [...] durch den Fortschritt der Industrie
ganze Bestandteile der herrschenden Klasse ins Proletariat 30
hinabgeworfen oder wenigstens in ihren Lebensbedingungen bedroht. Auch sie führen dem Proletariat eine Masse
Bildungselemente zu.
In Zeiten endlich, wo sich der Klassenkampf der Entscheidung
nähert, nimmt der Auflösungsprozess innerhalb der herr- 35
schenden Klasse, innerhalb der ganzen alten Gesellschaft,
einen so heftigen, so grellen Charakter an, dass ein kleiner
Teil der herrschenden Klasse sich von ihr lossagt und sich der
revolutionären Klasse anschließt [...].
Wenn das Proletariat im Kampf gegen die Bourgeoisie sich 40
notwendig zur Klasse vereinigt, durch eine Revolution sich
zur herrschenden Klasse macht und als herrschende Klasse
gewaltsam die alten Produktionsverhältnisse aufhebt, so
hebt es mit diesen Produktionsverhältnissen die Existenz-
bedingungen des Klassengegensatzes, die Klassen über- 45
haupt und damit seine eigene Herrschaft als Klasse auf.
An die Stelle der bürgerlichen Gesellschaft mit ihren Klassen
und Klassengegensätzen tritt eine Assoziation, worin die
freie Entwicklung eines jeden die Bedingung für die freie
Entwicklung aller ist. [...] 50
Mögen die herrschenden Klassen vor einer kommunistischen
Revolution zittern. Die Proletarier haben nichts zu verlieren
als ihre Ketten. Sie haben eine Welt zu gewinnen. Proletarier
aller Länder, vereinigt euch!

Karl Marx, Die Frühschriften, hrsg. von Siegfried Landshut, Stuttgart ⁷2004,
S. 594-596

1. *Charakterisieren Sie das zyklisch wiederkehrende
Ablaufschema, das nach Marx den Fortgang aller
bisherigen Geschichte ausgemacht hat.*

2. *Erklären Sie, wie sich nach Marx eine gesellschaftliche
Klasse herausbildet.*

3. *Überprüfen Sie die Aussage, in der bürgerlichen Wirt-
schaftsgesellschaft habe sich der Klassengegensatz auf
die Konfrontation Bourgeois – Proletarier vereinfacht.*

4. *Zeigen Sie auf, worin sich die proletarische Revolution
von allen früheren Revolutionen in der Geschichte
unterscheiden soll.*

M4 Das Gothaer Programm

Auszug aus dem 1875 beschlossenen Programm der SAPD:

I. [...] In der heutigen Gesellschaft sind die Arbeitsmittel Monopol der Kapitalistenklasse, die hierdurch bedingte Abhängigkeit der Arbeiterklasse ist die Ursache des Elends und der Knechtschaft in allen Formen.
Die Befreiung der Arbeit erfordert die Verwandlung der Arbeitsmittel in Gemeingut der Gesellschaft und die genossenschaftliche Regelung der Gesamtarbeit mit gemeinnütziger Verwendung und gerechter Verteilung des Arbeitsertrages. Die Befreiung der Arbeit muss das Werk der Arbeiterklasse sein, der gegenüber alle anderen nur eine reaktionäre Masse sind.
II. Von diesen Grundsätzen ausgehend, erstrebt die Sozialistische Arbeiterpartei Deutschlands mit allen gesetzlichen Mitteln den freien Staat und die sozialistische Gesellschaft, die Zerbrechung des ehernen Lohngesetzes[1] durch Abschaffung des Systems der Lohnarbeit, die Aufhebung der Ausbeutung in jeder Gestalt, die Beseitigung aller sozialen und politischen Ungleichheit. [...] Die Sozialistische Arbeiterpartei Deutschlands fordert, um die Lösung der Sozialen Frage anzubahnen, die Errichtung von sozialistischen Produktivgenossenschaften[2] mit Staatshilfe unter der demokratischen Kontrolle des arbeitenden Volkes. Die Produktivgenossenschaften sind für Industrie und Ackerbau in solchem Umfange ins Leben zu rufen, dass aus ihnen die sozialistische Organisation der Gesamtarbeit entsteht.
1. Allgemeines, gleiches, direktes Wahl- und Stimmrecht, mit geheimer und obligatorischer Stimmabgabe aller Staatsangehörigen vom zwanzigsten Lebensjahr an für alle Wahlen und Abstimmungen in Staat und Gemeinde. Der Wahl- oder Abstimmungstag muss ein Sonntag oder Feiertag sein.
2. Direkte Gesetzgebung durch das Volk. Entscheidung über Krieg und Frieden durch das Volk. [...]
3. Allgemeine Wehrhaftigkeit, Volkswehr anstelle der stehenden Heere.
4. Abschaffung aller Ausnahmegesetze, namentlich der Press-, Vereins- und Versammlungsgesetze; überhaupt aller Gesetze, welche die freie Meinungsäußerung, das freie Forschen und Denken beschränken.

[1] Nach Ferdinand Lassalle, dem ersten Präsidenten des Allgemeinen Deutschen Arbeitervereins, war der durchschnittliche Arbeitslohn auf ein Minimum beschränkt, das es dem Arbeiter gerade noch erlaubte, seine Existenz zu erhalten.
[2] Produktivgenossenschaft: wirtschaftliche Vereinigung von Handwerkern, Bauern oder Arbeitern ohne unternehmerische Selbstständigkeit

▲ Fahne der Sozialdemokraten, entstanden um 1870.

5. Rechtsprechung durch das Volk. Unentgeltliche Rechtspflege.
6. Allgemeine und gleiche Volkserziehung durch den Staat. Allgemeine Schulpflicht. Unentgeltlicher Unterricht in allen Bildungsanstalten. Erklärung der Religion zur Privatsache.
Die Sozialistische Arbeiterpartei fordert innerhalb der heutigen Gesellschaft:
1. Möglichste Ausdehnung der politischen Rechte und Freiheiten im Sinne der obigen Forderungen.
2. Eine einzige progressive Einkommensteuer für Staat und Gemeinde anstatt aller bestehenden, insbesondere die das Volk belastenden indirekten Steuern.
3. Unbeschränktes Koalitionsrecht.
4. Einen den Gesellschaftsbedürfnissen entsprechenden Normalarbeitstag. Verbot der Sonntagsarbeit.
5. Verbot der Kinderarbeit und aller die Gesundheit und Sittlichkeit schädigenden Frauenarbeit.
6. Schutzgesetze für Leben und Gesundheit der Arbeiter. [...] Überwachung der Bergwerke, der Fabrik-, Werkstatt- und Hausindustrie durch von Arbeitern gewählte Beamte. Ein wirksames Haftpflichtgesetz.

Günter Schönbrunn (Bearb.), Das bürgerliche Zeitalter 1815-1914. Geschichte in Quellen, München 1980, S. 878 f.

1. Stellen Sie die programmatischen und politisch-praktischen Grundaussagen einander gegenüber.
2. Arbeiten Sie aus dem Gothaer Programm das Spannungsverhältnis zwischen einem revolutionären Kurs und einer Politik innerhalb des Verfassungssystems heraus. Welche Rolle kommt dem Staat dabei zu?

M5 Frauen zwischen Beruf und Ehe

Die Staatswissenschaftlerin Else Lüders ist 1912 die erste Frau, die an einer deutschen Universität die Doktorwürde erlangt. 1913 schreibt sie über die Berufstätigkeit von Frauen:

In all der wechselnden Fülle der Einzelschicksale lassen sich doch ungefähr drei Hauptklassen von Frauen unterscheiden, für die das Problem „Beruf und Ehe" bereits Bedeutung hat oder immer mehr Bedeutung erlangen wird. Wir haben uns
5 mit allen reformatorischen Maßnahmen zuerst einzusetzen für die größte Masse von Frauen, die Beruf und Ehe verbinden müssen. Es sind dies die Fabrikarbeiterinnen, Heimarbeiterinnen, Landarbeiterinnen, aber auch die oft hart mitarbeitenden Ehefrauen kleiner Geschäftsleute und Handwerker.
10 Die Mutterschaft dieser Frauen vollzieht sich vielfach unter Bedingungen, die jeder sozialen und hygienischen Kultur Hohn sprechen.
Eine zweite Gruppe, für die das Problem steigende Bedeutung erlangen wird, sind die Frauen des sogenannten hö-
15 heren Mittelstandes, denn bis in diese Schichten hinauf macht sich die Erscheinung geltend, dass das Einkommen des Mannes allein nicht mehr zum Familienunterhalt ausreicht. [...] Leider stehen veraltete Vorurteile der Erwerbsarbeit der Frauen dieser Kreise vielfach noch entgegen. Zahlreichen
20 tüchtigen Frauen gerade dieser Kreise verbarrikadiert auch der Staat selbst den Weg zu einer legalen Ehe und Mutterschaft, indem er ihnen die Ausübung des Berufes nach der Eheschließung verbietet. [...]
Und schließlich wird man immer mehr mit einer dritten
25 Gruppe von Frauen zu rechnen haben, die Beruf und Ehe verbinden wollen, weil sie in der Berufserfüllung eine so starke innere Befriedigung finden, dass ein Aufgeben dieses Berufes nicht nur ein pekuniäres, sondern auch ein geistiges und seelisches Opfer für sie bedeutet. Zu diesen Frauen werden neben
30 Künstlerinnen namentlich auch Frauen der Wissenschaft sowie Frauen in sozialen und pädagogischen Berufen gehören. Es bedeutet einen Missbrauch von Frauenkraft und zugleich einen Verlust für die Allgemeinheit, wenn solche innere Berufsfreudigkeit an der Ausübung gehemmt wird.

Zitiert nach: Elke Frederiksen (Hrsg.), Die Frauenfrage in Deutschland 1865-1915. Texte und Dokumente, Stuttgart 1981, S. 356 f. und 360 f.

1. *Erläutern Sie das Problem „Beruf und Ehe", wie Lüders es beschreibt. Aus welchem Grund wird die Berufstätigkeit von Frauen abgelehnt?*

2. *Erörtern Sie, wie sich für Lüders der Zusammenhang zwischen Schichtzugehörigkeit und Berufstätigkeit darstellt. Nehmen Sie Stellung.*

M6 Gründe und Ziele staatlicher Sozialpolitik

Reichskanzler Otto von Bismarck in der Beratung des ersten Unfallversicherungsgesetzes im Reichstag am 2. April 1881:

Seit fünfzig Jahren sprechen wir von einer Sozialen Frage. [...] Ich halte es für meinen Beruf, diese Fragen ohne Parteileidenschaft [...] in Angriff zu nehmen, weil ich nicht weiß, wer sie mit Erfolg in Angriff nehmen soll, wenn es die Reichsregierung nicht tut. [...]
5
Ich bin der Meinung, dass das „laisser faire, laisser aller"[1] „das reine Manchestertum[2] in der Politik", „Jeder sehe, wie er's treibe, jeder sehe, wo er bleibe", „Wer nicht stark genug ist zu stehen, wird niedergerannt und zu Boden getreten", „Wer da hat, dem wird gegeben, wer nicht hat, dem wird genom-
10 men", dass das im Staat, namentlich in dem monarchischen, landesväterlich regierten Staat Anwendung finden könne. [...] Aber umsonst ist der Tod! Wenn Sie nicht in die Tasche greifen wollen und in die Staatskasse, dann werden Sie nichts fertig bekommen. Die ganze Sache der Industrie aufzubür-
15 den – das weiß ich nicht, ob sie das ertragen kann. Schwerlich geht es bei allen Industrien. Bei einigen ginge es allerdings; es sind das diejenigen Industriezweige, bei welchen der Arbeitslohn nur ein minimaler Betrag der Gesamtproduktionskosten ist. [...] Ob man den Beitrag auf die Arbeiter oder auf
20 die Unternehmer legt, das halte ich für ganz gleichgültig. Die Industrie hat ihn in beiden Fällen zu tragen, und was der Arbeiter beiträgt, das ist doch notwendig schließlich zulasten des ganzen Geschäfts. Es wird allgemein geklagt, dass der Lohn der Arbeiter im Ganzen keinen Überschuss und keine
25 Ersparnis gestatte. Will man also dem Arbeiter zu dem eben noch ausreichenden Lohn noch eine Last auferlegen, ja, dann muss der Unternehmer diese Mittel zulegen, damit der Arbeiter die Last tragen kann.

Alfred Milatz (Hrsg.), Otto von Bismarck. Werke in Auswahl, Bd. 6, Darmstadt 1973, S. 515-521

1. *Prüfen Sie, ob Bismarck Recht hat, wenn er behauptet, die Soziale Frage bestehe bereits seit 50 Jahren. Welche Aufgaben für die Regierung leitet er daraus ab?*

2. *Arbeiten Sie heraus, ob sich Bismarck für oder gegen das „Laisser faire"-Prinzip ausspricht.*

3. *Fassen Sie die Erwägungen Bismarcks über die Finanzierbarkeit der Unfallversicherung zusammen.*

---

[1] laisser faire, laisser aller (franz.): tun, gehen lassen; hier etwa: Treibenlassen aller Dinge

[2] Manchestertum: Bezeichnung für einen extremen Wirtschaftsliberalismus ohne staatliche Eingriffe, benannt nach dem britischen Manchester, dem damaligen Zentrum der Textilindustrie

Der Durchbruch der Moderne um 1900

◄ **Kapitän Engelhard im Fluge.**
Foto von Otto Häckel, aufgenommen 1910 auf dem Flugplatz Johannisthal in Berlin, der ein Jahr zuvor eröffnet worden war. Dort siedelten sich bald darauf Flugzeugunternehmen an.

Kontinuität und Wandel im Zeitalter der Industrialisierung und des Imperialismus	ca. 1875–1910	In Deutschland entstehen industrielle Ballungszentren, die Wohn- und Arbeitsbedingungen der Arbeiterschaft verschlechtern sich.
	1879	Das Deutsche Reich geht von der Freihandels- zur Schutzzollpolitik über.
	1880–1914	Periode des Hochimperialismus, Prestige- und Rüstungswettlauf der europäischen Großmächte um Einfluss und Besitz (Kolonien) in der nichteuropäischen Welt.
	1884/1885	Berliner Westafrika-Konferenz („Kongo-Konferenz"). Das Deutsche Reich erwirbt erstmals Kolonien und beteiligt sich fortan am „Wettlauf nach Afrika".
	ab 1890/95	Durch den Aufschwung in den „modernen" Industrien (Elektrotechnik, Chemie und Maschinenbau) steigt Deutschland zu einer der größten Industrienationen auf.
Konfrontationen und Krisen gefährden den Weltfrieden	1898	Im Sudan, bei Faschoda, stoßen Franzosen und Briten aufeinander und erheben gleichermaßen Anspruch auf das Gebiet („Faschoda-Krise").
	1904	Aufstand der Herero in der Kolonie Deutsch-Südwestafrika. Frankreich und Großbritannien legen ihre kolonialen Differenzen in der „Entente cordiale" bei.
	1905/1911	Die erste und zweite Marokko-Krise verschärfen die Spannungen zwischen dem Deutschen Reich und den Westmächten Frankreich und Großbritannien.
	1908/1912 und 1913	Durch die erste Balkan-Krise 1908 und die Balkan-Kriege von 1912 und 1913 entwickelt sich ein gefährlicher Krisenherd in Europa.
Durchbruch der Moderne / Massenproduktion und Massengesellschaft	ca. 1895–1913	Ein wachsendes Realeinkommen ermöglicht breiteren Schichten Freizeitaktivitäten und Massenkonsum.
	1899/1900	Die Technischen Hochschulen werden den Universitäten gleichgestellt.
	1908	Frauen dürfen das Abitur ablegen und studieren (einzelne Fächer).
	1911	Frederick Winslow Taylor veröffentlicht seine Lehre der wissenschaftlichen Betriebsführung („Principles of Scientific Management").
	1913	Henry Ford setzt erstmals ein Fließband bei der Automobilfertigung ein.
	um 1914	Die durchschnittliche Arbeitszeit sinkt in Deutschland auf etwa neun Stunden pro Tag.
	1919	Gründung des „Bauhauses" in Weimar.

Industrialisierung, Imperialismus und Durchbruch der Moderne – wie hängen diese Fundamentalprozesse zusammen? ■ Die Revolutionen in Amerika und Frankreich öffneten seit 1776 bzw. 1789 den Weg in die politische Moderne. Er führte zum National-staat und schließlich zur Demokratie. Zugleich ebnete der weltgeschichtliche Vorgang der Industrialisierung den wirtschaftlichen Weg in die Moderne. Damit veränderten sich die Arbeits- und Lebensformen so fundamental wie 10 000 Jahre zuvor, als immer mehr Menschen nicht mehr vom Jagen und Sammeln, sondern vom Ackerbau lebten. Die Industrialisierung begann in Europa und strahlte auf alle Teile der Welt aus. Die Europäer empfanden die industrielle Fertigung und die Entwicklung ihrer Staaten zu modernen Nationen als einen enormen Fortschritt. Besonders das aufstrebende Bür-gertum war stolz auf das Erreichte.

Das Gefühl des Stolzes verwandelte sich in Überheblichkeit gegenüber jenen Völkern der Welt, die man nicht auf dem Weg des Fortschritts glaubte. Die Europäer wähnten sich im Recht, wenn sie die vermeintlich primitiven Völker ihrer oft rücksichts-losen Herrschaft unterwarfen. England, Frankreich und andere Nationen besaßen schon lange vor 1800 einzelne Kolonien und koloniale Stützpunkte in Amerika, Afrika und Asien. Seit etwa 1880 versuchten sie, die ganze Welt unter sich aufzuteilen. Diese Phase bis 1914, in der Europäer und US-Amerikaner der gesamten Welt ihre Herrschaft und Kultur aufzwingen wollten, nennen Historiker das Zeitalter des Imperialismus.

Das selbstbewusste Auftreten nach außen war jedoch begleitet von inneren Krisen, von Umbrüchen und vom Entstehen moderner Lebenswelten. Historiker sprechen daher vom Durchbruch der Moderne. Vor und um 1900 strömten Millionen von Menschen in die Metropolen Europas, wo sie sich harter Industriearbeit unterwer-fen mussten, um ihren Lebensunterhalt zu verdienen. Die anschwellenden Massen der Arbeiter verlangten immer energischer menschenwürdiges Arbeiten und Wohnen, höhere Löhne und eine Absicherung bei Krankheit oder im Alter. Frauen begannen, politische Rechte und das Recht auf Bildung einzufordern. Zuvor ungekannte Einrich-tungen und Bequemlichkeiten wurden in den Städten alltäglich: Kaufhäuser, Sport-vereine und -veranstaltungen, elektrisches Licht, Kanalisation, Straßen- und U-Bahnen, Zeitungen für alle, erste Autos und erste Filme. So bildete sich zunächst in den Städten um 1900 nach der neuen Wirtschaftsform der Lebensstil der Moderne.

Die Geschichte des Imperialismus hätte man vor 50 Jahren noch nicht so europa-kritisch erzählt, wie das hier getan wurde. Freilich, Industrialisierung, Imperialismus und der Durchbruch der Moderne werden heute unverändert aus unterschiedlichen Perspektiven bewertet. Manches ist umstritten, anderes noch aufzuklären. Überein-stimmung besteht jedoch darin, dass es Fundamentalprozesse waren, deren Auswir-kungen bis in die Gegenwart reichen.

▶ *Welche Merkmale kennzeichneten die „Zweite Industrielle Revolution" und welche Folgen hatte die Phase der wirtschaftlichen Stagnation am Ende des 19. Jahrhunderts für Handel und Politik des Deutschen Reiches?*

▶ *Wodurch wurde die imperialistische Expansion von den europäischen Großmächten legitimiert und inwiefern trug dieser Prozess zur Destabilisierung der internationalen Ordnung bei?*

▶ *Welche positiven und negativen Auswirkungen zog der „Durchbruch der Moderne" um 1900 für Natur und Mensch nach sich?*

Die zweite Welle der Industrialisierung

Erfindungen und technischer Fortschritt ■ Am Ende des 19. Jahrhunderts begann in Deutschland eine neue Phase der Industrialisierung. In der sogenannten *Zweiten Industriellen Revolution* traten neue Wachstumsbranchen als „Schrittmacherindustrien" hervor (▶ M1). Der Erfolg dieser neuen Industrien beruhte jetzt nicht mehr auf der Übernahme entsprechender Technologien aus dem Ausland, sondern auf deutschen Erfindungen und Verfahrensweisen.

Die Anfänge der *chemischen Industrie* liegen in der ersten Hälfte des 19. Jahrhunderts, wo sie vor allem als Zulieferer der Textilindustrie an Bedeutung gewann. Die massenhafte Erzeugung von Textilien erhöhte den Bedarf an Farbstoffen. Die Entwicklung der Chemie zu einer eigenen Wissenschaft im Verlauf des 19. Jahrhunderts schuf die Voraussetzung für die Herstellung von Farben, die kräftiger und haltbarer waren als die bisher verwendeten Naturfarben. Seit den Achtzigerjahren wurden synthetische Farben (Anilinfarben) produziert, deren Ausgangsstoffe aus Steinkohlenteer, einem Nebenprodukt der Kokserzeugung, gewonnen wurden.

Der deutsche Forscher *Justus von Liebig* entdeckte in der Mitte des 19. Jahrhunderts, dass Pflanzen dem Boden Nährstoffe entziehen. Deren künstliche Herstellung – aus Kalium und Phosphaten, später ergänzt durch Stickstoff und Ammoniak – konnte den Boden wieder anreichern und ermöglichte ein schnelleres Wachstum der Pflanzen. Die Verwendung dieses *Kunstdüngers* ließ die landwirtschaftlichen Erträge um ein Vielfaches steigen.

Am Ende des 19. Jahrhunderts produzierte die chemische Industrie Grundchemikalien, Zwischen- und Fertigprodukte für die Landwirtschaft, die Textil-, Automobil- und Pharmaindustrie sowie für das Bau-, Glas-, Papier-, Leder-, Metall- und Seifengewerbe (▶ M2). 1913 besaßen die deutschen Chemiekonzerne zusammen einen Anteil von 80 Prozent an der Weltproduktion.

Auch im Bereich der *Elektroindustrie* wurden viele technische Neuerungen in Deutschland selbst entwickelt. Durch die Erfindung der *Dynamomaschine*, bei deren Entwicklung *Werner von Siemens*, einer der Begründer der deutschen Elektroindustrie, eine führende Rolle spielte, war es möglich, mechanische Energie in elektrische Energie umzuwandeln. Der US-Amerikaner *Thomas A. Edison* kombinierte die von ihm entwickelte Glühlampe mit dem Dynamo und machte beides 1881 auf der Internationalen Elektrizitätsausstellung in Paris bekannt. Bald darauf erhielten die ersten Städte in Europa elektrische Straßenbeleuchtungen. Weitere Erfindungen wie isolierte Kabel und der Elektromotor ermöglichten es, elektrische Energie fast beliebig herzustellen, zu verteilen und zu nutzen. Auch wenn die meisten Privatwohnungen erst zu Beginn des 20. Jahrhunderts an das Stromnetz angeschlossen wurden, wies die Elektroindustrie bereits im ausgehenden 19. Jahrhundert beachtliche Wachstumsraten auf. Um 1900 hatte Deutschland bei der Entwicklung und Produktion von elektrischen Geräten und Maschinen eine führende Position in der Welt erreicht.

Das Unternehmen von Siemens wurde auch auf dem Gebiet der Nachrichtentechnik zum Marktführer. Mit der revolutionären Erfindung des elektrischen Telegrafen durch den US-Amerikaner *Samuel Morse* konnten Nachrichten wesentlich schneller als bisher verbreitet werden. In Deutschland wurde die erste *Telegrafenleitung* 1847 zwischen Berlin und Potsdam errichtet, seit 1849 war in Preußen der Telegrafenverkehr öffentlich. 1872 gab es in Deutschland 4 038 Telegrafenstationen, bis zum Jahre 1913 erhöhte sich diese Zahl auf 47 485. Als man um 1880 erste brauchbare *Telefone* entwickelte, konnte die neue Kommunikationstechnik auch im Privathaushalt genutzt werden. War es 1881 nur in sieben deutschen Orten möglich

▲ Titelseite einer Preisliste von 1886.

zu telefonieren, so waren 1913 bereits über 40 000 Orte an das Telefonnetz angeschlossen.

In die Achtzigerjahre des 19. Jahrhunderts fällt auch eine technische Entwicklung, die das Leben der Menschen im 20. Jahrhundert prägen sollte: die Erfindung des *Automobils*. *Nikolaus August Otto* hatte bereits 1876 einen Verbrennungsmotor entwickelt, der sich wegen seines niedrigen Energieverbrauchs für den Betrieb von Fahrzeugen eignete. 1886 konstruierten *Gottlieb Daimler* und *Wilhelm Maybach* in Stuttgart das erste von einem Benzinmotor betriebene Automobil, den sogenannten *Motorwagen*. Zur gleichen Zeit arbeitete in Mannheim *Carl Benz* ebenfalls an der Entwicklung eines Autos. Bis zu Beginn des 20. Jahrhunderts wurden die Autos aber noch weitgehend als Einzelanfertigungen in Handarbeit hergestellt. Die Produktionszahlen blieben daher niedrig und die Preise hoch. Erst nach der Jahrhundertwende begann die industrielle Massenproduktion.

Die Erfindung des Verbrennungsmotors wirkte sich auch auf den beginnenden *Luftverkehr* aus. Mehr als 100 Jahre nach dem ersten Flug von Menschen in einem Heißluftballon erreichte der Traum vom Fliegen neue Dimensionen. *Ferdinand Graf von Zeppelin* konstruierte 1899 ein *Luftschiff*, das sich dank eines Gasgemischs und eines Motors fortbewegte. Zwischen 1900 und 1940 diente es sowohl der Personenbeförderung als auch militärischen Zwecken. 1903 unternahmen die Brüder *Wilbur und Orville Wright* die ersten Motorflüge an der amerikanischen Ostküste – zwei Jahre nachdem dem Amerikaner *Gustav Whitehead* der erste Motorflug gelungen war.

Vor allem die militärische Nutzung führte zu einem Auftrieb für den *Flugzeugbau*: Wurden 1912/13 noch 1 000 Flugzeuge weltweit gebaut, produzierte allein das Deutsche Reich während des Ersten Weltkrieges 44 000 Flugzeuge.

▲ **Erste elektrische Straßenbeleuchtung in Berlin.**
Ölgemälde von Carl Saltzmann, 1884.
Nach Versuchen an anderen Plätzen Berlins wurde am Abend des 20. September 1882 am Potsdamer Platz die erste Anlage in Betrieb genommen.
■ *Zeigen Sie anhand des Gemäldes die Vorzüge der elektrischen Straßenbeleuchtung auf.*

Welthandel und internationale Konkurrenz ■ Die neuen Verkehrswege, Nachrichtentechniken und die intensivierten Handels- und Kapitalbeziehungen sorgten für bessere Absatzmöglichkeiten und ein enormes weltweites Wirtschaftswachstum. Begünstigt wurde dies durch den *Freihandel*, zu dem nach britischem Vorbild um die Mitte des 19. Jahrhunderts auch andere europäische Staaten übergingen und der nun einen von Zöllen und anderen staatlichen Eingriffen unbehinderten Warenaustausch ermöglichte. Gleichzeitig hatten die intensivierten weltwirtschaftlichen Verflechtungen – Historiker sprechen von einem ersten „Globalisierungsschub" – einen steigenden Wettbewerb zur Folge und ließen die Industriestaaten immer mehr vom Weltmarkt und damit auch von konjunkturellen Krisen abhängig werden.

Die auf den Boom der Gründerjahre folgende Wirtschaftskrise von 1873 erschütterte das ungebrochene Vertrauen in die Selbstregulierung der Wirtschaft durch das „freie Spiel der Kräfte" und brachte ein Umdenken in der Wirtschaftspolitik. Der Ruf nach staatlichen „Schutzzöllen", die den deutschen Markt vor der ausländischen Konkurrenz abschirmen und für eine Stabilität der nationalen Wirtschaft sorgen sollten, wurde immer lauter. Besonders die Landwirtschaft sah sich von den billigen amerikanischen und russischen Getreideimporten bedroht.

In Industrie, Landwirtschaft, Gewerbe und Handwerk formierten sich berufs- und branchenspezifische Interessengruppen. Besonders einflussreich waren der 1876 gegründete *Centralverband Deutscher Industrieller* und der im selben Jahr entstandene *Verein der Steuer- und Wirtschaftsreformer* (ab 1893 *Bund der Landwirte*). Die Verbände nahmen gezielt Einfluss auf die staatliche Wirtschaftspolitik, um ihre Forderungen nach Schutzzöllen durchzusetzen. Im Gegenzug formierten sich die exportorientierten Verbände und Unternehmen zum *Bund der Industriellen* (1895), der weiterhin für Freihandel eintrat.

1879 ging das Deutsche Reich von der Freihandels- zur Schutzzollpolitik (*Protektionismus*) über und folgte damit dem Beispiel anderer Industrienationen wie Frankreich, den USA, Russland, Österreich-Ungarn und Italien. In Abkehr von der wirtschaftsliberalen Grundüberzeugung sah es der Staat zunehmend als seine Aufgabe an, Handel und Wirtschaft zu schützen und durch gezielte Maßnahmen wie die Festlegung von Marktpreisen und Verkehrstarifen regulierend in die wirtschaftliche Entwicklung einzugreifen. Zusätzlich unterstützte die Regierung die Industrie beim Aufbau von Handelsvertretungen im Ausland, versorgte Reedereien, Werften und die Rüstungsindustrie mit Aufträgen.

Neue Unternehmensformen bilden sich ■ Die Entwicklung der Industrie war seit den 1880er-Jahren durch ein enormes Wachstum und eine gleichzeitige Konzentration der Betriebe gekennzeichnet, in denen die Umstellung auf *Massenproduktion* eine immer größere Rolle spielte (▶ M3).

Wollte ein Unternehmen seine Stellung am Markt ausbauen, konnte es zwei Strategien verfolgen. Eine Möglichkeit bestand darin, Betriebe mit gleicher Produktion aufzukaufen und in das Unternehmen einzugliedern (*horizontale Konzentration*). Dadurch ließ sich der Marktanteil für bestimmte Produkte vergrößern und stärker Einfluss auf die Preisbildung nehmen.

Die zweite Strategie bestand in der *vertikalen Konzentration*. In diesem Falle erwarb ein Unternehmen Firmen, die vor- oder nachgeschaltete Produktionsstufen abdeckten, also vom Grundstoff bis zum Endprodukt alles selbst herstellten (▶ M4). Auf diese Weise konnten alle Produktionsschritte aufeinander abgestimmt, die Preise knapp kalkuliert und die Verluste eines Bereiches durch die anderen Produktionszweige ausgeglichen werden.

Besonders ausgeprägt fand dieser Prozess in der Montan-, der Chemie- und der Elektroindustrie statt. Im Ruhrkohlenbergbau sank die Zahl unabhängiger Unternehmen zwischen 1887 und 1914 auf nahezu die Hälfte, der Marktanteil der zehn größten Produzenten stieg gleichzeitig auf über 50 Prozent an. Deutscher Stahl wurde 1913 sogar zu zwei Dritteln von den zehn größten Unternehmen im rheinisch-westfälischen Gebiet produziert. In der Farbenindustrie war die Dominanz der fünf führenden Konzerne noch größer: Ihr Anteil lag 1913 bei 90 Prozent.

Kartell- und Syndikatsbildung ■ Verstärkt wurde der Konzentrationsprozess hin zu einigen wenigen dominanten Großkonzernen durch *Kartelle* und *Syndikate*. In einem Kartell schlossen sich unabhängige Unternehmen einer bestimmten Branche zwecks interner Preis- und Mengenabsprachen zusammen, was der Wettbewerbsbeschränkung oder gar der Monopolbildung, das heißt der völligen Beherrschung des Marktes, dienen sollte. In einem Syndikat erfolgte zusätzlich der Vertrieb über ein gemeinsames Büro. Das 1893 gegründete *Rheinisch-Westfälische Kohlesyndikat* kontrollierte auf diese Weise mehr als 80 Prozent der Fördermenge in Deutschland. Der gemeinsame Vertrieb stellte zusätzlich die absolute Preiskontrolle sicher.

Die chemische Industrie wurde ebenfalls von Kartellabsprachen dominiert. 1904 gründeten *Hoechst*, die *Farbwerke Cassella* und die *Chemische Fabrik Kalle* den „Dreiverband", und auch die Teerfarbenfabriken *Bayer*, *BASF* und die *Aktiengesellschaft für Anilinfabrikation* (*Agfa*) schlossen sich zusammen. Innerhalb der Organisationen wurde neben den Preisen auch die Aufteilung von Patenten besprochen.

Die Idee *Carl Duisbergs*, Leiter des Bayer-Konzerns, alle großen Firmen der Branche zu einer Interessengemeinschaft zusammenzufassen, stieß vor allem bei den kleineren und spezialisierten Betrieben auf Widerstand. Erst 1925 konnte Duisberg seinen Plan mit der Gründung der *I. G. Farben* verwirklichen.

Wandel in Unternehmensstrukturen und Berufen

Mit dem Wachstum der Unternehmen wandelten sich auch die Strukturen in den Betrieben. Neue Gewerbezweige und Produktpaletten entstanden, die Aufgabenbereiche in den Betrieben erweiterten und differenzierten sich. Einen völlig neuen Stellenwert erhielt die Arbeitsorganisation: Wissenschaftlich ausgebildete Fachkräfte, vor allem Ingenieure, arbeiteten in Labors und Konstruktionsbüros weitere Verbesserungen aus und Betriebswirte systematisierten die Organisation und Planung der Betriebe. Die Verwaltung der Unternehmen wurde bürokratisiert und rationalisiert, Buchführung, Logistik und Vertrieb zu eigenen Bereichen ausgebaut. Schreib- und Verwaltungsaufgaben nahmen zu, gleichzeitig veränderten Telefon, Schreibmaschine und Kurzschrift die Büroarbeit grundlegend.

Der steigende Bedarf an qualifizierten Arbeitskräften ließ eine neue Berufsgruppe entstehen: die *Angestellten*. Von den Zeitgenossen zunächst allgemein als „Privatbeamte" bezeichnet, war die Gruppe der Angestellten jedoch überaus heterogen und umfasste neben den Büroberufen, den kaufmännischen Mitarbeitern, Buchhaltern, Kassierern oder Schreibkräften, ebenso die Betriebsberufe der Techniker und Ingenieure sowie den Werkstattbereich (Werkmeister u. a.). Neben dem großen Spektrum an Positionen in den Industriebetrieben bot der um die Jahrhundertwende rapide wachsende Dienstleistungssektor den Angestellten in Handel, Banken und Versicherungen viele neue Arbeits- und Aufstiegsmöglichkeiten.

In ihrer Lebensführung suchten sich die Angestellten deutlich von den Arbeitern abzugrenzen und näherten sich als „neuer Mittelstand" dem Bürgertum an. Sichtbarer Ausdruck dafür war eine Reihe von Statussymbolen. Dazu gehörten etwa die standesgemäße Kleidung mit Anzug, weißem Hemd und typischem Stehkragen für die Männer sowie – vor allem nach dem Ersten Weltkrieg – modische Kleidung, Frisuren und Kosmetik für die Frauen.

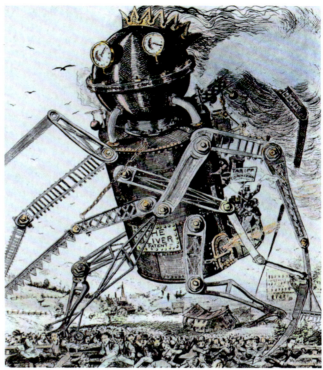

▲ **Die Industrie als Trust.**
Zeitgenössische Karikatur. In den USA nahmen die Zusammenschlüsse von Unternehmen zu Kartellen und Syndikaten, engl. Trusts, solche Ausmaße an, dass die Regierung mit Gesetzen gegen die Monopolisierung vorzugehen versuchte.

■ Erläutern Sie die Karikatur und begründen Sie, welche Haltung der Karikaturist gegenüber der US-amerikanischen Industrie einnimmt.

Fließbandarbeit ◼ Ausgangspunkt für die Veränderungen der Betriebsstrukturen waren der technische Fortschritt und die zunehmende Mechanisierung der Produktion in den Fabriken. Diese wurden im Verlauf des 19. Jahrhunderts geradezu zum Synonym der industriellen Arbeitswelt.

Eine besonders effektive und zeitsparende technische Neuerung war die Einführung des Fließbandes. Dieses ermöglichte die schnelle Massenfertigung von normierten Einzelteilen in großen Stückzahlen. Dabei wurde die Produktion in unzählige kleine Zwischenstationen zerlegt, bei der die einzelnen Teile die Fertigung möglichst ohne Unterbrechung durchliefen. Jeder Arbeiter und jede Arbeiterin hatte dabei jeweils nur wenige bestimmte und immer gleiche Handgriffe auszuführen. Die Folge davon war ein steigender Anteil von An- und Ungelernten innerhalb der Industriearbeiterschaft.

1913 setzte der amerikanische Unternehmer *Henry Ford* das Fließband erstmals in der Automobilindustrie ein. Die neue Fertigungsmethode ermöglichte es ihm, seinen Arbeitern relativ hohe Löhne auszuzahlen und seine Automobile zu enorm niedrigen Preisen anzubieten. Allein vom 1908 herausgebrachten legendären „Modell T", dessen Preis von zunächst 850 Dollar Jahr für Jahr sank, verkauften sich zwischen 1908 und 1927 in den USA etwa 15 Millionen Exemplare. Erst nach dem Ersten Weltkrieg wurde auch in Deutschland auf Fließbandproduktion umgestellt: 1924 eröffnete Henry Ford ein Autowerk in Berlin, im selben Jahr wurde das Fließband bei Opel, 1925 bei Siemens eingeführt.

Die standardisierte Arbeit am Fließband ist eng mit den arbeits- und betriebswissenschaftlichen Überlegungen des Amerikaners **Frederick W. Taylor** verbunden, die nach ihm als *Taylorismus* benannt sind (▸ M5).

Seine umfassende praktische Umsetzung fand der Taylorismus in den Ford-Werken. Die konsequente Rationalisierung durch Fließbandproduktion, Schichtbetrieb und Akkordarbeit galt als nachahmenswertes Erfolgsmodell. Allerdings fand der Taylorismus nicht nur Anerkennung. Die stereotype, monotone Tätigkeit sowie die durch das Fließband und den Takt der Maschinen gesteigerte Arbeitsgeschwindigkeit wurden als unmenschliche „Arbeitshetze" heftig kritisiert.

Arbeitszeiten und Löhne ◼ Während in der Frühphase der Industrialisierung die Arbeitszeit schnell zugenommen hatte und für Männer, Frauen und Kinder nicht unter zwölf Stunden täglich lag, verkürzte sich die Arbeitszeit bis 1914 auf durchschnittlich neun Stunden. Jedoch war weiterhin eine Wochenarbeitszeit von 70 Stunden nicht ungewöhnlich. „Urlaub" oder „Erholung" gab es in der Regel nicht und auch das 1891 eingeführte Verbot der Sonn- und Feiertagsarbeit wurde vielfach nicht beachtet.

Für einen gewissen Ausgleich sorgten höhere Reallöhne, die allein zwischen 1895 und 1913 in Deutschland um mehr als ein Viertel anstiegen. Jedoch fielen diese je nach Tätigkeit, Branche und Region sowie vor allem in städtischen und ländlichen Betrieben völlig unterschiedlich aus. Besonders zwischen gelernten und ungelernten Arbeitern herrschte ein deutliches Lohngefälle. Hinzu kam, dass sich durch gleichzeitig steigende Preise und Mieten die Lebenshaltungskosten erhöhten und sich dadurch die Reallöhne relativierten. Meist reichte das Einkommen der ungelernten Arbeiter nicht für den Lebensunterhalt der gesamten Familie, sodass Frauen und Kinder, deren Verdienst zudem erheblich unter dem der Männer lag, hinzuverdienen mussten. Seit der Jahrhundertmitte war die Kinderarbeit zwar durch wachsende Kritik sowie die Durchsetzung der allgemeinen Schulpflicht allmählich zurückgegangen, viele Familien blieben jedoch auf den finanziellen Beitrag der Kinder angewiesen. Der Anteil der erwerbstätigen Frauen stieg in der zweiten Jahrhunderthälfte sogar noch an.

Frederick Winslow Taylor
(1856-1915): amerikanischer Ingenieur, der als Erster begann, Arbeitsabläufe in Fabriken wissenschaftlich zu analysieren und zu optimieren. Damit gilt er als Begründer der wissenschaftlichen Betriebsführung (Scientific Management oder Taylorismus).

Um 1900 lag die Zahl der Fabrikarbeiterinnen bei 1,9 Millionen. Neben der Textilbranche stellten vor allem die neuen Chemiewerke und elektrotechnischen Betriebe verstärkt Frauen ein. In der Regel gab es in den Fabriken getrennte Arbeitsbereiche für Männer und Frauen, wobei Frauen meist in untergeordneten Positionen eingesetzt wurden. Zudem mussten die Arbeiterinnen die Doppelbelastung von Beruf und Haushalt tragen. Immerhin erreichte die Frauenbewegung einige Mindeststandards des Arbeitsschutzes: Die Gewerbeordnungsnovelle von 1891 verbot die Nacht- und Sonntagsarbeit und schrieb eine sechswöchige Arbeitsunterbrechung nach der Geburt vor. 1908 wurde der zehnstündige Maximalarbeitstag eingeführt und das Beschäftigungsverbot für Wöchnerinnen auf acht Wochen ausgedehnt.

Einen regelrechten Boom erlebte der Beruf des Dienstmädchens seit den 1880er-Jahren bis zum Beginn des Ersten Weltkrieges, vor allem in den großen Städten. 1882 arbeitete in Berlin fast ein Drittel aller weiblichen Erwerbstätigen als Dienstmädchen. Neu war dabei nicht der Beruf an sich, sondern die Zahl der in diesem Bereich tätigen Frauen. Vor allem junge Mädchen aus Arbeiter- und Bauernfamilien zogen den Dienst in einem privaten Haushalt der Fabrikarbeit vor – trotz schlechter Bezahlung und zum Teil erniedrigender Arbeitsbedingungen. Neben Kost und Logis erhielten sie meist nur ein besseres Taschengeld als Bezahlung. Zudem mussten sie den „Herrschaften" nahezu Tag und Nacht zur Verfügung stehen. Eine geregelte Arbeitszeit oder einen Anspruch auf einen freien Tag hatten sie nicht. Ihr Aufgabenbereich umfasste alle niederen Haushaltstätigkeiten und die Kinderbetreuung, um die die „gnädige Frau" sich nicht selbst kümmern wollte. 1891 beschäftigte jeder sechste Berliner Haushalt mindestens einen Dienstboten, in Bremen war es sogar fast jeder vierte. Eine eigene Familie ließ sich mit dieser Arbeit nicht vereinbaren, weshalb die meisten Dienstmädchen nach der Heirat zur Fabrikarbeit überwechselten.

▲ **Lohnauszahlung in der Berliner Großmaschinenfabrik der AEG.**
*Foto von 1911.
Durch das Überangebot an Arbeitskräften war der Einzelne leicht zu ersetzen. Das hielt die Löhne niedrig. Diese wurden den Arbeitern bis weit in das 20. Jahrhundert am Ende der Woche oder des Monats bar in einer Papiertüte oder einem Jutesack ausbezahlt.*

Arbeitslosigkeit, aber auch Krankheit konnten das gesamte Einkommen solcher Familien schnell aufzehren und sie an den Rand des Existenzminimums bringen, denn sie hatten kaum Möglichkeiten, finanzielle Rücklagen zu bilden (▶ M6). Lohnfortzahlung im Krankheitsfall oder Invalidenrente gab es nicht. Besonders verbreitet war die Altersarmut. Die erhöhten Produktivitätsanforderungen an die Arbeiter konnten nur von Männern im Alter von 25 bis 40 Jahren geleistet werden. Ältere sanken fast zwangsläufig in die ungesicherte Arbeitslosigkeit ab, die generell zu einem signifikanten Problem wurde, auch wenn sie bis zum Ersten Weltkrieg noch mit zwei bis drei Prozent vergleichsweise gering war.

Bildung, Forschung und Industrie Der gewaltige Aufschwung der neuen Technologien und Industriezweige in Deutschland war nicht zuletzt das Ergebnis von Reformen in Bildung und Forschung.

Da Maschinen und Techniken immer komplizierter wurden und der sich verschärfende internationale Wettbewerb nach Innovationen verlangte, stieg der Bedarf an qualifizierten und spezialisierten Fachkräften. Welche Kenntnisse und Fertigkeiten

▶ **Arbeitsgemeinschaft der Oberprima an einem Reformrealgymnasium.**
*Foto von 1908.
Die Reformrealgymnasien verbanden humanistische Erziehung mit wissenschaftlicher Bildung. In Arbeitsgemeinschaften konnten außerdem berufspraktische Fähigkeiten erworben werden: Stenografie, Schreibmaschine, kaufmännisches Rechnen etc. Die Schüler dieser Klasse beschäftigen sich mit dem Thema Werbung.*

waren nötig, um den Anforderungen der industriellen Welt zu genügen, und wie sollten sie vermittelt werden? Im Bereich der höheren Schulen gab es in Deutschland zunächst nur das *humanistische Gymnasium*. Es pflegte insbesondere die alten Sprachen Latein und Griechisch, Geschichte, Religionslehre sowie die musischen Fächer. Besucht wurde das humanistische Gymnasium vor allem von Kindern der Ober- und der oberen Mittelschicht. Die meisten dieser Schüler kamen aus Beamten- und Akademikerfamilien. In der zweiten Hälfte des 19. Jahrhunderts entwickelten sich zusätzlich zwei neue höhere Schulzweige, die den Schwerpunkt auf die naturwissenschaftlich-technischen Fächer sowie die modernen Fremdsprachen legten. Während im *Realgymnasium* weiterhin Latein unterrichtet wurde, verzichteten die *Oberrealschulen* darauf zugunsten eines intensiveren mathematisch-naturwissenschaftlichen sowie neusprachlichen Unterrichts. Es waren vor allem Wirtschaftsbürger, Handwerker und Angestellte, die ihre Kinder auf die Oberrealschule schickten.

Während der „Zweiten Industriellen Revolution" erhöhte sich noch einmal massiv die Nachfrage nach praktisch-naturwissenschaftlich ausgebildeten Fachkräften. 1900 wurde die Gleichberechtigung aller höheren Schulen beschlossen. Nun konnte auch an Realgymnasien und Oberrealschulen das Abitur erworben werden. Als ebenso förderlich erwies sich die Einrichtung *Technischer Hochschulen* in vielen deutschen Ländern, die aus den *polytechnischen Schulen* hervorgegangen waren. Allerdings erhielten die Technischen Hochschulen erst 1899/1900 das Promotionsrecht und wurden damit den Universitäten gleichgestellt.

Die deutsche akademische Ausbildung um 1900 genoss weltweites Ansehen. Kein europäischer Staat hat seine Hochschulen damals so ausgiebig gefördert wie das Deutsche Kaiserreich (▶ M7). Unter den 42 Nobelpreisträgern in den Fächern Physik, Chemie und Medizin bis zum Jahre 1914 waren 14 deutsche Professoren. Forschung fand jedoch nicht nur an den Hochschulen statt. Seit 1911 gab es die „Kaiser-Wilhelm-Gesellschaft zur Förderung der Wissenschaften" (die spätere *Max-Planck-Gesellschaft*), an der sich Unternehmerverbände finanziell beteiligten. Die Gesellschaft unterhielt zunächst fünf Institute, an denen Wissenschaftler sowohl zeit- und geldaufwändige Grundlagenforschung wie auch Auftragsforschung (angewandte Forschung für die Industrie) betrieben. Schwerpunkte bildeten die Chemie, die Biologie und die Kohlenforschung, die für die Farbenindustrie von großer Bedeutung war.

Bildung – auch für Frauen?

Mehr und bessere Bildungsmöglichkeiten für Mädchen und Frauen war von Beginn an eine Hauptforderung der bürgerlichen Frauenbewegung. Bildung sollte nicht nur ledigen Frauen ein gesichertes Auskommen ermöglichen, sondern wurde überhaupt als Voraussetzung dafür gesehen, die eigene wirtschaftliche, soziale und politische Lage zu verbessern und sich von der Unterordnung unter die Männer zu befreien. Zwar erreichte die Einschulungsrate der Schulpflichtigen (Mädchen und Jungen bis zum 14. Lebensjahr) in den 1880er-Jahren hundert Prozent, aber die überwiegende Mehrheit (mehr als 90 Prozent) der Mädchen besuchte lediglich die Volksschule. Die höhere Schulbildung blieb ihnen bis Ende des 19. Jahrhunderts verschlossen, da sie kein Abitur ablegen durften. Noch bis in die Zeit der Weimarer Republik blieb die höhere Schulbildung und erst recht der Universitätsbesuch, auch für Jungen, das Privileg der höheren Schichten.

▲ **Höhere Töchterschule.**
Ölgemälde von Leopold Schauer, 1871.

Die gute Ausbildung für den männlichen Nachwuchs hatte Vorrang, während die Töchter heiraten und in ihren familiären Aufgaben aufgehen sollten. Es waren in erster Linie Teile des Bildungsbürgertums, die auch den Mädchen eine gute Ausbildung zukommen ließen. In den unteren Schichten waren die Familien ohnehin darauf angewiesen, dass Jungen und Mädchen schnell etwas zum Familieneinkommen beitrugen oder finanziell unabhängig wurden.

Die Reform des Mädchenschulwesens, dabei die Zulassung von Frauen zum Abitur im Jahr 1908, ist zum großen Teil dem Einsatz der Lehrerin und Frauenrechtlerin Helene Lange* zu verdanken. 1892 richtete sie in Berlin einen vierjährigen Gymnasialkurs ein, den alle sechs Teilnehmerinnen mit dem Abitur abschlossen. 1893 öffnete in Karlsruhe das erste private deutsche *Mädchengymnasium* (heute Lessing-Gymnasium), das schnell Nachahmer fand. In der Folge wurden die Mädchengymnasien wie die Schulen für Jungen als Gymnasien, Realgymnasien und Oberrealschulen errichtet. Der Lehrplan für die ersten sieben Schuljahre wurde weiterhin von „frauenspezifischen" Fächern geprägt, erst die sich anschließenden sechsjährigen Abiturzweige folgten einem den Jungenschulen vergleichbaren Lehrplan. Ein großer Teil der Schulen wurden nun von den Kommunen finanziert und die Förderung begabter junger Mädchen damit als Aufgabe des Staates anerkannt. Bis zu diesem Zeitpunkt hatten im Deutschen Reich 111 Frauen das Abitur durch Gymnasialkurse und 214 durch den Besuch von Gymnasien erworben.

Der Durchbruch kam erst in den 1920er-Jahren. Von 1916 bis 1931 verzehnfachte sich die Zahl der Abiturientinnen. Mit 6 474 Absolventinnen im Jahre 1931 handelte es sich dabei aber immer noch um eine sehr exklusive Gruppe von Frauen.

Das erste Land im Deutschen Reich, das Frauen zum Studium zuließ, war Baden. Hier durften sich Frauen seit 1900 als Studentinnen einschreiben (▶ M8). Als den Frauen 1908 endlich Hochschulen in allen deutschen Ländern offen standen, lag die Frauenquote in der Studentenschaft zunächst bei unter einem Prozent, stieg aber bereits bis 1913 auf über sieben Prozent an. Fast 80 Prozent von ihnen waren in der Philosophischen Fakultät eingeschrieben. Dennoch machte nur etwa ein Drittel der Eingeschriebenen an der Fakultät ein Examen. Die meisten Frauen verließen nach ihrer Heirat die Universität ohne Abschluss. 1931/32 gab es an den deutschen Universitäten mehr als 20 000 Frauen, das waren 16 Prozent aller Studierenden.

---

*Siehe S. 109.

M1 Bedeutung und Entwicklung der Industriezweige in Deutschland

Die industrielle Entwicklung in Deutschland 1875-1913:

Industriegruppe	Anteil an gewerblich Beschäftigten (in %)		Wachstumsraten (in % pro Jahr)	
	1875	1911/13	Produktion 1870-1913	Arbeitsproduktivität 1875-1913
1. Steine und Erden	6,5	7,2	3,7	1,2
2. Metallerzeugung	2,9	4,0	5,7	2,4
3. Metallverarbeitung	11,7	16,9	5,3	2,2
4. Chemische Industrie	1,3	2,5	6,2	2,3
5. Textilindustrie	18,0	10,3	2,7	2,1
6. Ledererzeugung	0,9	0,5	2,8	2,2
7. Bekleidungsindustrie	20,9	14,4	2,5	1,6
8. Holzverarbeitung	10,1	8,7	3,1	1,6
9. Papiererzeugung und -verarbeitung	1,6	2,6	6,9	3,5
10. Nahrungs- und Genussmittel	13,1	12,7	2,7	0,9
11. Gas, Wasser, Elektrizität	0,3	0,9	9,7	3,6
12. Baugewerbe	10,3	15,6	3,1	−0,5
13. Grafisches Gewerbe	0,9	2,0	−	−

Nach: Thomas Nipperdey, Deutsche Geschichte 1866-1918, Bd. 1: Arbeitswelt und Bürgergeist, München ³1990, S. 239

1. *Analysieren Sie anhand der Tabelle die Entwicklung der Beschäftigungsstruktur in den unterschiedlichen Industriezweigen. Welche Branchen gewinnen an Bedeutung, in welchen geht der Anteil der Beschäftigten zurück?*

2. *Arbeiten Sie die Relation von Beschäftigungsanteil zu den jährlichen Wachstumsraten für die einzelnen Branchen heraus. Stellen Sie dar, welche Faktoren hierbei berücksichtigt werden müssen bzw. welche für ein besonders rasches Wachstum eine Rolle spielen könnten.*

M2 Der Aufstieg der Großchemie

Der Historiker Michael Stürmer vergleicht 1994 die Entwicklung der chemischen Industrie im Deutschen Reich mit der Situation in England:

Die Gründe für den innerhalb von drei Jahrzehnten ablaufenden Aufstieg der deutschen Großchemie lagen in modernen Fabrikationsanlagen, gezielter Forschung und einer rationellen Organisation der Produktion. [...] Die deutschen
5 Unternehmer behielten die Initiative und gingen das Wagnis hoher Investitionen ein: Um 1900 lag das Grundkapital der sechs größten deutschen Unternehmen im Chemiebereich bei umgerechnet 2,5 Millionen Pfund Sterling (50 Millionen Mark). In England betrug das gesamte Grundkapital der che-
10 mischen Industrie zu dieser Zeit nicht mehr als 0,5 Millionen Pfund. In der deutschen Großchemie waren zu dieser Zeit

neben rund 18 000 Arbeitern etwa 1360 Angestellte im Büro, dazu 350 Verfahrenstechniker und rund 500 Chemiker tätig. In England waren es nach Schätzungen zur selben Zeit etwa 30 bis 40.
15 Zum deutschen Leistungsstand trug nicht nur die Förderung der Naturwissenschaften an Universitäten, Technischen Hochschulen und staatlichen Forschungsinstituten bei. An der Universität München arbeiteten in den Achtzigerjahren rund fünfzig Forschungsmitarbeiter unter Adolf von Baeyer[1],
20 einem der Pioniere des synthetischen Indigo. In England gab es bis 1874 keinen Lehrstuhl für anorganische Chemie. Die deutsche Patentgesetzgebung blieb lange Zeit ziemlich unwirksam, sodass es der deutschen Industrie leicht war, Briten und Franzosen über die Schulter zu schauen. Später wurde 25

---

[1] Dem Professor für Chemie Adolf von Baeyer gelang 1878 erstmals die Herstellung von Indigo-Blau im Labor. 1905 erhielt er den Nobelpreis für Chemie.

sie entscheidend verschärft, um den eigenen Vorsprung zu sichern. Dazu kam die flexible Rolle der Banken, die in die wissenschaftlich begründeten Zukunftsindustrien mehr Kapital lenkten, als britische Bankiers und Privatanleger für ratsam
30 hielten. Je größer aber die Produktionseinheit, je dichter der Verbund verschiedener Einheiten, desto rationeller konnte produziert werden.

Michael Stürmer, Das ruhelose Reich. Deutschland 1866-1918, Berlin 1994, S. 89

1. *Nennen Sie die Faktoren, die nach Stürmer dem Erfolg der deutschen Großchemie zugrunde liegen.*
2. *Recherchieren Sie die Geschichte der Bayer-Werke und tragen Sie die Entwicklung des Unternehmens zwischen 1880 und 1933 in Form eines Referates vor.*

M3 Warum Konzentration?

Der Chemiker und Wirtschaftsführer Carl Duisberg wird 1912 Generaldirektor der Farbenfabriken Bayer und ist eine der maßgeblichen Persönlichkeiten der deutschen Chemie-Industrie. Bereits 1904 macht er sich für die Vereinigung der deutschen Großchemie stark:

Der Zweck einer jeden Kapitals- und Betriebsvereinigung mehrerer industrieller Unternehmungen zu einer großen Körperschaft unter gemeinsamer Leitung sollte immer die weitgehendste Verminderung der Kosten für Produktion,
5 Verwaltung und Verkauf, unter Beseitigung eines ruinösen Konkurrenzkampfes, behufs Erzielung eines möglichst hohen Gewinnes sein, um damit nicht nur bei möglichst guter Bezahlung der Beamten und Arbeiter und entsprechender Fürsorge für sie und ihre Angehörigen nach allen Richtungen
10 hin eine günstige Verzinsung der angelegten Kapitalien zu erzielen, sondern um vor allem durch die nur in einem großen Organismus mögliche Durchführung der weitgehendsten Arbeitsteilung, unter Wahrung der für jede Verbilligung von industriellen Leistungen notwendigen Zentralisation,
15 eine im Interesse der heimischen Verhältnisse liegende Beeinflussung des Weltmarktes auf dem betreffenden Gebiet herbeizuführen. [...]
Es ist nahe liegend, dass ein Zusammenschluss vieler großer und kleiner Industriegesellschaften zu einer einzigen
20 Betriebsvereinigung sich meist dann am leichtesten vollzieht, wenn die Geschäftslage in den in Betracht kommenden Industriezweigen ungünstig und der Nutzen auf ein Minimum gesunken ist. Ob es aber richtig und zweckmäßig ist, die Gründung derartiger Organisationen unter dem Zwang der
25 Not vorzunehmen, wird bezweifelt. Unausbleiblich muss in diesem Falle die Folge der Vereinigung eine Erhöhung der

Verkaufspreise sein. Aber gerade dieser Umstand hat solchen Körperschaften immer den Zorn des Publikums und der gesetzgebenden Machthaber zugezogen, so segensreich sich auch vielfach die Syndikatsbildungen (Kohlensyndikat) und
30 Kartelle[1], trotz der Erhöhung der Preise, erwiesen haben. [...] Meiner Ansicht nach sollten Industriezweige, die ihrer Natur und Art nach die Vorteile des Zusammenschlusses sich besonders zu eigen machen können, nicht in schlechten, sondern in guten Tagen zu großen Verbänden sich vereini-
35 gen, weil sie dann ohne Erhöhung der Verkaufspreise für ihre Erzeugnisse, ja, wenn möglich sogar unter Herabsetzung derselben, durch ihren Zusammenschluss die bisher erzielten guten Erträgnisse für viele Jahre im Voraus sichern können. Lassen nun die Verhältnisse in der Farbenindustrie Deutsch-
40 lands schon heute eine Vereinigung als dauernd vorteilhaft erscheinen? Ich glaube, diese Frage mit „Ja" beantworten zu müssen. Keine Industrie der Welt ist so umfassend in technischer und kaufmännischer Hinsicht, vereinigt wissenschaftliche, technische und kaufmännische Kräfte in einem
45 solchen Maße wie die deutsche Farbenindustrie. Sie hat wissenschaftlich gut ausgebildete Chemiker, Ingenieure, Mediziner und Apotheker nötig, die in möglichst zweckmäßig eingerichteten Laboratorien und Werkstätten bemüht sein müssen, neue chemische Verbindungen mit neuen koloristi-
50 schen[2], pharmakologischen oder technischen Eigenschaften ausfindig zu machen, neue Verfahren zur Darstellung bekannter Körper zu finden, neue Maschinen und Apparate zu konstruieren, um Fortschritt an Fortschritt zu reihen.

Carl Duisberg, Abhandlungen, Vorträge und Reden 1882-1921, Berlin/Leipzig 1923, S. 343 f.

1. *Erläutern Sie die Argumente Duisbergs für den Zusammenschluss von Industriebetrieben und die Vorteile, die sich nach seiner Ansicht daraus ergeben.*
2. *Diskutieren Sie Duisbergs Konzept und die damit verbundenen Interessen. Überlegen Sie, welche Gruppen der Entwicklung kritisch gegenübergestanden haben dürften.*
3. *Erklären Sie, inwiefern Carl Duisberg ein „Kind seiner Zeit" ist. Welche Argumente würde er heute nicht mehr verwenden? Finden Sie Gründe.*
4. *Suchen Sie nach aktuellen Beispielen für betriebliche Zusammenschlüsse und recherchieren Sie Hintergründe, Argumente und Ziele. Fassen Sie Ihre Ergebnisse in einer PowerPoint-Präsentation zusammen.*

---

[1] Zu Syndikaten und Kartellen vgl. S. 120 f.
[2] koloristisch: farblich

M4 Der Thyssen-Konzern 1899

Das Stammwerk der Firma Thyssen & Co. in Mülheim (Ruhr) umfasst 1899 die folgenden Betriebe:

Abteilung	Anzahl der Arbeiter	Dampf-maschinen		Umfang des Betriebes	Produktion im Jahre 1899	Wert der Produktion in Mark
		Anzahl	PS			
Eisenwalz-werk	14	2200		5 Walzenstraßen in Betrieb	33933 Tonnen Bandeisen	5329000
Blechwalz-werk	63	15100		5 Walzenstraßen Universaleisen, Bleche, Kesselböden, glatte und gewellte Rohre	101211 Tonnen	18079112
Stahlwerk				7 Martinöfen von je 20 Tonnen Einsatz	106953 Tonnen Stahl	11158763
Röhren-walzwerk	4	750		7 Siederohröfen und 4 Gasrohröfen	21035 Tonnen Gas- und Siederohre	8944000
Verzinkerei und Eisen-konstruk-tionsstätte	2	50		Verzinkungsbehälter und Hilfsmaschinen	1360 Tonnen Eisenkon-strukt. und Apparate; Verzinkung von 8582 Tonnen Röhren, Blechen und Bandeisen	356000
Eisengie-ßerei und Maschinen-fabrik	2	180		101 Bearbeitungsmaschi-nen, 2 Cupolöfen, 1 Flammofen, 5 Trocken-öfen	5402 Tonnen Roh- und Maschinenguss, 1630 Tonnen bearbeitete Maschinenteile	817000 953000
Nagelfabrik	1	100		25 Nagelmaschinen 10 Klopfhämmer 10 Teilstiftmaschinen 5 Bearbeitungsmaschinen 2 Blechscheren	485 Tonnen geschnittene Nägel	163500
Elektrische Zentrale	2	1200		Die Maschinen dienen zur Lichterzeugung und Kraftübertragung.	1188860 kWh elektrischer Strom	
Summe	4800	88	19580			34641612

Horst A. Wessel (Hrsg.), Thyssen & Co. Mülheim an der Ruhr. Die Geschichte einer Familie und ihrer Unternehmung, Stuttgart 1991, S. 148

1. *Erklären Sie anhand der Firmenstruktur des Thyssen-Konzerns das Prinzip der „vertikalen Konzentration".*

2. *Zeigen Sie am konkreten Beispiel die Vorteile auf, die ein solcher Konzentrationsprozess für das Unternehmen mit sich bringt. Vergleichen Sie mit Ihren Ergebnissen aus M3.*

3. *Recherchieren Sie die Entwicklung des Konzerns und seine internationale Stellung im ausgehenden 19. Jahrhundert.*

M5 Taylorismus

1911 führt Frederick W. Taylor eine Analyse in den Bethlehem-Stahlwerken in den USA durch:

Eine der ersten Arbeiten, die von uns übernommen wurden, als ich begann, meine Ideen bei den Bethlehem-Stahlwerken einzuführen, war das Verladen von Roheisen nach dem Pensumsystem. [...] Das Verladen des produzierten Roheisens geschah seit langen Jahren durch eine besondere Arbeiterkolonne. [...]
Wir stellten fest, dass in dieser Kolonne jeder Einzelne durchschnittlich ungefähr 12 ½ t pro Tag verlud; zu unserer Überraschung fanden wir aber bei eingehender Untersuchung, dass ein erstklassiger Roheisenverlader nicht 12 ½, sondern 47 bis 48 t pro Tag verladen sollte. Dieses Pensum erschien uns so außerordentlich groß, dass wir uns verpflichtet fühlten, unsere Berechnung wiederholt zu kontrollieren, bevor wir unserer Sache vollkommen sicher waren. Einmal jedoch davon überzeugt, dass 47 t eine angemessene Tagesleistung für einen erstklassigen Roheisenverlader bedeuteten, stand uns klar vor Augen, was wir als Arbeitsleiter aufgrund der neuen Ideen zu tun hatten. Wir mussten darauf sehen, dass jeder Mann pro Tag 47 t verlud, anstatt 12 ½ wie bisher. Wir mussten ferner darauf sehen, dass diese Arbeit ohne einen Ausstand[1], ohne Streitigkeiten mit den Arbeitern getan würde, und dass die Leute beim Verladen von täglich 47 t freudiger und zufriedener wären als bei den 12 ½ t von früher.
Unser Erstes war es, die rechten Leute herauszufinden, denn „Eines schickt sich nicht für alle". Das neue System macht es zur unbeugsamen Regel, bei Verhandlungen mit Arbeitern immer nur einen einzelnen Mann auf einmal vorzunehmen. [...] Schließlich waren wir auf vier Leute aufmerksam geworden, die körperlich geeignet erschienen, täglich 47 t Roheisen zu verladen. Jeder einzelne von diesen Leuten wurde dann zum Gegenstand eines sorgfältigen Studiums gemacht. [...] Schließlich suchten wir einen unter den Vieren aus als denjenigen, mit dem man am besten beginnen konnte. [...] Unserer Beobachtung nach legte er nach Feierabend seinen ungefähr halbstündigen Heimweg ebenso frisch zurück wie morgens seinen Weg zur Arbeit. Bei einem Lohn von 1,15 Doll. pro Tag war es ihm gelungen, ein kleines Stück Grund und Boden zu erwerben. Morgens, bevor er zur Arbeit ging, und abends nach seiner Heimkehr arbeitete er daran, die Mauern für sein Wohnhäuschen darauf aufzubauen. Er galt für außerordentlich sparsam. Man sagte ihm nach, er messe dem Dollar einen außerordentlich hohen Wert bei [...]. Diesen Mann wollen wir Schmidt nennen. [...]

[1] Ausstand: Streik

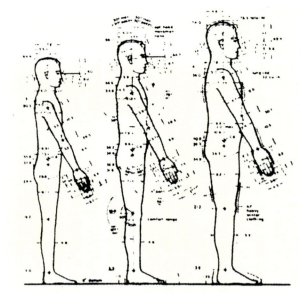

▲ **Der Mensch als Maschine.**
Neben Zeitstudien nahm Taylor auch exakte Vermessungen des Bewegungsapparates einzelner Arbeiter vor, auf deren Grundlage er standardisierte Arbeits- und Betriebsabläufe entwickelte. Auf diese Weise sollten z. B. versteckte Pausen vermieden werden.

Schmidt begann zu arbeiten, und in regelmäßigen Abständen wurde ihm von dem Mann, der bei ihm als Lehrer stand, gesagt: „Jetzt heben Sie einen Barren auf und gehen Sie damit! Jetzt setzen Sie sich hin und ruhen sich aus! etc." Er arbeitete, wenn ihm befohlen wurde zu arbeiten, und ruhte sich aus, wenn ihm befohlen wurde, sich auszuruhen, und um halb sechs Uhr nachmittags hatte er 47 ½ t auf den Waggon verladen.
Die drei Jahre hindurch, die ich in Bethlehem war, arbeitete er stets in diesem Tempo und leistete das verlangte Pensum tadellos. Er verdiente diese ganze Zeit hindurch etwas mehr als 1,85 Doll. durchschnittlich, während er vorher nie mehr als 1,15 Doll. täglich verdient hatte, was damals in Bethlehem der normale Taglohn war. Er erhielt also 60 % mehr Lohn als die anderen Arbeiter, die nicht unter dem Pensumsystem arbeiteten.

Gerhard Henke-Bockschatz (Hrsg.), Industrialisierung, Schwalbach/Ts. 2003, S. 117 f.

1. *Skizzieren Sie die Grundzüge des Taylorismus.*
2. *Zeigen Sie die Neuerungen des Systems auf und nehmen Sie Stellung zu den Argumenten, mit denen Taylor diese begründet.*
3. *Erörtern Sie die Folgen des Taylorismus für den Arbeiter. Welche Position wird ihm dabei zugedacht und nach welchen Kriterien wird er bewertet?*

M6 Lebenshaltungskosten eines Arbeiterhaushaltes

Durchschnittliches Monatseinkommen eines deutschen Arbeiterhaushaltes 1800 und 1890 (beide Eltern und zwei Kinder arbeiten):

	1800	1890
(Netto-)Lohn (in Mark)	81,0	139,0
Kosten für (absolut und in % vom Nettolohn)		
Miete/Heizung	11,3	25,25
	13,95 %	18,17 %
Nahrung/Getränke	58,3	76,75
	71,97 %	55,22 %
Hausrat	2,4	5,6
	2,97 %	4,0 %
Gesundheit/Hygiene	1,0	1,7
	1,23 %	1,22 %
Kleidung	5,0	7,7
	6,17 %	5,54 %
Bildung/Unterhaltung	2,0	12,0
	2,47 %	8,63 %
Versicherungen	–	6,8
	–	4,9 %
Kosten gesamt	80,0	135,8
	98,77 %	97,7 %
Sparvolumen	1,0	3,2
	1,23 %	2,3 %

Nach: Putzger Historischer Weltatlas, Berlin [10]3 2001, S. 139

1. Erläutern Sie die Entwicklung der laufenden Kosten eines Arbeiterhaushaltes von 1800 bis 1890. Nennen Sie Gründe für die langfristige Tendenz.
2. Ziehen Sie Rückschlüsse auf die Lebenssituation der Arbeitnehmer vor dem Ersten Weltkrieg.
3. Recherchieren Sie – etwa auf www.destatis.de – das aktuelle Durchschnittseinkommen und die Ausgabenstruktur eines mittleren Arbeitnehmerhaushaltes von heute und suchen Sie nach auffälligen Konstanten und Verschiebungen in der Ausgabenstruktur (Verkehr, Freizeit etc.).

▲ Vorlesung am Hygienischen Institut der Berliner Friedrich-Wilhelms-Universität.
Foto von 1905.

M7 Auf dem Weg zur Massenuniversität

Bis zum Ersten Weltkrieg verzeichnen die deutschen Universitäten stetig steigende Studentenzahlen. Besonders hoch ist der Anstieg an den Philosophischen Fakultäten. 1910 studieren dort 52,1 Prozent aller Studenten. Der Historiker Konrad H. Jarausch analysiert die Gründe für diese Expansion:

Zeitgenössische Beobachter wie der Hallenser Nationalökonom Johannes Conrad machten für diesen „kulturellen Fortschritt" vor allem die „gesellschaftliche Stellung" der Akademiker, „die universelle Verbreitung klassischer Kultur" und „die gegenwärtige Wirtschaftsdepression" verantwortlich. Die direkten Ursachen der Vorkriegsexpansion gehen aber auf die neuen Studentengruppen zurück, die um die Jahrhundertwende Zugang zu den Hochschulen erhielten. Abiturienten der modernen Oberschule, wie des Realgymnasiums und der Oberrealschule, die schließlich die gleiche Berechtigung wie die Gymnasiasten erhielten, trugen etwa 13,4 % bzw. 10,8 % zum Wachstum bei. Studierende Frauen, die in Preußen erst 1908 voll zugelassen wurden, machten weitere 9,9 % der Vorkriegsexpansion aus. Die Attraktion der deutschen Universitäten vergrößerte auch die Zahl der ausländischen Studenten, die 8,7 % zu dem Zuwachs beisteuerten. Schließlich sind etwa weitere 10 % auf die Verlängerung der Studienzeit zurückzuführen. Andere, eher indirekte Gründe sind dagegen für das anfängliche Anwachsen der Zahl der Gymnasialabiturienten verantwortlich, das die verbleibenden 44,7 % des Wachstums ausmachte. Obwohl oft bemüht, ist das Bevölkerungswachstum höchstens eine notwendige, nicht aber eine hinreichende Vorbedingung, da es sich nicht immer direkt in Bildungswachstum umsetzte. Wachsender Volkswohlstand war ein wichtiger Faktor, da er weiteren Kreisen den Luxus eines Studiums ermöglichte und auch eine Vermehrung der Nachfrage nach Akademikern (mehr Ärzte, Techniker) mit sich brachte, obwohl die Konjunktur kurzfristig einen entgegengesetzten Einfluss ausübte. Das nach 1871 weiter steigende Sozialprestige der Akademiker, teils von dem Beamtennimbus zehrend, teils auf der wachsenden Prosperität der Freien Berufe aufbauend, machte das Studium ebenso attraktiv. Kulturell stieg die akademische Bildung ebenso im Kurswert in ihren philosophisch-ästhetischen wie wissenschaftlich-technischen Ausprägungen der Denker-Dichter-Rollen oder Forscher-Erfinder-Rollen. Der wichtigste Faktor war aber wohl der Eigenausbau des Bildungswesens, der vor allem in den 1870er- und 1900er-Jahren einen Lehrerbedarf mit sich brachte, und dadurch neuen Gruppen von Universitätsabsolventen eine gesicherte und geachtete Staatsanstellung versprach.

Konrad H. Jarausch, Deutsche Studenten 1800-1970, Frankfurt am Main 1984, S. 72 f.

1. *Benennen Sie auf der Grundlage von Jarauschs Analyse die Rahmenbedingungen, welche für einen Anstieg der Studentenzahlen vorhanden sein müssen.*

2. *Erläutern Sie, welche Möglichkeiten ein Staat – damals wie heute – hat, um das Bildungsniveau der Bevölkerung anzuheben. Ergänzen Sie die Analyse Jarauschs um fehlende Aspekte.*

M8 Ärztinnen als Risiko

Besonders umstritten ist im ausgehenden 19. Jahrhundert die Zulassung von Frauen zum Medizinstudium. Gerade in diesem Bereich gibt es bereits früh eine erhöhte Nachfrage von Frauen, die sich um Sondergenehmigungen für den Besuch von Lehrveranstaltungen bemühen, weil sie sich nicht auf eine Ausbildung zur Krankenschwester beschränken lassen wollen. Der Deutsche Ärztetag nimmt 1898 zu der Frage der Zulassung Stellung:

Über die Zweckmäßigkeit der Zulassung der Frauen zur Medizin gibt der Deutsche Ärztetag in folgenden motivierten Thesen seiner Ansicht Ausdruck:
I. Wenn vorläufig die Zulassung zum ärztlichen Berufe aufgrund der gleichen Bedingungen wie beim Manne nur gestattet, aber nicht (z. B. durch staatliche Mädchengymnasien) erleichtert wird, so ist zunächst kaum ein stärkerer Zudrang der Frauen und deshalb weder besonderer Nutzen noch Schaden zu erwarten.
II. Wenn aber aufgrund weiterer Zugeständnisse und bisher nicht übersehbarer Verhältnisse ein größerer Zudrang eintreten sollte, so wird 1. kein erheblicher Nutzen für die Kranken, 2. mehr Schaden als Nutzen für die Frauen selbst, 3. mindestens kein Nutzen für die deutschen Hochschulen und Wissenschaft, 4. eine Minderung des ärztlichen Ansehens, 5. keine Förderung des allgemeinen Wohls zu erwarten sein. Aus diesen Gründen ist es nicht zweckmäßig, gerade mit der Medizin den ersten Versuch einer Zulassung der Frauen zu gelehrten Berufsarten zu machen.
Speziell vom Standpunkte der ärztlichen Standesvertretung aus ist mindestens eine gleichzeitige Zulassung zu allen akademischen Berufszweigen zu verlangen.

Gerhard Ritter und Jürgen Kocka (Hrsg.), Deutsche Sozialgeschichte. Dokumente und Skizzen, Bd. 2: 1870-1914, München ²1977, S. 421

Arbeiten Sie die Argumente der Ärzteschaft gegen die Zulassung von Frauen zum Medizinstudium heraus und diskutieren Sie die dahinterstehende Motivation.

▲ „Wie, gnädiges Fräulein wollen sich dem ärztlichen Beruf widmen? ... Aber ich bitt' Sie, mit so einem lieben G'sichterl studiert man doch nicht!"
Karikatur aus den in München erschienenen „Fliegenden Blättern", 1908/09.

Moderne Massengesellschaft – neue Lebensqualität oder Ende der Kultur?

„Landflucht" und Urbanisierung ■ Noch zu Beginn des 19. Jahrhunderts lebten zwei Drittel der deutschen Bevölkerung auf dem Land. Auf dem Gebiet des späteren Deutschen Kaiserreiches wuchs die Bevölkerung zwischen 1816 und 1871 von gut 23 Millionen auf 41 Millionen. Dieser Anstieg und die sich dynamisch entwickelnde Arbeitswelt forderten von den Menschen die Bereitschaft zur Mobilität. Oft genug aus der Not um die Existenzsicherung zogen Ströme von Arbeitsuchenden in die rasch wachsenden Industrieregionen. Diese schon damals als „Landflucht" bezeichnete Entwicklung führte zum viel beklagten Arbeitskräftemangel auf dem Land.

Je mehr sich die Industrie in den Städten ansiedelte, wo es gute Verkehrsanbindungen und zahlreiche Arbeitskräfte gab, desto stärker wuchs dort die Einwohnerzahl. Ausgangspunkt für die Verstädterung (*Urbanisierung*) waren Standorte der Textilproduktion, des Bergbaus und der Schwerindustrie. Kaum eine Region veränderte sich so schnell wie das Ruhrgebiet. Kern des rasanten Strukturwandels war dort der Kohlebergbau. Zu Beginn des 19. Jahrhunderts noch durch Landwirtschaft, Kleinstädte und Dörfer geprägt, wuchs das Ruhrgebiet bis zum Ende des Jahrhunderts zum größten industriellen Ballungszentrum Europas. Auch Großstädte wie Berlin, Hamburg, Köln, Frankfurt am Main, Hannover und Nürnberg sowie das sächsisch-oberschlesische Industrierevier zogen die Bevölkerung an.

Da vor allem junge Menschen in die Stadt kamen, die Geburtenrate dadurch anstieg und zugleich die Sterblichkeit aufgrund verbesserter Hygiene und ärztlicher Versorgung stärker abnahm als auf dem Land, trug auch das innerstädtische Bevölkerungswachstum zur Urbanisierung bei. In vielen Städten verdreifachte sich die Einwohnerschaft in drei Jahrzehnten. Auch die Anzahl der Städte wuchs: Gab es im Jahre 1875 erst 271 Städte in Deutschland mit mehr als 10 000 Einwohnern, so waren es 1910 bereits 576. Kurz vor dem Ersten Weltkrieg lebten rund 60 Prozent der deutschen Bevölkerung in Städten (▸ M1). Von den größeren Staaten hatte lediglich England einen noch höheren Grad an Urbanisierung erreicht.

Um mit dem Zuzug der Bevölkerung fertig zu werden, mussten sich die Städte ins Umland ausdehnen. Sie verloren ihre zum Teil noch mittelalterliche Gestalt. Stadtmauern und Befestigungsanlagen wurden niedergerissen, die Stadtgräben aufgefüllt und kleinere benachbarte Orte eingemeindet. Um die neu errichteten Fabriken und Bahnhöfe entstanden neue Stadtviertel. Trotzdem gelang es nicht, ausreichenden und angemessenen Wohnraum für die neuen Stadtbewohner zu schaffen. Insbesondere die Situation für die Arbeiter war sehr schlecht. Sowohl in den Altstädten als auch in den Wohnungen der Arbeiterviertel herrschte Platznot. Viele kinderreiche Familien mussten in „Mietskasernen" leben, wo es lediglich Wohnungen von ein oder zwei Räumen gab (▸ M2). Da die Arbeiterfamilien

▲ **„Ich und die Stadt."**
Gemälde von Ludwig Meidner, 1913.

häufig über ein sehr niedriges Einkommen verfügten, mussten sie auch Schlafgänger aufnehmen, alleinstehende Arbeiter, die nur für einen Schlafplatz bezahlen konnten. Die Vermieter waren häufig nicht daran interessiert, die Wohnungen zu renovieren, da sie bei dem geringen Verdienst der Arbeiter keine höheren Mieten erzielen konnten.

Die wachsenden Vororte hatten mitunter eine ganz neue Siedlungsstruktur. Im Ruhrgebiet mit seinem rasanten Verstädterungsprozess entstanden regelrechte Industriedörfer aus schnell hochgezogenen Mietshäusern und Arbeiterkolonien.

Wanderungsbewegungen ■ Die Industrialisierung löste nicht nur eine „Landflucht", sondern zugleich eine Ost-West-Wanderung aus. Zwischen 1860 und 1914 verließen etwa 16 Millionen Menschen die ostdeutschen Gebiete in Richtung Westen. Viele gingen noch einen Schritt weiter: Angesichts schlechter Lebensbedingungen, Arbeitslosigkeit und politischer Konflikte wanderten zwischen 1830 und 1913 mehr als sechs Millionen Deutsche aus. 90 Prozent gingen in die USA, das „Land der unbegrenzten Möglichkeiten", einige suchten in Ungarn, Siebenbürgen oder Russland eine neue Heimat. Eine verheerende Hungersnot zwang in den Jahren 1845 bis 1848 rund 1,17 Millionen Iren dazu, ihr Land zu verlassen. Auch sie emigrierten hauptsächlich nach Amerika. Neben wirtschaftlichen Motiven trugen aber auch politische Konflikte dazu bei, dass die Menschen ihre Heimat verließen. So flohen viele osteuropäische Juden vor den **Pogromen** der 1880er-Jahre nach Westeuropa und nach Amerika.

Deutschland war jedoch nicht nur Auswanderungsland. Es gab auch Einwanderung nach Deutschland. Insbesondere viele Polen versuchten, sich im Ruhrgebiet eine neue Existenz aufzubauen.

Pogrom (russ.: Verwüstung, Zerstörung): gewaltsame Ausschreitung der Bevölkerung gegen religiöse oder ethnische Minderheiten, v. a. gegen Juden

Umweltverschmutzung ■ Der rasche Ausbau der Industrie im 19. Jahrhundert führte nicht nur zu einem Wandel der Arbeitsbedingungen*, sondern darüber hinaus auch der Lebensbedingungen, da sich die Umwelt durch den Bau von Fabriken, Straßen, Eisenbahnen und Kanälen sowie das schnelle Wachstum der Städte stark veränderte (▸ M3).

Das Bevölkerungswachstum und die Konzentration der Menschen in den Städten brachten Probleme für die Wasserversorgung mit sich. Fäkalien, Schmutz und Unrat aus privaten Haushalten wurden in der Regel entweder durch Gräben entfernt oder mit Fässern abtransportiert. Wassertoiletten und Schwemmkanalisationen waren so gut wie unbekannt. Erst um die Mitte des 19. Jahrhunderts begann man mit dem systematischen *Bau von Kanalisationssystemen* in den großen Städten. Kanalisation und sauberes Trinkwasser sorgten für eine enorme Verbesserung der sanitären und hygienischen Verhältnisse in den Städten (▸ M4). Diese Art der Abwasserentsorgung brachte jedoch bald ein neues Problem mit sich. Durch das Einleiten von Abwässern aus Haushalten und Fabriken in die Flüsse wurden diese so stark verschmutzt, dass sie kaum noch als Trinkwasserreservoirs infrage kamen. Gerade viele kleinere Flüsse verkamen zu Kloaken.

Gleichzeitig wurde das öffentliche *Gesundheitswesen* ausgebaut. Ein Großteil der medizinischen Versorgung der Bevölkerung wurde nun von staatlichen und kommunalen Einrichtungen übernommen. In den Jahren zwischen 1877 und 1913 verdoppelte sich die Zahl der Krankenhäuser, auch die Zahl der niedergelassenen Ärzte stieg. Für die Kosten kam zum größten Teil die im Rahmen der Sozialgesetzgebung eingeführte Krankenversicherung auf.**

---

* Siehe S. 122 f.
** Siehe S. 111.

▲ „Die Henrichshütte bei Hattingen am Abend."
Ölgemälde von Eugen Bracht, 1912.
■ Beschreiben Sie die Abbildung und recherchieren Sie, welche Intention der Künstler mit der Darstellung dieser Industrielandschaft verfolgte.

Gegen die negativen Folgen der Industrialisierung für Mensch und Natur regte sich bereits früh Protest. Die Anwohner der Fabriken klagten häufig gegen die Belästigungen und Gefährdungen, die von den gewerblichen Anlagen ausgingen. Allerdings blieben ihre Beschwerden in der Regel erfolglos. Das Wissen um die Auswirkungen der Umweltverschmutzung war noch gering, man betrachtete den Rauch und Gestank als notwendiges „Culturübel", das man hinnehmen musste. Da es keine geeigneten Messmethoden und wissenschaftlich gesicherten Erkenntnisse über die Folgen der Umweltbelastung gab, war es im Einzelfall schwierig nachzuweisen, ob bestimmte Fabriken die Gesundheit der Anwohner gefährdeten.

Für die Unternehmer war der Umweltschutz in erster Linie eine Kostenfrage. Solange es keine gesetzlichen Regelungen gab, wollte niemand die eigene Produktion durch einen höheren Aufwand bei der Entsorgung von Schadstoffen verteuern. Der Versuch der Behörden, mit Gewerbeordnungen die Beeinträchtigungen durch die Fabriken zu vermindern, erwies sich als ungeeignet. Auch der Bau höherer Schornsteine führte lediglich dazu, dass sich über den Städten bei ungünstiger Wetterlage Dunstglocken bildeten, die heute unter der englischen Bezeichnung „*Smog*" bekannt sind.

Erst durch die aufkommende Elektrifizierung am Ende des 19. Jahrhunderts verbesserte sich die Qualität der Luft in den großen Städten wieder. Viele Fabriken stellten den Antrieb ihrer Maschinen von Dampfmaschinen und Transmissionssystemen auf Elektromotoren um. Trotzdem blieb durch die Verbrennung von Kohle und durch die Schadstoffe der Fabriken die hohe Belastung der Luft bestehen.

Fortschrittsoptimismus oder Zivilisationskritik? ■ Mit dem Wachstum der Städte veränderte sich auch das städtische Leben, der „Mythos Großstadt" entstand. Elektrische Straßenbeleuchtung, bunte Reklame, Trambahnen, Automobile, über die Straßen eilende Menschenmassen, Warenhäuser, Cafés und Theater standen für einen neuen, urbanen Lebensstil. Dieser, so das allgemeine Urteil der Zeitgenossen, wirkte sich nicht nur auf den Alltag der Menschen, sondern auch auf ihre Mentalität aus (▶ M5).

Die Veränderungen wurden dabei sehr unterschiedlich wahrgenommen. Für die einen galten die Großstädte als Inbegriff der Moderne, als dynamische Zentren des Fortschritts und der kulturellen Vielfalt, die dem Einzelnen Freiheit und Individualität ermöglichten. Die ländliche „Provinz" konnte mit dem Tempo nicht mithalten. Von vielen Städtern wurde sie als rückständig und verschlafen belächelt. Andere wiederum kritisierten die Städte als Orte des sittlichen Verfalls, des dekadenten Massenkonsums und der politisch-sozialen Gefährdung.

In Großstadtfaszination und Großstadtkritik bündelten sich die widersprüchlichen Tendenzen der Zeit, die sich auch in der Kunst – in Bildern und Gedichten, aber auch in Literatur, Fotografie oder Film – widerspiegelten (▶ M6).

Großstadtfeindschaft ■ Trotz der meist besseren Lebensbedingungen litten viele zugezogene ehemalige Landbewohner an Heimweh. Sie idealisierten ihr früheres Leben, da die Stadt fremd und unüberschaubar blieb. Zudem war in der Stadt jeder auf sich selbst gestellt. Damit fiel auch die soziale Kontrolle fort, die auf dem Land stark ausgeprägt war und das Leben des Einzelnen wie der Gemeinschaft mitbestimmte – ein Umstand, den Kritiker als Ursache gesellschaftlicher Fehlentwicklungen in den Städten deuteten. Das Zusammenleben auf engem Raum einerseits, die mangelnde soziale Kontrolle und fehlenden Familienstrukturen andererseits begünstigten in ihren Augen unsittliche Verhaltensformen und die Anfälligkeit für radikale politische Programme. Als Belege wurden der Rückgang der Geburtenrate in den Städten, die Prostitution und die vielen Geschlechtskranken angeführt. Insbesondere in konservativ-bürgerlichen Kreisen galten diese Erscheinungen als untrügliche Symptome des Niedergangs. Untersuchungen, die Verhaltensstörungen und Nervenkrankheiten auf die Hektik und den Lärm der Städte zurückführten, schienen die schädlichen Auswirkungen des Stadtlebens wissenschaftlich zu belegen.

Zurück zur Natur ■ Mit der Industrialisierung wandelten sich auch die sozialen Beziehungen der Menschen. Am deutlichsten wird dies anhand des um 1900 häufig verwendeten Schlagworts von der „Entdeckung der Jugend". „Jugend" wurde zum Inbegriff des Fortschrittsglaubens und des Aufbruchs in eine neue Zeit. Wer jugendlich war, verkörperte Dynamik und Opposition gegen alles Veraltete und Verkrustete in Gesellschaft und Politik, kurz: den modernen Menschen. Als Leitwort fand der Begriff Eingang in die gesellschaftliche und politische Diskussion, in Mode und Musik. Schließlich gab er auch der Kunstrichtung „Jugendstil"* ihren Namen, der mit der gleichnamigen Münchener Zeitschrift „Jugend" ein eigenes Forum erhielt. Gleichzeitig schufen sich die Jugendlichen eine eigene Jugendkultur, mit der sie sich von der Erwachsenenwelt und den als starr und zwanghaft empfundenen Autoritäten in Familie, Schule und Militär abzugrenzen versuchten.

Seit den 1880er-Jahren bildeten sich in zahlreichen Vereinen und Institutionen eigene Jugendorganisationen. Dazu zählten in erster Linie die mitgliederstarken Jugendabteilungen der Turnvereine. Auch innerhalb der Kirchen entstanden Jugendverbände, wie der 1883 gegründete *Christliche Verein Junger Männer* (CVJM). Im Gegensatz dazu waren parteigebundene Jugendorganisationen bis 1908 gesetzlich verboten, wobei dieses Verbot jedoch häufig umgangen wurde. Seit 1904 entwickelte sich etwa aus den ersten sozialistischen Jugendvereinen die proletarische Jugendbewegung, die vehement für die Verbesserung ihrer sozialen Lage kämpfte.

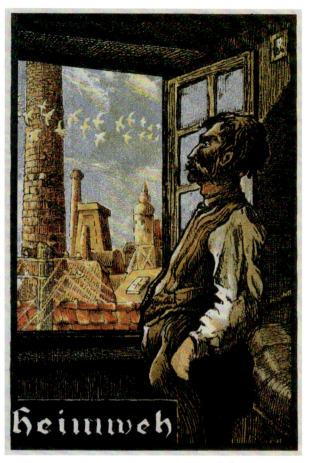

▲ „Heimweh."
Postkarte, 1910 - 1920. Die fremde und anonyme großstädtische Lebens- und Arbeitswelt weckte bei vielen vom Land Zugewanderten Heimwehgefühle und führte zu einer Romantisierung und Idealisierung des Landlebens.

---
* Siehe S. 141.

▲ **Wandervögel bei der Rast an einem Brunnen.**
Foto von 1910.

Andere Intentionen verfolgten jene Jugendlichen, die sich seit den 1890er-Jahren zur gemeinsamen Wanderung in der freien Natur trafen. Sie wollten so dem autoritären Druck der Gesellschaft und der individualisierten Lebensweise in den Großstädten entfliehen und nach dem romantisierten Vorbild des einfachen Landlebens einen eigenen, jugendlichen Lebensstil entwickeln. Dies waren die Anfänge des „*Wandervogels*", einer zunächst relativ kleinen Gruppe von Gymnasiasten aus dem Berlin-Steglitzer Bürgertum, die unter Anleitung ihres Lehrers gemeinsame Schülerfahrten in die Natur unternahm. Die Gruppe fand bald großen Zulauf. Es bildeten sich zahlreiche weitere Wandervogelgruppen, die sich 1913 schließlich zur *Wandervogelbewegung* zusammenschlossen. Im Mittelpunkt der gemeinsamen Aktivitäten stand die große vierwöchige „Fahrt" zur Sommerzeit mit Wanderungen und Lagerleben in der Abgeschiedenheit der Natur. Groß geschrieben wurde vor allem das gemeinsame Singen zur „Klampfe". Anders als die aus England stammende Pfadfinderbewegung, die sich seit 1911 auch im Deutschen Reich ausbreitete, waren die Wandervögel nicht uniformiert und von Erwachsenen geführt, sondern individualistisch geprägt, unpolitisch, frei von Vorschriften und Zwängen. Ihr Mitbegründer und führender Kopf *Karl Fischer* war 1901 selbst erst 20 Jahre alt. Unter den Mitgliedern bildete sich bald eine eigene Subkultur mit spezifischen Regeln, Werten und einer eigenen Sprache aus.

Die Blütezeit der Jugendbewegung fiel in die Jahre unmittelbar vor dem Ersten Weltkrieg. Den Höhepunkt bildete zweifellos der Erste Freideutsche Jugendtag im Oktober 1913, als sich einige tausend Anhänger verschiedener Jugendverbände auf dem Hohen Meißner östlich von Kassel trafen, um der Völkerschlacht bei Leipzig 1813 zu gedenken (▶ M7). Nach Kriegsende wurden dann alle vormals politisch unabhängigen und konfessionell ungebundenen Jugendverbände, die auf die Wandervögel und Pfadfinderverbände zurückgingen, zur „Bündischen Jugend" zusammengefasst, der Jugendbewegung der Weimarer Zeit.

Agrarromantik und Heimatschutzbewegung Der Begriff „Heimat" besaß bis in die 1880er-Jahre nicht nur eine persönlich-emotionale Bedeutung, sondern war auch eine rechtliche Größe. Die „Heimat" war nämlich als Geburtsgemeinde für den Einzelnen im Krankheitsfall und in sozialen Notlagen zuständig. Dies änderte sich mit Bismarcks Sozialgesetzgebung, denn damit ging die Zuständigkeit auf den jeweils aktuellen Wohnort über. Zugleich wurde die Bedeutung des Heimatbegriffs immer mehr mit der romantischen Vorstellung ländlicher Gegenden gleichgesetzt, die es als nationales Kulturgut vor den Veränderungen der Industrialisierung zu bewahren galt.

Auf einem patriotisch-romantischen Naturverständnis basierte auch die organisierte Heimatschutzbewegung, die seit den 1870er-Jahren eine wachsende Zahl an Heimatschutzvereinen hervorbrachte. Obwohl die Heimatschutzbewegung von vielen Seiten als fortschrittsfeindlich, rückständig und provinziell kritisiert wurde, bestanden enge Kontakte zu Vertretern der Wissenschaft, Wirtschaft und Technik. Insbesondere der 1904 von dem Musikprofessor *Ernst Rudorff* gegründete *Heimatschutzbund* versammelte eine Vielzahl regionaler Verbände unter einem Dach und erlangte großen Einfluss (▶ M8).

Als weitere Reaktion auf die Moderne entstanden um 1900 insbesondere in Deutschland und der Schweiz verschiedene Reformbewegungen. So propagierte etwa die *Lebensreformbewegung* die Rückkehr zu einer naturnahen Lebensweise, vegetarischer Ernährung, Naturheilkunde, ökologischer Landwirtschaft und Freikörperkultur. Ihre bauliche Ausprägung fanden die Bewegungen in der Gründung von Landkommunen und Gartenstädten. 1893 gründeten Anhänger der Lebensreformbewegung in der Nähe von Oranienburg die erste vegetarische Siedlung Deutschlands. Hierin lagen die Wurzeln der alternativ-ökologischen Bewegung, die damals jedoch auf wenige Außenseiter und Avantgardisten beschränkt blieb.

Vom Heimatschutz zum organisierten Naturschutz Heimat- und Naturschutz hingen in Deutschland von Anfang an zusammen. Bezeichnend für die deutsche Naturschutzbewegung ist der Begriff der *Naturdenkmalpflege* als Synonym für den frühen Naturschutz. Bereits in der ersten Hälfte des 19. Jahrhunderts gewann der Begriff des „Naturdenkmals" an Bedeutung. *Alexander von Humboldt* etwa verstand unter der Naturdenkmalpflege überwiegend die Inventarisierung historisch bedeutender oder anderweitig bemerkenswerter Bäume. Dieses museale Konzept, die Natur aufgrund ihres historischen und nationalen Wertes wie ein Denkmal zu schützen, fand in der zweiten Hälfte des Jahrhunderts weite Verbreitung. Jäger, Heimathistoriker und andere „Naturfreunde" setzten sich, wie etwa der 1899 gegründete Bund für Vogelschutz, für Erhalt und Pflege der ihnen jeweils wichtigen Arten oder Räume ein. Spötter und Kritiker versäumten es schon damals nicht, angesichts großräumiger Landschaftsverschandelungen auf die Fragwürdigkeit einer punktuellen „Denkmalpflege" hinzuweisen.

Um 1900 waren die Folgen der Industrialisierung für die natürliche Umwelt überall spürbar und Wissenschaftler wiesen bereits nach, dass sich vor allem die Gewässer in einem kritischen Zustand befanden. Gutachten wurden veröffentlicht, Initiativen und Vereine gegründet, wie etwa 1877 in Köln der „Internationale Verein gegen Verunreinigung der Flüsse, des Bodens und der Lüfte". Hessen verabschiedete 1887 ein Gesetz zum Schutz der Gewässer, Bayern 1907 und Sachsen im Jahre 1909. 1914 folgte mit Preußen auch der größte deutsche Staat. Unter dem Namen „Staatliche Stelle für Naturdenkmalpflege" wurde 1906 in Preußen die erste staatliche Naturschutzeinrichtung gegründet. Sie war die erste Behörde dieser Art in ganz Europa.

Zeitungsboom und politische Öffentlichkeit Die Stärkung von Parteien und Parlament veränderte auch die Form der politischen Willensbildung. Vor allem der expandierende Zeitungsmarkt sorgte dafür, dass die Politik immer mehr zum Thema einer breiten Öffentlichkeit wurde. Nachdem seit den 1870er-Jahren statt Lumpen Holz als Grundstoff verwendet wurde, ließ sich Papier wesentlich günstiger herstellen. Der Rotationsdruck verbesserte und verbilligte die Herstellung von Zeitungen, Zeitschriften und Büchern zusätzlich. Die Presse wurde zum Massenmedium (▶ M9). Da sie große Bevölkerungsgruppen erreichte, nahm sie großen Einfluss auf die öffentliche Meinung.

Die täglich erscheinenden Tageszeitungen wurden zur wichtigsten Informationsquelle der Bevölkerung. Gegen Ende des 19. Jahrhunderts erschienen im Deutschen Reich über 7000 Zeitungen, davon mehr als 4000 täglich. Die größte Auflage besaß die „Berliner Morgenpost" mit 400000 Exemplaren. Besonders beliebt waren die Illustrierten. Mit vielen Reportagen, Fotos und Bildern aus allen Ländern versehen, galten sie als „Fenster zur Welt". Ein Beispiel für ihren publizistischen Erfolg ist die „Berliner Illustrierte Zeitung". Das 1891 gegründete Blatt erreichte im Laufe der folgenden Jahre ein Millionenpublikum.

▲ **Gedränge um einen Zeitungsverkäufer in Berlin.** *Nachträglich kolorierter Holzstich nach einer Zeichnung von O. Gerlach, 1888.*

▲ **Staunendes Publikum im Berliner Union Filmtheater.** *Foto von 1912.*

Kino und Rundfunk ■ Nach der Jahrhundertwende schufen die technischen Neuerungen die Voraussetzungen für die moderne Massenunterhaltung. Am 1. November 1895 fand im Berliner „Wintergarten" die erste öffentliche Vorführung eines *Stummfilms* in Deutschland statt. Innerhalb einer Generation wurde aus der Varieté- und Jahrmarktattraktion der „kleinen Leute" eine selbstständige und erfolgreiche Wirtschaftsbranche. Vor dem Ersten Weltkrieg lockten täglich etwa 2 500 „Lichtspielhäuser", wie die Kinos genannt wurden, Besucher in ihre Stummfilmvorführungen. Vom Bürgertum zunächst als niedere und gefährliche Form der Unterhaltung abgelehnt, entfalteten sie nach dem Ersten Weltkrieg eine ungeheure Breitenwirkung. Die Zahl der Lichtspieltheater verdoppelte sich zwischen 1918 und 1930 auf rund 5 000. Vor 1914 beherrschten französische Filmproduzenten den Markt, danach wurde Hollywood (USA) zur größten Filmindustrie der Welt.

Zur neuen Massenunterhaltung gehörte auch der Rundfunk. 1921 wurde im amerikanischen Pittsburgh der erste öffentliche Rundfunksender in Betrieb genommen, drei Jahre später gab es im ganzen Land bereits 500 Rundfunkstationen. Seit der Ausstrahlung der ersten Radiosendung in Deutschland am 29. Oktober 1923 stieg auch hier die Zahl der Empfänger unentwegt an. Als Massenmedium setzte sich das Radio jedoch erst Ende der 1920er-Jahre durch.

Als neue kulturelle Leitmedien beeinflussten Rundfunk und Film auch Lebensweise und Lebensgefühl der Menschen. In bislang ungekanntem Ausmaß öffnete sich Deutschland den Produkten der Unterhaltungsindustrie und Massenkultur aus Amerika. Amerikanische Musik und Tänze, vor allem Jazz, Schlager und Charleston, wurden ungeheuer populär. Mit den amerikanischen Filmen wurde auch der amerikanische „Way of life" exportiert. Alle staatlichen Gegenmaßnahmen und die zum Teil breiten Widerstände innerhalb der Arbeiterbewegung konnten die Anziehungskraft des amerikanischen Unterhaltungsbetriebs nicht brechen. Der *Amerikanismus*, der vom Hochhaus über die Fließbandproduktion, vom Staubsauger bis zur Schallplatte in nahezu allen Lebensbereichen Einzug hielt und mit Fortschritt und Modernität gleichgesetzt wurde, wirkte nicht zuletzt auch auf Künstler und Intellektuelle in ganz Europa, die die amerikanischen Einflüsse schätzten und aufgriffen.

Massenkultur und neue Freizeitformen ■ Bis in die erste Hälfte des 19. Jahrhunderts wurde Kultur mit klassischer Literatur, Theater, Malerei und klassischer Musik gleichgesetzt. Bücher erschienen in kleinen Auflagen zu relativ hohen Preisen, und Theater gab es fast ausschließlich in den größeren Städten. Diese Kultur war ein Luxus, den sich vor allem die oberen Gesellschaftsschichten leisten konnten. Einen besonders hohen Stellenwert besaßen kulturelle Veranstaltungen für das Bildungsbürgertum.

▲ „Café Maxim Friedrichstr. 218."
Plakatentwurf von Robert Reimann, vor 1905.

Gegen Ende des 19. Jahrhunderts erreichten die großen deutschen Klassiker der Literatur dank der von Reclam 1867 begründeten Reihe „Reclams Universal-Bibliothek" Auflagen von mehreren 100 000 Stück. Moderne Drucktechnik und hohe Auflagen ließen die Preise auf zwei Silbergroschen pro Heft sinken und damit auch für die unteren Bevölkerungsschichten erschwinglich werden. Besonders beliebt war die Unterhaltungsliteratur. Die Romane der nach 1900 meistgelesenen Autoren *Hedwig Courths-Mahler* und *Karl May* verkauften sich millionenfach. Volksbibliotheken und Stadttheater, Museen, Konzerte und Veranstaltungen der Volkshochschulen erweiterten das Bildungs- und Kulturangebot.

Die Verkürzung der Arbeitszeit, Urlaubsregelungen und die steigende Kaufkraft ermöglichten es immer mehr Menschen, die nach der Arbeit verbleibende Zeit nach eigenen Bedürfnissen zu gestalten. In den Großstädten entstanden neue Tanzlokale, Varietés und Kabaretts. Die Theater bekamen Konkurrenz durch große Revuen mit ihren Gesangsnummern und Tanzeinlagen.

Auch der Sport spielte eine immer größere Rolle. Zu den allgemeinen Turn- und Sportvereinen kamen spezielle: 1878 entstand in Hannover der erste deutsche Fußballverein. 1900 wurde in Leipzig der *Deutsche Fußballbund* (*DFB*) gegründet. Seit 1903 finden Deutsche Meisterschaften statt. Auch Radrennen und Boxkämpfe zogen die Massen an. Zur Freizeit am Wochenende gehörte neben dem Sport für viele Großstädter der Ausflug „ins Grüne", zu Fuß oder mit dem Fahrrad.

Massenkultur und neues Freizeitverhalten verwischten die Milieugrenzen zwischen Arm und Reich, zwischen Stadt und Land. Ins Kino ging der Arbeiter ebenso wie der Großbürger, alle Klassen und Schichten tanzten zu denselben Schlagern und lasen dieselben Illustrierten. Hoch- und Massenkultur ließen sich nicht mehr eindeutig voneinander trennen.

Wachsende Warenwelt und Massenkonsum Durch die technischen Neuerungen und die industrielle Massenfertigung verbesserte sich die Versorgung der Bevölkerung mit neuen Produkten stetig. Dies und die zunehmende Kaufkraft der Bevölkerung bereiteten der *Konsumgesellschaft* den Weg. Zigaretten, bislang ein Luxusgut, wurden zu Massenprodukten. Ende des 19. Jahrhunderts kamen die ersten industriell gefertigten Lebensmittel wie Fertigsuppen auf den Markt. Zur gleichen Zeit traten Markenartikel dank geschickter Werbung ihren Siegeszug an.

▲ **Brunnen-Lichthof des Kaufhauses Wertheim in Berlin.**
Foto von 1906.
Im Jahre 1875 eröffneten Abraham und Ida Wertheim in Stralsund das erste Wertheim Kaufhaus: einen kleinen Kurzwarenladen an der Ecke. Die Söhne beteiligten sich am Geschäft, erweiterten das Produktangebot und führten eine Reihe von Neuerungen ein: das Umtauschrecht, einheitliche Preise für alle Bevölkerungsschichten, Schaufenster und Auslagen, um die Waren vor dem Kauf ausgiebig ansehen zu können. Bereits 1897 war aus dem kleinen Eckladen eine „Warenhauskette" mit mehreren Filialen geworden, von denen das Gebäude in der Leipziger Straße in Berlin das seinerzeit größte Warenhaus Europas war.

Zum herausragenden Zeichen der immer reichhaltigeren Warenwelt wurden die prächtigen Kaufhäuser in den Großstädten. Die ersten faszinierten in Frankreich, England und in den USA schon in der Mitte des 19. Jahrhunderts ihre Kunden. Im Deutschen Reich gewannen Kaufhäuser um 1900 an Bedeutung (▶ M10). Sie boten vor allem Textilien in großer Auswahl und „Kleidung von der Stange" an, führten feste Preise ein und machten Porzellan, Südfrüchte und Konserven zu Massenartikeln.

Die Elektrifizierung der Haushalte mit Staubsauger, Bügeleisen, Waschmaschine und Kühlschrank wurde zum Inbegriff der modernen Konsumgesellschaft. Arbeitnehmer mit durchschnittlichem Einkommen konnten sich diesen Luxus allerdings kaum leisten. Der 1928 von der AEG auf den Markt gebrachte „Volksherd" war jedoch bereits für den Massenkauf konstruiert. Während die Zahl der mit Strom versorgten Haushalte in der Großstadt Berlin zwischen 1925 und 1930 von 27 auf 76 Prozent anstieg, blieben die Kleinstädte und Dörfer auf dem Land noch lange hinter dieser Entwicklung zurück. Dort war von der Konsum- und Massengesellschaft bis in die 1930er-Jahre kaum etwas zu spüren.

Aufbruch in die Moderne in Kunst und Architektur Zahlreiche Künstler ließen sich nach der Gründung des Deutschen Reiches in den Dienst der staatlichen Kulturpolitik nehmen. So sollte die Malerei vor allem der Erbauung dienen, dem Herrscherhaus huldigen und die Nation verherrlichen. Gegen diese idealisierende oder romantisierende Malerei entwickelte sich ein realistischer Stil, der die Alltagswelt und den arbeitenden Menschen in den Mittelpunkt stellte; er zeigte auch die Schattenseiten der Industrialisierung.

Vor der Jahrhundertwende gewannen französische Künstler wie *Claude Monet*, *Auguste Renoir* und *Edgar Degas* Einfluss auf die deutsche Malerei. Diesen Künstlern ging es nicht darum, die Wirklichkeit naturgetreu abzubilden, sondern sie wollten den Eindruck, die Impression, eines bestimmten Augenblicks festhalten und den Einfluss des Lichts auf die Natur und den Menschen sichtbar machen.* In Deutschland gehörten *Max Liebermann, Lovis Corinth* und *Max Slevogt* zu den bedeutendsten *Impressionisten*.

Nachdem **Albert Einstein** neue Dimensionen für Zeit und Raum erkannt hatte, begannen einige Maler, die bisher vertraute perspektivische Einheit von Körper und Raum teilweise oder ganz aufzulösen. Der Katalane *Pablo Picasso* zerlegte in seinen Bildern die Gegenstände in vereinfachte geometrische Teile und Ebenen (sogenannte „Kuben": Würfel) und prägte damit den *Kubismus*.

1910 malte der Russe *Wassily Kandinsky* in München das erste abstrakte (gegenstandslose) Aquarell. Seine Arbeiten bildeten nicht mehr das ab, was zu sehen war, sondern schufen durch ihre Farben und Linien neue (Kunst-)Wirklichkeiten. Diese Lösung vom Gegenständlichen und die Vereinfachung der Formen nennt man *Abstraktion* oder *abstrakte Malerei*. Sie versuchte, „Unsichtbares" wie Gefühle sichtbar zu machen.

Eine weitere Richtung der modernen Kunst nannte man wegen ihres leidenschaftlichen Strebens, das Innere des Künstlers für den Betrachter zum Ausdruck zu bringen, *Expressionismus* (lat. expressio: Ausdruck).** Diese Stilrichtung erfasste nach 1910 z. B. auch Bildhauerkunst, Literatur, Tanz, Musik und Schauspiel.

Auch die Architektur setzte neue Maßstäbe. Gegen die oft wuchtigen Bauten, mit denen die Architekten in der Epoche des *Historismus* im 19. Jahrhundert die Macht und Herrlichkeit des Kaiserreiches priesen – der Reichstag in Berlin ist ein Beispiel dafür –, wandte sich um 1890 eine Bewegung, die den Rückgriff auf Baustile der Geschichte ablehnte und ihr Vorbild in der Natur suchte. Sie setzte sich als europäischer Kunststil ab 1895 durch und wurde in Deutschland *Jugendstil* genannt. Lebensräume sollten „natürlich" und weniger streng, bevorzugt mit wellenförmigen, fließenden Formen gestaltet werden. Der Jugendstil beeinflusste neben der Architektur auch Malerei, Grafik, Buchgestaltung und Design.

Der im Jahre 1907 in München gegründete *Deutsche Werkbund*, eine Gruppe von Architekten, Künstlern und Unternehmern, setzte sich zum Ziel, in der Baukunst und im Alltagsleben Form und Funktion strenger aufeinander zu beziehen. Beeinflusst von amerikanischen Vorbildern planten sie eine nüchterne Bauweise und Gebrauchskunst, deren Schönheit sich aus der zweckmäßigen Gestaltung ergeben sollte. In den 1920er-Jahren wurde diese Forderung als Stil der *Neuen Sachlichkeit* erneut aufgegriffen.

Große internationale Anerkennung fand vor allem das 1919 gegründete *Bauhaus* in Weimar, später Dessau. Unter der Leitung des Architekten *Walter Gropius* war das Bauhaus eine gemeinsame Ausbildungsstätte für Handwerker und Künstler. Durch Standardisierung und Funktionalität wurde versucht, das Design im Bereich der Architektur, Möbel und anderer Gebrauchsgegenstände mit den Erfordernissen der Technik und des modernen Wohnalltags zu verbinden. Um der trotz staatlicher Anstrengungen anhaltenden Wohnungsnot zu begegnen, entwickelte das Bauhaus zudem neue Bau- und Siedlungsformen. Noch heute gilt das Bauhaus als Ausgangspunkt der Moderne in allen Gebieten der freien Kunst.

Albert Einstein (1879-1955): Der deutsche Physiker und Nobelpreisträger veränderte mit seiner Relativitätstheorie (1905) maßgeblich das physikalische Weltbild.

▲ **Sessel „Wassily" von Marcel Breuer, 1925/26.**
Nach einer Tischlerlehre im Weimarer Bauhaus war Breuer einige Jahre Mitarbeiter von Walter Gropius. 1925 wurde er Leiter der Möbelwerkstatt am Bauhaus Dessau. Dort entstanden auch seine berühmten Stahlrohrsessel, die im Möbelbau als revolutionär galten.

---
* vgl. dazu z.B. das Gemälde von Carl Saltzmann auf S. 119
** vgl. die Gemälde von Ernst Ludwig Kirchner und Karl Schmidt-Rottluff auf S. 146 und 148

M1 Urbanisierung

Die Verteilung von Stadt- und Landbevölkerung im Deutschen Reich:

	Prozentualer Anteil an der Gesamtbevölkerung in Gemeinden				
	mit weniger als 2 000 Einwohnern	2 000 bis 5 000 Einwohner	5 000 bis 20 000 Einwohner	20 000 bis 100 000 Einwohner	100 000 und mehr Einwohner
1871	63,9	12,4	11,2	7,7	4,8
1880	58,6	12,7	12,6	8,9	7,2
1890	53,0	12,0	13,1	9,8	12,1
1900	45,6	12,1	13,5	12,6	16,2
1905	42,6	11,8	13,7	12,9	19,0
1910	40,0	11,2	14,1	13,4	21,3

Nach: Gerd Hohorst u.a. (Hrsg.), Sozialgeschichtliches Arbeitsbuch, Bd. II. Materialien zur Statistik des Kaiserreichs 1870-1914, München ²1975, S. 52

1. Setzen Sie die Tabelle in eine geeignete Diagrammform um, die das Verhältnis von Stadt- und Landbevölkerung anzeigt. Erläutern Sie die Entwicklung.
2. Finden Sie heraus, welche Bevölkerungsentwicklung in Ihrem Heimatraum im 19. Jahrhundert und später stattfand. Lassen sich für die Zeit des Kaiserreiches Belege für Städtewachstum und Veränderungen der Infrastruktur finden?

M2 Armenwohnung

Der spätere SPD-Reichstagsabgeordnete Albert Südekum schildert Mitte der 1890er-Jahre seine Eindrücke von einer Mietskaserne:

Ein heißer, schwüler Augustnachmittag. [...]
Die stagnierende Luft des engen Hofes lag bleischwer auf dem unsauberen Pflaster, die Wände des Hauses strömten eine brütende Hitze aus, nachdem schon tagelang die Sonne ihre Glutpfeile unbarmherzig auf die Stein- und Asphaltwüste der staubigen Großstadt herniedergesandt hatte. Ein Gefühl der Beklemmung legte sich mir auf die Brust, als wir durch die enge Tür zum Treppenhaus traten und die Stiegen emporklommen. Fast jede Stufe knarrte und ächzte laut unter unserem Tritt, und obschon wir beide nur leichtes Schuhwerk trugen, vollzog sich der Aufstieg nicht ohne beträchtliches Geräusch. Wie es erst in einem solchen Hause kracht und dröhnt, wenn ein müder, schwerer Mann mit derben Nagelstiefeln die Stufen hinaufstapft, davon macht sich der „herrschaftlich" Wohnende keine Vorstellung.
Auf jeden Treppenpodest gingen drei Türen, die meisten mit mehreren Schildern oder Karten behängt. In diesem Quergebäude gab es fast nur zweiräumige Wohnungen, aus Stube und Küche bestehend. Viele Mieter teilten ihre Räume noch mit Schlafburschen oder Logiermädchen.
Die Patientin meines Freundes, die Frau eines Gelegenheitsarbeiters, hatte der furchtbaren Hitze wegen die Tür der Küche, in der sie lag, und die Tür nach dem Treppenhause hin offen gelassen. [...] Die Atmosphäre in dem Raum war fürchterlich, denn wegen des Lärms der spielenden Kinder konnte die Kranke das Fenster den ganzen Tag nicht öffnen. [...]

◄ „Der späte Schlafbursche."
Zeichnung von Heinrich Zille, 1902.

▲ **Berliner Mietskasernen.**
Zeitgenössische Fotografien.
Die Berliner Mietskasernen waren berüchtigt für ihre Blockbebauung, bei der meist drei oder vier Höfe aufeinanderfolgten. In diese fiel kaum Tageslicht, weil die Höfe nach Polizeivorschrift nur 5,30 Meter im Quadrat groß sein mussten, damit die pferdebespannten Spritzenwagen der Feuerwehr gerade noch darin wenden konnten.

Nur wenig ärmlicher Hausrat fand sich in dem unwohnlichen Raum. Auf der kleinen eisernen Kochmaschine standen ein paar Töpfe, die nach dem letzten Gebrauch noch nicht ge-
30 reinigt waren; den einzigen Tisch bedeckten ein paar Teller und Gläser, Zeitungsblätter, Kamm, Bürste und Seifenschale, eine Schachtel mit Salbe zum Einreiben, Teller mit Speiseresten und andere Gegenstände. Der geringe Kleidervorrat der Familie hing an den Wänden; ein paar halbverblasste Fami-
35 lienbilder und ungerahmte Holzschnitte aus einer illustrierten Zeitung bildeten den einzigen Schmuck. Außer der Frau und ihrem Manne lebten in dieser Küche noch drei Kinder, von denen das älteste, ein Mädchen, 14 Jahre, die beiden Knaben etwa 7 und 4 Jahr alt waren. Das Bett der Kranken,
40 die einzige sichtbare Schlafgelegenheit, war etwas quer geschoben, sodass sie von ihm aus, ohne sich zu erheben, den Wasserzapfhahn erreichen konnte; hinter dem Bett eine Kommode; in der Ecke ein Korblehnstuhl, sonst nur zwei hölzerne Schemel ohne Lehne. [...]
45 Ich fragte die Frau nach ihren „Wohnschicksalen" in der Großstadt. Zuerst hatte sie in Lichtenberg, damals noch ein ziemlich unansehnliches Dorf, Unterkunft gefunden, wo ein Bruder des Mannes bereits wohnte. Dann waren sie nach Pankow gezogen, wo der Mann zwei Jahre bei Straßenbauten
50 gute Arbeit gehabt hatte. Endlich kamen sie in die Stadt. Die Kranke wusste nicht mehr alle Straßen zusammenzufinden, in denen sie gehaust hatten, tatsächlich nicht einmal anzugeben, in welchen Wohnungen ihre letzten beiden lebenden Kinder geboren waren; sie konnten nur schätzungsweise sa-
55 gen, dass sie durchschnittlich alle sechs Monate das Domizil gewechselt, also wohl damals schon 15 verschiedene Wohnungen innegehabt hatten. Meistens hatten sie nur einen Raum ermieten können, seit sie in Berlin selbst wohnten; nur etwa zwei Jahre lang im Ganzen, bei etwas höherem
60 Verdienst und regelmäßiger Arbeit des Mannes, konnten sie in besser ausgestatteten Zweizimmerwohnungen weilen. Jedesmal, wenn es schien, als ob es ihnen dauernd etwas besser gehe, waren sie durch eine Krankheit oder durch ein, manchmal verfrühtes, Wochenbett – die Frau hatte im Ganzen deren sechs durchgemacht – oder einen Todesfall wieder
65 zurückgeworfen worden. Armenunterstützung hatten sie noch nicht in Anspruch genommen, waren dagegen wiederholt gelegentlich beschenkt worden, nachdem die Kranke einst in der Frau eines rasch zu Vermögen gelangten ehemaligen Maurerpoliers eine Jugendfreundin entdeckt hatte. [...]
70 Wie die Familie schlief? Mann und Frau in einem einzigen Bett. Die Kinder wurden auf ausgebreiteten Kleidungsstücken untergebracht und durften erst dann ins Bett kriechen, wenn Vater und Mutter – gewöhnlich vor 5 Uhr morgens – aufgestanden waren. Die kleinsten Kinder waren jeweils in
75 einem Korbe, gelegentlich auch, wenn die Frau zu irgendeinem Gange das Zimmer verlassen musste, in einem halbaufgezogenen Schub der Kommode gebettet gewesen.

Jens Flemming, Klaus Saul und Peter-Christian Witt, Quellen zur Alltagsgeschichte der Deutschen 1871-1914, Darmstadt 1997, S. 237-239

1. *Arbeiten Sie aus der Beschreibung Südekums die Hauptprobleme der Wohnsituation in Mietskasernen heraus. Ziehen Sie dafür auch die Abbildungen heran.*
2. *Erläutern Sie die Wechselwirkung von Wohn- und Arbeitsverhältnissen damals und heute.*

M3 Flussfischerei kontra chemische Industrie

Ein Chemieunternehmen verteidigt 1890 das Einleiten von Abwässern in Flüsse gegen Vorwürfe der Flussfischerei:

Es hat sich herausgestellt, dass für ganz Deutschland der wirtschaftliche Wert der Industrien, welche Abwässer liefern, ca. tausendmal größer ist als der Wert der Binnenfischerei in Seen und Flüssen, also sicher mehr als tausendmal größer als
5 der Wert der Flussfischerei. [...]
Haben sich an einem kleinen Flusse, wie z. B. Wupper, Emscher, Bode und anderen, so viele Fabriken angesiedelt, dass die Fischzucht in denselben gestört wird, so muss man dieselbe preisgeben. Die Flüsse dienen dann als die wohltätigen,
10 natürlichen Ableiter der Industriewässer nach dem Meere. [...]
Die Fischerei hat auf ein Flussgebiet, an dem gewerbliche und industrielle Anlagen errichtet worden sind oder werden, keinen Anspruch auf alleinige Berechtigung, und wenn die besten Einrichtungen für Reinigung der Abwässer getrof-
15 fen und diese vom Staat durch seine technischen Beamten gutgeheißen worden sind, so hat die Fischerei kein weiteres Vorrecht zu beanspruchen. In solchen Fällen muss das geringfügige Interesse der Fischzucht dem überwältigenden Interesse der Industrie weichen. [...]
20 Dieser Grundsatz entspricht nicht nur den Anforderungen des Nationalwohlstandes, sondern auch den wirtschaftlichen Interessen der örtlichen Bevölkerung. Denn wo ein Landstrich vor dem Entstehen der Industrie nur eine spärliche und ärmliche Bevölkerung trug, welche zwar ungehin-
25 derten und reichlichen Fischfang trieb, aber nur geringen Absatz und geringen Verdienst fand und, an die Scholle gebunden, an den Fortschritten der Zivilisation nur geringen Anteil nehmen konnte; da verdichtet sich die Bevölkerung durch das Aufblühen der Industrie, Arbeiterscharen strömen
30 herbei; Verkehrswege werden geschaffen; ein fortwährendes Kommen und Gehen bringt die ortsansässige Bevölkerung in lebendige Berührung mit dem kräftig pulsierenden Leben der Nation; neuer Absatz, vermehrter Verdienst öffnen sich; Bildungsanstalten entstehen und gestatten der Bevölkerung,
35 sich auf eine höhere Stufe der Kultur zu heben.
Es liegt daher im wohlverstandenen Interesse eines jeden armen Landstriches, das Aufblühen der Industrie zu fördern, selbst auf Kosten der Fischerei.

Konrad Wilhelm Jurisch, Die Verunreinigung der Gewässer, Berlin 1890, S. 103; zitiert nach: Franz-Josef Brüggemeier und Michael Toyka-Seid (Hrsg.), Industrie-Natur. Lesebuch zur Geschichte der Umwelt im 19. Jahrhundert, Frankfurt am Main u. a. 1995, S. 145 f. (sprachlich normalisiert)

1. *Fassen Sie die Argumentationslinie zusammen.*
2. *Bewerten Sie die Stichhaltigkeit der Argumentation.*

M4 Selbstreinigungskraft der Natur

Der erste Professor für Hygiene in Deutschland, Max von Pettenkofer, analysiert 1881 die Rolle von Luft, Wasser und Erde für die Gesundheit des Menschen:

Seit die Menschheit den Begriff Gesundheit erfasst hat, wurden der Örtlichkeit, die man als wesentlich aus Luft, Wasser und Boden bestehend betrachtet, wohl schon immer krank machende und gesund machende Eigenschaften zugeschrieben, man hat aber den Sitz dessen, was krank 5 und gesund macht, [...] weniger im Boden des Ortes angenommen. [...]
Alles Wasser, was wir auf Erden trinken, fällt vom Himmel und ist überall fast gleich zusammengesetzt. Erst wenn es in den Boden eindringt und durch ihn weiterzieht, verändert 10 es sich durch die Aufnahme von Stoffen, welche der Örtlichkeit entstammen, durch die es läuft. [...] Wenn also Luft oder Wasser an einem Orte verdorben sind, so geht die Verderbnis nicht von einer Entmischung oder Zersetzung dieser beiden Lebenselemente aus, sondern vom Ort selbst, und sie rei- 15 nigen sich bald wieder. Am längsten und zähesten haftet eine Verunreinigung am Boden, der keinen Ortswechsel hat, wie Luft und Wasser. Wenn man früher für einen Ort den hygienischen Wert der Luft an erste Stelle, den des Wassers an zweite und den des Bodens an dritte Stelle setzte, so darf 20 man gegenwärtig die Reihenfolge wohl umkehren. [...]
Eine regelrechte Kanalisierung mit hinreichender Spülung bezweckt nicht nur die Fortschaffung vielen Schmutzes, sondern auch eine große Verdünnung aller in Wasser löslichen und schwemmbaren Schmutzstoffe, und diese Verdünnung 25 trägt nachweisbar auch zu ihrer Unschädlichmachung und völligen Zerstörung bei. Die Gegner der Kanalisation führen sehr gern an, dass es unmöglich sei, ein Kanalnetz absolut dicht herzustellen. Darauf kommt es aber auch gar nicht an, es genügt, die in den Boden eindringende Unreinigkeit, 30 soweit sie organischer Natur ist, bis auf ein gewisses Maß herabzuringen, in welchem sie rasch vom Boden verändert und unschädlich verarbeitet wird.

Max von Pettenkofer, Der Boden und sein Zusammenhang mit der Gesundheit des Menschen, Berlin ²1882, S. 5 - 7

1. *Erörtern Sie die von Pettenkofer beschriebenen „Verarbeitungsprinzipien" der Natur und beurteilen Sie die Tragfähigkeit der Argumentation.*
2. *Diskutieren Sie die Folgen solcher wissenschaftlicher Aussagen für das öffentliche Umweltbewusstsein einerseits und die konkreten Hygienemaßnahmen andererseits. Ziehen Sie Rückschlüsse auf den damaligen Stellenwert von Umweltschutzmaßnahmen.*

M5 Großstadtleben um 1900

Der deutsche Soziologe und Philosoph Georg Simmel wird mit seinem 1903 erschienenen Aufsatz „Die Großstädte und das Geistesleben" zum Begründer der Stadtsoziologie, die sich mit den Beziehungen zwischen sozialen Gruppen im städtischen Raum auseinandersetzt. Zum Leben in der modernen Großstadt schreibt Simmel:

Die psychologische Grundlage, auf der der Typus großstädtischer Individualitäten sich erhebt, ist die Steigerung des Nervenlebens, die aus dem raschen und ununterbrochenen Wechsel äußerer und innerer Eindrücke hervorgeht. [...]
5 Indem die Großstadt gerade diese psychologischen Bedingungen schafft – mit jedem Gang über die Straße, mit dem Tempo und den Mannigfaltigkeiten des wirtschaftlichen, beruflichen, gesellschaftlichen Lebens – stiftet sie schon in den sinnlichen Fundamenten des Seelenlebens, in dem Bewusst-
10 seinsquantum, das sie uns wegen unserer Organisation als Unterschiedswesen abfordert, einen tiefen Gegensatz gegen die Kleinstadt und das Landleben, mit dem langsameren, gewohnteren, gleichmäßiger fließenden Rhythmus ihres sinnlich-geistigen Lebensbildes. [...]
15 Die Großstädte sind von jeher die Sitze der Geldwirtschaft gewesen, weil die Mannigfaltigkeit und Zusammendrängung des wirtschaftlichen Austausches dem Tauschmittel eine Wichtigkeit verschaffte, zu der es bei der Spärlichkeit des ländlichen Tauschverkehrs nicht gekommen wäre. Geld-
20 wirtschaft aber und Verstandesherrschaft stehen im tiefsten Zusammenhange. Ihnen ist gemeinsam die reine Sachlichkeit in der Behandlung von Menschen und Dingen, in der sich eine formale Gerechtigkeit mit rücksichtsloser Härte paart. [...]
25 Das Wesentliche auf wirtschaftspsychologischem Gebiet ist hier, dass in primitiveren Verhältnissen für den Kunden produziert wird, der die Ware bestellt, sodass Produzent und Abnehmer sich gegenseitig kennen. Die moderne Großstadt aber nährt sich fast vollständig von der Produktion für den
30 Markt, d.h. für völlig unbekannte, nie in den Gesichtskreis des eigentlichen Produzenten tretende Abnehmer. Die Beziehungen und Angelegenheiten des typischen Großstädters pflegen so mannigfaltige und komplizierte zu sein, vor allem: Durch die Anhäufung so vieler Menschen mit so dif-
35 ferenzierten Interessen greifen ihre Beziehungen und Betätigungen zu einem so vielgliedrigen Organismus ineinander, dass ohne die genaueste Pünktlichkeit in Versprechungen und Leistungen das Ganze zu einem unentwirrbaren Chaos zusammenbrechen würde. Wenn alle Uhren in Berlin plötz-
40 lich in verschiedener Richtung falsch gehen würden, auch nur um den Spielraum einer Stunde, so wäre sein ganzes wirtschaftliches und sonstiges Verkehrsleben auf lange

hinaus zerrüttet. [...] So ist die Technik des großstädtischen Lebens überhaupt nicht denkbar, ohne dass alle Tätigkeiten und Wechselbeziehungen aufs Pünktlichste in ein festes, 45 übersubjektives Zeitschema eingeordnet würden. [...] Dieselben Faktoren, die so in der Exaktheit und minutenhaften Präzision der Lebensform zu einem Gebilde von höchster Unpersönlichkeit zusammengeronnen sind, wirken andererseits auf ein höchst persönliches hin. Es gibt vielleicht 50 keine seelische Erscheinung, die so unbedingt der Großstadt vorbehalten wäre, wie die Blasiertheit. [...] Das Wesen der Blasiertheit ist die Abstumpfung gegen die Unterschiede der Dinge, nicht in dem Sinne, dass sie nicht wahrgenommen würden, wie von dem Stumpfsinnigen, sondern so, dass die 55 Bedeutung und der Wert der Unterschiede der Dinge selbst als nichtig empfunden wird. Sie erscheinen dem Blasierten in einer gleichmäßig matten und grauen Tönung, keines wert, dem anderen vorgezogen zu werden. Diese Seelenstimmung ist der getreue subjektive Reflex der völlig durchdrungenen 60 Geldwirtschaft; indem das Geld alle Mannigfaltigkeiten der Dinge gleichmäßig aufwiegt, alle qualitativen Unterschiede zwischen ihnen durch Unterschiede des Wieviel ausdrückt, indem das Geld, mit seiner Farblosigkeit und Indifferenz, sich zum Generalnenner aller Werte aufwirft, wird es der 65 fürchterlichste Nivellierer, es höhlt den Kern der Dinge, ihre Eigenart, ihren spezifischen Wert, ihre Unvergleichbarkeit rettungslos aus. [...]
Die geistige Haltung der Großstädter wird man in formaler Hinsicht als Reserviertheit bezeichnen dürfen. Wenn der fort- 70 während äußeren Berührung mit unzähligen Menschen so viele innere Reaktionen antworten sollten, wie in der kleinen Stadt, in der man fast jeden Begegnenden kennt und zu jedem ein positives Verhältnis hat, so würde man sich innerlich völlig atomisieren und in eine ganz unausdenkbare seelische 75 Verfassung geraten. [...]
Diese Reserviertheit [...] erscheint aber nun wieder als Form oder Gewand eines viel allgemeineren Geisteswesens der Großstadt. Sie gewährt nämlich dem Individuum eine Art und ein Maß persönlicher Freiheit, zu denen es in anderen 80 Verhältnissen keine Analogie gibt.

Georg Simmel, Die Großstädte und das Geistesleben, in: ders., Gesamtausgabe, Bd. 7, Frankfurt am Main 1995, S. 116 ff.

1. *Arbeiten Sie die vom Autor beschriebenen Wesensmerkmale des Großstadtlebens heraus.*

2. *Skizzieren Sie die Verhaltensmuster, die Simmel den Großstädtern zuschreibt, und erläutern Sie, wie er diese begründet. Analysieren Sie die „Zivilisationskritik", die er damit betreibt.*

3. *Diskutieren Sie die Vorstellungen Simmels von menschlicher Zivilisation und Kultur. Entwickeln Sie daraus alternative Lebensformen.*

M6 Alfred Wolfenstein: Städter (1914)

Dicht wie die Löcher eines Siebes stehn
Fenster beieinander, drängend fassen
Häuser sich so dicht an, dass die Straßen
Grau geschwollen wie Gewürgte stehn.

5 Ineinander dicht hineingehakt
Sitzen in den Trams[1] die zwei Fassaden
Leute, ihre nahen Blicke baden
Ineinander, ohne Scheu befragt.

Unsre Wände sind so dünn wie Haut,
10 Dass ein jeder teilnimmt, wenn ich weine.
Unser Flüstern, Denken ... wird Gegröle ...

– Und wie still in dick verschlossner Höhle
Ganz unangerührt und ungeschaut
Steht ein jeder fern und fühlt: alleine.

Kurt Pinthus (Hrsg.), Menschheitsdämmerung. Ein Dokument des Expressionismus, Reinbek ³2003, S. 45 f.

1. *Analysieren Sie die sprachlichen Mittel, die der Dichter verwendet, die Bilder und die Grundstimmung, die durch diese erzeugt wird.*

2. *Skizzieren Sie, auf welche Weise der Dichter seine Haltung zur Moderne zum Ausdruck bringt. Ziehen Sie ergänzend Informationen zum Werk Wolfensteins hinzu.*

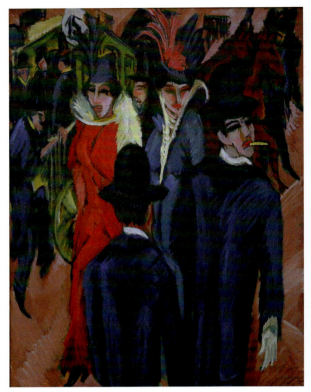

▲ „Berliner Straßenszene."
Ölgemälde von Ernst Ludwig Kirchner, 1913.
- Beschreiben Sie Personen und Kulisse des Gemäldes. Worin liegt für Kirchner das Spezifische der Großstadt und wie gelingt es ihm, dies einzufangen?
- Vergleichen Sie die Charakterisierung der Städter in M6 mit der Darstellung Kirchners.

M7 Jugendbewegung und Nation

In einem Aufruf zum Ersten Freideutschen Jugendtag auf dem Hohen Meißner im Jahr 1913 formulieren verschiedene Jugendorganisationen ihre Ziele:

Die deutsche Jugend steht an einem geschichtlichen Wendepunkt. Die Jugend, bisher aus dem öffentlichen Leben der Nation ausgeschaltet und angewiesen auf eine passive Rolle des Lernens, auf eine spielerisch-nichtige Geselligkeit und 5 nur ein Anhängsel der älteren Generation, beginnt sich auf sich selbst zu besinnen. Sie versucht, unabhängig von den trägen Gewohnheiten der Alten und von den Geboten einer hässlichen Konvention sich selbst ihr Leben zu gestalten. Sie strebt nach einer Lebensführung, die jugendlichem Wesen 10 entspricht, die es ihr aber zugleich ermöglicht, sich selbst und ihr Tun ernst zu nehmen und sich als einen besonderen Faktor in die allgemeine Kulturarbeit einzugliedern. Sie möchte das, was in ihr an reiner Begeisterung für höchste Menschheitsaufgaben, an ungebrochenem Glauben und Mut zu einem adligen Dasein lebt, als einen erfrischenden, 15 verjüngenden Strom dem Geistesleben des Volkes zuführen, und sie glaubt, dass nichts heute unserem Volke nötiger ist als solche Geistesverjüngung. Sie, die im Notfall jederzeit bereit ist, für die Rechte ihres Volkes mit dem Leben einzutreten, möchte auch im Kampf und Frieden des Werktags ihr frisches 20 reines Blut dem Vaterlande weihen. Sie wendet sich aber von jenem billigen Patriotismus ab, der sich die Heldentaten der Väter in großen Worten aneignet, ohne sich zu eigenen Taten verpflichtet zu fühlen, dem vaterländische Gesinnung sich erschöpft in der Zustimmung zu bestimmten politischen 25 Formeln, in der Bekundung des Willens zu äußerer Machterweiterung und in der Zerreißung der Nation durch die politische Verhetzung. Die unterzeichneten Verbände haben,

[1] Tram: altmodische Bezeichnung für Straßenbahn

jeder von seiner Seite her, den Versuch gemacht, den neuen
30 Ernst der Jugend in Arbeit und Tat umzusetzen; sei es, dass
sie den Befreiungskampf gegen den Alkohol aufnahmen, sei
es, dass sie eine Veredlung der Geselligkeit oder eine Neugestaltung der akademischen Lebensformen versuchten, sei es,
dass sie der städtischen Jugend das freie Wandern und damit
35 ein inniges Verhältnis zu Natur und Volkstum wiedergaben,
sei es, dass sie den Typus einer neuen Schule als des Heims
und Ursprungs einer neu gearteten Jugend ausgestalteten.
Aber sie alle empfinden ihre Einzelarbeit als den besonderen Ausdruck eines ihnen allen gemeinsamen Gefühls vom
40 Wesen, Wert und Willen der Jugend, das sich wohl leichter in
Taten umsetzen als auf Formeln bringen lässt. Diesen neuen,
hier und da aufflammenden Jugendgeist haben sie als den
ihnen allen gemeinsamen erkannt und den Beschluss gefasst, aus Gesinnungsgenossen nunmehr auch Bundesge-
45 nossen zu werden. Uns allen schwebt als gemeines Ziel die
Erarbeitung einer neuen edlen deutschen Jugendkultur vor.

Werner Kindt (Hrsg.), Dokumentation der Jugendbewegung, Bd. 1: Grund-
schriften der Jugendbewegung, Düsseldorf 1963, S. 93

1. *Skizzieren Sie das Selbstverständnis der Jugendbewegung.*
2. *Recherchieren Sie, welche Jugendorganisationen auf
dem Hohen Meißner vertreten waren und wie sie sich
in den Aufruf eingebracht haben.*
3. *Analysieren Sie die von der Jugend beanspruchte
„nationale Aufgabe" und diskutieren Sie mögliche
Konsequenzen.*

M8 Heimatschutz

*Der Musiker Ernst Rudorff ist Mitbegründer des „Bundes
Heimatschutz". 1897 schreibt Rudorff in der Zeitschrift „Die
Grenzboten":*

Was haben die letzten Jahrzehnte aus der Welt und insbeson-
dere aus Deutschland gemacht! Was ist aus unsrer schönen,
herrlichen Heimat mit ihren malerischen Bergen, Strömen,
Burgen und alten Städten geworden, seitdem sie Dichter
5 wie Uhland, Schwab und Eichendorff zu unvergänglichen
Liedern begeistert, seit Ludwig Tieck, Arnim und Brentano die
Wunderwildnis des Heidelberger Schlosses gepriesen haben!
Der Gesichtskreis des Einzelnen ist ja verschwindend klein im
Vergleich zu dem großen Vaterlande; umso erschreckender
10 ist, was jeder, der seine Augen offen hält, innerhalb dieses
engsten Rahmens unablässig an Veränderungen zu erleben
hat, die ebenso viel Vernichtungen bedeuten. Auf der einen

Seite Ausbeutung aller Schätze und Kräfte der Natur durch
industrielle Anlagen aller Art, Vergewaltigung der Landschaft
durch Stromregulierungen, Eisenbahnen, Abholzungen und 15
andere schonungslose, lediglich auf Erzielung materieller
Vorteile gerichtete Verwaltungsmaßregeln, mag dabei an
Schönheit und Poesie zugrunde gehen, was da will; auf der
andern Seite Spekulationen auf Fremdenbesuch, widerwär-
tige Anpreisung landschaftlicher Reize, und zu gleicher Zeit 20
Zerstörung jeder Ursprünglichkeit, also gerade dessen, was
die Natur zur Natur macht. [...]
Die Welt wird nicht nur hässlicher, amerikanisierter mit jedem Tag, sondern mit unserem Drängen und Jagen nach den
Trugbildern vermeintlichen Glücks unterwühlen wir zugleich 25
unablässig, immer weiter und weiter den Boden, der uns
trägt. [...] Fahren wir fort, so zu wirtschaften wie bisher, so
werden wir bald ein ausgelebtes Volk sein, dessen religiöses
Empfinden samt allen übrigen Kräften des Gemüts verdorrt
oder verflacht, das keines geistigen Aufschwungs mehr fähig 30
ist, keinen Dichter, keinen großen Künstler, überhaupt keine
wahrhaft schöpferische Persönlichkeit mehr hervorzubringen vermag, höchstens in leerer Scheingröße fortvegetiert. Ja
noch mehr: Wir arbeiten den Ideen der roten Internationale
mit unsrer Gleichmacherei geradezu in die Hände. Es ist 35
bezeichnend, dass die Vaterlandslosigkeit fast ausschließlich
in den Fabrikbezirken großgezogen wird. Was gibt es auch
an vaterländischen Gütern besonderes zu schützen, wofür
das Leben einzusetzen wäre, wenn jede Eigenart der Heimat
in ihrem landschaftlichen und geschichtlich gewordenen 40
Charakter, jede Volkstümlichkeit und Besonderheit in Wesen, Sitte und Erscheinung vertilgt wird? [...] Die elektrisch
beleuchteten Mietskasernen, die Fabrikschornsteine, die Ho-
tels und die Pferdebahnen sehen in dem modernen Rom
gerade so aus wie Berlin oder New York. Das Rennen und 45
Hasten nach Reichtum und Wohlleben ist dasselbe diesseits
und jenseits des Ozeans. Wenn es weiter nichts mehr gibt
auf der Welt als das, so ist die Frage erlaubt, warum man
sich überhaupt noch bemüht, die Barriere aufrechtzuhalten,
die ein Staat dem andern gegenüber errichtet. Dann ist es 50
doch das Klügste, den Vaterlandswahn abzuschütteln und
die ungeheure lange Weile des Einerlei mit der Einführung
des Volapük[1] als Weltsprache zu besiegeln.

Zitiert nach: Franz-Josef Brüggemeier und Michael Toyka-Seid (Hrsg.),
Industrie-Natur. Lesebuch zur Geschichte der Umwelt im 19. Jahrhundert,
Frankfurt am Main 1995, S. 205 ff.

[1] Volapük: um 1880 geschaffene und anfangs weitverbreitete
künstliche Welt- bzw. Plansprache, die sich jedoch nicht dauerhaft durchsetzen konnte. Der Name „Volapük" wurde aus den
englischen Wörtern world und speak gebildet.

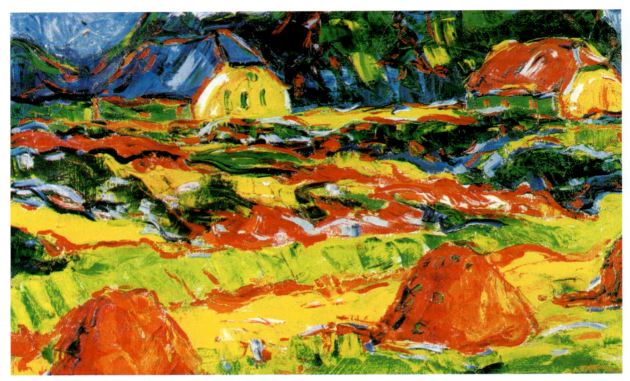

▲ „Herbstlandschaft". *Gemälde von Karl Schmidt-Rottluff, 1907.*
■ *Vergleichen Sie das Gemälde Schmidt-Rottluffs einerseits mit dem Gemälde auf S. 132 und andererseits mit dem Gemälde auf S. 146. Analysieren Sie jeweils die Bildaussage und arbeiten Sie die für die Epoche typische Sichtweise, Vorstellung und Haltung heraus. Untersuchen Sie dazu Thema und Motiv, Licht- und Farbakzente, Bewegungen, Perspektiven und Größenverhältnisse und beschreiben Sie die Wirkung, die von den Bildern jeweils ausgeht.*
■ *Informieren Sie sich über die Kunstrichtungen der Epoche. Erläutern Sie die Unterschiede und ordnen Sie die Gemälde den Kunstrichtungen zu.*

1. *Erörtern Sie das Verhältnis von Gesellschaft und Natur, das Rudorff beschreibt.*
2. *Erläutern Sie den Begriff „Naturromantik". Inwiefern setzt sich Rudorff seinerseits mit Naturromantik kritisch auseinander? Schließen Sie auf seine Vorstellungen von einem richtigen Umgang mit der Natur.*
3. *Analysieren Sie die politische Position Rudorffs.*
4. *Diskutieren Sie den Vorwurf der „Internationalisierung" der Moderne aus heutiger Sicht.*

M9 Zeitungsboom in Berlin

Nach 1871 kommt es zu einer Welle von Zeitungsgründungen. Neben die politischen, zum Teil parteigebundenen Zeitungen treten die sogenannten „Generalanzeiger" – Tageszeitungen, die sich selbst als unabhängig und überparteilich bezeichnen und mit ihren großen Anzeigenteilen einen breiten Leserkreis erreichen. Der Historiker Thomas Nipperdey analysiert die Entwicklung des Berliner Zeitungswesens:

Besonders interessant ist die Entwicklung der Berliner Presse. 1872 gründete der im Anzeigengeschäft groß gewordene R. Mosse[1] das „Berliner Tageblatt", das schon einige der neuen Charakteristiken aufwies: ein niedriger Preis – 4,50 Mark pro Quartal, die Kreuzzeitung[2] kostete 8,50 Mark – starker Lokal-, Unterhaltungs- und Anzeigenteil und später regelmäßige Beilagen für Haus, Hof, Garten, für Technik, Wissenschaft, für Literatur, für Humor („Ulk"). Die Zeitung war zunächst stark lokal orientiert, rechtsliberal, aber wenig politisch; als sie sich etabliert hatte, wurde sie im Niveau anspruchsvoller und politischer, seit dem Ende der 70er-Jahre zunehmend überregional – dem diente z. B. die Gratisverteilung an Provinzblätter und Bahnpersonal –, ja national und international, und – dezidiert – linksliberal. Mit ähnlichen Methoden gründete Mosse 1889 die lokale und populäre „Berliner Morgenzeitung", und als er 1906 die „Berliner Volks-Zeitung" übernahm, hat er

---
[1] Rudolf Mosse (1843-1920) war ein deutscher Geschäftsmann und Verleger.
[2] Kreuzzeitung: der konservativen Partei nahe stehende Zeitung

deren Auflage schnell verzehnfacht. Der Großverlag mit diversifizierter Produktion war entstanden. Leopold Ullstein war der zweite werdende Großverleger in Berlin: zuerst mit
20 der „Berliner Zeitung" 1877, dann der „Berliner Abendpost" – niedrige Abonnementpreise und neue Vertriebsmethoden waren für den Erfolg ausschlaggebend; 1898 kam die besonders erfolgreiche „Berliner Morgenpost" (1900 fast 400 000 Auflage); 1904 – anstelle der „Berliner Zeitung" – die „BZ am
25 Mittag", ein neuer Typ, auf Telefonberichten aufgebaut und im Straßenverkauf vertrieben: 1914 übernahm Ullstein auch die alte, finanziell marode „Vossische Zeitung". Dazu kamen die „Berliner Illustrierte Zeitung" 1891, die mit Aufmachung, Pressefotos, satirischen Zeichnungen (Paul Simmel) und den
30 „Serien" wie mit dem Vertrieb im Bahnhofs- und Straßenhandel Epoche machte, 1900 etwa eine halbe, 1914 etwa eine Million Auflage hatte; und 1905 eine besondere Frauenzeitschrift. Endlich August Scherl: Der „Berliner Lokalanzeiger" 1883 war der erste reine Generalanzeiger-Typ in Berlin,
35 zunächst aus Anzeigen finanziert, kostenlos an Haus- und Grundbesitzer und Beamte, sonst gegen Zustellgebühr im Monat –; neben dem großen Berliner Lokalteil gab es Lokalteile für das Umland, dazu eine Sparte für Beratung, Hilfe und Trost und endlich den an den spannenden Stellen abbrechen-
40 den Fortsetzungsroman („Spannungsumbruch") – das war das Erfolgsrezept (1900: 200 000 Auflage). Nach 1900 rückt die Zeitung aus relativer Farblosigkeit nach rechts, in Regierungsnähe. 1900 steigt Scherl mit dem „Tag" in die gehobene Presse ein, dazu tritt – wie bei Ullstein – eine Illustrierte,
45 die „Woche", und die altberühmte übernommene Familienzeitschrift „Die Gartenlaube". [...] In allen drei Großverlagen stützten nach 1900 die Massenzeitungen auch Erzeugnisse des gehobenen Journalismus. Charakteristisch bleiben die Konzentration, der Konkurrenzkampf um Marktanteile mit
50 immer neuen Zeitungstypen und -profilen und eine neue Kombination unpolitischer und politischer Elemente.

Thomas Nipperdey, Deutsche Geschichte 1866-1918, Bd. 1: Arbeitswelt und Bürgergeist, München ³1990, S. 799 f.

1. *Beschreiben Sie die Veränderungen auf dem Berliner Zeitungsmarkt. Wodurch zeichnet sich das neue Zeitungswesen nach Meinung Nipperdeys aus?*

2. *Analysieren Sie, inwiefern das Zeitungswesen die gesellschaftliche Entwicklung widerspiegelt.*

3. *Diskutieren Sie den Einfluss der Zeitungen auf die politische Meinungsbildung.*

4. *Informieren Sie sich über die Auflagenstärke der großen überregionalen Zeitungen heute und vergleichen Sie.*

M10 Waren und Träume

Über das 1897 in Berlin erbaute Kaufhaus Wertheim schreibt der spätere Außenminister Gustav Stresemann 1900:

Wenn man heute in einer Familie hört: Wir gehen zu Wertheim, so heißt das nicht in erster Linie wir brauchen irgendetwas besonders notwendig für unsere Wirtschaft, sondern man spricht wie von einem Ausfluge, den man etwa nach irgendeinem schönen Ort der Umgebung macht. [...] In der 5 Leipzigerstraße angekommen, bewundert man erst eine ganze Zeit lang die Schaufenster, dann ergeht man sich in den Erdgeschossräumen, sieht sich die verschiedensten Auslagen an, kauft vielleicht hier und da, lässt sich mit dem Fahrstuhl nach dem ersten Stock befördern und nimmt wo- 10 möglich eine Tasse Schokolade nebst dem obligaten Stück Torte oder Apfelkuchen. Hat man Bekannte gefunden oder mitgebracht, so bleibt man wohl plaudernd längere Zeit sitzen, zeigt die gegenseitigen Einkäufe und reizt sich dadurch gegenseitig zu neuen Ausgaben. Die Zeit verfliegt [...], und 15 wenn man an der Uhr plötzlich sieht, dass es höchste Zeit sei heimzukehren, so macht man oft wohl gleichzeitig die Wahrnehmung, dass man anstatt der einen Krawattenschleife, die man anfänglich kaufen wollte, mit einem ganzen Bündel der verschiedenartigsten Sachen beladen ist. Eine Zeit lang spürt 20 man dann vielleicht Reue oder nimmt sich vor, nicht wieder so leichtsinnig zu sein, aber sobald man das Warenhaus betreten hat, um einen kleinen Einkauf zu machen, wiederholt sich das Schauspiel aufs Neue.

Der sozialdemokratische Politiker Paul Göhre bemerkt 1907 über Wertheim:

Unwillkürlich kommt einem der Vergleich mit einem mo- 25 dernen Ozeandampfer in den Sinn. Beide Bauten von riesigen Dimensionen, in deren Inneren jedes Plätzchen auf das Sorgfältigste und Überlegteste ausgenutzt, in die das komplizierte Leben der heutigen Gesellschaft zusammengepresst ist. Beide, Ozeandampfer wie Warenhaus, ein Triumph 30 moderner, gesellschaftlich organisierter menschlicher Arbeit.

Axel Kuhn, „Verkauf von Waren und Träumen", in: August Nitschke u.a. (Hrsg.), Jahrhundertwende. Der Aufbruch in die Moderne 1880-1930, Bd. 2, Reinbek 1990, S. 61 f. und 65

1. *Erläutern Sie, worin nach Stresemann der Reiz beim Besuch eines Warenhauses besteht. Erörtern Sie, ob es heute noch ähnliche Erscheinungen gibt.*

2. *Versetzen Sie sich in die Lage eines Berliner Arbeiters um 1900 und formulieren Sie, was er wohl bei einem Rundgang in diesem Kaufhaus empfunden haben mag.*

Expansion im Industriezeitalter: Motive und Grundzüge des europäischen Imperialismus

▲ Die Kolonialreiche um 1914.

Vom Kolonialismus zum Imperialismus Die europäische Expansion nach Übersee, die seit dem 16. Jahrhundert durch die Kolonisationsbewegung der Spanier und Portugiesen, dann hauptsächlich der Holländer, Engländer und Franzosen geprägt war, veränderte die Welt grundlegend. Seit Mitte der 1880er-Jahre erhielt dieser Vorgang eine gesteigerte Stoßkraft, denn jetzt wurde es zum programmatischen Ziel, politisch und wirtschaftlich abhängige Gebiete außerhalb der eigenen Grenzen zielgerichtet dem eigenen Herrschaftsbereich einzuverleiben, um so die Machtstellung der eigenen Nation zu stärken.

Unter diesen neuen Vorzeichen wandelte sich im letzten Drittel des 19. Jahrhunderts der **Kolonialismus** zum *Imperialismus* und stellte damit zugleich Fortsetzung und Höhepunkt der europäischen Expansion dar (▶ M1). Vom lateinischen Wort *Imperium* abgeleitet, bedeutet der Begriff „Herrschaft" oder „Großreichspolitik" und kann als die territoriale Ausdehnung eines Staates über andere Länder und Völker verstanden werden. Im weiten Sinne umfasst der „Imperialismus" das gesamte 19. und frühe 20. Jahrhundert bis zum Ausbruch des Ersten Weltkrieges. Als „klassisches Zeitalter des Imperialismus" oder als Periode des *Hochimperialismus* gelten jedoch die Jahre zwischen 1880 und 1914, in denen die gesamte nichteuropäische Welt von der europäischen Zivilisation sowie dem westlich-industriellen System durchdrungen wurde. Das Gleichgewicht der Mächte wich einem allgemeinen Prestige- und Rüstungswettlauf.

Zum Hauptschauplatz der um Kolonien wetteifernden Großmächte wurde das bis dahin weitgehend unerschlossene Afrika. Ein weiterer Schwerpunkt des Interesses lag in Ostasien, vor allem in China und im pazifischen Raum. Manche Staaten wie Belgien, das Deutsche Reich und Italien erwarben erstmals koloniale Besitzungen und traten damit in Konkurrenz zu den „alten" Kolonialmächten – allen voran England mit seinem „Empire", das neben den ehemaligen Siedlungskolonien, den *Dominions* (Kanada, Neufundland, Australien, Neuseeland, Kapkolonie in Afrika), und Britisch-Indien Kolonien

---

Kolonialismus: Herrschaft eines Staates über abhängige Kolonien. Der Begriff ist abgeleitet von Kolonie, d. h. abhängiges Land. Kolonien stehen in der Abhängigkeit einer Kolonialmacht, die direkt durch Statthalter oder indirekt politisch-wirtschaftlich ihren Einfluss geltend macht. Der Herrschaftsanspruch der Kolonialmacht beruht allein auf ihrem Ausdehnungsstreben, das aufgrund politischer, militärischer oder wirtschaftlich-technischer Überlegenheit möglich wird. Den Prozess der Landnahme bezeichnet man als Kolonisation.

und Stützpunkte in aller Welt umfasste. Die Rufe nach einem „größeren Britannien" ebenso wie nach einem „neuen Frankreich" wurden immer lauter (▸ M2). Gleichzeitig setzte das zaristische Russland seine Expansion bis nach Persien und an die Grenzen Afghanistans, Koreas und nach China fort. Auch die USA* und Japan, das sich im letzten Drittel des 19. Jahrhunderts in einem raschen Industrialisierungs- und Modernisierungsprozess dem europäisch-amerikanischen Vorbild anglich, beteiligten sich an diesem Vorgang.

Da die noch „freien" Gebiete der Erde begrenzt waren, entwickelte sich ein internationales Ringen um Vergrößerung der eigenen Territorien und Abrundung der Einflussgebiete. Die Konkurrenzsituation beschleunigte den Prozess der Landnahme enorm. Innerhalb weniger Jahrzehnte teilten die Kolonialmächte die Welt unter sich auf und unterwarfen die unterlegenen Länder und Völker. Vor dem Ersten Weltkrieg stand die Hälfte der Erde und damit mehr als 600 Millionen Menschen unter kolonialer Herrschaft.

Industrialisierung und Globalisierung 🔳 Lange vor Beginn der Industrialisierung hatte sich durch den überseeischen Handel ein global vernetztes Wirtschaftssystem gebildet. Europäische Handelsgesellschaften besaßen Niederlassungen in Asien, Afrika und Amerika, um dort Rohstoffe wie Gewürze, Pflanzenfarben, Baumwolle, Kaffee, Kautschuk, aber auch Edelmetalle und Mineralien billig einzukaufen und nach Europa zu verschiffen.

> **Globalisierung**: Der Begriff charakterisiert die rapiden wirtschaftlichen Wandlungsprozesse, die seit dem Ende des Ost-West-Konflikts die Welt prägen. Allgemein kann unter Globalisierung ein Prozess verstanden werden, in dem sich Wirtschafts- und Gesellschaftssysteme über die Grenzen der Nationalstaaten hinaus in ökonomischer, aber auch sozialer und kultureller Hinsicht immer stärker miteinander vernetzen.

Einen entscheidenden Schub erhielten die weltweiten wirtschaftlichen Verflechtungen jedoch erst durch technische Innovationen im Zuge der Industrialisierung. Dampfschiffe sorgten mit ihren größeren Ladekapazitäten und höheren Geschwindigkeiten für den billigen Transport von Massengütern über große Entfernungen und eine enorme Ausweitung der Absatzmöglichkeiten. Eisenbahnen ermöglichten die Erschließung weitläufiger Länder. Telegraf und Telefon revolutionierten die Übermittlung von Informationen.

Die Dynamik der Industriellen Revolution ging jedoch auch mit einer zunehmenden kapitalistischen Konkurrenzwirtschaft einher. Der Weltmarkt ließ die Industriestaaten von internationalen konjunkturellen Krisen abhängig werden. Warenüberangebote, Preiseinbrüche, Produktionsrückgänge und steigende Arbeitslosigkeit führten zu einem scharfen Wettbewerb der Industriestaaten untereinander. Durch die rasch steigenden Produktionsmengen erhöhte sich die Nachfrage nach Rohstoffen, die die europäischen Länder selbst nicht produzieren konnten. Zwischen 1890 und 1910 verdreifachte sich beispielsweise auf dem Weltmarkt der Preis für Kautschuk, der für die Reifen von Fahrrädern und Autos gebraucht wurde.

Von zeitgenössischen Verfechtern und Kritikern der imperialistischen Politik, aber auch in der modernen Forschung wurde ein enger Zusammenhang zwischen dem industriell-kapitalistischen Wirtschaftssystem und der imperialistischen Politik hergestellt (▸ M3). Beide Seiten argumentierten, dass die Kolonien als Rohstofflieferanten und Absatzmärkte für das Wirtschaftswachstum der Industrienationen von existenzieller Bedeutung gewesen seien und dies letztlich ausschlaggebend für die Expansionspolitik war.

Von Ausnahmen wie Britisch-Indien abgesehen war die gesamtwirtschaftliche Bilanz der Kolonien jedoch eher negativ, auch wenn einzelne Firmen oder Interessengruppen große Gewinne aus den Kolonien zogen. Der Export von Fertigprodukten in die

---

* Zum US-Imperialismus vgl. das Kapitel „Aufstieg der USA zur Weltmacht", S. 332 ff.

Kolonien war gering (▶ M4). Mehr als zwei Drittel des Welthandels konzentrierten sich bis 1914 auf die Industrienationen. Der größte Teil des restlichen Drittels verteilte sich auf Regionen, in denen die Industrialisierung bereits begonnen hatte. Hierzu gehörten die lateinamerikanischen Staaten sowie die britischen Dominions Kanada, Australien oder Neuseeland.

Weder die Industrialisierung noch das rapide Wachstum des Welthandels vor 1914 waren also Voraussetzungen für die imperialistische Politik. Genauso wenig war die territoriale Expansion Bedingung für das Fortschreiten der industriellen und weltwirtschaftlichen Entwicklung – wenngleich sich diese begünstigend auswirkten. Entscheidend war vielmehr, dass der industrielle und technische Fortschritt die Überlegenheit der Industriestaaten gegenüber weniger entwickelten Kulturen und Zivilisationen verstärkte. Er schuf so die Grundlage für die weltweite Durchsetzung des westlich-industriellen Systems. Die Kolonialmächte erzwangen die Öffnung der überseeischen Märkte. Sie erwarben dort Monopole und Konzessionen und durchdrangen als wichtigste Kapitalgeber die regionalen Wirtschaftsstrukturen. Die wirtschaftliche Dominanz war umfassender als direkte politische Kontrolle. Denn diese führte zu weitreichenden ökonomischen Abhängigkeiten und dauerhaften Strukturen der Ungleichheit. Die globalen Folgen von Kolonialismus und Imperialismus sind noch heute im Verhältnis der Industriestaaten zu den Ländern der „Dritten Welt" spürbar.

Nationalismus: weltanschauliches Bekenntnis (Ideologie) zur eigenen Nation und dem Staat, dem man angehört. Auf der einen Seite stand die Überzeugung, dass alle Völker einen Anspruch auf nationale Selbstbestimmung haben, auf der anderen die Hochschätzung des eigenen Volkes. Die Abwertung anderer Nationen trug seit der Mitte des 19. Jh. zu einem übersteigerten Nationalbewusstsein (Chauvinismus) bei, einem Kennzeichen des Imperialismus und des Nationalsozialismus.

Der **Sozialdarwinismus** übertrug die Evolutionstheorie über die „Entstehung der Arten" des englischen Naturforschers Charles Darwin in stark vereinfachter und damit verfälschter Weise auf menschliche Gesellschaften: Im „Kampf ums Dasein" könnten sich demnach nur die weiter entwickelten und daher überlegenen Völker und Staaten durchsetzen.

Ursachen und Legitimationsversuche ▪ Die Ursachen und Legitimationsversuche für den Konkurrenzkampf um Kolonien waren unterschiedlich. In allen Ländern spielten wirtschaftliche Gründe eine wichtige Rolle. In Zeiten, in denen wirtschaftliche Krisen Existenzängste auslösten, galten Kolonien bei allen Bevölkerungsschichten als unverzichtbare Absatzmärkte und Rohstoffquellen. Zudem sollten die Gebiete als Siedlungsraum für die rasch wachsende Bevölkerung Europas dienen.

Eine weitere Ursache war der aufkeimende **Nationalismus** der Industriestaaten. Neben einzelnen Politikern, Kaufleuten, Forschern und Militärs traten gegen Ende des 19. Jahrhunderts auch einflussreiche Verbände für eine Expansionspolitik ein und übten entsprechend Druck auf die Regierungen aus. Diese wiederum hofften, durch die Befriedigung der nationalen Wünsche von innenpolitischen Missständen und Konflikten ablenken zu können. So wurde in einigen Staaten eine Strategie des *Sozialimperialismus* verfolgt: Die Aussicht auf stetiges Wirtschaftswachstum und Wohlstand durch Kolonien sollte in Krisenzeiten die unzufriedenen Massen der Arbeiterschaft beruhigen, revolutionäre Tendenzen unterdrücken und damit die bestehende politische Ordnung erhalten.

Darüber hinaus entwickelte sich infolge der nationalistischen Tendenzen in den Industriestaaten die Einstellung einer unbedingten Überlegenheit gegenüber anderen Völkern. Das christlich motivierte Sendungsbewusstsein, die Fremden zu ihrem eigenen Nutzen zum „rechten" Glauben zu bekehren, wurde durch neue imperiale Ideologien überlagert, die sich als ideale Rechtfertigung für die Unterwerfung erwiesen. Diese Vorstellungen bauten einerseits auf der Überzeugung auf, den Rest der Welt „zivilisieren" und den rückständigen „Wilden" den rechten Glauben, Kultur, Frieden und Fortschritt bringen zu müssen; andererseits resultierten sie aber auch aus einem neuen *Rassismus*: Die stärkeren Völker besäßen das Recht, die schwächeren zu beherrschen und auszubeuten. Vor allem gegenüber der farbigen Bevölkerung erwuchs ein starkes Überlegenheitsgefühl, das in Verbindung mit den Theorien des **Sozialdarwinismus** oftmals rassistische Züge annahm (▶ M5).

Formen imperialer Herrschaft ■ Bis zur Mitte des 19. Jahrhunderts überwogen in den europäischen Kolonialreichen indirekte Herrschaftsmethoden (*informeller Imperialismus* oder *indirect rule*). Es wurden beispielsweise Verträge mit lokalen Machthabern abgeschlossen, die auf die Öffnung der Märkte und die Sicherung des wirtschaftlichen und politischen Einflusses der Europäer abzielten. Sie wurden notfalls mit diplomatischem oder militärischem Druck durchgesetzt. Alles Weitere überließ man den Kaufleuten, Siedlern, Offizieren und Missionaren vor Ort, den „men on the spot". Oftmals bezog sich die Kontrolle nur auf die Küstenregionen eines Landes oder einzelne Stützpunkte. Die bestehenden staatlichen und wirtschaftlichen Ordnungen, Lebensgewohnheiten und Gebräuche der einheimischen Gesellschaften blieben weitgehend unangetastet.

Die europäischen Rivalitäten um Kolonialbesitz seit den 1880er-Jahren führten zu einer Verbreitung direkter, auf politisch-militärischer und wirtschaftlicher Kontrolle basierender Herrschaftsmethoden (*formeller Imperialismus* oder *direct rule*).

Indirekte Herrschaftsmethoden verschwanden jedoch nicht. Vor allem in China* und im Osmanischen Reich basierte der Einfluss der imperialistischen Mächte weitgehend auf wirtschaftlicher Durchdringung und Kontrolle. Überhaupt konnte die reale Durchsetzung von Herrschaft in der Praxis sehr unterschiedlich aussehen. Während in manchen Gebieten kaum von effektiver Herrschaft gesprochen werden kann, etablierten sich im belgischen Kongo-Freistaat, im britischen Südafrika oder in Deutsch-Südwestafrika gewaltsame Unterdrückungsregime. Die Herrschaftsform war jeweils von den verwaltungsmäßigen Zugriffsmöglichkeiten vor Ort, dem militärischen Potenzial und den unterschiedlichen herrschaftsideologischen Grundsätzen der Kolonialmächte abhängig.

Sogar innerhalb des britischen Empire existierten ganz unterschiedliche Verwaltungs- und Herrschaftsformen nebeneinander. Generell bevorzugten die Briten jedoch wo immer möglich das Konzept der indirekt-informellen Herrschaft, das unter möglichst geringem personellen und finanziellen Aufwand die britischen Wirtschafts- und Kapitalinteressen sicherstellte. Die Briten beließen den regionalen Herrschern nach außen ihre Autorität, während diese zugleich – gelenkt durch britische Residenten – zur Errichtung der Fremdherrschaft beitrugen.

Anders gingen die Franzosen vor (▶ M6). Da Selbstregierung dem republikanischen Einheitsgedanken widersprach, wurden die Kolonien direkt von Paris aus gelenkt und von französischen Gouverneuren vor Ort verwaltet. Frankreich verfolgte das Herrschaftsprinzip der Assimilation: Die Kolonien sollten dem Mutterland in jeder Hinsicht angeglichen und die Bevölkerung zu Franzosen „umerzogen" werden. Um die Jahrhundertwende beschränkte man sich schließlich weitgehend auf eine organisatorische Anbindung an das Mutterland und gestand den Kolonien mehr Autonomie zu.

▲ **Zeitgenössische Karikatur auf die französische „Assimilationspolitik".**
Hier ist der Gouverneur von Madagaskar in der Tracht der Eingeborenen, die letzte Königin von Madagaskar, Ranavalona III. (1883-1897), hingegen in europäischer Kleidung dargestellt.

* dazu mehr auf S. 155

▲ **Gefangene Herero.**
Foto nach 1904 (Ausschnitt). Die Überlebenden des Aufstandes wurden zur Zwangsarbeit herangezogen und in weit entfernte Konzentrationslager deportiert, wo Hunderte von Gefangenen – darunter vor allem Frauen und Kinder – umkamen. Die Bezeichnung wurde von den Engländern geprägt, die zuvor während des Burenkrieges (1899 - 1902) derartige Lager in Südafrika errichtet hatten.

▲ **Passmarke aus Deutsch-Südwestafrika.**
Alle Eingeborenen über sieben Jahre mussten Passmarken tragen, um Siedlern und Staat eine möglichst umfassende Kontrolle und schnelle Zugriffsmöglichkeiten auf billige Arbeitskräfte zu ermöglichen.

Die Lage der Kolonialvölker ■ So unterschiedlich die Verwaltungs- und Herrschaftsformen in den Kolonien waren, so unterschiedlich stellte sich auch die Lage der Kolonialvölker dar. Diese waren nicht immer nur passive Opfer der Eroberer, sondern hatten auch ihrerseits ein Interesse daran, mit den Kolonialmächten zusammenzuarbeiten. Dies zeigt sich daran, dass die Übernahme der Territorien weniger durch Überfälle und Eroberungskriege, sondern meist durch den freiwilligen oder erzwungenen Abschluss von „Schutzverträgen" über die Abtretung von Land und Rechten erfolgte. Die Einheimischen interpretierten sie oftmals fälschlicherweise als Handels- und Bündnisverträge. Vor allem die Errichtung und Aufrechterhaltung der indirekten Herrschaft wäre ohne die Kollaboration einheimischer Führungsschichten in Asien und Afrika nicht möglich gewesen. Denn der Bevölkerung stand lediglich eine verschwindend kleine Anzahl Europäer gegenüber.

Die Phase des Hochimperialismus bedeutete jedoch für die Kolonialvölker eine Zäsur: Die Errichtung der Kolonien erfolgte nun flächendeckend. Eisenbahnen und Straßen machten auch das Hinterland zugänglich. Die von militärischen Einheiten unterstützten Kolonialverwaltungen nahmen Eingriffe in die Besitzverhältnisse, das Rechtssystem, die Gesellschaftsstrukturen sowie die einheimischen Kulturen vor. Enteignungen und eine gesteuerte Preispolitik entzogen den Menschen die Lebensgrundlage. Diese wurden zudem gezwungen, die Sprache der Kolonialmacht zu lernen, sich europäischen Gesetzen und Normen zu beugen und ihre traditionellen Handels- und Wirtschaftsformen aufzugeben. Immer wieder kam es zu lokalen Aufständen gegen die Fremdherrschaft oder kriegerischen Auseinandersetzungen. Die waffentechnisch weit überlegenen Kolonialmächte setzten sich dabei mit immer aggressiveren Methoden durch. Danach wurden die Repressionen meist verschärft, was zu neuen Konflikten führte.

Ein in mancher Hinsicht typisches, jedoch besonders folgenschweres Beispiel ist der *Aufstand der Herero* in der deutschen Kolonie Deutsch-Südwestafrika (heute Namibia) im Jahre 1904. Seine Niederwerfung hatte die beabsichtigte und fast vollständige Vernichtung des Volksstammes zur Folge (▶ M7). Das Gebiet war 1884 unter den „Schutz des Deutschen Reiches" gestellt, in Absprache mit Großbritannien ausgeweitet und schließlich zu einer Kolonie erhoben worden. Die Herero waren durch Händler und Kolonialgesellschaften in wirtschaftliche Abhängigkeit gebracht worden und verloren durch Verschuldung Land und Vieh. Neben wirtschaftlicher Ausbeutung, Diskriminierung und Unterdrückung sah sich das Volk einer parteiischen Gerichtsbarkeit der Kolonialherren ausgeliefert, die Raub, Mord und Vergewaltigung ihrer Landsleute nicht ahndete. Im Januar 1904 überfielen die Herero einzelne Farmen, Handelsniederlassungen und Militärstützpunkte. 123 Europäer kamen um. Mithilfe massiver Truppenverstärkung besiegte der von der Reichsregierung beauftragte General *Lothar von Trotha* die Herero schließlich im August in der *Schlacht am Waterberg*. Von dort trieb Trotha, der sich von Anfang an die Ausrottung des Volkes zum Ziel gesetzt hatte, das flüchtende Volk in die abgeriegelte wasserlose Wüste, um es verdursten und die Rückkehrer erschießen zu lassen. Durch Krieg und Gefangenschaft kamen möglicherweise 80 Prozent der Herero um. Nach ihrer Entlassung wurden sie einem totalitären Überwachungs- und Kontrollregime unterworfen und zu recht- und besitzlosen Lohnarbeitern degradiert. Das Vorgehen gegen die Herero wird vielfach als *Völkermord* (*Genozid*) betrachtet.

China und die imperialistischen Mächte ■ Das Kaiserreich China stand zu Beginn des 19. Jahrhunderts in Europa in dem Ruf, ein außerordentlich reiches Land zu sein. Bis ins 18. Jahrhundert hatte zwischen der asiatischen Großmacht und vor allem Großbritannien ein regelmäßiger Handelsverkehr bestanden. Im Verlauf des 18. Jahrhunderts schloss sich das Land jedoch gegenüber dem Ausland ab. Dies erweckte umso mehr das Interesse der sich industrialisierenden europäischen Staaten, die sich dort attraktive neue Märkte versprachen. Schließlich nutzten die Briten ihre technische und militärische Überlegenheit, um das schlecht gerüstete China 1840 in einen Krieg (*Opiumkrieg*) zu verwickeln und dem Land nach seiner Niederlage 1842 einen einseitig auf die britischen Interessen ausgerichteten Handelsvertrag, den *Vertrag von Nanjing*, aufzuzwingen. China musste Häfen für die Ausländer öffnen, niedrige Einfuhrzölle gewähren und Hongkong an Großbritannien abtreten.

Der verlorene Opiumkrieg veränderte Chinas Stellung in der Welt grundlegend, denn in den nächsten Jahren folgte eine ganze Serie ähnlicher „ungleicher Verträge" mit weiteren europäischen Mächten, den USA und später auch Japan. Neben Hongkong gelangten weitere „Pachtgebiete", wie der von den Russen besetzte Hafen Port Arthur, unter fremde Kontrolle. In diesen Gebieten unterstand die chinesische Bevölkerung den ausländischen Behörden. Die den Ausländern gewährten Privilegien und wirtschaftlichen Vorrechte machten die Chinesen im eigenen Land zu Bürgern zweiter Klasse.

Die europäischen Mächte sicherten sich ihren Einfluss in China mit den Methoden des informellen Imperialismus. Sie konnten sich dafür auf eine Schicht selbstständiger Kaufleute, die *Kompradore*, stützen, die für europäische Firmen arbeiteten und den Handel in das Landesinnere organisierten. Mit den Zöllen verfügten die ausländischen Mächte zudem über ein Kontrollinstrument, mit dem sich die chinesische Wirtschaft steuern ließ. Vor der Küste stationierte Kriegsschiffe sorgten zusätzlich für die nötige Drohkulisse.

▲ **„Ein Spuk am hellen, lichten Tage."**
Karikatur aus „Der wahre Jacob" vom 11. September 1911.

Hatte sich China seine Selbstständigkeit gegenüber den imperialistischen Mächten nach dem Opiumkrieg noch weitgehend bewahren können, verlor es nach der demütigenden Niederlage im Krieg gegen das kleine Japan 1894/95 den Rest seines internationalen Ansehens. Ein regelrechter „Wettlauf nach China" („Scramble for China") setzte ein, bei dem alle imperialistischen Mächte versuchten, sich ein möglichst großes Stück vom chinesischen Kuchen abzuschneiden. Nun ging man zu einer intensiveren wirtschaftlichen Durchdringung des Landes über und errichtete in den Häfen eigene Industrien. Europäische Investoren begannen mit dem Bau von Eisenbahnen und zwangen der chinesischen Regierung überaus ungünstige Finanzierungsbedingungen auf (*Finanzimperialismus*). Bald beherrschte ausländisches Kapital alle Wirtschaftssektoren. Allerdings gelang es niemals, mithilfe indirekter Herrschaft weite Teile des Landes zu unterwerfen. Die Konkurrenz der imperialistischen Mächte in China verhinderte letztlich, dass das Land vollständig unter fremde Herrschaft geriet. Vielmehr musste allen an der Aufrechterhaltung der chinesischen Zentralregierung gelegen sein, da nur diese den gleichberechtigten Zugang zu den chinesischen Märkten gewährleisten konnte (▶ M8).

Das ehemals stolze „Reich der Mitte" nahm diese demütigenden Bedingungen hin, denn es war durch soziale, wirtschaftliche und politische Krisen im Inneren stark geschwächt, die sich durch den äußeren Druck der europäischen Mächte noch verstärkten. Bis über die Jahrhundertwende hinaus verharrte das Kaiserreich in politischer Ohnmacht, außerstande, seine starren feudalen Strukturen zu lockern. Reformbemühungen, welche die bestehende politische Ordnung durch die Einführung westlicher Technik sichern sollten, gingen über Ansätze kaum hinaus. Das Elend der Bevölkerung schürte zusätzlich den Fremdenhass, der sich um 1900 in dem von Kampfkunstschulen angeführten **Boxeraufstand** entlud. Dieser wurde mithilfe eines internationalen Militärkorps niedergeschlagen, die Aufständischen in Massenexekutionen hingerichtet, Dörfer und Städte verwüstet und dem Land eine enorme „Kriegsentschädigung" auferlegt. Die allgemeine Unzufriedenheit im Land wuchs. Im Oktober 1911 brach die *Chinesische Revolution* aus: Lokale Rebellionen verbreiteten sich wie ein Flächenbrand über das Land. Am 1. Januar 1912 wurde unter der Führung des Arztes und Reformers *Sun Yatsen* eine Republik errichtet und im Februar 1912 dankte der letzte chinesische Kaiser ab. Damit endete das chinesische Kaiserreich, das über zweitausend Jahre Bestand gehabt hatte.

Japans erzwungener Weg in die Moderne

Japan zeigte eine ganz andere Reaktion auf die Herausforderung durch die imperialistischen Mächte als das benachbarte China. Über 200 Jahre lang hatte sich das Land nahezu vollständig gegenüber der Außenwelt abgeschottet. Das hatte zunächst lange für stabile politische Verhältnisse und ein rasches Wirtschaftswachstum gesorgt, aber gegen Ende des 18. Jahrhunderts geriet Japan in eine schwere Wirtschafts- und Finanzkrise. Seit 1830 erschütterten soziale Unruhen und zahlreiche Bauernaufstände das Land. Zu den inneren Krisen kam in der Mitte des 19. Jahrhunderts eine zunehmende äußere Bedrohung, denn immer häufiger kreuzten russische, englische und amerikanische Schiffe vor den Küsten Japans auf, die – vorerst vergeblich – auf eine Öffnung des Landes für den Handel drängten. Es waren die USA, die nach der Öffnung Chinas nach weiteren See- und Handelsstützpunkten suchten und Japan 1853 schließlich zur Aufgabe der Isolation zwangen. Auch hier folgten auf den ersten bald weitere „ungleiche Verträge" mit anderen Mächten. Ebenso wie China sah sich Japan dem wachsenden Einfluss der westlichen Mächte ausgesetzt. Es verlor seine Zollhoheit, wurde mit billigen ausländischen Waren überschwemmt und musste den Ausländern Privilegien und Sonderrechte garantieren.

Im Gegensatz zu China gelangte man in Japan jedoch zu der Einsicht, dass der imperialistischen Bedrohung nur durch eine rasche Modernisierung und Militarisierung des Landes nach westlichen Vorbildern zu begegnen sei. Nachdem durch einen Umsturz die Macht des Kaisers wiederhergestellt worden war, leiteten die neuen Machthaber um den jungen Kaiser *Mutsuhito* eine umfassende Reformära (*Meiji-Ära*, „erleuchtete Herrschaft") ein, in der sich Japan in weniger als 30 Jahren von einem Feudalstaat zu einer industrialisierten Großmacht entwickelte. So sorgte der forcierte Aufbau einer eigenständigen Rüstungsindustrie beispielsweise dafür, dass die Armee bereits in den 1890er-Jahren weitgehend mit eigenen Waffen versorgt werden konnte.

Von Anfang an folgte das japanische Modernisierungsprogramm dem Grundsatz, so viel vom Westen zu lernen wie möglich, ohne dabei jedoch die traditionellen Lebensgewohnheiten, Moral- und Wertvorstellungen aufzugeben. Systematisch wurden westliche Berater ins Land geholt, Delegationen japanischer Regierungsmitglieder und Wissenschaftler nach Europa und in die USA geschickt, um diese dort all das kopieren zu lassen, was für das eigene Land nützlich erschien. So folgte Japan im Justizwesen

---

Boxeraufstand: chinesische Widerstandsbewegung gegen die Politik der erzwungenen Konzessionen der imperialistischen Mächte sowie gegen den Einfluss von Fremden in China. Boxer praktizierten chinesische Kampfsportarten. Am Anfang des Aufstandes (Juni 1900) wurden Bahnlinien attackiert. Wenig später wurde der deutsche Gesandte Clemens von Ketteler in Peking ermordet. Nun wurden europäische Einrichtungen und Gesandtschaften, christliche Missionare und Gemeinden überfallen. Der Boxeraufstand wurde durch eine europäische Militäraktion niedergeschlagen. China musste demütigende Bedingungen akzeptieren, der imperialistische Einfluss in China stieg weiter.

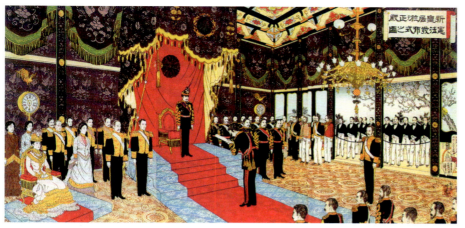

▲ **Die Proklamation der Verfassung im Thronsaal des Neuen Palastes in Tokio.**
Farbholzschnitt von Adachi Ginko, 1889.
Kaiser Mutsuhito steht unter dem mit dem traditionellen kaiserlichen Chrysanthemen-Emblem geschmückten Baldachin vor dem in Deutschland gefertigten Thron. Auf dem Podest links von ihm sitzt die Kaiserin, in der rechten hinteren Ecke des Saales befinden sich die ausländischen Diplomaten.
- *Beschreiben Sie Saalausstattung, Kleidung und Haltung der Anwesenden. Wie könnte die Zeremonie auf ausländische Beobachter gewirkt haben?*

dem französischen, bei der Organisation und Ausrüstung der Kriegsflotte dem britischen und in Verwaltung und Militär dem preußisch-deutschen Vorbild. Auch die konstitutionelle Verfassung (*Meiji-Verfassung*), die der Kaiser 1889 verkündete und ein Jahr später in Kraft setzte, orientierte sich am preußischen Modell (▶ M9).

Nur etwa 20 Jahre, nachdem Japan selbst zum Opfer imperialistischer Expansionspolitik geworden war, übernahm es die Methoden des Westens, um sich durch die Eroberung eigener Interessensphären auch außenpolitisch gleichzustellen. Ziel des japanischen Expansionsstrebens war das asiatische Festland mit seinen reichen Rohstoffvorkommen. 1894/95 gelang es Japan, das Kaiserreich China in einem kurzen Krieg zu besiegen und sich damit endgültig die Vorherrschaft in Korea zu sichern.

Den Erfolgen seiner modernen Armee verdankte Japan schließlich 1894 auch die Aufhebung fast aller „ungleichen Verträge" durch die westlichen Großmächte, die es zunehmend als gleichberechtigten „Juniorpartner" in ihren Reihen anerkannten. 1900 kämpfte Japan erstmals an ihrer Seite, als es sich an der Niederschlagung des Boxeraufstandes beteiligte. 1904 überfiel Japan die russische Flotte in Port Arthur und brachte den russischen Streitkräften verheerende Niederlagen bei. 1905 wurde der Krieg durch die Vermittlung der USA beigelegt. Korea, Südsachalin und die südliche Mandschurei fielen an Japan, das nun endgültig zu einem ernst zu nehmenden imperialistischen Machtfaktor aufgestiegen war, der in den nächsten Jahrzehnten einen Führungsanspruch über ganz Ostasien zu erheben begann. Die Beteiligung am Ersten Weltkrieg eröffnete weitere Expansionsmöglichkeiten. In den 1930er-Jahren wurde die restliche Mandschurei besetzt und ein zweiter Krieg gegen China entfesselt. Das Zeitalter des japanischen Imperialismus endete schließlich im Zweiten Weltkrieg durch den Abwurf der beiden US-amerikanischen Atombomben auf *Hiroshima* und *Nagasaki* (6./9. August 1945).

M1 Was ist Imperialismus?

Der Historiker Jürgen Osterhammel analysiert die Begriffe Imperialismus und Kolonialismus:

„Imperialismus" ist der Begriff, unter dem alle Kräfte und Aktivitäten zusammengefasst werden, die zum Aufbau und zur Erhaltung [...] *transkolonialer Imperien* beitrugen. Zum Imperialismus gehört auch der Wille und das Vermögen
5 eines imperialen Zentrums, die eigenen nationalstaatlichen Interessen immer wieder als imperiale zu *definieren* und sie in der Anarchie des internationalen Systems weltweit geltend zu machen. Imperialismus impliziert also nicht bloß Kolonialpolitik, sondern „Weltpolitik", für welche Kolonien
10 nicht allein Zwecke in sich selbst, sondern auch Pfänder in globalen Machtspielen sind. Die seit dem letzten Drittel des 19. Jahrhunderts bei den Großmächten beliebte Idee, Kolonien kompensatorisch – durch Tausch (z. B. Helgoland gegen Sansibar 1890), Anerkennung geopolitischer Ansprüche
15 dritter Mächte, eigene „nachholende" Kolonialforderungen usw. – zum Austarieren der internationalen, vornehmlich der innereuropäischen, Machtbalance einzusetzen, ist typisch „imperialistisch" und einem „kolonialistischen" Denken fremd, das Kolonien als dauerhaft „erworben" oder „anvertraut"
20 betrachtet. Imperialismus wird von den Staatskanzleien, Außen- und Kriegsministerien geplant und ausgeführt, Kolonialismus von Kolonialbehörden und „men on the spot". Solche ereignisgeschichtlich fassbare Weltpolitik muss jedoch immer (a) vor dem Hintergrund der Herausbildung eines
25 Weltstaaten*systems* und (b) im Rahmen langsam sich entwickelnder Strukturen der Ungleichheit im wirtschaftlichen Verkehr zwischen den Räumen der Erde gesehen werden. „Imperialismus" und „Kolonialismus" sind also nicht dasselbe. „Imperialismus" ist in mancher Hinsicht der Begriff mit
30 der umfassenderen Bedeutung, sodass „Kolonialismus" geradezu als sein Spezialfall erscheint. [...] Da jedoch „Imperialismus" die Möglichkeit weltweiter Interessenwahrnehmung und informell abgestützter kapitalistischer Durchdringung großer Wirtschaftsräume einschließt, wird man den Begriff
35 für die frühneuzeitlichen Kolonialreiche [...] zögernd verwenden und nur mit Vorbehalt von „spanischem Imperialismus" sprechen.

Jürgen Osterhammel, Kolonialismus. Geschichte – Formen – Folgen, München ⁵2006, S. 27 f.

1. Benennen Sie die Unterschiede zwischen Imperialismus und Kolonialismus und stellen Sie sie einander gegenüber.

2. Arbeiten Sie heraus, welche Voraussetzungen und Triebkräfte dem Imperialismus zugrunde liegen.

▲ „The Rhodes Colossus. Striding from Cape Town to Cairo."
Karikatur aus der englischen Satirezeitschrift „Punch" vom 10. Dezember 1892.

■ Finden Sie heraus, welche Bedeutung Cecil Rhodes für die Kolonialisierung Afrikas zukam, und beschreiben Sie, wie der Karikaturist ihn hier darstellt.

M2 Die Förderung des britischen Empire

1877 fordert Cecil J. Rhodes, späterer Direktor der British South Africa Company und von 1890 bis 1896 Premierminister der Kap-Republik, eine verstärkte britische Expansion in Afrika:

Ich behaupte, dass wir die erste Rasse in der Welt sind und dass es für die Menschheit umso besser ist, je größere Teile der Welt wir bewohnen. Ich behaupte, dass jedes Stück Land, das unserem Gebiet hinzugefügt wird, die Geburt von mehr Angehörigen der englischen Rasse bedeutet, die sonst nicht
5 ins Dasein gerufen worden wären. Darüber hinaus bedeutet es einfach das Ende aller Kriege, wenn der größere Teil der Welt in unserer Herrschaft aufgeht. [...]
Die Förderung des britischen Empire, mit dem Ziel, die ganze zivilisierte Welt unter britische Herrschaft zu bringen, die
10 Wiedergewinnung der Vereinigten Staaten, um die angelsächsische Rasse zu einem einzigen Weltreich zu machen. Was für ein Traum! Aber dennoch ist er wahrscheinlich. Er ist realisierbar. [...]

15 Da [Gott] sich die englischsprechende Rasse offensichtlich zu seinem auserwählten Werkzeug geformt hat, durch welches er einen auf Gerechtigkeit, Freiheit und Frieden gegründeten Zustand der Gesellschaft hervorbringen will, muss es auch seinem Wunsch entsprechen, dass ich alles in meiner Macht
20 Stehende tue, um jener Rasse so viel Spielraum und Macht wie möglich zu verschaffen. Wenn es einen Gott gibt, denke ich, so will er daher eines gerne von mir getan haben: nämlich so viel von der Karte Afrikas britisch rot zu malen wie möglich und anderswo zu tun, was ich kann, um die Einheit der eng-
25 lischsprechenden Rasse zu fördern und ihren Einflussbereich auszudehnen.

Wolfgang J. Mommsen (Hrsg.), Imperialismus. Seine geistigen, politischen und wirtschaftlichen Grundlagen. Ein Quellen- und Arbeitsbuch, Hamburg 1977, S. 48 f.

1. *Analysieren Sie die von Rhodes aufgestellte Kolonialis-mus-Konzeption.*
2. *Bewerten Sie, wie Rhodes den britischen Herrschafts-anspruch rechtfertigt.*

M3 Kolonien als Wirtschaftsfaktor

1906 wird Bernhard Dernburg, Direktor der Bank für Handel und Industrie, zum stellvertretenden Direktor der Kolonialabteilung des Auswärtigen Amtes ernannt. Am 11. Januar 1907 hält er vor dem Deutschen Handelstag einen Vortrag:

Die Entwicklung unseres deutschen Kolonialbesitzes ist, vom handelspolitischen Standpunkt aus gesehen, nach folgenden vier Richtungen zu beurteilen:
1. Sie sichert der stetig wachsenden Bevölkerung unseres Va-
5 terlandes, die mit Rücksicht auf das zur Verfügung stehende limitierte innerdeutsche Areal mehr und mehr sich der Industrie zuwenden muss und auf den Export angewiesen bleibt, zunächst große und sich steigernde Aufträge, also: Arbeit. Daneben ermöglicht sie eine bessere Lebenshaltung dieser
10 unserer deutschen Bevölkerung durch billige Produktion von Nahrungsstoffen der verschiedensten Art und ermöglicht es, diese Ernährung unabhängiger zu gestalten vom Ausland.
2. Kolonien, die richtig und zielbewusst geleitet sind, sichern der deutschen Produktion einen großen Teil derjenigen Roh-
15 stoffe, welche zum eigenen Verbrauch innerhalb der Nation und zum Zwecke der Veredelung des Arbeitsmaterials vieler Millionen deutscher Arbeiter dienen.
3. Sie sichert dem deutschen Fabrikanten, dem deutschen Arbeiter einen Einfluss auf die Preisgestaltung dieser Roh-
20 materialien gegenüber monopolistischen Tendenzen des

Auslandes, sei es in der Zoll- und Steuerpolitik der Staaten, sei es in den Kombinationen einzelner Individuen. Sie sind deshalb, da sich der Preis einer Ware auf dem Weltmarkt regelt, der Arbeitslohn aber niemals mehr als Weltmarktpreis minus Kosten des Rohmaterials betragen kann, ein wichtiger 25 Regulator für den Preis unserer nationalen Arbeit.
4. [...] Schließlich bildet sie ein kräftiges strategisches und taktisches Mittel in all denjenigen Fällen, wo für die deutsche nationale Wirtschaft Verträge oder Vereinbarungen mit anderen Weltnationen geschlossen werden müssen 30 zur Sicherung des gegenseitigen Absatzes und Austausches von Roh- und Fertigprodukten. Das ist die Bedeutung einer deutschen kolonialen Wirtschaft im Lichte der gegenwärtigen handelspolitischen Weltlage. Ihre Ausführung bedeutet demnach nicht mehr und nicht weniger als die Frage der Zukunft 35 der nationalen Arbeit, die Frage des Brotes vieler Millionen Industriearbeiter, die Frage der Beschäftigung der heimischen Kapitalien im Handel, im Gewerbe, in der Schifffahrt. Es wäre demnach nichts weniger als ein großes Vergehen an Deutschland und seiner industriellen Zukunft, wenn nicht alle ernst- 40 haften kaufmännisch gebildeten Deutschen dieser Frage ihr allergrößtes Interesse zuwenden würden, wenn sie nicht mit aller Intensität einer Regierung ihre Unterstützung leihen würden, welche diese Gesichtspunkte fest im Auge hat, die Kolonien einer sachgemäßen Entwicklung im Laufe der Zeiten 45 zuzuführen strebt. Ein jeder von Ihnen hat ein Interesse an der sachgemäßen Lösung dieser Arbeit. Es ist eine Arbeit über viele Jahre, ja Jahrzehnte. Sie hat zu beginnen mit der Organisation der Verkehrswege, und das ist die Frage der Stunde. Stehen Sie fest und einmütig hinter uns in der Forderung 50 nach diesen Mitteln und tragen Sie, die berufenen Vertreter der gesamten Kaufmannschaft von Deutschland, in Ihre Heimat, in Ihre Berufskreise, in Ihre Kontore die Überzeugung, die ich hoffentlich, wo sie nicht schon bestand, in Ihnen erweckt habe, dass es sich in der deutschen kolonialen Bewegung 55 um eine nationale Frage allererersten Ranges handelt, und dass jeder gute Deutsche, jeder verständige Kaufmann ohne Rücksicht, ob Groß- oder Kleinkaufmann, ohne Rücksicht auf Konfession diese Fragen zu lösen mitberufen ist, im Interesse des großen deutschen Vaterlandes. 60

Walter Steitz (Hrsg.), Quellen zur deutschen Wirtschafts- und Sozialgeschichte von der Reichsgründung bis zum Ersten Weltkrieg, Darmstadt 1985, S. 445 ff.

1. *Erläutern Sie die Bedeutung der Kolonien für die Volkswirtschaft aus der Sicht Dernburgs.*
2. *Prüfen Sie die Argumente auf ihr sachliches Gewicht und auf ihre taktische Richtung.*
3. *Diskutieren Sie den Vortrag Dernburgs unter Berücksichtigung der Herkunft des Redners und des Kontextes, in dem die Ausführungen gemacht wurden.*

M4 Die Bedeutung der Kolonien im deutschen Außenhandel

a) Die Struktur des deutschen Außenhandels 1910/13 (in Mio. Mark):

Land	Exporte nach	Anteil am Gesamtexport	Import aus	Anteil am Gesamtimport
Deutsche Kolonien[1]	51,9	0,6	49,8	0,5
Halbkoloniale Gebiete Deutschlands[2]	357,1	4,1	323,9	3,1
Übriges Europa	6 269,0	72,4	5 495,7	54,8
USA	670,8	7,8	1 457,0	14,5
Argentinien, Chile, Brasilien	507,0	5,9	887,3	8,9
Übriges Afrika	136,3	1,6	398,8	4,0
Asien (ohne China)	328,0	3,8	823,7	8,2
Britisch-Indien	111,9	1,3	479,9	4,8
Japan	108,8	1,3	41,0	0,4
Australien, Neuseeland	88,4	1,0	280,0	2,8

Zusammengestellt nach: Peter Hampe, Die „ökonomische Imperialismustheorie". Kritische Untersuchungen, Münchener Studien zur Politik, Bd. 24, München 1976, S. 179

b) Regionale Verteilung der deutschen Kapitalanlagen im Ausland (in Mio. Mark):

	1898	1904	1914	% des Gesamtkapitals (1914)
USA und Kanada	2,0	3,0	3,7	15,7
Russland	?	?	1,8	7,7
Europa	?	?	8,9	37,8
Lateinamerika	2,9	3,3	3,8	16,2
Afrika und Asien ohne deutsche Kolonien	1,0	1,4	2,5	10,7
Deutsche Kolonien	?	0,2 (1906)	0,5	2,1
Osmanisches Reich	0,4	0,7	1,8	7,7
Sonstige Gebiete	?	?	0,5	2,1

Wolfgang J. Mommsen, a. a. O., S. 36

1. Stellen Sie die Entwicklung des Außenhandels und der Kapitalinvestitionen außerhalb des Deutschen Reiches dar.
2. Bewerten Sie die Bedeutung der Kolonien und der halbkolonialen Gebiete.

[1] Deutsch-Ostafrika, Deutsch-Südwestafrika, Kamerun, Togo, Kiautschou, Deutsch-Neuguinea, Samoa
[2] Bulgarien, Rumänien, Serbien, Türkei, Marokko, China (einschließlich Hongkong)

M5 Kinder ihr Leben lang

Der Schriftsteller und Diplomat Rudolf Lindau beschreibt 1880 seine Beobachtungen, die er auf einer ausgedehnten Ostasienreise in den 1850er-Jahren gemacht hat:

Alle Europäer mit nur sehr wenigen Ausnahmen, welche Indien und das östliche Asien während längerer Jahre bewohnt haben, nehmen mit der Zeit den Eingeborenen gegenüber eine Haltung an, die vom philosophischen und philanthro-
5 pischen[1] Standpunkte aus nicht ganz zu verteidigen ist, mir aber, dessen ungeachtet, bis zu einem gewissen Grade wenigstens, als eine berechtigte erscheint. – Der Europäer, der viel mit Indern, Malaien, Annamiten[2], Chinesen und Japanern zu tun gehabt hat, kann es nicht mehr über sich gewinnen,
10 diese braunen und gelben Menschenkinder wie seinesgleichen zu betrachten. Der wohlwollende und gebildete Weiße blickt mit Herablassung auf sie herab; viele, die aus einem härteren Stoffe gemacht oder weniger gut erzogen sind, behandeln die Eingeborenen mit großer Härte und unverhoh-
15 lener Verachtung. Dies Letztere ist entschieden zu tadeln; dagegen ist nicht zu verlangen, dass ein Engländer, Deutscher, Amerikaner oder Franzose mit den Eingeborenen Asiens, Afrikas oder Australiens auf dem Fuße vollständiger Parität[3] verhandle. – Unter den Japanern findet man wohl noch einige
20 wenige Individuen, die, in Europa oder nach europäischen Prinzipien erzogen, nahezu dasselbe Niveau geistiger Kultur erreicht haben wie ihre Lehrer; aber im Allgemeinen stehen die farbigen Menschen auf einer niedrigeren Stufe als ihre weißen Brüder. – Die Leute haben viele gute Eigenschaften;
25 die meisten Ostasiaten z. B. sind von gewinnender Höflichkeit und haben nicht selten bis in die tiefsten Volksschichten hinab feine gesellschaftliche Formen, auf die man bei uns Verzicht leisten muss, sobald man aus dem kleinen Kreise der sogenannten „guten Gesellschaft" hinaustritt. – China und
30 Japan sind alte Kulturstaaten, und die Eingeborenen dieser Länder verfügen über einen nicht unerheblichen Schatz von traditioneller praktischer Lebensweisheit und mechanischer Wissenschaft, – doch kann weder China noch Japan vom Standpunkte der menschlichen Intelligenz aus den Vergleich
35 mit einem europäischen Kulturstaate im Entferntesten aushalten. [...] Man findet unter den Ostasiaten schlaue Leute; höfliche, artige, feine, liebenswürdige Menschen – bedeutende Männer nach dem Maßstabe, den wir anlegen, findet man nicht unter ihnen. – Die japanischen Zöglinge, die nach
40 Europa kommen, erregen nicht selten durch ihre große Ge-
lehrsamkeit Bewunderung. Die Leichtigkeit, mit der sie neue Kenntnisse erwerben, rührt aber daher, dass sie gewissermaßen Kinder sind, die ihre ungeteilte Aufmerksamkeit auf den einen Gegenstand, den sie lernen wollen, richten und diesen dann gut und schnell auffassen. Aber die meisten von ihnen 45 bleiben in geistiger Beziehung Kinder ihr Leben lang. Wer mit ihnen verkehrt hat, weiß dies und kann nicht ohne Verwunderung hören, dass man sie in Europa wie Ebenbürtige behandelt [...].

Rudolf Lindau, Reise-Erinnerungen, in: Westermanns illustrierte deutsche Monatshefte, Nr. 49, Braunschweig 1881, S. 256f.

[1] philanthropisch: menschenfreundlich
[2] Annam: heute Vietnam
[3] Parität: Gleichstellung, Gleichberechtigung

▲ **Werbeplakat für eine Singhalesen-Völkerschau im Hamburger Umlauff's Welt-Museum.**
Farblithografie und Buchdruck, um 1883/84.
■ Interpretieren Sie das Plakat und erklären Sie, was mit solchen Völkerschauen bezweckt werden sollte.

1. Diskutieren Sie Haltung und Weltbild des Verfassers.
2. Ziehen Sie Rückschlüsse auf die praktische Kolonialpolitik vor Ort.

M6 Britische und französische Herrschaft im Vergleich

Der Historiker Michael Crowder vergleicht 1964 die Herrschaftssysteme in den verschiedenen afrikanischen Kolonien:

In Nordnigeria, das zum Modell für indirekte Herrschaft wurde, hielten es die Briten für ihre Aufgabe, das zu bewahren, was an den Institutionen der Eingeborenen gut war, und ihnen zu helfen, sich auf eigene Art zu entwickeln. Der
5 britische Regierungsbeamte galt allgemein als Berater des Chiefs[1] und griff nur in Ausnahmefällen in die Arbeit des Chiefs und seiner Eingeborenen-Autorität ein. Wo jedoch Chiefs nur über kleine politische Einheiten herrschten und besonders dort, wo ihre traditionelle Exekutivgewalt umstrit-
10 ten war, musste der Regierungsbeamte häufiger als vorgesehen in die Angelegenheiten der Eingeborenen-Autorität eingreifen. So war es in vielen Teilen Ostafrikas [...], wo es keine genaue Trennlinie zwischen einer „beratenden" und einer „überwachenden" Tätigkeit des Regierungsbeamten gab [...].
15 Dieses System indirekter Herrschaft wurde mit Modifikationen, soweit möglich, in allen britischen Kolonien Westafrikas und in den meisten anderen britischen Territorien Afrikas praktiziert. Es gab wichtige Ausnahmen – insbesondere Ostnigeria, wo das Fehlen erkennbarer Exekutivgewalt in den
20 meisten Gemeinwesen eine indirekte Herrschaft nach dem Muster Nordnigerias unmöglich machte [...].
Das französische System verwies den Chief gegenüber dem Regierungsbeamten in eine völlig untergeordnete Rolle. [...] Er stand nicht an der Spitze einer lokalen Regierung, und
25 auch das Gebiet, welches er im Auftrage verwaltete, entsprach nicht unbedingt einer präkolonialen Einheit. Der Einfachheit wegen teilten die Franzosen das Land administrativ und häufig ohne Rücksicht auf präkoloniale politische Grenzen in Kantone ein. Während die Briten größte Rücksicht auf
30 traditionelle Auswahlmethoden nahmen, kam es den Franzosen mehr auf die potenzielle Effizienz der Chiefs als auf deren Legitimität an, da sie als Beauftragte der Administration galten. [...] Es steht also außer Frage, dass die Franzosen bewusst die Machtbefugnisse des Chiefs abänderten: Seine
35 Funktionen wurden reduziert auf die eines Sprachrohrs für Befehle, die andere erteilten.

Michael Crowder, Indirect Rule – French and British Style, in: Africa XXXIV, 3, 1964, S. 197-205, übersetzt von Klaus Figge, in: Rudolf von Albertini (Hrsg.), Moderne Kolonialgeschichte, Köln/Berlin 1970, S. 220-229

[1] Chief: Oberhaupt bzw. Herrscher eines Personenverbandes. Die Bezeichnung „Häuptling" wird heute vermieden, da sie zu sehr mit der alten Sichtweise von den „Wilden" verbunden ist.

▲ „So kolonisiert ..."
Karikaturserie aus dem „Simplicissimus" von Thomas Theodor Heine, 1904.

1. Schildern Sie die Unterschiede zwischen dem britischen und dem französischen kolonialen Herrschaftssystem und suchen Sie nach Gründen für das jeweilige Vorgehen der Mächte.
2. Vergleichen Sie die von Crowder skizzierten Herrschaftsmethoden mit jenen, die die Deutschen in Südwestafrika (siehe M7) anwandten. Ziehen Sie die Karikatur hinzu: Welche Aspekte decken sich, welche nicht?
3. Stellen Sie Überlegungen zu den Auswirkungen der unterschiedlichen Herrschaftsformen auf die Bevölkerung der jeweiligen unterworfenen Gebiete an und bewerten Sie diese.

M7 Der Herero-Aufstand und seine Folgen

Am 2. Oktober 1904 erlässt der Kommandeur der deutschen Schutztruppe, General Lothar von Trotha, in Deutsch-Südwestafrika einen Schießbefehl gegen das aufständische Volk der Herero:

Die Herero sind nicht mehr deutsche Untertanen. Sie haben gemordet und gestohlen, haben verwundeten Soldaten Ohren und Nasen und andere Körperteile abgeschnitten und wollen jetzt aus Feigheit nicht mehr kämpfen. Ich sage dem
5 Volk: Jeder, der einen der Kapitäne an eine meiner Stationen als Gefangenen abliefert, erhält tausend Mark, wer Samuel Maherero bringt, erhält fünftausend Mark. Das Volk der Herero muss jedoch das Land verlassen. Wenn das Volk dies nicht tut, so werde ich es mit dem Groot Rohr[1] dazu zwingen.
10 Innerhalb der deutschen Grenze wird jeder Herero, mit oder ohne Gewehr, mit oder ohne Vieh erschossen, ich nehme keine Weiber und keine Kinder mehr auf, treibe sie zu ihrem Volke zurück oder lasse auf sie schießen. Dies sind meine Worte an das Volk der Herero. Der große General des mäch-
15 tigen deutschen Kaisers.

Zwei Tage später berichtet er in einem Schreiben an Generaloberst Graf von Schlieffen über seine Strategie der Kriegführung:

Es fragte sich nun für mich nur, wie ist der Krieg mit den Herero zu beenden. Die Ansichten darüber bei dem Gouverneur und einigen „alten Afrikanern" einerseits und mir andererseits gehen gänzlich auseinander. Erstere wollten
20 schon lange verhandeln und bezeichnen die Nation der Herero als notwendiges Arbeitsmaterial für die zukünftige Verwendung des Landes. Ich bin gänzlich anderer Ansicht. Ich glaube, dass die Nation als solche vernichtet werden muss oder, wenn dies durch taktische Schläge nicht möglich war,
25 operativ und durch die weitere Detail-Behandlung aus dem Lande gewiesen wird. Es wird möglich sein, durch die erfolgte Besetzung der Wasserstellen von Grootfontein bis Gobabis und durch eine rege Beweglichkeit der Kolonnen die kleinen nach Westen zurückströmenden Teile des Volkes zu finden
30 und sie allmählich aufzureiben. [...] Sie müssen jetzt im Sandfeld untergehen oder über die Betschuanagrenze überzugehen trachten. Dieser Aufstand ist und bleibt der Anfang eines Rassenkampfes, den ich schon 1897 in meinen Berichten an den Reichskanzler für Ostafrika ausgesagt habe.

Nach der grausamen Niederschlagung des Aufstandes durch die deutschen Truppen äußert sich 1907 ein Herero über die Ursachen für den afrikanischen Widerstand:

Der Krieg ist von ganz kleinen Dingen gekommen, und hätte 35 nicht [zu] kommen brauchen. Einmal waren es die „Stuurmann" [Kaufleute] mit ihrem schrecklichen Wucher und eigenmächtigem, gewaltsamen Eintreiben. [...] wer nicht zahlen wollte oder konnte, den verfolgten und plagten sie. Dann ist es der Branntwein gewesen, der die Leute schlecht 40 und gewissenlos gemacht hat. Wenn jemand trinkt, dann ist es ihm gleich, was er tut. Aber das schlimmste Übel ist, was viel böses Blut und Streit hervorgerufen hat, die Vergewaltigung unserer Frauen durch Weiße. Manche Männer sind totgeschossen [worden] wie Hunde, wenn sie sich weigerten, 45 ihre Frauen und Töchter preiszugeben, und drohten, sie mit der Waffe in der Hand zu verteidigen. Wären solche Dinge nicht geschehen, wäre kein Krieg gekommen, aber er ist bei solchen Vergewaltigungen ausgebrochen. Er war mit einem Male da, und da war kein Halten mehr, jeder rächte sich, und 50 es war, als sei kein Verstand mehr unter den Massen.

Am 18. August 1907 trifft der Gouverneur von Deutsch-Südwestafrika folgende Maßregeln zur Kontrolle der Eingeborenen:

Aufgrund des § 15 des Schutzgebietsgesetzes [...] sowie des § 5 der Verfügung des Reichskanzlers vom 27. September 1903 [...] wird hiermit für den Bereich des südwestafrikanischen Schutzgebiets verordnet, was folgt: 55
§ 1. Eingeborene können nur mit Genehmigung des Gouverneurs Rechte oder Berechtigungen an Grundstücken erwerben.
§ 2. Den Eingeborenen ist das Halten von Reittieren oder Großvieh nur mit Genehmigung des Gouverneurs gestattet. 60 [...]
§ 4. Eingeborene, die herumstreichen, können, wenn sie ohne nachweisbaren Unterhalt sind, als Landstreicher bestraft werden.
§ 5. Namens des Gouverneurs wird bis zur Ernennung beson- 65 derer Eingeborenen-Kommissare die Oberaufsicht über die Werften[2] und die Lebensverhältnisse der Eingeborenen von dem zuständigen Bezirksamtmann geführt [...].
§ 8. Bezüglich der außerhalb bewohnter und bewirtschafteter Grundstücke lebenden Eingeborenen bestimmt die Aufsichts- 70 behörde den Ort der Niederlassung und die Zahl der Familien, die dort zusammen wohnen dürfen. Es bleibt der Aufsichtsbehörde überlassen, für größere Ortschaften ihres Bezirks

---

[1] Groot Rohr: kapholländisch für Geschütz, Kanone

[2] Werften: allgemein für die Siedlungen der farbigen Bevölkerung

oder Distrikts Bestimmungen zu treffen, wonach sich die dort
wohnhaften Eingeborenen in der Zeit zwischen 9 Uhr abends
und 4 Uhr morgens auf ihrer Werft zu befinden haben. [...]

§ 10. Die örtliche Aufsicht über Eingeborenen-Werften, die sich auf Regierungsland oder solchem Land befinden, das noch nicht vom Eigentümer oder sonst Berechtigten bewohnt oder unter Bewirtschaftung genommen ist, wird von den Organen der Aufsichtsbehörde ausgeübt.

§ 11. Die örtliche Aufsicht über andere Werften (Privatwerften) ist Sache des auf dem Grundstücke ansässigen Dienstherrn der Eingeborenen oder dessen Stellvertreters.

§ 12. Derjenige, dem die öffentliche Aufsicht über eine Privatwirtschaft obliegt, hat für den Gesundheitszustand und für die Aufrechterhaltung der Ordnung auf der Werft sowie für die Beachtung der Vorschriften dieser Verordnung durch die Eingeborenen Sorge zu tragen. Er hat ein genaues Verzeichnis der seiner Aufsicht unterstellten Eingeborenen-Behausungen zu führen und darin die Namen und Beschäftigungen der Bewohner und die Nummern ihrer Passmarken anzugeben.

Erster, dritter und vierter Text: Horst Gründer (Hrsg.), „... da und dort ein junges Deutschland gründen". Rassismus, Kolonien und kolonialer Gedanke vom 16. bis zum 20. Jahrhundert, München 1999, S. 152-155
Zweiter Text: Michael Behnen, Quellen zur deutschen Außenpolitik im Zeitalter des Imperialismus 1890-1911, Darmstadt 1977, S. 292f.

1. *Erläutern Sie, welche Denkweisen sich hier auf die Kolonialpolitik auswirkten.*

2. *Erschließen Sie aus den Berichten die Lebensverhältnisse der afrikanischen Bevölkerung und welche Veränderungen die nach dem Aufstand erhobenen Maßregeln mit sich brachten. Worin drückte sich der Kolonialstatus aus?*

3. *Ausgehend von dem Schießbefehl Trothas, der einen Monat später vom Kaiser zurückgenommen wurde, wird diskutiert, ob die Deutschen in Südwestafrika einen Genozid (Völkermord) begangen haben. Informieren Sie sich über den Genozidbegriff und suchen Sie nach Pro- und Kontra-Argumenten. Arbeiten Sie Ihre Ergebnisse zu einem Essay aus.*

M8 Die Politik der Offenen Tür

China besitzt nach der Öffnung des Landes in der Mitte des 19. Jahrhunderts eine schwache Zentralmacht und ist dem Zugriff fremder Nationen weitestgehend ausgeliefert. Der US-amerikanische Staatssekretär des Äußeren, John Hay, schickt 1899 ein Rundschreiben an die Regierungen Deutschlands, Großbritanniens, Frankreichs, Russlands und Japans, worin er die Vorstellungen der USA vom zukünftigen Umgang mit China erläutert:

▲ „Open door."
*US-amerikanische Karikatur, 1900.
„Uncle Sam" hält den diplomatischen Schlüssel für die Öffnung des chinesischen Marktes – beobachtet von den Konkurrenten Großbritannien (l.) und Russland (r.).*

Die Vereinigten Staaten haben das ernste Bestreben, allen Grund für Spannungen zu beseitigen, und wünschen zugleich, dem Handel aller Nationen die unbezweifelbaren Vorteile zu sichern, welche aus einer formellen Anerkennung der dort „Interessensphären" beanspruchenden Mächte entstehen würden. Sie wünschen, dass alle Nationen vollständige Gleichheit bei der Behandlung ihres Handels und ihrer Schifffahrt innerhalb solcher Sphären genießen sollen. Deshalb würde es die Regierung der Vereinigten Staaten begrüßen, wenn die Regierung Ihrer Majestät formelle Zusicherungen gäbe und dazu mithülfe, ähnliche Zusicherungen von den anderen interessierten Mächten (über die folgenden Punkte) zu erlangen. Erstens soll in keiner Weise in irgendwelchen Vertragshäfen und überkommenen Privilegien innerhalb Chinas interveniert werden. Zweitens soll der derzeitige chinesische Vertragszoll auf alle Güter innerhalb der genannten „Interessensphären" erhoben werden (außer in den „freien Häfen"), und zwar unabhängig davon, von welcher Nation diese Güter stammen.[1] Die so erhobenen Zölle sollen von

---
[1] Der den Chinesen zugestandene Zoll war niedrig, in den „freien Häfen" entfiel auch dieser.

Expansion im Industriezeitalter: Motive und Grundzüge des europäischen Imperialismus

der chinesischen Regierung eingezogen werden. Drittens soll
eine solche Macht keine höheren Hafengebühren für Schiffe
fremder Nationalität in einem Hafen innerhalb einer solchen
Sphäre erheben, und für keine Güter sollen von irgendeiner
Nation höhere Eisenbahnfrachtraten verlangt werden, als
sie für ähnliche Güter von den eigenen Bürgern über gleiche
Transportentfernungen erhoben werden.

Günter Schönbrunn (Bearb.), Das bürgerliche Zeitalter 1815-1914. Geschichte
in Quellen, München 1980, S. 599

1. *Charakterisieren Sie die Vorstellungen der USA und das Vorgehen der imperialistischen Mächte in China.*
2. *Analysieren Sie die Interessen der USA.*
3. *Diskutieren Sie den Zusammenhang zwischen der amerikanischen Politik und der demokratischen Staatsform.*

M9 Japanische Reformen

Die nach militärischem Druck erfolgte Öffnung Japans durch die imperialistischen Mächte versetzt das Land in eine innenpolitische Krise. Nachdem 1868 die Regierungsgewalt des Kaisers formal wiederhergestellt ist, wird eine umfassende staatlich gelenkte Reformperiode eingeleitet. Der in Tokio tätige Arzt Erwin Bälz schreibt um 1900 über die als Meiji-Ära („Erleuchtete Regierung") benannte Regierung Kaiser Mutsuhitos (1868-1912):

Der jetzige Kaiser hatte kurz nach seiner Thronbesteigung
im Jahre 1868 eine Proklamation erlassen, in der er dem Volk
Anteil an der Regierung und eine Verfassung versprach. Aber
die Männer am Staatsruder sahen bald, dass das Volk nicht
entfernt dafür reif war. Man schob daher den Zeitpunkt wiederholt hinaus und schickte zunächst den Staatsrat – den
späteren Fürsten – Ito[1] nach Berlin zum genaueren Studium
der Verfassungen. [...] Die Verfassung [...] wurde unter ungeheurem Jubel des ganzen Landes am 11. Februar 1889 feierlich
proklamiert und damit das Recht- und Pflichtbewusstsein
zwischen Herrscher und Volk gesetzlich festgelegt.
Es zeigte sich aber bald, dass die Verfassung vielen nicht liberal genug war. Denn das Wahlrecht war sehr beschränkt,
und das Recht, die Minister zu ernennen, kam nicht dem
Parlament zu. Ito selbst, der Vater der Verfassung, erklärte,
das Recht, die Minister zu ernennen und zu entlassen, sei

und bleibe ein Privileg des Kaisers [...]. Fukuzawa[2] war ein
bedeutender und außerhalb der Regierungskreise der einflussreichste Mann des Landes: der „Praeceptor Japonis"[3].
Und dieser Fukuzawa hat sich dem Berichterstatter einer
großen amerikanischen Zeitschrift gegenüber geäußert:„Ich
bewundere euer freies Land; wir selbst sind für eine Republik noch nicht reif und haben daher einen Kaiser. Aber das
dürfen Sie mir glauben, dass schon jetzt der Kaiser in der
Politik weniger zu sagen hat als der König in England." Diese
Äußerung gab die Stimmung eines großen Teiles der gebildeten Japaner in den Neunzigerjahren wieder. Und die Kenntnis dieser Stimmung ließ es der Regierung klug erscheinen,
nachgiebig zu sein, bis das Schicksal ihr eine Gelegenheit bot,
ein einigendes Band für die ganze Nation neu zu schaffen,
und zwar in Form des Krieges mit China wegen Korea. Und
dieser Krieg hatte die von der Regierung gewünschte Folge:
Das ganze japanische Volk war einig und begeistert durch
die Erfolge der nationalen Waffen. [...] Das Nationalgefühl
erwachte; es setzte eine gesunde Reaktion gegen die blinde
Nachahmung alles Fremden ein. Man hörte viel weniger von
den Herrlichkeiten der freien Staaten. Die größten Schreier
für eine parlamentarische Regierung hielten sich zurück. [...]
Und den tieferen Grund zu diesem der Welt erstaunlichen
Sieg über den chinesischen Koloss suchte man jetzt in den
spezifisch-japanischen Eigenschaften, und in diesem Japanertum spielte auch das Herrscherhaus mit seiner „ewigen
Dynastie" eine große Rolle. So ging dieses gestärkt aus der
Krise hervor. Die Person des Kaisers trat mehr und mehr in
den Vordergrund. [...] Es erging ein Edikt, das die Grundlage
aller sittlichen Erziehung der japanischen Jugend bildet und
in dem der Kaiser als eine Art Vater seines Volkes erscheint.
Und so wurde der Kult des Kaisers als eines gewissermaßen
ideellen symbolischen Repräsentanten der Nation in den an
sich uralten, aber jetzt wieder günstig vorbereiteten Boden
mit voller Absicht gesät. Und man wird den führenden japanischen Staatsmännern nicht die Anerkennung versagen
können, dass ihr planmäßiges Werk voll und ganz, manchmal
fast über das beabsichtigte Maß hinaus gut gelang.

Toku Bälz (Hrsg.), Erwin Bälz. Das Leben eines deutschen Arztes im erwachenden Japan. Tagebücher, Briefe, Berichte, Stuttgart ³1937, S. 95-97

1. *Charakterisieren Sie das japanische Modernisierungsprogramm und dessen Zielsetzung.*
2. *Diskutieren Sie die innenpolitische Wirkung des japanischen Sieges im Krieg gegen China 1895.*
3. *Informieren Sie sich über die Reaktion Chinas auf die imperialistischen Mächte und vergleichen Sie mit Japan.*

---

[1] Ito Hirobumi (1841-1909) war mehrfach Ministerpräsident und Präsident des Geheimen Staatsrates, dem Beratergremium des Kaisers.

[2] Fukuzawa Yukichi (1835-1901) war der bedeutendste Vertreter der Reformperiode.

[3] „Praeceptor Japonis": Lehrer, Lehrmeister Japans

Imperialistische Politik: nationale und internationale Auseinandersetzungen

▶ Europäisches Vordringen nach Afrika.

Europäische Machtstrukturen und koloniale Rivalitäten ■ Bis in die 1880er-Jahre blieben Frankreich und Großbritannien neben Russland die einzigen europäischen Mächte, die ihren Kolonialbesitz weiter ausdehnten. Russland expandierte seit den 1850er-Jahren verstärkt nach Asien. Da sich die Interessen- und Machtsphären der Kolonialmächte in Übersee kaum berührten, kam es nicht zu Konflikten.

Obgleich mit Italien und dem Deutschen Reich neue Nationalstaaten entstanden waren und die militärischen Siege Deutschlands gegen Österreich-Ungarn 1866 und Frankreich 1870/71 eine bedrohliche Machtdemonstration darstellten, wurde das europäische Mächtegleichgewicht auf dem Kontinent bewahrt, so wie es 1815 auf dem *Wiener Kongress* festgelegt worden war. Konflikte wurden möglichst diplomatisch gelöst und von keiner Macht Ansprüche auf eine Vorrangstellung auf dem Kontinent erhoben.

Seit den 1880er-Jahren wandelte sich die Situation grundlegend, als neben den „alten" Kolonialmächten nun weitere europäische Staaten Anspruch auf Kolonien erhoben. Angesichts der nur begrenzt zur Verfügung stehenden „freien" Räume musste es zwangsläufig zu Interessenkonflikten zwischen den Kolonialmächten kommen.

Gemeinsame Interessen besaßen Frankreich und Großbritannien in Afrika, vor allem in Ägypten (▶ M1). Für Großbritannien war das Land seit Eröffnung des *Suezkanals*

1869 von großer strategischer Bedeutung, da dieser den Seeweg nach Indien, der wichtigsten britischen Kolonie, erheblich verkürzte. Frankreich unterhielt schon seit Beginn des Jahrhunderts enge Kontakte nach Ägypten, hatte mithilfe vor allem französischer Geldgeber den Suezkanal gebaut und den Betrieb anschließend über die Suez-Gesellschaft verwaltet. Angesichts der katastrophalen Staatsverschuldung richteten Großbritannien und Frankreich 1879 zur Sicherung der in das Land investierten europäischen Kapitalanlagen eine gemeinsame Staatsschuldenverwaltung ein, über die sie das Land kontrollierten. Als sich aufgrund nationalistischer Widerstände die indirekte Herrschaft und damit auch die Kontrolle über den Suezkanal nicht mehr aufrechterhalten ließ, griff die britische Flotte Alexandria an. Truppen besetzten das Land. Die freie Passage nach Indien wurde gesichert und zugleich die französische Konkurrenz ausgeschaltet, die mit scharfem Protest reagierte. 1881 hatte Frankreich bereits ein Protektorat über Tunesien errichtet; nach dem britischen Affront dehnte es seinen Einfluss kurzerhand auf Madagaskar, den Senegal, die Westküste und den unteren Kongo aus.

Der „Wettlauf nach Afrika" („Scramble for Africa") war eröffnet. Innerhalb von weniger als zwei Jahrzehnten teilten „alte" und „neue" Kolonialmächte nahezu den gesamten afrikanischen Kontinent unter sich auf. Angesichts des steigenden Konkurrenzdrucks entstanden zahlreiche Konflikte um Einflusszonen, Grenzziehungen und neue Märkte, die oft nur mit Mühe beigelegt werden konnten und schließlich sogar auf den europäischen Kontinent überzugreifen drohten.

Die „Kongo-Konferenz" Die Eroberung Afrikas war bereits in vollem Gange, als sich vom 15. November 1884 bis zum 26. Februar 1885 Vertreter der führenden europäischen Mächte sowie der USA und des Osmanischen Reiches zu einer Konferenz in Berlin trafen, um die Einflussgebiete aller Mächte auf dem afrikanischen Kontinent zu ordnen. Auf dieser *Berliner Westafrika-Konferenz* – aufgrund der konkurrierenden Besitzansprüche im Kongogebiet auch als *Kongo-Konferenz* bezeichnet – wurde Afrika zur *terra nullius* erklärt und das „herrenlose Land" auf dem Papier aufgeteilt. Ohne Rücksicht auf Besitzansprüche und Souveränitätsrechte der afrikanischen Bevölkerung, ihre Sprachen und Kultur, wurden willkürliche Grenzen durch den Kontinent gezogen, Völker auseinandergerissen und fremde oder gar feindliche Stämme in einem Territorium vereinigt.

Am Ende der Konferenz, deren Verlauf mehr an ein Strategiespiel erinnert, hatten die Teilnehmer ihre Einflusszonen abgegrenzt, sich auf die Bekämpfung des einheimischen Sklavenhandels geeinigt und vertragliche Richtlinien für freien Handel und Mission festgelegt. Das Kongogebiet, auf das neben dem belgischen König auch Großbritannien, Frankreich und Portugal Ansprüche erhoben hatten, erklärten die Mächte zur neutralen Freihandelszone. Sie unterstellten es als *Kongo-Freistaat* der privaten Verwaltung des belgischen Königs. Zudem wurden allgemeine „Spielregeln" für die Inbesitznahme neuer Gebiete vereinbart, um koloniale Rivalitäten künftig auszuschließen. Die internationale Anerkennung von Territorien sollte von nun an durch das Prinzip der „effektiven Kontrolle" gewährleistet werden: Bei Annexionen reichten das Hissen einer Fahne oder Vertragsschlüsse mit den lokalen Machthabern nicht mehr aus; vielmehr musste die Übernahme eines Gebietes den anderen Mächten rechtzeitig bekannt und durch eine erkennbare Präsenz vor Ort mit festen Stützpunkten und einer entsprechenden Infrastruktur (z. B. Handelsstationen, Polizeitruppen, Missionsposten) kenntlich gemacht werden. Diese Vereinbarung beschleunigte den „Wettlauf" der europäischen Staaten und die formelle Besitznahme von Territorien.

▲ **„Verachtet sei, wer Schlechtes dabei denkt."**
Französische Zeichnung von 1899.
Der Titel ist die Übersetzung des Schriftzuges. Er ist das Motto der höchsten englischen Auszeichnung, des „Hosenbandordens", und der Wahlspruch auf dem Wappen der englischen Monarchen.
- *Bestimmen Sie die Aussage der Zeichnung.*
- *Formulieren Sie eine andere Bildunterschrift.*

▲ **Die Westafrika-Konferenz in Berlin.**
Holzschnitt nach einer Zeichnung Hermann Lüders von 1884.
„Ich kann nicht darüber hinwegsehen, dass in unserem Kreis keine Eingeborenen vertreten sind, und dass die Beschlüsse dennoch von größter Wichtigkeit für sie sein werden."
Mit diesen Worten eröffnete der britische Vertreter und Botschafter in Berlin, Sir Edward Malet, am 15. November 1884 die Westafrika-Konferenz. Auf der fünf Meter hohen Afrikakarte im großen Festsaal des Kanzleramtes wurde der Kontinent mit dem Lineal aufgeteilt.

Ein „Platz an der Sonne": Deutschlands Einstieg in die Weltpolitik Angesichts der Furcht, bei der Aufteilung der Erde leer auszugehen, setzte seit den 1870er-Jahren auch im Deutschen Reich eine verstärkte Diskussion um die Notwendigkeit einer Kolonialpolitik ein. Eine Vielzahl kleinerer und größerer Kolonialvereine sowie mächtige Interessenverbände propagierten den kolonialen Gedanken im ganzen Land und begannen damit, Druck auf die Regierung auszuüben, um die territoriale Expansion voranzutreiben. Wie in den anderen europäischen Staaten und den USA gab es aber auch im Deutschen Reich entschiedene Gegner der Kolonialpolitik. Dazu gehörten vor allem die Sozialdemokraten, die mit staatlichen Geldern geförderte Unternehmungen ablehnten, die das System des „ausbeuterischen Kapitalismus" in wirtschaftlich unterlegene Länder exportierten und die Kolonialvölker unterdrückten. Außerdem verwiesen sie immer wieder auf die wachsende Kriegsgefahr, die eine offensive Außenpolitik auslösen würde.

Auch Reichskanzler *Otto von Bismarck* stand dem Erwerb von Kolonien ablehnend gegenüber. Er scheute die finanziellen Belastungen und möglichen Konflikte mit den anderen Mächten. Seine Außenpolitik richtete sich vielmehr auf die Machtverhältnisse in Europa, die sich nach der Gründung des Deutschen Reiches grundlegend verändert hatten. Um den Nachbarstaaten die Furcht vor einem deutschen Vormachtstreben zu nehmen, erklärte Bismarck das Deutsche Reich für „saturiert", d.h. als territorial zufrieden gestellt. Vorrangig bemühte er sich darum, die Position des Reiches über ein komplexes Bündnissystem zu stabilisieren und vor allem der Gefahr einer Zweifrontenstellung zwischen Frankreich und Russland vorzubeugen.

Dass Bismarck schließlich seine Haltung änderte und das Deutsche Reich unter ihm in den Jahren 1884/85 seine ersten Kolonien erwarb, ist auf den zunehmenden innenpolitischen Druck und die günstige außenpolitische Lage zurückzuführen (▶ M2).

1884 gab er den Forderungen hanseatischer Kaufleute nach der Sicherung ihrer Erwerbungen und Handelsinteressen nach: In Südwestafrika (heute Namibia) unterstellte er zunächst die von dem Bremer Kaufmann *Adolf Lüderitz* erworbenen Gebiete an der Südwestküste Afrikas unter deutschen Reichsschutz. In Westafrika (Togo und Kamerun) wurde der Reichskommissar *Gustav Nachtigal* in diesem Sinne für die Gebiete weiterer Handelshäuser und Gesellschaften tätig. Es folgten Ostafrika (heute Tansania, Burundi und Ruanda) sowie einige Südseeinseln (u. a. „Deutsch-Samoa"). Zu diesem Zeitpunkt rückte auch bereits die günstig gelegene chinesische Bucht *Jiaozhou* (*Kiautschou*) in den Blick, die 1897 unter deutsche Herrschaft geriet.

Unter **Kaiser Wilhelm II.** setzte eine grundsätzliche Umorientierung der deutschen Außenpolitik ein. Mit dem beeindruckenden Aufstieg des jungen Staates war auch das nationale Selbstbewusstsein gewachsen. Vielen Zeitgenossen genügte die von Bismarck geprägte defensive und hauptsächlich auf europäischen Ausgleich bedachte „Kontinentalpolitik" nicht mehr. Deutschland müsse seinen Anspruch als „Weltmacht" durchsetzen, der dem deutschen Großmachtstatus angemessen sei (▶ M3). 1897 brachte der Staatssekretär des Auswärtigen Amtes, *Bernhard von Bülow*, diese von vagen Stimmungen und Interessen geprägte neue Weltpolitik in einer Reichstagsrede programmatisch auf den Punkt: „Wir wollen niemand in den Schatten stellen, aber wir verlangen einen Platz an der Sonne." Das Resultat war eine sprunghafte und aggressive deutsche Politik, die im Ausland als unberechenbar empfunden wurde.

Von der Faschoda-Krise zur Entente cordiale Auf der „Kongo-Konferenz" hatten die Kolonialmächte zwar Regelungen für die formale Einnahme weiterer Gebiete getroffen. Der Fall, dass zwei Kolonialmächte gleichzeitig Anspruch auf ein und dasselbe Gebiet erhoben, wurde jedoch nicht berücksichtigt.

Zu Konflikten kam es erneut zwischen den beiden größten Kolonialmächten Frankreich und Großbritannien, die sich mit der weiteren Ausdehnung ihrer afrikanischen Besitzungen – die Franzosen von West nach Ost und die Briten von Nord nach Süd (*Kap-Kairo-Linie*) – aufeinander zu bewegten.

Im Sudan bei dem kleinen Ort *Faschoda* (*Kodok*) am oberen Nil stießen die beiden Mächte schließlich 1898 aufeinander. Formell zählten die Engländer den Sudan zu ihrem Einflussbereich. Gleichzeitig rückte ein kleines französisches Expeditionskorps von Westen in das Land ein, um einen Stützpunkt am Roten Meer zu errichten. Da zunächst keine Seite auf ihre Ansprüche verzichten wollte und groß angelegte Pressekampagnen die nationalen Emotionen in beiden Staaten aufheizten, drohte sich die Situation zu einer gefährlichen internationalen Krise auszuweiten. Längst ging es nicht mehr nur um kolonialen Gebietsgewinn, sondern um die Demonstration des eigenen Großmachtstatus. Angesichts der Kriegsgefahr und seiner eindeutig schwächeren Position zog sich Frankreich schließlich zurück und traf im Frühjahr 1899 mit Großbritannien einen Interessenausgleich, bei dem das Niltal als britische und der westliche Sudan als französische Einflusszone festgelegt wurde.

Bis 1904 gelang es den beiden Mächten, weitere kolonialpolitische Gegensätze zu bereinigen und im selben Jahr ihr „herzliches Einvernehmen" in einem danach benannten beiderseitigen Abkommen (*Entente cordiale*) zu besiegeln. Hierin erkannte Frankreich Ägypten endgültig als rein britisches Interessengebiet an, während England bereit war, den von Frankreich angestrebten verstärkten Einfluss in Marokko zu billigen.

Die Entente cordiale bewirkte in der Folge nicht nur eine politische Annäherung der kolonialen Erzrivalen Großbritannien und Frankreich in Übersee, sondern zunehmend auch eine Kooperation der beiden Staaten innerhalb des europäischen Mächtesystems.

Wilhelm II. (1859-1941): 1888-1918 König von Preußen und Deutscher Kaiser. Er setzte den Rücktritt Bismarcks durch. Seine Vorstellungen von Gottesgnadentum und Weltmacht sowie seine Einstellung zum Militär (Militarismus) prägten die „Wilhelminische Gesellschaft".

▲ **Wilhelm II. in Uniform der Garde du Corps.**
Gemälde von Ludwig Noster, 1906.

Alfred von Tirpitz (1849-1930): Admiral, ab 1897 Staatssekretär. Er entwickelte einen Plan zum massiven Ausbau der deutschen Kriegsflotte.

Flottenwettrüsten und veränderte Bündniskonstellationen ■ Programmatischer Bestandteil der energisch verfolgten deutschen „Weltpolitik" war die Entscheidung zum Aufbau einer großen Schlachtflotte. Admiral **Alfred von Tirpitz**, der seit 1897 als Staatssekretär das Reichsmarineamt leitete, setzte dies in einem *Flottenbauprogramm* um, dessen Notwendigkeit er mit großem Agitationsaufwand propagierte. Umfassende Werbeaktionen einflussreicher nationalistischer Verbände, wie des *Alldeutschen Verbands* oder des *Deutschen Flottenvereins*, verschafften dem Flottengedanken in weiten Teilen der Bevölkerung große Popularität. Für die Durchsetzung seiner Pläne konnte sich Tirpitz nicht zuletzt auf die Zustimmung Kaiser Wilhelms II. stützen, der sich nachdrücklich für das Flottenbauprogramm einsetzte, sodass schließlich gegen den Widerstand der Sozialdemokraten eine ausreichende Reichstagsmehrheit für die von Tirpitz konzipierten Flottengesetze (1898/1900) gewonnen wurde.

Kern des Flottenbauprogramms war der gegen England gerichtete „Risikogedanke": Für Großbritannien – den Hauptgegner einer deutschen Weltmachtstellung – sollte das Risiko eines Krieges gegen Deutschland so hoch werden, dass es angesichts des drohenden Verlustes seiner Seemachtstellung zu einer Annäherung an Deutschland oder zumindest zu kolonialen Konzessionen gezwungen werden konnte.

Das Gegenteil trat ein: Der Flottenbau verschlechterte das Verhältnis zu Großbritannien, das sich zu einem angestrengten Rüstungswettkampf von bislang ungekanntem Ausmaß herausgefordert sah (▶ M4). Während der Argwohn gegen die deutsche Politik wuchs, bemühte sich England, an anderer Stelle Konflikte zu entschärfen, um sich ganz auf den neuen Konkurrenten zu konzentrieren. 1904 wurden die kolonialen Auseinandersetzungen mit Frankreich in der Entente cordiale begraben und im Jahre 1907 gelang sogar eine Verständigung zwischen Großbritannien und Russland über offene Fragen in Asien – ein Umsturz der bisherigen außenpolitischen Konstellationen, der von deutscher Seite bis dahin für unmöglich gehalten worden war. Während sich Deutschland durch diese veränderten Beziehungen der europäischen Mächte zunehmend „eingekreist" und isoliert fühlte, wuchs die Sorge der anderen Mächte vor einer deutschen Hegemonie in Europa und führte zu immer stärkeren Rüstungsanstrengungen.

	1880	1890	1900	1910	1914
Russland	791 000	677 000	1 162 000	1 285 000	1 352 000
Frankreich	543 000	542 000	715 000	769 000	910 000
Deutschland	426 000	504 000	524 000	694 000	891 000
Großbritannien	367 000	420 000	624 000	571 000	532 000
Österreich-Ungarn	246 000	346 000	385 000	425 000	444 000
Italien	216 000	284 000	255 000	322 000	345 000
Japan	71 000	84 000	234 000	271 000	306 000
Vereinigte Staaten	34 000	39 000	96 000	127 000	164 000

▲ **Truppen- und Flottenstärke der Mächte 1880 - 1914.**
Nach: Paul Kennedy, Aufstieg und Fall der großen Mächte, Frankfurt am Main 1991, S. 313

Internationale Spannungen und Konfliktherde zu Beginn des 20. Jahrhunderts Alle Regierungen dachten vor 1914 in „Freund-Feind-Bildern" und suchten Sicherheit in erster Linie durch engere Bindungen an den Bündnispartner. Zudem engten militärstrategische Planungen die Handlungsfreiheit der Politiker immer mehr ein. In einer solchen Lage drohten begrenzte Krisenherde schnell zu umfassenden Konflikten zu werden.

Die Spannungen zwischen dem Deutschen Reich und den Westmächten Frankreich und England spitzten sich in den beiden *Marokko-Krisen* von 1905 und 1911 weiter zu (▶ M5). Als Frankreich nach der 1904 im Rahmen der Entente cordiale getroffenen Vereinbarung mit Großbritannien versuchte, das formal unabhängige Marokko ohne Rücksicht auf deutsche Ansprüche und Handelsinteressen zum französischen Protektorat zu machen, sah sich das Deutsche Reich zu einer Gegenoffensive veranlasst: Im März 1905 landete Kaiser Wilhelm II. in der marokkanischen Hafenstadt Tanger und gab dort eine Erklärung über die Souveränität Marokkos ab, um das deutsche Mitspracherecht zu demonstrieren. Zur Entschärfung der Krise wurde 1906 eine internationale Konferenz im spanischen Algeciras einberufen, von der sich das Deutsche Reich eine diplomatische Niederlage Frankreichs versprach. Entgegen seinen Erwartungen fand sich das Deutsche Reich dort jedoch vollständig isoliert, weil lediglich der Zweibundpartner Österreich-Ungarn die deutsche Position unterstützte. Die „Algeciras-Akte" garantierte zwar die formelle Unabhängigkeit Marokkos, 1909 legte jedoch eine weitere Konferenz die politische Vorrangstellung Frankreichs bei gleichzeitigem freien wirtschaftlichen Zugang für alle anderen Mächte fest.

1911 kam es zu einer zweiten Marokko-Krise, als Frankreich aufgrund ausländerfeindlicher Unruhen die Hauptstadt Fes militärisch besetzte. Deutschland sah darin einen Verstoß gegen den *Vertrag von Algeciras*. Durch lautstarke Pressekampagnen und die durch den Alldeutschen Verband vehement vertretenen Annexionsansprüche zum Handeln gezwungen, entschloss sich der zuständige Staatssekretär im Auswärtigen Amt, *Alfred von Kiderlen-Waechter*, von Frankreich für seinen „Verstoß" als Entschädigung das französische Kongogebiet zu verlangen. Er entsandte das deutsche Kanonenboot „Panther" in das westmarokkanische Agadir (*Panthersprung nach Agadir*), um seinen Forderungen Nachdruck zu verleihen.

Die in der deutschen Öffentlichkeit bejubelte Drohgeste hatte jedoch schwerwiegende internationale Folgen: Das diplomatisch übergangene England wies die deutsche Politik der Einschüchterung scharf zurück, stellte sich an die Seite Frankreichs und versetzte zeitweilig sogar seine Marine in Alarmzustand. Gleichzeitig mehrten sich die englandfeindlichen Stimmen im Deutschen Reich, die von einer immer größeren Kriegsbereitschaft zeugten. Auf beiden Seiten wurden Vorbereitungen für einen Präventivschlag getroffen, sodass Europa im September 1911 für einige Tage an der Schwelle eines Krieges stand. Nur mit äußerster Mühe konnte ein Kompromiss gefunden werden, mit dem beide Seiten ihr Gesicht wahren konnten: Frankreich erhielt endgültig Marokko, trat als Gegenleistung aber einige unbedeutende Gebiete in Zentralafrika an das Deutsche Reich ab.

▲ **Die Teilung Marokkos.**
Karikatur aus „Der wahre Jacob" von 1905.
Edward [VII. von England]: „Guten Appetit, reizende Marianne!"
Bülow: „Halt, nur ansehen – du verdirbst dir sonst den Magen!"

■ Bestimmen Sie den Hintergrund der Szene und erläutern Sie, auf welche Weise die Figuren dargestellt sind. Welche politische Haltung des Zeichners lässt sich aus der Karikatur ablesen?

▲ Der Balkan im Jahr 1913.

Ein noch gefährlicherer Unruheherd war der Balkan, wo sich seit dem Zerfall des Osmanischen Reiches die Interessen der europäischen Großmächte und das Streben der Balkanstaaten nach nationaler Einheit entgegenstanden. Die erste große *Balkan-Krise* löste Österreich-Ungarn aus, als es 1908 die Provinzen Bosnien und Herzegowina annektierte. Beide Gebiete waren ihm auf dem *Berliner Kongress* 1878 zwar zur Verwaltung überlassen worden, standen aber offiziell noch unter türkischer Oberhoheit. Die serbische Regierung, die selbst alle Südslawen (Serben, Kroaten, Slowenen) in einem großen Königreich einen wollte, forderte deshalb die Wiederherstellung des alten Zustands oder eine territoriale Entschädigung. In der Hoffnung auf militärische Unterstützung durch Russland machte der kleine Balkanstaat gegen Österreich-Ungarn mobil. Da sich die russische Regierung nach der Niederlage gegen Japan 1904/1905* auf keinen weiteren Krieg einlassen wollte und sich zudem Deutschland auf die Seite seiner Verbündeten stellte, musste Russland seinen Schützling auf dem Balkan fallen lassen. Serben und Russen fühlten sich gedemütigt; in beiden Ländern wuchs die antideutsche Stimmung. Bulgarien, Serbien, Montenegro und Griechenland schlossen sich 1912 unter russischer Vermittlung zum *Balkanbund* zusammen und befreiten in wenigen Wochen die von ihren Landsleuten besiedelten Gebiete des Osmanischen Reiches. Dieses behielt zwar noch ein europäisches Vorfeld vor Konstantinopel, war aber aus dem Kreis der europäischen Mächte ausgeschieden.

Die Kriegsergebnisse 1912/13 stärkten überwiegend die russische Position auf dem Balkan. Serbien konnte sein Territorium fast verdoppeln, fühlte sich jedoch um den Sieg betrogen, da ihm Österreich-Ungarn durch die Bildung des selbstständigen Staates Albanien den Zugang zur Adria verwehrt hatte, um die serbische Machtstellung zu beschränken.

Auch wenn sich die Kriege auf dem Balkan nicht zu einem gesamteuropäischen Konflikt ausweiteten, vermochten die nachfolgenden Friedensschlüsse die Spannungen nicht zu entschärfen. Im Gegenteil: Rüstungswettlauf und Kriegsbereitschaft nahmen immer weiter zu. Die imperialen Rivalitäten, aufgeheizten öffentlichen Meinungen und die internationalen Spannungen trugen dazu bei, dass alle Bemühungen um Rüstungsbegrenzungen und eine friedliche Beilegung der Konflikte letztlich erfolglos blieben.

---

* Siehe dazu S. 157.

Imperialistische Politik: nationale und internationale Auseinandersetzungen

M1 Englisch-französische Konkurrenz in Afrika

Der französische Unterstaatssekretär Eugène Etienne äußert sich am 7. Juni 1894 über den englisch-französischen Kolonialgegensatz:

Schon seit Jahrhunderten hat England alle Wege gequert, die Frankreich einzuschlagen versuchte. Vorwiegend Kolonialmacht, hat Frankreich als einer der ersten Staaten Niederlassungen an der West- und der Ostküste Afrikas und
5 an den Küsten Asiens gegründet. Aber sogleich versuchte England, durch seine gewöhnlichen Kunstgriffe mit den großen Mitteln, über die es verfügt, unsere Entwicklung zu hemmen. [...] Seit 1830, wo wir in Algerien Fuß gefasst haben, sind wir eine mohammedanische Macht; wir mussten unser
10 Ansehen im Norden Afrikas befestigen und unsere Interessen entsprechend weiter zu entwickeln suchen. Vom Senegal aus drangen wir deshalb in den Sudan vor, und sofort trafen wir dort auf englische Kaufleute, die in Sierra Leone unsern Feinden Waffen zum Kampf gegen uns verkauften. In Guinea
15 gründeten wir wichtige Handelsniederlassungen; sogleich bemühten sich unsere britischen Nachbarn, uns den Weg nach dem Innern zu verlegen. [...] Meine Herren, das kann so nicht weitergehen. [...] Es darf nicht vorkommen, dass ein Vertrag, den Frankreich unterschrieben hat, ungestraft verletzt
20 wird und dass wir uns außerstande sehen, ihm Achtung zu verschaffen.

Geschichtliche Quellenhefte, Heft 10: Das Zeitalter des Imperialismus 1890-1918, Frankfurt am Main ⁶1965, S. 13

1. *Überprüfen Sie, inwiefern die französischen Anschuldigungen gegenüber England berechtigt sind.*
2. *Arbeiten Sie heraus, welche Konsequenzen vom Redner im letzten Satz angedeutet werden.*

M2 Bismarcks Hinwendung zur Kolonialpolitik

In einer Rede vor dem Reichstag vom 26. Juni 1884 skizziert Otto von Bismarck seine Position zur Kolonialfrage und die Ausrichtung der Kolonialpolitik seiner Regierung:

Wir sind zuerst durch die Unternehmung hanseatischer Kaufleute, verbunden mit Terrainkäufen und gefolgt von Anträgen auf Reichsschutz, dazu veranlasst worden, die Frage, ob wir diesen Reichsschutz in dem gewünschten Maße ver-
5 sprechen könnten, einer näheren Prüfung zu unterziehen. Ich wiederhole, dass ich gegen Kolonien – ich will sagen, nach dem System, wie die meisten im vorigen Jahrhundert waren, was man jetzt das französische System nennen könnte –, ge-

EASTERN QUESTIONS, 1871–8
Cartoon 5.9 Theilung der Erde. *Kladderadatsch*, Berlin, 11 August 1878

▲ **„Theilung der Erde."**
Karikatur aus der satirischen Zeitschrift „Kladderadatsch" vom 11. August 1878.
■ *Erläutern Sie anhand der Bildunterschrift die Aussage der Karikatur.*

gen Kolonien, die als Unterlage ein Stück Land schaffen und dann Auswanderer herbeizuziehen suchen, Beamte anstellen 10 und Garnisonen errichten –, dass ich meine frühere Abneigung gegen diese Art von Kolonisationen, die für andere Länder nützlich sein mag, für uns aber nicht ausführbar ist, heute noch nicht aufgegeben habe. [...]
Etwas ganz anderes ist die Frage, ob es zweckmäßig, und 15 zweitens, ob es die Pflicht des Deutschen Reiches ist, denjenigen seiner Untertanen, die solchen Unternehmungen im Vertrauen auf des Reiches Schutz sich hingeben, diesen Reichsschutz zu gewähren und ihnen gewisse Beihilfen in ihren Kolonialbestrebungen zu leisten, um denjenigen Gebilden, 20 die aus den überschüssigen Säften des gesamten deutschen Körpers naturgemäß herauswachsen, in fremden Ländern Pflege und Schutz angedeihen zu lassen. Und das bejahe ich, allerdings mit weniger Sicherheit vom Standpunkte der Zweckmäßigkeit – ich kann nicht voraussehen, was daraus 25 wird –, aber mit unbedingter Sicherheit vom Standpunkte der staatlichen Pflicht.
Ich kann mich dem nicht entziehen. [...] ich sage: womit könnte ich es rechtfertigen, wenn ich Ihnen sagen wollte: Das ist alles sehr schön, aber das Deutsche Reich ist dazu 30

174 Der Durchbruch der Moderne um 1900

▲ „Deutsche Reichs-Colonial-Uhr."
Badische Uhrenfabrik, Furtwangen, um 1900.

nicht stark genug, es würde das Übelwollen anderer Staaten auf sich ziehen, es würde [...] in unangenehme Berührung mit anderen kommen, es würde „Nasenstüber" bekommen, für die es keine Vergeltung hätte; dazu ist unsere Flotte nicht
35 stark genug! [...] Aber ich muss sagen, dass ich als der erste Kanzler des neu geschaffenen Reichs doch eine gewisse Schüchternheit empfand, eine Abneigung, mich so auszusprechen, und selbst wenn ich an unsere Schwäche und Unfähigkeit geglaubt hätte, ich würde mich geniert haben, den
40 Hilfesuchenden offen zu sagen: Wir sind zu arm, wir sind zu schwach, wir sind zu furchtsam, für euren Anschluss an das Reich euch Hilfe vom Reich zu gewähren.
Ich habe nicht den Mut gehabt, diese Bankerotterklärung der deutschen Nation auf überseeische Unternehmungen den
45 Unternehmern gegenüber als Reichskanzler auszusprechen. Wohl aber habe ich mich sehr sorgfältig bemüht, ausfindig zu machen, ob wir nicht in unberechtigter Weise in wohlerworbene Rechte anderer Nationen eingriffen, und die Bemühungen, mich darüber zu vergewissern, haben mehr als
50 ein halbes Jahr Zeit erfordert. [...]
Unsere Absicht ist nicht, Provinzen zu gründen, sondern kaufmännische Unternehmungen, aber in der höchsten Entwicklung auch solche, die sich eine Souveränität, eine schließlich dem Deutschen Reich lehnbar bleibende, unter seiner Pro-
55 tektion stehende kaufmännische Souveränität erwerben, zu schützen in ihrer freien Entwicklung sowohl gegen Angriffe aus der unmittelbaren Nachbarschaft als auch gegen Bedrückung und Schädigung vonseiten anderer europäischer Mächte.

Günter Schönbrunn (Bearb.), Das bürgerliche Zeitalter 1815-1914. Geschichte in Quellen, München 1980, S. 471-473

1. *Arbeiten Sie Bismarcks Argumente in Bezug auf eine deutsche Kolonialpolitik heraus. Nehmen Sie Stellung.*
2. *Begründen Sie, ob und inwieweit Bismarck mit seiner Rede tatsächlich eine kolonialpolitische Wende vollzog.*
3. *Verfolgen Sie Bismarcks kolonialpolitische Aktivitäten bis zu seiner Entlassung und ordnen Sie sie in seine außenpolitischen Grundsätze ein.*

M3 Anspruch auf Weltgeltung

In einer Rede vor dem Reichstag am 11. Dezember 1899 bekräftigt der Staatssekretär des Auswärtigen Amtes und spätere Reichskanzler Bernhard von Bülow seine Forderung nach einer expansiven Außenpolitik:

Der englische Premierminister hatte schon vor längerer Zeit gesagt, dass die starken Staaten immer stärker und die schwachen immer schwächer werden würden. [...] Wir wollen keiner fremden Macht zu nahe treten, wir wollen uns aber auch von keiner fremden Macht auf die Füße treten lassen
5 (Bravo!), und wir wollen uns von keiner fremden Macht beiseite schieben lassen, weder in politischer noch in wirtschaftlicher Beziehung. (Lebhafter Beifall.) Es ist Zeit, es ist hohe Zeit, dass wir [...] uns klar werden über die Haltung, welche wir einzunehmen haben gegenüber den Vorgängen, die sich
10 um uns herum abspielen und vorbereiten und welche die Keime in sich tragen für die künftige Gestaltung der Machtverhältnisse für vielleicht unabsehbare Zeit [...] träumend beiseite stehen, während andere Leute sich den Kuchen teilen, das können wir nicht und wollen wir nicht. (Beifall.) Wir
15 können das nicht aus dem einfachen Grunde, weil wir jetzt Interessen haben in allen Weltteilen [...].
Die rapide Zunahme unserer Bevölkerung, der beispiellose Aufschwung unserer Industrie, die Tüchtigkeit unserer Kaufleute, kurz, die gewaltige Vitalität des deutschen Volkes ha-
20 ben uns in die Weltwirtschaft verflochten und in die Weltpolitik hineingezogen. Wenn die Engländer von einem Greater Britain reden, wenn die Franzosen sprechen von einer Nouvelle France, wenn die Russen sich Asien erschließen, haben auch wir Anspruch auf ein größeres Deutschland [...].
25 Es ist viel Neid gegen uns in der Welt vorhanden (Zuruf links.), politischer Neid und wirtschaftlicher Neid. Es gibt Individuen,

und es gibt Interessengruppen, und es gibt Strömungen, und es gibt vielleicht auch Völker, die finden, dass der Deutsche
30 bequemer war und dass der Deutsche für seine Nachbarn angenehmer war in jenen früheren Tagen [...]. Diese Zeiten politischer Ohnmacht und wirtschaftlicher und politischer Demut sollen nicht wiederkehren. (Lebhaftes Bravo.) [...] Wir werden uns aber nur dann auf der Höhe erhalten, wenn wir
35 einsehen, dass es für uns ohne Macht, ohne ein starkes Heer und eine starke Flotte keine Wohlfahrt gibt. (Sehr richtig! rechts. Widerspruch links.) Das Mittel, meine Herren, in dieser Welt den Kampf ums Dasein durchzufechten ohne starke Rüstung zu Lande und zu Wasser, ist für ein Volk von bald 60
40 Millionen, das die Mitte von Europa bewohnt und gleichzeitig seine wirtschaftlichen Fühlhörner ausstreckt nach allen Seiten, noch nicht gefunden worden. (Sehr wahr! rechts.) In dem kommenden Jahrhundert wird das deutsche Volk Hammer oder Amboss sein.

Michael Behnen (Hrsg.), Quellen zur deutschen Außenpolitik im Zeitalter des Imperialismus 1890 - 1911, Darmstadt 1977, S. 231 ff.

1. Erklären Sie die bildliche Formulierung, das „deutsche Volk" werde im 20. Jahrhundert „Hammer oder Amboss" sein. Erläutern Sie die Grundüberzeugungen, die Bülows Rede zugrunde liegen.

2. Zeigen Sie die Folgerungen auf, die Bülow für die deutsche Außenpolitik ableitet.

3. Vergleichen Sie die Forderungen und Ziele Bülows mit denen von Rhodes und Dernburg auf den Seiten 158 und 159. Nennen Sie Unterschiede und Gemeinsamkeiten.

4. Prüfen Sie, ob sich Bülows Forderung, dass die „Zeiten politischer Ohnmacht und wirtschaftlicher und politischer Demut" nicht wiederkehren sollen, zu Recht auf die zurückliegende Geschichte Deutschlands beziehen lässt.

M4 Deutsche „Weltpolitik" aus britischer Perspektive

Der englische Historiker Rolf Hobson befasst sich im Jahre 2002 mit den Auswirkungen der um 1896/97 einsetzenden neuen deutschen Außenpolitik:

Es gibt keinen Zweifel, dass der Tirpitz-Plan[1] eine Strategie des Rüstungswettlaufes war, die darauf abzielte, in der Zukunft politische Konzessionen zu erhalten, indem die balance of power durch ein Aufrüstungsprogramm verändert
5 wurde. Die langfristigen Kalkulationen der deutschen Seite rechneten mit einer ausdauernden britischen Anstrengung

[1] Zu Admiral Alfred von Tirpitz vgl. S. 170.

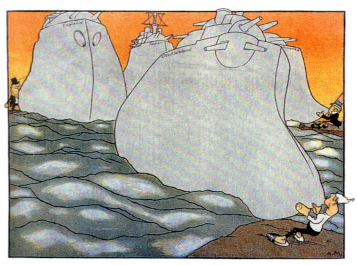

▲ „Internationales Wettrüsten. Wem wohl zuerst die Puste ausgeht?"
Karikatur aus der deutschen Satirezeitschrift „Der wahre Jacob" vom 31. März 1908.

zur Erhaltung der nummerischen Überlegenheit bei den Schlachtschiffen und sogar mit der Möglichkeit eines [britischen] Präventivschlages, um den wachsenden Rivalen zu eliminieren. [...] 10
Die wachsende deutsche Flotte stellte [für die Engländer] dann eine potenzielle hegemoniale Drohung und einen Grund zur Sorge über die Absichten des Reiches dar, wenn man sie zusammen mit der machtvollen deutschen Armee betrachtet und vor dem Hintergrund eines lautstarken Na- 15
tionalismus und einer unberechenbaren Außenpolitik sieht. In diesem Sinne trug der Tirpitz-Plan dazu bei, diejenige Konstellation unter den Großmächten herbeizuführen, die den Ersten Weltkrieg in erster Linie zu einem Kampf gegen eine deutsche Hegemonie in Europa machte. Der große Flotten- 20
wettlauf bedingte eine erhebliche Verschlechterung der englisch-deutschen Beziehungen und brachte die englische öffentliche Meinung in wachsendem Maße dazu, ein Engagement auf dem Kontinent zu akzeptieren. Er verstärkte das Gewicht der militärischen Faktoren in den Kalkulationen der 25
Kabinette und engte den Raum für diplomatische Manöver ein. [...]
Die vier wichtigsten Gründe für den englisch-deutschen Antagonismus waren in chronologischer Reihenfolge die ökonomische Konkurrenz, koloniale Rivalität, der Rüstungswettlauf 30
und die Aussicht, dass die deutsche Armee Frankreich besiegen könnte. Die meisten Historiker würden darin übereinstimmen, dass die Drohung einer kontinentalen Hegemonie durch die Ausschaltung Frankreichs aus der balance of power als die wichtigste Bedrohung der britischen nationalen Si- 35

cherheit betrachtet wurde. Sie selbst hätte automatisch eine Intervention gegen Deutschland in einem Krieg nach sich gezogen. Die deutschen Anhänger des Flottenbaus glaubten hingegen, dass die wirtschaftliche Konkurrenz [...] England
40 dazu bewegen würde, einen präventiven Handelskrieg zu entfesseln. Gegen diese Bedrohung war es notwendig, eine starke Abschreckung zur Verfügung zu stellen, nämlich die „Risikoflotte".

Rolf Hobson, Imperialism at Sea. Naval Strategic Thought, the Ideology of Sea Power and the Tirpitz Plan, 1875-1914, Boston 2002, S. 325-328, übersetzt von Boris Barth

1. Arbeiten Sie anhand der Schilderung Hobsons die Grundzüge der deutschen Außenpolitik heraus.
2. Analysieren Sie die Absichten, die hinter dieser Politik standen.
3. Erläutern Sie, mit welchen Folgen die deutsche Politik zum einen hinsichtlich der Haltung Großbritanniens und zum anderen hinsichtlich der internationalen Politik insgesamt verbunden war.

M5 Internationale Krisen um Marokko

Am 3. Juni 1904 nimmt Geheimrat Friedrich von Holstein zu den Bestimmungen in der Entente cordiale Stellung:

Bei der englisch-französischen Abmachung über Ägypten und Marokko ist England in Ägypten, Frankreich in Marokko der erwerbende Teil. England hat mit den Mächten, welche in Ägypten berechtigte Interessen haben, eine Verständigung gesucht
5 und erlangt, Frankreich hingegen schickt sich zur Aneignung Marokkos an unter vollständiger Ignorierung der berechtigten Interessen Dritter, mit Ausnahme Spaniens [...]. Marokko ist heute noch eines der wenigen Länder, wo Deutschland für seinen Verkehr freie Konkurrenz hat. Da Marokko jetzt im
10 Begriff ist, mit den Anfängen seines Eisenbahnnetzes vorzugehen, so ist die Schädigung, welche Deutschland durch das französische Monopol erleiden würde, eine recht erhebliche. Noch bedenklicher wäre jedoch die Schädigung, welche das Ansehen Deutschlands erleiden würde, wenn wir uns still-
15 schweigend gefallen ließen, dass über deutsche Interessen ohne deutsche Mitwirkung verfügt wird. Zu den Aufgaben einer Großmacht gehört nicht nur der Schutz ihrer Territorialgrenzen, sondern auch die Verteidigung der außerhalb dieser Grenzen gelegenen berechtigten Interessen [...].

Als Frankreich 1911 die marokkanische Stadt Fes besetzt, reagiert Deutschland mit der Entsendung seines Kanonenboots „Panther" in den marokkanischen Hafen Agadir. Angesichts des deutschen „Panthersprungs" kommt das britische Außenministerium am 3. Juli 1911 zu folgendem Schluss:

Die Tatsache, dass Deutschland den Sprung gemacht hat, 20 muss der Annahme Raum geben, dass es sich jetzt in der Lage glaubt, der Gefahr einer bewaffneten französisch-britischen Gegnerschaft zu trotzen. [...] Wenn sich [...] erweisen sollte, dass dem so ist, so stehen wir nun einer dringenden und unmittelbaren Gefahr gegenüber, für die gerüstet zu 25 sein von vitaler Bedeutung ist.

Im Jahre 1995 bewertet der deutsche Historiker Klaus Hildebrand die Folgen der zweiten Marokko-Krise von 1911:

Zeitweise schien der fatale Hang zum militärischen Schlag im Deutschen Reich geradezu übermächtig. Mitte August [1911], nach dem vorläufigen Abbruch der diplomatischen Beziehungen zu Frankreich, hatte Generalstabschef Moltke[1] 30 seinen von düsterer Entschlossenheit geprägten Empfindungen über „die unglückselige Marokko-Geschichte" den nämlichen Ausdruck verliehen: „Wenn wir aus dieser Affäre wieder mit eingezogenem Schwanz herausschleichen, wenn wir uns nicht zu einer energischen Forderung aufraffen kön- 35 nen, die wir bereit sind, mit dem Schwert zu erzwingen, dann verzweifle ich an der Zukunft des Deutschen Reiches [...]." [...] [B]estehen blieb [...] die spezifische Bereitschaft der Militärs zum Präventivkrieg, die das politische Geschehen bis in die Julikrise 1914 hinein prägte. 40
In allen Himmelsrichtungen Europas setzte nun ein verstärktes Wettrüsten ein, schlugen die Wogen des aufgepeitschten Nationalismus hoch; nahm die Bedeutung des Militärischen nochmals zu.

Erster Text: Günter Schönbrunn (Bearb.), a.a.O., S. 689
Zweiter Text: George P. Gooch und Harold Temperley (Hrsg.), Die Britischen Amtlichen Dokumente über den Ursprung des Weltkrieges 1898-1914, dt. Ausgabe hrsg. von Hermann Lutz, Bd. 7.1, Berlin 1932, S. 531
Dritter Text: Klaus Hildebrand, Das vergangene Reich. Deutsche Außenpolitik von Bismarck bis Hitler 1871-1945, Stuttgart 1995, S. 267f.

1. Zeigen Sie die Gründe für das Vorgehen des Deutschen Reiches in Marokko auf.
2. Erläutern Sie, wie der „Panthersprung nach Agadir" von den anderen europäischen Mächten aufgenommen wurde.
3. Die zweite Marokko-Krise wird häufig als „Wasserscheide" auf dem Weg zum Ersten Weltkrieg bezeichnet. Erörtern Sie diese Aussage.

[1] Helmuth von Moltke (1848-1916) war seit 1906 Chef des Großen Generalstabes in Berlin, der höchsten militärischen Planungsbehörde des Deutschen Reiches.

Karikaturen als gezeichnete Geschichte

Karikaturen (von ital. caricare für „überladen", „übertreiben") sind gezeichnete historische Quellen: Sie nehmen zu aktuellen politischen oder gesellschaftlichen Ereignissen, Entwicklungen, Zuständen oder Personen kritisch Stellung. Mit den Mitteln der Parodie, der Ironie, der Komik und des Witzes heben sie zentrale Aspekte bewusst hervor, vereinfachen sie oder stellen sie verzerrt dar. Die Öffentlichkeit soll auf politische oder soziale Missstände und Fehlentwicklungen aufmerksam gemacht, zum Nachdenken und Diskutieren angeregt werden.

Karikaturen analysieren

Worüber die Zeitgenossen lachten oder sich ärgerten, was ihnen gefiel oder was sie ablehnten, erfassen wir nicht auf Anhieb. Um die Aussage einer Karikatur zu entschlüsseln, bedarf es daher der genauen Interpretation und Analyse. In der Regel legen kurze Texte den gezeichneten Figuren Worte in den Mund oder bieten als plakative Unterschriften Hilfen für Deutung und Reflexion. Neben dem Text sind auch Daten wichtige Erschließungshilfen. Generell setzen die Zeichner nicht nur die Kenntnis des dargestellten Sachverhalts voraus, sondern auch die für Karikaturen typische Symbol- und Bildersprache:

- Symbole und Metaphern (Krone und Zepter für Monarchie, Waage für Gerechtigkeit)
- Personifikation und Allegorie („Uncle Sam" für die USA, „Germania" oder der „Deutsche Michel" mit Zipfelmütze für die Deutschen, Engel oder Taube als Friedensbringer)
- Tiervergleiche (der „russische Bär", der „gallische Hahn")
- visualisierte Redensarten („alle sitzen in einem Boot", „den Gürtel enger schnallen")
- historische Bildzitate („Der Lotse geht von Bord", „Die Freiheit führt das Volk")

Formale Kennzeichen
- Wer hat die Karikatur geschaffen oder in Auftrag gegeben?
- Wann und wo ist sie entstanden bzw. veröffentlicht worden?

Bildinhalt
- Wen oder was zeigt die Karikatur?
- Was wird thematisiert?
- Welche Darstellungsmittel werden verwendet und was bedeuten sie?

Historischer Kontext
- Auf welches Ereignis, welchen Sachverhalt oder welche Person bezieht sich die Karikatur?
- Auf welche politische Diskussion spielt sie an?
- Wozu nimmt der Karikaturist konkret Stellung?

Intention und Wirkung
- An welche Adressaten wendet sich die Karikatur?
- Welchen Standpunkt nimmt der Karikaturist ein?
- Welche Aussageabsicht verfolgt er?
- Inwiefern unterstützt ein eventueller Text die Wirkung der Zeichnung?
- Welche Wirkung wollte der Karikaturist beim zeitgenössischen Betrachter erzielen?

Bewertung und Fazit
- Wie lässt sich die Aussage der Karikatur insgesamt einordnen und bewerten?
- Wurde das Thema aus heutiger Sicht sinnvoll und überzeugend gestaltet?
- Welche Auffassung vertreten Sie zu der Karikatur?

Beispiel und Analyse

Otto von Bismarck: Individualkarikatur als Personifikation des Deutschen Reiches, erkennbar an Gesichtszügen und Schnauzbart sowie typischen Attributen (Pickelhaube, Uniform)

Zar Alexander III.: Individualkarikatur als Personifikation Russlands, erkennbar an Bart, typisch russischer Kleidung (Pelzmütze, an der Hüfte gegürtetes Hemd), Säbel und Lanze

▲ „Die Plünderer der Welt."
Nachträglich kolorierte Karikatur des Deutsch-Amerikaners Thomas Nast im US-Magazin Harper's Weekly vom 20. Juni 1885.

Grab-Bags: engl. „Wundertüten", ugs. „Grabbel"- oder „Kramsack"; to grab something = sich etwas greifen, packen, an sich reißen: Symbole für Kolonialpolitik bzw. Kolonien; durch Aufschrift eindeutige Zuordnung der Nationen

„John Bull": Personifikation des typischen Engländers; Typenkarikatur erkennbar an untersetzter Gestalt, Zylinder, Frack und Stock

Formale Kennzeichen ■ Die Karikatur wurde von Thomas Nast (1840 - 1902) gezeichnet. Er stammte ursprünglich aus Deutschland und gilt als der bekannteste politische Karikaturist der USA im 19. Jahrhundert. Nast veröffentlichte die Karikatur 1885 im New Yorker Magazin Harper's Weekly, einer der erfolg- und einflussreichsten, politisch eher konservativ ausgerichteten Wochenzeitschriften Amerikas.

Bildinhalt ■ Die Karikatur zeigt eine Weltkugel, umringt von drei Gestalten, die Länder und Kontinente in ihre mitgeführten Säcke packen. Ihre typischen Attribute sowie die Aufschriften auf ihren „Grab-Bags" identifizieren sie als Personifikationen des Deutschen Reiches, Großbritanniens und Russlands. Links im Bild zieht Reichskanzler Otto von Bismarck Sansibar in seinen noch recht leeren Sack. Er ist deutlich an seinen charakteristischen Gesichtszügen, dem Schnauzbart sowie an Pickelhaube und Uniform zu erkennen. Rechts greift sich der russische Zar Alexander III., gekleidet in traditionelle russische Tracht, Teile Zentralasiens. Anders als das Deutsche Reich und Russland wird Großbritannien nicht durch eine Individualkarikatur des Staatsoberhauptes symbolisiert, sondern durch eine dem englischen Landadel nachempfundene Typenkarikatur, die von britischen Satirikern geschaffene Nationalfigur „John Bull". Dieser steht in der vorderen Bildmitte vom Betrachter abgewandt, den gut gefüllten Sack hinter dem Rücken haltend, während er scheinbar in aller Ruhe seine Mitstreiter beobachtet. Thema der Karikatur ist die imperialistische Politik der europäischen Großmächte, die Mitte der 1880er-Jahre von einem Wettlauf um Kolonien geprägt war.

Historischer Kontext ■ 1885 befand sich der Imperialismus auf seinem Höhepunkt: Neben den „alten" Kolonialmächten, allen voran Großbritannien mit seinem weltumspannenden Empire, strebten immer mehr Staaten nach Kolonialbesitz. Russland dehnte seinen Machtbereich in Zentralasien bis zum Pazifik aus. 1884/85 erwarb auch das Deutsche Reich nach langem Zögern Bismarcks seine ersten Kolonien in Afrika und im Pazifik. Wenige Monate vor Erscheinen der Karikatur hatten die Kolonialmächte auf der „Kongo-Konferenz" Regeln für die Aufteilung Afrikas verhandelt.
Mit seiner Karikatur spielt Nast auf die verstärkten Diskussionen um die Notwendigkeit von Kolonialpolitik an, die auch in den USA geführt wurden. Die Vereinigten Staaten waren zu einer wirtschaftlichen Großmacht geworden, die bei der Verteilung von Einflusszonen nicht mehr zurückstehen wollte. Seit den 1850er-Jahren dehnten sie ihren Einfluss auf Mittelamerika und den pazifischen Raum aus. Ihr antikoloniales Selbstverständnis hielt die USA jedoch zunächst davon ab, Kolonien zu erwerben. Die Suche nach neuen Märkten und die Vorstöße vor allem Großbritanniens, Russlands und des Deutschen Reiches nach Südostasien und den pazifischen Raum – die von den USA beanspruchte „westliche Hemisphäre" – ließen die Imperialismus-Anhänger schließlich die Oberhand gewinnen: In den 1890er-Jahren gingen die USA zu einer imperialistischen Politik über.

Intention und Wirkung ■ Am Beispiel Großbritanniens, Russlands und des Deutschen Reiches, deren Kolonialpolitik auch die von den USA beanspruchte Einflusssphäre bedrohte, will Nast die Kolonialmächte als raffgierige „Plünderer der Welt" entlarven. Seine in Bild und Text deutlich werdende Imperialismus-Kritik soll die Meinungsbildung der Leser beeinflussen.

Bewertung und Fazit ■ Thomas Nast hat mit der Aufteilung der Weltkugel ein von zeitgenössischen Karikaturisten häufig verwendetes Motiv ausgewählt, das jedoch durch die Reduzierung auf wenige charakteristische Elemente wirkungsvoll gestaltet ist. Offen bleibt jedoch die Frage, warum die Karikatur andere imperialistische Nationen, wie die große Kolonialmacht Frankreich mit ihren Gebieten in Asien, Afrika und im Pazifik, gänzlich außer Acht lässt. Damit bleibt die Aussage unvollständig.

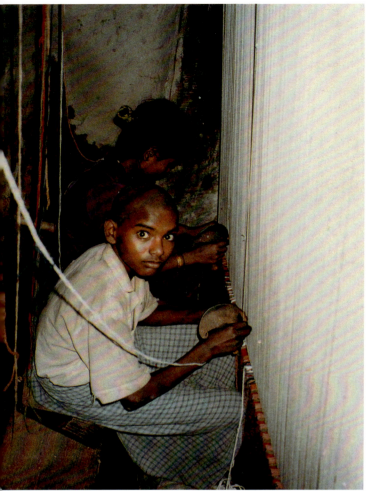

▲ **Junge und Mädchen knüpfen Teppiche.**
Foto aus Kathmandu/Nepal, um 2000.
- Informieren Sie sich über die Ursachen heutiger Kinderarbeit und vergleichen Sie mit der Kinderarbeit in Europa im 18. und 19. Jahrhundert.
- Welche Maßnahmen und Entwicklungen führten zum Verschwinden der Kinderarbeit? Nehmen Sie Stellung, inwiefern die europäischen Erfahrungen des 19. Jahrhunderts heute noch anwendbar sind, um Kinderarbeit einzudämmen.

1. Während der Amerikanischen und der Französischen Revolution wurden erstmals Menschenrechte in Verfassungstexten garantiert. Welche unveräußerlichen Rechte finden sich in den im Lehrbuch abgedruckten Texten der Virginia Bill of Rights (1776) und der ersten französischen Verfassung (1791)? Vergleichen Sie mit dem Grundgesetz der Bundesrepublik Deutschland (1949), indem Sie wiedergeben, welche unveräußerlichen Rechte dort gewährt sind.

2. In der „Encyclopedia Britannica" von 1771 wird „democracy" wie folgt definiert: Sie „ist das gleiche wie Regierung des Volkes, wobei die höchste Gewalt in den Händen des Volkes ruht. Dies war der Fall im Rom und Athen der Antike. Unsere modernen Republiken kommen jedoch der Regierungsform der Aristokratie näher als der Demokratie [...]." Vergleichen Sie dazu die Wahlrechte in den USA (Bundesverfassung von 1788) und Frankreich (Verfassungen von 1791 und 1793) und prüfen Sie ihren „aristokratischen" oder „demokratischen" Charakter.

3. Untersuchen Sie den Industrialisierungsprozess im 19. Jahrhundert am Beispiel einer Region in Deutschland. Diskutieren Sie, inwieweit in dieser Region Eigentümlichkeiten sichtbar werden, die den modernisierenden Übergang zur Industriegesellschaft im Allgemeinen kennzeichnen.

4. Erläutern Sie, inwiefern die Reformen im frühen 19. Jahrhundert zu einer Dynamisierung wirtschaftlicher und gesellschaftlicher Entwicklungen beigetragen haben.

5. Bewerten Sie die Rolle des Staates während der Industrialisierung.

6. Stellen Sie dar, warum gerade die Industrialisierung die Lebensbedingungen der Menschen so tief greifend verändert hat. Wägen Sie in einem Resümee die positiven und negativen Folgen dieses Prozesses ab.

7. Skizzieren Sie, welche Bestrebungen zur Emanzipation von Frauen heute als vorrangig betrachtet werden. Stellen Sie diesen Bestrebungen die Forderungen der bürgerlichen und sozialistischen Frauenbewegung gegenüber.

8. Vergleichen Sie die gegenwärtige „digitale Revolution" mit der Industriellen Revolution im 19. Jahrhundert. Suchen Sie dafür lediglich wesentliche Aspekte aus. Erörtern Sie in jedem Fall vergleichend die Auswirkungen auf die Arbeitswelt und den Alltag der Menschen.

9. Erläutern Sie vor dem Hintergrund der Forderung nach dem „Platz an der Sonne" die Vorgehensweise und Absicherung des deutschen imperialistischen Engagements seit den 1880er-Jahren und erklären Sie, welche Rolle sozialimperialistische Überlegungen spielten.

10. Erörtern Sie Motive und Konsequenzen der europäischen Kolonialherrschaft in Afrika und Asien und diskutieren Sie anschließend die Frage, ob und in welcher Form die Bundesrepublik diesem Teil der deutschen Geschichte heute Rechnung tragen kann und soll (Thema könnte z. B. die Debatte über mögliche Entschädigungszahlungen für die Herero sein).

Literaturtipps

Willi Paul Adams, Die USA vor 1900 (Oldenbourg Grundriss der Geschichte, Bd. 28), München ²2009

Christoph Buchheim, Industrielle Revolutionen. Langfristige Wirtschaftsentwicklung in Großbritannien, Europa und Übersee, München 1994

Ute Gerhard, Frauenbewegung und Feminismus. Eine Geschichte seit 1789, München ²2012

Horst Gründer, Geschichte der deutschen Kolonien, Paderborn ⁶2012

Eric Hobsbawm, Das imperiale Zeitalter 1875-1914, Neuauflage, Frankfurt am Main 2008

Hubert Kiesewetter, Industrielle Revolution in Deutschland. Regionen als Wachstumsmotoren, Stuttgart 2004

Wolfgang Kruse, Die Französische Revolution, Paderborn 2005

Charlotte A. Lerg, Die Amerikanische Revolution, Tübingen/Basel 2010

Gregor Schöllgen, Das Zeitalter des Imperialismus (Oldenbourg Grundriss der Geschichte, Bd. 15), München ⁴2000

Hans-Ulrich Wehler, Deutsche Gesellschaftsgeschichte, Bd. 3: 1849-1914, München ²2007

Dieter Ziegler, Die Industrielle Revolution, Darmstadt ³2012

Internettipps

www.dhm.de/lemo/home.html

www.erih.net

www.historicum.net

www.industriemuseum-brandenburg.de

www.museumspark.de

www.sdtb.de

▲ **Im Textilmuseum von Forst informieren sich Schüler über die Industriegeschichte ihrer Heimatstadt.**
Foto von 1996. Die Museumsmitarbeiterin erläutert eine Maschine zu Herstellung von Garnmischungen, wie sie um die Jahrhundertwende gebräuchlich war. Die Blütezeit der Lausitzer Textilindustrie lag in den 1920er-Jahren. Damals gab es zwischen Forst, Cottbus, Spremberg, Guben und Finsterwalde mehr als 280 Tuchfabriken.

◄ **Blick auf den letzten erhaltenen Siemens-Martin-Ofen Mittel- und Westeuropas im Industriemuseum Brandenburg/Havel.**
Foto von 2011. Siemens-Martin-Öfen wurden seit Mitte des 19. Jahrhunderts zur Herstellung von Stahl verwendet.

„Wer glaubt denn heute überhaupt noch, dass ein Recht des Volkes darin bestehen könnte, alle paar Monate in eine Wahlurne einen irgendwie bedruckten Zettel mit mehr oder weniger unbekannten Namen zu werfen?" So äußerte sich der Vizekanzler Franz von Papen auf einer Wahlkampfveranstaltung am 24. Februar 1933. Reichskanzler war zu diesem Zeitpunkt Adolf Hitler, der wie Papen demokratische Parteien und freie Wahlen verachtete. Aber nicht nur die Regierenden, sondern Millionen Deutsche hielten die Weimarer Republik für eine überholte „Nachahmung westlicher Demokratien".

Der Weimarer Republik fehlte eine stabile demokratische Tradition. Sie konnte sich in Deutschland im Laufe des 19. Jahrhunderts nie festigen. Zwar kämpfte auch hier das Bürgertum unter den Schlagworten Einheit und Freiheit um den Nationalstaat und die freiheitliche Verfassung. Beides schien während der Revolution 1848/49 zum Greifen nahe. Die Frankfurter Nationalversammlung erarbeitete eine Verfassung, die Grundrechte und allgemeine Wahlen vorsah. Aber die Verfassung trat nie in Kraft, die Revolution scheiterte.

Der deutsche Nationalstaat wurde 1871 geschaffen – allerdings nicht legitimiert durch den Willen des Volkes, sondern durch den Willen der deutschen Herrscher. Immerhin gewährte die Verfassung freie und allgemeine Wahlen für Männer, auch beteiligten sich nach 1871 die Bürger in Parteien, Gewerkschaften und Vereinen am politischen Leben. Aber das Deutsche Reich blieb ein monarchisch geprägter Obrigkeitsstaat. Der Kaiser, nicht das Volk galt als Souverän. Im Verständnis nicht nur der Herrschenden war der Bürger ein bloßer Untertan, sollte der Staat durch Befehl und Gehorsam geregelt werden. Dazu passte, dass jeder Offizier höchstes Ansehen genoss, die Arbeiterpartei jedoch wegen angeblicher „gemeingefährlicher Bestrebungen" verboten wurde.

Nach dem Sturz des Kaisers 1918 akzeptierte die Mehrheit der Deutschen die Weimarer Republik. Doch sie war belastet. Dem Ende des Krieges folgten Jahre der Not, der Friedensvertrag wurde als Schmach empfunden und das politische Leitbild war immer noch der Obrigkeitsstaat. Der Weimarer Staat ging 1933 als „Republik ohne Republikaner" unter, sein Ende ist bis heute ein Musterfall für die Zerstörung einer Demokratie.

Keine historische Phase ist so belastend im kollektiven Gedächtnis der Deutschen eingebrannt wie die nationalsozialistische Herrschaft mit dem Zweiten Weltkrieg und dem Holocaust. Die Beschäftigung mit dieser Phase, ihren Wirkkräften und ihren Abgründen, ist unverzichtbar für das politische Bewusstsein jedes Deutschen. Ein weiter gehendes Verständnis unserer Geschichte muss sich allerdings mit den positiven und negativen Traditionen des Nationalstaats seit dem 19. Jahrhundert auseinandersetzen.

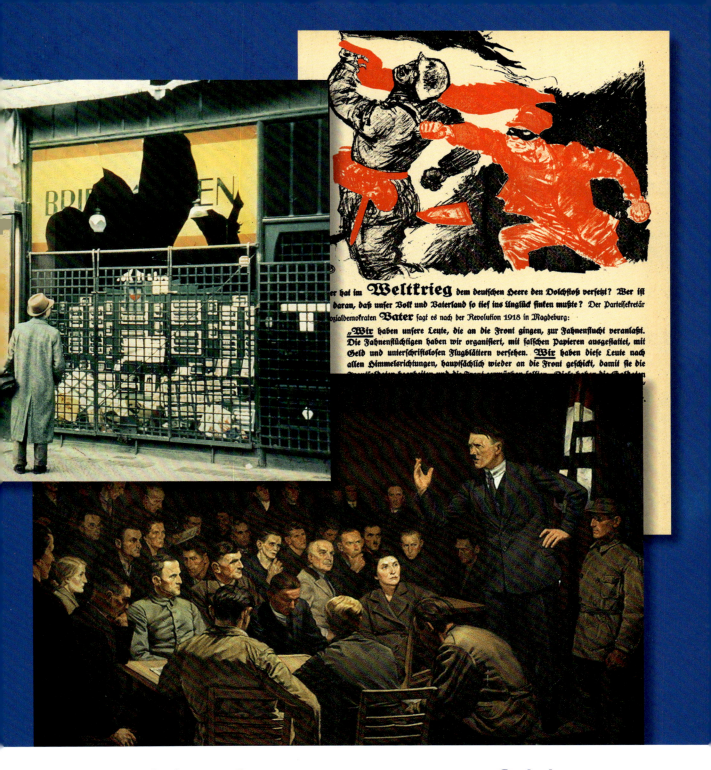

Deutschland im Spannungsfeld zwischen Demokratie und Diktatur

Die Weimarer Republik: das Scheitern der ersten deutschen Demokratie

◂ „Arbeiter, Bürger, Bauern, Soldaten aller Stämme Deutschlands, vereinigt Euch zur Nationalversammlung."
Plakat von César Klein, 1919. Auftraggeber: Werbedienst der deutschen Republik.

Entstehung der Republik	1918	Die Revolution am 9. November stürzt die Monarchie; Deutschland wird Republik.
		Der Erste Weltkrieg endet am 11. November.
	1919	Der „Spartakus-Aufstand" in Berlin wird im Januar niedergeschlagen.
		Frauen und Männer wählen am 19. Januar die Verfassunggebende Nationalversammlung. Die SPD geht als stärkste Partei aus den Wahlen hervor.
		Der Versailler Vertrag regelt die Nachkriegsordnung für Deutschland.
		Die Reichsverfassung tritt am 11. August in Kraft.
	1920	Der Kapp-Lüttwitz-Putsch vom 13. bis 17. März schlägt fehl.
Krisenjahre	1921/22	Attentate auf die „Erfüllungspolitiker" häufen sich.
	1923	Wegen unerfüllter Reparationszahlungen kommt es zu Ruhrbesetzung und „Ruhrkampf".
		Der Hitler-Putsch in München am 8./9. November scheitert.
		Die Regierung beendet die Hyperinflation mit einer Währungsreform.
Gefährdete Stabilität	1925	Nach dem Tod Friedrich Eberts wird Hindenburg am 26. April neuer Reichspräsident.
	1927	Die Arbeitslosenversicherung tritt in Kraft.
	1929	Der Zusammenbruch der New Yorker Börse löst eine Weltwirtschaftskrise aus.
Verfall der Demokratie	1930	Die Große Koalition aus SPD, Zentrum und bürgerlich-liberalen Parteien zerbricht als letzte Regierung mit einer Mehrheit im Parlament; ab 29. März regiert Heinrich Brüning als Kanzler des ersten Präsidialkabinetts dauerhaft mit Notverordnungen.
	1932	Mit 6,128 Millionen erreicht die Zahl der Arbeitslosen ihren Höchststand.
		Bei den Reichstagswahlen vom 31. Juli wird die NSDAP stärkste Partei.
		Bei den Reichstagswahlen am 6. November muss die NSDAP Verluste hinnehmen, bleibt aber stärkste Partei.
	1933	Kurt von Schleicher tritt am 28. Januar als Reichskanzler zurück, nachdem Reichspräsident Hindenburg ihm das Vertrauen entzogen hat.
		Am 30. Januar ernennt Reichspräsident Hindenburg Adolf Hitler zum Reichskanzler.

Die Weimarer Republik – Wegbereiterin der nationalsozialistischen Diktatur? Das Weimar-Bild im Dritten Reich war geprägt von der Rhetorik der nationalsozialistischen Propaganda, in der die Republik als Produkt der „Novemberverbrecher", als ein national entehrtes und durch die Herrschaft von Juden und Marxisten korrumpiertes Staatsgebilde bezeichnet wurde. Auch nach dem Zweiten Weltkrieg sah sich der erste demokratische Verfassungsstaat auf deutschem Boden mit vielen Vorurteilen konfrontiert. Er wurde überwiegend als Wegbereiter der Hitlerdiktatur wahrgenommen.

Dies führte in der deutschen Geschichtswissenschaft der 1950er-Jahre zu einer vorrangigen Behandlung der Endphase der Republik. Die Frage nach den entscheidenden Gründen für die Machtergreifung durch die Nationalsozialisten stand im Vordergrund.

Die spätere Forschung sah darin eine unzulässige Verengung der historischen Perspektive und untersuchte verstärkt, welche strukturellen Schwächen die Republik von ihrer Gründung an belasteten: Weltanschauungs- und Interessenparteien, die sich selten zu konstruktiver Regierungsarbeit bereit erklärten; ein Offizierskorps ohne demokratische Gesinnung; eine Justiz, die sich, wie die Universitäten und Gymnasien, weiterhin an den konservativen und nationalistischen Wertvorstellungen der Kaiserzeit orientierte; und wirtschaftliche Herausforderungen (Inflation, Weltwirtschaftskrise, Arbeitslosigkeit), die die Existenz weiter Bevölkerungsschichten bedrohten und das Vertrauen in den Staat zerstörten. Zu den größten Belastungen der Weimarer Republik gehörte zweifellos auch die Weigerung, den Ausgang des Ersten Weltkrieges und den verhassten Versailler Vertrag (Gebietsverluste, Reparationsforderungen) zu akzeptieren.

Es darf jedoch auch nicht übersehen werden, dass die erste deutsche Demokratie viele innen- und außenpolitische Probleme erfolgreich meisterte. Dazu gehörte die Wiedereingliederung von Millionen von Soldaten in Gesellschaft und Beruf sowie die Überwindung der außenpolitischen Isolation durch den Vertrag von Locarno und die Aufnahme Deutschlands in den Völkerbund.

Der Wechsel zwischen Fortschritt und Stagnation, das erbitterte Ringen um die Demokratie, die Blütezeit in Kunst und Kultur auf der einen und das wirtschaftliche, politische und soziale Chaos auf der anderen Seite – dies sind die Faktoren, die die Epoche der Weimarer Republik als Epoche der Gegensätze kennzeichnen. Dabei war das Scheitern der ersten deutschen Demokratie eine historische Erfahrung, aus der schon die Gründerväter der Bundesrepublik wegweisende Lehren zogen. Bis heute ist die politische Kultur Deutschlands vom Willen durchdrungen, die Fehler von Weimar nicht zu wiederholen.

> ▶ *Mit welchen Schwierigkeiten sah sich die junge Republik zum Zeitpunkt ihrer Entstehung konfrontiert?*
> ▶ *Wie trugen innen- und außenpolitische Faktoren in den Folgejahren zur Stabilisierung und zur Destabilisierung der Weimarer Republik bei?*
> ▶ *Wo sind die Gründe für das Scheitern der ersten deutschen Demokratie zu suchen?*

Vom Obrigkeitsstaat zur Republik

Das Ende der Monarchie Angestachelt durch Nationalismus und eine Flut kriegsverherrlichender Literatur hatten Teile der Bevölkerung, vor allem das Bildungsbürgertum, Studenten und Gymnasiasten, im Jahr 1914 enthusiastisch auf die Nachricht vom Ausbruch des Krieges reagiert. Für andere Gruppen wie die der Arbeiter, Bauern oder Kleinbürger verbanden sich damit eher Befürchtungen und Ängste. Die Berichte von den grauenvollen Kämpfen an der Front, mehr noch die ersten Gefallenen aus dem Kreis der Familie oder Freunde, ließen die anfängliche Begeisterung auch unter den Befürwortern des Krieges schnell verfliegen. Die sozialen Spannungen entluden sich bereits seit Ende des Jahres 1915 in Unruhen, Protesten und Arbeitsniederlegungen. In den letzten beiden Kriegsjahren kam es dann zu Massenprotesten, die Ausdruck einer weit verbreiteten Antikriegsstimmung waren. Zu Beginn des Jahres 1918 beteiligten sich in Berlin und anderen Großstädten eine Million Arbeiterinnen und Arbeiter an Streiks, bei denen die Forderungen nach innenpolitischen Reformen und nach Beendigung des Krieges immer lauter wurden.

Doch erst nach dem Scheitern der letzten großen Offensiven (März bis August 1918) gab die Oberste Heeresleitung (OHL) die Hoffnung auf einen Sieg auf und drängte die Regierung Ende September zum Abschluss eines sofortigen Waffenstillstandes. Das Eingeständnis der Niederlage kam für die Mehrzahl der Politiker und die Öffentlichkeit völlig überraschend. Die Chefs der OHL, die Generäle **Erich Ludendorff** und **Paul von Hindenburg**, entschiedene Gegner jeglicher demokratischer Reformen, forderten jetzt die Bildung einer vom Parlament getragenen Regierung. Diese sollte die Waffenstillstandsverhandlungen führen und damit auch die Verantwortung für den Zusammenbruch übernehmen, um so die militärische Führung vom Makel der Niederlage freizuhalten. Anfang Oktober 1918 bildete Reichskanzler Prinz **Max von Baden** eine neue Regierung. Sie bestand aus Vertretern der SPD, des Zentrums und der liberalen Fortschrittspartei. Dass die Militärs sich damit ihrer Verantwortung entziehen konnten, belastete die Republik von Anfang an schwer, denn viele Deutsche sahen den Zusammenbruch nicht als das Ergebnis einer militärischen Niederlage, sondern als das Resultat der von den „Linken" verantworteten Revolution.

Als Ende Oktober 1918 Matrosen den Befehl der Seekriegsleitung verweigerten, für eine inzwischen militärisch sinnlose Schlacht gegen die Briten auszulaufen, wurden sie festgenommen und in Kiel inhaftiert. Um die Freilassung der Kameraden zu erzwingen, bildeten sich Soldatenräte, die zu Massendemonstrationen aufriefen. Obwohl die Aktionen kriegsmüder Truppenteile nicht von langer Hand vorbereitet waren, breitete sich die revolutionäre Bewegung sehr schnell aus. Spontan nun auch in Ortschaften gewählte Arbeiter- und Soldatenräte beanspruchten die politische Führung, amtierende Politiker und Beamte gaben nach. So wurde der gewaltlose Sturz der Monarchien in allen Bundesstaaten in kurzer Zeit vollzogen.

Am 9. November forderten Hunderttausende in Berlin die sofortige Beendigung des Krieges und die Abdankung des Kaisers, Wilhelm II., der in ihren Augen das Haupthindernis für einen schnellen Friedensschluss war. Da er sich bis zuletzt weigerte, gab Reichskanzler Max von Baden noch am gleichen Tag auf eigene Verantwortung die Abdankung des Kaisers bekannt.

Der „Rat der Volksbeauftragten" Ebenfalls am 9. November 1918 übergab Max von Baden ohne verfassungsrechtliche Legitimation das Amt des Reichskanzlers an **Friedrich Ebert**, den Vorsitzenden der SPD, die im Reichstag die stärkste Fraktion stellte.

Erich Ludendorff (1865-1937): 1914 Generalstabschef im Ersten Weltkrieg und gemeinsam mit Hindenburg Oberbefehlshaber der deutschen Truppen an der Ostfront; 1924-1928 Abgeordneter im Reichstag

Paul von Hindenburg (1847-1934): 1914-1916 Oberbefehlshaber der Truppen an der Ostfront, 1916-1918 Chef des Generalstabs, 1925-1934 Reichspräsident

Max von Baden (1867-1929): Großherzog von Baden, preußischer General und 1918 Reichskanzler

Friedrich Ebert (1871-1925): ab 1913 SPD-Vorsitzender, 1919 bis zu seinem Tod 1925 erster Reichspräsident der Weimarer Republik

▲ **Ausrufung der Republik und Bildung des „Rats der Volksbeauftragten".**
Fotomontage als Bildpostkarte von 1918.
Am 9. November 1918 rief Philipp Scheidemann (SPD) am Fenster des Berliner Reichstages die Republik aus. Die Szene wird eingerahmt von den Mitgliedern des neu gebildeten „Rats der Volksbeauftragten"; links (von o. nach u.): Hugo Haase (USPD), Otto Landsberg (SPD), Wilhelm Dittmann (USPD); rechts: Friedrich Ebert (SPD), Philipp Scheidemann und Emil Barth (USPD).

Während Ebert die Entscheidung über die künftige Staatsform einer gewählten Nationalversammlung überlassen wollte, rief sein Parteifreund **Philipp Scheidemann** die „Deutsche Republik" aus. Er kam damit dem **Spartakus**führer **Karl Liebknecht** zuvor, der zwei Stunden später die „Sozialistische Republik Deutschland" verkündete. Um der sich abzeichnenden Bildung einer sozialistischen **Räterepublik** zu begegnen, bemühte sich Ebert um eine Verständigung mit der **USPD**. Die beiden Parteien besetzten auf paritätischer Grundlage mit je drei Vertretern den *Rat der Volksbeauftragten* als provisorische deutsche Regierung. Er wurde zunächst nur durch die Berliner Arbeiter- und Soldatenräte legitimiert, die sich wie auch in anderen Städten im Zuge der Revolution spontan, ohne festes politisches Konzept und ohne überregionale Organisation gebildet hatten. Häufig wurden dabei Mitglieder der örtlichen Parteivorstände der SPD und des rechten Flügels der USPD gewählt. Die meisten Arbeiterräte orientierten sich nicht an der Theorie des Rätesystems. Im Vordergrund standen nach dem Zusammenbruch die praktischen Aufgaben, die Lebensmittelversorgung und die öffentliche Ordnung. Die Arbeiterräte traten aber allgemein für die Demokratisierung von Militär, Verwaltung und Wirtschaft ein.

Der vom 16. bis 20. Dezember 1918 in Berlin tagende *Reichskongress der Arbeiter- und Soldatenräte* beließ die gesetzgebende und vollziehende Gewalt bis zur Einberufung der Nationalversammlung beim Rat der Volksbeauftragten. Der Antrag der radikalen Linken, am Rätesystem als Grundlage der Verfassung für eine sozialistische Republik festzuhalten, wurde dabei mit großer Mehrheit abgelehnt.

Philipp Scheidemann (1865-1939): SPD-Politiker; unter Max von Baden 1918 Staatssekretär; 1919 Reichskanzler

Spartakusbund: Gruppe radikaler Sozialisten, die den Kern der am 1.1.1919 gegründeten Kommunistischen Partei Deutschlands (KPD) bildete

Karl Liebknecht (1871-1919): Gründer des Spartakusbundes 1916; Mitbegründer der Kommunistischen Partei Deutschlands 1919

Räterepublik: Herrschaftsform, die eine direkte Demokratie mithilfe von Räten verwirklichen will. Die Räte werden auf verschiedenen Ebenen gewählt bis hin zum Zentralrat. Sie sind an die Weisungen der Wähler gebunden und vereinen gesetzgebende, ausführende und rechtsprechende Gewalt in sich.

USPD: Aus Protest gegen die Bewilligung weiterer Kriegskredite verließen ab 1916 immer mehr Mitglieder die SPD und gründeten im April 1917 eine eigene Partei, die Unabhängige Sozialdemokratische Partei Deutschlands.

> **Geschichte In Clips:**
> Zur Ausrufung der Republik
> siehe Clip-Code 4665-01

Wilhelm Groener (1867-1939):
1928-1932 Reichswehrminister; 1931 Innenminister

Freikorps: überwiegend extrem antirepublikanische und antikommunistische paramilitärische Verbände. Sie gehörten nicht zu den regulären Truppen und bestanden aus ehemaligen Berufssoldaten, Abenteurern, Studenten oder Schülern, meist Männer, die nach dem Krieg kein Zuhause und keine Arbeit hatten und nicht in ein ziviles Leben zurückgefunden hatten.

Rosa Luxemburg (1870-1919, ermordet): jüdische Journalistin und sozialistische Theoretikerin; 1919 Mitbegründerin der KPD

Neue Regierung, alte Eliten ■ Der Rat der Volksbeauftragten war mit einer Reihe von Aufgaben konfrontiert, die sich nach dem Ende des Krieges ergaben.

Mit Demonstrationen und Straßenkämpfen versuchten vor allem die Spartakisten weiterhin, ein parlamentarisches System zu verhindern und die Bevölkerung für die Räterepublik zu gewinnen (▶ M1). Um die innere Sicherheit zu gewährleisten, entschloss sich Ebert zu einer Vereinbarung mit dem Reichswehrgeneral **Wilhelm Groener**, der den Rückzug der deutschen Truppen leitete. Im Namen der Obersten Heeresleitung (OHL) bekundete Groener seine Loyalität gegenüber der Regierung und versprach militärische Unterstützung bei Unruhen. Als Gegenleistung erwartete er den gemeinsamen „Kampf gegen den Radikalismus und Bolschewismus" (▶ M2). Zudem unterstützte der Rat der Volksbeauftragten die Bildung sogenannter **Freikorps**. Gegen die Unruhen, die nach dem Reichskongress der Arbeiter- und Soldatenräte ausgebrochen waren, rief Ebert erstmals die OHL zu Hilfe. Nach einer blutigen Straßenschlacht traten die Mitglieder der USPD aus dem Rat der Volksbeauftragten aus. Die tiefere Ursache für diesen Bruch lag in der grundsätzlichen Differenz zwischen SPD und USPD über das *Ebert-Groener-Abkommen*.

Die Regierung Ebert scheute auch deshalb davor zurück, die militärischen Kommandostrukturen anzutasten, weil die OHL die Aufgabe hatte, nach Abschluss des Waffenstillstands am 11. November 1918 innerhalb von 35 Tagen die deutschen Soldaten zurückzuführen. Dies konnte nur gelingen, wenn die revolutionäre Stimmung nicht die Disziplin in der Armee untergrub.

Versorgungsnöte und Revolutionsgefahr veranlassten auch Unternehmer und Gewerkschaften zur Zusammenarbeit. Am 15. November 1918 unterzeichneten sie das *Stinnes-Legien-Abkommen*, benannt nach dem Großindustriellen *Hugo Stinnes* und dem Vorsitzenden der Generalkommission der Freien Gewerkschaften, *Carl Legien*. Die Arbeitgeberseite erkannte die Gewerkschaften als Vertreter der Arbeiterschaft an und gestand den Achtstundentag bei vollem Lohnausgleich zu; üblich war noch die Sechs-Tage-Woche. Die Gewerkschaften verzichteten dafür auf die Sozialisierung von Privatbetrieben.

Die Regierung Ebert hatte noch bis unmittelbar vor den Wahlen zur Nationalversammlung mit revolutionären Unruhen fertig zu werden. Vom 5. bis 12. Januar 1919 stand Berlin im Zeichen des „Spartakus-Aufstandes". Tausende Anhänger des Spartakusbundes um Karl Liebknecht und **Rosa Luxemburg** lieferten sich Straßenschlachten mit Regierungstruppen und Freikorps. Die Aufständischen wollten die Wahlen verhindern und den Arbeiter- und Soldatenräten zur Regierungsgewalt verhelfen. Der Aufstand wurde blutig niedergeschlagen, Rosa Luxemburg und Karl Liebknecht nach ihrer Verhaftung von Offizieren ermordet. Daraufhin kam es auch in anderen Städten zu Streiks und bewaffneten Aufständen. Sie dauerten noch bis Mai 1919 an (▶ M3).

Die Nationalversammlung ■ Aus der Wahl zur Verfassunggebenden Nationalversammlung am 19. Januar 1919 ging die SPD als stärkste Partei hervor. Sie gewann jedoch nicht die erhoffte absolute Mehrheit. Ein Bündnis der sozialistischen Parteien scheiterte am schwachen Abschneiden der USPD; beide zusammen brachten es lediglich auf 45,5 Prozent der Stimmen. Die deutschen Wähler hatten sich damit eindeutig gegen das Rätesystem ausgesprochen, aber auch gegen eine Rückkehr zur Monarchie (▶ M4). Angesichts des Wahlergebnisses ergab sich die Zusammen-

▲ **Ergebnis der Wahlen zur Nationalversammlung 1919.**
SPD, Zentrum und DDP bildeten die sogenannte „Weimarer Koalition".

arbeit der drei größten Fraktionen, die schon während des Krieges im Reichstag kooperiert hatten: SPD, Zentrum und Deutsche Demokratische Partei (DDP). Sie bildeten die sogenannte „Weimarer Koalition", die mit 76,1 Prozent der Stimmen eine deutliche Mehrheit des Volkes repräsentierte (331 von insgesamt 423 Mandaten). Die Opposition war gespalten: Links stand die radikal-sozialistische USPD und rechts die national-bürgerlich ausgerichtete Deutsche Volkspartei (DVP) sowie die völkische, konservativ-monarchistische Deutschnationale Volkspartei (DNVP).

Kriegsfolgen ■ Der Erste Weltkrieg wurde von der Bevölkerung aller beteiligten europäischen Staaten als Katastrophe und tiefe Zäsur empfunden. Zahllose Familien hatten Angehörige verloren, nicht selten den Familienvater und damit den Ernährer. Viele Soldaten blieben berufsunfähig, entweder durch schwere Verwundungen oder durch im Krieg ausgelöste Traumata. Sie waren von der Brutalität des Krieges geprägt und fanden oft nicht die Möglichkeit, sich in der Gesellschaft eine gesicherte Existenz aufzubauen. Die vom Krieg und seinen Folgen geschwächten Länder waren auf die große Zahl der zu versorgenden Invaliden, Witwen und Waisen nicht vorbereitet, die Sozialsysteme waren überlastet.

Arbeitslosigkeit, Hunger und Elend bestimmten den Alltag der Mittel- und Unterschichten in den ersten Jahren nach dem Krieg. Das Wirtschaftsleben kam nur allmählich wieder in Gang; die Umstellung von Kriegs- auf Friedenswirtschaft vollzog sich dabei nur langsam. In Deutschland lag die Industrieproduktion 1922 erst bei 70 Prozent des Vorkriegsniveaus. Hinzu kam die große Belastung der europäischen Währungen durch Kriegsschulden und Inflation. Deutschland hatte zusätzlich noch die im Versailler Vertrag festgelegten hohen Reparationszahlungen zu leisten. Zunächst hoffte die deutsche Regierung, diese durch die Inflation unterlaufen zu können. Später ging sie jedoch zu einer kooperativen Politik über und konnte in Verhandlungen einige Entlastungen erreichen.*

Der Erste Weltkrieg hatte nicht nur Auswirkungen auf die wirtschaftliche, sondern auch auf die politische Entwicklung in Europa. Einige Länder erlangten ihre Unabhängigkeit wieder (wie Polen), daneben entstanden viele völlig neue Staaten, vor allem auf dem Balkan und im Baltikum. Gerade diese Länder mussten oftmals um ihre politische Akzeptanz in der Bevölkerung kämpfen, was durch die politische und wirtschaftliche Instabilität erschwert wurde. In vielen europäischen Staaten gelangten in den folgenden Jahren diktatorische, militaristische oder autoritäre Regierungen an die Macht, so etwa in Ungarn (1920), Italien (1922), Spanien (1923) und Polen (1926). In Russland gab es bereits seit der Oktoberrevolution 1917 ein kommunistisches Regime, das von allen übrigen Staaten geächtet wurde.

▲ **„Der Streichholzhändler."** Gemälde von Otto Dix, Öl auf Leinwand, partiell Collagen, 1920.
Das Bild ist eines von insgesamt vier von Dix gemalten „Krüppelbildern". Kümmerlich von der Wohlfahrt oder sogar ohne jede Unterstützung lebende Kriegsversehrte, die als Bettler, Musikanten oder Straßenhändler ihr Auskommen suchten, gehörten in der Weimarer Republik zum gewohnten Bild. Aus dem Mund des Streichholzhändlers gellt der Ruf „Streichhölzer, echte Schwedenhölzer", der mit kreidiger Ölfarbe auf die Leinwand gekritzelt ist.
■ Analysieren Sie, mit welchen Mitteln der Künstler die Folgen des Krieges anprangert.

* Siehe S. 206 ff.

M1 Bürgerliche oder sozialistische Demokratie?

In der „Roten Fahne", dem Zentralorgan des Spartakusbundes, schreibt Rosa Luxemburg am 20. November 1918:

Das heutige Idyll, wo Wölfe und Schafe, Tiger und Lämmer wie in der Arche Noah friedlich nebeneinander grasen, dauert auf die Minute so lange, bis es mit dem Sozialismus ernst zu werden beginnt. Sobald die famose Nationalversamm-
5 lung wirklich beschließt, den Sozialismus voll und ganz zu verwirklichen, die Kapitalsherrschaft mit Stumpf und Stiel auszurotten, beginnt auch der Kampf. […] All das ist unvermeidlich. All das muss durchgefochten, abgewehrt, niedergekämpft werden – ob mit oder ohne Nationalversammlung.
10 Der „Bürgerkrieg", den man aus der Revolution mit ängstlicher Sorge zu verbannen sucht, lässt sich nicht verbannen. […]
Die Nationalversammlung ist ein überlebtes Erbstück bürgerlicher Revolutionen, eine Hülle ohne Inhalt, ein Requisit
15 aus den Zeiten kleinbürgerlicher Illusionen vom „einigen Volk", von der „Freiheit, Gleichheit und Brüderlichkeit" des bürgerlichen Staates. […]
Nicht darum handelt es sich heute, ob Demokratie oder Diktatur. Die von der Geschichte auf die Tagesordnung gestellte
20 Frage lautet: *bürgerliche* Demokratie oder *sozialistische* Demokratie. Denn Diktatur des Proletariats, das ist Demokratie im sozialistischen Sinne. Diktatur des Proletariats, das sind nicht Bomben, Putsche, Krawalle, „Anarchie", wie die Agenten des kapitalistischen Profits zielbewusst fälschen, sondern
25 das ist der Gebrauch aller politischen Machtmittel zur Verwirklichung des Sozialismus, zur Expropriation[1] der Kapitalistenklasse – im Sinne und durch den Willen der revolutionären Mehrheit des Proletariats, also im Geiste sozialistischer Demokratie.
30 Ohne den bewussten Willen und die bewusste Tat der Mehrheit des Proletariats kein Sozialismus. Um dieses Bewusstsein zu schärfen, diesen Willen zu stählen, diese Tat zu organisieren, ist ein Klassenorgan nötig: das Reichsparlament der Proletarier in Stadt und Land.

Die Rote Fahne vom 20. November 1918

1. *Arbeiten Sie heraus, mit welchen Argumenten Rosa Luxemburg die Wahl zur Nationalversammlung verwirft. Diskutieren Sie, welche Aussagen situationsbedingt, welche programmatisch sind.*
2. *Suchen und erläutern Sie Widersprüche in der Argumentation von Rosa Luxemburg.*
3. *Definieren Sie Rosa Luxemburgs Verständnis der Begriffe „Demokratie" und „Diktatur".*

[1] Expropriation: Enteignung

M2 Verständigung zwischen Groener und Ebert

General Groener und der Vorsitzende des Rates der Volksbeauftragten, Friedrich Ebert (SPD), treffen am 10. November 1918 eine Vereinbarung. In seiner 1957 erschienenen Autobiografie schreibt Groener darüber, dass es sein Ziel sein sollte, die deutschen Truppen nach der Unterzeichnung des Waffenstillstandes ordnungsgemäß ins Deutsche Reich zurückzuführen:

Die Aufgabe der Heeresleitung musste es jetzt sein, den Rest des Heeres rechtzeitig und in Ordnung, aber vor allem innerlich gesund in die Heimat zu bringen und dem Offizierskorps als dem Träger des Wehrgedankens einen Weg in die neuen Verhältnisse zu ermöglichen. Die seit Jahrhunderten im 5 preußisch-deutschen Offizierskorps angesammelte moralisch-geistige Kraft musste in ihrem Kern für die Wehrmacht der Zukunft erhalten werden. Der Sturz des Kaisertums entzog den Offizieren den Boden ihres Daseins, ihren Sammel- und Ausrichtepunkt. Es musste ihm ein Ziel gewiesen wer- 10 den, das des Einsatzes wert war und ihm die innere Sicherheit wiedergab. Es musste das Gefühl wachgerufen werden der Verpflichtung nicht nur gegenüber einer bestimmten Staatsform, sondern für Deutschland schlechthin.
Das Offizierskorps konnte aber nur mit einer Regierung zu- 15 sammengehen, die den Kampf gegen den Radikalismus und Bolschewismus aufnahm. Dazu war Ebert bereit, aber er hielt sich nur mühsam am Steuer und war nahe daran, von den Unabhängigen und der Liebknechtgruppe über den Haufen gerannt zu werden. Was war demnach näher liegend, als 20 Ebert, den ich als anständigen, zuverlässigen Charakter und unter der Schar seiner Parteigenossen als den staatspolitisch weitsichtigsten Kopf kennengelernt hatte, die Unterstützung des Heeres und des Offizierskorps anzubieten?
[…] Am Abend rief ich die Reichskanzlei an und teilte Ebert 25 mit, dass das Heer sich seiner Regierung zur Verfügung stelle, dass dafür der Feldmarschall und das Offizierskorps von der Regierung Unterstützung erwarteten bei der Aufrechterhaltung der Ordnung und Disziplin im Heer. Das Offizierskorps verlange von der Regierung die Bekämpfung des Bolschewis- 30 mus und sei dafür zum Einsatz bereit. Ebert ging auf meinen Bündnisvorschlag ein. Von da ab besprachen wir uns täglich abends auf einer geheimen Leitung zwischen der Reichskanzlei und der Heeresleitung über die notwendigen Maßnahmen. Das Bündnis hat sich bewährt. 35

Heinz Hürten (Hrsg.), Weimarer Republik und Drittes Reich 1918-1945
(Deutsche Geschichte in Quellen und Darstellung, Bd. 9), Stuttgart ²2000, S. 35

1. *Beschreiben Sie die Aufgaben, die Groener gemäß seiner Autobiografie hatte.*
2. *Bewerten Sie das Verhalten Groeners.*

M3 Die Revolution – eine verpasste Chance?

Der Historiker Heinrich August Winkler beschäftigt sich mit der Bedeutung der Revolution von 1918/19:

Manche Historiker meinen, dass die erste deutsche Demokratie vielleicht nicht untergegangen und dann auch Hitler nicht an die Macht gekommen wäre, hätte es damals einen gründlichen Bruch mit der obrigkeitsstaatlichen Vergangen-
5 heit gegeben. Tatsächlich war der Handlungsspielraum der regierenden Mehrheitssozialdemokraten [...] in den entscheidenden Wochen zwischen dem Sturz der Monarchie am 9. November 1918 und der Wahl der Verfassunggebenden Deutschen Nationalversammlung am 19. Januar 1919 größer,
10 als die Akteure mit Friedrich Ebert, dem Vorsitzenden des Rates der Volksbeauftragten, an der Spitze selbst meinten. Sie hätten weniger bewahren müssen und mehr verändern können. Es wäre, mit anderen Worten, möglich gewesen, in der revolutionären Übergangszeit erste Schritte zu tun auf
15 dem Weg zu einer Demokratisierung der Verwaltung, der Schaffung eines republikloyalen Militärwesens, der öffentlichen Kontrolle der Macht [...].
Deutschland kannte zwar bis zum Oktober 1918 kein parlamentarisches Regierungssystem, aber seit rund einem
20 halben Jahrhundert das allgemeine, gleiche und direkte Reichstagswahlrecht für Männer, das Bismarck 1866 im Norddeutschen Bund und 1871 im Deutschen Reich eingeführt hatte. Das Kaiserreich lässt sich daher nicht einfach als „Obrigkeitsstaat" beschreiben. Deutschland war um 1918
25 bereits zu demokratisch, um sich eine revolutionäre Erziehungsdiktatur [...] aufzwingen zu lassen.
Deutschland war auch zu industrialisiert für einen völligen Umsturz der gesellschaftlichen Verhältnisse. [...] Beide Faktoren, der Grad der Demokratisierung und der Grad der
30 Industrialisierung, wirkten objektiv revolutionshemmend.

Heinrich August Winkler, Weimar: Ein deutsches Menetekel, in: Ders. (Hrsg.), Weimar. Ein Lesebuch zur deutschen Geschichte 1918-1933, München 1997, S. 15 ff.

1. *Die Revolution von 1918/19 wird oft als „steckengebliebene" oder „gebremste" Revolution bezeichnet. Erläutern Sie mithilfe des Textes, ob diese Aussagen zutreffend sind.*

2. *Beurteilen Sie die Kritik Winklers am Handeln Eberts, und diskutieren Sie über Möglichkeiten und Grenzen des Rates der Volksbeauftragten, das politische Geschehen in der revolutionären Phase bis Weihnachten 1918 zu beeinflussen.*

M4 Deutschlands Zukunft

Theodor Heuss (1884-1963), der erste Bundespräsident der Bundesrepublik Deutschland, bewirbt sich am 17. Januar 1919 um einen Platz auf der württembergischen Liste der linksliberalen DDP. In seiner Rede formuliert er Kriterien für die neu zu entwerfende Verfassung:

Der Gewaltenaufbau im neuen Reich wird demokratisch sein. England zeigt, dass dies nicht ohne Weiteres die Monarchie ausschließt. Aber wenn der Krieg die große Feuerprobe der Geschichte ist, dann wurde sie von der deutschen Monarchie nicht bestanden. [...]
5 Wenn die Demokratie nun den Staat aus den Trümmern gestürzter Autoritäten wieder aufrichten soll, was ist dann ihre erste Aufgabe? Neue Autoritäten zu schaffen. Das ist das Ziel der Verfassungsarbeiten, und es scheint Gefahr in Verzug, dass unter der Suggestion erregten Massenwillens der
10 Gewaltenaufbau nicht straff genug gesichert werde. Wollen wir zur Ordnung und staatlichen Gestaltung der öffentlichen Kräfte uns zurück- oder vorwärtsarbeiten, dann kann kein Problem so ernsthaft angefasst werden wie das des Führertums in der Demokratie. Demokratie heißt nicht Massen-
15 herrschaft, sondern Aufbau, Sicherung, Bewahrung der selbstgewählten Autoritäten. Man mag noch so demokratisch denken, die politische Exekutive, die Gesetzgebung und die Verwaltung müssen so verankert werden, dass sie persönlicher Verantwortung und Leistungsfreude Lockung bleiben.
20 [...]
Die Parteien in Deutschland sind zum Regieren nicht erzogen worden – die Größe Bismarcks warf auf ihr Leben Schatten genug – heute sind sie, auch in ihrer Unvollkommenheit und Schwerfälligkeit, die Klammern des Staatslebens [...]. Unfä-
25 higkeit oder mittlere Begabung soll nicht durch Tüchtigkeit einer Parteigesinnung zu Amt und Macht steigen. Die Revolutionserfahrungen sind teilweise recht ernüchternd oder beängstigend gewesen. Legen wir nicht hier durch ein freies Beamtenrecht und starke Sicherungen bürgerlicher Freiheit
30 gegenüber der Staatsgewalt Riegel vor, so verderben wir das Beste, was der deutsche „Obrigkeitsstaat" seinem Nachfolger als Erbe zu übergeben hat.

Theodor Heuss, Die großen Reden, Tübingen 1965, S. 27 ff. © Rainer Wunderlich Verlag, mit freundlicher Genehmigung der Deutschen Verlags-Anstalt

1. *Erläutern Sie, wie Heuss die Rolle von Parteien und Autoritäten sieht.*

2. *Prüfen Sie, ob die von Heuss genannten Kriterien auch nach aktuellen Wertmaßstäben noch Gültigkeit beanspruchen können.*

Die Weimarer Verfassung

Weimar ■ Die „Republik von Weimar" erhielt ihren Namen, weil die Verfassunggebende Versammlung vor den Unruhen in Berlin auswich und im Februar 1919 in der Stadt in Thüringen zusammentrat. Weimar sollte auch auf Goethe, Schiller und die deutsche Klassik verweisen, um der ersten deutschen Republik Würde und Ansehen zu verleihen.

Der Wähler als Souverän ■ Männer und Frauen über 20 Jahren erhielten das Recht, in allgemeinen, geheimen, unmittelbaren Wahlen alle vier Jahre die Abgeordneten des Reichstages und alle sieben Jahre den Reichspräsidenten zu wählen (▶ M1).

Mit dem *Verhältniswahlrecht* sollte jede Stimme gleich gewichtet sein: Jede Partei erhielt für 60 000 gültige Stimmen ein Mandat. Eine Sperrklausel, die den kleinen Parteien – auch „Splitterparteien" genannt – den Zutritt zum Reichstag hätte verwehren können, gab es nicht. Anders als beim Mehrheitswahlrecht des Kaiserreiches gingen so kaum Stimmen verloren, was zu dieser Zeit als besonders gerecht und demokratisch galt. Dabei vernachlässigte man allerdings, dass Wahlen nicht nur der demokratischen Gerechtigkeit dienen sollen. Das wesentliche Ziel, regierungsfähige Mehrheiten im Parlament zu bilden, wurde durch die Parteienvielfalt im Parlament erschwert. Hinzu kam, dass die Parteien kaum Bereitschaft zu Kompromissen zeigten, die eigenen Interessen dem Gemeinwohl vorzogen und damit die Regierung schwächten.

Als Elemente der direkten Demokratie wurden *Volksbegehren* und *Volksentscheid* eingeführt. Die Staatsbürger sollten sich durch **Plebiszite** direkt an der staatlichen Willensbildung beteiligen. Jedoch konnte die plebiszitäre Komponente der Verfassung ihre Aufgabe, ein „Gegengewicht zum Parteienstaat" zu bilden, in der Praxis nicht erfüllen. Vielmehr versuchten republikfeindliche Parteien, Volksabstimmungen zur Manipulation der Massen einzusetzen. Solche Bestrebungen scheiterten aber bis 1933 an den fehlenden Mehrheiten.

Die Verfassungsorgane ■ Dem Reichstag oblag neben dem Recht auf Gesetzgebung auch die Kontrolle der Regierung, d. h. Kanzler und Minister benötigten zu ihrer Amtsführung das Vertrauen der Parlamentsmehrheit. Jedes einzelne Regierungsmitglied konnte durch ein *Misstrauensvotum* zum Rücktritt gezwungen werden. Allerdings bestand keine Pflicht, bei der Abwahl des Kanzlers einen neuen Regierungschef zu wählen und damit wiederum für eine handlungsfähige Regierung zu sorgen. Für den Reichsrat, die Vertretung der Länder, war mit einem aufschiebenden Veto gegen Beschlüsse des Reichstages nur geringer Einfluss vorgesehen.

Mit besonderen Vollmachten war der *Reichspräsident* ausgestattet. Er allein ernannte und entließ den Kanzler und konnte den Reichstag auflösen. Außerdem war er Oberbefehlshaber der Reichswehr. Bei Gefahr für die öffentliche Sicherheit und Ordnung im Reich konnte der Reichspräsident auf der Grundlage des Artikel 48 die zu ihrer Wiederherstellung nötigen Maßnahmen treffen und notfalls die Reichswehr einsetzen (▶ M2). Im Laufe der Jahre wurde dieser Artikel häufig von Reichspräsident und Reichskanzler unter Umgehung des Parlaments herangezogen, um wirtschaftliche und soziale Probleme zu lösen.

▲ Die erste Seite der Verfassungsurkunde.

Plebiszit (lat. plebis scitum): Volksabstimmung, Volksbeschluss

Die Grundrechte ■ Der Katalog der Grundrechte und Grundpflichten, den die Weimarer Verfassung als zweiten Hauptteil aufführte (Art. 109-165), erfüllte eine alte Forderung des deutschen Liberalismus. **Hugo Preuß**, der im Auftrag Eberts einen Verfassungsentwurf ausarbeitete und als „Vater der Verfassung" gilt, bezeichnete die Aufnahme der Grundrechte als einen Akt der Pietät gegenüber den Abgeordneten der Paulskirche (1848/49). Diese hatten in den Grundrechten ein Kernstück jeder Verfassung gesehen: Rechtsgleichheit, Freizügigkeit, Recht der freien Meinungsäußerung, Freiheit der Person, Glaubens- und Gewissensfreiheit.

Die wichtige Aufgabe der Kontrolle der Staatsmacht erfüllte dieser Katalog jedoch nicht uneingeschränkt, da viele Grundrechte in Krisenzeiten durch *Notverordnungen* gemäß Artikel 48 außer Kraft gesetzt werden konnten. Dass dies nicht nur zur Sicherung, sondern auch zur Zerstörung der demokratischen Ordnung geschehen konnte, vermochten sich die Verfassungsgeber nicht vorzustellen. Sie gaben der Republik eine wertneutrale Verfassung ohne normative Einschränkung, die den Gegnern der Demokratie von links und rechts die Möglichkeit bot, den Staat massiv zu bekämpfen. Die verantwortlichen Politiker sahen das Wesen der Demokratie ausschließlich in der Mehrheitsentscheidung, unabhängig davon, in welche Richtung sie ging. Außerdem bestand für die Bürger keine Möglichkeit, die Verletzung der Grundrechte durch die Staatsgewalt vor Gericht einzuklagen. Einen Verfassungskern, der ausdrücklich nicht von der Parlamentsmehrheit angetastet werden durfte, gab es nicht.

Zu den demokratischen Errungenschaften der Weimarer Republik gehört die verfassungsrechtliche *Gleichstellung der Geschlechter*. Schon während der Kriegsjahre waren vor allem Frauen aus der Arbeiterbewegung politisch aktiv gewesen, hatten sich an der Organisation von Streiks und Demonstrationen beteiligt und in der Frauenbewegung für ihre Rechte gekämpft. Aber auch bürgerliche Frauen engagierten sich und forderten gleiche politische Rechte. Im November 1918 erfüllte der „Rat der Volksbeauftragten" eine sozialdemokratische Forderung: das aktive und passive Wahlrecht für Frauen (▶ M3).

Mit einer Wahlbeteiligung von fast 90 Prozent machten die Frauen 1919 von ihrem Stimmrecht regen Gebrauch, 41 von 310 Kandidatinnen zogen in die Weimarer Nationalversammlung ein. Ein solcher Anteil wurde erst wieder 1983 im zehnten deutschen Bundestag erreicht.

Dass die Lebenswirklichkeit von den Vorgaben der Grundrechte abwich, verdeutlicht die Situation der Frauen in der Weimarer Republik. Nach der Reichsverfassung hatten Frauen und Männer nun „grundsätzlich dieselben staatsbürgerlichen Rechte und Pflichten" (Art. 109). Aber weder auf dem Arbeitsmarkt, wo Frauen für die gleiche Arbeit weniger Lohn erhielten, noch im Familienrecht galt der Gleichberechtigungsgrundsatz. Für Tätigkeiten, die über die Hausarbeit hinausgingen, brauchten Frauen die Erlaubnis des Ehemannes. So bestimmte es das Bürgerliche Gesetzbuch noch bis 1977. Das Frauenwahlrecht und die steigende Zahl weiblicher Mitglieder in Parteien und Gewerkschaften änderten nichts daran, dass führende Positionen der Politik weiterhin nur von Männern besetzt blieben.

Hugo Preuß (1860-1925): Staatsrechtler, 1919 Mitbegründer der DDP, erster Reichsinnenminister der Weimarer Republik

▲ **Zum ersten Mal dürfen die Frauen in Deutschland zur Wahl gehen.**
Foto vom 19. Januar 1919.

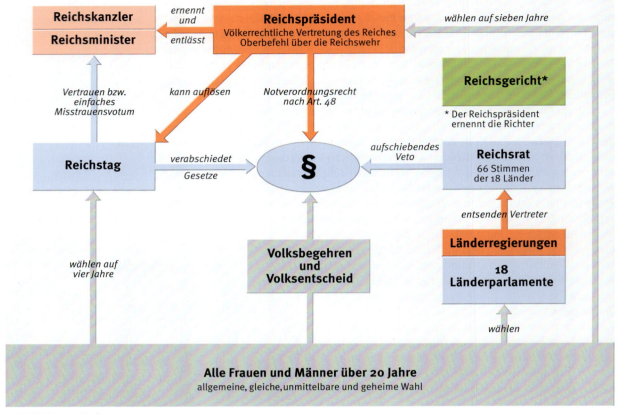

▲ Die Weimarer Verfassung von 1919.
▪ Erstellen Sie nach dem Muster ein Organigramm des Staatsaufbaus der Bundesrepublik Deutschland und erläutern Sie die wesentlichen Unterschiede zwischen beiden Verfassungen.

M1 Die Weimarer Verfassung

Am 11. August 1919 tritt die Weimarer Verfassung in Kraft. In einem ersten Hauptteil (Art. 1-108) werden Aufbau und Aufgaben des Reiches geregelt, der zweite Hauptteil (Art. 109-181) enthält Grundrechte und -pflichten der Bürger:

I. Hauptteil. Aufbau und Aufgaben des Reichs

Artikel 1. Das Deutsche Reich ist eine Republik. Die Staatsgewalt geht vom Volke aus. [...]
Artikel 13. Reichsrecht bricht Landrecht. [...]
Artikel 21. Die Abgeordneten sind Vertreter des ganzen Volkes. Sie sind nur ihrem Gewissen unterworfen und an Aufträge nicht gebunden.
Artikel 22. Die Abgeordneten werden in allgemeiner, gleicher, unmittelbarer und geheimer Wahl von den über zwanzig Jahre alten Männern und Frauen nach den Grundsätzen der Verhältniswahl gewählt. [...]
Artikel 25. Der Reichspräsident kann den Reichstag auflösen, jedoch nur einmal aus dem gleichen Anlass. [...]
Artikel 41. Der Reichspräsident wird vom ganzen deutschen Volke gewählt. [...]
Artikel 48. [...] Der Reichspräsident kann, wenn im Deutschen Reiche die öffentliche Sicherheit und Ordnung erheblich gestört oder gefährdet wird, die zur Wiederherstellung der öffentlichen Sicherheit und Ordnung nötigen Maßnahmen treffen, erforderlichenfalls mithilfe der bewaffneten Macht einschreiten. Zu diesem Zwecke darf er vorübergehend die in den Artikeln 114, 115, 117,

118, 123, 124 und 153[1] festgesetzten Grundrechte ganz oder zum Teil außer Kraft setzen. [...]

Artikel 54. Der Reichskanzler und die Reichsminister bedürfen zu ihrer Amtsführung des Vertrauens des Reichstags. Jeder von ihnen muss zurücktreten, wenn ihm der Reichstag durch ausdrücklichen Beschluss sein Vertrauen entzieht. [...]

Artikel 76. Die Verfassung kann im Wege der Gesetzgebung geändert werden. Jedoch kommen Beschlüsse des Reichstags auf Abänderung der Verfassung nur zustande, wenn zwei Drittel der gesetzlichen Mitgliederzahl anwesend sind und wenigstens zwei Drittel der Anwesenden zustimmen. Auch Beschlüsse des Reichsrats auf Abänderung der Verfassung bedürfen einer Mehrheit von zwei Dritteln der abgegebenen Stimmen. Soll auf Volksbegehren durch Volksentscheid eine Verfassungsänderung beschlossen werden, so ist die Zustimmung der Mehrheit der Stimmberechtigten erforderlich. [...]

II. Hauptteil. Grundrechte und Grundpflichten der Deutschen

Artikel 109. Alle Deutschen sind vor dem Gesetze gleich. Männer und Frauen haben grundsätzlich dieselben staatsbürgerlichen Rechte und Pflichten.
Öffentlich-rechtliche Vorrechte oder Nachteile der Geburt oder des Standes sind aufzuheben. [...]

Artikel 118. Jeder Deutsche hat das Recht, innerhalb der Schranken der allgemeinen Gesetze seine Meinung durch Wort, Schrift, Druck, Bild oder in sonstiger Weise frei zu äußern. [...]
Eine Zensur findet nicht statt [...].

Artikel 119. Die Ehe steht als Grundlage des Familienlebens und der Erhaltung und Vermehrung der Nation unter dem besonderen Schutz der Verfassung. Sie beruht auf der Gleichberechtigung der beiden Geschlechter.
Die Reinerhaltung, Gesundung und soziale Förderung der Familie ist Aufgabe des Staats und der Gemeinden. Kinderreiche Familien haben Anspruch auf ausgleichende Fürsorge.
Die Mutterschaft hat Anspruch auf den Schutz und die Fürsorge des Staats. [...]

Artikel 122. Die Jugend ist gegen Ausbeutung sowie gegen sittliche, geistige oder körperliche Verwahrlo-

---

[1] In diesen Artikeln geht es vor allem um die Freiheit der Person und ihres Eigentums, Unverletzlichkeit der Wohnung, Briefgeheimnis sowie um Meinungs-, Versammlungs- und Vereinigungsfreiheit.

sung zu schützen. Staat und Gemeinde haben die erforderlichen Einrichtungen zu treffen. [...]

Artikel 123. Alle Deutschen haben das Recht, sich ohne Anmeldung oder besondere Erlaubnis friedlich und unbewaffnet zu versammeln. [...]

Artikel 128. Alle Staatsbürger ohne Unterschied sind nach Maßgabe der Gesetze und entsprechend ihrer Befähigung und ihren Leistungen zu den öffentlichen Ämtern zuzulassen.
Alle Ausnahmebestimmungen gegen weibliche Beamte werden beseitigt. [...]

Artikel 135. Alle Bewohner des Reichs genießen volle Glaubens- und Gewissensfreiheit. Die ungestörte Religionsausübung wird durch die Verfassung gewährleistet und steht unter staatlichem Schutz. Die allgemeinen Staatsgesetze bleiben hiervon unberührt. [...]

Artikel 142. Die Kunst, die Wissenschaft und ihre Lehre sind frei. Der Staat gewährt ihnen Schutz und nimmt an ihrer Pflege teil.

Artikel 143. Für die Bildung der Jugend ist durch öffentliche Anstalten zu sorgen. Bei ihrer Einrichtung wirken Reich, Länder und Gemeinden zusammen. [...]

Artikel 151. Die Ordnung des Wirtschaftslebens muss den Grundsätzen der Gerechtigkeit mit dem Ziele der Gewährleistung eines menschenwürdigen Daseins für alle entsprechen. In diesen Grenzen ist die wirtschaftliche Freiheit des Einzelnen zu sichern. [...]

Artikel 153. Das Eigentum wird von der Verfassung gewährleistet. Sein Inhalt und seine Schranken ergeben sich aus den Gesetzen.
Eine Enteignung kann nur zum Wohle der Allgemeinheit und auf gesetzlicher Grundlage vorgenommen werden. [...]
Eigentum verpflichtet. Sein Gebrauch soll zugleich Dienst sein für das Gemeine Beste.

Artikel 157. Die Arbeitskraft steht unter dem besonderen Schutz des Reichs.
Das Reich schafft ein einheitliches Arbeitsrecht. [...]

Artikel 159. Die Vereinigungsfreiheit zur Wahrung und Förderung der Arbeits- und Wirtschaftsbedingungen ist für jedermann und für alle Berufe gewährleistet. [...]

Artikel 161. Zur Erhaltung der Gesundheit und Arbeitsfähigkeit, zum Schutz der Mutterschaft und zur Vorsorge gegen die wirtschaftlichen Folgen von Alter, Schwäche und Wechselfällen des Lebens schafft das Reich ein umfassendes Versicherungswesen unter maßgebender Mitwirkung der Versicherten.

Artikel 162. Das Reich tritt für eine zwischenstaatliche Regelung der Rechtsverhältnisse der Arbeiter ein, die
125 für die gesamte arbeitende Klasse der Menschheit ein allgemeines Mindestmaß der sozialen Rechte erstrebt.

Artikel 163. [...] Jedem Deutschen soll die Möglichkeit gegeben werden, durch wirtschaftliche Arbeit seinen
130 Unterhalt zu erwerben. Soweit ihm angemessene Arbeitsgelegenheit nicht nachgewiesen werden kann, wird für seinen notwendigen Unterhalt gesorgt.

Artikel 165. Die Arbeiter und Angestellten sind dazu berufen,
135 gleichberechtigt in Gemeinschaft mit den Unternehmern an der Regelung der Lohn- und Arbeitsbedingungen sowie an der gesamten wirtschaftlichen Entwicklung der produktiven Kräfte mitzuwirken. Die beiderseitigen Organisationen
140 und ihre Vereinbarungen werden anerkannt.

Günther Franz (Hrsg.), Staatsverfassungen, München ³1975, S. 192-222

1. *Charakterisieren Sie anhand der Verfassung Wesen und Ziele der neuen Republik.*

2. *Definieren Sie den Begriff „Demokratie" in seiner ursprünglichen und seiner modernen Bedeutung. Welche Bestimmungen machen die Weimarer Republik zu einer modernen Demokratie?*

3. *Die Verfassung sollte den Interessen der gesellschaftlichen Gruppen entgegenkommen und einen sozialen Ausgleich schaffen. Überlegen Sie, welche Gruppen an welchen Bestimmungen besonderes Interesse gehabt haben könnten. Begründen Sie Ihre Entscheidung.*

4. *Analysieren Sie, inwiefern die Verfassung soziale Ziele formuliert. Folgern Sie aus ihnen die Aufgaben der Regierung.*

5. *Im Zusammenhang mit der Weimarer Verfassung wurde von einer „präsidialen Reserveverfassung" und in Bezug auf den Reichspräsidenten von einem „Ersatzkaiser" gesprochen. Überprüfen Sie anhand der Verfassungsartikel und des Schaubildes, was Anlass zu diesen Aussagen gegeben haben könnte.*

6. *Begründen Sie, warum der umfangreiche Grundrechtskatalog die Staatsmacht der Weimarer Republik kaum begrenzen konnte.*

7. *Überprüfen Sie, welche Folgerungen das Grundgesetz für die Sicherung der Grundrechte gezogen hat.*

M2 Der Reichspräsident in der Verfassung

Der Verfassungsexperte der SPD, der Jurist Max Quarck, schreibt 1919 über die Stellung des Reichspräsidenten in der neuen Verfassung:

Was der Abg. Haase im Einzelnen gegen den Reichspräsidenten angeführt hat, das hält einer ernsthaften Prüfung nicht stand. Er hat von einer unnützen dekorativen Einrichtung gesprochen [...]. Ernster ist vielleicht der Einwand zu nehmen, dass die Einrichtung eines Reichspräsidenten uns wieder in 5 die alte Obrigkeitsherrschaft, in die alte Autoritätsherrschaft zurückführen könnte. [...] Das unabhängige Mitglied im Verfassungsausschuss, Abg. Dr. Cohn, muss doch wohl bezeugen, dass wir von den Mehrheitssozialisten sorgfältig und eifrig bemüht gewesen sind, in dieser Verfassung jede Spur 10 von Machtbefugnissen für den Präsidenten zu tilgen, die etwa an die alte Monarchie und den alten Despotismus erinnern würden, unter dem wir so lange gelitten haben.
Die Hauptfunktion für den neuen Präsidenten wird sein die Zusammenstellung des Ministerkollegiums. Dazu braucht 15 die neue Republik im Reichspräsidenten eine Persönlichkeit, die nicht direkt gebunden ist an Parteizusammenhänge, die einen Überblick hat über die politischen Köpfe des ganzen Reichs, die die Eignung dieser Köpfe zu Ministerämtern unabhängig von Parteikoterien[1] geltend machen kann. Ich 20 denke, dass diese Funktion in der Geschichte unseres Landes noch eine entscheidende Rolle spielen wird.
Die Vertretung eines großen Wirtschaftsstaats, der hoffentlich bald wieder in engen Beziehungen zu den verschiedenen Ländern der Welt stehen wird, durch eine ausgeprägte Person ist weiter durchaus wünschenswert. [...] Nun wird dieser 25 Reichspräsident genau wie das Parlament aus der Volksabstimmung hervorgehen. Er wird also von vornherein kraft seiner politischen Geburt den Zusammenhang mit denselben Kräften haben, die das Parlament in sich verkörpert. So 30 wird ein Dualismus zwischen Präsident und Parlament von Anfang an so gut wie ausgeschlossen; die Gleichheit der Herkunft wird die Gleichheit der Ziele und Zwecke bestimmen.

Max Quarck, Der Geist der neuen Reichsverfassung, Berlin 1919, S. 13 f.

1. *Stellen Sie die Interessen der Gegner und Befürworter des Reichspräsidentenamtes zusammen.*

2. *Erläutern Sie, warum Quarck einen „Dualismus zwischen Präsident und Parlament" für ausgeschlossen hält. Bewerten Sie seine Argumentation.*

---

[1] Koterie (von franz. coterie): bezeichnet eine abgeschlossene Gruppe, negativ für Clique

Die Weimarer Verfassung

M3 **Politische Betätigung und Wahlverhalten von Frauen in der Weimarer Republik**

a) Gesamtübersicht über die Frauen in den Fraktionen der deutschen Reichstage.
Die kleineren Parteien sind nicht aufgeführt, jedoch in der Gesamtzahl eingeschlossen:

[1] Reichstagswahlen am 4.5.1924
[2] Reichstagswahlen am 7.12.1924

Partei	Zahl der Abgeordneten						davon Frauen					
	1919	1920	1924a[1]	1924b[2]	1928	1930	1919	1920	1924a	1924b	1928	1930
KPD	–	2	68	45	54	76	–	1	4	3	3	13
SPD	165	113	100	131	152	143	22	13	11	16	20	16
USPD	22	81	–	–	–	–	3	9	–	–	–	–
DDP	74	45	28	32	25	14	6	6	2	2	2	1
DVP	22	62	44	51	45	29	–	3	2	2	2	1
Zentrum	89	68	65	69	61	68	6	3	3	4	3	4
BVP	–	19	16	19	17	19	–	1	1	1	–	–
DNVP	41	65	106	111	78	41	3	3	4	5	2	3
Zusammen	423	463	472	493	490	575	41	37	27	33	35	41

Nach: Gabriele Bremme, Die politische Rolle der Frau in Deutschland. Eine Untersuchung über den Einfluss der Frauen bei Wahlen und ihre Teilnahme in Partei und Parlament, Göttingen 1956, S. 124, Tabelle 39

b) Stimmanteile einzelner Parteien bei Reichstagswahlen nach Geschlechtern (in Prozent):

	1924a			1924b			1928			1930		
	m	w	T*	m	w	T	m	w	T	m	w	T
KPD	18,9	13,1	69,3	14,1	9,6	68,2	20,3	15,5	76,4	24,0	18,1	75,4
SPD	22,0	20,8	94,5	29,6	26,7	90,2	32,9	31,5	95,7	28,1	28,0	99,6
DDP	4,3	4,1	95,5	6,4	6,2	96,7	6,7	6,7	99,6	4,7	4,6	99,8
Z/BVP	11,0	17,0	154,5	10,2	15,1	148,0	6,6	10,2	154,1	5,2	8,3	158,6
DVP	7,7	8,6	112,1	12,0	13,8	115,0	8,9	9,8	110,6	5,2	6,5	124,7
DNVP	8,4	9,6	115,4	9,7	11,5	118,2	10,1	13,3	131,7	6,5	9,1	139,8
NSDAP	13,5	13,0	96,3	4,4	3,8	85,3	2,6	1,8	70,8	17,4	15,3	87,9
CSVD**	–	–	–	–	–	–	–	–	–	0,9	1,7	203,5
Anteil der erfassten Ber. in allen Ber.	6,9			6,2			20,6			16,8		

* Tingsten-Index: $\frac{\text{Prozentsatz der Frauen}}{\text{Prozentsatz der Männer}} \cdot 100$; die Zahlen sind gerundet. Für das im Ganzen zuverlässige Bild des geschlechterspezifischen Wahlverhaltens sind Sonderauszählungen die Grundlage; die Auswahl der Bezirke, in denen sie durchgeführt wurden, ist aber zu wenig repräsentativ, um einen direkten Vergleich mit den Wahlergebnissen auf Reichsebene zu erlauben.

** Der Christlich-Soziale Volksdienst (CSVD) war eine protestantisch geprägte konservative Partei.

Jürgen Falter, Thomas Lindenberger und Siegfried Schumann, Wahlen und Abstimmungen in der Weimarer Republik. Materialien zum Wahlverhalten 1919-1933, München 1986, S. 83

1. *Erläutern Sie den Anteil der weiblichen Abgeordneten in den Parteien im jeweiligen zeitlichen Kontext.*
2. *Prüfen Sie die These, Frauen hätten in der Weimarer Republik im Durchschnitt konservativ gewählt.*
3. *Suchen Sie mögliche Gründe für das Wahlverhalten der Frauen.*

Belastungen und Herausforderungen für die Republik

Der Versailler Vertrag und seine Folgen Von Anfang an belastete der in Versailles bei Paris geschlossene Friedensvertrag die Republik schwer. Ohne Beteiligung der Besiegten tagte die Friedenskonferenz, auf der die Nachkriegsordnung Europas festgelegt werden sollte. Die wichtigsten Entscheidungen wurden vom *Rat der Vier* getroffen. Seine Mitglieder waren die Regierungschefs von Großbritannien (*David Lloyd George*), Frankreich (*Georges Clemenceau*) und Italien (*Vittorio Orlando*) sowie der US-amerikanische Präsident **Woodrow Wilson**. Dieser sah sich in der Rolle des Vermittlers zwischen Siegern und Besiegten. Sein Hauptanliegen war die Gründung des **Völkerbundes** als Garant einer dauerhaften Friedensordnung.

Am 7. Mai 1919 wurde das fertige Vertragswerk mit seinen insgesamt 440 Artikeln vorgelegt. Die deutschen Vertreter durften sich innerhalb von 14 Tagen schriftlich dazu äußern, erreichten im Ergebnis aber keine Verbesserung der Auflagen. Ende Juni billigte der Reichstag den Vertrag, wenige Tage später wurde er im Spiegelsaal von Versailles unterzeichnet, im Januar 1920 trat er in Kraft. Deutschland verlor 13 Prozent seines Staatsgebiets und zehn Prozent seiner Bevölkerung sowie sämtliche Kolonien. Das kohlenreiche Saarland wurde für 15 Jahre unter die Verwaltung des Völkerbundes gestellt, ehe eine Volksabstimmung über die künftige Staatszugehörigkeit entscheiden sollte. In Oberschlesien, das ursprünglich ganz an Polen fallen sollte, wurde 1921 eine Volksabstimmung durchgeführt. Obwohl knapp 60 Prozent der Bevölkerung für den Verbleib bei Deutschland stimmten, teilte der Völkerbund das Gebiet und sprach den territorial kleineren, aber industriell bedeutenderen Teil Polen zu. Das Rheinland sollte bis zum Jahr 1935 von alliierten Truppen besetzt gehalten werden.

Deutschland wurde zur militärischen Abrüstung verpflichtet. Das gesamte Kriegsmaterial musste zerstört oder ausgeliefert werden. Der Besitz schwerer Waffen wurde verboten, ebenso die allgemeine Wehrpflicht. Deutschland musste sein Berufsheer mit

Woodrow Wilson (1856–1924): Jurist, Historiker und Politiker; 1913–1921 Präsident der USA (Demokrat). Wilson verfolgte soziale Reformen, war im Ersten Weltkrieg um die Neutralität der USA bemüht und engagierte sich für die Errichtung des Völkerbundes. 1920 erhielt er den Friedensnobelpreis für das Jahr 1919.

Völkerbund: Die vom amerikanischen Präsidenten Wilson angeregte und auf der Pariser Friedenskonferenz 1919 beschlossene Vereinigung von Staaten sollte die internationale Zusammenarbeit verbessern und den Frieden sichern.
Weil der US-Senat ablehnte, traten die Vereinigten Staaten dem Bund nicht bei, der bis 1946 bestand.

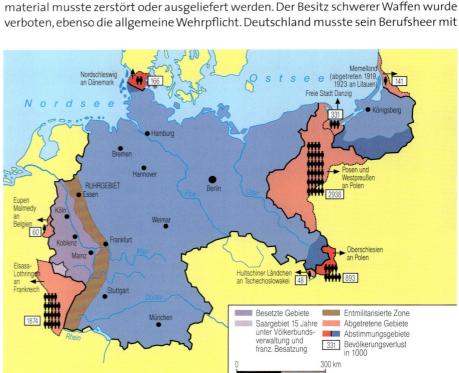

▶ **Deutschland nach dem Versailler Vertrag.**
■ Arbeiten Sie die Ergebnisse des Vertrages heraus und diskutieren Sie, welche Festlegungen für die deutsche Bevölkerung besonders schwer zu akzeptieren waren.

100 000 Mann auf ein Viertel der Stärke des Jahres 1919 und die Zahl der Marinesoldaten auf 15 000 reduzieren.

Hart umstritten war auch die Regelung der Reparationenfrage. Da sich die Alliierten 1919 nicht über die Leistungsfähigkeit der deutschen Wirtschaft einigen konnten, setzten sie eine Kommission ein, die bis Mai 1921 die Höhe der Wiedergutmachung festlegen sollte.*

Die Bestimmungen des Friedensvertrages lösten in der deutschen Öffentlichkeit, in der man auf einen milden „Wilson-Frieden"** gehofft hatte, Empörung und Proteststürme aus. Vor allem der Artikel 231 des Vertrages, der sogenannte Kriegsschuldartikel, wurde in Deutschland als moralische Ächtung des ganzen Volkes empfunden. Reichskanzler Scheidemann bezeichnete den Vertrag als unannehmbar. Als die deutschen Einsprüche erfolglos blieben, trat die Regierung Scheidemann zurück.

Unter dem Druck eines alliierten Ultimatums wurde schließlich die neue Regierung von der Nationalversammlung beauftragt, den Vertrag zu unterschreiben. Wie schon bei der Unterzeichnung des Waffenstillstands im November 1918 übernahmen Vertreter der Republik die Verantwortung für das Versagen der politischen und militärischen Führung während des Ersten Weltkrieges. Den Politikern, die sich unter dem Druck der Verhältnisse dazu bereit erklärt hatten, gestanden anfänglich alle Parteien ehrenhafte Motive zu. Doch schon bald wurde der Versailler Vertrag von der äußersten Rechten bis hin zur Sozialdemokratie wegen des Kriegsschuldartikels und der umfangreichen Reparationen als ein „Diktat-" und „Schandfriede" abgelehnt. Republikfeindliche Kräfte nutzten die Vorbehalte der Bevölkerung aus, um mit Kampfparolen wie „Heerlos! Wehrlos! Ehrlos!" gegen die Republik zu hetzen. „Versailles" wurde zur Diffamierungsparole schlechthin (▶ M1).

Der Vorwurf der „Erfüllungspolitik" wurde von National-Konservativen und Rechtsradikalen in den folgenden Jahren gegen alle Schritte der Regierung erhoben, die auf die Einhaltung oder Anerkennung der Versailler Bestimmungen zielten.

„Dolchstoßlegende" ■ Neben dem von der Nationalversammlung widerwillig angenommenen Versailler Vertrag radikalisierte die „Dolchstoßlegende" die Bevölkerung der Nachkriegszeit. Schon im November 1918 verbreiteten rechtsradikale Zeitungen die angebliche Bemerkung eines britischen Generals, die deutsche Armee sei „von hinten erdolcht" worden. Streiks und politische Unruhen in der Heimat hätten sie zur Kapitulation gezwungen. Die beiden Generäle Erich Ludendorff und Paul von Hindenburg machten sich diese Version zu eigen und verbreiteten Ende 1919 eine Verschwörungstheorie, mit der sie die eigene Schuld an der militärischen Niederlage von sich ablenken und vor allem auf die Sozialdemokratie abwälzen wollten (▶ M2). Durch sein großes Ansehen, das er als General und Feldmarschall im Ersten Weltkrieg erworben hatte, vermochte es der

▲ Wahlplakat der DNVP von 1924.
■ Erläutern Sie den Plakattext. Analysieren Sie die Zielsetzung des Plakats sowie die Wirkung von Text und Bild.

* Siehe S. 206.
** Der amerikanische Präsident Woodrow Wilson hatte am 8. Januar 1918 einen „14-Punkte-Plan" vorgelegt, in dem er seine Vorstellungen von den Grundlagen einer zukünftigen Friedensordnung in Europa formulierte. Diese sollte auf dem Selbstbestimmungsrecht der Völker basieren.

spätere Reichspräsident Hindenburg, dieser Lüge besonderes Gewicht zu verschaffen. Ein Großteil der Bevölkerung glaubte dieser Verfälschung der Tatsachen, zumal die Öffentlichkeit an einer vorurteilsfreien Auseinandersetzung mit dem Geschehen im Ersten Weltkrieg kaum interessiert war. Zudem unterschätzten vor allem die Sozialdemokraten, welche Gefahren von der „Dolchstoßlegende" ausgingen.

Die „Dolchstoßlegende" vergiftete das politische Klima und diente deutschnationalen, völkischen und anderen rechtsextremen Gruppen und Parteien zur Propaganda gegen die republiktreuen Parteien, die bei Kriegsende Verantwortung übernommen und den Versailler Vertrag akzeptiert hatten.

Walther Rathenau (1867-1922): Industrieller und Schriftsteller; 1919 Mitbegründer der DDP; 1922 von Rechtsradikalen ermordet

Gustav Stresemann (1878-1929): Politiker der Nationalliberalen Partei (Kaiserzeit) und der DVP; 1923-1929 Außenminister; 1923 Reichskanzler

Republikaner ohne Mehrheit? Von den zahlreichen Parteien bekannten sich nur drei ausdrücklich zur parlamentarisch-demokratischen Republik: die SPD, die DDP und das Zentrum.
- Die SPD ging bei den Wahlen zur Nationalversammlung und bei den Reichstagswahlen bis 1930 jeweils als stärkste Kraft hervor, erreichte jedoch nie die absolute Mehrheit. Bis zum Ende der Republik war sie auf Reichsebene mit wenigen Ausnahmen in der Opposition. Beim Werben um die Gunst der Arbeiter konkurrierte sie mit KPD und USPD. Als *Milieupartei* der Arbeiterschaft gelang es ihr nicht, auch für andere Gesellschaftsschichten attraktiv zu werden. Zudem wollten sich andere Gruppen wie die Angestellten bewusst von den Arbeitern und ihren Interessenvertretungen absetzen.
- Die linksliberale DDP vertrat vor allem das Bildungsbürgertum, Kaufleute, Beamte und Angestellte. Mit **Walther Rathenau** stellte die DDP 1922 den Außenminister. Schon ab 1920 verlor sie jedoch in großem Maß Stimmen und sank zur Splitterpartei ab.
- Das Zentrum war die Partei des politischen Katholizismus. Ihr kam eine bedeutende Stellung zu, da sie sich für alle sozialen Schichten einsetzte und sie mit fast allen Parteien koalitionsfähig war. Von 1919 bis 1932 war sie in nahezu jeder Reichsregierung vertreten. 1920 entstand mit der *Bayerischen Volkspartei* (BVP) die bayerische Variante des Zentrums.

Die *Deutsche Volkspartei* (DVP), der sich mehrheitlich national-liberales Bürgertum und Großindustrie anschlossen, war in den Anfangsjahren noch monarchistisch und republikfeindlich geprägt. **Gustav Stresemann** brachte sie auf einen demokratischen und republikanischen Kurs, stieß dabei aber stets auf Widerstand in seiner Partei. Nach Stresemanns Tod tendierte die DVP immer stärker nach rechts, blieb jedoch im Vergleich zu DNVP und NSDAP gemäßigt und sank 1932 zur Bedeutungslosigkeit herab.

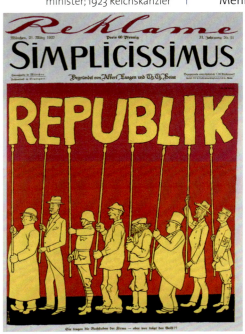

▲ „Sie tragen die Buchstaben der Firma – aber wer trägt den Geist?!"
Karikatur von Thomas Theodor Heine aus dem „Simplicissimus", 21. März 1927.
- Benennen Sie die gezeigten gesellschaftlichen Gruppen. Halten Sie die Auswahl für repräsentativ?
- Diskutieren Sie die Frage, ob eine Republik nur funktionieren kann, wenn die Bürger ihren „Geist" tragen.

Antidemokratische Kräfte Obrigkeitsstaatliche Vorstellungen, die sich gegen einen Meinungspluralismus wandten, waren in der Bevölkerung weit verbreitet (▶ M3).

Die republikfeindlichen rechts- und linksradikalen Kräfte setzten sich seit Beginn der Weimarer Republik gewaltsam für ihre Ziele ein (▶ M4). Die 1919 gegründete *Kommunistische Partei Deutschlands* (KPD) und die USPD lehnten den Parlamentarismus ab und betrachteten alle Gegner des Rätesystems als „Handlanger des Kapitalismus". Die USPD schloss sich zwar 1922 wieder der SPD an. Da ihre radikalen Mitglieder jedoch der KPD beitraten, entwickelte sich diese zu einer ernst zu nehmenden Kraft.

Die *Deutschnationale Volkspartei* (DNVP) war ein Sammelbecken völkisch-nationalistischer, konservativer Kreise. Ihr gehörten vor allem die alten Eliten aus Adel,

Militär, Großgrundbesitz und Großbürgertum an. Nach 1928 rückte die Partei weit nach rechts und kooperierte mit der NSDAP, an die sie seit 1930 viele Wähler verlor. Als verbindendes Element für die unterschiedlichen Interessen ihrer Wählerschaft diente der DNVP bereits früh der Antisemitismus.

In Justiz und Verwaltung blieb mit den alten Amtsträgern vielfach auch der Geist des Kaiserreiches erhalten. Die Reichswehr, deren Führung sich nicht mit der Republik identifizierte, blieb ein „Staat im Staate" (▶ M5). Während sie gegen Putschversuche von links konsequent vorging, hielt sie sich bei Angriffen von rechts weitgehend zurück. Dies zeigte sich bei dem rechtsextremistischen *Kapp-Lüttwitz-Putsch* 1920. General Ludendorff und der Gründer der Deutschen Vaterlandspartei, *Wolfgang Kapp*, sammelten unzufriedene Soldaten hinter sich, die entgegen ersten Zusagen wegen des Versailler Vertrages nicht in die Reichswehr übernommen wurden. Außerdem widersetzte sich General *Walther von Lüttwitz* dem Befehl, eine 5000 Mann starke Marinebrigade aufzulösen. Die Truppe besetzte das Regierungsviertel in Berlin. Fast alle Offiziere der Reichswehr weigerten sich, die Armee einzusetzen. Angeblich wollten sie verhindern, dass Reichswehreinheiten aufeinander schießen müssten. Der Putsch scheiterte indes, weil sich die Ministerialbürokratie den Anordnungen des selbst ernannten „Reichskanzlers" Kapp widersetzte. Zudem riefen die Gewerkschaften den Generalstreik aus und sabotierten damit alle Handlungen der Putschisten.

Inflation ■ Der Weltkrieg hatte das Deutsche Reich gewaltige Summen gekostet, die aus dem Staatshaushalt nicht aufgebracht werden konnten. Steuererhöhungen wollte die Regierung während des Krieges nicht vornehmen. Deshalb finanzierte sie die Militärausgaben durch verzinste Anleihen bei der Bevölkerung und eine enorme Papiergeldvermehrung (von zwei Milliarden Reichsmark im Jahr 1913 auf 45 Milliarden im Jahr 1919). Allerdings hielt die Güterproduktion mit der Geldmengenvermehrung nicht Schritt. Das Ergebnis war ein rasches Ansteigen der Preise und ein Wertverlust der Mark, also eine *Inflation*. Als Folge dieser Wirtschaftspolitik musste die junge Republik eine völlig zerrüttete Währung mit 154 Milliarden Mark Staatsschulden übernehmen.

Obwohl die Währung nur durch drastische Maßnahmen zu sanieren gewesen wäre, führten die Weimarer Regierungen nach dem Krieg die Inflationspolitik fort und glichen bis 1923 das Haushaltsdefizit aus, indem sie ständig mehr Papiergeld in Umlauf brachten. Neuere Untersuchungen bezeichnen diese Politik als das „kleinere Übel" im Vergleich zu möglichen Auswirkungen einer **deflationären** Haushaltspolitik. Zumindest blieb Deutschland von der internationalen *Wirtschaftskrise* der Jahre 1920/21 weitgehend verschont. Ein anderer Grund für die Zurückhaltung der Reichsregierung bei der Bekämpfung der Inflation waren die hohen Reparationszahlungen. Mithilfe der Inflation wollte man die Forderungen der Alliierten unterlaufen. Im Zusammenhang mit dem „Ruhrkampf"* erreichte die Staatsverschuldung eine neue Rekordhöhe. Wie schon im Krieg mussten wieder die Notenpressen das Defizit im Reichshaushalt ausgleichen. Im November 1923 notierte man 4,2 Billionen Mark für einen Dollar. Löhne und Gehälter wurden wegen des rapiden Wertverfalls des Geldes wöchentlich, oft sogar täglich ausbezahlt.

In einer Währungsreform im Oktober 1923 wurde der Wechselkurs zwischen Mark und Dollar neu festgelegt und statt durch Goldreserven der Reichsbank durch eine Hypothek auf Grundbesitz und industrielle Sachwerte gedeckt. Bereits 1924 war die Inflation weitgehend überwunden.

▲ **General Hans von Seeckt.**
*Von 1920 bis 1926 war Seeckt Chef der Heeresleitung der Reichswehr und prägte den „Geist der Armee". Er arrangierte sich mit der Republik, auch wenn er die neue Staatsform innerlich nicht akzeptierte.
Der Fotoausschnitt zeigt Seeckt in Erwartung einer Ehrenkompanie anlässlich seines 70. Geburtstages im Jahr 1936.*

Deflation: ein über längere Zeit anhaltender Rückgang des Preisniveaus für Güter. Dies tritt ein, wenn die Geldmenge im Vergleich zur Warenmenge abnimmt.

* Siehe S. 207.

> ► **Geschichte In Clips:**
> Zum Hitler-Putsch siehe
> Clip-Code 4665-02

Proklamation
an das deutsche Volk!

Die Regierung der November-
verbrecher in Berlin ist heute für
abgesetzt erklärt worden.
Eine

provisorische deutsche
Nationalregierung
ist gebildet worden, diese besteht aus

Gen. Ludendorff ○
Ad. Hitler, Gen. v. Lossow
Obst. v. Seisser

▲ **„Proklamation an das**
deutsche Volk!"
Dieses Plakat wurde in der
Nacht vom 8. auf den 9. No-
vember 1923 in München
angeschlagen.

Adolf Hitler (1889 - 1945,
Selbstmord): Hitler stammte
aus dem österreichischen
Braunau (Inn), er kam 1913
nach München, wo er sich
erfolglos als Künstler durch-
schlug. 1914 freiwillige Teilnahme am Ersten Weltkrieg,
Verwundung und Auszeich-
nung. 1919 Propagandist der
DAP, seit 1920 NSDAP; ab 1921
Vorsitzender der Partei. 1923
Hitler-Putsch und Festungshaft, 1925 Neugründung der
NSDAP und Aufstieg zur Massenpartei, 1933 Ernennung
zum Reichskanzler, ab 1934
„Führer und Reichskanzler".

Eine deutsche Oktoberrevolution ■ In Sachsen und Thüringen traten im Oktober 1923 kommunistische Minister in die SPD-Landesregierungen ein. Auf Weisung der sowje- tischen Regierung in Moskau rüstete die KPD ihren Kampfbund, die „Proletarischen Hundertschaften", militärisch auf und bereitete ihn auf eine deutsche Oktoberrevolu- tion vor. Die Reichsregierung forderte die Regierungen von Sachsen und Thüringen ultimativ auf, diese „Proletarischen Hundertschaften" auf- zulösen und die kommunistischen Minister zu entlassen, da sie zum bewaffneten Aufruhr aufgerufen hatten. Als sich der sächsische Minis- terpräsident *Erich Zeigner* weigerte, verhängte Berlin unter Anwendung des Artikels 48 die Reichsexekution und ließ Reichswehreinheiten ein- marschieren. Zeigner wurde seines Amtes enthoben. In Thüringen tra- ten daraufhin die kommunistischen Minister zurück.

Hitler-Putsch ■ Einzelne Länder betrieben also eine gegen das Reich gerichtete Politik. Diese Stoßrichtung war in Bayern besonders ausge- prägt. Das Land hatte in der Republik einige Sonderrechte verloren. Nach den Revolutionswirren um die Räterepublik im Frühjahr 1919, die zur Ermordung des Ministerpräsidenten *Kurt Eisner* geführt hatten, wurde das Land zu einem Sammelbecken rechter, radikaler Gruppen. Ehemalige Freikorpsführer und Rechtsradikale wie Ludendorff und wei- tere Akteure des Kapp-Lüttwitz-Putsches fanden dort Raum für ihre politische Betätigung. Das 1922 mit dem „Republikschutzgesetz" erlas- sene Freikorps-Verbot wurde nicht oder nur nachlässig umgesetzt. Die noch unbedeutende NSDAP unter ihrem Vorsitzenden **Adolf Hitler** wurde geduldet, während sie – dem Reichsgesetz entsprechend – in Preußen, Sachsen, Thüringen, Hamburg, Hessen und Braunschweig verboten wurde.

1919 war Adolf Hitler der kurz zuvor in München gegründeten *Deutschen Arbeiterpartei* (DAP) beigetreten, die sich 1920 in NSDAP umbenannte. Mit gehässigen Reden gegen die Republik und maßloser Hetze gegen die Juden machte Hitler die Partei bald zum Tagesgespräch in München. Im Herbst 1923 wollte er nach dem Vorbild des italienischen Faschisten *Benito Mussolini** einen „Marsch auf Berlin" durchführen. Am 8. November 1923 erklärte er auf einer republikfeindlichen Veranstal- tung im Münchener Bürgerbräukeller den Ausbruch der „nationalen Revolution" und die Absetzung der Reichsregierung. Am folgenden Tag unternahm er mit General Ludendorff einen Demonstrationszug zur Feldherrnhalle (*Hitler-Putsch*). Doch die Lan- despolizei stoppte den Zug mit Waffengewalt. Zwanzig Polizisten und Putschisten wurden getötet, die Anführer verhaftet.

Obwohl Hitler als österreichischer Staatsbürger hätte ausgewiesen werden kön- nen, erhielt er fünf Jahre Festungshaft in Landsberg am Lech, wurde jedoch bereits nach neun Monaten wieder entlassen. Ludendorff wurde freigesprochen. In den milden Strafen zeigte sich die Sympathie, die die Putschisten in den führenden Justiz- und Regierungskreisen genossen. Putsch und Prozess hatten die Popularität Hitlers und seiner Partei vergrößert. Nach seiner Haftzeit änderte er nicht sein Ziel, sondern nur die Taktik: 1925 gründete er die NSDAP unter seiner uneingeschränkten Führerschaft neu und versuchte nun, durch die Schaffung einer Massenbasis die Regierung auf legalem Wege zu übernehmen.

---

* Siehe S. 262.

M1 „Wehrlos ist nicht ehrlos!"

Reichskanzler Gustav Bauer (SPD), der Nachfolger Philipp Scheidemanns, fordert am 23. Juni 1919, wenige Stunden vor Ablauf des alliierten Ultimatums, die Nationalversammlung auf, den Friedensvertrag unterzeichnen zu lassen:

Die Entente [...] will uns das Schuldbekenntnis auf die Zungen zwingen, sie will uns zu Häschern unserer angeschuldeten Landsleute[1] machen; es soll uns nichts, gar nichts erspart bleiben. Zur Verknechtung wollen uns die Feinde auch noch
5 die Verachtung aufbürden!
[...] Unsere Hoffnung, mit dem einzigen Vorbehalt einer Ehrenbewahrung bei unseren Gegnern durchzudringen, war nicht sehr groß. Aber wenn sie auch noch geringer gewesen wäre: Der Versuch musste gemacht werden. Jetzt, wo er
10 misslungen, an dem sträflichen Übermut der Entente gescheitert ist, kann und muss die ganze Welt sehen: Hier wird ein besiegtes Volk an Leib und Seele vergewaltigt wie kein Volk je zuvor. [...] Unterschreiben wir! Das ist der Vorschlag, den ich Ihnen, im Namen des gesamten Kabinetts, machen
15 muss. Bedingungslos unterzeichnen! Ich will nichts beschönigen.
Die Gründe, die uns zu diesem Vorschlag zwingen, sind dieselben wie gestern. Nur trennt uns jetzt eine Frist von knappen vier Stunden von der Wiederaufnahme der Feindselig-
20 keiten. Einen neuen Krieg könnten wir nicht verantworten, selbst wenn wir Waffen hätten. Wir sind wehrlos. Wehrlos ist aber nicht ehrlos! Gewiss, die Gegner wollen uns an die Ehre; daran ist kein Zweifel. Aber dass dieser Versuch der Ehrabschneidung einmal auf die Urheber selbst zurückfallen
25 wird, dass es nicht unsere Ehre ist, die bei dieser Welttragödie zugrunde geht, das ist mein Glaube bis zum letzten Atemzug.

Wolfgang Elben, Die Weimarer Republik, Frankfurt am Main [6]1975, S. 40f.

1. *Diskutieren Sie, warum Reichskanzler Bauer die Annahme des Vertrages empfahl, obwohl er einige Bestimmungen als unannehmbar bezeichnete.*
2. *Entwerfen Sie als Antwort auf Bauer eine Rede aus der Perspektive eines Gegners des Vertrages.*

---

[1] Neben der Anerkennung der Kriegsschuld verlangten die Alliierten in den Artikeln 227 und 228 die Auslieferung des Kaisers und weiterer Personen wegen des Verstoßes gegen das Kriegsrecht, um sie vor ein alliiertes Militärgericht zu stellen.

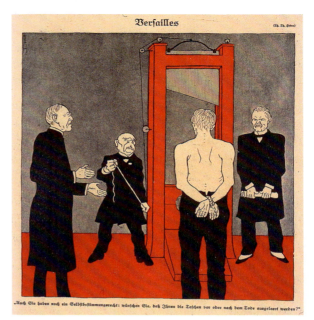

▲ „Auch Sie haben noch ein Selbstbestimmungsrecht: Wünschen Sie, dass Ihnen die Taschen vor oder nach dem Tode ausgeleert werden?"
Karikatur von Thomas Theodor Heine aus dem „Simplicissimus" vom 3. Juni 1919.
- *Erläutern Sie, welche Rollen die dargestellten Personen (v. l.: Wilson, Clemenceau, Lloyd George) einnehmen.*
- *Beschreiben Sie die Stimmung der deutschen Bevölkerung, die ausgedrückt werden soll.*

M2 Schuld waren die anderen

Ein öffentlicher Untersuchungsausschuss soll nach dem Krieg die Ursachen der deutschen Niederlage ergründen. Generalfeldmarschall Hindenburg erklärt:

Trotz der ungeheuren Ansprüche an Truppen und Führung, trotz der zahlenmäßigen Überlegenheit des Feindes konnten wir den ungleichen Kampf zu einem günstigen Ende führen, wenn die geschlossene und einheitliche Zusammenwirkung von Heer und Heimat eingetreten wäre. [...]   5
Doch was geschah nun? Während sich beim Feinde trotz seiner Überlegenheit an lebendem und totem Material alle Parteien, alle Schichten der Bevölkerung in dem Willen zum Siege immer fester zusammenschlossen, und zwar umso mehr, je schwieriger ihre Lage wurde, machten sich bei uns, 10 wo dieser Zusammenschluss bei unserer Unterlegenheit viel notwendiger war, Parteiinteressen breit, und diese Umstände führten sehr bald zu einer Spaltung und Lockerung des Siegeswillens. Die Geschichte wird über das, was ich hier

nicht weiter ausführen darf, das endgültige Urteil sprechen.
Damals hofften wir noch, dass der Wille zum Siege alles
andere beherrschen würde. Als wir unser Amt übernahmen,
stellten wir bei der Reichsleitung eine Reihe von Anträgen,
die den Zweck hatten, alle nationalen Kräfte zur schnellen
und günstigen Kriegsentscheidung zusammenzufassen [...].
Was aber schließlich, zum Teil wieder durch Einwirkung der
Parteien, aus unseren Anträgen geworden ist, ist bekannt.
Ich wollte kraftvolle und freudige Mitarbeit und bekam Versagen und Schwäche. Die Sorge, ob die Heimat fest genug
bliebe, bis der Krieg gewonnen sei, hat uns von diesem
Augenblicke an nie mehr verlassen. Wir erhoben noch oft
unsere warnende Stimme bei der Reichsregierung. In dieser
Zeit setzte die heimliche planmäßige Zersetzung von Flotte
und Heer als Fortsetzung ähnlicher Erscheinungen im Frieden ein. Die Wirkungen dieser Bestrebungen waren der
Obersten Heeresleitung während des letzten Kriegsjahres
nicht verborgen geblieben. Die braven Truppen, die sich von
der revolutionären Zermürbung freihielten, hatten unter
dem pflichtwidrigen Verhalten der revolutionären Kameraden schwer zu leiden; sie mussten die ganze Last des
Kampfes tragen. Die Absichten der Führung konnten nicht
mehr zur Ausführung gebracht werden. Unsere wiederholten
Anträge auf strenge Zucht und strenge Gesetzgebung wurden nicht erfüllt. So mussten unsere Operationen misslingen,
es musste der Zusammenbruch kommen; die Revolution bildete nur den Schlussstein. Ein englischer General sagte mit
Recht: „Die deutsche Armee ist von hinten erdolcht worden."
Den guten Kern des Heeres trifft keine Schuld. Seine Leistung
ist ebenso bewunderungswürdig wie die des Offizierkorps.
Wo die Schuld liegt, ist klar erwiesen.

Herbert Michaelis und Ernst Schraepler (Hrsg.), Ursachen und Folgen. Vom
deutschen Zusammenbruch 1918 und 1945 bis zur staatlichen Neuordnung
Deutschlands in der Gegenwart. Eine Urkunden- und Dokumentensammlung zur Zeitgeschichte, Bd. 4, Berlin o. J., S. 7 f.

1. *Worin lagen nach Ansicht Hindenburgs die Gründe für
die Niederlage Deutschlands? Wem wurde die Schuld
an der Niederlage angelastet?*
2. *Nehmen Sie Stellung zu den Schuldzuweisungen.*

M3 „So ist der deutsche Parlamentarismus"

*Oswald Spengler, dessen pessimistische Kultur- und Ge-
schichtsphilosophie nach dem verlorenen Krieg vom deutschen
Bürgertum begeistert gelesen wird, ist ein entschiedener Gegner des Parlamentarismus und der Parteien. 1924 schreibt er:*

Über den Trümmern der deutschen Weltmacht, über zwei
Millionen Leichen umsonst gefallener Helden, über dem in
Elend und Seelenqual vergehenden Volke wird nun in Weimar mit lächelndem Behagen die Diktatur des Parteiklüngels
aufgerichtet, derselben Gemeinschaft beschränktester und
schmutzigster Interessen, welche seit 1917 unsere Stellung
untergraben und jede Art von Verrat begangen hatte, vom
Sturz fähiger Leute ihrer Leistungen wegen bis zu eigenen
Leistungen im Einverständnis mit Northcliffe[1], mit Trotzki[2],
selbst mit Clemenceau[3]. [...] Nachdem sich die Helden der
Koalition vor dem Einsturz in alle Winkel geflüchtet hatten,
kamen sie mit plötzlichem Eifer wieder hervor, als sie die
Spartakisten allein über der Beute sahen. Aus der Angst um
den Beuteanteil entstand auf den großherzoglichen Samt-
sesseln und in den Kneipen von Weimar die deutsche Republik, keine Staatsform, sondern eine Firma. In ihren Satzungen ist nicht vom Volk die Rede, sondern von Parteien; nicht
von Macht, von Ehre und Größe, sondern von Parteien. Wir
haben kein Vaterland mehr, sondern Parteien; keine Rechte,
sondern Parteien; kein Ziel, keine Zukunft mehr, sondern
Interessen von Parteien. Und diese Parteien [...] entschlossen
sich, dem Feinde alles, was er wünschte, auszuliefern, jede
Forderung zu unterschreiben, den Mut zu immer weiterge-
henden Ansprüchen in ihm aufzuwecken, nur um im Inneren
ihren eigenen Zielen nachgehen zu können. [...]
So ist der deutsche Parlamentarismus. Seit fünf Jahren keine
Tat, kein Entschluss, kein Gedanke, nicht einmal eine Haltung, aber inzwischen bekamen diese Proletarier Landsitze
und reiche Schwiegersöhne, und bürgerliche Hungerleider
mit geschäftlicher Begabung wurden plötzlich stumm, wenn
im Fraktionszimmer hinter einem eben bekämpften Gesetz-
antrag der Schatten eines Konzerns sichtbar wurde.

Oswald Spengler, Neubau des Deutschen Reiches, München 1924, S. 8 f.

1. *Beschreiben Sie, was Spengler unter „Diktatur des Parteiklüngels" versteht. Bewerten Sie seine Wortwahl.
Erläutern Sie seine Aussage, die deutsche Republik sei
„keine Staatsform, sondern eine Firma".*
2. *Spengler behauptet, die Weimarer Republik habe seit
„fünf Jahren keine Tat, kein[en] Entschluss, kein[en]
Gedanke[n], nicht einmal eine Haltung" (Zeile 26 - 28)
gezeigt. Suchen Sie Argumente, die dies widerlegen
können.*

[1] Lord Alfred Northcliffe (1865 - 1922): englischer Pressemagnat,
der durch eine Pressekampagne die Reduzierung der deutschen
Reparationslasten verhinderte
[2] Leo Trotzki (1879 - 1940): russischer Revolutionär; einer der
führenden Köpfe der russischen Revolution von 1917
[3] Georges Clemenceau (1841 - 1929): französischer Politiker;
Ministerpräsident 1906 - 1909 und 1917 - 1920

M4 Die Sühne der politischen Morde 1918-1922

	Pol. Morde begangen von Linksstehenden	Pol. Morde begangen von Rechtsstehenden	Gesamtzahl
Gesamtzahl der Morde	22	354	376
– davon ungesühnt	4	326	330
– teilweise gesühnt	1	27	28
– gesühnt	17	1	18
Zahl der Verurteilten	38	24	62
Geständige Täter freigesprochen	–	23	23

Emil Julius Gumbel, Vier Jahre politischer Mord, Berlin 1924, S. 81

1. Arbeiten Sie die Informationen der Tabelle heraus.
2. Überlegen Sie, welche Einstellung der Justiz zur Republik in M4 und in der Karikatur deutlich wird.

M5 Die Reichswehr – ein „Staat im Staate"?

Am 26. Mai 1925 kommentiert der SPD-Abgeordnete Daniel Stücklen im Reichstag die Entwicklung der Reichswehr:

Wir haben heute ein Heer der Republik, das, wie ich feststellen will, diesem Staate dient, dessen Leitung erklärt, wir stehen auf dem Boden der Verfassung […].
Es sind aber […] recht deutliche Anzeichen dafür vorhanden, dass die Entwicklung der Reichswehr dahin geht, eine Art Staat im Staate zu werden. Das war das, was früher bei den Verhandlungen über die Reichswehr im Hauptausschuss und im Plenum dieses Hauses immer wieder betont wurde, eine gewisse Abgeschlossenheit, ein Korpsgeist, der zur Abgeschlossenheit führen musste und letzten Endes bewirkte, dass die alte Armee wirklich ein Staat im Staate war, mit einem eigenen Ehrbegriff, ihrem eigenen Strafkodex, mit einem Wort eine Menge Einrichtungen, die von den Einrichtungen der zivilen Bevölkerung losgelöst waren. […] Die Gefahr ist umso größer, als früher der Soldat nur zwei Jahre diente und nach zwei Jahren in die Massen des Volkes zurücktrat, aus denen er gekommen war. Heute dient der Reichswehrsoldat zwölf Jahre. Zwölf Jahre verlebt er in einer ganz anderen Umwelt. Er ist ganz anderen Einflüssen und Eindrücken preisgegeben; das führt letzten Endes dazu, dass eine gewisse Entfremdung nicht vermieden werden kann.

Wolfgang Michalka und Gottfried Niedhard (Hrsg.), Die ungeliebte Republik. Dokumente zur Innen- und Außenpolitik Weimars 1918-1933, München 1992, S. 220

1. Erläutern Sie den Ausdruck „Staat im Staate".
2. Informieren Sie sich, wie bei der Gründung der Bundeswehr den von Stücklen angesprochenen Problemen begegnet wurde.

◀ **Hochverrat vor dem Reichsgericht.**
Karikatur von Gerhard Holler aus der Beilage zum Berliner Tageblatt „Ulk", 1927.
Die Bildunterschrift zu den linksgerichteten Angeklagten lautet: „Ich werde die Republik vor Ihnen zu schützen wissen!"
Die rechten Uniformierten werden angesprochen mit „Ich werde Sie vor der Republik zu schützen wissen!"

Außenpolitik zwischen Revision und Annäherung

Revisionistische Ziele Vorrangiges außenpolitisches Ziel aller Regierungen der Weimarer Republik war die Revision des Versailler Friedensvertrages. Die Senkung der Reparationsforderungen, die Räumung der besetzten Gebiete links des Rheins und die Wiedergewinnung der verlorenen Gebiete standen dabei im Vordergrund.*

In Polen und der neu gegründeten Tschechoslowakei lebten fast vier Millionen Deutsche als Minderheit. Wegen des westpreußischen Territoriums, das Deutschland an Polen abtreten musste, war Ostpreußen vom restlichen deutschen Staatsgebiet abgeschnitten. Den Aufbau guter Beziehungen erschwerte der Nationalismus in beiden Ländern. Im Zusammenhang mit der Oberschlesien-Frage, wo eine Volksabstimmung 1921 darüber entscheiden sollte, ob das Gebiet beim Deutschen Reich verbleiben oder Polen angegliedert werden soll, kam es zwischen 1919 und 1921 sogar zu bewaffneten Auseinandersetzungen zwischen polnischen Soldaten und deutschen Freikorps. Trotz Annäherungen in den wirtschaftlichen Beziehungen und beim Schutz der Minderheiten blieb das deutsch-polnische Verhältnis angespannt.

Überwindung der außenpolitischen Isolation – der Vertrag von Rapallo Die Alliierten waren vorerst nicht bereit, Deutschland als gleichberechtigten Verhandlungspartner zu akzeptieren. Um wieder außenpolitischen Handlungsspielraum zu gewinnen, suchte das Deutsche Reich die Annäherung an die *Russische Sozialistische Föderative Sowjetrepublik* (RSFSR). Nach der bolschewistischen Oktoberrevolution 1917 unter Führung von *Wladimir Iljitsch Lenin* war Russland zunächst ebenfalls außenpolitisch isoliert.** Es drängte darauf, nicht für die aus zaristischer Zeit stammenden Kriegsfolgen haftbar gemacht zu werden.

Am Rande der Weltwirtschaftskonferenz in Genua 1922 schloss Reichskanzler *Joseph Wirth* in Rapallo, einem Ort in der Nähe von Genua, ein Abkommen mit der Sowjetregierung. Dies geschah trotz der Vorbehalte von Außenminister Rathenau, der die Verständigung mit Frankreich gefährdet sah. Beide Staaten verzichteten darin auf eine Entschädigung für Kriegskosten und Kriegsschäden und verpflichteten sich, diplomatische Beziehungen aufzunehmen. Deutschland stellte keine Ansprüche wegen der in Russland enteigneten Besitztümer und Vermögenswerte deutscher Staatsbürger.

Der Vertrag erregte großes Aufsehen. „Rapallo" wurde zum Synonym für die Furcht vor einer gemeinsamen deutsch-sowjetischen Politik gegen die damalige Friedensordnung. Vor allem Frankreich hegte großes Misstrauen. Dennoch vertieften Berlin und Moskau ihre politische und wirtschaftliche Zusammenarbeit in den folgenden Jahren. Im 1926 geschlossenen *Berliner Vertrag* sicherten sich beide Seiten gegenseitige Neutralität im Falle eines Krieges mit Dritten zu.

Reparationsfrage Der Versailler Vertrag bestimmte, dass das Deutsche Reich Reparationen zu zahlen hatte, wies aber die Festlegung der genauen Höhe einer Kommission zu. Die europäischen Siegermächte benötigten die Reparationen, um die Kriegsfolgen in ihren eigenen Ländern zu beseitigen und um ihre während des Krieges aufgenommenen Schulden bei den USA zu tilgen. Frankreich sah zudem die Möglichkeit, Deutschland durch hohe Forderungen langfristig zu schwächen. Das *Londoner Abkommen* 1921 verfügte, dass Deutschland 132 Milliarden Reichsmark in Form von Sach- oder Geldleistungen erbringen musste. Die deutsche Öffentlichkeit reagierte schockiert auf die Forderungen.

---

* Zu den Gebietsverlusten siehe S. 198.
** Vgl. dazu das Kapitel zum Aufstieg der Großmacht UdSSR in diesem Buch.

Als die Reparationskommission im Dezember 1922 feststellte, dass Deutschland mit den Lieferungen von Holz und Kohle im Rückstand sei, ließ der nationalistische französische Ministerpräsident *Raymond Poincaré* am 11. Januar 1923 60 000 französische und belgische Soldaten ins Ruhrgebiet einmarschieren. Seinem Ziel, diese Wirtschaftsregion unter seine Kontrolle zu bringen, war er dadurch näher gekommen. Französische Beamte und Ingenieure sollten die deutsche Kohle- und Stahlproduktion kontrollieren und die Einhaltung der Lieferungen überwachen. Die Reichsregierung stellte sofort alle Reparationen ein, rief die Bevölkerung zum passiven Widerstand gegen die Besatzungsbehörden auf und unterstützte die streikenden Arbeiter mit Geld. Doch die damit verbundene massive Steigerung von Staatsverschuldung und Inflation sowie der Druck der Alliierten veranlassten die Reichsregierung zum Abbruch des „Ruhrkampfes" am 26. September 1923.

Dagegen erreichte die deutsche Regierung 1923 bei den Siegermächten, dass ihre Zahlungsfähigkeit von neutraler Seite geprüft wurde. Im April 1924 legte ein Sachverständigenrat unter der Leitung des amerikanischen Bankiers *Charles Dawes* ein Gutachten zur Reparationsfrage, den sogenannten *Dawes-Plan*, vor. Die Annahme des Dawes-Plans durch die Siegermächte und die deutsche Regierung im Sommer 1924 auf der Londoner Konferenz bedeutete für das Deutsche Reich eine deutlich geringere jährliche finanzielle Belastung. Zunächst musste es eine Milliarde Goldmark jährlich zahlen, ab 1928/29 jährlich 2,5 Milliarden Goldmark. Eine Gesamtsumme und eine zeitliche Begrenzung waren allerdings nicht festgelegt. 1930 wurde dann der *Young-Plan* angenommen, benannt nach dem Vorsitzenden des Sachverständigenrates, dem US-Amerikaner *Owen D. Young*. Der Plan legte für die deutschen Reparationen eine Gesamtsumme von 132 Milliarden Goldmark fest, die über einen Zeitraum von 59 Jahren zu zahlen war.

Verständigungspolitik unter Stresemann

Von 1923 bis 1929 prägte Gustav Stresemann als Außenminister in häufig wechselnden Kabinetten die Beziehungen zum Ausland. Er behielt zwar die revisionistischen Ziele deutscher Außenpolitik bei, handelte dabei jedoch pragmatisch und vertrauensbildend. Ihm war klar, dass deutsche Außenpolitik nur dann erfolgreich sein konnte, wenn sie das französische Sicherheitsbedürfnis berücksichtigte. Stresemann stand immer unter dem Druck nationalistischer Kreise, die konkrete Erfolge einforderten.

Im Oktober 1925 trafen sich auf einer Konferenz im schweizerischen Locarno führende europäische Politiker. Stresemann und sein französischer Amtskollege *Aristide Briand* hatten großes Interesse an einer Bereinigung des deutsch-französischen Gegensatzes. In den *Verträgen von Locarno* verpflichteten sich Deutschland, Frankreich und Belgien, keinen Krieg ge-

▲ **Aristide Briand (links) und Gustav Stresemann.**
Foto, um 1925.
Für die Aussöhnung zwischen Frankreich und Deutschland setzten sich die beiden Außenminister leidenschaftlich ein. Wegen ihrer Bemühungen um die Bewahrung des Friedens in Europa erhielten sie 1926 gemeinsam den Friedensnobelpreis.

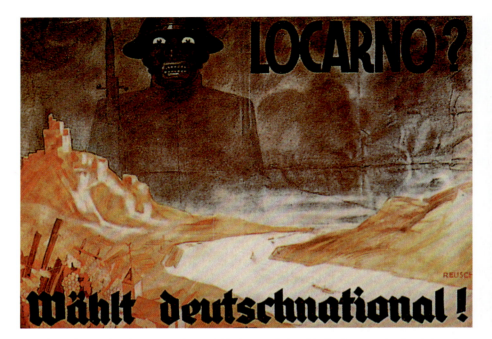

▶ **Wahlplakat der DNVP.**
Es entstand zur Reichstagswahl 1928.
■ Erläutern Sie, worauf die Darstellung eines französischen Soldaten und des Rheins anspielt.

geneinander zu beginnen, und verzichteten auf eine Veränderung der bestehenden Grenzen zwischen ihren Staaten. Das Rheinland sollte nach dem Ende der Besatzung eine entmilitarisierte Zone bleiben. Bei Verletzung dieser Bestimmungen drohte ein Eingreifen der Garantiemächte Großbritannien und Italien. Eine Revision der Ostgrenzen hingegen ließ Stresemann offen. Deshalb verzichtete er in einem Schiedsvertrag mit Polen lediglich auf eine gewaltsame Änderung der Grenzen (▶ M1). In Locarno wurde auch beschlossen, Deutschland in den Völkerbund aufzunehmen. Es trat ihm am 8. September 1926 schließlich bei.

Innenpolitisch waren die Verträge von Locarno umstritten (▶ M2-M4). Die nationale Rechte verurteilte sie als „Verrat an den Interessen Deutschlands". Durch das verstärkte internationale Engagement gelang es Stresemann, das Ansehen Deutschlands in der Weltöffentlichkeit beträchtlich zu steigern. Er war maßgeblich am Zustandekommen des *Briand-Kellogg-Paktes* beteiligt. Dieses Abkommen, das zur Ächtung des Krieges und zur rein friedlichen Klärung von Konflikten verpflichtete, war benannt nach seinen Initiatoren, dem französischen Außenminister Briand und seinem amerikanischen Amtskollegen *Frank B. Kellogg*. Insgesamt 60 Staaten traten ihm bei.

Konfrontationskurs nach der Ära Stresemann ■ Der außenpolitische Kurs Stresemanns, im Einverständnis mit den Siegermächten des Ersten Weltkrieges eine Lockerung der harten Bestimmungen des Versailler Vertrages zu erreichen, wurde nach seinem Tod 1929 von einer aggressiven Außenpolitik abgelöst. Sie drängte darauf, das Deutsche Reich wieder als Großmacht zu etablieren. Der Kurswechsel in der deutschen Außenpolitik zeigte sich etwa darin, dass der Vorschlag des französischen Außenministers Briand zu einer europäischen Wirtschaftsunion harsch abgewiesen wurde. Im Gegenzug verhinderte Frankreich eine deutsch-österreichische Zollunion, indem es auf dem Anschlussverbot Österreichs an das Deutsche Reich gemäß dem Versailler Vertrag beharrte.

Außenpolitik zwischen Revision und Annäherung

M1 Vergebene Chance?

Der Historiker Detlev Peukert bewertet Stresemanns Ostpolitik kritisch:

Das Exempel Oberschlesiens hätte eigentlich davor warnen müssen, das Heil der deutschen Ostpolitik in einer Grenzrevision zu sehen, da im polnischen Korridor genau die gleiche Problemkonstellation zu erwarten war. Dennoch blieb die
5 Stresemannsche Position in der Grenzfrage inhaltlich völlig unbeweglich. Nur die Modalitäten der Revision wurden von ihm realistischer gesehen als von jenen Leuten um den deutschen Heereschef v. Seeckt, der mit dem Rapallo-Vertrag 1922 den Weg zur gemeinsamen Auslöschung Polens durch Russ-
10 land und Deutschland einschlagen wollte. [...]
Das Angebot von Schiedsverträgen gegenüber den östlichen Nachbarn und das Bekenntnis zu einer ausschließlich friedlichen Revision konnten die entscheidende Auswirkung der deutschen Ostpolitik nicht aufheben: Deutschtumspolitik und
15 Grenzrevision mussten in der ohnehin schon instabilen ostmitteleuropäischen Region destabilisierend wirken. Vor allem hatte diese Politik keine wirklich konstruktive Perspektive, da im nationalstaatlichen Sinne „gerechte" Lösungen für alle Beteiligten angesichts der ostmitteleuropäischen Gemenge-
20 lage prinzipiell unmöglich waren. Jede Neuregelung sorgte für mindestens so viel Konfliktstoff, wie sie beseitigte. [...]
Es ist charakteristisch für die Beschränktheit der gegenüber dem Westen doch so realistischen Außenpolitik in der Ära Stresemann, dass diese Aporien[1] der deutschen Ostpolitik
25 nicht konstruktiv angegangen wurden. Das hätte sicherlich den schmerzhaften Verzicht auf Grenzrevision verlangt, damit aber zugleich eine Region stabilisiert, deren nationalistisches Konfliktpotenzial immer wieder die Gefahr kriegerischer Zusammenstöße provozieren konnte.
30 [...] Ein Deutschland, das mit dem sicher schmerzlichen Verzicht auf eine Revisionspolitik nach Osten eine ähnliche Zone der Sicherheit und Kooperation wie im Westen angeboten hätte, hätte wahrscheinlich die Rolle einer informellen, vor allem wirtschaftlich abgestützten Hegemonialmacht in
35 Ostmitteleuropa gewonnen.

Detlev J. K. Peukert, Die Weimarer Republik. Krisenjahre der klassischen Moderne, Frankfurt am Main 1987, S. 200-202

1. *Fassen Sie die Argumente zusammen, die Peukert gegen die Ostpolitik Stresemanns vorbringt, und stellen Sie ihnen die Leitlinien und Voraussetzungen der deutschen Außenpolitik gegenüber.*

2. *Bewerten Sie die Einschätzung von Peukert. Ziehen Sie hierfür die Materialien M1 und M3 heran und berücksichtigen Sie außenpolitische Leitlinien und innenpolitische Voraussetzungen der deutschen Politik.*

M2 „Scheidepunkt der europäischen Politik"

Der SPD-Abgeordnete Otto Wels stellt am 24. November 1925 im Reichstag die Locarno-Verträge in einen größeren Zusammenhang:

Wie man auch zu den Verträgen von Locarno und zu dem Eintritt Deutschlands in den Völkerbund stehen mag, das fühlt ein jeder: Wir stehen jetzt am Scheidepunkte der europäischen Politik. Es fragt sich jetzt, ob eine neue Welt, in der der Gedanke des Friedens lebendige Kraft haben soll, das
5 Leben der Völker Europas in Zukunft beherrschen wird, oder ob die Mächte, die, auf Gewalt und kriegerischen Auseinandersetzungen fußend, dem Fortschritt, dem moralischen und materiellen Wiederaufbau den Weg dauernd versperren sollen. [...]
10
Was seit Jahrzehnten in Europa fehlte, das Bedürfnis nach europäischer Solidarität, das ist heute ein sichtbares Bedürfnis aller europäischen Völker geworden. Aus dem Munde der zahlreichen Kollegen dieses Hauses, die kürzlich aus den Vereinigten Staaten von Amerika zurückgekehrt sind, haben
15 wir immer und immer wieder gehört, dass man auch dort drüben volles Verständnis für diese europäischen Gemeininteressen hat. Es zeigt sich jetzt allerdings mehr denn je die Notwendigkeit, die Allgemeininteressen Europas, die mit den Interessen jedes einzelnen Landes identisch sind,
20 den selbstsüchtigen Interessen von Gruppen, Cliquen und Parteien voranzustellen. [...]
Es handelt sich gerade darum, das Bündnissystem der Vorkriegszeit und damit den Gegensatz, der zwischen Alliierten und Deutschland bestand, aus der Welt zu schaffen.
25 Deutschland soll in Zukunft gleichberechtigt neben jenen Mächten stehen, nicht um mit ihnen gegen Russland zu marschieren, sondern um den Völkerbund aufzubauen, der schließlich auch Russland umfassen wird.

Wolfgang Michalka und Gottfried Niedhart (Hrsg.), Deutsche Geschichte 1918-1933. Dokumente zur Innen- und Außenpolitik, Frankfurt am Main 1992, S. 110 f.

1. *Erarbeiten Sie aus dem Text, wie nach Ansicht von Wels „eine neue Welt, in der der Gedanke des Friedens lebendige Kraft haben soll", verwirklicht werden kann.*

2. *Nennen Sie Gründe dafür, dass Wels hier auf die Meinung der Vereinigten Staaten verweist.*

---

[1] Aporie: scheinbare Auswegslosigkeit

M3 Streit um die Locarno-Verträge

Der kommunistische Abgeordnete Wolfgang Bartels kommentiert die Locarno-Verträge am 30. Oktober 1925 im Preußischen Landtag:

Wenn man die einzelnen Verträge und ihre Paragrafen durchgeht, so sehen wir, dass Deutschland hinreichend Garantie gibt, aber dafür lediglich die Garantie erhält, dass es Kriegsbütteldienste leisten darf und andererseits Deutsch-
5 land als Kriegsschauplatz ausliefern muss. Locarno bedeutet in Wirklichkeit – das wird auch in diesem Hause niemand zu bestreiten versuchen – die Auslieferung der Rheinlande, es bedeutet direkt ein Verschenken preußisch-deutschen Gebietes, es bedeutet die Garantie des Einmarsch- und Durch-
10 marschrechtes durch Deutschland, es bedeutet die Kriegsdienstverpflichtung der deutschen Bevölkerung für die Entente gegen Russland, es bedeutet vor allem die Anerkennung der Aufrechterhaltung des Besatzungsregimes, und es bedeutet erneut das Bekenntnis zu dem Versailler Vertrag.
15 Es bedeutet darüber hinaus verschärfte Ausbeutung, verschärfte Entrechtung, Unterdrückung, Elend, Übel, Not.

Der nationalsozialistische Abgeordnete Gregor Straßer nimmt am 24. November 1925 im Reichstag Stellung:

Wir Nationalsozialisten, wir Frontsoldaten und wir Frontoffiziere [...] verzichten nie und nimmer auf Elsass-Lothringen. Wir verzichten nie auf Eupen und Malmedy, auf die Saar und
20 auf unsere Kolonien. Wir verzichten auf Nordschleswig so wenig wie auf Memel und Danzig, wie auf Westpreußen und Oberschlesien. Wir jungen Deutschen kennen unsere großdeutsche Aufgabe, und wir speisen die Brüder in Österreich und in Sudeten-Deutschland nicht mit leeren Worten ab. [...]
25 Unser Staat, der [...] ein in sich geschlossener geworden ist, wird einst die Verträge von Versailles, London[1] und Locarno wie Papierfetzen zerreißen können, weil er sich stützt auf das, was Sie bewusst im deutschen Volke zerschlagen, wofür kein Opfer gebracht werden darf, nämlich auf die Bildung
30 eines in sich geschlossenen Volkes.

Erster Text: Herbert Michaelis und Ernst Schraepler (Hrsg.), Ursachen und Folgen. Vom deutschen Zusammenbruch 1918 und 1945 bis zur staatlichen Neuordnung Deutschlands in der Gegenwart. Eine Urkunden- und Dokumentensammlung zur Zeitgeschichte, Bd. 6, Berlin o. J., S. 396 f. Zweiter Text: Detlef Junker u. a. (Hrsg.), Deutsche Parlamentsdebatten II. 1919-1939, Frankfurt am Main 1971, S. 180 f.

1. Arbeiten Sie Gemeinsamkeiten und Unterschiede beider Texte hinsichtlich einer „Verzichtspolitik" heraus.
2. Erläutern Sie die Motive bei den Gegnern der Verträge.

[1] Gemeint ist die Annahme des Dawes-Plans 1924.

M4 Warum kommt Europa nicht voran?

Im Zeichen der Verständigungspolitik mit den Westmächten erreicht Außenminister Gustav Stresemann 1926, dass Deutschland Mitglied des Völkerbunds wird. In seiner letzten Rede vor diesem Gremium führt er am 9. September 1929 aus:

Ich komme zu der Frage, die in der Debatte dieser Tage erörtert worden ist. Das war die Neugestaltung der Staatenverhältnisse in Europa. [...] Was erscheint denn an Europa, an seiner Konstruktion vom wirtschaftlichen Gesichtspunkte aus so außerordentlich grotesk? Es erscheint mir grotesk,
5 dass die Entwicklung Europas nicht vorwärts, sondern rückwärts gegangen zu sein scheint. [...] Durch den Versailler Vertrag ist eine große Anzahl neuer Staaten geschaffen worden. Ich diskutiere hier nicht über das Politische des Versailler Vertrages, denn ich darf annehmen, dass meine Anschauun-
10 gen darüber bekannt sind. Aber das Wirtschaftliche möchte ich doch betonen und sagen, dass es unmöglich ist, dass Sie zwar eine große Anzahl neuer Staaten geschaffen, aber ihre Einbeziehung in das europäische Wirtschaftssystem vollkommen beiseite gelassen haben. Was ist denn die Folge
15 dieser Unterlassungssünde gewesen? Sie sehen neue Grenzen, neue Maße, neue Gewichte, neue Usancen[1], neue Münzen, ein fortwährendes Stocken des Verkehrs. [...] Wo bleibt in Europa die europäische Münze, die europäische Briefmarke? Sind diese aus nationalem Prestige heraus gebore-
20 nen Einzelheiten nicht sämtlich Dinge, die durch die Entwicklung der Zeit längst überholt wurden und diesem Erdteil einen außerordentlichen Nachteil zufügen, nicht nur im Verhältnis der Länder zueinander, nicht auch nur in dem Verhältnis zu den Weltteilen, draußen, sondern auch im Ver-
25 hältnis anderer Weltteile, die sich oft viel schwerer in diese Dinge hineinversetzen können als ein Europäer, der es allmählich auch nicht mehr versteht?

Henry Bernhard (Hrsg.), Gustav Stresemann. Vermächtnis. Der Nachlass in drei Bänden, Bd. 3, Berlin 1933, S. 577 f.

1. Erläutern Sie, in welcher Hinsicht die Entwicklung Europas für Stresemann rückwärts gegangen ist.
2. Prüfen Sie, ob sich heutige Protagonisten der europäischen Einigung auf Stresemann und Briand berufen können. Begründen Sie Ihren Befund.

[1] Usance (frz.): Brauch

Gesellschaft zwischen Revolution und Tradition

Neue Kunstströmungen Wenn wir heute von den *Goldenen Zwanzigern* sprechen, so meinen wir weniger den wirtschaftlichen Aufschwung jener Jahre als vielmehr das freie, ungewöhnlich produktive, teilweise ungezügelte Kulturleben. Anknüpfend an die geistigen Strömungen im Kaiserreich, entfaltete sich in den deutschen Städten für mehr als ein Jahrzehnt eine einzigartige künstlerische und intellektuelle Blüte, vor allem in Berlin. Die Stadt, mit ihren rund vier Millionen Einwohnern zur europäischen Metropole aufgestiegen, wurde zum Inbegriff des Fortschritts und der Moderne. Schon in den 1920er-Jahren war sie eine Drehscheibe der Kulturen. In der bildenden Kunst erlebte der Expressionismus, der sich zu Beginn des 20. Jahrhunderts entwickelt hatte, eine Blüte. In seinen Werken wurden durch die Verfremdung von Farben, Formen sowie durch das Spiel mit begrifflichen Gewohnheiten gesellschaftliche Missstände und persönliche Not ausgedrückt. Neben diese Kunstrichtung trat die *Neue Sachlichkeit*, zunächst im Bereich der Architektur und der bildenden Künste, dann auch in der Literatur. Ihre Vertreter versuchten in meist zeitkritischen Werken, gesellschaftliche und politische Themen nüchtern-distanziert darzustellen.

Richtungsweisend für die künstlerische Haltung der Weimarer Republik wurde die 1919 von dem Architekten *Walter Gropius* in Weimar gegründete Kunstschule, das *Staatliche Bauhaus*. Seine Leitvorstellung war, dass Architekten handwerkliche Meisterschaft erlangen und mithilfe neuer technischer Möglichkeiten lichtdurchflutete, funktionale und preisgünstige Bauwerke ohne überflüssiges Dekor schaffen sollten. Auch für die Massenproduktion von Möbeln und Gegenständen des täglichen Bedarfs sollten neue Materialien wie Eisen und Stahl genutzt werden.

▲ „Stützen der Gesellschaft."
Ölgemälde von George Grosz, 1926.

■ *Das Gemälde wurde von dem Kunsthistoriker Hans Hess als eine „große Allegorie des deutschen Staates in der Weimarer Republik" bezeichnet. Erläutern Sie diese Aussage. Tipp: Ordnen Sie die Figuren in dem Bild aufgrund ihrer Attribute und des Bildhintergrundes bestimmten Gesellschaftsschichten zu. Berücksichtigen Sie auch den Bildtitel.*

Alfred Hugenberg (1865-1951): Politiker und Unternehmer; 1928-1933 Vorsitzender der DNVP. Im Kabinett unter Hitler wurde er 1933 Minister für Wirtschaft, Landwirtschaft und Ernährung.

Massenkultur? In zunehmendem Maße brachten Künstler und Intellektuelle neue Medien zum Einsatz, um ein größeres Publikum zu erreichen. Es entstanden künstlerisch hochwertige Spiel- und Dokumentarfilme, Radioreportagen und Hörspiele. Die Zahl der Kinos verdoppelte sich zwischen 1918 und 1930 auf 5000. Die deutsche Filmindustrie produzierte europaweit die meisten Filme. Seit der ersten Radiosendung am 29. Oktober 1923 stieg die Zahl der Empfänger ständig an. Neun Jahre später besaß bereits jeder vierte Haushalt einen Rundfunkapparat.

Die moderne Kunst wurde jedoch von der Gesellschaft nur am Rande wahrgenommen. Der Massengeschmack bevorzugte Unterhaltungsfilme, Groschenromane, Varietés und Sportveranstaltungen.

Die Zeitung blieb in der Weimarer Republik das wichtigste Medium zur Information und Meinungsbildung. Meist hatten Zeitungen nur regionale Bedeutung und blieben auf bestimmte Sozialmilieus beschränkt. In den letzten Jahren der Weimarer Republik verloren freilich die demokratischen und liberalen Zeitungen immer mehr Leser. Zugleich kontrollierte der DNVP-Vorsitzende **Alfred Hugenberg** in seinem Medienkonzern große Teile der regionalen und der rechtskonservativen Blätter. Dadurch schuf er sich nicht nur wirtschaftliche Macht, sondern auch ein breites Forum für seine republikfeindlichen Positionen.

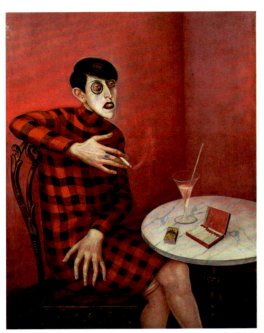

▲ **Die Journalistin Sylvia von Harden.**
Gemälde von Otto Dix, 1926.
- Analysieren Sie die hier dargestellten Merkmale der „modernen Frau".
- Diskutieren Sie, ob sich der Maler durch die Art der Darstellung von diesem Frauenbild distanziert.

Bedrohung der Tradition? Nur wenige Kulturschaffende identifizierten sich mit der Republik von Weimar. Wer nicht ohnehin für ein anderes politisches System eintrat, hielt sich von tagespolitischen Diskussionen fern. Viele Künstler und Intellektuelle zeigten sich unbeeindruckt von den politischen und sozialen Veränderungen ihrer Zeit. In gewisser Weise bildeten sie eine Parallelgesellschaft neben den übrigen Bevölkerungsschichten (▶ M1). Zu den wenigen politisch engagierten Künstlern im Deutschland der Zwanzigerjahre gehörte der Dichter und Dramatiker *Bertolt Brecht*. Das von ihm und dem Regisseur *Erwin Piscator* entwickelte Konzept des „epischen Theaters" setzte einen Gegenakzent zum klassischen Drama. Die Darstellung auf der Bühne sollte nicht mehr zum Miterleben einladen, sondern verfremden und den Zuschauer zur Kritik an den tatsächlichen Verhältnissen anhalten. Mit Stücken wie Brechts „Dreigroschenoper", 1928 in Berlin uraufgeführt, erreichte das deutsche Theater jener Zeit Weltgeltung.

Neue kulturelle Entwicklungen stießen oft auf Ablehnung der konservativ und nationalistisch Denkenden (▶ M2). Sie brandmarkten Kunstformen, die das gewohnte Stilempfinden infrage stellten, auch ausländische Einflüsse wie beispielsweise den Jazz, als elitär bzw. „entartet".

Die wachsende Aggressivität gegen moderne Künstler wird deutlich am Schicksal des Bauhaus-Gründers Gropius. Er wurde nicht nur von Handwerkern und traditionalistischen Architekten angegriffen, die durch die neue Bauweise ihre berufliche Existenz gefährdet sahen. Rechtsnationalistische Kreise lehnten die avantgardistischen Prinzipien des Bauhauses als „undeutsch" ab. Nach fortgesetzten Schikanen durch die rechtsgerichtete Regierung in Thüringen verlegte Gropius den Sitz des „Bauhauses" ins anhaltinische Dessau, bis er 1928 schließlich die Leitung abgab.

Die Rolle der Frau – moderne Akzente und alte Abhängigkeiten In den Zwanzigerjahren entstand auch die Vorstellung von einer neuen Rolle der Frau in der Gesellschaft. Frauen dieses Typs waren berufstätig und finanziell unabhängig, traten mit kurzer Bubikopffrisur und elegantem Kostüm selbstbewusst auf, rauchten in der Öffentlichkeit, schminkten sich und gingen alleine in Restaurants und Bars. Die moderne Frau stand für eine neue Epoche, ein modernes, positives Lebensgefühl und für eine stärker konsumorientierte Gesellschaft. Trotz der großen öffentlichen Wirkung blieben solche Frauen eine Randerscheinung, die man allenfalls in den Städten antraf (▶ M3).

Auch wenn der Anteil der weiblichen Erwerbstätigkeit während des Ersten Weltkrieges stark gestiegen war und sich für Frauen neue Berufsfelder wie das der Verkäuferin, Stenotypistin, Sekretärin in Büros oder der Telefonistin eröffneten, war für viele junge Frauen die Erwerbstätigkeit nur ein Übergangsstadium bis zur Heirat. Zudem verschlechterten sich die beruflichen Chancen für Frauen in den Zwanzigerjahren erneut. Sobald es ein Arbeitskräfte-Überangebot gab wie in den Krisenjahren um 1923 und ab 1929, wurde von den Frauen vielfach erwartet, dass sie ihre Erwerbstätigkeit freiwillig aufgaben.

Auf dem Land und in konservativen Milieus galt weiterhin die Hausfrau und Mutter als weibliches Ideal.

Jugend zwischen Kontrolle und Fürsorge ■ Der Krieg und die Krisen der Nachkriegszeit machten die Jugendlichen zu einer verlorenen Generation ohne Perspektive. Während des Krieges waren sie mit alltäglicher Gewalt und Not konfrontiert gewesen, nach dem Krieg nahmen ihnen Wirtschaftskrise, Inflation und Massenarbeitslosigkeit die Chance auf eine gesicherte Existenz. Viele mussten ohne ihre Väter, die sie im Krieg verloren hatten, aufwachsen. Soziale Not, Elend und Orientierungslosigkeit ließen die Jugendkriminalität ansteigen und machten die jungen Menschen anfällig für die Propaganda der radikalen Parteien. Der Staat versuchte, der hohen Kriminalität unter Jugendlichen gegenzusteuern. Die *Reformpädagogik* löste die bisherige, auf Drill und „Paukschule" ausgerichtete Erziehung ab und wollte Jugendliche zu demokratischen und sozial denkenden Staatsbürgern erziehen. Dem *Reichsjugendwohlfahrtsgesetz* von 1922, durch das die ersten Jugendämter eingerichtet wurden, und dem 1923 eingeführten *Jugendstrafrecht* lag die Überzeugung zugrunde, dass Jugendliche anders zu behandeln seien als Erwachsene und Schutz und Hilfe benötigten (▸ M4). Zudem sollten halbstaatliche Jugendorganisationen, wie etwa Turn- und Sportvereine, die Jugendlichen unter geregelte Aufsicht bringen.

Dennoch waren viele Jugendliche republikfeindlich eingestellt, traten kommunistischen und nationalistischen Organisationen bei und beteiligten sich an antirepublikanischen Veranstaltungen und Krawallen.

Ausgehend von der unpolitischen Wandervogelbewegung*, die sich noch im Kaiserreich gebildet hatte, politisierte und radikalisierte sich die Jugendbewegung zunehmend (▸ M5). Auf der einen Seite stand die organisierte Arbeiterjugend. Auf der anderen Seite formierte sich die „bündische" Jugend, die nach und nach alle politisch und konfessionell unabhängigen Jugendverbände, so auch die Wandervögel und die Pfadfinderverbände, in sich aufnahm. Der wichtigste Verband war die 1926 gegründete *Deutsche Freischar*. Sie war stark militaristisch und republikfeindlich ausgerichtet. Die jugendliche Gemeinschaft war für sie die Keimzelle der „Volksgemeinschaft".

Gegen Ende der 1920er-Jahre verstärkten sich rassistische und antisemitische Tendenzen. 1933 trat die Mehrheit der bündischen Jugend der *Hitler-Jugend* bei. Allerdings hatten auch jugendliche Widerstandsgruppen wie die **Edelweißpiraten** und die Weiße Rose** ihre Wurzeln in der bündischen Jugend.

> **Edelweißpiraten**: oppositioneller Zusammenschluss von Jugendlichen aus dem Arbeitermilieu während der NS-Zeit

Antisemitismus ■ Die jüdische Bevölkerung in Deutschland erhielt durch den rechtlichen Emanzipationsprozess im 19. Jahrhundert, die staatsbürgerliche Gleichstellung im Kaiserreich und die Chancen durch die Industrialisierung verstärkt Zugang zum Bürgertum und zur Bildungselite. Führungspositionen in der staatlichen Verwaltung, im Offizierskorps, an Universitäten und in der Justiz blieben aber weiterhin die Ausnahme.

Im August 1914 zogen die deutschen Juden ebenso vorbehaltlos in den Krieg wie ihre nichtjüdischen Landsleute. Doch schon sehr bald wurden antisemitische Stimmen laut, die den Juden vorwarfen, sich vor dem Fronteinsatz zu drücken und den Krieg ausschließlich als Möglichkeit zu sehen, um daraus finanziellen Gewinn zu ziehen. Angeblich um diese Vorwürfe zu entkräften, ordnete das Kriegsministerium 1916 an, die Zahl der an der Front eingesetzten Juden festzustellen (sogenannte *Judenzählung*). Das Ergebnis erwies eine völlig angemessene Beteiligung der deutschen Juden am deutschen Kriegseinsatz. Es wurde jedoch nicht veröffentlicht und verstärkte damit noch die

---

* Siehe S. 136.
** Siehe S. 280 f.

antisemitischen Gerüchte. Die Juden waren empört wegen dieser pauschalen Diffamierung. Wir wissen heute, dass von den etwa 550 000 im Deutschen Reich lebenden Juden fast 100 000 im Ersten Weltkrieg kämpften und ca. 12 000 ihr Leben ließen.

Der schon während des Krieges anklingende radikale Antisemitismus setzte sich in der Weimarer Republik fort. Obwohl die überwältigende Mehrheit der jüdischen Bevölkerung der Revolution distanziert gegenüberstand, tauchten alte Verschwörungstheorien und Vorurteile wieder auf. Links orientierte, jüdische Politiker wie Kurt Eisner oder Rosa Luxemburg galten als „Verräter am deutschen Volk". Die Weimarer Republik galt ihren Gegnern als „Judenrepublik". Die meisten Juden begrüßten die freiheitliche und demokratische Grundordnung der Weimarer Republik. Die Mehrheit der parteipolitisch engagierten Juden war im Lager der Deutschen Demokratischen Partei (DDP) zu finden.

Die jüdische Bevölkerung in Osteuropa war im und nach dem Ersten Weltkrieg vor den antijüdischen Ausschreitungen zu Tausenden in das Deutsche Reich geflüchtet. Ihre fremde kulturelle Prägung und Lebensart wurde zum Stereotyp für alle Juden und diente als Zielscheibe antisemitischer Vorurteile. Die deutschen Juden begegneten ihnen mit einer Mischung aus Misstrauen und wohltätigem Mitleid. Viele der unfreiwillig zugewanderten Ostjuden emigrierten während der Weimarer Republik in andere europäische Staaten und die USA. Manche kehrten in ihre osteuropäische Heimat zurück. Etwa 60 000 blieben in Deutschland.

▲ Jüdischer Kellerladen in Berlin.
Foto um 1920.

Auch das kulturelle Leben in der Weimarer Republik blieb von antisemitischen Vorurteilen nicht verschont. Ohne die herausragenden Leistungen jüdischer Künstler hätte jedoch die deutsche Kultur jener Zeit niemals ihre internationale Anerkennung gefunden. Auch in der Wissenschaft standen deutsche Juden mit an vorderster Stelle – darunter fünf Nobelpreisträger während der Weimarer Zeit: *Albert Einstein* (1921), *James Franck* (1925) und *Gustav Hertz* (1925) in Physik, *Otto Meyerhof* (1922) und *Otto H. Warburg* (1931) für Medizin. Vereinzelte Versuche, den Antisemitismus zu bekämpfen, scheiterten, weil es in der deutschen Gesellschaft der Weimarer Republik an Solidarität für die jüdischen Mitbürger mangelte.

Julius Streicher (1885 - 1946): nationalsozialistischer Politiker und Publizist; 1921 Beitritt zur NSDAP; Verleger des antijüdischen Hetzblatts „Der Stürmer"; seit 1928 Gauleiter in Franken; 1933 - 1945 Mitglied des Reichstages; im Nürnberger Kriegsverbrecherprozess 1946 verurteilt und hingerichtet

In der Weimarer Republik radikalisierte sich der rassistische Antisemitismus. Bücher, Broschüren und weit über 500 antisemitische Zeitungen verbreiteten eine zunehmend radikalere Propaganda. Seit 1923 tat sich der von **Julius Streicher** gegründete „Stürmer" mit judenfeindlichen Hetzkampagnen hervor. Zu den am weitesten verbreiteten Schriften zählten die „Protokolle der Weisen von Zion", die vorgaben, eine jüdische Weltverschwörung zu entlarven. Zu Beginn der Weimarer Republik gab es rund 400 völkische Organisationen. Ein Zentrum für antisemitische Kampagnen war der „Deutschvölkische Schutz- und Trutzbund". In seinem Gründungsjahr 1919 zählte er etwa 5 000 Mitglieder, 1922 waren es bereits fast 200 000, darunter Angestellte, Beamte, Lehrer und Akademiker, Ärzte und Anwälte sowie Handwerker und Händler. Unter dem Motto „Deutschland den Deutschen" agitierte der Bund gegen die Demokratie, gegen linke Bewegungen und gegen Juden. Nach der Ermordung Walther Rathenaus im Juni 1922 wurde zwar seine Tätigkeit in den meisten Ländern des Deutschen Reiches verboten. Dennoch unterstützte er weiterhin gewalttätige Aktionen, so die Attentate auf die republiktreuen Politiker *Matthias Erzberger* und Philipp Scheidemann.

M1 Erinnerungen an die Weimarer Kultur

Der Schriftsteller Klaus Mann (1906-1949), Sohn des Nobelpreisträgers Thomas Mann, schreibt in seiner Autobiografie „Der Wendepunkt", 1952 in Deutschland und zuvor 1942 in New York erschienen, über die politische und kulturelle Szene zwischen 1928 und 1930 in Berlin:

Sonderbarerweise hat die Zeit von 1928 bis 1930 in meiner Erinnerung wenig mit Massenelend und politischer Spannung zu tun. Eher mit Wohlstand und kulturellem Hochbetrieb. Natürlich wusste ich, dass die Zahl der Arbeitslosen
5 erschreckend stieg – waren es drei Millionen? Waren es schon fünf? Man konnte nur hoffen, dass die Regierung bald Abhilfe schaffen werde [...]. Übrigens schienen die Geschäfte nicht ganz schlecht zu gehen, trotz der „Krise", von der man so viel in der Zeitung las. Auf kulturellem Gebiet jedenfalls
10 wurde gut verdient; erfolgreiche deutsche Autoren, Schauspieler, Maler, Regisseure, Musiker schwammen geradezu im Gelde. Offenbar gab es doch noch einen starken Sektor des angeblich ruinierten Mittelstandes, der willens und fähig blieb, beträchtliche Summen für Theaterkarten, Bücher, Bil-
15 der und Zeitschriften und Grammophonplatten auszugeben. Ein Gangster namens Frick[1] regierte irgendwo in der mitteldeutschen Provinz, aber in Berlin ging alles seinen gewohnten Gang. Der „Strich" auf der Tauentzienstraße florierte (nicht mehr ganz so hektisch wie in den Tagen der Inflation,
20 aber doch noch recht flott), im „Haus Vaterland" gab es künstliche Gewitter und Sonnenuntergänge, die Nachtlokale waren überfüllt [...], die Galerie Alfred Flechtheim verkaufte kubistische Picassos und die reizenden Tierstatuetten der Renée Sintenis, Fritzi Massary feierte Triumphe in der neues-
25 ten Lehár-Reprise[2], in den Salons am Kurfürstendamm, im Grunewald und im Tiergartenviertel schwärmte man vom neuesten René-Clair-Film, von der letzten Max-Reinhardt-Inszenierung und vom letzten Furtwängler-Konzert[3], bei Frau Stresemann gab es große Empfänge, über die in der „Elegan-
30 ten Welt" unter der Überschrift „Sprechen Sie noch ...?" berichtet wurde.
Der Bürgerkrieg schien sich vorzubereiten, beide Parteien musterten ihre formidable Macht – der nationalistische „Stahlhelm" gegen das sozialdemokratische Reichsbanner,
35 die Nazis gegen die Kommunisten. Die Reichswehr inzwischen intrigierte und foppte das Publikum mit ihrer sphinxisch „neutralen", „unpolitischen" Haltung, während sie in Wahrheit die antirepublikanischen Kräfte heimlich stützte und ermutigte. Aber die Republik, mit unerschütterlichem
40 Optimismus, vertraute auf Gott, den alten Hindenburg und die schlauen Manöver des Dr. Hjalmar Schacht[4].
Während verbrecherische Elemente in der politischen Sphäre

sich immer dreister bemerkbar machten, war ein Stück namens „Verbrecher" (von Ferdinand Bruckner) ein sensationeller Erfolg im Deutschen Theater. Die große Attraktion der
45 Vorstellung war Gustaf Gründgens in der Rolle eines morbiden Homosexuellen. Der Hamburger Star war schließlich von den Kennern der Metropole entdeckt worden: Berlin war hingerissen von seiner „aasigen" Verworfenheit, dem hysterisch beschwingten Gang, dem vieldeutigen Lächeln, den
50 Juwelenblicken. Erika[5], übrigens, hatte sich mittlerweile von ihm scheiden lassen. Es war die große Zeit der Entdeckungen. Die Schwerindustrie entdeckte die „aufbauenden Kräfte" im Nationalsozialismus. Erich Maria Remarque entdeckte die enorme Attraktion des Unbekannten Soldaten. Die völki-
55 schen Rowdies entdeckten Stinkbomben und weiße Mäuse als Argumente gegen einen pazifistischen oder doch nicht hinlänglich kriegsbegeisterten Film.[6] Der findige Dichter Bertolt Brecht entdeckte die alte englische „Beggar's Opera", die in seiner Adaption als „Dreigroschenoper" volle Häuser
60 machte, „tout Berlin" trällerte und pfiff die schönen Balladen von der „Seeräuber-Jenny" und vom Macky Messer, dem man nichts beweisen kann. Die mächtige UFA übertraf, wie gewöhnlich, alle Konkurrenten und entdeckte mit unfehlbarem Instinkt die Beine der Marlene Dietrich, die in einem Film
65 namens „Der Blaue Engel" sensationell zur Geltung kamen.

Der 1921 in Breslau geborene Historiker Walter Laqueur schreibt über die Verwurzelung der Hochkultur in der Bevölkerung:

[Im] Großen und Ganzen war alles, was die Menschen mit „Weimarer" Kultur und Denken assoziieren, in Berlin konzentriert. Das zeigt, wie einfach es ist, einige vielfach beschriebene oder besonders reizvolle Aspekte einer Gesellschaft
70

---

[1] Wilhelm Frick (1877-1946): führender nationalsozialistischer Politiker; leitete von 1930 bis 1931 in Thüringen das Innen- und Volksbildungsministerium, war 1933 bis 1943 Reichsinnenminister und von 1943 bis 1945 „Reichsprotektor" von Böhmen und Mähren
[2] Franz Lehár (1870-1948): österreichischer Operettenkomponist
[3] Der Dirigent Wilhelm Furtwängler (1886-1954) leitete von 1921 bis 1945 die Berliner Philharmoniker.
[4] Hjalmar Schacht (1877-1970): Bankier, setzte sich von 1924 bis 1930 als Reichsbankpräsident für die Senkung der staatlichen Kreditaufnahme ein, unterstützte Hitler und war von 1933 bis 1939 erneut Chef der Reichsbank.
[5] Erika Mann, die Schwester von Klaus Mann, war von 1925 bis 1928 mit Gustaf Gründgens verheiratet.
[6] Hinweis auf den 1929 erschienenen und 1930 verfilmten Antikriegsfilm „Im Westen nichts Neues". Die Nazis inszenierten einen massiven Protest gegen den pazifistischen Film und erreichten ein Aufführungsverbot.

▲ **Großstadtverkehr am Potsdamer Platz in Berlin.**
Foto um 1930.

herauszugreifen und das Phänomen einer Minderheit als den wichtigsten und sogar prägenden Aspekt jener Zeit darzustellen.

Das Leben in Breslau, damals eine Stadt mit etwa 600 000 Einwohnern, ging im Wesentlichen weiter wie zuvor. Es gab beachtliche Theateraufführungen und Konzerte, aber die Stadt war nicht die Wiege der Moderne. Im Grunde galt das auch für das übrige Deutschland. Alles war noch sehr provinziell, im guten wie im schlechten Sinne. Reisen ins Ausland, um nur ein Beispiel zu nennen, waren die absolute Ausnahme. Das Gesellschaftsleben, die Umgangsformen und Sitten waren seit den Tagen der Monarchie ein wenig freizügiger geworden, aber es hatte weder eine kulturelle noch eine gesellschaftliche Umwälzung gegeben, sondern lediglich graduelle Veränderungen auf wenigen Gebieten.

Weimar war sowohl auf politischer als auch auf kultureller Ebene ein elitäres Phänomen, das nie Wurzeln in der Bevölkerung schlug. Zugleich machte sich seine politische Elite all jene zum Feind, die immer noch der guten alten Zeit nachtrauerten.

Die Republik war eine Demokratie mit wenigen Demokraten und einer wachsenden Zahl an Extremisten. Das galt auch auf kultureller Ebene. Merkwürdigerweise waren viele, die der Avantgarde von Weimar angehörten, sich dessen gar nicht bewusst oder wollten in späteren Jahren vergessen, wie isoliert sie gewesen waren. Ich erinnere mich an eine Konferenz über die Weimarer Kultur an der New School in New York um 1970. Ich hielt einen Vortrag über die Bestseller im Deutschland der 1920er-Jahre. Hannah Arendt[1] nahm an der Konferenz teil und erklärte verächtlich: „Wir haben diese Bücher nie gelesen, nicht einmal von ihnen gehört." Das war absolut richtig, aber als ich mich erkundigte, wen sie denn mit „wir" meinte, stellte sich heraus, dass sie sich auf einen Kreis von Intellektuellen bezog, der sich in Kaffeehäusern am und um den Kurfürstendamm getroffen hatte und überwiegend aus Linken und Juden bestand.

An dieser Haltung der kulturellen Elite eines Landes hat sich mit Sicherheit wenig geändert. Sie ist auch in den Vereinigten Staaten sowohl auf politischer als auch auf kultureller Ebene weit verbreitet. Tatsächlich ist diese Überheblichkeit in der ganzen westlichen Kultur eher der Standard. In den meisten Fällen zeitigt dies überwiegend amüsante oder allenfalls ärgerliche Resultate. In Deutschland waren es tragische.

Das deutsche Lesepublikum wurde von einer völlig anderen Art von Literatur in den Bann gezogen, teils apolitisch, teils patriotisch, in der traditionelle Werte wie der deutsche Heldenmut im Ersten Weltkrieg gepriesen wurden. Was wir heute „Weimarer Kultur" nennen, war in Wirklichkeit nur ein Teil der Szene und überwiegend nicht einmal der dominierende Trend. Der Modernismus und die neue Freiheit lockten einige junge Engländer nach Berlin, darunter die Autoren W. H. Auden, Stephen Spender und Christopher Isherwood, sowie einige Franzosen. Auch ein paar Amerikaner kamen, wie der Physiker Robert Oppenheimer, der nach Göttingen ging, dem damaligen Mekka der Physiker und Mathematiker.

Erster Text: Klaus Mann, Der Wendepunkt. Ein Lebensbericht, München 1989, S. 242 ff.
Zweiter Text: Walter Laqueur, Mein 20. Jahrhundert. Stationen eines politischen Lebens, Berlin 2009, S. 21-22 und 24

1. *Beschreiben Sie, wie es Klaus Mann gelingt, die Stimmung sowie die kulturellen und politischen Gegensätze dieser Jahre aufzuzeigen.*
2. *„Das Lebensgefühl in den Goldenen Zwanzigern war kein goldenes." Nehmen Sie zu diesem Zitat Stellung.*
3. *Erläutern Sie, was Laqueur mit „Überheblichkeit in der ganzen westlichen Kultur" meint.*
4. *Nehmen Sie Stellung dazu, inwiefern diese Überheblichkeit (mit)verantwortlich ist für die „tragischen Resultate".*
5. *Prüfen Sie die These Laqueurs zur Isolation der „Avantgarde" anhand von Werkbeispielen, die Sie kennen.*
6. *Diskutieren Sie, ob sich am Verhältnis zwischen „elitärer" Kultur und Massenkultur in der Gegenwart etwas geändert hat.*

[1] Hannah Arendt (1906-1975): deutsch-amerikanische Philosophin

M2 Gegen die „Schmutz- und Schundliteratur"

Der Abgeordnete des Zentrums, Georg Schreiber, stellt 1925 vor dem Reichstag seine Maßstäbe für kulturelles Schaffen dar:

Sind wir doch in der eigenartigen Lage, dass hier diese Metropole in vielem internationalisiert ist, dass sie in vielem kosmopolitisch steht, und jenes andere ist ebenso gewiss: Wenn wir in den letzten Jahrzehnten in Deutschland eine wunder-
5 volle Heimatkunst, eine Heimatkultur entwickelt haben, wenn wir die Dichtungen von Theodor Storm, von Fritz Reuter, Klaus Groth und anderen Heimatkünstlern schätzen, so ist es nicht bloß wegen der dichterischen Schönheit und Kraft. Darüber hinaus haben wir das Empfinden: Dort strömt
10 in diesen Landschaften Niedersachsens, ebenso aber auch in anderen deutschen Landschaften köstlicher Jungbrunnen deutscher Kultur, dort liegt noch viel Urkräftiges, vieles an ungebrochener gesunder Volkskraft. Und wenn es darauf ankommt, diese deutsche Volkskraft in ihrer landschaft-
15 lichen Eigenart zu erhalten und zu fördern, dann werden wir nicht bloß auf Berlin und auf die Entscheidungen der Filmoberprüfstelle hier achten, sondern werden unsere Maßstäbe für die Beurteilung auch finden in dem kernigen Volke des Schwarzwaldes, in den sittlichen Maßstäben, die man auf der
20 westfälischen Heide anlegt, und in den Wäldern Schlesiens, ebenso im bayerischen Gebirge. Wir brauchen dringender denn je diesen Rückblick auf die seelische Feinnervigkeit der deutschen Landschaft, um uns Kultureinflüssen hier in Berlin zu erwehren, die unser Volk nicht weiterbringen, sondern in
25 der Volkspflege und in der Volkskultur zurückwerfen.

Peter Longerich (Hrsg.), Die Erste Republik, München 1992, S. 377

1. *Beschreiben Sie, was der Autor unter „Heimatkunst" versteht.*

2. *Gegen die moderne Kultur der Zwanzigerjahre gab es aus den unterschiedlichsten Gründen Widerstand. Erörtern Sie die gesellschaftlichen und geistigen Hintergründe dieser Denkweisen.*

3. *Diskutieren Sie, welche Rolle die Großstädte für Heimatkunst und Heimatliteratur spielen.*

M3 Prototypen weiblicher Emanzipation

Die Historikerin Ute Frevert schreibt über das Wunschbild der „neuen Frau" und die gesellschaftliche Wirklichkeit:

Fortschritt und Beharrung, Modernität und Tradition trafen im Typus der „neuen Frau", wie ihn die Weimarer Kulturkritik kreierte, auf besondere Weise zusammen. Schon das äußere Erscheinungsbild junger Frauen nach dem Krieg verführte manche Zeitgenossen dazu, das „Zeitalter der befreiten 5 Frau" einzuläuten. Bubikopf, Zigaretten, saloppe Mode galten als Markenzeichen der modernen Frau, die den Gleichberechtigungsgrundsatz der Weimarer Verfassung ernst nahm und ihren Platz in Beruf und Öffentlichkeit selbstbewusst ausfüllte. Doch nicht bloß in ihrem Äußeren schienen sich 10 Frauen und Männer angleichen zu wollen, auch in ihren Lebensplänen verwischten sich die Grenzen zwischen den Geschlechtern. Immer mehr Frauen übten einen Beruf aus und verdienten eigenes Geld. [...]
Heißdiskutierte Prototypen weiblicher Emanzipation waren 15 vielmehr die jungen Angestellten, die als Kinder der neuen Zeit gefeiert oder, je nach Weltanschauung, gescholten wurden. In den Sekretärinnen, Stenotypistinnen und Verkäuferinnen schien die Modernität des Weimarer Systems augenfällig zu werden, und auch die zahlenmäßige Entwicklung 20 – 1925 gab es annähernd 1,5 Millionen weibliche Angestellte, dreimal mehr als 1907; ihr Anteil an allen erwerbstätigen Frauen stieg von 5% auf 12,6% – rechtfertigte das ausgeprägte, aber nicht gleichgerichtete Interesse an diesem Frauentyp der „neuen Sachlichkeit". Galt den einen die Feminisie- 25 rung des Angestelltenberufs als „Beginn der wirklichen Emanzipation der Frau", als „größte Revolution in der sozialen Stellung der Frau", betonten kritischere Beobachter die Ambivalenz dieser oberflächlichen „Modernisierung", und die Psychologin Alice Rühle-Gerstel beschrieb die Frauen in 30 Büros und Geschäften bereits 1932 ohne Emanzipationshoffnung:
„Ein halbseidener Beruf, halbseiden wie die Strümpfe und Hemdchen der Ladenfräulein, halbseiden wie ihr Gemüt und ihre Gedankenwelt [...]. Ihrer wirtschaftlichen Situation ge- 35 mäß Proletarierin, ihrer Ideologie nach bürgerlich, ihrem Arbeitsfeld zufolge männlich, ihrer Arbeitsgesinnung nach weiblich. Schillernde Gestalten, von schillerndem Reiz oft, ebenso oft von schillernder Fragwürdigkeit, auf alle Fälle von schillernder Sicherheit ihres sozialen und seelischen 40 Daseins."

Ute Frevert, Frauen-Geschichte. Zwischen Bürgerlicher Verbesserung und Neuer Weiblichkeit, Frankfurt am Main ^{5}1993, S. 171-173

1. *Arbeiten Sie die verschiedenen Bereiche heraus, in denen sich emanzipatorisches Verhalten äußert.*
2. *Formulieren Sie anhand des Textes eine Definition von Emanzipation und vergleichen Sie sie mit der eines aktuellen Lexikons.*
3. *Vergleichen Sie die dargestellten Vorstellungen von Frauenemanzipation mit heutigen.*

M4 Die staatliche Jugendpflege

In einem Handbuch für Pädagogik, das erstmals Anfang 1933 erschienen ist und seit 1948 in regelmäßigen Abständen bis heute aufgelegt wird, ist ein enger Zusammenhang zwischen Jugendbewegung und staatlicher Jugendpflege hergestellt:

Die Herausarbeitung der reinen pädagogischen Aufgabe der schulentlassenen Jugend gegenüber gelangte aber erst zu voller Klarheit in einer zweiten Phase, die durch das Eintreten der Jugendbewegung erwirkt wurde. Von ihr bekam sie die
5 für ihre Arbeit entscheidende Einsicht, dass die Jugend dieses Alters in dem Jugendverein ihre eigene soziologische Form hat, wo sie aus eigenen Kräften die große Erfahrung der Gemeinschaft, des Ideals und des Stils solcher Gemeinschaft, von Führung und Unterordnung macht. [...] Der Jugendverein
10 schien daher nicht bloß einem Wesenszug der Jugend entgegenzukommen, sondern als eine soziale Urzelle jetzt auch die Aufgabe der Entwicklung des neuen Gemeinschaftslebens übernehmen zu können. Indem der Jugendverein Träger aller Bestrebungen eines höheren freien geistigen Lebens
15 wird, entsteht in ihm jene eigentümliche Macht, die jeder Jugendpfleger kennt, die schließlich auf ein totales Gemeinschaftsleben zielt und die Seele eines jungen Menschen in den entscheidenden Jahren vollständig in Anspruch nehmen und formen kann. [...] Das wichtigste Ergebnis dieser Verbin-
20 dung von Jugendpflege und Jugendbewegung war aber doch, dass die Jugendbewegung nun das pädagogische Gewissen der Jugendpflege wurde und dass die Jugendpflege erkannte: sie sei nicht bloß das subalterne Organ irgendwelcher anderen Zwecksysteme, der Kirche, der Partei, nicht
25 einmal des Staats, sondern sie diene dem höheren geistigen Leben der Jugend, die sich hier zunächst frei in allen ihren Kräften entfalten solle, körperlich, seelisch und geistig, und die umso sicherer und zuverlässiger dem Ernst des späteren Lebens zur Verfügung stehen wird, je offener und reiner sie
30 in diesen Jahren aus ihren eigenen Kräften und den Zielen, die ihr gemäß sind, gelebt hat.
Neben dieser Jugendpflege der gesunden Jugend steht dann die Pflege der kranken, der gefährdeten und der straffälligen Jugend, Fürsorgeerziehung und Gefängniserziehung. [...]

Auch hier hat die Jugendbewegung entscheidend in die 35 Arbeit hineingewirkt. Sie sieht in dem Zögling oder jugendlichen Gefangenen nicht mehr den Verbrecher, das „verworfene Element", und in der Anstalt nicht mehr die Schreckenskammer, die der Strafe dient, sondern geht jedem als Freund und Kamerad entgegen mit einem Vertrauen, das in 40 ihm die Seele respektiert, an das Gute in ihm glaubt und diesem Guten, das verschüttet oder gehemmt ist, zur Auswirkung verhelfen will. Und als das entscheidende Mittel wird die Lebensgemeinschaft betrachtet, die durch ihre Kräfte den jungen Menschen bis ins Letzte erschüttern, ihn öffnen und 45 aktiv machen soll: die kleine Gemeinschaft, in freier Natur, gemeinsamer Arbeit, gemeinsamem Spiel und gemeinsamer Feier.

Herman Nohl, Die pädagogische Bewegung in Deutschland und ihre Theorie, Frankfurt am Main ⁷1970, S. 18 ff.

1. *Ermitteln Sie die besonders oft verwendeten Schlüsselbegriffe des Textes.*
2. *Charakterisieren Sie die Vorstellung von Jugendbewegung und nehmen Sie dazu Stellung.*
3. *Erläutern Sie die Veränderungen in der pädagogischen Arbeit der Jugendpflege.*

M5 „Macht Platz, ihr Alten!"

Der Journalist Jan Friedmann beschreibt 2008 in einem Artikel Ursprung und Wesen der völkischen Jugendbewegung in der Weimarer Republik:

„Weil wir die echten, wahren und unerbittlichen Feinde des Bürgers sind, macht uns seine Verwesung Spaß", höhnte der Rebell und Jugendführer. Was wie eine Parole von 1968 anmutet, ist ein Satz von Ernst Jünger über sich selbst und seine Altersgenossen aus dem Jahr 1929. 5
„Wir sind Söhne von Kriegen und Bürgerkriegen", fuhr der Rechtsintellektuelle in seinem Generationenporträt fort. Eines Tages werde es gelingen, die bestehende „krustige, schmutzige Decke wegzusprengen" und darunter eine „stolzere, kühnere und noblere Jugend" zum Vorschein zu brin- 10 gen, die „Aristokratie von morgen und übermorgen".
Dem Schriftsteller, Studienabbrecher und Freischärler war die bürgerliche Demokratie genauso verhasst wie vielen Menschen seiner Generation. Jünger, Jahrgang 1895, wurde eine der prominentesten Stimmen der völkischen Jugend- 15 bewegung, die während der Weimarer Republik maßgeblich den Weg in die Diktatur ebnete. [...]
In keinem anderen Jahrzehnt prallten die Generationen so heftig aufeinander wie in den Zwanzigerjahren. „Macht Platz, ihr Alten!", schleuderte der Reichspropagandaleiter der 20

NSDAP, Gregor Straßer, im Jahr 1927 dem Establishment der Weimarer Republik entgegen. „Macht Platz, ihr Unfähigen und Schwachen, ihr Blinden und Tauben, ihr Ehrlosen und Gemeinen, ihr Verräter und Feiglinge, macht Platz, ihr seid gewogen und zu leicht befunden worden." Ihren ideologischen Fundus hatte sich die selbstbewusste Avantgarde in den Schützengräben des Ersten Weltkriegs angeeignet. Tatsächlich waren es zwei Generationen von Jugend, die dort geprägt wurden. Da waren zum einen die Jahrgänge der zwischen 1880 und 1900 Geborenen, die eigentliche Frontgeneration. Angetreten in rauschhafter Begeisterung, erlebten sie den Krieg als ungeheure Schlachtbank [...]. Jeder dritte der zwischen 1892 und 1895 geborenen deutschen Männer verlor hier sein Leben.

So schlossen die Überlebenden: Nur wer in der Gemeinschaft funktioniert und sich im Gegenzug auf die unbedingte Kameradschaft seiner Mitkämpfer verlassen kann, hat eine Chance. Der Einzelmensch gilt nichts, erst im Kollektiv der feldgrauen Uniformen wird er zu einer Macht.

Doch die Heroisierung der Härte und des Opfers prägte auch die Jüngeren. Sie absorbierten die kaiserliche Kriegspropaganda, die Durchhalteparolen der Lehrer und Amtsleute, sie glaubten an die Dolchstoßlegende. [...] Ihr Credo der Härte und Unerbittlichkeit übertrugen beide Generationen, die Frontkämpfer und ihre jüngeren Brüder, auf die Zivilgesellschaft von Weimar. Kompromisse galten ihnen als Zeichen von Schwäche. Heroisches Handeln musste stattdessen rein, radikal und sachlich sein. Anstelle des schalen Parlamentarismus wollten sie das Ideal einer klassenlosen Volksgemeinschaft setzen, frei von störenden Fremdkörpern. [...]

Ihre Ideale von Kameradschaft, soldatischer Männlichkeit und freiwilliger Unterordnung fand die Jugend in den zahlreichen paramilitärischen Verbänden und bündischen Organisationen. Alle politischen Parteien schufen sich solche Nebenorganisationen: die Kommunisten etwa den „Roten Frontkämpferbund" (1924), die Sozialdemokraten das „Reichsbanner Schwarz-Rot-Gold" (1924), die Katholiken die „Windthorstbünde" (1920), die DDP den „Jungdeutschen Orden" (1920), die DNVP ihren „Stahlhelm" (1918) – und die NSDAP warb mit der Parole „Jugend führt Jugend" für ihre Sturmabteilung SA (1921). Alle Bünde boten Marschieren in Kolonnen und Wehrertüchtigung, das Reichsbanner zum Beispiel Geländelauf, Gepäckmarsch oder Kleinkaliberschießen. Sie hielten den Großen Krieg in Ehren und stählten ihre Mitglieder für künftige Schlachten. Ziel sei die „geistige und seelische Rüstung der wehrhaften Jugend", hieß es im Manifest des Jungdeutschen Ordens – und die äußerte sich am besten in jugendlich-viriler Gewalt.

Jan Friedmann, „Macht Platz, ihr Alten", in: Spiegel Special Geschichte 1/2008, S. 38–42

▲ **Propaganda-Plakat, um 1933.**
Der NSDAP gelang es, in großer Zahl junge Unterstützer zu mobilisieren, indem sie sich als Verkörperung des „jungen" Deutschland und als unverbrauchte Kraft stilisierte. Nach 1933 perfektionierte die NS-Diktatur mit ihren Jugendorganisationen, der „Hitler-Jugend" (HJ) und dem „Bund Deutscher Mädel" (BDM), das System des Drills und Schleifens – eine Erziehung, die zunehmend der Vorbereitung auf den Krieg diente.

1. Erläutern Sie das hier gezeichnete Bild der Weimarer Jugend.
2. Analysieren Sie, inwiefern sich in der Jugend die gesellschaftlichen Verhältnisse spiegeln, und zeigen Sie die Folgen auf.
3. Überlegen Sie, inwiefern sich dies auf die heutige Zeit übertragen lässt.

Die Zerstörung der Demokratie

Ursachen der amerikanischen Wirtschaftskrise Der wirtschaftliche Aufschwung der Zwanzigerjahre hatte an der New Yorker Aktienbörse ein hektisches Spekulationsfieber ausgelöst. Viele Anleger kauften Wertpapiere auf Kredit, um sie nach einem Kursanstieg gewinnbringend zu veräußern. In wenigen Jahren vervierfachte sich der Wert vieler Aktien und übertraf damit den tatsächlichen Wert der Unternehmen bei Weitem.

Erste Anzeichen einer beginnenden Wirtschaftskrise (Überproduktion in der Industrie und in der Landwirtschaft) wollte man nicht wahrhaben. Am 24. Oktober 1929 und noch einmal am 29. Oktober stürzten die Aktienkurse ab, manche Papiere verloren bis zu 90 Prozent ihres Wertes. Durch Panikreaktionen von Anlegern, die aus Angst um ihre Ersparnisse die Geldinstitute stürmten oder ihre Aktien verkauften, gerieten die Banken in Zahlungsschwierigkeiten. Das gesamte amerikanische Wirtschaftssystem brach zusammen. In den folgenden Monaten mussten in den USA über 9 000 Banken und mehr als 100 000 Betriebe Konkurs anmelden. 1932/33 waren rund 15 Millionen Menschen arbeitslos, das war ein Viertel der arbeitsfähigen Bevölkerung.

Die Krise in den USA wirkte sich angesichts der internationalen Wirtschaftsverflechtungen und der wichtigen Stellung der USA in der Weltwirtschaft unmittelbar auch auf andere Länder aus. Um zahlungsfähig zu bleiben, zogen die amerikanischen Banken ihre kurzfristigen Kredite aus Europa ab. Außerdem erhöhte der amerikanische Präsident **Herbert C. Hoover** zum Schutz der eigenen Industrie drastisch die Importzölle. Die dadurch ausgelöste Drosselung des Welthandels sowie das in Europa fehlende Kapital für Neuinvestitionen entfachten einen Flächenbrand. Die Weltwirtschaftskrise, die daraus entstand, war der schwerste ökonomische Einbruch seit Beginn der „Industriellen Revolution".

Herbert C. Hoover (1874-1964): US-amerikanischer Präsident 1929-1933

▲ **Arbeitssuchende.** Foto aus Berlin, 1930.

Auswirkungen der Weltwirtschaftskrise auf Deutschland Im Deutschen Reich war die Konjunktur bereits seit Ende 1928 rückläufig, die Zahl der Arbeitslosen stieg auf 1,89 Millionen im Jahresdurchschnitt. Ein Jahr später griff die Weltwirtschaftskrise auf Deutschland über. Die Lage verschlechterte sich rapide. Steigende Arbeitslosenzahlen senkten die Kaufkraft der Bevölkerung und die Steuereinnahmen des Staates (▶ M1). Die geringere Nachfrage führte zur weiteren Drosselung der Produktion und zu neuen Entlassungen (▶ M2). So verschärfte die verhängnisvolle Spirale die Krise.

Deutschland war wegen der Folgekosten des Ersten Weltkrieges in hohem Maße auf den Export und auf ausländische Kredite angewiesen. Deshalb traf die weltweite Depression das Deutsche Reich besonders heftig, als das Ausland 1931 verstärkt seine kurzfristigen Kredite zurückzog. Viele deutsche Banken, die längerfristige Investitionsprogramme der Industrie finanziert hatten, kamen in Zahlungsschwierigkeiten. Nach dem Zusammenbruch der zweitgrößten deutschen Bank, der *Darmstädter und Nationalbank* (*Danat*), zahlten alle Banken nur noch in begrenztem Umfang Geld aus.

1932 erreichte die Krise ihren Höhepunkt. Die industrielle Produktion ging auf die Hälfte des Standes von 1928 zurück. Im Februar waren 6,128 Millionen Beschäftigte arbeitslos gemeldet. Wahrscheinlich lag die tatsächliche Zahl noch höher, sodass in Deutschland nahezu jede zweite Familie von der Wirtschaftskrise betroffen war. Viele kleine und mittlere Unternehmer verloren ihre Betriebe durch Konkurs. Angestellte und Arbeiter gerieten durch die Arbeitslosigkeit in große Not. Ein Gefühl der Unsicherheit machte sich breit, das über die unmittelbar Betroffenen hinaus die gesamte Bevölkerung erfasste. Die allgemeine Katastrophenstimmung schürte die Anfälligkeit für radikale Parolen von rechts und links.

Die Zerstörung der Demokratie

▲ Arbeitslosenschlange im Hof des Arbeitsamtes Hannover.
Foto von Walter Ballhause, Frühjahr 1932.

Grenzen des Sozialstaats ■ Der Ausbau des Sozialstaats war in Art. 151 der Weimarer Verfassung verankert: „Die Ordnung des Wirtschaftslebens muss den Grundsätzen der Gerechtigkeit mit dem Ziel der Gewährleistung eines menschenwürdigen Daseins für alle entsprechen." Auf der Grundlage der in der Kaiserzeit eingeführten Sozialversicherungen wurden die staatlichen Leistungen erweitert. 1918 führte der „Rat der Volksbeauftragten" den Rechtsanspruch auf Erwerbsfürsorge ein. Sie löste die auf karitativen Vorstellungen beruhende Armenfürsorge ab und erhöhte die Zuwendungen.

Die Beiträge für die 1927 eingeführte Arbeitslosenversicherung legten den Grundstein zu unserem heutigen System. Sie wurden paritätisch von Arbeitgebern und Arbeitnehmern getragen und durch staatliche Zuschüsse gesichert.

Mit der Massenarbeitslosigkeit in der Weltwirtschaftskrise 1929 war der Staat jedoch überfordert. Da die Sozialausgaben stiegen und gleichzeitig die Steuereinnahmen sanken, wurde die Unterstützung für Arbeitslose gekürzt. Im Juni 1932 senkte die Regierung die Bezugsdauer für Leistungsempfänger, die ohnehin nur ein Existenzminimum bezogen, von 26 auf sechs Wochen. Bedürftige Arbeitslose bekamen anschließend für maximal ein Jahr die zum Teil noch geringeren Sätze der Krisenfürsorge. Sogenannte „Wohlfahrtserwerbslose" waren schließlich auf die Unterstützung durch die Gemeinden angewiesen (▶ M3). 1932 erhielten nur noch 800 000 Menschen Arbeitslosenunterstützung, 1,4 Millionen waren in der Krisenfürsorge, 2,2 Millionen zählten zu den Wohlfahrtserwerbslosen und gut eine Million bekam überhaupt keine Leistungen mehr.

Der Parlamentarismus auf dem Prüfstand

Nach den Wahlen vom 20. Mai 1928, bei denen die Parteien der bürgerlichen Mitte zum Teil erhebliche Stimmenanteile eingebüßt hatten, bildete die SPD als stärkste Fraktion mit Zentrum, DDP, DVP und Bayerischer Volkspartei (BVP) eine Große Koalition. Die unterschiedlichen programmatischen Ziele dieser Parteien führten von Anfang an zu Spannungen. So wurde der Young-Plan*, als er in Kraft treten sollte, von der rechten Opposition heftig bekämpft. DNVP, Stahlhelm und NSDAP bezeichneten ihn als „Versklavung des deutschen Volkes" und initiierten ein Volksbegehren dagegen. Zwar scheiterten sie beim Volksentscheid Ende 1929, jedoch profitierten Hitler und die NSDAP von der monatelangen aggressiven Agitation und der Emotionalisierung der Bevölkerung, die damit einherging. Die bisherige Splitterpartei wurde dadurch einer breiten Öffentlichkeit bekannt.

Außenminister Stresemann, eine integrative Persönlichkeit, hatte die Regierungskoalition zusammengehalten. Als er im Oktober 1929 starb, war deren Auseinanderbrechen nur eine Frage der Zeit. Insbesondere auf dem Gebiet der Wirtschafts- und Sozialpolitik ließen sich die Unterschiede zwischen SPD und DVP kaum mehr überbrücken. Die Parteien glaubten, eine „Politik schädlicher Kompromisse" vor den eigenen Anhängern nicht länger vertreten zu können. Die Große Koalition zerbrach letztlich an der Frage, wie die Arbeitslosenversicherung saniert werden könne. Eine Beitragserhöhung – wie von den Sozialdemokraten gefordert – lehnte die DVP ab, die den Unternehmern nahe stand. Als die SPD-Reichstagsfraktion einen Kompromissvorschlag zurückwies, trat Reichskanzler **Hermann Müller** am 27. März 1930 zurück. Damit war in jedem Fall die Koalition, nach Meinung des Historikers *Hans-Ulrich Wehler* auch „die parlamentarische Republik gescheitert".

Hermann Müller (1876-1931): 1919/1920 Reichsaußenminister; 1920-1928 Vorsitzender der sozialdemokratischen Reichstagsfraktion; 1928-1930 Reichskanzler

Kurt von Schleicher (1882-1934): 1932 Reichswehrminister; 1932/33 Reichskanzler

Heinrich Brüning (1885-1970): 1930-1932 Reichskanzler; 1934 Emigration in die USA

Regieren ohne Mehrheit

Für Reichspräsident Paul von Hindenburg, seinen antidemokratischen Beraterstab und die Reichsführung ergab sich nun die Gelegenheit, schon länger erwogene außerparlamentarische Lösungen zur Bewältigung der ständigen Krisen umzusetzen. Unterstützung fand dieser Plan in den rechten Kreisen des Bürgertums und bei den großen Interessenverbänden der Industrie und der Agrarwirtschaft. Das Parlament sollte entmachtet und die SPD, die mit Abstand stärkste Fraktion im Reichstag, aus den politischen Entscheidungsprozessen herausgehalten werden. Hindenburg wollte mit dieser Regierungsbildung neuen Stils die alten Eliten, also die Repräsentanten der konservativ-bürgerlichen Parteien, der Reichswehr sowie der adligen Gutsherren und Industriellen, wieder an die Macht bringen.

Einer der Repräsentanten dieses Kurses war General **Kurt von Schleicher**, Chef des Ministeramts im Reichswehrministerium. Er schlug Hindenburg eine Regierungsbildung neuen Stils vor. Eine rechts orientierte bürgerliche Regierung sollte – losgelöst vom Parlament – nur dem Reichspräsidenten verantwortlich sein (*Präsidialkabinett*). Ihre Handlungsfähigkeit garantierte der Präsident durch die Verfassungsartikel 48 (*Notverordnungsrecht*) und 25 (*Reichstagsauflösung*). Hindenburg stimmte zu und ernannte am 29. März 1930 den konservativ-nationalen Fraktionsvorsitzenden des Zentrums, **Heinrich Brüning**, zum Reichskanzler. Dieser nahm mit einer rigiden Sparpolitik die anhaltend hohe Arbeitslosigkeit und das Elend verarmter Schichten in Kauf, um den Alliierten die Unerfüllbarkeit ihrer Reparationsforderungen vor Augen zu führen. Gehaltskürzungen im öffentlichen Dienst, Leistungsabbau im sozialen Bereich und Steuererhöhungen führten allerdings dazu, dass die Kaufkraft der Bevölkerung sank und die Einnahmen des Staates weiter zurückgingen.

---

* Siehe S. 207.

Als sich der Reichstag im Juli 1930 weigerte, einem Bündel einschneidender sozialpolitischer Maßnahmen der Regierung zuzustimmen, löste der Reichspräsident das Parlament auf und setzte für den 14. September Neuwahlen fest. In der Zwischenzeit regierte Brüning mit Notverordnungen weiter.

Das Verhalten der Parteien in der Krise ■ Die radikalen Parteien führten einen Wahlkampf, wie man ihn bisher in Deutschland noch nicht erlebt hatte. NSDAP und KPD schürten die Angst der Menschen vor einem sozialen Abstieg und versprachen „Arbeit und Brot". Die NSDAP verbreitete ihre nationalistisch-antisemitischen Parolen lautstark mit Wahlkampfmethoden wie organisierten Massenaufmärschen mit Uniformen, Marschmusik, Fahnen und Plakaten, Flugblättern und geschulten Rednern. Die Partei mobilisierte vor allem Bürger, die zwei Jahre zuvor noch nicht gewählt hatten. Ihre Stimmenzahl wuchs von 800 000 (1928) auf nun 6,4 Millionen, ein in der Geschichte des deutschen Parlamentarismus beispielloser Aufschwung, der die NSDAP hinter der SPD zur zweitstärksten Fraktion im Reichstag machte. Der Verfall der bürgerlichen Mitte setzte sich rapide fort. In den Augen der Öffentlichkeit hatten Demokratie und Parlamentarismus versagt.

Noch bedeutender für den Wahlerfolg war der Wählerzustrom von anderen Parteien. So wurden die Nationalsozialisten auch von Mitgliedern der sozialen Mittel- und Oberschicht gewählt, die bisher die DNVP oder die liberalen Parteien bevorzugt hatten. Die NSDAP konnte nun sogar gewerkschaftlich nicht organisierte SPD-Wähler für sich gewinnen.

Der Aufstieg der NSDAP ■ Als sich die NSDAP 1920 ihr Programm gegeben hatte, war sie eine unter zahllosen radikalen Splitterparteien. Bis Januar 1933 wuchs die Zahl ihrer Mitglieder auf 849 000 an. Was machte die Partei attraktiv?

Nährboden für die Entwicklung der NSDAP zu einer Massenpartei war eine Gesellschaft, die seit Beginn der Republik und noch mehr nach dem Ausbruch der Weltwirtschaftskrise politisch, wirtschaftlich und weltanschaulich tief gespalten war. Der Schock der Kriegsniederlage, der als nationale Demütigung empfundene Versailler Vertrag, die Revolution mit ihren blutigen Auseinandersetzungen, schließlich die negativen psychologischen Folgen von Inflation und Massenarbeitslosigkeit ließen die radikalnationalistischen Parolen Adolf Hitlers auf fruchtbaren Boden fallen. Mit seinen antiliberalen, antimarxistischen und antisemitischen Parolen traf er den Nerv vieler Zeitgenossen. Sie wollten in ihm den starken Mann sehen, einen Führer und „Erlöser", der die Nation vor dem drohenden Untergang retten und sie wieder zu politischer Größe führen würde. Tatkraft und Durchsetzungsvermögen der NSDAP zogen Mitglieder und Wähler an, in protestantischen Regionen mehr als in katholischen, in Kleinstädten und ländlichen Regionen eher als in Großstädten (▶ M4). Emotionale Appelle an „Ehre, Größe, Heroismus, Opferbereitschaft, Hingabe", nicht wirtschaftliche Versprechungen führten der „Bewegung" ihre Wähler und Sympathisanten zu. Viele von ihnen wollten mit ihrem Wahlverhalten nur die Unzufriedenheit mit den gegenwärtigen Verhältnissen ausdrücken. Dies erklärt auch die starken Schwankungen der NSDAP in der Gunst der Wähler.

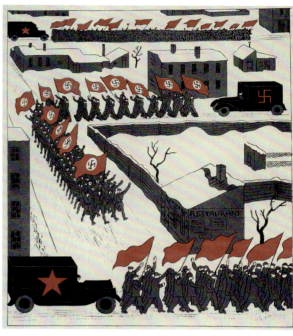

▲ „Notverordnung."
Karikatur von Erich Schilling aus dem „Simplicissimus" vom 16. Februar 1931. Sie trägt folgende Unterschrift: „Nach den Erfahrungen der letzten Wochen ist verfügt worden, dass jeder Demonstrationszug seinen eigenen Leichenwagen mitzuführen hat."

■ *Beschreiben Sie, auf welches Problem die Karikatur anspielt.*
■ *Diskutieren Sie die Gefahren für ein demokratisches Staatswesen, wenn das Gewaltmonopol nicht mehr ausschließlich beim Staat liegt.*

◀ „Adolf Hitler als Redner."
Fotos von Heinrich Hoffmann, Hitlers „Hoffotograf", um 1926. Hitler studierte seine Redner-Posen vor dem Spiegel ein. Die in Hoffmanns Atelier aufgenommenen Fotos erschienen als Bildpostkartenserie. Der Schriftsteller Carl Zuckmayer, der 1923 eine der Versammlungen Hitlers aus Neugier besuchte, beschreibt ihn als „heulenden Derwisch", der es verstand, die „Menschen aufzuputschen und mitzureißen; nicht durch Argumente, die bei den Hetzreden ja nie kontrollierbar sind, sondern durch den Fanatismus seines Auftretens, das Brüllen und Kreischen, mit biedermännischen Brusttönen gepaart, vor allem aber: durch das betäubende Hämmern der Wiederholungen, in einem bestimmten, ansteckenden Rhythmus. Das war gelernt und gekonnt und hatte eine furchterregende, barbarisch-primitive Wirksamkeit."
▪ *Diskutieren Sie, inwieweit heute Rhetorik und Körpersprache für eine Rede von Bedeutung sind.*

Ursprünglich waren die Wähler der NSDAP vorwiegend Handwerker, Gewerbetreibende und Angestellte. Sie entstammten somit der unteren Mittelschicht. Gegen Ende der Zwanzigerjahre entstand bei vielen Zeitgenossen der Eindruck, Parlament und Parteien seien nicht mehr in der Lage, die Probleme zu lösen. Das war noch vor der Weltwirtschaftskrise. Nach deren Ausbruch ging das Vertrauen in die politischen Institutionen auch bei jenen Bürgern verloren, die die Republik bislang akzeptiert hatten. Die Furcht vor dem sozialen Abstieg, vor dem die etablierten Parteien nicht zu schützen schienen, einte Menschen ganz unterschiedlicher Herkunft. Sie waren auf der Suche nach einem „dritten Weg" zwischen Kapitalismus und Sozialismus. Dies gilt vor allem für Angehörige des Mittelstandes, die sich durch linke Bewegungen in ihrem Selbstverständnis bedroht sahen.

Das Mitgliederprofil der NSDAP entsprach weitgehend dem anderer faschistischer Parteien in Europa. Der Anteil der Frauen war gering, denn die Partei, militaristisch, wie sie sich gab, glich eher einem „Männerbund". Auffallend war die Dominanz der jungen Generation. Viele Mitglieder hatten noch keine feste Anstellung. Jugendlichkeit und Dynamik zählten zu den Merkmalen, auf die die Partei großen Wert legte.

Der Weg in die Diktatur ▪ Nach den „Erbitterungswahlen" von 1930 war im Reichstag eine parlamentarische Mehrheitsbildung nahezu unmöglich geworden. Der Verfall des Parlamentarismus setzte sich rapide fort. Während der Reichstag 1930 immerhin noch 94 Sitzungen abhielt, sank die Zahl bis 1932 auf lediglich 13. Waren es 1930 noch 98 Gesetze, die der Reichstag verabschiedete, so blieben 1932 gerade fünf. Im Gegenzug steigerte sich die Anzahl der Notverordnungen von fünf (1930) auf 66 (1932). Der Reichstag musste tatenlos zusehen, wie die politische Macht in die Hände der Regierung und der Bürokratie überging. Trotz fehlender Mehrheit im Parlament konnte Reichskanzler Brüning nach der Wahl seine Notverordnungspraxis fortsetzen. Denn die SPD tolerierte seinen Kurs, aus Gründen der Staatsräson und aus Furcht vor einer weiteren Radikalisierung bei Neuwahlen, die zu einem Kabinett unter Beteiligung der Nationalsozialisten führen konnten.

Brüning hatte sich mehrfach bemüht, die Nationalsozialisten in die Regierungsverantwortung einzubinden, um sie zu „zähmen" und ihre Unterstützung für die Wiederwahl Hindenburgs 1932 zu erlangen. Als die NSDAP jedoch mit Hitler einen eigenen Kandidaten für die Reichspräsidentenwahl stellte, war Hindenburg auf die Stimmen der Anhänger von SPD und Zentrum angewiesen. Er gab Brüning die Schuld dafür, dass sich die nationale Rechte nicht für ihn aussprach. Dies führte zwischen beiden Politikern zu einer Entfremdung. Brüning gelang es nicht mehr, Hindenburgs Vertrauen wiederzugewinnen. Als er Bauern auf überschuldeten landwirtschaftlichen Gütern ostpreußischer Großgrundbesitzer ansiedeln wollte, lief die ostelbische Agrarlobby bei Hindenburg Sturm gegen diesen „Agrarbolschewismus". Hindenburg stoppte das Vorhaben. Am 30. Mai entließ er Brüning und sein Kabinett. Brünings Nachfolger wurde Franz von Papen. Am 20. Juli 1932 ließ der Reichskanzler verfassungswidrig die sozialdemokratische Regierung Preußens durch Verordnung des Reichspräsidenten absetzen („Preußenschlag"). Für die Rechte war die SPD-geführte Regierung in Preußen seit je ein Ärgernis gewesen. Damit war die bisher stabilste Stütze der Demokratie in Deutschland gefallen. Papen übernahm zusammen mit weiteren Reichskommissaren die Regierungsgeschäfte in Preußen. Das Urteil des Reichsgerichts, nach dem der preußischen Regierung nur vorübergehend Befugnisse entzogen werden durften, blieb wirkungslos.

Franz von Papen (1879-1969): 1932 Reichskanzler; im Nürnberger Prozess gegen die Hauptkriegsverbrecher 1946 freigesprochen

Die Neuwahlen am 31. Juli 1932 brachten der NSDAP einen sensationellen Erfolg. Sie verdoppelte ihre Mandatszahl und wurde stärkste Fraktion. Nach diesem Wahlerfolg forderte Hitler für sich das Amt des Reichskanzlers. Hindenburg lehnte ab. Er sah in Hitler den Anführer einer sektiererischen Partei.

Gleich in der ersten Sitzung des neu gewählten Reichstags am 30. August sprach eine deutliche Mehrheit Papen das Misstrauen aus (512 gegen 42). Trotz dieser vernichtenden parlamentarischen Niederlage blieb er im Amt und löste den Reichstag am 12. September auf. Am 6. November fanden abermals Neuwahlen statt. Die KPD konnte wiederum ihren Stimmenanteil steigern, während die NSDAP überraschend zwei Millionen Wähler verlor. Die Partei steckte seit Wochen in einer schweren finanziellen Krise. Hitler sah, dass ihm nicht mehr viel Zeit blieb, sein Ziel zu erreichen, zumal vieles auf eine Verbesserung der Wirtschaftslage hindeutete. Papen beabsichtigte, zur Überwindung der parlamentarischen Blockade den Staatsnotstand auszurufen. Mit Zustimmung des Reichspräsidenten sollten dabei einige Bestimmungen der Verfassung, wie die sofortige Ausschreibung von Neuwahlen nach der Auflösung des Reichstags, außer Kraft gesetzt werden. Auf Druck der Reichswehrführung, die einen unkontrollierbaren Bürgerkrieg befürchtete, verweigerte Hindenburg diesen Plänen die Zustimmung und entließ Papen am 3. Dezember.

▲ Plakat für die Reichstagswahl vom 31. Juli 1932.

Papens Nachfolger, General von Schleicher, scheiterte mit seinem Versuch, für seine Wirtschafts- und Beschäftigungspolitik einen Teil der NSDAP, die Gewerkschaften und die SPD zu gewinnen. Reichspräsident von Hindenburg wurde nun von seinem engsten Beraterkreis, von führenden Unternehmern aus Wirtschaft und Industrie sowie vor allem durch Papen bedrängt, Hitler zum Reichskanzler zu ernennen. Papen sollte Vizekanzler werden. Zusammen mit den anderen konservativen Ministern glaubte er, die drei Nationalsozialisten Adolf Hitler, Wilhelm Frick und Hermann Göring ausreichend unter Kontrolle zu haben. Am 28. Januar 1933 trat Schleicher zurück und der Reichspräsident ernannte Hitler am 30. Januar 1933 zum Reichskanzler.

M1 Arbeitslosigkeit in ausgewählten Ländern 1925 - 1933 (in Prozent)

Jahr	Deutsches Reich[1]	Frankreich[2]	Groß-britannien[3]	USA[4]
1925	3,4	3,0	11,3	5,9
1926	10,0	3,0	12,5	2,8
1927	6,2	11,0	9,7	5,9
1928	6,3	4,0	10,8	6,4
1929	8,5	1,0	10,4	4,7
1930	14,0	2,9	16,1	13,0
1931	21,9	6,5	21,3	23,3
1932	29,9	15,4	22,1	34,0
1933	25,9	14,1	19,9	35,3

1. Setzen Sie die Tabelle in eine geeignete Diagrammform um.
2. Vergleichen Sie die Entwicklung der Arbeitslosigkeit in den einzelnen Ländern.

[1] abhängige Erwerbspersonen
[2] abhängige Erwerbspersonen in Bergbau, Bau und Industrie
[3] Arbeitslose, ermittelt auf der Grundlage der Erwerbslosenversicherung
[4] nichtagrarische Erwerbspersonen

Dietmar Petzina u.a., Sozialgeschichtliches Arbeitsbuch III, München 1978, S. 119 und Dietmar Petzina, Die deutsche Wirtschaft in der Zwischenkriegszeit, Wiesbaden 1977, S. 16 f.

M2 Industrieproduktion 1925 - 1933 (1913 = 100)

	Welt	USA	D	GB	F	UdSSR	Italien	Japan
1913	100,0	100,0	100,0	100,0	100,0	100,0	100,0	100,0
1925	120,7	148,0	94,9	86,3	114,3	70,2	156,8	221,8
1926	126,5	156,1	90,9	78,8	129,8	100,3	162,8	264,9
1927	134,5	154,5	122,1	96,0	115,6	114,5	161,2	270,0
1928	141,8	162,8	118,3	95,1	134,4	143,5	175,2	300,2
1929	153,3	180,8	117,3	100,3	142,7	181,4	181,0	324,0
1930	137,5	148,0	101,6	91,3	139,9	235,5	164,0	294,9
1931	122,5	121,6	85,1	82,4	122,6	293,9	145,1	288,1
1932	108,4	93,7	70,2	82,5	105,4	326,1	123,3	309,1
1933	121,7	111,8	79,4	83,3	119,8	363,2	133,2	360,7

Nach: Paul Kennedy, Aufstieg und Fall der großen Mächte, Frankfurt am Main 1989, S. 451

1. Setzen Sie die Tabelle in eine geeignete Diagrammform um.
2. Beschreiben Sie die Entwicklung der industriellen Produktion in den einzelnen Ländern.
3. Setzen Sie die Entwicklung der industriellen Produktion in Beziehung zur Arbeitslosigkeit (M1). Erläutern Sie, warum beide Kriterien nicht in einer 1:1-Relation stehen.

▶ Berliner Arbeitslose mit einer warmen Mahlzeit aus der Volksküche.
Foto um 1929.

M3 Arbeitslos – und dann?

Ein anonymer Betroffener beschreibt 1930 in der „Arbeiter-Illustrierten-Zeitung" seine persönliche Situation:

Du hast eines Tages den berühmten „blauen Brief" erhalten; man legt auf deine Arbeitskraft kein Gewicht mehr, und du kannst dich einreihen in die große „graue Masse" der toten Hände und überflüssigen Hirne, denn die Maschine ersetzt
5 dich, und jüngere Arbeitskräfte leisten für weniger Geld deine Arbeit. […]
Was dir zunächst als persönliches Schicksal und individuelles Unglück erscheint auf dem Arbeitsnachweis¹, wo du dich zunächst melden musst, damit du später (nach der zufrieden
10 stellenden Beantwortung von über 300 Fragen auf X Fragebögen) die Erwerbslosenfürsorge in Anspruch nehmen kannst, auf dem Arbeitsnachweis merkst du: Wie dir geht es Tausenden. […] Hier beginnt dein Leidensweg. Man fragt dich aus, wo du in den letzten vier Jahren beschäftigt warst, du
15 musst deinen Lebenslauf schreiben, den Besuch der Schulen angeben, schreiben, warum du entlassen worden bist usw. […] Nach peinlicher Befragung erhältst du deine Stempelkarte und gehst damit los zur Erwerbslosenfürsorge. Und hier setzt man dir mit Fragen zu, bis du keinen trockenen
20 Faden mehr am Leibe hast. Dass du lebst, glaubt man dir noch, aber wo du in den letzten drei Jahren gelebt hast, musst du aufgrund polizeilichen Stempels und amtlicher Unterschrift nachweisen. […] Normalerweise hast du drei bis vier Tage zu tun, um alle Papiere beisammen zu haben, und dann kriegst du Unterstützung? So schnell geht das nicht! 25
Erst wenn dein Antrag geprüft und von X Beamten unterschrieben ist, kannst du im günstigsten Fall nach vierzehn Tagen dein erstes Geld holen. […]
Deine Unterstützung richtet sich nach deinem Arbeitsverdienst in den letzten 26 Wochen. Aber ganz gleich, ob du 30
8,80 Mk oder 22,05 Mk (Höchstsatz) als Lediger pro Woche erhältst, die paar Pfennige sind zum Leben zu wenig und zum Sterben zu viel. 26 Wochen darfst du stempeln und Unterstützung beziehen, dann steuert man dich aus, und du kommst in die Krisenfürsorge, deren Sätze erheblich niedri- 35
ger sind. Und nach weiteren 26 oder 52 Wochen erhältst du gar nichts mehr und gehörst zu den gänzlich Unterstützungslosen.

Wochenschau für politische Erziehung, Sozial- und Gemeinschaftskunde, 48 (1997) 1, S. 33

1. *Beschreiben Sie die Hindernisse, die Arbeitslose zu überwinden hatten, bevor sie Unterstützung bekamen. Finden Sie heraus, was die Betroffenen heute tun müssen.*
2. *Diskutieren Sie, welche Auswirkungen Arbeitslosigkeit auf die politische Einstellung der betroffenen Personen haben kann.*

¹ Arbeitsnachweis: Erfassungsstelle für Arbeitslose

Die Weimarer Republik: das Scheitern der ersten deutschen Demokratie

▲ Nationalsozialistisches Wahlplakat von 1932.
■ Erläutern Sie die suggestive Wirkung des Plakats.

M4 Wer wählte Hitler?

a) Die soziale Zusammensetzung der NSDAP-Wähler nach Berufsgruppen in Prozent, unabhängig von einer tatsächlichen Erwerbstätigkeit:

	1928	1930	1932[1]	1932[2]	1933	Alle[3]
Selbstständige/Mithelfende	26	27	31	30	31	24
Angestellte/Beamte	12	13	11	12	12	15
Arbeiter	30	26	25	26	26	32
Berufslose[4]	13	17	17	17	16	13
Hausfrauen etc.	17	17	16	16	16	17
Alle[5]	98	100	100	100	101	101

Nach: Jürgen Falter, Hitlers Wähler, München 1991, S. 288

b) Die nationalsozialistischen Hochburgen
Die Zahlen (Anteil der Wähler in Prozent) ermöglichen einen Vergleich der Sozialstruktur jener Kreise, in denen die NSDAP bei der Reichstagswahl im November 1932 überdurchschnittlich viele Stimmen bekommen hat, mit der Sozialstruktur des Deutschen Reiches insgesamt:

	NSDAP-Hochburgen	Reich
Katholiken	9	32
Stadtbewohner	22	54
in der Landwirtschaft tätig	51	31
in der Industrie tätig	31	41
Selbstständige, mithelfende Angehörige	41	28
Beamte	3	4
Angestellte	5	12
Arbeiter	26	27
arbeitslose Angestellte	1	2
arbeitslose Arbeiter	9	13

Nach: Jürgen Falter, a. a. O., S. 353

1. Analysieren Sie den Anteil der Berufsgruppen an der Gesamtstimmenzahl der NSDAP in Tabelle a).
2. Skizzieren Sie die Entwicklung zwischen 1928 und 1933.
3. Deuten Sie die Abweichungen zwischen den NSDAP-Hochburgen und dem Reichsdurchschnitt in Tabelle b).
4. Vergleichen Sie die Ergebnisse von Tabelle a) und b).

[1] Reichstagswahlen vom 31. Juli 1932
[2] Reichstagswahlen vom 6. November 1932
[3] Anteil der Berufsgruppe an allen Wahlberechtigten
[4] davon ca. 90 Prozent Rentner und Pensionäre (1933)
[5] Summe der NSDAP-Wähler in dem jeweiligen Jahr; Abweichungen von 100 sind die Folge von Rundungen

Methoden-Baustein: Politische Plakate analysieren

Plakate als historisches Massenmedium

Plakate sind öffentliche Aushänge oder Anschläge, die informieren, werben oder zu Aktionen aufrufen. Um möglichst viele Menschen anzusprechen, werden sie überwiegend an stark frequentierten Standorten platziert. Ihr Ziel ist es, durch „plakative", also auffällige gestalterische Mittel und Schlagworte (Slogans) auf den ersten Blick zu wirken und durch eine meist suggestive, an das Unterbewusstsein gerichtete Botschaft in Erinnerung zu bleiben.

Politische Plakate analysieren

Politische Plakate gibt es – ob als Bekanntmachung der Regierung, als Protest gegen soziale Missstände oder zur Verteufelung des Kriegsgegners – in Deutschland seit Anfang des 19. Jahrhunderts. Bedeutung als Massenmedium erreichten sie jedoch erst in der Weimarer Republik. Da es nun zwar Pressefreiheit, aber noch kein Fernsehen und zunächst auch kein Radio gab, nutzten die Parteien Plakate als schlagkräftige Agitations- und Propagandamittel im Kampf um Wählerstimmen.

In dem Maße, in dem sich die politischen Auseinandersetzungen in der Anfangs- und Endphase der Republik zuspitzten, wurden auch die Texte und Bilder der Parteien radikaler. Die politischen Gegner wurden diffamiert, Feindbilder aufgebaut und Bedrohungsszenarien beschworen. Obwohl durch die unterschiedlichen künstlerischen Stilrichtungen der Epoche beeinflusst, bedienten sich die Parteien für ihre Plakate häufig gleicher Motive und Gestaltungsmittel: überdimensionale Figuren, etwa der politische Gegner als „Untermensch" oder der unbeugsame Arbeiter als Ideal des „Kämpfers"; Symbole wie der stolze Adler, die giftige Schlange, die Fahne oder Fackel in der Hand des Arbeiters.

Wahlplakate geben keine Auskunft über das Wählerverhalten. Sie spiegeln jedoch in Wort und Bild die politischen Auseinandersetzungen und Ziele der Parteien sowie den Alltag, die Probleme und Grundhaltungen der Zeit.

Formale Kennzeichen
- Um welche Art von Plakat handelt es sich?
- Wer hat das Plakat geschaffen oder in Auftrag gegeben?
- Wann und wo ist es entstanden und veröffentlicht worden?

Plakatinhalt
- Wen oder was zeigt das Plakat auf welche Weise?
- Was wird thematisiert?
- Wie ist das Plakat aufgebaut? Achten Sie auf folgende Gestaltungsmittel: Verhältnis von Text und Bild, Perspektive, Haltung der Figuren, Schriftgröße und -art, Farben, Symbole, Übertreibungen, Verwendung bestimmter Stilmittel.
- Was bedeuten die Gestaltungsmittel?

Historischer Kontext
- Auf welches Ereignis, welchen Sachverhalt oder welche Person bezieht sich das Plakat?
- Was ist der Anlass für die Veröffentlichung?

Intention und Wirkung
- An wen wendet sich das Plakat?
- Ist es gegen jemanden gerichtet? Werden Feindbilder dargestellt?
- Welche Aussageabsicht verfolgt der Künstler bzw. Auftraggeber?
- Welche Wirkung soll das Plakat beim zeitgenössischen Betrachter erzielen?

Beispiel und Analyse

SA-Mann mit Schirmmütze und Hakenkreuz: personifizierter „Feind der Demokratie" von rechts

Farbgebung: Rot als Farbe der Sozialdemokratie, Schwarz-Rot-Gold als Nationalfarben Deutschlands während der Weimarer Republik; Symbol der republiktreuen Kräfte

Totenkopf mit Reichswehrhelm: Allegorie auf Gefahr des Militarismus und die Toten des Ersten Weltkrieges

Schriftzug/Wahlslogan: Verweis auf politische Gegner („Feinde der Demokratie!") und eigenes demokratisches Selbstverständnis

Kommunist mit rotem Stern auf der Kappe: personifizierter „Feind der Demokratie" von links, symbolisiert Gefahr des Bolschewismus

Dolch: Symbol für Gewalt und Hinterhältigkeit, Verweis auf „Dolchstoßlegende"

Schriftzug/Wahlaufruf: nennt Wahlziel (politische Gegner durch Wahl ausschalten; Erhalt von Republik und Demokratie), Verweis auf Auftraggeber und Listenplatz

▲ Wahlplakat der SPD, 1930.

Formale Kennzeichen ■ Das Wahlplakat wurde 1930 von der SPD in Auftrag gegeben. Wer es gestaltet hat, ist nicht bekannt.

Plakatinhalt ■ Das Plakat zeigt die „Feinde der Demokratie" in dreifacher Personifizierung: Den Hauptteil füllt ein schwarz gezeichneter, nur an wenigen weißen Konturen erkennbarer Mann; Schirmmütze und Hakenkreuz identifizieren ihn als Mitglied der SA. In seiner linken Faust hält er einen Dolch, der die Gewaltbereitschaft des politischen Gegners verdeutlichen und auf die „Dolchstoßlegende" anspielen soll. Die Oberste Heeresleitung hatte sie 1918 verbreitet, um die Schuld an der deutschen Niederlage im Ersten Weltkrieg auf die revolutionären Ereignisse in der Heimat und vor allem die Sozialdemokratie zu schieben. Die rechte Hand des Mannes ist nach dem Betrachter ausgestreckt, den er aus dem Dunkel heraus anzugreifen und anzubrüllen scheint. Die schemenhaft umrissene Figur links hinten trägt eine Kappe mit rotem Stern, was sie als Kommunisten zu erkennen gibt. Rechts ragt ein Totenkopf mit Reichswehrhelm und Bajonett hervor, wohl eine Allegorie auf die Gefahr des nationalistischen Militarismus oder die Toten des Ersten Weltkrieges.
Die Schriftzüge bestehen aus Großbuchstaben und nennen das Motto: Die „Feinde der Demokratie" sollen beseitigt („Hinweg damit!") und die Republik gerettet werden. Die dominierenden Farben Schwarz-Rot-Gold stehen als Nationalfarben der ersten deutschen Republik für die demokratischen Kräfte; Rot ist zudem die Farbe der Sozialdemokratie.

Historischer Kontext ■ Anlass für die Veröffentlichung des Wahlplakats war die Reichstagswahl vom 14. September 1930. Es wendet sich gegen die politischen Gegner der SPD von rechts und links, die auch die Republik seit ihrer Gründung bekämpften. Vor allem die Parteien der extremen Rechten, DNVP und NSDAP, nutzten die „Dolchstoßlegende" zur hasserfüllten Agitation gegen die politischen Vertreter der Weimarer Republik. 1930 hatte sich durch Wirtschaftskrise und Arbeitslosigkeit die parteipolitische Landschaft geändert. Während die liberalen Parteien DDP und DVP immer mehr Anhänger verloren, gewannen NSDAP und KPD von der politischen und sozialen Lage frustrierte Wähler hinzu. Mit dem Rücktritt der letzten sozialdemokratisch geführten Regierung im März 1930 entfiel die Hauptstütze der Weimarer Demokratie. Die SPD kämpfte daher für einen deutlichen Wahlsieg und die Zurückdrängung der extremen Flügelparteien, um wieder eine regierungsfähige Mehrheit im Parlament bilden zu können.

Intention und Wirkung ■ Die SPD will den Wählern die von den links- und rechtsextremen Parteien ausgehende Gefahr für Demokratie und Republik veranschaulichen, indem sie ein Bedrohungsszenario aus Gewalt, Terror, Angst und Tod entwirft. Dazu bedient sie sich der Feindbilder und Stereotypen, die die politischen Gegner bei ihren Angriffen gegen die Republik benutzen. Sie sollen als Lügner und Geschichtsklitterer (vgl. das Plakat S. 199) entlarvt werden. Die Schriftzüge lösen auf, was das Feindbild nahelegt; zugleich wirbt das „Rettungsversprechen" für die eigene Partei: Die SPD will die „Feinde der Demokratie" nicht durch Gewalt, sondern mit demokratischen Mitteln beseitigen.

Bewertung und Fazit ■ Das Plakat war 1930 überall in Deutschland verbreitet. Die Bedrohung wird durch ideenreiche Gestaltung, starke Farben und markante Zeichnung, schlagkräftige Slogans, bekannte Symbole und Stereotypen eindrucksvoll und verständlich in Szene gesetzt. Seinen eigentlichen Zweck hat das Plakat jedoch verfehlt. Bei der Reichstagswahl von 1930 verlor die SPD fast drei Prozent der Stimmen, blieb aber stärkste Partei. Die KPD gewann 2,5 Prozent Stimmenanteil, die NSDAP stieg mit 18,2 Prozent sogar zur zweitstärksten Partei auf.

Nationalsozialistische Gewaltherrschaft

◀ **Überlebende des Warschauer Ghettoaufstandes werden von der SS abgeführt.**
Foto (Ausschnitt) aus einem Bericht des SS-Gruppenführers und Generalmajors der Polizei, Jürgen Stroop, vom 16. Mai 1943.
Der Originaluntertitel lautet: „Mit Gewalt aus Bunkern herausgeholt." Der Aufstand endete, nachdem die SS die Häuser im Ghetto in Brand gesetzt hatte.
Ende Mai notierte Jürgen Stroop: „Es gibt keinen jüdischen Wohnbezirk in Warschau mehr." Von den 56 000 gefangengenommenen Juden erschoss die SS sofort 7 000. Die Überlebenden deportierte sie in Zwangsarbeitslager und in das Vernichtungslager Treblinka.

Der Weg in die Diktatur: „Gleichschaltung"

1933 — Hitler wird am 30. Januar vom Reichspräsidenten zum Reichskanzler ernannt.

Die Verordnung „Zum Schutz von Volk und Staat" vom 28. Februar setzt die Grundrechte außer Kraft.

Durch das „Ermächtigungsgesetz" vom 23. März erhält die Regierung Hitler diktatorische Vollmacht.

Die Länder werden „gleichgeschaltet" (31. März - 7. April).

Ausgrenzung und Verfolgung: der totalitäre Staat

Am 1. April werden jüdische Unternehmen, Geschäfte und Praxen boykottiert.

Das „Gesetz zur Wiederherstellung des Berufsbeamtentums" vom 7. April schließt politische Gegner und Juden vom Staatsdienst aus.

Zerschlagung der Gewerkschaften und Gründung der DAF (Mai).

Parteien, die sich nicht selbst auflösen, werden verboten (Juni/Juli).

1935 — Die „Nürnberger Gesetze" (15. September) entziehen den Juden ihre staatsbürgerlichen Rechte und verbieten „arisch"-jüdische Eheschließungen.

1936 — Ein Vierjahresplan soll Deutschland auf den Krieg vorbereiten.

1938 — Österreich wird an das Deutsche Reich „angeschlossen".

„Novemberpogrom"; jüdische Vermögen werden eingezogen.

Krieg und Holocaust

1939 — Mit dem deutschen Angriff auf Polen am 1. September beginnt der Zweite Weltkrieg.

Im Herbst beginnt die als „Euthanasie" bezeichnete Ermordung Behinderter (Aktion T4).

1941 — Die systematische Vernichtung der europäischen Juden setzt ein.

1942 — Auf der „Wannsee-Konferenz" am 20. Januar wird die begonnene „Endlösung der Judenfrage" koordiniert und organisiert.

1943 — Hinrichtung der Geschwister Scholl (Februar).

Die SS schlägt den Aufstand im Warschauer Ghetto (April/Mai) nieder.

1944 — Das Attentat auf Hitler am 20. Juli scheitert.

1945 — Am 27. Januar wird Auschwitz-Birkenau befreit (Holocaustgedenktag).

Vom 7.- 9. Mai kapituliert das Deutsche Reich bedingungslos.

Der Umgang mit der NS-Diktatur – eine Erb-Last der Deutschen? ■ Über sechzig Jahre nach dem Ende des Zweiten Weltkrieges ist die Erinnerung an die nationalsozialistische Vergangenheit präsent wie kein anderer Abschnitt deutscher Geschichte. Gedenktage, Bücher, Filmprojekte und andere Formen des Erinnerns halten die öffentliche Auseinandersetzung über die NS-Diktatur und die Verantwortung für sie lebendig.

Das war nicht immer so: In der unmittelbaren Nachkriegszeit herrschte der Wunsch nach Vergessen und Verdrängen vor. Während auf der einen Seite die noch lebenden Hauptschuldigen sowie die beteiligten nationalsozialistischen Organisationen vor dem international zusammengesetzten Militärgerichtshof in Nürnberg angeklagt wurden, Nachfolgeprozesse sich anschlossen und die Alliierten in unterschiedlicher Weise Entnazifizierung und Re-Education betrieben, glaubten viele unmittelbar Betroffene, nach Tod, Krieg, Flüchtlings- und Vertriebenenelend sei es nun Zeit, die Vergangenheit zu vergessen oder durch den Verweis auf die Kriegsverbrechen anderer Nationen eigene Vergehen zu relativieren. Erst seit der zweiten Hälfte der Fünfzigerjahre formierte sich eine kleine, kritische Masse, die sich mit der „unbewältigten Vergangenheit" auseinandersetzen wollte. Sehr schwer fiel und fällt dabei das Eingeständnis, dass die Zustimmung der Deutschen zum NS-Regime äußerst hoch war.

Seit Mitte der Neunzigerjahre lässt sich eine weitere Zäsur im Umgang mit der NS-Zeit beobachten: Eine neue Form der Auseinandersetzung entwickelte sich, indem immer häufiger Zeitzeugen mit ihren individuellen Lebenserinnerungen zu Wort kamen. Dabei wurden jedoch nicht nur Opfer, sondern auch Täter und Mitläufer des NS-Regimes befragt. In ihren Geschichten trat deutlich zutage, dass ohne aktive Mittäterschaft oder zumindest Duldung einer großen Mehrheit und Mithilfe der beteiligten staatlichen und gesellschaftlichen Institutionen die nationalsozialistische Führungsgruppe die Macht weder erlangen noch erhalten hätte können.

Steht dem couragierten Widerstand Einzelner die begeisterte oder zumindest kritiklose Gefolgschaft einer Überzahl von Deutschen aus allen Gesellschafts- und Bildungsschichten gegenüber? Die Gewichtung deutscher Schuld und Verantwortung bleibt bis heute umstritten. Mehr noch: Der Ruf, dieses Kapitel deutscher Geschichte „zu den Akten" zu legen, kommt bis heute quer durch alle Gesellschaftsschichten auf. Zwar steht vor allem der Holocaust nach wie vor im Fokus publizistischer und wissenschaftlicher Debatten. Jedoch wurde in den letzten Jahren deutlich, dass sich das Interesse zunehmend auch auf die Deutschen verlagert – und zwar auf die Deutschen als Opfer. Der Historiker Norbert Frei warnt, damit würden die Opfer des NS-Regimes zwangsläufig zurückgedrängt, und er benennt die gegenwärtigen Chancen im Umgang mit der NS-Vergangenheit: „Das Gebirge an Schuld, das die Deutschen in den Jahren 1933 bis 1945 aufgehäuft haben, bekommt klarere Konturen, je weiter wir uns davon entfernen. Im Laufe der Zeit werden die Fragen zudem immer wieder anders gestellt, manche tauchen überhaupt erst aus der Distanz auf. Insofern glaube ich, dass diese Vergangenheit uns weiter interessieren und auch beunruhigen wird. Angesichts der Dimensionen der Verbrechen wäre alles andere unnormal und überraschend."

▶ *Welche Merkmale kennzeichneten Ideologie und Herrschaft der Nationalsozialisten?*
▶ *Welche Ursachen und Folgen hatten Terror und Gewalt gegen politische Gegner, Juden, Sinti und Roma sowie andere Minderheiten im Inland und wie wirkte sich die nationalsozialistische Eroberungs- und Vernichtungspolitik im Ausland aus?*
▶ *Welche Formen von Akzeptanz und Widerstand in der Bevölkerung für und gegen das NS-Regime gab es und wie wurde die Rolle der „ganz normalen Deutschen", der Mitläufer und Zuschauer sowie der NS-Täter in der „Vergangenheitsbewältigung" beider deutscher Staaten nach 1945 beurteilt?*

Die NS-Ideologie

Nationalismus und Rassismus ■ Die in der ersten Hälfte des 19. Jahrhunderts in Deutschland populär gewordene Idee des Nationalismus hatte hohe Erwartungen für die Zukunft geschaffen, die von der Politik nicht eingelöst werden konnten. 1871 war der deutsche Nationalstaat als kleindeutsches Reich entstanden, das viele Deutsche ausschloss. Durch die demografische und industrielle Entwicklung gewann das Deutsche Reich an Stärke und betrieb nach der Thronbesteigung Kaiser Wilhelms II. 1888 verstärkt Weltmachtpolitik. Nationalistische Forderungen wurden immer aggressiver vorgetragen und waren mit rassistischen Vorstellungen gepaart. Unter anderem der **Alldeutsche Verband** vertrat eine rücksichtslose Verfolgung deutscher Interessen. Der Verband griff antijüdische Ressentiments in Deutschland und Österreich auf und propagierte sie in den „Alldeutschen Blättern" (1894 - 1939). Im Ersten Weltkrieg setzte er sich vehement für überzogene Kriegsziele, vor allem für mehr „Lebensraum" für das „Herrenvolk" ein; diese Forderungen übernahm die NS-Bewegung.

Europäische und koloniale Großmachtpläne waren nach 1918/19 durch die Gebietsabtretungen Deutschlands und die Auflösung der Donaumonarchie zerronnen. In den Nachbarstaaten der Weimarer Republik lebten nun deutschsprachige Minderheiten, die sich auch durch Zwangsmaßnahmen nicht integrieren ließen. Der Kriegsschuldartikel im Versailler Vertrag, die vermeintliche Härte der Friedensbedingungen und der Sturz der Monarchie gaben extrem nationalistischen Tendenzen zusätzlich Nahrung. An die Spitze der Republikgegner stellten sich die Nationalsozialisten. Ihrer Meinung nach sollten nicht so sehr gemeinsame Kultur und Geschichte das Band einer Nation sein, sondern die Rassengleichheit. Die biologische Substanz bestimme Menschen und Völker nicht nur körperlich, sondern auch geistig-seelisch. Von allen Rassen sei die „nordische" oder „**arische**" die wertvollste. Sie allein sei im eigentlichen Sinne kulturfähig (▶ M1).

Adolf Hitler und seine Anhänger griffen dabei auch auf die Lehre des **Sozialdarwinismus** zurück. Unter Missachtung geistiger, sittlicher und religiöser Werte diente die Verfälschung der Darwin'schen Ideen einer menschenverachtenden Ideologie, die bald zur praktischen Politik wurde. Demnach sollte es Aufgabe des Nationalsozialismus sein, der „arischen Herrenrasse" in Mitteleuropa ein Machtzentrum zu schaffen. Ihr gebühre, so Hitler, wegen ihrer Bedeutung für die Weltgeschichte ein angemessener „Lebensraum". Da dieser zurzeit nicht vorhanden sei, müsse er durch Krieg erobert und langfristig gesichert werden. Der angestrebte Lebensraum müsse zudem genügend Ressourcen umfassen, denn die Nation der Zukunft solle wirtschaftlich unabhängig sein und sich an einer bäuerlichen Lebensweise orientieren. Auch eine strategische Erwägung spielte eine wichtige Rolle: Eine Weltmacht der Zukunft brauchte in seinen Augen ein entsprechend großes Gebiet als Basis für Angriff und Verteidigung.

Das Streben nach einem Großreich im Osten und die bedingungslose Befürwortung von Gewalt und Krieg unterschieden den Nationalismus Hitlers von den herkömmlichen nationalen Ideen des Bürgertums.

Nationalsozialistische Ideologie der „Volksgemeinschaft" ■ Für die Nationalsozialisten bildete die Volksgemeinschaftsideologie ein Kernstück ihrer Weltanschauung. „Volksgemeinschaft" war für sie in erster Linie durch gemeinsames „deutsches Blut" und einen einheitlichen „Rassekern" bestimmt. Diese zum Mythos erhobene deutsche „Bluts- und Schicksalsgemeinschaft" führten die Nationalsozialisten bis auf die Germanen zurück, in deren Stammesgesellschaften es keine Klassen und sozialen Schran-

---

Alldeutscher Verband: 1891 gegründet, setzte sich die nationalistische Organisation für eine Stärkung und Verbreitung des Deutschtums ein und befürwortete eine imperialistische Politik.

Arier: im ethnologisch-sprachwissenschaftlichen Sinne Völker der indogermanischen Sprachfamilie. Im 19. Jahrhundert wurde der Begriff in eine rassische Überlegenheit der „weißen", dann der germanischen Rasse umgedeutet. In der NS-Rassenideologie bezeichnete „Arier" die überlegene „Herrenrasse".

Sozialdarwinismus: Bei dieser Lehre wurde die Evolutionstheorie des englischen Naturforschers Charles Darwin von der „natürlichen Auslese der Arten" (1859) stark vereinfacht und auf Völker, Nationen und Staaten übertragen. Danach sollten sich im „Kampf ums Dasein" die weiter entwickelten und damit überlegenen Gesellschaften und Kulturen durchsetzen.

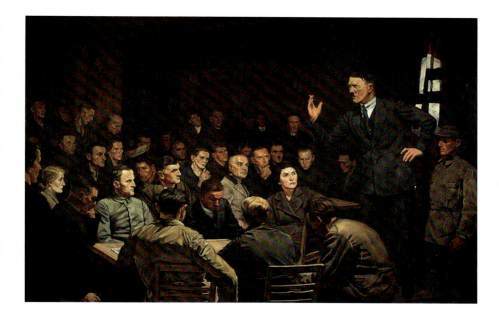

◄ „Am Anfang war das Wort."
Gemälde von Otto Hoyer, 1937.
- Betrachten Sie die Zuhörer und beschreiben Sie die Bevölkerungsgruppen.
- Analysieren Sie den Titel des Bildes und erläutern Sie den Kontext, in den der Maler den Redner und das Bild stellen will.

ken gegeben habe. Seither sei die Geschichte des deutschen Volkes durch innere Kämpfe und Spaltungen geprägt gewesen. Daher galt es, alle Klassen-, Gruppen- und Parteieninteressen zu beseitigen und die Einheit der Volksgenossen in einem „sozialen Volksstaat" herzustellen. In ihm sollten alle Unterschiede zum Wohl der Gemeinschaft eingeebnet werden (▶ M2).

Damit war jedoch keine soziale Gleichheit gemeint. Im Gegenteil: Die Nationalsozialisten traten für eine klare Schichtung des Volkes in oben und unten, für politische, gesellschaftliche und geschlechtsspezifische Hierarchien ein. Vor allem aber stützten sich die Nationalsozialisten auf die Lehre von der angeblichen Ungleichheit der Rassen. Nur ein von „Minderwertigen", „Fremdrassigen" und „Gemeinschaftsfremden" gereinigtes Volk könne „Volksgemeinschaft" sein. Rassismus und Antisemitismus wurden damit zum Instrument der Ausgrenzung und Verfolgung von Minderheiten, zu denen besonders die Juden sowie die Sinti und Roma zählten.

Damit die NSDAP ihre Ziele überhaupt erreichen konnte, sollte die nationalsozialistische „Volksgemeinschaft" auch eine Gesinnungsgemeinschaft sein, in der sich jeder Einzelne widerspruchslos zur nationalsozialistischen Weltanschauung bekannte. Wer sich abwartend verhielt, sollte durch Propaganda erzogen werden. Wer sich widersetzte, wer also den „rassischen", politischen oder moralischen Normen und den Leistungsanforderungen der Partei nicht genügte, wurde als „Volksschädling" oder „Gemeinschaftsfremder" ausgeschlossen und bekämpft. „Rasseneinheit" und politisches Wohlverhalten bestimmten darüber, wer zur „Volksgemeinschaft" gehörte und wer nicht.

„Führer" und Volk ■ Die „Volksgemeinschaft" bestand nicht aus freien Individuen, sondern war durch das Verhältnis von „Führer" und „Gefolgschaft" bestimmt. Der Einzelne hatte seine Interessen dem Gemeinwohl unterzuordnen. Was dem Gemeinwohl diente, darüber entschied allein Hitler. Herausragende Persönlichkeiten sollten, so Hitler, eine führende Rolle innerhalb der „Volksgemeinschaft" einnehmen. Die Auswahl wurde nicht auf demokratische Weise, sondern durch Berufung von oben vorgenommen.

Nationalsozialistische Gewaltherrschaft

▲ **Plakat von 1934.**
Das Plakat nutzt ein bekanntes Propagandafoto von Adolf Hitler. Es wurde vermutlich zur Volksabstimmung vom 19. August 1934 (nach dem Tod des Reichspräsidenten Paul von Hindenburg) über die Zusammenlegung des Reichspräsidenten- und des Reichskanzleramtes in der Person des „Führers und Reichskanzlers" Adolf Hitler hergestellt.

■ Beurteilen Sie das Plakat.
Untersuchen Sie, inwiefern sich darin der Charakter der Wahlen seit 1933 spiegelt.

„Autorität jedes Führers nach unten und Verantwortung nach oben" lautete die von Hitler aufgestellte Maxime. Das System gipfelte in dem „Führer" Adolf Hitler. Er sollte nur der von ihm häufig zitierten „Vorsehung" verantwortlich sein.

Emotional untermauerte die NSDAP das Ganze durch die Inszenierung eines Führerkults, der das italienische Vorbild nachahmte. Ein Führerbild hing später in allen Amts- und Schulräumen und sollte in jeder Wohnung einen Ehrenplatz erhalten. „Heil Hitler" war der offiziell geforderte „Deutsche Gruß" für jeden. Die Person Adolf Hitlers wurde zum Bindeglied zwischen Führerstaat und „Volksgemeinschaft" und zum Idealbild stilisiert. Hier flossen Ideen der obrigkeitsstaatlichen Ordnung des 18. und 19. Jahrhunderts ein, die Hitler zum verehrungswürdigen Ersatzmonarchen emporhoben und den Einzelnen in widerspruchslose Unterordnung zwangen.

Statt Parteienkonflikt und Klassenkampf propagierte die NSDAP eine „Volksgemeinschaft der Arbeiter der Faust und Stirn". Auch der Interessengegensatz zwischen Arbeitgeber und Arbeitnehmer, die sich als Glieder desselben Volks fühlen sollten, wurde für aufgehoben erklärt.

Gegen Liberale und Marxisten ■ Liberalismus und Marxismus bezeichnete Hitler als „jüdische Erfindungen", die zum Verderben der „Herrenrasse" eingeführt worden seien. Für den Liberalismus sind individuelle Freiheit und Selbstverwirklichung grundlegende Werte. Demgegenüber forderte die NS-Regierung unter Missbrauch und Verfälschung alter preußisch-deutscher Traditionen den totalen Einsatz des Volksgenossen. „Treue", Dienstbereitschaft und absoluter Gehorsam standen über den durch die Weimarer Verfassung garantierten Grundrechten.* Die allgegenwärtige Ordnungsmacht des Staates dürfe nicht durch liberale Verfassungsgrundsätze eingeschränkt werden. Das politische System der Weimarer Republik, das sich um die Verwirklichung des liberalen Rechts- und Verfassungsstaates bemüht hatte, wurde als Epoche undeutscher westlicher Überfremdung interpretiert.

Darüber hinaus nahm Hitler für sich in Anspruch, der Zerstörer des Marxismus zu sein. Die Propaganda einer Klassenversöhnung, bei der alte Sozialstrukturen und Klassenschranken überwunden wurden, hatte großen Erfolg. „Volksgemeinschaft" und „Sozialismus der Tat" waren Prinzipien, die auch weite Kreise der Arbeiterschaft an den Nationalsozialismus banden.

---

* Siehe S. 193 f.

M1 Die völkische Weltanschauung

Während seiner neunmonatigen Haftzeit in Landsberg diktiert Hitler 1924 den ersten Band seiner programmatischen Schrift „Mein Kampf". Er erscheint 1925 mit dem Untertitel „Eine Abrechnung" im parteieigenen Verlag. Der zweite Band folgt 1926. Das Werk wird in 16 Sprachen übersetzt und erreicht eine Gesamtauflage von zehn Millionen Exemplaren. Im Mittelpunkt seiner Ausführungen stehen Hitlers rassistische, antisemitische und völkische Anschauungen sowie die Forderungen nach „Lebensraum":

Die Sünde wider Blut und Rasse ist die Erbsünde dieser Welt und das Ende einer sich ihr ergebenden Menschheit. [...] Es ist ein müßiges Beginnen, darüber zu streiten, welche Rasse oder Rassen die ursprünglichen Träger der mensch-
5 lichen Kultur waren und damit die wirklichen Begründer dessen, was wir mit dem Worte Menschheit alles umfassen. Einfacher ist es, sich diese Frage für die Gegenwart zu stellen, und hier ergibt sich auch die Antwort leicht und deutlich. Was wir heute an menschlicher Kultur, an Ergebnissen von
10 Kunst, Wissenschaft und Technik vor uns sehen, ist nahezu ausschließlich schöpferisches Produkt des Ariers. Gerade diese Tatsache aber lässt den nicht unbegründeten Rückschluss zu, dass er allein der Begründer höheren Menschentums überhaupt war, mithin den Urtyp dessen darstellt, was
15 wir unter dem Worte „Mensch" verstehen. [...]
Der Arier ist nicht in seinen geistigen Eigenschaften an sich am größten, sondern im Ausmaße der Bereitwilligkeit, alle Fähigkeiten in den Dienst der Gemeinschaft zu stellen. Der Selbsterhaltungstrieb hat bei ihm die edelste Form erreicht,
20 indem er das eigene Ich dem Leben der Gesamtheit willig unterordnet und, wenn die Stunde es erfordert, auch zum Opfer bringt. [...]
Den gewaltigsten Gegensatz zum Arier bildet der Jude. Bei kaum einem Volke der Welt ist der Selbsterhaltungstrieb
25 stärker entwickelt als beim sogenannten auserwählten. [...] Da nun der Jude – aus Gründen, die sich sofort ergeben werden – niemals im Besitze einer eigenen Kultur war, sind die Grundlagen seines geistigen Arbeitens immer von anderen gegeben worden. Sein Intellekt hat sich zu allen Zeiten an der
30 ihn umgebenden Kulturwelt entwickelt. Niemals fand der umgekehrte Vorgang statt. Denn wenn auch der Selbsterhaltungstrieb des jüdischen Volkes nicht kleiner, sondern eher noch größer ist als anderer Völker, wenn auch seine geistigen Fähigkeiten sehr leicht den Eindruck zu erwecken ver-
35 mögen, dass sie der intellektuellen Veranlagung der übrigen Rassen ebenbürtig wären, so fehlt doch vollständig die allerwesentlichste Voraussetzung für ein Kulturwerk, die idealistische Gesinnung. [...]

Demgegenüber erkennt die völkische Weltanschauung die Bedeutung der Menschheit in deren rassischen Urelementen.
40 Sie sieht im Staat prinzipiell nur ein Mittel zum Zweck und fasst als seinen Zweck die Erhaltung des rassischen Daseins der Menschen auf. Sie glaubt somit keineswegs an eine Gleichheit der Rassen, sondern erkennt mit ihrer Verschiedenheit auch ihren höheren oder minderen Wert und fühlt
45 sich durch diese Erkenntnis verpflichtet, gemäß dem ewigen Wollen, das dieses Universum beherrscht, den Sieg des Besseren, Stärkeren zu fördern, die Unterordnung des Schlechteren und Schwächeren zu verlangen. Sie huldigt damit prinzipiell dem aristokratischen Grundgedanken der Natur und
50 glaubt an die Geltung dieses Gesetzes bis herab zum letzten Einzelwesen. Sie sieht nicht nur den verschiedenen Wert der Rassen, sondern auch den verschiedenen Wert des Einzelmenschen. [...] Nein, es gibt nur ein heiligstes Menschenrecht, und dieses Recht ist zugleich die heiligste Verpflichtung,
55 nämlich: dafür zu sorgen, dass das Blut rein erhalten bleibt, um durch die Bewahrung des besten Menschentums die Möglichkeit einer edleren Entwicklung dieser Wesen zu geben. [...] Ein völkischer Staat wird damit in erster Linie die Ehe aus dem Niveau einer dauernden Rassenschande he-
60 rauszuheben haben, um ihr die Weihe jener Institution zu geben, die berufen ist, Ebenbilder des Herrn zu zeugen und nicht Missgeburten zwischen Mensch und Affe.

Adolf Hitler, Mein Kampf. Zwei Bände in einem Band, München [51]1933, S. 272, 420 f. und 444 f.

1. Benennen und erläutern Sie die Wertmaßstäbe, die Hitler an menschliches Dasein anlegt.
2. Erläutern Sie den hier verwendeten Begriff der „Rasse".
3. Analysieren Sie die Wendung „Ebenbilder des Herrn zu zeugen" und vergleichen Sie das Menschenbild Hitlers mit dem christlich-humanistischen Menschenbild.

M2 Die nationalsozialistische „Volksgemeinschaft"

Aus der Rede Hitlers zum Erntedankfest im niedersächsischen Bückeberg am 1. Oktober 1933:

Der Nationalsozialismus hat weder im Individuum noch in der Menschheit den Ausgangspunkt seiner Betrachtungen, seiner Stellungnahmen und Entschlüsse. Er rückt bewusst in den Mittelpunkt seines ganzen Denkens das Volk. Dieses Volk
5 ist für ihn eine blutmäßig bedingte Erscheinung, in der er einen von Gott geweihten Baustein der menschlichen Gesellschaft sieht.
Das einzelne Individuum ist vergänglich, das Volk ist bleibend. Wenn die liberale Weltanschauung in ihrer Vergötte-

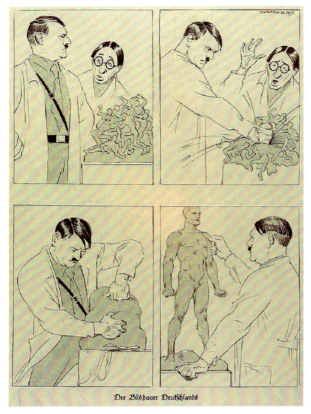

▲ **Der Bildhauer Deutschlands.**
Karikatur von Oskar Garvens aus der politischen Satirezeitschrift „Kladderadatsch" vom 3. Dezember 1933.
■ *Analysieren Sie die Aussage der Karikatur. Bestimmen Sie den Standort des Zeichners.*

rung des einzelnen Individuums zur Zerstörung des Volkes führen muss, so wünscht dagegen der Nationalsozialismus das Volk zu schützen, wenn nötig, auf Kosten des Individuums. Es ist notwendig, dass der Einzelne sich langsam zur Erkenntnis durchringt, dass sein eigenes Ich unbedeutend ist, gemessen am Sein des ganzen Volkes [...], dass vor allem die Geistes- und Willenseinheit einer Nation höher zu schätzen sind als die Geistes- und Willenseinheit des Einzelnen.

In seiner Rede am Heldengedenktag am 10. März 1940 sagt Hitler über die „Volksgemeinschaft":

Kein Volk hat mehr Recht zu feiern als das deutsche!
In schwerster geopolitischer Lage konnte das Dasein unseres Volkes immer wieder nur durch den heroischen Einsatz seiner Männer sichergestellt werden. Wenn wir seit 2000 Jahren ein geschichtliches Dasein leben, dann nur, weil in diesen 2000 Jahren immer Männer bereit gewesen sind, für dieses Leben der Gesamtheit ihr eigenes einzusetzen und – wenn nötig – zu opfern. [...]
Für was sie einst kämpften, kämpfen nunmehr auch wir. Was ihnen hoch genug war, um – wenn notwendig – dafür zu sterben, soll uns in jeder Stunde zu gleicher Tat bereit finden. Der Glaube aber, der sie beseelte, hat sich in uns allen nur noch verstärkt. Wie immer auch das Leben und das Schicksal des Einzelnen sein mag, über jedem steht das Dasein und die Zukunft der Gesamtheit. Und hier hebt uns etwas noch über vergangene Zeiten empor: Uns allen ist das erschlossen worden, für was in früheren Zeiten so viele noch unbewusst kämpfen mussten: das deutsche Volk!
In seiner Gemeinschaft leben zu dürfen, ist unser höchstes irdisches Glück. Ihr anzugehören, ist unser Stolz. Sie in bedingungsloser Treue in den Zeiten der Not zu verteidigen, unser fanatischer Trotz. [...] Wenn die andere Welt der plutokratischen[1] Demokratien gerade gegen das nationalsozialistische Deutschland den wildesten Kampf ansagt und seine Vernichtung als oberstes Kriegsziel ausspricht, dann wird uns damit nur das bestätigt, was wir ohnedies wissen: dass nämlich der Gedanke der nationalsozialistischen Volksgemeinschaft das deutsche Volk auch in den Augen unserer Gegner besonders gefährlich, weil unüberwindlich macht. Über Klassen und Stände, Berufe, Konfessionen und alle übrige Wirrnis des Lebens hinweg erhebt sich die soziale Einheit der deutschen Menschen ohne Ansehen des Standes und der Herkunft, im Blute fundiert, durch ein tausendjähriges Leben zusammengefügt, durch das Schicksal auf Gedeih und Verderb verbunden.

Erster Text zitiert nach: Johannes Hampel, Der Nationalsozialismus, Bd. 2: 1935-1939. Friedenspropaganda und Kriegsvorbereitung, hrsg. von der Bayerischen Landeszentrale für politische Bildung, München ²1993, S. 271
Zweiter Text zitiert nach: Max Domarus, Hitler. Reden und Proklamationen 1932-1945, kommentiert von einem deutschen Zeitgenossen, Bd. 2.1, Würzburg 1963, S. 1477 ff.

1. *Charakterisieren Sie Hitlers Vorstellung von der deutschen „Volksgemeinschaft".*
2. *Erläutern Sie die Stellung des Individuums und die sich daraus ergebenden Konsequenzen für den Einzelnen. Vergleichen Sie mit unserem heutigen Menschenbild und heutigen Rechtsvorstellungen.*
3. *Zeigen Sie auf, welches Geschichtsbild Hitler zeichnet und zu welchem Zweck er dies tut.*

[1] Plutokratie: Geldherrschaft bzw. Staatsform, in der allein der Besitz politische Macht garantiert

Machtübernahme der Nationalsozialisten und „Gleichschaltung"

„Führer in ein neues Zeitalter" Als Adolf Hitler am 30. Januar 1933 von Reichspräsident Hindenburg zum Reichskanzler ernannt wurde, schien sich rein äußerlich nichts Wesentliches an der politischen Situation im Deutschen Reich geändert zu haben. Hitler war Chef eines Präsidialkabinetts wie seine drei unmittelbaren Amtsvorgänger. Der „Führer" und seine Partei feierten die Berufung in die Regierungsverantwortung jedoch als „Machtergreifung". Die Fackelzüge, die am Abend des 30. Januar in Berlin und vielen Städten Deutschlands von der NSDAP unter Beteiligung konservativer Kräfte inszeniert wurden, huldigten nicht einem weiteren Kanzler der Republik, sondern dem „Führer in ein neues Zeitalter".

Die neue Regierung besaß keine Mehrheit im Reichstag. Hitler ließ dennoch Koalitionsverhandlungen, die ihm eine Majorität gesichert hätten, bewusst scheitern. Stattdessen wurden der Reichstag aufgelöst und Wahlen für den 5. März anberaumt. Die parlamentsfreie Atempause wollte Hitler nutzen, um mithilfe von Notverordnungen vollendete Tatsachen zu schaffen und die Wähler massiv zu beeinflussen, denn das Erreichen der absoluten Mehrheit schien für die NSDAP in greifbare Nähe gerückt.

▲ Postkarte zum „Tag von Potsdam".
Der neue Propagandaminister Joseph Goebbels gestaltete die erste Sitzung des neuen Reichstags nach dem Machtwechsel in der Potsdamer Garnisonkirche als Schauspiel der „nationalen Wiedererweckung". Am Grab Friedrichs des Großen gaben sich Hitler und Reichspräsident Hindenburg am 21. März 1933 feierlich die Hand.
■ Erklären Sie die Bildsymbolik.

Der Reichstagsbrand und seine Folgen Am 27. Februar, eine Woche vor der Wahl, brannte der Reichstag in Berlin. Am Tatort wurde der Holländer *Marinus van der Lubbe* festgenommen. Wahrheitswidrig verkündeten die Nationalsozialisten, dass die Brandstiftung der Beginn eines kommunistischen Umsturzes sein sollte. Die genauen Hintergründe des Reichstagsbrandes sind bis heute nicht geklärt, aber die meisten Historiker gehen von einer Alleintäterschaft van der Lubbes aus.

Hitler veranlasste sofort die Verhaftung von 4000 kommunistischen Abgeordneten und Funktionären, ferner das Verbot der kommunistischen und sozialdemokratischen Presse. Die von Hindenburg am 28. Februar 1933 erlassene *Verordnung „Zum Schutz von Volk und Staat"* schuf die rechtlichen Voraussetzungen, um die Grundrechte außer Kraft zu setzen (▶ M1).

Trotz massiver Behinderung der anderen Parteien und eines pausenlosen Propagandaaufwands war das Wahlergebnis des 5. März für die NSDAP enttäuschend. Sie verfehlte mit 43,9 Prozent der abgegebenen Stimmen klar die erhoffte absolute Mehrheit. Am 21. März wurde der Reichstag in der Garnisonkirche zu Potsdam mit einem Staatsakt eröffnet. Zwei Tage nach dem *„Tag von Potsdam"* legte Hitler den Abgeordneten ein *Gesetz zur Behebung der Not von Volk und Reich*, das sogenannte *„Ermächtigungsgesetz"*, zur Abstimmung vor. Obwohl NSDAP und Deutschnationale Volkspartei (DNVP) eine handlungsfähige Mehrheit im Reichstag bildeten, sollte der Regierung – zunächst auf vier Jahre – das Recht eingeräumt werden, Gesetze ohne Mitwirkung von Reichstag und Reichsrat zu erlassen.

Die Vertreter der bürgerlichen Parteien gaben eingeschüchtert nach, in der Hoffnung, Schlimmeres zu verhüten und durch ihr Entgegenkommen später Einfluss auf die Durchführung des Gesetzes nehmen zu können. Nur die SPD verweigerte ihre Zustimmung, konnte damit die notwendige Zweidrittelmehrheit allerdings nicht verhindern. Auch der Reichsrat ließ das Gesetz ohne Einwand passieren.

„Gleichschaltung" von Ländern, Verwaltung und Parteien ■ Mit dem „Ermächtigungsgesetz" hatte Hitler formalrechtlich legal den Freibrief erhalten, Staat und Gesellschaft „gleichzuschalten". Partei und Regierung beseitigten in den ersten Monaten nach der Machtübernahme schrittweise das föderalistische Eigenleben von Ländern und Gemeinden: Landtage, Stadt- und Gemeinderäte wurde nach dem Ergebnis der Reichstagswahl vom 5. März 1933 umgebildet. Von missliebigen Parteien errungene Sitze verfielen, sodass die Nationalsozialisten fast überall ein Übergewicht erhielten. Darüber hinaus setzte Hitler in den Ländern *Reichsstatthalter* ein, die befugt waren, Regierungen zu bilden und zu entlassen. Jeder Reichsstatthalter war seinerseits an die Weisungen des „Führers" gebunden, die totale Kontrolle der Gebietskörperschaften damit gesichert.

Maßgeblich zur Festigung des neuen Regimes trug die „Gleichschaltung" des Verwaltungsapparats bei. Schon in den ersten Tagen nach der „Machtergreifung" waren in Säuberungsaktionen widerstrebende Beamte aus dem Dienst entfernt worden. Legalisiert wurden die Entlassungen erst nachträglich durch das *Gesetz zur Wiederherstellung des Berufsbeamtentums* vom 7. April 1933. Um die politische Opposition endgültig auszuschalten, wurde nach der Zerschlagung der KPD im Sommer 1933 die SPD verboten. Die anderen Parteien lösten sich unter massivem Druck selbst auf. Im Reichstag saßen fortan nur noch Mitglieder der NSDAP. Da das Parlament als Gegengewicht zur Exekutive praktisch ausgeschaltet war, konnte Hitler mit *Führererlassen* regieren, die an die Stelle von Gesetzen traten.

Nach dem Tod Hindenburgs am 2. August 1934 stand der Diktatur Hitlers endgültig nichts mehr im Weg. Ohne Wahl übernahm er das Amt des Reichspräsidenten und nannte sich nun „Führer und Reichskanzler". Die Reichswehr und alle Beamten mussten sich durch einen Eid persönlich auf Hitler verpflichten (▶ M2).

▲ Propagandaplakat, entstanden um 1933.
Der Anschlag stammt von dem Münchener Plakatgestalter und Reklamekünstler Ludwig Hohlwein. Auftraggeber war die Reichsjugendführung der NSDAP.

Totale Organisation ■ Bereits mit dem Eintritt in die Grundschule sollten die Jugendorganisationen der NSDAP, *Hitler-Jugend* (HJ) und *Bund Deutscher Mädel* (BDM), möglichst alle Kinder eines Jahrgangs erfassen. In beiden Organisationen – und ebenso in den Schulen – wurde die Jugend im Sinn der nationalsozialistischen Ideologie gedrillt.* Nicht mehr die liberalen Bildungsziele der Weimarer Zeit zählten, sondern Gleichschritt und Wehrertüchtigung. Alle Jugendverbände wurden früher oder später in HJ und BDM überführt. Per Gesetz erhoben die Nationalsozialisten die Hitler-Jugend 1936 zur „Staatsjugend", wodurch diese zu einem wichtigen Kontroll- und Erziehungsinstrument wurde. Der für alle Jugendlichen verpflichtende *Reichsarbeitsdienst* sollte die in HJ und BDM angelegte ideologische Ausrichtung fortsetzen. Für viele Berufssparten bestanden zudem gesonderte, der NSDAP untergeordnete Vereinigungen, z.B. der *NS-Lehrerbund* oder der *NS-Ärztebund*.

Menschen in Beruf oder Freizeit, Gesunde und Invalide, Jugendliche und Greise, Frauen und Männer – sie alle sollte das parteigesteuerte Organisationsnetz des totalitären Staates erfassen. Dies gelang mithilfe von Unterorganisationen wie der *Deutschen Arbeitsfront* (DAF), dem *NS-Studentenbund*, der *NS-Frauenschaft* und anderen mehr. Das Netz war so eng geknüpft, dass der Einzelne kaum entschlüpfen konnte (▶ M3, M4).

---

* Siehe S. 244, M4.

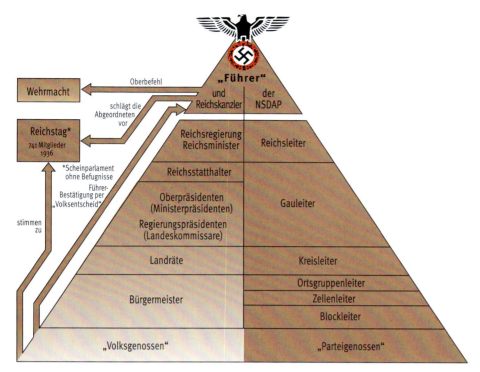

◀ **Staat und Partei im „Führerstaat".**
Parteienhierarchie und Staatsämter überschnitten sich sowohl in ihren Kompetenzen als auch personell: Mit zwei Ausnahmen waren z. B. alle Reichsstatthalter zugleich auch Gauleiter in ihrem Amtsbereich.

Führung oder Chaos? ■ Die Ausschaltung oppositioneller Gruppen schien auf den ersten Blick die Staatsmacht zu stärken, die sich nicht länger im pluralistisch-liberalen Meinungsstreit behaupten musste. Es zeigte sich jedoch, dass neben den Staat sich nun die NSDAP als „Trägerin des deutschen Staatsgedankens" stellte. Ihre Führung war seit der Ausschaltung der anderen Parteien unangefochten. Die Aufgabe der NSDAP bestand nun nicht länger in Opposition und Straßenkampf, sondern in der Erfassung aller Lebensbereiche, mit dem Ziel einer totalitären Herrschaftsübernahme. Die Partei durchdrang die Gesellschaft und trat damit in Konkurrenz zu den staatlichen oder kommunalen Institutionen.

Die Folge war ein undurchsichtiger Wirrwarr von Kompetenzen (▶ M5). Während der Staat üblicherweise das öffentliche Leben auf der Basis von Gesetzen reglementiert und gestaltet, trafen jetzt Parteiorganisationen oder deren Repräsentanten neben der staatlichen Bürokratie Einzelentscheidungen. Sie versuchten beständig, die Verwaltung in ihrem Sinn zu beeinflussen. Vielfach verschmolzen Partei- und Staatsorganisation miteinander. So hatten die Gauleiter der NSDAP häufig zugleich hohe Ämter in den „gleichgeschalteten" Ländern inne, oder die Ortsgruppenleiter der Partei übernahmen gleichzeitig das Bürgermeisteramt. Die Kontrolle der öffentlichen Hand und des gesellschaftlichen Alltags ließ die Parteibürokratie ständig anwachsen. Gab es 1935 33 Gauleiter, 827 Kreisleiter, 21 000 Ortsgruppenleiter und 260 000 Zellen- und Blockleiter, so betrug die Zahl dieser Funktionäre zwei Jahre später bereits 700 000. Während des Krieges waren es zwei Millionen.

Charakteristisch für die **Polykratie** war das Entstehen zahlloser Sonderverwaltungen, die neben der staatlichen Bürokratie ein Eigenleben führten und dem „Führer" direkt unterstellt waren. Einer solchen Behörde stand z. B. **Hermann Göring** ab 1936 als „Beauftragter für den Vierjahresplan" vor. Er konnte in dieser Funktion an allen staatlichen Stellen vorbei unmittelbaren Einfluss auf die Wirtschaft nehmen.

Polykratie: von griech. poly: viel und kratéin: Macht; Vielzahl konkurrierender Herrschaftsansprüche und Zuständigkeiten

Hermann Göring (1893 - 1946): seit 1933 preußischer Ministerpräsident; 1933 - 1945 Reichsminister für Luftfahrt; 1937/38 Reichswirtschaftsminister; 1939 von Hitler offiziell zu seinem Nachfolger ernannt; 1946 Selbstmord in Haft

M1 Verordnung „Zum Schutz von Volk und Staat" und „Ermächtigungsgesetz"

Am 28. Februar 1933, einen Tag nach dem Reichstagsbrand, erlässt Reichspräsident Hindenburg eine Verordnung „Zum Schutz von Volk und Staat". Aufgrund des Artikels 48, Absatz 2 der Reichsverfassung wird „zur Abwehr kommunistischer staatsgefährdender Gewaltakte" Folgendes verordnet:

§ 1 Die Artikel 114, 115, 117, 118, 123, 124 und 153 der Verfassung des Deutschen Reichs werden bis auf Weiteres außer Kraft gesetzt. Es sind daher Beschränkungen der persönlichen Freiheit, des Rechts der freien Meinungsäußerung einschließlich der
5 Pressefreiheit, des Vereins- und Versammlungsrechts, Eingriffe in das Brief-, Post-, Telegrafen- und Fernsprechgeheimnis, Anordnungen von Haussuchungen und von Beschlagnahmen sowie Beschränkungen des Eigentums auch außerhalb der sonst hierfür bestimmten gesetzlichen Grenze zulässig.
10 § 2 Werden in einem Lande die zur Wiederherstellung der öffentlichen Sicherheit und Ordnung nötigen Maßnahmen nicht getroffen, so kann die Reichsregierung insoweit die Befugnisse der obersten Landesbehörde vorübergehend wahrnehmen. [...]

Das folgende „Gesetz zur Behebung der Not von Volk und Reich" (das sogenannte „Ermächtigungsgesetz") vom 23. März 1933 stellt zusammen mit der Verordnung „Zum Schutz von Volk und Staat" die verfassungsrechtliche Grundlage des NS-Staates dar:

15 Art. 1: Reichsgesetze können außer in dem in der Reichsverfassung vorgesehenen Verfahren auch durch die Reichsregierung beschlossen werden. [...]
Art. 2: Die von der Reichsregierung beschlossenen Reichsgesetze können von der Reichsverfassung abweichen, soweit
20 sie nicht die Einrichtung des Reichstages und des Reichsrates als solche zum Gegenstand haben. Die Rechte des Reichspräsidenten bleiben unberührt.
Art. 3: Die von der Reichsregierung beschlossenen Reichsgesetze werden vom Reichskanzler ausgefertigt und im Reichs-
25 gesetzblatt verkündet. Sie treten, soweit sie nichts anderes bestimmen, mit dem auf die Verkündung folgenden Tag in Kraft. Die Artikel 68-77 der Reichsverfassung finden auf die von der Reichsregierung beschlossenen Gesetze keine Anwendung.¹
Art. 4: Verträge des Reichs mit fremden Staaten, die sich auf
30 Gegenstände der Reichsgesetzgebung beziehen, bedürfen für die Dauer der Geltung dieses Gesetzes nicht der Zustimmung der an der Gesetzgebung beteiligten Körperschaften.

¹ Geregelt war hier das übliche Verfahren der Gesetzgebung.

▲ SA-Mann als Hilfspolizist (r.) auf Streife mit Berliner Schutzpolizist (Schupo) am Wahltag.
Foto vom 5. März 1933.

Die Reichsregierung erlässt die zur Durchführung dieser Verträge erforderlichen Vorschriften. [...]

Walther Hofer (Hrsg.), Der Nationalsozialismus. Dokumente 1933–1945, Frankfurt am Main 1957, S. 53 und 57

1. Erörtern Sie, welche Konsequenzen die Notverordnung „Zum Schutz von Volk und Staat" und das „Ermächtigungsgesetz" für den politischen Alltag haben mussten.
2. Diskutieren Sie, welche Möglichkeiten der Opposition und der Gewaltenkontrolle zu diesem Zeitpunkt noch gegeben waren.

M2 Die Autorität des „Führers"

Hitler erklärt in „Mein Kampf":

Die Bewegung vertritt im Kleinsten wie im Größten den Grundsatz der unbedingten Führerautorität, gepaart mit höchster Verantwortung. Die praktischen Folgen dieses Grundsatzes in der Bewegung sind nachstehende: Der erste Vorsit-
5 zende einer Ortsgruppe wird durch den nächsthöheren Führer eingesetzt, er ist der verantwortliche Leiter der Ortsgruppe. Sämtliche Ausschüsse unterstehen ihm, und nicht er umgekehrt einem Ausschuss. Abstimmungs-Ausschüsse gibt es

nicht, sondern nur Arbeits-Ausschüsse. Die Arbeit teilt der
10 verantwortliche Leiter, der erste Vorsitzende, ein. Der gleiche
Grundsatz gilt für die nächsthöhere Organisation, den Bezirk,
den Kreis oder den Gau. Immer wird der Führer von oben eingesetzt und gleichzeitig mit unbeschränkter Vollmacht und
Autorität bekleidet. Nur der Führer der Gesamtpartei wird aus
15 vereinsgesetzlichen Gründen in der Generalmitgliederver-
sammlung gewählt. Er ist aber der ausschließliche Führer der
Bewegung. Sämtliche Ausschüsse unterstehen ihm und nicht
er den Ausschüssen. Er bestimmt und trägt damit aber auch
auf seinen Schultern die Verantwortung. Es steht den Anhän-
20 gern der Bewegung frei, vor dem Forum einer neuen Wahl ihn
zur Verantwortung zu ziehen, ihn seines Amtes zu entkleiden,
insofern er gegen die Grundsätze der Bewegung verstoßen
oder ihren Interessen schlecht gedient hat. An seine Stelle tritt
dann der besser könnende, neue Mann, jedoch mit gleicher
25 Autorität und gleicher Verantwortlichkeit. Es ist eine der obersten Aufgaben der Bewegung, dieses Prinzip zum bestimmenden nicht nur innerhalb ihrer eigenen Reihen, sondern auch für
den gesamten Staat zu machen. Wer Führer sein will, trägt bei
höchster unumschränkter Autorität auch die letzte und
30 schwerste Verantwortung. Wer dazu nicht fähig oder für das
Ertragen der Folgen seines Tuns zu feige ist, taugt nicht zum
Führer. Nur der Held ist dazu berufen. Der Fortschritt und die
Kultur der Menschheit sind nicht ein Produkt der Majorität,
sondern beruhen ausschließlich auf der Genialität und der
35 Tatkraft der Persönlichkeit. Diese heranzuzüchten und in ihre
Rechte einzusetzen, ist eine der Vorbedingungen zur Wiedergewinnung der Größe und Macht unseres Volkstums.

Adolf Hitler, Mein Kampf. Zwei Bände in einem Band, München [51]1933,
S. 378 f.

■ *Charakterisieren Sie das „Führerprinzip".*

M3 „Gleichschaltung" im Alltag

*Ernst Niekisch, der 1939 wegen „literarischen Hochverrats" zu
einer lebenslänglichen Zuchthausstrafe verurteilt wird, beschreibt und interpretiert um 1935 die tief greifenden Veränderungen in der Gesellschaft:*

Ein Taumel der „Gleichschaltung" erfasste das ganze Volk.
Alle öffentlichen und privaten Einrichtungen, Organisationen
und Korporationen, alle wirtschaftlichen Betriebe und kulturellen Gesellschaften, alle Verbände und Vereine „schalteten
5 sich gleich". Zweck der Gleichschaltung war die Herstellung
der „Volksgemeinschaft". Die „Volksgemeinschaft" ist kein
gesellschaftlicher Ordnungszustand höherer Art. Nirgends
trügt der Schein mehr, als er hier es tut. [In] der „Volksge-

meinschaft" soll das ganze Volk auf die formlos chaotische
Existenzweise menschlichen Abschaums heruntergebracht 10
werden. Sinn und Inhalt der Volksgemeinschaft ist lediglich
die Solidarität des lumpenproletarischen Gesindels.
Irgendwelche untergeordneten Organe oder Angestellte
zogen plötzlich ihr nationalsozialistisches Mitgliedsbuch, das
sie bisher sorgfältig verborgen gehabt hatten, aus der Tasche 15
und trumpften damit auf; zuweilen war es der Portier, der
sich überraschend als Vertrauensmann der nationalen Revolution entpuppte und sich über Nacht zum wichtigsten und
ersten Mann emporschwang. Das Mitgliedsbuch und das
braune Hemd waren Ausweise, durch welche sich die Inhaber 20
für befugt hielten, nach den Zügeln zu greifen und die Leitung zu übernehmen. [...]
Der Punkt, an dem der Hebel ansetzt, welcher den Menschen
gleichschaltet, ist die Existenzfrage. Wenn der Mann nicht
richtig liegt, bekommt er kein Futter mehr. Unverhüllter 25
wurde noch niemals auf den Magen gedrückt, um die richtige Gesinnung herauszupressen. Der Beamte zitterte um
Gehalt und Versorgung: Das „Gesetz zur Wiederherstellung
des Berufsbeamtentums" brachte den festen Turm seiner
„wohlerworbenen Rechte" zum Einsturz. [...] Die national- 30
sozialistische Empörung über marxistische „Parteibuch-
beamte" entlarvte sich als purer Brotneid; die „Wiederherstellung des Berufsbeamtentums" bestand darin, alle Ämter
mit nationalsozialistischen Parteibuchbeamten zu über-
schwemmen. Die bürokratische Gleichschaltung war eine 35
groß angelegte Veranstaltung allgemeiner „Umbonzung".
Angestellten und Arbeitern erging es nicht besser; sie verloren die Arbeitsplätze, wenn ihr Eifer der Gleichschaltung ent-
täuschte. Entzog sich ein Arbeiter dem anbefohlenen Aufmarsch, wurde er fristlos entlassen: Er war als „Staatsfeind" 40
nicht würdig, wirtschaftlich geborgen zu sein. Der Organisa-
tionszwang, dem die Angehörigen der freien Berufe, Gewerbetreibenden, Handwerker, Kaufleute, Unternehmer unterlagen, bot Handhaben, sie zu maßregeln; wurden sie aus ihrer
„Berufskammer" entfernt, war ihnen das Recht auf Berufs- 45
ausübung genommen; sie waren brotlos und ins wirtschaftliche Nichts verstoßen. Die nationalsozialistische Weltanschauung zog ihre überzeugende Kraft aus der Sorge um den
Futterplatz; weil der nationalsozialistische Herr den Brotkorb
monopolisiert hatte, sang jedermann sein Lied.   50

Ernst Niekisch, Das Reich der niederen Dämonen, Hamburg 1953, S. 131-135

1. *Wie definiert Niekisch den Begriff „Gleichschaltung"?*
2. *Erläutern Sie die Gründe dafür, dass die „Gleichschaltung" nach Meinung des Autors so reibungslos verlief.*
3. *Analysieren Sie auf der Basis von Niekischs Erörterung
Anspruch und Wirklichkeit der nationalsozialistischen
„Volksgemeinschaft".*

M4 Der Weg des „gleichgeschalteten" Staatsbürgers

* Die sechs Embleme repräsentieren von links nach rechts die folgenden Organisationen: Sturmabteilung (SA), Schutzstaffel (SS), Nationalsozialistisches Kraftfahrkorps (NSKK), Nationalsozialistisches Fliegerkorps (NSFK), Nationalsozialistische Volkswohlfahrt (NSV), Nationalsozialistische Handels- und Gewerbeorganisation (NS-Hago).

1. Erläutern Sie anhand der Grafik den Weg des „gleichgeschalteten" Staatsbürgers.
2. Prüfen Sie, wer sich dem Zwang der „Gleichschaltung" am ehesten entziehen konnte.

M5 Rivalität

Der britische Historiker Ian Kershaw beschreibt im ersten Teil seiner Hitler-Biografie, wie Hitler seine Machtposition festigt:

Zusammenstöße in Fragen der Strategie, Streitereien unterschiedlicher Fraktionen und persönliche Rivalitäten traten in der NSDAP beinahe endemisch[1] auf. Die endlosen Konflikte und Animositäten, die gewöhnlich persönliche oder tak-
5 tische und keine ideologischen Ursachen hatten, machten notwendigerweise vor einem Angriff auf Hitler halt. Er griff so wenig wie möglich ein. Die Rivalität und der Wettstreit zeigten ihm nur, welcher unter seinen miteinander wetteifernden Untergebenen nach seinem eigenen sozialdarwinis-
10 tischen Begriff der Stärkere sein würde. Auch unternahm er nichts, um die ideologischen Schattierungen innerhalb der Partei miteinander zu versöhnen, es sei denn, sie drohten kontraproduktive Wirkungen zu entfalten. Der Führerkult wurde akzeptiert, weil er allen Beteiligten als einziges Rezept galt. Die persönliche Treue gegenüber Hitler, ob nun aufrich- 15
tig empfunden oder einem Zwang folgend, war der Preis der Einheit. In manchen Fällen waren die NS-Führer ganz und gar von Hitlers „Größe" und „Mission" überzeugt. In anderen konnten sie den eigenen Ehrgeiz nur weiterhin befriedigen, indem sie dem obersten „Führer" nach dem Munde redeten. 20
Auf diese Weise wuchs Hitlers Herrschaft über die „Bewegung" bis zu dem Punkt, wo er so gut wie unangreifbar geworden war.

Ian Kershaw, Hitler 1889-1936, übersetzt von Jürgen Peter Krause und Jörg W. Rademacher, Stuttgart 1998, S. 380

[1] endemisch: typisch für ein bestimmtes Umfeld

1. Erläutern Sie, wie Hitler nach Meinung von Kershaw das „Führerprinzip" für sich nutzte.
2. Vergleichen Sie M5 mit M2, M3 und M4. Diskutieren Sie Anspruch und Wirklichkeit des „Führerprinzips".

Propaganda in allen Bereichen

„Volksaufklärung" ■ Die wirkungsvollste Form, die Gesellschaft nachhaltig zu beeinflussen, sah Hitler in der *Propaganda*. Sein Minister für Volksaufklärung und Propaganda, Joseph Goebbels, schaltete Presse, Film und Rundfunk weitgehend gleich. Er ließ zunehmend nur noch Informationen verbreiten, die sein Ministerium in Reichspressekonferenzen für die Veröffentlichung freigab. Unerwünschte Presseorgane wurden zeitweise oder auf Dauer verboten. Bücher, Illustrierte und Zeitschriften unterlagen der Zensur.

Vor allem den Rundfunk setzte Goebbels für seine Propaganda ein. „*Volksempfänger*" waren für jeden erschwinglich und wurden zum Kauf empfohlen. Das Hören ausländischer Sendestationen war hingegen verboten und gegen Ende des Krieges sogar mit der Todesstrafe bedroht. Die „*Wochenschau*", die vor den viel besuchten Spielfilmen ablief, wurde genau redigiert. Wie Goebbels selbst erklärt hatte, galt nun ein „neuer Begriff der Meinungs- und Pressefreiheit", der alle Berichterstattung an das „nationale und völkische Interesse" band (▶ M1). Ein ausgeklügeltes Spitzelsystem, das ganz Deutschland überzog, diente nicht nur dem Aufspüren und der Ausschaltung von Regimegegnern, sondern auch der Erkundung der Volksstimmung. Dabei spielten die Blockwarte, zu deren Aufgaben die genaue Beobachtung der Bewohner der ihnen unterstellten Häuserblocks gehörte, eine wichtige Rolle. Gegenpropaganda sollte da einsetzen, wo sich Unzufriedenheit zeigte.

Joseph Goebbels (1897-1945): Chef-Ideologe des Nationalsozialismus und einer der führenden Politiker des „Dritten Reiches"; 1933-1945 Reichsminister für Volksaufklärung und Propaganda und Präsident der Reichskulturkammer, beging am Kriegsende Selbstmord

Massenmobilisierung ■ Offizieller Höhepunkt aller Massenmobilisierung war der jährliche Reichsparteitag in Nürnberg: Auf einem nie ganz vollendeten Gelände wickelte die NS-Regierung beeindruckende Aufmärsche und sportliche Wettkämpfe ab. Sie sollten den Deutschen nationale Größe suggerieren und sie für den Einparteienstaat begeistern. Staatsbesuche, Empfänge, National- und Parteigedenktage oder neue pseudokultische Veranstaltungen glichen in ihrem Ablauf religiösen Festen. Auch die Olympischen Spiele, die 1936 in Berlin stattfanden, nutzte das Regime zu einer sorgfältig inszenierten Selbstdarstellung.

◀ **Reichsparteitag 1936 in Nürnberg.**
Die SS* ist zum „Großen Appell" angetreten.

* Siehe S. 249.

„Wider den undeutschen Geist" ■ Auch Kultur und Kirche wurden „gleichgeschaltet". Christliche Feiertage wurden ihrer religiösen Bedeutung entkleidet und nach Belieben des Regimes umgedeutet. Weihnachten sollte sich aus einem Fest des Friedens zum Gedenktag der Wintersonnenwende, der Hoffnung des Wiedererstehens und der Freiheit Deutschlands entwickeln. Ein neuer Feierkultus entstand (▶ M2).

Was echte Kulturgüter waren, legte die NSDAP fest: Rückbesinnung auf das germanische Erbe, die Verherrlichung der „arischen Rasse" in allen Epochen der Geschichte. Schlichtheit und Monumentalität waren die Vorgaben eines zentral reglementierten Kunstverständnisses. 1933 wurde zur Kontrolle des gesamten Kulturbetriebs die **Reichskulturkammer** eingerichtet. Jüdische Mitbürger, Marxisten und Pazifisten verbannte die Partei als „Zerstörer arischen Erbes" aus dem Kulturbetrieb.

Am 10. Mai 1933 fanden in Berlin und anderen Universitätsstädten öffentliche *Bücherverbrennungen* statt. Studenten warfen die Werke der in Ungnade gefallenen Autoren ins Feuer. Damit sollte die Ausmerzung aller wissenschaftlichen und literarischen Werke, die als „undeutsch" galten, eingeleitet werden.

Wertvolle Kunstwerke, die nicht nationalsozialistischen Vorstellungen entsprachen, wurden aus Museen und Galerien verbannt, beschlagnahmt, zerstört oder ins Ausland verkauft. Die betroffenen Künstler erhielten, soweit sie noch lebten und nicht emigriert waren, Ausstellungs- und Arbeitsverbot. 1937 wurde eine Auswahl eingezogener Kunstwerke zusammengestellt und als Wanderausstellung *„Entartete Kunst"* in München und anderen Städten Deutschlands bei freiem Eintritt zur „Abschreckung" gezeigt. 1939 verbrannten die Nationalsozialisten in Berlin öffentlich 1000 verfemte Kunstwerke.

Folge dieser Politik und der antijüdischen Gesetzgebung war, dass viele bedeutende Künstler und Gelehrte Deutschland verließen. Die kulturelle Blütezeit der Zwanzigerjahre fand ein jähes Ende. Mancher blieb und beugte sich dem Regime oder begab sich in die innere Emigration.

> **Reichskulturkammer:** diente der Organisation und Überwachung des gesamten Kulturbetriebs (Printmedien, Film, Theater usw.). Nur Mitglieder der Kammer durften ihren Beruf ausüben.

Die „deutsche Frau" ■ Ideologisch wie personell war die NSDAP immer eine Männerpartei, Frauen hatten in den höheren Hierarchie-Ebenen von Partei und Staat keine Chance. *Gertrud Scholtz-Klink*, die „Reichsfrauenführerin", hatte sich im Sinne der Nationalsozialisten vor allem durch eines qualifiziert: Sie war Mutter von elf Kindern.

Natürlich brauchte die Partei auch Anhängerinnen, deshalb wurden die Frauen umworben. Das ideologische Konzept dazu war denkbar einfach: Die deutsche Frau sollte als treu sorgende Gattin und Mutter den „artgerechten" Fortbestand des Volkes gewährleisten und dem Mann zu Hause den Rücken freihalten für seine Pflichten am Arbeitsplatz und im Krieg.

Vielen Frauen erschien die klare Rolle, die die Nationalsozialisten ihnen zuwiesen, durchaus attraktiv. Wie den Männern wurden auch ihnen eine Gemeinschaft und ein Solidaritätsgefühl angeboten, deren negative Seiten, nämlich der Ausschluss von Kranken, Gebärunfähigen, jüdischen Frauen, Homosexuellen und anderen unerwünschten Minderheiten, nur wenigen zu Bewusstsein kam.

Die Frauen waren ebenso sorgsam organisiert wie die männliche Bevölkerung. Zusätzlich zum Bund Deutscher Mädel (BDM) und der *Nationalsozialistischen Frauenschaft* (NSF) entstand im Oktober 1933 das *Deutsche Frauenwerk* (DFW) als Sammelbecken für die „gleichgeschaltete" bürgerliche Frauenbewegung. In diesen Organisationen trafen sich Millionen zum Meinungsaustausch, zu gemeinsamen häuslichen Arbeiten, zu ideologischer Schulung und zu karitativer Tätigkeit. Ehrungen wurden den Müttern zudem durch die Stiftung des *„Ehrenkreuzes der deutschen Mutter"* zuteil: für die Geburt von vier oder fünf Kindern in Bronze, bei sechs oder sieben in Silber und ab acht Kindern in Gold. Hilfswerke für Mutter und Kind, Mütterschulen und die Hervorhebung des Muttertages rundeten das Propagandabild von der erfolgreichen deutschen Frau ab.

Noch so bescheidene Ansätze einer Frauenemanzipation lehnte Hitler persönlich ab; den Hochschulabschluss für Frauen missbilligte er. Ehestandsdarlehen mit teilweisem oder vollem Schuldenerlass, je nach Kinderzahl, sollten verheiratete Frauen bewegen, die Berufswelt zu verlassen und sich ganz der Familie zu widmen. Freilich hat das NS-Regime die Emanzipation durch Dauer und Folgen des Krieges auf das Wirtschaftsleben dann wider Willen doch gefördert. Denn Frauen mussten die Aufgaben von den Männern, die in den Krieg gezogen waren, übernehmen.

Darüber hinaus beteiligten sich Hunderttausende Frauen auch selbst am nationalsozialistischen Kriegseinsatz. Als Helferinnen der *Wehrmacht*, der *SS*, der *Gestapo**, des *Reichsluftschutzbundes* oder des Deutschen Roten Kreuzes waren sie nicht nur im Reich, sondern auch in den besetzten Gebieten tätig. Historiker haben die weibliche (Mit-) Täterschaft seit den 1990er-Jahren intensiv untersucht und festgestellt, dass allein 500 000 Frauen während des Zweiten Weltkrieges in der Wehrmacht tätig waren, etwa als Nachrichten-, Sanitäts- oder Flakwaffenhelferinnen. Auch in den Konzentrationslagern versahen etwa 10 000 Frauen als weibliches SS-Gefolge ihren Dienst. Während sich frühere Forschungen auf die Rolle der Frau als treu dienende Ehegattinnen und „Gebärmaschinen" an der „Heimatfront" konzentrierten, verdeutlichen die neueren Untersuchungen, dass Frauen im Krieg eine durchaus aktive Rolle einnahmen und dass das Regime durch ihren Einsatz massive Unterstützung erfuhr.

▲ **„Ehrenkreuz der Deutschen Mutter."**
Ab 1938 wurde kinderreichen Müttern für ihre Verdienste im „Geburtenkrieg" diese Auszeichnung verliehen.

▲ **Aufseherinnen des Frauenkonzentrationslagers Ravensbrück haben zum Besuch des Reichsführers der SS, Heinrich Himmler, Aufstellung genommen.**
Foto aus dem sog. „SS-Album", vermutlich Januar 1940 oder Januar 1941.
Ravensbrück diente nicht nur als Konzentrationslager primär für weibliche Häftlinge (ab April 1941 existierte jedoch auch ein Männerlager), sondern auch als Ausbildungsstätte für Aufseherinnen, die später als weibliches „SS-Gefolge" ihren Dienst in Ravensbrück oder in Frauenabteilungen anderer Konzentrationslager, etwa in Auschwitz-Birkenau, antraten.

* Siehe S. 249.

M1 Wie erfolgreich war die Propaganda?

Der Historiker Bernd Jürgen Wendt untersucht die Wirkung der nationalsozialistischen Propaganda auf die Bevölkerung:

Dringend muss davor gewarnt werden, unkritisch aus den oft eindrucksvollen Produkten der nationalsozialistischen Propaganda etwa durch die unkommentierte Vorführung von Wochenschauen oder Propagandafilmen bereits auf ihre tat-
5 sächliche Wirkung zu schließen.
Resistenz oder Anfälligkeit gegenüber nationalsozialistischer Propaganda und Indoktrination waren wesentlich abhängig von der politischen Einstellung, dem sozialen und politischen Milieu, in dem man aufgewachsen war und lebte, von Erzie-
10 hung und Schulbildung, Wohnort und persönlichem Umfeld. Goebbels war stets bemüht, in einer taktischen „Variationstoleranz" (Bracher) propagandistische Indoktrination differenziert nach den Adressaten und schichtenspezifisch einzusetzen, auch gewisse Rücksichten auf kulturelles Erbe und
15 bürgerliche Traditionspflege zu nehmen, sterile Uniformität zu vermeiden und dort, wo er es für angebracht hielt, etwa bei der Darbietung eines deutschen (!) Jazz, in der Schlagerkultur oder bei Hollywoodfilmen selbst noch mit der emigrierten Marlene Dietrich[1] die Zügel zu lockern. [...]
20 Die Propagierung der Idee des Nationalsozialismus, so verschwommen und eklektisch[2] sie auch sein mochte, stieß dort auf eine zusätzliche Resonanz, wo sie offenkundig Erfolge aufweisen konnte. Denn das Leben damals verhieß vielen, die vorher davon nicht einmal zu träumen gewagt hatten, um
25 den Preis der politischen Anpassung einen höheren Grad an Mobilität, freiere Lebensformen [...], materielle Vorteile wie einen Arbeitsplatz, die Chance individueller Bewährung, nichtakademische Karrieremuster, soziale Betreuung oder auch ein reiches Angebot für die Gestaltung der Freizeit mit
30 KdF-Reisen[3], Kulturveranstaltungen usf.

Bernd Jürgen Wendt, Deutschland 1933-1945. Das Dritte Reich, Hannover 1995, S. 142-144

1. *Erörtern Sie in Anlehnung an den Text von Wendt, warum die NS-Propaganda nur zum Teil erfolgreich war.*

2. *Diskutieren Sie, ob wir heute resistenter gegen Propaganda sind. Begründen Sie Ihre Meinung.*

---

[1] Marlene Dietrich war nach ihrem Welterfolg mit „Der blaue Engel" von 1930 die bekannteste deutsche Schauspielerin. Sie stellte sich gegen die Nationalsozialisten und ging in die USA.
[2] eklektisch: zusammengesucht, ohne eigenen Stil
[3] Kraft durch Freude: Unterorganisation der Deutschen Arbeitsfront (DAF); siehe dazu S. 257

M2 Weihnachten

Kurt Eggers, deutscher Schriftsteller und Kulturpolitiker, ab 1936 Abteilungsleiter für Feiergestaltung des Rasse- und Siedlungshauptamts der SS, schreibt in seinem Artikel „Weihnachten":

So wurde von Urzeiten her das Weihnachtsfest die Feier jubelnden Trotzes gegen die kalte und tötende eisige Winternacht. Die Sonnenwende brachte den Sieg des Lichtes! Diese Gewissheit vermittelten unseren Vorfahren keine astrologischen Könige aus dem „Morgenlande"! Diese Gewissheit
5 gewannen sie vielmehr aus der Erkenntnis der ewigen, großen Naturgesetze des Alls. Aus diesem Erberinnern heraus zünden wir in der Weihnacht die Lichter an, aus diesem Erberinnern freuen wir uns über den Glanz der Kerzen, der die Dunkelheit verscheucht und sich in unserer sehnsüchtigen
10 Seele, in unseren tatbereiten Herzen widerspiegelt. [...]
Fremde Völker verstehen es nicht, und sie werden es nie begreifen! Unser Erberinnern sagt uns, dass unsere Vorfahren, lebensgläubig und sehnsüchtig, unter Eis und Schnee das lebendige Grün suchten und fanden: Da grünte unter der
15 Schneedecke, behangen mit glitzernden Eiszapfen, der Nadelbaum, dessen sprossendes Leben der kalte Tod nicht zu bezwingen vermochte!
Und wie einst unsere Vorfahren das Zeichen des Lebens in trotziger Freude und dankbarer Gewissheit grüßten, so holen
20 wir heute den Baum als Symbol unbezwingbaren Lebens in unsere Stuben, schmücken ihn mit Lichtern und denken voller Ehrfurcht an die Größe des ringenden und trotzenden Lebens, das sich unter Gefahren und Nöten gegen jeden noch so drohenden und lastenden Zustand zu behaupten weiß. [...]
25 Unser Weihnachten! Es wurde das Fest des Sieges und der tiefen, verpflichtenden Bereitschaft zum Kampf.
Kriegsweihnacht! Gerade jetzt erkennen wir die letzten Werte unserer Rasse, die im jubelnden und trotzigen Aufstand gegen die Dunkelheit, gegen den Zwang, gegen jeden
30 unwürdigen Zustand sich zur befreienden Tat erheben!
Unser Weihnachtsfest begehen wir darum nicht in der rührseligen Stimmung, die in so manchem unserem Tatdenken fremden Weihnachtschoral enthalten ist, sondern in der harten und unbeugsamen Gewissheit, dass wir berufen sind, als
35 die ewigen Feuerträger das Licht der Freiheit in die Welt zu tragen.

Hauptkulturamt der NSDAP in der Reichspropagandaleitung, Deutsche Kriegsweihnacht, München 1944, S. 8 f.

1. *Zeigen Sie auf, dass der Text in Inhalt, Wortwahl und Stil ein typisches Beispiel für Propaganda ist.*

2. *Erklären Sie, welche Wirkung der Text haben sollte.*

Ausgrenzung und Verfolgung

Der Rechtsstaat wird ausgehöhlt ■ Mit der Verordnung des Reichspräsidenten „Zum Schutz von Volk und Staat" vom 28. Februar 1933 war die erste Schranke des Rechtsstaats gefallen. Die Polizei konnte nun ohne Angabe des Grundes Personen bespitzeln oder verhaften, durfte sie ohne Verhör durch einen Richter festsetzen, konnte Wohnungen durchsuchen, Eigentum beschlagnahmen, Zeitungen zensieren und verbieten, Telefone überwachen, Parteien und Vereine auflösen.

Die Schaffung neuer Straftatbestände, so z.B. die Kritik an der Regierung, das Verbreiten ausländischer Nachrichten oder ganz generell der Verstoß gegen das „gesunde Volksempfinden", öffnete willkürlichen Urteilen Tür und Tor. Für Delikte wie Hochverrat legten die neuen Machthaber rückwirkend die Todesstrafe fest. Waren zwischen 1907 und 1932 in Deutschland 1400 Menschen zum Tode verurteilt und 345 hingerichtet worden, so sprachen die Strafgerichte unter nationalsozialistischer Herrschaft zwischen 1933 und 1944 13 405 Todesurteile aus, von denen 11 881 vollstreckt wurden.

Polizei und Justiz ■ Im Rahmen der „Gleichschaltung" übernahmen die Nationalsozialisten in den Ländern die Polizeigewalt. Neben den regulären Polizeiapparat stellten sie eine Hilfspolizei. Deren Truppen bestanden überwiegend aus Männern der **Sturmabteilung (SA)** und der **Schutzstaffel (SS)**. Den paramilitärischen Verbänden der nationalsozialistischen „Kampfzeit" wurden damit hoheitliche Polizeibefugnisse zugestanden. Die Folgen erlebte man anlässlich des *„Röhm-Putsches"* am 30. Juni 1934, als Hitler Meinungsverschiedenheiten mit dem SA-Führer **Ernst Röhm** zum Anlass nahm, gemeinsam mit Reichswehr und SS politische Gegner zu beseitigen. Das „Gesetz über Maßnahmen der Staatsnotwehr" vom 3. Juli 1934 sollte die Vorgänge nachträglich rechtfertigen.

1936 erging das Verbot, Maßnahmen der Geheimen Staatspolizei (Gestapo) gerichtlich überprüfen zu lassen. Die Gestapo verfolgte politische Gegner des NS-Staates. Ähnliche Aufgaben hatte der **Sicherheitsdienst (SD)**. Bei all diesen Vorgängen gab es kaum Proteste oder Rücktritte, denn viele Richter und Staatsanwälte waren eingeschüchtert, da das Gesetz zur Wiederherstellung des Berufsbeamtentums die Möglichkeit geschaffen hatte, missliebige Beamte aus dem Dienst zu entfernen. Seit der „Machtergreifung" liefen sie ohnehin Gefahr, dass ihre Urteile von den Nationalsozialisten „korrigiert" wurden (▶ M1).

Ergingen Freisprüche oder fielen die Strafen nach Meinung der Machthaber zu milde aus, nahm nicht selten die Gestapo die Angeklagten in „Schutzhaft". Um die Betroffenen davor zu bewahren, verhängten die Gerichte oftmals härtere Urteile, die dann im Rahmen des staatlichen Justizvollzugs vollstreckt wurden. Eine andere Aushöhlung des Rechtsschutzes bedeutete die Einrichtung von Sondergerichten, insbesondere des *Volksgerichtshofs*. Vor ihm waren die Rechte der Angeklagten beschränkt, das Urteil stand in aller Regel im Vorhinein fest. Umgekehrt verschoben die Justizbehörden Verfahren gegen Mitglieder der SA und SS bis zur nächsten Amnestie.

Der Weg in den SS-Staat ■ Die SS war 1925 als Sonderorganisation zum Schutz Hitlers und anderer Funktionäre der NSDAP entstanden. Formal zunächst der Leitung der SA unterstellt, betrachtete sich die SS unter **Heinrich Himmler** als eine Art Geheimorden in schwarzer Uniform, durch einen Schwur dem „Führer" zu ewiger Treue verpflichtet. Seit der Entmachtung der SA blieb die SS in ihrer elitären Rolle unangefochten. Nach

---

Sturmabteilung (SA): 1920 gebildete, militärisch organisierte und uniformierte Saalschutz- und Kampftruppe der NSDAP

Schutzstaffel (SS): 1925 gegründete Parteiformation zum persönlichen Schutz Hitlers, ab 1934 „selbstständige Organisation" der NSDAP mit polizeilicher Machtbefugnis

Ernst Röhm (1887-1934): früher Förderer und Freund Adolf Hitlers; ab 1930 mit der Reorganisation der SA betraut; als Stabschef der SA einer der mächtigsten Männer der NS-Bewegung; wollte aus der SA ein Volksheer machen, in dem die Reichswehr aufgehen sollte, was Hitlers Plänen entgegenstand; im Juni 1934 gemeinsam mit ca. 100 weiteren SA-Führern und Regimegegnern ermordet

Sicherheitsdienst (SD): 1931 als Geheimdienst der SS zur Überwachung politischer Gegner und Parteimitglieder eingerichtet, ab 1934 parteiinterner Nachrichtendienst der NSDAP

Heinrich Himmler (1900-1945): „Reichsführer SS"; ab 1936 zudem Chef der Deutschen Polizei; einer der Hauptverantwortlichen für den Holocaust und die zahlreichen Verbrechen der Waffen-SS; 1945 Selbstmord

▲ Heinrich Himmler (rechts) im Gespräch mit Hermann Göring (Mitte) vor dem Bürgerbräukeller in München.
Foto vom 9. November 1936 (Jahrestag des Hitler-Putsches).

der „Machtergreifung" war sie Hauptinformantin für die Gestapo. „Sicherheit" und Kontrolle gehörten zu den Hauptaufgaben der Organisation. Konsequenterweise wurde deshalb Himmler 1936 Chef der Polizei, die in der Folgezeit praktisch aus dem Staatsapparat aus- und drei Jahre später schließlich in die SS eingegliedert wurde. Die Polizei war damit nicht länger an Recht und Gesetz gebunden, sondern zum Handlanger des „Führerwillens" geworden.

SS-Angehörige saßen auf wichtigen Posten in den Massenorganisationen der Partei wie DAF oder HJ. Sie drangen in vielen Funktionen in die staatliche Verwaltung ein und stellten Dozenten für die Hochschulen. Eigene Forschungsabteilungen sollten die Ideen Hitlers vom „nordischen" Menschen experimentell beweisen. Nicht zuletzt in den *Konzentrationslagern* (KZ) führten SS-Ärzte entsprechende Experimente durch und quälten Menschen systematisch zu Tode.

Die Konzentrationslager Gegen Ende des Ersten Weltkrieges, ab 1916, verhängten Justizbehörden im Deutschen Reich in Ausnahmefällen die sogenannte „Schutzhaft" als streng begrenzte Vorbeugehaft. Im „Dritten Reich" entwickelte sie sich jedoch zu einem planmäßig eingesetzten Instrument politischen Terrors, das keiner richterlichen Kontrolle unterlag. Die ersten Konzentrationslager, die zur Aufnahme von „Schutzhäftlingen" gedacht waren, entstanden in Deutschland schon wenige Wochen nach der „Machtergreifung", zuerst in Dachau nahe München oder in Oranienburg bei Berlin. Seit Anfang März 1933 wurden vor allem Sympathisanten und Mitglieder der KPD und der SPD eingewiesen. Ende Juli verzeichnete die amtliche Statistik etwa 27 000 Häftlinge. Ab 1935 dienten die Lager nicht mehr ausschließlich zur „Umerziehung" oder Ausschaltung von politischen Gegnern, sondern als Ort für Personengruppen, die generell zu „Volksschädlingen" erklärt worden waren. Dazu zählten „Gewohnheitsverbrecher", zunehmend auch religiöse Minderheiten wie die „Bibelforscher", nationale Randgruppen wie Polen oder Emigranten, ferner sozial gebrandmarkte Menschen wie „Arbeitsscheue" oder Homosexuelle und vor allem seit 1938 jüdische Mitbürger (▶ M2).

Diskriminierung und Entrechtung Die Entrechtung und Ausgrenzung der Juden hatte schon bald nach der „Machtergreifung" begonnen und wurde schrittweise radikaler. Bereits ab Februar 1933 setzte die gewaltsame Vertreibung jüdischer Richter und Staatsanwälte aus den Gerichten, der Boykott gegen jüdische Arztpraxen, Anwaltskanzleien, Geschäfte und Warenhäuser ein. SA-Leute postierten sich vor jüdischen Läden, pöbelten deren Inhaber an, versperrten Kunden den Eingang und beschmierten die Schaufenster mit judenfeindlichen Parolen.

Das „*Gesetz zur Wiederherstellung des Berufsbeamtentums*" vom 7. April 1933 verlangte von allen Beamten den Nachweis „arischer" Abstammung. Wer als „arisch" gelten durfte, bestimmte der „Arierparagraf". Ähnliche Gesetze traten später für andere Berufsgruppen in Kraft. Die „*Nürnberger Gesetze*" von 1935 machten die „arische" Abstammung zur Bedingung für die Anerkennung als Vollbürger (▶ M3). Das „*Gesetz gegen die Überfüllung der deutschen Schulen und Hochschulen*" begrenzte zudem die Zahl der Juden in den Bildungsanstalten. 1938 erfolgte der vollständige Ausschluss.

Wie die Juden wurden auch die etwa 30 000 auf Reichsgebiet lebenden Sinti und Roma durch „Rassegesetze" diskriminiert und entrechtet. Die Diskriminierung dieser Volksgruppe steigerte sich Mitte der 1930er-Jahre zur Verfolgung. Nach der Vorstellung der Nationalsozialisten galten die Sinti und Roma als „Volksschädlinge" und „Untermenschen". Juden sowie Sinti und Roma erhielten Ausgangsverbote, durften keine öffentlichen Schulen, Theater, Kinos oder Cafés mehr besuchen. Jüdischen Haushalten wurden Gas und Strom abgesperrt. Ab 1938 wurden die Pässe der Juden mit einem „J" gestempelt, Sinti und Roma erhielten ab März 1939 besondere „Rasseausweise". Die zunehmende Ausgrenzung aus dem sozialen und gesellschaftlichen Umfeld machte das Leben für die Betroffenen unerträglich.

Gewalt von Anfang an ■ Nach dem 30. Januar 1933 nahmen die gewaltsamen Übergriffe auf Juden zu. Polizei und Behörden reagierten jedoch nicht.

Das Attentat des 17-jährigen Juden *Herschel Grynszpan* auf den Diplomaten *Ernst vom Rath* in der deutschen Botschaft in Paris lieferte Propagandaminister Joseph Goebbels den willkommenen Anlass für das als „spontanen Sühneakt" erklärte Pogrom vom 9. auf den 10. November 1938 („*Novemberpogrom*" oder verharmlosend „Reichskristallnacht"; ▶ M4). Reichsweit wurden Hunderte von Synagogen in Brand gesteckt, über 8 000 jüdische Geschäfte und zahllose Wohnungen zerstört, etwa 100 Juden getötet und rund 30 000 in Konzentrationslager verschleppt. Viele starben an den Folgen der Misshandlungen oder nahmen sich selbst das Leben.

Für den „öffentlichen Schaden" und die „Wiederherstellung des Straßenbildes" mussten die Juden auch noch zahlen: Eine Verordnung legte die „Sühneleistung der Juden" in Höhe von einer Milliarde Reichsmark fest. Versicherungsleistungen wurden zugunsten des Reiches eingezogen. Zusammen mit der Ausschaltung aus der Wirtschaft brachte dieses „Sühnegeld" vielen Familien den Ruin.

Enteignung und Vertreibung ■ Viele Juden dachten, das „Novemberpogrom" sei der Höhepunkt des Schreckens gewesen. Nach Diskriminierung und Entrechtung zielten die nun folgenden Maßnahmen jedoch darauf, den jüdischen Bürgern ihre Existenz zu rauben und ein Leben in Deutschland damit unmöglich zu machen.

Bereits im April 1933 hatte mit dem Boykottaufruf gegen jüdische Geschäfte der Ausschluss der Juden aus dem Wirtschaftsleben begonnen. Der Entzug öffentlicher Aufträge, ausbleibende Kundschaft und bürokratische Schikanen zwangen die jüdischen Gewerbetreibenden, ihre Geschäfte zu schließen oder zu Spottpreisen zu verkaufen. Diese Aufkäufe durch „Arier", die die Notlage ihrer jüdischen Mitbürger ausnutzten, wurden als „*Arisierung*" bezeichnet. Von 100 000 jüdischen Betrieben existierten im April 1938 noch knapp 40 000.

Wenig später machten weitere Berufsverbote und die „Zwangsarisierung" jüdischen Immobilienbesitzes dem jüdischen Geschäftsleben ein Ende. Die „Verordnung zur Ausschaltung der Juden aus dem deutschen Wirtschaftsleben" vom 12. November 1938 vernichtete die noch verbliebenen Existenzen. Juden mussten Wertpapiere, Schmuck, Edelmetall und Kunstgegenstände weit unter Wert an den Staat verkaufen. Da für die Juden kein Mieterschutz mehr galt, wurde die Einweisung in „Judenhäuser" vorbereitet, auch um die Überwachung zu erleichtern.

▲ **Ausweis einer jüdischen Bürgerin, ausgestellt am 15. März 1939.**
Ab dem 1. Januar 1939 mussten Juden die Zwangsnamen „Sara" und „Israel" als zweite Vornamen führen.

▶ **Geschichte In Clips:**
Zum „Novemberpogrom" siehe Clip-Code 4665-03

Berichtigung! Die für Dienstag, Mittwoch und Donnerstag angesetzten Versteigerungen finden Vilbeler Straße 26 statt, Kroll. OGV.

Versteigerung. Am Donnerstag und Freitag, dem 11. und 12. Dezember 1941, versteigere ich freiwillig, z. T. aus nichtarischem Besitz, in meinen Geschäftsräumen, Fahrgasse 118, folgende gut erhaltene Gegenstände: 4 Herrenzimmer in Eiche in verschiedenen Größen, 1 Schlafzimmer in Birke mit Frisiertoilette und Waschtisch, 2 Schlafzimmer in Eiche mit 6 Stühlen, 2 Sessel und Standuhr, 4 Speisezimmer in Eiche, 1 Speisezimmer in Nußbaum, 1 mod. Vitrine, 5 Schreibtische, 2 3türige Schränke, Polstermöbel: 1 Lederklubgarnitur, 2 Kautschdivane, 5 Ledersessel, 1 Sofa, 2 Sessel und 4 Stühle, modern. Polstersessel, Chaiselongue u. -decken, Roßhaar-, Kapok- und Wollmatratzen, Schonerdecken, Steppdecken, Federzeug, Tisch-, Bett- u. Leibwäsche, Kleider,

▲ **Versteigerungsanzeige von „nichtarischem" Besitz in der Frankfurter Zeitung 1941.**
In den Kriegsjahren fanden fast täglich Versteigerungen von jüdischem Besitz statt, der bei den Deportationen zurückgelassen werden musste. Nur wenige Deutsche empfanden bei den Käufen Skrupel.

Jüdische Gemeinden in Brandenburg: 1932 gab es im Bereich der Provinz Brandenburg 51 jüdische Gemeinden. Die größten befanden sich in Frankfurt/Oder sowie in Landsberg/Warthe (800 bzw. 600 Mitglieder). Darüber hinaus existierten eine Reihe kleinerer Gemeinden mit etwa 200 Mitgliedern, so z. B. in Brandenburg/Havel, Cottbus, Potsdam, Forst/Lausitz, Guben und Prenzlau. Ein Großteil der Brandenburger Juden wurde ab Oktober 1941 von Berlin aus in die Konzentrations- und Vernichtungslager deportiert. Die erste nachgewiesene Deportation aus Brandenburg erfolgte am 13. Januar 1942, als Potsdamer Juden zusammen mit über 1000 Menschen aus Berlin nach Riga verschleppt wurden. Bis Juni 1943 wurde die Deportation der „Volljuden" aus Berlin und Brandenburg abgeschlossen. Danach begannen die NS-Behörden verstärkt, sog. „jüdische Mischlinge" und jüdische Ehepartner, die in „Mischehen" lebten, zu verfolgen.

Mit Beginn des Zweiten Weltkrieges radikalisierte sich die „Judenpolitik". Die deutschen Juden wurden nun offiziell als „Reichsfeinde" behandelt. Das NS-Regime richtete Sperrstunden ein, in denen sie ihre Wohnungen nicht verlassen durften. Rundfunkempfänger und Telefone wurden eingezogen. Juden erhielten keine Kleiderkarten mehr. Ihre Lebensmittelkarten waren mit einem „J" markiert, einkaufen durften sie täglich erst nach 15.30 Uhr, wenn die meisten Regale in den Läden bereits leer waren.

Seit dem 15. September 1941 mussten alle Juden vom sechsten Lebensjahr an einen gelben Stern auf der Kleidung tragen, der sie öffentlich stigmatisierte. Ab dem 1. Juli 1943 waren die Juden unter Polizeirecht gestellt und damit endgültig entrechtet. Zu diesem Zeitpunkt lebten jedoch nur noch wenige Juden in Deutschland. Wer es nicht geschafft hatte, das Reich zu verlassen oder in einem sicheren Versteck unterzutauchen, wurde mit Sammeltransporten in die besetzten Gebiete deportiert (▶ M5). Ziel der Deportationen waren dabei vor allem *Ghettos* in Polen (z. B. Litzmannstadt/Łódź im *Warthegau*, Ghettos im *Generalgouvernement**). Auch die Geschichte der **jüdischen Gemeinden in Brandenburg** fand so ein jähes Ende.

Emigration ▬ Zwischen 1933 und 1945 ergriffen allein im deutschsprachigen Raum über eine halbe Millionen Menschen die Flucht ins Ausland, um dem wachsenden Terror des NS-Regimes zu entgehen. Über 90 Prozent waren jüdischer Herkunft; die übrigen Emigranten gehörten zu den politischen Gegnern des Nationalsozialismus, die von Verfolgung und KZ-Haft bedroht waren oder wie viele Künstler und Wissenschaftler keine Existenzmöglichkeiten mehr hatten.

Die jüdische Emigration vollzog sich in Schüben und erreichte 1938 nach dem „Novemberpogrom" ihren Höhepunkt. Bis zu diesem Zeitpunkt hatten etwa 130 000 Juden das Land verlassen; in den folgenden zwei Jahren flohen fast noch einmal so viele. Abgesehen davon, dass sie ihre Heimat nicht verlassen wollten, raubte ihnen der NS-Staat durch die Beschlagnahme von Besitz und Vermögen das notwendige Geld für die Auswanderung. Zusätzlich waren die Ausreisewilligen von den NS-Behörden systematischen Schikanen und Demütigungen im Kampf um die notwendigen Ausreisepapiere ausgesetzt: Sie mussten von Amt zu Amt laufen, stundenlang Schlange stehen, zermürbende Hinhaltetaktiken hinnehmen, hohe Auswanderungsabgaben entrichten und ein Visum des Ziellandes vorlegen, das nur über persönliche Kontakte vor Ort zu erhalten war. Mit Unterstützung ausländischer Hilfsorganisationen bemühten sich jüdische Hilfsvereine, die Ausreisewilligen zu beraten, Kontakte in alle Welt herzustellen und Mittel für die Auswanderung ins Exil zu beschaffen.

Angesichts der wachsenden Flüchtlingsströme verschärften jedoch immer mehr Länder ihre Aufnahmebedingungen, da sie soziale und wirtschaftliche Belastungen befürchteten. Daneben sorgten in einigen Ländern Fremdenfeindlichkeit und Antisemitismus für die Durchsetzung strikterer Einwanderungsgesetze. Auch eine im Sommer 1938 im französischen Evian-les-Bains einberufene Flüchtlingskonferenz änderte an der Haltung des Auslands nichts. Erst nach dem „Novemberpogrom" öffneten wieder Länder ihre Grenzen in größerem Umfang für Juden. Bis September 1939 retteten sich 75 000 Flüchtlinge – darunter 10 000 Kinder ohne ihre Eltern – nach Großbritannien (▶ M6).

Mit Beginn der systematischen Deportationen wurde Juden im Oktober 1941 offiziell die Ausreise verboten. Viele unternahmen verzweifelte Versuche, illegal über die Grenzen zu gelangen, oder blieben hilflos zurück, was den sicheren Tod bedeutete.

---

* Siehe S. 272.

M1 „Recht ist, was dem Volke nützt"

Hans Frank, seit 1934 Reichsminister, Präsident der Akademie für deutsches Recht (1933-1942) und seit 1939 Generalgouverneur von Polen, äußert sich im Jahr 1936 zur Funktion der Gerichte im Führerstaat:

1. Der Richter ist nicht als Hoheitsträger des Staates über den Staatsbürger gesetzt, sondern er steht als Glied in der lebendigen Gemeinschaft des deutschen Volkes. Es ist nicht seine Aufgabe, einer über der Volksgemeinschaft stehenden
5 Rechtsordnung zur Anwendung zu verhelfen oder allgemeine Wertvorstellungen durchzusetzen, vielmehr hat er die konkrete völkische Gemeinschaftsordnung zu wahren, Schädlinge auszumerzen, gemeinschaftswidriges Verhalten zu ahnden und Streit unter Gemeinschaftsgliedern zu
10 schlichten.
2. Grundlage der Auslegung aller Rechtsquellen ist die nationalsozialistische Weltanschauung, wie sie insbesondere in dem Parteiprogramm und den Äußerungen unseres Führers ihren Ausdruck findet.
15 3. Gegenüber Führerentscheidungen, die in die Form eines Gesetzes oder einer Verordnung gekleidet sind, steht dem Richter kein Prüfungsrecht zu. [...]
4. Gesetzliche Bestimmungen, die vor der nationalsozialistischen Revolution erlassen worden sind, dürfen nicht ange-
20 wendet werden, wenn ihre Anwendung dem heutigen gesunden Volksempfinden ins Gesicht schlagen würde. [...]
5. Zur Erfüllung seiner Aufgaben in der Volksgemeinschaft muss der Richter unabhängig sein. Er ist nicht an Weisungen gebunden. Unabhängigkeit und Würde des Richters machen
25 geeignete Sicherungen gegen Beeinflussungsversuche und ungerechtfertigte Angriffe erforderlich.

Deutsches Recht, 6. Jg., (1936), S. 10; zitiert nach: Walther Hofer (Hrsg.), Der Nationalsozialismus. Dokumente 1933-1945, Frankfurt am Main [49]2004, S. 101f.

1. Vergleichen Sie die dargestellte Rechtsauffassung mit derjenigen in der Bundesrepublik Deutschland.
2. Erläutern Sie, wie Frank die nationalsozialistische Rechtsauffassung begründet.
3. Erörtern Sie die Konsequenzen dieser Rechtsauffassung für die Rechtspraxis.

M2 „Jugendverführer"

Herbert R., der damals in einem Vorort von Hamburg gelebt hat, erzählt, wie die Gestapo 1935 in seinem Bekanntenkreis aktiv geworden ist. Das erste Opfer ist sein Chef:

▲ Zum Besuch des preußischen Innenministers an ihrem Ausbildungsort in Jüterbog (Brandenburg) haben sich angehende Juristen diese Aktion ausgedacht.
Foto von 1934.

Als ich in die Firma kam, sah ich, wie er verhaftet und von zwei Kriminalbeamten abgeführt wurde. Jedermann wunderte sich über seine Verhaftung. Niemand wagte etwas zu sagen. Man wusste nicht weshalb, ob es politisch war, oder ob es möglicherweise wegen seiner Homosexualität war. Alle 5 waren wie erstarrt von den Dingen, die einen überfielen, wo man nicht wusste, was für eine Gefahr auf einen zukam. Dieser Druck in den folgenden Tagen und Wochen war wahnsinnig. Niemand wagte nachzufragen, alle stellten Vermutungen an, warum er verhaftet worden war. Ich brauchte 10 nichts zu vermuten, weil ich wusste, was hier gespielt wurde. Was in der Untersuchungshaft passiert ist, weiß ich nicht. Vierzehn Tage war er in Haft. Während dieser Zeit wurde er fast jeden Tag in seine Wohnung geführt, wo man alles zusammen mit ihm durchstöberte. Man ließ verlauten, dass er 15 als „Jugendverführer" keinen Betrieb mehr leiten dürfe.
Diese Dinge, die da auf ihn eindrangen, sind wahrscheinlich so fürchterlich gewesen, dass er sich drei Wochen nach seiner Verhaftung im Gefängnis erhängt hat. Das war im Sommer 1935. Mit einem Schlage setzte eine Verfolgungswelle von 20 Homosexuellen in unserem Orte ein. Als nächster wurde mein Freund verhaftet. Er war bis 1933 Leiter einer Mädchen-

realschule in Hamburg, antifaschistisch eingestellt und hatte nach der Machtergreifung der NSDAP mit 42 Jahren seinen
25 Dienst quittiert, weil er mit diesem Regime nichts zu tun haben wollte. Er hatte in unserem Ort eine kleine Wohnung bezogen, wo ich ihn oft besuchte. Er verweigerte sich dem System und fiel natürlich dadurch auf, wenn er an bestimmten Tagen keine Flagge aus dem Fenster hing oder bei Samm-
30 lungen des Winterhilfswerks[1] nichts spendete.

Eines Tages erschienen bei ihm Leute von der Gestapo und holten ihn ab. Sich zu erkundigen, wo er geblieben sein könnte, war zwecklos. Wenn das jemand von uns getan hätte, dann hätte die Gefahr bestanden, dass man ihn gleich dabe-
35 hielt, weil er ein Bekannter war, der auch verdächtigt wurde. [...]

An der Schule, wo er unterrichtet hatte, war man entsetzt. Man kannte zwar seine politische Einstellung, aber niemand wusste, dass er homosexuell war, und ich konnte es ihnen
40 nicht sagen. Nach seiner Verhaftung wurde seine Wohnung von Gestapo-Beamten durchsucht. Bücher wurden mitgenommen und besonders Notizbücher und Adressbücher beschlagnahmt, in der Nachbarschaft herumgefragt, und da hieß es: Da kommen immer nur junge Leute hin.
45 Die Notiz- und Adressbücher waren das Schlimmste. Alle, die darin vorkamen und mit ihm zu tun hatten, wurden festgenommen oder zur Gestapo zitiert.

Projektgruppe für die vergessenen Opfer des NS-Regimes in Hamburg e.V. (Hrsg.), Verachtet – verfolgt – vernichtet – zu den „vergessenen" Opfern des NS-Regimes, Hamburg 1986, S. 49

1. *Untersuchen Sie die Reaktionen der beteiligten Personen und vergleichen Sie mit M5.*

2. *Erläutern Sie die Arbeit der Gestapo und ihre Methoden der Machtausübung.*

M3 „Nürnberger Gesetze"

Aus dem „Reichsbürgergesetz" und dem „Blutschutzgesetz" („Nürnberger Gesetze") vom 15. September 1935:

3 a) „Reichsbürgergesetz", 15. September 1935:

§ 1 (1) Staatsangehöriger ist, wer dem Schutzverband des Deutschen Reiches angehört und ihm dafür besonders verpflichtet ist.

---

[1] Winterhilfswerk: im Sommer 1933 zur Bekämpfung der schlimmsten sozialen Folgen der Arbeitslosigkeit von den Nationalsozialisten eingerichtete Organisation; „freiwillige Spenden" wurden vielfach unter Druck eingezogen. Der Erlös kam unter anderem auch der HJ zugute.

(2) Die Staatsangehörigkeit wird nach den Vorschriften des Reichs- und Staatsangehörigkeitsgesetzes erworben.

§ 2 (1) Reichsbürger ist nur der Staatsangehörige deutschen oder artverwandten Blutes, der durch sein Verhalten beweist, dass er gewillt und geeignet ist, in Treue dem deutschen Volk und Reich zu dienen. [...]

3 b) „Gesetz zum Schutze des deutschen Blutes und der deutschen Ehre", 15. September 1935:

Durchdrungen von der Erkenntnis, dass die Reinheit des deutschen Blutes die Voraussetzung für den Fortbestand des deutschen Volkes ist, und beseelt von dem unbeugsamen Willen, die deutsche Nation für alle Zukunft zu sichern, hat der Reichstag einstimmig das folgende Gesetz beschlossen, das hiermit verkündet wird: [...]

§ 1 (1) Eheschließungen zwischen Juden und Staatsangehörigen deutschen oder artverwandten Blutes sind verboten. Trotzdem geschlossene Ehen sind nichtig, auch wenn sie zur Umgehung dieses Gesetzes im Ausland geschlossen sind.

(2) Die Nichtigkeitsklage kann nur der Staatsanwalt erheben.

§ 2 Außerehelicher Verkehr zwischen Juden und Staatsangehörigen deutschen oder artverwandten Blutes ist verboten.

§ 3 Juden dürfen weibliche Staatsangehörige deutschen oder artverwandten Blutes unter 45 Jahren in ihrem Haushalt nicht beschäftigen.

§ 4 (1) Juden ist das Hissen der Reichs- und Nationalflagge und das Zeigen der Reichsfarben verboten.

(2) Dagegen ist ihnen das Zeigen der jüdischen Farben gestattet. Die Ausübung dieser Befugnis steht unter staatlichem Schutz.

§ 5 (1) Wer dem Verbot des § 1 zuwiderhandelt, wird mit Zuchthaus bestraft.

(2) Der Mann, der dem Verbot des § 2 zuwiderhandelt, wird mit Gefängnis oder Zuchthaus bestraft.

(3) Wer den Bestimmungen der §§ 3 oder 4 zuwiderhandelt, wird mit Gefängnis bis zu einem Jahr und mit Geldstrafe oder mit einer dieser Strafen bestraft.

Wolfgang Michalka (Hrsg.), Deutsche Geschichte 1933-1945, Frankfurt am Main 1993, S. 95 f.

1. *Erläutern Sie die Auswirkungen des „Reichsbürgergesetzes".*

2. *Arbeiten Sie die Folgen des Gesetzes „Zum Schutze des deutschen Blutes und der deutschen Ehre" für das Zusammenleben der jüdischen und nichtjüdischen Bevölkerung heraus.*

M4 Wo war die Polizei?

Im November 1938 geht die NS-Führung landesweit mit planmäßigen Gewaltaktionen gegen Juden und jüdische Einrichtungen vor („Reichskristallnacht"). Ein geschädigter Hausbesitzer schreibt danach anonym der Krefelder Polizei einen Brief:

Wo war die Polizei, als heute die Nachmittagsplünderungen, Demolierungen, zum Teil fremden arischen Eigentums, stattfanden!!!!!! Man muss sich wohl in die Psychose des Volkes hineinversetzen und man darf unter keinen Umständen die
5 Empörung des deutschen Volkes über die feige Pariser Mordtat unterschätzen und man muss es verstehen, wenn im ganzen Reiche fast auf die Minute die jüdischen Tempel ausgeräuchert, die jüdischen Geschäfte und Wohnungen demoliert wurden. Dass es aber von der Aufsichtsbehörde, und das
10 ist die Polizei, mit geschlossenen Augen zugegeben wurde, dass vom Mob der Straße, vom Plebs, vom Halbwüchsigen dann noch die Waren aus den jüdischen Geschäften geplündert wurden, das kann man als guter Deutscher nicht verstehen und das wird auch das Ausland nicht verstehen können.
15 [...] Wer ist in den meisten Fällen der Geschädigte? Der Hausbesitzer, denn die meisten Juden wohnten in gemieteten Räumen. – Zu Hunderten ist die Polizei auf der Straße, wenn irgendein Umzug ist, wenn irgendeine höhere Persönlichkeit sich auch mal bei uns in Krefeld blicken lässt; jeder von den
20 Polizisten, von oben bis unten, blinzelt nach dem Orden, jeder war dann, soweit es sich um die alten Krefelder Stadtsoldaten handelt, ein alter Kämpfer, kein Einziger von ihnen hat in der Kampfzeit mit dem Knüppel auf die Nazis gehauen, alle waren sie mit dem Herzen schon dabei, nur durften sie es
25 nicht offen zeigen.
Und heute, als es darum geht, die Juden auf vernünftigen Wegen aus unserem Reiche zu entfernen, da lässt es die Polizei, die doch sonst alles im Voraus weiß, die so klug ist, glattweg zu, dass auch noch geplündert wird und dass man
30 deutsch-arisches Privateigentum entwertet. [...] Die Empörung weitester Kreise, auch solcher, die schon lange vor der Machtübernahme dem Führer angehörten, ist unaussprechlich groß darüber, dass man es amtlicherseits zugelassen hat, dass der Mob der Straße sich breitmachte. Was steht uns erst
35 bevor, wenn einmal, was Gott verhüten möge, einer anderen Fahne die Hakenkreuzfahne weichen muss!!! Dann bleibt dieselbe Beamtenschaft auch wieder am Ruder, beziehungsweise Futterkrippe, und schreit laut den Jubelruf der Gegenseite, so wie sie 1933 auch den Deutschen Gruß von heute auf
40 morgen lernte, Motto: Wer mir zu fressen gibt, den liebe ich.

Hans Mommsen und Susanne Willems (Hrsg.), Herrschaftsalltag im Dritten Reich, Düsseldorf 1988, S. 438 f.

▲ Jüdische Geschäfte in Berlin nach dem Novemberpogrom 1938.

1. Erläutern Sie nach diesem Bericht die Position der „alten Ordnungsmacht", der Polizei im NS-Staat.
2. Bewerten Sie die Aussagen des Hausbesitzers über die politische Mentalität der Beamtenschaft.
3. Bestimmen Sie den politischen Standort des Schreibers.

M5 „Vollkommene Gleichgültigkeit"

Ursula von Kardorff ist in den Kriegsjahren Redakteurin bei der Berliner „Deutschen Allgemeinen Zeitung". Am 3. März 1943 notiert sie in ihrem Tagebuch:

Frau Liebermann ist tot. Tatsächlich kamen sie noch mit einer Bahre, um die Fünfundachtzigjährige zum Transport nach Polen abzuholen. Sie nahm in dem Moment Veronal[1], starb einen Tag später im jüdischen Krankenhaus, ohne das Bewusstsein wiedererlangt zu haben. [...] Durch welche Ver-
5 änderung ist es eigentlich möglich geworden, aus einem im Durchschnitt gutmütigen und herzlichen Menschenschlag solche Teufelsknechte zu formen? Das spielt sich in einem kaltbürokratischen Vorgang ab, bei dem der Einzelne schwer zu greifen ist, Zecken, die sich in den Volkskörper einsaugen
10 und plötzlich ein Stück von ihm geworden sind.
Der Metteur[2] Büssy erzählt mir heute beim Umbruch, dass sich in seiner Gegend am Rosenthaler Platz die Arbeiterfrauen zusammengerottet und laut gegen die Judentransporte protestiert hätten. Bewaffnete SS mit aufgepflanztem
15 Bajonett und Stahlhelm holte Elendsgestalten aus den Häu-

[1] Veronal: starkes Schlafmittel
[2] Metteur: alte Bezeichnung für Schriftsetzer

sern heraus. Alte Frauen, Kinder, verängstigte Männer wurden auf Lastwagen geladen und fortgeschafft. „Lasst doch die alten Frauen in Ruhe!", rief die Menge. „Geht doch endlich
20 an die Front, wo ihr hingehört." Schließlich kam ein neues Aufgebot SS und zerstreute die Protestierenden, denen sonst nichts weiter geschah.

In unserem Viertel sieht man so etwas nie. Hier werden die Juden des Nachts geholt. [...] Wie schnell haben wir uns alle
25 an den Anblick des Judensterns gewöhnt.

Die meisten reagieren mit vollkommener Gleichgültigkeit, so wie ein Volontär, der neulich zu mir sagte: „Was interessieren mich die Juden, ich denke nur an meinen Bruder bei Rshew, alles andere ist mir völlig gleichgültig."
30 Ich glaube, das Volk verhält sich anständiger als die sogenannten Gebildeten oder Halbgebildeten. Typisch dafür ist die Geschichte von dem Arbeiter, der in einer Trambahn einer Jüdin mit dem Stern Platz machte: „Setz dir hin, olle Sternschnuppe", sagte er, und als ein PG[3] sich darüber beschwerte,
35 fuhr er ihn an: „Üba meenen Arsch verfüge ick alleene."

Ursula von Kardorff, Berliner Aufzeichnungen. Aus den Jahren 1942 bis 1945, München 1962, S. 36 f.

1. *Beschreiben Sie, wie die nichtjüdische Bevölkerung auf die Judenverfolgung reagierte.*
2. *Kardorff versucht, ein „Täterprofil" zu erstellen. Erläutern Sie ihre Aussagen.*

M6 Mit dem „Kindertransport" ins Exil

1939 wird der zehnjährige Felix Weil als eines unter etwa zehntausend jüdischen Kindern aus Deutschland und Österreich mit einem „Kindertransport" nach England evakuiert. In seinen Lebenserinnerungen beschreibt er die Zeit vor seiner Abreise:

Soweit ich von meiner Tante gehört habe, baten die beiden meine Eltern, so schnell wie möglich eine Nummer beim Konsulat zu beantragen. Meine Tante erzählte mir, dass mein Vater jedoch absolut kein Interesse daran hatte, Deutschland
5 zu verlassen [...]. Mein Vater war der Ansicht, dass das Ganze bald vorbei sei, die Nazis die Macht wieder verlieren und die Dinge sich bald wieder normalisieren würden. Warum sollte er gehen? Er war Deutscher und fühlte sich mehr deutsch als jüdisch [...]. Er hatte das Eiserne Kreuz im Ersten Weltkrieg
10 erworben, hatte für die Deutschen gekämpft und hatte keinerlei Angst davor, dass es ihn treffen könnte.

Natürlich war das alles eine Selbsttäuschung, die wahrscheinlich genährt wurde durch die Olympischen Spiele. Die

Deutschen versuchten zu dieser Zeit, das Gesicht eines guten Weltbürgers aufzusetzen [...]. Alle Zeichen des Antisemitis- 15 mus wie die Schilder „Juden nicht erlaubt" wurden entfernt. Für meinen Vater bestätigte dies seine Haltung. „Ihr seht, ich hatte Recht. Das ist bald vorüber." Leider war das eine Täuschung, und als er dann die Auswanderungsnummer beantragte, war es zu spät [...]. 20
In der Zwischenzeit wurde ich in ein Heim in Frankfurt geschickt. Das war, glaube ich, Ende 1938. Dieses Heim nahm jüdische Kinder auf, die mit einem Kindertransport nach England geschickt werden sollten. Am Wochenende durfte ich nach Hause, aber während der Woche musste ich dort blei- 25 ben und natürlich weiterhin zur Schule gehen. Ich war dort ziemlich unglücklich. Ich hasste dieses Gemeinschaftsleben. Ich lebte lieber zu Hause in der Familie [...]. Zu dieser Zeit war ich zehn Jahre alt. Ich lebte viele Monate in diesem Heim [...]. Während des Sommers war ich zu Hause. Plötzlich bekamen 30 wir, etwa im Juni 1939, einen Brief oder Telefonanruf von der Jüdischen Gemeinde oder einer ähnlichen Institution. Die Mitteilung besagte, dass ich für einen Kindertransport ausgewählt worden sei, der am 10. August 1939 Deutschland verlassen sollte, drei Wochen, bevor der Krieg mit Polen aus- 35 brach. Für meine Eltern war diese Aufforderung eine ziemliche Überraschung und sie waren in heller Aufregung. Sie hatten sehr gemischte Gefühle. Auf der einen Seite waren sie glücklich, dass ich Deutschland verlassen konnte. Zur selben Zeit waren sie, da bin ich mir ganz sicher, sehr unglücklich 40 darüber, dass die Familie auseinandergerissen würde. Alle Vorbereitungen wurden in ziemlicher Hektik getroffen [...]. Am Abreisetag sah ich meine Mutter am Morgen weinend an meinem Bett sitzen. Für mich war die ganze Sache eher ein Abenteuer, auf eine so lange Reise in ein fremdes Land zu 45 gehen. Natürlich habe ich in diesem Moment nicht realisiert, dass ich meine Familie nie wiedersehen würde.

Gottfried Kößler, Angelika Rieber und Feli Gürsching, ... dass wir nicht erwünscht waren. Novemberpogrom 1938 in Frankfurt am Main. Berichte und Dokumente, Frankfurt am Main 1993, S. 133 ff.

1. *Ordnen Sie die zeitlichen Abschnitte des Berichts in den politischen Kontext ein. Wie sah das Leben der jüdischen Bevölkerung in den beschriebenen Jahren aus? Welchen Repressalien war sie jeweils ausgesetzt?*
2. *Erläutern Sie die Haltung, die Weils Vater gegenüber dem NS-Regime und dem Thema Emigration einnimmt. Erklären Sie, warum das Verhalten der Familie für viele andere deutsche Juden typisch gewesen sein könnte.*
3. *Führen Sie Felix Weils Erzählung fort. Wie könnte es ihm und seiner Familie danach ergangen sein?*

---

[3] PG: Parteigenosse; Mitglied der NSDAP

Arbeitswelt und Wirtschaftspolitik

Die Deutsche Arbeitsfront Arbeitnehmer- und Arbeitgeberverbände wurden im nationalsozialistischen Deutschland „gleichgeschaltet". Um das eigene Überleben zu sichern, distanzierten sich die Gewerkschaften im März 1933 von der SPD und gelobten, sich künftig auf die Erfüllung sozialer Aufgaben zu beschränken. Die Mitarbeit im neuen Staat schien gesichert, als die Regierung den 1. Mai, den Tag der internationalen Arbeiterbewegung, zum gesetzlichen Feiertag erklärte. Doch bereits weniger als 24 Stunden nach den gemeinsam begangenen Großveranstaltungen besetzten parteieigene Kommandotrupps, vorwiegend SA und SS, Büros und Häuser der Freien Gewerkschaften und nahmen die führenden Funktionäre in „Schutzhaft". Liberale und christliche Gewerkschaften unterstellten sich daraufhin der Hitlerpartei. Alle Arbeitnehmervereinigungen wurden in die am 10. Mai gegründete Deutsche Arbeitsfront (DAF) überführt.

1934 waren in dieser Einrichtung 21 Millionen Arbeiter und Angestellte organisiert. Aufgaben der DAF waren vor allem die allgemeine Betreuung und die weltanschauliche Schulung der Mitglieder. Auf Löhne und Arbeitszeit hatte die Organisation keinen Einfluss.

Nachdem auch die Unternehmerverbände unter nationalsozialistische Leitung gestellt worden waren, wurde die DAF im November 1933 in eine Vereinigung von Arbeitgebern und Arbeitnehmern umorganisiert. Streik und Aussperrung waren verboten (▶ M1). Interessenkonflikte durften die Wirtschaftsverbände nicht mehr im Rahmen ihrer Tarifautonomie regeln – dies übernahm ein vom Regime bestellter „Treuhänder der Arbeit".

▲ **Nationalsozialistischer Druck.**
- Erörtern Sie die gesellschaftliche Utopie, die hier entworfen wird. Wie „modern" ist die skizzierte Wirtschaftswelt?
- Analysieren Sie das Verhältnis zu „Heimat und Boden", das sich hier spiegelt. Nehmen Sie unter umweltgeschichtlichen Gesichtspunkten dazu Stellung.

Soziale Errungenschaften? Auf der einen Seite waren die Mitbestimmungsrechte der Arbeitnehmer, der „Gefolgschaft", entfallen. Auf der anderen Seite erhielten die Arbeitnehmer mehr, als die Gewerkschaften bis 1933 erstritten hatten: Gewährung von Kündigungsschutz, Verlängerung des bezahlten Urlaubs (von ursprünglich drei auf sechs bis zwölf Tage), verbesserte Sozialleistungen der Unternehmen. Als fortschrittlich empfundene Neuerungen verwirklichte die DAF auch aus den Geldern der enteigneten Gewerkschaften. Ihre Unterorganisation *Kraft durch Freude* (KdF) wollte das Arbeitsleben in vielerlei Hinsicht angenehmer gestalten. Belegschaftsräume in den Betrieben wurden verbessert, Kantinenessen, Filme und Theatervorstellungen konnten verbilligt angeboten werden. Für den Massentourismus bereitgestellte Erholungsmöglichkeiten, Sonderzug-, sogar Schiffsreisen verwirklichten lang gehegte Urlaubsträume. Der von einem der DAF gehörenden Werk gebaute *Volkswagen* sollte zum Preis von 990 Reichsmark auch für den „kleinen Mann" erschwinglich sein. Alle diese Vergünstigungen erfüllten alte Wünsche der Arbeiterschaft und sollten sie für das neue Regime einnehmen. Auch auf dem Bildungssektor sollte gemäß Hitlers Willen mehr Gleichheit bei der Verteilung der Zukunftschancen herrschen. *Nationalpolitische Erziehungsanstalten* und *Adolf-Hitler-Schulen*, denen Schülerheime angeschlossen waren, hatten die Aufgabe, die körperliche Ertüchtigung und die ideologische Indoktrinierung nachhaltig zu fördern. Ziel war nicht eine wissenschaftliche Ausbildung, sondern die Heranbildung einer gesinnungstreuen Elite. Die Eltern mussten in diesen Institutionen kein Schulgeld entrichten. Ab Oktober 1942 konnte jeder Geeignete, unabhängig vom Schulabschluss, die Offizierslaufbahn einschlagen.

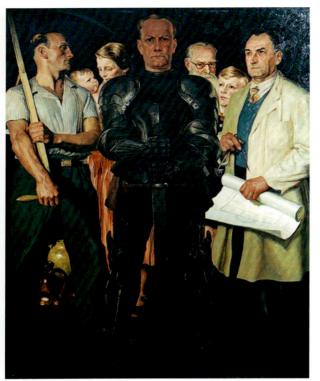

▲ „Deutsche Symphonie."
Gemälde von Hans Toepper, ca. 1938.
■ Interpretieren Sie das hier versinnbildlichte Gesellschaftsmodell und leiten Sie daraus die politischen Konsequenzen ab. Beachten Sie dabei Vorder- und Hintergrund-, Zentral- und Seitenposition, Alter und Geschlecht, Blickkontakt und Attribute der Abgebildeten.

Ideologische Wendepunkte ■ Zentrale Angriffsziele der NSDAP vor 1933 waren die Großindustrie, Großbanken, Warenhäuser und Handelsketten gewesen. Gegen diese „Erfindungen des Judentums und des Liberalismus" hatte die Partei für Kleinhändler, Gewerbetreibende und für Kleinbauern gekämpft.

Nach der „Machtergreifung" indessen stellten die Nationalsozialisten bald fest, dass sie die Modernisierung der Industriegesellschaft in Deutschland unterstützen mussten, wenn sie Großmachtpolitik betreiben wollten. Den dafür notwendigen Prozess beschleunigten sie durch die Förderung der Großindustrie und durch nachhaltige Mobilisierung der Gesellschaft. Den Machthabern war der „Verrat" an den eigenen Prinzipien sehr wohl bewusst. Deshalb sollte in einer fernen Zukunft, wenn der „Lebensraum im Osten" erst gewonnen war, die propagierte Wirtschafts- und Gesellschaftsutopie im neu zu besiedelnden Gebiet verwirklicht werden.

Die Überwindung der Wirtschaftskrise ■ Hitler war mit dem Versprechen angetreten, innerhalb von vier Jahren die wirtschaftlichen und sozialen Probleme zu überwinden und allen Deutschen „Arbeit und Brot" zu verschaffen. Davon ausgeschlossen waren die Juden und andere Minderheiten, die ab 1933 aus dem deutschen Wirtschaftsleben verdrängt wurden. Tatsächlich konnte das Regime schnellere Erfolge vorweisen, als Anhänger und Gegner im In- und Ausland dies für möglich gehalten hätten. Bis 1936 sank die Zahl der Arbeitslosen von über sechs auf unter zwei Millionen. Industrieproduktion und Sozialprodukt lagen über den Marken der „Goldenen Zwanzigerjahre". Wie hatte es zu diesem erstaunlichen Aufschwung kommen können?

Genauere Untersuchungen haben gezeigt, dass die Nationalsozialisten die Arbeitslosenzahlen schönten, indem sie nicht alle Arbeitssuchenden in der offiziellen Statistik aufführten. Unter anderem entzogen sie bestimmten Berufsgruppen ihren Anspruch auf Arbeitslosenunterstützung. Obwohl arbeitslos, wurden diese dann ab 1933 von der offiziellen Zählung ausgeklammert. Bereits vor der „Machtergreifung" hatten viele Wirtschaftsdaten einen positiven Trend signalisiert. Als Hitler die Regierung übernahm, war der Tiefpunkt der Weltwirtschaftskrise schon überwunden. Die ersten Arbeitsbeschaffungsmaßnahmen der Nationalsozialisten führten nur fort, was bereits von den vorigen Regierungen eingeleitet worden war. Die Regierung Hitler schrieb den Rückgang der Arbeitslosigkeit in der Folge jedoch allein ihrer Politik zu und schlachtete die vermeintlich schnellen Erfolge propagandistisch aus.

Ideologisch unterfütterte Arbeitsprogramme wie der Autobahnbau halfen zwar, die Arbeitslosigkeit zu senken, einen höheren Lebensstandard brachten sie für die Masse der Bevölkerung jedoch nicht (▶ M2). Den Preis für die wirtschaftlichen „Erfolge" musste die Bevölkerung vielmehr mit längeren Arbeitszeiten, niedrig gehaltenen Löhnen und Engpässen bei Konsumgütern bezahlen. Ein nationalsozialistisches „Wirtschaftswunder" oder Vollbeschäftigung hat es daher nie gegeben. Zu keinem Zeitpunkt ging es der nationalsozialistischen Führung wirklich darum, den Arbeitslosen zu helfen und die Wirtschaft wieder in Schwung zu bringen, sondern allein um die Aufrüstung für den nächsten Krieg.

Schulden für die Aufrüstung ■ Soweit man von einem spezifisch deutschen Wirtschaftsaufschwung ab 1933 sprechen kann, stand dieser auf zwei Säulen: auf der langfristigen Planung, Deutschland wieder kriegsbereit zu machen, und auf einer höchst riskanten *Schuldenpolitik*.

Nachdem die Nationalsozialisten eine wirtschaftsfreundliche Politik, die Beibehaltung von Privateigentum und Gewinnorientierung in Aussicht gestellt hatten, fanden sie dafür auch Unterstützung von Unternehmerschaft und Banken. In der Folge förderten sie durch Subventionen, Steuererleichterungen und Staatsaufträge vor allem die rüstungsrelevante Industrie. Die Produktion wurde dadurch erheblich gesteigert, insbesondere in der Schwerindustrie, im Fahrzeugbau, in der chemischen und Textilindustrie (▶ M3). Ab Ende 1934 begann die Umstellung der wirtschaftlichen Produktion auf die Bedürfnisse der „Wehrwirtschaft". Die Ausgaben im Bereich von Rüstung und Reichswehr stiegen explosionsartig an. Von 30 Milliarden ausgegebenen Reichsmark konnten jedoch lediglich 18 Milliarden aus Steuermitteln gedeckt werden. Die Staatsverschuldung wuchs dramatisch.

Die Ausgaben für die Rüstung wurden nicht über Banknoten, sondern über sogenannte *Mefo-Wechsel* finanziert. Reichsbankpräsident *Hjalmar Schacht*, der seit 1935 auch Reichswehrminister und Generalbevollmächtigter für die Kriegswirtschaft war, hatte im März 1933 mit dem Kapital von fünf Industrieunternehmen, darunter Krupp und Siemens, die Scheinfirma Metallurgische Forschungsgesellschaft (Mefo) gegründet. Diese versah Wechsel von Rüstungslieferanten mit ihrer Unterschrift, sodass sie bei der Reichsbank gegen Bargeld eingereicht werden konnten. So ließ sich die Aufrüstung auf Pump verschleiern, denn die Wechsel galten nicht als Staatsschulden und wurden nicht im Reichshaushalt verzeichnet. Als die Mefo-Wechsel fällig wurden und nicht gezahlt werden konnten, warnte Schacht Hitler Anfang 1939 vor der Inflationsgefahr und trat als Reichsbankpräsident zurück. Die Tilgung der horrenden Fehlbeträge sollte später durch die Einnahmen aus besetzten Territorien erfolgen. Der Eroberungskrieg war von Anfang an in der Wirtschaftspolitik mit eingeplant.

Autarkiestreben ■ Verbunden mit der Aufrüstung war das Ziel der deutschen Führung, die eigene Wirtschaft autark, also von ausländischen Gütern und Rohstoffen möglichst unabhängig zu machen. Damit sollten sowohl Devisen eingespart als auch die Auswirkungen eines Versiegens der Handelsströme im Kriegsfall gemildert werden. 1936 versuchte Hitler in einem *Vierjahresplan*, die wichtigsten Initiativen dafür zu bündeln. So mussten unter anderem jetzt einheimische Bodenschätze auch dann abgebaut werden, wenn sie qualitativ schlechter oder aufwändiger zu gewinnen waren als die auf dem Weltmarkt gehandelten Güter. Außerdem trieb man ohne Rücksicht auf Kosten die synthetische Erzeugung von Benzin und Gummi voran. Solche Strategien wurden nicht allein von den führenden Nationalsozialisten entwickelt, sondern trugen zum Teil deutlich die Handschrift derjenigen Großunternehmen, die ein massives Interesse an der Aufrüstung hatten.

Mit diesen Investitionen in den zukünftigen Krieg brachte sich Hitler-Deutschland am Ende der Dreißigerjahre selbst in Zugzwang, da die Schuldenpolitik ein bedrohlich steigendes Inflationsrisiko verursachte. Die Hypotheken auf die „Eroberung neuen Lebensraumes" mussten eingelöst werden.

M1 „Hitlergläubige" Arbeiter?

Führende Mitglieder der verbotenen SPD sind ins Exil gegangen und haben versucht, Kontakte zur deutschen Arbeiterschaft aufrechtzuerhalten. Ein illegaler Bericht erörtert die Stimmung im Ruhrgebiet im Sommer 1934:

Die indifferente[1] Arbeiterschaft – und sie stellt gerade im Ruhrgebiet die Mehrheit dar – ist noch immer größtenteils hitlergläubig. Der Umstand, dass durch die „Arbeitsbeschaffung" Arbeitslose in wenn auch noch so schlecht bezahlte
5 Arbeit gekommen sind, hat sie sehr beeindruckt. Sie trauen Hitlers „schneller Entschlusskraft" zu, dass er, wenn er „richtig informiert" wird, eines Tages das Steuer über Nacht zu ihren Gunsten herumwerfen wird. Als nach der „Abstimmung" vom 19. August neue Gesetze, die aus Führermund angekün-
10 digt waren, nicht herausgegeben wurden – Gesetze, von denen sie, ohne eine Ahnung ihres vermutlichen Inhaltes zu haben, annahmen, sie besserten ihre Lage –, da war die Enttäuschung wieder groß. Merkwürdigerweise setzt man in diesen indifferenten Arbeiterkreisen auch Hoffnungen auf Dr.
15 Ley[2], der wegen diesem und jenem Kraftwort als ein vorläufig leider durch böse Mächte verhinderter Arbeiterbeglücker gehalten wird. Dabei wissen die Leute durchaus, dass diese Arbeitsfrontorganisationen keine Gewerkschaften im alten Sinne mehr sind, dass die Organisationen kaum noch einen
20 Überblick über ihre wahre Mitgliederzahl haben und dass die Vertrauensräte feige Hunde sind, von denen kaum einer wagt, den „Betriebsführer" auch nur anzusprechen. Gewisse Auflehnungen kommen auch mal vor.

Hans Mommsen und Susanne Willems (Hrsg.), Herrschaftsalltag im Dritten Reich, Düsseldorf 1988, S. 165f.

1. Erläutern Sie die Akzeptanz des NS-Regimes in der Arbeiterschaft.
2. Beurteilen Sie, inwiefern nach dem Bericht das „Führerprinzip" in der Arbeitswelt durchgesetzt ist.

M2 Die Bedeutung der Autobahn

Der rheinische Schwerindustrielle Fritz Thyssen, ein wichtiger Finanzier der NSDAP, schreibt am 20. Juli 1933 an Fritz Todt, den Generalinspektor für das deutsche Straßenwesen:

Das rheinisch-westfälische Industriegebiet ist eines der bedeutendsten Wirtschaftsgebiete Deutschlands und Europas. Strategisch liegt es im Aufmarschgelände künftiger Auseinandersetzungen im Westen. Die Frage seines Anschlusses an das geplante Reichsautobahnnetz wird daher 5 sehr bald an Sie herantreten. Man wird sich hier im Bezirk vor allem des Siedlungsverbandes Ruhrkohlenbezirk bedienen können, der auf dem Gebiet der Straßenplanung und des Straßenausbaus schon seit Jahren vorbildliche Arbeit nach großen Gesichtspunkten geleistet hat. Wie ich höre, 10 ist demnächst eine Besprechung über die Frage der Fortführung der Autobahn Bonn-Köln in Düsseldorf beabsichtigt. Für meine Beteiligung an dieser Besprechung wäre ich Ihnen ergebenst dankbar.

Dietrich Eichholtz und Wolfgang Schumann (Hrsg.), Anatomie des Krieges. Neue Dokumente über die Rolle des deutschen Monopolkapitals bei der Vorbereitung und Durchführung des Zweiten Weltkrieges, Berlin 1969, S. 117f.

■ *Erläutern Sie die politischen und wirtschaftlichen Motive Thyssens.*

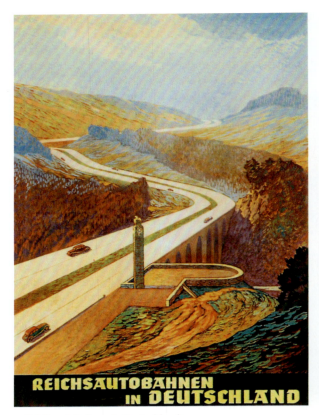

▲ **Reichsautobahnen in Deutschland.**
Plakat von Robert Zinner, 1937 (Ausschnitt).
■ *Erläutern Sie die Einstellung gegenüber Raum, Technik und Umwelt, die das Plakat ausdrückt.*

---

[1] indifferent: gleichgültig
[2] Robert Ley (1890–1945) war Leiter der Deutschen Arbeitsfront.

M3 Kriegswirtschaft in Zahlen

Selbstversorgungsgrad bei Grundnahrungsmitteln in Prozent:

	1927/28	1938/39
Brotgetreide	79	115
Kartoffeln	96	100
Zucker	100	101
Fleisch	91	97
Fett	44	57

Karl-Dietrich Bracher, Manfred Funke und Hans Adolf Jacobsen (Hrsg.), Nationalsozialistische Diktatur 1933-1945, Bonn 1983, S. 308

Produktion im Deutschen Reich nach dem Gebietsstand von 1937 in 1000 Tonnen:

	1928	1936	1939
Eisenerz	2 089	2 259	3 928
Hüttenaluminium	33	95	194
Buna[1]	0	1	22
Zellwolle[2]	0	43	192
Flugbenzin	0	43	302
Sonstiges Motorenbenzin	0	1 214	1 633

Karl-Dietrich Bracher, Manfred Funke und Hans Adolf Jacobsen (Hrsg.), a.a.O., S. 304

Rüstungsausgaben und Volkseinkommen in Mrd. Reichsmark:

Haushalts-jahr	Rüstungs-ausgaben	Volksein-kommen	Rüstungsausgaben in % des Volkseinkommens
1932	0,6	45,2	1,3
1933	0,7	46,5	1,5
1934	4,1	52,8	7,8
1935	5,5	59,1	9,3
1936	10,3	65,8	15,7
1937	11,0	73,8	15,0
1938	17,2	82,1	21,0

Fritz Blaich, Wirtschaft und Rüstung im „Dritten Reich", Düsseldorf 1987, S. 83

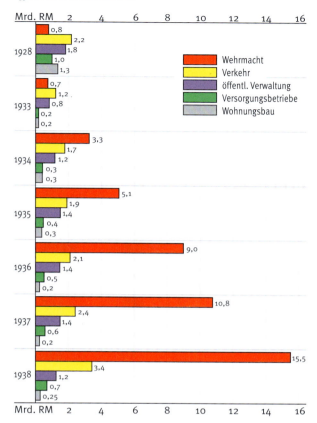

Nach: René Erbe, Die nationalsozialistische Wirtschaftspolitik. 1933-1939 im Lichte der modernen Theorie, Zürich 1958

1. Setzen Sie die Tabellen in geeignete Diagrammformen um.

2. Erläutern Sie die wirtschaftlichen Anstrengungen, die Deutschland zugunsten der Kriegsrüstung unternommen hat.

3. Trennen Sie die Bereiche in einen zivilen und militärischen Sektor und interpretieren Sie die Unterschiede im Versorgungs- und im Produktionsfortschritt.

---

[1] Buna: Bezeichnung für synthetisch hergestellten Gummi
[2] Zellwolle: frühere Bezeichnung für Kunststofffasern

Der Weg in den Krieg

Grundlagen der NS-Außenpolitik ▪ Die Öffentlichkeit in den europäischen Staaten beobachtete mit Misstrauen die nationalsozialistische „Machtergreifung": den NS-Straßenterror, die Aushöhlung der Weimarer Verfassung, die Ausschaltung der Parteien sowie die einsetzende antijüdische Politik. Der Weg in die Diktatur kostete Deutschland sein in der Weimarer Republik wiedergewonnenes Ansehen im Ausland.

▲ Eine englische Karikatur von David Low setzt sich 1936 mit der Appeasement-Politik auseinander.
Die „Führer" der europäischen Demokratien werden als „rückgratlos" bezeichnet.
▪ Interpretieren Sie die Haltung des Zeichners gegenüber der englischen Politik.
▪ Diskutieren Sie die Einstellung des Karikaturisten gegenüber der Demokratie.
▪ Erläutern Sie die Bedeutung einer nichtdeutschen Quelle für unser Geschichtsbild vom „Dritten Reich".

Benito Mussolini (1883–1945): italienischer Politiker; 1922 zum Ministerpräsidenten ernannt errichtete er eine Diktatur; 1945 von Widerstandskämpfern erschossen

Aber Hitler beließ zunächst den bisherigen Außenminister *Konstantin von Neurath* im Amt. Dies schien die Kontinuität der Weimarer Außenpolitik zu verbürgen, die auf diplomatischem Weg versucht hatte, eine Revision des Versailler Vertrages und politische sowie militärische Gleichberechtigung zu erreichen. In solchen Nahzielen stimmte Hitler durchaus mit den traditionellen Führungsschichten überein. Konsequenterweise folgte er deshalb in seiner Bündnisstrategie den überkommenen Mustern deutscher Außenpolitik: Einvernehmen mit England, um dadurch freie Hand gegen Frankreich und vor allem im Osten zu bekommen.

Die Pläne Hitlers blieben aber nicht bei einer Revision der Versailler Regelungen stehen (▶ M1, M2). Ziele seiner Außenpolitik waren die Eroberung von „Lebensraum" im Osten Europas und die Herrschaft der „arischen Rasse". Die Zerschlagung der kommunistischen UdSSR und zugleich des „jüdischen Bolschewismus" insgesamt bildeten den eigentlichen Kern von Hitlers außenpolitischem Programm. Letztendlich sollte wohl die Beherrschung eines europäischen Imperiums als Ausgangspunkt dienen, im Bündnis mit Japan und eventuell Großbritannien in einem Krieg der Kontinente gegen die USA die Weltherrschaft des Deutschen Reiches zu vollenden. Hitler ging dabei in den Dreißigerjahren keineswegs nach einem bestimmten Plan vor, sondern reagierte jeweils mit Skrupellosigkeit auf die Veränderungen der internationalen Politik, und er hatte Glück.

Bruch mit Versailles ▪ Schon im Oktober 1933 trat das Deutsche Reich aus dem Völkerbund aus. Im Januar 1934 schloss es einen Nichtangriffspakt mit Polen und durchbrach damit die außenpolitische Isolation. Die Sowjetunion war jetzt gewarnt und suchte den Schulterschluss mit den ehemaligen Alliierten. Im September 1934 trat sie dem Völkerbund bei. Schon im Juli 1934 hatte Hitler einen nationalsozialistischen Putsch in Österreich vorangetrieben, um den 1919 von den Alliierten verbotenen „Anschluss Österreichs" an das Deutsche Reich vorzubereiten. Die Aktion scheiterte am massiven Einspruch des Nachbarlandes Italien. **Mussolini** drohte mit militärischem Eingreifen.

Am 13. Januar 1935 fand die im Versailler Vertrag vorgesehene Volksabstimmung über die Zukunft des Saargebiets statt. Das Votum von 91 Prozent der Bevölkerung für die Rückkehr ins Deutsche Reich feierte das Naziregime als großen Erfolg. Kurz darauf erklärte Hitler alle Rüstungsbeschränkungen des Versailler Vertrages für nichtig und führte die allgemeine Wehrpflicht wieder ein.

Drei Monate später, am 18. Juni 1935, kam sogar ein deutsch-englisches Abkommen zustande, in dem die relative Stärke der Flotten beider Länder festgeschrieben wurde. Damit hatte sich ein Siegerstaat über das Verbot hinweggesetzt, militärische Abkommen mit Deutschland zu schließen. Im März 1936 besetzten deutsche Truppen in einer Blitzaktion das entmilitarisierte Rheinland. Die Westmächte reagierten auch auf diese Vertragsverletzung nur mit Protesten. Der Versailler Vertrag war bedeutungslos geworden.

Neue Bündnisse Als Hitler Ende 1935 Italien im Krieg gegen Äthiopien unterstützte, begann die Annäherung der beiden faschistischen Diktaturen. Am 1. November 1936 verkündete Mussolini die „Achse Berlin-Rom". Ein Jahr später trat Italien auch dem *Antikominternpakt* bei, in dem sich Deutschland und Japan 1936 dazu verpflichtet hatten, weltweit den Kommunismus zu bekämpfen und die Sowjetunion außenpolitisch zu isolieren. Im März 1939 schloss sich dem Pakt auch Spanien unter General *Franco* an, den die Nationalsozialisten und die italienischen Faschisten im Bürgerkrieg seit 1936 massiv unterstützt hatten. Wenn auch das von Hitler stets angestrebte Bündnis mit England nicht zustande gekommen war, so schien das „weltpolitische Dreieck" Berlin-Rom-Tokio eine Politik ohne – oder sogar gegen – das britische Weltreich zuzulassen.

Der amerikanische Präsident **Franklin D. Roosevelt** signalisierte zwar in einer Rede eine Abwendung von der Neutralitätspolitik, aber weder Hitler noch Mussolini ließen sich davon beeindrucken. England, Frankreich und die meisten anderen westeuropäischen Länder hatten mit inneren Problemen und den Nachwirkungen der Weltwirtschaftskrise zu kämpfen. Sie wollten unbedingt am Frieden festhalten und setzten auf *Appeasement* („Beschwichtigung") als Maxime ihrer Außenpolitik. Nur so ist es zu erklären, dass das Deutsche Reich keinen ernsthaften Widerstand fand und ab 1938 die Aggressivität seiner Außenpolitik noch steigern konnte.

Franklin Delano Roosevelt (1882-1945): Rechtsanwalt und Politiker, Neffe Theodore Roosevelts, 1933-1945 US-Präsident (Demokrat). Er setzte sich für soziale Reformen ein, führte die USA in den Zweiten Weltkrieg und engagierte sich für die Gründung der Vereinten Nationen.

Expansion Anders als 1934 hatte Hitler 1937/38 die Billigung Mussolinis, als er erneut versuchte, massiven Einfluss auf Österreich zu gewinnen. Die österreichische Regierung setzte in ihrer Not eine Volksabstimmung über die Selbstständigkeit an, doch Hitler kam dem zuvor und marschierte im März 1938 mit seinen Truppen ein. Die Mehrzahl der Österreicher bereitete ihm einen triumphalen Empfang.

Auch in Deutschland fand Hitlers Politik jetzt fast uneingeschränkte Zustimmung. Nun forderte Hitler die „Lösung des Sudetenproblems", die für ihn darin bestand, die deutschsprachig dominierten Gebiete der Tschechoslowakei dem Reich einzugliedern. Er machte sich dabei bestehende Konflikte zunutze. Nicht nur die Deutschen, auch Polen, Ungarn und andere Volksgruppen in der Tschechoslowakei erhoben Autonomieforderungen. Mit seiner Beteuerung, das sudetendeutsche Gebiet sei die letzte territoriale Forderung des Deutschen Reiches, konnte Hitler sich wiederum durchsetzen. Auf der *Konferenz von München* am 29. September 1938 legten Deutschland, Italien, Frankreich und England ohne Beteiligung von Vertretern der Tschechoslowakei die Modalitäten für die geforderten territorialen Veränderungen fest („Münchener Abkommen").

▲ **Diktatoren unter sich: Mussolini und Hitler während der Münchener Konferenz.**
Foto (Ausschnitt) vom 29. September 1938.

Nationalsozialistische Gewaltherrschaft

▲ Die Erweiterung des Deutschen Reiches zwischen 1933 und 1939.

Nur ein halbes Jahr später waren Hitlers Beteuerungen als Lügen entlarvt. Am 15. März 1939 marschierten deutsche Truppen in der „Rest-Tschechei" ein. Drei Tage später wurde das *Protektorat Böhmen und Mähren* de facto der Reichsverwaltung unterstellt. Diesmal konnte das Deutsche Reich seinen Schritt nicht mehr mit dem Hinweis auf das Selbstbestimmungsrecht der Völker begründen. Erneut griffen die anderen europäischen Mächte nicht ein, aber sie wussten nun, dass sie nicht länger zusehen konnten. Schon Ende März gaben Frankreich und England eine verbindliche Garantieerklärung für Polen ab, das zunehmend die Zielscheibe aggressiver deutscher Propaganda wurde.

Der nächste Schritt der Machtausdehnung auf Kosten Polens musste den von Hitler längst einkalkulierten Krieg bedeuten.

In dieser Phase gelang der deutschen Diplomatie ein spektakulärer Erfolg: Die Nationalsozialisten, die sich immer als schärfste Feinde des „Bolschewismus" verstanden und inszeniert hatten, schlossen einen *Nichtangriffspakt mit der Sowjetunion* („Hitler-Stalin-Pakt"; ▶ M3, M4). Diese hatte kurz zuvor noch Verhandlungen über einen britisch-französisch-sowjetischen Dreibund unter möglicher polnischer Beteiligung geführt, die aber gescheitert waren.

Der sowjetische Diktator **Josef W. Stalin** konnte sich nun bei einem zu erwartenden Angriff Deutschlands auf Polen aus allen Kampfhandlungen heraushalten und wusste seine Einflusssphäre in Osteuropa gesichert. In einem geheimen Zusatzprotokoll vereinbarten Deutschland und die Sowjetunion die Aufteilung Polens.

Josef Wissarionowitsch Dschugaschwili, gen. Stalin (1878-1953): 1924-1953 Chef der KPdSU und Staatschef der UdSSR, inszenierte als Diktator einen Personenkult

M1 Kampf gegen Versailles

Nur wenige Tage nach der „Machtergreifung", am 3. Februar 1933, führt Hitler vor den Befehlshabern von Heer und Marine seine außenpolitischen Vorstellungen aus. Die Rede wird von Generalleutnant Liebmann protokolliert:

Ziel der Gesamtpolitik allein: Wiedergewinnung der pol. Macht. Hierauf muss gesamte Staatsführung eingestellt werden (alle Ressorts!).
1. Im Innern. Völlige Umkehrung der gegenwärt. innenpol.
5 Zustände in D. Keine Duldung der Betätigung irgendeiner Gesinnung, die dem Ziel entgegensteht (Pazifismus!). Wer sich nicht bekehren lässt, muss gebeugt werden. Ausrottung des Marxismus mit Stumpf und Stiel. Einstellung der Jugend u. des ganzen Volkes auf den Gedanken, dass nur d. Kampf
10 uns retten kann u. diesem Gedanken gegenüber alles zurückzutreten hat. (Verwirklicht in d. Millionen d. Nazi-Beweg. Sie wird wachsen.) Ertüchtigung der Jugend u. Stärkung des Wehrwillens mit allen Mitteln. Todesstrafe für Landes- u. Volksverrat. Straffste autoritäre Staatsführung. Beseitigung
15 des Krebsschadens der Demokratie!
2. Nach außen. Kampf gegen Versailles. Gleichberechtigung in Genf[1] aber zwecklos, wenn Volk nicht auf Wehrwillen eingestellt. Sorge für Bundesgenossen. [...]
4. Aufbau der Wehrmacht wichtigste Voraussetzung für
20 Erreichung des Ziels: Wiedererringung der pol. Macht. Allg. Wehrpflicht muss wiederkommen. Zuvor aber muss Staatsführung dafür sorgen, dass die Wehrpflichtigen vor Eintritt nicht schon durch Pazif., Marxismus, Bolschewismus vergiftet werden oder nach Dienstzeit diesem Gifte verfallen. Wie soll
25 pol. Macht, wenn sie gewonnen ist, gebraucht werden? Jetzt noch nicht zu sagen. Vielleicht Erkämpfung neuer Export-Mögl., vielleicht – und wohl besser – Eroberung neuen Lebensraumes im Osten u. dessen rücksichtslose Germanisierung. [...]
30 – Gefährlichste Zeit ist die des Aufbaus der Wehrmacht. Da wird sich zeigen, ob Fr(ankreich) Staatsmänner hat; wenn ja, wird es uns Zeit nicht lassen, sondern über uns herfallen (vermutlich mit Ost-Trabanten).

Walther Hofer (Hrsg.), Der Nationalsozialismus. Dokumente 1933-1945, Frankfurt am Main 49 2004, S. 180 f.

1. Benennen Sie die Ziele der nationalsozialistischen Außenpolitik.
2. Arbeiten Sie heraus, welche Reaktionen Hitler von den europäischen Nachbarn auf seine Außenpolitik erwartet.
3. Charakterisieren Sie stilistische Besonderheiten der hier verwendeten Quellenform. Berücksichtigen Sie dabei, welche Position der Schreiber bei der Übermittlung der „Fakten" einnimmt.

M2 „Frieden und Freundschaft"

Für die Öffentlichkeit gibt Hitler am 17. Mai 1933 vor dem Reichstag erstmals eine außenpolitische Erklärung ab:

Wenn ich in diesem Augenblick bewusst als deutscher Nationalsozialist spreche, so möchte ich namens der nationalen Regierung und der gesamten Nationalerhebung bekunden, dass gerade uns in diesem jungen Deutschland das tiefste
5 Verständnis beseelt für die gleichen Gefühle und Gesinnungen sowie für die begründeten Lebensansprüche der anderen Völker. Die Generation dieses jungen Deutschlands, die in ihrem bisherigen Leben nur die Not, das Elend und den Jammer des eigenen Volkes kennenlernte, hat zu sehr unter dem
10 Wahnsinn gelitten, als dass sie beabsichtigen könnte, das gleiche anderen zuzufügen. [...] Indem wir in grenzenloser Liebe und Treue an unserem eigenen Volkstum hängen, respektieren wir die nationalen Rechte auch der anderen Völker aus dieser selben Gesinnung heraus und möchten aus tiefinnerstem Herzen mit ihnen in Frieden und Freundschaft
15 leben. [...] Wir aber haben keinen sehnlicheren Wunsch, als dazu beizutragen, dass die Wunden des Krieges und des Versailler Vertrages endgültig geheilt werden. Deutschland will keinen anderen Weg dabei gehen als den, der durch die Verträge selbst als berechtigt anerkannt ist. Die Deutsche Regie-
20 rung wünscht, sich über alle schwierigen Fragen mit den Nationen friedlich auseinanderzusetzen. Sie weiß, dass jede militärische Aktion in Europa auch bei deren völligem Gelingen, gemessen an den Opfern, in keinem Verhältnis stehen würde zu dem Gewinn.
25

Max Domarus, Hitler. Reden und Proklamationen 1932-1945, Bd. 1, Würzburg 1962, S. 271-273

1. Erläutern Sie, welches Deutschlandbild Hitler zeichnet.
2. Vergleichen Sie M2 mit M1. Berücksichtigen Sie dabei den jeweiligen Kontext.

---

[1] Sitz des Völkerbundes

▲ Stalin-Karikatur in der französischen Zeitschrift „Marianne" von 1939.
■ Erläutern Sie die Bildsymbolik und die damit verbundene Interpretation des „Hitler-Stalin-Paktes".

M3 Der Nichtangriffspakt mit der UdSSR

Im August 1939 wird der Öffentlichkeit ein Abkommen präsentiert, das der sowjetische Außenminister Wjatscheslaw M. Molotow mit dem deutschen Außenminister Joachim von Ribbentrop ausgehandelt hat:

Art. 1 Die beiden vertragschließenden Teile verpflichten sich, sich jeden Gewaltakts, jeder aggressiven Handlung und jedes Angriffs gegeneinander, und zwar sowohl einzeln als auch gemeinsam mit anderen Mächten, zu enthalten.
5 Art. 2 Falls einer der vertragschließenden Teile Gegenstand kriegerischer Handlungen seitens einer dritten Macht werden sollte, wird der andere vertragschließende Teil in keiner Form diese dritte Macht unterstützen. [...]
Art. 4 Keiner der beiden vertragschließenden Teile wird sich
10 an irgendeiner Mächtegruppierung beteiligen, die sich mittelbar oder unmittelbar gegen den anderen Teil richtet.
Geheimes Zusatzprotokoll[1]: Für den Fall einer territorial-politischen Umgestaltung der zum polnischen Staate gehörenden Gebiete werden die Interessensphären Deutschlands
15 und der UdSSR ungefähr durch die Linie der Flüsse Narew, Weichsel und San abgegrenzt.
Die Frage, ob die beiderseitigen Interessen die Erhaltung eines unabhängigen polnischen Staates erwünscht erscheinen lassen und wie dieser Staat abzugrenzen wäre, kann endgültig erst im Laufe der weiteren politischen Entwicklung ge- 20 klärt werden. In jedem Falle werden beide Regierungen diese Frage im Wege einer freundschaftlichen Verständigung lösen.

OSTEUROPA. Zeitschrift für Gegenwartsfragen des Ostens, 39. Jg. (1989), S. 417-419

1. Erläutern Sie, was der Nichtangriffspakt über die außenpolitischen Planungen beider Länder aussagt.
2. Diskutieren Sie die Bedeutung des geheimen Zusatzprotokolls.

M4 Aus Todfeinden werden „Freunde"

Der sowjetische Beamte Victor A. Kravchenko aus der sibirischen Industriestadt Kemerowo erinnert sich an den „Hitler-Stalin-Pakt":

Für uns galt es all die Jahre als ausgemacht, dass der einzige Feind der Nazis die Sowjetunion sei. [...] Wir hatten doch unsere führenden Armeegeneräle [...] erschossen, weil sie angeblich Verbündete von Hitlers Reichswehr waren. Die großen Verräterprozesse, in denen Lenins[1] vertrauteste Freunde 5 liquidiert wurden, stützten sich auf die Voraussetzung, dass Nazideutschland und seine Achsenfreunde Italien und Japan sich gegen uns zum Kriege rüsteten. Diese Nationen waren angeblich nur die Exponenten einer Weltkoalition von Kapitalisten, die sich verschworen hatten, unser sozialistisches 10 Vaterland zu vernichten. [...] Die Schurkerei Hitlers galt in unserem Land als fast ebenso geheiligter Glaubensartikel wie die Unfehlbarkeit Stalins. Unsere Sowjetkinder spielten Faschisten-gegen-Kommunisten-Spiele [...]. Erst als wir die Wochenschauen und Zeitungsbilder sahen, auf denen Stalin 15 lächelnd Ribbentrop die Hand schüttelte, begannen wir das Unglaubliche zu glauben. Hakenkreuz und Hammer-und-Sichel flatterten Seite an Seite in Moskau! Bald darauf erklärte uns Molotow, der Faschismus sei schließlich „Geschmackssache"! Stalin begrüßte seinen diktatorischen 20 Kollegen mit begeisterten Worten über die gemeinsame „mit Blut besiegelte Freundschaft"!

Victor A. Kravchenko, Ich wähle die Freiheit. Das private und politische Leben eines Sowjetbeamten, übersetzt von Albert Hess, Zürich 1947, S. 63 f.

■ Diskutieren Sie die Auswirkungen der außenpolitischen Kehrtwendung auf die sowjetische Bevölkerung.

---

[1] Das Zusatzprotokoll wurde im Westen 1948 bekannt; die Sowjetunion bestritt bis 1989 die Existenz dieser Abmachung.

[1] Wladimir I. Lenin (1870-1924): Führungsfigur der russischen Oktoberrevolution, erster Regierungschef der Sowjetunion

Der Zweite Weltkrieg

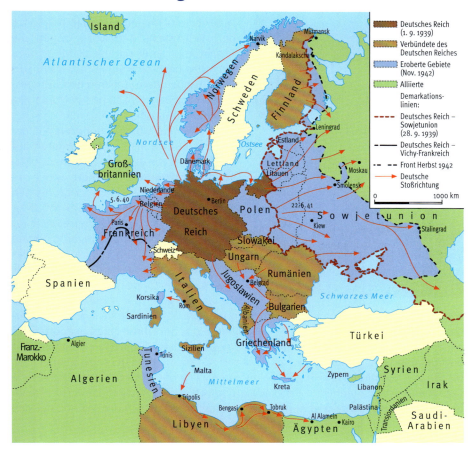

◀ Europa im Zweiten Weltkrieg.

Hitlers Anfangserfolge 1939/40 Am 1. September 1939 griffen deutsche Truppen ohne Kriegserklärung Polen an. Nach Ablauf ihrer Ultimaten erklärten Frankreich und Großbritannien Deutschland am 3. September den Krieg. Allerdings hielten sich die Westmächte vorläufig in der Defensive, weil sie sich militärisch noch zu schwach fühlten. Daher war der erste „*Blitzkrieg*" der deutschen Wehrmacht erfolgreich. Bereits Ende September wurde Polen – wie im Zusatzprotokoll des „Hitler-Stalin-Paktes" vereinbart – zwischen Deutschland und der Sowjetunion aufgeteilt.

Als die englische Regierung auf deutsche Friedensangebote nicht reagierte, ließ Hitler im April 1940 Dänemark und Norwegen besetzen, einen Monat später Belgien, die Niederlande und Luxemburg. In Frankreich stießen deutsche Streitkräfte bis nach Calais vor, am 14. Juni zogen die Deutschen kampflos in Paris ein.

Die Briten – seit Mai 1940 unter dem konservativen Premierminister **Winston Churchill** – waren entschlossen, den Krieg gegen das Deutsche Reich unter allen Umständen durchzustehen. Daher strebten Hitler und sein Generalstab eine Invasion auf den Britischen Inseln an und forcierten ab Juli 1940 den Luft- und U-Boot-Krieg, um eine Landung vorzubereiten. Der Plan erwies sich aber als grobe Fehleinschätzung. Zum ersten Mal erreichte Hitler sein militärisches Ziel nicht. Im Gegenteil, die strategische Lage verschlechterte sich durch die immer deutlichere Parteinahme der USA für die Engländer.

Winston Churchill (1874-1965): britischer Journalist, Offizier und Politiker; 1940-1945 und 1951-1955 Premierminister, 1940-1955 Führer der Konservativen. 1953 erhielt er den Nobelpreis für Literatur.

▲ **Zerstörtes Murmansk.**
Foto von Jewgeni Chaldej von 1942.

Die Wende in Russland Ohne im Westen den Gegner besiegt zu haben, kündigte Hitler bereits im Sommer 1940 der Spitze der Wehrmacht den Krieg gegen die Sowjetunion an. Er wartete allerdings dazu noch das nächste Frühjahr ab, weil deutsche Truppen dem italienischen Bündnispartner auf dem Balkan und in Nordafrika beistehen mussten.

Mit einem Überraschungsangriff, der von der Ostsee bis zu den Karpaten auf breiter Front von über drei Millionen Soldaten geführt wurde, eröffnete Hitler am 22. Juni 1941 ohne Kriegserklärung den Kampf gegen die Sowjetunion (▶ M1). Zwar gelang es in der Anfangsphase, weit ins Innere des Landes vorzudringen, doch auf Dauer erwies sich das simple Prinzip des „Blitzkrieges" hier als völlig unrealistisch. Die Weite des Landes und das raue Klima, auf das die Wehrmacht nur unzureichend vorbereitet war, stoppten den deutschen Vormarsch. Darüber hinaus war die Rote Armee unerwartet gut organisiert. Im Dezember 1941 konnte diese eine Gegenoffensive einleiten, der die Deutschen auf Dauer nicht gewachsen waren. In einer Kesselschlacht bei Stalingrad gelang der sowjetischen Armee Anfang 1943 ein überwältigender Sieg, dessen psychologische Wirkung für beide Seiten von großer Bedeutung war. Gegen die tiefe Niedergeschlagenheit in der Bevölkerung versuchte Propagandaminister Goebbels anzukämpfen, indem er zum „totalen Krieg" aufrief. Doch der Mythos, der den „Führer" umgeben hatte, war zerstört (▶ M2).

Die deutsche Wirtschaft im Krieg Die NS-Machthaber waren bemüht, die Belastungen für die deutsche Bevölkerung in möglichst engen Grenzen zu halten und alle Kräfte für den Krieg zu bündeln. Niemand sollte Hunger leiden, denn Hitler fürchtete Streiks und innere Unruhen, wie er sie am Ende des Ersten Weltkrieges erlebt hatte. Nicht zuletzt infolge der enormen Gebietsgewinne gelang es, die Zufuhr an Rohstoffen und Lebensmitteln ins Deutsche Reich zu steigern. Rücksichtslos wurden Produktion und Ressourcen aller besetzten Länder für die deutschen Bedürfnisse ausgebeutet. Der private Besitz sollte möglichst nicht angetastet werden. Im Gegenteil, zum Urlaub heimkehrende Soldaten durften, teils unter Umgehung der Zollvorschriften, große Mengen an Lebensmitteln und Verbrauchsgütern in die Heimat mitnehmen. Die Einschränkungen beim Verschicken von Feldpostsendungen wurden aus dem gleichen Grund sehr großzügig gehandhabt, Anzeigen in Übertretungsfällen oft abgewiesen.

Die Währungen der besetzten Länder wurden bedenkenlos an den Rand des Ruins getrieben, die Goldreserven, Devisen, Aktien und viele Depositen von der Reichsbank beschlagnahmt. Nur mit knapper Not konnte in einigen Staaten der Bankrott vermieden werden.

Zu den Maßnahmen, mit denen die Leistung der deutschen Kriegswirtschaft gesteigert werden sollte, zählte auch der Einsatz ausländischer Gefangener und *Zwangsarbeiter* (▶ M3). Da 1,8 Millionen *Kriegsgefangene* den Ausfall der in die Wehrmacht eingezogenen Männer nicht ausgleichen konnten, wurden in den besetzten Gebieten systematisch arbeitsfähige Menschen gefangen genommen und nach Deutschland geschickt – rund sieben Millionen Frauen und Männer insgesamt. Fast drei Millionen „Fremdarbeiter" stammten aus der Sowjetunion, eine Million aus Polen. Massentransporte in Güterwaggons, schlechte Behandlung und Unterbringung, mangelhafte Ernährung sowie schwerste körperliche Arbeit gehörten zu den unmenschlichen Bedingungen, denen die Opfer in der Regel ausgesetzt waren. Sie wurden nicht nur wesentlich geringer entlohnt, sondern auch mit einem höheren Steuersatz belegt. Den Lohnanteil, der für die Angehörigen in der Heimat bestimmt war, kassierte die deutsche Finanzverwaltung.

Gleichzeitig nahm mit dem Krieg der politische Druck auf die Bevölkerung zu. Offene Kritik an Kriegshandlungen und Zweifel am Endsieg wurden hart bestraft, wobei die Nationalsozialisten sich nicht nur auf die Geheime Staatspolizei verlassen konnten, sondern auch auf ein Heer von Denunzianten.

Der europäische Krieg wird zum Weltkrieg ■ Am 7. Dezember 1941 eröffnete Japan mit einem Luftangriff auf die amerikanische Pazifikflotte in *Pearl Harbor* die Kampfhandlungen gegen die USA. Deutschland und Italien erklärten daraufhin, ohne vertraglich gegenüber Japan verpflichtet zu sein, den Vereinigten Staaten den Krieg. Dagegen etablierte sich auf der anderen Seite die **Anti-Hitler-Koalition** einschließlich der UdSSR, die der britische Premierminister Winston Churchill – trotz weltanschaulicher Bedenken – förderte.

Die großen Materialreserven, das Industriepotenzial und die frischen Truppen der USA verhalfen den Alliierten zu einer deutlichen Überlegenheit. Als den Amerikanern und Engländern am 6. Juni 1944 die Landung an der Küste der Normandie gelang, war die deutsche Niederlage nur noch eine Frage der Zeit. Auch die Lufthoheit lag jetzt bei den Westmächten.

Auf der *Konferenz von Jalta* (4.2.-11.2.1945) einigten sich die Regierungschefs von Großbritannien, der UdSSR und der USA, Churchill, Stalin und Roosevelt, auf Regelungen für die künftige Besetzung Deutschlands, vor allem die Aufteilung in vier Besatzungszonen. Da die nationalsozialistische Führung verbissen den Widerstand aufrechterhielt, sanken die meisten deutschen Großstädte unter den alliierten Luftangriffen in Schutt und Asche. Erst als die Rote Armee vor Berlin stand, begingen Hitler und mehrere seiner Mitarbeiter Selbstmord. Im Mai 1945 unterzeichneten die Generäle Jodl und Keitel die deutsche Gesamtkapitulation. Der Zweite Weltkrieg endete drei Monate später mit der bedingungslosen Kapitulation Japans, nachdem die USA über Hiroshima und Nagasaki erstmals Atombomben abgeworfen hatten. Diese Waffen waren mit einem riesigen Forschungsaufwand in den USA entwickelt worden. Der amerikanische Präsident **Harry S. Truman**, der nach dem Tode Roosevelts im April 1945 die Macht übernommen hatte, schob Bedenken gegen die gewaltige Zerstörungskraft der Atomwaffen u. a. mit dem Hinweis beiseite, dass man die Japaner nur auf diese Weise zur bedingungslosen Kapitulation zwingen könne. Über 200 000 Menschen starben bei den Bombenabwürfen sofort. Die Langzeitfolgen der radioaktiven Verseuchung wurden erst später deutlich: Zahllose Menschen starben an Leukämie und an anderen Folgekrankheiten.

Anti-Hitler-Koalition: die Gegner des nationalsozialistischen Deutschland mit den USA, Großbritannien und der Sowjetunion an der Spitze. Die „Großen Drei" legten gemeinsame Kriegsziele wie die bedingungslose Kapitulation Deutschlands, Japans und Italiens fest.

Harry S. Truman (1884-1972): Als Vizepräsident wurde er nach dem Tod von Franklin D. Roosevelt im April 1945 US-Präsident. Seine Amtszeit dauerte bis 1953.

M1 „Völlige Vernichtung"

Der Oberbefehlshaber der 6. Armee, General von Reichenau, gibt am 10. Oktober 1941 einen Befehl aus, der das „Verhalten der Truppen im Ostraum" betrifft. Hitler bezeichnet diesen Befehl als vorbildlich, sodass er auch von anderen Truppenteilen übernommen wird:

Hinsichtlich des Verhaltens der Truppe gegenüber dem bolschewistischen System bestehen vielfach noch unklare Vorstellungen. Das wesentlichste Ziel des Feldzuges gegen das jüdisch-bolschewistische System ist die völlige Zerschlagung
5 der Machtmittel und die Ausrottung des asiatischen Einflusses im europäischen Kulturkreis. Hierdurch entstehen auch für die Truppe Aufgaben, die über das hergebrachte einseitige Soldatentum hinausgehen. Der Soldat ist im Ostraum nicht nur ein Kämpfer nach den Regeln der Kriegskunst, son-
10 dern auch Träger einer unerbittlichen völkischen Idee und der Rächer für alle Bestialitäten, die deutschem und anverwandtem Volkstum zugefügt wurden. Deshalb muss der Soldat für die Notwendigkeit der harten, aber gerechten Sühne am jüdischen Untermenschentum volles Verständnis haben. Sie
15 hat den weiteren Zweck, Erhebungen im Rücken der Wehrmacht, die erfahrungsgemäß stets von Juden angezettelt wurden, im Keime zu ersticken. Der Kampf gegen den Feind hinter der Front wird noch nicht ernst genug genommen. Immer noch werden heimtückische, grausame Partisanen
20 und entartete Weiber zu Kriegsgefangenen gemacht, immer noch werden halb uniformierte oder in Zivil gekleidete Heckenschützen und Herumtreiber wie anständige Soldaten behandelt und in die Gefangenenlager abgeführt. [...] Fern von allen politischen Erwägungen der Zukunft hat der Soldat
25 zweierlei zu erfüllen: 1.) die völlige Vernichtung der bolschewistischen Irrlehre, des Sowjetstaates und seiner Wehrmacht. 2.) die erbarmungslose Ausrottung artfremder Heimtücke und Grausamkeit und damit die Sicherung des Lebens der deutschen Wehrmacht in Russland. Nur so werden wir unse-
30 rer geschichtlichen Aufgabe gerecht, das deutsche Volk von der asiatisch-jüdischen Gefahr ein für allemal zu befreien.

Reinhard Rürup (Hrsg.), Der Krieg gegen die Sowjetunion 1941-1945. Eine Dokumentation, Berlin 1991, S. 122

1. *Erörtern Sie, inwiefern die deutsche Kriegsführung eine Umsetzung der nationalsozialistischen Rassenideologie war (vgl. S. 237, M1).*

2. *Informieren Sie sich über damalige und heutige Völkerrechtsvereinbarungen, die auch im Krieg gültig bleiben. Inwiefern haben die Deutschen dagegen verstoßen?*

3. *Erklären Sie, warum es unter den Soldaten „unklare Vorstellungen" über die Kriegsführung gab.*

M2 Bombenangriffe und Durchhalteparolen

Jörg Friedrich, der sich bei seinen Forschungen mit den Bombenangriffen auf Deutschland und deren Auswirkungen befasst, schildert die durch die alliierte Luftüberlegenheit ausgelöste Stimmung in der deutschen Bevölkerung und die Gegenpropaganda des NS-Regimes:

Der dringlichsten Frage der Volksgenossen weicht der Staat aus: „Wo hat der Feind angegriffen, wie hoch sind die Verluste?" Zeitungen kleiden die Ruhrschlacht in Phrasen. „Standhaftigkeit gegen Mordbrenner." „Härte und Entschlos-
5 senheit gegen britischen Terror." Das Informationsloch wird gefüllt vom Gerücht. Das Gerücht übertreibt, doch folgt die Wirklichkeit ihm nach. Es ist ihr ein Stück voraus. Anfang Juli [1943] sind ihm „neuartige Kampfmethoden der Feindmächte" bekannt. Die Brände greifen rasch um sich. [...] Nach
10 der Bearbeitung der „Ruinenstädte des Ruhrgebiets" greift der Luftterror nach dem gesamten Reichsgelände. Berlin, München, Nürnberg werden „Stalingrad gleichgemacht". Im Westen entsteht das Aufmarsch- und Kriegsgebiet, Tausende nicht identifizierbare Leichen gelangen in Massengräber. Der
15 Phosphor lässt sie zu kleinen Mumien schrumpfen. Sie sind im Keller bei lebendigem Leibe verbrannt. Um ein Uhr nachts steht die Bevölkerung vor den Bunkern Schlange. Im Hamburger Feuersturm vergeht die Siegeszuversicht. Das Sicherheitsgefühl ist „urplötzlich zusammengesackt". Ein quälen-
20 des Gefühl sagt, dass ein Gegner, der solche Attacken führt, unbezwinglich ist. „Die werden uns fertigmachen." Wir sollten aufhören, „um jeden annehmbaren Preis Schluss machen", denn „die Opfer werden von Tag zu Tag größer". [...] Das Gemunkel um eine Vergeltungswaffe lancierte Goebbels
25 im Frühsommer 1943 zur Ablenkung vom Russland-Fiasko. Es überbrückte ein Jahr bittersten Bombenkriegs. [...] Am 8. November 1943 hält Hitler seine letzte öffentliche Rede vor den „Alten Kämpfern"; sie wird auf Magnetophonband mitgeschnitten, um 20.15 Uhr sendet sie der Funk. Er spricht vor-
30 wiegend von der Kraft, die das Opfer verleiht. Wer seinen Besitz eingebüßt habe, könne den Rückgewinn nur vom Sieg erwarten. „So sind Hunderttausende von Ausgebombten die Avantgarde der Rache." Die Industrieschäden seien belanglos, die zwei oder drei Millionen ruinierter Wohnungen in
35 kürzester Zeit wieder aufgebaut, „mögen sie zerstören, so viel sie wollen". Ihn schmerze die Pein der Frauen und Kinder, doch beuge er sich in Dankbarkeit vor dem Allmächtigen, dass er keine schwereren Prüfungen, den Kampf auf deutschem Boden, geschickt habe, „sondern dass er es fertig brin-
40 gen ließ, gegen eine Welt der Übermacht diesen Kampf erfolgreich weit über die Grenzen des Reiches hinauszutragen". Deutschland werde niemals den Fehler von 1918 wiederholen,

eine Viertelstunde vor zwölf die Waffen niederzulegen. „Darauf kann man sich verlassen: Derjenige, der die Waffen als allerletzter niederlegt, das wird Deutschland sein, und zwar fünf Minuten nach zwölf." Eher beiläufig streift Hitler, dass die gegnerischen Kriegsverbrecher zum Wiederaufbau herangezogen würden, „das ist das erste, das ich dazu sagen muss und das zweite: Die Herren mögen es glauben oder nicht, aber die Stunde der Vergeltung wird kommen". Im Vorjahr hätten die auf „macht nichts" und „nicht kleinkriegen lassen" gestimmten Worte dem Publikum aus der Seele gesprochen, jetzt hörte er es heraus, was es interessierte. Wenn der Führer von Vergeltung spricht, kommt sie auch. Andererseits ist sein Latein am Ende, sonst würde er nicht den All-

barmherzigen anrufen. „Die Not hat ihn beten gelehrt." Wenigstens erwähnt er die Qual der Frauen und Kinder und nicht die Dome. Ganz gegen seine Art hat Hitler weniger anzukünden, was Deutschland auszuteilen, als was es einzustecken vermag.

Jörg Friedrich, Der Brand, München 2002, S. 479 und 481 f.

1. Beschreiben Sie a) das Ausmaß der durch die alliierte Luftüberlegenheit ausgelösten Zerstörung,
b) die Folgen für die Bevölkerung und ihre Stimmung.
2. Erläutern Sie die Versuche der NS-Propaganda, hier gegenzusteuern, und die Konsequenzen dieses Steuerungsprozesses.

M3 Einsatz von Arbeitskräften im Krieg

Die Verteilung der Arbeitskräfte im Deutschen Reich in den Grenzen von 1937, einschließlich Österreich, Sudetenland und Memelgebiet, jeweils in Mio. Personen bei einer Gesamtbevölkerung von knapp 80 Millionen (1937):

Zeitpunkt	zivile dt. Arbeitskräfte			Wehrmacht	Verluste
	Männer	Frauen	insgesamt	insges. einberufen	insgesamt
1939, Ende Mai	24,5	14,6	39,1	1,4	–
1940, Ende Mai	20,4	14,4	34,8	5,7	0,1
1941, Ende Mai	19,0	14,1	33,1	7,4	0,2
1942, Ende Mai	16,9	14,4	31,3	9,4	0,8
1943, Ende Mai	15,5	14,8	30,3	11,2	1,7
1944, Ende Mai	14,2	14,8	29,0	12,4	3,3
1944, Ende Sept.	13,5	14,9	28,4	13,0	3,9

Einsatz von Ausländern („Fremdarbeitern") und Kriegsgefangenen jeweils in Millionen:

Zeitpunkt	insgesamt	davon in den Sektoren:				
		Landwirtschaft	Industrie	Handwerk	Verkehr	Übrige
1941, Ende Mai	3,0	1,5	1,0	0,3	0,1	0,1
1942, Ende Mai	4,2	2,0	1,4	0,3	0,2	0,3
1943, Ende Mai	6,3	2,3	2,8	0,4	0,3	0,5
1944, Ende Mai	7,1	2,6	3,2	0,5	0,4	0,4

Nach: Fritz Blaich, Wirtschaft und Rüstung im „Dritten Reich", Düsseldorf 1987, S. 105

1. Analysieren Sie die Tendenzen und Verschiebungen in den Zahlen der Arbeitskräfte.
2. Nennen Sie Gründe für die Entwicklung des Frauenanteils an den zivilen Arbeitskräften.
3. Erläutern Sie gesellschaftliche Veränderungen im Reich, die sich durch die Verschiebungen in der Arbeits- und Alltagswelt ergeben haben könnten.

Terror und Holocaust

Vorstufe zum Völkermord: das „Euthanasie"-Programm ■ Nach den pseudobiologischen Lehren von „Rassenhygiene" und „Erbgesundheit", wie sie die Nationalsozialisten vertraten, galten alle „sozial oder rassisch Unerwünschten" wie die Sinti und Roma und alle slawischen Völker, darunter vor allem Russen und Polen, die Zeugen Jehovas, Homosexuelle oder **„Asoziale"** als „minderwertig" und „lebensunwert". Dazu zählten auch „erbkranke", geistig und körperlich behinderte Menschen. Das *„Gesetz zur Verhütung erbkranken Nachwuchses"* vom 14. Juli 1933 ordnete die Zwangssterilisation von Menschen mit vermeintlich verändertem Erbgut an. Ab 1935 wurden schwangere Frauen, bei denen eine „Erbkrankheit" diagnostiziert wurde, zur Abtreibung gezwungen.

In den Monaten vor Kriegsbeginn wurden konkrete Vorbereitungen für den ersten systematischen Massenmord des NS-Regimes getroffen. Seit August 1939 mussten Hebammen und Ärzte den Gesundheitsämtern alle behinderten Neugeborenen und Kleinkinder melden. Diese Meldepflicht war die Grundlage der im Herbst 1939 einsetzenden, verharmlosend als **„Euthanasie"** bezeichneten Ermordung kranker Kinder in eigens eingerichteten „Kinderfachabteilungen". Bis zum Kriegsende forderte die „Kindereuthanasie" zwischen 5 000 und 10 000 Opfer.

Unter dem Deckmantel des Krieges wurde das „Euthanasie"-Programm auf Erwachsene ausgedehnt. Hitler ermächtigte den Leiter der Kanzlei des Führers, *Philipp Bouhler*, und seinen Begleitarzt *Karl Brandt* zunächst mündlich, später in einem Schreiben, „unheilbar Kranken" den „Gnadentod" zu gewähren. Tarngesellschaften organisierten die als **Aktion T4** benannte „Vernichtung unwerten Lebens". Ab 1940 wurden etwa 70 000 Menschen in sechs zu Tötungsanstalten umgerüsteten „Heil- und Pflegeanstalten" mit dem Giftgas Kohlenmonoxid ermordet.

Trotz aller Geheimhaltung und Verschleierungsversuche waren die Morde spätestens im Frühjahr 1941 in weiten Teilen des Reiches bekannt. In der Bevölkerung regte sich öffentlicher Protest, vor allem vonseiten der Angehörigen der Opfer und auch einiger Bischöfe, wie dem evangelischen Landesbischof *Theophil Wurm* oder dem Münsteraner Bischof *Clemens August Graf von Galen*. Ende August 1941 ließ Hitler das „Euthanasie"-Programm offiziell einstellen. Bald darauf begann der organisierte Krankenmord in den besetzten sowjetischen Gebieten und wurde – in anderer Form und weniger auffällig – auch im Reich fortgesetzt. Viele tausend Kranke ließ man verhungern oder tötete sie durch überdosierte Medikamente. Die Methoden und das Personal der T4-Aktion kamen nun bei der systematischen Ermordung der Juden, Sinti und Roma zum Einsatz.

Beginn der Massenmorde ■ Nach der Ausgrenzung und Vertreibung der deutschen Juden begann mit dem Zweiten Weltkrieg die Vernichtung der europäischen Juden.

Bereits im Herbst 1939 zeigte sich, welch neuartige Dimension der von Hitler vom Zaun gebrochene Krieg erreichen sollte, der im Osten als „Kampf um Lebensraum" geführt wurde. Unter der Leitung des von Heinrich Himmler neu geschaffenen und von **Reinhard Heydrich** geführten **Reichssicherheitshauptamtes (RSHA)** rückten eigens für den Angriff auf Polen aufgestellte *Einsatzgruppen der SS und Polizei* hinter der Wehrmacht vor, um Hitlers rassenideologisches Völkermordkonzept in die Tat umzusetzen. Ein Großteil des eroberten Landes sollte ins Deutsche Reich eingegliedert und von umgesiedelten Deutschen aus den baltischen Staaten und anderen osteuropäischen Gebieten „germanisiert" werden. Die jüdische Bevölkerung wurde ins überbevölkerte **Generalgouvernement** vertrieben, in Ghettos zusammengepfercht oder sofort erschossen. Repräsentanten der polnischen Oberschicht, Intellektuelle, Geistliche, aber auch

---

„Asoziale": in der NS-Zeit als minderwertig geltende, „arbeitsscheue" oder unangepasst lebende Menschen u. a. aus sozialen Unterschichten, wie Bettler, Landstreicher, Prostituierte, Fürsorgeempfänger oder Alkoholiker

„Euthanasie": Sterbehilfe, abgeleitet von griech. „guter" oder „leichter Tod"

Aktion T4: nach dem Verwaltungssitz der Vernichtungsaktion in der Tiergartenstraße 4 in Berlin bezeichneter Code

Reinhard Heydrich (1904-1942, ermordet): Leiter des Reichssicherheitshauptamts (RSHA), „rechte Hand" Himmlers, seit 1941 stellvertretender Reichsprotektor von Böhmen und Mähren, mit der „Endlösung der Judenfrage" beauftragt, 1942 Leiter der „Wannsee-Konferenz"

Reichssicherheitshauptamt (RSHA): Gestapo, Kriminalpolizei und SD wurden 1939 im RSHA zusammengeführt, einer mächtigen und zentralen Behörde, die die „Endlösung der Judenfrage" organisierte. Nach Heydrichs Tod übernahm Ernst Kaltenbrunner die Leitung des RSHA.

Generalgouvernement: Bezeichnung für die besetzten polnischen Gebiete, die nicht unmittelbar dem Reich angegliedert worden waren

Arbeiter und Gewerkschafter wurden zu Tausenden ermordet oder in Konzentrationslager deportiert. Wer nicht „germanisiert" werden konnte – nach deutschen Schätzungen über 95 Prozent der polnischen Bevölkerung – musste harte Zwangsarbeit verrichten.

Zwischen 1939 und 1941 wurden in den verschiedenen Ressorts des Auswärtigen Amts und des RSHA Pläne für eine „territoriale Endlösung der Judenfrage" ausgearbeitet. Diese sahen vor, alle Juden aus dem deutschen Machtbereich in große Judenreservate in Osteuropa, auf die Insel Madagaskar („Madagaskar-Plan") vor der Ostküste Afrikas oder andere entfernte Orte zu deportieren. Während diese Pläne wieder fallen gelassen wurden, begann sich ein Programm für eine „Endlösung" herauszubilden, die von Anfang an auf einen Völkermord (Genozid) zielte. Das bei den improvisierten Vertreibungs- und Tötungsaktionen erreichte Ausmaß von Gewalt und Terror stellte dafür die Weichen.

Adolf Eichmann (1906-1962, hingerichtet): SS-Obersturmbannführer, seit 1939 Leiter beim RSHA, Amt IV, Referat IV D 4 „Auswanderung und Räumung", dann Referat IV B 4 „Judenangelegenheiten", zentraler Organisator der Deportation von 3 Mio. Juden

Die „Endlösung" ■ Spätestens im Sommer 1941 fiel im engsten Führungszirkel des Regimes die Entscheidung für den Völkermord an den europäischen Juden (▶ M1). Planung und Verwirklichung galten als „Geheime Reichssache". Einen schriftlichen Befehl Adolf Hitlers gab es nicht. Der „Wille des Führers" reichte den NS-Instanzen aus, um die Tötungsaktionen vorzubereiten und durchzuführen. Die Verwaltung der „Endlösung der Judenfrage" übernahm Heydrich, die Organisation der Deportationen wurde Adolf Eichmann übertragen.

Noch vor dem Überfall auf die Sowjetunion erhielten die Einsatzgruppen der SS und Polizeieinheiten Sondervollmachten, „in eigener Verantwortung gegenüber der Zivilbevölkerung Exekutivmaßnahmen zu treffen". Auch Angehörige der Wehrmacht, der Zivilverwaltung sowie Freiwilligenverbände aus den besetzten Gebieten beteiligten sich an den Massakern (▶ M2). In der UdSSR waren die einmarschierenden deutschen Truppen an manchen Orten als Befreier vom Bolschewismus begrüßt worden. Doch die Brutalität von Wehrmacht, SS und anderen „Sonderkommandos" ließ die Stimmung rasch umschlagen. Von Anfang an war der Feldzug gegen die Sowjetunion – wie der gegen Polen – ein Raub- und Vernichtungskrieg.

In West-, vor allem aber Nordeuropa behandelten die Besatzer die Bevölkerung anders als in Osteuropa. Manche Regionen erhielten eine eigene Zivilverwaltung, oder alte Regierungen bestanden zeitweise weiter fort – so in Dänemark bis 1943. Die unterschiedliche Behandlung resultierte aus der verbrecherischen Rassenideologie des Nationalsozialismus, die „arische" Angelsachsen, „Wikinger" oder Franken für wertvoller hielt als Slawen oder Juden.

▲ **Polnische Briefmarke von 1948 zum fünften Jahrestag des Warschauer Ghettoaufstands.**
Die Juden waren keineswegs nur passive Opfer der NS-Herrschaft. Eindrucksvollster Beweis dafür ist der jüdische Aufstand im Warschauer Ghetto, wo die Nazis 500 000 Menschen in einem kleinen abgeriegelten Stadtbezirk eingepfercht hatten. Als immer mehr Juden in Lager deportiert wurden, bildete sich die „Jüdische Kampforganisation", die im Frühjahr 1943 einen bewaffneten Aufstand organisierte. Der Aufstand scheiterte zwar, jedoch wirkte er wie eine Aufforderung: In zahlreichen Ghettos und Konzentrationslagern gab es Revolten.

Ab Juni 1941 ermordeten die Einsatzgruppen in den besetzten Gebieten der Sowjetunion mindestens 900 000 Menschen. Nahezu die ganze jüdische Bevölkerung der eroberten Gebiete, Sinti und Roma, Kriegsgefangene und Kommunisten wurden durch Massenerschießungen und durch Autoabgase in LKWs getötet. Bei der größten dieser Mordaktionen in der Schlucht von Babi Jar bei Kiew im September 1941 starben innerhalb von zwei Tagen mehr als 33 000 Juden. Seit Oktober 1941 wurden Juden, Sinti und Roma sowie andere Verfolgte im Reich und in den besetzten Ländern zudem systematisch in neu eingerichtete Vernichtungslager im Osten deportiert.

Am 20. Januar 1942 trafen sich hohe Verwaltungsbeamte, SS-Offiziere und Staatssekretäre aus dem Innen-, Justiz- und Außenministerium unter der Leitung von Heydrich in einer Villa am Berliner Wannsee, um die „praktische Durchführung" der bereits begonnenen „Endlösung der Judenfrage" zu koordinieren. Laut Konferenzprotokoll der nach ihrem Tagungsort benannten „*Wannsee-Konferenz*" sollten über elf Millionen europäische Juden ermordet werden.

▶ **Orte des Terrors.**
Die Karte verzeichnet alle Vernichtungs- und Hauptlager, aber nur eine Auswahl der Außen- und Zwangsarbeitslager.
Dem Holocaust fielen 165 000 Juden aus Deutschland, 65 000 aus Österreich, etwa 32 000 aus Frankreich und Belgien, mehr als 100 000 aus den Niederlanden, 60 000 aus Griechenland, ebenso viele aus Jugoslawien, über 140 000 aus der Tschechoslowakei, eine halbe Million aus Ungarn, 2,1 Millionen aus der Sowjetunion und 2,7 Millionen aus Polen zum Opfer. Auch Juden aus Albanien, Norwegen, Dänemark, Italien, Luxemburg und Bulgarien starben im Zeichen der nationalsozialistischen Rassenideologie. Bei Pogromen und Massakern in Rumänien und Transnistrien wurden zudem über 200 000 Menschen vernichtet. Diese Zahlen gelten als „gesicherte Minimalzahlen" (Wolfgang Benz).

Holocaust (griech. holócaustos: völlig verbrannt bzw. Brandopfer): wurde zunächst als Lehnwort ins Englische übernommen, gilt heute weltweit als Synonym für die systematische Ermordung von mindestens sechs Millionen europäischen Juden und anderen Opfergruppen. In der jüdischen Tradition wird für diesen Genozid der Begriff „Shoa" (hebr. „Großes Unheil, Katastrophe") verwendet, der sich jedoch ausschließlich auf die Judenvernichtung bezieht.

„Zigeuner": Mit diesem abwertenden Begriff wurden die Volksgruppen der Sinti und Roma bezeichnet.

Die Massaker und Exekutionen im Osten mündeten nun in einen industriell betriebenen Massenmord (▶ M3, M4). Bereits im Frühjahr 1940 war auf polnischem Boden das größte Konzentrations- und Vernichtungslager *Auschwitz* errichtet worden (▶ M5). Seit Herbst 1941 entstanden mit *Belzec, Sobibor, Treblinka, Lublin-Majdanek* und *Chelmno* weitere Vernichtungslager, das Lager Auschwitz wurde um mehrere Teillager erweitert.

Die Menschen, die die Transporte in den Güter- und Viehwaggons überlebten, wurden nach ihrer Ankunft in den Vernichtungslagern meist sofort in Gaskammern durch das Blausäurepräparat Zyklon B getötet oder durch Zwangsarbeit, Folter, medizinische Versuche und unmenschliche Lebensbedingungen vernichtet.

Nahezu eine Million jüdische Opfer sind für Auschwitz dokumentiert, ca. 900 000 wurden zwischen Juli 1942 und August 1943 in Treblinka ermordet, ca. 435 000 in Belzec, etwa 160 000 bis 200 000 in Sobibor, 152 000 in Chelmno, zwischen 80 000 und 110 000 in Lublin-Majdanek. Als seit 1944 die Ostfront näher rückte und die Vernichtungslager auf Befehl Himmlers geräumt wurden, kamen zudem unzählige KZ-Insassen auf den grausamen „Todesmärschen" in den Westen durch Hunger, Kälte oder die Schüsse von SS-Männern ums Leben. Insgesamt fielen dem **Holocaust** mindestens 5,29 Millionen, wahrscheinlich aber knapp über sechs Millionen Juden aus ganz Europa zum Opfer, darunter mindestens 1,5 Millionen jüdische Kinder unter 14 Jahren.

Auf ein Programm zur Ermordung sämtlicher Sinti und Roma legte sich das NS-Regime nie fest, jedoch erließ Heinrich Himmler Ende 1942 den Befehl, alle noch im Deutschen Reich lebenden „zigeunerischen Sippen" und **„Zigeuner"**-Mischlinge" nach Auschwitz einzuweisen. Die Zahl der ermordeten Sinti und Roma ist schwer zu bestimmen. Hochrechnungen gehen von 200 000 bis 500 000 Opfern aus, die von den Einsatzgruppen hinter den Fronten in Osteuropa und in den Vernichtungslagern getötet wurden. Allein in Auschwitz starben etwa 23 000 Sinti und Roma aus elf Staaten.

Darüber hinaus kostete der Vernichtungskrieg im Osten zehntausende Angehörige der slawischen Bevölkerungsgruppen, vor allem Polen und Russen, sowie der Sorben in der Lausitz, der Masuren in Ostpreußen und der Kaschuben in Westpreußen das Leben.

Terror und Holocaust

M1 Die Entscheidung für die „Endlösung"

Die Frage, wann die Entscheidung gefallen ist, alle europäischen Juden zu ermorden, ist bis heute in der Forschung umstritten, weil es keinen schriftlichen Befehl dazu gibt. Adolf Hitler erklärt am 30. Januar 1939:

Wenn es dem internationalen Finanzjudentum inner- und außerhalb Europas gelingen sollte, die Völker noch einmal in einen Weltkrieg zu stürzen, dann wird das Ergebnis nicht die Bolschewisierung der Erde und damit der Sieg des Juden-
5 tums sein, sondern die Vernichtung der jüdischen Rasse in Europa.

Zwei Jahre danach, der Höhepunkt des Zweiten Weltkrieges ist erreicht, macht sich Joseph Goebbels Aufzeichnungen über eine Rede Hitlers vom 12. Dezember 1941 auf einer Tagung der Reichs- und Gauleiter der NSDAP:

Bezüglich der Judenfrage ist der Führer entschlossen, reinen Tisch zu machen. Er hat den Juden prophezeit, dass, wenn sie noch einmal einen Weltkrieg herbeiführen würden, sie dabei
10 ihre Vernichtung erleben würden. Das ist keine Phrase gewesen. Der Weltkrieg ist da, die Vernichtung des Judentums muss die notwendige Folge sein. Diese Frage ist ohne jede Sentimentalität zu betrachten. Wir sind nicht dazu da, Mitleid mit den Juden, sondern nur Mitleid mit unserem deut-
15 schen Volk zu haben. Wenn das deutsche Volk jetzt wieder im Ostfeldzug an die 160 000 Tote geopfert hat, so werden die Urheber dieses blutigen Konflikts dafür mit ihrem Leben bezahlen müssen.

Christian Gerlach, Krieg, Ernährung, Völkermord. Forschungen zur deutschen Vernichtungspolitik im Zweiten Weltkrieg, Hamburg 1998, S. 123 f.

■ *Erklären Sie, warum die Nationalsozialisten den Juden die Schuld am Krieg zugeschoben haben.*

M2 „In Litauen gibt es keine Juden mehr"

Der Leiter des EK (Einsatzkommando) 3, SS-Standartenführer Karl Jäger, fasst am 1. Dezember 1941 für die Dienststelle der Sicherheitspolizei einen Bericht vom Einsatz seines Kommandos in Litauen ab:

Ich kann heute feststellen, dass das Ziel, das Judenproblem für Litauen zu lösen, vom EK 3 erreicht worden ist. In Litauen gibt es keine Juden mehr, außer den Arbeitsjuden incl. ihrer Familien. [...] Diese Arbeitsjuden incl. ihrer Familien wollte ich
5 ebenfalls umlegen, was mir jedoch scharfe Kampfansage der

Zivilverwaltung (dem Reichskommissar) und der Wehrmacht eintrug und das Verbot auslöste: Diese Juden und ihre Familien dürfen nicht erschossen werden! Die Durchführung solcher Aktionen ist in erster Linie eine Organisationsfrage. Der Entschluss, jeden Kreis systematisch judenfrei zu machen, 10 erforderte eine gründliche Vorbereitung jeder einzelnen Aktion und Erkundung der herrschenden Verhältnisse in dem betreffenden Kreis. Die Juden mussten an einem Ort oder an mehreren Orten gesammelt werden. Anhand der Anzahl musste der Platz für die erforderlichen Gruben ausgesucht 15 und ausgehoben werden. Der Anmarschweg von der Sammelstelle zu den Gruben betrug durchschnittlich 4 bis 5 km. Die Juden wurden in Abteilungen zu 500, in Abständen von mindestens 2 km, an den Exekutionsplatz transportiert. [...] Nur durch geschickte Ausnutzung der Zeit ist es gelungen, 20 bis zu 5 Aktionen in einer Woche durchzuführen und dabei doch die [...] anfallende Arbeit so zu bewältigen, dass keine Stockung im Dienstbereich eingetreten ist. [...] Ich bin der Ansicht, dass sofort mit der Sterilisation der männlichen Arbeitsjuden begonnen wird, um eine Fortpflanzung zu ver- 25 hindern. Wird trotzdem eine Jüdin schwanger, so ist sie zu liquidieren.

Reinhard Rürup (Hrsg.), Der Krieg gegen die Sowjetunion 1941-1945. Eine Dokumentation, Berlin 1991, S. 119 f.

1. *Erläutern Sie die internen Querelen um die „Arbeitsjuden", die der Verfasser andeutet.*

2. *Analysieren Sie die Sprache, in der hier über Massenmorde gesprochen wird.*

M3 „Posener Rede"

Am 4. Oktober 1943 hält Heinrich Himmler bei der SS-Gruppenführertagung in Posen eine Rede:

Ich will hier vor Ihnen in aller Offenheit auch ein ganz schweres Kapitel erwähnen. Unter uns soll es einmal ganz offen ausgesprochen sein, und trotzdem werden wir in der Öffentlichkeit nie darüber reden. [...]
Ich meine jetzt die Judenevakuierung, die Ausrottung des 5 jüdischen Volkes. Es gehört zu den Dingen, die man leicht ausspricht. – „Das jüdische Volk wird ausgerottet", sagt ein jeder Parteigenosse, „ganz klar, steht in unserem Programm, Ausschaltung der Juden, Ausrottung, machen wir." Und dann kommen sie alle an, die braven 80 Millionen Deutschen, und 10 jeder hat seinen anständigen Juden. Es ist ja klar, die anderen sind Schweine, aber dieser eine ist ein prima Jude. Von allen, die so reden, hat keiner zugesehen, keiner hat es durchgestanden. Von Euch werden die meisten wissen, was es heißt,

wenn 100 Leichen beisammen liegen, wenn 500 daliegen
oder wenn 1000 daliegen. Dies durchgehalten zu haben, und
dabei – abgesehen von Ausnahmen menschlicher Schwächen – anständig geblieben zu sein, das hat uns hart gemacht. Dies ist ein niemals geschriebenes und niemals zu
schreibendes Ruhmesblatt unserer Geschichte, denn wir
wissen, wie schwer wir uns täten, wenn wir heute noch in
jeder Stadt – bei den Bombenangriffen, bei den Lasten und
bei den Entbehrungen des Krieges – noch die Juden als Ge-
heimsaboteure, Agitatoren und Hetzer hätten. [...] Die Reichtümer, die sie hatten, haben wir ihnen abgenommen. Ich
habe einen strikten Befehl gegeben, den SS-Obergruppen-
führer Pohl[1] durchgeführt hat, dass diese Reichtümer selbstverständlich restlos an das Reich abgeführt wurden. Wir haben uns nichts davon genommen. Einzelne, die sich verfehlt
haben, werden gemäß einem von mir zu Anfang gegebenen
Befehl bestraft, der androhte: Wer sich auch nur eine Mark
davon nimmt, der ist des Todes. [...] Wir hatten das moralische
Recht, wir hatten die Pflicht gegenüber unserem Volk, dieses
Volk, das uns umbringen wollte, umzubringen. Wir haben
aber nicht das Recht, uns auch nur mit einem Pelz, mit einer
Uhr, mit einer Mark oder mit einer Zigarette oder mit sonst
etwas zu bereichern. Wir wollen nicht am Schluss, weil wir
einen Bazillus ausrotteten, an dem Bazillus krank werden
und sterben. Ich werde niemals zusehen, dass hier auch nur
eine kleine Fäulnisstelle entsteht [...]. Insgesamt aber können
wir sagen, dass wir diese schwerste Aufgabe in Liebe zu unserem Volk erfüllt haben. Und wir haben keinen Schaden in
unserem Inneren, in unserer Seele, in unserem Charakter
daran genommen.
[...] Im Großen und Ganzen war unsere Haltung gut. Manches
ist auch in unseren Reihen noch zu bessern. Dieses auszusprechen, ist mit der Sinn dieses Appells der Kommandeure
und der Gruppenführer. Ich möchte dieses Kapitel überschrei-
ben mit der Überschrift „Wir selbst".

Zitiert nach: www.nationalsozialismus.de/dokumente/texte/heinrich-
himmler-posener-rede-vom-04-10-1943-volltext.hmtl [22.12.2011]

1. *Analysieren Sie Himmlers Menschenbild und seine
moralischen Vorstellungen, die aus der Rede deutlich
werden. Von welchem Bild des SS-Mannes geht er aus?*

2. *Erläutern Sie, was die Rede über die Öffentlichkeit der
Verbrechen aussagt.*

3. *Inwiefern kann die Rede als „Schlüsseldokument" für
die „Endlösung der Judenfrage" und den Holocaust
angesehen werden?*

---

[1] Oswald Pohl (1892 - 1951) war Chef des SS-Wirtschafts-
verwaltungshauptamts.

M4 „Ganz normale Männer" als Mörder?

*Der amerikanische Historiker Daniel Jonah Goldhagen unter-
sucht die Hauptursache der Judenmorde:*

Es musste sich etwas ändern, unbedingt. Das Wesen der Ju-
den galt den Deutschen jedoch als unveränderlich, da in ihrer
„Rasse" begründet, und nach vorherrschender deutscher Auf-
fassung waren die Juden eine Rasse, die der germanischen
Rasse in unüberwindlicher Fremdheit gegenüberstand.
Hinzu kam, dass der „Augenschein" den Deutschen zeigte,
dass die Mehrheit der Juden sich bereits assimiliert hatte,
zumindest in dem Sinne, dass sie Manieren, Kleidung und
Sprache des modernen Deutschland übernommen hatte.
Also hatten die Juden jede erdenkliche Möglichkeit gehabt,
zu guten Deutschen zu werden – und diese ausgeschlagen.
Der unumstößliche Glaube an die Existenz einer „Judenfrage" führte mehr oder weniger selbstverständlich zu der
Annahme, die einzige „Lösung" bestehe darin, alles „Jüdische" in Deutschland zu „eliminieren": auszugrenzen und zu
beseitigen. [...]
Hätten die ganz gewöhnlichen Deutschen die eliminatori-
schen Ideale ihrer Führung nicht geteilt, dann hätten sie dem
sich stetig verschärfenden Angriff auf ihre jüdischen Landsleute und Brüder mindestens ebenso viel Widerstand und
Verweigerung entgegengesetzt wie den Angriffen ihrer Regierung gegen die Kirchen oder dem sogenannten Euthana-
sieprogramm. [...]
Hitler und die Nationalsozialisten taten also nichts anderes,
als den bestehenden und angestauten Antisemitismus frei-
zusetzen und zu aktivieren.

*Der Jurist Claus Arndt, der in den 1960-Jahren an Untersuchun-
gen über die belasteten Polizeieinheiten beteiligt ist, schreibt
in einem 1998 veröffentlichten Brief an Goldhagen:*

Ich muss jedoch erhebliche Zweifel anmelden gegen die Richtigkeit jener These von Ihnen, dass die Mordtaten der Polizei-
angehörigen in Polen und anderswo [...] antisemitisch begründet waren. Bei aller Würdigung der Abscheulichkeit des
Antisemitismus halte ich diese Ursachenfeststellung für eine
Verharmlosung der Motivierung der Täter.
Leider war deren Motivation viel schlimmer: Sie bestand in
ihrem ethisch-moralischen Unvermögen, von menschlichen
Werten getragen zu handeln. Ihr Motto war: „Befehl ist Befehl". Es war die Weigerung und totale Unfähigkeit, nach
menschlichen und moralischen Grundsätzen zu handeln.
Dies wurde nicht zuletzt dadurch bewiesen, dass die Betroffenen sich nicht nur Juden gegenüber so verhielten, sondern
auch jeder Menschengruppe gegenüber, die von den ihnen

erteilten Befehlen betroffen war. Die gleichen Polizisten sind bei der Vernichtung und Ermordung zum Beispiel der polnischen Intelligenz gegen die Frauen und Kinder dieser Gruppe mit ebenderselben Grausamkeit, Gefühllosigkeit und Bruta-
45 lität vorgegangen wie gegen Juden.

Der amerikanische Historiker Christopher R. Browning untersucht am Beispiel des Reserve-Polizeibataillons 101, das in Polen 1942 während einer „Aktion" etwa 1 200 Juden erschossen hat, die Motive der ausführenden Männer:

Im Bataillon kristallisierten sich einige ungeschriebene „Grundregeln" heraus. Für kleinere Erschießungsaktionen wurden Freiwillige gesucht beziehungsweise die Schützen aus den Reihen derjenigen genommen, die bekanntermaßen
50 zum Töten bereit waren […]. Bei großen Einsätzen wurden die, die nicht töten wollten, auch nicht dazu gezwungen. […] Neben der ideologischen Indoktrinierung war ein weiterer entscheidender Aspekt […] das gruppenkonforme Verhalten. Den Befehl, Juden zu töten, erhielt das Bataillon, nicht aber
55 jeder einzelne Polizist. Dennoch machten sich 80 bis 90 Prozent der Bataillonsangehörigen ans Töten, obwohl es fast alle von ihnen – zumindest anfangs – entsetzte und anwiderte. Die meisten schafften es einfach nicht, aus dem Glied zu treten und offen nonkonformes Verhalten zu zeigen. Zu
60 schießen fiel ihnen leichter. Warum? Zunächst einmal hätten alle, die nicht mitgemacht hätten, die „Drecksarbeit" einfach den Kameraden überlassen. Da das Bataillon die Erschießungen auch dann durchführen musste, wenn einzelne Männer ausscherten, bedeutete die Ablehnung der eigenen Beteili-
65 gung die Verweigerung des eigenen Beitrags bei einer unangenehmen kollektiven Pflicht. Gegenüber den Kameraden war das ein unsozialer Akt. […]
Es gibt auf der Welt viele Gesellschaften, die durch rassistische Traditionen belastet und aufgrund von Krieg oder
70 Kriegsdrohung in einer Art Belagerungsmentalität befangen sind. Überall erzieht die Gesellschaft ihre Mitglieder dazu, sich der Autorität respektvoll zu fügen, und sie dürfte ohne diese Form der Konditionierung wohl auch kaum funktionieren. […] In jeder modernen Gesellschaft wird durch die Kom-
75 plexität des Lebens und die daraus resultierende Bürokratisierung und Spezialisierung bei den Menschen, die die offizielle Politik umsetzen, das Gefühl für die persönliche Verantwortung geschwächt. In praktisch jedem sozialen Kollektiv übt die Gruppe, der eine Person angehört, gewaltigen
80 Druck auf deren Verhalten aus und legt moralische Wertmaßstäbe fest. Wenn die Männer des Reserve-Polizeibataillons 101 unter solchen Umständen zu Mördern werden konnten, für welche Gruppe von Menschen ließe sich dann noch Ähnliches ausschließen?

Erster Text: Daniel Jonah Goldhagen, Hitlers willige Vollstrecker. Ganz gewöhnliche Deutsche und der Holocaust, übers. v. Klaus Kochmann, Berlin 1996, S. 107 f., 489 und 518
Zweiter Text: Claus Arndt, in: „Die Zeit" vom 15.01.1998
Dritter Text: Christopher R. Browning, Ganz normale Männer. Das Reserve-Polizeibataillon 101 und die „Endlösung" in Polen, übers. v. Jürgen Peter Krause, Reinbek ⁴2007, S. 224, 241 und 246 f.

1. *Vergleichen Sie die Erklärungsansätze.*
2. *Diskutieren Sie anhand Brownings Überlegungen, ob sich Massenverbrechen wie der Holocaust wiederholen können.*

M5 Menschen in Auschwitz

Der österreichische Historiker Hermann Langbein wird 1941 als kommunistischer Widerstandskämpfer in das KZ Dachau eingeliefert, von wo er nach Auschwitz deportiert wird. 1945 gelingt ihm auf dem Evakuierungstransport die Flucht. In den Lagern gehört Langbein jeweils zur Leitung der internationalen Widerstandsbewegung, nach 1945 ist er Generalsekretär des Internationalen Auschwitzkomitees. In seinem Buch „Menschen in Auschwitz" beschreibt er, was die vielen in und um die Konzentrationslager arbeitenden und lebenden Zivilisten wissen konnten und wie sie mit ihrem Wissen umgingen:

„Wir wussten wirklich nichts von Auschwitz und der Judenvernichtung", beteuerten viele Zeugen vor den Frankfurter Richtern, die hohe Funktionen im Staatsapparat oder in der Partei innehatten, als in Auschwitz die Krematorien Tag und Nacht gebrannt hatten; derlei Versicherungen bekommt 5 man nicht nur in deutschen Gerichtssälen zu hören. Viele, die im Dritten Reich Rang und Namen hatten, bemühen sich nachträglich um den Nachweis, die Menschenvernichtung sei ein strengstens gehütetes Geheimnis der SS gewesen. Ihnen gab Kaduk[1] eine drastische Antwort, als er während des 10 Frankfurter Auschwitz-Prozesses einmal lospolterte:
„Wenn die Öfen gebrannt haben, dann war eine Stichflamme von fünf Meter Höhe, die hat man vom Bahnhof aus gesehen. Der ganze Bahnhof war voll von Zivilisten. Niemand hat etwas gesagt. Auch Urlauberzüge waren dort. Oft haben die 15 Urlauberzüge Aufenthalt in Auschwitz gehabt und der ganze Bahnhof war vernebelt. Die Wehrmachtsoffiziere haben aus dem Fenster geguckt und haben gefragt, warum es so riecht, so süß. Aber keiner hat den Mut gehabt zu fragen: Was ist

---

[1] Oswald Kaduk (1906-1997) war Aufseher im Konzentrationslager Auschwitz, wo er als einer der grausamsten, brutalsten und ordinärsten SS-Männer galt. Im ersten Auschwitz-Prozess 1963-1965 gehörte er zu den Hauptbeschuldigten.

◀ „Selektion" ungarischer Juden an der sogenannten „Rampe" von Birkenau.
Foto vom Mai 1944.
Im Oktober 1941 wurde auf Befehl Heinrich Himmlers im drei Kilometer vom Stammlager Auschwitz entfernten Birkenau mit dem Bau eines weiteren Lagers (Auschwitz II) begonnen. Insgesamt mit vier Gaskammern und mehreren Krematorien ausgestattet, wurde Auschwitz-Birkenau ab 1942 zu einem der größten Konzentrations- und Vernichtungslager und zentralen Deportationsziel fast aller europäischen Juden im deutschen Herrschaftsbereich. Im August 1942 entstand ein zusätzliches Teillager für Frauen, 1943 wurde ein „Zigeunerlager" errichtet. Nach Ankunft der Züge wurden die Menschen an der Rampe „selektiert": Die „Arbeitsfähigen" teilte man zur Zwangsarbeit den Lagern selbst und den Rüstungsbetrieben zu oder überstellte sie den KZ-Ärzten um Dr. Josef Mengele für „medizinische" Experimente. Die große Mehrzahl der Ankommenden, vor allem Alte, Kranke, schwangere Frauen und Mütter mit Kindern, wurde jedoch als „arbeitsunfähig" eingestuft und – unter dem Vorwand, sich duschen und desinfizieren zu müssen – unverzüglich in die Gaskammern geschickt.

denn los? Hier ist doch keine Zuckerfabrik. Wozu sind denn die Schornsteine da?" [...]
Die Tausende an den Vernichtungsstätten eingesetzten SS-Männer waren zwar zu Stillschweigen verpflichtet. Dass jedoch eine solche Verpflichtung nicht jahrelang von so vielen Menschen strikt eingehalten werden kann, liegt auf der Hand, noch dazu, wenn man die Demoralisierung dieser Truppe in Betracht zieht.
Der Schweizer René Juvet berichtet, dass ihn einmal während einer Bahnfahrt durch Bayern ein ihm unbekannter SS-Mann ansprach, der offenbar unter der Wirkung von Alkohol schilderte, wie furchtbar es im KZ Mauthausen zugehe, wo er stationiert war. Sollte Juvet der einzige gewesen sein, der auf einem solchen Weg zufällig Kenntnis von in KZs begangenen Verbrechen erhalten hat?
Wie viele haben Pakete aus den Vernichtungslagern nach Hause geschickt, so wie der Universitätsprofessor Kremer, der in seinem Tagebuch darüber Buch geführt hat? Sollte sich kein Empfänger jemals darüber Gedanken gemacht haben, woher diese im Krieg rar gewordenen Güter stammten?
SSler in gehobenen Stellungen wohnten mit ihren Familien im Lagerbereich. Wer kann glauben, dass alle Frauen und Kinder – die in Auschwitz Vergasen gespielt haben – das Schweigegebot jahrelang eisern eingehalten haben? Eisenbahner kamen bis zur Rampe und sahen aus unmittelbarer Nähe, was vorging. [...] In der Filzfabrik Alex Zink in Roth bei Nürnberg wurden Frauenhaare verarbeitet, die diese Firma laufend säckeweise von der Kommandantur in Auschwitz kaufte – eine halbe Mark pro Kilogramm. Das Räderwerk der Tötungsorganisation reichte weit über die Vernichtungsstätten hinaus. [...]
Die alliierten Rundfunkanstalten berichteten immer wieder über den organisierten Massenmord im Osten.

[...] Allerdings war es so, wie Ernest K. Bramsted schreibt: „Für viele wurden die falschen Gräuelmärchen der Alliierten (während des Ersten Weltkrieges) eine Art schützender Vorhang, hinter dem sich ihre Gemüter verstecken konnten, um sich nicht über die aktuellen Gräuel informieren zu müssen, die das Naziregime verübte." Wer sich nicht durch unheilvolle Nachrichten seine Ruhe stören lassen wollte, fand Gründe, um alle Gerüchte von sich wegzuschieben.
Nicht wenige Deutsche, die keine SS-Uniform trugen, haben aber nicht nur von der Menschenvernichtung gehört; viele sind als Zivilangestellte mit Auschwitz in Berührung gekommen und haben selbst gesehen, was dort geschah. [...]
Wenn man die Wahrheit nicht erfahren wollte, dann konnte man sich selbst im Bereich des Feuerscheins der Krematorien und des widerlichen Geruchs, den verbranntes Menschenfleisch verbreitet, blind stellen. Der so wie Heydrich[2] bei den IG-Werken beschäftigte Schlosser Hermann Hausmann beteuerte, es sei zwar damals von Vergasungen der Gefangenen gesprochen worden, aber „wir sträubten uns, das zu glauben". Wer sich erfolgreich gesträubt hat, kann nachträglich versichern, er hätte damals nichts von alldem erfahren.

Hermann Langbein, Menschen in Auschwitz, Frankfurt am Main u.a. 1980, S. 502–505

1. Nennen Sie die Personengruppen, die direkt oder indirekt mit den Konzentrationslagern in Berührung kamen. Ergänzen Sie um weitere.

2. Überlegen Sie, aus welchem Grund sich die SS nachträglich bemüht hat, die Massenvergasungen als Geheimnis darzustellen.

[2] Reinhard Heydrich; vgl. S. 272

Widerstand

Motive Eine breite Widerstandsbewegung gegen das NS-Regime hat es nicht gegeben. Hitlers Herrschaft wurde über viele Jahre von einer großen Mehrheit des deutschen Volkes akzeptiert. Selbst in Kreisen, die keine enge Identifikation mit den Zielen und Wertmaßstäben der Nationalsozialisten aufbrachten, verließen sich die meisten auf die politische Führung, wie sie es schon immer getan hatten.

Seit den 1980er-Jahren bemühen sich Historiker um eine genauere Definition von Widerstand. So werden verschiedene Stufen zwischen *nonkonformem Verhalten* und *aktivem Widerstand* unterschieden. Zwischen privaten Unmutsäußerungen im Freundeskreis, dem freiwilligen Rücktritt aus einem Amt oder der Planung und Durchführung eines Umsturzes gab es eine Vielzahl von Abstufungen. So differenziert die Motive des Widerstands auch waren, gemeinsam war allen Gruppierungen der feste Glaube an ethische Grundnormen, der ihnen die Kraft zu einem eigenverantwortlichen Denken gab.

Kommunisten und Sozialdemokraten hatten schon frühzeitig vor Hitler gewarnt und wurden unter anderem deshalb von Anfang an verfolgt. Revolutionärer oder demokratischer Sozialismus, Klassenkampf und Weltrevolution standen im Widerspruch zu Hitlers nationalistischem und imperialistischem Konzept. Aus der Überzeugung, dass nur die Überwindung der reaktionären NS-Diktatur den Fortschritt der Menschheit sichern könne, entschlossen sich viele zum aktiven Widerstand. Der UdSSR sollte nach Auffassung der Kommunisten in diesem Kampf eine bedeutende Rolle zufallen.

Aber auch Liberale und Konservative stellten sich gegen Hitler. Die brutale Missachtung fundamentaler Grund- und Menschenrechte sowie demokratischer Spielregeln verletzte die freiheitlichen Prinzipien der einen; der Missbrauch tradierter Werte wie Ehre, Treue, Deutschtum, Volk und Vaterland zeigte den anderen, dass sie lange Zeit die wahre Gesinnung Hitlers nicht erkannt hatten. Selbst manche Mitglieder der Partei und ihrer Organisationen konnten auf Dauer ihre moralischen Bedenken gegen die welt- und menschenverachtende Ideologie der NSDAP nicht zurückstellen.

Ziele und Formen Die letzte Übersteigerung des NS-Regimes seit Beginn des Zweiten Weltkrieges hatte zwar viele von der Notwendigkeit der Gewalt gegen die Diktatur überzeugt, aber auf die Frage „Was dann?" gab es keine eindeutige Antwort. Die Errichtung eines christlich-konservativen Nationalstaates, eine übernationale Ordnung Europas oder die Einführung der Diktatur des Proletariats als Übergang zur Weltrevolution waren Visionen der politischen Zukunft. Einzelpersonen, lose Gesprächskreise oder Verschwörergruppen arbeiteten auf sehr verschiedene Weise, meist ohne gegenseitige Kontakte wegen des hohen Risikos eines Verrates.

▲ **Georg Elser.**
Der 42-jährige Hitler-Attentäter wurde im April 1945 im KZ Dachau umgebracht.

Es wurden Flugblätter verteilt, Gegenparolen an die Hauswände belebter Straßen geschrieben, ausländische Sender abgehört und regimefeindliche Nachrichten verbreitet. In Rüstungsbetrieben kam es zu Arbeitsniederlegungen und Sabotageakten. In der Berliner Rosenstraße wagten „arische" Frauen im Februar 1943, sich für die Befreiung ihrer verhafteten jüdischen Ehegatten einzusetzen. Über mehrere Tage versammelten sie sich vor dem Gebäude Rosenstraße 2-4, das als provisorisches Gefängnis genutzt wurde, und riefen nach ihren Männern, um deren Freilassung zu erreichen. Umfang und Zahl der Beteiligten wie der Erfolg der Aktion sind unter Historikern umstritten, nicht hingegen die Achtung vor der Tatkraft und dem Mut der Frauen (▶ M1).

Trotz umfangreicher Sicherheitsvorkehrungen sind mehrere Attentate auf Hitler zur Ausführung gekommen. *Georg Elser*, ein Tischler aus Württemberg, scheiterte aber

Siehe auch S. 288 f.

am 8. November 1939 in München mit einem Bombenanschlag ebenso wie alle anderen, die Hitler mit Gewalt zu beseitigen versuchten. Vermutlich wurden über 10 000 Angehörige des Widerstandes von NS-Schergen getötet oder vom Volksgerichtshof zum Tode verurteilt. Dass die Erfolge des Widerstands bescheiden blieben, lag an der Heterogenität der Widerstandsgruppen und vor allem an der Brutalität, mit der die Nationalsozialisten jede Opposition im Keim zu ersticken suchten.

Widerstand aus der Arbeiterbewegung ■ Schon vor 1933 hatten Kommunisten und Sozialdemokraten gegen die Nationalsozialisten gekämpft. Sie wurden deshalb nach der Machtübernahme Hitlers sofort massiv verfolgt. Partei- und Gewerkschaftsmitglieder wurden verhaftet, zur Flucht ins Ausland gezwungen oder ermordet. Ein gemeinsames Vorgehen kam allerdings nicht zustande, da die politischen Gegensätze zwischen KPD und SPD zu groß waren. Bis 1937 gelang es den Nationalsozialisten, deren Widerstand vollständig zu unterdrücken (▶ M2).

Nach Kriegsbeginn und vor allem nach dem Angriff auf die Sowjetunion 1941 lebte der Widerstand wieder auf. Die ins Exil geflohenen und im Lande verbliebenen Kommunisten und Sozialdemokraten operierten aus dem Untergrund und versuchten, die Kontakte zu eigenen Mitgliedern und anderen Widerstandsbewegungen aufrechtzuerhalten. Sie verbreiteten Flugblätter, organisierten Hilfe für Verfolgte und entwarfen Pläne für die Zeit nach dem „Dritten Reich". Um der Verfolgung zu entgehen, bildeten sie dabei möglichst kleine lokale oder nur locker verbundene größere Netzwerke.

Eine dieser Widerstandsgruppen war die „Rote Kapelle". Die Bezeichnung stammte von der Geheimen Staatspolizei und galt einer seit 1939 bestehenden, vorwiegend kommunistisch orientierten Gruppe, die die UdSSR über Funk mit Berichten zur politischen, wirtschaftlichen und militärischen Lage versorgte. Wichtige Personen dieses Kreises waren *Harro Schulze-Boysen*, Oberleutnant im Luftwaffenministerium, und der als Oberregierungsrat im Wirtschaftsministerium tätige *Dr. Arvid Harnack*. In einer Geheimdruckerei erstellten konspirative Helfer Zeitschriften und Flugblätter mit Reden von Bischof Clemens August Graf von Galen, *Thomas Mann*, Winston Churchill und Josef Stalin. Nach der Enttarnung einer Spionageaktion wurde die Organisation 1942/43 zerschlagen und viele Mitglieder hingerichtet.

Flugblätter der Widerstandsbewegung in Deutschland.

Aufruf an alle Deutsche!

Der Krieg geht seinem sicheren Ende entgegen. Wie im Jahre 1918 versucht die deutsche Regierung alle Aufmerksamkeit auf die wachsende U-Bootgefahr zu lenken, während im Osten die Armeen unaufhörlich zurückströmen, im Westen die Invasion erwartet wird. Die Rüstung Amerikas hat ihren Höhepunkt noch nicht erreicht, aber heute schon übertrifft sie alles in der Geschichte seither Dagewesene. Mit mathematischer Sicherheit führt Hitler das deutsche Volk in den Abgrund. H i t l e r k a n n d e n K r i e g n i c h t g e w i n n e n , n u r n o c h v e r l ä n g e r n ! Seine und seiner Helfer Schuld hat jedes Mass unendlich überschritten. Die gerechte Strafe rückt näher und näher !

Was aber tut das deutsche Volk? Es sieht nicht und es hört nicht. Blindlings folgt es seinen Verführern ins Verderben. Sieg um jeden Preis, haben sie auf ihre Fahne geschrieben. Ich kämpfe bis zum letzten Mann, sagt Hitler - indes ist der Krieg bereits verloren.

Deutsche! Wollt Ihr und Eure Kinder dasselbe Schicksal erleiden, das den Juden widerfahren ist? Wollt Ihr mit dem gleichen Masse gemessen werden , wie Eure Verführer? Sollen wir auf ewig das von aller Welt gehasste und ausgestossene Volk sein? Nein! Darum trennt Euch von dem nationalsozialistischen Untermenschentum! Beweist durch die Tat, dass Ihr anders denkt! Ein neuer Befreiungskrieg bricht an. Der bessere Teil des Volkes kämpft auf unserer Seite. Zerreisst den Mantel der Gleichgültigkeit, den Ihr um Euer Herz gelegt! Entscheidet Euch, eh' es zu spät ist !

▲ **Flugblatt „Aufruf an alle Deutsche!" der „Weißen Rose" vom Januar 1943.**
Das fünfte von insgesamt sechs Flugblättern der Widerstandsgruppe wurde in mehreren hundert Exemplaren in der Münchener Universität ausgelegt.

Die „Weiße Rose" ■ Die Angehörigen der *„Weißen Rose"* waren fast ausschließlich Studenten bis zum Alter von 25 Jahren. In bürgerlichen Elternhäusern mit vorwiegend christlichen Traditionen aufgewachsen, hatten sie zum Teil begeistert der Hitler-Jugend angehört, aber bald die moralische Verwerflichkeit der NS-Bewegung durchschaut. Durch ihren Fronteinsatz wurden einige Zeugen der Unmenschlichkeit von Kriegsführung und Besatzungspolitik und hegten bald Zweifel am „Endsieg". In München, wo die meisten Angehörigen der „Weißen Rose" studierten, bildete sich um die Geschwister *Hans* und *Sophie Scholl, Willi Graf, Alexander Schmorell* und ihren Universitätslehrer, den Musikwissenschaftler *Kurt Huber*, ein Freundeskreis.

Im Sommer 1942 erschien das erste Flugblatt der „Weißen Rose". 100 Exemplare verschickte man an ausgesuchte Adressen. Mitte Februar 1943 wurde das letzte Flugblatt in einer Auflage von 3 000 Exemplaren erstellt und wieder teilweise per Post versandt. Bei der Verteilung des Rests im Lichthof der Universität hielt ein Hörsaaldiener die Geschwister Scholl fest und übergab sie der Polizei. In mehreren Prozessen wurden Angehörige des Freundeskreises, darunter auch das Geschwisterpaar, zum Tode verurteilt und hingerichtet, andere erhielten Gefängnisstrafen.

Die Rolle der Kirchen ▄

Hitler bemühte sich nach der „Machtergreifung" um die Zustimmung der kirchlichen Amtsträger und Gemeindemitglieder. Die Haltung der Kirchen gegenüber den Nationalsozialisten war ambivalent. Obwohl sie vor der „Machtergreifung" die Unvereinbarkeit von Weltanschauung und Politik mit der christlichen Lehre betonten, änderten sie ihre ablehnende Haltung gegenüber dem neuen Regime.

Das am 20. Juli 1933 mit dem Heiligen Stuhl geschlossene **Reichskonkordat** garantierte der katholischen Kirche ihre Unabhängigkeit und die Nichteinmischung des Staates in kirchliche Institutionen. Im Gegenzug war Geistlichen jegliche politische Betätigung untersagt. Als die Nationalsozialisten jedoch dazu übergingen, Bekenntnisschulen und katholische Verbände aufzulösen oder „gleichzuschalten", Klöster und kirchliche Heime zu enteignen, forderte dies wiederholt scharfen Protest heraus. Gegen die Verdrängung des Christentums und die „Vergötzung" des Nationalsozialismus wandte sich Papst *Pius XI.* in seiner 1937 veröffentlichten *Enzyklika „Mit brennender Sorge"*. Jedoch kritisierte die Kirchenführung die Verbrechen der Nationalsozialisten, insbesondere die Verfolgung der Juden, nicht öffentlich. Lediglich einzelne Priester, Ordensgeistliche und Laien verurteilten offen die Judendiskriminierung und die Tötung behinderter Menschen („Euthanasie"; ▸ M3).

Die evangelische Kirche war gespalten. Die nationalsozialistische Richtung der *Deutschen Christen* setzte sich für die „Gleichschaltung" der evangelischen Landeskirchen ein und war für eine regimetreue Reichskirche und für die Entlassung „nichtarischer" Geistlicher und Kirchenbeamten. Dagegen formierte sich im Mai 1934 auf Initiative des Pfarrers *Martin Niemöller* die *Bekennende Kirche*, der sich mehr als die Hälfte der evangelischen Pfarrer anschloss. In Schriften und Predigten protestierten sie gegen die staatliche Vereinnahmung der Kirche, die nationalsozialistische Rassenpolitik und die Konzentrationslager.

Konkordat: völkerrechtlicher Vertrag zwischen der katholischen Kirche und einer weltlichen Regierung

Militärischer Widerstand – der 20. Juli 1944 ▄

Der einzige Machtfaktor im Hitlerstaat, der zur Organisation und Durchführung eines Umsturzes in der Lage schien, war das Militär. Außerdem waren die Generäle die ersten Befehlsempfänger für Hitlers maßlose Eroberungspläne, und da dieser sprunghaft und ohne strategischen Sachverstand befehligte, wuchs aufseiten der militärischen Führung die Skepsis. Selbst moralische Einwände kamen zum Tragen, denn der rassistische Vernichtungskrieg Hitlers ging für viele weit über das hinaus, was Berufssoldaten zu tun bereit waren (▸ M4).

▲ Wer regimekritische Meinungen verbreiten wollte, musste erfinderisch sein.

Mein Bruder hat mir später erzählt, wie er sich verteidigt hat. Er hat auf doof gemacht. Im Hafen klauen alle mal, hat er gesagt, nur so aus Spaß wird geklaut. Und dann hat er immer Platt gesprochen, das war für die Richter was Neues. Die Richter wollten darauf hinaus, mein Mann hätte meinen Bruder beauftragt, die Sache auszubaldowern. Das hätte gereicht, dann hätten sie ihn gleich umgebracht. Der Pflichtverteidiger meines Bruders war aber ausnahmsweise ein guter Mann. Er wollte meinen Bruder direkt fragen: „Hat Biermann Sie beauftragt?" Wenn er dann mit Nein antwortet, musste der Anklagepunkt fallengelassen werden. Aber die Anwälte mussten alle Fragen vorlegen. Die Frage wurde natürlich nicht zugelassen, die wollten meinem Mann an den Kragen. Da hat der Anwalt alles auf eine Karte gesetzt und die Frage einfach dazwischengerufen. Und mein Bruder sagte natürlich sofort: „Nee, mein Schwager hat mich nicht dazu beauftragt." Damit entfiel der Punkt.

Mein Bruder wurde freigesprochen. Ein „irregeleiteter Arbeiter", meinten die Richter. Mein Mann kriegte sechs Jahre. Ich war bei der Urteilsverkündung dabei, bin am Schluss schnell durch die Barriere gelaufen und hab ihm die Hand gedrückt. Wir wurden sofort auseinandergerissen. Er konnte mich noch trösten: „Die sechs Jahre sitz ich auf einer Arschbacke ab." Das war 1937. Er ist nie wieder rausgekommen.

Harald Focke und Uwe Reimer, Alltag der Entrechteten, Reinbek 1980, S. 27-29

1. Erläutern Sie die politische Arbeit, die hier von Kommunisten geleistet wurde.
2. Analysieren Sie die Motive der Beteiligten.
3. Arbeiten Sie aus dem Text die speziellen Merkmale der verwendeten Quellengattung heraus.

M3 Wir fordern Gerechtigkeit

Immer wieder nutzt der katholische Bischof von Münster, Clemens August Graf von Galen, seine Predigten, um Unrecht und Missstände des NS-Regimes, besonders die Tötung behinderter Menschen („Euthanasie") und die Enteignung von Klöstern, anzuprangern. Der folgende Auszug stammt aus einer Predigt vom 13. Juli 1941:

Bei den Anordnungen und Strafverfügungen der GSTP[1] ist die Verwaltungsgerichtsbarkeit ausgeschlossen. Da wir alle keinen Weg kennen, der für eine unparteiische Kontrolle der Maßnahmen der GSTP, ihrer Freiheitsbeschränkungen, ihrer Aufenthaltsverbote, ihrer Verhaftungen, ihres Gefangenhaltens deutscher Volksgenossen in Konzentrationslagern gegeben wäre, so hat bereits in weitesten Kreisen des deutschen Volkes ein Gefühl der Rechtlosigkeit, ja feiger Ängstlichkeit Platz gegriffen, das die deutsche Volksgemeinschaft schwer schädigt. Die Pflicht meines bischöflichen Amtes, für die sittliche Ordnung einzutreten, die Pflicht meines Eides, in dem ich vor Gott und vor dem Vertreter der Reichsregierung gelobt habe, nach Kräften „jeden Schaden zu verhüten, der das deutsche Volk bedrohen könnte", drängen mich, angesichts der Taten der GSTP diese Tatsache öffentlich warnend auszusprechen. Meine Christen! Man wird mir vielleicht den Vorwurf machen, mit dieser offenen Sprache schwäche ich jetzt im Kriege die innere Front des deutschen Volkes. Demgegenüber stelle ich fest: Nicht ich bin die Ursache einer etwaigen Schwächung der inneren Front, sondern jene, die ungeachtet der Kriegszeit, ungeachtet der Schreckenswoche schauriger Feindesangriffe, schuldlose Volksgenossen ohne Gerichtsurteil und Verteidigungsmöglichkeit in harte Strafe nehmen, unsere Ordensleute, unsere Brüder und Schwestern, ihres Eigentums berauben, auf die Straße setzen, aus dem Lande jagen. Sie zerstören die Rechtssicherheit, sie untergraben das Rechtsbewusstsein, sie vernichten das Vertrauen auf unsere Staatsführung. Und darum erhebe ich im Namen des rechtschaffenen deutschen Volkes, im Namen der Majestät der Gerechtigkeit und im Interesse des Friedens und der Geschlossenheit der inneren Front meine Stimme, darum rufe ich laut als deutscher Mann, als ehrenhafter Staatsbürger, als Vertreter der christlichen Religion, als katholischer Bischof: Wir fordern Gerechtigkeit.

Bleibt dieser Ruf ungehört und unerhört, wird die Herrschaft der Königin Gerechtigkeit nicht wiederhergestellt, so wird unser deutsches Volk und Vaterland trotz des Heldentums unserer Soldaten und ihrer ruhmreichen Siege an innerer Fäulnis und Verrottung zugrunde gehen. Lasset uns beten für

[1] GSTP: Geheime Staatspolizei (Gestapo)

alle, die in Not sind, besonders für unsere Ordensleute, für unsere Stadt Münster, dass Gott weitere Prüfungen von uns fernhalte, für unser deutsches Volk und Vaterland und seinen Führer!

Heinrich Portmann, Der Bischof von Münster, Münster 1946, S. 132 f.

1. Skizzieren Sie Beweggründe und Ziele für Galens Predigt.
2. Diskutieren Sie, inwiefern es sich bei dieser Predigt um eine Form des Widerstands handelt.

M4 Widerstand im Militär

Die Offiziere Henning von Tresckow (1901-1944, Selbstmord) und Claus Schenk Graf von Stauffenberg (1907-1944, hingerichtet) sind maßgeblich an einem Bombenanschlag auf Hitler am 20. Juli 1944 beteiligt. Tresckow hat sich seit 1934 innerlich vom Regime distanziert und sich an mehreren Attentaten auf Hitler beteiligt. Ein Weggefährte erinnert sich an ein Treffen mit ihm am 17. November 1942 beim Oberkommando der Heeresgruppe Mitte in Smolensk:

Hier griff Henning ein. Er müsse mir etwas Entscheidendes sagen. Unser Generalstab verdiene diesen Namen nicht mehr. Nur noch die Kragenspiegel und die karmesinroten Streifen an den Hosen ließen ihn noch als solchen erscheinen. Clausewitz und der alte Moltke seien nicht mehr gefragt. Hitler habe – mit seinen eigenen Worten – gefordert, der Generalstabsoffizier müsse sein wie ein „Bluthund, der gierig an der Leine zerre, um, losgelassen, sich auf den Feind zu stürzen und ihn zu zerfleischen". Eine Beleidigung des Generalstabs seien diese Worte des Führers gewesen. Hitler wolle nur noch „subalterne Erfüllungsgehilfen" im Generalstab haben. „Erfüllungsgehilfen im Dienste eines Kapitalverbrechers", rief er. Und er wiederholte die Worte. […] Nach einer Pause fragte ich ihn, was an den Gerüchten von Übergriffen der SS gegen die Zivilbevölkerung in den rückwärtigen Gebieten sei. Diese Gerüchte träfen zu, antwortete er, allerdings mit der Ergänzung, dass es sich nicht um einzelne Übergriffe handle, sondern um planmäßige Ausrottungen von Menschen. Man habe bei der Heeresgruppe zuverlässige Informationen, dass der SD und die SS Spezialeinheiten gebildet hätten, die das sorgfältig organisiert betrieben, und zwar in einem Umfang, der jede Fantasie übersteige. Während wir, die Soldaten an der Front, uns vorne totschießen lassen dürften, betreibe die SS in unserem Rücken ein grauenvolles Geschäft. Er, Henning, sehe darin eine Schändung der Opferbereitschaft des Soldaten an der Front. Fassungslos hatte ich ihm zugehört. Es war ungeheuerlich, was er gesagt hatte. Dann sprach er davon, dass er auf den Tag hinarbeite, an dem dies alles zu Ende sei. Niemand könne heute sagen, wann dieser Tag komme, aber kommen werde er mit Sicherheit, und er werde schrecklich sein.

Im Juni 1944 erklärt Tresckow gegenüber Freunden:

Das Attentat auf Hitler muss erfolgen, um jeden Preis. Sollte es nicht gelingen, so muss trotzdem der Staatsstreich versucht werden. Denn es kommt nicht mehr auf den praktischen Zweck an, sondern darauf, dass die deutsche Widerstandsbewegung vor der Welt und vor der Geschichte unter Einsatz des Lebens den entscheidenden Wurf gewagt hat. Alles andere ist daneben gleichgültig.

Kurz vor dem Attentat vom 20. Juli 1944, das Hitler überleben wird, sagt Stauffenberg zu einer Bekannten:

Es ist Zeit, dass jetzt etwas getan wird. Derjenige allerdings, der etwas zu tun wagt, muss sich bewusst sein, dass er wohl als Verräter in die deutsche Geschichte eingehen wird. Unterlässt er jedoch die Tat, dann wäre er ein Verräter vor seinem eigenen Gewissen.

Erster Text: Reinhard Rürup (Hrsg.), Der Krieg gegen die Sowjetunion. Eine Dokumentation, Berlin 1991, S. 193
Zweiter Text: Peter Steinbach und Johannes Tuchel (Hrsg.), Widerstand in Deutschland 1933-1945. Ein historisches Lesebuch, München ³2000, S. 326
Dritter Text: Peter Hoffmann, Claus Schenk Graf von Stauffenberg und seine Brüder, Stuttgart 1992, S. 395

▲ **Ehrenmal im Innenhof des Bendlerblocks/Gedenkstätte Deutscher Widerstand in Berlin.**
Foto (Ausschnitt) von 2011. An diesem Ort waren nach dem Umsturzversuch vom 20. Juli 1944 fünf Offiziere, darunter Oberst Claus Schenk Graf von Stauffenberg, hingerichtet worden.

1. Erörtern Sie die Motive des Widerstandes im Militär.
2. Erklären Sie, wie es möglich war, dass ein radikaler Regimegegner jahrelang höchste Funktionen innehatte. Welche Schlüsse lässt das auf die betroffene Person und die Stabilität des Regimes zu?
3. Diskutieren Sie, unter welchen Umständen in unserem Staat ein Widerstandsrecht besteht. Berücksichtigen Sie dazu auch Artikel 20 des Grundgesetzes.

Historische Spielfilme

Historische Spielfilme legen für ihre Handlung historische Personen, Ereignisse oder Epochen zugrunde. Wie andere Spielfilme auch gehorchen sie den Regeln der Filmdramaturgie. Sie haben immer das Ziel, den Zuschauer zu unterhalten und Spannung zu erzeugen.

Im Gegensatz dazu erheben historische Dokumentationen nicht in erster Linie den Anspruch zu unterhalten. Sie wollen vielmehr den Zuschauern Wissen über die Vergangenheit vermitteln. Sie verwenden historische Quellen und versuchen, die Zusammenhänge herzustellen.

Umgang mit historischen Spielfilmen

Manche Spielfilme verwenden Historisches nur als Kulisse für ihre Erzählungen und berücksichtigen die historische Wahrheit nur wenig. Andere versuchen, die Geschichte mit filmischen Mitteln auf der Grundlage von Quellen möglichst exakt zu rekonstruieren. Bei Spielfilmen über historische Persönlichkeiten, den sogenannten „Biopics", bilden die gesicherten biografischen Erkenntnisse die Basis für den Film. Lücken in der Überlieferung werden in der Regel frei ergänzt, Dialoge oder Situationen erfunden, um durch die zusammenhängende Handlung die Person näher zu charakterisieren.

Als Informationsquelle für reale historische Ereignisse sind deshalb historische Spielfilme niemals uneingeschränkt zu nutzen. Die folgenden Hinweise ermöglichen die Analyse von historischen Spielfilmen wie dem gewählten Beispiel: „Georg Elser – Einer aus Deutschland".

Formale Kennzeichen
- Wer hat den Film in Auftrag gegeben und produziert?
- Wo wurde der Film gezeigt?

Inhalt
- Was ist das Thema des Films?
- Welche Ereignisse und Personen werden dargestellt?
- Welche filmsprachlichen Mittel werden verwendet?

Historischer Hintergrund
- Welche Fakten über das thematisierte historische Geschehen lassen sich ermitteln?
- Wo stimmen historische Tatsachen und Film nicht überein?
- Wo fügt der Film den historischen Ereignissen etwas hinzu?
- Bei Spielfilmen, die sich nicht auf konkrete historische Personen und Ereignisse beziehen: Erfasst die Darstellung des vergangenen Geschehens das Wesentliche?

Intention und Wirkung
- Welches Bild von der dargestellten Zeit und von den Personen wird vermittelt?
- Welche Zielgruppen will der Film erreichen?
- Welche Denkanstöße vermittelt der Film?
- Welche Bedeutung hat die Musik?

Bewertung und Fazit
- Wie werden die historischen Ereignisse filmisch umgesetzt? Sind Tendenzen erkennbar?
- Wo müssten andere Informationen ergänzt werden? Wo müsste korrigiert werden?
- Welche Rezensionen zu dem Film gibt es?

Allgemeine Hinweise zur Filmanalyse

Struktureinheiten von Filmen
Die beiden wichtigsten filmischen Einheiten (Abschnitte) sind:

1. *Einstellung (shot):* Bei ihr handelt es sich um die kleinste Einheit des Films. Sie umfasst den Zeitraum von der Aufblende bis zur Abblende der Kamera. Meist ist sie nur wenige Sekunden lang, sie kann aber auch einige Minuten dauern.
2. *Sequenz:* Sie besteht meist aus mehreren Einstellungen und bildet eine inhaltlich zusammenhängende Einheit des Filmes.

Kamera-Perspektiven
Unterschieden werden muss zwischen „Vogelperspektive" (Kamera von oben), „Froschperspektive" (Kamera von unten) oder „Normalsicht" (Kamera auf Augenhöhe).
Mit der „Froschperspektive" können Personen erhöht und bedrohlich dargestellt werden, die Vogelperspektive lässt die Zuschauer auf Personen herabblicken und vermindert sie in der Bedeutung.

Einstellungsgrößen
Je nach dem, was ins Bild gerückt ist, spricht man von „Panoramaeinstellung"/„Supertotale" (Landschaft, bei der Menschen nur klein zu erkennen sind), „Totale" (Personen werden in ihrer Umgebung gezeigt), „Naher Einstellung" (Personen vom Kopf bis zur Körpermitte), „Großaufnahme" (Kopf und Teile der Schultern) oder „Detail". Die Übergänge zwischen den Einstellungsgrößen sind dabei fließend.
Die Totale ordnet eine Person in ihr Umfeld ein, lässt sie unter Umständen verloren und „einsam" wirken, Großaufnahmen erhöhen die Bedeutung einer Person, betonen ihre Individualität.

Hell-Dunkel-Kontraste/Farben
Ein weiteres Gestaltungsmittel sind Farben. Sie haben auf den Betrachter unterschiedliche Wirkungen. So gelten blaue Farben in der Regel als kalt, rote und braune Töne hingegen als warm und emotional.

Das *Sequenzprotokoll* ist der Ausgangspunkt für jede Filmanalyse. In ihm werden die Dauer der einzelnen Abschnitte und Besonderheiten in der Filmsprache notiert.

Unter Besonderheiten können u.a. aufgeführt werden:
Wo gibt es auffällige Großaufnahmen und Kamerapositionen?
Wie bewegt sich die Kamera?
Wie ist das Verhältnis von kurzen und langen Einstellungen?
Wo gibt es auffällige „Schnittstellen"?

Welche Wirkung erzielen Geräusche bzw. Musik?
Wie sind die Dialoge ausgestaltet?
Wie spricht die Gedankenstimme?
Wie umfangreich ist der Kommentar?
Was sind die Kernsätze?

Muster für ein Sequenzprotokoll. ▶

Sequenz	Dauer (in min.)	Zahl der Einstellungen	Besonderheiten

Beispielsequenz

Georg Elser wird von SA-Männern auf der Toilette des Bürgerbräukellers zusammengeschlagen, weil er den Hitler-Gruß verweigert. Am Ende der Sequenz uriniert ein SA-Mann auf den am Boden liegenden Elser. Zwei unbeteiligte Besucher erleben die Misshandlungen Elsers und verlassen schweigend die Toilette. Funktion der Sequenz: Sie zeigt zum einen das mutige, unangepasste Verhalten Elsers. Zum anderen wird deutlich, dass der Einzelne dem brutalen Regime ausgeliefert ist und von Zeugen und Mitwissern keine Hilfe erwarten kann.

Filmische Elemente

Kadrierung:
Fliesenrand, Toilettenbegrenzung suggerieren Enge und Ausweglosigkeit.

Schwaches Licht, dunkle und düstere Atmosphäre:
Bedrohlichkeit der Situation

SA-Männer in Froschperspektive; der auf Elser eintretende Mann füllt fast die gesamte Bildhöhe aus:
Optische Vergrößerung zeigt Überlegenheit und Stärke.

Die stark verschmutzten Fliesen und der Fußboden steigern die Ekelhaftigkeit der Sequenz.

Georg Elser aus leichter Vogelperspektive:
Optische Erniedrigung und Unterlegenheit. Die Kamera ist Elsers Blickwinkel näher als dem der SA-Männer.

Einstellungsgröße Totale:
Der Zuschauer übersieht die gesamte Szene. Als Beobachter wird er zur Stellungnahme aufgefordert. Zugleich erlebt er die Szene aus der Distanz.

Formale Kennzeichen ■ Der Film wurde produziert von zwei Produktionsfirmen in Zusammenarbeit mit dem bayerischen und österreichischen Runkfunk. Er kam 1989 in die Kinos.

Inhalt ■ Der Film stellt dar, wie der aus dem württembergischen Königsbronn stammende Tischler Georg Elser sein Attentat auf Hitler im Münchener Bürgerbräukeller 1938 plant und durchführt. Gegenfigur ist der Gestapo-Mann Wagner, der den Anschlag beinahe verhindert und für die Verhaftung Elsers sorgt.

Historischer Hintergrund ■ Informationen zum Leben Georg Elsers bieten neben Zeitzeugenberichten die Angaben Elsers, die er bei Verhören nach seiner Verhaftung in Konstanz machte. Demnach entschloss sich Elser, der grundsätzlich pazifistisch eingestellt war, zu dem Attentat, als er nach dem Münchener Abkommen am 29. September 1938 die Kriegsgefahr erkannte. Elser konstruierte selbst eine Bombe mit Zeitschalter und installierte sie im Münchener Bürgerbräukeller. Mit ihr wollte er Adolf Hitler, der dort am 8. November 1939 zum Gedenken an seinen gescheiterten Putschversuch 1923 sprach, und weitere Mitglieder der NS-Führung töten. Weil Hitler einige Minuten früher als geplant den Saal verlassen hatte, entkam er dem Anschlag. Die Bombe tötete insgesamt acht Personen und verletzte 63. Noch am selben Abend wurde Elser an der Grenze zur Schweiz in Konstanz festgenommen. Er sollte nach dem Krieg in einem Schauprozess verurteilt werden. Am 9. April 1945, wenige Wochen vor Kriegsende, wurde er im Konzentrationslager Dachau ohne Prozess hingerichtet.
Die NS-Propaganda machte den englischen Geheimdienst für das Attentat verantwortlich, was aber nicht zutraf. Elser war ein Einzeltäter, der niemanden eingeweiht hatte. Er zeigte bereits früh eine Abneigung gegen den Nationalsozialismus. In den Verhören bei der Gestapo gab er dafür verschiedene Gründe an: die Verschlechterung der Lebensbedingungen der Arbeiter nach 1933, die Ansprüche der HJ auf die Jugend und nicht zuletzt die Aufrüstungspolitik und Kriegspläne Hitlers. Obwohl er nach eigenen Angaben immer die kommunistische Partei gewählt hatte und 1928/29 auch der Schutztruppe der Kommunistischen Partei beitrat, war er politisch vor 1933 kaum aktiv und beteiligte sich auch selten an Diskussionen.

Intention und Wirkung ■ Die Kernaussage ist, dass es sich bei Elser um einen Einzeltäter aus dem Volk handelt, der das Attentat allein plante und durchführte. Der Film orientiert sich im Wesentlichen an den gesicherten Fakten zu Elsers Leben und zu den Vorbereitungen der Tat. Erfunden sind die Figur des Gestapo-Offiziers Wagner und die Liebesbeziehung zu der Kellnerin Annemarie.
Der Film will nicht nur historische Fakten dokumentieren. Einige Episoden werden hinzugefügt, die historisch nicht belegbar sind, aber den Charakter Elsers verdeutlichen sollen. So wird Elser von SA-Männern auf der Toilette des Bürgerbräukellers niedergeschlagen (siehe S. 288). In einer anderen Sequenz tarnt er sich als SA-Mann, um besseren Zugang zum Gastraum zu haben.
Mit seiner spannenden Handlung wendet sich der Film an ein breites Publikum. Er will zeigen, dass es auch einem Einzelnen möglich war, sich gegen die Diktatur zu stellen. Und nicht zuletzt will der Film die Erinnerung an einen exemplarischen Widerstandskämpfer wachhalten: „Kein Denkmal erinnert an ihn", heißt es am Ende des Films.

Bewertung und Fazit ■ Der Film wurde mit renommierten Filmpreisen ausgezeichnet. Er darf nicht als detailgetreue Darstellung von Elsers Leben verstanden werden. Die Würdigung eines mutigen Einzelattentäters beruht jedoch auf historischen Tatsachen.

Hinweis:
Erst seit November 2011 gibt es in Berlin ein sogenanntes „Denkzeichen" zur Erinnerung an Georg Elser. Es befindet sich im Bezirk Mitte an der Ecke Wilhelmstraße/ An der Kolonnade.

Erinnern

Der Nationalsozialismus im Spiegel der Geschichtskultur

▶ **In einer Arena.**
Foto vom 16. April 1945. Die Täter und Mitläufer, die Sieger und Richter, die Opfer und Zeugen: Auf Befehl des US-Generals George S. Patton mussten etwa tausend Weimarer Bürger das gerade befreite KZ Buchenwald inspizieren.

Bergen-Belsen-Prozess: Als erster Prozess gegen jene, die die eigentliche „Tötungsarbeit" in den KZ und Vernichtungslagern verrichtet hatten, wurde am 17. September 1945 in Lüneburg der „First Belsen Trial" gegen den KZ-Kommandanten, 20 weitere SS-Männer, 16 Aufseherinnen des Lagers und elf Funktionshäftlinge eröffnet. Der Kommandant, weitere sieben Männer und drei Frauen wurden zum Tode verurteilt. 19 Personen, darunter acht Funktionshäftlinge, erhielten Haftstrafen, die übrigen Freisprüche.

Sowjetische Militärtribunale (SMT): Ihre Rechtsnorm war das sowjetische Kriegsrecht und die sowjetische Strafprozessordnung. Etwa 35 000 deutsche Zivilisten wurden durch SMT verurteilt, ebenso viele Kriegsgefangene, hiervon 70 Prozent der Generäle, zehn Prozent der Offiziere sowie ein Prozent der Mannschaften.

„Vergangenheitsbewältigung" in der Besatzungszeit ■ Die Auseinandersetzung mit der nationalsozialistischen Vergangenheit wurde 1945 zunächst von den Alliierten angestoßen. Unmittelbar nach ihrem Einmarsch zwangen sie die Deutschen, die nationalsozialistischen Verbrechen wahrzunehmen. Das geschah beispielsweise im vormaligen Konzentrationslager Buchenwald oder in Lüneburg, wo die britische Besatzungsmacht die Bewohner der weiteren Umgebung nötigte, dem **Bergen-Belsen-Prozess** als Zuschauer beizuwohnen. In vielen Orten wurden die deutschen Verbrechen auch auf großen Foto-Schautafeln dokumentiert.

In dieser ersten Phase bis 1949, der „Phase der politischen Säuberung" (Norbert Frei), wurden Kriegsverbrecher, frühere nationalsozialistische Funktionäre, aber auch Mitläufer zur Rechenschaft gezogen. Für die Bevölkerung waren die Nachkriegsprozesse dabei eine erste wichtige Informationsquelle. So gaben im November 1945 65 Prozent und im Sommer 1946 sogar 87 Prozent der befragten Deutschen an, dass sie durch die Berichterstattung über das *Internationale Militärtribunal* der Alliierten in Nürnberg etwas erfahren hatten, was ihnen bislang nicht bekannt gewesen sei. Ein weiteres Beispiel hierfür ist der Dresdener Euthanasie-Prozess von 1947, der durch eine umfangreiche Presseberichterstattung begleitet wurde und erstmals über die Dimensionen des nationalsozialistischen Krankenmordes informierte. Im Westen waren die Prozesse der Alliierten größtenteils und die der deutschen Gerichtsbarkeit immer öffentlich; sie trugen so zur Aufklärung und zur Aufarbeitung bei. Die **Sowjetischen Militärtribunale (SMT)** in der Sowjetischen Besatzungszone hingegen tagten der stalinistischen Rechtspraxis folgend nicht öffentlich und lieferten somit auch keinen Beitrag zur Geschichtskultur.

Gegen Ende der Besatzungszeit wandelte sich die Bewertung der justiziellen Aufarbeitung in der Bevölkerung. 1949 hielt nur noch jeder dritte Deutsche die Nürnberger Prozesse für gerecht. Ein Großteil sah sich als „Opfer Hitlers" und – nach Jahren der Entnazifizierung und Umerziehung – auch als „Opfer der Alliierten" und ihrer „Siegerjustiz".

Amnestie und Integration nach der doppelten Staatsgründung

Mit der doppelten Staatsgründung im Herbst 1949 wurden bereits erste Parallelen und Differenzen in den beiden deutschen Geschichtskulturen sichtbar (▶ M1). Der Wunsch nach einem „Schlussstrich" war weit verbreitet. In der freien Presse der Bundesrepublik oder im Wahlkampf zum ersten Bundestag konnte das auch öffentlich gemacht werden. Schon vom ersten „Straffreiheitsgesetz" des Bundestages vom 31. Dezember 1949 profitierten Zehntausende von Nazi-Tätern. In dieser zweiten Phase, der „*Phase der Vergangenheitspolitik*", ermöglichten weitere Amnestie- und Integrationsangebote – wie beispielsweise die zum **Artikel 131 GG** – den Aufstieg der Eliten und Trägergruppen des „Dritten Reiches" in maßgebliche Positionen in Staat, Gesellschaft und Politik. Allerdings gab es auch Politiker, die gegen diesen Hang zur Schuldabwehr auftraten (▶ M2).

In der DDR rehabilitierte das am 9. November 1949 verabschiedete „Gleichberechtigungsgesetz" der Volkskammer alle, die einzig und allein wegen der Mitgliedschaft in der NSDAP ihre Beschäftigungsmöglichkeiten und ihre Rechte verloren hatten. 1952 wurden auch geringfügig Belastete integriert, der Bereich der Justiz und der Exekutive blieb ihnen jedoch weiter verschlossen. Mit dem Abschluss der „antifaschistisch-demokratischen Umwälzung" und der Gründung der DDR sah man die strukturellen und ideologischen Wurzeln des Nationalsozialismus „ein für alle Mal ausgerissen". Die Existenz sowjetischer Internierungslager stand dem symbolischen Abschluss der Entnazifizierung jedoch entgegen, was die SED-Führung seit 1949 zu ändern suchte. Schließlich wurden die Lager Anfang 1950 aufgelöst. 10 000 Internierte kamen frei, 10 500 bereits von den SMT Verurteilte wurden zur weiteren Strafverbüßung und weitere 3 400 „zur Feststellung der Schuld und zur Aburteilung" an die DDR übergeben, was in den **Waldheimer Prozessen** geschah. Danach wurde der „Abschluss der Entnazifizierung entsprechend der Potsdamer Beschlüsse" verkündet.

In der Bundesrepublik wurden die von der NATO herangetragenen Erwartungen an einen westdeutschen „Wehrbeitrag" mit Forderungen nach Freilassung der „Kriegsverurteilten" und der Rehabilitation der Waffenträger des „Dritten Reiches" beantwortet. Viele von den Alliierten verurteilte Kriegsverbrecher kamen frei. Auf Drängen der Deutschen erklärte NATO-Oberbefehlshaber *Dwight D. Eisenhower* am 22. Januar 1951: „Ich für meinen Teil glaube nicht, dass der deutsche Soldat seine Ehre verloren hat." Eine Ehrenerklärung von Bundeskanzler Konrad Adenauer vor dem Bundestag gemäß der die Gruppe der Kriegsverbrecher „außerordentlich gering und außerordentlich klein" gewesen sei, folgte am 5. April 1951. Unter dem Eindruck des Kalten Krieges „konnte der Zweite Weltkrieg", resümiert der Historiker *Edgar Wolfrum* daher, „zuweilen sogar als deutscher Beitrag zu einer antikommunistisch-westeuropäischen Einigung interpretiert werden".

▲ **Schlussstrich drunter!**
Wahlplakat der Freien Demokratischen Partei (FDP) zur Bundestagswahl 1949.

Artikel 131 GG: Das Gesetz zu diesem Artikel des Grundgesetzes vom 11. Mai 1951 erlegte dem öffentlichen Dienst auf, mindestens 20 Prozent des Besoldungsaufwandes für jene Beamten und Berufssoldaten zu verwenden, die derzeit noch „ausgeschieden sind und bisher nicht oder nicht ihrer früheren Stellung entsprechend verwendet werden". Aus diesem Grund stellten die Behörden schon aus Budget-Gründen bevorzugt wieder diese Belasteten (Juristen, Gestapo-Leute, Berufssoldaten und Schreibtischtäter) ein.

Waldheimer Prozesse: Von April bis Juni 1950 wurden in Waldheim (Sachsen) 3 324 Insassen ehemaliger sowjetischer Speziallager in der DDR in dreißigminütigen „Prozessen" zu Strafen von 15 bis 25 Jahren Haft verurteilt. Als Informationen zu den Geheimverfahren durchsickerten, eröffnete man gegen zehn offenkundige Nazi-Verbrecher Schauprozesse, in denen auch lebenslängliche Haftstrafen oder Todesurteile verhängt wurden. In den Medien suggerierte man danach, dass die vorangegangenen Verfahren ebenfalls öffentlich gewesen seien.

▶ **Kriegsverbrecher kommen frei.**
*Karikatur aus der britischen Zeitung „Sunday Express" vom 4. Februar 1951.
In der Bildunterschrift meint der türöffnende US-Soldat: „Nun werden sie wohl Klage gegen uns einreichen wegen Freiheitsberaubung."*

▲ **Einweihung der KZ-Gedenkstätte Buchenwald.**
Foto vom 14. September 1958. Ein Jahr später wurden am Ort des ehemaligen KZ Ravensbrück sowie 1965 des KZ Sachsenhausen weitere „Nationale Mahn- und Gedenkstätten" der DDR eröffnet.

Zentrale Stelle der Landesjustizverwaltungen zur Aufklärung nationalsozialistischer Verbrechen: Sie nahm ihre Arbeit am 1. Dezember 1958 auf und ermittelte systematisch zu nationalsozialistischen Verbrechen, die jenseits der alten Reichsgrenzen an Zivilisten und in den KZ begangen wurden, da die bundesdeutschen Staatsanwaltschaften und Gerichte für in deren Bezirk begangene Straftaten oder dort lebende Täter zuständig waren. Ab 1964 wurde ihre Zuständigkeit auf das Bundesgebiet erweitert. Schon 1959 leitete die „Zentrale Stelle" den Staatsanwaltschaften 400 Vorermittlungen, teilweise mit hunderten Beschuldigten, zu. Ihr erster Leiter, Erwin Schüle, trat 1966 wegen falscher Angaben zu seiner NSDAP-Mitgliedschaft und wegen des Vorwurfs der Beteiligung an Kriegsverbrechen in der Sowjetunion zurück.

Erst knapp 50 Jahre später, in den Jahren 1995-1999 und 2001-2004, sollte es schließlich möglich sein, die Dimensionen des Vernichtungskrieges im Osten, den die – so die Vorstellung der bundesdeutschen Öffentlichkeit – im wesentlichen „sauber gebliebene" Wehrmacht 1941-1944 geführt hatte, in zwei kontrovers diskutierten Wechselausstellungen zu präsentieren und damit ein weiteres Kapitel deutscher Schuld zu beleuchten.

Antifaschismus als Integrationsideologie und Legitimationsquelle ■ Der Verweis auf die „Nazi- und Kriegsverbrechen" war von Beginn an ein zentraler Pfeiler der Identitätspolitik der DDR. Da die Macht- und Kulturelite des Landes größtenteils aus einst Verfolgten und aus Kämpfern gegen den Nationalsozialismus bestand, konnte sie erstens der ostdeutschen Bevölkerung gegenüber mit einer gewissen moralischen Überlegenheit auftreten. Die von ihnen verordnete antifaschistische Geschichtsdeutung besagte, dass „der Aufbau des Sozialismus die einzig richtige Konsequenz aus dem Faschismus" sei, denn nur mit der Abschaffung des Kapitalismus sei auch die Grundlage für den Faschismus für immer beseitigt.* Somit konnten sich alle, die sich mit dem Sozialismus identifizieren, auch als „Sieger der Geschichte" verstehen. Zweitens versuchte sich die DDR mit ihrer antifaschistischen Staatsdoktrin auch außenpolitisch zu legitimieren. Beide Funktionen des Antifaschismus illustrierte der Staatsakt, mit dem 1958 gemeinsam mit Gästen und ehemaligen Häftlingen aus vielen Ländern die Gedenkstätte Buchenwald eingeweiht wurde (▶ M3). Drittens nutzte die DDR den Verweis auf die nationalsozialistische Vergangenheit aus, um den Konkurrenten im Westen, dessen Elite und Beamtenschaft eine kaum gebrochene personelle Kontinuität zum „Dritten Reich" aufwies, als „braunes System" darzustellen.

Die aufwändigste und folgenreichste Kampagne hierzu startete am 23. Mai 1957 in Ost-Berlin. Während der internationalen Pressekonferenz „Gestern Hitlers Blutrichter – Heute Bonner Justizelite" wurden die früheren Positionen von 118 bundesdeutschen Richtern und Staatsanwälten enthüllt. Im Lauf der folgenden drei Jahre identifizierte die DDR ungefähr alle sechs Monate weitere 200 Juristen des „Dritten Reiches". Das erregte auch im Ausland Aufmerksamkeit – beispielsweise debattierten im Juli 1957 die britische Presse und das Unterhaus über die Zustände in der bundesdeutschen Justiz – sodass die Politik unter Handlungsdruck geriet. Letztlich beschloss die Ende 1958 tagende Konferenz der Justizminister, die **Zentrale Stelle der Landesjustizverwaltungen zur Aufklärung nationalsozialistischer Verbrechen** zu gründen. Das war eine Verlegenheitslösung. Sie trug zwar nicht die Hypothek der NS-belasteten Juristen ab, ließ jedoch die systematische Ermittlung gegen Nazi-Täter, die Anfang der 1950er-Jahre nahezu zum Erliegen gekommen war, wieder Fahrt aufnehmen. Als ein Jahr später, am Heiligen Abend 1959, eine Synagoge mit Hakenkreuzen beschmiert wurde und es in den folgenden Wochen zu fast 700 ähnlichen Übergriffen kam, wurde auch breiteren Kreisen der bundesdeutschen Öffentlichkeit bewusst, dass die Gesellschaft ihr Verhältnis zur nationalsozialistischen Vergangenheit klären muss.

---

* Diese Vorstellung basierte auf der Faschismus-Definition des Bulgaren Georgi Dimitroff aus dem Jahr 1935; vgl. dazu das Kapitel „Die deutsche Nachkriegsgeschichte im Spiegel der Geschichtskultur", S. 512.

Skandal und Wandel in der Bundesrepublik – Ritualisierung in der DDR

Die dritte Phase, die *„Phase der Vergangenheitsbewältigung"*, dauerte vom Ende der 1950er- bis zum Ende der 1970er-Jahre und zeichnete sich besonders in der Bundesrepublik scharf von den vorherigen Phasen ab. Langsam setzte ein Umdenken ein. Orte des NS-Terrors, etwa frühere Konzentrationslager wie Dachau, wurden zu Gedenkstätten, auch gewann der Nationalsozialismus in westdeutschen Lehrplänen sowie in der politischen Bildung zunehmend an Bedeutung. Gleichzeitig wurde die bundesdeutsche Öffentlichkeit buchstäblich im Gerichtssaal über die Verbrechen des Nationalsozialismus aufgeklärt. So schrieb der Schriftsteller *Martin Walser* zum Abschluss des Frankfurter *Auschwitz-Prozesses* 1963 - 1965: „Der Prozess gegen die Chargen von Auschwitz hat eine Bedeutung erhalten, die mit dem Rechtsgeschäft nichts mehr zu tun hat. Geschichtsforschung läuft mit, Enthüllung, moralische und politische Aufklärung einer Bevölkerung, die offenbar auf keinem anderen Wege zur Anerkennung des Geschehenen zu bringen war." Die Gerichtsverhandlungen der 1960er-Jahre stellten das in der westdeutschen Gesellschaft gängige Täter-Bild infrage und präzisierten die Vorstellungen von der Funktionsweise des nationalsozialistischen Regimes. Der *Eichmann-Prozess* 1961 in Jerusalem zeigte, dass nicht nur „eine kleine Clique um Hitler und Himmler" und einzelne brutale „Exzesstäter" oder „menschliche Randexistenzen" für den Massenmord an den Juden Europas verantwortlich waren, sondern auch ein Heer unscheinbarer Bürokraten in einem breit gefächerten Institutionennetz, welches Eichmann koordinierte – ein „Verwalter, dessen Ressort das Morden" war, wie „Die Zeit" damals schrieb.

Während sich in der DDR der ritualisierte antifaschistische Bezug auf den Nationalsozialismus nur in Nuancen wandelte und öffentliche Kontroversen ohnehin nicht möglich waren, spitzte sich in der Bundesrepublik in den 1960er-Jahren die Auseinandersetzung um die Vergangenheit zu. Dem Verschwiegenheitskomplott einer Gesellschaft, deren tragende Stützen immer noch Sechzigjährige waren, welche häufig im Nationalsozialismus ihre Karriere begonnen hatten, trat eine neue Generation Historiker, Journalisten, Juristen oder politisierter Bürger entgegen. Vieles wurde skandalisiert. Hierzu gehörte auch, dass der Bundestag am 1. Dezember 1966 mit *Kurt Georg Kiesinger* ein ehemaliges NSDAP-Mitglied zum Bundeskanzler wählte.

Im Mai 1968 wurden dem Bundestag einige wenig spektakulär wirkende Gesetzesvorlagen, die sich mit Ordnungswidrigkeiten befassten, zur Abstimmung zugeleitet. Zusätzlich ging es auch um die Neuformulierung des **Paragrafen 50, Absatz 2 des Strafgesetzbuches**. Für die Strafverfolgung nationalsozialistischer Verbrecher war die Novellierung des Beihilfe-Paragrafen ein Desaster: Da im bundesdeutschen Rechtsverständnis als Haupttäter immer Hitler, Himmler, Heydrich u.a. galten, wurde die Masse der Schreibtischtäter stets nur wegen Beihilfe zum Mord angeklagt. Aufgrund der Novelle mussten viele Prozesse und Ermittlungsverfahren eingestellt werden – unter anderem auch die schon seit sechs Jahren andauernden Ermittlungen gegen etwa 300 Täter des Reichssicherheitshauptamtes. Was in der offiziellen Sprachregelung als „Panne des Gesetzgebers" galt, nannte die kritische Öffentlichkeit „kalte Amnestie". Im gleichen Jahr wurde mit *Hans-Joachim Rehse* einer der am schwersten belasteten Richter des Volksgerichtshofes freigesprochen. Seine Todesurteile hätten damals der legitimen Selbstbehauptung des Staates gedient, so die Begründung des Freispruchs von 1968. Einen Sturm der Entrüstung entfachte der Hinweis des Gerichtes, dass sich der Staat auch heute mit härteren Strafen gegen Demonstranten wehren müsse. Die gingen daraufhin wieder auf die Straße und verglichen den Freispruch mit der einjährigen Gefängnisstrafe, die **Beate Klarsfeld** bekommen hatte, nachdem sie Bundeskanzler Kurt Georg Kiesinger aufgrund seiner früheren NSDAP-Mitgliedschaft mit den Rufen „Nazi, Nazi!" geohrfeigt hatte.

▲ „Rosen für den Staatsanwalt."
*Plakat von 1959.
Der Film „Rosen für den Staatsanwalt" (Regie: Wolfgang Staudte; Darsteller: Martin Held, Walter Giller u.a.) kam 1959 in die bundesdeutschen Kinos. Thema ist die Verdrängung der NS-Vergangenheit eines Kriegsrichters in der Bundesrepublik. Staudte erhielt dafür 1960 den Bundesfilmpreis, lehnte ihn aber ab.*

Paragraf 50, Absatz 2 des Strafgesetzbuches: Diese Strafgesetzbuchänderung erklärte den Tatbestand „Beihilfe zum Mord aus niederen Beweggründen" rückwirkend seit 1960 straffrei.

Beate Klarsfeld: geb. 1939 in Berlin, lebt in Paris. Die Journalistin provozierte Skandale um etablierte Ex-Nazis und half, Massenmörder wie Kurt Lischka und Klaus Barby vor Gericht zu bringen. Sie ist „Offizierin der Ehrenlegion" Frankreichs und trägt die israelische „Tapferkeitsmedaille der Ghettokämpfer". Die Verleihung des Bundesverdienstkreuzes wurde bislang abgelehnt.

▲ „Die Bilder des Zeugen Schattmann."
1972 strahlt das DDR-Fernsehen diese vierteilige Serie über die Verfolgung, KZ-Haft und Ermordung der Juden aus. Der Streifen ist die Verfilmung des drei Jahre zuvor erschienenen gleichnamigen autobiografischen Romans von Peter Edel.

Die oft sehr persönlich geführte Auseinandersetzung der Jugend von 1968 mit der Vergangenheit ihrer Eltern, Lehrer und Professoren ging mit einem politisierten, abstrakten, inflationären Gebrauch des Faschismus-Vorwurfes einher. So wurde die NS-Vergangenheit auch für den Kampf gegen das „Establishment" instrumentalisiert, bisweilen prangerte man sogar Fahrscheinkontrollen als „tendenziell faschistisch" an. In der DDR blieb eine solche auf den Nationalsozialismus zentrierte Auseinandersetzung der jungen Generation mit der älteren aus. Neben der diktatorischen Verfasstheit des Staates war das einerseits durch die „antifaschistische Herkunft" der Herrschenden bedingt. „Wir fühlten eine starken Hemmung, gegen Menschen Widerstand zu leisten, die in der Nazi-Zeit im KZ gesessen hatten", kommentierte die Schriftstellerin *Christa Wolf* rückblickend. Andererseits war in der DDR die Auseinandersetzung mit dem „Hitler-Faschismus" ein Dauerthema in Politik, Bildung und Medien. Seit Gründung des Landes war die Bevölkerung durch dutzende Romane, Fernseh- und Kinoproduktionen, die zum Teil auch zum zentral vorgegebenen Schulstoff gehörten, „antifaschistisch" beeinflusst.

▲ „Holocaust."
Filmplakat zur TV-Serie von 1979.

Historikerstreit: Debatte der Jahre 1986/87, in der Wissenschaftler die Frage nach der historischen Einzigartigkeit des Holocaust diskutierten sowie über die Funktion und Rolle der „Vergangenheitsbewältigung", d. h., wie in der Bundesrepublik künftig in Politik und Gesellschaft mit dem Nationalsozialismus umzugehen sei.

Der Holocaust im Fokus der Aufmerksamkeit ■ Ende der 1970er-Jahre begann die „Phase der Vergangenheitsbewahrung", in der sich die Beschäftigung mit dem Nationalsozialismus, vor allem aber auch mit dem Holocaust, auf wissenschaftlichem, publizistischem und politischem Gebiet deutlich intensivierte und in zahlreichen Diskussionen um Gedenktage, Gedenkreden oder Museen ihren Ausdruck fand.

Im Januar 1979 hatte die bundesdeutsche Öffentlichkeit die Ausstrahlung der vierteiligen US-Fernsehserie „Holocaust" erschüttert. Sie zeigte am Schicksal einer Berliner Arztfamilie die Ausgrenzung und schließlich die Ermordung der Juden, die Karriere eines Obersturmbannführers im Nationalsozialismus und illustrierte detailliert die verschiedenen Formen des Massenmordes. In der wissenschaftlichen Forschung und publizistischen Öffentlichkeit war die Beschäftigung mit dem Holocaust bis zu diesem Zeitpunkt so weit zurückgegangen, dass der Historiker *Ulrich Herbert* rückblickend von einer „zweiten Verdrängung" spricht. Erst Mitte der Achtzigerjahre wandten sich Historiker dem Thema verstärkt zu. Neben den Juden kamen nun auch andere Opfergruppen in den Blick: „Zigeuner", Behinderte, „Asoziale", Homosexuelle, Kriegsgefangene, Zwangsarbeiter und Deserteure. Im Unterschied zu den 1960er-Jahren, als engagierte Wissenschaftler und Juristen im Rahmen von Strafprozessen die Verbrechenskontexte erhellten und damit zwangsläufig den Fokus auf die Nazi-Täter legten, kam nun viel stärker die Perspektive der Opfer und Überlebenden ins Bewusstsein der Öffentlichkeit. Kontroversen um die Vergangenheit und den Holocaust gab es nach wie vor. Einen der Höhepunkte stellte zweifelsohne der Mitte der 1980er-Jahre geführte **Historikerstreit** dar.

In der DDR hatte das Thema Holocaust eine geringere Bedeutung. Nicht der Antisemitismus, sondern der Kampf gegen „die Arbeiterklasse" und gegen die Sowjetunion sei das wesentliche Element des „Hitler-Faschismus" gewesen, lautete die immer wieder propagierte Doktrin der SED-Führung. Die Juden erfuhren daher auch keine besondere Anerkennung als Opfer. Erst Ende der 1980er rückte die politische Führung der DDR den Holocaust und die Opfer des Antisemitismus stärker in den Fokus. Den

Feierlichkeiten zum Gedenken an den 50. Jahrestag der „Reichspogromnacht" 1988 kam daher eine nie zuvor dagewesene Bedeutung zu. So stieg die DDR, wie der Historiker *Peter Bender* resümiert, erst kurz vor ihrem Ende herunter „vom hohen Ross des ‚Siegers der Geschichte' und wurde, was die Bundesrepublik war: ein Nachfolgestaat des Nazi-Reiches".

Ein neuer Typ von Geschichtskultur ■ Mit dem Zusammenbruch der DDR-Diktatur konnten die Ostdeutschen damit beginnen, die Instrumentalisierung des DDR-Antifaschismus zu diskutieren. Darüber hinaus wurde seit Mitte der 1990er-Jahre der zutreffende Befund vom „instrumentalisierten Antifaschismus" seinerseits instrumentalisiert, um die DDR zu delegitimieren.

In der Bundesrepublik war die politische Kultur seit Ende der 1970er-Jahre pluraler. Bürgergesellschaftliche Initiativen waren zur Normalität geworden. Das beeinflusste auch die Geschichtskultur. Die (Um-)Benennung von Straßen, Plätzen, Institutionen und Kasernen, die Errichtung, Entfernung oder Umwidmung von Gedenkorten verstand man nun nicht mehr als alleinige Angelegenheit des Staates, sondern als Resultat eines Selbstverständigungsprozesses der Gesellschaft. Selbst das große „*Denkmal für die ermordeten Juden Europas*" im Zentrum Berlins hatte bürgergesellschaftliche Ursprünge.

Heute gibt es in Deutschland eine Vielzahl von Gedenkstätten für Opfer und Widerstandskämpfer aus der Zeit des Nationalsozialismus, die vom Bund, den Ländern, Kommunen oder von bürgergesellschaftlichen Akteuren errichtet wurden und betrieben werden. Das Spektrum reicht von den KZ-Gedenkstätten bis hin zu jüngeren Gedenkorten.

Etwa seit dem Jahr 2000 hat das Thema Nationalsozialismus und Zweiter Weltkrieg auch in Kino- und TV-Produktionen Konjunktur. Eine neue Generation von Autoren und Regisseuren entwickelt hier eine eigene Sichtweise auf die Vergangenheit, welche in der Geschichtswissenschaft, aber auch in den Medien immer wieder kontrovers diskutiert wird (▶ M4).

Im Jahr 2000 wurde mit der „Stolperstein"-Initiative des Künstlers *Gunter Demnig* eine neue geschichtskulturelle Qualität erreicht. Die Aktion liefert den Rahmen für das Engagement bürgergesellschaftlicher Akteure, die in ihrem lokalen Umfeld an das Schicksal von Opfern des Nationalsozialismus erinnern wollen, indem sie die Patenschaft für die Verlegung eines „Stolpersteins" beantragen. Der „Stolperstein" wird vor dem letzten selbstgewählten Wohnsitz des Opfers plan ins Pflaster eingelassen und enthält knapp gehaltene Angaben zur Person. Bis 2011 dienten 32000 Steine an 700 Orten in zehn europäischen Ländern dazu, das Gedenken an die Opfer im lokalen Kontext wachzuhalten und die Beschäftigung mit dem Nationalsozialismus anzuregen. Gleichzeitig steht diese länderübergreifende Initiative exemplarisch für die zunehmend internationaler werdende Gedenk- und Erinnerungskultur an Nationalsozialismus und Holocaust, die sich heute vor allem in Museen wie dem *United States Holocaust Memorial Museum* in Washington, D.C., oder im *Jüdischen Museum* in Berlin zeigt. Auch die Entwicklung des 27. Januar von einem nationalen Gedenktag der Deutschen zum „Internationalen Tag des Gedenkens an die Opfer des Holocaust" verweist auf die Tatsache, dass der Holocaust heute Teil einer *transnationalen Erinnerungskultur* geworden ist (▶ M5).

▲ **Deportationsmahnmal Putlitzbrücke in Berlin.** Foto von 2011.
Vom Güterbahnhof in Berlin-Moabit wurden ab Januar 1942 über 30 000 Berliner Juden in die Konzentrationslager deportiert. Das Mahnmal wurde 1987 aufgestellt und war 1992 Ziel eines Sprengstoffanschlages, der es schwer beschädigte.

▲ **Stolperstein vor einem Haus in der Elberfelder Straße in Berlin-Moabit.** Foto von 2011.

27. Januar: Tag der Befreiung des Vernichtungslagers Auschwitz-Birkenau (1945) durch die Rote Armee; 1996 Etablierung als nationaler Gedenktag in Deutschland. Seit 2005 ist der 27. Januar auch europäischer Gedenktag der EU sowie globaler Gedenktag der Vereinten Nationen.

M1 Antifaschismus und Antitotalitarismus

Der Historiker Martin Sabrow vergleicht, wie nach 1945 „Vergangenheitspolitik" betrieben worden ist:

Der ostdeutsche Legitimationsantifaschismus wies schließlich tabuisierende Züge auf, indem er wesentliche Aspekte des Nationalsozialismus aus dem kollektiven Gedächtnis wie aus der wissenschaftlichen Forschung verbannte, darunter
5 so zentrale Fragen wie die Massenattraktivität des Hitler-Regimes und die Teilhabe der Bevölkerung an Verfolgung und Vernichtung. Nie brachte die DDR-Geschichtswissenschaft eine Hitler-Biografie hervor, und bis zum Schluss hielt sie an einem dogmatisierten Denken fest, das Hitler als bloßen
10 Handlanger der Monopole verstand, die KPD als führende Kraft des Widerstandes und das deutsche Volk als verführtes Opfer der Fremdherrschaft einer kleinen Clique. Die erste Überblicksdarstellung der DDR-Geschichtswissenschaft zur NS-Zeit widmete der Shoah kein Kapitel und keinen Unter-
15 abschnitt, sondern konzentrierte sich in den vier von 260 der „faschistische[n] Barbarei in den okkupierten Gebieten" gewidmeten Seiten auf die deutschen Gräueltaten in den besetzten Teilen der Sowjetunion. Juden wurden als Opfergruppe in diesem Zusammenhang nur ein einziges Mal und
20 zwar als Teil der sowjetischen Bevölkerung erwähnt, und auch der Leidensbilanz dieses Opferkapitels, das mit den zukunftsgerichteten Ausbeutungsplänen der deutschen Okkupanten schloss, vermochte der Verfasser noch einen heroisierenden Schlusssatz abzugewinnen: „Die Sowjetvölker
25 vereitelten alle diese Pläne." [...]
Eine vergleichbare politische Instrumentalität und Tabuisierungskraft besaß auf der anderen Seite der Grenze der bundesdeutsche Antitotalitarismus. Sie zeigte sich im Umgang etwa mit dem kommunistischen Widerstand, der in der Bun-
30 desrepublik aus der symbolischen wie der materiellen Integration ausgeschlossen blieb. Sie zeigte sich ebenso in der Wiedergutmachungspolitik gegenüber den Opfern der nationalsozialistischen Gewaltherrschaft: Der zur westlichen Hemisphäre zählende Staat Israel erhielt Entschädigungs-
35 leistungen, osteuropäische Staaten erhielten sie bis 1989 nicht. [...] Seine tabuisierende Kraft bewies der bundesdeutsche Antitotalitarismus, indem er das Bild des christlichen und konservativen Widerstands ebenso von unwillkommenen Zügen zu reinigen erlaubte, wie es der Antifaschismus in
40 Bezug auf den kommunistischen Widerstand vermochte. Die antidemokratischen und teils sogar antisemitischen Grundüberzeugungen vieler Männer des 20. Juli 1944, die in den Anfangsjahren der NS-Herrschaft oft überzeugte Hitler-Anhänger gewesen waren, blieben ebenso im Verborgenen wie
45 die erst jüngst näher beleuchtete Frage der Verstrickung des militärischen Widerstandsflügels in den nationalsozialistischen Genozid. Diese [...] Haltung belastete die frühe Bundesrepublik mit einer unheilvollen und bis zum Anschein der Komplizenschaft reichenden Symbiose von Amnesie und
50 Amnestie, die aus heutiger Sicht als ein empörender „Triumph des ‚Beschweigens'" vor uns steht, sie erlaubte aber zugleich analog zur staatlich verfolgten und gesellschaftlich verlangten Wiedereingliederungspolitik die unzweideutige Verurteilung des NS-Systems, ohne seine ehemaligen Träger
55 und Anhänger auszugrenzen.

Martin Sabrow, Die NS-Vergangenheit in der geteilten deutschen Geschichtskultur, in: Christoph Kleßmann und Peter Lautzas (Hrsg.), Teilung und Integration. Die doppelte deutsche Nachkriegsgeschichte als wissenschaftliches und didaktisches Problem, Bonn 2005, S. 142-144

1. *Nennen Sie die strukturellen Gemeinsamkeiten in der Vergangenheitsbewältigung beider deutscher Staaten, die der Autor anführt.*

2. *Erörtern Sie, welche Effekte Sabrow dem Antifaschismus auf der einen und dem Antitotalitarismus auf der anderen Seite zuschreibt.*

M2 „Schamreiche Jahre"

Auszüge aus der Rede von Bundespräsident Theodor Heuss[1] zur Einweihung der Gedenkstätte Bergen-Belsen am 30. November 1952:

Als ich gefragt wurde, ob ich heute, hier, aus diesem Anlass ein Wort zu sagen bereit sei, habe ich ohne lange Überlegung mit ja geantwortet. Denn ein Nein der Ablehnung, der Ausrede, wäre mir als eine Feigheit erschienen, und wir Deutschen wollen, sollen und müssen, will mir scheinen, tapfer zu
5 sein lernen gegenüber der Wahrheit, zumal auf einem Boden, der von den Exzessen menschlicher Feigheit gedüngt und verwüstet wurde. [...] Wer hier als Deutscher spricht, muss sich die innere Freiheit zutrauen, die volle Grausamkeit der Verbrechen, die hier von Deutschen begangen wurden, zu
10 erkennen. Wer sie beschönigen oder bagatellisieren wollte oder gar mit der Berufung auf den irregegangenen Gebrauch der sogenannten „Staatsraison" begründen wollte, der würde nur frech sein. [...]
Dieses Belsen und dieses Mal [Mahnmal der Gedenkstätte]
15 sind stellvertretend für ein Geschichtsschicksal. Es gilt den Söhnen und Töchtern fremder Nationen, es gilt den deutschen und ausländischen Juden, es gilt auch dem deutschen Volke und nicht bloß den Deutschen, die auch in diesem
20 Boden verscharrt wurden.

[1] Zu Theodor Heuss vgl. S. 418.

Ich weiß, manche meinen: War dieses Mal notwendig? Wäre es nicht besser gewesen, wenn Ackerfurchen hier liefen und die Gnade der sich ewig verjüngenden Fruchtbarkeit der Erde verzeihe das Geschehene? Nach Jahrhunderten mag sich
25 eine vage Legende vom unheimlichen Geschehen an diesen Ort heften, darüber mag man meditieren; und Argumente fehlen nicht, Argumente der Sorge, dass dieser Obelisk ein Stachel sein könne, der Wunden, die der Zeiten Lauf heilen solle, das Ziel der Genesung zu erreichen nicht gestatte.
30 Wir wollen davon in allem Freimut sprechen. Die Völker, die hier die Glieder ihres Volkes in Massengräbern wissen, gedenken ihrer, zumal die durch Hitler zu einem volkhaften Eigenbewusstsein schier gezwungenen Juden. Sie werden nie, sie können nie vergessen, was ihnen angetan wurde; die Deut-
35 schen dürfen nie vergessen, was von Menschen ihrer Volkszugehörigkeit in diesen schamreichen Jahren geschah.
Nun höre ich den Einwand: Und die anderen? Weißt du nichts von den Internierungslagern 1945/46 und ihren Rohheiten, ihrem Unrecht? Weißt du nichts von den Opfern in fremdem
40 Gewahrsam, von dem Leid der formalistisch-grausamen Justiz, der heute noch deutsche Menschen unterworfen sind? Weißt du nichts von dem Fortbestehen der Lagermisshandlung, des Lagersterbens in der Sowjetzone, Waldheim, Torgau, Bautzen? Nur die Embleme haben sich dort gewandelt. Ich
45 weiß davon und habe nie gezögert, davon zu sprechen. Aber Unrecht und Brutalität der anderen zu nennen, um sich darauf zu berufen, das ist das Verfahren der moralisch Anspruchslosen, die es in allen Völkern gibt […].
Sicher ist das, was zwischen 1933 und 1945 geschah, das
50 furchtbarste, was die Juden der Geschichte gewordenen Diaspora erfuhren. Dabei war etwas Neues geschehen. […] Judenverfolgungen kennt die Vergangenheit in mancherlei Art. Sie waren ehedem teils Kinder des religiösen Fanatismus, teils sozial-ökonomische Konkurrenzgefühle. Von religiösem
55 Fanatismus konnte nach 1933 nicht die Rede sein. […] Der Durchbruch des biologischen Naturalismus der Halbbildung führte zur Pedanterie des Mordens als schier automatischer Vorgang, ohne das bescheidene Bedürfnis nach einem bescheidenen quasi-moralischen Maß. Dies gerade ist die
60 tiefste Verderbnis dieser Zeit. Und dies ist unsere Scham, dass sich solches im Raum der Volksgeschichte vollzog, aus der Lessing und Kant, Goethe und Schiller in das Weltbewusstsein traten. Diese Scham nimmt uns niemand, niemand ab. […]
65 Der Mensch, die Menschheit ist eine abstrakte Annahme, eine statistische Feststellung, oft nur eine unverbindliche Phrase; aber die Menschlichkeit ist ein individuelles Sich-Verhalten, ein ganz einfaches Sich-Bewähren gegenüber dem anderen, welcher Religion, welcher Rasse, welchen Stan-
70 des, welchen Berufes er auch sei. Das mag ein Trost sein.

Da steht der Obelisk, da steht die Wand mit den vielsprachigen Inschriften. Sie sind Stein, kalter Stein. Saxa loquuntur, Steine können sprechen. Es kommt auf den Einzelnen, es kommt auf dich an, dass du ihre Sprache, dass du diese ihre besondere Sprache verstehst, um deinetwillen, um unser 75 aller willen!

Bulletin des Presse- und Informationsamtes der Bundesregierung, Nr. 189 vom 2. Dezember 1952, S. 1655 f.

1. *Arbeiten Sie zentrale Elemente der Rede heraus.*
2. *Erläutern Sie den Begriff der „Scham", den Heuss verwendet. Inwieweit kann der Begriff als zeitgebunden verstanden werden?*
3. *Erörtern Sie, wie die Ursachen des Nationalsozialismus, die Opfer und die Täter von Heuss beschrieben werden.*
4. *Recherchieren Sie eine jüngere Rede eines Bundespräsidenten zum Thema Aufarbeitung der nationalsozialistischen Vergangenheit und untersuchen Sie, welche der zentralen Themen, die Heuss 1952 anspricht, auch in heutigen Gedenkreden zum Holocaust noch immer eine Rolle spielen. Inwiefern kann von einer „Weiterentwicklung" der Holocaust-Erinnerung gesprochen werden?*

M3 Zum Sieg über den „Hitlerfaschismus"

Otto Grotewohl, Ministerpräsident der DDR, spricht am 14. September 1958 zur Einweihung der „Nationalen Mahn- und Gedenkstätte Buchenwald":

Liebe Kameraden! Verehrte Gäste und Freunde! In Liebe und Verehrung verneigen wir uns vor den toten Helden des antifaschistischen Widerstandskampfes, vor den Millionen Opfern faschistischer Barbarei. Mutig haben sie ihr Leben eingesetzt gegen ein grauenvolles, menschenfeindliches 5 Mordsystem, für den Frieden und für das Glück der Völker. Wir gedenken der tapferen Söhne und Töchter aus allen Ländern Europas, die sich dem Terror und der brutalen Gewalt nicht beugten, deren tapferes Sterben eine furchtbare Anklage gegenüber ihren Mördern und ein stummes Werben für die 10 Freiheit und das Recht der Völker war. Standhaft kämpften sie, und standhaft sind sie gefallen. Man hat sie zerbrochen, vergast, erschlagen und zu Tode gequält, doch sie beugten sich nicht. Aufrecht und treu ihrer großen Idee ergeben gingen sie in den Tod. Aufrecht und mutig gingen sie ihren letz- 15 ten Gang wie der Kommunist Thälmann, der Sozialdemokrat Breitscheid, der Pfarrer Schneider, die ungezählten sowjetischen Kriegsgefangenen, die gequälten Zwangsarbeiter aus allen Nationen und die namenlosen Tausende. […] Der antifaschistische Widerstand war und ist ein Volkskampf. Er kann 20

nur dort zu Ende geführt werden, wo sich die Völker entschlossen unter der Führung der Arbeiterklasse zum Kampf gegen die faschistische Reaktion erheben. Auch der Widerstandskampf gegen den Hitlerfaschismus wurde neu orga-
25 nisiert und geleitet von der Arbeiterklasse und ihren Parteien. Die faschistische Diktatur ist immer unmenschlich, grausam und verbrecherisch. Ihre Methoden der Völkerhetze, des Terrors und des organisierten Massenmordens sind Ausdruck eines untergehenden, sterbenden Systems. Die Naziherr-
30 schaft in Deutschland war eine faschistische Diktatur der reaktionärsten Kreise des deutschen Imperialismus. Ihr Ziel war die Errichtung der faschistischen Weltherrschaft unter deutscher Führung. Ihr Weg war zügelloser Terror und blutiges Massenmorden. [...] Mehr als 18 Millionen Menschen
35 wurden in die Menschenvernichtungsfabriken, die Konzentrationslager, verschleppt. Davon wurden über elf Millionen auf bestialische Weise ermordet. Allein im Konzentrationslager Buchenwald, hier an dieser Stelle, fanden über 56 000 Menschen ihren Tod.
40 Den Sieg über dieses abscheuliche System danken wir in erster Linie der heldenhaften Sowjetunion, den tapferen Söhnen und Töchtern des Sozialismus und den Millionen namenlosen Helden der antifaschistischen Widerstandsbewegung aus vielen Ländern Europas. Sie haben ihr Blut und ihr Leben
45 für die Zerschmetterung des Hitlerfaschismus eingesetzt. [...] Der Hitlerfaschismus wurde 1945 militärisch zerschlagen, aber er wurde nur in einem Teil Deutschlands, in der Deutschen Demokratischen Republik, mit der Wurzel ausgerottet. [...] In Westdeutschland wurde das Abkommen von Potsdam
50 über die Ausrottung des Faschismus verraten und zerstört. Die alten Verderber Deutschlands und Europas tauchten unter im Strom der Namenlosen, um beim ersten gedämpften Trommelklang wieder hervorzutreten und im alten faschistischen Geist weiterzumarschieren. [...] Wir müssen eine ein-
55 heitliche gesamtdeutsche Volksbewegung gegen Atomkriegsvorbereitungen bilden [...]. Diese Volksbewegung würde auch die friedliche, demokratische Wiedervereinigung auf dem Wege einer Konföderation der beiden deutschen Staaten erleichtern. Damit würde zugleich der Hauptgefah-
60 renherd eines Krieges in Europa beseitigt. Die Einheit der fortschrittlichen und friedliebenden Menschen in Deutschland und in der ganzen Welt ist die Garantie für eine friedliche und glückliche Zukunft der Menschen. Diesem Ziel dient auch unser Treffen zur Einweihung der Mahn- und Gedenk-
65 stätte. Es ist eine Demonstration gegen den Krieg, für Abrüstung und Atomwaffenverbot, für die Schaffung einer atomwaffenfreien Zone in Europa und für die Freundschaft und Verständigung zwischen allen Völkern.

Buchenwald mahnt, Weimar 1961, S. 7, 9 f., 12 und 15

1. Beschreiben Sie, wie Grotewohl das nationalsozialistische Regime charakterisiert. Welche Konsequenzen ergeben sich daraus für den Umgang mit der jüngsten Vergangenheit in Politik und Gesellschaft der DDR?
2. Vergleichen Sie den Text mit der Rede von Heuss (M2) im Hinblick auf die Rolle, die Opfer und Täter im NS-Regime in den Augen der Autoren jeweils einnahmen.
3. Stellen Sie dar, welche Handlungsempfehlungen Heuss und Grotewohl ihren Zuhörern geben.

M4 Aussöhnung mit der Vergangenheit?

Die Medienwissenschaftlerin und Soziologin Antonia Schmid über die pauschale Viktimisierung der Deutschen im TV-Zweiteiler „Dresden":

Der Erfolg von Dresden ist symptomatisch für das Verhältnis des „wiedervereinigten" Deutschlands zur NS-Vergangenheit: Die Täterschaft Deutscher wird zwar durchaus thematisiert, gleichwohl ist das Identifikationsangebot der Opferstatus. Darüber hinaus wird die Differenz von Täter- und 5 Opferkategorien in diesem kulturindustriellen Großprojekt insofern jedoch obsolet – „verwaschen" –, dass im „Feuersturm" *allen* die „Vernichtung" droht: Ob sie vorher Opfer oder Täter waren – alle müssen gleichermaßen büßen. Sämtliche Unterschiede hinsichtlich des Zustandekommens des 10 Opferstatus verschwinden spätestens in den letzten 45 Minuten, in denen mit ausgiebiger Pyrotechnik die „Bombennacht" inszeniert wird. Drehbuchautor Stefan Kolditz: „Die Bombe kennt keinen Unterschied. Sie demokratisiert das Sterben. Und doch bleibt der Mensch der Gegenentwurf zur 15 Maschine." (Damit übergeht er hier eine gewichtige Differenz, die im Film dennoch realistisch dargestellt wird: Jüdischen Menschen war der Zugang zu den lebensrettenden Luftschutzkellern verwehrt. „Die Bombe" beinhaltete also durchaus unterschiedliche Bedrohungsgrade.) [...] Bemer- 20 kenswert ist hinsichtlich der Viktimisierung deutscher Figuren überdies die intertextuelle Anwendung des [...] als „Wechselrahmung" charakterisierten Verfahrens in der Subsequenz am Morgen nach der Bombardierung: Anna wandert durch die graue Trümmerlandschaft, wobei sich ihr rotes 25 Kleid als einziger Farbpunkt von der Umgebung abhebt. Diese Bilder rufen Assoziationen an jene Szenen in *Schindlers Liste* auf, in denen ein – jüdisches! – Mädchen im roten Mantel als einziger Farbpunkt im schwarz-weiß gefilmten Ghetto markiert ist. [...] Darüber hinaus wird diese Analogisierung 30 mit Bildern des Abtransports von Leichen kombiniert, die ebenfalls zum der Ikonografie von Holocaustrepräsentationen entnommenen kulturellen Bilderrepertoire von Opfer-

schaft gehören. Dass diese Einstellungen am Ende des Films
35 stehen, entspricht der vom Läuterungskonzept geleiteten
Entwicklung der Figuren, die, durch den „Feuersturm" zum
Opfer geworden, „gereinigt" in die Zukunft entlassen werden.
[...]
Nach einer kurzen Abblende erscheint das Insert „30. Oktober
40 2005. Weihe der Frauenkirche Dresden". Zu sehen ist die Totale einer riesigen Menschenmenge auf dem Dresdner Neu-
markt, zu hören die Festaktrede des Bundespräsidenten
Horst Köhler: „Eine Ruine, eine offene Wunde, über 45 Jahre,
ist wiedererstanden. Wiederaufgebaut als ein Zeichen der
45 Versöhnung [...]", gefolgt von „Annas" Stimme aus dem Off:
„Es ist schwer zu begreifen, was damals im Februar 1945
passiert ist, aber jeder, der überlebt hat, hatte die Verpflichtung, etwas Neues zu schaffen." [...] Aussöhnung mit der
Vergangenheit ist das zeitgemäße Diktum des Films, der
50 Rede Köhlers wie auch „Annas" abschließender, 15 mahnen-
der Worte: „Wer immer nur zurückschaut ... sieht nichts als
seinen Schatten." Die „Schatten" der Vergangenheit sind diesem Gleichnis zufolge für den Aufbruch in die neue Zukunft
nur hinderlich.

Antonia Schmid, Der „Feuersturm" als Vollwaschprogramm: Zur Universa-
lisierung des Opfers im Fernseh-Zweiteiler Dresden, in: Kittkritik (Hrsg.),
Deutschlandwunder. Wunsch und Wahn in der postnazistischen Kultur,
Mainz 2007, S. 141-158

1. *Erklären Sie, was Antonia Schmid unter „Viktimisierung"
verstehet.*
2. *Fassen Sie die Hauptkritikpunkte der Autorin am Film
„Dresden" zusammen und diskutieren Sie, ob diese
Ihnen angemessen erscheinen.*

M5 „Schafft diesen Gedenktag wieder ab!"

*Der Soziologe Y. Michal Bodemann verfasst am 26. Januar 1999
folgenden Kommentar in der Berliner Tageszeitung taz:*

Der 27. Januar, der Tag der Befreiung von Auschwitz, ist seit
1995 der offizielle deutsche Gedenktag. Und niemand merkt
es. Es könnte alles so schön werden: erst ein ordentlicher
Gedenktag für die Opfer, dazu das für den ausländischen
5 Besucher eindrucksvolle Eisenman-Mahnmal[1]. [...]
Er scheint als Gedenktag für alle Nazi-Opfer weniger kontrovers: Der 27. Januar erinnert an die Befreiung von Auschwitz
durch die Rote Armee 1945. Doch zu diesem Zeitpunkt war
das KZ nur noch ein Schatten. In den Wochen zuvor hatte sich
10 die Mordmaschinerie verlangsamt, zehn Tage zuvor wurde

[1] Gemeint ist das von dem Architekten Peter Eisenman entworfene Denkmal für die ermordeten Juden Europas in Berlin.

Auschwitz evakuiert, über 130 000 Häftlinge wurden auf
Transporte und Todesmärsche geschickt, und nur ein elendes
Überbleibsel von knapp 8 000 Insassen wurde am 27. Januar
befreit. [...] Der 27. Januar ist ein fernes, konstruiertes Datum,
ohne deutsche Erinnerung, in einem anderen Land und ohne 15
deutsche Akteure, denn selbst die SS-Wachmannschaften
waren damals bereits verschwunden.
Für die Verfolgtenseite mag dieser Tag ein Symbol der Befreiung sein, es waren ihre Angehörigen, die nun das Ende dieses
Schreckens vor sich sahen. In Deutschland stand hinter der 20
Entscheidung für diesen Tag offenbar die wohlmeinende,
doch naive und beschönigende Idee, in Solidarität mit der
Opferseite an das Ende des Mordens zu erinnern. Dadurch,
dass der Befreiung von Auschwitz statt seiner Errichtung
gedacht wird, stellt sich Deutschland an die Seite der Opfer 25
und der Siegermächte – ein Anspruch, der Deutschen nicht
zusteht. Der 27. Januar suggeriert darüber hinaus ein „Ende
gut, alles gut". Ein Tag der Erinnerung für Deutsche soll er
sein, doch tatsächlich ist es ein Tag der Zubetonierung von
Erinnerung, ein Tag, der den historischen Schlussstrich signa- 30
lisiert.
Wir könnten nun pragmatisch argumentieren: Solange dieser Tag engagiert begangen wird, wäre es ja gut; zumindest
besser als gar nichts. Doch der 27. Januar ist eben gerade
nicht angenommen worden, er ist ein Tag ohne deutsche 35
Erinnerung geblieben. Die obligatorischen Reden werden
zwar gehalten, doch schon bei seiner Einführung 1996 wurden die Feiern im Bundestag um einige Tage vorverlegt, weil
es den Abgeordneten so wegen der Urlaubszeit besser
passte. Auch 1998 waren die Gedenkfeierlichkeiten Pflicht- 40
übungen, die in der Mahnmaldebatte untergingen: Über
diesen Tag gab es wenig zu sagen, da kam die Mahnmaldebatte gerade recht.

Y. Michal Bodemann, 27. Januar: Schafft diesen Gedenktag wieder ab!,
in: taz vom 26. Januar 1999

1. *Geben Sie zentrale Aussagen Bodemanns mit eigenen
Worten wieder.*
2. *Verfassen Sie eine Rede zum 27. Januar, in der Sie auch
Stellung zu den im Text genannten Vorbehalten gegen
diesen Gedenktag nehmen.*
3. *Der Politikwissenschaftler Harald Schmid bezeichnet die
Etablierungsgeschichte des 27. Januar – wie auch die
des 3. Oktober – als ein Beispiel für etatistische, also vom
Staat verordnete, Geschichtspolitik. Beurteilen Sie diese
Aussage.*
4. *Diskutieren Sie folgende These: Wenn der 27. Januar zum
internationalen Gedenktag erhoben und damit auf die
ganze Welt ausgedehnt wird, bedeutet dies nicht zugleich eine Entlastung für die Deutschen?*

Sachsenhausen als historischer Lernort

Erinnern und Gedenken seit 1961 Die Erinnerung an die Konzentrationslager Oranienburg (1933-1934) und Sachsenhausen (1936-1945), an das sowjetische Speziallager (1945-1950) sowie an die Nationale Mahn- und Gedenkstätte Sachsenhausen in der Zeit der DDR (1961-1990) wird seit 1993 von der Gedenkstätte und Museum Sachsenhausen wachgehalten. Dazu gehört das Sammeln von Quellen, das Erforschen, Dokumentieren und Präsentieren der Lagergeschichte, das Trauern um die Toten sowie das Anbieten von Lerngelegenheiten für die historische Bildung.

Das Konzentrationslager Sachsenhausen 1936-1945 Im System der nationalsozialistischen Konzentrationslager nahm Sachsenhausen als Modell- und Schulungslager für die SS in der Nähe der Reichshauptstadt Berlin eine Sonderstellung ein. Dies zeigt sich auch darin, dass ab 1938 die „Inspektion der Konzentrationslager", die Verwaltungszentrale aller Konzentrationslager im deutschen Machtbereich, nach Sachsenhausen verlegt wurde. Zwischen 1936 und 1945 waren mehr als 200 000 Menschen im Lager Sachsenhausen und seinen rund 100 Außenlagern inhaftiert: politische Gegner, Juden, Sinti und Roma, Menschen aus den besetzten Ländern Europas sowie Homosexuelle, Geistliche und Zeugen Jehovas. Zehntausende kamen durch Hunger, Krankheit, Zwangsarbeit und Misshandlungen um oder wurden Opfer von systematischen Vernichtungsaktionen der SS. Nachdem die SS gegen Kriegsende mehr als 30 000 Häftlinge auf einen Todesmarsch geschickt hatte, wurden am 22. und 23. April 1945 noch etwa 3 000 Inhaftierte von sowjetischen und polnischen Soldaten befreit.

Das Sowjetische Speziallager 1945-1950 Der sowjetische Geheimdienst NKWD inhaftierte von 1945 bis 1950 rund 60 000 Menschen im Lager – NS-Belastete (zumeist unterer Ränge) und Unbelastete, politisch Missliebige, willkürlich Verhaftete und von sowjetischen Militärtribunalen Verurteilte. Nahezu 12 000 von diesen starben an Unterernährung und Krankheiten.

Vor dem Besuch
- Informieren Sie sich (im Internet, in der Bibliothek) über a) die Geschichte des Lagers Sachsenhausen, b) dort Inhaftierte, c) NS-Täter.
- Verständigen Sie sich darüber, ob und wie Sie vor Ort auch der Toten gedenken wollen.

Vor Ort
- Informieren Sie sich (arbeitsteilig) über eine der neun Dauerausstellungen auf dem Lagergelände.
- Notieren Sie Ihre Beobachtungen und Eindrücke auf dem Gelände, machen Sie Skizzen, fotografieren Sie.

Nach dem Besuch
- Berichten und diskutieren Sie im Plenum über die Geschichte der Lager, der Gedenkstätten und die unterschiedlichen Gestaltungen der Ausstellungen.
- Entwickeln Sie eine Präsentation (als Ausstellung in der Schule, für die Website, als Übung für eine Prüfung …). Nutzen Sie dabei die gesammelten Informationen, Ihre persönlichen Eindrücke sowie Ihre Fotografien.
- Schlussstrich oder Erinnerung wachhalten? Diskutieren und beurteilen Sie, welchen Umgang mit der historischen Vergangenheit Sie für angemessen halten.

Internettipps
- www.stiftung-bg.de/gums/de
- http://de.wikipedia.org/wiki/KZ_Sachsenhausen
- www.orte-der-erinnerung.de

CD-ROM-Tipp
- *Gegen das Vergessen – Häftlingsalltag im KZ Sachsenhausen 1936-1945*, verbesserte Auflage, München 2004

Literaturtipps
- Hermann Kaienburg, Sachsenhausen – Stammlager, in: Wolfgang Benz und Barbara Distel (Hrsg.), Der Ort des Terrors. Geschichte der nationalsozialistischen Konzentrationslager, Bd. 3, München 2006, S. 17-72
- Günter Morsch und Astrid Ley (Hrsg.), Das Konzentrationslager Sachsenhausen 1936-1945. Ereignisse und Strukturen, Berlin ³2010
- Harry Naujoks, Mein Leben im KZ Sachsenhausen 1936-1942, Berlin 1989

Filmtipp
- *Das kann sich keiner vorstellen … – Sachsenhausen* (DVD), 2008 (36 Min.). Diese DVD ist über die Gedenkstätte und Museum Sachsenhausen unentgeltlich auszuleihen.

M1 Appell

Emil Ackermann, 1937 bis 1939 deutscher politischer Häftling in Sachsenhausen, erinnert sich an das alltägliche Ritual des Lagerappells:

Beim Lagerappell [...] kam es drauf an, dass die Sollzahl des Rapportführers mit der errechneten Istzahl des Lagerschreibers übereinstimmte. Fehlte ein Häftling oder stimmten beide Zahlen aus anderen Gründen nicht überein, heulten
5 sofort die Alarmsirenen.

_{Aussage von Emil Ackermann (um 1980), in: Günter Morsch und Astrid Ley (Hrsg.), Das Konzentrationslager Sachsenhausen 1936-1945. Ereignisse und Entwicklungen, Berlin ³2010, S. 83}

▲ **Zählappell mit Maschinengewehr im Vordergrund.**
SS-Propagandafoto, Februar 1941.

M2 Lageralltag

Auch Zdzisław Jasko aus Polen, der von 1940 bis 1945 als Häftling in Sachsenhausen ist, muss sich Tag für Tag und oft stundenlang in die Masse der Häftlinge einreihen:

Es war noch nicht Tag. Alles war noch grau. [...] Nach dem Waschen wurden wir auf die Lagerstraße getrieben, wo schon Leute standen. Auch wir mussten uns sofort aufstellen. Überall gingen die SS-Leute, die Blockältesten und Stubenäl-
5 testen mit Knüppeln umher und brüllten: „Los, los", natürlich unter Schlägen.

_{Aussage von Zdzisław Jasko (2006), in: Günter Morsch und Astrid Ley (Hrsg.), a. a. O., S. 93}

▲ **„Morgenappell."**
Bleistiftzeichnung des niederländischen Häftlings Jan Budding, 1943.

1. Beschreiben Sie beide Bilder und benennen Sie die dargestellte historische Situation. Beziehen Sie dabei auch die Informationen über die unterschiedlichen Hierarchiestufen der Häftlingsgesellschaft im KZ Sachsenhausen ein, die Sie aus M1 und M2, vor Ort oder über Recherche in Büchern oder im Internet erarbeiten können.
2. Von welchem Standpunkt aus wurde fotografiert?
Recherchieren Sie mithilfe des Lageplans (siehe www.stiftung-bg.de/gums/de).
3. Erarbeiten Sie die Gemeinsamkeiten der Bilder sowie die Unterschiede.
4. Erörtern Sie den jeweiligen Wert der unterschiedlichen Darstellungen als Quelle und beurteilen Sie, welche Sie mit welchem Ziel in einer Ausstellung verwenden würden.
5. Beide Abbildungen zeigen die „Geometrie des totalen Terrors". Nehmen Sie zu dieser These begründet Stellung.

◀ **Titelblatt des Wochenmagazins „Der Spiegel" vom 8. Mai 1995.**
Die Collage aus Anlass des 50. Jahrestages der deutschen Kapitulation zeigt einen Ausschnitt aus Caspar David Friedrichs Landschaftsgemälde „Der Wanderer über dem Nebelmeer" (um 1818).
- Untersuchen Sie die Bildelemente und erläutern Sie, auf welche Themen und Probleme der deutschen Geschichte diese hinweisen. Deuten Sie die Aussage des Titelbildes.
- Beurteilen Sie die Haltung zum Umgang mit der NS-Zeit und gegenüber dem Thema „Vergangenheitsbewältigung", die in der Collage zum Ausdruck kommt.

1. Fassen Sie die demokratischen Errungenschaften der Weimarer Republik zusammen.

2. Arbeiten Sie aus einem Vergleich der Weimarer Verfassung mit dem Grundgesetz der Bundesrepublik Deutschland Gemeinsamkeiten und Unterschiede bezüglich der Stellung von Präsident, Parlament und Kanzler heraus. Welche strukturellen Veränderungen gegenüber der Weimarer Verfassung wurden im Grundgesetz verankert?

3. Recherchieren Sie, welche außen- und wirtschaftspolitischen Positionen die wichtigsten Parteien (KPD, SPD, Zentrum, DDP, DVP, DNVP) gegenüber der Republik einnahmen.

4. Die „Segmentiertheit" gilt als Hauptkennzeichen von Gesellschaft und Parteiensystem der Weimarer Zeit. Untersuchen Sie, inwiefern dies die Stabilität des politischen Systems gefährden konnte.

5. Das Jahr 1923 wird als Krisenjahr der Weimarer Republik bezeichnet. Beschreiben Sie kurz wichtige Ereignisse dieses Jahres und versuchen Sie einen kausalen Zusammenhang zwischen ihnen herzustellen.

6. Nennen Sie zentrale Zielsetzungen der deutschen Außenpolitik seit 1919 und erläutern Sie deren Umsetzung bis 1925 an Beispielen.

7. „Weimar" war eine „Republik ohne Republikaner". Diskutieren Sie diese häufig zitierte Aussage für die Jahre 1929 bis 1932.

8. Machtergreifung – Machtübernahme – Machtübertragung: Erörtern Sie, welche Bezeichnung für den Regierungsantritt Hitlers gewählt werden sollte.

9. Skizzieren Sie die Stufen der Entrechtung und Verfolgung der Juden und anderer Minderheiten während der NS-Zeit.

10. Eine Darstellung, die Mitte der 1990er-Jahre unter Historikern und in der Öffentlichkeit erhebliche Kontroversen ausgelöst hat, bezeichnet das deutsche Volk als „Hitlers willige Vollstrecker". Nehmen Sie Stellung.

11. In den Anfangsjahren der Bundesrepublik hatten nur 40 Prozent der Deutschen eine positive Meinung zu den Attentätern des 20. Juli 1944. Im Jahr 1952 wurde der ehemalige Wehrmachtsoffizier Remer, der diese Gegner des nationalsozialistischen Regimes als „Verräter" bezeichnet hatte, wegen übler Nachrede und Verunglimpfung des Andenkens Verstorbener verurteilt. Damit wurden die Widerstandskämpfer zugleich rehabilitiert. Recherchieren Sie, welche Bedeutung das Attentat für das Selbstverständnis der Bundesrepublik heute hat und in welcher Form daran erinnert wird. Erörtern Sie, ob es angemessen ist, diesem Attentat eine herausragende Stellung innerhalb des Widerstandes gegen die nationalsozialistische Diktatur einzuräumen.

12. Erläutern Sie anhand konkreter Beispiele aus der Gegenwart, warum ein verantwortungsbewusster Umgang mit der Zeit des Nationalsozialismus unerlässlich ist. Welches Handeln ergibt sich daraus für den Staat und für jeden Einzelnen?

13. Kriegsruinen wie die Berliner Kaiser-Wilhelm-Gedächtniskirche (siehe nächste Seite) sind eine Form von Denkmal, um an die Schrecken von Nationalsozialismus und Zweitem Weltkrieg zu erinnern. Stellen Sie dazu weitere unterschiedliche Formen von Denkmälern zusammen. Bewerten Sie jeweils, ob es sich um gelungene Beispiele für Gedenkkultur handelt.

Literaturtipps

Kurt Bauer, Nationalsozialismus. Ursprünge, Anfänge, Aufstieg und Fall, Wien/Köln/Weimar 2008

Wolfgang Benz, Geschichte des Dritten Reiches, München ³2005

Dirk Blasius, Weimars Ende. Bürgerkrieg und Politik 1930-1933, Frankfurt am Main 2008

Ursula Büttner, Weimar. Die überforderte Republik 1918-1933, Stuttgart 2008

Bernward Dörner, Die Deutschen und der Holocaust. Was niemand wissen wollte, aber jeder wissen konnte, Berlin 2007

Jörg Echterkamp, Die 101 wichtigsten Fragen – Der Zweite Weltkrieg, München 2010

Winfried Meyer, Zwangsarbeit während der NS-Zeit in Berlin und Brandenburg: Formen, Funktion, Rezeption, Potsdam 2001

Avraham Milgram und Robert Rozett (Hrsg.), Der Holocaust. FAQs – häufig gestellte Fragen, Göttingen 2011

Dieter Pohl, Verfolgung und Massenmord in der NS-Zeit 1933-1945, Darmstadt ³2011

Peter Reichel, Harald Schmid und Peter Steinbach (Hrsg.), Der Nationalsozialismus – Die zweite Geschichte. Überwindung – Deutung – Erinnerung, München 2009

Michael Wildt, Geschichte des Nationalsozialismus, Göttingen 2008

Internettipps

www.dhm.de/lemo/home.html

www.gdw-berlin.de
Gedenkstätte Deutscher Widerstand, Berlin

www.shoah.de/index1.html

www.stiftung-bg.de
Stiftung Brandenburgische Gedenkstätten

www.stiftung-evz.de
Stiftung Erinnerung, Verantwortung, Zukunft

www.stiftung-denkmal.de
Denkmal für die ermordeten Juden Europas, Berlin

www.zeitgeschichte-online.de

▲ **Kaiser-Wilhelm-Gedächtniskirche in Berlin mit dem 1961 eingeweihten Kirchenneubau.**
*Foto von 1992.
Die alte Kirche wurde 1895 eingeweiht.
Bei einem Luftangriff 1943 wurde sie zerstört.*

◄ **Stumme Zeugen.**
*Das Denkmal „Züge in das Leben – Züge in den Tod" an der Berliner Friedrichstraße zur Erinnerung an die Kindertransporte und die Deportationen jüdischer Kinder in die Konzentrationslager.
Foto von 2011.*

Der Blick zurück auf das 20. Jahrhundert lässt gleich mehrere tiefe Zäsuren erkennen, Jahre, in denen Ereignisse stattfanden, die die Weltgeschichte für immer verändern sollten. Eine dieser Zäsuren stellte sicherlich das Epochenjahr 1917 dar. In den Monaten zwischen dem Kriegseintritt der USA im April, der Oktoberrevolution im Herbst in Russland und dem Ende des Ersten Weltkrieges im November 1918 wurde der Grundstein für die nachhaltige Umgestaltung der weltpolitischen Konstellation gelegt, die das ganze 20. Jahrhundert prägen sollte. Denn während die Sowjetunion und die USA nach dem Ersten Weltkrieg zu Weltmächten aufstiegen und im Zweiten Weltkrieg noch gemeinsam gegen das nationalsozialistische Deutschland und seine Verbündeten vorgingen, beherrschte nach 1945 der Gegensatz zwischen Ost und West, zwischen kommunistischer und demokratischer Grundordnung die Weltpolitik. Im

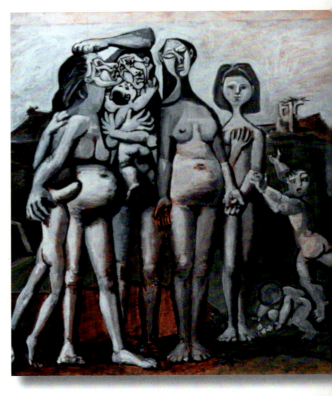

Sozialismus des Ostens herrschten Planwirtschaft und eine Diktatur der Parteielite, in den Demokratien des Westens entfalteten sich Marktwirtschaft und frei gewählte Staatsführungen. Nach der etwa zwei Jahre währenden „Inkubationszeit des Kalten Krieges" (Bernd Stöver) wurde der Gegensatz seit 1946/47 politisch ausgetragen. Er fand seinen Niederschlag im Wettrüsten, aufgrund dessen sich die Menschheit über mehrere Jahrzehnte fortwährend am Rand einer nuklearen Katastrophe befand. Jedoch blieb es beim Kalten Krieg, beim Gleichgewicht des Schreckens. Ost und West, die Sowjetunion und die Vereinigten Staaten, waren nur in regionale Konflikte verwickelt, zu einem direkten Krieg der beiden Großmächte kam es nicht. Aber der Gegensatz beherrschte die Welt und überlagerte andere Gegensätze – zwischen den westlichen Demokratien und ihren ehemaligen Kolonien etwa, zwischen reichen und armen Weltregionen (Nord-Süd-Konflikt), zwischen einer dem Individuum zugewandten Wertordnung des Westens und einer der Gemeinschaft zugewandten Wertordnung der islamischen Welt sowie des südöstlichen Asien. Auch ethnische Konflikte innerhalb einzelner Staaten wurden überlagert.
Um 1990 brach die kommunistische Welt im Osten Europas zusammen – ohne dass auch nur ein Schuss gefallen wäre. Noch wissen wir nicht, ob das Modell des Westens weiterhin Nachahmung finden wird und wie stark die kulturellen, zivilisatorischen und ethnischen Unterschiede in der Welt des 21. Jahrhunderts zum Tragen kommen und zu neuartigen Konflikten führen werden. Zunächst wurde das Modell des Westens nur in Europa und für die osteuropäischen Staaten zum eindeutigen Vorbild, was der europäischen Integration einen starken Schub verlieh.

Konflikt und Konfliktlösung in der Welt seit 1917

Der Aufstieg der Großmächte UdSSR und USA

◂ **Roman Cieslewicz, „CCCP USA" (Ausschnitt), 1968.**
Die kyrillische Buchstabenfolge „CCCP" ist die russische Abkürzung für „UdSSR" („Union der Sozialistischen Sowjetrepubliken").

Staat und Gesellschaft im 19. Jahrhundert

- **1823** — Die Monroe-Doktrin wird zum außenpolitischen Grundsatz der USA.
- **ab 1850** — Die USA steigen zur Wirtschaftsgroßmacht auf.
- **1861–1870** — Zeit der „Großen Reformen" in Russland.
- **1898** — Nach dem Sieg im Spanisch-Amerikanischen Krieg werden die USA Kolonialmacht.

Kriege, Umbrüche und Revolutionen

- **1904/1905** — Russland verliert im Krieg gegen Japan.
- **1905** — Der „Blutsonntag" (9. Januar) in St. Petersburg löst eine Welle revolutionärer Aktionen aus. Zar Nikolaus II. verkündet das „Oktobermanifest".
- **1914** — Das Zarenreich tritt am 31. Juli in den Ersten Weltkrieg ein.
- **1917** — Am 6. April erklären die USA dem Deutschen Reich den Krieg. In Russland dankt der Zar nach der Februarrevolution ab. Nach der Oktoberrevolution tritt an die Stelle der parlamentarischen Demokratie die Herrschaft der Arbeiter-, Soldaten- und Bauernräte.
- **1918** — Die Bolschewiki unter Wladimir I. Lenin übernehmen die Macht in Russland. US-Präsident Wilson verkündet 14 Punkte als Grundlage einer Nachkriegsordnung. Im Vertrag von Brest-Litowsk schließt Russland Frieden mit den Mittelmächten.

Chaos und Prosperität in der Zwischenkriegszeit

- **1918–1921** — Bürgerkrieg und „Kriegskommunismus" in Russland.
- **1922** — Gründung der Union der Sozialistischen Sowjetrepubliken (UdSSR).
- **1924** — Lenin stirbt, Machtübernahme Josef Stalins.
- **1921–1929** — In den USA blühen Wirtschaft und Kultur auf. 1929 wird das Wachstum durch die „Great Depression" geschwächt, die in die Weltwirtschaftskrise mündet.
- **1938/1939** — Höhepunkt des „Großen Terrors" in der UdSSR: Gegner Stalins werden beseitigt.

Die Weltmächte im Zweiten Weltkrieg

- **1939** — „Hitler-Stalin-Pakt": Die Sowjetunion und das Deutsche Reich teilen (Ost-)Mitteleuropa in zwei Interessensphären auf.
- **1941** — Die USA treten in den Zweiten Weltkrieg ein. Deutscher Überfall auf die UdSSR; Stalin erklärt den Kampf gegen die Deutschen zum „Großen Vaterländischen Krieg".
- **1945** — Kapitulation Deutschlands; die Sowjetunion und die USA gehören zu den Siegermächten des Zweiten Weltkrieges.

Zwei Staaten bestimmen die Weltgeschichte ▬ Wie ist die weltpolitische Überlegenheit der USA und der UdSSR von 1945 bis 1989, also in der Zeit des Kalten Krieges, zu erklären? Die Voraussetzungen dafür waren erstens ihre geografische Lage sowie die Erweiterung ihrer Landesgrenzen und zweitens das gewaltige Rüstungspotenzial, das die USA aus ihrer Wirtschaftskraft, die UdSSR aus ihrer militärischen Schlagkraft entwickelten. Beide Staaten erreichten ihre Ausdehnung schon im 19. Jahrhundert, die USA durch die Landnahme im Westen, Russland durch die Angliederung europäischer und asiatischer Territorien. Um 1900 besaßen die USA bereits die größte Industrieproduktion, Russland verfügte dagegen über die meisten Soldaten der Welt. Im Zweiten Weltkrieg und danach steigerte sich die Überlegenheit gegenüber den europäischen und allen anderen Mächten noch einmal deutlich.

Die Wende zur Vorherrschaft beider Staaten in der Weltpolitik lag im Jahr 1917, als die USA militärisch in den Ersten Weltkrieg (und damit erstmals in Europa) eingriffen und Russland mit der Revolution den Weg zur kommunistischen Sowjetunion (UdSSR) einschlug. Die beiden Ereignisse erwiesen sich im Rückblick zugleich als die Wende zu einer bipolaren Weltordnung, die sich mit dem Ende des Zweiten Weltkrieges endgültig ausbildete. Dabei beanspruchte jede Seite von Anfang an die ideologische Deutungshoheit. Nach der Revolution versuchten die Kommunisten Russlands (seit 1922 der Sowjetunion), ihre Auffassungen vom revolutionären Sozialismus in den Industriegesellschaften des Westens zu verbreiten. In der ganzen Welt sollten die Produktionsstätten Eigentum des Staates und damit aller werden, um Herrschaft und Unterdrückung zu beseitigen. Die USA präsentierten sich dagegen seit 1917 als Wegbereiter der Demokratie und einer neuen Weltfriedensordnung, in der das Selbstbestimmungsrecht der Völker gelten sollte. Daraus leiteten die US-Amerikaner ihr Sendungsbewusstsein ab, das ebenso einen globalen Anspruch erhob wie die gegensätzliche sowjetische Idee der sozialistischen Weltrevolution.

Der Kalte Krieg brachte den Westen mit den USA und den Osten mit der UdSSR schließlich in eine unversöhnliche Frontstellung. Nach 1945 standen die USA an der Spitze der demokratischen Staaten in Amerika und Westeuropa. Die Sowjetunion beherrschte oder lenkte die sozialistischen Staaten in Osteuropa und im fernen Osten, auch China gehörte dazu. An diesen zwei Machtblöcken orientierte sich die blockfreie „Dritte Welt", darunter die afrikanischen Staaten, nach 1960. Das atomare Patt verhinderte jedoch einen Krieg der beiden Blöcke, denn jeder Angriff konnte die gegenseitige Vernichtung zur Folge haben. Frieden existierte daher nur noch im Schatten der Bombe. Mit dem Zerfall der kommunistischen Weltanschauung und der Sowjetunion löste sich 1989/1990 auch das globale bipolare Machtgefüge auf. Zwar blieben die USA als alleinige Weltmacht übrig. Aber ihr Einfluss sank infolge der „imperialen Überdehnung" (Paul Kennedy), d.h. die USA waren überfordert von der Vielzahl weltweiter politischer Verpflichtungen.

▶ *Welche Faktoren bestimmten die innen- und außenpolitische Entwicklung beider Staaten bis 1945?*
▶ *Welche Weltanschauung und welche wirtschaftlichen und politischen Interessen bewirkten die andauernde Frontstellung zwischen Ost und West nach 1945?*

Russland vom Zarenreich bis zur Oktoberrevolution

St. Petersburg: seit Zar Peter I. (1672-1725) Hauptstadt des Russischen Reiches, 1915 in Petrograd, 1924-1991 in Leningrad umbenannt

Vielvölkerreich und Monarchie ■ Das Russische Reich mit der Hauptstadt **St. Petersburg** war ein Vielvölkerstaat. Es umfasste im 19. Jahrhundert die heutigen baltischen Staaten und Finnland, weite Teile Polens, Weißrussland, die Ukraine und die Länder des Kaukasus. Im Mittleren Osten grenzte es an Persien und Afghanistan, im Fernen Osten an China und Korea. Das Gebiet von Alaska verkaufte Russland 1867 an die USA.

Der russische Monarch, der *Zar* (russ. Kaiser), regierte als unumschränkter Herrscher, da es keine Verfassung und kein Parlament zur Kontrolle seiner Machtfülle gab. Er allein verfügte über Krieg und Frieden, über die Einkünfte und Güter des Staates und konnte Gesetze ändern, abschaffen oder neu einführen. Die Unabhängigkeit des Zaren gab ihm eine größere Machtfülle als allen Herrschern in Westeuropa.

Stützen des Zartums und der **Autokratie** waren der Adel, die Großgrundbesitzer, das Militär, die Verwaltung sowie die **orthodoxe Kirche**. Der Zar und seine Dynastie, das Haus *Romanow*, bildeten die Klammer für die vielen nationalen, ethnischen und religiösen Minderheiten im Russischen Reich.

Autokratie (griech. Selbstherrschaft): unumschränkte Regierungsgewalt nach dem Vorbild der oströmischen Kaiser

orthodoxe Kirche (griech. rechtgläubig): Zweig der christlichen Kirche, der sich 1054 von der römischen Kirche abgespalten hatte

Bindungen an Europa ■ Das Zarenreich schwankte im 19. Jahrhundert zwischen einer Orientierung nach Westen und dem Bewahren einer Sonderrolle. Zwar hatte Russland großen Anteil am Sieg über Napoleon sowie an der Neuordnung Europas und zählte zu den europäischen Großmächten. Im Innern aber fiel es immer mehr hinter den wirtschaftlichen, sozialen und politischen Fortschritt seiner westlichen Nachbarn zurück und blieb agrarisch geprägt. So galt um 1850 noch für fast 40 Prozent der Bauern und ihre Familien die *Leibeigenschaft*, die vollkommene rechtliche Abhängigkeit von ihren adligen Gutsherren. Auch die Entwicklung der Industrie verlief sehr viel langsamer als in Westeuropa und sollte erst in den 1870er-Jahren eine gewisse Dynamik entfalten. Dennoch zählten am Ende des Jahrhunderts, 1897, noch immer über 80 Prozent der über 120 Millionen Einwohner zur ländlichen Bevölkerung. Eine bürgerliche Mittelschicht blieb auf die wenigen Großstädte wie St. Petersburg, Moskau und Kiew beschränkt. Zwar zeigte sich ein Teil der russischen Oberschicht aus Adel und Großbürgern offen für die Kultur Westeuropas, doch der andere betonte weiterhin die alten Traditionen und hielt dem autokratischen Regime die Treue.

Die „Großen Reformen" ■ Das starre Festhalten der Herrschenden an den bestehenden politischen und sozialen Strukturen und der Versuch, sich gleichzeitig gegenüber den anderen europäischen Großmächten machtpolitisch zu behaupten, brachte das Russische Reich an die Grenzen seiner Leistungsfähigkeit. Deutlich wurde dies im *Krimkrieg* (1853-1856), in dem Russland aufgrund seiner militärischen und wirtschaftlichen Rückständigkeit gegen das Osmanische Reich, Frankreich und Großbritannien unterlag. Daraufhin beschloss Zar *Alexander II.* (1855-1881) eine „Modernisierung von oben" durchzuführen. Kern der umfassenden Reformen war die *Bauernbefreiung*; im Jahr 1861 hob die Staatsführung die Leibeigenschaft auf. Während die Abhängigkeit der Bauern von ihren Gutsherren damit wegfiel, blieben sie an die Dorfgemeinschaft gebunden.

Eine – durchaus beabsichtigte – Nebenfolge der Bauernbefreiung war die Einführung einer staatlichen *allgemeinen Wehrpflicht*. Bis zu diesem Zeitpunkt hatten die Grundherren die Auswahl der Rekruten einfach nach eigenem Gutdünken vorgenommen. 1864 wurde durch eine *Justizreform* ein vom Zaren unabhängiges Gerichtswesen eingeführt. Im selben Jahr erhielten Gemeinden, Kreise und Bezirke das Recht zur

▲ „Die Wolgatreidler."
Ölgemälde von Ilja J. Repin, 1870. Vor allem in ländlichen Regionen blieb die Industrialisierung weit hinter der Entwicklung in den wenigen Ballungszentren zurück.

Selbstverwaltung durch gewählte Körperschaften (Zemstva). Nach 1870 wurden in den Städten ebenfalls gewählte Vertretungen (Stadtdumen) zugelassen, wenngleich das Wahlrecht an ein großes Vermögen oder Einkommen gebunden war.

Trotz dieser Neuerungen bestanden viele Probleme fort oder verschärften sich noch. Die vormals leibeigenen Bauern waren nach wie vor ohne Privatbesitz, da die Dorfgemeinschaft ihnen das Land zuwies. Aufgrund der Ablösebedingungen der Bauernbefreiung bewirtschafteten die Bauern nun meist weniger Ackerfläche als zuvor. Außerdem blieben Fronarbeit, Geldzinsleistungen und Abgaben bestehen. Häufig fehlten in den Dorfgemeinden Mittel und Wege, moderne Geräte und Anbaumethoden zu übernehmen. Die Agrarproduktion konnte mit der sprunghaft wachsenden Bevölkerung – zwischen 1850 und 1900 verdoppelte sich die Einwohnerzahl im Zarenreich – kaum Schritt halten. Häufige Versorgungskrisen und Hungersnöte waren die Folge. Zwar sanken der Analphabetismus und die Sterblichkeitsrate, sie blieben aber noch immer höher als im übrigen Europa oder in den USA.

Die eingeführte Selbstverwaltung auf dem Land und in den Städten war zweifelsohne ein Ansatz für Demokratie und Mitbestimmung, auf gesamtstaatlicher Ebene regierte der Zar jedoch weiter ohne die Kontrolle durch eine Verfassung und ein Parlament.

Zemstva: Selbstverwaltungseinrichtungen, die sich um lokale Belange der Bevölkerung kümmerten (z. B. Bildung, ärztliche Versorgung, Armenfürsorge). In die Zemstva wurden Vertreter der Gutsbesitzer, der Kaufleute und Unternehmer und andere Haushaltsvorstände (Bauern) getrennt gewählt.

Stadtdumen: wählten die Verwaltung und das Stadtoberhaupt, waren z. B. verantwortlich für Handel und Gewerbe, für die Brandbekämpfung und die Einquartierung von Soldaten

Industrialisierung „von oben" Als Landwirtschaft und Textilindustrie immer weiter hinter die westeuropäischen Staaten zurückfielen, leitete die Regierung ein weiteres Reformpaket in Form der „Industrialisierung von oben" ein. So legte die Förderung des Eisenbahnbaus die Grundlagen für den Aufbau einer einheimischen Schwer- und Rüstungsindustrie, verbesserte die Infrastruktur und trug zur Bildung eines Binnenmarktes und zu besseren Exportmöglichkeiten bei. Ausländische Geldgeber und Unternehmer wurden durch Zinsgarantien und andere Subventionen für Investitionen gewonnen, Schutzzölle bewahrten die einheimische Industrie vor internationaler Konkurrenz. Der Erfolg dieser Maßnahmen schien für sich zu sprechen: Die Industrie wuchs

Georgij J. Lwow (1861-1925): russischer Staatmann, starb im Exil in Paris

Alexander F. Kerenskij (1881-1970): russischer Staatsmann, Mitglied der Sozialrevolutionäre, nach der Oktoberrevolution im Exil in Frankreich und den USA

Wladimir Iljitsch Uljanow, gen. Lenin (1870-1924): Rechtsanwalt, sozialistischer Revolutionär und Vordenker, Gründer und erster Regierungschef der Sowjetunion

Leo D. Bronstein, gen. Trotzkij (1879-1940): russischer Revolutionär und Theoretiker, floh 1929 in die Türkei, später nach Frankreich, Norwegen und Mexiko, wo er von einem sowjetischen Agenten ermordet wurde

lichen Ordnung", das die vorläufige Regierungsgewalt ausübte. Als selbst die Armeeführung Zar Nikolaus II. zum Rücktritt aufforderte, dankte er am 2. März (15. März) ab. Am selben Tag trat eine *Provisorische Regierung* unter Fürst Georgij J. Lwow ihr Amt an (▶ M3). Aus der *Februarrevolution* waren damit zwei Entscheidungszentren hervorgegangen: die neue Regierung und das Exekutivkomitee der Sowjets. In einer Art „Doppelherrschaft" teilten sie sich die Macht, da die Regierung auf die Sowjets und ihre Repräsentanz der revolutionären Massen angewiesen war.

Die Politik der Provisorischen Regierung ■ Die neue Regierung stand vor riesigen Aufgaben: die Beendigung des Krieges, Russlands Umwandlung in eine Demokratie, eine Bodenreform sowie die Stabilisierung der Wirtschaft. Im Rahmen der „Doppelherrschaft" wurden von beiden Institutionen zunächst rasch Ergebnisse erzielt. Ohne Weiteres wurden die Vorrechte des Adels beseitigt und umfassende demokratische Freiheiten wie Versammlungs-, Presse- und Redefreiheit sowie die Gleichberechtigung für nationale Minderheiten und Juden garantiert, außerdem wurde das Wahlrecht eingeführt. Für Ende 1917 wurden Wahlen zu einer Verfassunggebenden Versammlung anberaumt.

Indessen stimmte das Parlament gegen eine Umverteilung des Landes. Daraufhin griffen viele Bauern zur Gewalt, vertrieben die Großgrundbesitzer von ihren Gütern und führten eine Selbstverwaltung (*obščina*) ein. Aber auch die städtischen Industriearbeiter waren von der neuen Regierung enttäuscht, die das Privateigentum an Unternehmen nicht antastete. Zugleich sagten sich viele nichtrussische Völker vom Reichsverband los und erklärten ihre Unabhängigkeit.

Die Schicksalsfrage für die Februarrevolution lag im Ausgang des Krieges. Unterstützt von den westlichen Verbündeten, ordnete die Regierung Lwow im Juni/Juli 1917 eine neue Offensive an. Nach deren Scheitern brach der Kriegswille der Soldaten endgültig zusammen und die Armee begann sich aufzulösen. An die Stelle der Regierung Lwow trat ein Kabinett aus Sozialrevolutionären und gemäßigten Menschewiki unter dem bisherigen Kriegsminister Alexander F. Kerenskij.

Opposition der Bolschewiki ■ Von den politischen Parteien hatten allein die Bolschewiki ein sofortiges Kriegsende gefordert. Einer ihrer Anführer, Wladimir Iljitsch Lenin, war im April 1917 aus dem Schweizer Exil zurückgekehrt. In seinen *„Aprilthesen"* schwor er seine Anhänger darauf ein, die Regierung mit allen Mitteln zu bekämpfen (▶ M4).

Die Bolschewiki waren in den Sowjets bis dahin in der Minderheit. Wegen bewaffneter Demonstrationen wurde die Partei im Juli 1917 vorübergehend verboten. Lenin floh nach Finnland. Im Herbst 1917 nahm die Missstimmung der Arbeiter und Soldaten gegen die Regierung jedoch weiter zu. Die Bolschewiki erzielten deutliche Gewinne bei den Stadtratswahlen in Petrograd und Moskau. Auch in den Sowjets stellten sie nun die Mehrheit. So wurde ein enger Vertrauter Lenins, Leo D. Trotzkij, neuer Vorsitzender des Petrograder Sowjets.

Oktoberrevolution und Machtübernahme der Sowjets ■ Während die Führung der Bolschewiki auf die Mehrheit in einer allgemein gewählten Konstituierten Versammlung warten wollte, setzte Lenin am 10. Oktober (23. Oktober) 1917 in seiner Partei den Beschluss zum bewaffneten Aufstand durch und das von Trotzkij geleitete „Revolutionäre Militärkomitee" des Exekutivkomitees der Sowjets übernahm das Kommando über die Garnisonen der Hauptstadt. Damit wurde deutlich, dass die militärische Gewalt in den Händen der Bolschewiki lag. Am 25. Oktober (7. November) besetzten Trotzkijs Truppen alle wichtigen Punkte in Petrograd. Mit deren Hilfe und der Unterstützung Roter Garden (bewaffnete Arbeitermilizen) ließ Trotzkij die Mitglieder der Regierung beim legendären „Sturm" auf den Winterpalast verhaften, in dem Kerenskijs Kabinett seine letzte Sitzung abhielt. Kerenskij selbst konnte fliehen. Was später als „Große sozialistische Oktoberrevolution" in die Sowjetmythologie eingehen sollte, erklärt der Historiker *Orlando Figes*, war daher „in Wirklichkeit ein militärischer Putsch". Das System der Februarrevolution war ohne Gegenwehr zusammengebrochen.

Aus Protest gegen den Staatsstreich traten Menschewiki und rechte Sozialrevolutionäre aus dem *Allrussischen Rätekongress*, der Versammlung der Sowjets, aus. Dadurch wurde die Möglichkeit einer sozialistischen Koalition untergraben und der bolschewistischen, auf den Sowjet gestützten Diktatur der Weg geebnet. Bolschewiki und linke Sozialrevolutionäre bildeten nun die Mehrheit und verkündeten die Übernahme der Regierungsgewalt. Lenin und die Bolschewiki setzten auf das Bündnis mit den linken Sozialrevolutionären, weil diese unter den Bauern auf dem Land – im Gegensatz zu den Bolschewiki – eine starke Anhängerschaft besaßen. Daher wurden sie an der neuen Regierung (*Rat der Volkskommissare*), die unter dem Vorsitz Lenins stand, beteiligt. Die Bauern erhielten die bisherige Landnahme bestätigt.

Im November 1917 fanden die Wahlen zur Verfassunggebenden Versammlung statt, die noch von der Regierung Kerenskij angesetzt worden waren. Trotz des Machtwechsels errangen die rechten Sozialrevolutionäre, Gegner der Oktoberrevolution, landesweit die Mehrheit. Als die Versammlung am 5. (18.) Januar 1918 erstmals in Petrograd zusammentrat, wurde ein Antrag der Bolschewiki, alle Staatsgewalt den Sowjets zu übertragen, von den Abgeordneten abgelehnt. Daraufhin ließ Lenin die Versammlung am nächsten Tag durch den Einsatz bewaffneter Truppen auflösen. Die bolschewistische Revolution hatte gesiegt, auch, weil sich in der Bevölkerung kein Widerstand regte.

▲ **Lenin verkündigt anlässlich des II. Allrussischen Rätekongresses den Sieg der Revolution.**
Gemälde von Wladimir A. Serow, 1917.
■ *Beschreiben Sie, wie der Künstler das Ereignis darstellt, und analysieren Sie seine Haltung zum Geschehen.*

Warum scheiterte die Demokratie? Die Oktoberrevolution hatte die seit Februar 1917 bestehende parlamentarische Demokratie beseitigt. An deren Stelle trat die Rätemacht, d.h. die unmittelbare Herrschaft der Arbeiter-, Soldaten- und Bauernräte, auf der das Sowjetregime beruhte. Die Gründe, weshalb dieser Staatsstreich gelang, sind vielfältig:

- Die Provisorische Regierung fand unter Arbeitern und Soldaten kaum noch Unterstützung, seit im Sommer 1917 sowohl die militärische Front als auch die Wirtschaft zusammenbrachen. Von dem Stimmungsumschwung profitierten Lenin und seine Partei.
- Die Bolschewiki übernahmen mit ihren Milizen im Oktober 1917 die Kontrolle über das Militär in den Städten. Die Regierung erkannte die Gefahr zu spät.
- Die Bolschewiki brachten die Bauern hinter sich, indem sie die entschädigungslose Enteignung der Großgrundbesitzer für rechtens erklärten.
- Den hungernden und kriegsmüden Massen versprachen die Bolschewiki einen radikalen Neuanfang und eine gerechte Gesellschaftsordnung (▶ M5).

M1 Aus der Petition der Petersburger Arbeiter

Folgende Bittschrift, die von etwa 135 000 Arbeiterinnen und Arbeitern unterschrieben worden ist, soll dem Zaren am 9. Januar 1905 überreicht werden:

Herrscher!

Wir, die Arbeiter der Stadt Petersburg, unsere Frauen, Kinder und hilflosen greisen Eltern sind zu Dir, Herrscher, gekommen, Wahrheit und Schutz zu suchen. [...]

5 Wir haben geduldig alles ertragen, aber wir werden immer tiefer und tiefer in den Abgrund des Elends, der Rechtlosigkeit und Unwissenheit gestoßen; uns würgen Despotismus[1] und Willkür, und wir ersticken. Wir haben keine Kraft mehr, Herrscher. Die Geduld hat ihre Grenze erreicht. Für uns ist jener
10 furchtbare Augenblick eingetreten, wo der Tod besser ist als die Fortsetzung der unerträglichen Leiden.

Und nun haben wir die Arbeit niedergelegt und unseren Unternehmern erklärt, dass wir nicht eher die Arbeit wieder aufnehmen werden, bis sie unsere Forderungen erfüllt ha-
15 ben. Wir haben nicht viel verlangt. Wir wollen etwas, ohne das das Leben kein Leben, sondern ein Zuchthaus, eine ewige Qual ist.

Unsere erste Bitte war, dass die Unternehmer zusammen mit uns unsere Nöte besprechen, aber auch das [...] wurde abge-
20 lehnt, weil sie fanden, dass das Gesetz uns ein solches Recht nicht zuerkennt.

[...] Herrscher, wir sind hier mehr als 300 000, und sie alle sind nur dem Aussehen nach, nur ihrem Äußeren nach Menschen, in Wirklichkeit erkennt man uns kein menschliches Recht zu,
25 wir dürfen nicht einmal sprechen, denken, uns versammeln, unsere Nöte besprechen, Maßnahmen zur Verbesserung unserer Lage ergreifen.

Jeden von uns, der es wagt, seine Stimme für die Verteidigung der Interessen der Arbeiterklasse zu erheben, wirft man
30 ins Gefängnis, schickt man in die Verbannung [...].

[...] Russland ist viel zu groß, seine Nöte sind viel zu mannigfach und zahlreich, als dass die Beamten allein es verwalten könnten. Es ist notwendig, dass das Volk selbst sich helfe – kennt es doch allein seine Nöte. Stoße seine Hilfe nicht von
35 Dir: Nimm sie an, befiehl sofort, gleich, die Vertreter aller Klassen und Stände der russischen Erde einzuberufen. [...] Das ist unsere Hauptbitte [...].

[...] Notwendig sind auch noch andere Maßnahmen, und wir sprechen zu Dir, Herrscher, darüber fest und offen, wie zu
40 einem Vater. Notwendig sind:

I. *Maßnahmen gegen die Unwissenheit und Rechtlosigkeit des russischen Volkes:*

1. Freiheit und Unantastbarkeit der Person, Redefreiheit, Presse- und Versammlungsfreiheit, Gewissensfreiheit in Angelegenheiten der Religion. 45
2. Allgemeine und obligatorische Volksbildung auf Kosten des Staates.
3. Verantwortlichkeit der Minister vor dem Volke und Garantien der Gesetzlichkeit der Verwaltung.
4. Gleichheit aller ohne Ausnahme vor dem Gesetz. 50
5. Sofortige Rückkehr aller, die für ihre Überzeugungen gelitten haben.

II. *Maßnahmen gegen die Armut des Volkes:*

1. Abschaffung der indirekten Steuern und ihre Ersetzung durch eine direkte progressive Einkommensteuer. 55
2. Abschaffung der Ablösungszahlen; billiger Kredit und allmähliche Übergabe des Grund und Bodens an das Volk.

III. *Maßnahmen gegen den Druck des Kapitals über die Arbeit:*

1. Schutz der Arbeit durch das Gesetz.
2. Freiheit der konsum- und produktivgenossenschaftlichen 60 gewerkschaftlichen Verbände.
3. Achtstündiger Arbeitstag und Regelung der Überstunden.
4. Freiheit des Kampfes zwischen Arbeit und Kapital.
5. Mitwirkung der Arbeiter an der Ausarbeitung eines Gesetzentwurfes über die staatliche Versicherung der Arbei- 65 ter.
6. Mindestarbeitslohn.

Dies, Herrscher, sind unsere Hauptnöte, mit denen wir zu Dir gekommen sind. Befiehl und schwöre, sie zu erfüllen, und Du wirst Russland glücklich machen [...]; befiehlst Du es aber 70 nicht, so wollen wir hier auf diesem Platz vor Deinem Palais sterben. [...] Wir haben nur zwei Wege: entweder zur Freiheit und zum Glück oder in das Grab.

Zitiert nach: Wladimir I. Lenin, Sämtliche Werke, Bd. 7, Wien/Berlin 1929, S. 557 ff.

---

1. *Stellen Sie dar, welches Bild der Gesellschaft Russlands um 1905 in der Petition gezeichnet wird.*

2. *Analysieren Sie die Haltung der Bittsteller gegenüber dem Zaren.*

3. *Erläutern Sie, warum die Petition, die von Arbeitern stammt, auch Forderungen zugunsten der Landbevölkerung enthielt.*

4. *Begründen Sie, weshalb die hier formulierten Bitten an die Unternehmer und den Zaren auf Ablehnung stießen.*

---

[1] Despotismus: Gewaltherrschaft, Rechtlosigkeit der Untertanen

M2 Die Expansion des Russischen Reiches

- Russland um 1600
- Russland um 1800
- Gebietszuwachs 1800-1914
- Eisenbahnlinien bis 1916
- *Jakuten* Völkernamen

1. Beschreiben Sie anhand der Karte die Stationen der russischen Expansion.

2. Die Karte zeigt das Russische Reich in seinem territorialen Umfang. Untersuchen Sie, was die innere Struktur dieses Reiches kennzeichnete und wie sich dies in einer Karte abbilden lässt.

M3 Ursachen der Revolution in Russland

Der Göttinger Historiker Manfred Hildermeier zählt die wichtigsten internationalen und innerrussischen Faktoren für den Untergang des Zarenreiches auf:

Ohne die Zerreißprobe des Ersten Weltkriegs ist das Ende des Zarismus sicher nicht zu verstehen. Die Extremsituation brachte die Schwächen der Wirtschaft und staatlichen Verwaltung umso greller ans Licht. […]
Über Russland hinaus wies schließlich auch ein langfristiger Vorgang: der Aufbruch ins industrielle Zeitalter und die vielgestaltigen sozialen Verwerfungen, die er mit sich brachte. Nicht nur der Anstoß zu dieser kolossalen Anstrengung kam von außen – aus der Erkenntnis, dass andernfalls der Großmachtstatus des Reiches nicht zu sichern war. Der Staat fand auch die Mittel, deren er sich als treibender Kraft bediente, großenteils im Ausland: Kapital, technisch-administrative Fertigkeiten, unternehmerische Initiative und nicht zuletzt das mentale Kostüm, das es Russland anzupassen galt. Das Zarenreich bewegte sich seit der zweiten Hälfte des 19. Jahrhunderts bei allen bleibenden Eigenarten abermals mit stürmischem Anlauf auf Europa zu. […]
Zur unbestrittenen Erkenntnis gehört, dass, erstens, die Revolution als Gesamterscheinung von der Strukturkrise nicht zu trennen ist, die der agrarische Bereich in der zweiten Hälfte des 19. Jahrhunderts durchlief. […] Freilich gilt auch, dass die Empörung der Bauern kaum ausgereicht hätte, um die zaristische Herrschaft mit allem, was sie trug und symbolisierte, zu Fall zu bringen. […]
Eine weitere große Gefahr ging, zweitens, von der Entstehung der Arbeiterschaft aus. Gewiss blieb diese noch lange eine Insel im Meer der bäuerlichen Bevölkerung. […] Dennoch kam der städtisch-industriellen Unterschicht wachsendes Gewicht zu. Besser informiert, bald höher gebildet, aufgrund der Zusammenballung leichter organisierbar und näher am Puls des politischen Geschehens, beschleunigte sie den Prozess der sozialen Gärung im ausgehenden Zarenreich maßgeblich. […]

Ebenfalls als Produkt der neuen Zeit konnte, drittens, diejenige Schicht gelten, die den umfassenden Wandel von Staat und Gesellschaft ins öffentliche Bewusstsein hob und soziale wie politische Forderungen daraus ableitete: die Intelligenz. Kein Zweifel kann darüber bestehen, dass ihr unter den russischen Bedingungen eine besonders prominente Rolle im Modernisierungsprozess zufiel. Ausgestattet mit konkurrenzloser Einsichts- und Ausdrucksfähigkeit, zog sie die Debatte über Russlands Zukunft weitgehend an sich. [...] Großenteils wurde sie dabei von einem Staat, der überängstlich an seinem Entscheidungsmonopol festhielt, in die Opposition gedrängt. Bei aller ideologischen Verschiedenheit fand sie sich in der Vorstellung zusammen, dass die zaristische Herrschaft in der tradierten Form nicht Teil der russischen Zukunft sein könne. Die Intelligenz wurde zum schärfsten Kritiker und, soweit sie die unzufriedenen Unterschichten in Stadt und Land um sich scharte, zum gefährlichsten Gegner der „Selbstherrschaft", der Autokratie. In dieser Rolle ersetzte sie in gewissem Maße das moderne Bürgertum, das im Zarenreich spät entstand und sich erst nach der Revolution von 1905 aus der politischen Vormundschaft des Staates zu befreien vermochte.

Manfred Hildermeier, Die Russische Revolution 1905–1921, Frankfurt am Main 1989, S. 8 ff.

1. *Benennen Sie die Gründe, die der Autor als Voraussetzungen der Russischen Revolution anführt.*

2. *Erklären Sie, was mit dem „mentale[n] Kostüm, das es Russland anzupassen galt" (Zeile 14), gemeint ist.*

3. *Untersuchen Sie, welche Rolle der Faktor „Bildung" für das Ende der zaristischen Herrschaft gespielt hat. Vergleichen Sie das Ergebnis mit anderen Revolutionen und politischen Umbrüchen in Geschichte und Gegenwart.*

M4 Aus Lenins „Aprilthesen"

In der „Prawda" („Wahrheit"), der Parteizeitung der Bolschewiki, veröffentlicht Lenin seine noch während des Exils entwickelten Ansichten gleich nach der Rückkehr nach Russland am 7. April 1917:

1. In unserer Stellung zum Krieg, der vonseiten Russlands auch unter der neuen Regierung Lwow und Konsorten[1] – infolge des kapitalistischen Charakters dieser Regierung – unbedingt ein räuberischer imperialistischer Krieg bleibt, sind auch die geringsten Zugeständnisse an die „revolutionäre Vaterlandsverteidigung" unzulässig. [...]

[1] Konsorten: hier abschätzig für übrige Beteiligte

2. Die Eigenart der gegenwärtigen Lage in Russland besteht im *Übergang* von der ersten Etappe der Revolution, die infolge des ungenügend entwickelten Klassenbewusstseins und der ungenügenden Organisiertheit des Proletariats der Bourgeoisie[2] die Macht gab, *zur zweiten* Etappe der Revolution, die die Macht in die Hände des Proletariats und der ärmsten Schichten der Bauernschaft legen muss. [...]

3. Keinerlei Unterstützung der Provisorischen Regierung, Aufdeckung der ganzen Verlogenheit aller ihrer Versprechungen, insbesondere hinsichtlich des Verzichts auf Annexionen[3]. [...]

4. Anerkennung der Tatsache, dass unsere Partei in den meisten Sowjets der Arbeiterdeputierten in der Minderheit, vorläufig sogar in einer schwachen Minderheit ist [...]. Solange wir in der Minderheit sind, besteht unsere Arbeit in der Kritik und Klarstellung der Fehler, wobei wir gleichzeitig die Notwendigkeit des Übergangs der gesamten Staatsmacht an die Sowjets der Arbeiterdeputierten propagieren, damit die Massen sich durch die Erfahrung von ihren Irrtümern befreien.

5. Keine parlamentarische Republik – von den Sowjets der Arbeiterdeputierten zu dieser zurückzukehren, wäre ein Schritt rückwärts –, sondern eine Republik der Sowjets der Arbeiter-, Landarbeiter- und Bauerndeputierten im ganzen Lande, von unten bis oben.

Wladimir I. Lenin, Ausgewählte Werke, Bd. 2, Berlin [7]1970, S. 39 ff.

1. *Arbeiten Sie heraus, welche neue politisch-gesellschaftliche Ordnung die bolschewistische Partei laut Lenin anzustreben hatte. Welche Haltung sollte sie zum Krieg und zur Provisorischen Regierung einnehmen?*

2. *Erklären Sie, worin der „kapitalistische Charakter" der Provisorischen Regierung (Zeile 3) nach Ansicht ihrer Gegner bestand.*

3. *Formulieren Sie eine Erwiderung auf Lenins Thesen aus der Sicht eines gemäßigten Anhängers der Revolution.*

[2] Bourgeoisie: franz. „Besitzbürger", aus sozialistischer Sicht Klasse der Kapitalisten
[3] Annexion: gewaltsame Einverleibung fremden Staatsgebiets

▲ Ein junger Bolschewik spricht vom Dach des Agitprop-Zuges „Oktoberrevolution" in Tula.
Foto von 1919.
Mit „Agitprop"-Zügen (für: Agitation und Propaganda) fuhren die Bolschewiki durch das ganze Land, verkündeten die Errichtung des neuen Herrschaftssystems und warben für den Kommunismus.

M5 Aufhebung der Stände und der staatsbürgerlichen Ränge

In einem Dekret vom 24. November 1917 ordnet der Rat der Volkskommissare an:

Art. 1. Alle bis jetzt in Russland existierenden Stände und ständischen Einteilungen der Staatsbürger, ständischen Privilegien und Beschränkungen, ständischen Organisationen und Institutionen, und ebenfalls alle staatsbürgerlichen Ränge werden abgeschafft.
Art. 2. Alle Bezeichnungen (eines Adligen, Kaufmannes, Kleinbürgers, Bauern usf.), alle Titel (fürstliche, gräfliche usf.) und Benennungen staatsbürgerlicher Ränge (Geheim-, Staats- und andere Räte) werden abgeschafft und stattdessen eine für die gesamte Bevölkerung Russlands einheitliche Benennung eingeführt: Staatsbürger (*graschdan*) der Russischen Republik.
Art. 3. Das Vermögen der ständischen, adligen Institutionen wird unverzüglich den entsprechenden ländlichen Selbstverwaltungen übergeben.
Art. 4. Das Vermögen der Kaufmanns- und Kleinbürgergesellschaften geht unverzüglich in die Verfügungsgewalt der entsprechenden städtischen Selbstverwaltungen über.
Art. 5. Alle ständischen Institutionen, Angelegenheiten, Betriebe und Archive werden unverzüglich der Obhut der entsprechenden städtischen und ländlichen Selbstverwaltungen übergeben.
Art. 6. Alle entsprechenden, bis jetzt gültigen gesetzlichen Bestimmungen werden aufgehoben.
Art. 7. Das vorliegende Dekret tritt mit dem Tag seiner Verkündung in Kraft und wird von den lokalen Räten der Arbeiter-, Soldaten- und Bauerndeputierten unverzüglich in die Tat umgesetzt. [...]

Helmut Altrichter und Heiko Haumann (Hrsg.), Die Sowjetunion. Von der Oktoberrevolution bis zu Stalins Tod, Bd. 2: Wirtschaft und Gesellschaft, München 1987, S. 35 f.

1. Stellen Sie dar, welche rechtlichen Zuständigkeiten und welche Eigentumsverhältnisse seit dem Dekret in Russland herrschten.
2. Erklären Sie, weshalb die Abschaffung der Stände und aller Bezeichnungen, Titel und Ränge für die Bolschewiki zentrale Bedeutung hatte.
3. Auch in Deutschland gibt es keine Stände mehr. Beschreiben Sie, wie die Gesellschaft der Gegenwart gegliedert ist.
4. Diskutieren Sie die Frage, ob Ränge, Amts- und Berufsbezeichnungen heutzutage wichtig sind und welche Funktion sie im Alltag ausüben.

Russland und die Sowjetunion unter Lenin und Stalin

Die Ideen der Oktoberrevolution Machtanspruch und politisches Programm der Bolschewiki gründeten auf den Lehren von *Karl Marx* und *Friedrich Engels**, die von Lenin weiterentwickelt und an die Verhältnisse in Russland angepasst wurden. Das Ergebnis war die Ideologie des *Marxismus-Leninismus*. Sie sah vor, durch die Herrschaft der bolschewistischen Partei eine Gesellschaft ohne Klassen und Privateigentum herzustellen, das Land also zum Sozialismus zu führen (▶ M1). Eine Vernetzung mit den sozialistischen Parteien des Auslands sollte den Umsturz auch in allen übrigen Industrieländern herbeiführen (*proletarische Weltrevolution*).

Der Friede von Brest-Litowsk Um das Regime zu stabilisieren, brauchte Lenin den äußeren Frieden. Sofort nach der Machtübernahme begannen daher Verhandlungen mit den Mittelmächten. Lenin gelang es dabei nur unter größten Mühen, die Bedingungen in der *Kommunistischen Partei (KP) Russlands*, wie sich seine Partei jetzt nannte, durchzusetzen. Trotz der gewaltigen Forderungen Deutschlands und Österreich-Ungarns unterzeichneten die Bolschewiki am 3. (18.) März 1918 den **Vertrag von Brest-Litowsk**. Im Juli 1918 trat die Verfassung für die *Russische Sozialistische Föderative Sowjetrepublik* (RSFSR) in Kraft (▶ M2). Zwar erkannten die Westmächte Großbritannien, Frankreich und die USA, Russlands vormalige Verbündete, das Sowjetregime nicht an, die Volkskommissare hatten mit der Unterzeichnung des Vertrages jedoch gezeigt, dass sie willens waren, eine „klassische" Machtpolitik zu betreiben. Ein zusätzliches Element ihrer Außenpolitik war die weltumspannende, ideologische Auseinandersetzung mit dem Klassenfeind. Diese Aufgabe übernahm seit 1919 die III. Kommunistische Internationale (*Komintern*), der alle kommunistischen Parteien angehörten, mit deren Unterstützung die russische KP künftig auf die Verhältnisse in den bürgerlich regierten Ländern Einfluss nahm.

Bürgerkrieg und Gründung der Sowjetunion Bereits seit Mai 1918 hatten sich die innenpolitischen Gegner der Bolschewiki, z. B. enteignete Großgrundbesitzer, Nationalisten oder Anhänger des Zaren, sowie nationale Minderheiten zum bewaffneten Widerstand formiert. Ein Bürgerkrieg brach aus, der das Land spaltete, in „Rote", die Anhänger der Sowjetrepublik, und in die von zaristischen Militärs geführten „Weißen", die vom Ausland unterstützt wurden. Die Kämpfe dauerten bis 1921 und endeten mit einem Sieg der Sowjetregierung. Der Bürgerkrieg warf das Land noch weiter zurück als der Weltkrieg. Er forderte neun bis zehn Millionen Todesopfer, wovon nur ein Zehntel Soldaten waren. Über zwei Millionen Menschen flohen aus Russland. Entscheidend für den Ausgang waren das militärische Geschick der neu aufgebauten *Roten Armee* unter Trotzkij, die Brutalität, mit der die Bolschewiki die Zivilbevölkerung einschüchterten, die Zerstrittenheit der „Weißen" und der Umstand, dass das Sowjetregime mit den russischen Kernlanden über die bessere wirtschaftliche Basis verfügte als seine Gegner.

Im Zuge des Bürgerkrieges wurden auch die Grenzziehungen von 1918 revidiert. Die Rote Armee besetzte die vorübergehend unabhängigen Staaten Armenien, Aserbaidschan und Georgien. Diese Länder sowie Weißrussland und die Ukraine, wo bis 1919 ebenfalls die Sowjets an die Macht kamen, vereinten sich im Dezember 1922 mit der RSFSR zur *Union der Sozialistischen Sowjetrepubliken* (UdSSR). Zwischen 1925 und

▲ „Gen[osse] Lenin reinigt die Erde vom Unrat."
Plakat von Viktor Deni, 1920. Das Plakat interpretiert einen Gedanken von Karl Marx. Er schrieb 1844: „Nur in einer Revolution kann die stürzende Klasse dahin kommen, sich den ganzen alten Dreck vom Hals zu schaffen."

▪ Prüfen Sie, ob das Bild diese These angemessen wiedergibt. Berücksichtigen Sie dabei den Verlauf der Oktoberrevolution.

Vertrag von Brest-Litowsk: Mit diesem Vertrag trat Russland Polen, Finnland sowie die Länder des Baltikums und des Kaukasus ab. Es verlor ebenso Weißrussland und die für seine Industrie und Landwirtschaft lebenswichtige Ukraine. Zur neuen Hauptstadt des deutlich verkleinerten Russland wurde Moskau.

---
* Siehe S. 106.

1936 wurden auch die zentralasiatischen Länder Kasachstan, Kirgistan, Tadschikistan, Turkmenistan und Usbekistan als Sowjetrepubliken angegliedert. Die Sowjetunion stellte damit den Gebietsumfang des ehemaligen Zarenreiches größtenteils wieder her.

Einparteienstaat und Diktatur Die Bolschewiki hatten sich bis zum Ende des Bürgerkrieges aller Gegner im Innern entledigt. Erhebungen wie der *Matrosenaufstand in Kronstadt* vom März 1921, der eine Rückkehr zur Meinungs-, Versammlungs- und Wahlfreiheit sowie unabhängige Gewerkschaften forderte, wurden als „Konterrevolution" gebrandmarkt und blutig niedergeschlagen. Auch oppositionelle Gruppierungen wie die Sozialrevolutionäre und die Menschewiki waren verboten worden, sodass ein Einparteienstaat entstand, in dem die *Kommunistische Allunions-Partei*, wie die bolschewistische Partei seit 1925 hieß, eine unumschränkte Diktatur ausübte. Die Partei besetzte die wichtigsten Stellen in Staat, Verwaltung, Justiz, Militär und Wirtschaft. Aus dem Personal der Partei stammten auch die künftigen Führungskräfte (*Kader*). Das Regime unterhielt seit 1917 eine geheime Staatspolizei, die *Tscheka*. Sie übte Terror gegen mutmaßliche Oppositionelle aus und konnte selbstständig Todesurteile fällen und vollstrecken. Etwa 220 000 Menschen fielen der Tscheka bis 1922 zum Opfer.

▲ **Grenzverschiebungen zwischen 1917 und 1922.**

Lenin ordnete die Parteiführung neu. Das Leitungsorgan der Partei, das *Zentralkomitee* (ZK), erhielt an seiner Spitze ein *Politbüro*, ein *Organisationsbüro* und ein *Sekretariat*. Das Politbüro wurde zur Machtzentrale der Partei und des Staates. Es bestand aus Lenin und sechs weiteren Mitgliedern seiner Regierung.

Anfänge des Sozialismus Auch beim Umbau von Wirtschaft und Gesellschaft ging das Sowjetregime mit aller Entschiedenheit vor. Innerhalb kürzester Zeit holte Russland die westeuropäischen Entwicklungen des 19. Jahrhunderts nach: Staat und Kirche wurden getrennt, die Zivilehe verpflichtend eingeführt. Frauen erhielten rechtliche Gleichstellung und Zugang zu Schulen und Hochschulen, ebenso wie Angehörige unterer Schichten. Das Bildungsniveau stieg, und es entstand eine neue Schicht von Ökonomen, Technikern und Wissenschaftlern, die *Sowjetintelligenz*. Gleichwohl gestand man der ehemaligen Mittel- und Oberschicht nur eingeschränkte Bürgerrechte zu. Bildung und Erziehung mussten den Lehren des Regimes folgen. Sitten und Bräuche wurden verboten, wenn sie der Weltanschauung der Bolschewiki widersprachen. Die Religion galt dem Regime als größter Feind des Fortschritts. Kirchen, Klöster, Synagogen und Moscheen wurden aufgelöst oder zerstört und Zehntausende Geistliche verfolgt.

Gleichzeitig wurden noch während des Bürgerkrieges auch Maßnahmen zur Konzentration der Wirtschaft ergriffen. Nach der Enteignung der Gutsbesitzer auf dem Land wurden Unternehmen verstaatlicht, in den Industriebetrieben kam es jedoch zu keiner Verbesserung der Arbeitsbedingungen. Die Produktion sank auf einen Bruchteil des Vorkriegsniveaus, die Inflation stieg unaufhaltsam. Nachdem die Verteilung von

▲ **Der Diktator in jungen Jahren.**
Stalin (Josef Wissarionowitsch Dschugaschwili) als Mitglied des revolutionären Militärrates während des russischen Bürgerkrieges, Foto von 1919.

▲ **Der Leninorden in der Ausführung von 1943.**
Im Zarenreich waren Orden und Ehrenzeichen an christliche Symbole angelehnt oder nach Heiligen benannt. Die Sowjetunion führte dagegen 1930 den Leninorden ein. Er war die höchste staatliche Auszeichnung, verliehen für herausragende Leistungen in Staat, Wirtschaft oder Militär.

Waren und Rohstoffen der staatlichen Kontrolle unterworfen worden war, wurden die Bauern gezwungen, ihre Ernte abzugeben, um die Ernährung der Städte sicherzustellen. Dieser „Kriegskommunismus" führte zu verheerenden Hungersnöten, sodass im Winter 1921/22 mindestens fünf Millionen Menschen starben. Es kam zu Aufständen der Bauern, doch diese wurden von der Regierung gewaltsam niedergeschlagen.

Die NEP Lenin wusste, dass die Sowjetmacht ohne die Allianz mit den Bauern nicht überlebensfähig war, daher vollzog er 1921 eine Korrektur der Wirtschaftspolitik. Um das Land wieder aufzubauen, erlaubte das Regime – entgegen den Regeln des Sozialismus – gewisse Elemente einer Marktwirtschaft. Dazu gehörten ein freier Binnenhandel, Löhne nach Leistung und die Zulassung von privaten Kleinunternehmen; die Zentren der Wirtschaft (z.B. Außenhandel, Banken, Schwerindustrie) blieben jedoch weiterhin in den Händen des Staates. Fortan mussten die Bauern statt der Zwangsabgaben eine Naturalsteuer entrichten; überschüssige Erträge durften sie selbst vermarkten. Diese *Neue Ökonomische Politik* (russ. NEP) führte seit Mitte der 1920er-Jahre zu einer raschen Beseitigung der Kriegs- und Bürgerkriegsschäden (▶ M3). Eine Aufbruchsstimmung machte sich breit, die weite Teile der Bevölkerung mit dem Sowjetregime versöhnte.

Die Einführung der NEP gehörte zu den letzten Leistungen Lenins. Seit Mai 1922 erlitt er mehrere Schlaganfälle, er war halbseitig gelähmt und konnte zuletzt nicht mehr sprechen. Bis zu seinem Tod am 21. Januar 1924 war er kaum noch handlungsfähig.

Wer folgt Lenin an der Spitze? Den schon länger schwelenden Machtkampf um die Nachfolge Lenins entschied Josef W. Stalin* für sich, seit 1922 Generalsekretär der Kommunistischen Partei, obwohl sich Lenin in seinem „politischen Testament" gegen ihn ausgesprochen hatte. Nichtsdestotrotz fand Stalin bei den großen Richtungsentscheidungen die Mehrheit der Partei. Zum einen ging es darum, die sozialistische Ordnung zunächst in der Sowjetunion zu verwirklichen, bevor an eine internationale Revolution zu denken war („*Sozialismus in einem Land*"). Zum anderen bremste Stalin anfangs all jene, die den raschen Aufbau einer modernen Industrie forderten. Stalins schärfster Rivale Leo Trotzkij unterlag in beiden Fragen. Er und seine Anhänger verloren 1927 ihren Sitz im Politbüro und wurden später aus der Partei ausgeschlossen.

Um sich als legitimen Nachfolger zu inszenieren, pflegte Stalin einen ausgesprochenen Kult um Lenins Person. Anders als Lenin es gewünscht hatte, erhielt sein Leichnam einen eigenen Grabkomplex auf dem Roten Platz in Moskau, das Lenin-Mausoleum. Stalin erhob auch die Schriften des sowjetischen Staatsgründers zur allein gültigen Lehre über die Geschichte, Gegenwart und Zukunft der kommunistischen Bewegung (*Leninismus*).

Die Einführung der Planwirtschaft Stalin hielt zunächst an der NEP fest. 1928 jedoch änderte er den Kurs, hob das System der NEP auf und führte eine staatlich gelenkte Planwirtschaft ein. Dieser Schritt war nicht nur eine Reaktion auf die Rückständigkeit der Industrie und die im Winter 1927/28 erneut auftretenden Versorgungskrisen in der Landwirtschaft. Er war vor allem ein waghalsiges Experiment (▶ M4).

---

* Siehe S. 264.

Im ersten *Fünfjahresplan* für die Wirtschaft (1929 - 1933) setzte das Regime einseitig auf den Aufbau der Schwerindustrie. Zwar gelang der Sowjetunion durch den „großen Sprung" endgültig der Übergang vom Agrar- zum Industriestaat; bis zum Ende der 1930er-Jahre entwickelte sich das Land zur zweitgrößten Industrienation nach den USA. Doch der Umbau fand völlig überhastet statt. Die Arbeiterschaft stieg sprunghaft an und drängte in die Städte, ohne dass es ausreichend Wohnraum, Energie und Lebensmittel gab. Während die Wirtschaft wuchs, blieb der Lebensstandard der Bevölkerung unverändert niedrig, da die Gewinne der staatlichen Unternehmen vor allem für die ausufernde Partei- und Staatsbürokratie und den Bau weiterer Industrieanlagen verwendet wurden.

Kollektivierung und Kulakenverfolgung Die neue Planwirtschaft sah auch eine Kollektivierung des Agrarbereichs vor. Seit 1928/29 wurde den Bauern das Land wieder genommen, das sie erst 1917 erhalten hatten. 25 Millionen Höfe gingen in 240 000 gemeinsamen Großbetrieben (*Kolchosen*) oder Staatsgütern (*Sowchosen*) auf. Eng mit der Kollektivierung verknüpft war die Unterwerfung der Dorfgemeinden unter das Sowjetregime (▶ M5). Stalin stand dabei vor allem die dörfliche „Oberschicht" der vermögenden Bauern (*Kulaken*) im Weg, die er als Ausbeuter und „Agenten des Imperialismus" diffamierte. Weil die Kulaken die Ernte als Eigentum betrachteten, fürchtete Stalin eine „Restauration des Kapitalismus". Mit den Grundherren aus zaristischer Zeit hatten die Kulaken jedoch nichts gemein. Die Angehörigen dieser Bevölkerungsgruppe wurden 1930 - 1933 auf Geheiß der Regierung vertrieben, verschleppt oder getötet. Etwa eine halbe Million Menschen kam dabei ums Leben.

Auch Aufstände gegen die Zwangskollektivierung schlug die Regierung rasch nieder. Aus Protest verweigerten viele Bauern die Arbeit, wohlhabende Bauern schlachteten ihr Vieh. Das löste 1932/33 eine weitere Hungersnot aus, der etwa 4,5 bis sechs Millionen Menschen zum Opfer fielen. Um die Versorgung sicherzustellen, gestand Stalin 1935 jeder Bauernfamilie einen halben Hektar Land und Kleinvieh zur privaten Nutzung zu. Hier wurde seither das Gros an Gemüse, Früchten, Fleisch und Milch produziert. Dieser „Kleinkapitalismus" stützte das System der Kolchosen, das für sich allein nicht funktionsfähig schien.

Der Große Terror Der Aufbau des Sozialismus bis Mitte der 1930er-Jahre hatte in der Sowjetunion für einen tief greifenden Wandel gesorgt. Eine massive Bildungsoffensive, die den Analphabetismus nahezu halbierte und neue Aufstiegsmöglichkeiten schuf, und die anhaltende Urbanisierung veränderten den Charakter des Landes nachhaltig (▶ M6). Gleichzeitig waren die Verstaatlichung des Agrarsektors und die unter großen Opfern vorangetriebene Industrialisierung vom Ausbau eines massiven Repressionsapparates begleitet gewesen. In der eigenen Partei wurde daher Kritik an Stalins Politik laut, 1934 hätte ihn der XVII. Parteitag der KP beinahe nicht wiedergewählt. Während Stalin seither das Tempo der Umwälzungen in Wirtschaft und Gesellschaft zurücknahm, ging er daran, die Widersacher und Konkurrenten in den eigenen Reihen auszuschalten.

Ende 1934 verhängte Stalin Notstandsmaßnahmen, die den unbeschränkten Zugriff auf Personen sowie deren standrechtliche Verurteilung und Exekution erlaubten. Eine neue Terrorwelle erfasste das Land. Dabei sollten nicht länger Gegner des „Systems" ausgeschaltet werden, vielmehr ging es um die Festigung von Stalins persönlicher Macht. Prominente Kritiker Stalins und Veteranen der Revolution von 1917 wurden in den

▲ „Erfüllt den Fünfjahres-Industrie- und Finanzplan in vier Jahren."
Plakat von Jakow Guminer von 1931.

Kollektivierung: Überführung von Land, Vieh und Produktionsmitteln in eine gemeinschaftliche Großwirtschaft

Jahren 1936-1938 Opfer von Schauprozessen: Die Anklagen waren erfunden, das Urteil stand von vornherein fest. Ähnlich verfuhr man mit Führungskräften in Wirtschaft, Verwaltung und Militär. So wurden beispielsweise mehrere Zehntausend Offiziere entlassen, viele von ihnen erschossen. Historiker vermuten heute, dass Stalin mit der Ausschaltung der Armeespitze jegliches Risiko eines Militärputsches ausschließen wollte.

Die Organe für Stalins „Säuberungen" waren das *Volkskommissariat für Innere Angelegenheiten* (russ. NKWD) sowie die Geheimpolizei (russ. OGPU, Nachfolgerin der Tscheka). Für den Strafvollzug gab es neben den regulären Gefängnissen die berüchtigten Arbeitslager in entlegenen Gegenden. Sie waren schon unter Lenin eingeführt worden und vermehrten sich in den 30er-Jahren um ein Vielfaches. Eine zentrale Behörde, der GULag, organisierte seit 1930 ein Lagersystem, das um 1940 etwa zwei Millionen Insassen umfasste (▶ M7).

1937/38 erreichte der Terror seinen Höhepunkt, als er sich zum Massenterror ausweitete. Zur Zielscheibe wurden insbesondere nationale und gesellschaftliche Minderheiten, die man der Spionage, Sabotage oder des Umsturzes verdächtigte. Insgesamt kam es – nach Schätzungen – zu etwa 2,5 Millionen Verhaftungen, davon endeten 680 000 Fälle mit Hinrichtung. Ziel dieser stalinistischen Herrschaftsmethoden war jedoch nicht nur die Ausschaltung von „Volksfeinden" und die Besetzung wichtiger Ämter mit Anhängern Stalins. Es ging auch darum, die Bevölkerung durch Gewalt gefügig zu machen und „Sündenböcke" für Fehlentwicklungen in Wirtschaft und Staat vorweisen zu können.

Der Terror entwickelte eine Eigendynamik, der zuletzt die Führung des NKWD selbst zum Opfer fiel. Gleichwohl behielt Stalin stets die Kontrolle und schränkte die Welle der Gewalt seit 1939 deutlich ein. Inzwischen gab es niemanden mehr, der dem Diktator noch gefährlich werden konnte.

Stalinismus ▪ Seit Ende der 1920er-Jahre wandelte sich das Sowjetregime von einer Einparteienherrschaft mit kollektiver Führungsriege zur persönlichen Diktatur Stalins. Wirtschaft, Gesellschaft und zuletzt auch die politische Führung wurden unter Stalin entmündigt und gleichgeschaltet. Auch in Bildung, Wissenschaft und Kunst galt nur noch der Wille der Staatsspitze. Ein umfassender Unterdrückungsapparat ließ weder Opposition noch Kritik zu (▶ M8). Partei und Öffentlichkeit huldigten dem väterlichen Führer (*woschd*) und inszenierten einen Personenkult um die „Unfehlbarkeit" des Diktators. Dieses Herrschaftssystem wurde später als *Stalinismus* bezeichnet. Neben dem Nationalsozialismus in Deutschland (1933-1945) gilt der Stalinismus (ca. 1928-1953) als Form *totalitärer Herrschaft*, in der es für die Macht des Staates über alle Bereiche des Lebens praktisch keine Grenzen gab.

Der Weg zur internationalen Anerkennung ▪ In ihren Anfangsjahren war die Sowjetrepublik international isoliert. Die Friedensordnung nach dem Ersten Weltkrieg schuf einen Gürtel neuer Staaten entlang der Westgrenze der UdSSR („Zwischeneuropa"), der als Bollwerk gegen die Ausbreitung des Sozialismus gedacht war. Die Regierung in Moskau suchte die Annäherung an das Deutsche Reich, den ehemaligen Kriegsgegner und Verlierer des Ersten Weltkrieges. 1922 gelang im italienischen Rapallo ein deutsch-sowjetischer Vertrag über gegenseitige Anerkennung und wirtschaftliche Zusammenarbeit. Eine echte Partnerschaft entstand dadurch jedoch nicht.

Nach der Machtübernahme durch Stalin gab das Regime die Idee einer sozialistischen Weltrevolution auf. Es bemühte sich dagegen um ein System „kollektiver Sicher-

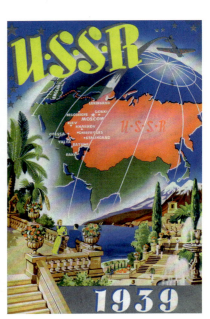

▲ **Reisen in Stalins Sowjetunion.**
Titelblatt einer Intourist-Broschüre für Rundreisen in der Sowjetunion, 1939. „Intourist" war die staatliche Auslandsreiseagentur der UdSSR. Ende der 1930er-Jahre präsentierte sich die Sowjetunion als begehrtes Reiseziel. Tourismus für Sowjetbürger blieb jedoch ein Vorrecht der kommunistischen Eliten.

heit" in Europa und Zentralasien. Zwischen 1925 und 1932 schloss Moskau Garantieverträge mit sämtlichen Nachbarländern, zuletzt auch mit Polen und dessen Verbündeten Frankreich. Die Sowjetunion war nun als Mitglied der Staatengemeinschaft anerkannt.

Hitler-Stalin-Pakt ■ Seit Mitte der 1930er-Jahre veränderten die Nationalsozialisten die Ordnung in Europa. An einer Verständigung mit Hitler, wie sie Frankreich und Großbritannien versuchten (appeasement), wurde die Sowjetunion jedoch nicht beteiligt. Stalin ging zu den Westmächten auf Distanz und suchte den Ausgleich mit Hitler – ungeachtet aller politischen Gegensätze. In Moskau wurde am 23. August 1939 der deutsch-sowjetische Nichtangriffspakt („Hitler-Stalin-Pakt") geschlossen.* In einem Geheimen Zusatzprotokoll einigten sich beide Diktatoren über eine Aufteilung Ostmitteleuropas. Damit war der Weg frei für den deutschen Angriff auf Polen am 1. September 1939, der den Zweiten Weltkrieg entfesselte.

Während deutsche Truppen Polen unterwarfen, marschierte die Rote Armee in den baltischen Staaten ein. Ende September 1939 zogen Hitler und Stalin nochmals eine Demarkationslinie zwischen den eroberten Gebieten. Die Sowjetunion räumte das südliche Litauen, erhielt dafür den östlichen Teil Polens. Im Winter 1939/40 überfiel die UdSSR Finnland, das erfolgreich Widerstand leistete, obwohl es Grenzgebiete verlor. Die Sowjetunion hatte ihren Machtbereich weit nach Westen vorgeschoben. Er reichte jetzt unmittelbar an die Gebiete unter deutscher Besatzung.

▲ **Die Unterzeichnung des Hitler-Stalin-Pakts.** *Foto vom 23. August 1939. Der deutsche Außenamtschef Joachim von Ribbentrop setzt in Moskau seine Unterschrift unter den deutsch-sowjetischen Nichtangriffs- und Konsultationspakt. Im Hintergrund Stalin, rechts von ihm (im dunklen Anzug) sein Außenminister Wjatscheslaw M. Molotow.*

Der deutsche Überfall auf die Sowjetunion ■ Am 22. Juni 1941 überfielen das Deutsche Reich und seine Verbündeten die Sowjetunion. Unter dem Decknamen „Barbarossa" hatte Hitler den Angriff schon seit 1940 geplant. Stalin wurde von der Invasion völlig überrascht, kurz zuvor hatte sein Land noch Öl und andere Rohstoffe an das Deutsche Reich geliefert.

Hitlers Überfall auf die UdSSR änderte auch die bisherige Konstellation des Zweiten Weltkrieges. Die Sowjetunion schloss sich nun Großbritannien und den USA an, Deutschlands Gegnern im Westen. Zunächst jedoch deutete vieles auf eine rasche Unterwerfung der Sowjetunion. Die deutschen Truppen kamen erst im Dezember 1941 vor Moskau zum Stehen. Leningrad wurde eingeschlossen und bis 1944 erfolglos belagert.

Die Sowjetunion fand nur langsam zu einer organisierten Verteidigung. Es fehlte an erfahrenen Kommandeuren, nachdem fast die Hälfte des Offizierskorps dem Großen Terror zum Opfer gefallen war. Immerhin gelang es dem Regime, viele Industrieanlagen abzubauen und nach Innerasien zu verlegen. Dort konnte unbehelligt weiter produziert und die Rote Armee fortwährend aufgerüstet werden. Geschickt änderte Stalin auch die staatliche Propaganda. Er beschwor nicht die Verteidigung des Sozialismus, sondern der russischen Nation. Damit erinnerte Stalin an die Abwehr Napoleons im Russlandfeldzug von 1812 und erklärte den Kampf gegen Deutschland zum *„Großen Vaterländischen Krieg"*.

1942 setzten deutsche Truppen ihre Angriffe im Süden der Sowjetunion fort, eroberten den Kaukasus und rückten bis Stalingrad an der Wolga vor. Hier wurde die 6. Deutsche Armee im Winter 1942/43 eingekesselt und vernichtet. Die deutschen

---
* Siehe auch S. 266.

▲ **Sowjetisches Ehrenmal im Treptower Park in Berlin.**
*Foto von 1994.
Das Mahnmal wurde 1949 zu Ehren der Gefallenen der Roten Armee errichtet und besteht aus mehreren Elementen, zwei davon sind auf dem hier abgebildeten Foto zu sehen.*

▪ Recherchieren Sie die architektonische Gestaltung der Anlage und beschreiben Sie danach alle Elemente des Ehrenmals.

Niederlagen von Stalingrad sowie bei Kursk und Orel (Juni 1943) leiteten die Wende ein. Seither war klar, dass die Rote Armee der Wehrmacht personell und materiell überlegen war. Die Belieferung mit kriegswichtigen Gütern durch die USA und der Partisanenkrieg im Rücken der deutschen Front taten ihr Übriges.

Trotz aller Erfolge waren Terror und drakonische Strafen weiterhin wesentliche Bestandteile des Regimes. Seit 1941 wurden für unzuverlässig erachtete, nichtrussische Minderheiten wie Wolgadeutsche oder Tschetschenen aus ihren angestammten Gebieten zwischen Kaukasus und Wolga nach Mittelasien deportiert. Später war das Vordringen der Roten Armee nach Westen begleitet von Massenverhaftungen, Verschleppungen und Hinrichtungen. Der Krieg endete schließlich nach langen, äußerst verlustreichen Kämpfen mit der Eroberung von Berlin durch sowjetische Truppen und dem Zusammenbruch des Deutschen Reiches im Mai 1945.

Vernichtungskrieg ▪ Der Krieg gegen die Sowjetunion wurde von deutscher Seite als Vernichtungskrieg geführt. In deutscher Gefangenschaft und – völkerrechtswidriger – Zwangsarbeit kamen über 3,3 Millionen Sowjetbürger ums Leben. In den besetzten Gebieten begingen deutsche Soldaten zahllose Übergriffe gegen die Zivilbevölkerung. Der Vernichtungsfeldzug richtete sich zumal gegen die Anhänger des Sowjetregimes. Hinzu kam die systematische Vernichtung der in der UdSSR lebenden Juden.

Im Krieg fielen nach Schätzungen 8,7 Millionen sowjetische Soldaten. Weit höher lagen die Verluste der Zivilbevölkerung. Insgesamt starben mehr als 26 Millionen Menschen. Etwa 30 Prozent der Industrieanlagen, 1710 Städte und über 70 000 Dörfer wurden zerstört, teils auch als Folge einer Strategie der „verbrannten Erde" auf beiden Seiten, die dem Gegner keinen Nachschub überließ.

Siegermacht des Zweiten Weltkrieges ▪ Um das Deutsche Reich zu besiegen, war die Sowjetunion der Allianz zwischen Großbritannien und den USA beigetreten (Anti-Hitler-Koalition). Auf den Konferenzen von Teheran (November/Dezember 1943) und Jalta (Februar 1945) stimmten die Alliierten ihr Vorgehen ab. Zunächst sollte Deutschland bedingungslos kapitulieren, danach würde der Krieg gegen Japan entschieden.

Das Ende des Zweiten Weltkrieges in Europa und Ostasien (Mai bzw. August 1945) geriet zu einem Wettlauf der Sieger um den jeweiligen Machtbereich. Die Rote Armee konnte ganz Ostmitteleuropa und Deutschland bis zur Elbe erobern. Zudem gliederte Stalin die bis 1941 besetzten Gebiete (baltische Staaten, Ostpolen, Moldawien) endgültig in die Sowjetunion ein. Auf der *Potsdamer Konferenz* (Juli/August 1945) verhandelten die Siegermächte über die Neuordnung Europas. Die Tschechoslowakei, Jugoslawien und Polen wurden wiederhergestellt, letzteres erhielt die deutschen Ostgebiete bis zur Oder und Neiße zur Verwaltung. Deutschland gelangte unter die gemeinsame Verwaltung von UdSSR, USA und Großbritannien (später auch Frankreich), die das Land und seine Hauptstadt Berlin in Besatzungszonen teilten.

Stalin als Kriegsheld ▪ Die sowjetische Propaganda feierte Stalin als den eigentlichen Sieger über Hitler und den Nationalsozialismus. Stalin gelang es, die Macht des Militärs zu beschränken und die Kommunistische Partei zu stärken. Nach dem jahrelangen Ausnahmezustand sollten wieder zivile Verhältnisse einkehren.

Die UdSSR war nach Kriegsende ein zerstörtes Land, dessen Wirtschaft am Boden lag. In den Jahren nach 1945 hatte die UdSSR allein acht Millionen *Frontowiki* (Frontsoldaten) zu versorgen, die neue Wohnungen und Arbeitsplätze benötigten. Um die Wirtschaft zu fördern, knüpfte Stalin an die ökonomische Politik der 30er-Jahre an. Fünfjahrespläne bevorzugten erneut die Konzentration auf die Schwer- und Rüstungsindustrie, auch, um den neuen Weltmachtstatus zu sichern. Auf dem Land wurden die Kriegszugeständnisse an einen freien Markt rückgängig gemacht, zudem war die Landwirtschaft in einem katastrophalen Zustand. Es fehlte an Arbeitskräften, Maschinen und Zugvieh. Um 1946 besaßen 40 Prozent der Kolchosbauern nicht einmal mehr eine Kuh. 1946/47 kam es nach einer Dürre zu einer weiteren Hungerkatastrophe, die 1,5 Millionen Menschen, v. a. Bauern, das Leben kostete.

Der Wiederaufbau der Wirtschaft schritt nur langsam voran und forderte weitere Entbehrungen von der Bevölkerung. Viele Betriebe, die zum Schutz vor dem deutschen Angriff nach Asien verlegt worden waren, blieben dort. Von hier aus begann die Industrialisierung des asiatischen Teils der UdSSR.

Abgrenzung nach außen ▪ Auch nach 1945 kam es zu Unruhen. In Litauen und in der Ukraine kämpften noch bis um 1950 Partisanen gegen die Sowjetregierung. Zehntausende Rebellen wurden hingerichtet oder in Arbeitslager geschafft.

In den westlichen Grenzgebieten der Sowjetunion ließ Stalin massenhaft Umsiedlungen durchführen. Wie schon während des Krieges wurden ethnische Minderheiten in entlegene Regionen überführt oder verschleppt. Für Stalin standen diese Volksgruppen pauschal im Verdacht, mit den Deutschen kollaboriert zu haben oder sich von der UdSSR abspalten zu wollen. Auch die vier Millionen Heimkehrer (Kriegsgefangene, Deportierte, Zwangsarbeiter) behielt der Geheimdienst NKWD zunächst zur „Durchleuchtung" in Auffanglagern. Rund 270 000, darunter viele Opfer des Nationalsozialismus, wurden als Spione, Überläufer oder Verbrecher verurteilt.

Ebenso endete die vorübergehende kulturelle Öffnung zum Westen. Stalins Mitstreiter Andrei Schdanow, „Chefideologe" im Politbüro, führte seit 1946 eine Kampagne gegen die bürgerlich-kapitalistische „Unkultur". Während des Krieges hatten viele sowjetische Intellektuelle auf eine Zukunft ohne Zensur und antiwestliche Propaganda gehofft – vergebens. Mehr denn je betonte die Sowjetunion ihre Überlegenheit gegenüber dem „Klassenfeind" (▶ M9).

Andrei Alexandrowitsch Schdanow (1896-1948): sowjetischer Vordenker und Kulturpolitiker, Begründer der nach ihm benannten Kampagne (Schdanowschtschina) gegen prowestliche Einflüsse in Literatur, Kunst und Musik

Vormacht des Ostblocks ▪ Die Abgrenzung gegen den Westen fiel mit dem Beginn des „Kalten Krieges" zusammen. Um 1947/48 zerbrach das Bündnis mit den USA und Großbritannien, v. a. wegen der gegensätzlichen Interessen in Europa. Stalin wurde der Zugriff auf Westdeutschland (z. B. auf das Ruhrgebiet) verweigert. Die USA versuchten dagegen, die Militärpräsenz der UdSSR und die Ausbreitung des Kommunismus in Mittel- und Osteuropa einzudämmen.

Die Furcht vor dem Kommunismus in Westeuropa und den USA führte dazu, dass sich die sowjetische Bevölkerung mit Stalin solidarisierte, der den Westen für den neuen Gegensatz verantwortlich machte. Die Sowjetunion wollte keinen Krieg, zog aber durch die Entwicklung der Atombombe 1949 mit den USA als Nuklearmacht gleich. Um den eigenen Machtbereich zu sichern, band Stalin das östliche Europa politisch, wirtschaftlich und militärisch eng an die Sowjetunion. Dieser *Ostblock* blieb für die nächsten Jahrzehnte systematisch von allen westlichen Einflüssen abgeriegelt.

M1 „Ihr seid die Macht"

In einer Rede vor dem III. Allrussischen Sowjetkongress vom 24. Januar 1918 skizziert Lenin die Rolle der Arbeiter und Bauern beim Aufbau der neuen sozialistischen Wirtschaftsordnung:

Von der Arbeiterkontrolle gingen wir zur Schaffung des Obersten Volkswirtschaftsrats über. Nur diese Maßnahme zusammen mit der Nationalisierung¹ der Banken und der Eisenbahnen, die in den nächsten Tagen erfolgen wird, gibt
5 uns die Möglichkeit, den Aufbau der neuen sozialistischen Wirtschaft in Angriff zu nehmen. Wir kennen die Schwierigkeiten unseres Werkes sehr gut, aber wir erklären, dass nur derjenige ein wirklicher Sozialist ist, der diese Arbeit in Angriff nimmt und sich dabei auf die Erfahrungen und den In-
10 stinkt der werktätigen Massen stützt. Sie werden viele Fehler machen, aber die Hauptsache ist getan. Sie wissen: wenn sie sich an die Sowjetmacht wenden, ist ihnen jede Unterstützung gegen die Ausbeuter gewiss. Es gibt keine Maßnahme, die ihre Arbeit erleichtern könnte, die nicht von der Sowjet-
15 macht voll und ganz unterstützt werden würde. Die Sowjetmacht ist nicht allwissend und kann nicht überall rechtzeitig eingreifen, auf Schritt und Tritt muss sie schwierige Aufgaben bewältigen. Sehr oft schicken die Arbeiter und Bauern Delegationen zur Regierung, die fragen, was sie beispiels-
20 weise mit bestimmten Ländereien tun sollen. Und ich persönlich sah mich oft in eine schwierige Lage versetzt, wenn ich feststellen musste, dass sie selber noch unentschlossen waren. Ich sagte ihnen: Ihr seid die Macht, tut alles, was euch wünschenswert erscheint, sorgt aber für die Produktion,
25 sorgt dafür, dass Nützliches produziert wird. Stellt euch auf nützliche Arbeit um, ihr werdet Fehler machen, aber ihr werdet lernen. Und die Arbeiter haben bereits angefangen zu lernen, sie haben bereits den Kampf gegen die Saboteure aufgenommen. Die Menschen haben aus der Bildung einen
30 Zaun errichtet, der die Werktätigen hindert, vorwärtszuschreiten. Dieser Zaun wird niedergerissen werden […].

Helmut Altrichter und Heiko Haumann (Hrsg.), Die Sowjetunion. Von der Oktoberrevolution bis zu Stalins Tod, Bd. 2: Wirtschaft und Gesellschaft, München 1987, S. 48 f.

1. *Skizzieren Sie anhand des Textes das Verhältnis zwischen sowjetischer Staatsmacht sowie Arbeitern und Bauern.*

2. *Erläutern Sie, was Lenin mit der Aussage meint, wonach die Bildung ein Zaun sei, der die Werktätigen am Vorwärtsschreiten hindere (Zeile 29–31). Nehmen Sie dazu Stellung.*

¹ Nationalisierung: Verstaatlichung

▲ **Lenin bei einer Grammophonaufnahme im Moskauer Kreml.**
*Foto vom 29. März 1919.
Das Radio, eine Erfindung des Russen Alexander Popow, wurde erst im Lauf der 1920er-Jahre zum Massenmedium.
Lenins Ansprachen wurden daher auf Schallplatten festgehalten, um sie im In- und Ausland zu verbreiten.*

3. *Erörtern Sie, welche Kompetenzen notwendig sind, um sicherzustellen, dass eine Volkswirtschaft „Nützliches" (Zeile 25) produziert.*

M2 Die Verfassung Sowjetrusslands

Aus der Verfassung der Russischen Sozialistischen Föderativen Sowjetrepublik vom 10. Juli 1918:

§ 1. Russland wird als Republik der Sowjets der Arbeiter-, Soldaten- und Bauerndeputierten erklärt. Die ganze zentrale und lokale Gewalt steht diesen Sowjets zu.
§ 2. Die russische Sowjetrepublik wird auf der Grundlage eines freien Bundes freier Nationen als eine Föderation natio-
5 naler Sowjetrepubliken errichtet.
[…]
§ 7. Der III. Allrussische Sowjetkongress der Arbeiter-, Soldaten- und Bauerndeputierten ist der Ansicht, dass gegenwärtig, im Augenblick des Entscheidungskampfes zwischen dem
10 Proletariat und dessen Ausbeutern, den letzteren in keinem

Regierungsorgan Platz eingeräumt werden darf. Die Regierungsmacht muss ganz und ausschließlich den werktätigen Massen und ihrer bevollmächtigten Vertretung, den Sowjets
15 der Arbeiter-, Soldaten- und Bauerndeputierten zustehen. [...]

§ 9. Die Grundaufgabe der für den gegenwärtigen Übergangsaugenblick bestimmten Konstitution der Russischen Sozialistischen Föderativen Sowjetrepublik besteht in der
20 Errichtung der Diktatur des städtischen und ländlichen Proletariats und der ärmeren Bauernschaft in Form einer machtvollen Allrussischen Sowjetregierung zum Zweck der völligen Niederhaltung der Bourgeoisie[1], der Beseitigung aller Ausnutzung des Menschen durch den Menschen und der Einset-
25 zung der sozialistischen Gesellschaftsordnung, unter der es weder eine Klasseneinteilung noch eine Staatsmacht geben wird. [...]

§ 64. Das Recht zu wählen und in die Sowjets gewählt zu werden, genießen, unabhängig von dem Glaubensbekennt-
30 nis, der Nationalität, der Ansässigkeit usw. folgende Bürger beiderlei Geschlechts [...], die bis zum Tag der Wahlen das 18. Lebensjahr vollendet haben:

a) Alle diejenigen, die ihren Lebensunterhalt aus produktiver und gesellschaftlich nützlicher Arbeit bestreiten [...], wie: Ar-
35 beiter und Angestellte aller Arten und Kategorien [...], Bauern und ackerbautreibende Kosaken[2], insofern sie sich keiner Lohnarbeit zur Erzielung von Gewinnen bedienen;

b) Soldaten der Sowjetarmee und -flotte.

§ 65. Weder wählen noch gewählt werden dürfen:
40 a) Personen, die zwecks Erzielung von Gewinn Lohnarbeiter verwenden;

b) Personen, die von arbeitslosem Einkommen leben, wie: Zinsen, Kapital, Einnahmen von Unternehmungen, Erträgen, Vermögen usw.;
45 c) Privatkaufleute, Handels- und kommerzielle Vertreter;

d) Mönche und geistliche Angestellte der Kirchen und religiösen Kulte.

Zitiert nach: Oskar Anweiler, Die Russische Revolution 1905–1921, Stuttgart ³1968, S. 56–58

1. *Stellen Sie dar, welche politischen und gesellschaftlichen Ziele sich die Verfassung vornimmt.*

2. *Erläutern Sie anhand der Verfassungsauszüge die Unterschiede zwischen der Sowjetrepublik und einer parlamentarischen Demokratie.*

---

[1] Siehe S. 316.
[2] Die Kosaken waren ursprünglich ein Reitervolk im Grenzgebiet zwischen Polen, Russland und der Ukraine. Unter den Zaren genossen sie weitgehende Freiheiten. Viele Kosaken siedelten sich in Sibirien als unabhängige Bauern an.

3. *Die Verfassung der RSFSR von 1918 entstand unter dem Eindruck von Revolution und beginnendem Bürgerkrieg. Ermitteln Sie den Text der Verfassung der UdSSR von 1924 und vergleichen Sie: Welche Grundsätze sind geblieben, welche Fortschritte sind erkennbar?*

M3 Die NEP

Auf dem XI. Parteitag der Kommunistischen Partei verkündet Lenin am 27. März 1922 einen „Politischen Bericht". Darin zieht er ein vorläufiges Resümee über die Neue Ökonomische Politik:

Die ganze Bedeutung der Neuen Ökonomischen Politik [...] liegt darin und nur darin: den Zusammenschluss zwischen der bäuerlichen Wirtschaft und der neuen Wirtschaft herzustellen, die wir mit ungeheurer Anstrengung schaffen. [...]
Unser Ziel ist, den neuen Zusammenschluss herzustellen, 5 dem Bauern durch Taten zu beweisen, dass wir mit dem beginnen, was ihm verständlich, vertraut und heute bei all seiner Armut erreichbar ist, nicht aber mit etwas, was vom Standpunkt des Bauern fern und fantastisch ist. Unser Ziel ist zu beweisen, dass wir ihm zu helfen verstehen, dass die Kom- 10 munisten dem verarmten, verelendeten, qualvoll hungernden Kleinbauern, der sich jetzt in einer schweren Lage befindet, sofort praktisch helfen. Entweder werden wir das beweisen, oder er wird uns zum Teufel jagen. Das ist völlig unausbleiblich. [...] 15
Die zweite, speziellere Lehre ist die Überprüfung der staatlichen und der kapitalistischen Betriebe durch den Wettbewerb. [...] Wir haben bisher Programme geschrieben und Versprechungen gemacht. Seinerzeit war das absolut notwendig. Ohne ein Programm und ohne Versprechungen kann 20 man nicht mit der Weltrevolution kommen. [...]
Was gebraucht wird, ist eine echte Prüfung. Nebenan ist der Kapitalist tätig, er handelt wie ein Räuber, er schindet Profite, aber er versteht seine Sache. Ihr aber – ihr probiert es auf neue Art: Profite gibt es bei euch nicht, die Grundsätze sind 25 kommunistisch, die Ideale gut – mit einem Wort, ihr seid wahre Heilige, ihr solltet schon bei Lebzeiten in den Himmel kommen –, aber versteht ihr praktisch zu arbeiten? [...]
Den Kommunisten wurde jeder mögliche Aufschub gewährt, es wurde ihnen so viel Kredit gegeben, wie keiner anderen 30 Regierung gegeben worden ist. Natürlich haben die Kommunisten geholfen, die Kapitalisten, die Gutsbesitzer loszuwerden, die Bauernschaft schätzt das, und sie hat Kredit gegeben, Aufschub gewährt, aber alles bis zu einem gewissen Termin. Dann aber erfolgt schon die Prüfung: Versteht ihr es, 35 nicht schlechter zu wirtschaften als die anderen? Der alte Kapitalist versteht es, ihr aber versteht es nicht. [...]

Entweder werden wir im nächsten Jahr das Gegenteil beweisen, oder die Sowjetmacht kann nicht weiterexistieren. [...]
40 Der Kommunist, der Revolutionär, der die größte Revolution
der Welt vollbracht hat, auf den, wenn nicht vierzig Jahrhunderte von den Pyramiden, so doch vierzig europäische Länder
mit der Hoffnung auf Erlösung vom Kapitalismus blicken – er
muss von einem simplen Handlungsgehilfen lernen, der zehn
45 Jahre in einer Mehlhandlung herumgelaufen ist, der das Geschäft versteht, während er, der verantwortliche Kommunist
und ergebene Revolutionär, weit davon entfernt ist, es zu
verstehen, nicht einmal versteht, dass er es nicht versteht.

W. I. Lenin, Ausgewählte Werke, Bd. 3, Berlin ⁷1970, S. 770 ff.

1. *Arbeiten Sie heraus, welchen Problemen sich das Regime
um 1922 gegenübersah.*
2. *Vergleichen Sie die Haltung Lenins in M1 und M3 unter
folgenden Gesichtspunkten: a) Wie werden die Gegner
des sozialistischen Systems beschrieben? b) Welche Forderungen werden an die Wirtschaft gestellt? c) Welche
Spielräume besitzt das Sowjetregime?*
3. *Für Lenin war die NEP „ein Brest-Litowsk der Bauern".
Erörtern Sie diese Aussage vor dem Hintergrund der im
Darstellungstext und in M3 verfügbaren Informationen.*
4. *Im Zuge der NEP lockerte das Regime seine harte Gangart auch in anderen Bereichen. Finden Sie Beispiele
dafür aus der Mitte der 1920er-Jahre. Formulieren Sie
in einer politischen Ansprache Argumente, die diesen
Kurswechsel unterstützen.*

M4 Mit „bolschewistischem Tempo"

Am 4. Februar 1931 spricht Stalin vor Wirtschaftsfunktionären:

Das Tempo verlangsamen, das bedeutet zurückbleiben. Und
Rückständige werden geschlagen. Wir aber wollen nicht die
Geschlagenen sein. Nein, das wollen wir nicht! Die Geschichte des alten Russland bestand unter anderem darin,
5 dass es wegen seiner Rückständigkeit fortwährend geschlagen wurde. [...] Wegen seiner militärischen Rückständigkeit,
seiner kulturellen Rückständigkeit, seiner staatlichen Rückständigkeit, seiner industriellen Rückständigkeit, seiner landwirtschaftlichen Rückständigkeit. [...] Das Gesetz der Ausbeu-
10 ter ist nun einmal so – die Rückständigen und Schwachen
werden geschlagen. Das ist das Wolfsgesetz des Kapitalismus. Du bist rückständig, du bist schwach – also bist du im
Unrecht, also kann man dich schlagen und unterjochen. Du
bist mächtig – also hast du recht, also muss man sich vor dir
15 hüten. Das ist der Grund, warum wir nicht länger zurückbleiben dürfen.

In der Vergangenheit hatten wir kein Vaterland und konnten
keines haben. Jetzt aber, wo wir den Kapitalismus gestürzt
haben und bei uns die Arbeiter an der Macht stehen, haben
wir ein Vaterland und werden seine Unabhängigkeit vertei- 20
digen. Wollt ihr, dass unser sozialistisches Vaterland geschlagen wird und seine Unabhängigkeit verliert? Wenn ihr das
nicht wollt, dann müsst ihr in kürzester Frist seine Rückständigkeit beseitigen und ein wirkliches bolschewistisches
Tempo im Aufbau einer sozialistischen Wirtschaft ent- 25
wickeln. Andere Wege gibt es nicht. Darum sagte Lenin zur
Zeit des Oktobers: „Entweder Tod oder die fortgeschrittenen
kapitalistischen Länder einholen und überholen."
Wir sind hinter den fortgeschrittenen Ländern um 50 bis 100
Jahre zurückgeblieben. Wir müssen diese Distanz in zehn 30
Jahren durchlaufen. Entweder bringen wir das zustande oder
wir werden zermalmt.

Zitiert nach: Günter Schönbrunn (Bearb.), Weltkriege und Revolutionen
1914 - 1945. Geschichte in Quellen, München ³1979, S. 142 f.

1. *Skizzieren Sie, welche Position Stalin gegenüber dem
Kapitalismus einnimmt. Vergleichen Sie diese Haltung
mit derjenigen Lenins (M1 und M3).*
2. *Stellen Sie die Zielsetzung Stalins für die sowjetische
Wirtschaft in den Zusammenhang der internationalen
Wirtschaftsentwicklung um 1930. Vergleichen Sie insbesondere mit den USA und Deutschland in dieser Zeit.*
3. *Arbeiten Sie heraus, welches Geschichtsbild Stalin hier
entwarf und wie es dazu benutzt werden konnte, um
staatliche Gewalt zu rechtfertigen.*

M5 Fern jeder Staatsgewalt

*Der Berliner Historiker Jörg Baberowski schildert die Lage der
Bauern und des dörflichen Lebens vor der Kollektivierung unter
Stalin:*

Das Leben der Bauern war primitiv, schmutzig und kurz.
Es ruhte in der Abgeschiedenheit der dörflichen Welt. [...]
Außenseiter und Fremde hatten in dieser Welt keinen Platz.
Nur wer sich der symbolischen Ordnung des Dorfes, wie sie
in Kulthandlungen und in der Bereinigung von Konflikten 5
nach außen trat, bedingungslos unterwarf, konnte ein Mitglied der Bauerngemeinde sein. Die Erfahrungen des Bürgerkrieges hatten die Bauern in ihrem Urteil bestärkt, das von
jenen, die nicht im Dorf lebten, stets nur Unheil drohte. [...]
Der Bürgerkrieg zerstörte nicht nur die überkommenen Herr- 10
schaftsstrukturen und Ordnungen, er vernichtete jenen küm-
merlichen Rest von Infrastruktur und Kommunikation, die
das Dorf mit der Außenwelt verbanden. Der Transport von

▶ Kulaken „demonstrieren".
Zeitgenössisches Foto. Typisch für die Zwangsmaßnahmen in der Sowjetunion war, dass die Betroffenen der Unterdrückung offiziell zustimmen mussten. Die zweite Zeile auf dem vorderen Spruchband lautet: „Liquidiert die Kulaken als ganze Klasse!"

Gütern und Menschen fiel weit unter das Vorkriegsniveau zurück, 1922 beförderte die russische Eisenbahn nur noch die Hälfte der Passagiere, die 1913 noch mit ihr gefahren waren. [...]
Unter diesen Bedingungen kam es zu keinem Kontakt zwischen Dorf und Staat, der über persönliche Begegnungen hinausging. Und weil es weder Radios noch Zeitungen gab, die von der Existenz der Bolschewiki kündeten, schwieg im Dorf die Stimme der Macht. [...]
Russlands Bauern lasen nicht. Von den Segnungen jener Sowjetmacht, von der die Bolschewiki fantasierten, bekamen sie nur wenig zu sehen und zu hören. Wenngleich die Regierung bereits Mitte der zwanziger Jahre damit begann, die Alphabetisierung der Bevölkerung voranzutreiben, Schulen zu eröffnen, scheint sie mit diesem Vorhaben doch nur wenig erfolgreich gewesen zu sein. [...] Dabei war es nicht allein die konservative Resistenz[1] der Bauern, die dem Aufklärungsprojekt der Bolschewiki enge Grenzen zog. Es fehlte an Personen, die imstande gewesen wären, die Gabe des Lesens und Schreibens unter den Bauern zu entwickeln. Mit den Geistlichen verschwand nicht nur das Ohr des Staates aus dem Dorf. Mit ihnen verlor die Regierung auch eines ihrer wenigen Einflussmittel. Auch fehlte es an Lehrbüchern und Lehrkräften, die die Bauern im Gebrauch des Lesens und Schreibens hätten unterweisen können. Manche Lehrer waren kaum klüger als jene, die sie unterweisen sollten. [...]
Stadt und Dorf trennte am Ende der zwanziger Jahre eine tiefe kulturelle Kluft. Bauern glaubten an Magie und Wunder, sie riefen höhere Mächte an, die sie von bösen Geistern befreiten, suchten Rat bei „Medizinmännern", Wunderheilern und Wahrsagern. Im Dorf regierten Alkohol und Gewalt, religiöse Kulthandlungen und kirchliche Feiertage bestimmten den Lauf des Lebens. Und seit die orthodoxe Amtskirche in den Wirren der Revolution zerfallen war, wählten die Bauern ihre Geistlichen selbst aus. Zwar unternahmen die Bolschewiki den Versuch, Tradition und Glauben im Verweis auf ihre Unwissenschaftlichkeit zu bekämpfen. Aber sie hatten mit dieser Propaganda, die in Form fahrender Kinos und Stelltafeln in die Dörfer kam, keinen Erfolg, weil die Bauern in der Religion nicht nach Antworten suchten, die den Sinn des Lebens veränderten, sondern nach solchen, die ihn bestätigten. Wie zu wirtschaften, wie zu feiern und zu streiten sei, das entschied die Dorfversammlung, die von den angesehenen Mitgliedern der Gemeinde dominiert wurde. Die Bolschewiki aber sahen in der Bauerngemeinde eine Klassengesellschaft in nuce[2], mit wohlhabenden Kulaken, aufstrebenden Mittelbauern, unterdrückten, landlosen Arbeitern und armen Bauern.

Jörg Baberowski, Der rote Terror. Die Geschichte des Stalinismus, München 2003, S. 62-65

1. *Stellen Sie dar, was das russische Dorf von der städtisch-industrialisierten Welt der Sowjetunion trennte. Was davon hatte das Sowjetregime selbst zu verantworten?*
2. *Analysieren Sie die Bedeutung von Tradition und Religion für das russische Dorf.*
3. *Von Lew Kopelew[3] stammt das Wort, mit der Kollektivierung des Dorfes sei das „alte Russland" untergegangen. Nehmen Sie Stellung zu dieser Aussage.*

[1] Resistenz: Widerstandshaltung
[2] in nuce: lat. „im Kern", in gedrängter Form
[3] Der gebürtige Ukrainer Lew S. Kopelew (1912-1997) war Germanist und Schriftsteller. In seiner Jugend Teilnehmer der Kollektivierungskampagne unter Stalin, wurde er während des Zweiten Weltkrieges zum Regimegegner. Kopelew geriet zeitweise in Lagerhaft. Erst 1980 durfte er die UdSSR verlassen und in die Bundesrepublik ausreisen.

M6 Die Umwälzung der Gesellschaft

Klassenschichtung zwischen 1913 und 1955, in Prozent:

	1913	1928	1939	1955
Arbeiter	14,8	14,6	32,5	48,2
Angestellte und Intelligenz	2,2	3,0	17,7	20,1
Kollektivbauern und genossenschaftlich organisierte Handwerker	–	2,9	47,2	31,4
genossenschaftlich nicht organisierte Handwerker	6,7	74,9	2,6	0,3
besitzende Klassen	16,3	4,6	–	–
Großbauern	11,4	4,2	–	–

Nach: Georg von Rauch, Machtkämpfe und soziale Wandlungen in der Sowjetunion seit 1923, Stuttgart ³1972, S. 31

1. *Erläutern Sie die Schichtung der Gesellschaft vor dem Hintergrund der politischen Entwicklung der Sowjetunion.*

2. *Benennen Sie Kritikpunkte gegen die hier vorgenommene Einteilung der Gesellschaft in Klassen.*

M7 Arbeitslager als „Wirtschaftsfaktor"

Welche Rolle spielten die Straflager für die sowjetische Wirtschaft? Der Osteuropahistoriker Dietrich Beyrau stellt dazu folgende Beobachtungen an:

Angesichts des Umfangs und der Heterogenität des im Zuge der Kollektivierung entstehenden Lagersystems fällt seine Charakterisierung nicht leicht. Zwar gab es schon seit Mitte der zwanziger Jahre Überlegungen, Zwangsarbeit mit der
5 Erschließung schwer zugänglicher Regionen zu verbinden. Systematisch in die Praxis umgesetzt wurde diese Idee aber erst, seit die OGPU[1] bzw. das NKWD über Hunderttausende und schließlich über Millionen von Arbeitskräften verfügte. Sie sollten einerseits isoliert werden, andererseits als Produk-
10 tivfaktor in die Planwirtschaft einbezogen werden. Daraus ergab sich, dass mit minimaler technischer Ausstattung die Erschließung vornehmlich jener Räume und Bodenschätze außerhalb des „Korndreiecks" in Gang gesetzt wurde, also außerhalb jener Regionen, die sich vom Zentrum und Süden

[1] OGPU: sowjetische Geheimpolizei von 1922 bis 1934, ging danach im NKWD auf

des europäischen Russland wie ein Keil nach Osten bis an 15 den Pazifik erstreckten und in denen Getreideanbau noch möglich war. [...]
1940 umfasste das Lagersystem 53 Lagerkomplexe, 425 Arbeitsbesserungskolonien, 50 Kolonnen für Jugendliche und 90 Häuser für Kinder. [...] 20
Die Frage nach dem wirtschaftlichen Potenzial und nach der „Rentabilität" von Zwangsarbeit hat Beobachter und Historiker schon seit Entstehung der Welt der Lager umgetrieben. Aussagekräftig für ihre ökonomische Bedeutung sind wohl Angaben in Naturalgrößen. Für die Zeit vor dem Krieg werden 25 als naturale Anteile genannt: bei Zinn 76 Prozent, bei Gold 60 Prozent, bei Nickel 47 Prozent, bei Chromerz 41 Prozent, bei Kobalt 40 Prozent, bei der Holzverarbeitung und Holzprodukten zwischen 25 und 50 Prozent. [...]
Die meiste Zeit bestand die Entlohnung in der – immer man- 30 gelhaften – Essenszuteilung, die nach dem Grad der Normerfüllung und nach der Kategorie der Arbeit, leichte oder schwere, qualifizierte oder angelernte, gestaffelt war. Die Folge der ständigen Unterernährung waren außerordentlich hohe Sterblichkeitsraten, besonders während der großen De- 35 portations- und Verhaftungswellen, aber auch in Zeiten allgemeiner Not: 1932 starben 4,8 Prozent, 1933 über 15 Prozent, d.h. über 67000 Personen in den Arbeitsbesserungslagern. 1938 lag die Sterberate wieder bei 6,7 Prozent. 1942 kam etwa ein Viertel aller Häftlinge um. 40

Dietrich Beyrau, Petrograd, 25. Oktober 1917. Die russische Revolution und der Aufstieg des Kommunismus, München 2001, S. 188 - 190

1. *Skizzieren Sie anhand dieser Angaben die Bedeutung der Arbeitslager für die staatliche Planwirtschaft der 1930er-Jahre.*

2. *Recherchieren Sie, wie sich das sowjetische Straflagersystem nach dem Zweiten Weltkrieg entwickelte. Stellen Sie die Ergebnisse in den Zusammenhang der wirtschaftlichen Erschließung des Landes.*

M8 Terror als Herrschaftsform

Der Journalist Markus Wehner fragt nach der Bedeutung von Gewalt und Terror für die stalinistische Herrschaft:

Sicherlich kann der Stalinismus nicht ausreichend durch Terror beschrieben werden. Es ist fraglich, ob Terror allein das Regime an der Macht hätte halten können. Dazu bedurfte es auch der Unterstützung, der Loyalität, dem Glauben der Partei- und Komsomolaktivisten[1], der Wirtschaftsfunktionäre, 5

[1] Komsomolaktivisten: Angehörige der kommunistischen Jugendorganisation

von Teilen der Arbeiterschaft. Hinzu kam, dass der rasche soziale Wandel vielen die Möglichkeit bot, in der gesellschaftlichen Hierarchie aufzusteigen und sich zumindest teilweise mit dem System zu identifizieren. Zumindest in der Industrialisierung und im Bildungsbereich wurden auch in der Stalin-Zeit unzweifelhaft Erfolge erzielt.

Was aber war das Ziel des Terrors? Welchen Sinn machte es, Hunderttausende Menschen zu erschießen und ins Lager zu sperren? Die altlinke Interpretation, gemäß derer der GULag nicht mehr als ein Teil der nachholenden Modernisierung Russlands war, der Terror damit eine „Zwangsjacke des Fortschritts", ein „Instrument staatlich forcierter Entwicklungspolitik", erscheint heute nur noch als zynisch. Wenig überzeugend erscheint auch der Ansatz, der den Terror als Instrument zur Konfliktbewältigung und Herrschaftssicherung für ein schwaches Regime sieht, das nicht in der Lage war, andere Wege zu beschreiten. Denn Stalin und die Führer um ihn herum besaßen eine große Sensibilität für die Gefährdung der Herrschaft: Sie schraubten den Terror zurück, wenn sie sich bedroht sahen, so 1933-34 nach Kollektivierung und Hungerkatastrophe oder Ende 1938, als der Große Terror die Basis des Regimes vollständig zu untergraben schien. Terrorwellen wurden hingegen in Gang gesetzt, wenn das Regime sich besonders sicher fühlen konnte (1929-30, 1936, 1948-49). Der Terror diente verschiedenen Zielen: der Vernichtung potenzieller Gegner, der Beseitigung alter, als unzuverlässig betrachteter Eliten, der Zerschlagung einer als unbeugsam und unkontrollierbar eingeschätzten Bauernschaft, der als produktiv betrachteten Ausbeutung billiger Arbeitskräfte, schließlich der Bestrafung und Entwurzelung nationaler Minderheiten, die für den Fall eines Krieges als potenzielle „fünfte Kolonne"[2] betrachtet wurden. Eine weitere wichtige Funktion des Terrors war die Einschüchterung und Disziplinierung der Bevölkerung [...].

Letztlich kann das Ausmaß des Terrors nur im Zusammenhang mit dem Ziel verstanden werden, die Gesellschaft von allen potenziell feindlichen, selbst unbewusst resistenten und ungläubigen Elementen zu säubern, die dem Sieg des Sozialismus im Wege stehen konnten. Der stalinistische Terror nahm keine soziale oder weltanschauliche Gruppe aus, sondern traf die gesamte Gesellschaft von den politischen Eliten bis zu den unteren Schichten.

Markus Wehner, Stalinismus und Terror, in: Stefan Plaggenborg (Hrsg.), Stalinismus. Neue Forschungen und Konzepte, Berlin 1998, S. 365-390, hier S. 389 f.

[2] „Fünfte Kolonne": während des Spanischen Bürgerkrieges (1936-1939) geprägter Begriff; Bezeichnung für eine Organisation, die im Krieg oder bei internationalen Konflikten mit dem Gegner des eigenen Landes zusammenarbeitet

1. *Stellen Sie anhand des Textes dar, was das Auftreten von Terror über den jeweiligen Zustand der Sowjetherrschaft aussagte.*

2. *Der Autor distanziert sich von manchen Deutungen des Terrors, weil sie allenfalls „zynisch" seien (Zeile 18), also die Opfer verhöhnten. Diskutieren Sie, was sich darüber hinaus gegen diese Standpunkte einwenden lässt.*

3. *Manche deutsche Historiker vertraten in den 1980er-Jahren die Ansicht, der sowjetische Terror unter Lenin und Stalin habe den Nationalsozialismus und seine Gewaltvorstellungen mit verursacht. Informieren Sie sich über den Inhalt und Verlauf dieser Kontroverse. Formulieren Sie eine eigene Stellungnahme zu diesem Thema.*

M9 Vorsprung dank Technik

Im Januar 1949 veröffentlicht die „Komsomol Prawda", die Zeitschrift der kommunistischen Jugendorganisation, den Artikel „Das Flugzeug ist eine sowjetische Erfindung". Darin heißt es:

Es ist unmöglich ein Gebiet zu finden, in dem die russischen Menschen nicht neue Wege gebahnt haben. A. S. Popow erfand das Radio, A. N. Lodygin schuf die Glühbirne, I. I. Polsunow baute die erste Dampfmaschine der Welt. Die erste Lokomotive, von den Cherepanows erfunden, bewegte sich auf russischem Gebiet. Der Leibeigene Fjodor Blinow flog in einem Flugzeug, das schwerer als Luft und das von dem genialen Alexander Fjodorowitsch Moschaiski, 21 Jahre vor den Gebrüdern Wright, erfunden wurde.

Zitiert nach Geoffrey Roberts, Stalins Kriege. Vom Zweiten Weltkrieg zum Kalten Krieg, Düsseldorf 2008, S. 379

1. *Recherchieren Sie zu den Angaben im Text, um ihre Richtigkeit zu prüfen.*

2. *Erklären Sie, ausgehend von den Ergebnissen Ihrer Recherche, welches Ziel der Text verfolgt.*

3. *Stellen Sie den Text in den Zusammenhang der damaligen Auseinandersetzung zwischen der Sowjetunion und den Westmächten.*

4. *Diskutieren Sie anhand von Beispielen die Frage, inwieweit einzelne Länder Alleinstellungsmerkmale für sich beanspruchen können.*

Aufstieg der USA zur Weltmacht

„Amerika den Amerikanern" Der erste US-Präsident George Washington hatte der jungen Nation am Ende seiner Amtszeit 1796 den Rat gegeben, sich außenpolitisch auf einen freien Handel zu konzentrieren und sich aus den nationalen Konflikten Europas herauszuhalten. Eine Generation später, 1823, stellte Präsident **James Monroe** mit dem Ruf „Amerika den Amerikanern" den außenpolitischen Grundsatz auf, dass der amerikanische Doppelkontinent nie mehr Ziel europäischer Kolonialexpansion werden dürfe. Im Gegenzug wollten sich die USA aus allen europäischen Angelegenheiten heraushalten (▶ M1). Den aktuellen Hintergrund der *Monroe-Doktrin* bildete die Sorge vor Interventionen der europäischen Mächte in den gerade unabhängig gewordenen süd- und mittelamerikanischen Staaten. Neben dieser defensiven Absicht enthielt das vermeintliche Bekenntnis zum **Isolationismus** auch eine offensive Komponente: Indem sie jeden fremden Einfluss auf dem Kontinent ausschlossen, erhoben die USA zugleich den Anspruch auf die alleinige Vormachtstellung in der „westlichen Hemisphäre". Insofern war die Monroe-Doktrin Ausdruck eines wachsenden nationalen Selbstbewusstseins, das mit deutlichen hegemonialen Ansprüchen einherging.

James Monroe (1758-1831): Plantagenbesitzer und Politiker, 1811-1817 Außenminister, zeitweilig auch Kriegsminister, 1817-1825 US-Präsident (Democrat-Republican)

Isolationismus: außenpolitische Haltung, die jedes Engagement, vor allem dauernde Verpflichtungen, außerhalb der eigenen Grenzen zu vermeiden sucht

„Westwärts!" Nach der Unabhängigkeit setzte die Eroberung, Besiedlung und Erschließung der riesigen Territorien im Westen ein. Noch während der Verfassungsverhandlungen waren so viele Siedler dorthin geströmt, dass der Konföderationskongress 1787 eine „Northwest Ordinance" verabschiedete. Diese sollte die Ausbreitung der weißen Amerikaner jenseits der Appalachen in gesetzliche Bahnen lenken. Danach konnten neu besiedelte Gebiete ab einer Bevölkerungszahl von 60 000 den Vereinigten Staaten beitreten. Die Weichen für die Erweiterung des Staatenbundes waren gestellt.

Der Erwerb des Louisiana-Territoriums von Frankreich (Louisiana Purchase) 1803 verdoppelte das US-Staatsgebiet. Mit militärischem und diplomatischem Druck konnte 1819 Spanien zum Verkauf Floridas gezwungen werden. Als die USA 1845 die mexikanische Provinz Texas in die Union aufnahmen, führte dies zum Krieg gegen Mexiko (1846-1848), der den USA die Hälfte des mexikanischen Staatsgebietes einbrachte.

Verantwortlich für den Drang nach Westen und die schnell fortschreitende Besiedlung war ein Bündel von Faktoren: Die hohen Geburtenraten sowie die beginnende Masseneinwanderung aus Europa erzeugten einen Bevölkerungsdruck an der Ostküste. Siedler zogen in großen Trecks in die unerschlossenen Territorien und ließen sich als Bauern oder Viehzüchter nieder. Ihnen folgten Handwerker und Kaufleute, kleine Siedlungen wuchsen zu Städten heran. Eine große Siedlungswelle löste der „Homestead Act" von 1862 aus: Für zehn Dollar versprach er jedem 64 Hektar Land, der bereit war, es mindestens fünf Jahre zu bestellen. Goldfunde in Kalifornien und der Bau der Eisenbahn beschleunigten die Westwanderung. Die Volkszählung von 1890 erklärte die Erschließung des Westens offiziell für beendet, da keine „freien" Landflächen mehr zur Verfügung standen.

Amerikanisches Sendungsbewusstsein ... Seit der Kolonialzeit hatten sich Eigenschaften und Verhaltensweisen ausgebildet, die das US-amerikanische Nationalbewusstsein bis heute prägen. Großen Einfluss übten neben dem christlichen Sendungsglauben der Puritaner vor allem Selbstvertrauen und Fortschrittsoptimismus der Pioniergeneration aus. In den 1840er-Jahren erfuhr der amerikanische Pioniergeist mit der Vorstellung vom *Manifest Destiny*, der „offenkundigen" oder „schicksalhaften Be-

◀ Die Entwicklung der Vereinigten Staaten von Amerika bis 1853.

stimmung" des amerikanischen Volkes, eine ideologische Überhöhung (▶ M2). Danach seien die USA von Gott dazu bestimmt, das als herrenlos angesehene Land bis zum Pazifik zu besiedeln und ihre demokratische Gesellschaftsordnung über den Kontinent auszubreiten.

Die Besiedlung betrachten viele Amerikaner bis heute als große Leistung, die ihr Volk zu einer Nation zusammenwachsen und zur Weltmacht werden ließ. Unter den harten Lebensbedingungen an der Grenze zur Wildnis habe es gelernt, sich selbst zu vertrauen und Schwierigkeiten zu überwinden. Die permanent nach Westen verschobene Siedlungsgrenze entwickelte sich zum romantisierten Mythos der Frontier, die für Wagemut, Tatkraft und nahezu unbegrenztes Gewinn- und Erfolgsstreben stand (▶ M3). Die Überzeugung von einer besonderen Sendung wirkt bis heute in den USA nach.

... und seine Schattenseiten Allerdings beschränkt sich das amerikanische Sendungsbewusstsein lediglich auf die weißen, meist protestantischen Einwanderer. Die irischstämmigen Katholiken, die im 19. Jahrhundert zu Hunderttausenden in die USA kamen, wurden als Menschen zweiter Klasse angesehen. Erst recht galt dies für die Afroamerikaner. Während die Sklaverei im Norden seit 1804 abgeschafft worden war, pochten die Südstaaten auf deren Beibehaltung. Die Sklavenfrage spaltete die Nation und war einer der Gründe dafür, dass die Südstaaten 1861 aus der Union austraten. Als ihnen US-Präsident Abraham Lincoln das Recht auf Verlassen der Union (Sezession) bestritt, kam es 1861 zum Bürgerkrieg (Sezessionskrieg). Er endete 1865 mit der Niederlage des Südens, der Wiedervereinigung der Bundesstaaten und der Abschaffung der Sklaverei (13. Verfassungszusatz von 1865). Gleichberechtigt waren die Schwarzen dadurch nicht. Noch 1896 bestätigte das Oberste Bundesgericht die Praxis der Rassentrennung (*Segregation*) in öffentlichen Einrichtungen. „Seperate but equal", lautete das Urteil, das bis weit in das 20. Jahrhundert die US-Gesellschaft prägte. Nur scheinbar gleichgestellt, wurden die Farbigen auch weiterhin in allen Lebensbereichen diskriminiert.

Abraham Lincoln (1809 - 1865; ermordet): von 1861 bis 1865 US-Präsident (Republikaner). Er hielt im Bürgerkrieg (Sezessionskrieg) an der Unauflösbarkeit der USA fest und leitete das Ende der Sklaverei ein.

▲ **Blick von der New Yorker Brooklyn Bridge nach Westen auf Manhattan.**
*Foto von 1902.
Ein mit dem Wirtschaftswachstum einhergehender Bauboom veränderte das Bild der Städte: Die Wolkenkratzer wurden zum Symbol für das „Big Business" und die zunehmende Machtstellung der USA in der Welt. Die New Yorker Skyline verbirgt die vielen Elendsviertel der Stadt. Rund 1,5 Millionen New Yorker lebten in düsteren, schmutzigen Mietskasernen in Lower Manhattan.*

Der in den Augen der meisten Amerikaner notwendigen Zivilisierung der Welt sollten sich auch die Ureinwohner fügen. Die in der „Northwest Ordinance" eingegangene Selbstverpflichtung, ihnen friedlich und ehrlich zu begegnen und ihr Land und Eigentum „niemals ohne ihre Zustimmung" zu erwerben, blieb wirkungslos. Über 400 Verträge schloss die Bundesregierung bis 1868 mit verschiedenen Stämmen. Doch selbst die 1834 garantierte „ewige Grenze" des Gebietes der Ureinwohner westlich der Staaten Missouri, Arkansas und Louisiana hielt nur so lange, bis Goldsucher und Siedler auch diese Linie in der zweiten Jahrhunderthälfte in Scharen überschritten und den Verdrängungskampf mithilfe der US-Armee in einen offenen Vernichtungskrieg überführten.

Dennoch kam es nie zu einem wirkungsvollen überregionalen Bündnis der Ureinwohner. Die indigenen Stämme erlagen nicht nur dem militärischen Druck der Weißen. In den Prärien des Westens wurde ihr Hungertod systematisch herbeigeführt, indem Jäger den Bison, das Hauptnahrungsmittel der Ureinwohner, so gut wie ausrotteten. Das *Massaker von Wounded Knee* 1890, bei dem 350 Sioux von Regierungstruppen abgeschlachtet wurden, beendete die Vertreibung und fast vollständige Vernichtung der indigenen Kultur. Von den ursprünglich rund sieben Millionen Ureinwohnern überlebten nur etwa 250 000. Bemühungen, die Überlebenden in den Staatsverband der USA einzugliedern, gab es nicht. Stattdessen wurden sie in Reservate zusammengetrieben und blieben rechtlose Bürger zweiter Klasse.

„Big Business" im „Gilded age": Aufstieg zur Industrienation Ebenso stürmisch wie die Besiedlung verlief die Industrialisierung des Kontinents. Ein enormes Bevölkerungswachstum und ein massiver Industrialisierungsschub ließen die Nation im ausgehenden 19. Jahrhundert zu einer wirtschaftlichen Großmacht werden. Möglich wurde dies durch die reichen Rohstoffvorkommen und den Ausbau des Verkehrsnetzes, der einen großen, von Binnenzöllen unbehinderten Wirtschaftsraum schuf. Der Zwang zur Kommunikation in dem riesigen Land sowie die europäische Konkurrenz trugen zu bahnbrechenden Erfindungen wie der Schreibmaschine, dem Telefon oder der Rechenmaschine bei. Große Innovationsbereitschaft, enorme Kapitalmengen und der Verzicht der Regierung, die Freiheit der Unternehmer zu beschränken, begünstigten die Entwicklung neuer Produktionsformen (Fließband), Vertriebsarten (Versandhandel, Warenhausketten) und Verkaufsstrategien (Werbung, Markenprodukte). Zwischen 1860 und 1900 steigerte sich das Bruttosozialprodukt um mehr als das Dreifache, die Industrieproduktion erreichte Jahr für Jahr neue Rekorde. Das lockte immer mehr Einwanderer aus Europa und Asien an, die ein unerschöpfliches Reservoir an jungen und billigen Arbeitskräften bildeten. Um die Jahrhundertwende übernahmen die Vereinigten Staaten in einigen Bereichen wie der Kohleförderung und der Stahlproduktion bereits die Weltführung (▶ M4).

Der „Selfmade-man", verkörpert durch Industrielle wie *Andrew Carnegie* (Stahl und Bergbau), *John D. Rockefeller* (Erdöl) oder *Franklin W. Woolworth* (Warenhäuser), wurde zum Leitbild. Er stand für einen neuen „Pioniergeist" und eine wirtschaftsliberale

Grundhaltung, deren Überzeugung der Glaube an stetiges Wachstum, einen unge-
hemmten Wettbewerb und das Recht des Stärkeren war.

Der freie Wettbewerb drückte die Preise und verdrängte kleine Firmen. Die großen
Unternehmen schlossen sich zu Trusts und Kartellen zusammen, um den Markt zu
beherrschen. Dabei schreckten sie nicht vor Bestechung und illegalen Absprachen
zurück. John D. Rockefeller bildete 1892 den ersten Trust, der über 90 Prozent der Öl-
produktion kontrollierte. Immer größere Kapitalmengen in Aktiengesellschaften und
Trusts wurden zum Kennzeichen des „Big Business".

New Frontier ■ Im Verlauf des 19. Jahrhunderts erweiterte sich die Vorstellung des
Manifest Destiny; sie richtete sich seit den 1850er-Jahren auch auf die Karibik, den
pazifischen Raum und Lateinamerika. Die Suche nach einer neuen Herausforderung
wurde ideologisch mit dem Begriff der „New Frontier" umschrieben, an der sich die
Nation bewähren müsse und ohne die eine Weiterentwicklung nicht möglich sei. Mit
diesem Anspruch behaupteten die USA eine Sonderrolle („exceptionalism"), mit der sie
sich über alle anderen Staaten stellten und die Durchsetzung ihrer Interessen über die
Staatsgrenzen hinaus rechtfertigten.

In Mexiko, Kuba, Puerto Rico und in der Dominikanischen Republik investierten
amerikanische Firmen große Summen. Um die politische und wirtschaftliche Stabilität
dieser Länder und damit um ihre Kapitalanlagen besorgt, drängten sie die US-Regierung seit den 1890er-Jahren, in der Karibik und in Mittelamerika militärische und
politische Präsenz zu zeigen. Während die USA dort gegen Ende des Jahrhunderts zunehmend Einfluss gewannen, waren in Südamerika die Voraussetzungen für expansi-
onistische Ambitionen nicht günstig. Hier hatten es die USA mit souveränen, politisch
stabilen Staaten zu tun, an denen zudem die europäischen Großmächte, allen voran
Großbritannien, großes wirtschaftliches Interesse zeigten. Auf Dauer konnten sich
jedoch auch die südamerikanischen Staaten dem Zugriff der USA nicht entziehen.

Während die Ausdehnung des eigenen Wirtschaftsraumes in der amerikanischen
Öffentlichkeit als selbstverständlich galt, blieb der Erwerb von Kolonien umstritten.
Schließlich waren die USA selbst einmal eine britische Kolonie gewesen und hatten
ihre Freiheit in einem langen und blutigen Krieg erkämpfen müssen. Kolonien bedeu-
teten zudem eine erhebliche finanzielle und militärische Belastung. Angesichts solcher
Widerstände konnte Außenminister *William H. Seward* 1867 im Kongress den Kauf
Alaskas von Russland nur mit Mühe durchsetzen.

Statt der Erweiterung ihres Staatsgebiets strebten die Vereinigten Staaten die
informelle Kontrolle ihrer Einflusssphäre an. War dies nicht möglich, so schreckten sie
allerdings auch vor der direkten Anwendung militärischer Gewalt nicht zurück. Bereits
in den 1840er-Jahren hatten die USA gegen China einen Krieg eröffnet und das militärisch unterlegene Land durch den Abschluss von „ungleichen", die USA begünstigen-
den Verträgen zur Öffnung für Handel und Mission gezwungen. Ähnlich gingen die
Vereinigten Staaten gegen Japan vor. 1853 entsandten sie ein Flottengeschwader an
die japanische Küste und erreichten damit die Öffnung japanischer Häfen sowie den
Abschluss von Handelsverträgen. Um den Seeweg zu ihren asiatischen Märkten zu
erleichtern und zu sichern, annektierten die USA 1867 die Midwayinseln im Pazifik und
richteten dort einen Marinestützpunkt ein.

▲ **„Sampson and Schley Leading the Fleet into New York Harbor."**
Ölgemälde von Fred Pansing (Ausschnitt), 1898.
Mit einer Schiffsparade durch den New Yorker Hafen wurden am 20. August 1898 nach dem Sieg im Spanisch-Amerikanischen Krieg die Flottenführer Admiral William Thomas Sampson und Commodore Winfield Scott Schley geehrt. Nachdem der Kongress – beeinflusst durch die Theorien Alfred Thayer Mahans – zu Beginn der 1890er-Jahre dem Bau von drei modernen Kriegsschiffen zugestimmt hatte, stiegen die USA zu einer Seemacht auf.

Alfred Thayer Mahan (1840-1914): Captain, später Admiral der US-Navy, Marineschriftsteller und Stratege. Mit seinen einflussreichen Werken „The Influence of Sea Power upon History" (1890) und „The Interest of America in Sea Power" (1897) begründete er die US-Navy-Doktrin der Seeüberlegenheit.

Guerillakrieg: Art der Kriegsführung, die oft gegen überlegene Armeen angewandt wird. Die Guerillakämpfer vermeiden dabei die offene militärische Konfrontation und setzen auf Überfälle, Anschläge etc.

Der Schritt zum Imperialismus Gegen Ende der 1880er-Jahre trat die amerikanische Außenpolitik in eine neue Phase ein. Die USA beteiligten sich nun offen am Wettlauf der Industrienationen um die Aufteilung der Welt. Mit dem wirtschaftlichen Erfolg waren Selbst- und Sendungsbewusstsein der Nation weiter gestiegen. Gestützt auf einen weitverbreiteten *Sozialdarwinismus* glaubten viele an einen Erziehungs- und Missionsauftrag der überlegenen „angelsächsischen Rasse", die allein Freiheit und Demokratie in die Welt tragen könne. Wie in Europa setzte sich zudem bei vielen Amerikanern die Überzeugung durch, Wirtschaftskrisen und soziale Konflikte nur durch neue Absatzmärkte und Rohstoffquellen vermeiden zu können (▶ M5).

Wichtigster Theoretiker für die Umsetzung der imperialistischen Ziele war **Alfred Thayer Mahan**. Er entwickelte ein umfangreiches Konzept zur Sicherung der amerikanischen Macht- und Handelsinteressen, die nur mit einer starken Seemacht zu erreichen sei (▶ M6). Angelehnt an das Vorbild des British Empire strebte er nach einem die Weltmeere umspannenden, von den USA kontrollierten Wirtschaftsraum. Seine geostrategischen Theorien (*Navalismus*) hatten großen Einfluss auf das 1890 begonnene Flottenbauprogramm.

Den entscheidenden Schritt zum offenen Imperialismus vollzogen die Vereinigten Staaten vor der eigenen Haustür. 1895 brach auf Kuba ein Bürgerkrieg aus, in dem einheimische Rebellen für die Unabhängigkeit von der spanischen Kolonialmacht kämpften. Die USA nutzten den Aufstand zu einer militärischen Intervention in Kuba und im Pazifik, die 1898 den *Spanisch-Amerikanischen Krieg* auslöste (▶ M7). Mehrere Gründe waren für das Eingreifen in den Konflikt verantwortlich: Die langjährigen Auseinandersetzungen auf Kuba belasteten die bereits von den USA dominierte kubanische Wirtschaft. Zudem gab es ein großes Interesse am Erwerb der Philippinen, die als pazifischer Marinestützpunkt den Handelsweg nach Asien sichern sollten. Den Anlass für die Intervention bot die Explosion des im Hafen von Havanna liegenden amerikanischen Schlachtschiffes „Maine" in der Nacht zum 15. Februar 1898, die von der amerikanischen Presse eigenmächtig als spanischer Terroranschlag proklamiert wurde. Die US-Regierung erklärte Spanien den Krieg, der nach kaum vier Monaten zugunsten der überlegenen amerikanischen Streitkräfte entschieden war.

Bereits während des Krieges sicherten sich die USA mit Hawaii das „Sprungbrett" nach Asien. Im *Frieden von Paris* (12. Dezember 1898) musste Spanien Kuba, Puerto Rico, Guam und die Philippinen abtreten. Formal wurde Kuba unabhängig, faktisch von den USA besetzt und wirtschaftlich ausgebeutet. Mit dem *Platt Amendment*, zu dessen Annahme Kuba 1901 gezwungen wurde, sicherten sich die USA ein uneingeschränktes Interventionsrecht. Zudem erhielten sie den Stützpunkt Guantanamo, den die US-Navy bis heute unterhält. Besonders die Unterwerfung der Philippinen offenbarte den „unverhüllten Übergang zum Kolonialismus" (*Wolfgang J. Mommsen*). Hier hatten die Einheimischen zunächst auf der Seite der Vereinigten Staaten gegen die Spanier gekämpft. Als die Filipinos jedoch nach der spanischen Niederlage eine eigene unabhängige Republik gründen wollten, stand dies im Widerspruch zu den Interessen der USA. In einem bis 1902 andauernden **Guerillakrieg**, bei dem 20 000 philippinische Soldaten und Hunderttausende von Zivilisten ums Leben kamen, wurden die Aufstände brutal niedergeschlagen und die Philippinen unter direkte amerikanische Verwaltung gestellt.

Viele Amerikaner verurteilten die imperialistische Politik ihrer Regierung. Sie plädierten für das Selbstbestimmungsrecht der Völker und erklärten das Vorgehen als unvereinbar mit den nationalen Idealen und als Verstoß gegen die Monroe-Doktrin. 1898 schlossen sich die Expansionsgegner zur *Anti-Imperialist League* zusammen. Allerdings blieb dieser Protest weitgehend wirkungslos.

„Open Door Policy" und „Dollar Diplomacy" ■ Trotz der Erfahrung des Philippinen-Krieges setzten die Vereinigten Staaten ihre Expansionspolitik fort. Um die Vormachtstellung auf dem amerikanischen Doppelkontinent gegenüber den Europäern zu unterstreichen, erweiterte Präsident Theodore Roosevelt 1904 die Monroe-Doktrin um einen Zusatz (*Roosevelt Corollary*) (▶ M8): Er erklärte die USA zu einer „internationalen Polizeimacht", die zur eigenen Sicherheit jederzeit das Recht habe, in die politischen und wirtschaftlichen Verhältnisse der süd- und mittelamerikanischen Staaten einzugreifen.

Wie die USA ihre Interessen durchsetzten, zeigte sich am Bau des Panamakanals. Die Verbindung zwischen Atlantik und Pazifik nahm ganz im Sinne von Mahans Konzept in Roosevelts Außenpolitik einen besonders hohen Stellenwert ein. Der Kanal verkürzte den Seeweg zwischen beiden Ozeanen um 15 000 Kilometer und eröffnete damit nicht nur wirtschaftliche, sondern auch strategische Vorteile. Als sich die kolumbianische Regierung weigerte, die zu ihrem Territorium gehörende Kanalzone zu verpachten, sorgten die Vereinigten Staaten dafür, dass sich die kolumbianische Provinz Panama 1904 nach einer „Revolution" für unabhängig erklärte und ihnen eine 32 Kilometer breite Kanalzone überließ. In den folgenden Jahren wurde die als *„Big Stick Policy"* benannte Strategie Roosevelts in Mittelamerika und der Karibik zum festen Bestandteil der amerikanischen Außenpolitik.

Die Nachfolger Roosevelts setzten auch die indirekte Einflussnahme auf die für die USA wirtschaftlich und strategisch wichtigen Länder fort. Über hohe finanzielle Investitionen im Ausland gelang es der US-Regierung durch eine *„Dollar Diplomacy"*, sich wirtschaftliche Vorzugsrechte und große Absatzmärkte zu sichern und ganze Staaten an den US-Markt zu binden. In einigen Ländern waren US-Konzerne so mächtig, dass sie wie die 1899 gegründete United Fruit Company sogar Einfluss auf die Regierungsentscheidungen der Staaten nehmen konnten. Daher sprachen Kritiker von einem „Dollarimperialismus".

Nachdem sich die USA die Vorherrschaft in Mittelamerika und der Karibik gesichert hatten, richtete sich der Blick auf Ostasien. Da die europäischen Großmächte und Japan am Ende des Jahrhunderts begannen, China in koloniale Interessensphären aufzuteilen, befürchteten die USA, im Wettlauf um die asiatischen Absatzmärkte zu kurz zu kommen. Anders als in Lateinamerika und im karibischen Raum scheuten Regierung und amerikanische Öffentlichkeit dort jedoch internationale Auseinandersetzungen. Daher setzten sich die USA für eine informelle *„Open Door Policy"* mit gleichen und unbeschränkten Handelsmöglichkeiten für alle Nationen ein.* Während die USA den eigenen Markt durch hohe Zollbarrieren gegen die ausländische Konkurrenz abschirmten, beanspruchten sie für sich uneingeschränkte Handelsrechte in Übersee. Die amerikanische Regierung erzwang den freien Handel durch diplomatischen, gelegentlich auch militärischen Druck und versuchte so wo immer möglich, Länder und Märkte für die amerikanische Industrie zu öffnen.

Theodore Roosevelt (1858-1919): Politiker (Republikaner) und Verfasser historisch-politischer Werke wie „Die Eroberung des Westens", 1898-1900 Gouverneur des Staates New York, 1901-1909 US-Präsident, erhielt 1906 den Friedensnobelpreis

United Fruit Company: Die 1899 gegründete amerikanische Handelsgesellschaft United Fruit Company besaß eine Monopolstellung im Bananenhandel in Mittelamerika und der Karibik und betrieb eine skrupellose wirtschaftliche Ausbeutung. Der Konzern war sogar für den Sturz mehrerer unliebsamer Regierungen verantwortlich (u.a. Guatemala, Honduras).

---

* Vgl. dazu S. 164 f.

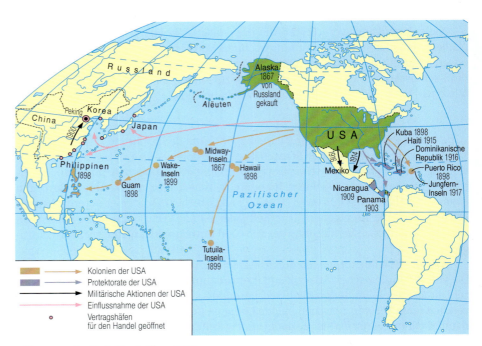

▲ Das „amerikanische Empire" um 1900.

▲ Eingriffe der USA im karibischen Raum.

Aufstieg der USA zur Weltmacht

M1 Die Monroe-Doktrin

In einer Rede vor dem Kongress am 2. Dezember 1823, später „Monroe-Doktrin" genannt, formuliert der amerikanische Präsident James Monroe die Ziele der amerikanischen Außenpolitik:

Es ist ein Grundsatz, in welchem die Rechte und Interessen der Vereinigten Staaten inbegriffen sind: dass die amerikanischen Kontinente infolge des freien und unabhängigen Standes, den sie angenommen haben und behaupten, hinfort
5 nicht als Gegenstände für die künftige Kolonisation durch irgendwelche europäischen Mächte zu betrachten sind [...]. Wir haben niemals an den Kriegen der europäischen Mächte teilgenommen, soweit sie diese allein angingen, und es verträgt sich nicht mit unserer Politik, daran teilzunehmen [...].
10 Wir sind deshalb den freundlichen Beziehungen, die zwischen den Vereinigten Staaten und jenen Mächten bestehen, die aufrichtige Erklärung schuldig, dass wir irgendwelchen Versuch von ihrer Seite, ihr System auf irgendeinen Teil dieser Halbkugel auszudehnen, als gefährlich für unseren Frieden
15 und unsere Sicherheit betrachten würden. In die bestehenden Kolonien oder Dependenzen irgendwelcher europäischen Macht haben wir nicht eingegriffen und werden wir nicht eingreifen, aber bei den Regierungen, die ihre Unabhängigkeit erklärt und behauptet und deren Unabhängigkeit wir
20 nach vieler Überlegung und aus gerechten Gründen anerkannt haben, könnten wir irgendwelche Dazwischenkunft, um sie zu unterdrücken oder irgendwie sonst ihr Schicksal zu bestimmen, vonseiten irgendeiner europäischen Macht in keinem anderen Licht sehen als in dem der Bekundung
25 unfreundlicher Gesinnung gegen die Vereinigten Staaten.

Fritz Wagner, USA. Geburt und Aufstieg der neuen Welt. Geschichte in Zeitdokumenten 1607-1865, München 1947, S. 176

1. *Arbeiten Sie die „Rechte und Interessen" und das Verhältnis gegenüber den europäischen Mächten sowie den übrigen amerikanischen Staaten heraus. Erläutern Sie, welches Selbstverständnis deutlich wird.*

2. *Analysieren Sie, welche defensiven und offensiven Strategien mit der Monroe-Doktrin verbunden sind.*

M2 Expansion als Auftrag

Der Journalist John L. O'Sullivan publiziert 1839 einen Artikel über die Notwendigkeit weiterer Expansion, die er in einer späteren Veröffentlichung als „offenkundige Bestimmung" (Manifest Destiny) des amerikanischen Volkes bezeichnet:

Amerika ist ausgewählt für bessere Taten. Es ist unser unvergleichlicher Ruhm, dass wir keine Erinnerung an Schlachtfelder haben, sondern nur die Menschheit, die Unterdrückten aller Nationen, die Gewissensfreiheit und das Wahlrecht verteidigt haben. [...] Wir treten in diesen unberührten Raum ein, 5 mit Gottes Wahrheit in unserem Verstand, wohltätigen Absichten in unseren Herzen und mit einem klaren Bewusstsein, das von der Vergangenheit unbefleckt ist. Wir sind die Nation des menschlichen Fortschritts, und wer wird, was kann uns Grenzen setzen auf unserem Marsch nach vorne? 10 [...]
In ihrer wunderbaren Herrschaft über Raum und Zeit ist diese Nation aus vielen Nationen dazu bestimmt, der Menschheit die Herrlichkeit des göttlichen Prinzips zu offenbaren; auf der Erde den edelsten Tempel zu errichten, der jemals der Vereh- 15 rung des Höchsten gewidmet worden ist – der Heiligkeit und der Wahrheit. Der Boden dieses Tempels wird eine Hemisphäre sein – das Dach das Firmament der sternenübersäten Himmel und seine Gemeinde eine Union von vielen Republiken, die Hunderte von glücklichen Millionen umfassen [...]. 20
Wir müssen weiter, um unsere Mission zu erfüllen – zur vollständigen Entwicklung der Prinzipien unserer Organisation – Gewissensfreiheit, Freiheit der Person, Freiheit des Handels und Streben nach Geschäften, Universalität von Freiheit und Gleichheit. Dies ist unsere oberste Bestimmung, und in dem 25 ewigen, unausweichlichen Naturgesetz von Ursache und Wirkung müssen wir es erreichen. All dies wird unsere zukünftige Geschichte sein: auf Erden die moralische Würde und das Heil der Menschheit zu etablieren – die unwandelbare Wahrheit und Wohltätigkeit Gottes. Amerika ist auser- 30 wählt für diese gesegnete Mission an den Nationen der Welt, die von dem lebensspendenden Licht der Wahrheit ausgeschlossen sind [...]. Wer kann daran zweifeln, dass unser Land dafür bestimmt ist, die große Nation der Zukunft zu werden.

The United States Democratic Review 6.23, 1839, S. 426-430 (übersetzt von Boris Barth)

1. *Nennen Sie die Punkte, aus denen O'Sullivan die „Bestimmung" des amerikanischen Volkes ableitet.*

2. *Erläutern Sie die Motive für die „Mission" und deren Konsequenzen.*

▲ „American Progress."
Gemälde von John Gast, 1872.
Das Bild zeigt ein perspektivisch gerafftes Amerika von der Ostküste bis zu den Rocky Mountains.
■ Interpretieren Sie die Symbolik des Bildes. Setzen Sie sich dabei mit dem Titel auseinander.

M3 Die Bedeutung der Grenze

Auf einer Tagung in Chicago am 12. Juli 1893 setzt sich der Historiker Frederick J. Turner in seiner Rede mit den Auswirkungen der Kolonisation des Westens auf den Charakter und das Denken des amerikanischen Volkes auseinander:

Bei den meisten Nationen hat sich die Entwicklung in einem begrenzten Raum abgespielt; und wenn die Nation sich ausdehnte, ist sie auf andere wachsende Völker getroffen, die sie erobert hat. Aber im Fall der Vereinigten Staaten
5 haben wir eine andersartige Erscheinung. […] Die gesellschaftliche Entwicklung Amerikas hat an der Grenze ständig wieder von vorn angefangen. Diese beständige Wiedergeburt, dies Fließende des amerikanischen Lebens, diese Expansion westwärts mit ihren neuen Möglichkeiten, ihrer
10 dauernden Berührung mit der Einfachheit primitiver Gesellschaft, stellen die Kräfte, die den amerikanischen Charakter beherrschen. Der wahre Gesichtspunkt in der amerikanischen Geschichte ist nicht die Atlantikküste, sondern der Große Westen. […]
15 Von den Lebensbedingungen an der Grenze kamen intellektuelle Züge von profunder Wichtigkeit her […] und diese Züge sind, sich abschwächend, als Überbleibsel an ihrem Ursprungsort bestehen geblieben, auch als eine höhere soziale Organisation nachfolgte. Das Ergebnis ist, dass der amerikanische Geist seine auffallenden Charakteristika der
20 Grenze verdankt. Jene Rauheit und Kraft verbunden mit Scharfsinn und Wissbegier; jene praktische, erfinderische Denkungsart, rasch im Auffinden von Behelfen; jene meisternde Hand in materiellen Dingen, mangelhaft im Künstlerischen, aber machtvoll zur Erreichung großer Ziele; jene
25 ruhlose, nervöse Tatkraft; jener dominante Individualismus, zum Guten und zum Bösen wirkend, und zu all dem die Spannkraft und Üppigkeit, die mit der Freiheit einhergehen – das sind Züge der Grenze […].

Herbert Schambeck, Helmut Widder und Marcus Bergmann (Hrsg.), Dokumente zur Geschichte der Vereinigten Staaten von Amerika, Berlin ²2007, S. 410f.

1. *Analysieren Sie die Bedeutung, die der Grenze bei Turner zukommt.*
2. *Diskutieren Sie die Konsequenzen dieser Auffassung für das Verhältnis der USA zu Europa.*
3. *Charakterisieren Sie den von Turner beschriebenen „amerikanischen Geist".*
4. *Die moderne Wissenschaft hat Turners Frontier-These vielfach zurückgewiesen. Diese sei keine historische Deutung, sondern habe einen nationalistischen und rassistischen Mythos im Gewand objektiver Wissenschaft konstruiert. Nehmen Sie dazu Stellung.*

M4 Relative Anteile an der Welt-Industrieproduktion, in Prozent*

	1750	1800	1830	1860	1880	1900
(Europa als Ganzes)	23,2	28,1	34,2	53,2	61,3	62,0
Großbritannien	1,9	4,3	9,5	19,9	22,9	18,5
Habsburger Reich	2,9	3,2	3,2	4,2	4,4	4,7
Frankreich	4,0	4,2	5,2	7,9	7,8	6,8
Deutsche Staaten/Deutschland	2,9	3,5	3,5	4,9	8,5	13,2
Italienische Staaten/Italien	2,4	2,5	2,3	2,5	2,5	2,5
Russland	5,0	5,6	5,6	7,0	7,6	8,8
USA	0,1	0,8	2,4	7,2	14,7	23,6
Japan	3,8	3,5	2,8	2,6	2,4	2,4
China	32,8	33,3	29,8	19,7	12,5	6,2
Indien/Pakistan	24,5	19,7	17,6	8,6	2,8	1,7

* Unter Industrieproduktion wird vor allem die gewerbliche Gewinnung sowie die Be- und Verarbeitung von Rohstoffen (Kohle, Erz, Baumwolle u. a. m.) verstanden.

Nach: Paul Kennedy, Aufstieg und Fall der großen Mächte. Ökonomischer Wandel und militärischer Konflikt von 1500 bis 2000, Frankfurt am Main [5]2005, S. 237

1. Arbeiten Sie die Tendenzen der Entwicklung heraus. In welcher Zeit kommt es jeweils zu Umbrüchen? Suchen Sie Erklärungen.
2. Setzen Sie die Tabelle in zwei Diagrammformen um. Erläutern Sie Ihre methodische Entscheidung und legen Sie jeweils Vor- und Nachteile dar.
3. Vergleichen Sie die Entwicklung der Industrieproduktion der Vereinigten Staaten mit der Asiens und Europas.

M5 Erschließung neuer Märkte

1885 klagt der amerikanische Kongressabgeordnete Solon O. Thacher in einer Rede vor dem Unterausschuss des Senats:

Die wirtschaftliche Zukunft unseres Landes ist nicht nur voller Sonnenschein. Es gibt mehr Arbeiter, als Arbeit vorhanden ist. Wird ein Arbeiter entlassen, so wartet in fast allen handwerklichen Berufen bereits ein anderer darauf, seine Stelle einzunehmen.
Für den Zustrom von Arbeitern aus anderen Ländern besteht kein großes Bedürfnis mehr. In allen Bereichen der Wirtschaft wird heute mehr produziert als konsumiert werden kann. [...] Mehr als jemals zuvor hängen unser zukünftiges Wachstum, der innere Frieden und die Stabilität unserer inneren Ordnung davon ab, dass wir neue Konsumenten für unsere Produkte finden. Ziel dieser Maßnahme ist der Versuch, unseren landwirtschaftlichen und industriellen Produzenten einen angemessenen Markt zu schaffen.

Vergeblich suchen wir in anderen Erdteilen nach einem Volk, das bereit ist, die Erzeugnisse, die wir auf unseren Farmen, Webstühlen, Hochöfen und Mineralölquellen über unseren eigenen Bedarf hinaus produzieren, abzunehmen. Die zentral- und südamerikanischen Nationen hingegen bieten nicht nur lockende und profitable Märkte, um unsere Überproduktion abzubauen, sondern sie sind auch die einzigen Absatzgebiete, die sich finden lassen.

Wolfgang J. Mommsen, Imperialismus. Seine geistigen, politischen und wirtschaftlichen Grundlagen, Hamburg 1977, S. 205

1. Benennen Sie Thachers Forderungen und arbeiten Sie seine Argumente heraus. Ziehen Sie M4 hinzu und ergänzen Sie Thachers Argumentation.
2. Untersuchen Sie, welche Konsequenzen sich aus Thachers Forderungen ergeben.
3. Recherchieren Sie, welche Bedeutung heute den wirtschaftlichen Interessen für den Imperialismus der europäischen Mächte zugesprochen wird.

M6 Seestrategische Überlegungen

Der amerikanische Admiral Alfred Thayer Mahan fordert in mehreren einflussreichen Schriften eine überseeische Expansion und die Schaffung einer starken Seemacht. In einem Aufsatz von 1893 heißt es:

Die Hawaii-Inseln[1] sind von größter Bedeutung für die handelspolitische und militärische Kontrolle des Pazifik, namentlich des nördlichen Pazifik, in dem die Vereinigten Staaten, geografisch gesehen, das größte Recht auf die politische Vor-
5 herrschaft besitzen. Diese brächte die folgenden, im Wesentlichen positiven Vorteile mit sich: Erhöhung der Sicherheit des Handels und Erleichterung der Kontrolle dieser Region durch die Marine [...]. Dass die Vorzüge unserer Wirtschaftsordnung Andersdenkenden nicht aufgezwungen werden
10 dürfen, sei zugegeben, aber dieses Zugeständnis bedeutet nicht, dass es nicht doch sinnvoll und vernünftig sei, jene zu integrieren, die selbst dazu bereit sind. [...]
Die Interessen unserer drei großen Küstenregionen, der atlantischen, der am Golf von Mexiko gelegenen und der pazi-
15 fischen [...] erfordern unsere Ausdehnung mittels des Panamakanals[2] auf das weite Meer hinaus [...]. Demgemäß ist der Panamakanal ein unverzichtbarer Bestandteil für die Zukunft der Vereinigten Staaten [...]. Wir wollen von der grundsätzlichen, von der Geschichte immer wieder bestätigten Wahr-
20 heit ausgehen, dass die Kontrolle der Meere – besonders entlang der großen Linien, die durch nationales Eigeninteresse oder nationalen Handel gezogen werden – von den rein materiellen Elementen der Macht und des Wohlstands der Völker am bedeutsamsten ist. Der Grund dafür liegt in der
25 Tatsache, dass das Meer das größte Medium der Zirkulation in der Welt ist. Daraus folgt mit Notwendigkeit das Prinzip, dass es zur Kontrolle der Seewege zwingend notwendig ist, wann immer es gerechtfertigt erscheint, Besitzungen zu erwerben, die zur Sicherung der Seeherrschaft beitragen.

Ulrich Janiesch, Imperiale Zeitalter. Imperium Romanum – Moderner Imperialismus, Stuttgart 1998, S. 50

1. *Nehmen Sie Stellung zu den Argumenten, mit denen Mahan eine Expansion der USA rechtfertigt.*

2. *Vergleichen Sie Mahans Ziele mit den Vorstellungen der Manifest Destiny (vgl. S. 332 f. und S. 339).*

---

[1] 1853 war ein Versuch, die wirtschaftlich und strategisch bedeutenden Hawaii-Inseln zu annektieren, am Widerstand der europäischen Mächte gescheitert. Über Handelsverträge hatten sich die USA jedoch 1875 bedeutende wirtschaftliche Vorrechte sowie 1887 die Marinebasis Pearl Harbor gesichert.
[2] Siehe dazu S. 337.

---

3. *Stellen Sie Mahans Theorie den europäischen Formen und Begründungen imperialistischer Herrschaft gegenüber. Gibt es Gemeinsamkeiten oder Unterschiede?*

M7 Interventionspolitik: das Beispiel Kuba

Der amerikanische Präsident William McKinley fordert am 11. April 1898 vor dem Kongress ein militärisches Eingreifen in Kuba, wo die spanische Kolonialmacht mit harten Unterdrückungsmaßnahmen gegen die kubanische Unabhängigkeitsbewegung vorgeht und bürgerkriegsähnliche Zustände herrschen. Am 16. April 1898 beschließt der Senat die Intervention. In der Kriegsbotschaft des Präsidenten heißt es:

Die gewaltsame Intervention der Vereinigten Staaten als ein neutraler Staat zur Beendigung des Krieges ist in Übereinstimmung mit den großen Geboten der Humanität und in Analogie zu vielen historischen Präzedenzfällen, bei denen benachbarte Staaten jenseits ihrer Grenzen eingriffen, um 5
die sinnlosen Opfer eines wechselseitigen Vernichtungskrieges zu beenden, aus rationalen Gründen zu rechtfertigen. [...]
Die Gründe für eine solche Intervention können kurz folgendermaßen zusammengefasst werden:
Erstens. Aus Gründen der Humanität und um die Barbareien, 10 das Blutvergießen, den Hungertod und das schreckliche Elend zu beenden, das dort jetzt herrscht und das die Parteien des Konflikts entweder nicht beenden oder lindern wollen. [...] Zweitens. Wir sind es unseren Bürgern in Kuba schuldig, ihnen den Schutz und die Sicherheit für Leben und 15 Eigentum zu gewähren, die keine Regierung drüben ihnen leisten kann oder leisten will, und zu diesem Zweck den Zustand zu beenden, der sie des gesetzlichen Schutzes beraubt. Drittens. Das Interventionsrecht kann durch die sehr ernsthafte Schädigung der Wirtschaft, Geschäfte und des Handels 20 unserer Bevölkerung und durch die mutwillige Zerstörung von Eigentum und die Verwüstung der Insel gerechtfertigt werden. Der vierte Grund ist von größter Wichtigkeit. Der gegenwärtige Zustand der Angelegenheiten in Kuba ist eine ständige Bedrohung unseres Friedens und bürdet dieser 25 Regierung enorme Kosten auf.

Nach dem Spanisch-Amerikanischen Krieg erhält Kuba die formale Unabhängigkeit, muss jedoch 1901 auf Druck der US-Regierung einen nach Senator Orville H. Platt benannten Zusatz („Platt Amendment") in seine Verfassung aufnehmen, der bis 1934 gültig bleibt:

Die kubanische Regierung stimmt zu, dass die Vereinigten Staaten das Interventionsrecht ausüben können, und zwar

für die Bewahrung der Unabhängigkeit Kubas und die Auf-
rechterhaltung einer Regierung, die das Leben, das Eigentum und die individuelle Freiheit zu schützen in der Lage ist [...]. Damit die Vereinigten Staaten die Unabhängigkeit Kubas sichern, die Bevölkerung schützen und sich selbst verteidigen können, verkauft oder leiht die kubanische Regierung den Vereinigten Staaten Land, das für die Kohleverladung und als Marinestützpunkt notwendig ist.

Erster Text: Ulrich Janiesch, a.a.O., S. 51
Zweiter Text: Zitiert nach: Praxis Geschichte, Heft Nr. 6 (2005), S. 25

1. Erörtern Sie auf der Grundlage der Darstellung auf S. 336 f. die Hintergründe der Intervention der Vereinigten Staaten in Kuba.
2. Arbeiten Sie heraus, welche Rechte die kubanische Regierung den USA einräumt.
3. Erörtern Sie die Folgen des Platt Amendments für die Souveränität Kubas.
4. Recherchieren Sie im Internet zu „Guantanamo Bay Naval Base" und klären Sie den Zusammenhang mit dem Platt Amendment.

M8 Roosevelt ergänzt die Monroe-Doktrin

Die innenpolitische und finanzielle Schwäche einzelner lateinamerikanischer Staaten veranlasst die europäischen Mächte, ausstehende Staatsschulden mit militärischem Druck einzutreiben. Vor diesem Hintergrund verkündet Präsident Theodore Roosevelt am 6. Dezember 1904 vor dem Kongress seine als „Big Stick Policy" benannte neue außenpolitische Zielrichtung:

Es ist nicht wahr, dass die Vereinigten Staaten Hunger auf Land haben und irgendetwas mit anderen Nationen der westlichen Hemisphäre vorhaben, es sei denn, es dient deren eigener Wohlfahrt. Dieses Land wünscht nur, seine Nachbarländer stabil, geordnet und blühend zu sehen. Jedes Land, dessen Bewohner sich gut betragen, kann unserer herzlichen Freundschaft sicher sein. Wenn eine Nation zeigt, dass sie weiß, wie man mit angemessener Tüchtigkeit und Anständigkeit soziale und politische Angelegenheiten anfasst, wenn sie für Ordnung sorgt und ihre Schulden bezahlt, braucht sie kein Eingreifen der Vereinigten Staaten zu befürchten. Chronisches Fehlverhalten oder Schwäche, die auf eine allgemeine Lockerung der Bindungen einer zivilisierten Gesellschaft hinauslaufen, kann in Amerika wie überall schließlich die Intervention einer zivilisierten Nation erfordern, und in der westlichen Hemisphäre kann die Bindung der Vereinigten Staaten an die Monroe-Doktrin die Vereinigten Staaten zwingen, in besonders schlimmen Fällen von Fehlverhalten oder Schwäche, wenn auch widerstrebend, eine internationale Polizeigewalt auszuüben. [...] Unsere Interessen und die unserer südlichen Nachbarn sind in Wirklichkeit identisch. Sie besitzen große Naturschätze, und wenn in ihren Grenzen Gesetz und Gerechtigkeit hergestellt werden, dann kommt bestimmt auch der Wohlstand zu ihnen. [...] Wir würden uns bei ihnen nur einmischen, wenn uns kein anderer Ausweg bleibt, und auch dann nur, wenn offenkundig geworden ist, dass sie unfähig oder nicht willens sind, Gerechtigkeit im Innern walten zu lassen, und wenn sie nach außen die Rechte der Vereinigten Staaten verletzen oder den Angriff eines anderen Landes zum Schaden der Gesamtheit der amerikanischen Nationen herausgefordert haben.

Herbert Schambeck, Helmut Widder und Marcus Bergmann (Hrsg.), a.a.O., S. 418

1. Benennen Sie die Ziele, die Roosevelt mit seiner Botschaft verfolgt.
2. Roosevelts Rede wurde als „Corollary" (Zusatz) zur Monroe-Doktrin bekannt. Begründen Sie diese Aussage.

▲ „Theodore Roosevelt and his Big Stick in the Caribbean."
Karikatur von William Allen Rogers, 1904.
In einer seiner frühen Reden griff Theodore Roosevelt ein altes Sprichwort auf: „Speak softly and carry a big stick, and you will go far."
■ Erläutern Sie, in welcher Weise dieses Sprichwort für die Außenpolitik Roosevelts steht, und übersetzen Sie es in politische Handlungen.

US-Politik im Ersten und Zweiten Weltkrieg

Von der „parteiischen Neutralität"... Während die USA in der westlichen Hemisphäre ein Imperium aufbauten, blieben sie gegenüber den europäischen Mächten und ihren Militärbündnissen auf Distanz. Als am 1. August 1914 der Erste Weltkrieg ausbrach, in dem sich die Mächte der Entente (Großbritannien, Frankreich, Russland) und die Mittelmächte (Deutschland, Österreich-Ungarn) gegenüberstanden, fühlten sich die USA – ganz im Sinne George Washingtons – weiterhin zu traditioneller Neutralität verpflichtet. Präsident Woodrow Wilson* vermied jede Verstrickung in den Konflikt und forderte seine Landsleute auf, neutral zu bleiben. Die USA sollten ihren Einfluss allenfalls dazu nutzen, sich als Schiedsrichter für einen „Frieden ohne Sieg" einzusetzen (▶ M1).

Durch eine Kriegsbeteiligung fürchtete Wilson, das unter seinem Vorgänger Theodore Roosevelt begonnene Reformprogramm (*Progressive Movement*) zu gefährden, das den sozialen, gesellschaftlichen und wirtschaftlichen Missständen begegnen sollte. Nicht zuletzt wollte die US-Regierung mit ihrer neutralen Haltung innere Konflikte zwischen den Einwanderern aus den verschiedenen Nationen vermeiden. Die politischen und gesellschaftlichen Eliten, allen voran Wilson selbst, sympathisierten von Anfang an mit den Staaten der Entente, denen sie sich kulturell und ideologisch verbunden fühlten. Andererseits gab es in der Bevölkerung viele, die der Entente feindlich gegenüberstanden. Dazu gehörten Angehörige der deutschen, irischen und – wegen der Pogrome im russischen Zarenreich – auch jüdischen Minderheit. Auch die zahlreichen Pazifisten wollte Wilson mit Blick auf seine 1916 anstehende Wiederwahl nicht vor den Kopf stoßen. Wirtschaftlich waren die USA jedoch längst in den Krieg verwickelt. Schon vor 1914 war Großbritannien für die Vereinigten Staaten der wichtigste Handelspartner. Nach Kriegsbeginn belieferte die US-Wirtschaft England und Frankreich mit immer größeren Mengen an Nahrungsmitteln und Waffen. Durch den Auftragsboom fand sie einen Weg aus der seit 1913 herrschenden Rezession. Außerdem gewährten die USA den Entente-Mächten Kredite in Milliardenhöhe, deren Rückzahlung im Falle einer Niederlage auf dem Spiel stand.

Im Mai 1915 löste die Versenkung des britischen Passagierdampfers „Lusitania" durch ein deutsches U-Boot große Empörung aus, da unter den 1198 Opfern auch 128 amerikanische Passagiere waren. Das ganze Land beteiligte sich an den Diskussionen über die Frage: Kriegseintritt oder nicht? Dennoch behielt die Wilson-Regierung ihre 1914 eingeschlagene „parteiische Neutralität" vorerst bei.

... zum Kriegseintritt 1917 Im Wahljahr 1916 war die Mehrheit der amerikanischen Bevölkerung deutlich gegen einen Krieg. Der Wahlkampfslogan „He kept us out of war" sicherte Wilson seine Wiederwahl. Während er weiterhin für einen „Frieden ohne Sieg" warb und eine auf Demokratie, Freiheit, Gleichheit und Selbstständigkeit der Nationen basierende Weltordnung propagierte (▶ M2), bereitete er die amerikanische Öffentlichkeit gleichzeitig mit einer Kampagne der „Preparedness" auf einen eventuellen Kriegseintritt vor. Bereits vor der Wahl hatte der Kongress mit einer Reihe von Gesetzen die Voraussetzungen für die Aufrüstung geschaffen.

Mehrere Gründe bewogen die USA schließlich dazu, die bisherige „parteiische Neutralität" aufzugeben: Mit der Wiederaufnahme des Uneingeschränkten U-Boot-Krieges verletzte das Deutsche Reich Neutralitätsrechte und richtete sich damit auch gegen die USA. Für einen endgültigen Stimmungsumschwung sorgte die Veröffent-

---

Uneingeschränkter U-Boot-Krieg: im Ersten Weltkrieg vom Deutschen Reich beschlossene völkerrechtswidrige Ausweitung des U-Boot-Krieges auf Handels- und Passagierschiffe Krieg führender und neutraler Staaten als strategisches Blockademittel, um Großbritannien vom Nachschub abzuschneiden

---

* Siehe S. 198.

lichung eines abgefangenen Telegramms, in dem die deutsche Reichsregierung dem mexikanischen Präsidenten ein gemeinsames Bündnis mit Japan gegen die USA vorschlug. Zudem zeichnete sich nach dem Sturz des Zaren im März 1917 ein Ausscheiden Russlands aus dem Bündnis mit Großbritannien und Frankreich ab. Am 6. April 1917 erklärten die USA dem Deutschen Reich den Krieg, den sie im Sinne Präsident Woodrow Wilsons als „Kreuzzug für die Demokratie" führten.

Die amerikanische Gesellschaft im Krieg Zum Zeitpunkt der Kriegserklärung im April 1917 waren die Vereinigten Staaten auf einen militärischen Eingriff kaum vorbereitet. Die Armee war klein und schlecht ausgerüstet, die Munition reichte kaum für zwei Tage. Bereits im Mai 1917 führte die Regierung die allgemeine Wehrpflicht ein. Eilig wurde die Industrie auf Kriegsproduktion umgestellt.

1918 standen über zwei Millionen Soldaten in Europa, darunter etwa 400 000 Afroamerikaner, die ebenfalls der Wehrpflicht unterlagen, ihren Dienst jedoch meist hinter der Front und getrennt von den Weißen taten. Ihre Hoffnung auf gesellschaftliche Anerkennung und eine Lockerung der Rassentrennung blieb Illusion. Im Gegenteil: Diskriminierung und rassistisch motivierte Gewalt verschärften sich während der Kriegsjahre. Die von den Behörden organisierte Aufrüstung sorgte für ein kräftiges Wirtschaftswachstum. Bald produzierten die USA mehr Rüstungsgüter, als die eigenen Truppen benötigten, sodass sie die Verbündeten mitversorgen konnten.

Die amtliche Propaganda des „Kreuzzugs für die Demokratie" fachte ein Klima der Hysterie in der Bevölkerung an (▶ M3). Organisationen deutschsprachiger Einwanderer wurden angefeindet, Gegner des Krieges scharf überwacht und mit Gefängnis bestraft. Gesetze schränkten die Grundrechte der Meinungs- und Pressefreiheit ein. Die mit Intoleranz, Unterdrückung und Verfolgung Andersdenkender sowie Rassismus und Fremdenhass einhergehende nationalistische Begeisterung offenbarte deutlich die Widersprüche der amerikanischen Demokratie, die in Krisenzeiten Gefahr lief, im Inneren ihre nach außen verteidigten Grundwerte aufzugeben.

Das Eingreifen der Vereinigten Staaten entschied den Ersten Weltkrieg. Mithilfe der amerikanischen Truppen waren die Alliierten den Mittelmächten an Menschen und Material deutlich überlegen. Schließlich erkannte die deutsche Heeresleitung die Aussichtslosigkeit der Lage und ersuchte die Reichsregierung im Oktober 1918 um einen Waffenstillstand, der am 11. November 1918 im französischen Compiègne unterzeichnet wurde. Auch wenn die Zahl der amerikanischen Opfer weitaus geringer war als in den europäischen Staaten, zahlten die USA einen hohen Preis: Etwa 50 000 Soldaten starben, 200 000 wurden verwundet, weitere 60 000 fielen Krankheiten zum Opfer, vor allem einer verheerenden Grippeepidemie. Insgesamt hatten die USA mehr als 30 Milliarden Dollar für die Finanzierung des Krieges aufgebracht – zehnmal soviel wie während des amerikanischen Bürgerkrieges fünfzig Jahre zuvor.

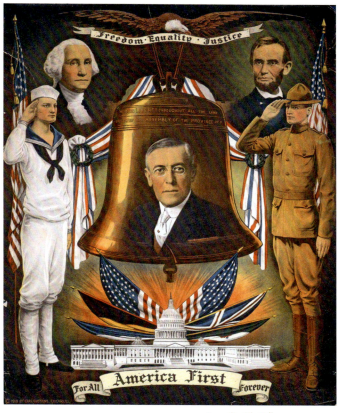

▲ „America First."
Plakat von 1918.
Auf der Glocke, der berühmten „Liberty Bell", steht die Inschrift: „Proclaim liberty throughout all the land, order of the assembly of the province of P(hiladelphia)."
■ Bestimmen Sie Personen und die Bedeutung der Bildelemente. Analysieren Sie, mit welchen Mitteln hier für den Kriegseinsatz „geworben" wird.

▲ Allegorie auf den gemeinsamen Kampf der Alliierten gegen Deutschland.
Zeichnung von A. Beltrame aus dem Jahr 1917.

▶ Geschichte In Clips:
Zum US-Börsencrash von 1929 siehe Clip-Code 4665-04

New Deal: 1933 als „Neuanfang" propagierte Reformpolitik Franklin D. Roosevelts, mit der er die USA aus der Wirtschaftskrise führen wollte. Durch eine Eingrenzung des Wirtschaftsliberalismus und sozialpolitische Maßnahmen hielt er die demokratische Ordnung stabil.

Eine neue Weltordnung? Noch während des Krieges hatte Präsident Wilson seine idealistischen Friedensziele in einem Programm der 14 Punkte dargelegt (▶ M4). Im Zentrum der neuen Weltordnung stellte er sich einen Völkerbund vor, der die Zusammenarbeit aller Staaten fördern und einen dauerhaften Frieden sichern sollte. Bei den Verhandlungen zum Versailler Vertrag 1919 wurde Wilsons Plan jedoch in entscheidenden Punkten übergangen. Die Machtinteressen der anderen Staaten verhinderten die Durchsetzung eines „Friedens ohne Sieg". Immerhin konnte er die Einrichtung des von ihm geforderten Völkerbundes festschreiben.

Auf den größten Widerstand stieß der Präsident im eigenen Land. Die Ergebnisse der Versailler Friedenskonferenzen hatten die amerikanische Öffentlichkeit enttäuscht. Viele US-Bürger befürchteten, durch einen Beitritt zum Völkerbund in künftige militärische Konflikte hineingezogen zu werden. Bald überwog der Ruf nach einer Rückkehr zum isolationistischen Kurs. Der US-Kongress lehnte schließlich eine Ratifizierung des Versailler Vertrages und einen Beitritt zum Völkerbund ab.

In der Folge zogen sich die Vereinigten Staaten politisch aus Europa und dem internationalen Weltgeschehen zurück. Bei allem Desinteresse der amerikanischen Bevölkerung an den Vorgängen in Europa und Asien konnte die US-Außenpolitik nach 1919 jedoch nicht mehr zum Isolationismus zurückkehren. Zu groß war das wirtschaftliche Engagement auf den anderen Kontinenten geworden. Zudem wuchs die Erkenntnis, dass die weltweiten amerikanischen Interessen nicht ohne politische Teilnahme durchzusetzen waren. Militärische Eingriffe galt es jedoch zu vermeiden. Mehr als zuvor wurden die Prinzipien der „Open Door Policy" und der „Dollar Diplomacy" bestimmend. So blieben die USA vor allem als Kreditgeber wirtschaftlich und finanziell eng mit Europa verbunden. Im ostasiatisch-pazifischen Raum weiteten sie ihre wirtschafts- und sicherheitspolitische Vormachtstellung aus und wirkten so vor allem den japanischen Herrschaftsansprüchen entgegen.

Zwischenkriegszeit: „Prosperity" und „Crash" Nach Kriegsende war die politische und wirtschaftliche Weltmachtrolle der USA deutlicher denn je. Hatten die USA vor dem Ersten Weltkrieg noch Schulden in Europa gehabt, so war es jetzt umgekehrt: Kein Staat hatte so viele Kredite an die europäischen Staaten vergeben wie die USA. Die Umstellung auf die Friedenswirtschaft ließ das Wirtschaftswachstum kurzfristig schrumpfen. Danach setzte ein gewaltiger Aufschwung – eine Phase der *„Prosperity"* – ein. Technischer Fortschritt und gestiegene Kaufkraft breiter Bevölkerungsschichten ließen die USA zur ersten Massenkonsumgesellschaft und zum Vorreiter der Modernisierung werden.

Als am 24. Oktober 1929, dem „Schwarzen Donnerstag", und noch einmal am 29. Oktober, dem „Schwarzen Dienstag", die New Yorker Börse zusammenbrach, stürzten die Vereinigten Staaten unvorbereitet in ihre größte wirtschaftliche Krise, die globale Auswirkungen hatte. Tausende von Banken und über 100 000 Betriebe gingen in den folgenden Jahren in Konkurs. Auf dem Höhepunkt der *„Great Depression"* 1932/33 war etwa jeder vierte Amerikaner arbeitslos. Die sozialen Folgen waren katastrophal, weil es anders als in vielen europäischen Staaten so gut wie keine staatliche Fürsorge gab. Erst mit den von Präsident Franklin D. Roosevelt* initiierten Reformprogrammen des **New Deal** gelang es, die Wirtschaftskrise bis 1941 weitgehend zu überwinden.

* Siehe S. 263.

Gespaltene Nation: Isolationisten gegen Internationalisten ◼ In der Zwischenkriegs-zeit hielten die US-Regierungen ihren Kurs eines „unabhängigen Internationalismus" bei, stets darauf bedacht, innenpolitischen Streit über die Außenpolitik zu vermeiden. Gleichzeitig bemühten sie sich, die internationalen Verhältnisse durch Rüstungskon-trollen und gute Beziehungen zu allen Großmächten zu stabilisieren. Um jedes Kriegs-risiko auszuschalten, verabschiedete der Kongress bis 1937 mehrere Neutralitäts-gesetze, die der Regierung eine Unterstützung Krieg führender Staaten, etwa durch Waffenlieferungen, unmöglich machen sollte.

Der neutrale Kurs wurde auch nicht aufgegeben, als in den 1930er-Jahren die Außenpolitik des nationalsozialistischen Deutschland, des faschistischen Italien und des imperialistischen Japan immer aggressiver wurde. 1937, so ergab eine Umfrage, betrachteten 70 Prozent der Amerikaner die Beteiligung ihres Landes am Ersten Welt-krieg rückblickend als Fehler, den sie nicht wiederholen wollten. Als Präsident Roosevelt im selben Jahr in einer Rede forderte, die aggressiven Mächte unter „Quarantäne" zu stellen (▶ M5), stieß er damit in der amerikanischen Öffentlichkeit auf große Kritik.

Die Judenpogrome im November 1938 und der deutsche Überfall auf die Tschecho-slowakei im Frühjahr 1939 markierten für Roosevelt einen Wendepunkt: Nun lenkte der Präsident die USA auf Konfrontationskurs. Seit 1938 kurbelte seine Regierung die Aufrüstung an.

Mit dem Einmarsch deutscher und sowjetischer Truppen in Polen brach im Sep-tember 1939 in Europa der Krieg aus. Ähnlich wie im Ersten Weltkrieg entzündete sich eine heftige innenpolitische Diskussion. Der mögliche Kriegseintritt spaltete die Nation in zwei Lager (▶ M6): Die „Isolationisten" wollten die offensive Wirtschaftspolitik der „Open Door" fortsetzen, sich aber ansonsten aus den Bündnissystemen und Konflikten heraushalten. Demgegenüber drängten die „Internationalisten" mit Roosevelt an der Spitze auf eine machtvolle Unterstützung der europäischen Westmächte. Sollte das Deutsche Reich Europa unterwerfen, wäre dies auch eine Bedrohung für die USA. Darüber hinaus widersprach die nationalsozialistische Weltanschauung den amerika-nischen Vorstellungen von Selbstbestimmung, Freiheit und einem ungeteilten Welt-markt für ihre Produkte. In den Augen Roosevelts verpflichteten die demokratischen Ideale der USA dazu, dafür notfalls mit eigenen Truppen zu kämpfen.

Der Weg in den Zweiten Weltkrieg ◼ Der Präsident stand vor der schweren Herausfor-derung, seine Politik gegenüber der großen Mehrheit der Bevölkerung und des Kon-gresses durchzusetzen, die zwar mit England und Frankreich sympathisierte, aber einen Eintritt in den Weltkrieg strikt ablehnte. Geschickt ging Roosevelt daher in mehreren Etappen, teilweise sogar geheim vor. Er schlug zunächst eine Politik ein, mit der er den europäischen Westmächten „mit allen Mitteln außer einem Krieg" zu Hilfe kommen konnte. Wichtigste Voraussetzung dafür war eine Lockerung der Neutralitätsgesetze, um vor allem England mit Kriegsmaterial versorgen zu können. Die erforderliche Kon-gressmehrheit sicherte er sich durch die Betonung wirtschaftlicher Vorteile, die durch die Rüstungsexporte entstanden. Als Roosevelt 1940 für eine dritte Amtszeit kandi-dierte, versprach er im Wahlkampf noch, die USA nicht in den Krieg zu führen. Nach seiner haushohen Wiederwahl forderte Roosevelt dann die Mobilmachung des Landes. Erstmals führte der Kongress in Friedenszeiten die Wehrpflicht ein.

Bei einem Treffen im Atlantik im August 1941 legten Roosevelt und der englische Premierminister Winston Churchill* in der *Atlantik-Charta* die Ziele einer Nachkriegs-

---

* Siehe S. 267.

▶ **Das US-Marinekorps erobert Iwo Jima.**
Foto (Ausschnitt) vom 23. Februar 1945.
Gegen Ende des Kampfes gegen die Japaner hissten die siegreichen amerikanischen Truppen ihre Bataillonsfahne auf der Bergspitze der Insel. Später tauschten sie sie gegen eine größere Fahne aus. Diesen Moment hielt der Fotograf Joe Rosenthal fest.

■ Das Kriegsfoto von Joe Rosenthal wurde zur nationalen Ikone. Recherchieren Sie die mediale Entwicklung des Motivs, seine Verwendung und Bedeutung von 1945 bis heute. Verfassen Sie dazu ein Referat.

ordnung fest. Darin verpflichteten sie sich, für das Selbstbestimmungsrecht der Völker, Sicherheit, Abrüstung, internationale wirtschaftliche Zusammenarbeit und Freiheit der Meere einzutreten. Die Atlantik-Charta war die Grundlage der Anti-Hitler-Koalition* und des gemeinsamen Kampfs gegen die „Nazityrannei". Bereits zuvor hatte Roosevelt die amerikanische Öffentlichkeit wissen lassen, wie er sich die neue Weltordnung nach dem Sieg über Deutschland, Japan und Italien vorstellte: Die Prinzipien der amerikanischen Demokratie sollten zur Grundlage der Nachkriegsordnung und zur Maxime jeder Weltfriedensordnung werden (▶ M7).

Parallel zum deutschen Vordringen in Europa spitzte sich die Situation im Pazifik zu. 1937 hatte Japan damit begonnen, chinesische Küstengebiete zu besetzen, und drang nun in China weiter vor. Als Roosevelt den Verzicht auf weitere Eroberungen forderte, ließ die japanische Regierung am 7. Dezember 1941 die amerikanische Pazifikflotte im Hafen Pearl Harbor auf Hawaii bombardieren. Der Überfall führte zu einem Stimmungswandel in der schockierten US-Bevölkerung und beendete die jahrelange innenpolitische Debatte. Einen Tag später erklärten die Vereinigten Staaten Japan den Krieg. Die Entscheidung über einen amerikanischen Kriegseintritt in Europa trafen Deutschland und Italien selbst. Sie brachen am 11. Dezember 1941 die diplomatischen Beziehungen zu den USA ab.

Als einziges Land gingen die USA wirtschaftlich und politisch gestärkt aus dem Krieg hervor. Anders als ihre Verbündeten hatten sie nur auf Hawaii Kriegshandlungen im eigenen Land erlebt. Deshalb besaßen sie eine funktionierende Infrastruktur und eine leistungsstarke Wirtschaft. Diese kompensierte nicht nur die Ausfälle des zerstörten Europa, sondern wurde nach 1945 in allen Bereichen zum Weltmarktführer. Im Inneren hatte der Krieg eine Welle des Patriotismus ausgelöst und den Zusammenhalt der Nation gestärkt. 7,5 Millionen US-Soldaten standen siegreich in allen Teilen der Welt. Die politischen Vertreter der Vereinigten Staaten bestimmten die notwendig gewordene Neuordnung Europas und Asiens maßgeblich mit.

---

* Siehe S. 269.

M1 „Wir müssen unparteiisch sein"

Am 19. August 1914 wendet sich Präsident Woodrow Wilson mit folgendem Appell an den US-Senat:

Die Menschen der Vereinigten Staaten kommen von vielen Nationen, und hauptsächlich von den Nationen, die sich jetzt im Krieg befinden. Es ist natürlich und unvermeidlich, dass es die größte Vielfalt von Sympathien und Wünschen unter
5 ihnen gibt im Hinblick auf die Anliegen und Umstände des Konfliktes. Einige werden wünschen, dass diese Nation, andere, dass jene Nation in dem momentanen Streit Erfolg haben wird. [...]
Solche Spaltungen unter uns würden fatal sein für unseren
10 Seelenfrieden und würden ernsthaft den Vollzug unserer Pflicht als die einzige große Nation im Friedenszustand gefährden, als das einzige Volk, das sich selbst bereit hält, eine Rolle der unparteiischen Vermittlung zu übernehmen und Ratschläge zu geben, für Frieden und Entgegenkommen, und
15 zwar nicht als jemand, der Partei ergreift, sondern als ein Freund.
[...] Die Vereinigten Staaten müssen ihrem Handeln nach wie auch dem Worte nach während dieser Tage, die eine Versuchung darstellen für die Seelen der Menschen, neutral
20 bleiben. Wir müssen unparteiisch sein sowohl im Denken als auch im Handeln, wir müssen unsere Gefühle zügeln und auch jede unserer Handlungen im Zaume halten, die als eine Bevorzugung der einen Streitpartei gegenüber der anderen aufgefasst werden könnten.

Herbert Schambeck, Helmut Widder und Marcus Bergmann (Hrsg.), a.a.O.,
S. 431f.

1. *Arbeiten Sie Wilsons Argumente heraus. Achten Sie auf die innenpolitischen Aspekte.*
2. *Erläutern Sie das Bild, das Wilson von seinem Land entwirft. Nehmen Sie dazu Stellung.*

M2 „Die Welt muss sicher gemacht werden für die Demokratie"

Am 2. April 1917 spricht sich Präsident Woodrow Wilson vor dem Kongress für eine Kriegserklärung an das Deutsche Reich aus:

Neutralität ist nicht länger durchführbar oder wünschenswert, wo es um den Frieden der Welt und die Freiheit ihrer Völker geht [...]. Wir stehen am Anfang eines Zeitalters, in dem man darauf beharren wird, dass die gleichen Maßstäbe
5 für das Verhalten und für die Verantwortlichkeit für getanes Unrecht von den Nationen und ihren Regierungen beobachtet werden sollen, die von den einzelnen Bürgern zivilisierter Staaten befolgt werden.
Wir haben keinen Streit mit dem deutschen Volk. Wir haben keine andere Empfindung ihm gegenüber als eine der Sym- 10 pathie und Freundschaft. Es war nicht auf seinen Impuls hin, dass seine Regierung handelte, als sie in diesen Krieg eintrat. Es geschah nicht mit seinem vorherigen Wissen oder Beifall. Es war ein Krieg, über den entschieden wurde, wie über Kriege entschieden zu werden pflegte in den alten, unglück- 15 lichen Zeiten, als die Völker nirgendwo von ihren Herrschern zurate gezogen und Kriege provoziert wurden im Interesse von Dynastien oder kleinen Gruppen ehrgeiziger Leute, die ihre Mitmenschen als Schachfiguren oder Werkzeuge zu benützen gewohnt waren. Sich selbst regierende Nationen fül- 20 len ihre Nachbarstaaten nicht mit Spionen an oder steuern den Kurs von Intrigen, um irgendeine kritische Lage der Dinge herbeizuführen, die ihnen eine Gelegenheit zum Zuschlagen und zur Eroberung gibt [...].
Wir sind froh, jetzt, da wir die Tatsachen ohne einen Schleier 25 trügerischen Scheins sehen, dass wir so für den schließlichen Frieden der Welt und für die Befreiung ihrer Völker, die deutschen Völker eingeschlossen, kämpfen: für die Rechte der Nationen, groß und klein, und das Vorrecht der Menschen allüberall, sich ihre Weise des Lebens und des Gehor- 30 sams auszusuchen. Die Welt muss sicher gemacht werden für die Demokratie. Ihr Friede muss auf den erprobten Grundlagen politischer Freiheit errichtet werden. Wir haben keine selbstischen Ziele, denen wir dienen. Wir verlangen nach keiner Eroberung, keiner Herrschaft. Wir suchen keinen 35 Schadenersatz für uns selbst, keine materielle Entschädigung für die Opfer, die wir bereitwillig bringen werden. Wir sind lediglich einer der Vorkämpfer für die Rechte der Menschheit. [...]
Es ist eine fürchterliche Sache, dieses große friedfertige Volk 40 in den Krieg zu führen, in den schrecklichsten und verheerendsten aller Kriege, in dem die Zivilisation selbst auf dem Spiele zu stehen scheint. Aber das Recht ist wertvoller als der Friede, und wir werden für die Dinge kämpfen, die wir stets unserem Herzen zunächst getragen haben – für die Demo- 45 kratie, für das Recht jener, die der Autokratie[1] unterworfen sind, auf ein Mitspracherecht bei ihrer Regierung, für die Rechte und Freiheiten kleiner Nationen, für eine allgemeine Herrschaft des Rechts durch ein Konzert der freien Völker, das allen Nationen Frieden und Sicherheit bringen und die Welt 50 selbst endlich frei machen wird. Solch einer Aufgabe können wir unser Leben und unser Vermögen weihen, alles was wir sind und alles was wir haben, mit dem Stolz derer, die wissen,

---
[1] Autokratie: unumschränkte Herrschaft

▲ Plakat von 1917.

▲ Plakat für den Kauf von Kriegsanleihen von 1918.

- Deuten Sie die verwendeten Symbole und Stereotypen. Informieren Sie sich über die Figur des „Uncle Sam" und die zeitgenössische Bedeutung des „Hunnen-Begriffs".
- Analysieren Sie Absicht und Wirkung der Plakate. Mit welchen Mitteln wird die Aussage zu einem persönlichen Aufruf?

dass der Tag gekommen ist, da Amerika die Auszeichnung erfährt, sein Blut und seine Macht für die Prinzipien darzubringen, denen es seine Geburt und sein Glück und den Frieden verdankt, den es wertschätzte. Gott helfe ihm, es kann nicht anders.

Landwirtschaftsminister David F. Houston beschreibt 1926 in seinen Erinnerungen über die Wilson-Ära die Überlegungen im Kabinett vor der Kriegserklärung an Deutschland im Frühjahr 1917:

Wir konnten Deutschland nicht erlauben, uns zu beherrschen oder England abzuschneiden und dann Frankreich niederzuwerfen. Wir würden die nächsten auf seiner Liste sein. Wenn es England niederwarf, würden wir allein für Recht und Ordnung in der Welt stehen. Deutschland würde eine erniedrigende Kapitulation von England fordern. Es würde seine Flotte verlangen und seine Kolonien und riesige Entschädigungen beanspruchen. Es würde sich zur Herrin der Welt aufschwingen, und seine Arroganz und Grausamkeit würden keine Grenzen mehr kennen.

Erster Text: Helmut Schambeck, Helmut Widder und Marcus Bergmann (Hrsg.). a.a.O., S. 434-436
Zweiter Text: Zitiert nach: Peter Schäfer, Alltag in den Vereinigten Staaten. Von der Kolonialzeit bis zur Gegenwart, Graz / Wien / Köln 1998, S. 313 f.

1. *Arbeiten Sie die Gründe und Ziele heraus, die Wilson für den Kriegseintritt der USA angibt.*
2. *Erörtern Sie, inwiefern diese Rede einen Bruch mit dem traditionellen außenpolitischen Kurs der USA darstellt.*
3. *Analysieren Sie Wilsons Wortwahl.*
4. *Diskutieren Sie die Rolle der Moral bei der Kriegsentscheidung.*
5. *Vergleichen Sie Wilsons Rede mit Houstons Darstellung. Erklären Sie die Unterschiede.*

M3 Krieg und Propaganda

Gert Raeithel, Professor für amerikanische Geschichte, beschreibt, mit welchen Mitteln die amerikanische Bevölkerung auf den Eintritt in den Ersten Weltkrieg „eingestimmt" wird:

Zuständig für Propaganda und Zensur war das *Committee on Public Information*. [...] Im Jahr 1914 war nicht einmal jeder tausendste für den Kriegsbeitritt. Noch 1917 ergab eine Stichprobe aus dem Staat Minnesota, dass dort 90 Prozent der
5 Einwohner gegen den Krieg waren. Creel[1] und seiner Behörde oblag die Aufgabe, einen gewaltigen Meinungsumschwung herbeizuführen. Dass es dabei auf die Wahrheit nicht so genau ankam und man auch mit Fälschungen arbeitete, hat Creel nachträglich in seinem Bericht *How We Advertised Ame-*
10 *rica* (1924) eingestanden.
Das *Committee on Public Information* belieferte Fabriken mit patriotischen Plakaten, verteilte über 75 Millionen Broschüren und schickte über 75 000 Redner durch die Lande, um für den Krieg zu werben. Die nach der Dauer ihrer Vorträge „Four-
15 Minute-Men" genannten Redner hielten über 750 000 Ansprachen ans Volk. Ebenfalls vier Minuten dauerten die Gesangseinlagen, zu denen sich patriotische Amerikaner zusammenfanden. [...] Propagandafilme wie *Pershing's Crusaders*, *Our Coloured Fighters* oder *The Kaiser, the Beast of*
20 *Berlin* wurden von der Regierung finanziert.
Die aggressiv betriebene Propaganda polte eine in der Mehrheit kriegsunwillige Bevölkerung zu Patrioten um. Kriegshysterie löste binnen weniger Monate die isolationistische Grundhaltung ab. Wer sich der Kriegsstimmung zu entziehen
25 trachtete, musste mit Repressalien rechnen. Mit Ausnahme der Vorbürgerkriegszeit ist weder vor noch nach dem Ersten Weltkrieg ein ähnlich violentes Klima der Unterdrückung Andersdenkender entstanden, nicht einmal während des McCarthyismus[2]. Präsident Wilson scheint diese Entwicklung
30 vorausgesehen zu haben. Wenige Stunden, ehe er den Kongress um die Kriegserklärung bat, soll er zu Reportern gesagt haben, nach dem Kriegseintritt würde die Toleranz auf der Strecke bleiben. Bereits im Juni 1917 schrieb Max Eastman in der sozialistischen Zeitschrift *The Masses*, die bald darauf
35 verboten wurde: „Statt Preußen zu demokratisieren, werden wir wahrscheinlich selbst verpreußen." [...]

[1] Der Journalist George Creel war Leiter des Committee on Public Information.
[2] Durch den republikanischen Senator Joseph McCarthy geschürte und zur Ausschaltung von politischen oder gesellschaftlichen Gegnern instrumentalisierte antikommunistische Kampagne, deren Höhepunkt Anfang der 1950er-Jahre lag. Der Begriff wurde erstmals 1950 von der Zeitung „Washington Post" verwendet.

▲ „The Only Adequate Reward."
Karikatur der New York World vom März 1917.
Die Kriegsgegner im Senat, wie die Senatoren LaFollette, George W. Norris oder William J. Stone, werden mit dem Eisernen Kreuz ausgezeichnet, „der einzigen Auszeichnung, die sie verdienen würden".
■ Erläutern Sie die Aussage der Karikatur.

Jetzt entstand der Ausdruck vom hundertprozentigen Amerikanismus, und der nahm bis übers Kriegsende hinaus immer gewalttätigere Formen an. [...] Sanktionen musste jedermann erwarten, der irgendeine mit dem Krieg in Verbindung 40 stehende Sache missachtete, kritisierte oder auch nur gelinde verspottete, sei es die Flagge, die Regierung oder die dreizehn Knöpfe an den Hosen amerikanischer Matrosen.

Gert Raeithel, Geschichte der nordamerikanischen Kultur, Bd. 2: Vom Bürgerkrieg bis zum New Deal 1860 - 1930, Weinheim 1992, S. 304 - 306

1. Erläutern Sie die Formen und Aufgaben der staatlichen Propaganda.
2. Nehmen Sie Stellung zu den Folgen der Kriegspropaganda. Wie lassen sich diese erklären? Diskutieren Sie die Vereinbarkeit mit demokratischen Prinzipien.

M4 Woodrow Wilsons Vierzehn-Punkte-Programm

Am 8. Januar 1918 skizziert US-Präsident Woodrow Wilson in vierzehn Punkten seine Vorstellungen einer neuen Weltordnung:

Gerechtigkeit und faires Handeln der anderen Völker der Welt müssen gegen Gewalt und selbstsüchtigen Angriffsgeist gesichert werden. Sämtliche Völker sind in Wahrheit Genossen in diesem Interesse, und wir unsererseits erkennen mit
5 äußerster Klarheit, dass, wenn anderen keine Gerechtigkeit gewährt wird, sie auch uns nicht gewährt werden kann. Das Programm des Weltfriedens ist daher unser Programm, und dieses Programm, das einzig mögliche Programm, wie wir es sehen, lautet:
10 I. Öffentliche Friedensverträge, öffentlich beschlossen, nach denen es keine privaten internationalen Abmachungen irgendwelcher Art geben darf. Vielmehr soll die Diplomatie stets frei und vor aller Öffentlichkeit sich abspielen.
II. Absolute Freiheit der Schifffahrt auf der See außerhalb der
15 territorialen Gewässer sowohl im Frieden wie im Kriege [...].
III. Soweit als möglich Aufhebung sämtlicher wirtschaftlicher Schranken und die Festsetzung gleichmäßiger Handelsbedingungen zwischen sämtlichen Nationen, die dem Frieden zustimmen und sich zu seiner Aufrechterhaltung vereini-
20 gen.
IV. Angemessene Garantien, gegeben und genommen, dass die nationalen Rüstungen auf den niedrigsten Grad, der mit der inneren Sicherheit vereinbar ist, herabgesetzt werden.
V. Eine freie, offenherzige und absolut unparteiische Ord-
25 nung aller kolonialen Ansprüche, gegründet auf strenge Betrachtung des Prinzips, dass bei Bestimmung aller derartiger Fragen der Souveränität das Interesse der betreffenden Bevölkerung gleiches Gewicht haben muss wie die billigen Ansprüche der Regierung, deren Rechtstitel festgesetzt werden
30 soll.
VI. Die Räumung des gesamten russischen Gebietes und eine derartige Erledigung aller Russland berührenden Fragen, um die beste und freieste Zusammenarbeit der übrigen Nationen der Welt zu sichern [...].
35 VII. Belgien [...] muss geräumt und wiederhergestellt werden. [...]
VIII. Das gesamte französische Gebiet müsste befreit und die verwüsteten Teile wiederhergestellt werden. [...]
X. Den Völkern Österreich-Ungarns, deren Platz unter den
40 Nationen wir gefestigt und gesichert zu sehen wünschen, sollte die freieste Möglichkeit autonomer Entwicklung gewährt werden.
XI. Rumänien, Serbien und Montenegro sollten geräumt werden [...].

XIII. Ein unabhängiger polnischer Staat sollte errichtet wer- 45 den [...].
XIV. Eine allgemeine Gesellschaft der Nationen muss aufgrund eines besonderen Bundesvertrages gebildet werden zum Zweck der Gewährung gegenseitiger Garantien für politische Unabhängigkeit und territoriale Integrität in gleicher 50 Weise für die großen und kleinen Staaten. In Bezug auf diese notwendige Berichtigung von Unrecht und Sicherung des Rechts betrachten wir uns als intime Genossen sämtlicher Regierungen und Völker, die sich gegen die Imperialisten zusammengeschlossen haben. Es gibt für uns keine Sonder- 55 interessen oder andersartige Ziele. Bis zum Ende stehen wir zusammen.

Rüdiger vom Bruch und Björn Hofmeister (Hrsg.), Deutsche Geschichte in Quellen und Darstellung, Bd. 8: Kaiserreich und Erster Weltkrieg 1871-1918, Stuttgart 2006, S. 453-455

1. *Arbeiten Sie die wichtigsten Forderungen für das künftige Zusammenleben der Völker heraus.*
2. *Analysieren Sie den Begriff der Gerechtigkeit und bestimmen Sie seine Rolle für den Weltfrieden. Welchen Stellenwert besitzt das Selbstbestimmungsrecht der Völker?*
3. *Vergleichen Sie diese Forderung mit Wilsons Botschaft vom 19. August 1914 (M1).*

M5 „Krieg ist ansteckend"

Präsident Franklin D. Roosevelt nimmt am 5. Oktober 1937 in Chicago mit seiner „Quarantäne-Rede" zu den europäischen Ereignissen um den Spanischen Bürgerkrieg (1936-1939) sowie den Überfall Japans auf China kurz zuvor Stellung:

Die politische Weltlage hat sich in der letzten Zeit immer mehr verschlimmert [...]. Es begann damit, dass man sich ohne Berechtigung in die inneren Angelegenheiten anderer Völker einmischte oder im Widerspruch zu geltenden Verträgen fremdes Gebiet anderer Völker besetzte, und nun ist ein 5 Stadium erreicht, da die eigentlichen Grundlagen der Zivilisation ernstlich bedroht sind. [...]
Friede, Freiheit und Sicherheit für neunzig Prozent der Weltbevölkerung werden durch die restlichen zehn Prozent bedroht, die drauf und dran sind, die gesamte internationale 10 Rechtsordnung zu zerschlagen. Die neunzig Prozent, die in Frieden leben wollen, im Einklang mit Gesetzen und moralischen Prinzipien, die im Laufe der Jahrhunderte fast allgemeine Geltung erlangt haben, können und müssen einen Weg finden, um ihren Willen durchzusetzen [...]. 15
Es scheint leider zuzutreffen, dass die Epidemie der allgemeinen Gesetzlosigkeit immer mehr um sich greift.

Wenn eine ansteckende Krankheit sich zu verbreiten beginnt, verordnet die Gemeinschaft eine Isolierung der Patienten,
20 um die eigene Gesundheit vor der Epidemie zu schützen. [...]
Krieg – ob mit oder ohne Kriegserklärung – ist ansteckend. Er kann Staaten und Völker erfassen, die von dem ursprünglichen Kriegsschauplatz weit entfernt sind. Wir sind entschlos-
25 sen, uns nicht in einen Krieg verwickeln zu lassen, aber es gibt keine wirksame Versicherung gegen die verheerenden Auswirkungen eines Krieges und gegen die Gefahr, mit hineingezogen zu werden. Wir treffen alle Maßnahmen, die geeignet sind, unser Risiko auf ein Mindestmaß zu reduzieren, aber
30 in einer verwirrten Welt, in der das Vertrauen und die Sicherheit zusammengebrochen sind, kann es keinen vollständigen Schutz geben. [...]
Das Allerwichtigste ist: Der Friedenswille der friedliebenden Völker muss sich so deutlich geltend machen, dass diejenigen
35 Nationen, die in Versuchung geraten, ihre Verträge zu brechen und die Rechte anderer zu verletzen, von ihren Vorhaben abstehen.

Günter Schönbrunn (Bearb.), Weltkriege und Revolutionen 1914-1945 (Geschichte in Quellen), München ⁵1995, S. 365 f.

1. *Erläutern Sie Roosevelts Motive und Ziel. Bestimmen Sie die Adressaten der Rede.*

2. *Arbeiten Sie heraus, wie der Präsident der Forderung nach einem „moralischen Verhalten" der Nationen Nachdruck verleihen will.*

3. *Ermitteln Sie, inwiefern Roosevelt hier ein mögliches militärisches Eingreifen der USA in Europa vorbereitet. Bewerten Sie den Stellenwert der „Quarantäne-Rede" für die amerikanische Außenpolitik der Zwischenkriegszeit. Ziehen Sie die Darstellung auf S. 346 ff. heran.*

M6 Isolationismus oder Internationalismus?

Der Historiker Detlef Junker referiert die Argumente der außenpolitischen Diskussion in den USA zwischen 1937 und 1941:

Solange die USA selbst nicht angegriffen würden, war nach Ansicht der Isolationisten ein Kriegseintritt der USA nicht zu rechtfertigen, was auch immer in Europa und Asien geschehe. Die Übel, die für die USA daraus erwachsen würden, seien
5 größer als die Konsequenzen eines Sieges der Achsenmächte. Der Erste Weltkrieg und seine Folgen waren für viele Isolationisten ein schlagendes Beispiel für die völlige Nutzlosigkeit, das Geschehen im alten, moralisch verrotteten und immer wieder von Kriegen erschütterten Europa mitbestimmen zu
10 wollen. [...]

Die Sicherheit der USA sei, so die Isolationisten, durch Hitler nicht gefährdet, ein in defensiver Absicht bis an die Zähne bewaffnetes Amerika, eine „Festung Amerika" im Besitz einer Zwei-Ozean-Flotte, sei für jeden Angreifer uneinnehmbar. Durch die Reden des Präsidenten und durch die Sprecher der 15 Regierung werde eine hysterische Furcht vor einer Invasion der Nazis geschürt. [...] Auch wirtschaftlich könnten die USA, so argumentierten die Isolationisten, den Verlust der Märkte in Europa und Asien verkraften. Selbst nach einem Sieg in Europa könne Hitler keineswegs die Handelsbedingungen 20 diktieren. [...]
Die Internationalisten dagegen, an ihrer Spitze Roosevelt, reduzierten das nationale Interesse der USA nicht auf die westliche Hemisphäre, sondern bestimmten es im globalen Maßstab, und zwar wirtschaftlich, militärisch und ideell [...]. 25 Ein Sieg Hitlers und Italiens in Europa und Japans im Fernen Osten würde beide Regionen in ein System fast autarker Planwirtschaften zwingen. Die USA würden ihre Investoren verlieren, das Handelsvolumen würde drastisch fallen und Außenhandel, wenn überhaupt, zu den Bedingungen der 30 Achsenmächte stattfinden. Südamerika, der natürliche Lieferant Europas, würde zusehends unter den Einfluss von Hitlers Europa geraten. Durch das Schrumpfen der Import- und Exportindustrie der USA und die damit verbundenen sekundären Effekte auf die gesamte Volkswirtschaft würde sich das 35 vom New Deal nicht gelöste Arbeitslosenproblem radikal zuspitzen und soziale Spannungen erzeugen. [...]
Im Selbstverständnis Roosevelts war die heraufziehende Auseinandersetzung mit den Achsenmächten nie nur ein Konflikt zwischen den „Habenden" und den „Habenichtsen". Er 40 deutete ihn als einen epochalen Kampf um die künftige Gestaltung der Welt zwischen Aggressoren und friedlichen Nationen, zwischen liberaler Demokratie und Faschismus, zwischen westlicher, christlich-humanistischer Zivilisation und Barbarei, zwischen Bürgern und Verbrechern. Zum zweiten 45 Mal in diesem Jahrhundert saß ein Deutschland, dieses Mal das nationalsozialistische Dritte Reich, in der [...] Falle des amerikanischen Sendungsbewusstseins.

Detlef Junker, Von der Weltmacht zur Supermacht, Mannheim u. a. 1995, S. 55-58

1. *Stellen Sie die Argumente der Isolationisten und der Internationalisten gegenüber.*

2. *Diskutieren Sie, welche Argumentation dem amerikanischen Sendungsbewusstsein eher entspricht.*

3. *Bei Umfragen in den USA wuchs die Zahl der Internationalisten in der Bevölkerung zwischen Herbst 1939 und Frühjahr 1941 von rund 15 auf 53 Prozent. Untersuchen Sie, welche internationalen und nationalen Faktoren diesen Stimmungsumschwung bewirkt haben könnten.*

▲ Die „Anti-Hitler-Koalition".
Plakat von 1943.
■ Die Fotomontage entstand im Auftrag des amerikanischen Office of War Information. Analysieren Sie Aussage und Wirkungsabsicht des Plakats unter Berücksichtigung der verwendeten Bildelemente und Farben.

M7 Vier Freiheiten

Am 6. Januar 1941 hält Präsident Franklin D. Roosevelt vor dem Kongress seine „Vier Freiheiten-Rede":

Ich spreche zu Ihnen, meine Herren Mitglieder des siebenundsiebzigsten Kongresses, in einem Augenblick, der in der Geschichte der Union beispiellos ist. Ich sage „beispiellos", weil noch nie die Sicherheit Amerikas von außen her so ernst-
5 haft bedroht war wie jetzt. [...]
In der Zukunft, die wir jetzt zu sichern versuchen, hoffen wir eine Welt schaffen zu können, die sich auf vier wesentliche menschliche Freiheitsrechte gründet.
Erstens – Redefreiheit, und zwar in der ganzen Welt.
10 Zweitens – Freiheit für jeden Einzelnen, Gott auf seine Weise zu verehren, und zwar überall in der Welt.
Drittens – Freiheit von aller Not – das bedeutet, international gesehen, wirtschaftliche Abkommen, die in jedem Lande den Einwohnern gesunde Friedensverhältnisse sichern –, und
15 zwar überall in der Welt.
Viertens – Freiheit von aller Angst – das bedeutet, international gesehen, eine weltumfassende Abrüstung, so gründlich und bis zu einem solchen Grade, dass kein Land mehr in der Lage ist, irgendeines seiner Nachbarländer gewalt-
20 sam anzugreifen –, und zwar überall in der Welt.
Das sind nicht etwa Träume von einem fernen tausendjährigen Reiche. Das ist eine bestimmte Grundlage für eine Welt, wie wir sie in unserer Zeit und in unserer Generation schaffen können.
25 Eine solche Welt ist der genaue Gegensatz zu der sogenannten Neuordnung der Tyrannei, die die Diktatoren mit dem Getöse ihrer Bomben zu schaffen versuchen.
Dieser Neuordnung stellen wir einen größeren Gedanken entgegen, die moralische Ordnung. Eine
30 wohlgeordnete Gesellschaft wird ohne Furcht allen Weltherrschaftsplänen und fremden Revolutionen begegnen können.
Seit dem Beginn unserer Geschichte waren wir ständigen Veränderungen unterworfen, einer fort-
35 laufenden friedlichen Revolution, einer Revolution, die stetig fortschreitet und sich ruhig den wechselnden Bedingungen anpasst – ohne Konzentrationslager und kalkgefüllte Gräber. Die Weltordnung, die wir anstreben, ist ein Verband freier
40 Länder, die in einer freundschaftlichen und zivilisierten Gesellschaft zusammenarbeiten.
Unser Land hat sein Schicksal den Händen, Hirnen und Herzen seiner Millionen freier Männer und Frauen anvertraut. Unser Land glaubt an die Freiheit unter Gottes Leitung. Frei-
45 heit bedeutet, dass überall die Menschenrechte an erster Stelle kommen. Wir helfen all denen, die darum kämpfen, diese Rechte zu erobern und zu erhalten. Unsere Kraft liegt in unserem einigen Willen.
Dieser große Gedanke kann zu nichts anderem führen als
50 zum Siege.

Helmut Schambeck, Helmut Widder und Marcus Bergmann (Hrsg.), a.a.O., S. 473 und 476 f.

1. Arbeiten Sie Roosevelts Kernaussagen heraus.
2. Erläutern Sie, inwiefern er auf Wilsons „Vierzehn-Punkte-Programm" (M4) aufbaut.
3. Analysieren Sie die Rolle, die Roosevelt den USA beimisst. Wodurch sieht er diese gerechtfertigt? Nehmen Sie Stellung.
4. Vergleichen Sie Roosevelts „Vier Freiheiten-Rede" mit der „Quarantäne-Rede" von 1937 (M5).

Methoden-Baustein: Einen Essay verfassen

Essay – Was ist das?

Wenn wir ein Thema knapp, kenntnisreich, kritisch, klar und sprachlich ausgefeilt auf wissenschaftlichem Niveau erörtern, ist uns ein Essay gelungen. Ein historischer Essay ist der Versuch, eine Antwort auf ein Problem oder eine zentrale Frage zu geben.

Anders als das systematisch angelegte Referat erhebt der Essay weder Anspruch auf eine detailgenaue Darstellung von Sachverhalten noch referiert er den aktuellen Forschungsstand. Ziel ist es, das Thema in einem größeren Zusammenhang aus verschiedenen Perspektiven verständlich zu diskutieren, eigene Positionen zu entwickeln und dem Leser subjektive, zur weiteren Auseinandersetzung anregende Antworten zu geben.

Einen Essay verfassen

Vorarbeit

- Grundlage ist zunächst eine Idee für ein Thema. Als Anregungen können aktuelle Ereignisse oder Anlässe wie Jubiläen, historische Jahrestage dienen.
- Anschließend ist eine gründliche Recherche und intensive Auseinandersetzung mit dem Thema notwendig, um ein Konzept mit einer tragfähigen Leitfrage entwickeln zu können. Sammeln Sie Argumente für und gegen bestimmte Thesen und ordnen Sie diese Ihrem Konzept zu. Konzentrieren Sie sich auf wesentliche Aspekte.
- Entwerfen Sie einen realistischen Zeitplan für die Bearbeitungsschritte Recherche, Konzept, Schreiben und Überarbeitung.

Aufbau

- Ausgangspunkt ist ein Problem, eine offene Frage oder eine provokante These. Die Überschrift sollte bereits die Kernaussage wiedergeben und den Leser neugierig machen, etwa als Zitat, Metapher, Frage.
- Ein motivierender Einstieg („Aufhänger") führt anschaulich in das Thema ein und kann die Gründe für die Wahl des Themas sowie seine Relevanz erklären.
- Das Problem wird genannt, in den historischen Kontext eingeordnet und seine Bedeutung erläutert, indem etwa kontroverse Positionen argumentativ gegenübergestellt werden.
- Die These/Stellungnahme gibt die Argumentationslinie vor.
- Der Hauptteil enthält die Argumentation, die den eigenen Standpunkt plausibel erläutert, mit Beispielen, eigenen und fremden Thesen (Sekundärliteratur, Zeitungsartikel) oder Belegen (Statistiken, Daten, Fakten) untermauert und Gegenpositionen widerlegt. Der Essay ist frei von Quellennachweisen und Fußnoten, fremde Positionen und Zitate werden jedoch im Text kenntlich gemacht („Wie Autor A belegt ..." oder „Autor B meint dazu ...").
- Das Fazit fasst das Ergebnis der Erörterung knapp zusammen, spitzt sie auf eine abschließende Stellungnahme zu und nennt offene oder weiterführende Aspekte.

Überarbeitung

- Bevor Sie an die Überarbeitung gehen, sollten Sie den Essay einige Zeit ruhen lassen, um innere Distanz zu ihm zu gewinnen. Prüfen Sie dann die Argumentation noch einmal gründlich. Stimmt der Bezug zum Thema? Ist der Aufbau logisch? Weicht die Darstellung vom „roten Faden" ab? Wurden nur Fakten gereiht statt argumentiert? Ist das Fazit schlüssig?
- Feilen Sie abschließend an der Sprache, denn sprachliche und inhaltliche Klarheit sind nicht zu trennen. Formulieren Sie präzise, voraussetzungslos, verständlich und anschaulich.

Vorreiter der Moderne
Warum sind die Vereinigten Staaten vielen Menschen so suspekt? (Auszüge)
Ein Essay von Dan Diner

Überschrift als Kernthese mit provokanter Frage

Im Anfang war alle Welt Amerika. Diese kategorische Aussage über die Bedeutung des neuen Kontinents traf John Locke in seinem 1690 erschienenen Werk „Zwei Abhandlungen über die Regierung". [...]

Anschaulicher Einstieg mit aussagekräftigem Zitat zeigt historische Dimension der Kernthese auf

Die Vereinigten Staaten von Amerika sind ein paradoxes Produkt der Aufklärung. Paradox insofern, als sie als Inkarnation der Neuen Welt zugleich das älteste Gemeinwesen der Moderne sind. In ihnen bildeten sich die universellen, dem Prinzip der Freiheit und der Gleichheit verpflichteten Institutionen zuerst aus. Und von Amerika aus traten sie ihren Siegeszug an. Das mochte John Locke gemeint haben, als er davon sprach, im Anfang sei alle Welt Amerika.

Zugespitzte These/Stellungnahme

Demokratische Institutionen sind in der Tat das Herzstück der Vereinigten Staaten von Amerika. Während sich in der Alten Welt Völker und Nationen in langwierigen Kämpfen ihrer Anciens Régimes zu entledigen hatten, erfanden in der Neuen Welt die im Prinzip der Freiheit verankerten demokratischen und republikanischen Institutionen das amerikanische Volk. Ihm konnte sich jeder anschließen. [...]

Hintergrundinformationen (demokratisches und republikanisches Selbstverständnis)

Was die Fremden zu Amerikanern macht, ist ihr Verfassungspatriotismus. Er ist zentrales Merkmal der Zugehörigkeit zum amerikanischen Volk. Bekenntnisse und Rituale zur Regulierung des Zusammenlebens in der Gegenwart sind wichtiger als alle Erinnerungen an die Vergangenheit. Dieser Verfassungspatriotismus und die Neutralisierung von Herkunft zugunsten von Zukunft bewirken, dass sich das Land ständig neu erfindet. [...]

Erläuterung/Argumentation (Kernbegriff Verfassungspatriotismus)

E pluribus unum – aus vielen eins, nicht von ungefähr ist dieses Motto auf dem amerikanischen Wappen und vielen Münzen zu finden. Die Vereinigten Staaten sind das Land sichtbarer Vielheit in der Einheit der Republik. Da ist zuerst die Akzeptanz der religiösen Vielfalt, später auch die der ethnischen und kulturellen Mannigfaltigkeit.

These/Stellungnahme (Motto „Vielheit in der Einheit der Republik")

Seinen Ursprung hat das Prinzip der Vielheit in der englischen Tradition des konfessionellen Pluralismus. Seine Träger waren die protestantischen Sekten, die es schon früh über den Atlantik trieb. Ein solcher Pluralismus relativiert jeden Absolutheitsanspruch von Religion. [...]

Erläuterung/Argumentation (konfessioneller Pluralismus)

Hegel hat einmal gesagt, Nordamerika sei „bürgerliche Gesellschaft ohne Staat". Das war scharf beobachtet. Denn die bürgerliche Gesellschaft – oder in leichter Verschiebung in Zeit und Sinn: die Zivilgesellschaft – bedarf zu ihrer selbstbestimmten Regulierung der Tugenden gemeinsamen Handelns. Der Staat als eine die Gesellschaft regulierende Institution ist hingegen eher ein europäisches, genauer: ein kontinentaleuropäisches Phänomen. Der „civil society" steht er fremd gegenüber. [...]

Zitat als Argumentationsgrundlage bzw. Beleg für Kernthese (bürgerliche Gesellschaft ohne Staat als Charakteristikum des Vorreiters)

Den Amerikanern ist Staat an sich suspekt. Umso gewichtiger ist jene höhere Instanz, die der Einzelne in sich trägt. Die zivile Bedeutung der Religion in Amerika sorgt für den Zusammenhalt des Gemeinwesens – und sie lehrt, gleichsam intuitiv zwischen Richtig und Falsch, zwischen Gut und Böse zu unterscheiden. So beruft sich Amerika leichthin auf Gott – aber nicht auf einen bestimmten. [...]

Zugespitzte These untermauert eigene Position; Verknüpfung der Kernaspekte Staat und Religion

Die Gottgefälligkeit der Amerikaner, aber auch andere von ihnen in Ehren gehaltene Tugenden wie Familiensinn und Patriotismus haben ihnen so manche Schelte eingetragen – vornehmlich die stets wiederkehrende Vorhaltung, sie seien stockkonservativ. Tatsächlich vermochten etwa sozialistische Ideen in Amerika keine Wurzeln zu schlagen. [...]

These als Teilantwort der Eingangsfrage (Gottgefälligkeit und Konservatismus ein Grund für Skepsis)

Deutsche Emigranten forderten die Vereinigten Staaten 1853 in einem aufsehenerregenden Manifest auf, in Europa die Bekämpfung der Tyrannei zu unterstützen und dabei zu helfen, dass eine Weltdemokratie mit allgemeinem Stimmrecht und Volksbewaffnung etabliert werde.

An diese Haltung schließt die Tradition an, Kriege um Werte und Bürgerrechte für selbstverständlich zu halten. Der amerikanische Unabhängigkeitskrieg machte den Anfang. Die Aufständischen rebellierten gegen den englischen König. Ihr Ziel war die Verfassungsforderung: „No taxation without representation", keine Besteuerung ohne politische Vertretung.

50 Der amerikanische Bürgerkrieg Mitte des 19. Jahrhunderts wiederum steht wie kaum ein anderer für das Ringen der Nation um gleiches Recht für alle. Und der Eintritt der Vereinigten Staaten in den Ersten Weltkrieg sollte nach den Worten von Woodrow Wilson „die Welt für die Demokratie sicher machen". Als „Kreuzzug für die Freiheit" galt den Amerikanern dann der Zweite Weltkrieg.

55 Der amerikanischen Politik ist so etwas wie ein Missionsgedanke eingeschrieben. Es gilt, die Menschheit mit den Werten von Demokratie und Freiheit zu beglücken – eine Tradition, die andere als Ansinnen empfinden. So sind die Amerikaner schnell dabei, ihnen als unbotmäßig erachtete Regierungen zu stürzen, und dies meist nicht zum Schaden eigener Wirtschaftsinteressen. Vor allem die, wenn auch schon etwas weiter zurückliegenden Interventionen im

60 „Hinterhof" ihres Halbkontinents, besonders in Mittelamerika, sind ihrem Ruf nicht gut bekommen. Dazu kam, dass Washington in der Zeit des Kalten Kriegs geflissentlich ignorierte, ob ein Regime den Maßgaben von Demokratie und Menschenrechten folgte. Wichtig war allein, ob es sich auf der richtigen Seite der neuen Front einfand.

Die Vereinigten Staaten von Amerika sind wenig gelitten. Ob die ihnen inständig entgegen-

65 gebrachte Abneigung Folge ihres Handelns oder Ausdruck ihres Seins ist, lässt sich nur schwer ausmachen. Vieles spricht dafür, dass ihre bloße Existenz Antipathien hervorruft. Ob es sich – wie im 19. Jahrhundert gang und gäbe – um einen tief im bürgerlichen Milieu verankerten aristokratischen Widerwillen gegenüber den „Gleichheitsflegeln" (Heinrich Heine) handelte oder um die Identifizierung Amerikas als Ursprungsland von Geldherrschaft und Kapitalismus

70 – alles weist darauf hin, dass das Land für die dunkle Seite der Moderne haftet. [...]

Heute, nach dem Ende des ideologischen Gegensatzes zwischen westlichem Liberalismus und östlichem Kommunismus, zwischen Freiheit und wortwörtlich verstandener Gleichheit, zeigen sich innerhalb der westlichen Demokratien – zwischen Europa und Amerika – zunehmend markante Unterschiede: bei der Bereitschaft zur Gewaltanwendung nach außen, im wirt-

75 schaftlichen Gebaren, bei der politischen Partizipation. Vor allem aber in Fragen der sozialen Sicherung und in dem Verständnis von Arbeit und Arbeitsbedingungen. Während in Europa die Verknüpfung von Nationalstaat und Sozialstaat über lange Dauer gewachsene Anwartschaften verbürgte, kennt Amerika als ein sich beständig neu erfindendes Einwanderungsland solch weitreichende Garantien nicht. [...] In Gemeinwesen vornehmlich kontinentaler Tradition

80 ist die Gesellschaft dem sie voraussetzenden Staat erwachsen. Amerika hingegen ist – wie Hegel beobachtete – im Prinzip eine bürgerliche Gesellschaft ohne Staat. Selbstredend nicht gänzlich ohne Staat, aber mit bei Weitem weniger Staat als in Europa. [...]

All dies lässt sich als zivilisatorischer Ausläufer der „Atlantischen Revolution" verstehen: des historischen Prozesses der Individualisierung und der gesellschaftlichen Beschleunigung, der

85 das Antlitz der Welt rapide verwandelt. Amerika mit dieser Entwicklung in eins zu setzen – so als sei es sein Verursacher und nicht sein erstes und deshalb auch am weitesten fortgeschrittenes Produkt –, ist ein weitverbreiteter Irrtum.

Dass Amerika „im Anfang" (Locke) dieser Entwicklung war, ist jener ungewöhnlichen kolonialen Konstellation geschuldet, aus der es erwachsen ist. Es konnte als eine Kopfgeburt der

90 Aufklärung gleichsam aus sich heraus die Menschheit erfinden. Damit ist nicht angezeigt, Amerika sei die Menschheit [...]. Aber die Vereinigten Staaten von Amerika kommen dem Konzept der Menschheit näher als jedes andere real existierende Gemeinwesen.

Dan Diner, Vorreiter der Moderne. Warum sind die Vereinigten Staaten vielen Menschen so suspekt?, in: Spiegel Special Geschichte 4/2008, S. 141-143

Margin notes:

Historische Beispiele als Argumentationsgrundlage bzw. Beleg für Kernthese

Fakten und Thesen erläutern und untermauern Argumentation im historischen Kontext

Synthese der Argumentation (USA ist vielen suspekt, weil sie für „dunkle Seite der Moderne" stehen)

Erläuterung der Synthese (Gegensätze zwischen Europa und Amerika als Grund für Skepsis)

Zugespitzte Synthese der Argumentation

Abschließende Stellungnahme/Fazit spannt Bogen zur Ausgangsthese

Der Kalte Krieg und das Ende der Bipolarität

◀ **La bombe.**
Gemälde des isländischen Künstlers Erró (Gudmundur Gudmundsson) von 1977.

Blockbildung und atomares Patt	1945	Die USA werfen zwei Atombomben auf Japan ab. 1949 wird auch die Sowjetunion Atommacht.
	1945-1948	Sowjetisierung Ostmitteleuropas. Die USA verstärken ihr Engagement in Westeuropa.
	1949	Die USA, Kanada und zehn westeuropäische Staaten gründen die NATO.
	1950-1953	Der Korea-Krieg endet mit der Teilung des Landes in einen prowestlichen und einen kommunistischen Staat.
	1955	„Vertrag über Freundschaft, Zusammenarbeit und gegenseitigen Beistand" zwischen der Sowjetunion und ihren Satellitenstaaten („Warschauer Pakt").
	1956	Chruschtschow verkündet das Prinzip der „friedlichen Koexistenz".
Globale Rivalität	1958-1961	Die zweite Berlin-Krise führt zur faktischen Anerkennung des sowjetischen Machtbereiches in Deutschland durch die Westmächte. Berlin wird durch eine Mauer geteilt.
	1962	Die Kuba-Krise bringt die Welt an den Abgrund eines Atomkrieges.
	1965-1975	Die US-Politik scheitert im Vietnam-Krieg, ganz Vietnam wird kommunistisch.
	1968	In der ČSSR wird der „Prager Frühling" niedergeschlagen.
Entspannung und neue „Eiszeit"	1968	Der Atomwaffensperrvertrag soll die unkontrollierte Verbreitung von Kernwaffen verhindern.
	1972	Der SALT I-Vertrag begrenzt das Wettrüsten zwischen den USA und der UdSSR.
	1975	Erste Konferenz über Sicherheit und Zusammenarbeit in Europa (KSZE).
	1979	NATO-Doppelbeschluss zur Nachrüstung von Mittelstreckenraketen in Europa. Die Sowjetunion marschiert in Afghanistan ein.
Zusammenbruch des Ostblocks, neue Weltordnung	1985	Michail Gorbatschow wird Staats- und Parteichef der Sowjetunion und beginnt seine Reformpolitik aus Glasnost und Perestroika.
	1986-1987	Abschluss der INF-Verhandlungen in Genf: Abbau von Raketen beschlossen.
	1989/90	Fall der Berliner Mauer, friedliche Revolutionen in Osteuropa.
	1991	Die Sowjetunion und die Warschauer Vertragsorganisation lösen sich auf.
	1999-2007	Die meisten Staaten Ostmitteleuropas treten der NATO sowie der EU bei.

Wer hatte Schuld am Ausbruch des Kalten Krieges? Der politische Gegensatz zwischen den Großmächten USA und Sowjetunion wurde während des Zweiten Weltkrieges durch die gemeinsame Frontstellung gegen das nationalsozialistische Deutsche Reich und dessen Verbündete überlagert. Schon wenige Jahre nach dem Sieg über Deutschland verschärfte sich die Rivalität der beiden Mächte. Die Welt schien in zwei gegnerische Lager zu zerfallen (Bipolarität), in den Osten unter Führung der UdSSR und den Westen mit den USA als Vormacht.

Als Reaktion auf die Sowjetisierung Ostmitteleuropas betrieben die Vereinigten Staaten eine Politik der Eindämmung des Kommunismus. Sie gewährten noch nicht kommunistischen Staaten wirtschaftliche, politische und militärische Unterstützung und betrieben die Gründung der NATO im Jahr 1949. Dagegen wurde eine direkte Konfrontation vermieden – nicht zuletzt wegen der atomaren Bewaffnung von USA und UdSSR. Stattdessen bekämpften sich beide Mächte in den Jahrzehnten nach 1945 politisch, weltanschaulich und wirtschaftlich sowie durch Stellvertreterkriege. Das Zeitalter des „Kalten Krieges" prägte die Weltpolitik. Die Trennlinie zwischen Ost und West, der „Eiserne Vorhang", verlief dabei mitten durch Deutschland. Seit ihrer Einbindung in beide Machtblöcke standen sich auch Bundesrepublik und DDR feindlich gegenüber. 1961 wurde der Bau der Mauer quer durch Berlin zum Symbol des Kalten Krieges.

Bei der Frage nach der Ursache für die Spaltung der Welt in zwei Lager waren sich (vor allem amerikanische) Wissenschaftler in den 1950er-Jahren einig: Die aggressive Expansionspolitik der Sowjetunion und die Etablierung des „Ostblocks" habe eine weitere friedliche Kooperation zwischen West und Ost nach dem Krieg verhindert. In den 1960er- und 70er-Jahren wurde diese Sichtweise von Intellektuellen, die der amerikanischen Regierungspolitik aufgrund der Ereignisse in Vietnam kritisch gegenüberstanden, infrage gestellt. Nicht Moskau habe den Kalten Krieg verursacht, sondern Washington; der sich ausbreitende Wirtschaftsimperialismus der USA, dem auch die Sowjetunion unterworfen werden sollte, habe den Konflikt provoziert.

Als der Ost-West-Gegensatz 1989/90 schließlich endete, wurde die Teilung Deutschlands und Europas überwunden und es eröffneten sich neue Perspektiven für die Politik in der Welt. Auch die Auseinandersetzungen um Ursachen und Triebkräfte des Kalten Krieges fanden einen moderateren Ton. Heute stehen Wissenschaftler auf dem Standpunkt, dass beide Seiten aus Angst vor der Hegemonie der jeweils anderen Supermacht handelten und dass dies zur Eskalation der politischen Konfrontation geführt habe. „Die westliche Politik der Kooperationsverweigerung [...]", so resümiert zum Beispiel der Historiker Wilfried Loth, „provozierte die Abschließung und einheitliche Ausrichtung des Sowjetblocks, die die amerikanischen Dogmatiker schon zuvor behauptet hatten; die Monolithisierung Osteuropas und die Obstruktion [Verhinderung] des Marshall-Plans riefen die westliche Blockbildung hervor, gegen deren vermutete Folgen sie gerichtet waren; und beide Seiten fanden in der gegnerischen Blockbildung Anlass, die Überschätzung der Kräfte der Gegenseite bestätigt zu sehen."

▶ *Warum kam es nach 1945 zu einer weltweiten Blockbildung und wodurch war diese gekennzeichnet?*

▶ *Was verursachte Krisen und Konflikte im Zeichen des Kalten Krieges, wie verliefen diese und wie wurden sie bewältigt?*

▶ *Welche Auswirkungen hatte die Entspannungspolitik auf die vorherrschenden Konflikte und wie trug diese zur Sicherung des Friedens bei?*

▶ *Welche Ursachen und Folgen hatte das Ende des Kalten Krieges und welche Möglichkeiten bestanden für die Neuordnung des internationalen Systems nach 1989/90?*

Der Ost-West-Konflikt seit dem Zweiten Weltkrieg

▲ „Ja, der hat's gut, der lebt unter einem besseren Himmel."
Karikatur von Karl Holtz, 1946. Titelblatt einer Ausgabe der Satirezeitschrift „Ulenspiegel".
■ Erklären Sie die einzelnen Elemente der Karikatur.

Wettstreit der Visionen ■ Der Ost-West-Konflikt im 20. Jahrhundert war die globale Auseinandersetzung zwischen zwei politischen Weltanschauungen: dem Modell einer liberaldemokratisch und marktwirtschaftlich bestimmten Gesellschaft einerseits und dem einer sozialistischen Staats- und Gesellschaftsordnung nach den Lehren des Marxismus-Leninismus* andererseits.

Der Ursprung des Ost-West-Konflikts lag in der russischen Oktoberrevolution von 1917, als die kommunistische Partei unter Wladimir Iljitsch Lenin die Macht in Russland übernahm. An die Stelle des Zarenreiches trat die 1922 gegründete Union der Sozialistischen Sowjetrepubliken (UdSSR). Das Sowjetregime verkündete die Herrschaft der Arbeiterklasse im eigenen Land und ging davon aus, dass sich ihr Gesellschaftsmodell weltweit durchsetzen werde. Seither befürchteten viele Menschen in den Industrieländern, die an der bisherigen Gesellschaftsordnung festhalten wollten oder um ihre Machtgrundlagen bangten, eine sozialistische Revolution.

Demgegenüber wurden vor allem die USA zum Vorreiter des Selbstbestimmungsrechts der Völker, der parlamentarischen Demokratie und eines reformierten Kapitalismus, der auch den sozial Schwachen ein menschenwürdiges Dasein sichern sollte. Dies waren die Antworten des „Westens" auf die Probleme des internationalen Friedens und der Sozialen Frage im Innern der Staaten. Hatten sich die USA nach dem Ende des Ersten Weltkrieges aus der europäischen Politik wieder zurückgezogen, so zwang sie der Zweite Weltkrieg, ihre isolationistische Haltung endgültig aufzugeben. Zusammen mit Großbritannien und der Sowjetunion unter Josef Stalin** bildeten die USA ein Kriegsbündnis gegen ihre Angreifer, das Deutsche Reich (Anti-Hitler-Koalition)*** und Japan.

1945 war Europa vom Nationalsozialismus befreit und der Krieg in Ostasien beendet. Die UdSSR trat zwar 1945 den Vereinten Nationen (UNO) bei, die von den USA und Großbritannien zuvor als neue Weltfriedensorganisation gegründet worden war. Dennoch schufen die beiden Weltmächte USA und UdSSR – die übrigen Mächte waren bei Kriegsende entweder geschlagen oder allzu geschwächt – keine gemeinsame Weltfriedensordnung. Vielmehr führten sie die beiden entstehenden feindlichen Machtblöcke an und rangen weltweit um die Erweiterung ihres Einflussbereiches (*Bipolarität*). Sie bekämpften sich in den Jahrzehnten nach 1945 politisch, ideologisch und wirtschaftlich sowie durch Stellvertreterkriege, während eine direkte militärische Konfrontation unterblieb. Daher spricht man auch vom „Kalten Krieg" (▶ M1).

Die Anti-Hitler-Koalition zerfällt ■ Angesichts ihrer unvereinbaren macht- und sicherheitspolitischen Interessen konnten sich die beiden Weltmächte nicht über die Probleme der Nachkriegszeit verständigen (▶ M2).

Das Kriegsende in Europa und Ostasien wurde zu einem Wettlauf um die Einflusszonen der Siegermächte. Bereits auf der Konferenz der Alliierten in Jalta am Schwarzen Meer (Februar 1945) hatten die USA, Großbritannien und die UdSSR ihre Interessenbereiche gegeneinander abgrenzen müssen. Auf der Potsdamer Konferenz, die im Juli

---

* Siehe S. 318.
** Siehe S. 264.
*** Siehe S. 269 und S. 324.

1945 begann, wurde Deutschland in vier Besatzungszonen geteilt. Sowjetische Truppen standen in Berlin sowie im östlichen Teil Deutschlands, nachdem zuvor schon ganz Osteuropa von der Roten Armee besetzt worden war.

Im Fernen Osten versuchte Stalin erfolglos, nach der Kapitulation Japans (2. September 1945) Einfluss auf die Besetzung und Kontrolle des Landes zu gewinnen. In Korea kam es im Dezember 1945 zur Teilung in einen sowjetisch beherrschten Norden und einen von den Amerikanern kontrollierten Süden. In China, das die USA traditionell zu ihren Verbündeten zählten, flammte 1946 der Bürgerkrieg zwischen den Kommunisten unter Mao Zedong und der Nationalregierung unter Chiang Kai-shek wieder auf. Er endete mit der Proklamation der Volksrepublik China durch Mao (1. Oktober 1949).

In Vorderasien weigerte sich die Sowjetunion zunächst, ihre Truppen vereinbarungsgemäß aus dem Iran zurückzuziehen. Außerdem forderte sie Küstengebiete der Türkei sowie die türkischen Meerengen. Die USA antworteten mit der demonstrativen Entsendung ihrer Flotte ins Mittelmeer. Auch die britische Regierung sah ihre Sicherheitsinteressen bedroht: In Griechenland, Ägypten, in der gesamten arabischen Welt, in Indien und in den fernöstlichen Kolonien förderte die Sowjetunion „nationale Befreiungsbewegungen". Ebenso wurde die Unterstützung der kommunistischen Parteien in Frankreich und Italien als Beleg dafür gewertet, dass Stalin das Nachkriegschaos für seine Zwecke nutzen wollte.

Mao Zedong (1893-1976): chinesischer Revolutionär; 1949-1959 erster Staatschef der Volksrepublik China

Die Sowjetisierung Ostmitteleuropas

Entscheidend für das immer schlechter werdende Verhältnis zwischen den Siegermächten war die Sowjetisierung der Staaten Ostmitteleuropas. Im Gegensatz zu den Abmachungen von Jalta ließ die Rote Armee in Polen, Rumänien, Ungarn und Bulgarien keine freie, demokratische Entwicklung zu. Durch Unterdrückung und Einschüchterung der Bevölkerung, durch Schauprozesse und Wahlterror sowie die Zwangsvereinigung der sozialdemokratischen mit den kommunistischen Parteien festigten die Kommunisten in diesen Ländern ihre Alleinherrschaft. Die Kollektivierung der Landwirtschaft sowie die Einbeziehung der zentral gesteuerten Volkswirtschaften in den sowjetischen Wirtschaftsbereich folgten auf dem Fuß. Stalins Gefolgsleute sorgten durch die systematische Entfernung nationaler „Abweichler" dafür, dass der Machtanspruch Moskaus nicht infrage gestellt wurde.

Nach 1945 entwickelten sich die kommunistischen Parteien in jenen Ländern zu Massenparteien in der Hand einer kleinen Gruppe von Aktivisten. Deren bedingungslose Unterordnung unter den Willen Stalins war die Voraussetzung für ihr politisches Überleben. Als letztes Land wurde im Frühjahr 1948 die Tschechoslowakei durch einen kommunistischen Staatsstreich mit sowjetischer Unterstützung in das politisch-ökonomische Herrschaftssystem der UdSSR einbezogen. Nur Jugoslawien unter Tito konnte sich der sowjetischen Kontrolle entziehen. Winston Churchill* sah diese Entwicklung schon früh und prägte 1946 das Wort vom „Eisernen Vorhang", der sich auf Europa herabsenke und den sowjetischen Machtbereich vom Rest der Welt abriegle (▶ M3).

Josip Broz, gen. Tito (1892-1980): Partisanenführer der jugoslawischen Kommunisten im Zweiten Weltkrieg; 1945 Ministerpräsident, 1953-1980 Staatspräsident Jugoslawiens

Die USA reagieren: Eindämmung und Wiederaufbau

Die Vereinigten Staaten sahen sich gehalten, auf die Sowjetisierung zu antworten und die noch nicht unter kommunistischer Führung stehenden Länder wirtschaftlich, politisch und militärisch zu stabilisieren. US-Präsident Harry S. Truman** erhob im März 1947 die „Eindämmung"

---

* Siehe S. 267.
** Siehe S. 269.

▲ Ausdehnung des sowjetischen Herrschaftsbereiches in Europa.

(*containment*) des Kommunismus und der Sowjetunion zum Grundprinzip seiner Außenpolitik (*Truman-Doktrin* ▶ M4). Als Antwort darauf gründete Stalin Ende September 1947 das Kommunistische Informationsbüro (*Kominform*), das die weltweite Steuerung der kommunistischen Parteien unter Führung der Kommunistischen Partei der Sowjetunion (KPdSU) zur Aufgabe hatte (▶ M5).

Zur Stützung der nichtkommunistischen Länder in Europa rief die US-Regierung im Frühjahr 1948 das Europäische Wiederaufbauprogramm (*European Recovery Program*, ERP) ins Leben, nach seinem Initiator **George Marshall** auch *Marshall-Plan* genannt. Der Marshall-Plan bot den kriegszerstörten Ländern Europas wirtschaftliche Hilfe beim Wiederaufbau.* Den Ländern in seinem Machtbereich verbot Stalin die Beteiligung an diesem Programm und bildete stattdessen den *Rat für Gegenseitige Wirtschaftshilfe* (RGW). Dieser leistete keine Aufbauhilfe in den Mitgliedstaaten.

Die Gründung der NATO Wegen des großen militärischen Übergewichts der Sowjetunion an Landstreitkräften in Europa gaben die britische und französische Regierung den Anstoß zu einem längerfristigen militärischen Engagement der USA in Europa. Nur ein gemeinsames Verteidigungssystem unter Mitwirkung der USA schien Westeuropa gegen die Sowjetunion schützen zu können. Die Berlin-Blockade von 1948/49** verstärkte das Gefühl der Bedrohung im Westen noch weiter.

George C. Marshall (1880-1959): General im Zweiten Weltkrieg, 1947-1951 US-Außenminister; erhielt 1953 den Friedensnobelpreis

* Siehe S. 426 f.
** Siehe S. 428 f.

Am 4. April 1949 gründeten zehn europäische Staaten sowie die USA und Kanada die **NATO**. Ihre Hauptaufgabe sollte der Schutz sämtlicher Mitglieder gegen einen bewaffneten Angriff sein. Mit der Gründung der NATO gewährten die USA den Staaten Westeuropas dauerhaft militärischen Beistand.

Die Sowjetunion hatte dagegen schon seit 1945 bilaterale (zweiseitige) Abkommen über Freundschaft, Zusammenarbeit und gegenseitigen Beistand mit allen Staaten ihres Machtbereiches geschlossen.

Blockbildung in Ost und West ◼

Die Teilung Europas, der „Eiserne Vorhang", verlief unterdessen mitten durch das besiegte Deutschland. 1948 waren die Besatzungszonen der USA, Großbritanniens und Frankreichs zu einem gemeinsamen Wirtschaftsraum (Trizone) verschmolzen, im Mai 1949 wurde daraus die Bundesrepublik Deutschland als Staat mit eingeschränkter Souveränität. Im Oktober desselben Jahres erfolgte die Gründung der Deutschen Demokratischen Republik auf dem Boden der Sowjetischen Besatzungszone im Osten Deutschlands. Die DDR wurde wie ihre östlichen Nachbarn ein von der Sowjetunion abhängiger Satellitenstaat.

Als die Bundesrepublik Deutschland 1955 der NATO beitrat, unterzeichneten die UdSSR und ihre Verbündeten in Warschau den **Vertrag über Freundschaft, Zusammenarbeit und gegenseitigen Beistand**. Die beiden deutschen Teilstaaten waren seitdem vollständig in das westliche bzw. östliche Bündnissystem integriert. War die deutsche Teilung durch den Kalten Krieg verursacht worden, so standen sich Bundesrepublik und DDR nun selbst als verfeindete Staaten gegenüber.

„Friedliche Koexistenz" und atomares Gleichgewicht ◼

Auf den Tod des Diktators Stalin im Jahr 1953 folgte eine neue Phase der Ost-West-Beziehungen. Der neue sowjetische Staats- und Parteichef **Nikita Chruschtschow** verkündete 1956 die Doktrin von der „friedlichen Koexistenz". Die unterschiedlichen Gesellschaftssysteme in Ost und West sollten vorerst nebeneinander bestehen und auf einen Krieg verzichten.

Diese Forderung stand in der Tradition Lenins und Stalins, die ihre revolutionären Ziele nötigenfalls an die Realpolitik angeglichen hatten. Sie war desto dringender, als beide Seiten inzwischen über Nuklearwaffen verfügten. Die USA waren seit 1945 zunächst der einzige Staat gewesen, der Atomwaffen besaß. Im August 1949 war auch der Sowjetunion die Zündung einer Atombombe gelungen. 1955 hatte die Sowjetunion mit den USA bei der Herstellung einer Wasserstoffbombe gleichgezogen. Am 4. Oktober 1957 sandte die Sowjetunion den ersten künstlichen Satelliten („Sputnik") in den Weltraum. Der „Sputnik-Schock" führte der westlichen Öffentlichkeit schlagartig die Fortschritte des Ostblocks bei der Raketentechnik vor Augen. Bald darauf verfügte die Sowjetunion über Raketen, die direkt auf die USA zielen konnten. Die USA hatten ihre atomare Überlegenheit verloren und waren nun auf dem eigenen Territorium angreifbar. Zwischen den Weltmächten trat eine strategische Pattsituation ein.

Die Entwicklung der Raketen als Trägersysteme wurde vor allem durch die Weltraumfahrt vorangetrieben. Der Wettlauf um die Vorherrschaft im Weltraum, der u.a. zur ersten bemannten Mondlandung der Amerikaner am 21. Juli 1969 führte, war ein weiteres Feld, auf dem der Kalte Krieg ausgetragen wurde. Dabei diente der technologische Vorsprung als Indiz für die Überlegenheit des jeweiligen Gesellschaftssystems. Unterdessen wuchs das Atomwaffenarsenal auf beiden Seiten stetig an. Mit den vorhandenen Sprengköpfen konnte die Menschheit mehrfach ausgelöscht werden („overkill capability"). Die Hochrüstung führte zu einem *„Gleichgewicht des Schreckens"*.

NATO (North Atlantic Treaty Organization): Die Zugehörigkeit verpflichtet nicht zum automatischen militärischen Beistand, sondern stellt die erforderlichen Maßnahmen in das Ermessen jedes Partners. Truppen der NATO wurden nach dem Ende des Kalten Krieges als Krisenreaktionskräfte auch zur Durchsetzung von Resolutionen der UNO eingesetzt.
Die NATO besteht nach wie vor, derzeit gehören ihr 28 Staaten an. Zu den zehn europäischen Gründungsmitgliedern gehörten Belgien, Dänemark, Frankreich, Großbritannien, Island, Italien, Luxemburg, Niederlande, Norwegen und Portugal.

Vertrag über Freundschaft, Zusammenarbeit und gegenseitigen Beistand: Militärbündnis, gegründet am 14. Mai 1955; im Westen „Warschauer Pakt" genannt. Ihm gehörten die UdSSR, Albanien (bis 1968), Bulgarien, ČSSR, DDR (bis 1990), Polen, Rumänien und Ungarn an. Ökonomisch waren die Staaten des Ostblocks bereits seit 1949 im „Rat für Gegenseitige Wirtschaftshilfe" organisiert. Der Vertrag von 1955 wurde am 1. April 1991 aufgelöst.

Nikita Sergejewitsch Chruschtschow (1894–1971): 1958–1964 Regierungschef der Sowjetunion, schließlich vom Politbüro der KPdSU entmachtet

M1 Erklärungsversuche zum Kalten Krieg

Der Historiker Bernd Stöver fasst Erklärungsversuche für die Entstehung des Kalten Krieges zusammen:

(1) Nach der *traditionellen Vorstellung*, der frühesten Erklärung, war aus westlicher Sicht für die Entstehung und Forcierung des Kalten Krieges die marxistisch-leninistische Ideologie mit ihrem Anspruch auf die Weltrevolution verant-
5 wortlich. Diese habe die Sowjetunion prinzipiell auf einen aggressiven Kurs gegenüber dem Westen festgelegt. Pragmatische Annäherungen in Entspannungsphasen seien zwar möglich gewesen, nicht jedoch eine Abschwächung des Expansionsdrangs. [...]
10 (2) [*Revisionistische Erklärung*] [...] Als der erste Band der revisionistischen Schule, William A. Williams' *The Tragedy of American Diplomacy*, 1959 erschien, befand sich die Welt nach der nur kurze Zeit zurückliegenden Doppelkrise um Ungarn und Suez[1] mit der Zweiten Berlin-Krise wieder auf
15 Konfrontationskurs. Die Revisionisten [...] unterstrichen ausdrücklich die amerikanische Verantwortung für die Entstehung des Kalten Krieges. Die Sowjetunion sei aus dem Zweiten Weltkrieg geschwächt hervorgegangen und habe dem wirtschaftlich überlegenen Westen, insbesondere den USA
20 und ihrer forcierten „Politik der Offenen Tür"[2], nahezu hilflos gegenübergestanden. Neben der ökonomischen Überlegenheit wurde hier ausdrücklich das amerikanische Atomwaffenmonopol der ersten Nachkriegsjahre als Argument für die amerikanische Verantwortung herangezogen. Stalins
25 Politik sei weniger von imperialen Vorstellungen ausgegangen als von der Bewahrung und Sicherung des bestehenden Staates, der kontinuierlich gefährdet gewesen sei. [...]
(3) Beide Positionen näherten sich seit den siebziger Jahren in der sogenannten *postrevisionistischen Interpretation* des
30 Kalten Krieges an: Sie geht davon aus, dass gerade die angenommene Bedrohung durch die Gegenseite für die rasante Dynamik der Auseinandersetzung maßgeblich war. Kontinuierlich habe die verfehlte Wahrnehmung falsche Entscheidungen produziert. [...] Tatsächlich können die Postrevisio-
35 nisten für sich verbuchen, dass vieles, was man nach der Öffnung bisher verschlossener Archive in den Jahren nach 1991 zutage förderte, in die Richtung wies, dass der Verlauf des Kalten Krieges nicht zuletzt durch massive Kommunikationsprobleme gefördert wurde. Gerade sein Ende – etwa
40 der Wandel des Gorbatschow-Bildes im Westen – zeigt deutlich, wie stark die Überwindung von eingefahrenen Perzeptionsmustern[3] zur Beendigung des Kalten Krieges beitrug. Dennoch stießen auch diese Interpretationen auf Kritik. Tatsächlich muss man sich natürlich fragen, ob die Einschätzun-
45 gen der Gegenseite wirklich so konsequent falsch waren wie unterstellt. Schloss nicht schon der Universalanspruch der beiden Ordnungsentwürfe den jeweils anderen kategorisch aus? Wurde nicht trotz der Abrüstungsverhandlungen alles versucht, das gegnerische System weiterhin zu unterminie-
50 ren[4], und zwar nicht nur im eigenen Machtbereich, sondern auch an den entlegensten Peripherien des Konflikts? Wo konnte es eine Fehlinterpretation der jeweiligen gegnerischen Vorstellungen bei der gigantischen nuklearen Aufrüstung geben, die schließlich militärisch sinnvoll nicht mehr
55 eingesetzt werden konnte und in der Lage war, nicht nur die gesamte Erdbevölkerung mehrfach zu vernichten, sondern die Erde auf Dauer unbewohnbar zu machen?
Alle drei Antworten auf die Frage, *warum* dieser Konflikt begann und mit aller Härte und vollem Einsatz der Kräfte bis zum Ende geführt wurde, blieben zeitgebundene Teilerklä-
60 rungen. So wie die traditionelle und revisionistische Erklärung jeweils einseitige Schuldzuweisungen unternahmen, schloss der kommunikationstheoretische Ansatz des Postrevisionismus weitgehend die Möglichkeit aus, dass der Kalte Krieg ein klassischer Machtkonflikt war, der nicht aus
65 Versehen oder aufgrund von Verständigungsproblemen, sondern bewusst und kalkuliert in Eskalationen und Deeskalationen geführt wurde, weil er ausgefochten und siegreich beendet werden sollte. Gerade für diese Annahme sprach jedoch immer vieles.
70

Bernd Stöver, Der Kalte Krieg 1947-1991. Geschichte eines radikalen Zeitalters, München 2007, S. 16-19

[1] Ungarn-Krise: 1956 führte in Ungarn ein Volksaufstand zur Abschaffung der kommunistischen Einparteiendiktatur. Die sowjetische Armee beseitigte die neue Regierung und stellte die alten politischen Verhältnisse wieder her.
Suez-Krise: Ägypten hatte 1956 die Kontrolle über den Suezkanal übernommen, der bis dahin für die internationale Schifffahrt geöffnet war. Großbritannien und Frankreich griffen militärisch ein. Die USA und die Sowjetunion erreichten daraufhin den Rückzug der britischen und französischen Truppen.
[2] Politik der Offenen Tür: Sie zielt darauf, dass keinem Land der freie Handel mit einem anderen Land verwehrt werden darf. Geprägt wurde der Begriff Ende des 19. Jahrhunderts im Zeitalter des Imperialismus. Die USA befürchteten damals, beim Wettlauf mit anderen Mächten um Einflusssphären zu unterliegen.

1. Arbeiten Sie heraus, wie der Westen und der Ostblock den Kalten Krieg erklärten.

2. Erläutern Sie die Feststellung Stövers, die drei Interpretationen seien jeweils „zeitgebundene Teilerklärungen" (Zeile 60 f.).

3. Nehmen Sie Stellung zur These Stövers, der Kalte Krieg sei ein „klassischer Machtkonflikt" gewesen (Zeile 65).

[3] Perzeptionsmuster: Wahrnehmungsmuster
[4] unterminieren: untergraben

M2 „Drahtbericht aus Moskau"

Am 22. Februar 1946 schickt der Berater des US-Botschafters in Moskau, George F. Kennan, ein Telegramm nach Washington, das wesentliche Grundsätze der späteren amerikanischen Außenpolitik enthält:

Die UdSSR lebt immer noch inmitten feindseliger „kapitalistischer Einkreisung", mit der es auf die Dauer keine friedliche Koexistenz geben kann. [...] Die Erfordernisse ihrer eigenen vergangenen und gegenwärtigen Position sind es, die die
5 sowjetische Führung dazu zwingen, ein Dogma zu verkünden, nach dem die Außenwelt böse, feindselig und drohend, aber zugleich von einer schleichenden Krankheit befallen und dazu verurteilt ist, von immer stärker werdenden inneren Kämpfen zerrissen zu werden, bis sie schließlich von einer
10 erstarkenden Macht des Sozialismus den Gnadenstoß erhält und einer neuen und besseren Welt weicht. Diese These liefert den Vorwand für das Anwachsen von Militär und Polizei im russischen Staat, für die Isolierung der russischen Bevölkerung von der Außenwelt und für die ständigen Versuche,
15 die russische Polizeigewalt noch weiter auszuweiten, alles Dinge, die seit je den natürlichen Instinkten russischer Herrscher entsprechen. [...]
Wo es angezeigt und Erfolg versprechend scheint, wird man versuchen, die äußeren Grenzen der Sowjetmacht zu erwei-
20 tern. [...]
Gegenüber Kolonialgebieten und rückständigen oder abhängigen Völkern wird die sowjetische Politik sogar auf amtlicher Ebene das Ziel verfolgen, Macht, Einfluss und Kontakte der hoch entwickelten westlichen Nationen zu schwächen, und
25 zwar unter dem Gesichtspunkt, dass bei einem Erfolg dieser Politik ein Vakuum entstünde, das sowjetisch-kommunistisches Eindringen erleichtern müsste [...].
Alles in allem haben wir es mit einer politischen Kraft zu tun, die sich fanatisch zu dem Glauben bekennt, dass es mit Ame-
30 rika keinen dauernden Modus Vivendi[1] geben kann, dass es wünschenswert und notwendig ist, die innere Harmonie unserer Gesellschaft, unsere traditionellen Lebensgewohnheiten und das internationale Ansehen unseres Staates zu zerstören, um der Sowjetmacht Sicherheit zu verschaffen [...].
35 Sie [die Sowjetunion] arbeitet nicht nach festgelegten Plänen. Sie geht keine unnötigen Risiken ein. Der Logik der Vernunft unzugänglich, ist sie der Logik der Macht in hohem Maße zugänglich. Daher kann sie sich ohne Weiteres zurückziehen – und tut das im Allgemeinen –, wenn sie irgendwo
40 auf starken Widerstand stößt. Wenn also dem Gegner genügend Hilfsmittel zur Verfügung stehen und er die Bereit-

▶ Demonstration gegen das wegen sowjetischer Atomspionage angeklagte Ehepaar Rosenberg im März 1951.
Die USA bekämpften die „rote Gefahr" auch im eigenen Land. 1951 befand ein Gericht den Elektroingenieur Julius Rosenberg und seine Frau Ethel für schuldig, im Krieg Atomgeheimnisse an die Sowjetunion weitergegeben zu haben. Beide wurden zum Tode verurteilt und am 19. Juni 1953 hingerichtet. Die Hysterie wurde Anfang der 1950er-Jahre noch durch die „Hexenjagd" des republikanischen Senators Joseph McCarthy gegen vermeintliche Kommunisten in Politik und Öffentlichkeit geschürt („McCarthyismus").

schaft zu erkennen gibt, sie auch einzusetzen, wird er das selten tun müssen. Wenn die Situation richtig gehandhabt wird, braucht es zu keiner das Prestige verletzenden Kraftprobe kommen. [...]
45 Ich bin überzeugt, dass es in unserem Lande heute viel weniger antisowjetische Hysterie gäbe, wenn unser Volk mit der Situation besser vertraut wäre. Nichts ist so gefährlich oder so schrecklich wie das Unbekannte [...].
Viel hängt von der Gesundheit und Kraft unserer eigenen
50 Gesellschaft ab. Der Weltkommunismus ist wie ein bösartiger Parasit, der sich nur von erkranktem Gewebe nährt. Das ist der Punkt, in dem Innen- und Außenpolitik einander begegnen.

George F. Kennan, Memoiren eines Diplomaten, Bd. 1, Stuttgart 1968, S. 553 ff.

[1] Modus Vivendi (lat.): Zustand erträglichen Zusammenlebens

1. Arbeiten Sie heraus, worin Kennan den Unterschied zwischen „Logik der Vernunft" und „Logik der Macht" sieht.
2. Vergleichen Sie die im Text skizzierten Bilder, die die UdSSR und die USA voneinander entwerfen.
3. Nennen Sie mögliche außenpolitische Konsequenzen der US-Regierung aus Kennans Analyse.

▲ „Churchill und seine Vorläufer."
Karikatur aus der sowjetischen Zeitschrift „Krokodil", März 1946.
Auf den Flaggen steht: „Eiserner Vorhang über Europa" und
„Die Angelsachsen sollten die Welt beherrschen".
- Identifizieren Sie die beiden Personen in Churchills Schatten.
- Erläutern Sie die Sicht Churchills in dieser sowjetischen Karikatur. Berücksichtigen Sie dabei die Aufschrift der Flaggen.

M3 Der „Eiserne Vorhang" in Europa

In Gegenwart und nach Absprache mit US-Präsident Truman spricht der Oppositionsführer im britischen Unterhaus, Winston Churchill, am 5. März 1946 über die sowjetische Politik in Osteuropa:

Ein Schatten ist auf die Erde gefallen, die erst vor Kurzem durch den Sieg der Alliierten hell erleuchtet worden ist. Niemand weiß, was Sowjetrussland und die kommunistische internationale Organisation in der nächsten Zukunft zu tun
5 gedenken oder was für Grenzen ihren expansionistischen und Bekehrungstendenzen gesetzt sind, wenn ihnen überhaupt Grenzen gesetzt sind. [...] Von Stettin an der Ostsee bis hinunter nach Triest an der Adria ist ein „Eiserner Vorhang" über den Kontinent gezogen. [...] Die kommunistischen Par-
10 teien, die in allen diesen östlichen Staaten Europas bisher sehr klein waren, sind überall großgezogen worden, sie sind zu unverhältnismäßig hoher Macht gelangt und suchen jetzt überall die totalitäre Kontrolle an sich zu reißen. [...] Welches auch die Schlussfolgerungen sind, die aus diesen Tatsachen
15 gezogen werden können, eines steht fest, das ist sicher nicht das befreite Europa, für dessen Aufbau wir gekämpft haben. Es ist nicht ein Europa, das die unerlässlichen Elemente eines dauernden Friedens enthält.

Ich glaube nicht, dass Sowjetrussland den Krieg will. Was es will, das sind die Früchte des Krieges und die unbeschränkte 20 Ausdehnung seiner Macht und die Verbreitung seiner Doktrin. Was wir aber heute, solange noch Zeit vorhanden ist, in Erwägung ziehen müssen, das sind die Mittel zur dauernden Verhütung des Krieges und zur Schaffung von Freiheit und Demokratie in allen Ländern. 25

Keesings Archiv der Gegenwart 1946, S. 669 f.

1. *Skizzieren Sie, wie Churchill die internationale Lage bewertet. Welche Kurskorrekturen spricht er an?*
2. *Prüfen Sie, ob sich die Einschätzung Churchills mit derjenigen Kennans (M2) deckt.*

M4 Die Truman-Doktrin

*In seiner Rede vor dem amerikanischen Kongress am 12. März 1947 fordert Präsident Truman die Bereitstellung von 400 Millionen Dollar zur Unterstützung Griechenlands und der Türkei. Dadurch soll verhindert werden, dass kommunistische Kräfte im griechischen Bürgerkrieg die Macht an sich reißen.
Truman führt aus:*

Eins der ersten Ziele der Außenpolitik der Vereinigten Staaten ist es, Bedingungen zu schaffen, unter denen wir und andere Nationen uns ein Leben aufbauen können, das frei von Zwang ist. Das war ein grundlegender Faktor im Krieg gegen Deutschland und Japan. [...] 5
In einer Anzahl von Ländern waren den Völkern kürzlich gegen ihren Willen totalitäre Regimes aufgezwungen worden. Die Regierung der Vereinigten Staaten hat mehrfach gegen Zwang und Einschüchterung bei der Verletzung des Jalta-Abkommens in Polen, Rumänien und Bulgarien protestiert. 10
Und weiter muss ich feststellen, dass in einer Anzahl anderer Staaten ähnliche Entwicklungen stattgefunden haben. Im gegenwärtigen Abschnitt der Weltgeschichte muss fast jede Nation ihre Wahl in Bezug auf ihre Lebensweise treffen. Nur allzu oft ist es keine freie Wahl. Die eine Lebensweise gründet 15 sich auf den Willen der Mehrheit und zeichnet sich durch freie Einrichtungen, freie Wahlen, Garantie der individuellen Freiheit, Rede- und Religionsfreiheit und Freiheit vor politischer Unterdrückung aus. Die zweite Lebensweise gründet sich auf den Willen einer Minderheit, der der Mehrheit auf- 20 gezwungen wird. Terror und Unterdrückung, kontrollierte Presse und Rundfunk, fingierte Wahlen und Unterdrückung der persönlichen Freiheiten sind ihre Kennzeichen.
Ich bin der Ansicht, dass es die Politik der Vereinigten Staaten sein muss, die freien Völker zu unterstützen, die sich der 25

Unterwerfung durch bewaffnete Minderheiten oder durch Druck von außen widersetzen. Ich glaube, dass wir den freien Völkern helfen müssen, sich ihr eigenes Geschick nach ihrer eigenen Art zu gestalten. [...]
30 Die Saat der totalitären Regimes gedeiht in Elend und Mangel. Sie verbreitet sich und wächst in dem schlechten Boden von Armut und Kampf. Sie wächst sich vollends aus, wenn in einem Volk die Hoffnung auf ein besseres Leben ganz erstirbt. Wir müssen diese Hoffnung am Leben erhalten.
35 Die freien Völker der Erde blicken auf uns und erwarten, dass wir sie in der Erhaltung der Freiheit unterstützen.

Ernst Schräpler und Herbert Michaelis (Hrsg.), Ursachen und Folgen. Vom deutschen Zusammenbruch 1918 und 1945 bis zur staatlichen Neuordnung in der Gegenwart, Bd. 25, Berlin o. J., S. 148 ff.

1. Stellen Sie dar, inwiefern die Rede eine fundamentale Neuorientierung der US-Außenpolitik anzeigt.
2. Die USA müssten nach Truman den freien Völkern helfen, „sich ihr eigenes Geschick nach ihrer eigenen Art zu gestalten" (Zeile 28 f.). Erörtern Sie, inwieweit diese Verpflichtung über den Grundsatz des Selbstbestimmungsrechts der Völker hinausgeht, den die USA bis dahin vertraten.
3. Diskutieren Sie den Anspruch von Großmächten, sich in die Belange „freier Völker" einzumischen.

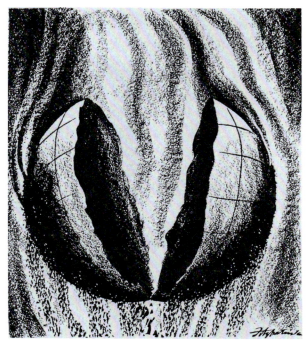

▲ „One world?"
Karikatur von Daniel R. Fitzpatrick aus dem „St. Louis Post-Dispatch" vom 12. März 1947.

M5 Die Welt ist in zwei Lager geteilt

Bei der Gründung der Kominform am 30. September 1947 entwickelt der sowjetische Delegierte Andrei Schdanow auf Veranlassung Stalins die folgende Theorie:

Die Sowjetunion und die demokratischen Länder betrachteten als Hauptziele des Krieges die Wiederherstellung und Festigung der demokratischen Systeme in Europa, die Liquidierung des Faschismus, Verhütung der Möglichkeit einer
5 neuen Aggression Deutschlands und allseitige dauernde Zusammenarbeit der Völker Europas. Die USA, und in Übereinstimmung mit ihnen Großbritannien, setzten sich im Krieg ein anderes Ziel: Beseitigung ihrer Konkurrenten auf dem Weltmarkt (Deutschland und Japan) und Festigung
10 ihrer eigenen Vormachtstellung. Die Meinungsverschiedenheiten in der Zielsetzung des Krieges und der Aufgaben der Nachkriegsgestaltung haben sich in der Nachkriegszeit vertieft. Es bildeten sich zwei einander entgegengesetzte politische Richtungen heraus: auf dem einen Pol die Politik der
15 UdSSR und der demokratischen Länder, die auf Untergrabung des Imperialismus und Festigung der Demokratie gerichtet ist, auf dem anderen die Politik der USA und Großbritanniens, die auf Stärkung des Imperialismus und Drosselung der Demokratie abzielt. Da die UdSSR und die Länder der neuen Demokratie ein Hindernis bei der Durchführung der imperi- 20 alistischen Pläne des Kampfes um die Weltherrschaft und der Zerschlagung der demokratischen Bewegung sind, wurde ein Kreuzzug gegen die UdSSR und die Länder der neuen Demokratie proklamiert, der auch durch Drohungen mit einem neuen Krieg vonseiten der besonders eifrigen imperialisti- 25 schen Politiker der USA und Englands bestärkt wird. Auf diese Weise entstanden zwei Lager: das imperialistische, antidemokratische Lager, dessen Hauptziel die Weltherrschaft des amerikanischen Imperialismus und die Zerschlagung der Demokratie ist, und das antiimperialistische und demokrati- 30 sche Lager, dessen Hauptziel die Untergrabung des Imperialismus, die Festigung der Demokratie und die Liquidierung der Überreste des Faschismus ist.

Keesings Archiv der Gegenwart 1947, S. 1207 f.

1. Erklären Sie, inwiefern Schdanows Ausführungen eine Antwort auf Truman-Doktrin und Marshall-Plan (S. 362) sind.
2. Erläutern Sie den sowjetischen Demokratiebegriff.
3. Beurteilen Sie die Bedeutung der sogenannten Zwei-Lager-Theorie für das Verhältnis zwischen Moskau und den kommunistischen Parteien Osteuropas.

Krisen und Konflikte im Zeichen des Kalten Krieges

▲ **Massaker in Korea.**
Gemälde des spanischen Künstlers Pablo Picasso (1881-1973) von 1951, das zeigt, wie sehr der Krieg in Korea auch in Europa Beachtung fand.

Stellvertreterkrieg: Staaten führen einen militärischen Konflikt nicht unmittelbar gegeneinander, sondern tragen ihn auf externem Gebiet oder gegen eine dritte Macht aus.

John F. (Fitzgerald) Kennedy (1917-1963): 1961-1963 US-Präsident (Demokrat); fiel 1963 einem Attentat zum Opfer

Von Korea nach Berlin ■ Das militärische Gleichgewicht bewahrte die USA und die Sowjetunion davor, gegeneinander Krieg zu führen. Dennoch hielten zahlreiche Krisen und Konflikte in den 1950er- und 60er-Jahren den Ost-West-Gegensatz wach.

Mit dem *Korea-Krieg* fand der erste **Stellvertreterkrieg** zwischen den Großmächten statt. Nach der Kapitulation Japans im September 1945 hatten sowjetische und amerikanische Truppen Korea besetzt, das Land war daraufhin in einen kommunistischen Norden und einen an Amerika angelehnten Süden geteilt worden. Als im Juni 1950 nordkoreanische Truppen mit Billigung Stalins Südkorea überfielen, beschloss der UN-Sicherheitsrat den Einsatz von Truppen unter amerikanischer Führung. Damit standen sich die beiden Blöcke in Korea erstmals in einem „heißen Krieg" gegenüber.

Zwischen 1950 und 1953 kämpften US-Truppen an der Seite Südkoreas gegen nordkoreanische Truppen, die mit Billigung Moskaus von China unterstützt wurden. Der Krieg endete mit einem Waffenstillstand, der die Teilung des Landes bestätigte und die Grenzen von 1945 wiederherstellte. Die Auseinandersetzungen hinterließen ein zerstörtes Land und Millionen von Kriegsopfern.

1953 wurde der *Arbeiter- und Volksaufstand gegen das DDR-Regime* mit dem Einsatz der in Ostdeutschland stationierten Roten Armee beendet. Die Westmächte griffen nicht ein, ebenso wenig wie 1956 beim *Aufstand der Ungarn* gegen das kommunistische Regime, der ebenfalls von den Sowjets niedergeschlagen wurde.

In der *Zweiten Berlin-Krise* 1958-1961 drängte der sowjetische Staats- und Parteichef Chruschtschow auf eine Neuregelung des Status von Berlin. Dabei wollte er den Abzug der westlichen Alliierten erreichen. Zudem drohte er mit einem separaten Friedensvertrag zwischen der Sowjetunion und der DDR – ein Verstoß gegen die Vereinbarungen der Siegermächte. Zusätzlich belastet wurde das Verhältnis zwischen Washington und Moskau durch den Abschuss eines amerikanischen Spionageflugzeugs über dem Gebiet der Sowjetunion. Beide Seiten konnten sich nicht einigen, auch ein Gipfeltreffen im Juni 1961 blieb erfolglos. Die Welt befürchtete einen Atomkrieg angesichts des Streits um Berlin. Die USA unter Präsident **John F. Kennedy** lenkten schließlich ein, indem sie lediglich für West-Berlin eine Bestandsgarantie aussprachen. Damit erkannte der Westen auch offiziell die alleinige Vormacht der Sowjetunion über die DDR und Ost-Berlin an. Moskau gab daraufhin der DDR-Führung im August 1961 freie Hand für den Bau der Berliner Mauer. Sie wurde weltweit zum Symbol des Kalten Krieges.

Die Kuba-Krise Das Zurückweichen der USA vor den sowjetischen Drohungen in der Berlin-Krise des Sommers 1961 veranlasste den sowjetischen Staats- und Parteichef Nikita Chruschtschow zur Fortsetzung seines Konfrontationskurses in unmittelbarer Nachbarschaft der amerikanischen Weltmacht. Nie wieder stand die Welt so nah am Rand eines dritten Weltkrieges wie in den dreizehn Tagen der Kuba-Krise vom 16. bis 28. Oktober 1962. Die Ereignisse fielen in den Beginn der Amtszeit von John F. Kennedy. Trotz der massiven Aufrüstung, die der US-Präsident nach seiner Wahl betrieb, war er überzeugt, den Kalten Krieg durch eine wirtschaftliche Stabilisierung der schwachen und für den Kommunismus anfälligen Länder gewinnen zu können. Für die unter amerikanischem Einfluss stehende Karibikinsel Kuba kam diese Politik allerdings zu spät.

Nach einem jahrelangen Guerillakrieg gegen das korrupte Regime des Diktators *Batista* hatte der kommunistische Revolutionär Fidel Castro die Macht in Havanna übernommen. Er erklärte Kuba zu einer sozialistischen Republik, führte eine Bodenreform durch und leitete die Verstaatlichung des gesamten US-Besitzes (Zucker- und Erdöl-Raffinerien, Banken, sonstige Unternehmen) ein. Die USA reagierten darauf mit einem Handelsembargo und dem Abbruch der diplomatischen Beziehungen. Unterstützung fand Castro bei Chruschtschow, der im Sommer 1960 ein Militärabkommen mit Kuba schloss. Der sowjetische Parteichef wollte die Gelegenheit nutzen, um sich in Lateinamerika eine Operationsbasis in der westlichen Hemisphäre zu schaffen. Im April 1961 scheiterte eine von US-Präsident John F. Kennedy geförderte Invasion von Exilkubanern zur Entmachtung Castros, dessen Position dadurch erheblich gestärkt wurde.

Zu diesem Zeitpunkt verfügten die USA und die Sowjetunion über atomare Mittelstreckenraketen, die Nuklearsprengköpfe in wenigen Minuten mehrere tausend Kilometer weit transportieren konnten. Die Vereinigten Staaten besaßen jedoch einen strategischen Vorteil, da sie solche Raketen 1959 in den NATO-Staaten Italien und der Türkei stationiert hatten, von wo aus der Süden der UdSSR ohne wesentliche Vorwarnzeit erreichbar war. Demgegenüber konnte die Sowjetunion das Gebiet der USA nur mit Bombern oder Interkontinentalraketen erreichen, die durch eine ungleich längere Vorwarnzeit Abwehrmaßnahmen zuließen. Chruschtschow wollte nun die Gelegenheit nutzen, um das militärische Gleichgewicht zugunsten der Sowjetunion zu verschieben. Zudem bildete Kuba eine Basis für die Ausbreitung des Kommunismus in Lateinamerika, die er sich sichern wollte. 1961 begann die UdSSR deshalb, heimlich Atomraketen auf Kuba zu stationieren (▶ M1).

Seit Mitte Oktober 1962 hatte die US-Regierung durch Luftaufnahmen ihres Geheimdienstes den Beweis in den Händen, dass auf Kuba sowjetische Mittelstrecken-

▲ **Nikita Chruschtschow (rechts) und Fidel Castro bei dessen Moskau-Besuch im Mai 1963.**
Für Chruschtschow war Castro der Hoffnungsträger des Kommunismus der Zukunft. Castros Ziel war es, Kuba endgültig aus dem amerikanischen Machtkreis zu befreien. Er wurde zur weltweiten Symbolfigur des Antiamerikanismus und zum Feindbild für Washington. Dort befürchtete man nun, Kuba könne zum Einfallstor für die Ausdehnung des Kommunismus in Süd- und Mittelamerika werden. Ein US-Präsident nach dem anderen nahm sich vor, Castro zu stürzen; mehrfach versuchte der amerikanische Geheimdienst, ihn zu ermorden.

Fidel Castro (geb. 1926): kubanischer Revolutionsführer und kommunistischer Diktator; von 1959 bis 2008 kubanischer Regierungs- und von 1976 bis 2008 zudem Staatspräsident

▲ Reichweite der sowjetischen Atomraketen auf Kuba und der amerikanischen Atomraketen in der Türkei.

raketen in Stellung gebracht wurden. Die USA waren nun unmittelbar bedroht. Nach mehreren Krisensitzungen ordnete Kennedy eine Seeblockade an, außerdem forderte er Chruschtschow zum sofortigen Abzug der Waffen auf. In einer Fernsehansprache am 22. Oktober 1962 informierte er die Weltöffentlichkeit über die Existenz sowjetischer Raketen auf Kuba und über die Forderung seiner Regierung, diese wieder abzubauen. In einem geheimen Briefwechsel lenkten beide Staatschefs Ende Oktober 1962 schließlich ein. Chruschtschow befahl den Rücktransport der Raketen, während Kennedy auf alle Invasionspläne gegen Kuba verzichtete und die – wenngleich veralteten – US-Raketen in der Türkei abzog (▶ M2).

Krieg in Vietnam Der *Vietnam-Krieg* war ein weiterer Stellvertreterkrieg im Rahmen des Ost-West-Konflikts. Er fiel in eine Phase, in der die Sowjetunion und die USA nach der Kuba-Krise bemüht waren, die militärische und scharfe machtpolitische Konfrontation abzubauen. Das globale Ringen um Einflusszonen aber hörte deshalb nicht auf.

Vietnam war 1954 auf einer internationalen Konferenz geteilt worden. Außerdem waren freie Wahlen beschlossen worden, die jedoch der diktatorisch regierende Präsident Südvietnams verhinderte. Die in Nordvietnam regierenden Kommunisten unterstützten die prokommunistischen Guerillakämpfer (**Vietcong**) in Südvietnam, die bis 1962 mit brutaler Gewalt einen Großteil der ländlichen Gebiete Südvietnams unter ihre Kontrolle brachten. In Washington fürchtete man, bei einem Sieg des Kommunismus in Südvietnam würden auch die übrigen Staaten Südostasiens einer nach dem anderen unter kommunistische Herrschaft geraten („*Domino-Theorie*"). Daher entsandte die US-Regierung zunächst Waffen und Militärberater, ehe sie im August 1964 unter Präsident *Lyndon B. Johnson* (1908 - 1973) offiziell in den Krieg eintrat. Der Krieg dauerte elf Jahre, kostete über 58 000 Amerikaner das Leben und konnte nur unter größtem Einsatz der US-Militärmacht beendet werden.

Die Vietcong verteidigten die Kontrolle über ländliche Gebiete Südvietnams und griffen amerikanische Militärstützpunkte an. Sie erhielten Nachschub an Waffen und Gerät, auch an bewaffneten Kämpfern und nordvietnamesischen Truppen über den nach dem nordvietnamesischen Präsidenten benannten *Ho-Chi-Minh-Pfad*, ein ver-

Vietcong: Untergrundorganisation aus verschiedenen politischen Gruppen, die 1960 den bewaffneten Kampf gegen die Regierung Südvietnams aufnahm

▲ **Kinder fliehen nach einem Napalmangriff.**
Foto von Nick Ut vom 8. Juni 1972.
Napalm ist ein militärisches Brandmittel, das nur sehr schwer gelöscht werden kann.
■ Von dem Foto wird oft nur ein Ausschnitt abgebildet, bei dem das nackte Mädchen (Kim Phúc) in den Mittelpunkt rückt. Erläutern Sie, wie sich dadurch die Wirkung des Bildes verändert.

▲ **Von Napalm verbrannte vietnamesische Frau.**
Foto von 1965.

zweigtes Netz von Dschungelwegen, das von Nordvietnam über Laos und Kambodscha Südvietnam erreichte. Auf diese Nachschubwege konzentrierten sich zunächst die Luftangriffe der amerikanischen Truppen, die zunehmend auch in Bodenkämpfe verwickelt wurden. Obwohl die US-Regierung chemische Kampfstoffe, mehr Bomben als im Zweiten Weltkrieg und bald auch mit 543 000 Mann (1968) doppelt so viele Soldaten wie Nordvietnam und der Vietcong einsetzte, gewann sie militärisch nicht die Überhand.

Die Zivilbevölkerung Südvietnams litt unsäglich unter dem Bomben- und Dschungelkrieg. Bilder toter und verstümmelter Menschen gingen um die Welt. Flächenbombardements und chemische Kampfstoffe verwüsteten weite Landstriche. Etwa drei Millionen Vietnamesen kamen um, darunter eine Million Soldaten. Die Berichte in den Medien steigerten die öffentliche Kritik und den Widerstand gegen den Krieg, vor allem in den USA selbst. Waffenstillstandsverhandlungen zogen sich jedoch in die Länge; obwohl bereits 1968 begonnen, wurden sie erst 1973 abgeschlossen. Die US-Truppen zogen sich daraufhin ganz zurück, sodass nordvietnamesische Truppen bis 1975 den Süden erobern konnten. 1976 folgte die Vereinigung zur Sozialistischen Republik Vietnam. Der Schaden für die US-Politik indes war enorm. Nach dem Rückzug kamen – wie erwartet – auch in Laos und Kambodscha kommunistische Regime an die Macht. Insofern bestätigte sich die Domino-Theorie der USA. Die amerikanische Bevölkerung war tief gespalten und traumatisiert angesichts der Verluste sowie der Kriegsgräuel, die in ihrem Namen verübt wurden. Auch büßten die USA viel Ansehen in der westlichen Öffentlichkeit ein.

Weltpolitisch bemerkenswert war, dass die Sowjetunion nicht als kämpfende Partei in den Vietnam-Krieg eingriff. Sie verlegte sich auf massive militärische und finanzielle Unterstützung des Vietcong. Außerdem versuchten die Sowjets, Einfluss auf die weltweit wachsende Anti-Vietnam-Krieg-Bewegung zu nehmen. Aus der Brandmarkung der amerikanischen Kriegsführung wollte man politisch Kapital schlagen. Schließlich war der sowjetischen Führung auch bewusst, dass die Amerikaner sich in Vietnam selbst schadeten.

Alexander Dubček (1921-1992): 1968 Chef der tschechoslowakischen KP; wurde nach dem „Prager Frühling" von der Partei ausgeschlossen, 1989 rehabilitiert und zum Parlamentspräsidenten ernannt

Leonid Iljitsch Breschnew (1907-1982): Chef der KPdSU 1964-1982; sowjetischer Staatschef 1977-1982

Die gewaltsame Unterdrückung des „Prager Frühlings" Auf der Gegenseite zeigte der Ostblock im *„Prager Frühling"* von 1968 erste Risse. In der Tschechoslowakei versuchte Alexander Dubček Anfang 1968, einen „Kommunismus mit menschlichem Antlitz" einzuführen. So sollten unter anderem die Einparteiendiktatur über alle Bereiche des gesellschaftlichen Lebens aufgehoben und oppositionelle Parteien zugelassen werden. Der Reformkurs wurde von der Bevölkerung begeistert aufgenommen. Der sowjetische Parteichef Leonid Breschnew fürchtete allerdings Auswirkungen auf andere Staaten des Ostblocks und sah die absolute Vorherrschaft seines Landes in Gefahr. Als die tschechoslowakische Regierung trotz aller Einschüchterungsmaßnahmen ihre Demokratisierungspolitik fortsetzte, marschierten Truppen der Warschauer Vertragsorganisation am 20. August 1968 in die ČSSR ein. Die DDR unterstützte die Aktion propagandistisch. Die führenden Köpfe des „Prager Frühlings" wurden verhaftet, die Abhängigkeit der „sozialistischen Bruderrepublik" von Moskau wiederhergestellt. Breschnew rechtfertigte die Intervention im Nachhinein mit der sogenannten *Breschnew-Doktrin* (▶ M3). Danach sei die Sowjetunion berechtigt, Abweichungen vom „Weg des Sozialismus" notfalls mit militärischer Gewalt zu unterdrücken. Wie schon beim Aufstand in Ungarn 1956 nahmen die USA und ihre europäischen Verbündeten das Vorgehen der Sowjets in deren Einflussbereich tatenlos hin.

◀ **Niederschlagung des „Prager Frühlings" in Bratislava.**
Foto von Ladislav Bielik vom 21. August 1968. Im Rahmen des „Prager Frühlings" gab es Massendemonstrationen nicht nur in der tschechoslowakischen Hauptstadt Prag, sondern auch in anderen großen Städten des Landes. Das Bild entstand nach dem Einmarsch der Truppen der Warschauer Vertragsorganisation in Bratislava. Ein Einzelner stellt sich vor einen sowjetischen Panzer. Er entblößt dabei seine Brust von seinem karierten Handwerkeranzug.

- Oft wurde nur der markierte Ausschnitt gezeigt. Erläutern Sie, wie sich dadurch die Wirkung des Bildes verändert.
- Das Bild wurde zu einem Symbol für die „Macht der Ohnmächtigen". Stellen Sie dar, wodurch der Mann als unterdrückt und hilflos erscheint.
- Erörtern Sie, ob es angemessen ist, die Wirkung von Nachrichtenbildern durch Ausschnitte zu verändern.

Versuche zur Annäherung Der Ost-West-Konflikt ließ freilich auch Raum für Verständigung. Schon nach der Kuba-Krise 1962 hatten das Weiße Haus und der Kreml eine direkte Fernschreiberverbindung („*Heißer Draht*") eingerichtet, die die Kommunikation in Konfliktfällen sicherstellte. Das „Gleichgewicht des Schreckens" hielt nicht nur den militärischen Rüstungswettlauf in Gang, sondern förderte im Laufe der Sechzigerjahre auch die Bereitschaft zu Rüstungskontrollverhandlungen. 1963 wurde das *Atomteststoppabkommen* unterzeichnet, das überirdische Kernwaffentests untersagte, um Mensch und Umwelt vor weiterer radioaktiver Verseuchung zu schützen. 1968 einigten sich die USA, die Sowjetunion, Großbritannien, Frankreich und China auf die Nichtverbreitung von Kernwaffen (*Atomwaffensperrvertrag*). Bis zum Jahr 2006 traten diesem Abkommen 189 Staaten bei.

Zu Beginn der Siebzigerjahre, mit dem Amtsantritt von US-Präsident *Richard Nixon* (1914-1994), standen die Zeichen auf Entspannung. Die Sowjetunion suchte die Kooperation mit Amerika, um das kostspielige Wettrüsten einzuschränken und an der fortschrittlichen Technologie des Westens teilzuhaben. Nicht zuletzt war Bewegung in die Ost-West-Beziehungen geraten, seit sich die USA und China erstmals annäherten.

Vor dem Hintergrund dieser Interessenlage schlossen Washington und Moskau eine Reihe von Verträgen zur Rüstungsbegrenzung und Rüstungskontrolle sowie zum wirtschaftlichen Austausch. Das Klima der Ost-West-Beziehungen schien sich zu bessern, insbesondere in Europa wuchs die Hoffnung auf einen gesicherten Frieden im Rahmen des Status quo.

Von besonderer Bedeutung war der 1972 abgeschlossene **SALT-I-Vertrag** über die Begrenzung der vorhandenen nuklearen Abwehr- und Angriffssysteme und über die Kontrolle des Rüstungswettlaufs. Der bizarren Logik der Rüstungsstrategen im Atomzeitalter folgend sollte sich aus der erstmals festgeschriebenen gegenseitigen Vergeltungsfähigkeit ein Zugewinn an globaler Sicherheit ergeben. Doch weder die Zahl noch die Zerstörungskraft der atomaren Sprengköpfe wurden festgelegt, und viele Bestimmungen waren bewusst vage gehalten. So war letztlich die Tatsache des Vertragsabschlusses wichtiger als dessen Inhalt. Auch der 1979 von US-Präsident *Jimmy Carter* (geb. 1924) und Breschnew in Wien unterzeichnete *SALT-II-Vertrag* schrieb lediglich eine leicht abgesenkte Obergrenze für die Trägersysteme vor, ließ jedoch die Zahl der nuklearen Sprengköpfe und anderer Waffensystem (U-Boote) für beide Seiten offen.

Ein Höhepunkt der Ost-West-Entspannung war die *Konferenz über Sicherheit und Zusammenarbeit in Europa* (KSZE), zu der seit 1972 35 Länder zusammengefunden hatten und die am 1. August 1975 mit der Unterzeichnung der sogenannten *Schlussakte von Helsinki* vorläufig endete (▶ M4). Die Unterzeichnerstaaten (die USA, Kanada und alle europäischen Länder außer Albanien) gingen damit die politisch-moralische Verpflichtung ein, ihre Beziehungen auf friedlicher Basis unter Verzicht auf Gewaltandrohung, im Rahmen der gegebenen Grenzen und bei Respektierung der Menschenrechte im Innern zu entwickeln. Die Sowjetunion erhielt mit der Anerkennung der Grenzen in Europa ihren Hegemonialanspruch im Ostblock bestätigt, die Westmächte pochten vor allem auf verbesserte Freizügigkeit für die Menschen im sozialistischen Teil Europas. Seither mussten die kommunistischen Diktaturen Reiseerleichterungen und Familienzusammenführung gewähren und den Austausch von Informationen erleichtern. Auch wenn sie weiter an der Praxis der Verfolgung Andersdenkender festhielten, konnten sie nicht länger verhindern, dass sich in der Tschechoslowakei (**Charta 77**), in Polen (**Solidarność**) und später auch in der DDR Bürgerrechtler auf die Prinzipien von Helsinki beriefen. Bereits auf der ersten KSZE-Folgekonferenz in Belgrad (Oktober 1977/März 1978) kam es zum Streit zwischen der Sowjetunion und US-Präsident Carter über die Umsetzung der Menschenrechte – ein Signal für die Krise, in welche die Ost-West-Beziehungen mittlerweile wieder geraten waren.

Rückfall in den Kalten Krieg ■

Die Annäherung zwischen Ost und West kam Ende der Siebzigerjahre rasch an ihre Grenzen, als die UdSSR eine neue Phase massiver Aufrüstung einläutete. Mit einer aktuellen Generation von Interkontinentalraketen, zusätzlichen atomgetriebenen U-Booten und den neuen *Mittelstreckenraketen* SS-20 versuchte die Sowjetunion, ihre militärische Position, insbesondere in Europa, zu stärken. Auf Anraten des deutschen Bundeskanzlers *Helmut Schmidt* (geb. 1918) einigte sich die NATO im Dezember 1979 auf den sogenannten *„Nachrüstungsdoppelbeschluss"* (NATO-Doppelbeschluss). Er sah die Aufrüstung im Bereich der Mittelstreckenraketen, zugleich

---

SALT: Abkürzung für „Strategic Arms Limitation Talks"

Charta 77: Petition gegen Menschenrechtsverletzungen, veröffentlicht im Januar 1977; gleichzeitig der Name für die in den 1970er- und 80er-Jahren aktive Bürgerrechtsbewegung in der Tschechoslowakei, die zum Zentrum der Opposition gegen das kommunistische Regime wurde

Solidarność: dt. Solidarität; Bezeichnung für eine polnische Gewerkschaft, die 1980 entstand und großen Einfluss auf die politische Wende von 1989 hatte

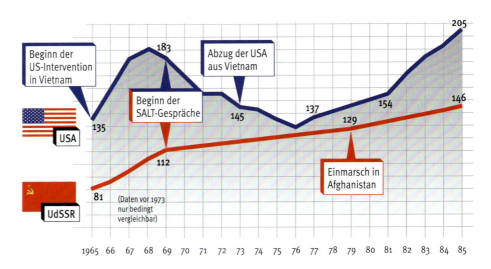

▲ Ausgaben der Supermächte für militärische Zwecke in Mrd. Dollar (in Preisen von 1980).

aber Verhandlungen mit der Sowjetunion vor. In der amerikanischen Innenpolitik gewannen allerdings die Gegner der Entspannung wieder an Einfluss. Den SALT-II-Vertrag von 1979 über weitere Maßnahmen zur Rüstungskontrolle ließ der Senat scheitern, zudem kündigte US-Präsident Carter die Erhöhung des Verteidigungshaushaltes ab 1981 an.

Am 27. Dezember 1979 marschierten sowjetische Truppen in Afghanistan ein. Dort sollte die prokommunistische Regierung gegen eine islamisch-fundamentalistische Oppositionsbewegung geschützt werden. Der Westen befürchtete, Moskau werde die Ölvorkommen am Persischen Golf unter seine Kontrolle bringen. Die US-Regierung reagierte mit einer Reihe von Sanktionen (Stopp von Weizenlieferungen und Gütern der Hochtechnologie, Landeverbot für sowjetische Flugzeuge in den USA, Boykott der Olympischen Spiele 1980 in Moskau).

Noch entschiedener setzte seit Anfang 1981 der neue US-Präsident *Ronald Reagan* (1911-2004) auf eine Politik der Stärke gegenüber der Sowjetunion, die er öffentlich als „Reich des Bösen" bezeichnete. Mit einem gigantischen Rüstungsprogramm wollte er die Sowjetunion zu Verhandlungen zwingen (▶ M5). Entwickelt werden sollte dabei auch ein weltraumgestütztes Raketenabwehrsystem (*Strategic Defense Initiative*, SDI), das bald den Spottnamen „Krieg-der-Sterne-Programm" erhielt. Der US-Verteidigungshaushalt wuchs bis 1985 um 60 Prozent auf knapp 287 Milliarden Dollar an. Dieser Kurs, der einen neuen Tiefstand der amerikanisch-sowjetischen Beziehungen markierte (▶ M6), fand die Zustimmung eines Großteils der Amerikaner, die Ronald Reagan im November 1984 ein zweites Mal zum Präsidenten wählten.

◀ **Ohne Worte.**
Karikatur von Horst Haitzinger, April 1982.
▪ Beschreiben Sie die Karikatur und charakterisieren Sie die Rolle der Beteiligten, wie der Karikaturist sie sieht.

M1 Sowjetische Interessen auf Kuba

Die Historikerin Daniela Spenser fasst die Gründe zusammen, die den sowjetischen Regierungschef Nikita Chruschtschow dazu bewogen haben, ab 1961 Nuklearwaffen auf Kuba zu stationieren:

Als Chruschtschow die Entscheidung traf, Nuklearwaffen auf Kuba zu stationieren, hatte er nicht die Absicht, einen Weltkrieg zu entfesseln. In seinen Memoiren schreibt er: „Wir wollten, dass Kuba revolutionär und sozialistisch bleibt, und
5 wir wussten, dass es dazu Hilfe benötigte [...]. Um den Kubanern gegen die Bedrohung durch die US-Amerikaner beizustehen, hatten wir keine andere Möglichkeit, als unsere Raketen auf der Insel zu stationieren, die aggressiven Kräfte der Vereinigten Staaten vor ein Dilemma zu stellen: Wenn ihr in
10 Kuba einmarschiert, müsst ihr mit einem atomaren Angriff auf eure Städte rechnen." [...]
Chruschtschow glaubte fest an die Überlegenheit der UdSSR über den Westen und den unaufhaltsamen Vormarsch des Kommunismus. Entspannungspolitik zur Stabilisierung der
15 Ost-West-Beziehungen hielt er zwar für ebenso notwendig wie Aufrüstung, doch vor allem meinte er, dass der Sozialismus auf dem Weg sei, die USA militärisch, politisch und ökonomisch zu überholen [...].
Darüber hinaus handelte Chruschtschow in dem Bewusst-
20 sein, dass die UdSSR zu einer nuklearen Supermacht geworden war und damit die USA auf militärischer Ebene offenbar eingeholt hätte. Diese veränderte Realität veranlasste ihn, Revolution, Sozialismus und internationale Beziehungen neu zu durchdenken. Wenn die Drohung mit Nuklearwaffen den
25 USA zur Eindämmung des Kommunismus diente, warum sollte sie dann nicht umgekehrt der Sowjetunion dazu dienen, den US-Imperialismus einzudämmen, befreundete Staaten in der kolonialen Welt vor der Bedrohung mit einem Atomkrieg zu schützen und den Kapitalismus zum Rückzug
30 zu zwingen? Mittels atomarer Aufrüstung wollte Chruschtschow erreichen, dass die USA die UdSSR als ebenbürtigen weltpolitischen Gegenspieler anerkannten; der nukleare Gleichstand sollte die Sowjetunion in den Stand versetzen, nationale Befreiungsbewegungen vor Interventionen der
35 USA und der europäischen Kolonialmächte zu schützen.

Daniela Spenser, Die Kubakrise 1962 und ihre Folgen für das kubanisch-sowjetische Verhältnis, in: Bernd Greiner, Christian Th. Müller und Dierk Walter (Hrsg.), Krisen im Kalten Krieg. Studien zum Kalten Krieg, Bd. 2, Bonn 2009, S. 298 f.

1. Fassen Sie Chruschtschows Motive zusammen.
2. Bewerten Sie Chruschtschows Aussage im Gesamtkontext. Berücksichtigen Sie, dass es sich um persönliche Erinnerungen handelt.

M2 Krisenmanagement um Kuba

Als die UdSSR ihre Mittelstreckenraketen auf Kuba in Stellung bringt, verhängen die USA eine Seeblockade. Daraufhin schreibt der sowjetische Staatschef Chruschtschow am 26. Oktober 1962 an US-Präsident Kennedy:

Wie können Sie [...] diese völlig falsche Interpretation geben, die Sie jetzt verbreiten, dass einige Waffen in Kuba Offensivwaffen sind, wie Sie sagen? Alle Waffen dort – das versichere ich Ihnen – sind defensiver Art; sie sind ausschließlich zu
5 Verteidigungszwecken in Kuba gedacht, und wir haben sie auf Bitten der kubanischen Regierung nach Kuba entsandt. Und Sie behaupten, es seien Offensivwaffen. [...]
Sie haben nun piratenhafte Maßnahmen der Art angekündigt, die man im Mittelalter praktiziert hat, als man Schiffe
10 überfiel, die internationale Gewässer befuhren; und Sie haben das eine „Quarantäne" um Kuba genannt. Unsere Schiffe werden wahrscheinlich bald die Zone erreichen, in der Ihre Kriegsmarine patrouilliert. Ich versichere Ihnen, dass die Schiffe, die gegenwärtig nach Kuba unterwegs sind, die
15 harmlosesten, friedlichsten Ladungen an Bord haben. [...]
Lassen Sie uns deshalb vernünftig sein, Herr Präsident. Ich versichere Ihnen, dass die Schiffe, die nach Kuba unterwegs sind, keinerlei Rüstungsgüter an Bord haben. Die Waffen, die zur Verteidigung Kubas notwendig sind, sind bereits dort. Ich
20 will nicht behaupten, dass es überhaupt keine Waffenlieferungen gegeben hat. Nein, es hat solche Lieferungen gegeben. Aber nun hat Kuba die notwendigen Verteidigungswaffen bereits erhalten. [...]
Wenn der Präsident und die Regierung der Vereinigten Staa-
25 ten zusichern würden, dass die Vereinigten Staaten sich selbst nicht an einem Angriff auf Kuba beteiligen werden und andere von einem solchen Vorgehen abhalten; wenn Sie Ihre Kriegsmarine zurückrufen würden – das würde sofort alles ändern. Ich spreche nicht für Fidel Castro, aber ich
30 glaube, er und die Regierung Kubas würden vermutlich eine Demobilisierung verkünden und würden das kubanische Volk aufrufen, ihre friedliche Arbeit aufzunehmen. Dann würde sich auch die Frage der Waffen erübrigen; denn wo keine Bedrohung ist, stellen Waffen für jedes Volk nur eine Belas-
35 tung dar. [...]
Lassen Sie uns deshalb staatsmännische Klugheit beweisen. Ich schlage vor: Wir erklären unsererseits, dass unsere Schiffe mit Kurs auf Kuba keine Waffen an Bord haben. Sie erklären, dass die Vereinigten Staaten weder mit eigenen Truppen eine
40 Invasion in Kuba durchführen werden noch andere Truppen unterstützen werden, die eine Invasion in Kuba planen könnten. Damit hätte sich die Präsenz unserer Militärexperten in Kuba erübrigt.

Kennedys Antwort vom 27. Oktober 1962:

Sehr geehrter Herr Vorsitzender,
ich […] begrüße Ihre Absichtserklärung, eine sofortige Lösung des Problems anzustreben. Was jedoch als Erstes getan werden muss, ist, die Arbeit an den offensiven Raketenstützpunkten in Kuba einzustellen und alle Waffensysteme in Kuba, die sich offensiv einsetzen lassen, zu entschärfen, und dies unter angemessenen Vorkehrungen der Vereinten Nationen.
[…] Wie ich Ihren Brief verstanden habe, enthalten Ihre Vorschläge […] folgende Schlüsselelemente:
1) Sie würden sich bereit erklären, diese Waffensysteme unter angemessener Beobachtung und Überwachung der Vereinten Nationen abzuziehen, und sich verpflichten, geeignete Sicherheitsvorkehrungen vorausgesetzt, die weitere Einfuhr solcher Waffensysteme nach Kuba zu unterbinden.
2) Wir unsererseits würden uns bereit erklären – nachdem die Vereinten Nationen geeignete Vorkehrungen getroffen haben, die Erfüllung und Einhaltung dieser Verpflichtungen sicherzustellen –,
a) die Quarantäne-Anordnungen, die derzeit gelten, umgehend aufzuheben; und
b) Garantien gegen eine Invasion Kubas zu geben. Ich bin zuversichtlich, dass andere Länder der westlichen Hemisphäre bereit wären, das Gleiche zu tun.
Wenn Sie Ihren Vertretern entsprechende Anweisungen erteilen, gibt es keinen Grund, weshalb wir nicht in der Lage sein sollten, diese Vereinbarungen innerhalb einiger Tage zustande zu bringen und sie der Welt bekannt zu geben. Die Wirkung, die eine solche Klärung für den Abbau der Spannungen in der Welt hätte, würde es uns ermöglichen, auf eine umfassendere Vereinbarung über „andere Rüstungen" hinzuarbeiten, wie Sie es in Ihrem zweiten Brief vorschlagen, den Sie veröffentlicht haben. Ich möchte noch einmal erklären, dass die Vereinigten Staaten sehr daran interessiert sind, die Spannungen abzubauen und den Rüstungswettlauf zu beenden; und sollte Ihr Brief signalisieren, dass Sie bereit sind, Gespräche über eine Entspannung bezüglich der NATO und des Warschauer Paktes zu führen, sind wir gerne bereit, mit unseren Verbündeten über jeden sachdienlichen Vorschlag nachzudenken. Doch der erste wesentliche Schritt – lassen Sie mich dies betonen – ist die Einstellung der Arbeiten an den Raketenstützpunkten in Kuba und das Einleiten von Maßnahmen, diese Waffen zu entschärfen, und zwar unter wirksamen internationalen Garantien.

Bernd Greiner, Kuba-Krise. 13 Tage im Oktober, Nördlingen 1988, S. 319 ff. und 382 f.

1. Nennen Sie die Formulierungen, mit denen die sowjetische Seite ein Nachgeben andeutet.
2. Arbeiten Sie heraus, welche Strategien US-Präsident Kennedy verfolgt, um die Situation zu entschärfen.

◄ „O.k., Mr. President, wir reden miteinander."
Karikatur aus der britischen Zeitung „Daily Mail" von 1962.
Das „H" auf den Bomben ist das Zeichen für Wasserstoff. Links Chruschtschow, rechts Kennedy.

M3 Breschnew-Doktrin

Der sowjetische Parteichef Leonid Breschnew definiert nach der Beendigung des kommunistischen Reformkurses in der Tschechoslowakei („Prager Frühling") durch sowjetische Truppen 1968 das Verhältnis der UdSSR zu den übrigen Staaten der Warschauer Vertragsorganisation. Die wesentlichen Inhalte sind am 26. September 1968 in der „Prawda" (Parteizeitung der KPdSU) zusammengefasst:

Die von der Sowjetunion gemeinsam mit den anderen sozialistischen Ländern zum Schutz der sozialistischen Errungenschaften des tschechoslowakischen Volkes ergriffenen Maßnahmen haben für die Festigung der sozialistischen
5 Gemeinschaft, die Haupterrungenschaft der internationalen Arbeiterklasse, eine große Bedeutung.
Dabei kann man jedoch nicht die hier und da auftauchenden Behauptungen, dass die Aktionen der fünf sozialistischen Länder[1] angeblich dem marxistisch-leninistischen Prinzip der
10 Souveränität und des Rechts der Völker auf Selbstbestimmung widersprächen, unbeachtet lassen.
Die Haltlosigkeit dieser Behauptungen besteht vor allem darin, dass sie auf einem abstrakten, nicht klassenmäßigen Herangehen an die Fragen der Souveränität und des Rechts
15 der Völker auf Selbstbestimmung beruhen. Die Völker der sozialistischen Länder, die kommunistischen Parteien haben ihre uneingeschränkte Freiheit, und sie müssen sie haben, die Entwicklungswege ihres Landes zu bestimmen. Jedoch darf keine Entscheidung von ihrer Seite entweder dem Sozialis-
20 mus in ihrem Land oder den Grundinteressen der anderen sozialistischen Länder, der ganzen internationalen Arbeiterbewegung, die den Kampf für den Sozialismus führt, Schaden zufügen. Das bedeutet, dass jede kommunistische Partei vor ihrem Volk und auch vor den sozialistischen Ländern, vor
25 der ganzen sozialistischen Bewegung verantwortlich ist. Wer das vergisst, wer nur die Selbstständigkeit und Unabhängigkeit der kommunistischen Parteien hervorhebt, verfällt in Einseitigkeit und weicht seinen internationalen Pflichten aus. Die marxistische Dialektik fordert, jede Erscheinung konkret,
30 in ihrem allseitigen Zusammenhang mit anderen Erscheinungen und Prozessen und nicht einseitig zu betrachten. Wie, nach den Worten W.I. Lenins, ein Mensch, der in der Gesellschaft lebt, nicht von dieser Gesellschaft frei sein kann, so kann auch ein Staat im System anderer Staaten, die die
35 sozialistische Gemeinschaft bilden, nicht frei sein von den gemeinsamen Interessen dieser Gemeinschaft. Man kann die Souveränität einzelner sozialistischer Länder nicht den Inte-

▲ **Propaganda für den „großen Bruder".**
*Sonderbriefmarke anlässlich des 25-jährigen Bestehens der Deutsch-Sowjetischen Freundschaft (DSF), 1972.
Links im Bild Leonid Breschnew, rechts Erich Honecker, seit 1971 Erster Sekretär des Zentralkomitees der SED.*

ressen des Weltsozialismus, der revolutionären Bewegung der Welt entgegenstellen. […]
40 Man muss unterstreichen, dass, selbst wenn ein sozialistisches Land danach strebt, eine „nichtblockgebundene" Position einzunehmen, es allein dank der Stärke der sozialistischen Gemeinschaft und vor allem seiner Hauptkraft, der Sowjetunion, dank der Macht ihrer bewaffneten Kräfte, tat-
45 sächlich seine nationale Unabhängigkeit bewahren kann. […]
Getreu ihrer internationalen Pflicht gegenüber den Brudervölkern der Tschechoslowakei und zum Schutz ihrer eigenen sozialistischen Errungenschaften sind die Sowjetunion und andere sozialistische Staaten entschieden gegen die antiso-
50 zialistischen Kräfte in der Tschechoslowakei aufgetreten. […]
Die Kommunisten der Bruderländer konnten natürlich nicht zulassen, dass im Namen einer abstrakt verstandenen Souveränität die sozialistischen Staaten tatenlos zusehen, wie ein Land der Gefahr einer antisozialistischen Umwälzung
55 ausgesetzt wird.

Boris Meissner, Die „Breshnew-Doktrin". Das Prinzip des „proletarisch-sozialistischen Internationalismus" und die Theorie von den „verschiedenen Wegen zum Sozialismus". Dokumentation, Köln 1969, S. 64 ff.

1. *Arbeiten Sie heraus, wie das Eingreifen der Sowjetunion in der Tschechoslowakei gerechtfertigt wird.*
2. *Erläutern Sie, was Breschnew unter einem „klassenmäßigen Herangehen an die Fragen der Souveränität und des Rechts der Völker" (Zeile 13 - 15) versteht.*
3. *Vergleichen Sie die Vorstellungen Breschnews mit den westlichen Vorstellungen von Souveränität. Welche Grenzen sind der Souveränität eines Landes jeweils gesetzt?*
4. *Weisen Sie nach, in welchen Textpassagen die Führungsrolle der Sowjetunion deutlich wird.*

---

[1] Sowjetunion, Bulgarien, DDR, Polen und Ungarn

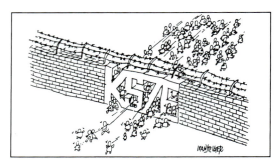

▲ „Helsinki und die Folgen."
Karikatur aus dem „Deutschen Allgemeinen Sonntagsblatt" vom 19. Oktober 1975.

M4 KSZE-Schlussakte von Helsinki

Die Schlussakte vom 1. August 1975 stellt ausdrücklich kein völkerrechtlich verbindliches Abkommen, sondern eine Absichtserklärung dar:

I. Souveräne Gleichheit, Achtung der der Souveränität innewohnenden Rechte
Die Teilnehmerstaaten werden gegenseitig ihre souveräne Gleichheit und Individualität sowie alle ihrer Souveränität innewohnenden und von ihr umschlossenen Rechte achten, einschließlich insbesondere des Rechtes eines jeden Staates auf rechtliche Gleichheit, auf territoriale Integrität sowie auf Freiheit und politische Unabhängigkeit. Sie werden ebenfalls das Recht jedes anderen Teilnehmerstaates achten, sein politisches, soziales, wirtschaftliches und kulturelles System frei zu wählen und zu entwickeln sowie sein Recht, seine Gesetze und Verordnungen zu bestimmen. [...]
II. Enthaltung von der Androhung oder Anwendung von Gewalt
Die Teilnehmerstaaten werden sich in ihren gegenseitigen Beziehungen sowie in ihren internationalen Beziehungen im Allgemeinen der Androhung oder Anwendung von Gewalt, die gegen die territoriale Integrität oder politische Unabhängigkeit irgendeines Staates gerichtet oder auf irgendeine andere Weise mit den Zielen der Vereinten Nationen und mit der vorliegenden Erklärung unvereinbar ist, enthalten. [...]
III. Unverletzlichkeit der Grenzen
Die Teilnehmerstaaten betrachten gegenseitig alle ihre Grenzen sowie die Grenzen aller Staaten in Europa als unverletzlich und werden deshalb jetzt und in der Zukunft keinen Anschlag auf diese Grenzen verüben. [...]
V. Friedliche Regelung von Streitfällen
Die Teilnehmerstaaten werden Streitfälle zwischen ihnen mit friedlichen Mitteln auf solche Weise regeln, dass der internationale Frieden und die internationale Sicherheit sowie die Gerechtigkeit nicht gefährdet werden. [...]
VI. Nichteinmischung in innere Angelegenheiten
Die Teilnehmerstaaten werden sich ungeachtet ihrer gegenseitigen Beziehungen jeder direkten oder indirekten, individuellen oder kollektiven Einmischung in die inneren oder äußeren Angelegenheiten enthalten, die in die innerstaatliche Zuständigkeit eines anderen Teilnehmerstaates fallen. [...]
VII. Achtung der Menschenrechte und Grundfreiheiten
Die Teilnehmerstaaten werden die Menschenrechte und Grundfreiheiten, einschließlich der Gedanken-, Gewissens-, Religions- oder Überzeugungsfreiheit für alle ohne Unterschied der Rasse, des Geschlechts, der Sprache oder der Religion achten.

Helmut Krause und Karlheinz Reif (Bearb.), Die Welt seit 1945 (Geschichte in Quellen, Bd. 6), München 1980, S. 691 ff.

1. Stellen Sie gegenüber: Welche Teile des Dokuments entsprechen vorwiegend den sowjetischen, welche den westlichen Interessen?

2. Begründen Sie, warum die KSZE-Schlussakte große Bedeutung für die Oppositionsbewegung in den osteuropäischen Staaten hatte.

M5 Ronald Reagan und die Politik der Stärke

US-Präsident Ronald Reagan rechtfertigt im Januar 1984 seine Politik in einer Fernsehansprache:

Die Geschichte lehrt uns, dass Kriege beginnen, wenn Regierungen glauben, dass der Preis einer Aggression niedrig ist. Um den Frieden zu erhalten, müssen wir und unsere Verbündeten stark genug sein, jeden potenziellen Aggressor überzeugen zu können, dass Krieg keinen Vorteil, sondern nur die Katastrophe bringen würde. [...]
Die Abschreckung ist von entscheidender Bedeutung für die Erhaltung des Friedens und den Schutz unserer Lebensform, aber die Abschreckung ist nicht Anfang und Ende unserer Politik gegenüber der Sowjetunion. Wir müssen und werden die Sowjets in einen Dialog einbinden, der so ernsthaft und konstruktiv wie möglich ist und der der Förderung des Friedens in den Unruhegebieten der Welt dienen, den Stand der Rüstungen verringern und ein konstruktives Arbeitsverhältnis schaffen wird. [...] Stärke und Dialog gehen Hand in Hand.

Europa-Archiv, 39. Jahrgang (1984), S. D 109 ff.

Untersuchen Sie, weshalb die außen- und militärpolitische Strategie Reagans unter den NATO-Mitgliedern umstritten war.

M6 Fieberkurve der Ost-West-Beziehungen

Die Schärfe der Konfrontation und der Grad der Entspannung werden von dem Politikwissenschaftler Karl Dietrich Bracher in eine Skala von –10 bis +10 eingeteilt. Im Mittelpunkt seiner Wertungen stehen die amerikanisch-sowjetischen Beziehungen:

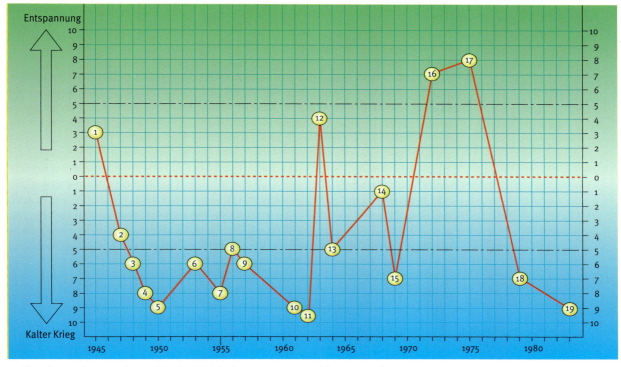

Grafik nach einer Idee von: Karl Dietrich Bracher, Die Krise Europas 1917-1975, Frankfurt/Main 1976, S. 443

1	1945	Ende des Zweiten Weltkrieges; Gründung der UNO
2	1947	Truman-Doktrin; Marshall-Plan; Zwei-Lager-Theorie
3	1948	Kommunistischer Umsturz in der Tschechoslowakei; Beginn der sowjetischen Blockade Berlins
4	1949	Gründung der NATO; kommunistische Staatsgründungen in China und der DDR
5	1950	Ausbruch des Korea-Krieges
6	1953	Tod Stalins; Volksaufstand in der DDR; Waffenstillstand in Korea
7	1955	Bundesrepublik wird NATO-Mitglied; Gründung der Warschauer Vertragsorganisation
8	1956	Aufstände in Polen und Ungarn; Suez-Krise[1]
9	1957	„Sputnik"-Erfolg der Sowjetunion
10	1961	Bau der Berliner Mauer
11	1962	Kuba-Krise
12	1963	Vertrag über den Stopp von Atomtests; „Heißer Draht" zwischen der amerikanischen und sowjetischen Führung
13	1964	Die USA erhöhen ihren militärischen Einsatz in Vietnam
14	1968	Kernwaffensperrvertrag; Ende des „Prager Frühlings"
15	1969	Mondlandung der Amerikaner
16	1972	SALT-I-Abkommen begrenzt die Zahl nuklearer Angriffswaffen zwischen den USA und der UdSSR
17	1975	Schlussakte der KSZE in Helsinki
18	1979	NATO-Doppelbeschluss; sowjetischer Einmarsch in Afghanistan
19	1983	Abbruch aller Rüstungskontrollverhandlungen

1. Erläutern Sie den Verlauf der Ost-West-Beziehungen.
2. Bewerten Sie, ob der Verlauf der „Kurve" zutreffend ist.
3. Führen Sie die Grafik für die Zeit bis 1991 weiter.

[1] Suez-Krise: auch Sinai-Krieg genannt; Bezeichnung für den zweiten Nahost-Krieg, der Ende Oktober 1956 mit einem Angriff Großbritanniens, Frankreichs und Israels auf Ägypten begann

Reden als gesprochene Geschichte

Reden sind rhetorische Texte, die auf eine bestimmte Situation eingehen, welche der Redner im eigenen Sinne beeinflussen will. Dabei steht der Appell an die Zuhörer im Vordergrund. Bei der Beschäftigung mit historischen Themen begegnet uns hauptsächlich die politische Rede, die ein Politiker hält, um für sich, sein Programm oder ein Vorhaben zu werben, Gegner zu kritisieren oder um Ereignisse und Personen zu würdigen.

Politische Reden analysieren

Reden sind für uns in Zeitung, Rundfunk, Fernsehen und digitalen Medien, aber auch in Geschichtsbüchern etwas Alltägliches. Wenn wir sie im Druckbild vor uns haben, vergessen wir leicht, dass es sich hierbei nicht um „normale" schriftliche, sondern mündlich vorgetragene Quellen handelt. Nicht umsonst heißt es bei im Vorabdruck veröffentlichten Reden ausdrücklich: „Es gilt das gesprochene Wort", denn: „Rede ist nicht Schreibe!"

Anders als alle anderen schriftlich fixierten Texte wurden und werden politische Reden für einen bestimmten Anlass, Ort und Adressatenkreis mit einer bestimmten Wirkungsabsicht verfasst und gehalten. Neben Inhalt und rhetorischen Stilmitteln beeinflussen Mimik und Gestik des Redners, die Redesituation und die Atmosphäre die Wirkung auf die Zuhörer. Auch wenn diese Faktoren nur in Ton- oder Bilddokumenten nachvollzogen werden können, darf ihre Wirkung für die Gesamtbewertung aber auch in nur schriftlich vorliegenden Reden nicht außer Acht gelassen werden. Bei der Analyse und Interpretation einer (politischen) Rede sind deshalb mehrere Ebenen zu berücksichtigen:

Formale Kennzeichen
- Wer ist der Redner und welche Funktion hat er?
- Was ist über seine politische Haltung oder seine Weltanschauung bekannt?
- Wann, wo und aus welchem Anlass wurde die Rede gehalten?

Inhalt und Stil
- Was ist Thema und Inhalt der Rede?
- Wie ist die Rede aufgebaut? Welche Merkmale kennzeichnen sie (Länge, Argumentation, Sprach- und Wortwahl, Stil, Umgangs- oder Hochsprache)?
- Wie wird der Vortrag gehalten (freier Vortrag oder abgelesen, Stimme, Tonfall, Tempo, Lautstärke, Körpersprache)?

Historischer Kontext
- Welchen Zeitraum, welches Ereignis oder welche Person behandelt die Rede?
- In welchem Bezug steht der Redner zum Thema?
- Wie ist die Redesituation und Atmosphäre (Art und Anlass der Veranstaltung, besonderer Redeort, Publikum, Rundfunk- oder Fernsehaufzeichnung)?

Intention und Wirkung
- An wen wendet sich der Redner?
- Welche Absichten verfolgt er?
- Welche Wirkung hatte die Rede auf Zuhörer, Zeitgenossen und spätere Leser/Zuhörer?

Einordnung und Bewertung
- Wie lässt sich die Rede in den historischen Kontext einordnen und bewerten?
- Welchen Einfluss hatte die Rede auf die Situation oder Entwicklung?

Lösungsvorschlag für die Analyse

John F. Kennedy: Amtsantrittsrede vom 20. Januar 1961 (Ausschnitte)

Meine Mitbürger,
wir feiern heute nicht den Sieg einer Partei, sondern wir begehen eine Feier der Freiheit – die sowohl ein Ende als auch einen Anfang symbolisiert, die sowohl eine Erneuerung als auch eine Veränderung bedeutet, denn ich habe vor Ihnen und dem allmächtigen Gott den gleichen
5 feierlichen Eid geschworen, den unsere Vorväter vor beinahe eindreiviertel Jahrhunderten vorgeschrieben haben. [...]

Anrede in Tradition früherer Amtsantrittsreden

Überhöhung des Redeanlasses; Signalwort „wir"

Und schließlich möchten wir an all jene Nationen, die sich selbst zu unserem Gegner erklären wollen, nicht ein Versprechen, sondern ein dringendes Ersuchen richten: dass beide Seiten erneut mit der Suche nach dem Frieden beginnen mögen, bevor die dunklen Mächte der
10 Zerstörung, die von der Wissenschaft entfesselt worden sind, die ganze Menschheit in geplanter oder zufälliger Selbstvernichtung verschlingen.

Anspielung auf atomares Wettrüsten; Appell/Dialogangebot an Sowjetunion

Wir werden sie nicht durch Schwäche in Versuchung führen. Denn nur, wenn die Stärke unserer Waffen über jeden Zweifel erhaben ist, können wir ganz sicher ausschließen, dass sie jemals angewandt werden. [...]
15 Lasst uns auf beiden Seiten zum ersten Mal ernsthafte und präzise Vorschläge für die Inspektion und Kontrolle der Rüstungen formulieren – und die absolute Macht, andere Nationen zu vernichten, unter die absolute Kontrolle anderer Nationen bringen.
Lasst uns von beiden Seiten zusammenkommen, um die Wunder der Wissenschaft anstatt ihre Schrecken zu erwecken. Lasst uns gemeinsam die Sterne erforschen, die Wüsten erobern,
20 die Krankheiten ausrotten, die Tiefen des Ozeans ausmessen und die Künste und den Handel fördern. [...]

Politisches Ziel: Überwindung des „Missile Gap" durch atomaren Patt
Anapher „Lasst uns" als Appell an Solidarität und gemeinsame Verantwortung

Aufbruch in Weltraum („New Frontier") als Reaktion auf „Sputnik-Schock"

Und wenn in dem Dschungel des Argwohns ein Brückenkopf der Zusammenarbeit errichtet werden kann, dann lasst uns von beiden Seiten zu der nächsten Aufgabe zusammenkommen: der Schaffung nicht eines neuen Gleichgewichts der Kräfte, sondern einer neuen Welt des
25 Rechtes und des Gesetzes, in der die Starken gerecht und die Schwachen sicher sind und der Friede für immer erhalten bleibt. [...]

Vision einer neuen Weltordnung

In Ihren Händen, meine Mitbürger, wird noch viel mehr als in den meinigen der letztliche Erfolg oder Fehlschlag unseres Kurses liegen. Seit dieser Staat gegründet wurde, ist jede Generation aufgerufen gewesen, Zeugnis ihrer nationalen Loyalität abzulegen. Die Gräber junger
30 Amerikaner, die diesem Ruf nachgekommen sind, sind auf dem ganzen Erdball verstreut. [...]

Traditioneller, mit Pathos verbundener Appell an Nation und ihre Geschichte

In der langen Geschichte dieser Welt ist es nur wenigen Generationen vergönnt gewesen, die Rolle der Verteidigung der Freiheit in der Stunde ihrer höchsten Gefahr zu spielen. Ich schrecke vor dieser Aufgabe nicht zurück – ich begrüße sie. [...]

Anspielung auf Roosevelts „Vier Freiheiten-Rede"

Und so, meine amerikanischen Mitbürger: Fragt nicht, was euer Land für euch tun wird – fragt,
35 was ihr für euer Land tun könnt.
Meine Mitbürger in der Welt: Fragt nicht, was Amerika für euch tun wird, sondern fragt, was wir zusammen für die Freiheit des Menschen tun können.
Und schließlich, ob ihr Bürger Amerikas oder der Welt seid, verlangt von uns das gleiche hohe Maß an Stärke und Opferbereitschaft, das wir von euch verlangen werden. Mit einem guten
40 Gewissen als einzigem sicheren Lohn, mit der Geschichte als dem letztlichen Richter unserer Taten lasst uns die Aufgabe in Angriff nehmen, das Land zu führen, das wir lieben, um seinen Segen und um seine Hilfe bitten – in dem Wissen aber, dass hier auf der Erde unser Werk wahrhaft Gottes Werk sein muss.

Historischer, viel zitierter Satz: Aufruf zur Übernahme persönlicher Verantwortung für Bestehen der globalen Herausforderungen; Adressaten nicht nur Nation, sondern Weltöffentlichkeit

Abschließender Appell für den Erfolg der amerikanischen „Mission" (Sendungsbewusstsein)

Herbert Schambeck, Helmut Widder und Marcus Bergmann (Hrsg.), Dokumente zur Geschichte der Vereinigten Staaten von Amerika, Berlin ²2007, S. 547-551

Formale Kennzeichen ◼ In den Präsidentschaftswahlen von 1960 konnte sich der demokratische Senator aus Massachusetts John F. Kennedy knapp gegen den langjährigen republikanischen Vizepräsidenten Richard Nixon durchsetzen. Am 20. Januar 1961 wurde Kennedy als jüngster gewählter US-Präsident vor dem Kongressgebäude in Washington feierlich in sein Amt eingeführt. Im Anschluss an seine Vereidigung hielt er wie jeder neue Präsident eine Amtsantrittsrede, die er mit seinem Redenschreiber Theodore C. Sorensen formuliert hatte.

Inhalt und Stil ◼ Kennedys Antrittsrede ist eindeutig auf die Außenpolitik zugeschnitten. Der Präsident warnt vor der drohenden Gefahr einer Vernichtung durch Nuklearwaffen. Seinen ersten Appell richtet er an die Sowjetunion und ihre Verbündeten, gemeinsam mit der „Suche nach dem Frieden" zu beginnen. Sicherheit vor einem gegnerischen Atomschlag garantiere jedoch nur ein atomares Patt, das Kennedy durch weitere Aufrüstung erreichen will. Er vermittelt ein Bild der USA, die in einem – durch seinen Amtsantritt eingeläuteten – neuen Abschnitt der Weltgeschichte aus einer Position der Stärke heraus dem Gegner die Hand zu Verhandlungen ausstrecken und für die Vision einer von Frieden, Freiheit und Fortschritt erfüllten Weltordnung eintreten. Die Rede ist mit etwa 14 Minuten relativ kurz. Kennedy spricht pointiert und in knappen, verständlichen Sätzen, die er durch kurze Pausen zusätzlich unterteilt. Die Rede zeichnet sich nicht durch Argumente oder konkrete Vorschläge, sondern durch plakative Bilder, pathetische Aussagen, Signalwörter und emotionale Aufrufe aus. Wiederholt appelliert Kennedy nicht nur an die Opferbereitschaft und Verantwortung der eigenen Nation, sondern an die „Mitbürger der Welt", was den Anspruch der USA auf ihre Rolle als Weltordnungsmacht unterstreicht.

Historischer Kontext ◼ Bei Kennedys Amtsantritt wurde die Außenpolitik besonders vom Rüstungswettlauf zwischen Ost und West geprägt. Im Mai 1961 umkreiste der sowjetische Kosmonaut Juri Gagarin als erster Mensch die Erde. Die Sowjetunion eröffnete damit nicht nur das Zeitalter der bemannten Raumfahrt, sondern auch die Weltraumrüstung. Erstmals war eine atomare Bedrohung der USA aus dem All durch sowjetische Raketen denkbar. Schon im Wahlkampf bemühte Kennedy den Mythos der „New Frontier", die er nun auf den Weltraum richtete. Kennedys Amtsantrittsrede war Teil einer vierstündigen Zeremonie, an der mehrere tausend Zuschauer teilnahmen. Die Rede wurde in Rundfunk und Fernsehen weltweit direkt übertragen.

Intention und Wirkung ◼ Die Rede hat auf die Zeitgenossen der westlichen Welt, besonders die junge Generation, einen großen Eindruck gemacht und bei vielen ihr Ziel erreicht, die Hoffnung auf eine bessere, friedlichere Zukunft zu bestärken und die Nation auf ihren Zusammenhalt einzuschwören. Jedoch mag Kennedys mitunter apokalyptischer Unterton sowie die eingeforderten weitreichenden Verpflichtungen gegenüber Volk und Verbündeten manche Zuhörer verschreckt haben.

Einordnung und Bewertung ◼ Kennedys Amtsantrittsrede gehört zu den berühmtesten politischen Reden. Besonders die Worte „Fragt nicht, was euer Land für euch tun wird – fragt, was ihr für euer Land tun könnt" sind bis heute populär. Sie leiteten eine neue Phase des politischen Aktivismus in den USA ein. Ein Beitrag zur Entspannung oder gar Lösung des Kalten Krieges war die Rede jedoch nicht. Kennedys Dialogangebot wurde von der Sowjetunion nicht als Zeichen der Stärke, sondern als Schwäche aufgefasst. Es kam zu keiner Annäherung. Im Gegenteil: Im August 1961 wurde unter sowjetischer Aufsicht die Berliner Mauer errichtet, im November desselben Jahres ordnete Kennedy eine Verstärkung des amerikanischen Engagements in Südvietnam an, und 1962 drohte der Kalte Krieg in der Kuba-Krise zu eskalieren.

Das Ende der Bipolarität

Wende in der Sowjetunion Im Rüstungswettlauf mit der überlegenen amerikanischen Wirtschaftsmacht konnte die Sowjetunion nicht mithalten. Sie hatte stets wesentlich mehr Mittel in den Militärsektor gelenkt, als ihre Volkswirtschaft verkraften konnte. Eine schwere Schädigung der Leistungskraft und Innovationsfähigkeit der sowjetischen Volkswirtschaft war die Folge. Der Lebensstandard der Bevölkerung sank immer weiter ab – teilweise unter das Niveau der Zarenzeit. Nach Breschnews Tod 1982 gaben seine beiden nur kurz amtierenden Nachfolger *Juri Andropow* (1914-1984, Amtszeit 1982-1984) und *Konstantin Tschernenko* (1911-1985, Amtszeit 1984-1985) keine neuen Impulse.

Der Wendepunkt kam erst mit Michail Gorbatschow, dem neuen Generalsekretär der KPdSU seit März 1985. Mit einer Politik der „Offenheit" (*Glasnost*) und der „Umgestaltung" (*Perestroika*) versuchte er, der ökonomischen Krise seines Landes Herr zu werden. Gorbatschows Reformen im Innern wollten den Sozialismus keineswegs abschaffen, sondern ihn menschlicher und leistungsfähiger machen. Er ordnete Wahlen zum *Kongress der Volksdeputierten* an (März 1989). Erstmals seit 1917 konnten die Bürger zwischen mehreren Kandidaten frei und geheim entscheiden. Im März 1990 wurde Gorbatschow in das neu geschaffene Amt eines Präsidenten der UdSSR gewählt. Die Freiheit zur öffentlichen Kritik an den Missständen im Land und an der Kommunistischen Partei entwickelte nun eine Dynamik, die das Machtmonopol der KPdSU binnen Kurzem beendete.

Abkehr von der Weltmachtpolitik Auch in der Außenpolitik verkündete Gorbatschow seit 1985 ein „neues Denken". Es führte zu einem völligen Bruch mit der bisherigen Militär- und Sicherheitspolitik der Sowjetunion. Zum ersten Mal gab die sowjetische Führung zu, dass die inneren Probleme des Landes wesentlich durch die Hochrüstungspolitik zur Demonstration des eigenen Weltmachtanspruchs verursacht worden waren. Gorbatschow machte eine Reihe von Vorschlägen zur Beendigung des Wettrüstens, betonte den Gedanken der „gemeinsamen Sicherheit" und forderte die einvernehmliche Ausgestaltung des „europäischen Hauses". Um die gesellschaftliche und wirtschaftliche Erneuerung in die Wege zu leiten, betonte er den Wunsch nach enger wirtschaftlicher Zusammenarbeit mit den westlichen Industrieländern.

Innerhalb weniger Jahre wandelten sich die sowjetisch-amerikanischen Beziehungen tief greifend. Nach mehreren Gipfeltreffen Gorbatschows mit US-Präsident Reagan unterzeichneten beide in Washington am 8. Dezember 1987 den **INF-Vertrag**. Erstmals wurde ein wirklicher Abrüstungserfolg erzielt. Die Sowjetunion musste 1500, die USA 500 Systeme verschrotten. Moskau stellte zudem seine Unterstützung sozialistischer Regime in der Karibik, in Afrika und Asien ein (1986), zog seine Streitkräfte aus Afghanistan ab (1988/89) und kündigte vor der UNO einseitige Truppenverringerungen an (1989). Der wichtigste Schritt war jedoch die Anerkennung der nationalen Unabhängigkeit der bisherigen Ostblockstaaten (1987/88). Der neuen sowjetischen Führung war es ernst mit ihrem Wunsch, ihr Land politisch und wirtschaftlich in die Weltgemeinschaft zu integrieren.

Michail Sergejewitsch Gorbatschow (geb. 1931): studierter Jurist, ab 1978 Sekretär des Zentralkomitees für Landwirtschaft, 1985-1991 letzter sowjetischer Staats- und Parteichef, erhielt 1990 den Friedensnobelpreis

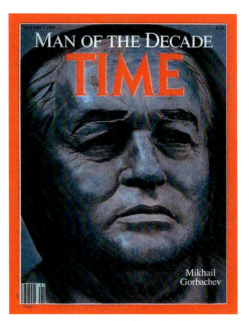

▲ Titelblatt des Time-Magazine vom 1. Januar 1990. *Gorbatschow wird als „Man of the Decade" (Mann des Jahrzehnts) gefeiert.*

INF-Vertrag (intermediate range nuclear forces): Abkommen der Supermächte über die Beseitigung aller Mittelstreckenraketen mit einer Reichweite zwischen 500 und 5500 km

Erfolgreiche Abrüstungsverhandlungen Nach dem Sieg der Reformkräfte in den Staaten des Ostblocks waren die Hindernisse für die jahrzehntelang stagnierenden Gespräche über konventionelle Abrüstung weggefallen. Am 19. November 1990 unterzeichneten die NATO- und die Staaten der Warschauer Vertragsorganisation anlässlich der KSZE-Folgekonferenz in Paris den *Vertrag über konventionelle Streitkräfte in Europa* (*KSE-Vertrag*). Vereinbart wurden ein drastischer Waffenabbau sowie ein detailliertes Überprüfungssystem. Außerdem wurden für die einzelnen Regionen zwischen Atlantik und Ural verbindliche Rüstungsobergrenzen festgelegt.

Im Juli 1991 einigten sich die Sowjetunion und die USA nach neunjähriger Verhandlungszeit auf eine Reduzierung ihrer interkontinentalen Atomraketen um knapp 40 Prozent (START-I-Vertrag). Einen weiteren einschneidenden Abbau der atomaren Vernichtungswaffen sollte schließlich der im Januar 1993 unterzeichnete *START-II-Vertrag* bringen, der die Beseitigung von etwa zwei Dritteln aller Nuklearwaffen bis zum Jahr 2003 festschrieb. Damit wäre in etwa der Stand der späten Fünfzigerjahre wieder erreicht worden. Allerdings trat der Vertrag nicht in Kraft.

So wurde der Rüstungswettlauf zwischen den beiden Supermächten und ihren Verbündeten beendet – die logische Konsequenz des in der *Charta von Paris für ein neues Europa* am 21. November 1991 von 34 Staats- und Regierungschefs feierlich verkündeten Endes der Feindschaft zwischen Ost und West. Die Ära des Ost-West-Konflikts war zu Ende (▶ M2).

START: Abkürzung für „Strategic Arms Reduction Talks".

▲ **Das Ende der Sowjetunion.** Titelbild des „Spiegel", 2. September 1991.

Baltische Staaten: Estland, Lettland und Litauen, seit 1918 unabhängig, 1940 von der Sowjetunion annektiert. 1991 erklärten sie ihre Unabhängigkeit und traten aus dem Staatsverband der UdSSR aus.

Von der Sowjetunion zur Gemeinschaft Unabhängiger Staaten In der Sowjetunion verstand es Gorbatschow zunächst virtuos, sich an die Spitze der inneren Demokratisierungsprozesse zu stellen und dafür auch den Beifall der gebannt zuschauenden westlichen Öffentlichkeit zu erhalten. Allerdings verfügte er über kein Konzept für den dringend notwendigen Umbau der sowjetischen Planwirtschaft. Die beharrenden Kräfte erwiesen sich stärker als das geforderte „neue Denken". Die Versorgungslage der Bevölkerung wurde immer schlechter, Streiks und Demonstrationen sorgten zunehmend für Unruhe im Land. Zur wirtschaftlichen Krise kamen die lang vernachlässigten Nationalitätenprobleme. Die Unionsrepubliken – allen voran die Balten und Kaukasier – strebten nach größerer Selbstständigkeit, die ihnen Gorbatschow auch einräumen wollte. Um dies zu verhindern, putschte eine Gruppe orthodox-kommunistischer Politiker, die strikt gegen Gorbatschows Reformen waren, im August 1991 gegen den amtierenden Staatschef. Unter Federführung des sowjetischen Geheimdienstes KGB setzten die Verschwörer den Präsidenten gefangen und verhängten den Ausnahmezustand über das Land. Doch schon nach zwei Tagen gaben die Putschisten auf. Der Widerstand der Bevölkerung wurde von *Boris Jelzin* (1931-2007) angeführt, dem kurz zuvor gewählten Präsidenten der Russischen Föderation, dem Kernland der Sowjetunion. Jelzin verbot nach dem misslungenen Staatsstreich die Kommunistische Partei in Russland und beschleunigte die Ansätze zur Auflösung der Sowjetunion.

Der Zerfall des Landes war nun nicht länger aufzuhalten. Zahlreiche Sowjetrepubliken, darunter die **baltischen Staaten**, die Ukraine und Moldawien, lösten sich von Moskau. Auch dort wurde die Kommunistische Partei verboten. Am 21. Dezember 1991 gründeten 15 nunmehr unabhängige Republiken die *Gemeinschaft Unabhängiger Staaten* (GUS) und erklärten die UdSSR für aufgelöst. Russland als bedeutendstes Mitglied der GUS übernahm deren Sitz in der UNO. Fünf Tage später trat Gorbatschow als Präsident der Sowjetunion zurück (▶ M1).

▲ **Mitgliedstaaten der Gemeinschaft Unabhängiger Staaten (GUS). Stand: 2010.**
Die drei baltischen Staaten, die zur Sowjetunion gehört hatten, schlossen sich der GUS nicht an.

Der Ostblock löst sich auf Die von Moskau ausgehenden Reformanstöße ab Mitte der 1980er-Jahre stärkten auch die oppositionellen *Bürgerrechtsbewegungen* in den Mitgliedstaaten der Warschauer Vertragsorganisation. Als die sowjetische Außenpolitik ab 1989 die Entwicklung wieder bremsen wollte, war es bereits zu spät: Das Ende der kommunistischen Parteidiktaturen war nicht mehr aufzuhalten. Vorreiter waren Polen und Ungarn, wo unter Mitwirkung kommunistischer Reformkräfte 1989 bzw. 1990 freie Wahlen stattfanden. Auch die DDR, die Tschechoslowakei, Bulgarien, Rumänien und Albanien befreiten sich meist friedlich von ihren kommunistischen Regierungen. Die DDR löste sich auf, und die aus ihr gebildeten fünf ostdeutschen Länder traten am 3. Oktober 1990 der Bundesrepublik Deutschland bei. Im Juni und Juli 1991 wurden der Rat für Gegenseitige Wirtschaftshilfe (RGW) und das Militärbündnis der Warschauer Vertragsorganisation aufgelöst. Seit 1999 sind Polen, Ungarn und die Tschechische Republik, seit 2004 die baltischen Staaten, Bulgarien, Rumänien, die Slowakei und Slowenien Mitglieder der NATO und seit 2004 bzw. 2007 auch Mitglieder der Europäischen Union. Sie und weitere Länder Ostmitteleuropas unternehmen in den 1990er-Jahren erhebliche Anstrengungen beim Aufbau von Rechtsstaat, Demokratie und Marktwirtschaft sowie der Schaffung einer sich in Parteien, freien Verbänden und Gewerkschaften organisierenden Bürgergesellschaft.

▲ **Die neue Freiheit der Bündnispartner.**
Karikatur von Nicholas Garland, The Independent vom 12. Mai 1989.

M1 Das Ende der Sowjetunion

Der Staatspräsident der untergehenden Sowjetunion, Michail Gorbatschow, tritt einen Tag nach seiner Abschiedsrede am 25. Dezember 1991 zurück. Darin heißt es:

Das Schicksal hat es so gefügt, dass es sich bereits bei meiner Amtsübernahme zeigte, dass es im Land Probleme gab. Gott hat uns viel geschenkt: Land, Erdöl, Gas und andere Naturreichtümer. Und auch viele talentierte und kluge Menschen.
5 Und dabei leben unsere Menschen schlechter als in den anderen entwickelten Ländern. Wir bleiben sogar immer weiter hinter ihnen zurück. Der Grund dafür war schon zu sehen – die Gesellschaft befand sich in der Schlinge eines bürokratischen Kommandosystems. Die Gesellschaft musste der Ideologie
10 dienen und dabei die furchtbare Last des Wettrüstens tragen. [...] Alle Versuche von halbherzigen Reformen [...] scheiterten nacheinander. Das Land verlor immer mehr an Perspektive. So konnte man nicht weiterleben. Es musste alles grundlegend verändert werden. [...]
15 Mir war klar, dass die Einleitung von solchen großen Reformen in einer solchen Gesellschaft wie der unseren eine äußerst schwere und auch in bestimmter Hinsicht eine riskante Sache ist. Und auch heute bin ich noch von der historischen Richtigkeit der demokratischen Reformen überzeugt, die im Frühjahr
20 1985 eingeleitet wurden.
Der Prozess der Erneuerung des Landes und der grundlegenden Veränderungen in der Weltgemeinschaft hat sich komplizierter erwiesen, als man voraussagen konnte. Trotzdem muss man das Vollbrachte gebührend einschätzen. Die Ge-
25 sellschaft wurde frei. Und das in politischer und geistiger Hinsicht. Und das ist die größte Errungenschaft. [...] Es wurde ein totalitäres System beseitigt, das ein weiteres Aufblühen und Wohlergehen des Landes verhinderte. Es wurde ein Durchbruch zu demokratischen Veränderungen vollzogen.
30 Freie Wahlen, eine freie Presse, Religionsfreiheit, wirkliche Machtorgane und ein Mehrparteiensystem wurden zur Realität. Die Menschenrechte wurden als oberstes Prinzip anerkannt. Es wurde mit dem Übergang zu einer vielseitigen Wirtschaft begonnen. Alle Formen des Eigentums werden als
35 gleichberechtigt anerkannt, im Rahmen der Bodenreform ist die Bauernschaft wiedererstanden. Farmen wurden gegründet, Millionen Hektar Land werden an Land- und Stadtbewohner übergeben. Die wirtschaftliche Freiheit des Produzenten wurde gesetzlich verankert. Das Unternehmertum,
40 die Gründung von Aktiengesellschaften und die Privatisierung gewannen immer mehr an Kraft. Es muss daran erinnert werden, dass der Übergang zur Marktwirtschaft im Interesse des Menschen erfolgt. [...]

Wir leben in einer anderen Welt: Der „Kalte Krieg" ist vorbei. Das Wettrüsten wurde gestoppt. Die wahnsinnige Militari- 45 sierung unseres Landes, die unsere Wirtschaft, das gesellschaftliche Bewusstsein und die Moral zugrunde richtete, wurde beendet. Die Gefahr eines Weltkrieges wurde beseitigt. [...] Wir öffneten uns der Welt und verzichteten auf die Einmischung in fremde Angelegenheiten sowie auf den Einsatz von 50 Truppen außerhalb unseres Landes. Und man antwortete uns mit Vertrauen, Solidarität und Respekt. Wir wurden zu einer der wichtigsten Stützen bei der Umgestaltung der modernen Zivilisation auf friedlicher und demokratischer Basis. Die Völker und Nationen haben die reale Freiheit erhalten, den Weg ihrer 55 Entwicklung selbst zu bestimmen. Die Suche nach einer demokratischen Reformierung unseres Vielvölkerstaates führte uns an die Schwelle eines neuen Unionsvertrages.
Ich möchte von ganzem Herzen all jenen danken, die in all diesen Jahren mit mir für die gerechte und gute Sache einge- 60 treten sind. Sicherlich war eine Reihe von Fehlern vermeidbar. Vieles hätte man besser machen können. Aber ich bin überzeugt, dass unsere Völker in einer aufblühenden und demokratischen Gesellschaft leben werden.

Zitiert nach: Die Sowjetunion 1953-1991, hrsg. von der Bundeszentrale für politische Bildung (Informationen zur politischen Bildung, Heft 236), Bonn 1992, S. 38

1. *Arbeiten Sie heraus, welche schwierigen Bedingungen und Probleme in der Sowjetunion Gorbatschow nennt.*

2. *Fassen Sie die Kritikpunkte Gorbatschows am Zustand der Sowjetunion zusammen. Welche innen- und außenpolitischen Ziele und Grundsätze verfolgten die Reformen?*

3. *Prüfen Sie, ob sich aus dieser Bilanz neue politische Visionen ableiten lassen.*

4. *Leiten Sie ab, welche Kritikpunkte an Gorbatschows Kurs aus marxistisch-leninistischer Sicht vorgebracht werden können.*

M2 „Wir sind nicht mehr länger Gegner"

Anfang 1992 unterzeichnen der amerikanische Präsident George Bush und der russische Präsident Jelzin eine gemeinsame Erklärung:

Zum Abschluss dieses historischen Treffens zwischen einem amerikanischen Präsidenten und dem Präsidenten eines neuen und demokratischen Russland stimmen wir – die Führer von zwei großen Völkern und Nationen – überein, dass eine Reihe von Prinzipien die Beziehungen zwischen Russland und Amerika leiten sollten:

Erstens, dass Russland und die Vereinigten Staaten sich nicht länger als potenzielle Gegner betrachten. Von heute an wird ihre Beziehung durch Freundschaft und Partnerschaft charakterisiert sein, die auf gegenseitigem Vertrauen und Respekt und einer gemeinsamen Verpflichtung zu Demokratie und wirtschaftlicher Freiheit beruht.

Zweitens, dass wir daran arbeiten werden, irgendwelche Überreste von Kalter-Kriegs-Feindseligkeit zu beseitigen, eingeschlossen Schritte zur Verringerung unserer strategischen Arsenale.

Drittens, das wir alles in unserer Macht Stehende tun werden, um gegenseitiges Wohlbefinden unserer Völker zu fördern und die Bindungen so weit als möglich auszubauen, die unsere Völker jetzt vereinen. Offenheit und Toleranz sollten das Markenzeichen der Beziehungen zwischen unseren Völkern und Regierungen sein.

Viertens, dass wir aktiv freien Handel, Investitionen und wirtschaftliche Zusammenarbeit zwischen unseren beiden Ländern fördern.

Fünftens, dass wir jede Anstrengung unternehmen, die Förderung der von uns geteilten Werte der Demokratie, der Herrschaft des Rechts, der Respektierung der Menschenrechte einschließlich der Rechte von Minderheiten, der Respektierung von Grenzen und der friedlichen Veränderung weltweit zu unterstützen.

Sechstens, dass wir aktiv zusammenarbeiten, – die Ausbreitung von Massenvernichtungswaffen und dazugehöriger Technologie zu verhindern und die Ausbreitung von konventionellen Waffen auf der Grundlage von zu vereinbarenden Prinzipien zu beschränken; – regionale Konflikte friedlich beizulegen und – Terrorismus entgegenzutreten, Rauschgifthandel zu stoppen und der Umweltschädigung vorzubeugen.

Mit der Annahme dieser Prinzipien beginnen die Vereinigten Staaten und Russland heute eine neue Ära in ihren Beziehungen. In dieser neuen Ära streben wir nach Frieden, einem anhaltenden Frieden, der auf dauerhaften gemeinsamen Werten beruht. Dies kann ein Zeitalter von Frieden und Freundschaft sein, das nicht nur unseren Völkern, sondern Völkern in der ganzen Welt Hoffnung bringt. Denn während unser Konflikt die Welt für Generationen teilen half, können wir nun, in Zusammenarbeit mit anderen und zwischen uns, die Welt durch unsere Freundschaft vereinigen – eine neue Allianz von Partnern, die gegen die gemeinsamen Gefahren arbeitet, vor denen wir stehen.

Süddeutsche Zeitung vom 3. Februar 1992, S. 27

▲ **Gipfeltreffen.**
Foto vom 30. Juli 1991.
Der russische Präsident Boris Jelzin (l.), der sowjetische Staatspräsident Michail Gorbatschow (m.) und US-Präsident George H. W. Bush (r.) unterhalten sich auf einem Empfang zu Ehren des US-Präsidentenpaares während des Gipfeltreffens zur Unterzeichnung des START-I-Vertrages in Moskau.

1. Nennen Sie die wichtigsten Gründe für das Ende des Kalten Krieges zwischen den beiden Weltmächten.
2. Erörtern Sie, ob sich in der Erklärung überwiegend westliche Vorstellungen finden.
3. Gegenwärtig bedrohen neue Konflikte den Frieden in Europa und in der Welt. Benennen Sie dafür die Ursachen. Beurteilen Sie, inwiefern eine Verständigung zwischen den USA und Russland wirksam ist gegen diese Gefahren für den Frieden.

Der Kalte Krieg im Spiegel der Geschichtskultur

Zeitgenössische Wahrnehmungen des Kalten Krieges Der Kalte Krieg war eine furchteinflößende weltpolitische Konstellation. Die dauerhafte Konfrontation zwischen den USA und der Sowjetunion, der NATO und der Warschauer Vertragsorganisation beschwor immer wieder einzelne Krisen herauf, die einen Atomkrieg als eine unmittelbar bevorstehende Katastrophe wahrscheinlich werden ließen. Beispiele sind die Berlin-Krisen von 1948/49 und 1958-1961, die Kriege in Korea und Vietnam oder die Kuba-Krise.* Die Furcht und Abscheu vor dem Feind und den Eigenschaften, die man ihm zuschrieb, spiegelt sich in Plakaten aus der ersten Phase des Kalten Krieges wider (▶ M1). Nach dem Ende des Vietnam-Krieges schöpften viele Menschen in der Entspannungszeit der Siebzigerjahre Hoffnung auf ein friedliches Nebeneinander der Systeme. Doch diesem Intermezzo folgte in den Achtzigerjahren die atomare Überrüstung. Größer als die Furcht vor dem Gegner war nun die Angst vor den Atomwaffen selbst. Immer mehr Menschen in West und Ost realisierten, dass die militärtechnische Logik des „overkill" den Armeen und Bevölkerungen im Kriegsfall lediglich die Alternative gelassen hätte, durch den nuklearen „Erstschlag" oder durch die stets sichergestellte „Zweitschlagfähigkeit" des Gegners vernichtet zu werden. Die Friedensbewegung in West und Ost forderte daher immer drängender die Kooperation der feindlichen Blöcke in Sachen Abrüstung.

Jedoch standen nicht nur die Industrienationen der nördlichen Hemisphäre im Kalten Krieg. Darüber hinaus war eine Vielzahl von Staaten oder militärischen Bewegungen, die durch die westlichen oder östlichen Führungsmächte gelenkt oder zumindest unterstützt wurden, zum Bestandteil des Kalten Krieges geworden. Hier, in der „Dritten Welt", verwandelte sich der Kalte Krieg in „heiße Kriege". Als beispielsweise Angola 1975 nach einer antikolonialen Erhebung unabhängig geworden war, entbrannte ein Bürgerkrieg zwischen den drei einstigen Rebellenorganisationen. Die völkerrechtlich anerkannte Regierung wurde politisch durch die Sowjetunion und die sozialistischen Länder, aber auch direkt mit kubanischen Soldaten unterstützt, die Gegner der Regierung indessen durch den Westen und China, ferner durch Söldner aus Südafrika und Zaire**.

1979 marschierte die Sowjetunion in Afghanistan ein. Sie reagierte auf ein Hilfeersuchen der Zentralregierung Afghanistans, welche beim Versuch, das sozialistische Modell gegen den Widerstand der islamischen Geistlichen und Stammesoberhäupter durchzusetzen, in Bedrängnis geraten war. Es kam zu einem zehnjährigen Krieg. Die afghanischen Mudschaheddin wurden von den westlichen Staaten, dem Iran und anderen islamischen Ländern mit Geld unterstützt. Darüber hinaus stellten die USA kriegsentscheidende Luftabwehrwaffen zur Verfügung. Als die Sowjetarmee 1989 abzog, waren eine Million Menschen getötet worden, doch der Bürgerkrieg der Mudschaheddin gegen die afghanische Regierung ging weiter. Im Jahr der sowjetischen Afghanistan-Intervention wurde in Nicaragua der USA-freundliche Diktator *Somoza* von einem breiten Bündnis landloser Bauern, des Mittelstandes und der Kirche gestürzt. Gegen die neue linksgerichtete Regierung setzten die USA eine Wirtschafts- und Seeblockade sowie eine von Honduras aus operierende Armee, die „Contras", ein. Über eine halbe Million Nicaraguaner starben in diesem Krieg, bis es 1990 zu einem politisch herbeigeführten Machtwechsel kam.

Zweitschlagfähigkeit: beschreibt das Potenzial einer Militärmacht, kurz nach dem Erleiden eines nuklearen Erstschlages den Angreifer noch mit einem massiven nuklearen Gegenschlag zugrunde zu richten. Zweitschlagwaffen sind nuklear bestückte Raketen, Bomben und Marschflugkörper, die von mobilen Abschussrampen an Land, von strategischen U-Booten und Bombern permanent in Bewegung gehalten werden, um im Bedarfsfalle Bevölkerungszentren und Industrieanlagen zu vernichten.

---

* Siehe dazu S. 368-371.
** Zaire: von 1971 bis 1997 Bezeichnung für die Demokratische Republik Kongo

Die hier exemplarisch aufgezählten Konflikte spielten in der Binnenkommunikation der NATO- und der Warschauer-Vertrags-Staaten eine wichtige Rolle. So sprach die DDR-Propaganda unaufhörlich vom „Kampf der Völker" von Angola oder Nicaragua gegen „Imperialismus und Neokolonialismus". Solidarität mit dem Abwehrkampf war damit Pflicht. Die Agitation ächtete die Gegner im Kalten Krieg als aggressive und internationales Recht brechende Mächte. In der Bundesrepublik waren es wiederum Aktivistengruppen aus alternativen, links-akademischen und linkskirchlichen Milieus, die sich gegen die militärische Intervention in Nicaragua wandten. Darüber hinaus lenkten die USA mit dem 1980 initiierten internationalen Olympia-Boykott die Aufmerksamkeit der Weltöffentlichkeit auf den sowjetischen Einmarsch in Afghanistan. Die Regierung von Nicaragua bezeichnete der amerikanische Präsident *Ronald Reagan* als „Krebsgeschwür" in der westlichen Hemisphäre und als gefährlichen „Brückenkopf" der Sowjets in Amerika. Diese Position und der Stellvertreterkrieg gegen Nicaragua wurden in der Öffentlichkeit des Westens kontrovers diskutiert.

Der Kalte Krieg kostete also auch ohne die direkte militärische Auseinandersetzung zwischen NATO und Warschauer Vertragsorganisation Menschenleben. Darüber hinaus manifestierte sich die Wahrnehmung des Kalten Krieges in den westlichen und östlichen Industrienationen in der nicht unbegründeten Furcht vor einem „Dritten Weltkrieg", einen Krieg, der gewissermaßen über Nacht losbrechen konnte – durch politisches Ungeschick, militärische Provokationen oder einen Computerfehler.

▲ „Nein zu Cruise Missiles."
Button für eine Aktionswoche der bundesdeutschen Friedensbewegung, 1983.

Wettlauf im Weltall

Der Kalte Krieg war aber nicht nur eine machtpolitische und militärische Konfrontation. Er stellte sich auch als ein Wettstreit in Wissenschaft und Technik, in Sport oder Kultur dar.

Im Oktober 1957 brachte die Sowjetunion den ersten Satelliten ins All. Die Signale von „Sputnik 1" waren von Amateurfunkern und Radiostationen überall auf der Welt zu empfangen. In den östlichen Medien galten sie als Beleg für die Überlegenheit des Sozialismus. Der Westen war über das Potenzial der als rückständig angesehenen „Russen" überrascht, beeindruckt und erschreckt („*Sputnik-Schock*"). Nun erwartete die westliche Welt, dass die USA die Herausforderung annahm. 1961 unterstrich die Sowjetunion abermals ihren Vorsprung: *Juri Gagarin* umrundete als erster Mensch im Weltraum die Erde. Der Sohn eines Kolchos-Zimmermanns und einer Bäuerin war zu einem Helden von Weltbedeutung geworden. Sein persönlicher Hintergrund, so lautete das Credo im Osten, habe die „Schöpferkraft des Volkes unter sozialistischen Bedingungen" belegt, zudem habe der Weltraumflug das „Banner des Kommunismus in die unendlichen Weiten des Universums getragen". Mit seinem gewinnenden Lächeln wurde Gagarin für viele Menschen im Westen einer der wenigen Sympathieträger aus der Sowjetunion. „Ich kann mir vorstellen, dass die Russen eine Rakete gebaut haben, die auch fliegen kann", stöhnte damals ein amerikanischer Journalist, „aber wie zum Teufel haben sie diesen Gagarin geschaffen?" Ende der Sechzigerjahre hatten die USA ihren Rivalen beim Wettlauf zum Mond überholt. Als 1969 schließlich *Neil Armstrong* vor Millionen Fernsehzuschauern als erster Mensch den Mond betrat, kleidete er den amerikanischen Triumph ebenfalls in große Worte: „Das ist ein kleiner Schritt für den Menschen, ein riesiger Sprung für die Menschheit."

▲ „WAR ist die Vergangenheitsform von SEIN."
Ostdeutsches Anti-Kriegs-Plakat von Joseph Huber, 1984.

■ *Beschreiben Sie die Plakate und vergleichen Sie, wie die Kriegsbedrohung jeweils präsentiert und in welchen Kontext sie gestellt wird.*

▲ **Der Kalte Krieg im Stadion.**
Foto von 1972.
Im olympischen Staffelwettbewerb der Frauen (4 x 100 m) siegte die bundesdeutsche Auswahl 1972 in München knapp vor dem Team der DDR. Im Medaillenspiegel lag die Mannschaft aus der DDR am Ende jedoch deutlich vorn. Dabei waren die Spiele in München die ersten, bei der die Sportler aus der DDR hinter ihrer Landesfahne in das Stadion einziehen durften. Noch bis 1964 hatte es eine gesamtdeutsche Olympiamannschaft gegeben; in Mexiko-Stadt traten die Deutschen 1968 erstmals in zwei Teams (Germany und East-Germany) an. Als Hymne nutzten beide Beethovens „Ode an die Freude" sowie die schwarz-rot-goldene Flagge, in deren Mitte die olympischen Ringe in Weiß prangten. Erst nach den Spielen in Mexiko wurde die DDR vollwertiges Mitglied des Internationalen Olympischen Komitees (IOC). Das bedeutete, dass die ostdeutschen Sportler bei den nächsten Olympischen Spielen unter dem Namen „DDR" starten und bei der Siegerehrung mit der DDR-Flagge und -Hymne geehrt werden konnten. Es ist eine Ironie der Geschichte, dass diese Spiele ausgerechnet in München stattfanden, denn das Hissen der DDR-Flagge und das Spielen der DDR-Hymne war 1966, als die IOC-Entscheidung des Austragungsortes der übernächsten Sommerspiele auf München gefallen war, auf bundesdeutschem Boden noch verboten. Zunächst erwog man, die Spiele zurückzugeben oder den Austragungsort zum extraterritorialen Gebiet zu erklären. 1969 entschied das Bundeskabinett jedoch schließlich, das Hissen der sog. „Spalterflagge" zuzulassen.

Der Wettstreit der Systeme im Sport ... Die Sowjetunion und die USA waren Großmächte des Sports und so verwandelten sich auch internationale Sportveranstaltungen in Arenen des Kalten Krieges. Hier konnte man vor den Augen der Welt über die Gegner aus dem anderen Block triumphieren, damit auch gleich die Überlegenheit seines Gesellschaftssystems unter Beweis stellen und sich mit eigenen Symbolen (Flaggen, Hymnen etc.) in Szene setzen. Die DDR sah – insbesondere vor ihrer erst 1973 erfolgten weltweiten diplomatischen Anerkennung – ihre Spitzensportler als „Diplomaten im Trainingsanzug". Kein Land der Welt gab anteilsmäßig so viel für den Sport aus wie die DDR, zudem wurde systematisch gedopt. Als die DDR bei den Olympischen Spielen von 1968 erstmals mit eigener – und nicht mehr in einer gesamtdeutschen – Mannschaft antrat und die der Bundesrepublik in den Sommerspielen deklassierte, sah sich auch die Bundesrepublik genötigt, die staatliche Sportförderung zu forcieren. Auch im Westen war Doping nicht unbekannt. Im Jahr vor den Olympischen Spielen 1972 erklärte Bundesinnenminister *Hans-Dietrich Genscher* in einer Beratung: „Von Ihnen als Sportmedizinern will ich nur eines: Medaillen für München."

... und zwischen westlichem und östlichem Lebensstil ■ Auf dem Gebiet der Konsum- und Popkultur kündigte sich der globale Sieg des Westens seit den Sechzigerjahren an. Die Sprache des Pop war Englisch, nicht Russisch. Blue Jeans und Coca Cola wurden weltweit zu Ikonen westlicher Lebensweise. In den Kinos und im Fernsehen sahen die Menschen der Welt vor allem westliche Produktionen. Dabei wurden dem Publikum nicht nur die Ästhetik, der Lebensstil und die Werte des Westens nahe gebracht. Bisweilen wurde der Kalte Krieg auf der Leinwand auch in heiße Konflikte zwischen West und Ost umgewandelt (▸ M2).

Das Ende des Kalten Krieges und die Geschichtskultur – im Westen ■ Das Ende des Kalten Krieges brachte zunächst allseitige Erleichterung, viele Illusionen über eine nun möglich erscheinende Welt friedlicher Kooperation und natürlich den Beginn der geschichtskulturellen Aufarbeitung der zurückliegenden Jahrzehnte mit sich. Allerdings waren die Auswirkungen auf die Geschichtskultur der einst in diesen Konflikt verwickelten Länder sehr unterschiedlich. Auf westlicher Seite gab es über das Ende des Kalten Krieges hinweg institutionelle und ideologische Kontinuität. Die nordatlantische Allianz bestand fort und auch die europäische Integration konnte weiter vorangetrieben werden. Für die Bevölkerung im Westen änderte sich nichts. Der Gegner aus der Zeit des Kalten Krieges war von der politischen Bühne verschwunden und es gab keinen Anlass, die früheren Überzeugungen einer Revision zu unterziehen. Die Erzählung vom Westen als „Sieger des Kalten Krieges" und von der Überlegenheit seiner Werte erschien nun besonders plausibel. Mit dem Ende des Kalten Krieges sei die Suche nach dem richtigen Gesellschaftsmodell erledigt und „Das Ende der Geschichte" erreicht – so der paradigmatische* Titel eines Buches, das den Zeitgeist der frühen Neunzigerjahre gut widerspiegelt. Die Rolle des Westens im Kalten Krieg wird nun zunehmend durch die zeitgeschichtliche Forschung aufgearbeitet und differenziert dargestellt. Die entsprechenden Regelungen des Archivgesetzes und die Lockerung von Geheimhaltungsbestimmung für westliche Aktenbestände bilden hierfür die Grundlage – und die Medien sowie das Internet stellen den Verbreitungsweg für neue Erkenntnisse dar.

Das Ende des Kalten Krieges und die Geschichtskultur – im Osten ■ Während die militärischen und politischen Institutionen des Westens und dessen Wertvorstellungen weiter Bestand hatten, vollzog sich im Osten ein tief greifender Umbruch. Die Sowjetunion und das von ihr dominierte Militärbündnis lösten sich auf. Die drei baltischen Republiken strebten bald in die EU und in die NATO. Auch die meisten der anderen postsozialistischen Länder Mittel- und Osteuropas bemühten sich um einen Anschluss an die vormals westlichen Bündnisse.

Die staatliche Unabhängigkeit von der Sowjetunion brachte zugleich eine Befreiung der öffentlichen Erinnerung. Die sozialistischen Diktaturen hatten ihre Herrschaft auch durch dogmatisierte Geschichtsbilder gestützt. Die Erzählung vom „Kampf der Arbeiter und Bauern gegen Ausbeutung und Unterdrückung", von der „Zerschlagung des Hitler-Faschismus" oder von der „Befreiung der Völker durch die Rote Armee" und

---

* Paradigma: Bezeichnung für eine wissenschaftliche Denkweise oder Weltanschauung. Beispiele für Paradigmen sind das geozentrische und das heliozentrische Weltbild. Ein Paradigma wird solange anerkannt, bis Beobachtungen angestellt werden, die mit ihm nicht länger vereinbar sind. Setzt sich eine neue Lehrmeinung allgemein durch, spricht man von einem Paradigmenwechsel.

▲ **Zornesausbruch.**
Foto von 2005.
Am zwei Meter hohen Denkmal des Bronzesoldaten in Tallinn entlud sich die Wut über die jahrzehntelange Zwangsmitgliedschaft Estlands in der Sowjetunion 2005 in einem symbolischen Farbanschlag. Auch die von der Regierung beschlossene Verlegung des Denkmals führte zwei Jahre später zu wütenden Protesten – diesmal jedoch von prosowjetischer Seite.

schließlich vom „brüderlichen Aufbau des Sozialismus" wurde zum einzigen und verbindlichen Deutungsmuster. Für manche Teile der Bevölkerung wirkten die sozialistischen Mythen integrierend und identitätsstiftend. Für viele andere hatte die offizielle Geschichtsdeutung jedoch nie mit den persönlichen Erinnerungen und Familiengeschichten über Enteignungen und Repressionen im Sozialismus zusammengepasst. Nun kam die erstarrte Geschichtskultur der osteuropäischen Gesellschaften wieder in Fluss. Doch die befreiten Erinnerungen wirkten nicht befriedend oder versöhnend, sie wurden im Gegenteil sofort zum Gegenstand scharfer geschichtspolitischer Auseinandersetzungen. Denn in Osteuropa ist das nationale Gedächtnis fraktionierter, sind die Erinnerungsgemeinschaften zahlreicher als im Westen. Das hat weniger mit dem Kalten Krieg zu tun als vielmehr mit der Geschichte der osteuropäischen Völker zwischen 1918 und 1945, also der Phase, die historisch vor dem Kalten Krieg lag.

So hatten beispielsweise viele Einwohner der 1940 von der Sowjetunion annektierten Baltenrepubliken im Zweiten Weltkrieg als Partisanen oder innerhalb deutscher Verbände gegen die Sowjetarmee gekämpft. Andere Balten wiederum hatten sich während der deutschen Besetzung der Roten Armee oder prosowjetischen Partisanen angeschlossen. Gemäß den gegensätzlichen Erfahrungen sprechen die unterschiedlichen Erinnerungsgemeinschaften heute von ein und demselben Ereignis als „erneuter Okkupation" oder als „Befreiung vom Hitler-Faschismus". Beide Sichtweisen führten ab 2004 zum estnischen „Denkmalskrieg". Dabei ging es sowohl um den Gedenkstein für die Esten, die in SS-Verbänden „gegen den Bolschewismus" und „für die Unabhängigkeit" gekämpft hatten, wie auch um die Bronzestatue des trauernden Sowjetsoldaten im Stadtzentrum Tallinns. Der Gedenkstein wurde 2004 entfernt, der Bronzesoldat 2007 auf einen Militärfriedhof umgesetzt. Seit 2008 besitzt Tallinn nun auf dem „Freiheitsplatz" mit einer 27 Meter hohen Glassäule ein „Freiheitsdenkmal", welches 2009 mit dem „Freiheitskreuz" gekrönt wurde.

Während sich in Russland und Weißrussland die nationalen Geschichtsbilder weiterhin sehr stark an den sowjetischen Geschichtsmythen orientieren, wurde in den anderen postsozialistischen Gesellschaften damit gebrochen. In den identitätsstiftenden Mythen Polens, Ungarns oder der baltischen Republiken beispielsweise stehen die Opfer und der Sieg im Kampf gegen die Unterdrückung durch das nationalsozialistische Deutschland und (Sowjet-)Russland im Zentrum.

Die ehemalige DDR ist im Ensemble der postsozialistischen Geschichtskulturen ein Sonderfall. Da die fünf „neuen Bundesländer" auch der bundesdeutschen Erzählung zum Kalten Krieg gewissermaßen „beitraten", war es hier nicht nötig und möglich, eine neue historische Deutung zum Kalten Krieg zu entwickeln. Exemplarisch zeigte sich das darin, dass in den frühen Neunzigerjahren alte bundesdeutsche Schulbücher verwendet wurden. Allerdings wirkte die Identitätserzählung des Landes, in dem die Ostdeutschen nun lebten, für viele von ihnen wie ein Fremdblick auf das eigene zurückliegende Leben und war oft nicht mit den persönlichen Erinnerungen und Familiengeschichten zur DDR vereinbar.

Der Kalte Krieg im Museum ■ Die Musealisierungen des Kalten Krieges sind recht heterogen, oft nicht Bestandteil der offiziellen Geschichtskultur und sie bieten auch mehr Perspektiven als nur die der Weltmächte. Während es große Kriegsmuseen gibt, beispielsweise das „*Zentralmuseum des Großen Vaterländischen Krieges*" in Moskau oder das „*Imperial War Museum*" in London, welches das britische Militärengagement von 1917 bis 1995 zeigt, existiert noch kein relevantes „Museum des Kalten Krieges", das diesen globalen Konflikt aus einer neutralen und wissenschaftlichen Perspektive reflektieren würde.

Amerikanische und russische Ausstellungen ■ Amerikanische und russische Museen, die auf die Zeit des Kalten Krieges verweisen, nehmen meist die Perspektive der ehemaligen Hauptakteure im damaligen Konflikt ein. Das zeigt sich beispielsweise im „*Bradbury Science Museum*" in Los Alamos (USA/New Mexico), wo einst die erste amerikanische Atombombe gebaut wurde. Eine deutsche Journalistin beschreibt ihre Eindrücke aus dem Jahr 2011 so: „An Tischen, die an Spielkonsolen erinnern, in einem Rundgang, der völlig entspannt an Flugzeugmodellen und Kriegsszenarien vorbeiführt. Für europäische Besucher schockierend: Wer will, spielt mit: Die Besucher bedienen mit Joysticks die Flieger, sie verfolgen den Weg der Bomben nach."

Die ungebrochene russische Perspektive auf den Kalten Krieg kann man beispielsweise in einem ehemaligen Moskauer Atombunker kennenlernen. In der 60 Meter tief liegenden Anlage aus dem Jahr 1956 sollten einst 2 500 Personen die Moskauer Raketenabwehr koordinieren. Stolz, im Kalten Krieg letztlich nicht besiegt worden zu sein, versprechen die Ausstellungsbetreiber abenteuerliche Erlebnisse: Die Besucher können die Technik besichtigen, einen Schutzanzug anprobieren – und am Ende der Exkursion die Simulation eines Atomschlages erleben.

In Europa war während des Kalten Krieges „*Point Alpha*" ein strategisch wichtiger Beobachtungspunkt der US-Armee. Von dort hörte man den Funkverkehr der Gegenseite ab und wachte über etwaige Truppenaufmärsche, denn zwischen dem thüringischen Geisa und dem hessischen Rasdorf vermuteten die Amerikaner den Durchbruchspunkt der östlichen Panzerarmeen. Heute erinnert eine Gedenkstätte an diese Nahtstelle zwischen den militärischen Lagern des Kalten Krieges (▶ M3).

▲ Blick auf Schaltpulte im ehemaligen NVA-Führungsbunker im brandenburgischen Harnekop.
Foto von 2003.
Der Bunker wurde zwischen 1971 und 1976 für die Führung der Nationalen Volksarmee (NVA) gebaut. Ausgestattet mit modernster Technik hätten dort, dreißig Meter tief unter der Erde, im Kriegsfall bis zu 450 Menschen etwa einen Monat lang überleben können.

Westdeutsche und ostdeutsche Ausstellungen ■ Auch die beiden deutschen Staaten betrieben während des Kalten Krieges Führungsstellen. Viele davon erinnern nun als Bunker-Museen an den Kalten Krieg. Das wichtigste und am besten ausgestattete musealisiert den „*Ausweichsitz der Verfassungsorgane der Bundesrepublik Deutschland im Kriegs- und Krisenfall*" in Bad Neuenahr-Ahrweiler (Rheinland-Pfalz), welcher von 1966 bis 1997 als Schutzraum bereitstand. Der Rückbau der unterirdischen Anlage dauerte von 2001 bis 2006, danach begann der Aufbau der „Dokumentationsstätte Regierungsbunker", den der Bund mit 2,5 Millionen Euro finanzierte. Die Dokumentationsstätte wurde 2008 eröffnet. Ihr Träger ist der Heimatverein Alt-Ahrweiler. Die Anlage informiert über die spezielle Technik und die Abläufe der Regierungsarbeit unter Bunkerbedingungen.

Auch auf einstigem DDR-Territorium kann man ehemalige Bunker besichtigen, wie beispielsweise das Museum zum Führungsbunker des Ministeriums für Nationale Verteidigung der DDR in Harnekop (Brandenburg) oder die ehemalige Führungsstelle des Militärbezirkes III in Kossa (Sachsen). Hier ist das Niveau der Musealisierung und Finanzierung allerdings mit dem Bunker in Rheinland-Pfalz nicht vergleichbar (▶ M4).

Musealisierung des Kalten Krieges – ein Ausblick ▪ Es hat sich gezeigt, dass die Erinnerung an den Kalten Krieg und an die Stellvertreterkriege im Deutungsrahmen der *nationalen* Geschichtskulturen gepflegt wird. In einigen Ländern, die einst Schauplatz eines „heißen Krieges" waren, wird an diese Zeit in Museen erinnert. Das geschieht beispielsweise im „Museum der Kriegsverbrechen" in Ho-Chi-Minh-Stadt, im „Museum der Armee" in Luanda oder im „Museum der Revolution" in Managua.

Das zusammenwachsende Europa befindet sich derzeit in einem Prozess der Aufarbeitung seiner diktatorischen und autoritären Vergangenheiten – beispielsweise der faschistischen Diktaturen in den NATO-Staaten Portugal, Spanien und Griechenland oder der einstigen sozialistischen Diktaturen. Das Europäische Parlament hat im Jahr 2009 beschlossen, den 23. August zum „europaweiten Gedenktag an die Opfer aller totalitären und autoritären Regime" zu machen. Die blutige Bilanz der Kolonialherrschaft und -kriege der westlichen Demokratien gerät bei dieser Perspektive aus dem Blick.

In den postsozialistischen Ländern Europas ist die Musealisierung der Zeit des Kalten Krieges von der Neukonstruktion nationaler Erzählungen dominiert. Im Vordergrund stehen hierbei meist die Unterdrückung des eigenen Volkes durch (Hitler-)Deutschland und die Sowjetunion, die Opfer-Bilanz sowie die Tradition der Freiheitskämpfe. Die Zeit des Kalten Krieges wird somit nicht durch Museen des Kalten Krieges, sondern beispielsweise durch das „Museum der Okkupation" in Tallinn, das „Okkupationsmuseum" in Riga, das „Museum der sowjetischen Okkupation" in Kiew, das „Museum der Genozidopfer" in Vilnius oder das „Haus des Terrors" in Budapest abgehandelt. Diese in der postsozialistischen Zeit eingerichteten Museen füllen damit die Lücken im Geschichtsbild. Dennoch gibt es auch hier, vor allem mit Blick auf den Zweiten Weltkrieg, neue Lücken. Denn die Beteiligung der einheimischen Bevölkerung an der Verfolgung von Juden, „Zigeunern", ethnischen Minderheiten und Kommunisten in den 1930er- und 40er-Jahren wird ebenso ausgeblendet wie die Tatsache, dass die Träger rassistischer, nationalistischer oder kommunistischer Einstellungen nicht nur die deutschen oder sowjetischen Okkupanten, sondern auch große Gruppen der eigenen Bevölkerung waren.

In Deutschland und Berlin, wo einst eine wichtige „Frontlinie" des Kalten Krieges lag, wird diesem globalen Konflikt vor allem mit Verweis auf die Berliner Mauer und das Grenzregime der DDR gedacht. Der bekannteste deutsche Erinnerungsort zum Kalten Krieg ist der „Checkpoint Charlie" in Berlin. Hier standen sich am 27. und 28. Oktober 1961 dreißig bewaffnete Panzer der US-und der Sowjetarmee in der Friedrichstraße direkt gegenüber – bis die Konfrontation auf höchster politischer Ebene aufgelöst wurde. Die Foto- und Filmaufnahmen dieses Ereignisses gehören zu den eindrücklichsten Bildsymbolen des Kalten Krieges. Im Verhältnis zu dessen einstiger realgeschichtlichen Bedeutung ist der Erinnerungsort Checkpoint Charlie recht einfach gehalten. Neben der Nachbildung des ersten, hölzernen Kontrollunterstandes fällt vor allem eine Bildtafel auf, die in etwa fünf Meter Höhe zwei mehrere Quadratmeter große Bilder zeigt. Es sind Fotos von zwei jungen Soldaten in Paradeuniform der US-Streitkräfte und der nicht mehr existierenden sowjetischen Armee. Blickt der heutige

Besucher aus westlicher Richtung auf den Checkpoint, so „sieht ihn" der sowjetische Soldat „an", blickt man aus östlicher Richtung, so wird man vom amerikanischen Soldaten „angesehen" (▶ M5).

Der Checkpoint Charlie ist ein Beispiel für das von privaten Akteuren ohne übergreifendes Konzept betriebene Wachstum eines Erinnerungsortes. Nur zwei Jahre nach der Eröffnung des Checkpoint Charlie durch die westlichen Alliierten wurde im Jahr 1963 auf der westlichen Seite des Kontrollpunktes das Museum Haus am Checkpoint Charlie eröffnet. Hier werden zwar noch heute verschiedene Fluchtapparate und -exponate präsentiert, die Zusammenhänge zwischen dem historischen Ort und seinem weltpolitischen Kontext jedoch nur ungenügend erklärt. Das Museum Haus am Checkpoint Charlie sei, so der Historiker *Konrad Jarausch*, mittlerweile „in gewisser Weise selbst zu einem Dokument des Kalten Krieges geworden".

Nach dem Ende des Kalten Krieges und dem Abzug der Alliierten wurde der Checkpoint 1992 privatisiert. Touristen aus aller Welt können sich heute dort gegen Bezahlung mit als Grenzsoldaten verkleideten Schauspielstudenten vor dem Nachbau der Kontrollbaracke fotografieren, die Pässe stempeln oder die Kofferräume kontrollieren lassen. Als Reaktion auf diese „Verhöhnung der Opfer" errichtete *Alexandra Hildebrandt*, Chefin des Museums Haus am Checkpoint Charlie, im Jahr 2004 auf einer sich in direkter Nachbarschaft befindlichen Brache ein privates Mahnmal. Vor einer 200 Meter langen Mauer-Rekonstruktion standen 1065 übermannshohe Kreuze, welche die Opfer des DDR-Grenzregimes symbolisieren sollten. Die Installation musste nach einem halben Jahr wieder entfernt werden und wurde damals sehr kontrovers diskutiert (▶ M6).

Im Jahr 2008 haben Politiker und Historiker angeregt, ein großes Museum des Kalten Krieges zu errichten. Dafür sei Berlin der am besten geeignete Standort, denn hier hatten sich immer wieder vier Ebenen des Kalten Krieges überlagert: das weltweite Ringen der Supermächte um Dominanz, die europäische Konfrontation der beiden Militärbündnisse, der Sonderkonflikt von DDR und Bundesrepublik um die Gestaltung Deutschlands und schließlich die Konkurrenz beider Stadthälften um die Loyalität der jeweiligen Bevölkerung. Ideen und Konzepte liegen vor, nun soll das Museum 2014 oder 2015 eröffnet werden (▶ M7).

▲ **Panzerkonfrontation am Checkpoint Charlie in Berlin – Blick von West nach Ost.**
Foto vom Oktober 1961.
Nachdem die DDR den freien und unkontrollierten Zugang der Westalliierten nach Ost-Berlin infrage gestellt hatte, fuhren am 26. Oktober amerikanische Panzer auf. Einen Tag später stellte sich die Sowjetunion der Herausforderung und ließ ihrerseits Panzer auf der Ostseite positionieren. Am 28. Oktober zogen sich die Panzer auf beiden Seiten wieder zurück, wobei diesmal die Sowjetunion den ersten Schritt gemacht hatte.

▲ **Panzerkonfrontation am Checkpoint Charlie in Berlin – Blick von Ost nach West.**
Foto vom Oktober 1961.

M1 Plakate als Träger politischer Kommunikation

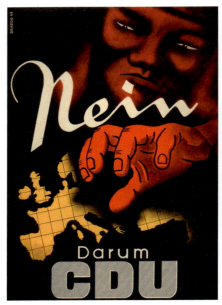

▲ „Nein. Darum CDU."
Wahlplakat zur ersten Bundestagswahl, 1949.

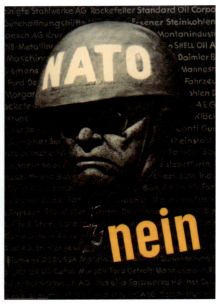

▲ „NATO – nein."
DDR-Plakat von Arno Fleischer, 1957.

1. Beschreiben Sie die Plakate und achten Sie dabei auf die verwendeten Symbole und Stereotypen.

2. Interpretieren Sie den historischen Kontext, in den der Feind gestellt wird, und analysieren Sie, welche Interessen und Absichten ihm zugeschrieben werden.

3. Erörtern Sie, welche Haltung dem Betrachter jeweils nahe gelegt wird.

M2 Protest und Dissens

Jessica C.E. Gienow-Hecht, Professorin für Neuere Geschichte, Internationale Geschichte und Friedens- und Konfliktforschung an der Universität zu Köln, beschäftigt sich in einem Artikel mit den Auswirkungen des Kalten Krieges auf den Wettstreit der Kulturen:

In Roald Dahls 1972 publiziertem Kinderbuch „Charlie and the Great Glass Elevator" reisen ein kleiner Junge und ein Schokoladenfabrikant mit einem Fahrstuhl durch das Weltall und entdecken das soeben eröffnete „Space Hotel USA". Das
5 luxuriöse Hotel soll den Vormachtsanspruch amerikanischer Konsumkultur im Weltall untermauern. Während die fernsehende Welt gebannt der Landung des Fahrstuhls folgt, interpretiert das Weiße Haus diesen als feindlichen Akt der Sowjetunion oder Chinas. Im amerikanischen Krisenstab ergreift Präsident Lancelot Gilligrass seine Telefone – eines rot, das 10 andere aus Porzellan –, um seinen Kontrahenten in Moskau und Peking ein Ultimatum zu stellen: Sie könnten ihn nicht für dumm verkaufen; würde nicht sofort der Rückzug eingeleitet, lasse er alles zusammenschießen. Der Oberkommandierende sekundiert ihm: „Hooray! ... Let's blow everyone up! 15 Bang-bang! Bang-bang!" Es bedarf keiner großen Fantasie, um Dahls Satire zwischen den Zeilen zu lesen. Doch die Geschichte des gläsernen Fahrstuhls symbolisiert zugleich die Penetranz des Wettlaufs zwischen Ost und West, eines Wettlaufs, der in Stellvertreterkriegen überall in der Welt und 20 in fast allen Lebensbereichen stattfand – von Technologieprogrammen bis zur Kinderliteratur. [...]

Die Ironie des Kalten Krieges besteht darin, [...] dass der Wettlauf um technologischen und kulturellen Vorsprung langfristig zu massiven Protesten im jeweils eigenen Einflussbereich 25 gegen den bipolaren Konflikt führte. In vielen Ländern kam es seit den 50er-Jahren zu Dissidenten- und Protestbewegungen gegen die sowjetische Unterdrückung bzw. den Einfluss US-amerikanischer Kultur. Überall nährte sich der Protest inhaltlich und strukturell aus ebenjener kulturellen Expan- 30 sion, die der Wettlauf der Systeme hervorgebracht hatte. Deutsche Musik etwa orientierte sich deutlich an Vorbildern wie Bob Dylan und Bruce Springsteen. In den 70er- und 80er-Jahren hatten Udo Lindenberg, Nina Hagen und Herbert Grönemeyer oder Gruppen wie „BAP", „Die Toten Hosen" und die 35

„Einstürzenden Neubauten" das musikalische Erbe von Pop, Rock und New Wave verinnerlicht. Gleichzeitig reflektierten ihre Songs aber die Tradition der deutschen Liedermacher sowie harsche Kritik an der Hegemonie der USA.

40 In den Staaten des Warschauer Pakts speiste sich der Protest gegen Kommunismus und Unterdrückung aus dem Einfluss der Popkultur wie aus dem zunehmenden materiellen Mangel, den der technologische Wettkampf für die Bürger mit sich brachte. Konsumkultur, Jeans, Jazz und Stars wie Elvis
45 Presley zogen Jugendliche in Ost und West in ihren Bann. Und gerade weil die Machthaber Pop und Konsum als kapitalistisch diffamierten, mutierte diese Musik zu einer geheimen Sprache des Protests. In den 50er- und 60er-Jahren mündeten diese Konfrontationen in einer Reihe von kommunistischen
50 Staaten in einen unterschwelligen Widerstand gegen den Mangel an kultureller, internationaler und materieller Offenheit – was wiederum die kommunistischen Entscheidungsträger zu einer graduellen kulturellen Öffnung ermutigte.

In dem technologischen und kulturellen Wettlauf gab es
55 weder Gewinner noch Verlierer. Im *space race* sahen sich beide Systeme als Sieger an. [...] Kulturell war die Sachlage noch weniger eindeutig. Die Sowjetunion trat mit einem unwiderstehlichen Argument an: Antiamerikanismus, der Europa (wie Lateinamerika und viele Regionen in Asien) seit
60 Jahrzehnten beschäftigte und der nach dem Fall der Berliner Mauer die Menschen in Ost und West erneut in seinen Bann zog. Die USA verwandten einen wesentlichen Teil ihrer Kultur- und Informationsprogramme in Europa und der „Dritten Welt" auf den Versuch, den kulturellen Antiamerikanismus
65 aus dem Weg zu räumen; gelungen ist ihnen das letztlich nicht.

Ebenso unscharf wie der Unterschied zwischen Gewinnern und Verlierern blieb der zwischen Krieg und Stellvertreterkrieg. Am Ende der Geschichte des großen gläsernen Fahr-
70 stuhls lädt Präsident Gilligrass Charlie und seine Freunde in das Blaue Zimmer des Weißen Hauses ein, um sie für ihre Tapferkeit im Weltraum zu ehren. Die wichtigsten Köpfe der Nation sollen der Zeremonie beiwohnen, dazu die Kinderschwester und die Katze des Präsidenten, ein Dolmetscher
75 und ein berühmter Schwertschlucker aus Afghanistan, der dem mächtigsten Mann der Erde beibringen soll, wie er seine eigenen Worte aufessen kann. Für Roald Dahl, der zuvor das Drehbuch zu dem James-Bond-Film „Man lebt nur zweimal" geschrieben hatte, war der Wettlauf um kulturellen und
80 technologischen Vorsprung kein Stellvertreterkrieg. Es war der Krieg, um den es eigentlich ging.

Jessica C. E. Gienow-Hecht, Wer gewinnt den Wettlauf?, in: Der Kalte Krieg, herausgegeben von Uta Andrea Balbier in Zusammenarbeit mit DAMALS – Das Magazin für Geschichte, Darmstadt 2010, S. 83 und 89 f.

▲ „Man lebt nur zweimal."
Filmplakat aus dem Jahr 1967.

1. Arbeiten Sie heraus, was unter der von der Autorin erwähnten „kulturellen Expansion" (Zeile 30 f.) in der Zeit des Kalten Krieges zu verstehen ist.
2. Erklären Sie, welche Bedeutung „Stellvertreterkriege" auf technologischem und kulturellem Gebiet für das politische Handeln im amerikanischen und sowjetischen Machtbereich hatten und wie sich diese Entwicklungen auf den Alltag der Menschen auswirkten.
3. Vergleichen Sie die Ergebnisse mit den Reaktionen, die „heiße Stellvertreterkriege", etwa in Vietnam, unter den Menschen in West und Ost hervorriefen.
4. Recherchieren Sie, inwieweit Filme während des Kalten Krieges auf beiden Seiten als Propagandainstrument eingesetzt wurden. Überprüfen Sie dabei die Aussage der Autorin, der Wettlauf um kulturellen und technologischen Vorsprung sei für Drehbuchautoren wie Roald Dahl kein Stellvertreterkrieg gewesen, sondern „der Krieg, um den es eigentlich ging" (Zeile 81).

M3 Auge und Ohr der NATO

Aus der Internetseite der Gedenkstätte Point Alpha:

Das *Fulda Gap* war Schwerpunkt und Zentrum der NATO-Verteidigungslinie. Diese „Fulda-Lücke" galt bei den NATO-Planern als eine der vier möglichen Einfallschneisen des Warschauer Paktes in die Bundesrepublik Deutschland. Aufgrund
5 seiner geostrategisch günstigen Lage kam dem *Fulda Gap* eine besondere Bedeutung zu. Hier, wo der Ostblock am weitesten in den Westen hineinragte, hätten die Angreifer innerhalb von nur 48 Stunden bis an den Rhein vorstoßen und die Hauptstandorte des V. US-Armeekorps ausschalten können.
10 Das *Fulda Gap* wäre somit zu einem ersten Schlachtfeld des Dritten Weltkrieges geworden. Im Ernstfall hätte die NATO entlang der innerdeutschen Grenze und der Staatsgrenze der damaligen Tschechoslowakei die Strategie der Vorwärtsverteidigung angewendet, um den feindlichen Vormarsch so
15 lange wie möglich zu binden und aufzuhalten. Um den Verteidigungsfall zu proben, führten Bundeswehr und US-Streitkräfte in dieser Region Osthessens in regelmäßigen Abständen Manöver durch. Die Angriffsstrategien des Warschauer Paktes bevorzugten den Eisenacher Raum als mögliche Ein-
20 fallschneise in den Westen. Neueste Forschungen an Akten der Ostblockstaaten, die bisher unter Verschluss waren, legen den Schluss nahe, dass bei einem Angriff auch nukleare Waffen zum Einsatz gekommen wären.
Auch die Überlegungen der NATO, das ist bekannt, schlossen
25 den Einsatz von Kernwaffen ein, um den zahlenmäßig überlegenen Gegner zu stoppen. Obwohl diese von nur begrenzter Wirkung sein sollten, wurden Verluste unter der Zivilbevölkerung in Kauf genommen. Zudem sollte der feindliche Vormarsch mit an den Straßen angebrachten Sprengkam-
30 mern – zwei in der Nähe befinden sich in der Obhut der Gedenkstätte – verzögert werden. Außerdem waren überall sogenannte Strecksperren installiert, wie in der Gedenkstätte beim Wachhaus zu sehen.

Zitiert nach: www.pointalpha.com/us-beobachtungsstuetzpunkt
(Zugriff: 14.12.2011)

1. *Skizzieren Sie, wie der Text die Ziele der Militärblöcke des Kalten Krieges beschreibt.*

2. *Analysieren Sie, wie über den Kernwaffeneinsatz der NATO und der Warschauer-Vertrags-Staaten reflektiert wird.*

M4 Bunkermuseen – Museen gegen das Vergessen?

Auf einer Internetseite, auf der sich verschiedene Bunker-Dokumentationsstätten gemeinsam präsentieren, heißt es zur Gedenkstätte Regierungsbunker Bad Neuenahr-Ahrweiler:

Es war Europas größter Bunker mit über 17 Kilometer Länge und das teuerste Bauwerk in der Geschichte der Bundesrepublik, was 20 000 Arbeiter zwischen 1960 und 1972 im Ahrtal als „Ausweichsitz der Verfassungsorgane der Bundesrepublik Deutschland im Kriegs- und Krisenfall" der Geschichte
5 hinterließen. Ein Superlativ, auch was die Aufgabe dieses Ausnahmebauwerkes betraf: Der Bunker sollte als geschützte Befehlsstelle das Überleben der Bundesregierung und ihrer Stäbe im Atomkrieg sicherstellen. Die ungewöhnliche Baumaßnahme war eingebettet in die bundesdeutsche Not-
10 standsplanung, die im Bundesinnenministerium über Jahre bearbeitet wurde. Damit kommt dem Bunker in Bau und Betrieb ein starker innenpolitischer Ansatz zu. [...]
Was die gründlichen Rückbauarbeiten zwischen 2001 und 2006 überlebt, ist nach einer wechselvollen Geschichte
15 heute in und mit der Dokumentationsstätte Regierungsbunker zu sehen. 200 Meter und einige wenige Einrichtungsgegenstände bleiben von den Baumaschinen verschont und im Originalzustand erhalten. Hier soll ein Museum den Kalten Krieg auch für nachfolgende Generationen erlebbar machen.
20 [...]
Seit Eröffnung der Dokumentationsstätte für das Publikum am 1. März 2008 begleiten die ehrenamtlichen Mitarbeiter der Dokumentationsstätte – heute sind es über 70 unter Museumsleiterin Heike Hollunder – Besucher aus aller Welt auf
25 ihrem Weg in die Zeit des Kalten Krieges und informieren über den Bunker und seine ehemalige Aufgabe. Die Dokumentationsstätte hat damit eine beeindruckende Erfolgsstory geschrieben. Am Ende des 1. Museumsjahres wurden 75 000 Besucher gezählt, im Juni 2009 kommt der 100 000ste Gast.
30 Einer von ihnen war am 17. November 2008 Bundespräsident Horst Köhler, der sich zusammen mit Ehefrau Eva Luise Köhler und dem rheinland-pfälzischen Ministerpräsident Kurt Beck vor Ort über die Geschichte des Regierungsbunkers, das Museum wie auch die Arbeit des Trägers informierte.
35 Das große Interesse der Öffentlichkeit resultiert nicht zuletzt aus einer Tatsache, die sich über Jahrzehnte immer mit der Bunkeranlage verband: die Geheimhaltung. Und so beeindruckt heute nicht nur die Größe, die Technik oder die Kosten, die aufgebracht wurden, sondern auch die Tatsache, dass sich
40 die Bundesregierung vorbei an der öffentlichen Wahrnehmung sehr intensiv auf einen 3. Weltkrieg vorbereitete. Damit ist der Regierungsbunker als Museum auch zu einem Mahnmal für Frieden geworden.

Aus der Internetseite des Militär-Museums Kossa:

Wir möchten mit unseren Museen ein Zeichen setzen gegen das Vergessen. Es geht nicht um einen sentimentalen Rückblick in die Vergangenheit, sondern um die Warnung vor den Folgen übermäßiger Rüstung. Zur Zeit des Kalten Krieges ist uns allen ein 3. Weltkrieg erspart geblieben. Die Darstellung der Weltmächte auf einem Schema war einfach mit rot und blau darzustellen. Und heute ...

Wir glauben, alles zu wissen und alles vorhersehen zu können. Die Geschichte hat uns oft eines Besseren belehrt. Diese Anlage wird nicht erhalten, um in Ostalgie und alten Geschichten zu versinken. Sehen Sie in unserer Führung durch den Führungsbunker, mit welchen verheerenden atomaren, biologischen und chemischen Waffen man sich im Kalten Krieg gegenüberstand. Ein Bruchteil der Wirkungskraft von heute ... Deshalb – Museen gegen das Vergessen. Vielleicht können wir das Vergangene akzeptieren und daraus lernen – für eine bessere Zukunft.

Erster Text: Zitiert nach: www.bunker-doku.de/regierungsbunker-bad-neuenahr-ahrweiler/geschichte-ausweichsitz-bund.html (Zugriff vom 14.12.2011);
Zweiter Text: Zitiert nach: www.bunker-kossa.de/index.php/hintergrund (Zugriff: 14.12.2011)

1. Arbeiten Sie heraus, welche Absichten und Ziele die Betreiber der Bunkermuseen mit ihren Ausstellungen verbinden.

2. Vergleichen Sie die Texte und diskutieren Sie, ob Bunkermuseen heute als „Mahnmal[e] für Frieden" (Zeile 43 f.) dienen können.

3. Erörtern Sie, inwiefern der Kalte Krieg in Bunkermuseen für nachfolgende Generationen „erlebbar" (Zeile 20) gemacht werden kann. Welche Aspekte des Kalten Krieges sind in diesen Museen darstellbar, welche müssen zwangsläufig entfallen?

M5 Soldatenporträts am Checkpoint Charlie

▲ Blick nach Westen.

▲ Blick nach Osten.
Fotos von 2011.

1. Beschreiben Sie die Gesichter der abgebildeten Soldaten und stellen Sie Ihre Beobachtungen zur Bildgestaltung den unter M1 gezeigten Plakaten gegenüber.

2. Vergleichen Sie die Installation mit Ihnen bekannten Heldendenkmälern und Mahnmalen. Arbeiten Sie heraus, welche Gemeinsamkeiten und welche Unterschiede Ihnen auffallen.

3. Interpretieren Sie die Botschaft, die in diesen Bilddarstellungen steckt.

▲ Protest gegen die geplante Räumung des Mauermahnmals. Foto von 2005.

M6 Kontroversen um den Checkpoint Charlie

Die Soziologin Sybille Frank analysiert in einem Artikel die langjährige Entwicklung des Gedenkortes Checkpoint Charlie und die Kontroverse um den von Alexandra Hildebrandt ausgewählten Standort der Gedenk-Kreuz-Installation:

Obwohl Hildebrandt vom Bezirk Mitte lediglich eine „temporäre Kunstaktion" genehmigt worden war, erklärte die Museumschefin nach der Einweihung des Mahnmals, ihre Installation stehenlassen zu wollen. Ihr Argument lautete, dass das
5 bisherige „offizielle" Mauergedenken am von Bund und Land in den 1990er-Jahren an der Grenze zwischen den Bezirken Mitte (Ost) und Wedding (West) errichteten Gedenkort Bernauer Straße, wo sich viele dramatische Fluchtgeschichten abgespielt hatten, zu verkopft und für Touristinnen und
10 Touristen nur schwer zu erreichen sei. Demgegenüber sei der Checkpoint Charlie ein international bekanntes Symbol der Weltenteilung, und so sei es nur folgerichtig, an diesem zentral gelegenen touristischen Ort auch der Opfer dieser Weltenteilung zu gedenken.
15 Laut Hildebrandt sollten also nicht die Touristinnen und Touristen zu den Gedenkorten, sondern vielmehr das Gedenken an die touristischen Aufenthaltsorte reisen. Dort sollten die Kreuze die Symbolik der Mauer und ihrer Opfer unmittelbar und drastisch vermitteln und Emotionen auslösen. […] Wäh-
20 rend in Berlin eine breite Koalition aus Opferverbänden und Tourismusanbietern Hildebrandts Mahnmal dafür lobte, dass angesichts der drastischen Symbolik des Todesstreifens mit den Kreuzen am Checkpoint Charlie „selbst ein Tourist aus Japan sofort begreift, was die Mauer
25 für Berlin bedeutete", verurteilte eine nicht minder breite Koalition aus Regierungsvertreterinnen, Kulturfunktionären, Denkmalexpertinnen und Kuratoren den Checkpoint Charlie als einen durch „Kunstbausteine" charak-
30 terisierten und daher „disneyfizierten" Ort: Der Standort der Mauerrekonstruktion sei, so hieß es, nicht authentisch, da leicht verschoben, die verwendeten originalen Mauersegmente
35 hätten nie am Checkpoint Charlie gestanden, der frühere Grenzübergang sei niemals ein Ort des Massensterbens gewesen, und die emotionalisierte Darstellungsform sei insgesamt
40 ungeeignet, Lehren aus der Geschichte zu vermitteln.
Diese Argumentation führte jedoch in ein Dilemma. Denn angesichts des längst vollzogenen Abrisses der Mauer musste auch das „offizielle" Mauergedenken an den meisten Orten der Stadt ohne historische Substanz auskommen. 45
Überdies war auch der Mauergedenkstätte am Gedenkort Bernauer Straße von ihren Kritikerinnen und Kritikern stets ein Authentizitätsdefizit attestiert worden: Die von „Mauerspechten" skelettierten dortigen Mauerreste waren einer umfassenden Betonsanierung unterzogen worden. Auch 50 diese Gedenkstätte zeigte keine „authentische", sondern eine künstlerisch überhöhte Rekonstruktion des Todesstreifens, und auch an der Bernauer Straße hatte nie ein Sterben hunderter Maueropfer stattgefunden.

Sybille Frank, Der Mauer um die Wette gedenken, in: Aus Politik und Zeitgeschichte 31-34 (2011), S. 51-53

1. *Fassen Sie die Pro- und Kontra-Argumente zur Installation von Alexandra Hildebrandt zusammen.*
2. *Nehmen Sie Stellung zur Idee der Museumschefin, das Gedenken an die Aufenthaltsorte der Touristen reisen zu lassen (Zeile 16 f.). Erläutern Sie, welche Vor- und welche Nachteile damit verbunden sind.*
3. *Erörtern Sie, welche Form der Vergangenheitsbetrachtung den Besuchern am Checkpoint Charlie präsentiert wird. Ziehen Sie dafür den Text aus M1 auf S. 40 sowie die Doppelseite zum Historischen Lernort Checkpoint Charlie in diesem Buch hinzu.*

M7 Ein Museum für den Kalten Krieg?

Der vormalige Direktor des Zentrums für Zeithistorische Forschung in Potsdam, Prof. Dr. Konrad H. Jarausch, setzt sich mit der Frage auseinander, wie ein „Museum des Kalten Krieges" aussehen und wie es sich in das Gesamtkonzept zur Erinnerung an die Berliner Mauer einfügen sollte:

Das durch wachsende zeitliche Distanz, Öffnung von Quellen und Fortschritte der Forschung entstehende neue Verständnis des Kalten Krieges verlangt nach einer überzeugenden Darstellung. In der Retrospektive mag die Systemkonfronta-
5 tion wie eine Periode der Stabilität erscheinen – aber in der Erinnerung der Zeitgenossen bleiben Spuren der Angst vor der nuklearen Katastrophe eines Dritten Weltkriegs bestimmend. [...] Dabei ist die vernachlässigte innenpolitische Dimension des Ost-West-Konflikts ebenso wichtig für ein um-
10 fassenderes Verständnis der Bedeutung der Mauer. [...] Im Osten wurden die bürgerlichen Antikommunisten systematisch mundtot gemacht, im Westen wurde die Kommunistische Partei bekämpft oder verboten. Gleichzeitig fand eine Art von Kulturkrieg in den Medien statt, in dem der Westen
15 sich als „Freie Welt" stilisierte, während der Osten als „Friedenslager" schwankende Gemüter zu überzeugen versuchte. Deshalb fungierte Berlin als eine Art von doppeltem Schaufenster, das die eigene Bevölkerung und die Bewohner der anderen Stadthälfte von der materiellen und ideellen
20 Überlegenheit der eigenen Ideologie überzeugen sollte.
Diese Systemkonkurrenz prägte das kulturelle Klima in beiden Teilen Europas, besonders wenn äußere und innere Konflikte sich in den Aufständen von Ost-Berlin, Budapest, Prag und Warschau miteinander verbanden. Eine weitere Aufgabe der
25 Betrachtung des Kalten Krieges ist die Thematisierung seines eigentlichen Endpunktes der Überwindung der Systemkonkurrenz. Voraussetzung war zwar die durch den überzogenen Rüstungswettlauf hervorgerufene Détente[1] zwischen den Supermächten, aber auch die Europäer spielten mit ihrem
30 Versuch der Aufrechterhaltung von Kommunikation eine Rolle und die Deutschen leisteten einen gewissen Beitrag mit ihrer „Verantwortungsgemeinschaft". Die Wechselwirkung von Attraktion des Westens und demokratischem Aufbruch im Osten ist eine dramatische Geschichte, die am Ort des Falls
35 der Mauer zu erzählen wäre. Im Gegensatz zu den negativen Beispielen der Diktaturgeschichte wäre die Botschaft hier eindeutig positiver, denn die interne Widerständigkeit gegen kommunistische Repression und die äußere Bemühung vom Überwindung der nuklearen Gefahr musste zusammenwir-

---

ken, um die Öffnung herbeizuführen. Durch die Würdigung 40
der polnischen Solidarnocz und der ungarischen Grenzöffnung als Vorgeschichte zum 9. November wird auch wieder der europäische Zusammenhang deutlich. [...]
Ein Museum des Kalten Krieges könnte einen vielfältigen Beitrag leisten: Es würde das Mauergedenken in breiterer 45
Weise durch Darstellung der Ursachen und Folgen des Bauwerks kontextualisieren; es könnte ein umfassenderes Verständnis des Systemkonflikts bieten, indem es exemplarisch die diversen Krisen aber ebenso auch ihre Versuche der Détente behandeln würde. Schließlich würde es einen Baustein 50
für eine gemeinsame europäische Erinnerungskultur bieten, weil es ein gleichermaßen östliches wie westliches Thema ansprechen würde. Da die Überwindung der Konsequenzen der Teilung Europas noch für Jahrzehnte eine politische Aufgabe sein wird, sollte man nicht versuchen, an ihrem 55
Brennpunkt in Berlin daran museal zu erinnern?

Konrad H. Jarausch, Die Teilung Europas und ihre Überwindung, in: Gesamtkonzept Berliner Mauer: Texte und Materialien, zitiert nach: www. berlin.de/sen/kultur/kulturpolitik/mauer/a3.html (Zugriff: 14.12.2011)

1. *Zeigen Sie auf, welche Themen nach Jarausch in einem Museum des Kalten Krieges eine Rolle spielen sollten.*

2. *Erklären Sie, was der Autor mit der „Verantwortungsgemeinschaft" der Deutschen meint (Zeile 32).*

3. *Stellen Sie dar, welchen Beitrag ein Museum des Kalten Krieges für die Thematisierung des Mauergedenkens in Berlin leisten könnte.*

---

[1] Détente: französisch für Entspannung, besonders auf politischem Gebiet

Geschichte vor Ort

History sells?
Der Checkpoint Charlie als historischer Lernort

Erinnerungspluralität Vom Checkpoint Charlie sind so gut wie keine authentischen historischen Überreste vorhanden. Dafür wird heute an diesem Ort auf vielfältige Art und Weise an die Vergangenheit erinnert. Manches, wie das „Mauermuseum. Haus am Checkpoint Charlie", beruht auf privater, anderes, wie die Checkpoint Gallery am Straßenrand, auf staatlicher Initiative. Voraussichtlich 2014/15 wird an der Stelle der ehemaligen Sektorengrenze das Museum „Zentrum Kalter Krieg" eröffnet.

Checkpoint Charlie – Kontrollposten für Alliierte und Ausländer Der Checkpoint Charlie war ein innerstädtischer Kontrollposten der Alliierten zwischen West- und Ost-Berlin. Zwischen 1961 und 1990 wurde er als die einzige Übergangsstelle der Stadt für die Angehörigen der alliierten Streitkräfte genutzt. Er durfte außerdem nur von Ausländern, Mitarbeitern der Ständigen Vertretung der Bundesrepublik Deutschland in der DDR sowie von DDR-Funktionären passiert werden.

Konfrontation im Kalten Krieg Die Alliierten hatten aufgrund des Vier-Mächte-Status von Berlin das Recht, sich unbehindert in allen Sektoren, also auch in Ost-Berlin, zu bewegen. Eine von der DDR im Herbst 1961 einseitig eingeführte Ausweiskontrolle begrenzte dieses Recht auf uneingeschränkte Verkehrsfreiheit und löste einen dramatischen Konflikt aus. Die Atommächte standen sich mit Panzern gefechtsbereit wenige Meter voneinander entfernt gegenüber. Nach dem beiderseitigen Rückzug konnten die Westalliierten den Übergang wieder ungehindert passieren.

Vor dem Besuch
Informieren Sie sich im Internet über a) den Checkpoint Charlie, b) das Mauermuseum, Haus am Checkpoint Charlie, c) Peter Fechter, d) das Bildungszentrum des Bundesbeauftragten für die Unterlagen der Staatssicherheit der ehemaligen DDR.

Vor Ort
- Informieren Sie sich (arbeitsteilig) über die Geschichte der Berliner Mauer und des Checkpoint Charlie. Analysieren Sie die unterschiedliche Art und Weise der Darstellung der Vergangenheit in den vor Ort gezeigten Ausstellungen.
- Erkunden und analysieren Sie den historischen Lernort Checkpoint Charlie: Bewerten Sie, mit welchen Mitteln im Straßenraum an die Vergangenheit erinnert wird. Nutzen Sie dabei die Liste mit den möglichen Formen und Mitteln der Erinnerung:

  Aus der Zeit der Berliner Mauer 1961-1989: Quellen

  Aus der Zeit nach der Berliner Mauer ab 1989/90: Rekonstruktionen, Living History, Markierung, Denkmal, Information, Gestaltung, Marketing

Nach dem Besuch
Führen Sie eine Pro- und Kontra-Diskussion zu folgenden Themen:
- Der Checkpoint Charlie – ein authentischer Ort historischer Information oder ein Ort der Vermarktung der Vergangenheit?
- Souvenirs: Kitsch und Kommerz oder zulässige Form des Erinnerns?
- Verfassen Sie für einen Stadtführer zur Geschichte Berlins eine Rezension über die Art und Weise des Erinnerns an die Vergangenheit am Checkpoint Charlie (Adressat: junge Berlin-Besucher).

Internettipps
- www.bstu.bund.de
- www.mauer-museum.com
- www.chronik-der-mauer.de
- www.berlin.de/mauer

Literaturtipps
- Anna Kaminsky (Hrsg.), Orte des Erinnerns. Gedenkzeichen und Museen zur Diktatur in SBZ und DDR, Berlin 2007
- Konrad H. Jarausch, Checkpoint Charlie, in: Klaus-Dietmar Henke (Hrsg.), Die Mauer. Errichtung, Überwindung, Erinnerung, München 2011

Filmtipp
- *Die Frau vom Checkpoint Charlie* (Spielfilm, 2007)

▲ Das Denkmal für Peter Fechter in der Zimmerstraße.

▲ Souvenirhandel.

▲ Blick auf den Nachbau der Baracke und auf einen Schauspieler, mit dem man sich gegen Bezahlung fotografieren lassen kann.

▲ Die Bodenmarkierung des Mauerverlaufs vor der Checkpoint Gallery.
Fotos von 2011.

1. Beschreiben Sie die Abbildungen und analysieren Sie, mit welchen Mitteln an die Vergangenheit erinnert wird.
2. Erläutern Sie, welche Ziele mit diesen Mitteln erreicht werden sollen.
3. „Disneyland des Kalten Krieges"? Nehmen Sie Stellung zu dieser These des Wochenmagazins „Der Spiegel" über den Checkpoint Charlie.

◄ „Peace Today."
Cartoon in der New York Sun von Rube Goldberg, 1947.
■ Untersuchen Sie die Haltung des Karikaturisten zur Rolle der Atombombe im Kalten Krieg.

1. Nennen Sie einige Ereignisse des 20. Jahrhunderts, bei denen die Sowjetunion und die USA eine entscheidende Rolle spielten, und erklären Sie, wie das Eingreifen der Großmächte dabei die Weltgeschichte beeinflusste.

2. Erläutern Sie die Ursachen der Russischen Revolution und ihre wichtigsten Ergebnisse.

3. Stellen Sie den Aufbau des totalitären Systems in der UdSSR unter Stalin dar.

4. Skizzieren Sie die Grundlinien der amerikanischen und der russischen Außenpolitik vom 19. Jahrhundert bis zum Ende des Zweiten Weltkrieges.

5. Vergleichen Sie Motive und Hintergründe des Eingreifens der USA in den Ersten und Zweiten Weltkrieg.

6. Bestimmen und bewerten Sie die Bedeutung innenpolitischer, ideologischer, religiöser und wirtschaftlicher Faktoren für das außenpolitische Handeln der UdSSR und der USA.

7. Das Jahr 1917 wird von vielen Historikern als „Epochenjahr" oder „Wendejahr" bezeichnet. Erläutern Sie die Gründe für diese Bewertung.

8. Diskutieren Sie, welche anderen Jahre im 20. Jahrhundert ebenfalls als „Epochenjahr" gelten können.

9. Zeigen Sie am Beispiel einer Region, welche Mittel die USA im Kalten Krieg im Kampf gegen den ideologischen Gegner einsetzten.

10. Beschreiben Sie den Prozess der Entspannung während des Kalten Krieges.

11. Erörtern Sie, welche Ursachen die Auflösung der Sowjetunion bewirkten.

12. Prüfen Sie die These des Historikers Bernd Stöver, der sagt, der Kalte Krieg sei ein „Weltanschauungskrieg" gewesen, dessen Fronten nicht nur durch die gegensätzliche Ideologie, sondern vor allem durch die gegenseitige Wahrnehmung gebildet worden seien.

Literaturtipps

Helmut Altrichter, Russland 1989. Der Untergang des sowjetischen Imperiums, München 2009

Volker Depkat, Geschichte Nordamerikas, Köln u.a. 2008

Alexander Emmerich, Der Kalte Krieg, Stuttgart 2011

Orlando Figes, Die Flüsterer. Leben in Stalins Russland, Berlin [4]2008

John Lewis Gaddis, Der Kalte Krieg. Eine neue Geschichte, München [2]2009

Heiko Haumann, Geschichte Russlands, Zürich [2]2010

Jürgen Heideking und Christof Mauch, Geschichte der USA, Tübingen u.a. [6]2008

Manfred Hildermeier, Geschichte der Sowjetunion. Entstehung und Niedergang des ersten sozialistischen Staates, München 1998

Hans-Heinrich Nolte, Kleine Geschichte Russlands, Stuttgart 2008

Bernd Stöver, Der Kalte Krieg 1947-1991. Geschichte eines radikalen Zeitalters, München [3]2008

Internettipps

www.americanet.de/html/geschichte.html

www.bpb.de/publikationen/4QXQQP,0,Kalter_Krieg_von_1945_bis_1989.html

www.hdg.de/lemo/html/Nachkriegsjahre/EntstehungZweierDeutscherStaaten/derKalteKrieg.html

www.law.ou.edu/hist
Chronologische Zusammenstellung von Dokumenten zur amerikanischen Geschichte

http://usa.usembassy.de/geschichte.htm

www.wcurrlin.de/links/basiswissen/basiswissen_sowjetunion_1917_91.htm

www.1000dokumente.de/index.html?c=1000_dokumente_ru
(1000 Schlüsseldokumente zur russischen und sowjetischen Geschichte, 1917-1991)

▲ Blick auf das Freigelände des Alliierten-Museums in Berlin.
Foto von 1999.
Das Museum im Stadtteil Zehlendorf erzählt die Geschichte der Westmächte in Berlin in der Zeit von 1945 bis 1994.

▶ Glasmalerei im Deutsch-Russischen Museum Berlin-Karlshorst.
Foto von 2011.
Neben der Geschichte des Zweiten Weltkrieges beleuchtet das Deutsch-Russische Museum auch Aspekte der deutsch-sowjetischen Beziehungsgeschichte nach 1945.

Die deutsche Geschichte nach 1945 war länger als vier Jahrzehnte die Geschichte einer geteilten Nation. Mit der bedingungslosen Kapitulation des nationalsozialistischen Deutschland gegenüber den alliierten Siegermächten endete am 8. Mai 1945 in Europa der Zweite Weltkrieg – die größte, von Deutschen verschuldete Katastrophe des 20. Jahrhunderts. Die überlebenden Opfer des NS-Regimes wussten, dass sie ihre Rettung allein der totalen Niederlage Deutschlands verdankten. Den vielen Regimetreuen und Mitläufern stand hingegen eine ungewisse Zukunft bevor. Die Siegermächte waren sich uneins, was mit dem besetzten Land geschehen sollte, setzten aber alles daran, dass von den Deutschen keine Gefahr mehr für den Weltfrieden ausgehen konnte.

Die Solidarität der Siegermächte zerbrach schon bald nach 1945 im Ost-West-Konflikt, der sich zuspitzte und in einen Kalten Krieg mündete. Eine der Folgen war die staatliche Spaltung Deutschlands. Weder die Sowjetunion noch die Westmächte waren aus machtpolitischen Gründen bereit, auf ihren Teil Deutschlands zu verzichten. Jahrzehnte der Konfrontation und Abgrenzung bestimmten die Existenz der beiden 1949 gegründeten deutschen Teilstaaten. In beiden Fällen wurden aus den besiegten Deutschen Verbündete der ehemaligen Besatzungsmächte.

So entwickelten sich zwei deutsche Staaten, die gegensätzlicher kaum sein konnten. Die DDR im Osten Deutschlands mit ihren etwa 17 Millionen Einwohnern war eine importierte kommunistische Diktatur im Machtbereich der Sowjetunion, die ihre fehlende Legitimität bei den Bürgern durch Mauer, Geheimdienst und das Herrschaftsmonopol einer Partei (SED) ersetzen musste. Die Bundesrepublik Deutschland im Westen, Heimat von rund 60 Millionen Einwohnern, war zunächst nur als Provisorium ins Leben gerufen worden, entwickelte sich gleichwohl dank der Führung und Hilfe der westlichen Demokratien zu einem demokratischen und wirtschaftlich prosperierenden Rechtsstaat. Erst infolge des vor allem wirtschaftlich begründeten Zusammenbruchs der kommunistischen Staaten in Europa konnten die Ostdeutschen die Diktatur der SED beseitigen und sich als freie Bürger für eine Wiedervereinigung Deutschlands entscheiden. Sie wurde am 3. Oktober 1990 durch den Beitritt zur Bundesrepublik vollzogen.

Ereignis und Struktur am Beispiel der doppelten deutschen Geschichte

Demokratie und Diktatur in Deutschland nach 1945

◀ **Der Reichstag in Berlin bei Nacht.**
Foto von 2006.
Von seiner Fertigstellung 1894 bis 1933 diente der Bau als Parlamentsgebäude. Zerstört wurde er durch den Reichstagsbrand im Februar 1933, durch Kampfhandlungen am Ende des Zweiten Weltkrieges sowie durch die Sprengung der Kuppel 1954. Zwischenzeitlich wiederaufgebaut, beschloss der Ältestenrat des Deutschen Bundestages nach der Wiedervereinigung, dass der Reichstagsbau als Sitz des gesamtdeutschen Parlaments genutzt werden solle. Leitendes Prinzip bei der Umgestaltung des Gebäudes war u.a. Transparenz. So ermöglicht die neue gläserne Kuppel die Durchsicht auf den darunterliegenden Plenarsaal. Die Umbauarbeiten waren 1999 abgeschlossen.

Zwischen Zusammenbruch und Neubeginn

1945	Potsdamer Konferenz der alliierten Siegermächte über Deutschland.
1945–1948	Vertreibung von rund 14 Millionen Deutschen aus den ehemaligen Ostgebieten des Deutschen Reiches sowie aus Ost- und Südosteuropa.
1945/46	Nürnberger Prozess gegen die Hauptkriegsverbrecher.
21./22.4.1946	In der Sowjetischen Besatzungszone schließen sich KPD und SPD zur SED zusammen.

Die doppelte Staatsgründung

1947	Erstes deutsches Parlament nach dem Zweiten Weltkrieg: der Frankfurter Wirtschaftsrat.
1948/49	Berlin-Blockade. Die Stadt wird geteilt und erhält getrennte Verwaltungen.
1948–1952	US-amerikanische Aufbauhilfe (Marshall-Plan) für die westeuropäischen Länder.
1949	Gründung der Bundesrepublik Deutschland und der DDR.

Geteilte Geschichte: Bundesrepublik und DDR 1949–1989

1950	Gründung des Ministeriums für Staatssicherheit (MfS); die DDR wird Mitglied im Rat für Gegenseitige Wirtschaftshilfe (RGW).
17.6.1953	Landesweiter Arbeiteraufstand gegen das SED-Regime.
Mai 1955	Mit den Pariser Verträgen endet die Besatzungszeit im Westen. Die Bundesrepublik wird Mitglied der NATO.
1957	Gründung der Europäischen Wirtschaftsgemeinschaft (EWG).
13.8.1961	Die DDR-Regierung beginnt in Berlin mit dem Bau der Mauer.
1972/73	Grundlagenvertrag zwischen Bundesrepublik und DDR.
1975	Die DDR unterzeichnet die KSZE-Schlussakte, in der Menschen- und Bürgerrechte nach westlichem Maßstab festgelegt sind.

Friedliche Revolution und Wiedervereinigung

1985–1989	In der DDR entsteht eine Oppositionsbewegung.
4.9.1989	Erste „Montagsdemonstration" in Leipzig. Einen Monat später fordern über 500 000 Menschen in Berlin einen „eigenständigen Weg" der DDR.
7./8.11.1989	Die DDR-Regierung und das Politbüro der SED treten zurück.
9.11.1989	Die Grenzübergänge nach West-Berlin und in die Bundesrepublik werden geöffnet.
3.10.1990	Wiedervereinigung Deutschlands.

Deutschland nach dem Zweiten Weltkrieg: Teilung – Verflechtung – Wiedervereinigung

■ Nach der bedingungslosen Kapitulation Deutschlands am 8. Mai 1945 und dem Ende des Zweiten Weltkrieges in Europa erschien es fraglich, ob auf deutschem Boden eine stabile freiheitlich-parlamentarische Demokratie mit einer pluralistischen Gesellschaft entstehen könnte.

Die Bedingungen für den Neubeginn gaben die Alliierten und deren Interessen vor, wie sie während der Konferenz von Potsdam 1945 diskutiert und formuliert wurden. Deutschland stand zu diesem Zeitpunkt vor enormen Problemen. Zu den zu bewältigenden Aufgaben gehörten die Auseinandersetzung mit dem Nationalsozialismus und die als Entnazifizierung bezeichneten Maßnahmen der politischen Säuberung, außerdem die Beseitigung der Kriegsschäden, der Neuaufbau der Wirtschaft sowie die Integration der Millionen durch Flucht und Vertreibung entwurzelten Menschen.

Die zunehmenden ideologischen und politischen Spannungen zwischen der Sowjetunion und den USA im beginnenden Kalten Krieg beendeten die Zusammenarbeit zwischen den Alliierten. Sie verhinderten durch die Gründung der Bundesrepublik Deutschland und der Deutschen Demokratischen Republik im Jahr 1949 auch die Lösung der deutschen Frage.

Es sollte 20 Jahre dauern, bis es im Rahmen der globalen Entspannungspolitik in den 1970er-Jahren zu einer Normalisierung der Beziehungen zwischen den beiden deutschen Staaten kam (Ostverträge und Grundlagenvertrag). Eine Lösung der deutschen Frage blieb aber einem Friedensvertrag vorbehalten. Die Regierung in Bonn bekräftigte die Wiedervereinigung als Ziel.

In der DDR wurde in der Ära Honecker der Widerspruch zwischen Propaganda und Wirklichkeit stetig unerträglicher. Verkündet wurde, der Sozialismus verkörpere die menschlichere und erfolgreichere Alternative zum westlichen Kapitalismus. Dabei wurde die Lage im „real existierenden Sozialismus" immer trostloser.

Die DDR-Führung verkannte, dass mit der ab 1985 in der UdSSR betriebenen Reformpolitik von Michail Gorbatschow (Glasnost und Perestroika) der militärische Bestandsschutz ihrer Diktatur wegbrach. Während sie sich und ihren Staat anlässlich des 40. Jubiläums der Staatsgründung im Herbst 1989 feiern ließ, formierte sich eine friedliche Revolution. Massendemonstrationen führten in diesem Jahr nicht nur zum Sturz kommunistischer Regierungen in Osteuropa, sondern am 9. November 1989 auch zum Mauerfall. Er machte die innerdeutsche Grenze zunächst nur durchlässig, war aber schließlich der Auftakt für die Wiedervereinigung Deutschlands, die am 3. Oktober 1990 durch den Beitritt der fünf neuen Bundesländer zur Bundesrepublik staats- und völkerrechtlich vollzogen wurde. Damit war die deutsche Frage 45 Jahre nach dem Ende des Zweiten Weltkrieges beantwortet.

▶ Welchen Bedingungen unterlag der Neubeginn des Landes nach 1945 und welche Faktoren führten zur Spaltung Deutschlands?

▶ Wie lässt sich die Entwicklung von Bundesrepublik und DDR bis zur deutschen Einheit bewerten?

▶ Wie lassen sich trennende und verbindende Elemente zwischen beiden Staaten und den Menschen in West und Ost beschreiben?

▶ Welche Entwicklungen führten zu den Ereignissen von 1989 und wie verlief der Vereinigungsprozess?

Zwischen Zusammenbruch und Neubeginn

▶ **Einmarsch der Amerikaner.**
Foto aus Bensheim (Bergstraße), März 1945.

Kriegsende ■ Das Deutsche Reich war im Mai 1945 vollkommen zusammengebrochen. Mit der bedingungslosen Kapitulation der Wehrmacht gab die Reichsleitung alle Regierungsgewalt in die Hände der Sieger. Die USA, Großbritannien und die Sowjetunion (im Juli 1945 wurde auch Frankreich in den Kreis der alliierten Siegermächte aufgenommen) trugen nun die Verantwortung für Deutschland. Es gab vorerst keinen Friedensvertrag mit Deutschland, sondern lediglich Abkommen der Siegermächte über die Regelung des öffentlichen Lebens.

Die Potsdamer Konferenz ■ Die politischen, territorialen und ökonomischen Probleme, die der Zweite Weltkrieg in Europa hinterlassen hatte, sollten auf einer Konferenz gelöst werden, zu der sich die „Großen Drei", Harry S. Truman, Winston Churchill (der nach seiner Wahlniederlage am 28. Juli von *Clement R. Attlee* abgelöst wurde) und Josef Stalin, mit ihren Beraterstäben vom 17. Juli bis zum 2. August 1945 im Schloss Cecilienhof bei Potsdam einfanden. Frankreich wurde an den Verhandlungen nicht beteiligt und fühlte sich deshalb an die Ergebnisse der Konferenz nicht gebunden (▶ M1).

Über die politischen Grundsätze der zukünftigen Behandlung Deutschlands bestand zwischen den Alliierten seit der **Konferenz von Jalta** (Februar 1945) äußerliche Einigkeit. Allerdings verbanden die Westmächte und die Sowjetunion mit den gefundenen „Formelkompromissen" unterschiedliche Inhalte. Neben der Frage der polnischen Westgrenze stritt man im Verlauf der Konferenz am heftigsten über die Reparationen, die Deutschland leisten sollte. Schließlich kam man überein, dass jede Besatzungsmacht ihre Reparationsansprüche im Wesentlichen aus ihrer eigenen Zone befriedigen sollte. Damit war das Land in vier Reparationsgebiete geteilt, obwohl man sich in der Abschlusserklärung darauf geeinigt hatte, Deutschland während der Besat-

Konferenz von Jalta: Treffen der „Großen Drei" (Churchill, Roosevelt, Stalin) vom 4.-11. Februar 1945. Folgende Bestimmungen wurden Deutschland auferlegt: Entwaffnung und Entmilitarisierung, Entnazifizierung, Demokratisierung des politischen Lebens, Dezentralisierung der staatlichen Ordnung und der Wirtschaft sowie Wiederaufbau der lokalen Selbstverwaltung „nach demokratischen Grundsätzen".

zungszeit als eine „wirtschaftliche Einheit" zu behandeln. In der polnischen Grenzfrage akzeptierten beide Westmächte die **Oder-Neiße-Linie** „bis zur endgültigen Festlegung" durch einen Friedensvertrag. Polen musste nun Gebiete im Osten an die Sowjetunion abtreten und erhielt im Westen Gebiete des ehemaligen Deutschen Reiches (Westverschiebung). Ein Zusatzprotokoll hielt auch die „Umsiedlung" der deutschen Bevölkerung aus allen sowjetisch und polnisch besetzten Gebieten sowie aus Ungarn und der Tschechoslowakei fest.

Oder-Neiße-Linie: von den Alliierten verfügte Grenzlinie zwischen Polen und Deutschland entlang der Flüsse Oder und Neiße westlich von Stettin bis Görlitz; seit 1990 endgültige Staatsgrenze zwischen Deutschland und Polen

Der Zusammenbruch als „Stunde Null"? Der Zusammenbruch des staatlichen und gesellschaftlichen Lebens in Deutschland bei Kriegsende war zugleich auch die Stunde der Befreiung von einem menschenverachtenden Regime.

Befreit waren die Opfer der NS-Verfolgung, zumal die Überlebenden der Konzentrations- und Vernichtungslager. Insgesamt 750 000 Menschen konnten gerettet werden. Das Ende der Kriegshandlungen, des Nazi-Terrors und der Propaganda ließ Millionen von Deutschen aufatmen, doch standen viele vor dem Nichts, und der tägliche Kampf ums Überleben ging weiter. Erleichterung und Bedrückung, Apathie und ein Hochgefühl der Freiheit vermischten sich zu einer verschwommenen Stimmungslage, die häufig mit dem Begriff „*Stunde Null*" umschrieben worden ist. Der Begriff enthält sowohl die Vorstellung vom totalen Zusammenbruch als auch die Hoffnung auf einen radikalen Neubeginn. Er darf aber nicht darüber hinwegtäuschen, dass auch nach 1945 viele politische und gesellschaftliche Kontinuitäten wirksam blieben.

Zahllose Familien waren zerrissen, Frauen suchten ihre Männer, Eltern ihre Kinder, Ausgebombte ein Dach über dem Kopf, Flüchtlinge und Vertriebene eine neue Heimat. Jeder zweite Deutsche war damals auf Wanderschaft. Hinzu kamen etwa neun bis zehn Millionen ausländische Kriegsgefangene und Zwangsarbeiter (Displaced Persons, „DP's"), von denen die meisten schnell in ihre Heimat zurückkehren wollten. Auf der anderen Seite befanden sich etwa elf Millionen deutsche Soldaten in alliierter Gefangenschaft. Die Westmächte entließen die meisten von ihnen bald nach Kriegsende, die letzten von ihnen 1948. Von den drei Millionen Gefangenen in sowjetischer Hand mussten die meisten jahrelang Schwerstarbeit unter harten äußeren Bedingungen leisten. Über eine Million verloren ihr Leben. Erst 1955 sagte die Regierung in Moskau die Entlassung der letzten Gefangenen aus den Straflagern zu.

▲ **Deutsche Soldaten nach der Kapitulation auf dem Weg in die sowjetische Kriegsgefangenschaft.** *Foto aus Berlin, Mai 1945.*

Zerstörte Infrastruktur Weite Teile Europas lagen in Trümmern. Not und Hunger gehörten zum Alltag der Überlebenden. Deutschland schien im Mai 1945 ein in Auflösung befindliches Land zu sein. Viele Städte waren nahezu entvölkert, weil die Menschen versucht hatten, sich durch die Flucht aufs Land vor den Luftangriffen zu schützen. So hausten in dem schwer getroffenen Köln bei Kriegsende von ursprünglich 770 000 Einwohnern noch ganze 40 000 in den Trümmern. Mehr als drei Viertel der Wohnungen waren vernichtet (▶ M2). In den Städten fehlte es für Millionen Menschen an Gas, Wasser, Strom. Post und Telefonverkehr waren zusammengebrochen.

412 Demokratie und Diktatur in Deutschland nach 1945

▶ **Kriegszerstörungen in den deutschen Städten.**
Nach: Adolf Birke, Nation ohne Haus. Deutschland 1945-1961, Berlin 1994, S. 24

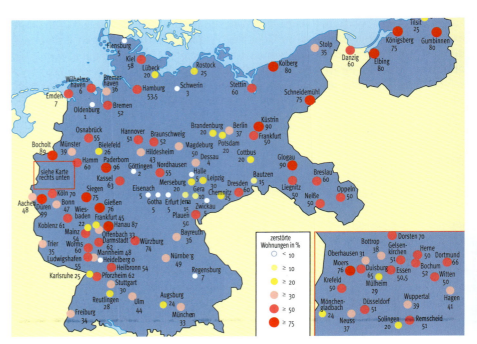

▲ **„Care-Pakete" aus dem Ausland.**
Ausstellungsstücke aus dem Haus der Geschichte in Bonn.

CARE: Abkürzung für *Cooperative for American Remittances to Europe* (später *to Everywhere*); in den USA gegründete Organisation für Hilfssendungen nach Europa und später auch weltweit

Die Wohnungsnot der Obdachlosen wurde noch durch die Millionen von Flüchtlingen und Vertriebenen aus dem Osten verschärft, die nach einer Behausung suchten, aber auch durch die Besatzungstruppen, die Häuser und Wohnungen für ihren Bedarf beschlagnahmten. Ein Zimmer diente häufig als Wohnraum für ganze Familien. Keller, Dachböden, Viehställe, stillgelegte Fabriken, primitive Baracken wurden zu Notunterkünften umgestaltet, in denen die Menschen auf engstem Raum und unter elenden Bedingungen leben mussten.

Schlimm war die Verkehrssituation: Ganze 650 Kilometer des Schienennetzes waren noch intakt, die meisten Lokomotiven und Waggons unbrauchbar geworden. Straßen, Schienen und Flüsse mussten erst wieder passierbar gemacht werden. Die industrielle Kapazität war hingegen nur zu einem Fünftel zerstört, was annähernd dem Stand von 1936 entsprach.

Hunger und Not Ein katastrophales Bild bot in den ersten Nachkriegsjahren die völlig unzureichende Versorgung der Bevölkerung in den Städten. War der durchschnittliche Kalorienverbrauch einer Person kurz vor Kriegsende bereits von 3 000 auf gut 2 000 Kalorien abgesunken, so halbierte er sich bis Mitte 1946 noch einmal. Für einen „Normalverbraucher" hieß dies beispielsweise, dass er täglich mit zwei Scheiben Brot, etwas Margarine, einem Löffel Milchsuppe und zwei Kartoffeln auskommen musste. Aber die Menschen litten nicht nur an Hunger, es fehlte auch an Brennstoffen, Kleidung und Hausrat. Krankheiten wie Typhus, Diphtherie und Keuchhusten grassierten. Ein Teil der produzierten Waren kam auch deshalb bei den Verbrauchern nicht an, weil sie als Tauschgegenstände auf dem florierenden *Schwarzmarkt* benötigt wurden.

Ohne die Einfuhr von Nahrungsmitteln und Kohle durch die Besatzungsmächte wäre die Situation noch schlimmer ausgefallen. Die Militärregierungen veranstalteten „Schulspeisungen" für Kinder und Jugendliche zwischen sechs und 18 Jahren. Karitative Organisationen, vor allem in Amerika, schickten Lebensmittel, „**CARE**-Pakete" nach

West-Berlin und Westdeutschland, um die schlimmste Not zu mildern. Amerikanische und kanadische Bürger finanzierten für Westdeutschland bis 1963 insgesamt etwa 9,5 Millionen Pakete in einem Gesamtwert von umgerechnet 177 Millionen Euro.

Flucht und gewaltsame Vertreibung

Zu den einschneidendsten Folgen des Zweiten Weltkrieges wurde für etwa 20 Millionen Menschen in Europa der Verlust ihrer Heimat. Er traf Polen, Tschechen, Slowaken, Ukrainer, Weißrussen, Litauer, Ungarn und Deutsche. Rund 14 Millionen Deutsche aus Ostpreußen, Pommern, Brandenburg und Schlesien sowie den deutschen Siedlungsgebieten in Ost- und Südosteuropa mussten ihre Heimatorte verlassen. Nach Schätzungen kamen dabei etwa 2,5 Millionen Menschen ums Leben.

Anfang 1945 flohen mehr als sechs Millionen Menschen aus den deutschen Ostgebieten vor der anrückenden Roten Armee. Die Zivilbevölkerung war Misshandlungen, Vergewaltigungen, Plünderungen und Verschleppungen ausgesetzt. Im Juni 1945 begann die brutalste Phase der gezielten Vertreibung von rund 300 000 Deutschen östlich von Oder und Neiße. Aus der Tschechoslowakei wurden gleichzeitig etwa 800 000 meist ältere Menschen, Frauen und Kinder vertrieben. Was Deutsche zuvor an ihren Nachbarn in Osteuropa verübt hatten – Unterdrückung, Verfolgung und Vertreibung –, schlug nun mit aller Grausamkeit auf sie zurück.

Obwohl auf der Potsdamer Konferenz eine „Ausweisung Deutscher aus Polen, der Tschechoslowakei und Ungarn" in „ordnungsgemäßer und humaner Weise" beschlossen worden war, blieb der Rachegedanke zunächst das vorherrschende Motiv für die Vertreibung, die erst nach 1947 in eine „geordnete Umsiedlung" überging (▶ M3).

Die Vertriebenen und Flüchtlinge konnten meist nur wenig Besitz retten. Für die sowjetische, britische und amerikanische Besatzungszone (die französische Besatzungsmacht weigerte sich bis 1948, Flüchtlinge aufzunehmen) bedeutete dieser Zustrom eine Verschärfung der ohnehin schon katastrophalen Versorgungs- und Wohnsituation. Zur materiellen Not kam hinzu, dass die Einheimischen die Flüchtlinge selten mit offenen Armen empfingen, mussten sie doch selbst Wohnraum abgeben und das Wenige, was sie zum Essen hatten, teilen.

▲ **Flüchtlinge schleppen sich bei Kriegsende über die Elbbrücke bei Tangermünde.**
Foto vom 1. Mai 1945. Ganze Trecks verließen den Osten Deutschlands, um der Verfolgung zu entkommen. Hunderttausende kamen auf der Flucht ums Leben.

Integration der Vertriebenen

Bis 1950 wurden knapp acht Millionen Vertriebene in Westdeutschland und 4,4 Millionen auf dem Gebiet der späteren DDR aufgenommen. Besonders schwierig war die Wohnungs- und Beschäftigungssituation: Millionen mussten über Jahre in Lagern leben, 3,4 Millionen Vertriebene im Westen Deutschlands bis 1963 noch einmal ihren Wohnsitz wechseln. Von den Vertriebenen, die zunächst in die Sowjetische Besatzungszone (SBZ) bzw. DDR gelangt waren, flüchteten mindestens 2,7 Millionen erneut und verließen das Land. Von den zehn Prozent Arbeitslosen, die es 1950 in Westdeutschland gab, war jeder Dritte ein Vertriebener.

Die 1949 gegründete Bundesrepublik legte mit Gesetzen unter dem Schlagwort „Lastenausgleich" (Lastenausgleichsgesetz 1952, Bundesvertriebenengesetz 1953)* die

---
* Siehe S. 441.

Basis dafür, dass sich die Heimatvertriebenen bereitwillig in die westdeutsche Gesellschaft integrierten. Der Staat garantierte Hilfen, entweder als individuelle Entschädigung oder als Beihilfen zum Aufbau einer neuen Existenz. Die enorme Verbesserung der Beschäftigungssituation – 1960 war nahezu Vollbeschäftigung erreicht – war der entscheidende Grund für die gelungene Integration. Ihrerseits trugen die Vertriebenen zum wirtschaftlichen Aufstieg der Bundesrepublik bei.

In der DDR bekamen etwa 350 000 Vertriebene, offiziell „Umsiedler" genannt, im Zuge der Bodenreform* Land zugewiesen. Vergleichbare Entschädigungen wie in der Bundesrepublik gab es in der DDR nicht. Erst nach der Wiedervereinigung 1990 erhielt rund eine Million ehemaliger Vertriebener in den neuen Bundesländern eine einmalige Zuwendung von umgerechnet je 2 050 Euro (Vertriebenenzuwendungsgesetz von 1994).

Deutschland wird in Besatzungszonen geteilt ▪

Schon auf der Konferenz von Jalta im Februar 1945 hatten die Vereinigten Staaten, die Sowjetunion und Großbritannien vereinbart, Deutschland zum Zwecke der Besatzung in drei Zonen zu teilen. Im Juli 1945 erhielt dann auch Frankreich aus den von Briten und Amerikanern besetzten Gebieten eine eigene Besatzungszone zugewiesen. Die vier Zonen waren nur als rein militärische Abgrenzungen gedacht, denn nach wie vor sollte Deutschland von den Siegermächten gemeinsam verwaltet werden.

In Berlin wurde der *Alliierte Kontrollrat* eingerichtet, ein Gremium der vier Militärgouverneure, das die Regierung für ganz Deutschland übernahm. Gemeinsam sollten die alliierten Befehlshaber die Besatzungsziele festlegen und dann in jeweils eigener Verantwortung in den Besatzungszonen umsetzen. Da im Kontrollrat jedoch das Einstimmigkeitsprinzip galt, führten Meinungsverschiedenheiten zwischen den Siegermächten bald zu seiner Handlungsunfähigkeit. Nach dem 20. März 1948 trat der Kontrollrat nicht wieder zusammen.

Politische Konzepte der Besatzungsmächte ▪

Pragmatisch, von den Gegebenheiten vor Ort geleitet, waren die alliierten Besatzungstruppen zunächst bemüht, die Verwaltung ihrer Gebiete in Gang zu bringen, damit die lebensnotwendigen Einrichtungen funktionieren konnten. Sie setzten Bürgermeister, Landräte und andere Verwaltungsfachleute ein, die unter der strengen Kontrolle der Besatzungsoffiziere tätig werden durften. Wie man jedoch mit den Deutschen in Zukunft verfahren sollte, blieb zwischen den Siegermächten strittig.

1. Die amerikanische Deutschlandpolitik hielt bis 1946 an einer primär moralisch begründeten Politik der Bestrafung und Umerziehung (*Re-Education*) der Deutschen fest. Es gab aber in Washington bereits damals einflussreiche Kräfte, die zur Sicherung Westeuropas gegenüber der Sowjetunion den Zusammenschluss und den raschen Wiederaufbau der westlichen Besatzungszonen forderten.

2. Großbritannien war aus dem Krieg militärisch als Sieger, wirtschaftlich jedoch nahezu ruiniert hervorgegangen. Das Land war tief verschuldet, 1945/46 hungerte die Londoner Bevölkerung fast ebenso wie die Menschen im zerstörten Berlin. Die Briten wollten die deutsche Volkswirtschaft rasch wieder in Gang setzen, um sie von eigenen Hilfslieferungen unabhängig zu machen. Wie die USA setzten sie auf eine politische Stabilisierung Westdeutschlands gegen die Ausweitung des Kommunismus.

---

* Siehe S. 425.

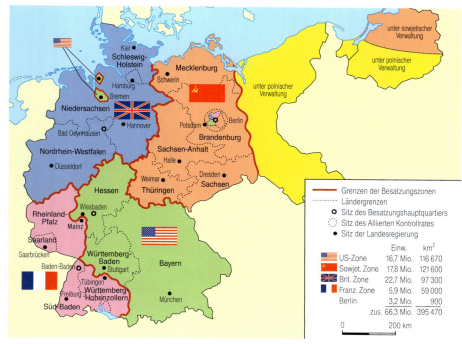

▲ Die Besatzungszonen und die 1946/47 gebildeten Länder.

3. Frankreich war zunächst an einem politisch und ökonomisch zerstückelten Deutschland interessiert. Eine deutsche Bedrohung sollte dauerhaft verhindert werden. Entsprechend blockierte die französische Regierung bis 1947/48 alle Versuche der Briten und Amerikaner, gemeinsam die wirtschaftliche und politische Krise in Deutschland zu steuern, und schottete die eigene Besatzungszone von den übrigen ab.

4. Die sowjetische Regierung unter Stalin behielt sich die Einflussnahme auf ganz Deutschland vor, weil sie dringend Reparationslieferungen für das eigene Land benötigte. In der Sowjetischen Besatzungszone (SBZ) sollten grundlegende Strukturreformen stattfinden und ein kommunistisches Herrschafts- und Gesellschaftssystem mit Vorbildcharakter für Gesamtdeutschland errichtet werden.

Der Nürnberger Prozess Die Alliierten hatten sich nicht zuletzt auf die Verfolgung und Verurteilung der deutschen Kriegsverbrecher geeinigt. Am 20. November 1945 eröffnete der Internationale Militärgerichtshof, zusammengesetzt aus Vertretern der Siegermächte, das Strafverfahren gegen die noch lebenden inhaftierten Vertreter der NS-Führung. Als Ort des Verfahrens wählte man Nürnberg, die Stadt der NS-Reichsparteitage. Angeklagt waren insgesamt 22 Einzelpersonen, ferner die Organisationen NSDAP, Gestapo und SD, SS, SA, die Reichsregierung und das Oberkommando der Wehrmacht. Die vier Anklagepunkte lauteten:

1. *Verschwörung gegen den Frieden* (Vorbereitung eines Angriffskrieges),
2. *Verbrechen gegen den Frieden* (Führen eines Angriffskrieges),
3. *Kriegsverbrechen* (Verstoß gegen die Haager Landkriegsordnung von 1907 durch Tötung und Misshandlung von Kriegsgefangenen, Hinrichtung von Geiseln, Misshandlung der Zivilbevölkerung, Verschleppung zur Zwangsarbeit),
4. *Verbrechen gegen die Menschlichkeit* (Völkermord).

▲ Am 20. November 1945 begann vor dem Internationalen Militärgerichtshof in Nürnberg der Prozess gegen die Hauptkriegsverbrecher.
Foto von November 1945.
Hinter der Absperrung sitzen in der ersten Reihe (von links): Hermann Göring (Reichsminister für Luftfahrt), Rudolf Heß (stellvertretender Parteiführer der NSDAP bis 1941), Joachim von Ribbentrop (Reichsminister des Auswärtigen), Wilhelm Keitel (Chef des Oberkommandos der Wehrmacht), Ernst Kaltenbrunner (ab 1943 Chef des Reichssicherheitshauptamtes), Alfred Rosenberg (ab 1941 Reichsminister für die besetzten Gebiete), Hans Frank (Generalgouverneur von Polen), Wilhelm Frick (1933 - 1943 Reichsinnenminister, ab 1943 Reichsprotektor in Böhmen und Mähren), Walter Funk (ab 1938 Reichswirtschaftsminister), Julius Streicher (1924 - 1940 Gauleiter der NSDAP in Franken, Herausgeber des „Stürmer") und Hjalmar Schacht (1935 - 1937 Reichswirtschaftsminister).

Nach einjähriger Verhandlung wurden zwölf Angeklagte zum Tode verurteilt, sieben erhielten lange Haftstrafen, drei wurden freigesprochen. Von den angeklagten Organisationen wurden die NSDAP, die SS, die Gestapo und der SD zu verbrecherischen Organisationen erklärt; die Strafverfolgung ihrer Mitglieder wurde jedoch von einer nachweislichen persönlichen Schuld abhängig gemacht.

Der Nürnberger Prozess war ein wichtiger Schritt zur Aufhellung der Geschichte des NS-Regimes. Ein nachträgliches Bemänteln und Beschönigen der nationalsozialistischen Verbrechen ist angesichts der Beweiskraft der vielen tausend Dokumente und Zeugenaussagen seitdem unmöglich. Dass der Einzelne für seine Taten haftet und sich nicht hinter seinem Amt oder seiner Funktion verstecken kann, ist eines der wichtigsten Ergebnisse dieses Prozesses. Allerdings diente der Nürnberger Prozess auch vielen Deutschen als Entlastung: Während die noch lebenden, vormals führenden Kräfte des NS-Regimes vor Gericht standen, glaubte sich die Bevölkerung von der Frage einer Mitverantwortung entbunden.

Nachfolgeprozesse In allen vier Besatzungszonen fanden zwischen 1945 und 1949 zahlreiche weitere Prozesse gegen mutmaßliche NS-Täter statt. Von besonderer Bedeutung waren die zwölf großen Verfahren vor amerikanischen Militärgerichten in Nürnberg gegen SS-Ärzte, Juristen, Leiter von Einsatzgruppen der Sicherheitspolizei, Industrielle, hohe Offiziere der Wehrmacht, SS-Führer, leitende Beamte des Auswärtigen

Amtes und KZ-Wächter. Insgesamt verurteilten die westlichen Besatzungsmächte 5025 Angeklagte, 486 wurden hingerichtet.

Von westdeutschen Gerichten wurden von 1948 bis 1951 weitere 5487 Personen wegen NS-Verbrechen verurteilt. Danach fanden nur noch wenige Prozesse gegen NS-Täter statt. Die systematische Erforschung und Verfolgung von NS-Gewaltverbrechen begann erst seit 1958 mit der Gründung der Zentralen Stelle der Landesjustizverwaltungen zur Aufklärung nationalsozialistischer Gewaltverbrechen in Ludwigsburg.* Vorausgegangen war der sogenannte „Ulmer Einsatzgruppenprozess": In einem Gerichtsverfahren wurden dabei ein ehemaliger Polizist, der auf Wiedereinstellung geklagt hatte, und von ihm benannte Zeugen des Massenmordes an Juden während der NS-Zeit überführt und verurteilt. Eine breite Öffentlichkeit nahm Anteil an Großverfahren wie dem ersten Auschwitz-Prozess in Frankfurt am Main (1963-1965) und dem Majdanek-Prozess** in Düsseldorf (1975-1981). Erst diese Prozesse machten den Deutschen das ganze Ausmaß des Holocaust deutlich.

In einem der letzten großen NS-Prozesse wurde 1992 in Stuttgart der ehemalige SS-Lagerkommandant von Przemysl in Polen, *Josef Schwammberger*, zu lebenslanger Haft verurteilt. Noch im April 2001 verurteilte das Landgericht Ravensburg einen ehemaligen SS-Offizier wegen der Ermordung von Zwangsarbeitern im Frühjahr 1945 zu zwölf Jahren Freiheitsstrafe. Viele Täter konnten dagegen nie belangt werden.

Entnazifizierung ▉ Neben der Aburteilung der Kriegsverbrecher gehörte zum Entnazifizierungskonzept der Alliierten auch eine umfassende politische Säuberung im besetzten Deutschland. Anders als Briten und Franzosen betrieben die Amerikaner die Entnazifizierung mit großer Strenge und einem gewaltigen bürokratischen Aufwand. Von 18000 Volksschullehrern in Bayern verloren 10000 ihre Stellen. In Hessen wurde jeder zweite Beamte und jeder dritte Angestellte entlassen. Ausnahmen wurden jedoch immer gemacht, wenn es um Experten ging, die für den Wiederaufbau benötigt wurden. In allen drei Westzonen wurden mehr als 170000 NS-Aktivisten in Internierungslager gebracht („automatischer Arrest"), die meisten von ihnen aber bald wieder entlassen – die letzten 1948.

Im März 1946 übergaben die Amerikaner die Entnazifizierung in deutsche Hände. Jeder Deutsche über 18 Jahren musste einen Fragebogen mit 131 Fragen über seine berufliche und politische Vergangenheit ausfüllen. *Spruchkammern* stuften in einem prozessähnlichen Verfahren die erfassten Personen in fünf Kategorien – Hauptschuldige, Belastete, Minderbelastete, Mitläufer und Entlastete – ein und verhängten die vorgesehenen Strafen.

Bei mehr als 13 Millionen Fragebögen in der US-Zone fielen 3,4 Millionen Personen unter die Entnazifizierung, zehn Prozent von ihnen wurden verurteilt, aber nur knapp ein Prozent tatsächlich bestraft. Es war die Zeit der **„Persilscheine"**, die man sich wechselseitig ausstellte, aber auch der Denunziation und der Korruption. Viele empfanden es als ungerecht, dass die harmloseren Fälle zuerst und mit Strenge, die verantwortlichen Nazis aber erst später und dann oft milde behandelt wurden. Außerdem gelang es zahlreichen schwer belasteten NS-Tätern, durch Tarnung und geschickte Anpassung an die neuen Verhältnisse durch die Maschen der Justiz zu schlüpfen – eine Hypothek, die später noch schwer auf der jungen Bundesrepublik lasten sollte.***

> **„Persilschein"**: im Volksmund Bestätigung, wonach jemand Gegner oder zumindest nicht Sympathisant des Nationalsozialismus war

---

* Vgl. dazu das Kapitel „Der Nationalsozialismus im Spiegel der Geschichtskultur".

** Majdanek: Vorort von Lublin (Polen), bei dem die Nationalsozialisten ein Vernichtungslager einrichteten. Es existierte von Herbst 1941 bis Juli 1944; zwischen 80000 und 110000 Menschen kamen in Majdanek zu Tode.

*** Siehe S. 444 f.

Neugründung von politischen Parteien in den Westzonen

Die Demokratisierung setzte Parteien voraus, deren Zulassung im „Potsdamer Abkommen" vorgesehen war. Im August/September 1945 lizenzierten die Vereinigten Staaten und Großbritannien die bislang illegal tätigen Gruppierungen – darunter das „Büro Dr. Schumacher" in Hannover – als Zentralstelle der wiederbelebten „Sozialdemokratischen Partei Deutschlands" (SPD) und die in Köln von verschiedenen Politikern des ehemaligen Zentrums und christlichen Gewerkschaften gegründete „Christlich-Demokratische Union" (CDU).

Die CDU war das parteipolitische Novum der Nachkriegszeit. Die Überwindung der konfessionellen Spaltung zwischen evangelischen und katholischen Wählern sowie die Einbeziehung konservativ-bürgerlicher Schichten und der christlichen Gewerkschaften sollten mit dem Begriff „Union" zum Ausdruck gebracht werden. Kennzeichnend für die Gründungsphase der CDU ist ihr antikapitalistischer Akzent, die Forderung nach Vergesellschaftung bestimmter Grundstoffindustrien sowie nach Mitbestimmung der Arbeitnehmer (Ahlener Programm von 1947). Vorsitzender der CDU in der britischen Zone wurde im März 1946 Konrad Adenauer. 1950 schlossen sich die CDU-Verbände unter seiner Führung zur Bundespartei zusammen. Die bayerische „Christlich-Soziale Union" (CSU) verweigerte sich 1946 dem bundesweiten Zusammenschluss der Union.

Die SPD knüpfte organisatorisch, programmatisch und personell an ihre Stellung in der Weimarer Republik an. In den weitgehend von Kurt Schumacher formulierten „Politischen Leitsätzen" wurde die sofortige Sozialisierung der Bodenschätze und der Grundstoffindustrien gefordert. Zu ihren Zielen gehörten die Mitbestimmung der Arbeitnehmer und eine volkswirtschaftliche Gesamtplanung für die vergesellschafteten Betriebe. Bereits Ende 1947 brachte es die Partei wieder auf 875 000 Mitglieder.

Die liberalen Parteien betonten stärker als die anderen das Recht auf Privateigentum und die Bedeutung der freien Initiative für die Wirtschaft. Ende 1948 schlossen sich konservativ-liberale und liberal-demokratische Politiker zur „Freien Demokratischen Partei" (FDP) zusammen. Theodor Heuss wurde ihr erster Vorsitzender.

Auch die „Kommunistische Partei Deutschlands" (KPD) wurde in den Westzonen wieder zugelassen, wo sie jedoch ohne größere Wahlerfolge blieb.

Staatlicher und politischer Neuaufbau in den Westzonen

Schon Ende Mai 1945 setzten die Amerikaner in Bayern eine erste provisorische Regierung ein. Im Herbst 1945 wurden die Länder Bayern (ohne die Pfalz), Großhessen und Württemberg-Baden gegründet; Bremen folgte 1947 nach. Koalitionsregierungen aller wieder zugelassenen Parteien wurden unter Aufsicht der Militärregierung tätig.

Da die amerikanische Militärregierung ihre Zone möglichst rasch aufbauen wollte, veranlasste General Lucius D. Clay schon im Oktober 1945 in Stuttgart die Gründung eines Länderrates, eine Art ständiger Konferenz der Ministerpräsidenten der US-Zone, zur Bewältigung gemeinsamer Probleme.

Die Amerikaner ließen Anfang 1946 auch als Erste wieder demokratische Wahlen in Gemeinden und Kreisen zu. Im Sommer 1946 entwarfen Verfassunggebende Versammlungen die zukünftigen Länderverfassungen, die nach Genehmigung durch die Besatzungsmacht im November/Dezember 1946 durch Volksabstimmung in den drei Ländern der US-Zone in Kraft gesetzt wurden. Erstmals nach 13 Jahren wählten die Bürger in demokratischen Wahlen ihre Landtage, aus denen demokratisch legitimierte Regierungen hervorgingen (▶ M4). Die Besatzungsbehörden verlegten sich nunmehr auf die Kontrolle der deutschen Behörden.

Konrad Adenauer (1876-1967): 1917-1933 Oberbürgermeister von Köln, 1948 Vorsitzender des Parlamentarischen Rates, 1950-1966 Mitbegründer und Bundesvorsitzender der CDU, 1949-1963 Bundeskanzler, 1951-1955 zugleich Bundesaußenminister

Kurt Schumacher (1895-1952): 1946-1952 erster Vorsitzender der SPD nach dem Zweiten Weltkrieg

Theodor Heuss (1884-1963): 1945-1946 Kultusminister von Württemberg-Baden, 1949-1959 erster Präsident der Bundesrepublik Deutschland

Lucius D. Clay (1897-1978): amerikanischer General; 1947-1949 Militärgouverneur der US-Besatzungszone in Deutschland

In der britischen Zone zog sich der Prozess der Länderneugründung länger hin. Hier entstanden die Länder Nordrhein-Westfalen, Schleswig-Holstein (beide August 1946) und Niedersachsen (November 1946). Die ersten Landtagswahlen fanden hier 1947 statt.

In der französischen Zone zögerte die Besatzungsmacht den staatlichen Neuaufbau in den 1946 geschaffenen Ländern Rheinland-Pfalz, Württemberg-Hohenzollern und Süd-Baden noch bis Mitte 1947 hinaus, verhängte eine strenge Zensur in allen politisch-gesellschaftlichen Bereichen und untersagte zunächst den neu gegründeten Parteien, das Wort „deutsch" im Parteinamen zu verwenden. Das Saarland blieb vorerst unter französischer Verwaltung.

Reparationen und Wiederaufbau Nach zähen Verhandlungen einigten sich die vier Mächte Ende März 1946 im Alliierten Kontrollrat auf eine drastische Absenkung der gesamten industriellen Tätigkeit in Deutschland. Doch die Westmächte beließen es bei einem Abbau von 668 Werken bis zur endgültigen Einstellung der Demontagen im Jahr 1951. Dies bedeutete einen Kapazitätsverlust von nicht mehr als fünf Prozent gegenüber 1936. Demgegenüber demontierten die Sowjets in ihrer Zone bis 1948 etwa 3 000 Betriebe, was einer Kapazitätsminderung von schätzungsweise 30 Prozent gegenüber 1936 entsprach. Alles in allem beliefen sich die Reparationsleistungen Ostdeutschlands an die Sowjetunion auf etwa 14 Milliarden Dollar. Das war deutlich mehr, als Stalin ursprünglich von ganz Deutschland gefordert hatte.

Die Sowjetunion weigerte sich bald, die in Potsdam vereinbarten Gegenleistungen aus ihrer Zone (vor allem Nahrungsmittel) für ihren Anteil an den in den Westzonen demontierten Industrieausrüstungen zu liefern. Im Mai 1946 stoppte deshalb General Clay die amerikanischen Reparationslieferungen in die UdSSR. Die Solidarität zwischen den ehemaligen Verbündeten war aufgekündigt.

Stattdessen wurden die Westzonen in das umfassende Wiederaufbauprogramm der US-Regierung für Europa (*Marshall-Plan*) einbezogen.* Insgesamt erhielt Westdeutschland ca. 1,4 Milliarden Dollar an Hilfen. Der wirtschaftliche Wiederaufbau wurde dadurch wesentlich verstärkt und beschleunigt. Außerdem war eine wichtige Vorentscheidung für die Einbindung dieses Teils von Deutschland in die westliche Gemeinschaft gefallen. Anders als nach dem Ersten Weltkrieg wurde der ehemalige Feind als künftiger Partner behandelt.

▲ **Abtransport von Maschinen aus einem Flugmotorenwerk in die UdSSR.**
Foto, um 1946.
Häufig wurden deutsche Arbeitskräfte gezwungen, ihre eigenen Betriebe zu demontieren. Fälle sind belegt, bei denen russische Offiziere ein Fußballstadion umstellen und das gerade laufende Spiel unterbrechen ließen, um Arbeiter zu requirieren. Ähnliches geschah auf Tanzveranstaltungen und in Gaststätten.

* Siehe S. 426.

M1 Besatzungsziele der Siegermächte

Im sogenannten „Potsdamer Abkommen" vom 2. August 1945 einigen sich die drei Siegermächte auf folgende Formulierungen zur Behandlung Deutschlands. Die endgültige Festlegung der Westgrenze Polens wird darin einer künftigen Friedenskonferenz vorbehalten:

III. Deutschland
[...] Es ist nicht die Absicht der Alliierten, das deutsche Volk zu vernichten oder zu versklaven. Die Alliierten wollen dem deutschen Volk die Möglichkeit geben sich vorzubereiten,
5 sein Leben auf einer neuen demokratischen und friedlichen Grundlage von Neuem wieder aufzubauen. [...]

A. Politische Grundsätze
[...] 3. Die Ziele der Besetzung Deutschlands, durch welche der Kontrollrat sich leiten lassen soll, sind:
10 (I) Völlige Abrüstung und Entmilitarisierung Deutschlands und die Ausschaltung der gesamten deutschen Industrie, welche für eine Kriegsproduktion benutzt werden kann, oder deren Überwachung. [...]
(II) Das deutsche Volk muss überzeugt werden, dass es eine
15 totale militärische Niederlage erlitten hat und dass es sich nicht der Verantwortung entziehen kann für das, was es auf sich geladen hat, dass seine eigene mitleidlose Kriegsführung und der fanatische Widerstand der Nazis die deutsche Wirtschaft zerstört und Chaos und Elend unvermeidlich ge-
20 macht haben.
(III) Die nationalsozialistische Partei mit ihren angeschlossenen Gliederungen und Unterorganisationen ist zu vernichten [...].
(IV) Die endgültige Umgestaltung des deutschen politischen
25 Lebens auf demokratischer Grundlage und eine eventuelle friedliche Mitarbeit Deutschlands am internationalen Leben sind vorzubereiten.
4. Alle nazistischen Gesetze [...] müssen abgeschafft werden.
30 5. Kriegsverbrecher [...] sind zu verhaften und dem Gericht zu übergeben. [...]
6. Alle Mitglieder der nazistischen Partei, welche mehr als nominell an ihrer Tätigkeit teilgenommen haben, und alle anderen Personen, die den alliierten Zielen feindlich gegen-
35 überstehen, sind aus den öffentlichen oder halböffentlichen Ämtern und von den verantwortlichen Posten in wichtigen Privatunternehmungen zu entfernen. [...]
7. Das Erziehungswesen in Deutschland muss so überwacht werden, dass die nazistischen und militärischen Lehrsätze
40 völlig entfernt werden und eine erfolgreiche Entwicklung der demokratischen Ideen möglich gemacht wird.

8. Das Gerichtswesen wird entsprechend den Grundsätzen der Demokratie und der Gerechtigkeit auf der Grundlage der Gesetzlichkeit und der Gleichheit aller Bürger vor dem Gesetz ohne Unterschied der Rasse, der Nationalität und der Religion 45 reorganisiert werden.
9. Die Verwaltung Deutschlands muss in Richtung auf eine Dezentralisation der politischen Struktur und der Entwicklung einer örtlichen Selbstverantwortung durchgeführt werden. Zu diesem Zwecke: 50
(I) Die lokale Selbstverwaltung wird in ganz Deutschland nach demokratischen Grundsätzen [...] wiederhergestellt.
(II) In ganz Deutschland sind alle demokratischen politischen Parteien zu erlauben und zu fördern [...].
(IV) Bis auf Weiteres wird keine zentrale deutsche Regierung 55 errichtet werden. [...]
10. Unter Berücksichtigung der Notwendigkeit zur Erhaltung der militärischen Sicherheit wird die Freiheit der Rede, der Presse und der Religion gewährt. Die religiösen Einrichtungen sollen respektiert werden. Die Schaffung freier Gewerk- 60 schaften, gleichfalls unter Berücksichtigung der Notwendigkeit zur Erhaltung der militärischen Sicherheit, wird gestattet werden.

B. Wirtschaftliche Grundsätze
11. Mit dem Ziel der Vernichtung des deutschen Kriegspoten- 65 zials ist die Produktion von Waffen, Kriegsausrüstung und Kriegsmitteln, ebenso die Herstellung aller Typen von Flugzeugen und Seeschiffen zu verbieten und zu unterbinden. Die Herstellung von Metallen und Chemikalien, der Maschinenbau und die Herstellung anderer Gegenstände, die unmittel- 70 bar für die Kriegswirtschaft notwendig sind, ist streng zu überwachen und zu beschränken, entsprechend dem genehmigten Stand der friedlichen Nachkriegsbedürfnisse Deutschlands [...].
12. In praktisch kürzester Frist ist das deutsche Wirtschafts- 75 leben zu dezentralisieren mit dem Ziel der Vernichtung der bestehenden übermäßigen Konzentration der Wirtschaftskraft [...].
Bei der Organisation des deutschen Wirtschaftslebens ist das Hauptgewicht auf die Entwicklung der Landwirtschaft und 80 der Friedensindustrie für den inneren Bedarf (Verbrauch) zu richten. [...]
14. Während der Besatzungszeit ist Deutschland als eine wirtschaftliche Einheit zu betrachten. [...]
15. Es ist eine alliierte Kontrolle über das deutsche Wirt- 85 schaftsleben zu errichten, jedoch nur in den Grenzen, die notwendig sind [...].
19. Die Bezahlung der Reparationen soll dem deutschen Volke genügend Mittel belassen, um ohne eine Hilfe von außen zu existieren. [...] 90

IV. Reparationen aus Deutschland
[...] 3. Die Reparationsansprüche der Vereinigten Staaten, des Vereinigten Königreiches und der anderen zu Reparationsforderungen berechtigten Länder werden aus den westlichen Zonen und den entsprechenden deutschen Auslandsguthaben befriedigt werden.
4. In Ergänzung der Reparationen, die die UdSSR aus ihrer eigenen Besatzungszone erhält, wird die UdSSR zusätzlich aus den westlichen Zonen erhalten:
a) 15% [der westlichen Reparationsgüter] im Austausch für einen entsprechenden Wert an Nahrungsmitteln, Kohle, Kali, Pottasche, Zink, Holz, Tonprodukten, Petroleumprodukten und solchen anderen Waren, nach Vereinbarung.
b) 10% [der westlichen Reparationsgüter] ohne Bezahlung oder Gegenleistungen irgendwelcher Art.

Herbert Michaelis u.a. (Hrsg.), Ursachen und Folgen. Vom deutschen Zusammenbruch 1918 und 1945 bis zur staatlichen Neuordnung in der Gegenwart, Bd. 24, Berlin o. J., S. 447 ff.

1. Fassen Sie die gemeinsamen Besatzungsziele der Siegermächte zusammen.
2. Weisen Sie nach, dass in manchen Formulierungen unterschiedliche Interpretationen und zukünftiger Streit angelegt sind.
3. Arbeiten Sie die Widersprüche zwischen den politischen und wirtschaftlichen Zielen des Potsdamer Abkommens heraus.

M2 Mythos „Trümmerfrau"

Die Historikerin Marita Krauss setzt sich mit der Bedeutung der Fotografien aus den ersten Nachkriegsjahren auseinander, die sog. „Trümmerfrauen" bei Aufräumarbeiten zeigen:

Die Bilder von Trümmerstädten, oft im Geiste ästhetisierender Ruinenromantik inszeniert, liefern ein großes Panorama des deutschen Leidens aufgrund des Bombenkriegs der Alliierten. [...] Solche Architekturfotos werden ergänzt durch ikonografisch[1] reduzierte Bilder des Kriegsbeschädigten, des ankommenden Flüchtlingstransports, des Schlangestehens vor Lebensmittelgeschäften, paradierender Besatzer in Uniform, manchmal Hand in Hand mit einem deutschen „Fräulein". Auch diese Bilder erzählen von deutschem Leiden. Sie sind die Gegenerzählung zu den Bildern aus den Konzentrationslagern, die das Schreckliche thematisieren, das die Deutschen anderen zufügten.
In diesem Spektrum nehmen die Bilder der Trümmerfrauen einen besonderen Platz ein. Sie sind Teil einer Hoffnungsikonografie. Die Fotos bilden keine düstere Trümmersituation ab, sie stehen vielmehr für den Neuanfang. [...] Zeitlich liegt der Schwerpunkt der Bilder im Sommer 1945 und 1946 und geografisch in Berlin. Dieser geografische Schwerpunkt ist kein Zufall: Trümmerfrauen im engeren Sinn gab es vor allem in Berlin: Hier mussten sich die Frauen ab dem 1.6.1945 beim Arbeitsamt melden, sie wurden registriert und als „Hilfsarbeiterinnen im Baugewerbe" dienstverpflichtet. [...] Ein Grund für die Dienstverpflichtung von Frauen mag vor allem für die amerikanische Militärregierung darin gelegen haben, Frauen auf diesem Wege zu den Ernährern der Familien zu machen: Dies sollte helfen, die weiter bestehenden autoritären Familienstrukturen umzugestalten.
In den meisten westdeutschen Städten wurde die Trümmerräumung jedoch von Anfang an anders organisiert: Sie lag in den Händen professioneller Baufirmen, die überwiegend Männer beschäftigten. Gut belegt ist dies beispielsweise für München oder für Heilbronn. Wenn es Zwangsverpflichtungen gab, dann von ehemaligen NS-Parteigenossen und von deutschen oder ungarischen Kriegsgefangenen, die unter

[1] ikonografisch/Ikonografie: Geschichte der Bilder; Bildikonen sind Bilder, die symbolisch für historische Ereignisse stehen und in das kollektive Gedächtnis einer Gesellschaft eingegangen sind, vgl. dazu auch den Methoden-Baustein auf S. 493 ff.

▲ „Trümmerfrauen" bergen Ziegelsteine im Berliner Stadtbezirk Prenzlauer Berg.
Foto von 1945.

▲ **Auf dem Weg in eine neue Heimat.**
Foto von 1945/46.

alliierter Aufsicht standen. [...] Es sollten, so die übereinstimmende Haltung der Stadtverwaltungen und der Militärregierungen, diejenigen den Schutt wegräumen, die für den Krieg verantwortlich waren. NS-belastete Frauen waren dabei mit zu erfassen, hätten sie doch auch, so eine Münchner Stadträtin, während der vergangenen Jahre Zeit gehabt, „herumzulaufen und Geld einzusammeln [...], sie müssen heute auch in der Lage sein, hier mitzuarbeiten". [...]

Warum, so ist zu fragen, war es wichtig, dass die Rolle der Frauen bei der Trümmerräumung so betont wurde? Warum verschwanden vor allem die räumenden Männer in der Ikonografie des Trümmerfotos? Diese Betonung scheint nicht primär zeitgenössisch zu sein: In München wurde jedenfalls in dem Aufbaubericht *Aus Trümmern wächst das neue Leben* von 1949 korrekt die Rolle der amerikanischen Besatzer, der deutschen und ungarischen Kriegsgefangenen, der NS-Belasteten und dann auch der Baufirmen genannt. Keine Trümmerfrau weit und breit. Doch ein Blick in die Frauenzeitschriften dieser Jahre mit den sprechenden Namen *Der Regenbogen* und *Der Silberstreifen* zeigt: Viele Frauen sahen sich selbst in der Rolle, die ihnen dann nachträglich zugewiesen wurde. So heißt es in einer Leserzuschrift des Jahres 1946: „Wenn man der Frau auch jetzt die Schippe in die Hand drückt, weil es um den Aufbau von Heimat, Existenz und Familie geht, wird sie mitarbeiten in der Hoffnung, dass diese Prüfungszeit Befreiung von überholten Vorurteilen bringen wird." (Der Regenbogen, 1946, H. 3) [...] Frauen, so suggerieren diese Texte, waren nicht an der „Verwahrlosung" während der NS-Zeit beteiligt, sie sind „anständig" und „gerecht" geblieben und bieten sich daher als Wegweiserinnen in die Nachkriegszeit an. Damit wird die aktive Rolle der Frauen während der NS-Zeit verleugnet, deren Dimensionen inzwischen immer deutlicher zutage treten. [...]

Ein Zweites kommt hinzu: Als die neue Frauenbewegung der 1970er-Jahre auf die Suche nach den Frauen in der Geschichte ging, war es naheliegend, den eigenen Müttern ein Denkmal zu setzen. In den Blick kamen damit die „starken Frauen" der Nachkriegszeit, die in einer vaterlosen Gesellschaft die Kinder alleine großzogen, für Essen und das alltägliche Überleben sorgten. Da diese Alltagsarbeit, tatsächlich das millionenfache Schicksal der Nachkriegsfrauen, nicht spektakulär genug schien, trat die „Trümmerfrau" im engeren Sinne in den Mittelpunkt, die mit schwerer Arbeit den Karren aus dem Dreck zog und „wie ein Mann" anpackte. Es ist daher nicht verwunderlich, dass manche Trümmerfrauen-Bilder eigentlich „Trümmerspechte" zeigen, also Frauen, die Holz für den heimischen Ofen aus den Ruinen holen.

Marita Krauss, Trümmerfrauen. Visuelles Konstrukt und Realität, in: Gerhard Paul (Hrsg.), Das Jahrhundert der Bilder, Bd. I: 1900 bis 1949, Göttingen 2009, S. 740 f. und 743 f.

1. Arbeiten Sie heraus, warum gerade Fotografien von „Trümmerfrauen" in das kollektive Gedächtnis der Deutschen eingingen.

2. Stellen Sie dar, welche historischen Tatsachen über die Betonung der Aufbauarbeit der „Trümmerfrauen" in Vergessenheit gerieten. Ziehen Sie dazu auch Texte und Materialien aus dem Kapitel „Der Nationalsozialismus im Spiegel der Geschichtskultur" heran.

M3 Vertreibung als Ausdruck der Rache

Aus Anlass des Besuches des deutschen Bundespräsidenten Richard von Weizsäcker in Prag hält der tschechoslowakische Staatspräsident Václav Havel am 15. März 1990 eine Ansprache, in der er auch auf die Vertreibung der Deutschen aus seinem Land eingeht. Erstmals bekennt sich ein führender Politiker der Tschechoslowakei zu der Verantwortung für das mit der Vertreibung begangene Unrecht:

Sechs Jahre nazistischen Wütens haben [...] ausgereicht, dass wir uns vom Bazillus des Bösen anstecken ließen, dass wir uns gegenseitig während des Krieges und danach denunzierten, dass wir – in gerechter, aber auch übertriebener Empörung – uns das Prinzip der Kollektivschuld zu eigen machten. Anstatt ordentlich all die zu richten, die ihren Staat

verraten haben, verjagten wir sie aus dem Land und belegten sie mit einer Strafe, die unsere Rechtsordnung nicht
kannte. Das war keine Strafe, das war Rache. Darüber hinaus
10 verjagten wir sie nicht auf Grundlage erwiesener individueller Schuld, sondern einfach als Angehörige einer bestimmten Nation.
Und so haben wir in der Annahme, der historischen Gerechtigkeit den Weg zu bahnen, vielen unschuldigen Menschen,
15 hauptsächlich Frauen und Kindern, Leid angetan.
Und wie es in der Geschichte zu sein pflegt, wir haben nicht
nur ihnen Leid angetan, sondern mehr noch uns selbst: Wir
haben mit der Totalität so abgerechnet, dass wir ihren Keim
in das eigene Handeln aufgenommen haben und so auch in
20 die eigene Seele, was uns kurz darauf grausam zurückgezahlt
wurde in Form unserer Unfähigkeit, einer anderen und von
anderswoher importierten Totalität entgegenzutreten. Ja
noch mehr: Manche von uns haben ihr aktiv auf die Welt
geholfen. [...]

Die Opfer, die eine Wiedergutmachung verlangt, werden also 25
– unter anderem – auch der Preis für die Irrtümer und Sünden
unserer Väter sein.
Wir können die Geschichte nicht umkehren, und so bleibt uns
neben der freien Erforschung der Wahrheit nur das Eine:
Immer wieder freundschaftlich die zu begrüßen, die mit Frie- 30
den in der Seele hierher kommen, um sich vor den Gräbern
ihrer Vorfahren zu verneigen oder anzusehen, was von den
Dörfern übriggeblieben ist, in denen sie geboren wurden.

Presse- und Informationsamt der Bundesregierung (Hrsg.), Bulletin Nr. 36,
17. März 1990, S. 278

1. Benennen Sie den Unterschied zwischen Strafe und
Rache.
2. Erläutern Sie die Argumentation, mit der Havel die
Vertreibung der Deutschen ein Unrecht nennt.
3. Bewerten Sie die Schlussfolgerung, die Havel für das
Verhältnis der Tschechen zu den Deutschen zieht.

M4 Erste Landtagswahlen nach dem Krieg

In den Ländern der Westzonen treten 1946/47 die neu formierten Parteien zu Landtagswahlen an:

	Wahlbetei-ligung in %	CDU/CSU		SPD		KPD		FDP		Sonstige	
		Mandate	% d. gült. Stimmen	Mandate	% d. gült. Stimmen	Mandate	% d. gült. Stimmen	Mandate	% d. gült. Stimmen	Mandate	% d. gült. Stimmen
Baden 18.5.1947	67,8	34	55,9	13	22,4	4	14,3	9	7,4	–	–
Bayern 1.12.1946	75,7	104	52,3	54	28,6	–	6,1	9	5,6	13	7,4
Bremen 12.10.1947	67,8	24	22,0	46	41,7	10	8,8	17	19,4	3	13,6
Hamburg 13.10.1946	79,0	16	26,7	83	43,1	4	10,4	7	18,2	–	1,6
Hessen 1.12.1946	73,2	28	30,9	38	42,7	10	10,7	14	15,7	–	–
Niedersachsen 20.4.1947	65,1	30	19,9	65	43,4	8	5,6	13	8,8	33	22,3
Nordrhein-Westfalen 20.4.1947	67,3	92	37,5	64	32,0	28	14,0	12	5,9	20	10,6
Rheinland-Pfalz 18.5.1947	77,9	48	47,2	34	34,3	8	8,7	11	9,8	–	–
Saarland 5.10.1947	95,7	–	–	17	32,8	2	8,4	3	7,6	28	51,2
Schleswig-Holstein 20.4.1947	69,8	21	34,0	43	43,8	–	4,7	–	5,0	6	12,5
Württemberg-Baden 24.11.1946	71,7	39	38,4	32	31,9	10	10,2	19	19,5	–	–
Württ.-Hohenzollern 18.5.1947	66,4	32	54,2	12	20,8	5	7,3	11	17,7	–	–

Nach: Merith Niehuss und Ulrike Lindner (Hrsg.), Besatzungszeit, Bundesrepublik und DDR 1945-1969, Stuttgart 1998, S. 86 f.

1. Vergleichen Sie die nach 1945 entstehende Parteienlandschaft mit der in der Weimarer Republik. Welche Kontinuitäten
und Brüche lassen sich dabei feststellen? Was sind die Gründe dafür?
2. Erklären Sie, warum CDU/CSU und SPD in jedem Land die beiden stärksten Parteien sind.

Die doppelte Staatsgründung

Im Westen: die Bizone Seit 1946 warnte die britische Regierung nachdrücklich vor der „russischen Gefahr" und drängte auf die Schaffung eines separaten Westdeutschland. Nachdem auf der Pariser Außenministerkonferenz von April bis Juli 1946 die Sowjetunion alle amerikanischen Vorschläge blockiert hatte, schlug die US-Regierung im Alliierten Kontrollrat die sofortige Verschmelzung der eigenen mit einer oder mehreren Besatzungszonen vor. Die Sowjets und die Franzosen lehnten ab, die Briten stimmten einer Fusion zu. Die Rede von US-Außenminister *James F. Byrnes* am 6. September in Stuttgart wurde von den Zeitgenossen als die lang erwartete Wende in der amerikanischen Deutschlandpolitik verstanden (▶ M1).

Am 1. Januar 1947 trat das britisch-amerikanische Abkommen über die Bildung des Vereinigten Wirtschaftsgebietes (Bizone) in Kraft. Die weitere Entwicklung zeigte, dass mit der Gründung der Bizone, der sich 1948 auch die französische Besatzungszone anschloss, das Fundament für den späteren westdeutschen Staat gelegt worden war.

Der Frankfurter Wirtschaftsrat Die wichtigste Neuerung in der Zone war die Schaffung eines Wirtschaftsrates im Juni 1947, des ersten deutschen Parlaments nach dem Krieg, dessen Beschlüsse über ein Land hinausreichten. Die Abgeordneten des Wirtschaftsrates wurden von den Landtagen der acht Länder der Bizone gewählt. Im Exekutivrat (dem Vorläufer des späteren Bundesrates) saßen Vertreter der acht Länder, die zusammen mit dem Wirtschaftsrat die fünf Verwaltungsdirektoren ernannten und kontrollierten. Entscheidungen für das Vereinigte Wirtschaftsgebiet bedurften jedoch weiterhin der Genehmigung durch Amerikaner und Briten.

Im Osten: Neubeginn unter sowjetischer Besatzung Während die westlichen Besatzungstruppen zunächst viel improvisierten, um das Leben in halbwegs geordnete Bahnen zu lenken, ging die sowjetische Besatzungsmacht gezielter ans Werk.

Schon Anfang Mai 1945 war eine Gruppe deutscher Exilkommunisten in die Sowjetische Besatzungszone (SBZ) eingeflogen worden. An ihrer Spitze stand der ehemalige kommunistische Reichstagsabgeordnete **Walter Ulbricht**, der seit 1938 in Moskau gelebt hatte. Er und weitere Spitzenfunktionäre der KPD hatten genaue Vorstellungen von einer wirtschaftlich-sozialen Umwälzung, bei der der politische Einfluss der Sozialdemokratie und der sogenannten bürgerlichen Kräfte ausgeschaltet werden sollte. Ulbricht gab dazu im Mai 1945 die Devise aus: „Es muss demokratisch aussehen, aber wir müssen alles in der Hand haben."*

In den im Juli 1945 errichteten (1952 wieder aufgelösten) Landesverwaltungen in Brandenburg, Mecklenburg-Vorpommern, Sachsen, Sachsen-Anhalt und Thüringen besetzten KPD-Funktionäre die Schlüsselfunktionen. Dies galt erst recht für die ebenfalls im Juli 1945 geschaffenen und wesentlich wichtigeren elf Zentralverwaltungen (für Verkehr, Finanzen, Justiz etc.). Die Zentralverwaltungen waren unmittelbar der sowjetischen Militärregierung zugeordnet und hatten deren Befehle zu vollziehen.

Walter Ulbricht (1893–1973): 1950–1971 Generalsekretär der SED, 1960–1971 Staatsratsvorsitzender der DDR

---

* Das Zitat ist von Wolfgang Leonhard (geb. 1921) in seiner Autobiografie „Die Revolution entlässt ihre Kinder" von 1955 überliefert. Leonhard war Mitglied der „Gruppe Ulbricht", wandte sich jedoch 1949 vom Kommunismus ab und emigrierte Ende der 1950er-Jahre in die Bundesrepublik.

▶ **Propaganda für den Volksentscheid in Sachsen zum „Gesetz über die Übergabe von Betrieben von Kriegs- und Naziverbrechern in das Eigentum des Volkes".**
Foto aus Leipzig, 1946.
1946 wurden die Bürger in Sachsen zu einem Volksentscheid über die Enteignung wichtiger Industrie- und Gewerbebetriebe aufgerufen. Zwei Drittel der Bevölkerung stimmten zu. Dies genügte der SED, um die Enteignung auch in allen übrigen Gebieten Ostdeutschlands durchzuführen. Sachsen galt damit für die Partei als „Motor der weiteren antifaschistisch-demokratischen Bewegung".

Entnazifizierung in der SBZ

Die Entnazifizierung in der Sowjetischen Besatzungszone betraf über eine halbe Million ehemaliger Nationalsozialisten in Justiz, Schule, Verwaltung und Industrie. Sowjetische Militärtribunale haben schätzungsweise 45 000 Personen verurteilt und etwa ein Drittel von ihnen in Zwangsarbeitslager deportiert. Betroffen waren nicht nur NS-Täter, sondern auch viele Gegner des Kommunismus. Dagegen wurden bereits frühzeitig die ehemaligen kleinen Parteimitglieder von einer Bestrafung ausgenommen, um sie möglichst rasch in die neuen Verhältnisse zu integrieren. Weit umfassender als das systematische Vorgehen gegen missliebige Personen waren die zur selben Zeit durchgeführte Bodenreform* sowie die Enteignung und Verstaatlichung der großen Industriebetriebe. Als „strukturelle Entnazifizierung" sollten diese Maßnahmen jeden Rückfall in den Nationalsozialismus verhindern.

Politische Parteien in Ostdeutschland

Die Sowjets gestatteten noch vor Beginn der Potsdamer Konferenz als erste in ihrem Machtbereich die Gründung politischer Parteien (10. Juni 1945). KPD, SPD, CDU und LDPD (Liberal-Demokratische Partei Deutschlands) schlossen sich bereits einen Monat später zur „Einheitsfront der antifaschistisch-demokratischen Parteien" (Antifa-Block) zusammen.

Schon bald förderte die *Sowjetische Militäradministration in Deutschland* (SMAD) einseitig die Kommunistische Partei. Die KPD war wegen ihrer Nähe zur Besatzungsmacht in der Bevölkerung unbeliebt. Nach katastrophalen Wahlniederlagen der Kommunisten in Österreich und Ungarn suchte die KPD den Zusammenschluss mit der SPD, um damit ihren vermeintlich schärfsten Konkurrenten auszuschalten.

Kurt Schumacher warnte vor der Fusion, und auch die SPD in der sowjetischen Zone wollte darüber zunächst nur auf einem gesamtdeutschen Parteitag entscheiden. Der Besatzungsmacht gelang es mit Drohungen, Redeverboten und Verhaftungen sowie durch Überredung führender Sozialdemokraten der sowjetischen Zone, den Widerstand zu brechen. Schließlich stimmten **Otto Grotewohl** und die Spitze der Ost-SPD auf dem „Vereinigungsparteitag" in Berlin am 21./22. April 1946 geschlossen für die Vereinigung der beiden Arbeiterparteien zur „Sozialistischen Einheitspartei Deutschlands" (SED) (▶ M2).

Obwohl die sowjetische Militärregierung CDU und LDPD in der Folgezeit massiv benachteiligte, erhielten die bürgerlichen Parteien bei den Kreis- und Landtagswahlen vom 20. Oktober 1946 mehr als die Hälfte der Stimmen. In Berlin, wo die SPD noch kandidieren durfte, wurde die SED mit 19,8 Prozent der Stimmen nur drittstärkste Partei. Die Sowjets verstärkten daraufhin ihren Druck auf alle zugelassenen Parteien. Die SED selbst wurde zu einer „Partei neuen Typus" nach stalinistischem Modell umgebildet und von oppositionellen Kräften „gesäubert". Etwa 6 000 Sozialdemokraten wurden von sowjetischen Militärgerichten als „Agenten" verurteilt und in Arbeitslager gebracht. Rund 100 000 Sozialdemokraten flohen in den Westen.

Otto Grotewohl (1894-1964): 1945 Mitbegründer der ostdeutschen SPD, 1946-1954 Vorsitzender der SED (zusammen mit Wilhelm Pieck), 1949-1964 Ministerpräsident der DDR

---

* Siehe S. 414.

▲ **Junker-Land in Bauernhand.**
Propagandaplakat für die Bodenreform, 1945.

▲ *Westdeutsches Plakat, um 1949.*

Umgestaltung der ostdeutschen Wirtschaft Bei der Umgestaltung der SBZ erwiesen sich die Demontagen in ihrer Wirkung noch gravierender als die unmittelbaren Kriegszerstörungen. Zur Befriedigung der sowjetischen Forderungen nach Gütern aus der laufenden Produktion gingen zusätzlich ganze Industriezweige in das Eigentum der Siegermacht über („Sowjetische Aktiengesellschaften", SAG) und fielen damit für den wirtschaftlichen Wiederaufbau in Ostdeutschland aus. Auf Befehl der sowjetischen Besatzungsmacht wurden von 1945 an in Etappen insgesamt 75 Prozent des Industrievermögens, etwa 9 000 Firmen einschließlich aller Banken und Versicherungen, entschädigungslos enteignet und verstaatlicht („Volkseigene Betriebe", VEB). Die bisherigen Eigentümer wurden pauschal zu Nazis und Kriegsverbrechern erklärt. In einer Volksabstimmung in Sachsen stimmten über 77 Prozent diesen Maßnahmen zu. Wer zuvor als „Aktivist des Faschismus" oder „Kriegsinteressent" eingestuft worden war, hatte dabei kein Stimmrecht.

Auch die Bodenreform ging auf einen sowjetischen Befehl zurück. Sie betraf 35 Prozent der Agrarfläche in der Sowjetischen Besatzungszone. Unter der Parole „Junkerland in Bauernhand" wurde 7 000 Großgrundbesitzern ihr Land entschädigungslos entzogen und zum größten Teil an 500 000 Landarbeiter, landlose Bauern, Flüchtlinge und Vertriebene verteilt; ein Drittel blieb in öffentlichem Besitz („Volkseigene Güter"). Auf die Enteignung und Umverteilung folgte die Kollektivierung: Die Bauern schlossen sich auf staatlichen Druck hin seit 1952 in „Landwirtschaftlichen Produktionsgenossenschaften" (LPG) zusammen. Dabei hatten die meisten Höfe so wenig Land zugewiesen bekommen, dass keine funktionsfähigen Betriebe entstehen konnten.

Hilfe im Westen: der Marshall-Plan Seit Kriegsende hatten die USA erhebliche Wirtschaftshilfe in Form von Krediten, Lebensmitteln und Rohstoffen für zahlreiche europäische Länder geleistet: Über elf Milliarden Dollar waren bis Ende 1947 nach Europa geflossen. Vor allem Großbritannien und Frankreich, aber auch zahlreiche osteuropäische Regierungen profitierten davon, ohne dadurch den allgemeinen wirtschaftlichen Niedergang bremsen zu können.

Um die drohende ökonomische Zerrüttung und politische Destabilisierung in Europa zu verhindern und einem wachsenden politischen Druck der Sowjetunion entgegenzuarbeiten, entwickelte die US-Regierung ein umfassendes Wiederaufbauprogramm für Europa (Marshall-Plan). Der wegweisende und völlig neue Gedanke dieses Hilfsprogramms war die amerikanische Forderung nach zwischenstaatlicher Zusammenarbeit der Empfänger. Formal auch an die Sowjetunion und die Staaten in ihrem Machtbereich gerichtet, versprach dieses Programm allen Ländern Europas die großzügige Finanzhilfe der USA bei ihrem wirtschaftlichen Wiederaufbau.*

16 europäische Länder schlossen sich 1948 zur OEEC (*Organization for European Economic Cooperation*) zusammen, die über die Verteilung und Verwendung der amerikanischen Gelder zu wachen hatte. Alles in allem belief sich die amerikanische Marshall-Plan-Hilfe bis 1952 auf rund 14 Milliarden Dollar. Ein Zehntel davon floss nach Westdeutschland.

* Siehe S. 419.

Selbstverständlich nutzte das Wiederaufbauprogramm auch der amerikanischen Wirtschaft, die einen funktionierenden westeuropäischen Absatzmarkt benötigte. Doch mindestens gleichrangig war das Interesse der USA, die liberaldemokratischen Gesellschaften in Westeuropa zu festigen.

Wie erwartet lehnte die sowjetische Regierung den Marshall-Plan ab. Offiziell sah sie darin eine Gefährdung der Souveränität der europäischen Staaten. Zugleich verbot Moskau allen osteuropäischen Ländern und der eigenen Besatzungszone die Annahme des amerikanischen Angebots. Stattdessen reagierte Stalin zunächst mit zweiseitigen Handelsabkommen, schließlich 1949 mit der Gründung des „*Rates für Gegenseitige Wirtschaftshilfe*" (RGW). Darin lenkte die Sowjetunion die Volkswirtschaften der ostmitteleuropäischen Verbündeten auf die Moskauer Bedürfnisse hin. Die Spaltung Europas in zwei Blöcke war offenkundig geworden.

▲ **Ostdeutsches Plakat von 1948.**

Währungsreform und Entscheidung für die Soziale Marktwirtschaft

Anfang 1948 setzte der neu gewählte parteilose Wirtschaftsdirektor **Ludwig Erhard** im Frankfurter Wirtschaftsrat gegen den heftigen Widerstand der sozialdemokratischen Fraktion eine Neuorientierung der Wirtschaftsordnung im Sinne einer **Sozialen Marktwirtschaft** durch. Bis dahin wurden die Produktion, Verteilung und Preise aller Güter staatlich festgelegt – nun sollte diese Reglementierung weitgehend entfallen und eine Belebung der Marktkräfte in Gang gesetzt werden.

Dazu bedurfte es jedoch einer umfassenden Reform des zerrütteten Geldwesens. Um 1947 war noch immer zu viel Geld in Umlauf, für das es keine ausreichenden Sachwerte gab. Das war die verspätete Rechnung für Hitlers über die Notenpresse finanzierte Rüstungspolitik.

Während die von Erhard propagierte Wirtschaftsreform von den Deutschen ausging, war die Währungsreform ein Anliegen der Westalliierten, vor allem der Amerikaner. Die neuen deutschen Banknoten wurden in den USA gedruckt und nach Bremerhaven gebracht. An einem Freitag, den 18. Juni 1948, erfuhren die Deutschen, dass am 20. Juni die allseits erwartete Währungsreform stattfinden würde. Jeder Deutsche erhielt zunächst 40 „Deutsche Mark" als „Kopfgeld" (später noch einmal 20 DM).* Löhne, Gehälter, Pensionen und Mieten wurden im Verhältnis 1:1, Schulden auf ein Zehntel in DM-Beträge umgewertet. Sparer wurden mit einem Schlag nahezu enteignet, denn die Guthaben in Reichsmark konnten nur zu einem Bruchteil umgewandelt werden.

Die Währungsreform von 1948 war einer der radikalsten Einschnitte der Nachkriegszeit. Zugleich sorgte sie wie kaum ein anderes Ereignis für Aufbruchstimmung. Mit einem Schlag waren die Schaufenster mit all den Waren gefüllt, die man lange vermisst hatte. Denn wegen der Geldentwertung hatten die Händler ihre Waren gehortet, statt sie zum Verkauf anzubieten. Gleichzeitig mit der Währungsreform beschloss der

Ludwig Erhard (1897 – 1977): 1949 – 1963 Bundesminister für Wirtschaft, 1963 – 1966 Bundeskanzler, 1966/67 Vorsitzender der CDU

Soziale Marktwirtschaft: Wirtschaftsordnung, die soziale Gerechtigkeit auf der Grundlage einer leistungsfähigen Wettbewerbswirtschaft vorsieht. Der Begriff wurde 1946 von dem Nationalökonomen Alfred Müller-Armack (1901 – 1978) geprägt.

▶ **Metzgerei nach der Währungsreform.**
Foto vom 20. Juni 1948.
Noch Jahre nach dem Krieg waren die wichtigsten Artikel des täglichen Bedarfs rationiert und nur gegen Lebensmittelkarten erhältlich. Nach der Währungsreform hatten sich die Schaufenster über Nacht mit allen Waren gefüllt, auf die man so lange verzichten musste.

---

* Das entspricht ca. 20 bzw. 10 Euro. Allerdings war die Kaufkraft des Geldes wesentlich höher als heute.

▲ **Schaufensterauslage eines Textilgeschäftes.**
Foto von 1949/50.
■ *Erläutern Sie, worauf der Slogan „Erhard befiehlt – wir folgen!" anspielt. Inwiefern widerspricht diese Botschaft den Prinzipien der Sozialen Marktwirtschaft?*

Frankfurter Wirtschaftsrat auf Betreiben Erhards die Aufhebung der Preisbindung und Wirtschaftsbeschränkungen; ausgenommen davon waren Hauptnahrungsmittel und wichtige Rohstoffe. Wettbewerb und Verbrauch sollten ab sofort die Wirtschaft steuern, nicht mehr der Staat. Unmittelbar nach der Währungsreform und der Umstellung auf die Soziale Marktwirtschaft blieb der erhoffte Aufschwung zunächst aus. Die Zahl der Arbeitslosen nahm sprunghaft zu. Steigenden Preisen versuchte Wirtschaftsminister Ludwig Erhard mit „Preisregeln" gegenzusteuern. Auch in Erhards Partei, der CDU, wurde der Ruf nach stärkeren staatlichen Eingriffen in die Wirtschaft immer lauter. Erst während des sogenannten „Korea-Booms" wurden ungeheure Kräfte freigesetzt, durch die sich Westdeutschland wirtschaftlich rasch erholen konnte. Angesichts des Korea-Krieges 1950-1953 konzentrierten die kriegführenden Staaten ihre industrielle Produktion auf den Militärsektor, während die westdeutsche Industrie den Weltmarkt mit modernen Verbrauchsgütern zu beliefern begann.

Die Berlin-Blockade 1948/49 Die Antwort Stalins auf die Währungsreform in den Westzonen war die Berliner Blockade von 1948/49. Sie war der gewaltsame Versuch, die Schaffung eines westdeutschen Staates jenseits des kommunistischen Machtbereiches in letzter Minute zu verhindern.

Nachdem Verhandlungen der vier Siegermächte über die Einführung der D-Mark in Berlin geplatzt waren, verbot am 19. Juni 1948 der Chef der sowjetischen Militärverwaltung Sokolowski die Einführung des neuen Geldes in ganz Berlin. Vier Tage später wurde für die Ostzone eine eigene Währungsreform angeordnet, unter ausdrücklicher Einbeziehung ganz Berlins. Gegen die Einbeziehung ihrer drei Sektoren erhoben die

Westmächte sofort Einspruch und dehnten ihrerseits den Geltungsbereich der neuen D-Mark auf West-Berlin aus. In der Nacht vom 23. zum 24. Juni 1948 wurde daraufhin die Elektrizitätsversorgung West-Berlins unterbrochen; es begann die Sperrung des Personen- und Güterverkehrs sowie der Lebensmittellieferungen. Mit der Blockade zu Lande und zu Wasser wollte die Sowjetunion die 2,1 Millionen West-Berliner aushungern und in einer Art Geiselnahme die Westmächte zwingen, ihre Weststaatspläne aufzugeben und ganz Berlin den Sowjets zu überlassen.

Den USA und ihren Verbündeten blieb zur Versorgung der eigenen Truppen sowie der West-Berliner Bevölkerung nur noch der Luftweg. Im Rahmen des als „Berliner Luftbrücke" bekannt gewordenen Unternehmens wurden 2,34 Millionen Tonnen Lebensmittel, Kohle und Maschinen nach West-Berlin gebracht. Erst am 4. Mai 1949 einigten sich die vier Siegermächte in New York auf das Ende der Blockade. Am 12. Mai, nach 322 Tagen, wurde sie aufgehoben.

Für die Sowjetunion erwies sich die Berlin-Blockade als schwerer Fehler: Stalin hatte keines seiner Ziele erreicht, stattdessen im In- und Ausland viel Ansehen verloren. Dagegen verstanden sich Deutsche und Westalliierte zum ersten Mal als Verbündete. Amerikanische und britische Flugzeuge über Deutschland bedeuteten nicht mehr Schrecken und Zerstörung wie während des Bombenkrieges, sondern sorgten für Beistand und Hilfe.

Während der Blockade war Berlin zu einer gespaltenen Stadt geworden, der Ost- und der Westteil hatten eigene Oberbürgermeister und getrennte Verwaltungen eingesetzt.

▲ „Gefährliche Passage."
Karikatur aus der „New York Sun", wieder abgedruckt in „Der Spiegel" vom 18. September 1948.

Im Westen: Trizone und Beratungen über eine Bundesverfassung

Seit Ende 1947 waren Amerikaner und Briten entschlossen, ihre Besatzungszonen in einen westdeutschen Teilstaat umzuwandeln. Dieser sollte eine leistungsfähige Wirtschaft haben und dadurch von den Hilfslieferungen der westlichen Alliierten unabhängig werden. Die Franzosen zögerten in dieser Frage zunächst. Dennoch beauftragten die drei westlichen Militärgouverneure am 1. Juli 1948 die Ministerpräsidenten der elf westdeutschen Länder mit Verfassungsberatungen zur Gründung eines westdeutschen Staates. Die Einzelheiten waren in den sogenannten „Frankfurter Dokumenten" festgelegt: Eine einberufene Verfassunggebende Versammlung sollte eine demokratische Verfassung für einen föderalistischen Staat erarbeiten, der die Grund- und Menschenrechte garantierte. In einer Volksabstimmung sollte dann die Verfassung in Kraft gesetzt werden. Die Ministerpräsidenten stimmten diesem Angebot einer beschränkten Selbstverwaltung zu, nachdem sie durch einige Korrekturen den provisorischen Charakter des geplanten politischen Gebildes verdeutlichen konnten: Um die Chance eines vereinigten deutschen Staates offenzuhalten, wurde nicht von einer Verfassunggebenden Versammlung gesprochen, sondern von einem *Parlamentarischen Rat*, und statt einer Verfassung sollte ein *Grundgesetz* verabschiedet werden.

Der Parlamentarische Rat

Die 65 Abgeordneten des in Bonn tagenden Parlamentarischen Rates waren von den Länderparlamenten im August 1948 gewählt worden. Mit jeweils 27 Abgeordneten waren SPD und CDU/CSU gleich stark vertreten. Zum Präsidenten wurde der 72-jährige Parteivorsitzende der CDU in der britischen Zone, Konrad Adenauer, gewählt, während der Vorsitz im Hauptausschuss, in dem die wichtigsten Verfassungsberatungen stattfanden, an Professor Carlo Schmid (SPD) ging.

Carlo Schmid (1896-1979): Politiker und Staatsrechtler, einer der „Väter des Grundgesetzes", Vizepräsident des Deutschen Bundestages 1949-1962 und 1969-1972

Viele Verfassungsfragen wurden vor dem Hintergrund der Erfahrungen der Weimarer Republik und der nationalsozialistischen Diktatur rasch und einvernehmlich gelöst. Dazu gehörten die unbedingte Geltungskraft der Grundrechte, die starke Stellung des Regierungschefs (Kanzler), das **konstruktive Misstrauensvotum**, die Machtbeschränkung des Staatsoberhauptes (Bundespräsident), die Ablehnung des Plebiszits und die Errichtung eines rein parlamentarisch-repräsentativen Regierungssystems (▶ M3).

Die heftigste Kontroverse im Parlamentarischen Rat betraf die Ausgestaltung der bundesstaatlichen Ordnung. Die SPD forderte eine starke Bundesgewalt, die CDU – und noch mehr die CSU – wollte das politische Gewicht der Länder sichern. Das Ergebnis war ein Kompromiss. Einerseits wurde ein *Bundesrat* als Ländervertretung geschaffen, der eigene Gesetze einbringen und solche des Parlaments bestätigen konnte – eine Lösung, die den Föderalisten aus den süddeutschen Ländern entgegenkam. Dagegen setzte sich die SPD bei der Regelung der Finanz- und Steuerfragen durch. Dazu gehörten eine starke Bundesfinanzverwaltung, umfassende Steuererhebungskompetenzen des Bundes sowie ein verbindlicher Finanzausgleich zwischen wirtschaftsstärkeren und -schwächeren Bundesländern.

Konstruktives Misstrauensvotum: Nach Art. 67 GG kann der amtierende Kanzler vom Parlament nur dann abgewählt werden, wenn eine Mehrheit „konstruktiv" für einen neuen Kandidaten stimmt.

Die Gründung der Bundesrepublik Deutschland
Am 8. Mai 1949, genau vier Jahre nach der deutschen Kapitulation, stimmten 53 Abgeordnete des Parlamentarischen Rates für das Grundgesetz, bei zwölf Gegenstimmen, darunter sechs Abgeordnete der CSU sowie die Abgeordneten der KPD, des Zentrums und der Deutschen Partei (DP). Nachdem die Militärgouverneure das Grundgesetz am 12. Mai 1949 genehmigt hatten,

◀ **Festakt bei der Eröffnung des Parlamentarischen Rates 1948 in Bonn.**
Am 1. September 1948, Punkt 13 Uhr, begann der Festakt zur Eröffnung des Parlamentarischen Rates im Bonner Zoologischen Museum Alexander Koenig. Die Giraffen, Büffel und anderen ausgestopften Tiere wurden hinter Säulen und Vorhängen versteckt. Die zukünftigen Verfassungsväter und die wenigen Verfassungsmütter sitzen im Mittelblock. In der ersten Reihe links sitzen die Vertreter der drei westlichen Besatzungsmächte.
- Klären Sie den Symbolgehalt der Beteiligung der Westalliierten an der Eröffnung des Parlamentarischen Rats.

▶ **Die Mütter des Grundgesetzes.**
Foto von 1949.
Vor allem dem Engagement dieser vier Frauen ist es zu verdanken, dass der Gleichberechtigungsartikel (Art. 3) in das Grundgesetz aufgenommen wurde, obwohl er zunächst im Parlamentarischen Rat mehrheitlich abgelehnt worden war. Das Bild zeigt von links: Helene Wessel (Zentrum), Helene Weber (CDU), Friederike Nadig (SPD) und Elisabeth Selbert (SPD).

wurde es in allen Ländern mit Ausnahme Bayerns ratifiziert.* Am 23. Mai 1949 unterzeichneten die Ministerpräsidenten der Länder und die Landtagspräsidenten in einem feierlichen Akt in Bonn das Grundgesetz. Aus den westlichen Besatzungszonen war ein Staat unter alliierter Aufsicht geworden (▶ M4). Der neue Staat erhielt den Namen „Bundesrepublik Deutschland".

Aus den Wahlen zum ersten Deutschen Bundestag am 14. August 1949 ging die CDU/CSU mit 31 Prozent als Gewinner hervor, gefolgt von der SPD mit 29,2 Prozent, der FDP mit 11,9 Prozent und der KPD mit 5,7 Prozent.

Weitere sechs Parteien einschließlich einiger Parteiloser blieben unter fünf Prozent der Stimmen, waren aber im ersten Bundestag vertreten. Adenauer bildete eine „kleine Koalition" aus CDU/CSU, FDP und DP. Am 7. September 1949 trat der Bundestag zum ersten Mal in Bonn zusammen. Er wählte am 15. September Konrad Adenauer mit einer Stimme Mehrheit zum ersten Bundeskanzler der Bundesrepublik Deutschland. Kurt Schumacher (SPD) fiel die Rolle des Oppositionsführers zu. Theodor Heuss, der Kandidat der FDP, war bereits am 12. September von der Bundesversammlung zum Bundespräsidenten gewählt worden.

Die Gründung der DDR Seit Ende 1947 propagierte die SED mit Rückendeckung Stalins die Einheit Deutschlands in Gestalt der sogenannten Volkskongressbewegung. In Wirklichkeit ging es ihren Spitzenfunktionären jedoch um die Schaffung eines kommunistischen Teilstaates. Bei den Wahlen zum Volkskongress im Mai 1949 sicherte sich die SED die Mehrheit der Mandate. Sie dominierte auch den daraus hervorgehenden *Deutschen Volksrat*.

Die sowjetische Regierung wartete mit der Staatsgründung in der eigenen Besatzungszone, bis die westdeutsche Bundesregierung sich konstituiert hatte. Erst nach einer erneuten Besprechung führender SED-Funktionäre mit Stalin Ende September 1949 erklärte die sowjetische Regierung Anfang Oktober 1949 in einer Note an die drei Westmächte, dass mit der „Bildung der volksfeindlichen Separatregierung in Bonn [...] jetzt in Deutschland eine neue Lage entstanden" sei. Am 7. Oktober 1949 nahm der Deutsche Volksrat einen 1948 ausgearbeiteten Verfassungsentwurf an und erklärte sich selbst zur *Provisorischen Volkskammer*. Damit war die „Deutsche Demokratische Republik" (DDR) gegründet. Wenige Tage später wurde Otto Grotewohl (SED) zum Regierungschef, Wilhelm Pieck (SED) zum Präsidenten der DDR gewählt. Obwohl in der neuen Regierung alle Parteien vertreten waren, besetzte die SED die wichtigsten Ministerien.

Die Gründung zweier Staaten auf dem Boden des ehemaligen Deutschen Reiches bedeutete einen weiteren, wesentlichen Schritt zur Teilung des Landes. Die deutsche Teilung war damals von niemandem gewollt, aber auch von niemandem verhindert worden. Sie war das Ergebnis eines sich verschärfenden Gegensatzes der Siegermächte des Zweiten Weltkrieges, vor allem der USA und der Sowjetunion. Die Hoheit der Besatzungsmächte über Deutschland blieb nach der Gründung von Bundesrepublik und DDR bestehen. Über Deutschlands Zukunft entschieden im Grundsatz weiterhin die Siegermächte und ihre weltpolitischen Beziehungen. Innerhalb dieses Rahmens bestimmten jedoch nun auch die Regierungen in Bonn und Ost-Berlin über das Verhältnis beider Teile Deutschlands. Allerdings überwogen dabei zunächst Feindschaft und Misstrauen (▶ M5).

*Das „Nein" des bayerischen Landtages vom 20. Mai 1949 blieb ohne Folgen, weil der Landtag gleichzeitig beschloss, dass das Grundgesetz auch in Bayern in Kraft treten sollte, wenn ihm zwei Drittel der Länder zustimmten.

Bundesversammlung: Gremium zur Wahl des Bundespräsidenten, das sich aus den Mitgliedern des Bundestages und einer gleichen Anzahl von Vertretern der Länder zusammensetzt

Volkskongresse 1947 und 1948: Zu ihnen lud die SED-Führung; sie sollten ein gesamtdeutsches Vorparlament sein. Hieran nahmen Vertreter von Parteien und Massenorganisationen, Betriebsräte, Bauernverbände, Künstler und Wissenschaftler aus allen Besatzungszonen teil, die meisten jedoch aus der sowjetisch besetzten Zone.

Wilhelm Pieck (1876-1960): 1946-1960 Vorsitzender der SED (neben Otto Grotewohl), 1949-1960 Präsident der DDR

M1 Kurswechsel

Am 6. September 1946 hält US-Außenminister James F. Byrnes in Stuttgart vor den Ministerpräsidenten der süddeutschen Länder eine Rede, die in Deutschland unter der Bezeichnung „Rede der Hoffnung" populär geworden ist. Der Text stammt weitgehend von General Lucius D. Clay, Militärgouverneur der US-Besatzungszone:

Es liegt weder im Interesse des deutschen Volkes noch im Interesse des Weltfriedens, dass Deutschland eine Schachfigur oder ein Teilnehmer in einem militärischen Machtkampf zwischen dem Osten und dem Westen wird. [...]

5 Die Vereinigten Staaten sind der festen Überzeugung, dass Deutschland als Wirtschaftseinheit verwaltet werden muss und dass die Zonenschranken, soweit sie das Wirtschaftsleben und die wirtschaftliche Betätigung in Deutschland betreffen, vollständig fallen müssen. [...]

10 Wir treten für die wirtschaftliche Vereinigung Deutschlands ein. Wenn eine völlige Vereinigung nicht erreicht werden kann, werden wir alles tun, was in unseren Kräften steht, um eine größtmögliche Vereinigung zu sichern. [...]
Der Hauptzweck der militärischen Besetzung war und ist,
15 Deutschland zu entmilitarisieren und entnazifizieren, nicht aber den Bestrebungen des deutschen Volkes hinsichtlich einer Wiederaufnahme seiner Friedenswirtschaft künstliche Schranken zu setzen. [...]
Die Potsdamer Beschlüsse sahen nicht vor, dass Deutschland
20 niemals eine zentrale Regierung haben sollte. Sie bestimmten lediglich, dass es einstweilen noch keine zentrale deutsche Regierung geben sollte. Dies war nur so zu verstehen, dass keine deutsche Regierung gebildet werden sollte, ehe eine gewisse Form von Demokratie in Deutschland Wurzeln
25 gefasst und sich ein örtliches Verantwortungsbewusstsein entwickelt hätte. [...]
Die Vereinigten Staaten treten für die baldige Bildung einer vorläufigen deutschen Regierung ein. [...]
Während wir darauf bestehen werden, dass Deutschland die
30 Grundsätze des Friedens, der gutnachbarlichen Beziehungen und der Menschlichkeit befolgt, wollen wir nicht, dass es der Vasall irgendeiner Macht oder irgendwelcher Mächte wird oder unter einer in- oder ausländischen Diktatur lebt. Das amerikanische Volk hofft, ein friedliches und demokratisches
35 Deutschland zu sehen, das seine Freiheit und seine Unabhängigkeit erlangt und behält. [...]
Die Vereinigten Staaten können Deutschland die Leiden nicht abnehmen, die ihm der von seinen Führern angefangene Krieg zugefügt hat. Aber die Vereinigten Staaten haben nicht
40 den Wunsch, diese Leiden zu vermehren oder dem deutschen Volk die Gelegenheit zu verweigern, sich aus diesen Nöten

herauszuarbeiten, solange es menschliche Freiheit achtet und vom Wege des Friedens nicht abweicht.
Das amerikanische Volk wünscht, dem deutschen Volk die Regierung Deutschlands zurückzugeben. Das amerikanische 45 Volk will dem deutschen Volk helfen, seinen Weg zurückzufinden zu einem ehrenvollen Platz unter den freien und friedliebenden Nationen der Welt.

Dokumente der Deutschen Politik und Geschichte von 1848 bis zur Gegenwart, Bd. VI: Deutschland nach dem Zusammenbruch 1946, S. 130 ff.

1. *Arbeiten Sie heraus, warum die Westdeutschen die Rede des amerikanischen Außenministers als eine Wende empfinden konnten. Ziehen Sie dafür auch M4 heran (S. 434 f.).*
2. *Erörtern Sie, wie die Rede von Byrnes auf die sowjetische beziehungsweise französische Regierung wirken musste.*
3. *Beurteilen Sie, ob in dem Text machtpolitische Interessen der USA zum Ausdruck kommen.*

M2 Mit Zwang zur SED

Am 21./22. April 1946 schließen sich KPD und SPD auf einem „Vereinigungsparteitag" zur Sozialistischen Einheitspartei Deutschlands (SED) zusammen. Das britische Außenministerium analysiert die politische Situation in der SBZ unmittelbar zuvor:

Die SPD-Zeitungen wurden rigoroser Zensur unterworfen, SPD-Organisationen in den Provinzen nur noch dann Zusammenkünfte gestattet, wenn diese gemeinsam mit der KPD abgehalten wurden. Betriebsgruppen wurden vorgeladen, um Resolutionen zu einer sofortigen Vereinigung zu verab- 5 schieden. Die russischen Militärkommandeure begannen darauf zu bestehen, nur noch solche SPD-Mitglieder für führende Parteiposten auf Orts-, Bezirks- und Landesebene zu nominieren, die für die Vereinigung waren [...]. [Der SPD-Vorstand informierte am 15. Januar alle Landes- und Bezirksvor- 10 stände,] dass gemäß den gemeinsamen Beschlüssen von KPD und SPD vom 20. und 21. Dezember eine Vereinigung auf lokaler Ebene nicht erlaubt sei und die Parteienvereinigung lediglich von einer Parteiversammlung auf Reichsebene beschlossen werden könne. Die russische Militärbehörde verbot 15 die Veröffentlichung dieser Instruktion. Verstöße gegen das Verbot resultierten in Redeverboten für Sprecher auf Versammlungen und in Festnahmen. Parteisekretäre, die der Vereinigung widerstrebend gegenüberstanden, [...] wurden entfernt, andere mit Arrest bedroht oder verhaftet und nach 20 Oranienburg und Sachsenhausen verbracht [...].

Reiner Pommerin, Die Zwangsvereinigung von KPD und SPD zur SED. Eine britische Analyse vom April 1946, in: Vierteljahreshefte für Zeitgeschichte, 36. Jg. 1988, Heft 2, S. 328 f.

1. Erläutern Sie die Rolle der sowjetischen Besatzungsbehörden laut dieser Einschätzung.
2. Bewerten Sie die demokratische Legitimation der Parteienvereinigung.
3. Im April 2001 entschuldigte sich die Führung der PDS (Partei des Demokratischen Sozialismus, Rechtsnachfolgerin der SED) für die Form, in der 1946 die Vereinigung von KPD und SPD vollzogen wurde. Diskutieren Sie die politische Bedeutung einer solchen Erklärung.

M3 Lehren aus Weimar

Der Historiker Heinrich August Winkler beschreibt die Lehren, welche die „Mütter und Väter des Grundgesetzes" aus dem Scheitern der Weimarer Republik gezogen haben:

Der Bonner Parlamentarische Rat war drei Jahrzehnte später in einer radikal anderen Situation als die Verfassunggebende Deutsche Nationalversammlung in Weimar. Er konnte auf die Erfahrungen einer
5 gescheiterten parlamentarischen Demokratie und einer von außen niedergeworfenen totalitären Diktatur zurückblicken und gleichzeitig, in der Sowjetischen Besatzungszone, den Aufbau einer neuen Diktatur beobachten. Vor diesem Hintergrund lag nichts näher als der Versuch, einen anderen Typ von
10 Demokratie zu entwickeln als den, der nach 1930 Schiffbruch erlitten hatte. [...]
Die Verwirkung von Grundrechten, das Verbot verfassungswidriger Parteien durch das Bundesverfassungsgericht, die „Ewigkeitsklausel" des Artikels 79, Absatz 3, die eine Ände-
15 rung des Grundgesetzes für unzulässig erklärt, durch welche die Gliederung des Bundes in Länder, die grundsätzliche Mitwirkung der Länder bei der Gesetzgebung oder die in den Grundrechtsartikeln niedergelegten Grundsätze berührt werden: Das waren einige der Vorkehrungen, die der Parla-
20 mentarische Rat traf, um aus der Bundesrepublik Deutschland eine wertorientierte und wehrhafte Demokratie zu machen. Die Weimarer Erfahrungen schlugen sich in Bindungen des Gesetzgebers und Einschränkungen des Wählerwillens nieder, wie sie es wohl in keiner anderen demokratischen
25 Verfassung gibt. Mehrheiten dadurch vor sich selber zu schützen, dass bestimmte unveräußerliche Werte und freiheitssichernde Institutionen ihrem Willen entzogen werden: diese Entscheidung des Verfassunggebers setzte die Erfahrung voraus, dass Mehrheiten so fundamental irren können,
30 wie die Deutschen sich geirrt hatten, als sie 1932 mehrheitlich für Parteien stimmten, die ihre Demokratiefeindschaft offen zur Schau trugen.
Weimarer Erfahrungen entsprach auch die Einsicht, dass nur ein funktionstüchtiges parlamentarisches System demokra-
35 tischen Legitimitätsglauben zu bewirken vermag. Deshalb sorgte der Parlamentarische Rat dafür, dass parlamentarische Mehrheiten ihre Verantwortung nicht mehr auf das Staatsoberhaupt abschieben und einen Regierungschef nur noch durch ein „konstruktives Misstrauensvotum", also die
40 Wahl eines Nachfolgers, stürzen konnten. Die Weimarer Verfassung hatte es zugelassen, dass der vom Volk direkt gewählte Reichspräsident in der Lage war, eine höhere Legitimität für sich zu beanspruchen als das in Parteien gespaltene Parlament. [...]
45 Von der ersten deutschen Demokratie sollte sich die zweite auch in anderer Hinsicht unterscheiden. Gesetzgebung, vollziehende Gewalt und Rechtsprechung waren fortan uneingeschränkt an die Grundrechte gebunden, die, anders als in der Weimarer Republik, unmittelbar geltendes Recht waren,

▲ **Fotomontage zum Vereinigungsparteitag von KPD und SPD am 21./22. April 1946.**
Abgebildet sind Wilhelm Pieck (KPD, links) und Otto Grotewohl (SPD, rechts).
■ Beschreiben Sie die verschiedenen Bildelemente und ihre jeweilige Funktion.

also nicht bloß programmatische Bedeutung hatten. Im Gegensatz zur Weimarer Reichsverfassung durfte das Grundgesetz auch nur noch durch ein Gesetz geändert werden, das den Wortlaut der Verfassung ausdrücklich änderte oder ergänzte. Abweichungen von der Verfassung, die der Gesetzgeber mit verfassungsändernder Mehrheit beschloss, ohne die Verfassung formell zu ändern, waren mithin nicht mehr möglich. Beim Nein zu plebiszitären Formen von Demokratie wie Volksbegehren und Volksentscheid spielte freilich nicht nur die Erinnerung an Weimar eine Rolle, sondern mindestens ebenso sehr die Furcht, die Kommunisten könnten sich dieser Instrumente auf demagogische Weise für ihre Zwecke bedienen.

Heinrich August Winkler, Der lange Weg nach Westen, Bd. 2: Deutsche Geschichte vom „Dritten Reich" bis zur Wiedervereinigung, München 2000, S. 133 f.

1. *Listen Sie die „Korrekturen" des Parlamentarischen Rates auf, mit denen dieser den Erhalt der Demokratie sichern wollte.*

2. *Die Annahme des Grundgesetzes erfolgte durch Ratifizierung in den Länderparlamenten. Begründen Sie, warum es nicht der Bevölkerung zur Abstimmung vorgelegt wurde.*

M4 Besatzungsstatut

Die Militärgouverneure der französischen, amerikanischen und britischen Zone erlassen am 10. April 1949 das „Besatzungsstatut zur Abgrenzung der Befugnisse und Verantwortlichkeiten zwischen der zukünftigen deutschen Regierung und der Alliierten Kontrollbehörde". Es gilt vom 21. September 1949 bis zum 4. Mai 1955:

(1) Die Regierungen Frankreichs, der Vereinigten Staaten und des Vereinigten Königreiches wünschen und beabsichtigen, dass das deutsche Volk während des Zeitraumes, in dem die Fortsetzung der Besetzung notwendig ist, das größtmögliche Maß an Selbstregulierung genießt, das mit einer solchen Besetzung vereinbar ist. Abgesehen von den in diesem Statut enthaltenen Beschränkungen besitzen der Bund und die ihm angehörenden Länder volle gesetzgebende, vollziehende und richterliche Gewalt gemäß dem Grundgesetz und ihren Verfassungen.

(2) Um die Verwirklichung der Grundziele der Besetzung sicherzustellen, bleiben die Befugnisse [...] auf folgenden Gebieten ausdrücklich vorbehalten:

a) Abrüstung und Entmilitarisierung, einschließlich der damit zusammenhängenden wissenschaftlichen Forschungsgebiete, der Verbote und Beschränkungen der Industrie und der Zivilluftfahrt;

b) Kontrollmaßnahmen hinsichtlich der Ruhr[1], Restitutionen[2], Reparationen, Dekartellierung[3], Entflechtung, Handelsdiskriminierungen, ausländische Vermögenswerte in Deutschland und Ansprüche gegen Deutschland;

c) auswärtige Angelegenheiten, einschließlich der von Deutschland oder in seinem Namen abgeschlossenen internationalen Abkommen;

d) Displaced Persons und die Zulassung von Flüchtlingen;

e) Schutz, Ansehen und Sicherheit der alliierten Streitkräfte, Familienangehörigen, Angestellten und Vertreter, ihre Immunitätsrechte sowie die Deckung der Besatzungskosten und ihrer sonstigen Bedürfnisse;

f) die Beachtung des Grundgesetzes und der Länderverfassungen;

g) die Kontrolle über den Außenhandel und den Devisenverkehr;

h) die Kontrolle über innere Maßnahmen nur in dem Mindestumfang, der erforderlich ist, um die Verwendung von Geldern, Nahrungsmitteln und anderen Gütern in der Weise zu gewährleisten, dass der Bedarf an ausländischen Hilfeleistungen für Deutschland auf ein Mindestmaß herabgesetzt wird;

i) die Kontrolle der Verwaltung und Behandlung derjenigen Personen in deutschen Gefängnissen, die vor den Gerichten oder Tribunalen der Besatzungsmächte oder Besatzungsbehörden angeklagt oder von diesen verurteilt worden sind, sowie die Kontrolle über die Vollstreckung der gegen sie verhängten Strafen [...].

(3) [...] Die Besatzungsbehörden behalten sich jedoch das Recht vor, auf Weisung ihrer Regierungen die Ausübung der vollen Gewalt ganz oder teilweise wieder zu übernehmen, wenn sie dies als wesentlich erachten für ihre Sicherheit oder zur Aufrechterhaltung der demokratischen Regierungsform in Deutschland [...].

(4) Die deutsche Bundesregierung und die Regierungen der Länder haben die Befugnis, nach ordnungsgemäßer Benachrichtigung der Besatzungsbehörden auf den diesen Behörden vorbehaltenen Gebieten Gesetze zu erlassen und Maß-

[1] Das Ruhrgebiet galt aufgrund seiner Industrieansammlung als deutsche „Waffenschmiede". Unter den Siegermächten war seine Stellung in der Nachkriegsordnung umstritten. Nachdem es zunächst zur britischen Zone gehörte, wurde von 1949 bis 1951 eine internationale Ruhrkommission eingesetzt, die die Produktion der Ruhrindustrie an Kohle, Koks und Stahl kontrollieren und eine wirtschaftliche Konzentration verhindern sollte.

[2] Restitution: Rückerstattung

[3] Dekartellierung: Auflösung von Kartellen, d. h. von Unternehmensvereinigungen in der Industrie

nahmen zu treffen, es sei denn, dass die Besatzungsbehörden ausdrücklich etwas anderes bestimmen oder dass solche Gesetze oder Maßnahmen mit den eigenen Entscheidungen oder Maßnahmen der Besatzungsbehörden unvereinbar
60 sind.

(5) Jede Änderung des Grundgesetzes bedarf vor ihrem Inkrafttreten der ausdrücklichen Genehmigung der Besatzungsbehörden.

Zitiert nach: Christoph Kleßmann, Die doppelte Staatsgründung. Deutsche Geschichte 1945 - 1955, Bonn ⁵1991, S. 459 f.

■ *Erläutern Sie den politischen Rahmen, den das Besatzungsstatut der Bundesrepublik gibt.*

M5 Im Schlepptau der Siegermächte

Zur Gründung der DDR hält Ministerpräsident Otto Grotewohl am 12. Oktober 1949 eine Ansprache:

Der westdeutsche Sonderstaat ist nicht in Bonn, sondern in London entstanden. Bonn hat nur die Londoner Empfehlungen, die in Wahrheit Befehle der westlichen Alliierten waren, ausgeführt. [...]
5 Statt der im Potsdamer Abkommen vorgesehenen Demokratisierung, Entmilitarisierung und Entnazifizierung Deutschlands sind sie [die Westmächte] bestrebt, die von ihnen besetzten Teile Deutschlands in eine Kolonie zu verwandeln, die mit den traditionellen Methoden imperialistischer Kolonial-
10 herrschaft regiert und ausgebeutet wird. Von Demokratisierung, Entmilitarisierung und Entnazifizierung ist keine Rede. Die von Anfang an sorgfältig konservierten Kräfte der deutschen Reaktion [...] haben mit aktiver Unterstützung der Besatzungsmächte die alten Machtpositionen wieder ein-
15 genommen. [...]
Wir wissen, dass wir in unserem Kampf um die Einheit Deutschlands, der ein Bestandteil des Kampfes um den Frieden ist, nicht allein stehen. Wir haben das Glück, uns in diesem Kampf auf das große Lager des Friedens in der Welt
20 stützen zu können, dessen ständig zunehmende Stärke die imperialistischen Kriegsinteressenten Schritt um Schritt zurückdrängt. Diese Kräfte des Friedens in der ganzen Welt werden geführt von der Sowjetunion, die eine andere Politik als die Politik des Friedens weder kennt noch kennen kann.

Am 15. Oktober 1949 antwortet der SPD-Vorsitzende Kurt Schumacher im Deutschen Bundestag auf die Rede Grotewohls:

25 Man kann erfolgreich bestreiten, dass der neue Oststaat überhaupt ein Staat ist. Dazu fehlt ihm auch der Ansatz zur

Bildung einer eigenen Souveränität, er ist eine Äußerungsform der russischen Außenpolitik. [...]
Jetzt ist der Oststaat ein Versuch, die magnetischen Kräfte des Westens mithilfe staatlicher Machtmittel und eines 30 scheinbaren Willens der deutschen Bevölkerung dieser Zone abzuwehren. Er bedeutet die Anerkennung der Tatsache, dass bis auf Weiteres das große russische Unternehmen, ganz Deutschland in die politischen, gesellschaftlichen, wirtschaftlichen und kulturellen Formen der Sowjets hineinzu- 35 zwingen, gescheitert ist. Die Loslösung der Ostzone durch die Russen, wie sie 1945 radikal und erfolgreich eingeleitet wurde, bedeutet das Hinausdrängen der westalliierten Einflüsse und der internationalen Kritik. Es war aber zur gleichen Zeit das Ende jeder demokratischen Freiheit der Deutschen 40 in dieser Zone. Die westlichen Alliierten tragen an dieser Entwicklung viel Schuld. [...]
Das darf nicht darüber hinwegtäuschen, dass die Etablierung dieses sogenannten Oststaates eine Erschwerung der deutschen Einheit ist. Die Verhinderung dieser Einheit aber kann 45 dieses Provisorium im Osten nicht bedeuten, weil das deutsche Volk und besonders die Bevölkerung der Ostzone Gebilde russischer Machtpolitik auf deutschem Boden ablehnt.

Erster Text: Otto Grotewohl, Im Kampf um die einige Deutsche Demokratische Republik. Reden und Aufsätze, Bd. 1, Berlin 1954, S. 516 ff.
Zweiter Text: Wolfgang Benz, Die Gründung der Bundesrepublik. Von der Bizone bis zum souveränen Staat, München 1984, S. 160 f.

1. *Weisen Sie nach, wie bestimmte Begriffe unterschiedliche inhaltliche Bedeutung gewinnen, je nachdem, ob sie im Osten oder im Westen verwendet werden.*

2. *Stellen Sie dar, mit welchen Argumenten Grotewohl den deutschen Weststaat zu diskreditieren versucht.*

3. *Erläutern Sie, was Schumacher unter den „magnetischen Kräften des Westens" versteht.*

4. *Diskutieren Sie Schumachers Aussage über die „Schuld der Westmächte".*

Bundesrepublik Deutschland: politische und wirtschaftliche Entwicklung 1949-1989

Grundlinien der Außenpolitik seit Adenauer ◼ Vier Jahrzehnte lang bestimmte der Ost-West-Konflikt den Rahmen für die Außenpolitik der Bundesrepublik. Sie musste sich an die Phasen der Anspannung und Entspannung im Verhältnis der Supermächte USA und UdSSR anpassen. Die Bundesrepublik war vorerst noch nicht souverän, das Besatzungsstatut schränkte ihr Außenhandeln ein. Bundeskanzler Adenauer, seit 1951 auch Außenminister, hatte sich mit den Alliierten Hochkommissaren abzusprechen.

Aus der Tatsache der vom Ost-West-Konflikt beherrschten Teilung Europas und der Welt zog Adenauer die Konsequenz einer politischen, wirtschaftlichen und kulturellen Westorientierung der jungen Bundesrepublik. Aus einer Position der Stärke sollte der freie und ökonomisch attraktive westliche Teilstaat eine unwiderstehliche Anziehungskraft auf die Deutschen im sowjetischen Herrschaftsbereich ausüben (*Magnettheorie*). Die eigene Überlegenheit würde langfristig eine Wiedervereinigung „in Frieden und Freiheit" ermöglichen, wobei ein künftiges demokratisches Gesamtdeutschland unwiderruflich mit dem Westen verbunden bleiben sollte. Die Bundesrepublik galt als „Limes des Abendlandes" gegenüber einer als gefährlich eingeschätzten Sowjetunion. Bereits im Oktober 1949 hatte Bundeskanzler Adenauer das Prinzip formuliert, das der Deutschlandpolitik aller Bundesregierungen bis 1969 zugrunde lag: „Die Bundesrepublik Deutschland ist allein befugt, für das deutsche Volk zu sprechen." Dieser von sämtlichen demokratischen Parteien geteilte *Alleinvertretungsanspruch* und die strikte Nichtanerkennung des nicht frei gewählten DDR-Regimes bestimmten und begrenzten die Beziehungen Bonns zu Ost-Berlin zwei Jahrzehnte lang (▸ M1).

Ihre Haltung fasste die Bundesregierung 1955 in den Grundsatz, die Bundesrepublik unterhalte keine Beziehungen zu Staaten, die die DDR durch Aufnahme diplomatischer Beziehungen anerkannten (*Hallstein-Doktrin**). Bis zum Ende der 1960er-Jahre konnte die Bundesregierung damit die internationale Anerkennung der DDR verhindern, zumal in den Ländern der „Dritten Welt", denen die Bundesrepublik andernfalls ihre Wirtschaftshilfe aufkündigte. Die Sowjetunion und Polen musste die Bundesrepublik allerdings von dieser Vorgehensweise ausnehmen.

Schulden und Wiedergutmachung ◼ Die Bundesrepublik sah sich als Rechtsnachfolgerin des untergegangenen Deutschen Reiches. Daher hatte sie auch die deutschen Auslandsschulden zu übernehmen. Nach langen Verhandlungen wurde im Februar 1953 das *Londoner Schuldenabkommen* unterzeichnet. Die Bundesregierung erkannte gegenüber den Westmächten sowie 17 weiteren Gläubigerstaaten Schulden in Höhe von 13,5 Milliarden DM an, wovon fast die Hälfte erlassen wurde. An Schulden aus der Nachkriegszeit – darunter die Gelder der Marshall-Plan-Förderung – wurden 16 Milliarden DM festgelegt, von denen Bonn zuletzt nur sieben Milliarden zurückzahlen musste.

Schon 1952 hatten Verhandlungen über die Vermögenswerte von jüdischen Opfern des Nationalsozialismus zu einem Ergebnis geführt. Die Bundesrepublik und Israel unterzeichneten im September das *Luxemburger Abkommen*. Es sicherte Israel drei Milliarden DM in Sachwerten als Entschädigung zu. Gegenüber der **Jewish Claims**

Jewish Claims Conference: gegründet 1951 als Zusammenschluss von Verbänden, die jüdische Opfer des Nationalsozialismus in der Frage ihrer Entschädigung vertreten

---

* Hallstein-Doktrin: benannt nach Walter Hallstein (1901-1982), 1951-1957 Staatssekretär im Auswärtigen Amt, 1958-1967 Präsident der Kommission der Europäischen Wirtschaftsgemeinschaft (EWG) in Brüssel

Conference verpflichtete sich die Bundesregierung zur Zahlung von 450 Millionen DM. Die Regelungen wurden von der Regierung Adenauer als materielle Wiedergutmachung verstanden und als Zeichen, dass die Bundesrepublik die Verantwortung für den Holocaust übernahm.

Neues Sicherheitsdenken im Westen – deutsche Wiederbewaffnung

Die Bundesrepublik Deutschland besaß bei ihrer Gründung 1949 keine Streitkräfte. Eine Wiederbewaffnung hing von der Billigung durch die Westalliierten ab und stand wenige Jahre nach Kriegsende nicht zur Debatte. Der Korea-Krieg (1950-1953)* schuf eine neue Situation. Er führte die Gefahr einer sowjetischen Invasion Mittel- und Westeuropas vor Augen. Die USA machten ihren Verbleib in Europa als militärische Schutzmacht von der Bereitschaft der Europäer abhängig, ihre eigenen Rüstungsanstrengungen zu verstärken und auch die Bewaffnung der Bundesrepublik zu akzeptieren. Das war damals keineswegs populär, weder in der deutschen Bevölkerung noch bei den Nachbarn, insbesondere in Frankreich. Die französische Regierung schlug im Oktober 1950 eine europäische Armee unter einem französischen Oberkommandierenden vor, in der die deutschen Truppen voll integriert wären. Damit hoffte sie, den amerikanischen Forderungen zu entsprechen und zugleich Deutschland unter Kontrolle zu halten.

Bundeskanzler Adenauer sah die Chance, schneller als erwartet das Besatzungsregime zu beenden und eine militärische Sicherheitsgarantie der USA für die Bundesrepublik zu erwirken. Er war bereit, mit einer Wiederbewaffnung des Landes den militärischen Beitrag zu leisten, den die USA einforderten, um dadurch seinem Ziel näher zu kommen, die Bundesrepublik zu einem gleichberechtigten Mitglied der westlichen Gemeinschaft zu machen.

▲ SED-Plakat gegen Adenauers Politik der Westintegration, 1951.
■ Benennen Sie die einzelnen Bildmotive und ihre Funktion.

Stalins Angebot zur Wiedervereinigung

Bis ins Frühjahr 1952 verhandelten Bonn und die Westmächte über ein Ende des Besatzungsregimes und die Aufnahme der Bundesrepublik in ein Militärbündnis. Als die Verträge kurz vor dem Abschluss standen, trat die Sowjetunion mit einem überraschenden Angebot auf.

In mehreren Noten vom März und April 1952 unterbreitete Stalin den Entwurf eines Friedensvertrages mit Deutschland, das als einheitlicher Staat wiederhergestellt werden und über nationale Streitkräfte verfügen sollte – Voraussetzung dafür war die Neutralität dieses Staates. Die Sowjetunion erklärte sich sogar bereit, über gesamtdeutsche Wahlen zu verhandeln, nicht aber, diese unter Aufsicht der UNO zuzulassen.

Deutschland vereint, aber ohne Bündnis und ohne Garantie einer demokratischen Verfassung? Die Westmächte lehnten ab, und Adenauer stimmte damit völlig überein. Er sah keine Alternative zur Westintegration, um die Freiheit und Stabilität der Bundesrepublik zu sichern (▶ M2). Da über das Angebot aus Moskau nicht weiter verhandelt wurde, hat man viel über dessen Ernsthaftigkeit und Motive spekuliert. Adenauer wie auch die Westmächte hielten die Stalin-Noten für ein Störfeuer, um die Einbeziehung der Bundesrepublik in das westliche Bündnis zu verhindern. Bis heute besteht kein einheiliges Urteil darüber, ob Stalin 1952 nur „gebluffft" hat oder eine Wiedervereinigung tatsächlich möglich gewesen wäre (▶ M3).

---

* Siehe S. 368 und S. 428.

Die Pariser Verträge – das Ende der Besatzungszeit Am 26. Mai 1952 wurde in Bonn der „Vertrag über die Beziehungen zwischen der Bundesrepublik Deutschland und den Drei Mächten" (*Deutschlandvertrag*) unterzeichnet, der das Besatzungsregime in Westdeutschland beenden sollte. Ebenso kam in Paris der Vertrag über eine Europäische Verteidigungsgemeinschaft (*EVG-Vertrag*) zum Abschluss. Als Reaktion hierauf riegelten die DDR-Sicherheitskräfte auf Weisung Moskaus noch am selben Tag die Grenze nach Westdeutschland ab. Das Abkommen sah einen Verbund der Streitkräfte Frankreichs, Italiens, der Beneluxstaaten und der neu bewaffneten Bundesrepublik vor. Es wurde sowohl in der Bundesrepublik als auch in Frankreich heftig debattiert.

Adenauers Sieg bei den Bundestagswahlen vom 6. September 1953 wurde als eine Bestätigung seiner Westpolitik gewertet. Ein Jahr später allerdings schien alles wieder offen zu sein, als die französische Nationalversammlung am 30. August 1954 den EVG-Vertrag ablehnte. Einen Ausweg fand jedoch der britische Außenminister *Robert Anthony Eden*. Auf seine Initiative wurde der Brüsseler Beistandspakt, den Großbritannien, Frankreich und die Beneluxstaaten am 17. März 1948 geschlossen hatten, durch den Beitritt der Bundesrepublik und Italiens zu einer *Westeuropäischen Union* (WEU) erweitert. Die WEU stellte vor allem eine gegenüber der Bundesrepublik wirksame Rüstungskontrolleinrichtung dar, was den Interessen Frankreichs entsprach. Gleichzeitig wurde die Bundesrepublik in die NATO aufgenommen. Die beteiligten neun Mächte – Frankreich, Großbritannien, USA, Beneluxstaaten, Italien, Bundesrepublik, Kanada – einigten sich im September/Oktober 1954 in den *Pariser Verträgen* auf diese Vereinbarungen, nachdem die Bundesrepublik ihren Verzicht auf die Herstellung von atomaren, bakteriellen und chemischen Waffen erklärt hatte (▶ M4).

▲ Plakat für die in die NATO integrierte Bundeswehr.
Herausgeber: Presse- und Informationsamt der Bundesregierung, um 1956.

Das Ende des Besatzungsregimes wurde in einer für die deutsche Seite verbesserten Fassung des Deutschlandvertrages festgelegt. Die Westmächte erklärten sich bereit, „mit friedlichen Mitteln ihr gemeinsames Ziel zu verwirklichen: ein wiedervereinigtes Deutschland, das eine freiheitlich-demokratische Verfassung, ähnlich wie die Bundesrepublik, besitzt und das in die europäische Gemeinschaft integriert ist" – eine Übereinkunft, die bis 1990 gültig blieb und schließlich im Zuge der Wiedervereinigung Deutschlands auch verwirklicht wurde. Bonn und Paris einigten sich auch über eine Internationalisierung des Saarlandes, das unter die Kontrolle der WEU gestellt werden sollte, bei enger wirtschaftlicher Anbindung an Frankreich (*Saarstatut*). In einer Volksabstimmung lehnte eine übergroße Mehrheit das Saarstatut ab. Frankreich willigte nun in den Beitritt des Saarlandes zur Bundesrepublik ein, der am 1. Januar 1957 vollzogen wurde. Das war die erste „kleine" Wiedervereinigung in Deutschland.

Blockbildung Begleitet von heftigen parteipolitischen Auseinandersetzungen und Demonstrationen von SPD, Gewerkschaften und Kreisen der evangelischen Kirche gegen die Schaffung einer „Bundeswehr" stimmte der Bundestag Ende Februar 1955 mit der Mehrheit der Regierungsparteien den Pariser Verträgen zu. Sie traten am 5. Mai 1955 in Kraft. Vier Tage später trat die Bundesrepublik als 15. Mitglied der NATO bei. Das war eine der zentralen Weichenstellungen der Nachkriegszeit.

Als gleichberechtigter Partner des westlichen Verteidigungsbündnisses hatte die Bundesrepublik – zehn Jahre nach Kriegsende – den Status eines souveränen Landes unter gewissen Vorbehalten erreicht. Diese betrafen die alliierten Sonderrechte für ihre Truppen in Westdeutschland, Befugnisse für den Fall eines inneren Notstandes, die Rechte der Westmächte hinsichtlich Berlins sowie für „Deutschland als Ganzes" bei einem späteren Friedensvertrag.

Fortan garantierte die NATO die Sicherheit für Westdeutschland und gleichzeitig die Sicherheit *vor* Deutschland. Das amerikanische Konzept einer „doppelten Eindämmung" – Abwehr des sowjetischen Hegemonialstrebens, Einbindung der (West-)Deutschen in die westliche Staatengemeinschaft – war aufgegangen. Adenauer sah darin die Voraussetzung für das langfristige Ziel einer Wiedervereinigung, seine politischen Gegner sprachen hingegen von einer Festschreibung der deutschen Teilung. Sie schienen zunächst auch Recht zu behalten.

Die Blockbildung in Europa und Deutschland fand ihr vorläufiges Ende mit der Gründung der Warschauer Vertragsorganisation am 14. Mai 1955, zu deren Unterzeichnerstaaten auch die DDR gehörte. Bereits Anfang 1956 wurde sie mit der „Nationalen Volksarmee" (NVA) militärischer Teil des sowjetisch beherrschten Ostblocks.

Mit der Herausbildung eines militärischen Gleichgewichts zwischen den beiden atomaren Supermächten seit Mitte der Fünfzigerjahre verfestigte sich der Status quo in Europa und somit auch im geteilten Deutschland. Bundeskanzler Adenauer legte den Akzent seiner Außenpolitik auf die Stärkung der westlichen Staatengemeinschaft und die Aussöhnung mit Frankreich. Diesem Ziel dienten die Gründung der Europäischen Wirtschaftsgemeinschaft (EWG) 1957 und der enge Schulterschluss mit dem französischen Staatspräsidenten Charles de Gaulle, der seinen Höhepunkt im deutsch-französischen Freundschaftsvertrag von 1963 fand.

Die akzeptierte Demokratie ◼ Anders als die Weimarer Republik entwickelte sich die Bundesrepublik zu einem politisch stabilen Staat. Vor allem das „Wirtschaftswunder", der Aufbau des Sozialstaates* und die Handlungsfähigkeit der Regierungen festigten die Bonner Demokratie.

1949 war die Gefahr einer politischen Radikalisierung der Bevölkerung angesichts ungesicherter wirtschaftlicher Verhältnisse, Arbeitslosigkeit, sozialer Not und eines nicht geringen Potenzials politisch Unbelehrbarer noch durchaus gegeben. Als die Besatzungsmächte Anfang 1950 den Lizenzzwang für politische Parteien aufhoben, entstanden in kurzer Zeit rund 30 neue, zumeist nationale und rechtsextremistische Parteien.

Nach der zweiten Bundestagswahl 1953 setzte eine Entwicklung ein, die bis Anfang der Achtzigerjahre kennzeichnend für das Parteiensystem der Bundesrepublik und die Mehrheitsverhältnisse im Bundestag blieb: Die Zahl der im Bundestag vertretenen Parteien sank stark ab, und die Stimmen für die beiden großen Gruppierungen – Unionsparteien und Sozialdemokratie – nahmen zu. CDU/CSU, SPD und FDP waren und blieben die bestimmenden politischen Parteien.

Herausbildung der Volksparteien ◼ Mit den Wahlerfolgen Adenauers bildete sich ein neuer Parteientypus heraus – die Volkspartei. Die CDU (und in Bayern die CSU) entwickelte sich zu einer bürgerlichen Sammlungsbewegung, die für alle großen sozialen Gruppen und Schichten wählbar war.

Charles de Gaulle (1890-1970): französischer General im Zweiten Weltkrieg; 1944-1946 Chef der Regierung des befreiten Frankreich. Entwirft 1958 als Ministerpräsident eine neue Verfassung (Fünfte Republik), die dem Präsidenten eine große Machtfülle verleiht und die in einer Volksabstimmung angenommen wird. 1959-1969 französischer Staatspräsident.

---

* Siehe S. 440 f.

Willy Brandt (vormals Ernst Karl Frahm) (1913-1992): Sozialdemokrat, 1933-1945 emigriert. 1957-1966 Regierender Bürgermeister von Berlin (West). 1964-1987 Vorsitzender der SPD. 1969-1974 Bundeskanzler. Erhielt 1971 den Friedensnobelpreis.

Herbert Wehner (1906-1990): Mitglied der KPD in der Weimarer Republik, 1935 emigriert. 1969-1983 Vorsitzender der SPD-Fraktion im Bundestag.

Nach empfindlichen Wahlniederlagen in den 1950er-Jahren wandelte sich auch die SPD zu einer modernen Volkspartei. Die Wähler hatten ihre Opposition gegen die Außen- und Wirtschaftspolitik der Regierung Adenauer nicht belohnt. Sozialdemokratische Reformer wie **Willy Brandt** und **Herbert Wehner** setzten einen Kurswechsel durch. Das Ergebnis war ein neues Parteiprogramm, das *Godesberger Programm* von 1959, das das Heidelberger Programm von 1925 ablöste. An die Stelle klassenkämpferischer Ziele traten die Grundwerte Freiheit, Gerechtigkeit und Solidarität. Die SPD bekannte sich nun zur Politik der Westintegration und zur Sozialen Marktwirtschaft. Als gemäßigt linke reformistische Volkspartei vertrat sie nicht mehr nur die Interessen der Arbeiter, sondern öffnete sich neuen Wählerschichten.

Der scharfe Gegensatz zwischen Unionsparteien und SPD verschwand, Koalitionen zwischen ihnen wurden denkbar. Allein die FDP konnte sich zwischen beiden Großparteien als „dritte Kraft" behaupten, getragen von ihrer Klientel aus Akademikern und Selbstständigen. In den Jahren 1949 bis 1956 und 1961 bis 1966 war die FDP als Partner der Union an der Regierung beteiligt.

Politisches Klima im Zeichen des Antikommunismus Unter Politikern und Bürgern war das Gefühl verbreitet, vom Sowjetkommunismus bedroht zu sein. Begründet war diese Einstellung zum einen in der erfolgreichen jahrelangen Propaganda der Nationalsozialisten vom „bolschewistischen Untermenschen". Hinzu kamen die Erfahrungen des Kriegsendes und der Nachkriegszeit: Plünderung und Vergewaltigung, Flucht und Vertreibung, Gefangenschaft in der Sowjetunion, sowjetische Reparationspolitik und die Unterdrückung durch die SED.* Der Antikommunismus verband die meisten Parteien und gesellschaftlichen Gruppen in der Bundesrepublik und war auch im westlichen Ausland weit verbreitet. Er diente als Integrationsideologie für die noch kaum gefestigte Demokratie in Westdeutschland.

Von diesem Grundkonsens ausgenommen blieb die westdeutsche KPD. Sie war der verlängerte Arm der SED, von der sie weitgehend finanziert und gelenkt wurde. Obwohl zahlenmäßig unbedeutend, galt sie als eine Gefahr für die demokratische Ordnung. Deshalb ging die Bundesregierung gegen Kommunisten im öffentlichen Dienst vor; verschiedene der KPD nahe stehende Organisationen wurden für verfassungswidrig erklärt, ihre Mitglieder mit Billigung der Arbeitsgerichte aus dem öffentlichen Dienst entlassen, bis die Partei 1956 vom Bundesverfassungsgericht verboten wurde. Das Bundesverfassungsgericht hatte als erste Partei bereits 1952 die Sozialistische Reichspartei (SRP) als Nachfolgerin der NSDAP verboten.

Der Sozialstaat schafft Stabilität Als ein wichtiger Stützpfeiler der jungen Demokratie erwies sich ihre erfolgreiche Sozialpolitik. Das Sozialstaatsgebot des Grundgesetzes (Artikel 20, Absatz 1) legte den Staat auf eine Politik der sozialen Gerechtigkeit und sozialen Sicherheit fest. Die Freiheitsrechte des Menschen als Kernbestand der neuen Verfassung sollten auch für die sozial und wirtschaftlich Schwachen verwirklicht werden. Denn die Not weiter Teile der Bevölkerung am Ende der Weimarer Republik und deren Anfälligkeit für radikale Parteien waren noch in lebhafter Erinnerung. Ohne sozialen Frieden im Land würde der politische und wirtschaftliche Wiederaufbau nicht gelingen, die Demokratie keine Wurzeln schlagen – darin waren sich alle einig.

▲ **Wahlplakate zur Bundestagswahl 1953.**
Erich Ollenhauer wurde nach dem Tod Kurt Schumachers 1952 SPD-Vorsitzender und war 1953 der Kanzlerkandidat seiner Partei.

* Siehe S. 465 f.

Zunächst ging es um die Bewältigung der unmittelbaren Kriegsfolgen. In einer im Rückblick erstaunlich kurzen Zeit gelang es, diese außergewöhnliche Herausforderung rechtlich und materiell zu bewältigen. Auf die Kriegsopferversorgung (1950) für 4,5 Millionen Menschen folgten gesetzliche Maßnahmen zum Schutz und zur beruflichen Wiedereingliederung von Schwerbeschädigten (1953) und umfangreiche Hilfen für Vertriebene (Bundesvertriebenengesetz, 1953). Das Gesetz über den Lastenausgleich von 1952 gewährte Flüchtlingen und Vertriebenen aus den deutschen Ostgebieten und der SBZ Finanzhilfe zum Ausgleich ihrer Schäden und Verluste.

Für die vom NS-Regime in Deutschland aus rassischen, politischen und religiösen Gründen Verfolgten sah das Bundesentschädigungsgesetz (1953) Wiedergutmachungsleistungen in Form von Renten, Beihilfen u. Ä. vor (Gesamtaufwand bis 1999 umgerechnet etwa 53 Mrd. Euro). Auch die staatliche Förderung des Wohnungsbaus trug entscheidend dazu bei, die Not der Nachkriegszeit zu überwinden. Bis 1961 wurden sechs Millionen neue Wohnungen gebaut. Der Bauboom setzte sich bis Anfang der 1970er-Jahre fort.

Eine der wichtigsten sozialpolitischen Neuerungen der Nachkriegszeit brachte die **Rentenreform** von 1957. Die Renten wurden durchschnittlich um 60 Prozent erhöht und – das war neu – jährlich an die allgemeine Lohnentwicklung angepasst („dynamisiert"). Erstmals wurde der Zirkel von Alter und Armut durchbrochen.

Rentenreform: Grundprinzip der bundesdeutschen Rentenversicherung ist das Umlageverfahren, bei dem die ausgezahlten Renten durch die Beiträge von Arbeitgebern und Arbeitnehmern finanziert werden. Aus diesem Grund ist die Rede von einem „Generationenvertrag".

Das bundesdeutsche „Wirtschaftswunder"

Die Grundlage aller staatlichen Sozialleistungen war der unerwartet rasche wirtschaftliche Aufstieg (▶ M5). Das reale Bruttosozialprodukt nahm in den Fünfzigerjahren jährlich um acht Prozent zu, zwischen 1950 und 1970 verdreifachte es sich nahezu. Entsprechend wuchs das verfügbare Einkommen der Arbeitnehmer. Ab 1959 herrschte Vollbeschäftigung, ausländische Arbeitnehmer (damals „Gastarbeiter" genannt) wurden angeworben. Als geistiger Vater und Repräsentant des „Wirtschaftswunders" galt Wirtschaftsminister Ludwig Erhard. Der Erfolg seines Konzepts der „Sozialen Marktwirtschaft" war spätestens 1952 unübersehbar.

Der Aufschwung führte zu anhaltender Vollbeschäftigung und wachsendem Wohlstand. Die Entwicklung profitierte von mehreren Faktoren:
- Es gab genügend qualifizierte und motivierte Arbeitskräfte.
- Die Kriegsschäden waren geringer als befürchtet. Die Industrie konnte von einer gut ausgebauten Infrastruktur (Maschinen und Fabrikanlagen) ausgehen, die sich rasch modernisieren ließ.
- Dabei half auch eine zunächst bewusst zurückhaltende Tarifpolitik* der Gewerkschaften: Sie versetzte die Unternehmen in die Lage, ihre Gewinne für Investitionen zu verwenden (Selbstfinanzierung).
- Wegen des Wiederaufbaus gab es eine gewaltige Nachfrage nach Konsum- und Investitionsgütern aller Art sowie nach Wohnungen.
- In Engpasssektoren (Wohnungen, Grundnahrungsmittel und Energie) wurde die staatliche Verwaltungswirtschaft noch eine Zeitlang beibehalten, bis sich die Märkte normalisiert hatten.
- Der Güteraustausch mit Amerika erlaubte die Einfuhr moderner Technologie.

ERHARD hält, was er verspricht:
Wohlstand für alle durch die
SOZIALE MARKTWIRTSCHAFT

▲ „Erhard hält, was er verspricht."
Plakat von 1957. Im Bundestagswahlkampf 1957 setzt die CDU auf die Erfolge des Wirtschaftsministers Ludwig Erhard, „Vater des Wirtschaftswunders".

---
* Löhne und Arbeitsbedingungen werden von Arbeitgeber- und Arbeitnehmerverbänden vereinbart, ohne dass sich der Staat einmischt (Tarifautonomie).

▲ **Feier für den einmillionsten „Käfer" im Wolfsburger Volkswagenwerk.**
Foto vom 5. August 1955. 140 000 Menschen, darunter viele Vertreter der „Käfer-Importnationen", feiern den Volkswagen, der insgesamt 21,5 Millionen Mal gebaut wurde. Der VW-Käfer wurde zum Symbol für den Erfolg der deutschen Autoindustrie, der zunehmenden Motorisierung und des deutschen Wirtschaftsaufstiegs.

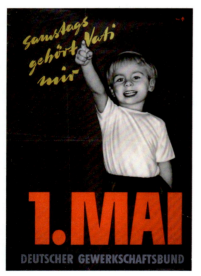

▲ **„Samstags gehört Vati mir."** *Plakat des DGB zum 1. Mai 1956.*

- Durch den Krieg in Korea 1950-1953* verlagerten die USA und viele westliche Industrien ihre Produktion auf Rüstungsgüter. Auf dem Weltmarkt entstand eine „Angebotslücke", die die bundesdeutsche Wirtschaft ausfüllte. Maschinen, Fahrzeuge, elektrische und chemische Erzeugnisse „made in Western Germany" fanden großen Absatz und machten die Bundesrepublik seither zur *Exportnation*.
- Seit 1957 sorgte die von Weisungen der Bundesregierung unabhängige Deutsche Bundesbank für die Stabilität einer „harten" D-Mark.
- Ab 1958 erfuhr der deutsche Außenhandel einen weiteren Impuls durch die Europäische Wirtschaftsgemeinschaft.
- Nicht zu unterschätzen ist die damalige Grundstimmung in der Bevölkerung, bei der Zukunftsvertrauen, Überlebenswille und die Sehnsucht nach Normalität vorherrschten.

Von der Arbeits- zur Konsumgesellschaft Insgesamt wurde die Verbesserung der Lebensverhältnisse für die Masse der Bundesbürger erst gegen Ende der 1950er-Jahre spürbar. Der Aufschwung führte zunächst zu einem Anstieg der Arbeitszeiten. Bis Mitte des Jahrzehnts lag die durchschnittliche Wochenarbeitszeit in der Industrie bei über 49 Stunden an sechs Werktagen. Der Samstag wurde erstmals 1956 für die Metallarbeiter zum arbeitsfreien Tag, der Jahresurlaub betrug zwei bis drei Wochen. Bis Ende der 1950er-Jahre sank die Wochenarbeitszeit für Arbeiter wie Angestellte auf rund 44 Stunden.

Unternehmer und Freiberufler konnten den Wohlstand wesentlich früher genießen als Arbeiter und Angestellte. Die Not der Kriegs- und unmittelbaren Nachkriegszeit blieb zwar noch in Erinnerung, wurde aber von einem grundsätzlichen Optimismus und Fortschrittsglauben abgelöst. Immer mehr Bedürfnisse konnten durch den Aufschwung befriedigt werden. Auf die „Fresswelle" der Anfangsjahre (Lebensmittel waren seit Beginn der 1950er-Jahre ausreichend vorhanden) folgte die „Kaufwelle" (deutsche Haushalte statteten sich mit langlebigen Gebrauchsgütern und Möbeln aus), die „Reisewelle" (Italien wurde zum Traumland der Deutschen) und schließlich die „Motorisierungswelle" (▶ M6).

Bei den Einkommen und Vermögen kam es freilich nicht zu einer Angleichung zwischen den gesellschaftlichen Gruppen. Selbstständige verdienten drei Mal so viel wie ein Arbeitnehmer. Mitte der 1960er-Jahre besaßen 1,7 Prozent der Bundesbürger 74 Prozent des Produktivvermögens (Unternehmen, Aktien). Dagegen glichen sich die Lebensstile immer weiter an: Angehörige aller Schichten nahmen am allgemeinen Massenkonsum teil, besaßen ein eigenes Auto und unternahmen Urlaubsreisen.

Die wirtschaftliche Blüte hielt bis zur Mitte der 1960er-Jahre unverändert an. In der Bevölkerung war man stolz auf den erreichten materiellen Status. Das Ziel eines „Wohlstands für alle" schien Realität zu werden.

---

* Siehe S. 368.

Die Große Koalition 1966 - 1969 Im Oktober 1963 trat der 87-jährige Gründungskanzler der Bundesrepublik zurück. Auf Adenauer folgte dessen populärer Wirtschaftsminister Ludwig Erhard als Regierungschef. Seine eher glücklose Amtszeit endete bereits im November 1966, als eine erste, vergleichsweise harmlose Wirtschaftsrezession kurzfristig die Arbeitslosigkeit ansteigen ließ und der neu gegründeten rechtsradikalen Nationaldemokratischen Partei Deutschlands (NPD) in Hessen und Bayern kräftige Stimmengewinne bescherte.

Eine Große Koalition aus Unionsparteien und SPD bildete die neue Regierung unter Bundeskanzler **Kurt Georg Kiesinger** von der CDU und dem Parteichef der SPD, Willy Brandt, als Außenminister. Den 447 Abgeordneten des Regierungslagers stand im Deutschen Bundestag eine extrem kleine Opposition von 47 Abgeordneten der FDP gegenüber. Für zukunftsweisende Weichenstellungen in der Finanz- und Wirtschaftspolitik sorgten Finanzminister **Franz Josef Strauß** (CSU) und Wirtschaftsminister **Karl Schiller** (SPD). Vor allem mit dem Gesetz zur Förderung der Stabilität und des Wachstums der Wirtschaft (*Stabilitätsgesetz*) von 1967 wurden dem Staat Steuerungsaufgaben für die Sicherung von wirtschaftlichem Wachstum, Preisstabilität, Vollbeschäftigung und Gleichgewicht im Außenhandel („magisches Viereck") zugewiesen. Staatliche Konjunkturprogramme sollten bei wirtschaftlichen Abschwüngen die Nachfrage nach Gütern und Dienstleistungen sichern.

Ab 1967 setzte ein „Aufschwung nach Maß" (Schiller) ein: 1969 herrschte wieder Vollbeschäftigung, und die Zahl der ausländischen Beschäftigten erreichte die Rekordmarke von 1,5 Millionen Menschen. Das Bruttosozialprodukt wuchs um 8,2 Prozent, die Inflationsrate sank, und in der Bevölkerung verbreitete sich wieder Zuversicht.

Kurt Georg Kiesinger (1904-1988): im „Dritten Reich" Mitarbeiter des Auswärtigen Amtes und NSDAP-Mitglied; 1958-1966 Ministerpräsident von Baden-Württemberg, 1966-1969 Bundeskanzler

Franz Josef Strauß (1915-1988): Mitbegründer der CSU, 1956-1962 Verteidigungsminister, 1961-1988 CSU-Vorsitzender, 1966-1969 Bundesfinanzminister; 1978-1988 bayerischer Ministerpräsident

Karl Schiller (1911-1994): Hochschullehrer und Politiker (SPD), 1966-1972 Bundeswirtschaftsminister, 1971/72 Bundesminister für Finanzen

OECD (Organization of Economic Cooperation and Development): Organisation für wirtschaftliche Zusammenarbeit und Entwicklung; koordiniert weltweit Wirtschaftsbeziehungen und berät zu Wirtschaft und Bildung

Beginn der Bildungsreformen Der Konjunktureinbruch 1966/67 war nicht das einzige Anzeichen gewesen, das Politiker und Bevölkerung alarmiert hatte, weil das erreichte Wohlstandsgefüge bedroht schien. Seit Beginn der 1960er-Jahre warnten Experten vor den völlig überholten Zuständen im bundesdeutschen Bildungswesen. Nach einer Studie der **OECD** von 1966 rangierte die Bundesrepublik weit hinter allen westlichen Industrieländern, was den Zugang von Mädchen sowie Kindern aus ärmeren Schichten zu weiterführenden Schulen und zum Hochschulstudium betraf. Dieser Missstand führe, so mahnten Kritiker, zu Fachkräftemangel und einer Senkung des Bildungsniveaus der nachwachsenden Generation.

Beibehalten wurde das dreigliedrige Schulsystem aus Grund- und Hauptschule, Realschule und Gymnasium, das noch aus der Weimarer Republik stammte. Einschneidende Änderungen brachte die Bildungsreform Mitte der 1960er-Jahre. 1964 wurden die ländlichen „Zwergschulen" abgeschafft, die alle Grundschüler in einem Klassenverband unterrichteten. Nach und nach verschwanden auch die Konfessionsschulen; sie wurden durch gemischtkonfessionelle Schulen ersetzt, in denen nur noch der Religionsunterricht getrennt war. Auch die Koedukation (gemeinsamer Unterricht für Mädchen und Jungen) wurde allgemein üblich. Ähnlich drängend war die Lage an den Hochschulen, wo die Zahl der Studierenden unaufhaltsam stieg. In den 1960er-Jahren begann in allen Bundesländern der Bau neuer Hochschulen und die Vergrößerung des Lehrangebotes.

1968 beschlossen die Bundesländer dann, alle Fachschulen und Ingenieurschulen zu Fachhochschulen (FH) aufzuwerten. Der Bundestag ergänzte 1969 das Grundgesetz, wonach Bund und Länder künftig bei „Gemeinschaftsausgaben" zusammenwirken konnten. Bund und Länder investierten nun gemeinsam in Bildung und Forschung. Die Reformanstrengungen wurden in den 1970er-Jahren unvermindert fortgesetzt.

Notstandsgesetze: Sie sollten im Falle eines inneren und äußeren Notstandes die Handlungsfähigkeit der Regierung sichern, indem sie die Einschränkung von Grundrechten erlaubten, darunter das Brief-, Post- und Fernmeldegeheimnis sowie die Unverletzbarkeit der Wohnung.

Notstandsgesetze und Außerparlamentarische Opposition Zu den zentralen innenpolitischen Fragen gehörte auch die Debatte über **Notstandsgesetze**. Die Befürworter argumentierten, ohne Notstandsgesetze gebe es keine Regeln für den Krisenfall, vielmehr würden die Kontrollrechte der Alliierten weiter gelten. Die Gegner fürchteten eine Aushöhlung der bürgerlichen Freiheiten (▶ M7).

Jahrelang hatte der Bundestag debattiert, ohne dass die erforderliche Zweidrittelmehrheit zur Änderung des Grundgesetzes zustande kam. Mit den Stimmen der Großen Koalition seit 1966 schien der Weg endlich frei für eine Verabschiedung. Nun verlagerte sich der Streit außerhalb des Bundestages. Intellektuelle, Studenten und Teile der Gewerkschaften bildeten landesweit eine „*Außerparlamentarische Opposition*" (APO). Sie protestierten gegen die geplanten Notstandsgesetze sowie gegen das Übergewicht der Großen Koalition im Bundestag. Ihrer Meinung nach gab es keine ausreichende demokratische Kontrolle der Regierung.

Die Proteste der APO standen in engem Zusammenhang mit den damaligen Studentenunruhen.* Im Mai 1968 verabschiedete der Bundestag die Notstandsgesetze. Die Regierungsparteien hatten sich durchgesetzt, doch der Vorwurf mangelnden Dialogs zwischen Politik und Bevölkerung blieb bestehen.

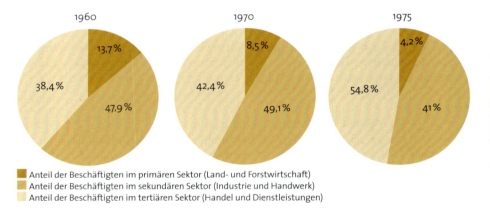

▶ **Strukturwandel der bundesdeutschen Wirtschaft.**
Nach: Axel Schildt, Die Sozialgeschichte der alten Bundesrepublik Deutschland bis 1989/90, München 2007, S. 19 und 56

■ Anteil der Beschäftigten im primären Sektor (Land- und Forstwirtschaft)
■ Anteil der Beschäftigten im sekundären Sektor (Industrie und Handwerk)
■ Anteil der Beschäftigten im tertiären Sektor (Handel und Dienstleistungen)

Die Bundesrepublik Ende der 1960er-Jahre Die Große Koalition hatte die kurzzeitig einbrechende Wirtschaftskonjunktur erneut ankurbeln können. Der Wohlstand schien wieder gesichert. Das Wachstum hatte inzwischen die Wirtschaftsstruktur in Westdeutschland verändert. Die Landwirtschaft schrumpfte immer mehr, während zunächst Industrie und Handwerk zunahmen, ehe auch der Dienstleistungssektor anstieg und seit Mitte der 1970er-Jahre den größten Anteil der Volkswirtschaft ausmachte. Dieser *Strukturwandel* hatte sich bereits vor dem Zweiten Weltkrieg angekündigt und fand parallel in den westlichen Ländern statt. In Westdeutschland wurde er so vollzogen, dass es so gut wie keine Verlierer gab. Dafür sorgten Vollbeschäftigung, steigende Löhne, öffentliche Fördermaßnahmen und die Hilfen des Sozialstaates. Die Bundesrepublik schaffte – auf einem in der deutschen Geschichte bis dahin nicht erreichten Wohlstandsniveau – den Übergang in die *postindustrialisierte Gesellschaft*.

Die erfolgreiche Wirtschaftspolitik sorgte ebenso dafür, dass extremistischen Parteien der Boden entzogen wurde. Die Nationaldemokratische Partei (NPD) erreichte kurzzeitig Erfolge, etwa im April 1968 mit 9,8 Prozent bei Landtagswahlen in Baden-Württemberg. Mit nationalistischen, demokratie- und europafeindlichen Schlagwor-

---
* Siehe S. 445 f.

ten sowie mit Kritik an den Bemühungen um eine „Bewältigung" der NS-Vergangenheit (Auschwitz-Prozess 1960-1963 in Frankfurt am Main, Debatten im Bundestag über die Nichtverjährung von NS-Verbrechen 1965 und 1969) sprach die NPD Unzufriedene und Unbelehrbare an. Bei den Bundestagswahlen 1969 verfehlte sie jedoch den Einzug ins Parlament und verschwand einstweilen von der politischen Bildfläche. Daneben trat mit der 1968 neu gegründeten Deutschen Kommunistischen Partei (DKP) wieder eine linksextreme Partei in Erscheinung. Sie kam jedoch über den Status einer kleinen Splitterpartei nicht hinaus.

Die Regierung Kiesinger/Brandt führte auch umfangreiche Justizreformen durch – so wurden Ehebruch sowie Homosexualität nicht mehr unter Strafe gestellt und außereheliche Kinder den ehelichen rechtlich gleichgestellt.

Trotz vieler Reformen und Erfolge war das Bündnis zwischen Union und SPD zuletzt immer weniger populär, vor allem bei jüngeren Menschen. Sie vermissten die Mitsprache in der Politik und stellten ganz allgemein den Materialismus und die Selbstzufriedenheit der eigenen Gesellschaft infrage.

Die 68er-Bewegung Während die Mehrheit der Bevölkerung den wachsenden Wohlstand genoss, formierte sich in der westlichen Welt aus überwiegend studentischen Gruppen eine Protestbewegung gegen die Zustände in Staat und Gesellschaft. Vorbild war das Aufbegehren von Studenten in den USA gegen gesellschaftliche Missstände (Armut, Benachteiligung der schwarzen Bevölkerung) und den Vietnam-Krieg*. Hinzu kamen die Ablehnung der überkommenen Werte der Erwachsenen, Skepsis gegen die Industriegesellschaft und die Suche nach neuen Lebensstilen.

Leitbild der „Neuen Linken" waren die Politisierung und Demokratisierung aller Lebensbereiche und die Utopie von der herrschaftsfreien Gesellschaft, in der es keine Klassengegensätze und keine Ausbeutung mehr gebe, in der Selbstbestimmung statt „Fremdbestimmung" herrsche.

Die Protestbewegung der studentischen Jugend erfasste alle westlichen Länder. Besonders heftige Unruhen brachen in Frankreich im Mai 1968 aus. Dort protestierten die Studenten gegen die überfüllten Universitäten und die Staatsführung unter Präsident de Gaulle, errichteten Barrikaden und lieferten sich Straßenschlachten mit der Polizei. Im Gegensatz zu den USA oder der Bundesrepublik sympathisierten weite Kreise der Bevölkerung mit den rebellierenden Studenten.

Jugendproteste ganz anderer Art gab es damals in der kommunistisch beherrschten Tschechoslowakei. In den Zielen der Reformkommunisten um Alexander Dubček sahen viele den „Frühling" einer Entwicklung hin zu Meinungsfreiheit und politischer Liberalisierung. Der Einmarsch von Streitkräften der Warschauer Vertragsorganisation im August 1968 begrub diese Hoffnungen jedoch umgehend.

▲ **Demonstration in West-Berlin.**
Foto (Ausschnitt) vom 18. Februar 1968.
Mit Plakaten und Postern ihrer Vorbilder protestierten die Studenten 1968 gegen den Krieg in Vietnam. Die Porträts zeigen (von links nach rechts) den nordvietnamesischen Revolutionsführer Ho Chi Minh, die sozialistische Politikerin und Theoretikerin Rosa Luxemburg, den kubanischen Revolutionär Che Guevara und den Begründer des Sowjetkommunismus Lenin.

*Siehe S. 370 f.

Rudi Dutschke (1940-1979): Soziologe, Führungsfigur der APO sowie der Studentenbewegung in der Bundesrepublik. Starb an den Spätfolgen eines 1968 auf ihn verübten Anschlages.

Neomarxismus: Sammelbegriff für alle kommunistischen Denkrichtungen, die vom Marxismus-Leninismus abweichen; hier: Weltanschauung, die den Kommunismus nicht durch die Arbeiterklasse, sondern durch Intellektuelle und Studenten aller Länder verwirklicht sehen will

Mohammed Resa (1919-1980): persischer Schah von 1941 bis 1979, dessen autoritäres Regime sich auf den Geheimdienst und das Militär stützte. 1979 wurde der Schah von Rebellen um Ayatollah Khomeini (1902-1989) gestürzt. An die Stelle der Monarchie trat die Islamische Republik Iran.

In der Bundesrepublik blieb die Kritik an der bestehenden Gesellschaftsordnung zunächst auf universitäre Zirkel in West-Berlin und Frankfurt am Main begrenzt. Der Sozialistische Deutsche Studentenbund (SDS), von dem sich die SPD bereits 1960 getrennt hatte, bildete mit seinem Wortführer **Rudi Dutschke** zugleich den Kern der Außerparlamentarischen Opposition (APO).

Mit den Mitteln der Provokation und des spielerischen, geistreichen Protestes („sit-ins") stellte die Studentenbewegung zunächst die autoritären Strukturen an den Universitäten infrage. Bald verlagerte sich der zunehmend **neomarxistisch** beeinflusste Protest auch auf die Straße. Unterschiedliche Forderungen wurden laut:
- die Beendigung des Vietnam-Krieges,
- Widerstand gegen die Notstandsgesetzgebung der Großen Koalition,
- eine Reform der akademischen Ausbildung (mehr Studienplätze, mehr Mitsprache der Studierenden),
- ein offener Dialog mit der Generation der Eltern und Großeltern über die NS-Vergangenheit,
- Abschaffung des westlichen Gesellschaftssystems mit seiner angeblichen Verbindung von Imperialismus und Kapitalismus.

Die „Kinder des Wirtschaftswunders" wandten sich gegen das einseitige, unkritische Konsumdenken der Gesellschaft. Teile der Studentenschaft radikalisierten sich dabei so stark, dass sie die bestehende Gesellschaft grundsätzlich ablehnten und die „kapitalistischen Verhältnisse" durch „sozialistische" ersetzen wollten – notfalls mithilfe einer Revolution.

Als Anfang Juni 1967 in Berlin bei einer Demonstration gegen Schah **Mohammed Resa** von Persien der Student *Benno Ohnesorg* von einem Polizisten erschossen wurde, kam es bundesweit zu gewaltsamen Ausschreitungen. Zeitungsredaktionen des konservativen Springer Verlages, der unaufhörlich gegen die Demonstranten hetzte, wurden belagert („Enteignet Springer"), Kaufhäuser in Brand gesetzt. Ihren Höhepunkt erreichten die Unruhen im April 1968 nach dem Mordanschlag eines Einzeltäters auf Rudi Dutschke in Berlin. Dutschke überlebte schwer verletzt, doch die Gewalt löste eine Welle von Demonstrationen in allen größeren Städten der Bundesrepublik aus. Insgesamt gab es über 400 Verletzte und zwei Tote.

Mit dem Ende der Großen Koalition nach den Bundestagswahlen 1969 zerfiel auch die APO. Ein großer Teil ihrer jugendlichen Anhänger fand eine politische Heimat in der SPD. Der harte Kern der Aktivisten spaltete sich in verschiedene linksradikale Gruppen und einen terroristischen Flügel, die *„Rote Armee Fraktion"* (RAF). Was blieb, war die Hoffnung, in einem „langen Marsch durch die Institutionen" in ferner Zukunft „das System zu überwinden". Neben den politischen Aktionen propagierten die verschiedenen Gruppen der Protestbewegung neue Lebensformen, die der bürgerlichen Moralvorstellung widersprachen. Wohngemeinschaften entstanden, die „repressive Sexualmoral" der Gesellschaft wurde kritisiert und Freizügigkeit proklamiert, ein Jugendlichkeitskult machte sich breit und prägte die Kleidung und das Auftreten weiter Teile der Bevölkerung. Eine antiautoritäre Erziehung der Kinder sollte die Gesellschaft zum Besseren hin verändern.

Die „68er-Bewegung", wie sie später genannt wurde, politisierte die bundesdeutsche Gesellschaft und prägte die Einstellungen und Wertüberzeugungen einer ganzen Generation. Selbstbestimmung, Selbstverwirklichung und Kritik an einer normierten Form der Lebensgestaltung waren Ziele und Schlagworte, die jenseits aller politischen Standpunkte das Lebensgefühl der Kinder der Aufbaugeneration bestimmten. Eine Revolution des Lebensstils hatte stattgefunden, freilich auf der Grundlage gesicherter wirtschaftlicher und sozialer Verhältnisse.

Emanzipation und Frauenbewegung In den 1960er-Jahren begann sich auch die Emanzipationsbewegung zu formieren. Sie hatte das Ziel, die Gleichberechtigung der Geschlechter in Arbeitswelt und Alltag durchzusetzen und damit die Abhängigkeiten und Benachteiligungen von Frauen zu beenden. Dieser Prozess vollzog sich auf mehreren Ebenen:

- Das Grundgesetz von 1949 garantierte Frauen und Männern gleiche Rechte als Staatsbürger. Das in der Bundesrepublik gültige Ehe- und Familienrecht stammte hingegen aus dem Kaiserreich und gewährte den Ehemännern noch immer einseitige Vorrechte. 1958 trat nach langen Debatten das „Gesetz über die Gleichberechtigung von Mann und Frau im Bereich des Bürgerlichen Rechts" in Kraft. Es beseitigte den bisherigen Anspruch des Ehemannes auf den Gehorsam seiner Frau, ebenso sein Letztentscheidungsrecht über das gemeinsam in die Ehe eingebrachte Vermögen. Eine Berufstätigkeit der Ehefrau hing nicht länger von der Zustimmung ihres Mannes ab.

- Dank des massiven Ausbaus des Bildungswesens in den 1960er-Jahren waren immer mehr Frauen gut ausgebildet und vielseitig qualifiziert. Der Anteil erwerbstätiger Frauen stieg kontinuierlich an, von 30,2 Prozent im Jahr 1950 auf 37,1 Prozent im Jahr 1989. Zunächst überwiegend in Dienstleistungsberufen wie Lehrerin, Verkäuferin oder Sekretärin tätig, die nach konservativer Vorstellung für Frauen ausschließlich geeignet schienen, drängten sie allmählich in Berufe, die als Männerdomänen galten. Auch nahmen viele Frauen die Möglichkeit der Teilzeitarbeit in Anspruch, die seit 1972 gesetzlich geregelt war. Bis heute jedoch erhalten Frauen bei vergleichbarer Arbeit weniger Lohn (▶ M8).

- Die Rolle von Frauen wurde in den 1960er-Jahren kontrovers diskutiert. Dem konservativen Vorurteil, eine berufliche Tätigkeit von Frauen führe zur Verwahrlosung der Kinder, zu Sittenverfall und fehlendem Nachwuchs, stand das Eintreten der Frauenbewegung für das Selbstbestimmungsrecht der Frau gegenüber. Zu den führenden Feministinnen gehörte **Alice Schwarzer**, die in Zeitschriften wie „Courage" oder „Emma" engagiert ihre Positionen vertrat. Das Recht, selbst über das eigene Leben entscheiden zu dürfen, sollte in allen Bereichen durchgesetzt werden. Besonders umstritten war dabei die Forderung, das Abtreibungsverbot (§ 218) aufzuheben.

- In den 1970er-Jahren rückten die Belange von Frauen stärker ins öffentliche Bewusstsein. In vielen Städten wurden Frauenzentren eingerichtet. Zahlreiche Frauenhäuser entstanden, das erste 1976 in West-Berlin. Sie sollten Müttern und ihren Kindern Zuflucht vor häuslicher Gewalt bieten. Die Wissenschaften setzten sich mit der Erforschung von Frauen- und Geschlechterrollen (*gender studies*) auseinander.

- Nur sehr langsam reagierte der Sozialstaat auf den gesellschaftlichen Wandel. Zwar bestand ein gesetzlicher Mutterschutz. Er stellte Schwangere sechs Wochen vor der Entbindung und bis zu vier Monate nach der Geburt von ihrer Erwerbstätigkeit frei und garantierte die Lohnfortzahlung und den Arbeitsplatz. Lange Zeit besuchte nur ein kleiner Teil der Drei- bis Sechsjährigen einen Kindergarten: Ende der 1970er-Jahre gab es Plätze nur für etwa ein Drittel, zehn Jahre später für 80 Prozent. Für Kinderkrippen und -horte, Kindergärten und Ganztagsschulen wurden nur geringe Finanzmittel bereitgestellt.

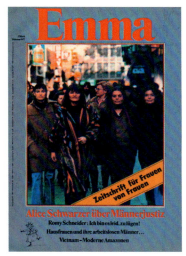

▲ „Emma."
Titelbild der ersten Ausgabe vom Januar/Februar 1977.

Alice Schwarzer (geb. 1942): deutsche Journalistin und Frauenrechtlerin

Walter Scheel (geb. 1919):
FDP-Politiker;
1968-1974 FDP-Vorsitzender;
1969-1974 Bundesaußenminister und Vizekanzler;
1974-1979 Bundespräsident

Politik der inneren Reformen Zum ersten „echten" Regierungswechsel in der Geschichte der Bundesrepublik kam es mit der Wahl Willy Brandts zum Bundeskanzler am 21. Oktober 1969 mit den Stimmen von SPD und FDP. Die Union war trotz Verlusten stärkste Partei (46,1 %), doch die FDP unter ihrem neuen Vorsitzenden **Walter Scheel** wollte das Regierungsbündnis mit der SPD (42,7 %). Mit Brandt stand zum ersten Mal seit 1930 ein Sozialdemokrat an der Spitze der Regierung, der zudem noch als Emigrant den Nationalsozialismus bekämpft hatte.

Die neue Regierung trat mit dem Anspruch umfassender innerer Reformen an und traf damit die Erwartungen vieler Bürger, insbesondere der jungen Generation (▶ M9). Dazu gehörten die Verbesserung der betrieblichen Mitbestimmung sowie der weitere Ausbau des Sozialstaates: Erhöhung des Rentenniveaus, Einbeziehen von Selbstständigen und nicht berufstätigen Frauen, flexibles Renteneintrittsalter. Der Etat für Sozialausgaben verdoppelte sich zwischen 1970 und 1975 auf umgerechnet 170 Milliarden Euro. 1970 wurde die Altersgrenze für das aktive Wahlrecht von 21 auf 18 Jahre, das passive Wahlrecht von 25 auf 21 Jahre herabgesetzt.

Die sozial-liberale Koalition reformierte das Ehe- und Familienrecht. Die neuen Gesetze folgten dem Gedanken der Gleichberechtigung der Geschlechter sowie der Selbstbestimmung der Frau. 1974 trat an die Stelle des Abtreibungsverbotes eine Fristenlösung (straffreie Abtreibung bis zum dritten Schwangerschaftsmonat). Nach dem Einspruch des Bundesverfassungsgerichts wurde diese Regelung 1976 durch eine Indikationenlösung ersetzt: Eine Abtreibung blieb straffrei bei bestimmten Indikationen und vorheriger Beratung.

Bildungsexpansion In den 1970er-Jahren erreichte der Ausbau des Bildungswesens in der Bundesrepublik seinen Höhepunkt. Die Regierung setzte den Reformkurs der 1960er-Jahre fort und intensivierte ihn. 1971 trat ein Bundesausbildungsförderungsgesetz (BAföG) in Kraft, das Schülern, Studierenden oder jugendlichen Auszubildenden finanzielle Unterstützung bot, wenn Bedürftigkeit vorlag.

Als Folge der vielfältigen und kostenintensiven Anstrengungen stieg zwischen 1960 und 1980 die Schülerzahl an Gymnasien um 230 Prozent, an Realschulen um 310 Prozent. Auch im Hochschulbereich machten sich die Investitionen bemerkbar. Von 1960 bis 1980 entstanden bundesweit 24 neue Universitäten und Technische Hochschulen. Die Zahl der Studierenden überschritt 1980/81 eine Million, 1988/89 lag sie bei 1,5 Millionen. Die Quote der Studentinnen lag 1970 bei 35 Prozent und stieg bis 1994 auf 52 Prozent. Auch die Fachhochschulen mit ihrer größeren Praxisnähe fanden großen Anklang: Von 1972 bis 1982 verdoppelte sich die Zahl der dort Studierenden auf eine Viertelmillion.

Die Reformen waren ein Erfolg, was die Angleichung der Bildungschancen zwischen den Geschlechtern und die Anhebung des allgemeinen Bildungsniveaus betraf. Kinder aus Arbeiterfamilien besuchten zunehmend Realschulen und Gymnasien, blieben aber in diesen Schulzweigen unterrepräsentiert. Zwar stieg die Zahl der Studierenden, doch gab es immer mehr arbeitslose Akademiker. Nach wie vor lag die Quote der Studierenden unter derjenigen in den USA und anderen westlichen Ländern.

Soziale Ungleichheiten bestanden noch immer, als Bund und Länder Anfang der 1980er-Jahre mit Kürzungen der Bildungsetats begannen. Zudem blieben die Kinder von Zuwanderern vom Bildungsangebot in hohem Maße ausgeschlossen.

Die Neue Ostpolitik In einer Phase der internationalen Entspannung kam es unter Bundeskanzler Brandt zu einer folgenreichen Weichenstellung in der bundesdeutschen Ost- und Deutschlandpolitik (▶ M10). Brandt zielte auf ein Arrangement mit der Sowjetunion, das auf die Anerkennung des territorialen Status quo in Europa – polnische Westgrenze, DDR als zweiter deutscher Staat – hinauslief. Langfristig sollte ein „Wandel durch Annäherung" zur Überwindung der deutschen und europäischen Teilung beitragen. Diese Politik erschien vielen zunächst widersprüchlich und wurde von der oppositionellen CDU/CSU im Bundestag heftig kritisiert, da sie das Wiedervereinigungsgebot des Grundgesetzes verletzt sah. Ihr Nutzen für eine Annäherung an die DDR und andere Staaten des Ostblocks war jedoch spätestens seit dem Fall der Mauer 1989 und der deutschen Wiedervereinigung klar zu erkennen.

Der am 12. August 1970 unterzeichnete deutsch-sowjetische Vertrag (*Moskauer Vertrag*) verknüpfte den Verzicht beider Seiten auf Gewalt mit der Unverletzlichkeit der Grenzen aller Staaten in Europa einschließlich der Oder-Neiße-Linie und der innerdeutschen Grenze. In einem „Brief zur deutschen Einheit" an die Sowjetunion betonte die Bundesregierung das Recht des deutschen Volkes, „in freier Selbstbestimmung seine Einheit" wiederzuerlangen. Damit wurde dem Wiedervereinigungsgebot des Grundgesetzes Rechnung getragen.

Der Moskauer Vertrag wurde zum Vorbild für die nachfolgenden Verträge mit Polen (Dezember 1970) und der Tschechoslowakei (Dezember 1973). In einem engen inneren Zusammenhang damit standen die gleichzeitig laufenden Verhandlungen der vier Mächte über den Status Berlins. Im *Viermächte-Abkommen über Berlin* vom 3. September 1971 einigten sich die Siegermächte darauf, dass West-Berlin zwar nicht Bestandteil der Bundesrepublik sei, aber enge „Bindungen" mit Westdeutschland pflegen dürfe und von Bonn diplomatisch vertreten werde. Die Sowjetunion hatte damit ihr Gesicht gewahrt, zugleich aber den ungestörten Transitverkehr von und nach West-Berlin durch die DDR garantiert. Die West-Berliner konnten aufatmen. Leonid Breschnew versprach sich von den Verträgen verbesserte Wirtschaftsbeziehungen mit der ökonomisch starken Bundesrepublik und eine Garantie einer Vormachtstellung der UdSSR über Ostmitteleuropa.

▲ **Kniefall Willy Brandts am Mahnmal für die Opfer des Warschauer Ghettos.**
Foto vom 7. Dezember 1970. Mit dieser spontanen Geste während seines Staatsbesuches gedachte Brandt der polnischen Juden, die 1943 beim Aufstand im Warschauer Ghetto von Deutschen ermordet worden waren. Am selben Tag unterzeichnete Brandt den Warschauer Vertrag, in dem die Bundesrepublik die Oder-Neiße-Linie als Westgrenze Polens anerkannte.

Anerkennung der DDR im Rahmen besonderer Beziehungen Damit waren die Voraussetzungen für eine grundsätzliche Neugestaltung der innerdeutschen Beziehungen gegeben. Um die Trennung der in Ost- und Westdeutschland lebenden Menschen durch Besuchsreisen, vermehrte wirtschaftliche Zusammenarbeit und Kontakte aller Art erträglicher zu machen, erklärte sich Bundeskanzler Brandt dazu bereit, die DDR als zweiten deutschen Staat anzuerkennen. Er kam damit einem dringenden Wunsch der kommunistischen Führung in Ost-Berlin nach, die sich dadurch die Legitimation ihrer Herrschaft versprach, über die sie in der Bevölkerung mangels freier Wahlen niemals verfügte. Willy Brandt unterstrich jedoch von Anfang an, dass die Bundesregierung an der Einheit der deutschen Nation unverändert festhalte. Die Bundesrepublik und die DDR seien, so Brandt in seiner ersten Regierungserklärung im Oktober 1969, „füreinander nicht Ausland".

Zwei Treffen mit dem DDR-Ministerratsvorsitzenden **Willi Stoph** 1970 endeten erfolglos. Die Regierung in Ost-Berlin wollte eine völkerrechtliche Anerkennung und damit den Austausch von Botschaftern, was ihr Brandt und Scheel eindeutig verwei-

Willi Stoph (1914-1999): Gründungsmitglied der SED, 1952-1955 DDR-Innenminister, 1956-1960 Verteidigungsminister; 1964-1973 und 1976-1989 Vorsitzender des DDR-Ministerrates, 1973-1976 DDR-Staatsratsvorsitzender

Erich Honecker (1912-1994): Kommunistischer Politiker, baute nach 1946 die Jugendorganisation der SED, die „Freie Deutsche Jugend", auf. 1961 organisierte er den Bau der Berliner Mauer. Ab 1971 Nachfolger Ulbrichts als SED-Chef; 1976-1989 Staatsratsvorsitzender der DDR.

Wirtschaftskrise von 1973: Nachdem die Wachstumsraten ohnehin rückläufig waren, belastete der „Ölpreisschock" die westliche Wirtschaft zusätzlich. Aus Protest gegen den Krieg Israels gegen Syrien und Ägypten verringerten oder stoppten arabische Staaten die Lieferung von Erdöl an die westlichen Verbündeten Israels.

Helmut Schmidt (geb. 1918): 1961-1965 Polizei- bzw. Innensenator von Hamburg, 1967-1969 Vorsitzender der SPD-Bundestagsfraktion, 1969-1972 Verteidigungsminister, 1972-1974 Bundesfinanzminister, 1974-1982 Bundeskanzler; seit 1983 Mitherausgeber der Wochenzeitung „Die Zeit".

gerten. Es sollte bei der mit den USA abgesprochenen Formel von den „zwei Staaten in Deutschland" bleiben, und dafür sollte die SED-Führung humanitäre Erleichterungen garantieren. Nach zähen Verhandlungen mit der DDR-Führung konnten Brandt und Scheel bis 1972 Vereinbarungen über den Transitverkehr erreichen. In dringenden Familienangelegenheiten konnten jetzt auch DDR-Bürger, die noch nicht im Rentenalter waren, in die Bundesrepublik reisen, umgekehrt wurden Touristenreisen in die DDR erleichtert. Die Mauer war etwas durchlässiger geworden.

Der Grundlagenvertrag Mit dem *Grundlagenvertrag* vom Dezember 1972 gab die Bundesregierung ihren seit 1949 erhobenen Alleinvertretungsanspruch* auf und erkannte die Gleichberechtigung der DDR an, die sich ihrerseits bereit erklärte, „im Zuge der Normalisierung ihrer Beziehungen praktische und humanitäre Fragen zu regeln". Am Ziel der Wiedervereinigung hielt die Bundesregierung ausdrücklich fest und unterstrich die „besonderen Beziehungen" zwischen beiden deutschen Staaten durch die Einrichtung von „Ständigen Vertretungen" anstelle von Botschaften. Außerdem beharrte sie auf dem Standpunkt, dass es für alle Deutschen nur eine Staatsangehörigkeit gebe.

Für die SED-Führung unter Erich Honecker brachte der Grundlagenvertrag nach der Aufnahme beider deutscher Staaten in die Vereinten Nationen (18. September 1973) die internationale Anerkennung der DDR.

Innenpolitisch führte die neue Ost- und Deutschlandpolitik der sozial-liberalen Koalition zu heftigen Auseinandersetzungen in der Öffentlichkeit und im Bundestag. Zwar scheiterte ein konstruktives Misstrauensvotum des Kanzlerkandidaten der CDU, *Rainer Barzel*, am 27. April 1972 nur äußerst knapp. Doch die Regierung Brandt/Scheel besaß keine Mehrheit mehr, weil mehrere Abgeordnete der Regierungsfraktionen aus Protest gegen die Ostpolitik zur CDU gewechselt waren. Neuwahlen waren unumgänglich. Die Popularität Willy Brandts und seiner Politik in der Bevölkerung sicherte der Koalition im November 1972 einen eindeutigen Wahlsieg. Erstmals wurde die SPD stärkste Partei (45,8 %). Die Mehrheit der Bevölkerung hatte sich für die neue Ost- und Deutschlandpolitik ausgesprochen.

Brandt konnte zwar die Wahlen gewinnen, er vermochte jedoch die Flügelkämpfe innerhalb seiner Partei nicht zu unterbinden. Die teuren inneren Reformen wurden nach der internationalen **Wirtschaftskrise von 1973** von vielen infrage gestellt. Vor allem die wachsende Staatsverschuldung wurde kritisiert. Zum auslösenden Moment für das Ende von Brandts Kanzlerschaft wurde die sogenannte Guillaume-Affäre: *Günter Guillaume*, ein langjähriger persönlicher Referent des Kanzlers, wurde als Geheimdienstagent der DDR enttarnt. Brandt erklärte daraufhin seinen Rücktritt, blieb allerdings Parteivorsitzender. Zu Brandts Nachfolger als Regierungschef wählte der Bundestag am 16. Mai 1974 den stellvertretenden Parteivorsitzenden der SPD, **Helmut Schmidt**.

Herausforderung des Staates durch den Terrorismus Im April des Jahres 1968 setzten in Frankfurt linksrevolutionäre Aktivisten, die aus der APO-Bewegung hervorgegangen waren, zwei Kaufhäuser in Brand. Unter den Tätern befanden sich die späteren Hauptakteure des bundesdeutschen Terrorismus *Andreas Baader* und *Gudrun Ensslin*. Wenig später schloss sich ihnen die Journalistin *Ulrike Meinhof* an. Aus dem Untergrund baute die „Baader-Meinhof-Gruppe" die „Rote Armee Fraktion" (RAF) auf.

---

* Siehe S. 436.

Die RAF-Terroristen verübten in der Bundesrepublik eine Serie von bewaffneten Banküberfällen und Attentaten, bei denen sie bis 1993 34 Menschen töteten und über 200 zum Teil schwer verletzten. Im Sommer 1972 konnte zwar der harte Kern der RAF verhaftet werden, doch aus den Reihen ihrer Sympathisanten rekrutierte sich alsbald eine zweite Generation von Terroristen. Mit spektakulären Entführungen und Überfällen (etwa auf die deutsche Botschaft in Stockholm 1975) versuchte die neue RAF die Freilassung der Inhaftierten zu erpressen, wobei sie vor dem brutalen Mord an Geiseln nicht zurückschreckte.

1977 töteten RAF-Mitglieder Generalbundesanwalt *Siegfried Buback* und den Vorstandsvorsitzenden der Dresdner Bank, *Jürgen Ponto*. Am 5. September 1977 wurden der Arbeitgeberpräsident *Hanns Martin Schleyer* entführt und vier seiner Begleiter erschossen. Die Gewalttäter forderten die Freilassung der elf prominentesten inhaftierten Terroristen.

Unterstützt wurde die Aktion der RAF durch vier palästinensische Terroristen, die ein Linienflugzeug der Lufthansa mit 91 Personen an Bord entführten und später den Piloten ermordeten. Im Krisenstab der Bundesregierung unter der Leitung von Bundeskanzler Schmidt herrschte Einigkeit, dass der Staat sich nicht erpressen lassen dürfe. Ein Antiterrorkommando des Bundesgrenzschutzes (GSG 9) befreite in Mogadischu (Somalia) in der Nacht vom 17. auf den 18. Oktober die Geiseln. Wenige Stunden später begingen Ensslin, Baader und der ebenfalls inhaftierte *Jan-Carl Raspe* im Gefängnis Stuttgart-Stammheim Selbstmord. Tags darauf fand die Polizei den ermordeten Arbeitgeberpräsidenten Schleyer in einem Auto in Mülhausen im Elsass.

Während die Mehrheit der Bevölkerung das Krisenmanagement der Regierung begrüßte, erhoben einige linke Intellektuelle aus dem In- und Ausland den Vorwurf, die Bundesrepublik sei auf dem Weg in einen Polizeistaat.

▲ **Der entführte Hanns Martin Schleyer.**
Dieses Foto des Arbeitgeberpräsidenten wurde von den Terroristen verbreitet.

Krisenbewusstsein und Umweltproblematik Die „Grenzen des Wachstums" wurden zum Signalwort der Siebziger- und Achtzigerjahre. So lautete der Titel eines vom „Club of Rome", einer internationalen Runde von Wissenschaftlern, 1972 veröffentlichten Buches.

Verstärkt durch den „Ölpreisschock" von 1973, als sich schlagartig die Energiekosten und wichtige Rohstoffe auf dem Weltmarkt verteuerten, wurden die Begrenztheit von nicht erneuerbaren Ressourcen und deren globale Verschwendung vielerorts diskutiert. 1980 kam es zu einer weiteren Preisexplosion an den internationalen Ölmärkten, die in allen Industrieländern eine schwere wirtschaftliche Rezession auslöste. Erstaunlich schnell schlugen in der westlichen Öffentlichkeit Reformeuphorie und Fortschrittsgläubigkeit in Skepsis, Zivilisationskritik und Krisenbewusstsein um. Die Forderung nach einem effektiven Schutz der Umwelt verband sich mit vermehrter Kritik an der Nutzung der Kernenergie und dem Appell, sich mit einem bescheideneren Lebensstandard zufrieden zu geben.

▶ **Autofreier Sonntag.**
Foto vom 25. November 1973.
Nach dem Ölboykott durch die OPEC-Staaten (OPEC: Organisation ölexportierender Staaten) ergriff die Bundesregierung Sofortmaßnahmen zur Verringerung des Kraftstoffverbrauchs. Es wurden verschärfte Tempolimits verordnet (80 km/h auf Bundes- und Landstraßen, 100 km/h auf Autobahnen) und an vier Sonntagen galt ein Fahrverbot für Pkw.
Die Aufnahme stammt vom ersten autofreien Sonntag.

Waldsterben: Mitte der 1970er-Jahre wurde die Erkrankung großer Forstbestände in Mittel- und Nordeuropa festgestellt. Betroffen waren und sind alle Arten von Bäumen. Die Schäden haben vielfältige Ursachen wie Luftverschmutzung oder Klimaveränderungen. Trotz intensiver Bemühungen schreitet die Erkrankung der Bäume bis heute voran.

Die fortschreitende Industrialisierung und die zunehmende Motorisierung belasteten auch die Umwelt immer stärker. Die Folgen dieser Entwicklung (etwa das **Waldsterben**) blieben lange Zeit unerkannt. Eine Art neues Umweltbewusstsein zeigte sich erstmals Anfang der Sechzigerjahre, als in Nordrhein-Westfalen das erste Umweltschutzgesetz auf Länderebene vom Landtag beschlossen wurde. Aber erst in den Siebzigerjahren gewann das Thema Umweltschutz großes öffentliches Interesse (▶ M11). Vor allem Angehörige der jüngeren Generation engagierten sich in der alternativ-ökologischen Bewegung, die an der Wende zu den Achtzigerjahren in die Gründung einer völlig neuen Partei mündete: die Grünen.*

▲ **Menschenkette gegen die Stationierung von Mittelstreckenraketen in der Bundesrepublik.**
Foto vom 22. Oktober 1983. 1979 hatte die NATO beschlossen, eine Bedrohung durch sowjetische Mittelstreckenraketen mit eigener Aufrüstung zu beantworten. Am 22. November 1983 stimmte der Deutsche Bundestag der Stationierung amerikanischer Pershing-II-Raketen in der Bundesrepublik zu. Gegen die damit verbundene Gefahr eines Atomkrieges organisierte die Friedensbewegung Massenproteste. Das Foto zeigt einen Teil der insgesamt über 108 Kilometer langen Menschenkette zwischen Plochingen und Ulm.

Nachrüstung und Friedensbewegung Zu einer der großen innenpolitischen Streitfragen wurde in den letzten Jahren der Regierung Helmut Schmidt die Sicherheitspolitik der NATO gegenüber der Sowjetunion. Die Warschauer Vertragsorganisation besaß bei konventionellen und Atomwaffen ein großes Übergewicht. Auf Betreiben Schmidts hatten die Mitgliedstaaten am 12. Dezember 1979 den sogenannten *NATO-Doppelbeschluss* gefasst: Angesichts der wachsenden Bedrohung Westeuropas durch die neuen sowjetischen SS-20-Mittelstreckenraketen sollten bis Ende 1983 in Westeuropa Pershing-II-Mittelstreckenraketen und bodengestützte Marschflugkörper (*Cruise Missiles*) aufgestellt werden, falls bis dahin Verhandlungen über den Abbau der sowjetischen Waffen ohne Erfolg blieben.

In der Bundesrepublik geriet Schmidt wegen des Nachrüstungsbeschlusses der NATO zunehmend unter Druck in Partei und Öffentlichkeit. Kritiker sahen die deutsch-sowjetischen Beziehungen bedroht und bestritten die Notwendigkeit einer Nachrüstung.

Die sich neu etablierende Friedensbewegung gewann mit Demonstrationen und Appellen Teile der verunsicherten Öffentlichkeit für sich. Anstoß erregten die weltweiten Ausgaben von jährlich umgerechnet 510 Milliarden Euro für den Rüstungswettlauf zwischen Ost und West. Die Angst vor einem Atomkrieg, der die gesamte Menschheit auslöschen konnte, bestimmte das Denken und Handeln der ansonsten sehr heterogenen Gruppen innerhalb der Friedensbewegung. Dagegen hatte die Regierung mit ihren realpolitischen Erwägungen einer atomaren Abschreckungs- und Gleichgewichtspolitik einen schweren Stand.

Dauerproblem Arbeitslosigkeit Das Ende der Wiederaufbauphase nach dem Zweiten Weltkrieg, Ölkrisen, neue Technologien, aber auch häufig überzogene Ansprüche an die Wirtschaftskraft in den Industriestaaten beendeten Mitte der Siebzigerjahre die Periode der Vollbeschäftigung auf dem Arbeitsmarkt. Weltweit stiegen Inflation und Arbeitslosigkeit. In der Bundesrepublik sank das jährliche Wachstum der Volkswirtschaft auf durchschnittlich knapp zwei Prozent, und die Arbeitslosenquote schnellte von 2,6 Prozent im Jahr 1974 auf 9,3 Prozent im Jahr 1985. Obwohl die Zahl der Arbeitsplätze seit den Achtzigerjahren wieder deutlich wuchs, blieb im Auf und Ab der Konjunktur eine immer größere Zahl von Arbeitslosen zurück (*Sockelarbeitslosigkeit*).

* Siehe S. 455.

Während die Bundesbank erfolgreich die Stabilität der Währung schützte, setzte sich Bundeskanzler Schmidt nachdrücklich für die Stärkung der Wachstumskräfte durch die staatliche Förderung der Nachfrage ein. Durch Konjunkturprogramme und Maßnahmen zur Bekämpfung der Arbeitslosigkeit half die Regierung dabei, dass sich die weltweite Krise in der Bundesrepublik weniger gravierend auswirkte als in anderen Industrieländern. Auf lange Sicht gesehen jedoch belastete das Ende der Sparpolitik den Staatshaushalt. Die Verschuldung stieg zwischen 1970 und 1982 von umgerechnet 24 auf 158 Milliarden Euro.

Die christlich-liberale Koalition unter Helmut Kohl Nach 13-jähriger sozialdemokratischer Kanzlerschaft kündigte 1982 die FDP unter ihrem Vorsitzenden und langjährigen Innen- und Außenminister Hans-Dietrich Genscher die Koalition mit der SPD auf, vor allem weil sie die kostspielige Haushalts- und Sozialpolitik nicht mehr mittragen wollte. Stattdessen ging sie – nach der Abwahl Helmut Schmidts durch ein konstruktives Misstrauensvotum am 1. Oktober 1982 – ein Regierungsbündnis mit der Union ein. Der CDU-Vorsitzende Helmut Kohl wurde neuer Bundeskanzler.

In der Außen- und Sicherheitspolitik setzten Bundeskanzler Kohl und Außenminister Genscher den bisherigen Kurs fort. Gegen heftige Proteste in der Öffentlichkeit stimmte die neue Regierungsmehrheit Ende 1983 der Stationierung von amerikanischen Mittelstreckenraketen in der Bundesrepublik zu.

Finanzkrise, Massenarbeitslosigkeit und Wachstumsschwäche bestimmten das Bild der Bundesrepublik der frühen 1980er-Jahre. Die Regierung Kohl/Genscher setzte auf die Stärkung der Marktkräfte zur Förderung eines wirtschaftlichen Aufschwungs. Die wesentlichen Programmpunkte waren Eigeninitiative und Wettbewerb, Steuerentlastung für die Unternehmen, weniger staatliche Eingriffe in die Wirtschaft und Leistungseinschränkungen im Sozialbereich. Die Wirtschaftpolitik war somit stärker angebotsorientiert.

Diese Politik war erfolgreich, begünstigt durch den bald einsetzenden Preisverfall für Erdöl. Das Bruttosozialprodukt nahm wieder zu, die Inflation ging zurück. Erfolglos blieb die Regierung Kohl jedoch im Kampf gegen die Arbeitslosigkeit. Es wurden zwar Hunderttausende neuer Arbeitsplätze geschaffen. Gleichwohl nahm die Zahl der Arbeitslosen zu, da die geburtenstarken Jahrgänge (um 1955 bis 1970) inzwischen auf den Arbeitsmarkt drängten und die **Rationalisierung** im industriellen Sektor unablässig voranschritt.

Soziale Probleme Der Mangel an Arbeitsplätzen erwies sich – wie in den übrigen Industrieländern – als strukturelles Problem. Dabei stieg die Jugendarbeitslosigkeit besonders stark, von ca. 200 000 jugendlichen Erwerbslosen 1983 auf rund 480 000 im Jahr 1988.

Auch öffnete sich die Schere zwischen Arm und Reich immer weiter. Während die Einkommen von Spitzenverdienern überdurchschnittlich stiegen, wuchs der Anteil der Armen (d.h. Menschen, deren Verdienst unterhalb der Hälfte des Durchschnittseinkommens liegt) von 6,5 Prozent der Bevölkerung 1973 auf über zehn Prozent im Jahr 1992 (alte Bundesländer). Die Zahl der Sozialhilfeempfänger war von 1,5 Millionen im Jahr 1970 auf 2,1 Millionen 1980 angewachsen und erhöhte sich auf 2,6 Millionen am Ende der Neunzigerjahre. In erster Linie betraf dies alleinerziehende Mütter, Eltern kinderreicher Familien, Jugendliche und Langzeitarbeitslose.

Hans-Dietrich Genscher (geb. 1927): 1969-1974 Bundesminister des Innern, 1974-1985 FDP-Vorsitzender, 1974-1992 Bundesaußenminister und Vizekanzler

Helmut Kohl (geb. 1930): Ministerpräsident von Rheinland-Pfalz 1969-1976, Bundesvorsitzender der CDU 1973-1998, 1982-1998 Bundeskanzler

Rationalisierung: Maßnahmen zur Senkung der Produktionskosten, oft verbunden mit dem Abbau von Arbeitsplätzen

Die Bundesrepublik wird Einwanderungsland ■ In Westdeutschland hatte es noch im ersten Nachkriegsjahrzehnt einen Überschuss an Auswanderern gegeben. Zwischen 1946 und 1961 verließen 780 000 Deutsche ihr Land, 90 Prozent davon wanderten in die USA, nach Kanada oder Australien. In den 1950er-Jahren zog auch etwa eine halbe Million Menschen von West- nach Ostdeutschland, die meisten davon Rückwanderer. In den 60er- und 70er-Jahren wurde die Bundesrepublik faktisch zum Einwanderungsland. Obwohl der Zustrom von außen der beste Beweis für den Erfolg der Bonner Demokratie und ihrer Wirtschaftsordnung war, verlief die Massenzuwanderung nicht ohne Probleme. Die Einwanderer lassen sich in drei Gruppen einteilen:

1. *Ausländische Arbeitnehmer* (damals sogenannte „Gastarbeiter"): Zwischen 1955 und 1973 waren 14 Millionen Ausländer in der Bundesrepublik beschäftigt und hatten maßgeblichen Anteil am wirtschaftlichen Boom der Fünfziger- und Sechzigerjahre. Elf Millionen kehrten wieder in ihre Heimatländer zurück. Von den übrigen ließen viele ihre Familien nachkommen, bekamen Kinder in der Bundesrepublik und richteten sich auf Dauer hier ein.

2. *Aussiedler und Übersiedler*: Deutsche, deren Vorfahren bereits vor Generationen in die östlichen Teile Europas ausgewandert waren (Aussiedler), und Flüchtlinge aus der DDR (Übersiedler) verstärkten den Zuwandererstrom in die Bundesrepublik. Insgesamt wurden zwischen 1950 und Ende 1988 rund 1,6 Millionen Aussiedler, vor allem aus Polen, der Sowjetunion und Rumänien, aufgenommen. Nach dem Ende der kommunistischen Diktaturen in Europa 1989/90 wuchs die Zahl der Zuwanderer noch einmal stark an. So zogen von 1988 bis 1994 insgesamt 1,9 Millionen sogenannte „Spätaussiedler" in die Bundesrepublik.

3. *Flüchtlinge*: Bis 1970 kamen fast nur Flüchtlinge aus kommunistisch regierten Ländern Europas in die Bundesrepublik, seit Ende der Siebzigerjahre dann in wachsender Zahl aus Ländern der „Dritten Welt". Die seit 1989 deutlich ansteigende Zahl der Zuflucht suchenden Asylbewerber stellte Bund, Länder und Gemeinden bei der Unterbringung und Versorgung vor große Probleme. Die Gewährung des im Grundgesetz verankerten Asylrechts und sein wirklicher oder angeblicher Missbrauch wurden zu einem heftig diskutierten Thema. Fremdenangst und Ausländerfeindlichkeit eskalierten 1991/92 im wiedervereinigten Deutschland zu Gewalttaten und Mordanschlägen durch Rechtsextremisten. Dagegen protestierten jedoch Millionen eindrucksvoll.

Der Deutsche Bundestag beschloss 1993 mit den Stimmen der sozialdemokratischen Opposition eine Reform des Grundrechts auf Asyl. Damit sollte die Zuwanderung nach Deutschland gesteuert und begrenzt werden. Politisch Verfolgte erhielten das Recht auf Asyl, wie vom Grundgesetz vorgesehen; wer jedoch aus „sicheren Drittstaaten" nach Deutschland einreiste, konnte sich nicht mehr auf das Asylrecht berufen. Kriegs- und Bürgerkriegsflüchtlinge erhielten eine befristete Aufenthaltserlaubnis, wovon in den 1990er-Jahren mehrere Hunderttausend Menschen vor allem aus dem zerfallenden, in einem blutigen Krieg verwüsteten Jugoslawien Gebrauch machten. Seit Anfang 2000 erhalten in Deutschland geborene Kinder ausländischer Eltern automatisch die doppelte Staatsangehörigkeit, später müssen sie sich für eine Staatsangehörigkeit entscheiden (bis zum 23. Lebensjahr). Weitreichende Veränderungen brachte das *Zuwanderungsgesetz* von 2005. Nach jahrelangen Debatten im Deutschen Bundestag hat der Gesetzgeber eine Reihe von Regelungen getroffen, die die Tatsache anerkennen, dass Deutschland ein Einwanderungsland ist, und die der Integration der Migranten einen hohen Stellenwert beimessen (▸ M12, M13).

◀◀ **Ein Bundestagsabgeordneter der Grünen auf seinem „Dienstfahrrad".**
Foto von 1983.
Der Partei Die Grünen gelingt 1983 erstmals der Sprung in den Deutschen Bundestag. Durch ihren unkonventionellen Stil setzt sie sich bewusst von den etablierten Parteien ab.

◀ **Plakat zur Europaparlamentswahl von 1979.**

Neue politische Strömungen Das politische Engagement der Gesellschaft hatte seit den 1970er-Jahren deutlich zugenommen. Einerseits entstanden neue soziale Bewegungen, die sich für die Gleichstellung der Frauen einsetzten und die Abrüstung, Gewaltfreiheit und den Schutz von Umwelt und Natur propagierten, Verfolgte oder gesellschaftliche Minderheiten vertraten oder Hilfe für die „Dritte Welt" leisten wollten. Andererseits organisierten sich sogenannte *Bürgerinitiativen*. Sie widmeten sich konkreten Zielen aus dem unmittelbaren Lebensbereich, indem sie etwa bei Verkehrsprojekten, Industrieansiedlungen oder Städtebaumaßnahmen Einspruch erhoben. 1978 waren 1,8 Millionen Menschen in Bürgerinitiativen tätig.

Zur selben Zeit erhielten auch die politischen Parteien großen Zulauf. Davon profitierte insbesondere die Union. CDU und CSU waren noch in den 1960er-Jahren stark auf ihre Führungsfiguren (Adenauer, Erhard, Kiesinger, Strauß) zugeschnitten gewesen, manche hatten vom „Kanzlerwahlverein" gesprochen. Erst in den Jahren der Opposition im Bundestag (1969 - 1982) entwickelten sie sich zu „Mitgliederparteien" mit einer der SPD vergleichbaren organisierten Massenbasis.

Seit Anfang der 1980er-Jahre veränderte sich die Parteienlandschaft der Bundesrepublik. Die Volksparteien verloren Wähler an neue Gruppierungen am linken und rechten Rand des politischen Spektrums.

Die Grünen nahmen ihren Anfang in Niedersachsen, wo aus verschiedenen Bürgerinitiativen der Anti-Atomkraft-Bewegung 1977 die erste landesweite grüne Partei hervorging. Der Zusammenschluss zu einer Bundespartei erfolgte 1980. Die neue politische Kraft bekannte sich in erster Linie zu „postmateriellen" Werten (mehr Lebensqualität, Gleichgewicht zwischen Mensch und Natur). Nach ersten Wahlerfolgen auf kommunaler Ebene zog die „Grüne Liste Umweltschutz" (GLU) bei den Landtagswahlen 1982 mit elf Abgeordneten (6,5 Prozent der Stimmen) in den niedersächsischen Landtag ein. In Hessen beteiligte sie sich 1985 an einer Regierungskoalition.

Den Sprung in den Deutschen Bundestag schafften die Grünen erstmals bei den Wahlen 1983 mit 5,6 Prozent der Stimmen. Anfangs verstanden sie sich im Gegensatz zu den „etablierten" Parteien als **basisdemokratische** Alternative. In den folgenden Jahren konnten sie auch in die meisten Landesparlamente der Bundesrepublik einziehen und wurden damit zur vierten politischen Kraft im Parteienspektrum. Dabei rangen die Grünen noch lange mit der Frage, ob sie reine Oppositionspartei bleiben oder auch Regierungsverantwortung übernehmen sollten.

Basisdemokratie: Form der Demokratie, in der Entscheidungen nicht von gewählten Vertretern, sondern von den Stimmberechtigten direkt getroffen werden

M1 „Die Bundesrepublik ist allein befugt ..."

Nach der Gründung der DDR erklärt Bundeskanzler Adenauer am 21. Oktober 1949 vor dem Deutschen Bundestag:

Ich stelle Folgendes fest: In der Sowjetzone gibt es keinen freien Willen der deutschen Bevölkerung. Das, was jetzt dort geschieht, wird nicht von der Bevölkerung getragen und damit legitimiert. Die Bundesrepublik Deutschland stützt sich
5 dagegen auf die Anerkennung durch den frei bekundeten Willen von rund 23 Millionen stimmberechtigter Deutscher. Die Bundesrepublik Deutschland ist somit bis zur Erreichung der deutschen Einheit insgesamt die alleinige legitimierte staatliche Organisation des deutschen Volkes. [...] Die Bun-
10 desrepublik Deutschland fühlt sich auch verantwortlich für das Schicksal der 18 Millionen Deutschen, die in der Sowjetzone leben. Sie versichert sie ihrer Treue und ihrer Sorge. Die Bundesrepublik Deutschland ist allein befugt, für das deutsche Volk zu sprechen. Sie erkennt Erklärungen der Sowjet-
15 zone nicht als verbindlich für das deutsche Volk an.

Merith Niehuss und Ulrike Lindner, Besatzungszeit, Bundesrepublik und
DDR 1945-1969 (Deutsche Geschichte in Quellen, Bd. 10), Stuttgart 2007,
S. 202-205

1. *Arbeiten Sie heraus, wie Adenauer die höhere Legitimität der Bundesrepublik im Vergleich zur DDR begründet.*
2. *Diskutieren Sie die Probleme, die damit auf künftige Bundesregierungen zukamen.*

M2 Die Stalin-Note vom 10. März 1952

Die Sowjetregierung unterbreitet mit diesem diplomatischen Schriftstück (Note) den drei Westmächten den Entwurf eines Friedensvertrages mit Deutschland:

Politische Leitsätze
1. Deutschland wird als einheitlicher Staat wiederhergestellt. Damit wird der Spaltung Deutschlands ein Ende gemacht, und das geeinte Deutschland gewinnt die Möglichkeit, sich
5 als unabhängiger, demokratischer, friedliebender Staat zu entwickeln.
2. Sämtliche Streitkräfte der Besatzungsmächte müssen spätestens ein Jahr nach Inkrafttreten des Friedensvertrages aus Deutschland abgezogen werden. Gleichzeitig werden sämt-
10 liche ausländische Militärstützpunkte auf dem Territorium Deutschlands liquidiert.
3. Dem deutschen Volk müssen die demokratischen Rechte gewährleistet sein, [...] einschließlich der Redefreiheit, der Pressefreiheit, des Rechts der freien Religionsausübung, der

Freiheit der politischen Überzeugung und der Versamm- 15
lungsfreiheit.
4. In Deutschland muss den demokratischen Parteien und Organisationen freie Betätigung gewährleistet sein [...].
5. Auf dem Territorium Deutschlands dürfen Organisationen, die der Demokratie und der Sache der Erhaltung des Friedens 20 feindlich sind, nicht bestehen.
6. Allen ehemaligen Angehörigen der deutschen Armee, einschließlich der Offiziere und Generale, allen ehemaligen Nazis, mit Ausnahme derer, die nach Gerichtsurteil eine Strafe für von ihnen begangene Verbrechen verbüßen, müssen die 25 gleichen bürgerlichen und politischen Rechte wie allen anderen deutschen Bürgern gewährt werden zur Teilnahme am Aufbau eines friedliebenden, demokratischen Deutschland.
7. Deutschland verpflichtet sich, keinerlei Koalitionen oder Militärbündnisse einzugehen, die sich gegen irgendeinen 30 Staat richten, der mit seinen Streitkräften am Krieg gegen Deutschland teilgenommen hat.

Das Territorium
Das Territorium Deutschlands ist durch die Grenzen bestimmt, die durch die Beschlüsse der Potsdamer Konferenz 35 der Großmächte festgelegt wurden. [...]

Militärische Leitsätze
1. Es wird Deutschland gestattet sein, eigene nationale Streitkräfte (Land-, Luft- und Seestreitkräfte) zu besitzen, die für die Verteidigung des Landes notwendig sind. 40
2. Deutschland wird die Erzeugung von Kriegsmaterial und -ausrüstung gestattet werden, deren Menge oder Typen nicht über die Grenzen dessen hinausgehen dürfen, was für die Streitkräfte erforderlich ist, die für Deutschland durch den Friedensvertrag festgesetzt sind. 45

Helmut Krause und Karlheinz Reif (Bearb.), Die Welt seit 1945 (Geschichte in
Quellen), München 1980, S. 391f.

1. *Nennen und erläutern Sie die wichtigsten Aussagen dieser diplomatischen Note. Zeigen Sie die Vieldeutigkeit mancher Formulierungen.*
2. *Adenauer sah in der Note Stalins die Gefahr einer Rückkehr zum System von Potsdam angelegt, also einer Einigung der vier Siegermächte über Deutschland ohne dessen Mitwirkung. Zeigen Sie, worauf sich diese Interpretation bezog.*

M3 Streit um Stalins Angebot

Der Historiker Edgar Wolfrum blickt 2005 auf den Streit um die Stalin-Noten zurück:

Wie aufgeladen die Atmosphäre noch jahrelang blieb, zeigte sich vor allem in der Bundestagssitzung vom 23. Januar 1958, als es zu einer Generalabrechnung mit Adenauers Deutschlandpolitik kam. In einer ungemein scharfen Rede [...] griff
5 Thomas Dehler[1] Adenauer an, indem er ihm vorwarf, die Wiedervereinigung nicht nur nicht gewollt, sondern vielmehr alles getan zu haben, „um die Wiedervereinigung zu verhindern". Auch Gustav Heinemann[2], mittlerweile SPD-Abgeordneter, ließ in seiner anschließenden Rede keinen Zweifel
10 daran, dass er Adenauer für historisch schuldig hielt, weil er 1952 Chancen leichtfertig verspielt habe.
Seit dieser legendären nächtlichen Bundestagssitzung vom 23. Januar 1958 ist die Debatte um die Stalin-Noten immer wieder einmal aufgeflammt, und sie hat sich dann ab den
15 80er-Jahren zu einer wissenschaftlichen Kontroverse entwickelt, die massiv von geschichtspolitischen Dimensionen dominiert wird, steht im Zentrum doch die Frage, ob 1952 eine Chance für die Wiedervereinigung vorschnell vertan wurde oder ob diese Chance überhaupt nicht bestand, sondern nur
20 eine „Legende von der verpassten Gelegenheit" wucherte. [...]
Die Antwort hängt vor allem von den unterstellten Intentionen Stalins ab. Bis heute jedoch kann man nicht mit letzter Sicherheit sagen, welches seine wirklichen deutschlandpolitischen Ziele waren [...]. Immerhin scheint es einsichtig, dass
25 Stalin nicht bereit war, die sich abzeichnende Westintegration der Bundesrepublik tatenlos hinzunehmen, und ihm daran lag, eine dauerhafte amerikanische Truppenpräsenz in Europa zu verhindern. War ihm dies nicht wichtiger als der Fortbestand der Ulbricht-Diktatur? Weiterhin ungeklärt müs-
30 sen aber die Fragen nach seinem beabsichtigten Weg zur Wiedervereinigung und der intendierten „demokratischen" Struktur eines vereinten Deutschlands bleiben. Ob somit Adenauer 1952 den westlichen Teil Deutschlands vor dem langfristigen Zugriff der Sowjetunion rettete und so ein

[1] Thomas Dehler (1897-1967): Jurist und Politiker, Mitglied der FDP. 1949-1953 Bundesminister der Justiz. Schied wegen Differenzen mit Bundeskanzler Adenauer 1953 aus der Regierung aus. 1953-1957 Vorsitzender der FDP-Fraktion im Bundestag.
[2] Gustav Heinemann (1899-1976): Trat 1950 aus dem Kabinett Adenauer sowie 1952 aus der CDU wegen der deutschen Wiederbewaffnung aus und gründete die Gesamtdeutsche Volkspartei (GVP). Seit 1957 Mitglied der SPD. 1966-1969 Bundesminister der Justiz in der Großen Koalition. 1969 mit den Stimmen von SPD und FDP zum Bundespräsidenten gewählt. Seine Amtszeit endete 1974.

▲ **Karikatur aus „Der deutsche Eisenbahner" vom 20. Mai 1952.**
Die Karikatur spielt auf die Loreley an. Die Zeilen rechts unten sind der Beginn eines Gedichtes von Heinrich Heine über diese Sagengestalt, die Reisende auf dem Rhein so in ihren Bann zog, dass ihre Schiffe an dem Felsen zerschellten.

Sowjetdeutschland verhinderte, lässt sich nicht entscheiden. 35
Glücklicherweise ist den Westdeutschen ein sowjetisches Experiment erspart geblieben. Aber die Ostdeutschen hatten an diesem Glück nicht teil. Deutlich wurde 1952, dass die Westpolitik einen Preis kostete, der moralisch anfechtbar war, weil ihn fast 40 Jahre lang allein die 18 Millionen Deutschen 40
in der DDR zahlen mussten. Forschung und Politik werden sich weiterhin streiten, ob Adenauers Westintegration den Ostdeutschen die Hypothek eines Lebens in der Diktatur aufbürdete und er somit einen Teil der deutschen Schicksalsgemeinschaft im Stich gelassen hat, oder ob seine Politik im 45
Gegenteil im Westen ein Bollwerk der Freiheit schuf, welches die Wiedervereinigung unter westlichen Bedingungen 1989/90 erst ermögliche.

Edgar Wolfrum, Die Bundesrepublik Deutschland 1949-1990 (Gebhardt, Handbuch der deutschen Geschichte, 10. Aufl., Bd. 23), Stuttgart 2005, S. 166-169.

1. *Erläutern Sie die Bedeutung des Streits um die Stalin-Noten aus historischer Sicht.*
2. *Vergleichen Sie den Handlungsspielraum Adenauers in der Deutschlandpolitik mit demjenigen Stalins.*
3. *Formulieren Sie den letzten Satz des Textes so um, als wäre er vor 1989 geschrieben.*

M4 Würdigung der Pariser Verträge

In der ersten Lesung der Pariser Verträge im Bundestag gibt Bundeskanzler Konrad Adenauer am 15. Dezember 1954 eine Regierungserklärung ab:

Das Vertragswerk macht die Bundesrepublik erst fähig, die Spaltung Deutschlands zu beseitigen und die sich mit der Wiedervereinigung stellenden Aufgaben zu bewältigen. [...] Die großen Mächte werden sich entsprechend ihren vertrag-
5 lichen Verpflichtungen bei kommenden Verhandlungen für unsere Wiedervereinigung solidarisch einsetzen. [...] Sie erklären also, dass die Schaffung eines völlig freien und vereinigten Deutschlands durch friedliche Mittel ein grundlegendes Ziel ihrer Politik ist. Ich sehe nicht, meine Damen und
10 Herren, wie heute eine bessere Basis für die Wiedervereinigung Deutschlands gewonnen werden könnte. [...]
Die sowjetische Propaganda versucht im Zusammenhang mit der jüngsten Konferenz der Ostblockstaaten den Eindruck zu erwecken, dass Sowjetrussland bedroht werde. Es
15 kann aber kein Zweifel daran bestehen, meine Damen und Herren, dass die Westmächte mit ihren Verteidigungsanstrengungen erst begonnen haben, nachdem klar erwiesen war, dass die Sowjetunion nicht daran dachte, ihre hochgerüsteten Streitkräfte zu vermindern, und dass sie bereit war,
20 diese Streitkräfte mindestens psychologisch für die Verfolgung ihrer unverändert expansiven Politik einzusetzen.
Es ist, meine Damen und Herren, eine alte Taktik des Kommunismus, den Angriff stets in der Sprache der Verteidigung zu führen. Das heißt, man bereitet den Angriff vor, und wenn
25 der, dem dieser Angriff gelten soll, daraufhin seinerseits entsprechende, defensive Maßnahmen trifft, sagen die Kommunisten, man bedrohe sie.
Dieser Taktik folgend hat die Sowjetunion gegen Ende der Berliner Konferenz[1] und seitdem mehrmals Vorschläge für
30 ein System kollektiver Sicherheit gemacht, das die Verteidigungsorganisation des Westens in Europa auflösen, die Vereinigten Staaten ausschalten, die militärische Einheit des Ostblocks aber aufrechterhalten und die Sowjetunion zur vorherrschenden Militärmacht eines ganz Europa umfassen-
35 den Systems machen würde. Ein derartiges System würde ihr nicht nur den lange angestrebten Einfluss auf ganz Deutschland, sondern auf die Dauer auch auf alle anderen freien Staaten Europas gewährleisten.

Der Politiker Erich Ollenhauer, seit dem Tod Kurt Schumachers 1952 Vorsitzender der SPD, antwortet folgendermaßen auf

die Regierungserklärung Adenauers:

Wir waren und wir sind der Meinung, dass nach dem Scheitern der EVG-Politik und vor der Beratung und Entscheidung 40 über andere Formen eines militärischen Beitrags der Bundesrepublik zunächst ein neuer ernsthafter Versuch unternommen werden sollte, in Vier-Mächte-Verhandlungen die Möglichkeiten einer befriedigenden Lösung der deutschen Frage zu prüfen. (Sehr gut! bei der SPD.) [...] In Paris ist zwar nicht 45 schriftlich, aber tatsächlich festgelegt worden, dass neue Verhandlungen mit der Sowjetunion über das Problem der deutschen Einheit erst nach der Ratifizierung der Verträge ins Auge gefasst werden sollen. Der Herr Bundeskanzler hat sich diese These wiederholt und ausdrücklich zu eigen gemacht, 50 auch in seiner heutigen Rede. Damit ist eindeutig der Aufrüstung der Bundesrepublik der Vorrang vor der Wiedervereinigung gegeben worden. [...]
Diese Politik basiert auf der Annahme, dass ohne die Einheit des Westens erfolgreiche Verhandlungen mit der Sowjet- 55 union nicht möglich seien und dass die Sowjetunion nach der Ratifizierung der Pariser Verträge eine größere Bereitwilligkeit zu Verhandlungen über eine für den Westen und für das deutsche Volk tragbare Lösung der europäischen und deutschen Probleme zeigen werde. [...] 60
Selbstverständlich verfolgt die Sowjetunion mit ihren letzten Noten seit dem Scheitern des EVG-Vertrags ein taktisches Ziel. Sie hat das Interesse, die Ratifizierung der Pariser Verträge zu verhindern, weil sie eine Aufrüstung der Bundesrepublik nicht wünscht. Die Interessen der Sowjetunion sind 65 nicht identisch mit unseren deutschen Interessen, und ihre Argumente sind nicht unsere Argumente. Aber vergessen wir nie, die Sowjetunion ist eine der vier Besatzungsmächte, und ohne ihre Zustimmung und ohne ihre Mitwirkung ist eine Wiedervereinigung Deutschlands ebenso unmöglich wie 70 ohne die Zustimmung und die Mitwirkung der Westmächte. (Lebhafte Zustimmung bei der SPD.) Es kann und darf uns daher nicht gleichgültig sein, welche Konsequenzen die Sowjetunion aus einer Einbeziehung der Bundesrepublik in die NATO im Hinblick auf ihre Deutschlandpolitik ziehen wird. [...] 75
Aber die eindeutige Ankündigung, dass dann Verhandlungen über die deutsche Frage zwecklos sein werden, können und dürfen wir nicht ignorieren.

Erster und zweiter Text: Verhandlungen des Deutschen Bundestages,
2. Wahlperiode 1953-1957, Bd. 22, S. 3135 ff.

1. *Analysieren Sie, welche Bedeutung den Pariser Verträgen hinsichtlich einer möglichen Wiedervereinigung Deutschlands in den beiden Reden zugewiesen wird.*

2. *Bewerten Sie die Unterschiede in den außenpolitischen Positionen.*

[1] Berliner Konferenz: Treffen der Außenminister der Westmächte und der UdSSR im Januar/Februar 1954

M5 Wirtschaftswachstum und Arbeitslosigkeit in der Bundesrepublik 1950-1989

a) Wirtschaftswachstum:

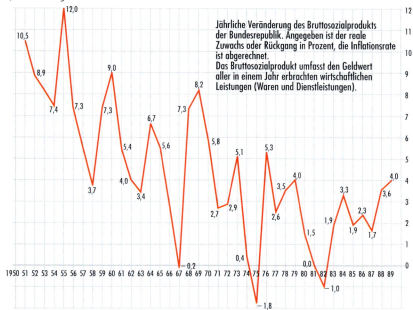

b) Zahl der Arbeitslosen:

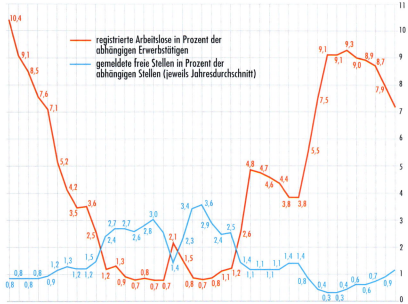

Daten nach: Bundesministerium für Wirtschaft (Hrsg.), Leistung in Zahlen bzw. Wirtschaft in Zahlen, verschiedene Jahrgänge

■ Beschreiben Sie die Entwicklung des Wirtschaftswachstums und der Zahl der Arbeitslosen. Setzen Sie die beiden Entwicklungen in Beziehung.

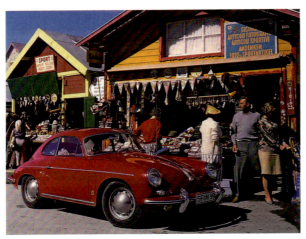

▲ Urlaubende Bundesbürger vor Souvenirläden in Südtirol. Foto von 1958.

M6 Chancen und Grenzen der Konsumgesellschaft

Der Wirtschaftshistoriker Werner Abelshauser referiert Merkmale der bundesdeutschen Konsumgesellschaft:

Überraschenderweise konnte die Konsumgesellschaft Bundesrepublik in vielem, was für sie charakteristisch geworden ist, an die Entwicklung der dreißiger Jahre anknüpfen [...].
Neu für die Fünfzigerjahre war hingegen, dass der Konsum
5 langlebiger Gebrauchsgüter nicht mehr auf mittlere und gehobene Einkommensklassen begrenzt war, sondern mit wachsendem Realeinkommen in nahezu allen Schichten der Bevölkerung einsickerte. Für den Besitz mancher Konsumgüter wie zum Beispiel für Fernsehgeräte, Musiktruhen oder
10 Kühlschränke spielte in der zweiten Hälfte der Fünfzigerjahre die soziale Stellung kaum noch eine bestimmende Rolle. Die „Demokratisierung des Konsums" [...] setzte sich [...] durch. Kennzeichnend für diese Entwicklung ist das Scheitern schichtspezifisch konzipierter Automobile (z.B. die „Kabinen-
15 roller" von Gutbrod, Maico oder Messerschmidt) [...] und der Siegeszug des auf technische Funktionalität und ein (käufer-)schichtübergreifendes Image angelegten Volkswagen-Käfers [...].
Das private Automobil wurde in den Fünfzigerjahren zum
20 Schlüsselbegriff für soziales Wohlbefinden, bürgerliches Freiheitsgefühl, wirtschaftliche Erwerbschancen und gesellschaftliches Prestige. Die Konsequenzen, die sich daraus für Städtebau, Siedlungspolitik, Freizeitgestaltung, Kommunikationsverhalten, Wirtschaftsstruktur, Umwelt, ja nahezu für
25 alle Bereiche des menschlichen Lebens ergaben, revolutionierten das Alltagsleben. [...]

In dieselbe Richtung zeigten die Herausbildung des Tourismus als Kollektivphänomen und die Expansion des neuen Massenmediums „Fernsehen". Beide ebenfalls epochemachenden Entwicklungen haben in Deutschland ihren Ur-30 sprung in den Dreißigerjahren, sodass auch hier auf eigene Erfahrungen zurückgegriffen werden konnte. [...]
Es gibt keinen Zweifel daran, dass die Hauptstützen der „Konsumgesellschaft" – Motorisierung, Tourismus und Massenmedien – ihre tiefen Spuren im öffentlichen Bewusstsein und 35 im Lebensgefühl der Massen erst im Laufe der Fünfziger- und Sechzigerjahre hinterlassen haben und daher zu Recht als Ergebnis des „Wirtschaftswunders" nach dem Zweiten Weltkrieg gesehen werden. [...]
Vor der generellen Verbesserung der wirtschaftlichen Lage 40 traten andere Probleme der „Wirtschaftswunderzeit" zurück. [...] Je weiter die Motorisierung voranschritt und die Freiheit des Einzelnen zu erweitern versprach, desto mehr stiegen die sozialen Kosten einer „autogerechten" Welt, in der die Mehrheit der Bundesbürger nunmehr wohnen wollte, und verrin-45 gerten sich in den Verdichtungsräumen des Straßenverkehrs die Entfaltungsmöglichkeiten des einzelnen Autofahrers. Ursprüngliche Lebensqualität schlug um in Umweltbelastung. Ähnliches gilt für den Massentourismus, dessen Reiz gerade durch die Folgen seiner steigenden Popularität und 50 der Erschwinglichkeit von Pauschalreisen zwangsläufig Schaden nehmen musste, und für die elektronischen Medien, deren kulturelle Problematik im vollen Maße erst in den Siebzigerjahren erkannt worden ist.
Schließlich: In dem Maße, wie die Bundesrepublik in den 55 Fünfzigerjahren zur Industriegesellschaft par excellence geworden ist, hat sie auch deren außerordentliche Probleme in Kauf nehmen müssen. Hohe Abhängigkeit vom Weltmarkt, von Energieimporten und knappen Rohstoffen, starke Umweltbelastungen durch industrielle Emissionen und Abfälle, 60 Zersiedelung der Landschaft durch dezentrale Industrieansiedlung oder Beschäftigungskrisen durch wirtschaftlichen Strukturwandel waren noch keine dringenden Fragen der Sechzigerjahre. Aber all diese Probleme, die die Bundesrepublik jenseits der „Grenzen des Wachstums" besonders 65 hart trafen, sind in den Langen Fünfzigerjahren entstanden.

Werner Abelshauser, Deutsche Wirtschaftsgeschichte seit 1945, München 2004, S. 336-341

1. Arbeiten Sie die Kennzeichen der Konsumgesellschaft in der Zeit des „Wirtschaftswunders" heraus.
2. Welche Folgen hatte die „Demokratisierung des Konsums" (Zeile 12)?
3. Beurteilen Sie aus heutiger Sicht das damalige Konsumverhalten.

M7 Innere Ordnung und Demokratie

In der Schlussdebatte des Bundestages zur Verabschiedung der Notstandsgesetze am 30. Mai 1968 macht sich Außenminister und Vizekanzler Willy Brandt für die Gesetzesvorlage stark:

Bisher hatten die Alliierten noch Rechte, die uns als Untermieter im eigenen Haus erscheinen ließen. Das soll jetzt geändert werden. Unsere Bundesrepublik ist erwachsen genug, um die Ordnung ihrer inneren Angelegenheiten ohne Ein-
5 schränkung in die eigenen Hände zu nehmen. [...] An dem Tage, an dem eigene deutsche Gesetze zum Schutze unserer Demokratie in Notzeiten in Kraft treten, erlöschen die Rechte, die sich unsere Alliierten bis dahin vorbehalten haben. [...] Wir wissen, meine Damen und Herren, dass manche unserer
10 Mitbürger noch immer fragen, ob denn die Vorsorgegesetze [= Notstandsgesetze] überhaupt nötig seien. Hierzu hat nicht zuletzt der Bundesjustizminister, mein Kollege Dr. Heinemann, wiederholt darauf hingewiesen, dass der Verzicht auf ein im Grundgesetz verankertes Notstandsrecht unwei-
15 gerlich das Wiederaufleben von Bemühungen um eine außerparlamentarische Notstandsvorsorge der Exekutive zur Folge hätte, die an die Schranken unserer Verfassung nicht gebunden wäre. [...]
[...] Es gibt eine Kritik an der Notstandsgesetzgebung, die ich
20 für reine Demagogie[1] halte. Diese stützt sich in der Bevölkerung zum Teil auf einen Mangel an Vertrautheit mit Tatsachen, und daran sind wir vielleicht nicht immer ganz schuldlos gewesen.
Es gibt zugleich eine andere Kritik, die ich ernst nehme und
25 respektiere. Ich meine zahlreiche Männer unseres geistigen und wissenschaftlichen Lebens, aus denen eine ehrliche Sorge spricht. Manche von ihnen meinen, es könnte sich quer durch die Parteien eine Art „Partei der Ordnung" im Sinne bloßer Beharrung bilden, die alle Unzulänglichkeiten des Be-
30 stehenden zementieren und in Versuchung geraten könnte, sich zu diesem Zweck auch der Vorsorgegesetze zu bedienen; eben damit würde sie einen tiefen Bruch im Volk, also einen Notstand hervorrufen. [...]
Wir sind [...] Zeugen einer erregenden, manchmal anstren-
35 genden Unruhe der jungen Generation, die inzwischen über alle nationalen Grenzen hinausgewachsen ist. Sie findet in jedem Land andere Anlässe des Protestes. Zum Teil ist sie von dem Aufbegehren gegen das Gefühl getragen, der einzelne Mensch könnte zum manipulierten Rädchen in einer alles
40 beherrschenden Technisierung unserer Welt werden. Sie lehnt ab, sich von Erfahrungen leiten zu lassen, die für sie

Geschichte sind. Sie sucht nach Maßstäben und Werten, die über Wohlstandskategorien hinausgehen. Sie möchte Technik in den Dienst ihres noch unformulierten Willens stellen. Ich sympathisiere mit dieser Strömung in der jungen Gene-
45 ration. Das weiß man. Ich wünsche, dass sie ihren Idealen näher kommen möge, als andere imstande waren, im Laufe jüngerer deutscher Geschichte die Ideale ihrer Jugend zu verwirklichen. [...]
Die demokratische Empfindlichkeit vieler in unserem Volk
50 hat sich als leicht ansprechbar erwiesen. Das ist auch gut. Doch gehöre ich zu denen, die meinen, dass wir uns fragen müssen, was in unserem Staat nicht stimmt, noch nicht stimmt, wenn zuweilen ganze Gruppen von tiefem Misstrauen erfüllt sind, wenn man dem Wort des anderen nicht
55 mehr glaubt, wenn alle allen alles oder viele vielen vieles zutrauen. [...]
Dies und anderes hat mich [...] in der Überzeugung bestärkt, dass vieles doch noch notleidend ist im Verhältnis zwischen Staat und Teilen der geistigen Schichten, wohl auch der jun-
60 gen Generation, wohl auch der Arbeiterschaft. Ich fürchte wirklich, dass uns weder die Bewältigung der Vergangenheit noch die Vorbereitung auf die Zukunft schon gut genug gelungen ist. [...]
Um die Vorsorgegesetze ist ein Kampf geführt worden, der
65 Respekt verdient. Für Notzeiten, die hoffentlich niemals eintreten, ist das Menschenmögliche getan. Mein bescheidenes Votum [...] wäre nun, an die Arbeit zu gehen, um diesen Staat so zu gestalten, dass er der Mitarbeit aller seiner Bürger sicher sein kann.
70

Verhandlungen des Deutschen Bundestages, stenographische Berichte, Bd. 66, Bonn 1969, S. 9625-9631

1. *Fassen Sie die Kritikpunkte an der Notstandsgesetzgebung zusammen, auf die Brandt in seiner Rede eingeht. Welche Einwände weist er zurück, welchen begegnet er mit Anerkennung oder Selbstkritik?*

2. *Arbeiten Sie heraus, welches Bild Brandt von der Bundesrepublik um 1968 zeichnet. Welche bisherigen Leistungen in Staat und Gesellschaft spricht Brandt an, wo sieht er Mängel und Reformbedarf?*

3. *Brandt wendet sich an eine „Strömung in der jungen Generation" (Zeile 45 f.) und hofft auf die Verwirklichung ihrer Ideale. Nennen Sie Jugend- und Protestbewegungen in der deutschen und europäischen Geschichte und bewerten Sie, inwieweit sie an ihr Ziel gelangt sind.*

---

[1] Demagogie: Aufwiegelung der öffentlichen Meinung, politische Hetze

M8 Löhne und Gehälter von Frauen in der Bundesrepublik 1950-1989

Jahr	Arbeiter/innen Industrie Bruttostundenlohn Vollzeit in DM		Anteil Frauenlohn in Prozent	Angestellte Industrie und Handel[1] Bruttomonatslohn Vollzeit in DM		Anteil Frauengehalt in Prozent
	Männer	Frauen		Männer	Frauen	
1950[2]	1,42	0,86	60			
1952	1,76	1,04	59			
1954	1,88	1,12	59			
1960	2,90	1,87	64	723	404	56
1964	4,17	2,79	67	1063	626	59 (1965)
1968	5,20	3,59	69	1244	741	59
1972	7,92	5,51	69	1857	1137	61
1976	11,08	8,02	74	2637	1681	64
1980	14,16	10,25	72	3421	2202	64
1982	15,17	11,33	75	3728	2366	63
1984	16,59	12,00	72	3996	2544	64
1986	17,85	13,04	73	4322	2764	64
1988	19,32	14,12	73	4654	2989	64
1989	20,09	14,76	73	4824	3108	64

Friederike Maier, Zwischen Arbeitsmarkt und Familie – Frauenarbeit in den alten Bundesländern, in: Gisela Helwig und Hildegard Maria Nickel (Hrsg.), Frauen in Deutschland 1945-1992, Bonn 1993, S. 257-279, hier S. 272, Tabelle 5

[1] ohne Verkehrswesen und Dienstleistungen sowie ohne Angestellte mit voller Aufsichts- und Dispositionsbefugnis
[2] 1950-1959 ohne Saarland und Berlin; bis 1963 ohne Berlin

1. Finden Sie Gründe, weshalb Arbeitgeber niedrigere Löhne an Frauen zahlen.
2. Ermitteln Sie entsprechende Daten aus westeuropäischen Ländern und vergleichen Sie.
3. Recherchieren Sie, was Gesetzgebung und Justiz bis heute gegen die Einkommensunterschiede von Männern und Frauen in der Bundesrepublik unternommen haben. Berücksichtigen Sie dabei auch europäische Initiativen.
4. Setzen Sie sich damit auseinander, welche längerfristigen Folgen für Frauen durch geringere Löhne entstehen.

M9 „Mehr Demokratie wagen"

(Text ▶ siehe S. 527)

M10 „Wandel durch Annäherung"

Egon Bahr, ein enger Vertrauter Willy Brandts, erläutert am 15. Juli 1963 die Grundzüge einer künftigen neuen Ostpolitik:

Die Änderung des Ost-West-Verhältnisses, die die USA versuchen wollen, dient der Überwindung des Status quo, indem der Status quo zunächst nicht verändert werden soll. Das klingt paradox, aber es eröffnet Aussichten, nachdem die bisherige Politik des Drucks und Gegendrucks nur zu einer ₅ Erstarrung des Status quo geführt hat. Das Vertrauen darauf, dass unsere Welt die bessere ist, die im friedlichen Sinn stärkere, die sich durchsetzen wird, macht den Versuch denkbar, sich selbst und die andere Seite zu öffnen und die bisherigen Befreiungsvorstellungen zurückzustellen. [...] Die erste Folge- ₁₀ rung, die sich aus einer Übertragung der Strategie des Friedens auf Deutschland ergibt, ist, dass die Politik des Alles oder Nichts ausscheidet. Entweder freie Wahlen oder gar nicht, entweder gesamtdeutsche Entscheidungsfreiheit oder ein hartes Nein, [...] das alles ist nicht nur hoffnungslos anti- ₁₅ quiert und unwirklich, sondern in einer Strategie des Friedens auch sinnlos. Heute ist klar, dass die Wiedervereinigung nicht ein einmaliger Akt ist, […] sondern ein Prozess mit vielen Schritten und vielen Stationen. Wenn es richtig ist, was Kennedy sagte, dass man auch die Interessen der anderen Seite anerkennen und berücksichtigen müsse, so ist es sicher für die Sowjetunion unmöglich, sich die Zone zum Zwecke einer Verstärkung des westlichen Potenzials entreißen zu lassen. Die Zone muss mit Zustimmung der Sowjets transformiert werden. Wenn wir so weit wären, hätten wir einen großen Schritt zur Wiedervereinigung getan. […] Das ist eine Politik, die man auf die Formel bringen könnte: Wandel durch Annäherung. Ich bin fest davon überzeugt, dass wir Selbstbewusstsein genug haben können, um eine solche Politik ohne Illusion zu verfolgen, die sich außerdem nahtlos in das westliche Konzept der Strategie des Friedens einpasst, denn sonst müssten wir auf Wunder warten, und das ist keine Politik.

Archiv der Gegenwart 33, 1963, S. 10 700 f.

1. Skizzieren Sie, was Bahr mit der „Politik des Drucks und Gegendrucks" (Zeile 5) konkret meint.
2. Erläutern Sie, worin das grundlegend Neue der sozialliberalen Ostpolitik bestand.

◀ **Duisburg-Bruckhausen.** Foto von J. H. Darchinger von 1971.

M11 Was ist Umweltpolitik?

Die seit 1969 regierende SPD/FDP-Koalition ist die erste deutsche Regierung, die sich ausdrücklich dem Umweltschutz verpflichtet. In ihrem Umweltprogramm von 1971 heißt es:

1. Umweltpolitik ist die Gesamtheit aller Maßnahmen, die notwendig sind,
   – um dem Menschen eine Umwelt zu sichern, wie er sie für seine Gesundheit und für ein menschenwürdiges Dasein braucht, und
   – um Boden, Luft und Wasser, Pflanzen- und Tierwelt vor nachhaltigen Wirkungen menschlicher Eingriffe zu schützen und
   – um Schäden oder Nachteile aus menschlichen Eingriffen zu beseitigen.
2. Die Kosten der Umweltbelastungen hat grundsätzlich der Verursacher zu tragen (Verursacherprinzip).
3. Die Leistungsfähigkeit der Volkswirtschaft wird bei Verwirklichung des Umweltprogramms nicht überfordert werden. Der Umweltschutz soll durch finanz- und steuerpolitische Maßnahmen sowie durch Infrastrukturmaßnahmen unterstützt werden.
4. Der Zustand der Umwelt wird entscheidend bestimmt durch die Technik. Technischer Fortschritt muss umweltschonend verwirklicht werden. […]
5. Umweltschutz ist Sache jedes Bürgers. Die Bundesregierung sieht in der Förderung des Umweltbewusstseins einen wesentlichen Bestandteil ihrer Umweltpolitik.
6. Die Bundesregierung wird sich für ihre Entscheidungen in Fragen des Umweltschutzes verstärkt der wissenschaftlichen Beratung bedienen. Sie wird hierfür u. a. einen Rat von Sachverständigen für die Umwelt berufen.
7. Alle Umweltbelastungen und ihre Wirkungen müssen systematisch erforscht werden. Die notwendigen Forschungs- und Entwicklungskapazitäten für den Umweltschutz werden ausgebaut […].
8. Die Möglichkeiten der Ausbildung für die Spezialgebiete des Umweltschutzes sollen, unter anderem durch interdisziplinäre und praxisbezogene Aufbaustudien an Hoch- und Fachhochschulen, vermehrt und verbessert werden.
9. Wirksamer Umweltschutz bedarf enger Zusammenarbeit zwischen Bund, Ländern und Gemeinden untereinander und mit Wissenschaft und Wirtschaft.
10. Der Umweltschutz verlangt internationale Zusammenarbeit. Die Bundesregierung ist hierzu in allen Bereichen bereit und setzt sich für internationale Vereinbarungen ein.

Drucksache VI/2710 des Deutschen Bundestages vom 14. Oktober 1971

1. Erläutern Sie, was die Bundesregierung 1971 unter Umweltpolitik verstand.
2. Diskutieren Sie die vorgesehene Verteilung der Kompetenzen in Umweltfragen.

M12 Deutschland als Einwanderungsland

Der Migrationsforscher Klaus Bade erläutert die Wahrnehmung und Praxis der deutschen Ausländerpolitik:

Die Ost-West-Migration hatte im späten 19. und frühen 20. Jahrhundert Millionen Auswanderer über den Atlantik und jährlich Hunderttausende von Arbeitswanderern nach Mittel- und Westeuropa geführt. Hinzu kam ein großer Teil der
5 mehr als 20 Millionen Menschen, die vom Ende des Ersten Weltkriegs bis zum Ende der 1940er-Jahre von zwangsweisen Umsiedlungen nach Grenzverschiebungen und von Vertreibungen betroffen waren. Der Kalte Krieg bewirkte jahrzehntelang eine Drosselung der Ost-West-Migration und ließ im
10 Westen auch die alten Ängste davor zurücktreten. [...] Als der Limes des Kalten Krieges Ende der 1980er-Jahre zerbrach, wurde deutlich, dass er auch eine Sperre gegen die Ost-West-Wanderung gewesen war. [...]
1989 - 92 wurde in Deutschland rund eine Million (1 008 684)
15 Asylsuchende gezählt. Das Zusammentreffen der verschiedenen, stark wachsenden Zuwanderungen in Deutschland und die durch Migrationsszenarien und Wanderungsdrohungen gestützte Furcht vor deren weiterer Entfaltung ließen die Visionen von „Fluten" aus dem Osten in Deutschland schein-
20 bar konkrete Gestalt annehmen. Vergeblich brachten Ausländerbeauftragte, Praktiker der Ausländerarbeit und kritische Wissenschaftler Hinweise darauf in die Debatte, dass viele Asylsuchende, Flüchtlinge und andere Ausländer Deutschland jährlich wieder verließen. Demografische Argumente
25 vermochten gegen die alltägliche Erfahrung der de facto zunehmenden und von vielen als Bedrohung empfundenen Begegnungen mit stets neuen „Fremden" immer weniger auszurichten. [...] Die Anti-Asyl-Argumentation bewegte sich dabei oft in geschlossenen Kreisen: In der Regel wurden nur
30 ca. 5 % der Antragsteller als im engeren Sinne „politisch verfolgt" anerkannt und deshalb für asylberechtigt erklärt. Von Politikern und Medien in Umlauf gebrachte Vorstellungen, die abgelehnten übrigen 95 % der Antragsteller seien „Wirtschaftsflüchtlinge", waren demagogisch. Sie blamierten sich
35 regelmäßig angesichts der Tatsache, dass einem erheblichen Teil der Antragsteller und ihren Angehörigen trotz der Ablehnung im Asylverfahren aus verschiedenen Gründen Abschiebeschutz gewährt oder [...] ein Flüchtlingsstatus zugesprochen werden musste. [...] Das war der Hintergrund für die von
40 wachsender Angst und Aggressivität getriebenen ausländer- und fremdenfeindlichen Ausschreitungen im vereinigten Deutschland der frühen 1990er-Jahre. Zur Vorgeschichte der Krise gehörten aber auch seit Langem ungeklärte Einwanderungs- und Eingliederungsfragen im Einwanderungsland
45 wider Willen, das als nationaler Wohlfahrtsstaat pragmatisch

die soziale Eingliederung von Zuwanderern gestaltete, appellativ aber in demonstrativer Erkenntnisverweigerung darauf beharrte, „kein Einwanderungsland" zu sein oder zu werden. Am Ende [...] wuchsen soziale Ängste, Irritationen und Frust-
50 rationen über die Abwesenheit von Politik in einer [...] alltäglich erlebbaren und doch politisch für nicht-existent erklärten Einwanderungssituation. Sie schlugen um in Aggression gegen „die Fremden" und solche, die dafür gehalten oder dazu erklärt wurden.

Klaus J. Bade, Europa in Bewegung. Migration vom späten 18. Jahrhundert bis zur Gegenwart, München 2000, S. 384 f. und 389 f.

1. *Klären Sie die Funktion, die der „Eiserne Vorhang" in der europäischen Migrationsgeschichte einnimmt.*

2. *Erläutern Sie die Vorwürfe, die Bade gegen die deutsche Ausländerpolitik der Neunzigerjahre erhebt.*

3. *Bringen Sie in Erfahrung, ob der Regierungswechsel von 1998 Veränderungen in der Zuwanderungspolitik gebracht hat.*

M13 Die ausländische Bevölkerung in Deutschland

Jahr	Ausländer im Bundesgebiet in Tausend		
	insgesamt	in % der Gesamt-bevölkerung	sozialversicherungs-pflichtig Beschäftigte
1969	2 381,1	3,9	1372,1
1971	3 438,7	5,6	2 168,8
1978	3 981,1	6,5	1862,2
1982	4 666,9	7,6	1709,5
1988	4 489,1	7,3	1607,1
1990	5 342,5	8,4	1793,4
1992	6 495,8	8,0	2 119,6
1996	7 314,0	8,9	2 009,7
2003[1]	7 334,8	8,9	1874,0
2006[1]	6 751,0	8,9	1790,0
2009[1]	7 146,6	8,7	1879,0

Nach: Ulrich Herbert, Geschichte der Ausländerpolitik in Deutschland. Saisonarbeiter, Zwangsarbeiter, Gastarbeiter, Flüchtlinge, München 2001, S. 233

Überprüfen Sie anhand der Zahlen die Aussagen von M12.

[1] Angaben des Bundesministeriums für Arbeit und Soziales

Die DDR 1949 - 1989: Staat und Wirtschaft

Aufbau nach sowjetischem Vorbild ▬ Ganz ähnlich wie in den übrigen Staaten des sowjetischen Machtbereiches in Osteuropa entstand in der DDR eine Diktatur, deren Führung sich zu keinem Zeitpunkt auf die freiwillige Zustimmung einer Mehrheit der Bevölkerung berufen konnte. Schon vor der Gründung der DDR im Oktober 1949 war die SED dem Beispiel der KPdSU gefolgt. Danach stand sie nicht in Konkurrenz zu anderen Gruppen im Staat, sondern sie übte – gemäß der Lehre des Marxismus-Leninismus – an der Spitze des „Arbeiter- und Bauernstaates" ein Machtmonopol aus (▶ M1). Die kommunistische Führungsgruppe der Partei beschritt bei der Durchsetzung ihres Machtmonopols mehrere Wege:

1. die innere Umgestaltung der SED zu einer „Partei neuen Typus"*,
2. die Umformung aller Parteien, Gewerkschaften und Verbände zu einem Instrument der SED,
3. die Lenkung der Justiz zur Absicherung der Diktatur und
4. der Einsatz der Geheimpolizei (*Ministerium für Staatssicherheit*, MfS) zur Überwachung der Bevölkerung und zur Unterdrückung jeder Opposition.

Die straffe hierarchische Parteistruktur gewährleistete, dass die Entscheidungen der SED-Führung auf allen nachgeordneten Ebenen umgesetzt wurden. Vorbild war die Kommunistische Partei der Sowjetunion (KPdSU).

Das *Zentralkomitee* war das höchste Organ der SED zwischen den Parteitagen. Die Zahl seiner Mitglieder wuchs ständig, da langjährige Mitglieder nicht abberufen wurden (1951: 51 Mitglieder; 1986: 165 Mitglieder). Die Zahl seiner Sitzungen verringerte sich im Lauf der Zeit, bis es etwa zweimal im Jahr tagte. De facto bestätigte das ZK lediglich die Vorgaben der ständigen Organe der SED (*Politbüro* und *Sekretariat des ZK*). Das Sekretariat bestand aus den zuständigen Sekretären für bestimmte Fachbereiche. Das Politbüro war das oberste Führungsgremium und tagte mindestens einmal wöchentlich. Der Generalsekretär berief die Sitzungen des Politbüros sowie des Zentralkomitees ein und leitete sie. Da die Kompetenzen zwischen Politbüro und Sekretariat nicht genau geregelt waren, schwankte das Kräfteverhältnis zwischen den beiden Gremien.

Das Bekenntnis zu Stalin und zur „führenden Rolle" der Sowjetunion sowie den Kampf gegen „Spione und Agenten" und den „Sozialdemokratismus" erklärte der III. Parteitag der SED im Juli 1950 zur Pflicht für alle Mitglieder. Mit Unterstützung der sowjetischen Geheimpolizei ließ Walter Ulbricht, Erster Sekretär und mächtigster Mann der SED, missliebige Mitglieder aus der Partei ausschließen – allein 1950/51 waren es 150 000, darunter vor allem ehemalige Sozialdemokraten, aber auch viele Kommunisten. Selbst Mitglieder der Führungsgruppe wurden ihrer Funktionen enthoben oder verhaftet. In einer Atmosphäre der Angst entwickelte sich die SED zu einem monolithischen** Machtapparat, der von wenigen Spitzenfunktionären gelenkt wurde.

Durchsetzung des alleinigen Führungsanspruches der SED ▬ Neben der SED existierten seit 1945 die CDU (Christlich-Demokratische Union Deutschlands) und die LDPD (Liberal-Demokratische Partei Deutschlands) als „bürgerliche" Parteien in der Sowjetischen Besatzungszone. Um diese Parteien zu schwächen, rief die SED mit Zustimmung der Sowjetischen Militäradministration 1948 die „Demokratische Bauernpartei Deutsch-

---

* Siehe S. 425.
** monolithisch (griech. aus einem Stein bestehend): festgefügt, einen einheitlichen Machtblock bildend

lands" (DBD) und die „National-Demokratische Partei Deutschlands" (NDPD) ins Leben. Sie gehorchten den Weisungen der SED, sollten Zugang zu bäuerlichen und liberal-konservativen Kreisen gewinnen und die tatsächlichen Machtverhältnisse verschleiern.

Eine ähnliche Rolle wie den Parteien wies die SED-Spitze den großen Massenorganisationen zu, die zwischen 1945 und 1947 gegründet worden waren, v. a. dem „Freien Deutschen Gewerkschaftsbund" (FDGB), der „Freien Deutschen Jugend" (FDJ), dem „Demokratischen Frauenbund Deutschlands" (DFD), dem „Kulturbund" (KB) sowie der „Vereinigung der gegenseitigen Bauernhilfe" (VdgB). Sie sollten als „Transmissionsriemen" (Lenin) den Willen der kommunistischen Parteispitze auf die Gesellschaft übertragen. Gemeinsam mit den fünf zugelassenen Parteien bildeten sie den „Demokratischen Block der Parteien und Massenorganisationen", der aus dem Antifaschistischen Block* hervorgegangen war. Der „Demokratische Block" sowie weitere Massenorganisationen, Vereine und Verbände wurden nach der Staatsgründung in der „Nationalen Front des demokratischen Deutschland" zusammengeschlossen. Da die maßgeblichen Stellen der Nationalen Front von SED-Funktionären eingenommen wurden, konnte die SED auf diesem Weg alle Parteien und Massenorganisationen steuern.

▲ Plakat zur ersten Volkskammerwahl in der DDR am 15. Oktober 1950.
Eine Einheitsliste der „Nationalen Front", die alle Parteien und Massenorganisationen vereinte und die Kandidaten festlegte, sicherte der SED die Macht.
■ Analysieren Sie den propagandistischen Inhalt des Plakats.

Die Nationale Front bestimmte die Kandidaten zu den Landtagswahlen und zur Wahl der Volkskammer, dem Parlament der DDR. Im Oktober 1950 fanden die ersten Volkskammerwahlen statt. Die Bürger hatten keine Möglichkeit zur Auswahl, sondern konnten die Einheitsliste nur bestätigen. Für das zuvor festgelegte Ergebnis (98 Prozent Wahlbeteiligung, 99,7 Prozent Zustimmung) mussten die SED und ihre Geheimpolizei allerdings Druck auf die Bevölkerung ausüben und die Wahlergebnisse fälschen.

Seit Anfang der Fünfzigerjahre forcierte die SED die Unterordnung der bürgerlichen Parteien. Widerstandsbereite Persönlichkeiten wurden ihrer Ämter enthoben, verhaftet und zu Zuchthaus oder Zwangsarbeit in sowjetischen Straflagern verurteilt. Seit 1952/53 erkannten CDU und LDPD in ihren Satzungen „die führende Rolle der SED als der Partei der Arbeiterklasse" vorbehaltlos an. In der Bevölkerung galten alle von der SED abhängigen Parteien als „Blockparteien". Damit war nicht nur die Zugehörigkeit zum „Demokratischen Block" gemeint, sondern vor allem der Umstand, dass echte Parteienvielfalt unter dem Diktat der SED ausgeschlossen blieb.

Justiz im Parteiauftrag ■ Die Entfernung ehemaliger Nationalsozialisten aus dem Justizapparat nutzte die Führung der SED, um an ihrer Stelle zuverlässige Kommunisten zu platzieren. Die SED verstand die Justiz als Mittel zur Belehrung über den Sozialismus sowie zur Erziehung des Volkes. Sie kontrollierte die gesamte Justiz. Im Gegensatz zum Wortlaut der Verfassung waren die Richter (Volksrichter) nicht unabhängig, sondern politische Funktionäre, angeleitet und gelenkt vom Obersten Gericht und den Partei-

---

* Siehe S. 425.

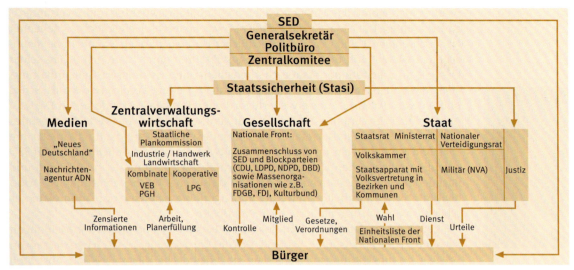

▲ **Die Verfassungswirklichkeit in der DDR.**
Grafik nach Eberhard Wilms.

instanzen. Auch Rechtsanwälte sollten als „Organe der sozialistischen Rechtspflege" helfen, die staatlichen Vorgaben durchzusetzen – wenn nötig gegen ihre Mandanten. Die Öffentlichkeit von Gerichtsverfahren beschränkte sich darauf, dass meist nur ausgewählte Personengruppen an Prozessen teilnehmen durften. Die Haftbedingungen in den Gefängnissen waren unmenschlich.

Das Strafrecht diente somit als Instrument der Diktatur zur Bekämpfung ihrer Gegner. Als Straftatbestand diente häufig die Generalklausel des Artikels 6 der Verfassung von 1949 („Boykotthetze gegen demokratische Einrichtungen"). Bereits kritische Meinungsäußerungen über das Regime wurden mit hohen Freiheitsstrafen geahndet.

Schauprozesse zur Bekämpfung des sozialdemokratischen und bürgerlichen Widerstandes, aber auch der innerparteilichen Gegner Ulbrichts wurden vom Justizapparat der SED inszeniert und von den Gerichten ausgeführt. Das Politbüro betätigte sich in der Ära Ulbricht nicht selten als Ankläger, Richter und Gnadeninstanz. Heute wird die Zahl der politisch Verfolgten in 40 Jahren DDR auf 150 000 bis 200 000 geschätzt. Nicht weniger als 33 755 „politische Häftlinge" kaufte die Bundesregierung zwischen 1963 und 1989 für umgerechnet 1,74 Milliarden Euro frei. Seit dem Untergang des SED-Regimes können die Opfer des Justizterrors ihre gerichtliche Rehabilitierung beantragen. Etwa 160 000 solcher Anträge sind bis 2001, der gesetzlichen Frist, gestellt worden; die meisten davon wurden mit positivem Ergebnis abgeschlossen.

Auch das Zivil-, Familien- und Arbeitsrecht nutzte der SED-Staat, um Andersdenkende, Kritiker oder Systemgegner einzuschüchtern. So wurden Schulabschlüsse, die Berufsausbildung, der berufliche Aufstieg von Menschen, die unliebsam aufgefallen waren, verhindert, die Wohnungszuteilung oder die Reiseerlaubnis versagt, der Personalausweis entzogen, der Arbeitsplatz gekündigt usw. Wegen der herrschenden Rechtsunsicherheit blieb für die Bürger das staatliche Handeln stets unberechenbar.

Das Ministerium für Staatssicherheit

Neben der Roten Armee gewährleistete insbesondere der Staatssicherheitsdienst den Machterhalt der SED. Er war eine Kopie des sowjetischen Geheimdienstes und mit diesem lange Zeit aufs Engste verflochten. Im

Erich Mielke (1907 - 2000): Minister für Staatssicherheit 1957-1989, Mitglied des Politbüros 1976-1989; 1993 wegen Mordes verurteilt

Februar 1950 wurde das MfS gegründet, um „Saboteure, Agenten und Diversanten*" zu bekämpfen. Der Staatssicherheitsdienst war politische Geheimpolizei, geheimer Nachrichtendienst und Organ strafrechtlicher Untersuchungen. Vor allem bei politischen „Delikten" führte er die Ermittlungsverfahren durch. Vom ersten Tag seiner Existenz an arbeitete der Staatssicherheitsdienst unter strengster Geheimhaltung. Erich Mielke, der den Staatssicherheitsdienst ab 1957 leitete, bezeichnete ihn als „Schild und Schwert der Partei" und erweiterte fortlaufend dessen Zuständigkeiten. Die *Stasi* – so die Kurzbezeichnung – unterstand nur dem Vorsitzenden des Verteidigungsrates und damit dem Generalsekretär der SED. Kein Gesetz oder Parlament schränkten ihre Ziele und Methoden ein. Im Laufe der Zeit entwickelte sich die Geheimpolizei der SED zu einem gigantischen Überwachungsapparat mit der Zentrale in Ost-Berlin und nachgeordneten Behörden auf Bezirks- und Kreisebene. Anfangs zählte das MfS 1000 hauptamtliche Mitarbeiter, Mitte der Fünfzigerjahre bereits 13 000. 1989 waren es schließlich etwa 91 000 hauptamtliche Mitarbeiter.

Um die vermuteten „feindlich-negativen" Personen, Handlungen und Meinungen flächendeckend aufzuspüren, bediente sich der Apparat eines zusätzlichen Netzes von Spitzeln, die ihre Führungsoffiziere über „staatsfeindliche" Gespräche oder Absichten im eigenen Freundeskreis, am Arbeitsplatz, in der Familie, in staatlichen und gesellschaftlichen Organisationen informierten. Die Überwachung von Bürgerinnen und Bürgern durch sogenannte *Inoffizielle Mitarbeiter* (IM) wurde bereits in den Fünfzigerjahren systematisch organisiert. Am Ende der SED-Diktatur (1989) verfügte das MfS über rund 189 000 Zuträger. Im Durchschnitt kamen in der Endphase der DDR auf einen Inoffiziellen Mitarbeiter 120 Einwohner. Erst neuere Forschungen haben gezeigt, dass Ende der Achtzigerjahre auch 1553 Bundesbürger als aktive Inoffizielle Mitarbeiter beim DDR-Auslandsgeheimdienst des MfS registriert waren und weitere 1500 Bundesbürger für andere Abteilungen des MfS spionierten. Insgesamt arbeiteten während des 40-jährigen Bestehens der DDR rund 12 000 Westdeutsche für die Stasi.

Von Anfang an nutzte das MfS die unterschiedlichsten Mittel, um Opponenten zu kriminalisieren und ihnen beruflich oder privat zu schaden. Dazu gehörten das Öffnen von Briefen, heimliche Wohnungsdurchsuchungen, der Einbau von Abhöranlagen, die Durchsicht von Bankunterlagen und Krankheitsberichten, permanente Beschattung verdächtiger Personen, willkürliche Festnahmen, Verhaftungen und Verhöre oder die systematische psychische „Zersetzung" von Zielpersonen (▶ M2).

Die DDR wird Teil des Ostblocks Die SED nahm für sich in Anspruch, mit der DDR den „Grundstein für ein einheitliches, demokratisches und friedliebendes Deutschland" (Stalin 1949) gelegt und ein Modell für ein zukünftiges Gesamtdeutschland unter kommunistischer Führung geschaffen zu haben. In der Praxis allerdings überwog stets das Ziel der Absicherung der eigenen Herrschaft durch Abgrenzung gegenüber der Bundesrepublik.

Bereits seit Anfang 1950 war die DDR Mitglied des von Stalin ins Leben gerufenen Rates für Gegenseitige Wirtschaftshilfe (RGW).** Damit wurde die DDR in ein System der Arbeitsteilung und Spezialisierung eingebunden, das unter Führung der Sowjetunion die Volkswirtschaften der Ostblockstaaten miteinander verkoppelte. Die Außenwirtschaftskontakte zum Westen und zur Bundesrepublik (innerdeutscher Handel) gingen dementsprechend zurück.

* Diversant: im kommunistischen Sprachgebrauch Saboteur
** Siehe S. 427.

◄ **Aufmarsch von Mitgliedern der Freien Deutschen Jugend (FDJ), der Volkspolizei und der SED anlässlich der II. Parteikonferenz der SED in Berlin.**
Foto vom 11. Juli 1952.

1950 schloss die DDR mit Polen das Görlitzer Abkommen, worin sie die Oder-Neiße-Linie als Ostgrenze („Oder-Neiße-Friedensgrenze") anerkannte. Im selben Jahr verzichteten DDR und ČSSR in der Prager Deklaration auf gegenseitige Gebietsansprüche. Zugleich wurden die „Umsiedlungen" Deutscher aus der Tschechoslowakei seit dem Ende des Zweiten Weltkrieges für „endgültig" und „gerecht" erklärt. Die beiden Verträge entstanden auf Druck der Sowjetunion. Einerseits verbesserten sie das Verhältnis der DDR zu den östlichen Nachbarn, andererseits vertieften sie die deutsche Spaltung. Denn weder die Bundesrepublik noch die westlichen Siegermächte waren in die Abmachungen einbezogen worden.

Trotz dieser Entwicklung war die deutsche Frage noch immer offen. DDR und Bundesrepublik standen weiterhin unter der Hoheit der Siegermächte. Während die Bundesregierung in Bonn jedoch die Westintegration aus freiem Entschluss vorantrieb, konnte die DDR-Führung nur reagieren: auf die Entscheidungen im Westen sowie auf die Weisungen der Sowjetunion. Die UdSSR unternahm im Frühjahr 1952 einen letzten Versuch, den Eintritt der Bundesrepublik in ein westliches Verteidigungsbündnis zu verhindern.* Als die Westmächte das Angebot zu einem vereinten, aber neutralen Deutschland ausschlugen, gab Stalin das Signal, auf das die Regierung in Ost-Berlin schon lange gewartet hatte: Der „Aufbau des Sozialismus" in der DDR sollte nun stattfinden.

„Planmäßiger Aufbau des Sozialismus" Nachdem die SED ihre Herrschaft gesichert hatte, beschloss sie auf einer Parteikonferenz im Juli 1952 den „planmäßigen Aufbau des Sozialismus". Er sollte Wirtschaft und Gesellschaft der DDR grundlegend umformen. Das Programm sah vor:
- weitere Zentralisierung der Staatsmacht (Auflösung der Länder, Aufhebung der Selbstverwaltung der Kommunen), Ausbau von Partei und Sicherheitsorganen, massive Verbreitung der SED-Ideologie durch die Medien;
- Ausbau der „Volkseigenen Betriebe" (VEB), deren Anteil an der industriellen Produktion bereits rund 80 Prozent betrug; Enteignung und politische Verfolgung der

---
* Siehe S. 437.

▲ „Von den Sowjetmenschen lernen heißt siegen lernen …"
Propagandaplakat, um 1952. Das sowjetische Originalplakat zeigt den Stalinpreisträger A. Tschutkich.

bürgerlichen Mittelschichten, die als private Unternehmer, kleine Handel- und Gewerbetreibende eine wichtige Stütze für die ostdeutsche Wirtschaft bildeten; durch eine extrem hohe Besteuerung und bürokratische Gängeleien wurde ihre berufliche Existenz vielfach vernichtet;
- einseitige Förderung der Schwerindustrie und der Rüstungsproduktion ohne Rücksicht auf die wachsenden Versorgungsengpässe für die Bevölkerung, dazu eine Erhöhung der geforderten Arbeitsleistung;
- forcierte Kollektivierung der Landwirtschaft; durch extrem hohe Ablieferungsverpflichtungen wurden selbstständige Bauern in „Landwirtschaftliche Produktionsgenossenschaften" (LPG) gezwungen;
- rascher Aufbau von „nationalen Streitkräften", finanziert durch Steuererhöhungen und Einsparungen im sozialen Bereich.

Die SED verstärkte auch den Druck auf die evangelische Kirche, die sie für eine weltanschauliche Konkurrenz hielt. Deren Nachwuchsorganisation „Junge Gemeinde" wurde als „politisch-ideologisch" verboten. Der Religionsunterricht an den Schulen wurde abgeschafft. Nach der Entnazifizierung, der Bodenreform und der „Gleichschaltung" der politischen Kräfte bedeuteten diese Maßnahmen einen weiteren, radikalen Eingriff in die gesellschaftlichen und wirtschaftlichen Strukturen.

Die Krise von 1953 Im Jahr 1952 nahm das SED-Regime auf Anordnung Moskaus die Aufstellung regulärer DDR-Truppen vor. Mitte 1953 waren etwa 130 000 Soldaten einsatzbereit. Diese Militarisierung belastete die Wirtschaft enorm. Zwar gelang es in einigen Industriezweigen, das Vorkriegsniveau wieder zu erreichen und zu übertreffen; dennoch fiel die DDR wegen der einseitigen Konzentration auf den Rüstungssektor und die Schwerindustrie sowie der starren Strukturen in den Betrieben immer wieder hinter die Produktionsvorgaben zurück. Die SED-Führung machte hingegen sogenannte „Wirtschaftsverbrecher" für die Krise verantwortlich. Das „Gesetz zum Schutz des Volkseigentums" vom Oktober 1952 sollte dazu dienen, die Solidarität unter den Arbeitern zu zerstören. Nun wurde es dazu genutzt, Tausende wegen geringer Diebstähle zu verurteilen. Bestraft wurde auch, wer einen Diebstahl nicht anzeige.

Selbstständige und Privateigentümer, circa zwei Millionen Menschen, bekamen keine Lebensmittelkarten mehr; sie sollten in den staatlichen Läden zu höheren Preisen kaufen, wo es ebenso an Butter, Öl, Margarine oder Fleisch mangelte wie in den übrigen Geschäften. Während die gelenkte Presse von ständig neuen Produktionserfolgen berichtete, blieben die Lebensmittel rationiert. Es fehlte an frischem Gemüse, Obst, sogar die Versorgung mit Kartoffeln und Brot bereitete Schwierigkeiten. Immer mehr Menschen flüchteten nach West-Berlin und in die Bundesrepublik, im ersten Halbjahr 1953 allein 226 000 Personen. Die SED-Führung antwortete mit verschärfter Repression und einer großen Propagandakampagne zur freiwilligen Erhöhung der Arbeitsleistung bei unveränderten Löhnen. In einigen Betrieben kam es daraufhin zu Protesten. Obgleich dem Politbüro Berichte über die Stimmung in der Bevölkerung vorlagen, verschärfte Ulbricht den eingeschlagenen Kurs. Per Dekret wurden Mitte Mai 1953 die Arbeitsnormen um mindestens zehn Prozent erhöht. In mehreren Städten fanden erste Warnstreiks statt.

Der „Neue Kurs" – von Moskau verordnet Beunruhigt über die schlechte ökonomische Situation und Stimmungslage in der DDR, versuchte die neue sowjetische Führung – Stalin war am 5. März 1953 gestorben –, die Lage zu entschärfen. Anfang Juni

1953 befahl die Sowjetunion einen sofortigen Kurswechsel: Die privaten Produzenten sollten gefördert, geflüchtete Bauern und Selbstständige zurückgerufen, die „Wirtschaftsverbrecher" aus den Gefängnissen entlassen, das Gespräch mit den Kirchenleitungen gesucht werden (▶ M3).

Diesen „Neuen Kurs" verkündete das DDR-Regime am 11. Juni 1953, und offiziell wurden sogar schwerwiegende Fehler zugegeben. Doch ausgerechnet die Erhöhung der Arbeitsnormen wurde nicht zurückgenommen. Die Empörung in der Arbeiterschaft und weiten Kreisen der Bevölkerung wuchs weiter. Je nach politischer Grundeinstellung sahen die einen in der politischen Kehrtwende einen hoffnungsvollen Neuanfang, die anderen eine Bankrotterklärung der SED. Gerüchte über eine Auflösung der Partei machten die Runde. Meldungen der Staatssicherheit berichteten von Freudenfesten auf dem Land, wo bereits die Befreiung von der SED-Herrschaft gefeiert wurde; und viele glaubten sogar an eine nahe bevorstehende Wiedervereinigung, nachdem die SED alle Losungen mit dem Wort „Sozialismus" kurzfristig entfernen ließ. Auf Großbaustellen häuften sich spontane Streiks, Bauern traten wieder aus den LPG aus, vielerorts wurde vor Gefängnissen demonstriert.

Vom Arbeiterprotest zum Volksaufstand Am 16. Juni formierten sich die Bauarbeiter in der Ost-Berliner Stalinallee zu einem Protestmarsch gegen die Beibehaltung der Normenerhöhung. Fast alle Betriebe in Berlin schlossen sich an. Die Demonstranten verlangten den Rücktritt der Regierung sowie freie Wahlen und kündigten einen Generalstreik an. Erst jetzt entschied sich das Politbüro für die Zurücknahme der Normenerhöhung. Doch die Arbeiter ließen sich nicht mehr beschwichtigen. Innerhalb weniger Stunden weitete sich am 17. Juni die Streikwelle zu einem landesweiten Aufstand der Bevölkerung gegen die SED aus. In über 700 Städten und Ortschaften beteiligten sich rund eine halbe Million Menschen an Demonstrationen, besetzten öffentliche Gebäude, Parteibüros und Dienststellen der Staatssicherheit, auch Gefängnisse wurden gestürmt und über 1300 Häftlinge befreit (▶ M4).

Die Unruhen riefen die Sowjetunion auf den Plan. Während die SED-Führung hilflos zusehen musste, verhängte die Besatzungsmacht im Laufe des 17. Juni den Ausnahmezustand über Ost-Berlin und weite Teile der DDR: Es galt das Kriegsrecht. Sowjetische Militärtribunale verhängten 18 Todesurteile gegen Aufständische, darunter mehrere Jugendliche. Hunderte wurden in Zwangsarbeitslager nach Sibirien verbracht. Da dem Aufstand jede überregionale Koordination fehlte, konnte das sowjetische Militär mit Panzern den Aufstand schnell niederschlagen. Dennoch flackerten bis in den Juli 1953 hinein immer wieder Streiks auf, und auf dem Land wollten viele Bauern nicht aufgeben. Etwa 1300 Mitglieder der SED traten aus Protest gegen die Führung aus der Partei aus.

In den Wochen und Monaten nach dem 17. Juni wurden rund 13 000 Menschen verhaftet, etwa 3000 verurteilt, die meisten zu teilweise hohen Zuchthausstrafen, in zwei Fällen zum Tod. Mehr als die Hälfte der höheren Parteifunktionäre wurde ihrer Ämter enthoben. Dazu zählten auch die Gegner Ulbrichts im Politbüro, die einen langsameren Kurs beim Aufbau des Sozialismus gefordert hatten.

Obwohl die SED ihre Macht retten und weiter festigen konnte, blieb der angeblich vom Westen gesteuerte „faschistische Putsch" von nun an das Trauma der Parteiführung. Auf der anderen Seite hatte die Bevölkerung die bittere Erfahrung machen müssen, dass Widerstand gegen das Regime aussichtslos war, solange die Sowjetunion dessen Existenz garantierte. Bis zu den Ereignissen von 1989 fanden in der DDR keine landesweiten Proteste mehr statt.

▶ **Geschichte In Clips:**
Zum Aufstand am 17. Juni 1953 siehe Clip-Code 4665-05

Aufstand am 17. Juni.
Extrablatt der Tageszeitung „Telegraf" (unabhängige Zeitung für das freie Berlin), 17. Juni 1953.
Die sowjetische Besatzungsmacht kam der SED zu Hilfe und setzte mit Panzern dem Aufstand ein Ende. Die Verunsicherung der SED-Führung nach den Ereignissen des 17. Juni saß tief. Ende November 1953 beschloss das Sekretariat des Zentralkomitees daher die Bewaffnung von SED-Funktionären mit Pistolen.

Die Westmächte hätten in die Vorgänge nicht eingreifen können, ohne einen Krieg zu beginnen. Angesichts der Blockbildung in Europa würde der Westen auch künftig nur moralische Unterstützung leisten – auch diese Lehre zogen die Gegner des SED-Regimes. Der Deutsche Bundestag erklärte den 17. Juni zum „Tag der Deutschen Einheit", der in der Bundesrepublik bis 1990 als nationaler Feiertag begangen wurde.

Vollendung der „Ostintegration" ■ Mit dem Beitritt der Bundesrepublik zur NATO im Mai 1955 schien das Ringen der Großmächte um die deutsche Einheit beendet. Die Westintegration der Bundesrepublik war besiegelt, und mit ihr die deutsche Teilung. Denn parallel dazu kam die Integration der DDR in den sowjetisch beherrschten Ostblock zum Abschluss. Schon 1954 hatte die sowjetische Führung unter dem neuen Parteichef Chruschtschow verkündet, die „sozialistischen Errungenschaften" im östlichen Teil Deutschlands dürften nicht angetastet werden. Das war eine Bestandsgarantie für die DDR, die von Moskau als zweiter deutscher Staat angesehen wurde („Zwei-Staaten-Theorie") – im Gegensatz zur Haltung der Bundesrepublik, die die Alleinvertretung Deutschlands beanspruchte.*

Als Reaktion auf den NATO-Beitritt der Bundesrepublik wurde am 14. Mai 1955 die Warschauer Vertragsorganisation gegründet, zu deren Unterzeichnerstaaten auch die DDR gehörte. Einen Tag später beschloss das Zentralkomitee der SED die Aufstellung bewaffneter Streitkräfte, die bereits in Gestalt der Kasernierten Volkspolizei existierten. Entsprechend rasch gingen die Aufstellung der *„Nationalen Volksarmee"* (NVA) und die Schaffung eines Ministeriums für nationale Verteidigung vor sich.

Getreu der Zwei-Staaten-Theorie trat die UdSSR im Herbst 1955 mit beiden deutschen Regierungen offiziell in Kontakt. Bundeskanzler Adenauer reiste im September 1955 auf Einladung Moskaus in die Sowjetunion, wo die Aufnahme diplomatischer Beziehungen zwischen Bonn und Moskau vereinbart wurde.

Auch erreichte der Kanzler die Freilassung der letzten deutschen Kriegsgefangenen, darunter viele, die nach Ostdeutschland zurückkehrten.

Unmittelbar nach dem Besuch Adenauers bekräftigte die sowjetische Führung in dem Vertrag über die Beziehungen zwischen der DDR und der UdSSR die Souveränität des ostdeutschen Staates. An die Stelle der sowjetischen Kontrollkommission in Ost-Berlin trat ein Botschafter. Von nun an verfolgte die Sowjetunion auch das Ziel der völkerrechtlichen Anerkennung der DDR durch den Westen.

Anfang 1956 beschlossen die Warschauer Vertragsstaaten, die Nationale Volksarmee in die Streitkräfte der Organisation aufzunehmen. Damit war die DDR auch militärisch voll in den Ostblock integriert. Als strategisch und ökonomisch wichtiger Eckpfeiler wurde das SED-Regime unter Walter Ulbricht zu einem zuverlässigen Partner im östlichen Bündnissystem.

Stabilisierung im Innern ■ Seit 1954 verbesserten sich die Lebensverhältnisse in der DDR spürbar. Die Sowjetunion verzichtete auf weitere Reparationen und ließ viele Wissenschaftler und Techniker nach Ostdeutschland heimkehren, die bis dahin in der UdSSR hatten arbeiten müssen. Das SED-Regime selbst nahm Korrekturen in der Wirtschaftspolitik vor. So konnte die Industrie in die Produktion von chemischen Grundstoffen, Kunststoff- und Aluminiumerzeugnissen investieren („Plaste und Elaste"). Metallverarbeitung und Hochseeschiffbau wurden zu neuen Industriezweigen, die zumal im

---

* Siehe S. 436.

strukturschwachen Norden des Landes für Arbeitsplätze sorgten. Die Versorgung der Bevölkerung mit Konsumgütern machte erkennbare Fortschritte, Lohnerhöhungen wurden gewährt, die Lebensmittelkarten 1958 abgeschafft.

In den privaten Haushalten stieg die Zahl von Rundfunk- und TV-Geräten. 1955 besaß nur jeder hundertste Haushalt einen Fernseher; 1960 waren bereits 17 Prozent der Haushalte mit einem TV- und 90 Prozent mit einem Radiogerät ausgestattet. In den Fünfzigerjahren verzehnfachte sich die Ausstattung mit Waschmaschinen, doch gab es nur für sechs Prozent der Haushalte einen Kühlschrank und nur für drei Prozent ein eigenes Auto.

Mit einer konsumfreundlicheren Wirtschaftspolitik als bislang erreichte die SED eine Konsolidierung des Regimes. Als unmittelbares Indiz nahm die Zahl der Flüchtlinge in den Westen ab. 1957 lag sie bei 260 000, 1959 ging sie auf 150 000 zurück, dem niedrigsten Stand seit Gründung der DDR. Die Staatsführung hofierte vor allem Ärzte, Professoren, Ingenieure und Facharbeiter, um sie im Land zu halten. Verdiente Arbeitskräfte wurden als „Helden der Arbeit" ausgezeichnet, erhielten Vergünstigungen und konnten die vom Staat kontrollierten Ferienanlagen an der Ostsee nutzen. Für die überwiegende Mehrheit gab es indes noch keine Möglichkeit für Reisen und Tourismus.

„Überholen ohne einzuholen" ■ Die Spielräume, die der Aufschwung seit Mitte der Fünfzigerjahre schuf, waren bald wieder aufgebraucht, als das Ulbricht-Regime zu seiner Politik der Enteignung und Zentralisierung zurückkehrte. Um den „Aufbau des Sozialismus" zu beschleunigen, wurden seit 1959 alle bäuerlichen Betriebe in Landwirtschaftliche Produktionsgenossenschaften (LPG) gezwungen. Bei der Kollektivierung von Handels- und Handwerksbetrieben ging die SED-Führung nicht ganz so radikal vor, weshalb ein geringer Prozentsatz in privater Hand blieb.

Die SED gab auf dem V. Parteitag 1957 das Ziel aus, Lebensstandard und Konsum in der DDR sollten bis 1961 das Niveau Westdeutschlands erreichen und übertreffen. Die Bundesrepublik „überholen ohne einzuholen", lautete Ulbrichts Formel – das Modell sozialistischer Planwirtschaft sollte die Marktwirtschaft des Westens überbieten. Doch die Vorgaben erwiesen sich als Illusion. Als Folge der Kollektivierungen traten 1960 erneut Versorgungsprobleme auf, und die Mittel zur Stützung des Verbrauchs fehlten für weitere Investitionen. Die Wirtschaft stagnierte. Kritik der Beschäftigten nahm die Regierung nicht zur Kenntnis. Die Unzufriedenheit in der Bevölkerung wuchs, es kam zu Arbeitsniederlegungen, und immer mehr Menschen kehrten der DDR den Rücken (▶ M5).

▲ **Konsumgüterproduktion im Zeichen der Planwirtschaft.**
Plakat zum 10. Jahrestag der DDR, 1959.

Die zweite Berlin-Krise 1958-1961 ■ Ein weiterer Grund für die Massenflucht war die seit 1958 schwelende Berlin-Krise. Nach der Berlin-Blockade von 1948/49 stritten die alliierten Siegermächte abermals um den Status der Stadt. Am 27. November forderte der sowjetische Staats- und Parteichef Chruschtschow in einem Ultimatum den Abzug der alliierten Truppen aus West-Berlin und die Aufgabe der Besatzungsrechte. West-Berlin sollte zu einer „selbstständigen politischen Einheit" umgewandelt werden, unabhängig von Bundesrepublik und DDR (mit Ost-Berlin) sowie außerhalb des Schutzes der NATO. Der Sowjetunion schwebte eine Dreiteilung Deutschlands vor. Wenige Monate später drohte Moskau mit dem Abschluss eines separaten Friedensvertrages mit der DDR, der entgegen den geltenden Viermächte-Vereinbarungen der DDR die volle Souveränität gewährt hätte.

Das Verhalten der Sowjetunion hing mit den wachsenden Spannungen zwischen ihr und der Volksrepublik China zusammen. Seit Ende 1957 strebte Chinas kommunistische Führung nach wirtschaftlicher Unabhängigkeit von der UdSSR, was wenig später zum Bruch zwischen beiden Ländern führte. Mit einer aggressiven Haltung in der Deutschland- und Berlin-Frage wollte Moskau seine Führungsrolle in der kommunistischen Welt und in Osteuropa festigen.

Die vier Mächte kamen auf der Konferenz ihrer Außenminister in Genf (Mai bis August 1959) zu keiner Lösung. Im Juni 1961 trafen sich Chruschtschow und US-Päsident John F. Kennedy in Wien, wo Chruschtschow sein Ultimatum wiederholte. Die Welt befürchtete einen Atomkrieg angesichts des Streits. Kennedy formulierte in einer Fernsehansprache am 25. Juli 1961 drei für die Westalliierten unverzichtbare Bedingungen (drei „Essentials"): Sicherheit und Freiheit der West-Berliner, die Anwesenheit der drei Westmächte in West-Berlin sowie der freie Zugang nach West-Berlin würden unter allen Umständen gesichert bleiben. Die Schutzgarantie der USA für West-Berlin bedeutete unausgesprochen die Anerkennung des sowjetischen Machtbereiches in Ost-Berlin und der DDR. Chruschtschow hatte damit sein Ziel erreicht.

▲ **Sprung in die Freiheit.**
Foto von Peter Leibing vom 15. August 1961 (Ausschnitt). Ein 19-jähriger Volkspolizist flüchtet von Ost- nach West-Berlin.

Viele unzufriedene, zumeist jüngere und gut qualifizierte DDR-Bürger befürchteten angesichts der internationalen Spannungen, der Fluchtweg über West-Berlin würde bald geschlossen. Seit Anfang Juni 1961 flohen täglich etwa tausend DDR-Bürger nach West-Berlin.

Ein Staat wird eingemauert Ulbricht war entschlossen, die Massenflucht zu stoppen. Auch Moskau akzeptierte nun die Schließung der innerdeutschen Grenze, um den wirtschaftlichen Kollaps der DDR und einen erneuten Volksaufstand zu verhindern. Vonseiten der USA gab es zwar formellen Protest, doch es drohte keine Konfrontation, da Präsident Kennedy lediglich die Freiheit West-Berlins militärisch garantierte.

In der Nacht zum 13. August 1961 ließ die DDR-Regierung entlang der Sektorengrenze durch Berlin Stacheldrahtverhaue und Steinwälle hochziehen. Unter militärischer Bewachung errichteten Bautrupps eine Mauer quer durch die Wohngebiete der Stadt. In der Folgezeit wurden die Sperranlagen an der innerdeutschen Grenze (1400 km) und um West-Berlin herum (166 km) mit Beton, Stacheldraht, Minen und Selbstschussanlagen zu einem hermetischen Sicherungssystem ausgebaut.

Für Vorbereitung und Durchführung des Mauerbaus war Erich Honecker verantwortlich, damals Sekretär des Zentralkomitees der SED für Sicherheitsfragen. Er ordnete im September 1961 auch den Schusswaffengebrauch „gegen Verräter und Grenzverletzer" an. Das DDR-Regime hat in der Öffentlichkeit stets geleugnet, dass es einen Schießbefehl gab. Die erhalten gebliebenen Dokumente belegen jedoch, dass führende Politiker und ranghohe Militärs der DDR Anweisungen erteilten, auf Flüchtlinge zu schießen und sie zu töten. Nach der Wiedervereinigung 1990 kam es daher zu Gerichtsverfahren und Verurteilungen (▶ M9).

▲ **Letzter Ausweg.**
Foto vom 24. September 1961. Die 77-jährige Frieda Schulze flieht aus dem 1. Stock ihres Wohnhauses, das unmittelbar an der Grenze steht.

Allein in den ersten Monaten nach dem Mauerbau kamen 32 Menschen ums Leben. Sie wurden bei Fluchtversuchen erschossen, ertranken oder stürzten beim Sprung aus grenznahen Häusern zu Tode. Bis 1989 verloren nach heutigen Erkenntnissen 765 Menschen bei der Flucht ihr Leben, Tausende wurden verletzt. Im Herbst 1961 wurden zur Sicherung der Grenzen und zur Einschüchterung der Bevölkerung über 3000 Menschen aus ihren grenznahen Heimatorten zwangsausgesiedelt („Aktion Festigung").

◄ **Mauerbau.**
*Foto vom August 1961.
Am 13. August 1961 riegelten Bautruppen der Nationalen Volksarmee mit Mauer, Stacheldraht und Panzersperren die Grenze nach West-Berlin ab.*

Selbstverständnis der DDR In den Augen ihrer Machthaber war die DDR ein Vorposten gegen die westliche Welt und ihren angeblichen Versuch, die sozialistische Ordnung in den Ostblockstaaten zu gefährden. Der Hauptvorwurf richtete sich gegen die Bundesrepublik Deutschland. Die „BRD" stehe in der Tradition des deutschen Kapitalismus und **Imperialismus**, der zu den beiden Weltkriegen und zur deutschen Teilung geführt habe (▶ M6). Für die deutsche Geschichte von 1933 bis 1945 sprach das SED-Regime nicht vom „Nationalsozialismus", sondern von „Faschismus". Ihre eigene Position nannte sie „antifaschistisch". Damit wurden die Existenz der DDR und die Herrschaft der SED in einen historischen Zusammenhang gestellt. Bereits die deutsche Arbeiterbewegung habe versucht, den Kapitalismus abzuschaffen, der in den Nationalsozialismus geführt habe. Durch die Errichtung eines „Arbeiter- und Bauernstaates" in Ostdeutschland sei diese Gefahr nun überwunden.

Ähnlich wie in Westdeutschland der Antikommunismus* diente der „Antifaschismus" in der DDR zur politischen Selbstbestimmung. Darüber hinaus aber sollte der „Antifaschismus" auch das Unrecht legitimieren, das das SED-Regime an allen beging, die ihm im Weg standen. Das ging so weit, dass auch die Berliner Mauer und die Grenzanlagen zu Westdeutschland zum „antifaschistischen Schutzwall" erklärt wurden. Die Propaganda der SED rechtfertigte damit nicht nur die Opfer der gewaltsamen Teilung, sondern verkehrte Sinn und Zweck der unmenschlichen Absperrmaßnahmen: Sie seien dazu da, die eigene Bevölkerung vor den Übergriffen des Kapitalismus zu bewahren. So könne eine Gesellschaft entstehen, in der es keine sozialen Gegensätze mehr gebe. Die DDR sei als Staats- und Gesellschaftsentwurf dem „Bonner Staat" überlegen, weil nur der Sozialismus für Frieden und Gerechtigkeit sorgen könne.

Imperialismus: Nach Auffassung des Marxismus-Leninismus ist der Imperialismus die fortgeschrittene Stufe des Kapitalismus, da die Industrieländer, um sich Rohstoffe und Absatzmärkte zu sichern, zur Unterwerfung und Ausbeutung anderer Staaten übergehen.

Bemühen um internationale Anerkennung Nicht erst durch den repressiven Kurs gegen die eigene Bevölkerung war die DDR international isoliert. Die Suche nach Anerkennung als selbstständiger deutscher Staat war das Hauptanliegen der Außenpolitik der DDR seit ihrer Gründung. Dem stand v. a. die Haltung der Bundesregierung entgegen, der es noch bis in die 1960er-Jahre gelang, diplomatische Beziehungen zwischen Ost-Berlin und Staaten außerhalb des Ostblocks zu verhindern.**

* Siehe S. 440.
** Siehe S. 436.

Jüdischer Weltkongress: 1936 gegründeter internationaler Verband der jüdischen Gemeinschaften und Organisationen

Das Verhältnis zwischen der DDR und Israel war bis zum Ende der SED-Herrschaft gespannt. Obwohl die israelische Regierung und der Jüdische Weltkongress von Ost-Berlin Entschädigungen verlangten, lehnte die SED-Führung ab. 1955 verwies sie auf die geleisteten Reparationen, die alle Forderungen abdecken würden. Zudem habe die DDR-Regierung die „Opfer des Faschismus" im eigenen Land ausreichend entschädigt und sorge dafür, dass der Nationalsozialismus dort nie wieder Fuß fasse.

Unter diesen Voraussetzungen kam es bis zum Ende der DDR zu keinen offiziellen Beziehungen mit dem jüdischen Staat. Die DDR folgte vielmehr der Sowjetunion, die im Nahost-Konflikt die arabischen Staaten gegen Israel unterstützte.

Die Beziehungen zu nichtkommunistischen Ländern blieben spärlich. Sport, Kultur, Verkehr und Nachrichtenwesen waren die Bereiche, in denen internationale Kontakte stattfanden – hier gelang der DDR v. a. der Austausch mit den Ländern Nordeuropas. Ebenso konnte die DDR in einigen Staaten Handelsvertretungen einrichten.

▲ **Staatsflagge der DDR.** Foto von 1987. Ährenkranz, Hammer und Zirkel als Symbole des „Arbeiter- und Bauernstaates" wurden erst 1959 offiziell eingeführt. Somit waren die Flaggen der Bundesrepublik und der DDR bis dahin identisch.

Bildungspolitik Für das Regime der SED war das Bildungswesen ein Schlüssel zur Festigung seiner Macht und zur Durchsetzung des Sozialismus. Schulen und Hochschulen sollten auf die kommunistische Weltanschauung einschwören und der Wirtschaft qualifizierte Arbeitskräfte liefern.

Anders als in Westdeutschland hatte das Schulwesen von Beginn an eine radikale Umformung erfahren. Die meisten Lehrer aus der Vorkriegszeit hatte man entlassen und durch neue, kommunistisch geschulte „Junglehrer" ersetzt. Die Staatsführung errichtete ein Bildungsmonopol: Privatschulen wurden abgeschafft, der Religionsunterricht aus den Lehrplänen entfernt. Dabei überwogen anfangs reformpädagogische Ansätze – das Schulgeld entfiel, Angehörige sozial schwächerer Schichten wurden gezielt gefördert und konnten sich in „Arbeiter- und Bauernfakultäten" auf ein Hochschulstudium vorbereiten. Bildung sollte kein „bürgerliches" Privileg mehr sein. Auch die Förderung von Frauen war ein vorrangiges Ziel.

Zwischen 1959 und 1965 fand eine umfassende Bildungsreform statt. Im Zentrum stand die zehnklassige „Polytechnische Oberschule", die alle Schulpflichtigen zu besuchen hatten. Dort lagen die Schwerpunkte auf technischen und mathematisch-naturwissenschaftlichen Fächern, auf der Staatsbürgerkunde (Marxismus-Leninismus) sowie auf einer intensiven Sportausbildung. Der Staat errichtete zudem ein dichtes Netz an Kinderkrippen, Kindergartenplätzen und Horten zur Vorschulerziehung. Für die berufliche Bildung gab es Ingenieur- und Fachschulen, Hochschulen, Akademien und Universitäten sowie Einrichtungen zur Weiterbildung der Beschäftigten.

Die Folgen des Bildungsausbaus waren bald zu spüren: Die Zahl der Kinder mit mehr als acht Jahren Schulzeit stieg von 16 Prozent 1951 auf 85 Prozent im Jahr 1970. Um 1970 waren fast die Hälfte der Studierenden an Fachschulen Frauen, an den Hochschulen und Universitäten stieg ihr Anteil jedoch nicht über 30 Prozent.

Eine großangelegte „Qualifizierungsoffensive" sorgte dafür, dass 1971 71 Prozent der Männer sowie 49 Prozent der Frauen eine abgeschlossene Berufsausbildung besaßen. Frauenarbeit, die in der DDR wegen des Arbeitskräftemangels von Beginn an sehr weit verbreitet war, wandelte sich dadurch von angelernter Beschäftigung zu qualifizierter Berufstätigkeit.

Planung, Zentralisierung und Kontrolle waren die Merkmale der Bildungspolitik in der DDR. Das integrierte Bildungssystem erlaubte dem Staat eine fast permanente Aufsicht über Kinder und Jugendliche, ergänzt durch die Organisation der Heranwachsenden in der Freien Deutschen Jugend. Bei der Förderung von Frauen in Bildung und Berufsleben ging es dem Staat weniger um Emanzipation als vielmehr um die Bereitstellung von Arbeitskräften. Die Bildungsinhalte folgten streng den Anforderungen der Wirtschaft, die ihrerseits der staatlichen Planung unterlag. Jugendliche erhielten selten den Studienplatz oder die Lehrstelle ihrer Wahl, sondern wurden nach Bedarf ausgebildet. Bildung war zwar kein Privileg bestimmter Schichten mehr, dafür hing sie nun vom Willen der Staatsführung ab. Vielen Angehörigen des Bildungsbürgertums verweigerte die Regierung das Studium, um stattdessen eine neue „sozialistische Intelligenz" zu fördern. Sie bestand aus Fachkräften und Akademikern, die das Regime zuverlässig unterstützten. Dazu gehörten insbesondere die „Kader", hochqualifizierte Gruppen in den Betrieben, in Verwaltung, Justiz, Militär und Partei, die unabhängig von ihrer sozialen Herkunft eine neue, staatstragende Elite bildeten.

Das SED-Regime nutzte das von ihm geschaffene Bildungssystem auch zur gezielten Einschwörung auf die eigene Weltanschauung: Schüler, Auszubildende und Studierende sollten zuverlässig mit den Lehren des Marxismus-Leninismus vertraut gemacht werden. Im Studium waren „Gesellschaftswissenschaften" Pflichtfach, im ersten Studienjahr auch das Erlernen der russischen Sprache.

Zudem trug das Bildungswesen in der DDR stark militaristische Züge. In allen Ländern der Warschauer Vertragsorganisation gab es wehrpolitischen Unterricht an den Schulen. 1978 führte die DDR das Fach „Wehrunterricht" für Jungen und Mädchen der 9. und 10. Jahrgangsstufe an Oberschulen ein. Es sah neben theoretischer Wehrkunde die Ausbildung an Waffen und technischen Geräten vor, ebenso Aufenthalte in Ferienlagern. Als Ausbilder fungierten Angehörige der Nationalen Volksarmee oder der „Gesellschaft für Sport und Technik", einer vormilitärischen Jugendorganisation. Der Wehrunterricht war als Vorstufe zum späteren Wehrdienst gedacht und half dabei, Freiwillige für die NVA, die Grenztruppen oder die Volkspolizei zu gewinnen.

Reformen in den 1960er-Jahren ▪

Die 1960er-Jahre waren für die DDR eine Zeit der Reformen und des gesellschaftlichen Wandels. Darin unterschied sich Ostdeutschland grundsätzlich weder von der Bundesrepublik noch vom übrigen Europa.

In der DDR wirkte der Bau der Mauer insofern „stabilisierend", als sich die Bevölkerung mit dem Verbleib im Land abfinden musste und die Hoffnung auf eine Wiedervereinigung mit Westdeutschland oder einen Systemwechsel begrub. Im Gegenzug lockerte auch das SED-Regime seine Haltung. 1962 war die allgemeine Wehrpflicht eingeführt worden. Bereits zwei Jahre später gab die Regierung den Forderungen der evangelischen Kirche nach und gestattete einen Wehrersatzdienst ohne Waffe („Bausoldaten"). Dank des „Passierscheinabkommens" von 1963 konnten West-Berliner nun ihre Angehörigen im Ostteil der Stadt besuchen. Seit Ende 1964 durften Rentner ihre Verwandten im Westen besuchen.

Die SED folgte der von der Sowjetunion seit Mitte der Fünfzigerjahre eingeleiteten „Entstalinisierung", indem sie Abweichler in den eigenen Reihen rehabilitierte und eine Amnestie für etwa 15 000 politische Gefangene gewährte. 1963 gab sich die SED erstmals ein eigenes Parteiprogramm. Der von Studenten, Schriftstellern und Intellektuellen wie Ernst Bloch oder Robert Havemann geforderte demokratische „menschliche Sozialismus" fand darin jedoch keinen Anklang. Es blieb beim unumschränkten Machtanspruch der SED.

Entstalinisierung: Abkehr der sowjetischen Führung von der Politik Stalins seit dessen Tod 1953. Unter dem neuen Parteichef Chruschtschow distanzierte sich die UdSSR von der Person Stalins, seiner Alleinherrschaft und seiner Wirtschaftspolitik. Kritiker kamen zu Wort, die Gefangenenlager (GULag) wurden aufgelöst, die Bevormundung der Ostblockstaaten ließ nach („Tauwetter"). Die Verbrechen der Stalin-Ära (1927-1953) durften erwähnt werden, wurden aber nicht aufgearbeitet.

Ernst Bloch (1885-1977): marxistischer Theoretiker, 1949-1957 Professor für Philosophie in Leipzig, emigrierte nach dem Bau der Mauer 1961 in die Bundesrepublik

Robert Havemann (1910-1982): kommunistischer Widerstandskämpfer gegen das „Dritte Reich", 1950-1964 Professor für Physikalische Chemie in Ost-Berlin. Er erhielt nach kritischen Äußerungen Berufsverbot und wurde bis zu seinem Tod überwacht.

► **Robert Havemann und Wolf Biermann.**
Foto vom 21. Januar 1972.
Der Chemiker Robert Havemann war zunächst Inoffizieller Mitarbeiter des Ministeriums für Staatssicherheit. Nach kritischen Äußerungen gegenüber dem SED-Regime wurde er 1964 aus der Partei ausgeschlossen, ein Jahr später wurde ein Berufsverbot gegen ihn erlassen. In einem vom westdeutschen Nachrichtenmagazin „Spiegel" veröffentlichten Brief an Honecker protestierte er 1976 gegen die Ausbürgerung von Wolf Biermann. Daraufhin wurde gegen ihn ein Hausarrest verhängt, der 1978 aufgehoben wurde. Havemann starb im Jahr 1982.

Devisen: Zahlungsmittel in ausländischer Währung. Die DDR brauchte fremde Währungen aus dem Westen, weil sie für ihr eigenes Geld im westlichen Ausland keine gleichwertigen Waren und Dienstleistungen erhielt.

Erich Apel (1917-1965): SED-Funktionär und Mitglied des Politbüros, 1963-1965 Vorsitzender der Staatlichen Planungskommission für die Wirtschaft der DDR

Angesichts des nachlassenden Aufschwungs schlug das SED-Regime einen neuen Kurs in der Wirtschaftspolitik ein. Das 1963 verordnete „*Neue Ökonomische System der Planung und Leitung*" (NÖSPL) sah vor, den Staat durch Abbau von Subventionen zu entlasten und den Betrieben mehr Eigenverantwortung zu übertragen. Günstig hergestellte Produkte sollten sich auf dem Weltmarkt behaupten und **Devisen** ins Land bringen. Durch das neue System drohte die DDR-Führung jedoch ihre Lenkungsgewalt über die Wirtschaft zu verlieren. Als die Machthaber das erkannten, nahmen sie die Reformen zurück. 1965 wurde das abgewandelte „Neue Ökonomische System" (NÖS) auch auf Druck der Sowjetunion beschlossen, das die Wirtschaft der DDR wieder der strikten Planung durch die Staatsspitze unterwarf. **Erich Apel**, der Ideengeber der Reformen, nahm sich daraufhin das Leben.

Neue Gesetze passten das Recht an die veränderten Verhältnisse an. 1966 trat das DDR-Familiengesetzbuch in Kraft, das Mann und Frau sowie eheliche und nichteheliche Kinder rechtlich vollständig gleichstellte – nicht zuletzt eine Reaktion auf den drastischen Anstieg der Ehescheidungen. Das neue Strafrecht der DDR stellte die Resozialisierung von Straffälligen in den Mittelpunkt. Zugleich erweiterte es das Spektrum politischer Straftaten wie „Republikflucht" oder „Verbrechen gegen die Souveränität der DDR". Weiterhin gab es die Todesstrafe. Sie wurde noch bis 1981 vollstreckt und erst 1987 abgeschafft.

Im Februar 1968 legte die Regierung den Entwurf zu einer neuen Verfassung vor. Nach einer „Volksaussprache", in der die Bevölkerung Ergänzungen und Änderungen vorschlagen konnte, billigte ein Volksentscheid am 6. April 1968 die neue Verfassung. Sie hielt erstmals den Führungsanspruch der SED fest und beschrieb die DDR als „sozialistischen Staat deutscher Nation". Besonderen Wert legte die Verfassung auf die sozialen Schutzrechte. Sie garantierten die „Freiheit von Ausbeutung, Unterdrückung und wirtschaftlicher Abhängigkeit" ebenso wie ein „Recht auf Arbeit" (► M7).

Die DDR als sozialistischer Modellstaat Der ostdeutsche Staat war inzwischen der wichtigste Partner der Sowjetunion innerhalb des Ostblocks. Der Lebensstandard war höher als in allen anderen Ostblockländern. Bei den Olympischen Sommerspielen 1968 in Mexico City trat erstmals eine eigene Mannschaft der DDR an – bis dahin hatte es eine gesamtdeutsche Mannschaft gegeben. Die Athleten erreichten Platz drei in der Nationenwertung hinter den USA und der UdSSR.

Selbstbewusst hob die DDR-Führung unter Walter Ulbricht die eigenen Errungenschaften hervor. Erst die DDR habe den Nachweis erbracht, dass der Sozialismus in einem hochindustrialisierten Land verwirklicht werden könne. Die DDR sei daher ein Modell für alle Gesellschaften im Übergang vom Kapitalismus zum Kommunismus. Damit stellte Ost-Berlin indirekt das Vorbild und die Führungsrolle der Sowjetunion infrage. Seit dem Sturz Chruschtschows 1964 und der Machtübernahme des neuen sowjetischen Staats- und Parteichefs Leonid Breschnew wurde jedoch ein solcher Alleingang nicht länger hingenommen.

Ulbricht wird gestürzt Zum Bruch zwischen Ulbricht und der Sowjetführung kam es in der Frage der Deutschlandpolitik. Die deutsche Bundesregierung unter Kanzler Willy Brandt bemühte sich seit 1970 um eine Normalisierung der Beziehungen zu Moskau und Ost-Berlin.* Die UdSSR begrüßte die Entspannungspolitik und bestand wie Ulbricht auf der vollen Anerkennung der DDR. Allerdings wollte sie dessen Pläne, im Alleingang enge wirtschaftliche Beziehungen zur Bundesrepublik zu knüpfen, nicht dulden. Angesichts der Engpässe bei der Versorgung der Bevölkerung sowie der schlechten Wirtschaftslage verlor er auch den internen Rückhalt in der SED. In Absprache mit Moskau zwang die Parteiführung Ulbricht zum Rücktritt. Die treibende Kraft dieses Machtwechsels war Erich Honecker, der im Mai 1971 zum Ersten Sekretär (seit 1976 Generalsekretär) der SED gewählt wurde. Honecker war nun der mächtigste Mann im Staat, der bald alle wichtigen Ämter (Vorsitzender des Nationalen Sicherheitsrates, Staatsratsvorsitzender) auf sich vereinte.

▲ **Glückwünsche zum Geburtstag eines „Kranken".**
Foto vom 30. Juni 1971.
Nachdem Erich Honecker (erste Reihe, zweiter von rechts) Ulbrichts Sturz im Politbüro durchgesetzt hatte, wurde Ulbricht vor die Wahl gestellt, sich entweder anlässlich seines Geburtstages als Kranker in Bademantel und Hausschuhen zu präsentieren oder aber noch seine letzte Funktion als Staatsratsvorsitzender zu verlieren. Ulbricht ließ sich demütigen und spielte bis zu seinem Tod am 1. August 1973 nur noch eine Nebenrolle.

Beginn der Ära Honecker Die Ablösung Ulbrichts durch Honecker an der Staats- und Parteispitze im Jahr 1971 war ein tiefer Einschnitt. Honecker revidierte die Politik seines Vorgängers und suchte die Absicherung nach außen und innen. Vorbehaltlos erkannte Ost-Berlin die Führungsrolle der Sowjetunion wieder an. Das Politbüro und der Ministerrat wurden weitgehend entmachtet. Gestützt auf Erich Mielke (Leiter der Staatssicherheit) und **Günter Mittag** (Sekretär für Wirtschaftsfragen) sowie den bürokratischen Apparat an der Spitze der SED, behielt Honecker die alleinige Kontrolle über Partei, Staat und Verwaltung. Am umfassenden Machtanspruch der SED änderte sich nichts.

Günter Mittag (1926 - 1994): 1966 - 1989 Mitglied des Politbüros der SED, führender Wirtschaftsfunktionär der DDR

* Siehe S. 449.

Deutsch-deutscher Grundlagenvertrag Die neue Regierung ging auf die Bonner Ostpolitik ein und unterzeichnete 1972 den „Vertrag über die Grundlagen der Beziehungen zwischen der Bundesrepublik Deutschland und der DDR" (Grundlagenvertrag*). Die beiden deutschen Staaten vereinbarten „gutnachbarliche Beziehungen". Die DDR erreichte damit das lang ersehnte Ziel, von Westdeutschland in ihren Grenzen und ihrer Souveränität anerkannt zu werden. Viele Staaten des Westens nahmen nun diplomatische Beziehungen zur DDR auf. Die Bundesrepublik blieb jedoch dabei, dass es nur eine deutsche Staatsbürgerschaft gebe. Nach wie vor konnte jeder Angehörige der DDR das Bürgerrecht der Bundesrepublik in Anspruch nehmen. Wegen dieser „besonderen Beziehungen" zwischen den beiden deutschen Staaten bestand die Bundesrepublik darauf, dass der höchste diplomatische Repräsentant nicht wie in einem ausländischen Staat „Botschafter" genannt wurde, sondern „Ständiger Vertreter".

„Real existierender Sozialismus" Im August 1973 starb Walter Ulbricht. Seit dem Machtwechsel war er kaum noch offiziell aufgetreten. Nach seinem Tod erklärte ihn die Staatsführung zur „Unperson" und verwarf bis dahin geltende Lehren. Das bisherige Konzept einer „sozialistischen Menschengemeinschaft" sei falsch und stehe im Widerspruch zu den Vorstellungen der Sowjetunion. Die SED sprach jetzt vom „real existierenden Sozialismus", der in allen Staaten unter kommunistischer Führung erreicht sei. Damit beanspruchte die DDR keine Sonderstellung mehr. 1974 wurde eine geänderte Verfassung verabschiedet, worin der Begriff der „sozialistischen Menschengemeinschaft" nicht länger auftauchte. Ebenso wurden alle Hinweise auf eine mögliche deutsche Wiedervereinigung gestrichen.

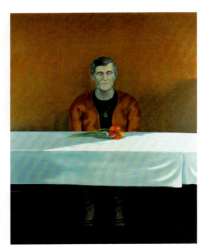

▲ „Die Ausgezeichnete."
Gemälde des Künstlers Wolfgang Mattheuer, 1973/74. Zusammen mit Werner Tübke, Willi Sitte und Bernhard Heisig prägte der Sachse die „Leipziger Schule".

■ *Die Ausgezeichnete – eine „Heldin der Arbeit"? Recherchieren Sie zu diesem Gemälde Wolfgang Mattheuers und interpretieren Sie es mit Blick auf die gesellschaftliche und wirtschaftliche Entwicklung der 1970er-Jahre in der DDR.*

„Einheit von Wirtschafts- und Sozialpolitik" Unter der Regierung Honecker blieb es bei der weltanschaulichen Abgrenzung vom Westen und von der Bundesrepublik. Der Sozialismus sei das bessere Gesellschaftssystem, er sei gerechter und menschlicher als der Kapitalismus. Die Menschen in der DDR nahmen aber weiterhin den Wohlstand der Bundesrepublik zum Maßstab, der innerhalb der Planwirtschaft in der DDR nicht zu erreichen war.

Dem SED-Regime war klar, dass sich der Rückhalt der Bevölkerung nicht allein durch Überwachung, Unterdrückung und Propaganda erzwingen ließ. Die Regierung setzte auf Sozialleistungen und Konsum. Schon 1971 hatte Honecker erklärt, die wichtigsten Aufgaben der Politik seien die Verbesserung des Lebensstandards und die Herstellung sozialer Gleichheit. Als vorrangige Ziele galten der Wohnungsbau, die Anhebung von Löhnen und Renten und eine bessere Versorgung mit Waren und Dienstleistungen. Die Regierung erhob die „Einheit von Wirtschafts- und Sozialpolitik" zum Programm: Ökonomisches Wachstum und technischer Fortschritt sollten den Ausbau des Sozialstaates und die Steigerung der Wirtschaftsleistung ermöglichen (▶ M8).

Das Konzept schien anfangs erfolgreich. Die Industrieproduktion stieg zwischen 1970 und 1974 um etwa 30 Prozent, die durchschnittlichen Löhne in der gleichen Zeit um 14 Prozent von 755 auf 860 Mark. Zahlreiche soziale Vergünstigungen kamen Frauen und Jugendlichen (nicht dagegen den Senioren) zugute, die Mieten und die Kosten für Grundnahrungsmittel sowie Gebrauchsgüter für das tägliche Leben blieben stabil. Immer mehr DDR-Haushalte verfügten seit Beginn der 1970er-Jahre über eine eigene Waschmaschine, einen Kühlschrank, ein Fernsehgerät und selbst ein Auto.

---

* Siehe S. 450.

Gesetzesreformen in den 1970er-Jahren ▪ Die Umwandlung der Gesellschaft im Zeichen des „real existierenden Sozialismus" schritt weiter voran. Neue Gesetzeswerke sollten die veränderten Verhältnisse abbilden. 1975 trat das *Zivilgesetzbuch der DDR* an die Stelle des Bürgerlichen Gesetzbuches, das noch aus der Zeit vor der deutschen Teilung herrührte. Nach dem neuen Gesetz besaß Volkseigentum („sozialistisches Eigentum") Vorrang vor persönlichem Eigentum. Schon ab 1972 waren die verbliebenen Betriebe in privater Hand verstaatlicht worden. Die ehemaligen Besitzer erhielten bestenfalls eine geringe finanzielle Entschädigung.

Durch die neuen gesetzlichen Regelungen wurde die Bodenreform der späten 1940er-Jahre ebenso rechtlich gedeckt wie alle weiteren Enteignungen und Kollektivierungen. Als Folge dieser Maßnahmen verschwanden im Laufe der 1970er-Jahre der bäuerliche Mittelstand und das Wirtschaftsbürgertum aus der ostdeutschen Gesellschaft.

Seit 1977 gab es ein *Arbeitsgesetzbuch der DDR*. Es beseitigte das Streikrecht für Beschäftigte und hob die Tarifautonomie* auf – beides hatte bis dahin nur noch formal bestanden. Das Gesetzeswerk legte großen Wert auf die soziale Sicherheit. So bestand fast völliger Schutz vor Kündigung; Ausnahmen galten bei politischem Fehlverhalten, das zum Berufsverbot führen konnte. Einerseits sollte das Arbeitsrecht dem sozialen Frieden dienen (etwa durch Arbeitsplatzgarantie), andererseits hemmte es die Wirtschaft, da es weder Leistungsanreize noch betriebliche Mitbestimmung vorsah.

Öffnung gegenüber dem Westen: die KSZE ▪ Die DDR nahm seit 1972 an der „Konferenz über Sicherheit und Zusammenarbeit in Europa" (KSZE) teil. Sie unterzeichnete am 1. August 1975 im finnischen Helsinki die KSZE-Schlussakte, in der die Teilnehmer ihre Gleichberechtigung, Souveränität und territoriale Unantastbarkeit anerkannten, auf Gewalt verzichteten und sich zur Achtung der Menschenrechte verpflichteten.

Ost-Berlin feierte dies als weiteren Schritt zur internationalen Anerkennung. Die DDR-Regierung wollte sich v. a. als Exportnation dem Westen öffnen, die Bevölkerung sollte dagegen von den Einflüssen des Kapitalismus und der Demokratie abgeschirmt bleiben. Diese Politik schlug jedoch fehl. Unter Berufung auf die KSZE-Schlussakte forderten viele DDR-Bürger mehr Freiheiten, v. a. Meinungs- und Pressefreiheit sowie die Möglichkeit zur Ausreise (▸ M10).

Niedergang der DDR-Wirtschaft ▪ Gegen Ende der 1970er-Jahre brach die Konjunktur der DDR-Wirtschaft ein. Das entsprach zwar einer weltweiten Entwicklung. Doch während sich die westlichen Industrieländer davon wieder erholten, gelang das der DDR und den übrigen Ostblockstaaten nicht.

Der Niedergang der DDR-Wirtschaft während der 1980er-Jahre war das Ergebnis kurz- und langfristiger Ursachen:

- Rohstoffknappheit. Die DDR war auf Erdöl angewiesen, das vorwiegend aus der UdSSR stammte. Seit den Ölkrisen der 1970er-Jahre drosselte die Sowjetunion die Ölzufuhr. Die DDR verwendete das Öl für die Produktion von Exportwaren und musste für den übrigen Energiebedarf auf die heimische Braunkohle ausweichen. Die Umstellung war kostspielig und belastete die Wirtschaft schwer.
- Unzureichende Modernisierung. In den Industriebetrieben mangelte es an Rationalisierung und Investitionen. Um Arbeitslosigkeit zu vermeiden, waren viele Stellen

---

* Siehe S. 441.

▶ **KSZE-Schlusskonferenz.**
Foto vom 1. August 1975. Bundeskanzler Helmut Schmidt (vorne rechts) spricht mit dem DDR-Staatsratsvorsitzenden Erich Honecker.

überbelegt, Arbeitskräfte wurden nicht sinnvoll eingesetzt und mussten veraltete Geräte bedienen. Für neue Ausstattungen fehlte das Kapital. Um 1989 waren weniger als die Hälfte aller Industrieanlagen jünger als zehn Jahre (in der Bundesrepublik betrug die Quote damals rund 70 Prozent). In Schlüsseltechnologien wie der Mikroelektronik verpasste die DDR den internationalen Anschluss.
- Exportschwäche, Devisenmangel und Verschuldung. Die zahlreichen Produkte, die auf dem Weltmarkt nicht konkurrenzfähig waren, mussten mit enormen staatlichen Zuschüssen verbilligt werden. Ohne den Export fehlten die Devisen, mit denen Rohstoffe und Westwaren eingekauft werden konnten. Die DDR importierte weit mehr, als sie ausführte, und nahm dafür immer höhere Kredite auf (▶ M11).
- Krise des Binnenmarktes. Die schlecht ausgerüsteten Wirtschaftsbetriebe konnten auch nicht den Bedarf an Konsumgütern im Inland (z. B. Kfz, Baumaterial) decken (▶ M12). Daher nahm der Verbrauch weiter ab, obwohl die Nettolöhne stiegen. Die Menschen sparten das Geld, das nicht mehr in die Wirtschaft zurückfloss.
- Verlangsamter Strukturwandel. Der Wandel der DDR-Wirtschaft verlor immer mehr an Tempo. Im Zeitraum von 1950 bis 1989 sank der Anteil der Land- und Forstwirtschaft von 26 auf elf Prozent. Industrie- und Handwerk waren bis Anfang der 1980er-Jahre von 40 auf 51,5 Prozent angewachsen, machten aber bis 1989 weiterhin 50 Prozent der Gesamtwirtschaft aus. Dagegen erreichte der Handels- und Dienstleistungssektor bis Ende der 1980er-Jahre nur einen Anteil von knapp 40 Prozent. Dieses Zahlenverhältnis entsprach der Situation in der Bundesrepublik von 1965.
- Planwirtschaft und Einbindung in den RGW. Die DDR hielt unter Honecker an der staatlichen zentralen Lenkung der Wirtschaft fest. Die Betriebe konnten ohne die Zustimmung des Staates nichts unternehmen und nicht unmittelbar auf die Bedarfslage reagieren. Die Versorgung der Bevölkerung mit Gebrauchsgütern verschlechterte sich deshalb stetig. Für die Wirtschaft galt die Erfüllung von langfristigen Plänen, nicht die flexible Orientierung an Angebot und Nachfrage. Hinzu kam die internationale Dimension der Planwirtschaft in Gestalt des Rates für Gegenseitige Wirtschaftshilfe (RGW). Dieses Gremium unter Leitung der UdSSR regelte, welches Mitgliedsland welche Produkte herstellte und wohin abführte. Anstatt sich an den Weltmarkt anzupassen, blieb die DDR-Wirtschaft von den übrigen Volkswirtschaften des Ostblocks abhängig.

- Personalmangel und Überalterung. Seit Bestehen der DDR schrumpfte ihre Bevölkerung. Von 1946 bis 1964 nahm die Einwohnerzahl in Ostdeutschland von 18,4 auf 17 Millionen ab, sank bis 1981 auf 16,7 Millionen und fiel weiter. Vor allem in der jüngeren Generation war der Arbeits- und Fachkräftemangel dramatisch, da die DDR-Führung auch keine Fachkräfte aus dem Ausland anwarb.

Zu Beginn der 1980er-Jahre unternahm die Regierung den Versuch, die Ausfuhren massiv zu erhöhen. Die DDR setzte angesichts des hohen Weltmarktpreises für Erdöl auf die Verarbeitung von sowjetischem Öl und den Export von Treibstoffen, Heizmitteln, Chemiefasern und Kunstdünger (Erdölderivate). Eine Zeitlang wurden damit Gewinne erzielt und Schulden abgebaut. Als sich der Ölpreis Ende 1985 plötzlich halbierte, ging der Absatz der Produkte drastisch zurück. Der Aufschwung brach erneut zusammen. Unterdessen führten Ernteausfälle zu Versorgungsengpässen. 1982 hatten Polen und Rumänien, zu deren Gläubigern die DDR gehörte, ihre Zahlungsunfähigkeit erklärt. Der DDR drohte ihrerseits der Staatsbankrott.

1983 und 1984 gewährte die Bundesrepublik zinslose Milliardenkredite zur Stützung der DDR. Im Gegenzug wurden die Minenfelder und Selbstschussanlagen an der innerdeutschen Grenze entfernt, die DDR ließ politische Häftlinge frei und gewährte Reiseerleichterungen. Aber diese Transferleistungen reichten ebensowenig wie der **Mindestumtausch** aus, um die rasante Verschuldung der DDR aufzuhalten.

Mindestumtausch („Zwangsumtausch"): Besucher der DDR und Ost-Berlins mussten täglich einen bestimmten Betrag in DDR-Mark umtauschen. Dies trug der Regierung Devisen ein.

Propaganda statt Reformen ■ Schon 1976 hatte sich die DDR mit umgerechnet 2,6 Milliarden Euro verschuldet, damals ein Staatsgeheimnis, das nur Honecker und einigen Vertrauten bekannt war. 1989 entsprach die Auslandsverschuldung von 25 Milliarden Euro bereits dem volkswirtschaftlichen Nettoprodukt eines Jahres. Der wirtschaftliche Zusammenbruch war nur eine Frage der Zeit.

Das Honecker-Regime war mit seiner „Einheit von Wirtschafts- und Sozialpolitik" gescheitert, änderte jedoch nichts an den viel zu hohen Ausgaben für den Sozialstaat. Die Regierung rührte weder an den subventionierten Mietpreisen noch an der Höhe der Löhne oder an den Arbeitsplätzen. Künstlich wurden damit Vollbeschäftigung und eine gute Versorgung aufrechterhalten. „Künstlich" bedeutete: „auf Pump" und unter Verschweigen der tatsächlichen Situation.

Die oberste Staats- und Parteispitze wiegte die breite Bevölkerung mit gefälschten Bilanzen und Durchhalteparolen in Sicherheit. So verkündete die SED-Führung im Oktober 1988 feierlich das Erreichen ihres Zieles, drei Millionen neue Wohnungen seit 1976 gebaut zu haben. Tatsächlich waren erst 1,9 Millionen Wohnungen fertiggestellt (mitgezählt wurden dabei auch Wohnheimplätze für Senioren und Studenten).

Die Propaganda übertönte jede Kritik, selbst innerhalb der SED. Sie wirkte nicht zuletzt im westlichen Ausland, wo man die Missstände kaum wahrnahm. Dabei halfen populäre Maßnahmen und Inszenierungen wie die Einweihung des modernen Sport- und Erholungszentrums in Ost-Berlin (1981) oder der Wiederaufbau der Semper-Oper in Dresden. Das Bild von der erfolgreichen DDR überdauerte damit die Wirklichkeit, vor allem in den Köpfen der Machthaber. Das DDR-Regime zeigte sich unfähig zu Reformen und wurde zum Opfer seiner eigenen Selbsttäuschung.

M1 „Vorhut der Arbeiterklasse"

Im Januar 1949 beschließt die Parteikonferenz, die SED zu einer „Partei neuen Typus" zu entwickeln:

Die Kennzeichen einer Partei neuen Typus sind:
Die marxistisch-leninistische Partei ist die bewusste Vorhut der Arbeiterklasse. Das heißt, sie muss eine Arbeiterpartei sein, die in erster Linie die besten Elemente der Arbeiterklasse
5 in ihren Reihen zählt, die ständig ihr Klassenbewusstsein erhöhen. Die Partei kann ihre führende Rolle als Vorhut des Proletariats nur erfüllen, wenn sie die marxistisch-leninistische Theorie beherrscht, die ihr die Einsicht in die gesellschaftlichen Entwicklungsgesetze vermittelt. Daher ist die
10 erste Aufgabe zur Entwicklung der SED zu einer Partei neuen Typus die ideologisch-politische Erziehung der Parteimitglieder und besonders der Funktionäre im Geiste des Marxismus-Leninismus.
Die Rolle der Partei als Vorhut der Arbeiterklasse wird in der
15 täglichen operativen Leitung der Parteiarbeit verwirklicht. Sie ermöglicht es, die gesamte Parteiarbeit auf den Gebieten des Staates, der Wirtschaft und des Kulturlebens allseitig zu leiten. Um dies zu erreichen, ist die Schaffung einer kollektiven operativen Führung der Partei durch die Wahl eines Politi-
20 schen Büros (Politbüro) notwendig.
Die marxistisch-leninistische Partei ist die organisierte Vorhut der Arbeiterklasse. Alle Mitglieder müssen unbedingt Mitglied einer der Grundeinheiten der Partei sein. Die Partei stellt ein Organisationssystem dar, in dem sich alle Mitglieder
25 den Beschlüssen unterordnen. Nur so kann die Partei die Einheit des Willens und die Einheit der Aktion der Arbeiterklasse sichern. [...]
Die marxistisch-leninistische Partei beruht auf dem Grundsatz des demokratischen Zentralismus. Dies bedeutet die
30 strengste Einhaltung des Prinzips der Wählbarkeit der Leitungen und Funktionäre und der Rechnungslegung der Gewählten vor den Mitgliedern. Auf dieser innerparteilichen Demokratie beruht die straffe Parteidisziplin, die dem sozialistischen Bewusstsein der Mitglieder entspringt. Die Parteibeschlüsse
35 haben ausnahmslos für alle Parteimitglieder Gültigkeit [...]. Demokratischer Zentralismus bedeutet die Entfaltung der Kritik und Selbstkritik in der Partei, die Kontrolle der konsequenten Durchführung der Beschlüsse durch die Leitungen und die Mitglieder. Die Duldung von Fraktionen und Gruppie-
40 rungen innerhalb der Partei ist unvereinbar mit ihrem marxistisch-leninistischen Charakter.

Matthias Judt (Hrsg.), DDR-Geschichte in Dokumenten. Beschlüsse, Berichte, interne Materialien und Alltagszeugnisse, Berlin 1998, S. 46f.

1. *Arbeiten Sie heraus, wie die SED ihren Führungsanspruch begründet sieht.*
2. *Skizzieren Sie in eigenen Worten, was die SED unter „demokratischem Zentralismus" verstand.*
3. *Vergleichen Sie diesen Parteiaufbau mit der Organisation von Parteien in demokratisch-pluralistischen Gesellschaften.*

M2 Richtlinien für „Operative Vorgänge"

1976 werden im Ministerium für Staatssicherheit (MfS) folgende Richtlinien in Umlauf gebracht:

2.3.4 Das Herausbrechen von Personen [...]
Das Herausbrechen ist darauf zu richten, Personen aus feindlichen Gruppen für eine inoffizielle Zusammenarbeit zu werben, um dadurch in die Konspiration der Gruppe einzudringen und Informationen und Beweise über geplante, vor-
5 bereitete oder durchgeführte Handlungen sowie Mittel und Methoden ihres Vorgehens zu erarbeiten, Anknüpfungspunkte und Voraussetzungen für eine notwendige Paralysierung[1] und Einschränkung der feindlichen Handlungen bzw. zur Auflösung der Gruppen zu schaffen. [...]
10
2.6.1 Zielstellung und Anwendungsbereiche [...]
Maßnahmen der Zersetzung sind auf das Hervorrufen sowie die Ausnutzung und Verstärkung solcher Widersprüche bzw. Differenzen zwischen feindlich-negativen Kräften zu richten, durch die sie zersplittert, gelähmt, desorganisiert und isoliert
15 und ihre Handlungen einschließlich deren Auswirkungen vorbeugend verhindert, wesentlich eingeschränkt oder gänzlich unterbunden werden. [...]
2.6.2 Formen, Mittel und Methoden [...]
Bewährte Formen sind:
20
- systematische Diskreditierung des öffentlichen Rufes, des Ansehens und des Prestiges [...];
- systematische Organisierung beruflicher und gesellschaftlicher Misserfolge zur Untergrabung des Selbstvertrauens einzelner Personen;
25
- zielstrebige Untergrabung von Überzeugungen [...];
- Erzeugen von Misstrauen und gegenseitigen Verdächtigungen innerhalb von Gruppen [...].

Matthias Judt (Hrsg.), a.a.O., S. 471

1. *Erläutern Sie die Wirkung dieser Maßnahmen.*
2. *Finden Sie Beispiele für von der Staatssicherheit verfolgte Personen oder Gruppen. Prüfen Sie, inwieweit die genannten Methoden angewandt wurden.*

---

[1] Paralysierung: Lähmung

M3 Der „Neue Kurs"

Bei geheimen Beratungen in Moskau am 2. und 3. Juni 1953 erhalten die SED-Spitzenfunktionäre Ulbricht, Oelßner und Grotewohl Verhaltensmaßregeln von der neuen sowjetischen Führung. Der Beschluss des sowjetischen Politbüros „Über die Maßnahmen zur Gesundung der politischen Lage in der Deutschen Demokratischen Republik" wird 1990 veröffentlicht:

Infolge der Durchführung einer fehlerhaften politischen Linie ist in der Deutschen Demokratischen Republik eine äußerst unbefriedigende politische und wirtschaftliche Lage entstanden. Unter den breiten Massen der Bevölkerung, darunter
5 auch unter den Arbeitern, Bauern und der Intelligenz, ist eine ernste Unzufriedenheit zu verzeichnen [...].
Als Hauptursache der entstandenen Lage ist anzuerkennen, dass gemäß den Beschlüssen der Zweiten Parteikonferenz der SED, gebilligt vom Politbüro des ZK der KPdSU, fälsch-
10 licherweise der Kurs auf einen beschleunigten Aufbau des Sozialismus in Ostdeutschland genommen worden war ohne Vorhandensein der dafür notwendigen realen sowohl innen- als auch außenpolitischen Voraussetzungen. [...]
1. Unter den heutigen Bedingungen (ist) der Kurs auf eine
15 Forcierung des Aufbaus des Sozialismus in der DDR [...] für nicht richtig zu halten.
Zur Gesundung der politischen Lage in der DDR [...] ist der Führung der SED und der Regierung der DDR die Durchführung folgender Maßnahmen zu empfehlen.
20 a) Ein künstliches Aufbringen der landwirtschaftlichen Produktionsgenossenschaften, die sich in der Praxis nicht bewährt haben und die eine Unzufriedenheit unter den Bauern hervorrufen, ist einzustellen. Alle bestehenden landwirtschaftlichen Produktionsgenossenschaften sind sorgfältig zu
25 überprüfen, und dieselben, die auf einer unfreiwilligen Basis geschaffen sind oder die sich als lebensunfähig gezeigt haben, sind aufzulösen. [...]
c) Die Politik der Einschränkung und der Ausdrängung des mittleren und kleinen Privatkapitals ist als eine vorzeitige
30 Maßnahme zu verwerfen. Zur Belebung des wirtschaftlichen Lebens der Republik ist es notwendig, eine breite Heranziehung des Privatkapitals in verschiedenen Zweigen der kleinen und Gewerbeindustrie, in der Landwirtschaft sowie auch auf dem Gebiet des Handels für zweckmäßig zu halten, ohne
35 dabei seine Konzentrierung in großem Ausmaß zuzulassen. [...] Das existierende System der Besteuerung der Privatunternehmer, das praktisch den Drang zur Beteiligung an dem Wirtschaftsleben tötet, ist in der Richtung einer Linderung der Steuerpresse zu revidieren. Die Kartenversorgung mit
40 Lebensmitteln für die Privatunternehmer sowie auch für die Freischaffenden ist wiederherzustellen.

d) Der Fünfjahrplan der Entwicklung der Volkswirtschaft der DDR ist zu revidieren in der Richtung einer Lockerung des überspannten Tempos der Entwicklung der Schwerindustrie und einer schroffen Vergrößerung der Produktion der Mas-
45 senbedarfswaren und der vollen Sicherung der Versorgung der Bevölkerung mit Lebensmitteln [...].
f) Maßnahmen zur Stärkung der Gesetzlichkeit und Gewährung der Bürgerrechte (sind) zu treffen, von harten Strafmaßnahmen, die durch Notwendigkeit nicht hervorgerufen wer-
50 den, (ist) abzusehen. [...]
h) [...] Es ist im Auge zu halten, dass Repressalien gegenüber der Kirche und den Geistlichen nur dazu beitragen können, den religiösen Fanatismus der rückständigen Schichten der Bevölkerung zu stärken und ihre Unzufriedenheit zu vergrö-
55 ßern. Darum muss (das) Hauptkampfmittel gegen den reaktionären Einfluss der Kirche und der Geistlichen eine tüchtig durchdachte Aufklärungs- und Kulturarbeit sein.

Ilse Spittmann und Gisela Helwig (Hrsg.), DDR-Lesebuch. Stalinisierung 1949-1955, Köln 1991, S. 200 ff.

1. *Fassen Sie die Hauptkritikpunkte des Papiers zusammen. Was können Sie daraus über den Informationsstand der sowjetischen Politiker ableiten?*

2. *Beurteilen Sie die vorgeschlagenen Lösungsmaßnahmen der sowjetischen Seite – sehen Sie darin einen grundsätzlichen oder einen nur temporären Kurswechsel? Analysieren Sie, welches Ziel die Sowjetunion in erster Linie verfolgte.*

M4 Ein Augenzeuge über den 17. Juni 1953

Friedrich Schorn, 39-jähriger Rechnungsprüfer aus Halle, gehört zu den Sprechern der Arbeiter, die sich gegen die SED-Herrschaft erheben:

Während das Streikkomitee seine Beschlüsse fasste, setzte ich mich an die Spitze der 20000 Betriebsangehörigen, und wir zogen nach Merseburg. Bauarbeiter, Straßenbahner, Fabrikarbeiter, Vopos[1], Hausfrauen und andere Zivilisten reihten sich
5 noch ein. Voran ging eine Malerkolonne der Leuna-Werke, die in Blitzesschnelle die alten Parolen abriss und die Wände mit unseren Freiheitslosungen bestrich. Mehrfach wurden alle drei Strophen des Deutschlandliedes und Brüder zur Sonne zur Freiheit[2] gesungen. Als gerade die letzten Demonstranten der Buna-Werke den Uhlandplatz erreicht hatten, traf unser
10

[1] Vopo: Volkspolizist
[2] Brüder zur Sonne zur Freiheit: deutsche Nachdichtung eines russischen Arbeiterliedes

Zug mit seiner Spitze ein. Ein ungeheuerlicher Jubel setzte ein. Fremde Menschen, jung und alt, fielen einander in die Arme, und viele weinten. Es war ein Begrüßungstaumel, der nicht enden wollte. Wir hatten auf dem Uhlandplatz drei Lautspre-
15 cherwagen und konnten verständlich zur ganzen Menge sprechen. Es waren etwa 100 000 Menschen. Zunächst sprach ein Mann von den Buna-Werken gegen die SED-Tyrannei. Anschließend gaben wir unter großem Beifall unsere Freiheitslosungen bekannt. Doch rief ich gleichzeitig zur Disziplin auf
20 und forderte auf, nichts zu unternehmen, wodurch die sowjetische Besatzungsmacht sich provoziert sehen könnte. Zahllose Bürger traten an uns heran und baten um „Einsätze". Sie sagten dem Sinne nach: Ich bin zu allem bereit, sei es noch so gefährlich und koste es, was es wolle. Der Buna-Streikleiter
25 schickte 200 – teilweise ausgesuchte – Männer zur Papierfabrik Königs-Mühle mit dem Auftrag, dort die von Vopos bewachten Arbeiter zu befreien. Kommandos zur Besetzung der Stadt- und der Kreisverwaltung wurden fortgeschickt. Später wurde uns gemeldet, dass alles gelang. [...]
30 Nun wurde mir gemeldet, dass sowjetische Truppen das Gefängnis, aus welchem wir die politischen Gefangenen befreit hatten, inzwischen besetzten und Neuverhaftete eingeliefert waren. [...]
Ich fuhr voraus in die Leuna-Werke [...]. Da kamen auch schon die ersten sowjetischen Lastwagen mit Fliegern in Infante- 35
rieausrüstung im Werk an. Die empörte Menge beschrie die Soldaten mit Pfuirufen. „Was wollt ihr hier, macht, dass ihr fortkommt!" „Nennt ihr das Demokratie?" Andere Betriebsangehörige riefen: „Lasst die armen Kerle, die wollen genauso frei sein wie wir. Was können die dafür, dass sie hier sein 40
müssen." Die Soldaten waren zum Teil noch Kinder, waren ängstlich und eingeschüchtert. [...] Ein Offizier schien die Situation jedoch besser zu durchschauen und sagte: „Gut so, weitermachen, in einem Jahr sind wir in Russland auch soweit." 45

Ilse Spittmann und Karl Wilhelm Fricke (Hrsg.), 17. Juni 1953. Arbeiteraufstand in der DDR, Köln ²1988, S. 141

1. Nennen Sie die Forderungen der Aufständischen.
2. Klären Sie die Gründe, die die sowjetische Führung zur gewaltsamen Niederschlagung des Aufstandes bewogen haben dürften.

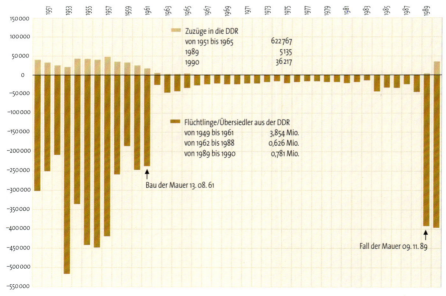

M5 Übersiedler und Flüchtlinge zwischen DDR und Bundesrepublik

Zuzüge in die DDR
von 1951 bis 1965   622 767
1989   5 135
1990   36 217

Flüchtlinge/Übersiedler aus der DDR
von 1949 bis 1961   3,854 Mio.
von 1962 bis 1988   0,626 Mio.
von 1989 bis 1990   0,781 Mio.

Bau der Mauer 13. 08. 61
Fall der Mauer 09. 11. 89

Nach: Hartmut Wendt, Wanderungen in Deutschland zwischen Ost und West [...], in: Paul Ganz und Franz-Josef Kemper (Hrsg.), Mobilität und Migration in Deutschland, Erfurt 1995, S. 6-8, und Matthias Judt (Hrsg.), a.a.O., S. 545 f.

1. Überlegen Sie, welche Motive es für die Migration zwischen den beiden deutschen Staaten gegeben hat.
2. In der Zentralkartei der DDR war die registrierte Zahl der Übersiedler immer doppelt so hoch wie von Behörden der Bundesrepublik angegeben. Ab 1966 machte die DDR überhaupt keine Angaben mehr zur Zahl der Übersiedler. Nennen Sie Gründe, warum das Ausmaß von Flucht und Übersiedlung politisch stets sehr brisant war.
3. Erläutern Sie die Folgen der Fluchtbewegung für Staat, Gesellschaft und Wirtschaft der DDR.
4. Befragen Sie ehemalige DDR-Bürger, die in die Bundesrepublik geflohen sind, nach ihren Motiven und Erfahrungen.

M6 Zwei Staaten – zwei Systeme

Unter dem Stichwort „Bundesrepublik Deutschland" erfährt man in einem Nachschlagewerk der DDR Folgendes:

„Bundesrepublik Deutschland (BRD): imperialistischer Staat; Hauptverbündeter der USA in Europa, Mitglied der Nordatlantikpaktorganisation und der Europäischen Wirtschaftsgemeinschaft. Die BRD entstand im Ergebnis imperialis-
5 tischer Spaltungspolitik aus den ehemaligen westlichen Besatzungszonen Deutschlands (7.9.1949) unter Bruch des Potsdamer Abkommens, gegen den Willen des Volkes, um die Herrschaft der Monopolbourgeoisie[1] in einem Teil des ehemaligen Machtbereiches des deutschen Imperialismus zu
10 erhalten und als antikommunistischen Stoßkeil gegen die UdSSR und die anderen sozialistischen Staaten Europas auszunutzen. Mithilfe amerikanischer Kredite und durch die Unterstützung des internationalen Finanzkapitals wurde die Macht des Imperialismus wiederhergestellt.
15 [...]
Die BRD ist ein hochindustrialisiertes Land [...]. Die Wirtschaft wird von westdeutschen und ausländischen Monopolen beherrscht. [...] Die Klassenstruktur ist durch eine ausgeprägte Polarisierung gekennzeichnet: Der unversöhnliche Wider-
20 spruch zwischen Bourgeoisie und Arbeiterklasse hat sich zu einem Antagonismus[2] zwischen der kleinen Schicht der Monopolbourgeoisie und allen nichtmonopolistischen Klassen und Schichten ausgeweitet.
[...]
25 Der Macht des Monopolkapitals in der BRD ist das Streben nach Beseitigung des Sozialismus in der DDR und in anderen sozialistischen Ländern Europas immanent[3]."

Unter dem Stichwort „Deutsche Demokratische Republik" heißt es dagegen:

„Deutsche Demokratische Republik (DDR): sozialistischer deutscher Staat, in dem die von der marxistisch-leninisti-
30 schen Partei, der Sozialistischen Einheitspartei Deutschlands, geführte Arbeiterklasse im Bündnis mit der Klasse der Genossenschaftsbauern, der Intelligenz und den anderen werktätigen Schichten die Macht ausübt. Sie wurde am 7.10.1949 gegründet. [...]
35 Die Gründung der DDR bedeutete die Erfüllung des Vermächtnisses der revolutionären deutschen Arbeiterbewegung und der antifaschistischen Kämpfer gegen die faschis-

---

[1] Bourgeoisie: Besitzbürgertum
[2] Antagonismus: Widerstreit, Gegensatz
[3] immanent: innewohnend, charakteristisch

tische Diktatur. Mit der Gründung der DDR entstand erstmals ein deutscher Staat, dessen Weg voll und ganz von den Gesetzmäßigkeiten des gesellschaftlichen Fortschritts bestimmt 40 wird. Sie wurde vorbereitet durch die antifaschistisch-demokratische Umgestaltung [...] in der damaligen sowjetischen Besatzungszone Deutschlands. Die Schaffung der DDR und ihre Entwicklung zum souveränen sozialistischen deutschen Staat bedeutet eine schwere Niederlage des Imperialismus, 45 weil ihm hier mit der Machtübernahme durch die Arbeiterklasse für immer seine Machtpositionen entzogen wurden. Mit dem Sieg der sozialistischen Produktionsverhältnisse in allen Bereichen der Volkswirtschaft wurden die Ausbeutung des Menschen durch den Menschen und die Quellen für eine 50 Restauration des Kapitalismus beseitigt. Außerdem ist infolge der Existenz und Stärke der Sowjetunion und der festen Verankerung der DDR in der sozialistischen Staatengemeinschaft die Möglichkeit ausgeschaltet, durch äußere Gewalt die Macht der Arbeiterklasse zu stürzen und die Herrschaft der 55 imperialistischen Bourgeoisie wiederherzustellen."

Erster Text: Kleines Politisches Wörterbuch, hrsg. von Gertrud Schütz u.a., Berlin ⁵1986, S. 147, 148 und 149
Zweiter Text: ebd., S. 176 und 177

1. *Prüfen Sie die Aussagen zur Gründung der Bundesrepublik im ersten Text auf ihre Stichhaltigkeit.*
2. *Stellen Sie dar, worin die historische und politische Bedeutung der DDR nach Ansicht des zweiten Textes lag.*
3. *Definieren Sie „Imperialismus" im Sinne der beiden Texte. Welche Motive werden dem „Imperialismus" der Bundesrepublik unterstellt und welche Zukunft wird ihm bescheinigt?*
4. *Arbeiten Sie anhand des zweiten Textes heraus, welche Faktoren den Bestand der DDR gewährleisten sollten. Diskutieren Sie, ob diese Einschätzung zutrifft.*

M7 Aus der Verfassung der DDR von 1968

Seit 6. April 1968 gilt eine neue Verfassung für die DDR. Darin heißt es:

Artikel 1
Die Deutsche Demokratische Republik ist ein sozialistischer Staat deutscher Nation. Sie ist die politische Organisation der Werktätigen in Stadt und Land, die gemeinsam unter Führung der Arbeiterklasse und ihrer marxistisch-leninistischen 5 Partei den Sozialismus verwirklichen.
Die Hauptstadt der Deutschen Demokratischen Republik ist Berlin. [...]

Artikel 2

(1) Alle politische Macht in der Deutschen Demokratischen Republik wird von den Werktätigen ausgeübt. Der Mensch steht im Mittelpunkt aller Bemühungen der sozialistischen Gesellschaft und ihres Staates. Das gesellschaftliche System des Sozialismus wird ständig vervollkommnet.

(2) Das feste Bündnis der Arbeiterklasse mit der Klasse der Genossenschaftsbauern, den Angehörigen der Intelligenz und den anderen Schichten des Volkes, das sozialistische Eigentum an Produktionsmitteln, die Planung und Leitung der gesellschaftlichen Entwicklung und die fortgeschrittensten Erkenntnisse der Wissenschaft bilden unantastbare Grundlagen der sozialistischen Gesellschaftsordnung.

(3) Die Ausbeutung des Menschen durch den Menschen ist für immer beseitigt. Was des Volkes Hände schaffen, ist des Volkes Eigen. Das sozialistische Prinzip „Jeder nach seinen Fähigkeiten, jedem nach seiner Leistung" wird verwirklicht.

(4) Die Übereinstimmung der politischen, materiellen und kulturellen Interessen der Werktätigen und ihrer Kollektive mit den gesellschaftlichen Erfordernissen ist die wichtigste Triebkraft der sozialistischen Gesellschaft. [...]

Artikel 24

(1) Jeder Bürger der Deutschen Demokratischen Republik hat das Recht auf Arbeit. Er hat das Recht auf einen Arbeitsplatz und dessen freie Wahl entsprechend den gesellschaftlichen Erfordernissen und der persönlichen Qualifikation. Er hat das Recht auf Lohn nach Qualität und Quantität der Arbeit. Mann und Frau, Erwachsene und Jugendliche haben das Recht auf gleichen Lohn bei gleicher Arbeitsleistung.

(2) Gesellschaftlich nützliche Tätigkeit ist eine ehrenvolle Pflicht für jeden arbeitsfähigen Bürger. Das Recht auf Arbeit und die Pflicht zur Arbeit bilden eine Einheit.

(3) Das Recht auf Arbeit wird gewährleistet durch das sozialistische Eigentum an den Produktionsmitteln; durch die sozialistische Planung und Leitung des gesellschaftlichen Reproduktionsprozesses; durch das stetige und planmäßige Wachstum der sozialistischen Produktivkräfte und der Arbeitsproduktivität; durch die konsequente Durchführung der wissenschaftlich-technischen Revolution; durch ständige Bildung und Weiterbildung der Bürger und durch das einheitliche sozialistische Arbeitsrecht.

Die Verfassung der Deutschen Demokratischen Republik, hrsg. vom Gesamtdeutschen Institut, Bonn 1974, S. 433 f.

1. *Skizzieren Sie das Verhältnis von Arbeit und politischer Macht gemäß dem Verfassungstext.*

2. *Stellen Sie dar, wovon ein „Recht auf Arbeit" laut Verfassung der DDR abhing. Nennen Sie weitere Bedingungen, die Ihrer Meinung nach für eine allgemeine Arbeitsplatzgarantie erfüllt sein müssen.*

3. *Begründen Sie, weshalb das „Recht auf Arbeit" von den Menschen in der DDR als große Errungenschaft angesehen wurde. Erörtern Sie, warum ein solches Recht im Grundgesetz nicht auftaucht.*

M8 Sozialpolitik und Legitimation der SED-Herrschaft

In einer Untersuchung über die Wirksamkeit der Sozialpolitik für die Akzeptanz des DDR-Regimes durch die Bürger heißt es:

Von der Sozialpolitik hatten sich die SED und die Staatsführung der DDR großen ökonomischen und politischen Nutzen erhofft. Voraussetzung und Ansporn wirtschaftlicher Leistung und Produktivitätssteigerung sollte sie sein und als Quelle von Legitimität dienen, um den grundlegenden Mangel an Anerkennung des SED-Regimes zu kompensieren. Ist dies erreicht worden?

Die sozialwissenschaftliche Forschung neigt zu der These, die Politik der sozialen Sicherung habe zur Stabilisierung des SED-Regimes beigetragen. Der paternalistische[1] Herrschaftsmechanismus der Sozialpolitik habe Wohlverhalten und konsumorientierte Anpassung hervorgerufen oder verstärkt, so wird die Stabilisierungsthese begründet. Zumindest zeitweise sei es gelungen, mit der Sozialpolitik eine Brücke zwischen den Herrschenden und den Beherrschten zu schlagen, so pflichten manche dieser Auffassung bei, meist unter Berufung auf die Aufwertung der Sozialpolitik in den 70er-Jahren. Allerdings betonen alle seriösen Untersuchungen die Grenzen der Legitimierung der DDR-Sozialpolitik und deren widersprüchlichen, teils Anerkennung stiftenden, teils Protest hervorrufenden Wirkungen. [...]

Hockerts[2] zufolge sind die „sozialistischen Errungenschaften" wie Vollbeschäftigung und Grundversorgung von der Bevölkerung insgesamt angenommen und genutzt worden. Aber als Herrschaftsstützen seien sie viel zu schwach, wenn nicht gar morsch gewesen. [...]

Die Sozialpolitik fand nicht nur Zustimmung, sie rief auch Widerspruch hervor, zum Beispiel aufgrund offenkundiger Leistungsmängel, wie im Falle der mangelhaften Altenpflege, der verfallenden Bausubstanz in den Städten, der Ausstattungsmängel des Gesundheitswesens, und Unzufriedenheit ob der Vernachlässigung produktionsferner Lebenslagen und Risiken, wie bei vielen Rentnern. [...]

Damit sind Kehrseiten der DDR-Sozialpolitik angesprochen, die kaum legitimierend wirken. Zu den Legitimierungsgren-

---

[1] paternalistisch: väterlich bevormundend
[2] Hans Günter Hockerts: deutscher Zeithistoriker (geb. 1943)

◄ VIII. Parteitag der SED.
Foto vom 15. Juni 1971.
Auf dem Parteitag wurde Walter Ulbricht als Generalsekretär durch Erich Honecker ersetzt.
Das Foto zeigt Honecker vor seiner Rede. Auf dem Podium steht unter anderem auch der sowjetische Parteichef Leonid Breschnew (3. v. l.).

zen ist ein Weiteres zu zählen: Die DDR-Sozialpolitik legte ihre Bürger viel stärker als die Sozialpolitik westlicher Prägung auf eine Politiknehmerrolle fest. Soweit dies den Politiknehmer der unbotmäßigen Eigeninitiative beraubte, konnte man
40 darin eine system- und ideologiegerechte Konsequenz sehen. Doch der Politiknehmerstatus förderte Anspruchshaltung und Passivität. Überdies verhinderte er, was die DDR-Sozialpolitik der parteioffiziellen Ideologie zufolge eigentlich bewirken sollte: die Entwicklung von Qualifikation und Staats-
45 bürgertugenden einer loyalen, produktiven und konstruktiv mitwirkenden „sozialistischen Persönlichkeit". Doch von der war ebenso wenig zu sehen wie von der Steigerung der Produktivität, die man sich von der „Einheit von Wirtschafts- und Sozialpolitik" erhoffte.
50 Eine noch gefährlichere Legitimierungsgrenze bestand für die Sozialpolitik der DDR in dem Ost-West-Vergleich, vor allem dem Vergleich mit der Bundesrepublik Deutschland. Hier stößt man auf die Achillesferse des DDR-Sozialismus. Im Ost-West-Vergleich erwiesen sich seine „sozialen Errungenschaf-
55 ten" einschließlich der Sozialleistungen als mittelmäßig, nicht selten als unzulänglich, oft als unattraktiv. Das ergab sich aus den repressiven Strukturen des Staatswesens und dem niedrigeren Entwicklungsstand der DDR-Wirtschaft, der rückständigen Technologie, der geringen Qualität der Dienst-
60 leistungen, der niedrigeren Kaufkraft der Sozialeinkommen und Löhne und dem unzureichenden Angebot an Konsumgütern des gehobenen Bedarfs. Die nur mäßige Produktivität der DDR-Wirtschaft bedeutete einen großen Rückstand an volkswirtschaftlichem Wohlstand sowie an privatem und
65 öffentlichem Konsumniveau gegenüber den fortgeschrittenen westlichen Industrieländern wie der Bundesrepublik Deutschland. Vor diesem Rückschritt schrumpften die „sozialen Errungenschaften" des SED-Staates zu Wohltaten, wel-

che die überwältigende Mehrheit der DDR-Bürger bei erster Gelegenheit gegen die volle Teilhabe an den Gütern der 70 Sozialen Marktwirtschaft und des Sozialstaats der Bundesrepublik Deutschland eintauschte.

Manfred G. Schmidt, Grundzüge der Sozialpolitik in der DDR, in: Eberhard Kuhrt, Hannsjörg F. Buck und Gunter Holzweißig (Hrsg.), Die Endzeit der DDR-Wirtschaft – Analysen zur Wirtschafts-, Sozial- und Umweltpolitik, Opladen 1999, S. 297 ff.

1. Listen Sie Vor- und Nachteile der „Einheit von Wirtschafts- und Sozialpolitik" auf. Diskutieren Sie, ob man tatsächlich von einer „Einheit" sprechen kann.
2. Beschreiben Sie den Einfluss des permanenten Vergleichs mit der Bundesrepublik auf die Mentalität der DDR-Bevölkerung.

M9 „Einwandfreies Schussfeld gewährleisten"

Auf einer Sitzung des Nationalen Verteidigungsrates vom 3. Mai 1974 äußert sich Erich Honecker zu den Maßnahmen der Grenzsicherung:

In der Aussprache [...] legte Genosse Erich Honecker folgende Gesichtspunkte dar:
- die Unverletzlichkeit der Grenzen der DDR bleibt nach wie vor eine wichtige politische Frage,
- es müssen nach Möglichkeit alle Provokationen an der 5 Staatsgrenze verhindert werden,
- es muss angestrebt werden, dass Grenzdurchbrüche überhaupt nicht zugelassen werden,
- jeder Grenzdurchbruch bringt Schaden für die DDR,
- die Grenzsicherungsanlagen müssen so angelegt werden, 10 dass sie dem Ansehen der DDR nicht schaden, [...]

- überall muss ein einwandfreies Schussfeld gewährleistet werden, [...]
- nach wie vor muss bei Grenzdurchbruchsversuchen von der Schusswaffe rücksichtslos Gebrauch gemacht werden, und es sind die Genossen, die die Schusswaffe erfolgreich angewandt haben, zu beloben [...].

Erich Honecker auf der 45. Sitzung des Nationalen Verteidigungsrates vom 3. Mai 1974 zum Tagesordnungspunkt 4: Bericht über die Lage an der Staatsgrenze der DDR zur BRD, zu Westberlin und an der Seegrenze, in: BArch MZA – 01/39 503; zitiert nach Matthias Judt, a.a.O., S. 468f.

1. *Im August 1997 erging im Berliner Landgericht das Urteil gegen drei frühere Mitglieder des Politbüros (Egon Krenz, Günter Schabowski, Günther Kleiber) wegen Totschlags an DDR-Flüchtlingen. Der Vorsitzende Richter Josef Hoch begründete die langjährigen Freiheitsstrafen für die Angeklagten mit der führenden Rolle des Politbüros innerhalb des Staates, dessen Mitglieder daher für das Grenzregime zur Verantwortung zu ziehen seien, denn wer die Herrschaft über Tötungen habe, sei als Täter dafür verantwortlich („Ohne die Politbürobeschlüsse hätte es diese Toten nicht gegeben"). Erläutern Sie das Für und Wider der Gerichtsentscheidung und nehmen Sie dazu Stellung.*
2. *Diskutieren Sie über die Angemessenheit der Strafen.*

M10 Ost-Berlin schätzt die KSZE-Schlussakte ein

Das DDR-Außenministerium nimmt am 28. Juli 1975 eine Bewertung der KSZE-Schlussakte von Helsinki vor:

Der große Erfolg für die Staaten der sozialistischen Gemeinschaft ist die Ausarbeitung und Aufnahme des Prinzips der Unverletzlichkeit der Grenzen als selbstständiges Prinzip in den Prinzipienkatalog. [Es] enthält die klare Aussage, dass es nicht allein um den Ausschluss der Gewaltanwendung, sondern um jegliche Forderungen und Handlungen geht, die darauf gerichtet sind, Grenzen anderer Staaten zu verletzen oder sich des Territoriums anderer Staaten zu bemächtigen. Nicht verhindert werden konnte die Aufnahme eines Satzes über das Ändern von Grenzen. Die von diesem Satz ausgehende negative Wirkung konnte aber dadurch abgeschwächt werden, indem er nicht, wie von der BRD angestrebt, dem Prinzip über die Unverletzlichkeit der Grenzen zugeordnet wurde. Außerdem konnte bei den Verhandlungen über den deutschen Wortlaut dieses Satzes erreicht werden, dass die BRD zu keinem der Prinzipien eine interpretative Erklärung im Sinne des sogenannten Briefes zur deutschen Einheit[1] abgibt.

Von weitreichender Bedeutung ist die klare Ausgestaltung des Prinzips der Nichteinmischung in die inneren und äußeren Angelegenheiten. In diesem Zusammenhang ist bedeutsam die Feststellung über die Rechte jedes Teilnehmerstaates, sein System und seine Gesetze und Verordnungen zu bestimmen. [...]
Die kapitalistischen Staaten sind mit sehr weitgehenden Forderungen insbesondere in den Fragen des Prinzipienkatalogs, der vertrauensfördernden Maßnahme und der „Freizügigkeit von Menschen und Ideen" in die Konferenz gegangen und haben diese hartnäckig verfolgt. Sie nutzten ihre Möglichkeiten und unser Interesse an einem erfolgreichen Abschluss der Konferenz aus, um insbesondere in den Prinzipien und den Bereichen Information und Kontakte einige detailliertere Aussagen durchzusetzen, als von uns ursprünglich beabsichtigt war. Diese Aussagen sind jedoch so abgesichert, um unmittelbar negative Auswirkungen auf unsere gesellschaftlichen Verhältnisse auszuschließen. [...]
Im Bereich der Kontakte, insbesondere bei familiären Begegnungen, Familienzusammenführungen, Eheschließungen und Reisen aus persönlichen und beruflichen Gründen wurde [aus westlichen Vorschlägen] die Verpflichtung übernommen, jeweilige Anträge „wohlwollend" zu behandeln. Das innerstaatliche Genehmigungsverfahren bleibt unberührt. [...] Alle westlichen Vorschläge, die auf eine „freie" Ein- und Ausreise ausländischer Bürger im Gastland abzielten, konnten zurückgewiesen werden. [...]
Im Bereich Kultur und Bildung konnten alle jene Elemente, die auf eine ideologische Diversion hinausliefen, wie die Einrichtung ausländischer Kinos, Lesesäle, Bibliotheken usw., ausgeschlossen werden.

Matthias Judt (Hrsg.), a.a.O., S. 518f.

1. *Zeigen Sie anhand des Textes auf, welche Festlegungen in dem KSZE-Abkommen der DDR-Staatsführung wichtig waren.*
2. *Erläutern Sie, was die DDR-Führung plante, um mögliche unerwünschte Folgen des Abkommens zu verhindern. Prüfen Sie, ob ihr das kurz- und langfristig gelungen ist.*

[1] Brief zur deutschen Einheit: Dokument der Bundesregierung zur Ergänzung des Grundlagenvertrages von 1972. Darin stellte Bonn klar, dass die Vereinbarungen mit der DDR nichts am Auftrag des Grundgesetzes änderten, eine Wiedervereinigung Deutschlands in Frieden und Freiheit herbeizuführen. Siehe auch S. 450.

M11 Die DDR am Rande der Zahlungsunfähigkeit

Ende Oktober 1989 erarbeiten leitende Wirtschaftsfunktionäre der SED eine Analyse der ökonomischen Lage der DDR. Das Expertengremium leitet der langjährige Chef der Staatlichen Plankommission und Politbüro-Mitglied Gerhard Schürer:

Die Verschuldung im nichtsozialistischen Wirtschaftsgebiet ist seit dem VIII. Parteitag[1] gegenwärtig auf eine Höhe gestiegen, die die Zahlungsfähigkeit der DDR infrage stellt. [...]
Im Zeitraum seit dem VIII. Parteitag wuchs insgesamt der Verbrauch schneller als die eigenen Leistungen. Es wurde mehr verbraucht als aus eigener Produktion erwirtschaftet wurde zulasten der Verschuldung im NSW[2], die sich von 2 Mrd. VM[3] 1970 auf 49 Mrd. VM 1989 erhöht hat. Das bedeutet, dass die Sozialpolitik seit dem VIII. Parteitag nicht in vollem Umfang auf eigenen Leistungen beruht, sondern zu einer wachsenden Verschuldung im NSW führte. [...]
Der Fünfjahresplan 1986-1990 für das NSW wird in bedeutendem Umfang nicht erfüllt. Bereits in den Jahren 1971-1980 wurden 21 Mrd. VM mehr importiert als exportiert. Das ist im Zusammenhang mit der dazu erforderlich gewordenen Kreditaufnahme und den Zinsen die Hauptursache des heutigen außergewöhnlich hohen Schuldenberges. [...] Die Konsequenzen der unmittelbar bevorstehenden Zahlungsunfähigkeit wäre ein Moratorium (Umschuldung), bei der der Internationale Währungsfonds bestimmen würde, was in der DDR zu geschehen hat. [...] Es ist notwendig, alles zu tun, damit dieser Weg vermieden wird. [...]
Auch wenn alle diese Maßnahmen in hoher Dringlichkeit und Qualität durchgeführt werden, ist der im Abschnitt I dargelegte, für die Zahlungsfähigkeit der DDR erforderliche NSW-Exportüberschuss nicht sicherbar.
1985 wäre das noch mit großen Anstrengungen möglich gewesen. Heute besteht diese Chance nicht mehr. Allein ein Stoppen der Verschuldung würde im Jahre 1990 eine Senkung des Lebensstandards um 25-30 % erfordern und die DDR unregierbar machen. Selbst wenn das der Bevölkerung zugemutet werden würde, ist das erforderliche exportfähige Endprodukt in dieser Größenordnung nicht aufzubringen. [...]
Trotz dieser Maßnahmen ist es für die Sicherung der Zahlungsfähigkeit 1991 unerlässlich, zum gegebenen Zeitpunkt mit der Regierung der BRD über Finanzkredite in Höhe von 2-3 Mrd. VM über bisherige Kreditlinien hinaus zu verhandeln. Gegebenenfalls ist die Transitpauschale der Jahre 1996-1999 als Sicherheit einzusetzen. [...]
Dabei schließt die DDR jede Idee von Wiedervereinigung mit der BRD oder der Schaffung einer Konföderation aus.

Maria Haendcke-Hoppe-Arndt, Außenwirtschaft und innerdeutscher Handel, in: Eberhard Kuhrt, Hannsjörg F. Buck und Gunter Holzweißig (Hrsg.), Die wirtschaftliche und ökologische Situation der DDR in den 80er Jahren, Opladen 1996, S. 63 ff.

▲ „Ich kenne keine Produkte, ich kenne nur Produktion."
Karikatur von Heinz Behling, 1978.
■ Analysieren Sie die Karikatur. Auf welche Probleme der DDR-Wirtschaft weist der Karikaturist hin?

1. Fassen Sie die Folgen der Wirtschaftspolitik Honeckers zusammen.
2. Untersuchen Sie, warum Honecker der Entwicklung nicht früher Einhalt geboten hat.
3. Beschreiben Sie, auf welche Weise die Schuldenlast abgetragen wird.

---

[1] Parteitag der SED 1971 in Ost-Berlin, auf dem die Politik des kurz zuvor abgesetzten Ulbricht kritisiert und als neue „Hauptaufgabe" die „Einheit von Wirtschafts- und Sozialpolitik" beschlossen wurde.
[2] NSW = Nichtsozialistisches Wirtschaftsgebiet
[3] VM = Valutamark (= D-Mark)

◀ **Alltag in der Mangelwirtschaft.**
Foto aus Leipzig vom März 1989.
Die DDR-Bürger mussten immer improvisieren, besonders wenn sie Ersatzteile für die Wartungsarbeiten ihres Pkw brauchten wie dieser Leipziger Bürger.

M12 „Wenn man da nicht Leute kannte …"

Ein Betroffener berichtet nach 1989 darüber, wie man sich mit der Versorgung in der DDR arrangiert hat:

In der DDR kann ein Mann alleine nicht für den Unterhalt einer Familie sorgen. Wenn es ein guter Monat ist, dann verdiene ich so tausend Mark, wenn man Leistung macht. Da kommt es auf den Tag an. […]
5 Wenn man in einen Gemüseladen reinkommt und Schwein hat, dann liegen dort ein paar deutsche Zwiebeln. Die nimmt man raus aus der Steige, dann hat man schon die Pfoten voll Schmiere. Die Möhren sehen aus, wie man sie vom Acker runterholt. Die Radieschen auch. Die waren nicht gewaschen
10 und nichts. Ich meine, das liegt auch ein bisschen an der Schlamperei der Leute. Wenn ich so einen Laden hätte, ich hätte sie wahrscheinlich in einem Eimer abgewaschen. Aber es ist nicht ihr Laden, es geht sie nichts an. Und da die Leute die Sachen brauchen, kaufen sie das eben. Also, das stimmt,
15 Kraut gab es in den letzten Jahren in Hülle und Fülle. Anderes Gemüse aber nur zu der Jahreszeit. Und dann kriegt man das aber auch nicht jeden Tag. Da muss man Anfang der Woche Blumenkohl kaufen, wenn man den am Freitag essen will. Aber das ist nicht so schlimm. Der Blumenkohl hier hat doch
20 schon meistens Flecken. Obst hat man kaum gesehen. Äpfel gab es, aber Kirschen oder Erdbeeren nur ganz selten. Wenn man da nicht Leute kannte, die einen Garten haben und verkauft haben, da hätte man so was nie gekriegt. […] Mit Obst war es die Jahre ganz schlecht. Einmal im Jahr, vor Weih-
25 nachten, gab es Apfelsinen. […]
Manche Lebensmittel bekommt man nicht: Tomatenmark, Ketch-up, solches Zeug. Ganz Seltenes kriegt man nur durch Beziehungen. Man muss in der DDR Beziehungen haben.
Man muss viele Leute kennen, dann
30 kriegt man mal was. […]
Aber auf der anderen Seite wird das Geld zum Fenster rausgeschmissen. In den Neubaugebieten zum Beispiel, wo Fernheizung ist, die können das
35 gar nicht regeln. Da ist kein Thermostat. Die machen die Fenster auf, damit die Wärme hinaus kann. Die rennen drinnen nur im Turnhemd rum. Die baden und versauen das Wasser. Die Kosten sind alle in der Miete enthalten. Die haben noch nicht einmal eine Wasseruhr. Es ist gleich, wie viel
40 Wasser man verbraucht. […]
Wer Grundeigentum hat, der darf nicht so ohne Weiteres drauf bauen. Da hat erst einmal der Staat das Vorrecht zum Bauen. Wenn jetzt auf den Dörfern oder auch hier in Saalfeld jemand bauen möchte, kriegt er in der Regel seine 500 Qua-
45 dratmeter zugeteilt. Dann hat man so ein kleines bisschen Garten. Das Haus wird vorgeschrieben, der Typ, den man bauen darf. Aber das macht man erst seit den letzten Jahren. Das Haus wird Eigentum, aber der Grund und Boden nicht. […] Wenn man so ein Haus baut, muss man sich eine Feier-
50 abendbrigade suchen, die einem das hochzieht. Das sind Bauarbeiter, die so was nach Feierabend machen oder im Urlaub oder auch sonnabends und sonntags. Es gibt auch keine Baufirmen. Hier baut man alles in Eigeninitiative. […] Manches Material haben die auch nicht so gekriegt, wie die
55 wollten. Oder sie mussten es irgendwie teuer bezahlen, weil sie auf normalem Weg nicht drangekommen sind. Das ist jetzt nicht so, wenn sie ihre Wasserleitung oder ihre Heizung legen wollen, dass sie da in die Märkte, wo das Material verteilt wird, fahren können, und sie alles bekommen, was sie
60 haben wollen. Da gibt es manchmal nur ein Halbzoll-Rohr oder mal nur ein Viertelzoll-Rohr. Dann gibt es keine Winkel oder keinen Wasserhahn. Sie müssen da schon rennen.

Mike Dennis und Johannes-Dieter Steinert, Deutschland 1945–1990. Von der bedingungslosen Kapitulation zur Vereinigung, Schwalbach 2005, S. 213 f.

1. *Arbeiten Sie aus dem Text die Folgen einer Planwirtschaft heraus.*
2. *Charakterisieren Sie die Haltung des Berichterstatters. Stellen Sie Vermutungen an, wie sich diese Folgen auf die Mentalität der Bevölkerung auswirkten.*

Methoden-Baustein: Schlüsselbilder interpretieren

Fotografien als historische Moment-aufnahmen

Bilder prägen unsere Vorstellung von der jüngeren Vergangenheit mehr als jedes andere Medium. Dies gilt besonders für Fotografien, die über einen langen Zeitraum in Büchern, Zeitungen und Zeitschriften, auf Plakaten, in Filmen oder im Internet als Motiv verwendet werden. Diese kanonisierten Aufnahmen gelten als Symbole für historische Ereignisse und werden Ikonen oder auch Schlüsselbilder genannt. So symbolisiert das Bild vom Atompilz den Atombombenabwurf 1945 in Japan, das Bild vom Lagertor in Auschwitz-Birkenau den Holocaust oder die brennenden „Türme" des World Trade Centers in New York am 11. September 2001 den internationalen Terrorismus.

Schlüsselbilder interpretieren

Fotografien zeigen immer nur einen Bruchteil einer Sekunde und nie das, was vor und nach diesem Moment geschehen ist. Sie erzählen also keine Geschichte, sondern zeigen nur einen Ausschnitt aus der Vergangenheit. Schlüsselbilder erinnern als Symbol nicht nur an ein historisches Ereignis, sondern verbinden dieses Ereignis zugleich häufig mit einer kollektiv geteilten Interpretation.

Um die symbolische Bedeutung des Schlüsselbildes kritisch zu prüfen, muss die Fotografie erstens in den historischen Zusammenhang ihrer Entstehung gestellt werden. Was geschah unmittelbar vor dem gezeigten Moment, was unmittelbar danach? Dann muss zweitens auch das Bild selbst analysiert werden. Denn mit dem Fotoapparat wird kein objektives Abbild der Wirklichkeit hergestellt, sondern eine subjektive Interpretation des Fotografen. Er wählt ein Motiv, einen Bildausschnitt, ein Bildformat, eine Perspektive oder ein bestimmtes Objektiv. Insbesondere digitale Fotografien können auch bearbeitet werden. Außerdem muss die weitere Verwendung des Fotos recherchiert werden.

Prüfen Sie, welche der folgenden Fragen Sie beantworten können und zu welchen Recherchen nötig wären.

Beschreiben (Was kann man sehen?)
- Beschreiben Sie gründlich alles, was auf dem Foto wo abgebildet ist.
- Zeigen Sie, welche Darstellungsmittel verwendet werden (Perspektive, Komposition, Zoom ...).
- Untersuchen sie, ob eine Bildbearbeitung vorliegt.

Analysieren (Wie interpretiert die Fotografie das Dargestellte?)
- Begründen Sie, wie das Bild auf den Betrachter wirkt.
- Weisen Sie nach, wie die Fotografie den dargestellten Moment interpretiert.
- Arbeiten Sie heraus, welche Botschaft das Bildmotiv vermittelt.

Erzählen (Was passierte davor, danach? Eine Geschichte erzählen ...)
- Stellen Sie dar, wann und wo das Foto gemacht worden ist.
- Prüfen Sie, in welchem (engen/weiten) historischen Zusammenhang das Bild steht.
- Vergleichen Sie den Bildinhalt mit der Bildlegende, dem Begleittext.

Recherchieren (Welchen Verwendungszweck hat die Aufnahme?)
- Skizzieren Sie, wer das Foto in wessen Auftrag zu welchem Zweck gemacht hat.
- Nennen Sie den Veröffentlichungszeitpunkt und -ort.

Beurteilen (Für was ist die Aufnahme warum ein Symbol?)
- Erläutern Sie, welche „Geschichte", welche „Botschaft" mit dem Bild kollektiv verbunden wird.
- Nehmen Sie zu dieser Botschaft mit Argumenten Stellung.
- Begründen Sie, warum gerade dieses Bild mit dieser Botschaft verbunden wird. Untersuchen Sie, ob das Bildmotiv auch mit anderen Botschaften verbunden wird/werden kann.

Beispiel und Analyse

Hauptmann Schäfer

Peter Fechter

Oberfeldwebel Wursel

Bildgeschichte: Die Bergung eines leblosen Körpers ist ein Symbol in der christlichen Ikonografie: Kreuzabnahme oder Grablegung von Jesus Christus

Stacheldraht: Symbol für Grenzen, (KZ-)Lager

Ort / Zeitpunkt: Berlin-Kreuzberg, Zimmerstraße, nahe Kontrollpunkt Checkpoint Charlie am 17.8.1962

Volkspolizeimeister Mularczyk

Gefreiter Lindenlaub

Bildgestaltung: Zentrale Diagonale als Fluchtlinie von der Schirmmütze des Hauptmanns links oben bis zur Umhängetasche des Gefreiten Lindenlaub

Perspektive: Leichte Obersicht; halb-nahe Einstellung / Zoom Empfinden der räumlichen Nähe und Dichte

▲ **Der Tod von Peter Fechter.** *Fotografie vom 17. August 1962.*

Lead-Text: „Vopo-Mörder ließen niedergeschossenen Flüchtling an der KZ-Mauer verbluten"

Wertende Wörter: „Vopo-Mörder" „KZ-Mauer" „KZ-Schergen"

Der Marktanteil der Berliner Morgenpost betrug in Berlin 1962 ca. 38 Prozent. Verlegt wurde die Zeitung vom Axel C. Springer Verlag.

Titel:
a) direkte Rede Peter Fechters
b) Perspektive des Opfers
c) (Handlungs-)Aufforderung an den Leser
d) Appell an sein (Mit-)Gefühl / emotionalisierende Sprache
e) Anklage der Täter
f) Aufforderung an die Politik zu handeln
g) (indirekte) Kritik an den US-Alliierten

Bildlegende: „So schleppten die Vopos ihr Opfer weg: Ohnmächtig, blutverschmiert, sterbend ..."

▲ **Berliner Morgenpost vom 18. August 1962.**

Beschreibung und Analyse ▬ Die Fotografie ist eine Schwarzweiß-Aufnahme. Sie zeigt vier zum Teil bewaffnete Männer in drei unterschiedlichen Uniformen, die einen leblosen Männerkörper bergen und ihn aus dem Bildvordergrund in Richtung des Bildhintergrundes tragen. Der Uniformierte mit der Schirmmütze oben links scheint der Vorgesetzte zu sein, der Uniformierte rechts vorne sieht in ängstlicher Erwartung auf etwas außerhalb des Bildes. Im Hintergrund ist eine Häuserwand mit einem geschlossenen Fenster zu sehen, im mittleren Bereich der Szene eine Mauer, Stacheldraht und ein Strauch.

Die Szene ist aus einer leichten Obersicht aufgenommen worden. Der Betrachter kann sie aus einer vermeintlichen Nähe verfolgen, er scheint räumlich und emotional unmittelbar am Geschehen beteiligt zu sein. Der Moment der Aufnahme zeigt eine Situation, die von Dramatik und Gefahr geprägt ist. Der Fotograf muss das Bild jedoch aus einem sicheren Abstand geschossen haben – er hat also ein Teleobjektiv verwendet. Eine Bildbearbeitung ist nicht erkennbar. Das Bildmotiv der Bergung eines leblosen Männerkörpers hat in der Geschichte der Bildbedeutung (Ikonografie) eine lange Tradition: Es steht meist für Jesus Christus, der vom Kreuz abgenommen wird.

Recherchieren – historischer Kontext ▬ Das Foto zeigt eine gescheiterte Flucht an der Mauer in der Berliner Zimmerstraße nahe dem Grenzkontrollpunkt Checkpoint Charlie zwischen den Bezirken Mitte und Kreuzberg am 17. August 1962. Gegen 14 Uhr hatte der 18-jährige Peter Fechter versucht, die Grenzanlagen zu überwinden, und wurde dabei von DDR-Grenzsoldaten angeschossen. Nahezu 45 Minuten blieb der schwer Verwundete im Grenzstreifen liegen und verblutete, ohne dass ihm jemand half. Ohne den Befehl eines Offiziers durften DDR-Soldaten den Grenzstreifen nicht betreten, zudem sahen sie sich selbst durch die aufgebrachte Menschenmenge im Westteil der Stadt in Gefahr. Die Schützen selbst sind nicht abgebildet. Angehörige der US-Alliierten hätten den Grenzraum im sowjetischen Sektor aufgrund des Rechts auf alliierte Bewegungsfreiheit in ganz Berlin (Viermächte-Status Berlins) zwar betreten können, sie leisteten aber aus Vorsicht gegenüber möglichen machtpolitischen Verwicklungen ebenfalls keine Erste Hilfe. In West-Berlin kam es aufgrund des Todes von Peter Fechter und der Tatenlosigkeit der US-Alliierten in den Tagen danach zu Demonstrationen und schweren Tumulten.

Die Aufnahme des Fotografen Wolfgang Bera wurde am 18. August 1962 großformatig auf der Titelseite der Tageszeitung Berliner Morgenpost (Axel Springer Verlag) abgedruckt, also in unmittelbarer zeitlicher Nähe zum ersten Jahrestag des Mauerbaus. Der Titel, die Bildlegende und die Berichterstattung nutzen eine emotionalisierende Sprache und sind Ausdruck moralischer Empörung. Das Verhalten der DDR-Verantwortlichen wird mit dem der Nationalsozialisten verglichen. Die DDR wird mit einem Konzentrationslager gleichgesetzt – das Bildmotiv des Stacheldrahtes spielt auf diese Assoziation an.

Beurteilen und bewerten – symbolische Bedeutung ▬ Unter den mindestens 136 Todesopfern an der Berliner Mauer ragt der Tod Peter Fechters deswegen heraus, weil es von seinem Sterben eine Fotografie gibt, die eine dramatische Situation in einer besonderen visuellen Gestaltung zeigt. Das Schlüsselbild hat sich als Symbol für die Unmenschlichkeit der Teilung Berlins etabliert.

Die Bedeutung des unschuldigen Opfers wird verstärkt durch die visuellen Anspielungen an den Nationalsozialismus wie an die christliche Ikonografie. In der Berichterstattung des Axel Springer Verlages wurde das Bild propagandistisch gegen die SED-Diktatur und die Teilung der Stadt genutzt und seit 1962 immer wieder abgedruckt. Eine Stahlstele (Aufschrift: „... er wollte nur die Freiheit") nahe dem ehemaligen Grenzkontrollpunkt Checkpoint Charlie erinnert heute an den Tod Peter Fechters. Jedes Jahr wird dort am 18. August in einer Feierstunde an ihn und die Berliner Mauer gedacht.

Von der friedlichen Revolution zur Wiedervereinigung

Rainer Eppelmann (geb. 1943): evangelischer Pfarrer, 1989 Mitbegründer der Partei „Demokratischer Aufbruch" (DA), seit 1990 Mitglied der CDU, 1990 Minister für Verteidigung und Abrüstung in der letzten DDR-Regierung

Wachsende Kritik von Friedens- und Umweltgruppen in der DDR Die Krise der kommunistischen Herrschaft in der DDR entzündete sich nicht nur am Versagen der Ökonomie. Den Boden für den Massenprotest des Jahres 1989 bereiteten oppositionelle Gruppierungen, die seit den frühen 1980er-Jahren mit wachsendem Selbstbewusstsein das Regime herausforderten, aber auch viele einzelne Bürger, die unter Berufung auf die von der DDR 1975 unterschriebene KSZE-Schlussakte* ihre Menschenrechte einforderten.

Anfangs waren es vor allem Friedens- und Umweltgruppen, die unter dem Schutz der Kirchen einen Freiraum von staatlicher Erziehung schufen und die ökologische Krise, die offiziell ignoriert wurde, zur Sprache brachten. Zunächst entstanden diese informellen Zusammenschlüsse von aufbegehrenden DDR-Bürgern aus der Empörung über konkrete Maßnahmen des SED-Staates. Die Einführung des „Wehrunterrichts" an allen Schulen seit 1978, die staatlich verordnete Militarisierung der Gesellschaft sowie die Aufrüstung in Ost und West entwickelten sich alsbald zu Plattformen für eine umfassendere Kritik. Eine wichtige Rolle spielte etwa der von Pfarrer **Rainer Eppelmann** und Robert Havemann gemeinsam formulierte „Berliner Appell – Frieden schaffen ohne Waffen" (1982). Die Forderungen nach Toleranz und Anerkennung des Rechts auf freie Meinungsäußerung unterschrieben innerhalb weniger Monate Tausende.

In Friedensseminaren und Friedenswerkstätten fanden sich zumeist jugendliche Teilnehmer aus der ganzen DDR zusammen. Ihr gemeinsames Protestsymbol war ein Aufnäher mit der Aufschrift „Schwerter zu Pflugscharen". Die Staatsmacht reagierte mit Verhaftungen und Ausbürgerungen prominenter Oppositioneller und vor allem mit dem massiven Einsatz von Inoffiziellen Mitarbeitern der Staatssicherheit. Die beabsichtigte „Zersetzung" oppositioneller Gruppierungen ging so weit, dass manche Friedenskreise von Stasi-Spitzeln regelrecht unterwandert wurden.

▲ „Schwerter zu Pflugscharen."
Unter diesem Motto forderte die christliche Friedensbewegung zur Abrüstung auf. Trotz Betonung ihrer Friedensliebe verbot die SED-Führung jegliche Friedenssymbole und forderte die Bischöfe auf, die Friedensaktivisten zu bremsen. Sie erreichte damit das Gegenteil: Auf dem Kirchentag in Wittenberg 1983 wurde ein Schwert zur Pflugschar umgeschmiedet.

▶ **Plastik des Symbols „Schwerter zu Pflugscharen".**
Die meist jugendlichen Friedensaktivisten trugen das Protestsymbol als Aufnäher an der Kleidung.
■ *Recherchieren Sie, was als Vorbild für das Symbol diente.*

* Siehe S. 481.

Eine Bürgerrechtsbewegung entsteht

1985 gründeten Bürgerrechtler in Ost-Berlin – darunter **Bärbel Bohley**, *Ralph Hirsch, Gerd Poppe, Wolfgang Templin, Vera Wollenberger* – die „Initiative Frieden und Menschenrechte" (IFM). Die zunächst stark christlich-pazifistisch ausgerichtete Protestbewegung gewann eine neue Qualität. Erstmals erhoben ostdeutsche Oppositionelle Forderungen nach einer freiheitlichen Demokratie, wie sie die Bürgerrechtsbewegungen in Polen (Solidarność), Ungarn und der Tschechoslowakei („Charta 77") schon länger vertraten.*

Die Reformpolitik in der Sowjetunion unter Staats- und Parteichef Michail Gorbatschow machte den Oppositionellen Mut.** Immer mehr Menschen solidarisierten sich mit jenen, die verhaftet, ausgebürgert oder auf andere Weise eingeschüchtert werden sollten. Zu den dauerhaft aktiven Regimegegnern zählten nur wenige hundert Personen, die jedoch viele tausend Sympathisanten gewinnen konnten. Allmählich entstand ein landesweites Netzwerk durch im Untergrund gedruckte Zeitschriften und Flugblätter, Treffen und Protestaktionen.

Landesweite Aufmerksamkeit und wachsende Anerkennung in der Bevölkerung erhielten die Bürgerrechtler im Zusammenhang mit den Kommunalwahlen vom 7. Mai 1989. In mehreren Städten der DDR beobachteten Vertreter dieser Gruppen die Auszählung der Stimmen und protestierten anschließend gegen die festgestellten Wahlfälschungen.

Bärbel Bohley (1945 - 2010): Malerin, Friedensaktivistin und Politikerin, 1989 Mitbegründerin der Bürgerrechtsorganisation „Neues Forum" (NF)

Flucht vor der Staatsmacht

Immer mehr Bürger stellten einen Antrag auf Ausreise aus der DDR, obwohl sie in vielen Fällen deswegen jahrelang benachteiligt und schikaniert wurden. Im ersten Halbjahr 1989 gestattete die Regierung 46 343 Personen die Übersiedlung in die Bundesrepublik. Doch die Hoffnung der SED, auf diese Weise wieder Ruhe herstellen zu können, erfüllte sich nicht. Im Gegenteil: Im Sommer 1989 lagen bereits eine Viertelmillion weiterer Ausreiseanträge vor.

Nach und nach verloren die Drohgebärden der Machthaber ihre Wirkung, wenngleich niemand vorherzusagen wusste, wie die SED auf die wachsende Unruhe im Land reagieren würde (▶ M1). Immerhin wagten es die Bürgerrechtler im August/September 1989, sich in vier erstmals öffentlich auftretenden Vereinigungen (Neues Forum, Demokratie Jetzt, Demokratischer Aufbruch, Sozialdemokratische Partei) zusammenzuschließen und eine Reform der DDR an Haupt und Gliedern zu fordern.

Am 10./11. September erlaubte die reformkommunistische Regierung Ungarns, die bereits seit Mai ihre Grenzsperren nach Österreich abbaute, fluchtwilligen Urlaubern aus der DDR die Ausreise. Über 25 000 Menschen nutzten das neue Schlupfloch im bislang undurchlässigen „Eisernen Vorhang". Andere fanden Einlass in den diplomatischen Vertretungen der Bundesrepublik in Prag, Warschau und Ost-Berlin. Nach langwierigen Verhandlungen zwischen beiden deutschen Regierungen durften sie Anfang Oktober in den Westen übersiedeln.

Massenprotest und friedliche Revolution

Seit Anfang September 1989 demonstrierten in Leipzig an jedem Montag nach Friedensgebeten in der Nikolaikirche immer mehr Menschen für Reisefreiheit statt Massenflucht. Rief die Menge anfangs noch „Wir wollen raus!", so hieß es bald „Wir bleiben hier!". In Ost-Berlin, Leipzig und Potsdam hielten Bürgerrechtler Mahnwachen für politische Gefangene. Das alles geschah

---

* Siehe S. 373.
** Siehe S. 383.

498 Demokratie und Diktatur in Deutschland nach 1945

▶ **Geschichte In Clips:**
Zum Mauerfall siehe Clip-Code 4665-06

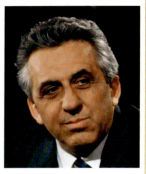

Egon Krenz (geb. 1937): deutscher Politiker, 1989 DDR-Staatsratsvorsitzender und Generalsekretär der SED. 1997 wegen Totschlags im Zusammenhang mit den Todesfällen an der innerdeutschen Grenze zu mehrjähriger Freiheitsstrafe verurteilt.

Hans Modrow (geb. 1928): SED-Politiker, 1989/90 Regierungschef der DDR (Vorsitzender des Ministerrates); 1990-1994 Abgeordneter der PDS im Bundestag; seit 2007 Mitglied der Partei „Die Linke"

unter den Augen der Stasi, die die Protestwelle mit Verhaftungen auflösen wollte. In den ersten Oktobertagen spitzte sich in vielen Städten die Situation gefährlich zu. Während die Machthaber den 40. Jahrestag der DDR am 6. und 7. Oktober vor den Kameras des In- und Auslands und im Beisein des sowjetischen Staats- und Parteichefs Gorbatschow mit Pomp, Militärparaden und Aufmärschen begingen, versuchten sie gleichzeitig, mit einem Riesenaufgebot bewaffneter Sicherheitskräfte die Demonstranten einzuschüchtern.

Honecker weigerte sich, Reformen einzuleiten, zu denen ihm Gorbatschow dringend geraten hatte („Wer zu spät kommt, den bestraft das Leben").

Die große Montagsdemonstration am 9. Oktober in Leipzig brachte den Umschwung. 70 000 Menschen demonstrierten friedlich, im klaren Bewusstsein, dass es dabei zu einem Blutbad kommen könne. Ähnliches geschah in Ost-Berlin, wo am 4. November 1989 fast 500 000 Menschen für Meinungs-, Presse- und Versammlungsfreiheit demonstrierten. Obgleich die bewaffneten Kräfte in höchste Alarmbereitschaft versetzt waren, blieb der Befehl zur Zerschlagung der Demonstrationen aus (▶ M2). Honecker, der die Bürgerproteste nötigenfalls gewaltsam beenden lassen wollte, wurde am 18. Oktober 1989 von einer Gruppe im Politbüro um **Egon Krenz** abgesetzt. Krenz übernahm Honeckers Ämter. Die politische Führung versuchte jetzt, durch Gesprächsangebote an die Bevölkerung die Situation wieder in den Griff zu bekommen. Doch die Menschen wollten sich nicht mehr mit kleinen Korrekturen der bisherigen Politik zufriedengeben. „Wir sind das Volk!", riefen sie selbstbewusst den Machthabern zu, und im November mischte sich darunter immer häufiger der Ruf „Wir sind ein Volk!".

Das Ende der SED-Diktatur Die anhaltende Massenflucht und der zunehmende Massenprotest im ganzen Land untergruben innerhalb weniger Wochen das brüchige Machtfundament der SED. Das Ende ihrer Herrschaft beschleunigte die Öffnung der Mauer und der Grenzübergänge nach West-Berlin und in die Bundesrepublik am 9. November 1989. Die Annahme der SED-Führung, mit der von den Demonstranten geforderten Reisefreiheit das Regime noch in letzter Minute stabilisieren zu können, erwies sich als Illusion. Nach dem Fall der Mauer besuchten Millionen den anderen Teil Deutschlands und entschieden sich gegen die DDR.

Unter dem Druck der Bevölkerung gab die SED ihre Vormachtstellung schrittweise auf. Im Dezember 1989 wurde ihre „führende Rolle" aus der Verfassung gestrichen, das Ministerium für Staatssicherheit aufgelöst, Politbüro und Zentralkomitee traten geschlossen zurück, Staats- und Parteichef Krenz legte seine Ämter nieder. Die friedliche Revolution in der DDR hatte gesiegt, die SED-Diktatur war zusammengebrochen.

Seit Mitte November 1989 amtierte eine SED-Regierung unter Ministerpräsident **Hans Modrow**. Sie stand von Beginn an unter Erfolgszwang. Die Probleme der Wirtschaft, über die jetzt in aller Öffentlichkeit berichtet und diskutiert wurde, ließen sich von der DDR allein nicht mehr bewältigen. Zugleich hielt die Ausreisewelle an. Im November und Dezember 1989 kehrten 176 650 Menschen der DDR den Rücken. Anfang Dezember wurde ein „Runder Tisch"

◀ **Umjubelter Grenzübertritt.**
Foto vom 9./10. November 1989.
In Berlin nutzten mehr als eine halbe Million Menschen die Grenzöffnung zu einem Kurzbesuch im Westteil der Stadt.

▶ **Der Zentrale Runde Tisch der DDR in Berlin-Niederschönhausen.**
Foto von 1989.
Um mit der Bürgerbewegung ins Gespräch zu kommen, richtete Ministerpräsident Hans Modrow am 7. Dezember 1989 nach polnischem Vorbild den Zentralen Runden Tisch ein, der die Bürgerrechtler in wichtige Entscheidungen einband. Gemeinsam vereinbarten SED-Regierung und Bürgerrechtler freie Volkskammerwahlen für den 18. März 1990 und arbeiteten einen Verfassungsentwurf sowie ein neues Wahlgesetz für die demokratische Umgestaltung der DDR aus. Währenddessen nahm die in der Bevölkerung geforderte Einheit Deutschlands immer mehr Gestalt an. Nach den Volkskammerwahlen im März 1990 und dem hohen Wahlsieg der Ost-CDU wurden die Bürgerrechtler schließlich von der politischen Bühne gedrängt und von den Ereignissen, die sie selbst angestoßen hatten, überrollt.

eingeführt, wie ihn auch die Reformer in Polen durchgesetzt hatten. Die Vertreter der SED und die wichtigsten Bürgerrechtsgruppen traten zu diesem Gesprächsforum zusammen. Somit bekamen Oppositionsgruppierungen erstmals Einfluss auf die Regierungspolitik.

Unter öffentlichem Druck stimmten die Regierung Modrow und die inzwischen neu formierte SED/PDS* den Forderungen des Runden Tisches nach baldigen Neuwahlen zu. Am 18. März 1990 fanden die ersten freien Wahlen zur DDR-Volkskammer statt. Während des Wahlkampfes war die Frage einer Vereinigung mit der Bundesrepublik eines der Hauptthemen. Bei den Wahlen wurde das Parteienbündnis „Allianz für Deutschland" aus CDU (Ost), Demokratischem Aufbruch (DA) und der Deutschen Sozialen Union (DSU) eindeutiger Sieger. Eine Mehrheit der Bürger hatte sich damit für eine schnelle deutsche Einheit ausgesprochen. Am 12. April 1990 wählte die Volkskammer **Lothar de Maizière** (Ost-CDU) zum Ministerpräsidenten und bestätigte sein Kabinett der Großen Koalition aus CDU, SPD, Liberalen, DA und DSU.

Auf dem Weg zur Einheit ■ Bundeskanzler Helmut Kohl hatte Ende November 1989 mit einem „Zehn-Punkte-Programm zur Überwindung der Teilung Deutschlands und Europas" die Initiative ergriffen. Der Plan basierte auf der Überlegung, dass die Bundesregierung mit einer demokratisch legitimierten DDR-Regierung in einer „Vertragsgemeinschaft" behutsam die Vereinigung der beiden Staaten vorantreiben sollte, um den Menschen in der DDR eine Perspektive zu geben. Einen Zeitplan gab es nicht, denn noch wusste niemand, wie die Sowjetunion auf den Zerfall des SED-Regimes reagieren würde.

Doch die politische und wirtschaftliche Situation der DDR setzte die Regierenden in Ost und West unter Zugzwang: Die Übersiedlerwelle der zumeist jungen und beruflich gut qualifizierten DDR-Bürger stieg im Januar 1990 auf 73 729 Personen an. Weil der wirtschaftliche Zusammenbruch der DDR offenkundig nicht mehr aufzuhalten war und gute Beziehungen zu Deutschland im sowjetischen Interesse lagen, bestätigte Michail Gorbatschow im Februar 1990, keine Einwände gegen eine deutsche Vereinigung zu haben.

Lothar de Maizière (geb. 1940): Mitglied der CDU (Ost), von April bis Oktober 1990 letzter Regierungschef (ab August auch Außenminister) der DDR, trat kurz nach der Wiedervereinigung als Bundesminister wegen Stasi-Vorwürfen zurück

---

* PDS: Partei des Demokratischen Sozialismus, seit Dezember 1989 Rechtsnachfolgerin der SED

▲ „March of the Fourth Reich."
Karikatur von Bill Caldwell aus der britischen Zeitung „Daily Star" vom Februar 1990.
▪ Erläutern Sie, was mit der Zeichnung ausgesagt werden soll.

Der internationale Rahmen der Deutschen Einheit Ohne die Zustimmung der vier Siegermächte des Zweiten Weltkrieges, die sich im Potsdamer Abkommen 1945 ihre Zuständigkeit für „Deutschland als Ganzes" vorbehalten hatten, konnte es keine Wiedervereinigung geben. Ebenso mussten die Interessen der übrigen europäischen Staaten, insbesondere Polens, berücksichtigt und mögliche Befürchtungen über ein größer und mächtiger werdendes Deutschland entkräftet werden. Die Bundesregierung entwickelte deshalb eine Strategie, die fünf Ziele umfasste:
- Einhegung der wirtschaftlichen und politischen Macht Deutschlands – gewährleistet durch eine verstärkte europäische Integration mit einer Wirtschafts- und Währungsunion;
- Beschränkung der deutschen Streitkräfte, nuklearwaffenfreier Status Deutschlands, besondere Zusicherungen an die Sowjetunion;
- grundlegende Erneuerung des Verhältnisses zwischen Deutschland und der Sowjetunion;
- endgültige Anerkennung der Oder-Neiße-Linie als Westgrenze Polens;
- Mitwirkung bei der Schaffung von neuen Formen und Mechanismen einer gesamteuropäischen Zusammenarbeit.

Der Bundesrepublik kam dabei das große Vertrauen zugute, das sie sich durch die jahrzehntelange Zusammenarbeit mit den USA, im westlichen Bündnissystem und in der Europäischen Gemeinschaft, aber auch im Verhältnis zu den östlichen Staaten erworben hatte.

Im Februar 1990 begannen die sogenannten „Zwei-plus-Vier-Gespräche". Dabei verhandelten die Regierungen Frankreichs, Großbritanniens, der Sowjetunion, der USA sowie der DDR und der Bundesrepublik Deutschland über die endgültigen Grenzen, die Bündniszugehörigkeit Deutschlands, die Höchststärke einer gesamtdeutschen Armee und die deutsche Souveränität. Moskau gestand im Juni 1990 Gesamtdeutschland die Mitgliedschaft in der NATO zu. Dafür versprach der Bundeskanzler, Deutschland werde seine Streitkräfte reduzieren und auf ABC-Waffen* verzichten. Darüber hinaus sagte er der Sowjetunion umfangreiche wirtschaftliche Unterstützung zu.

Mit dem *Vertrag über die abschließende Regelung in Bezug auf Deutschland* vom 12. September 1990 (Zwei-plus-Vier-Vertrag), der die Funktion eines Friedensvertrages hatte, erhielt das wiedervereinigte Deutschland die volle staatliche Souveränität zuerkannt und damit auch das Recht, seine Bündniszugehörigkeit frei zu wählen. In einem weiteren Vertrag zwischen Deutschland und der Sowjetunion vom 9. November 1990 vereinbarten beide Staaten ihre umfassende Zusammenarbeit. Den Abschluss bildete der deutsch-polnische Grenzvertrag vom 14. November 1990, worin das wiedervereinigte Deutschland die Grenze zu Polen definitiv anerkannte. 45 Jahre nach dem Ende des Zweiten Weltkrieges war damit die „Nachkriegszeit" für Deutschland und Europa abgeschlossen.

Wirtschafts-, Währungs- und Sozialunion Um die Übersiedlerzahlen und den Einigungsprozess insgesamt unter Kontrolle zu bringen, beschloss die Bundesregierung schon im Februar 1990, die Wirtschafts- und Währungsunion so schnell wie möglich

---
* ABC-Waffen: Sammelbezeichnung für atomare, biologische und chemische Waffen

durchzuführen. Sie tat dies gegen die Empfehlung der meisten Wirtschaftsexperten und Politiker. So wurde, noch bevor die äußeren Voraussetzungen der staatlichen Vereinigung geklärt waren, durch die Einführung der D-Mark in der DDR die Einheit Deutschlands praktisch unumkehrbar. Um den Erwartungen der DDR-Bürger entgegenzukommen, einigte man sich auf für sie günstige Wechselkurse: Löhne, Renten und Mieten wurden im Verhältnis 1:1 umgestellt, ebenso Sparguthaben bis 6 000 Mark, für Beträge darüber galt der Umtausch im Verhältnis 2:1.

Der *Staatsvertrag zur Wirtschafts-, Währungs- und Sozialunion* zwischen der Bundesrepublik und der DDR trat am 1. Juli 1990 in Kraft. Am Tag darauf wurde die D-Mark als offizielle Währung in der DDR eingeführt. Was die in der DDR lebenden Menschen seit Jahrzehnten ersehnt hatten, war Wirklichkeit geworden: Mit „richtigem" Geld konnten sie die begehrten Westwaren kaufen. Sozusagen über Nacht wurde aber auch die gesamte Wirtschaft der DDR dem internationalen Wettbewerb ausgesetzt, dem die meisten Betriebe nicht gewachsen waren. Ein gewaltiger Modernisierungsschock erfasste Wirtschaft und Gesellschaft.

Der Einigungsvertrag Anfang Juli 1990 begannen in Ost-Berlin die Verhandlungen der beiden deutschen Regierungen über den zweiten Staatsvertrag zur deutschen Einheit (*Einigungsvertrag*) unter der Leitung von Bundesinnenminister **Wolfgang Schäuble** und DDR-Staatssekretär *Günther Krause*.

Die Übernahme der bundesdeutschen Rechtsordnung in Ostdeutschland erforderte komplizierte Regelungen. Probleme bereiteten besonders die Fragen, wie die Einheit finanziert und wie die Rechtsansprüche all derer, die in der DDR enteignet worden waren (Grundsatz „Rückgabe vor Entschädigung"), geregelt werden sollten. Darüber hinaus musste geklärt werden, welche Verfassung im wiedervereinigten Deutschland gelten sollte. Denn das Grundgesetz sah zwei Wege vor: Artikel 23 ermöglichte den Beitritt „weiterer Teile Deutschlands" zum Geltungsbereich des Grundgesetzes. Nach der (ursprünglichen) Präambel sowie laut Artikel 146 sollten die politischen Vertreter Deutschlands eine neue Verfassung erarbeiten, sobald die „Einheit und Freiheit Deutschlands" vollendet seien.

In einer Sondersitzung der DDR-Volkskammer wurde am 23. August 1990 der Beitritt nach Artikel 23 des Grundgesetzes beschlossen. Über zwei Drittel der Abgeordneten stimmten dafür, die PDS als Nachfolgerin der SED sowie Bündnis 90 stimmten für die Ausarbeitung einer neuen Verfassung. Der Runde Tisch der DDR hatte sich noch am 12. März 1990 gegen einen Beitritt der DDR zum Grundgesetz ausgesprochen.

Am 31. August 1990 wurde der Einigungsvertrag in Ost-Berlin unterzeichnet und am 20. September von beiden Parlamenten, Volkskammer und Bundestag, mit großer Mehrheit verabschiedet. Die im Juli von der Volkskammer wieder ins Leben gerufenen (seit 1952 aufgelösten) Länder Brandenburg, Mecklenburg-Vorpommern, Sachsen, Sachsen-Anhalt und Thüringen sollten am 3. Oktober 1990 der Bundesrepublik beitreten. Auch Berlin würde nicht länger geteilt sein.

Der Einigungsvertrag von 1990 erklärte Berlin zur Hauptstadt. Er ließ jedoch offen, welches das politische Zentrum des neuen Deutschland sein sollte, ob Parlament und Regierung in Bonn blieben oder nach Berlin zogen. Quer durch alle Parteien gab es sowohl Befürworter für einen Verbleib in Bonn als auch für einen Umzug nach Berlin. Das Thema wurde in der Öffentlichkeit breit diskutiert. Am 20. Juni 1991 entschied der Bundestag nach einer leidenschaftlichen Debatte mit knapper Mehrheit, dass Berlin auch Regierungs- und Parlamentssitz werden sollte.

Wolfgang Schäuble (geb. 1942): deutscher Politiker, 1989 - 1991 sowie 2005 - 2009 Bundesminister des Innern, 1991 - 2000 Vorsitzender der CDU-Fraktion im Bundestag, 1998 - 2000 CDU-Parteichef, seit 2009 Bundesminister der Finanzen

▶ **Feier zur deutschen Einheit in Berlin.**
Foto vom 3. Oktober 1990. Der 3. Oktober wird seither als nationaler Feiertag („Tag der Deutschen Einheit") begangen.

Hans-Jochen Vogel (geb. 1926): 1960 - 1972 Oberbürgermeister von München, 1974 - 1981 Bundesminister der Justiz, 1981 Regierender Bürgermeister von Berlin, 1987 - 1991 Vorsitzender der SPD

Oskar Lafontaine (geb. 1943): 1985 - 1998 Ministerpräsident des Saarlandes, 1995 - 1999 Vorsitzender der SPD, 2007 - 2010 Vorsitzender der Linkspartei

Wiedervereinigung und gesamtdeutsche Wahlen Die vielen historischen Ereignisse des Jahres 1989/90 mündeten am 3. Oktober 1990, um Mitternacht, in die Wiedervereinigung Deutschlands durch den Beitritt der fünf ostdeutschen Länder zur Bundesrepublik Deutschland. Die DDR-Bürgerrechtler hatten sich mit ihrer Forderung nach einem eigenständigen Weg der DDR nicht durchsetzen können (▶ M3, M4). Sowohl die ersten Landtagswahlen in den neuen Bundesländern am 14. Oktober als auch die erste gesamtdeutsche Bundestagswahl am 2. Dezember bestätigten die regierenden Parteien CDU/CSU und FDP und wurden von Bundeskanzler Kohl als Volksabstimmung über seine Politik der deutschen Einheit gewertet. In vier von fünf ostdeutschen Ländern stellte die CDU den Ministerpräsidenten, in Brandenburg die SPD. In der herrschenden Euphorie honorierten die Wähler, dass Kohl und Genscher die Chance zur schnellen Herstellung der Einheit genutzt hatten. Insbesondere das Versprechen Kohls einer raschen Angleichung der Lebensverhältnisse im Osten an den Standard des Westens überzeugte die neuen Bundesbürger. Die Haltung der Sozialdemokraten zur Wiedervereinigung war gespalten: Während ein Teil der SPD um Willy Brandt und **Hans-Jochen Vogel** die Einheit vorbehaltlos befürwortete, warnte der SPD-Kanzlerkandidat **Oskar Lafontaine** vor den Kosten und Problemen einer raschen Vereinigung.

Wirtschaftlicher Umbau Die Folgen der vierzigjährigen kommunistischen Herrschaft waren schwerer zu bewältigen und benötigten mehr Zeit, als Politiker und Experten ursprünglich vermutet hatten (▶ M5). Die Transformation der ostdeutschen Planwirtschaft in eine Wettbewerbswirtschaft war eine Aufgabe, für die es bis dahin kein Vorbild gab. So erwiesen sich die meisten ehemaligen Staatsbetriebe als völlig veraltet und unproduktiv, ihre Produkte und Dienstleistungen als nicht konkurrenzfähig, zumal die Ostdeutschen zunächst nur Westwaren kauften und 1991 die bisherigen Märkte in Osteuropa völlig wegbrachen.

Die Volkskammer der DDR gründete 1990 die Treuhandanstalt in Berlin. Deren Aufgabe war unter anderem, die ehemaligen staatseigenen Betriebe der DDR nach marktwirtschaftlichen Gesichtspunkten zu privatisieren oder abzuwickeln. Sie übernahm etwa 8 500 Unternehmen mit etwa 45 000 Einzelbetrieben und 4,1 Millionen Beschäftigten sowie rund 60 Prozent der Fläche der DDR. Als sie im Winter 1994 ihre

Tätigkeit beendete, hatte sie 3700 Betriebe als nicht sanierungsfähig stillgelegt und über 15 000 Firmen mit 1,5 Millionen Arbeitsplätzen privatisiert. Die Folge war ein dramatischer Anstieg der Arbeitslosigkeit. Durch die Übernahme der Altschulden der früheren DDR-Betriebe und Finanzhilfen aller Art für private Investoren hinterließ die Treuhandanstalt umgerechnet 140 Milliarden Euro Schulden, die den Bundeshaushalt seither jährlich mit etwa 8,7 Milliarden Euro belasten. Der Strukturwandel der ostdeutschen Wirtschaft ist vorangekommen (▶ M6), aber es bleibt noch viel zu tun.

Finanzielle Lasten Der wirtschaftliche Umbau und die schrittweise Angleichung der Lebensverhältnisse an den westlichen Standard erforderten die Modernisierung der gesamten Infrastruktur in Ostdeutschland – Straßen, Autobahnen, Wohnungen und öffentliche Gebäude, Telekommunikation, Eisenbahn, Energieversorgung, Gesundheitswesen, Schulen, Hochschulen. Die dafür notwendigen Mittel wurden ganz überwiegend aus dem Bundeshaushalt aufgebracht.

An direkten Aufbauhilfen stellte zunächst der „Fonds Deutsche Einheit" von 1990 bis 1994 umgerechnet rund 82 Milliarden Euro für die ostdeutschen Länder und Kommunen zur Verfügung. Der „Solidarpakt I" von 1995 sorgte für die Aufnahme der neuen Bundesländer in den regulären **Länderfinanzausgleich**. Weiter erhielten die neuen Länder von 1995 bis 2001 Sonderleistungen des Bundes über umgerechnet 105 Milliarden Euro. Der „Solidarpakt II" sieht bis 2019 nochmals Sonderzahlungen von 105 Milliarden Euro für Infrastruktur und Unternehmensförderung vor. Hinzu kommen 51 Milliarden Euro an Investitionshilfen des Bundes und der EU.

Schätzungen über die bisherigen Gesamtkosten der Einheit geben an, dass zwischen 1990 und 2009 etwa 1,6 Billionen Euro an öffentlichen Finanztransfers in die neuen Länder stattfanden. Hierbei wurden Steuerzahlungen und Sozialbeiträge aus dem Osten abgezogen. Der weitaus größte Teil floss in Sozialausgaben (Renten, Arbeitslosenunterstützung, Arbeitsbeschaffungsmaßnahmen).

Länderfinanzausgleich: im Grundgesetz verankerte Regelung. Danach leisten Bundesländer mit höheren Steuereinnahmen (Geberländer) Ausgleichszahlungen an Länder mit geringerem Steueraufkommen (Nehmerländer).

Lebensgefühl im Umbruch Für die neuen Bundesbürger brachte die Übernahme der westdeutschen Gesellschaftsordnung eine gewaltige Umstellung des gesamten Alltagslebens mit sich. Vom Kindergarten bis zur Altersversorgung änderte sich alles. Viele Bürger im Osten fühlten sich deklassiert und von den „Wessis" überrollt. Auf der anderen Seite sahen sich zahlreiche Bürger in der alten Bundesrepublik durch die Erwartungen ihrer Landsleute im Osten überfordert. Die Unterschiede in der Lebenserfahrung und im Lebensgefühl zwischen den Deutschen in Ost und West gingen tiefer, als die Menschen in den Monaten der Euphorie 1989/90 angenommen hatten. Manche reagierten auf den extrem hohen Anpassungsdruck mit einer Verklärung der DDR-Vergangenheit, was in Westdeutschland oft Unverständnis hervorrief.

▶ „Daran müssen wir noch arbeiten."
Karikatur von Rainer Schwalme, 1992.

Gerhard Schröder (geb. 1944): 1990-1998 Ministerpräsident von Niedersachsen, 1998-2005 Bundeskanzler, 1999-2004 Vorsitzender der SPD

Joschka (Joseph Martin) Fischer (geb. 1948): Politiker der Grünen, 1985-1987 Umwelt- und Energieminister von Hessen, 1998-2005 Bundesaußenminister und Vizekanzler

Angela Merkel (geb. 1954): 1990 Mitglied des DA, dann der CDU, 1991-1994 Bundesministerin für Frauen und Jugend, 1994-1998 Bundesumweltministerin, 1998-2000 Generalsekretärin der CDU, seit 2000 CDU-Vorsitzende, seit 2005 Bundeskanzlerin

Anstieg des Rechtsextremismus Ein großes Problem des wiedervereinigten Deutschland war der bald einsetzende Anstieg rechtsextremistisch und rassistisch motivierter Straftaten. Traurige „Höhepunkte" waren die Anschläge von Hoyerswerda (September 1991) und Rostock-Lichtenhagen (August 1992), bei denen Rechtsradikale unter dem Applaus der Anwohner Asylbewerber aus Mosambik, Vietnam und anderen Ländern angriffen. In Teilen Ostdeutschlands entstanden sogenannte „national befreite Zonen", in denen Ausländer bis heute massiv bedroht werden.

Die Ursachen werden kontrovers diskutiert: Einige Kommentatoren wollten darin eine bereits zu DDR-Zeiten vorhandene allgemeine Ausländerfeindlichkeit sehen. Diese sei vor dem Hintergrund der Asyldebatte seit 1990 und den wirtschaftlichen und sozialen Problemen, die die Menschen in den neuen Bundesländern zu tragen haben, noch verstärkt worden. Tatsache ist aber, dass fremdenfeindliche Einstellungen nicht unmittelbar mit dem tatsächlichen Bevölkerungsanteil von Ausländern zusammenhängen: In Bundesländern mit sehr geringem Ausländeranteil (z. B. Sachsen-Anhalt und Mecklenburg-Vorpommern) kam es zwischen 1992 und 1994 viel häufiger zu fremdenfeindlichen Vergehen als etwa in Nordrhein-Westfalen, Baden-Württemberg oder Bayern, die den Großteil der damaligen Asylbewerber aufnahmen. Neuere Studien ergeben zudem, dass es keinen engen Zusammenhang zwischen Arbeitslosigkeit und rechtsextremer bzw. fremdenfeindlicher Gewalt gibt.

Dagegen lässt sich das Bild eines typischen rechtsextremen Gewalttäters zeichnen, der männlich, meist unter 30 Jahre alt ist, seine Taten – oft unter Alkoholeinfluss – in der Gruppe verübt und oft einen niedrigen Bildungsgrad aufweist.

Der Rechtsextremismus ist kein ostdeutsches Phänomen. Jedoch trafen gerade hier rechtsextremistische und „völkische" Einstellungen auf breite Zustimmung in der Bevölkerung. Öffentliche Proteste gab es nur vereinzelt. Bei vergleichbaren Anschlägen in den alten Bundesländern, z. B. im Mai 1993 in Solingen, als bei einem Brandanschlag auf das Haus einer türkischen Familie zwei Frauen und drei Mädchen ums Leben kamen, verurteilte eine große Mehrheit der Bevölkerung die Tat scharf. Allerdings wurden rechtsextreme und gewaltbereite Vereinigungen in den neuen Bundesländern meist mit dem Personal und dem Geld der bestehenden westdeutschen Organisationen aufgebaut.

Veränderte Parteienlandschaft Die deutsche Einheit führte auch zu einer Vereinigung von politischen Parteien. Bereits im August 1990 traten die liberalen Parteien der DDR den bundesdeutschen Freien Demokraten (FDP) bei. Die SDP, die im Oktober 1989 gegründet worden war, vereinigte sich mit den westdeutschen Sozialdemokraten im September 1990. Im Oktober 1990 fand die Vereinigung von CDU-Ost und -West statt. Die Grünen wurden 1993 zu einer gesamtdeutschen Partei „Bündnis 90/ Die Grünen", nachdem beide Gruppierungen seit 1990 gemeinsam zu Wahlen angetreten waren.

1998 unterlag die CDU/CSU-FDP-Koalition unter Bundeskanzler Kohl bei den Wahlen zum Bundestag. Der neue Bundeskanzler **Gerhard Schröder** (SPD) schloss eine Koalition seiner Partei mit Bündnis 90/Die Grünen. Bundesaußenminister und Vizekanzler wurde der Grünen-Politiker **Joschka Fischer**. Das rot-grüne Bündnis regierte im Bund bis 2005. Mit **Angela Merkel**, geboren in Hamburg, aufgewachsen in Templin in Brandenburg, wurde im Jahr 2000 erstmals eine Frau aus den neuen Bundesländern CDU-Vorsitzende. 2005 übernahm sie als erste Kanzlerin der Bundesrepublik die Regierung in einer Großen Koalition aus CDU/CSU und SPD. 2009 wurde sie wiedergewählt und bildete eine Koalition aus Unionsparteien und FDP.

▲ Wahlaufkleber zu den Volkskammerwahlen in der DDR 1990.
■ Erklären Sie die Entstehung derjenigen Parteien, deren Anfänge in der DDR liegen.
■ Analysieren Sie die Gestaltung der Aufkleber und erläutern Sie deren Botschaft.

Parteien rechts und links der Mitte Am rechten Rand des Parteienspektrums kam es schon in den 1980er-Jahren in der Bundesrepublik zu Neugründungen extremistischer Gruppierungen, die als Sammelbecken für Unzufriedene mit nationalistischen, rassistischen und ausländerfeindlichen Parolen auf Stimmenfang gingen. Am bekanntesten wurde die 1983 in Bayern gegründete Protestpartei „Die Republikaner", die u. a. in Landesparlamente in Baden-Württemberg und West-Berlin sowie ins Europaparlament gewählt wurden.

Nach der Wiedervereinigung 1990 konnte die rechtsextremistische, bereits 1971 gegründete „Deutsche Volksunion" (DVU) in einigen Bundesländern Erfolge erzielen, so vor allem in Sachsen-Anhalt, wo sie bei der Landtagswahl 1998 12,9 Prozent der Stimmen erhielt. Ebenfalls in den neuen Bundesländern entwickelte sich die lange Zeit in Vergessenheit geratene „Nationaldemokratische Partei Deutschlands" (NPD) zu einer militanten rechtsextremistischen Partei, die 2004 in den sächsischen Landtag und zwei Jahre später in den Landtag von Mecklenburg-Vorpommern einzog. Ein Antrag der Bundesregierung auf das Verbot der Partei war 2003 vom Bundesverfassungsgericht abgelehnt worden, denn mehrere Zeugen hatten für den Verfassungsschutz gearbeitet. Ihre Aussage konnte deshalb nicht zugelassen werden.

Am linken Rand des Parteienspektrums etablierte sich nach der Wiedervereinigung in Gestalt der SED-Nachfolgerin PDS eine Partei, die in den neuen Bundesländern und in Berlin rasch an Zulauf gewann. Dabei half ihr zunächst die erhalten gebliebene Verbandsstruktur der SED. Doch gewann die PDS ständig Zulauf, auch von Jüngeren. Bei der Bundestagswahl 2005 kam sie in den neuen Ländern auf über 25 Prozent der Wählerstimmen. Bei Landtagswahlen schnitt sie noch besser ab. Die PDS war zunächst nur in den neuen Bundesländern als sozialistische „Stimme des Ostens" erfolgreich. Im Juni 2007 schloss sie sich mit der „Wahlalternative Arbeit und Soziale Gerechtigkeit" (WASG) zusammen, einer Vereinigung aus westdeutschen Altkommunisten, Gewerkschaftsfunktionären und ehemaligen SPD-Mitgliedern. Die durch den Zusammenschluss gebildete Partei „Die Linke" zog 2009 als viertstärkste Kraft in den Bundestag ein (11,9 Prozent) und strebt nach einem festen Platz im gesamtdeutschen Parteiengefüge.

▲ **Montagsdemonstration in Leipzig.**
Foto vom 9. Oktober 1989.

M1 Unzufriedenheit in der Bevölkerung

Aus einem Bericht der Stasi-Bezirksverwaltung Magdeburg vom 9. August 1989:

In allen Bevölkerungsgruppen mehren sich Diskussionen, in denen eine gewisse Resignation und Unzufriedenheit zum Ausdruck kommt. Auch unter politisch aktiven Bürgern [...] sind folgende Auffassungen verbreitet:
- „Als Funktionär darf man treu und brav seine Pflicht erfüllen, ansonsten hat man nur Nachteile gegenüber anderen Bürgern."
- „Funktionäre müssen auf Reisen in die BRD verzichten, aber auch auf Kontakte in die BRD, also auf Geschenke wie hochwertige Gebrauchs- und Genussmittel."
- „Wer gesellschaftlich aktiv ist, muss trotzdem jahrelang auf Pkw, Telefon oder Führerschein warten. Mit Westverbindungen schafft man das über Genex[1] in Wochen."
- „Wer BRD-Währung besitzt, hat keine Sorgen mit Handwerkern und anderen Dienstleistungen."

[...] Ein immer wieder diskutiertes Thema ist die Informationsbereitstellung durch unsere Medien. Von Angehörigen der unterschiedlichsten Bevölkerungsgruppen werden häufig Widersprüche zwischen Wort und Tat der Parteiführung konstruiert. Starke Zweifel bestehen an den Meldungen über erfüllte bzw. übererfüllte Pläne, weil sich das nicht im Warenangebot widerspiegele. Gleichfalls bemängelt wird das Verschweigen „heißer Eisen" wie z. B. steigende Zahlen von ständigen Ausreisen und ungesetzlichen Grenzübertritten. Die Entwicklung könne – so u. a. Werktätige des Karl-Marx-Werkes, des G.-Dimitroff-Werkes und der Stahlgießerei Magdeburg – doch nur aus einer wachsenden Unzufriedenheit eines Teils der Bürger resultieren. [...]
Offenbar saisonbedingt konzentrieren sich Diskussionen zu Versorgungsfragen gegenwärtig auf
- die mangelnde Versorgung mit Frischfleisch (meist durch urlaubsbedingte Schließung der Geschäfte begründet),
- allgemein unzureichendes Gemüseangebot (zu wenig Sorten, schlechte Qualität, hoher Verschmutzungsgrad),
- immer kritischer werdende Bereitstellung von Kfz-Ersatzteilen (z. B. fehlen in Schönebeck Lada- und Wartburg-Ersatzteile völlig; Pkw-Besitzer führen Ersatzteile nach Möglichkeit aus anderen sozialistischen Ländern ein, um ihr Auto im Urlaub nutzen zu können).

BStU 000323/000324 – BStU online

[1] Genex: ostdeutsches Versandunternehmen („Geschenkdienst und Kleinexporte GmbH"), bei dem Bundesbürger seit 1957 Produkte aller Art für ihre Angehörigen in der DDR bestellen konnten

1. *Ordnen Sie die Beschwerden der Bevölkerung nach bestimmten Kriterien, z. B. „Lebensstandard", „politische Rechte", „langfristige/kurzfristige Missstände" etc.*
2. *Analysieren Sie die Haltung des Verfassers gegenüber den Missständen. Hält er die Klagen für begründet?*
3. *Diskutieren Sie den Kenntnisstand der DDR-Führung über die Situation kurz vor der Wende.*

M2 Am Rande eines Bürgerkrieges

Ein Augenzeuge berichtet über die Montagsdemonstration vom 9. Oktober 1989 in Leipzig:

In Betrieben wurde davor gewarnt, nach 16 Uhr die Innenstadt zu betreten; Mütter sollten ihre Kinder bis 15 Uhr aus den Krippen und Kindergärten des Zentrums abholen; Schülern und Studenten wurde mit Relegation[1] für den Fall der Beteiligung an „Aktionen" gedroht. Gerüchte schwirrten durch die Stadt. Man munkelte von MG-Nestern auf zentralen Gebäuden, befürchtete den Einsatz von Fallschirmjägern [...]. In Krankenhäusern wurden Notbetten aufgestellt und vor allem die chirurgischen und Intensivstationen verstärkt besetzt. Tausende von zusätzlichen Blutkonserven standen bereit. [...]
Leipzig glich an diesem Tag einem Heerlager. Nach späteren Aussagen von Bereitschaftspolizisten war ihnen vormittags mitgeteilt worden, dass ein friedlicher Ausgang der Demonstration wenig wahrscheinlich sei und sie vorbereitet sein müssten, möglichen Gewalttätigkeiten zu begegnen. Dementsprechend trugen sie Kampfausrüstung [...]. Auf dem Hof

[1] Relegation: Verweis von der Schule bzw. Hochschule

der VP-Bezirksbehörde[2] standen „aufmunitionierte" Schützenpanzerwagen bereit, die tonnenschweren Stahlkolosse
ausgerüstet mit Räumschilden, die Fahrer mit MPi und je
sechzig Schuss Munition. Die Polizeitruppe zählte insgesamt
dreitausend Mann, davon zwölfhundert zur Verstärkung aus
den Bezirken Halle und Neubrandenburg herbeibeordert.
Hinzu kamen noch fünf Hundertschaften von Betriebs-
kampfgruppen sowie eine sicher vierstellige Anzahl von Einsatzkräften des Ministeriums für Staatssicherheit, dessen
Arsenale nicht nur Handfeuerwaffen bargen. [...]
In der Nikolaikirche und in drei weiteren Gotteshäusern
wurde während der Friedensgebete ein von sechs Persönlichkeiten der Stadt getragener Aufruf zur Besonnenheit verlesen: „Unsere gemeinsame Sorge und Verantwortung haben
uns heute zusammengeführt. Wir sind von der Entwicklung
in unserer Stadt betroffen und suchen nach einer Lösung. Wir
alle brauchen einen freien Meinungsaustausch über die Weiterführung des Sozialismus in unserem Land. Deshalb versprechen die Genannten heute allen Bürgern, ihre ganze
Kraft und Autorität dafür einzusetzen, dass dieser Dialog
nicht nur im Bezirk Leipzig, sondern auch mit unserer Regierung geführt wird. Wir bitten Sie dringend um Besonnenheit,
damit der friedliche Dialog möglich wird."
Dieser gemeinsame Appell des Kabarettisten Bernd-Lutz
Lange, des Gewandhauskapellmeisters Kurt Masur und des
Theologen Peter Zimmermann sowie der Sekretäre der SED-
Bezirksleitung Kurt Meyer, Jochen Pommert und Roland Wötzel wurde um 18 Uhr auch vom Sender Leipzig und etwa eine
Stunde später vom Stadtfunk ausgestrahlt. Die engagierte
wie couragierte Wortmeldung hat unzweifelhaft beigetragen zum friedlichen Verlauf dieses Tages, ohne jedoch die
voreilig bescheinigte entscheidende Rolle gespielt zu haben.
Einzig die geballte Kraft der siebzigtausend angsterfüllten
und dennoch nicht weichenden Menschen in der Innenstadt
und auf dem Ring erzwang um 18.25 Uhr den endgültigen
Rückzug der bewaffneten Einheiten. Jene Namenlosen
meinte wohl Christoph Hein, als er vorschlug, Leipzig zur
„Heldenstadt der DDR" zu ernennen.

Wolfgang Schneider, Leipziger Demontagebuch, Leipzig 1990, S. 71 f.

1. *Vergleichen Sie die Situation am 9. Oktober 1989 in Leipzig mit der vom 17. Juni 1953 (siehe dazu S. 471 f.).*
2. *Analysieren Sie verschiedene Gefahrenmomente im Verlauf des Tages.*
3. *Diskutieren Sie darüber, aus welchen Gründen die SED-Führung auf den Einsatz von Gewalt verzichtet hat.*

M3 „Für unser Land"

Bei einer Großkundgebung auf dem Berliner Alexanderplatz am 4. November 1989 rufen Schriftsteller und Künstler der DDR (u.a. Christa Wolf, Heiner Müller und Stefan Heym) zu einem eigenständigen Weg ihres Staates auf. Anschließend veröffentlichen sie am 26. November 1989 den Appell „Für unser Land":

Unser Land steckt in einer tiefen Krise. Wie wir bisher gelebt
haben, können und wollen wir nicht mehr leben. Die Führung
einer Partei hatte sich die Herrschaft über das Volk und seine
Vertretungen angemaßt, vom Stalinismus geprägte Strukturen hatten alle Lebensbereiche durchdrungen. Gewaltfrei,
durch Massendemonstrationen hat das Volk den Prozess der
revolutionären Erneuerung erzwungen, der sich in atemberaubender Geschwindigkeit vollzieht. Uns bleibt nur wenig
Zeit, auf die verschiedenen Möglichkeiten Einfluss zu nehmen, die sich als Auswege aus der Krise anbieten.
Entweder können wir auf der Eigenständigkeit der DDR bestehen und versuchen, mit allen unseren Kräften und in Zusammenarbeit mit denjenigen Staaten und Interessengruppen, die dazu bereit sind, in unserem Land eine solidarische
Gesellschaft zu entwickeln, in der Frieden und soziale Gerechtigkeit, Freiheit des Einzelnen, Freizügigkeit aller und die
Bewahrung der Umwelt gewährleistet sind.
Oder wir müssen dulden, dass, veranlasst durch starke ökonomische Zwänge und durch unzumutbare Bedingungen, an
die einflussreiche Kreise aus Wirtschaft und Politik in der
Bundesrepublik ihre Hilfe für die DDR knüpfen, ein Ausverkauf unserer materiellen und moralischen Werte beginnt
und über kurz oder lang die Deutsche Demokratische Republik durch die Bundesrepublik vereinnahmt wird.
Lasst uns den ersten Weg gehen. Noch haben wir die Chance,
in gleichberechtigter Nachbarschaft zu allen Staaten Europas
eine sozialistische Alternative zur Bundesrepublik zu entwickeln. Noch können wir uns besinnen auf die antifaschistischen und humanistischen Ideale, von denen wir einst ausgegangen sind. Alle Bürgerinnen und Bürger, die unsere
Hoffnung und unsere Sorge teilen, rufen wir auf, sich diesem
Appell durch ihre Unterschrift anzuschließen.

Blätter für deutsche und internationale Politik, Januar 1990, S. 124 f.

1. *Erläutern Sie die grundlegende Alternative der zukünftigen Politik, die die Verfasser sehen.*
2. *Diskutieren Sie die Einstellung zum alten System der DDR, die sich darin spiegelt.*

[2] VP: Volkspolizei

M4 „Mumifizierte Utopie"

Auf den Aufruf „Für unser Land" reagiert der Schriftsteller Günter Kunert. Er ist wegen seines Protests gegen die Ausbürgerung von Wolf Biermann 1977 aus der SED ausgeschlossen worden; 1979 kann er in die Bundesrepublik ausreisen. Kunert schreibt:

Der deutsche Intellektuelle nebst seinen Visionen vom Guten, Schönen und Humanen ist durch keine noch so massive Tatsachenfülle widerlegbar [...]. Trotz überwältigender Kenntnis der trostlosen Lage und ihrer kaum minder trostlosen
5 Ursachen wird die längst mumifizierte Utopie beschworen. Ob Christa Wolf auf dem Alexanderplatz in Berlin oder der aus seiner Versenkung auferstandene Rudolf Bahro im Fernsehen – entgegen jeder Erfahrung, auch ihrer eigenen, meinen sie ernsthaft, nun sei der Zeitpunkt gekommen, den
10 „demokratischen Sozialismus" einzuläuten: das Himmelreich schon auf Erden errichten, Heinrich Heines lyrischem Diktum zufolge. Blindlings fallen die großen, pathetischen Worte, denen man abgeschworen hatte, auf die Zuhörer nieder und gemahnen den etwas kritischeren unter ihnen an die Früchte
15 des Tantalus[1]. Würde man die Hand danach ausstrecken, sie entzögen sich dem Zugriff wie eh und je. Die nach vierzig Jahren Tristesse ungeduldige Mehrheit jedoch greift lieber nach dem Nächstliegenden, den Bananen bei „Aldi" [...]. Die gegenwärtig erhobene Forderung nach einer Erneuerung
20 des Systems übertüchtiger Ruinenbaumeister (wirkt) wie ein später und deplazierter Scherz. Nun endlich, heißt es, werde man auf den Trümmern des zusammengebrochenen ein wahrhaft bewohnbares Haus errichten. Ergo jene angestrebte Gesellschaft, die ihre Widersprüche und Gegensätze
25 gewaltfrei und menschlich behandeln würde. Diese Hoffnung ist trügerisch. Denn sie ignoriert den ökonomischen und ökologischen Zustand des Landes, aber nicht nur diesen; sie missachtet vor allem die Kondition des Menschen, jenes Geschöpfes, das eine Idee nur zu realisieren vermag, indem
30 es diese in ihr Gegenteil verkehrt [...]. [...] Nach vier Jahrzehnten einer am Grünen Tisch erdachten, der Bevölkerungsmajorität aufgenötigten Ordnung kann eine Modifikation dieser oder analoger Ordnungen keine Chance mehr haben.

Zitiert nach: Michael Naumann (Hrsg.), Die Geschichte ist offen, Reinbek 1990, S. 97ff.

1. *Vergleichen Sie die Haltung Kunerts mit derjenigen in M3.*

---

[1] In der altgriechischen Sage ist Tantalus von den Göttern zu ewigem Hunger und Durst verdammt. Wasser und Früchte weichen bei jedem Versuch zu essen und zu trinken zurück.

2. *Erklären Sie, was mit der Aussage gemeint ist, der Mensch könne eine Idee nur verwirklichen, indem er sie in ihr Gegenteil verkehrt (Zeile 28-30).*

3. *Diskutieren Sie die Frage, ob oder unter welchen Umständen 1989/90 in der DDR die Chance für eine selbstständige Entwicklung bestand.*

M5 „Rote Zahlen vom roten Sozialismus"

Der Wirtschaftswissenschaftler Karl-Hans Hartwig fasst zwei Monate nach der Schaffung der Wirtschafts-, Währungs- und Sozialunion die ökonomischen Probleme der DDR zusammen:

Die DDR-Wirtschaft befindet sich gegenwärtig in einer tiefen Krise [...]. Auch die weiteren Aussichten sind zunächst düster. Arbeitslosenzahlen von 1,5 bis zwei Millionen oder 15 Prozent werden selbst von Optimisten nicht mehr als unrealistisch angesehen. [...] Die Marktwirtschaft und der mit ihr notwen- 5 dig verbundene freie Informationsfluss bringen diese Altlasten der planwirtschaftlichen Vergangenheit an den Tag. Sie machen deutlich, dass vom roten Sozialismus vorwiegend rote Zahlen bleiben. Experten ist nicht erst seit dem 9. November bekannt, dass etwa 30 bis 40 Prozent der DDR-Be- 10 triebe nicht konkurrenzfähig sind und in Wirtschaft und Verwaltung schon immer eine große Anzahl von Arbeitskräften mitgeschleppt wurde, die ökonomisch nicht gerechtfertigt war. Produktivitätsrückstände bis zu 60 Prozent gegenüber westlichen Betrieben kommen ja nicht von ungefähr. D.h. 15 aber, dass von den vorhandenen 9,3 Millionen Arbeitsplätzen in den ersten Jahren nach Einführung der Marktwirtschaft mehr als drei Millionen wahrscheinlich sowieso nicht zu halten wären. Sie durch neue wettbewerbsfähige Arbeitsplätze zu ersetzen, ist die vordringliche Aufgabe, und nicht irgend- 20 welche Beschäftigungsgarantien zu geben. Das in den Köpfen der Menschen noch immer verankerte Recht auf Arbeit hat es ja faktisch auch in der DDR nie gegeben. Praktiziert wurden vielmehr ein Recht auf Lohn und der Zwang zur Beschäftigung an den falschen Stellen. 25

Das Parlament, 14. September 1990

1. *Arbeiten Sie die Probleme bei der Umwandlung der Planwirtschaft in eine Soziale Marktwirtschaft heraus.*

2. *Erläutern Sie, welche Aufgaben demokratisch gewählte Politiker in diesem Prozess haben.*

3. *Historiker sprechen angesichts der Vorgänge in der DDR seit Herbst 1989 von drei „Revolutionen": einer „liberalen", einer „nationalen" und einer „sozialen". Erörtern Sie, welche Gründe für eine solche Einteilung sprechen.*

M6 Die „innere Einheit" – ein Traum?

Der Journalist Jens Bisky zieht 15 Jahre nach der Wiedervereinigung eine negative Bilanz:

Der Irrglaube, dass es so etwas gäbe wie eine „innere Einheit", die alle Interessengegensätze und Konflikte überwölben könne, verhindert seit fünfzehn Jahren die freie Debatte über den richtigen Weg beim Aufbau Ost.

5 Das patriotische Tabu hat der Einheit mehr geschadet als alles andere. Da über die Unterschiede und die substanziell verschiedenen Interessen in Ost und West nicht mit zivilisierter Gelassenheit gestritten wird, da man verbissen versucht, die Existenz von Gegensätzen überhaupt zu leugnen und

10 Unterschiede als bald überwunden marginalisiert, beschert uns beinahe jede Saison einen kurzen Ausbruch innerdeutschen Gezänks.

[...] Die Wirtschaftskraft des Ostens erreicht etwa zwei Drittel des westdeutschen Niveaus. Die Wertschöpfung¹ stagniert bei

15 63 Prozent des Westens, es fehlen etwa 3 000 mittelständische Unternehmen und 700 000 Beschäftigte, die vorhandenen Unternehmen sind zu klein und leiden unter geringer Eigenkapitalausstattung. Das Umsatzvolumen der einhundert umsatzstärksten Unternehmen in den neuen Ländern

20 ist etwa so groß wie das Umsatzvolumen von RWE oder Metro allein. Jede fünfte Erwerbsperson hat keinen regulären Arbeitsplatz, die Abwanderung dauert an. Jeder dritte Euro, der im Osten ausgegeben wird, wurde nicht in den neuen Ländern erwirtschaftet. Anzeichen für eine wirtschaftliche

25 Aufholjagd gibt es kaum.

Wer im Osten heranwächst, geht zur Jugendweihe, nicht zu Konfirmation oder Kommunion. In seiner Nachbarschaft leben deutlich weniger Ausländer als im Westen. Nach der Wende hat sich eine eigene ostdeutsche Identität heraus-

30 gebildet, ein deutliches Bekenntnis, nicht dazuzugehören, anders zu sein. Zu ihr bekennen sich seit Jahren unverändert mehr als 70 Prozent der Ostdeutschen. Dem antworten auf der anderen Seite Desinteresse, Ignoranz und Umerziehungsfantasien. Nach einer Allensbach-Umfrage stehen die Brüder

35 und Schwestern im anderen Landesteil Ost- wie Westdeutschen ebenso nah oder fern wie Österreicher. [...]

Das ist die Realität, vor der die Prediger der „inneren Einheit" gern die Augen verschließen. Selbstverständlich sind Ostdeutsche weder durch Geburt noch durch Erziehung oder

40 Propaganda deformiert oder unfähig zum Leben in Freiheit.

Die 2,4 Millionen von ihnen, die seit 1990 in den Westen gezogen sind, haben sich erfolgreich und weitgehend geräuschlos integriert. Die neuen Länder selber aber haben sich in dieser Zeit als eine unterentwickelte, randständige Region

45 stabilisiert. [...]

Das unerfüllbare Versprechen von der „Angleichung der Lebensverhältnisse" ist noch immer nicht aus der Welt, obwohl es in weiten Teilen der neuen Länder darum geht, eine Abwärtsentwicklung zu verhindern und den Teufelskreis aus wirtschaftlicher Schwäche, Arbeitslosigkeit, Abwanderung, 50 Überalterung und Transferbedarf zu durchbrechen.

Ein Neuanfang würde eine ehrliche Bilanz voraussetzen. Eben deshalb fällt er so schwer. Die staatliche Vereinigung war 1990 politisch richtig und ist gelungen, aber sie muss nicht mit Angleichung und widerspruchsfreiem Einverständ- 55 nis einhergehen. Eingestehen müsste man, dass der Aufbau Ost, das ehrgeizigste Unternehmen der vergangenen fünfzehn Jahre, in das die Deutschen einen Großteil ihrer Energie und ihrer Mittel investiert haben, gescheitert ist und dass auch Momente kultureller Fremdheit nicht weichen. [...] 60

Ein radikaler Neuanfang fällt schwer, weil es eine gemeinsame Öffentlichkeit kaum gibt. Die stille Gesellschaft in den neuen Ländern verweigert sich überwiegend den überregionalen Medien. Nach der systematischen Entbürgerlichung in der DDR, nach der Ausschaltung der sozialistischen Funk- 65 tionseliten und der anhaltenden Abwanderung fehlt es im Osten an einem Bürgertum, einem Mittelstand, an Eliten. Der soziale Raum zwischen Familie und Staat ist nur schwach besetzt. [...]

Zuverlässig rechnen können wir mit einer starken innerost- 70 deutschen Differenzierung in wenige städtische Zentren und unterentwickelte ländliche Regionen, mit weiterer Abwanderung und rascher Überalterung, mit bleibenden Unterschieden bei Einkommen und Vermögen, mit anhaltendem Transferbedarf und einer Tradierung ostdeutscher Besonderheiten. 75 Der Verteilungskonflikt um die Transfergelder dürfte sich nicht mehr lange durch Solidaritätsbeschwörungen verdrängen lassen.

So wird uns der Ost-West-Gegensatz noch Jahrzehnte begleiten. [...] Wer mag, kann weiter von „innerer Einheit" träumen 80 und auf die nächste Ossi-Wessi-Hysterie warten.

Vernünftig wäre konfliktbewusste Gelassenheit. Sie setzte eine Kultur der Ungleichheit und der Unterschiede voraus. Im Osten wie im Westen ist darauf kaum einer vorbereitet.

Süddeutsche Zeitung vom 25. August 2005

---

¹ Wertschöpfung: Nettoproduktion einer Volkswirtschaft oder eines Wirtschaftszweiges. Sie ergibt sich aus dem Herstellungspreis von Waren und Dienstleistungen, wovon Abschreibungen, indirekte Steuern und staatliche Zuschüsse (Subventionen) abgezogen sind.

---

1. *Arbeiten Sie heraus, welche Bedingungen für die innere Einheit Deutschlands laut Bisky erfüllt sein müssten.*

2. *Der Autor fordert „konfliktbewusste Gelassenheit" (Zeile 82). Nehmen Sie dazu Stellung.*

Die deutsche Nachkriegsgeschichte im Spiegel der Geschichtskultur

Nach 1945: Die gewohnten Geschichtsmythen waren kompromittiert Die Geschichtskultur eines jeden Landes basiert auf historischen Erzählungen, die aus dem Meer der Vergangenheit einzelne Konflikte und Konstellation auswählen, um sie zu einem ins Heute führenden Ereignisstrom anzuordnen. Viele dieser Erzählungen sind so weit verdichtet und geglättet, dass man sie als moderne Mythen bezeichnen kann. Historische Erzählungen und Mythen prägen die Identität von Staaten und Völkern. Mit Erzählungen und Bildern, die jeder kennt und die für jeden mehr oder weniger bedeutungsvoll sind, bilden sie die symbolische Grundlage einer Gesellschaft. Darüber hinaus spiegelt sich das Selbstverständnis einer Nation auch in ihren Nationalfeiertagen sowie in politischen Gedenktagen, die durch ihre Ritualisierung zur Identifikation des Individuums mit dem Gemeinwesen beitragen (▶ M1).

Nach der Zerschlagung des „Dritten Reiches" waren die bis dahin in Deutschland geltenden Geschichtsmythen kompromittiert. Das betraf unter anderem die Gedenk- und Feiertage, welche bislang Bestandteil des nationalsozialistischen Festtagskalenders gewesen waren. Nach ihrer Gründung mussten also beide deutsche Nachkriegsstaaten neue Geschichtskulturen und ganz neue Traditionen (er)finden.

Die Geschichtskultur der DDR und ihre Mythen Die Geschichtskultur der DDR orientierte sich an der marxistischen Deutung, dergemäß Geschichte durch Klassenkämpfe angetrieben wird. Im 1848 von Friedrich Engels und Karl Marx verfassten Kommunistischen Manifest hieß es: „Freier und Sklave, Patrizier und Plebejer, Baron und Leibeigener, Zunftbürger und Gesell, kurz, Unterdrücker und Unterdrückte standen in stetem Gegensatz zueinander, führten einen ununterbrochenen, bald versteckten, bald offenen Kampf, einen Kampf, der jedes Mal mit einer revolutionären Umgestaltung der ganzen Gesellschaft endete oder mit dem gemeinsamen Untergang der kämpfenden Klassen." Diese Gedanken waren in der Geschichtskultur der DDR das allgemeingültige und verbindliche Deutungsmuster. Die ostdeutsche Nachkriegsgründung suchte ihre historischen Wurzeln jeweils bei den Unterdrückten und Ausgebeuteten sowie bei den „fortschrittlichen Kräften" der verschiedenen Epochen. Als „Erbin aller humanistischer und progressiver Traditionen Deutschlands" sah sich die DDR gewissermaßen als Finale eines langen und opferreichen Kampfes. Als eines der frühesten und wichtigsten traditionsstiftenden Ereignisse wurden die Bauernkriege von 1524/25 angesehen, welche mit der Reformation zum Ereigniskomplex „frühbürgerliche Revolution in Deutschland" zusammengefasst wurden.

Held der Bauernkriege war **Thomas Müntzer**, der dieser Lesart zufolge die Unterdrückten aufgeklärt, geeint und gegen ihre Unterdrücker in den Kampf geführt hatte. Zwar war der Aufstand gescheitert und Müntzer war hingerichtet worden, doch in der DDR wurde der Volksprediger erstmals zum Märtyrer und Namenspatron von Schulen und Betrieben. So war er seit 1971 auf den 5-Mark-Noten der DDR abgebildet und viele Straßen in den „neuen Bundesländern" tragen noch heute seinen Namen. **Martin Luther**, der die Bauernaufstände abgelehnt hatte, wurde als Figur des herrschaftsstützenden „Klassenkompromisses" zwischen Adel und der sich in den Städten entwickelnden Bourgeoisie kritisiert. Zugleich würdigte man ihn als Reformator und Übersetzer der Bibel in die „Volkssprache". Dadurch konnte auch über die Lutherstube in der Wartburg dieses alte deutsche Nationalsymbol mit in den Kanon eingeflochten wer-

---

Thomas Müntzer (vor 1490-1525): geboren in Stolberg (Harz), Pfarrer, Volksprediger und Sozialrevolutionär. Er brach 1522 mit Luther und legitimierte 1524 in seiner „Fürstenpredigt" das Widerstandsrecht des gemeinen Mannes, falls die christliche Obrigkeit nicht gegen die gottlosen Zustände einschritte. Seit 1525 organisierte er den Bauernkrieg in Mitteldeutschland. Nach der Schlacht von Frankenhausen wurde er am 17. Mai 1525 gefangen genommen, gefoltert und wenige Tage später, am 27. Mai, hingerichtet.

Martin Luther (1483-1546): geboren und gestorben jeweils in Eisleben. Theologe, bestritt die Führungsrolle des Papstes und die Unfehlbarkeit der Kirchenversammlungen (Konzilien), wurde so zum wichtigsten Protagonisten der Reformation. 1521 vom Papst exkommuniziert und vom Kaiser mit der Reichsacht belegt. Der Kurfürst von Sachsen, Friedrich III., gewährte ihm Schutz auf der Wartburg, wo er bis 1522 versteckt lebte und die Bibel ins Deutsche übersetzte.

▲ Das Gebäude des Museums von außen. *Foto von 2008.*

◂ Blick auf das Monumentalgemälde „Frühbürgerliche Revolution in Deutschland" von Werner Tübke im Panorama Museum in Bad Frankenhausen. *Foto von 2009.*

den. Im Zusammenhang mit der Debatte um „Erbe und Tradition", die seit den späten 1970er-Jahren geführt wurde, um über das eng gefasste Klassenkampf-Paradigma hinaus zu einer sozialistischen deutschen Nationalgeschichte zu gelangen, schrieb man dann unter anderem auch Luther eine größere Bedeutung zu.

Zum geschichtspolitischen Erbe gehörten ebenso die preußischen Reformer und die **Befreiungskriege** verbündeter österreichischer, preußischer, russischer und schwedischer Truppen gegen Napoleon von 1813/14, mit deren Hilfe auch die Nationale Volksarmee (NVA) in der deutschen Tradition verortet wurde. So war beispielsweise die höchste militärische Auszeichnung der DDR der Scharnhorst-Orden*, und aus der „deutsch-russischen Waffenbrüderschaft" gegen Napoleon konnte sogar das „Bündnis der NVA mit der Roten Armee" mit Tradition aufgeladen werden. Mit Marx und Engels, „den beiden Stammvätern der wissenschaftlichen Weltanschauung der Arbeiterklasse", mit der organisierten deutschen Arbeiterbewegung in der zweiten Hälfte des 19. Jahrhunderts, dem Zusammenschluss von ADAV und SDAP zur SAP**, dem Fall des Sozialistengesetzes 1890 und schließlich den sich ständig steigernden Wahlsiegen der SPD beanspruchte die DDR zudem eine Traditionslinie, welche – um auf einen Begriff aus anderen Kontexten der DDR-Selbstrepräsentation zurückzugreifen – „Weltniveau" hatte: Weder die sowjetische Schutzmacht noch irgendein anderes Land hatte Gewichtigeres in der Ahnengalerie zu bieten.

Wie oft bei der Pflege von Mythen, sind es auch traumatisierende Niederlagen, die identitätsstiftend wirken. In der DDR-Geschichtskultur gehörte hierzu die durch die SPD-Führung angeregte und durch die Reichswehr und rechtsnationalistische Freikorps umgesetzte Niederschlagung des linkssozialistischen Aufstandes („Spartakus-Aufstand") im Januar 1919, ebenso die Auftragsmorde an Rosa Luxemburg und Karl Liebknecht.

Befreiungskriege: Preußische Offiziere entschlossen sich angesichts des bevorstehenden napoleonischen Angriffs auf Russland, aus der preußischen Armee, welche die französische zu unterstützen hatte, in russische Dienste überzutreten. Ebenso entschied General Yorck, 1812 sein preußisches Hilfskorps aus der Grande Armee herauszulösen. Beides konnte die DDR-Geschichtskultur als Vorläufer der Gründung des „Nationalkomitees Freies Deutschland" (NKFD) von 1943 und als Tradition der Waffenbrüderschaft von NVA und Sowjetarmee darstellen.

▲ Gedenkblatt für Karl Liebknecht. *Holzschnitt von Käthe Kollwitz, 1920.*

---

* Gerhard Johann David von Scharnhorst (1755-1813), preußischer Offizier und Reformer, trug mit der preußischen Heeresreform und der allgemeinen Wehrpflicht entscheidend zum Sieg in den antinapoleonischen Befreiungskriegen bei.

** ADAV = Allgemeiner Deutscher Arbeiterverein; SDAP = Sozialdemokratische Arbeiterpartei; SAP = Sozialistische Arbeiterpartei, Vorläuferorganisation der 1890 gegründeten Sozialdemokratischen Partei Deutschlands (SPD)

Georgi Dimitroff (1882-1949): geboren in Kowatschewzi (Bulgarien), kommunistischer Politiker. Er wurde 1935 auf dem VII. Weltkongress der Komintern zu deren Vorsitzenden gewählt. In seiner Rede versuchte er, mit der bald als „Faschismus-Definition" kanonisierten Beschreibung die neuen Diktaturen zu erklären, und begründete die Abwendung von der Stalin'schen „Sozialfaschismus-These" hin zur sogenannten „Volksfrontpolitik". Er blieb bis zu seinem Tode ein Gefolgsmann Stalins.

Ernst Thälmann (1886-1944): geboren in Altona bei Hamburg, Hafenarbeiter, 1924-1933 Mitglied des Reichstages, kandidierte 1925 und 1932 zu den Reichspräsidentenwahlen. 1925-1933 Vorsitzender der KPD. Er wurde am 13. März 1933 verhaftet, von den Nationalsozialisten ohne Prozess in verschiedenen Gefängnissen in Einzelhaft gehalten und am 17. August 1944 im KZ Buchenwald ermordet.

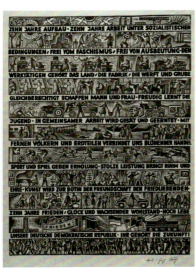

▲ Lithografie zum 10. Jahrestag der Gründung der DDR, 1959.

Dem DDR-Geschichtsbild zufolge würde letztlich überall der Sozialismus den Kapitalismus ablösen, so wie jener einst auf den Feudalismus gefolgt war. Der gerade niedergeworfene „Faschismus", wurde nach der 1935 von **Georgi Dimitroff** entwickelten und dann in der DDR kanonisierten Definition als „die offene terroristische Diktatur der reaktionärsten, am meisten chauvinistischen Elemente des Finanzkapitals" charakterisiert. Ihn verstand man somit als letztes Stadium in der finalen Krise des Kapitalismus. Nach dem Sieg der Alliierten über das „Dritte Reich" bot die Macht- und Kulturelite der DDR den einstigen „Volksgenossen" ihre eigene Widerstandserfahrung und die Erzählung vom Antifaschismus als Identifikationshülse an.* „Unter der Führung der KPD" und „der Arbeiterklasse" hätten die fortschrittlichsten Kräfte Deutschlands fortwährend gegen den „Hitler-Faschismus" Widerstand geleistet. Diese Darstellung konnte durch eine Vielzahl von Opfern des Widerstandes, vor allem durch kommunistische, beglaubigt werden. Einige von ihnen wurden zu wahren Säulenheiligen der DDR-Geschichtskultur, der wichtigste unter ihnen war **Ernst Thälmann**.

Die hier referierte Erzählung fand sich im Schulstoff, in populärwissenschaftlichen Darstellungen und in der Kunst wieder. Seit 1952 bestand in Berlin mit dem „Museum für deutsche Geschichte" eine zentrale Einrichtung, welche diese Art von Selbstverortung der DDR in der Vergangenheit deutlich machte. Insgesamt hat die politische und gesellschaftliche Realität in der DDR eine übermäßige geschichtskulturelle Beglaubigung erfahren. Damit war die Situation geradezu spiegelverkehrt zur Bundesrepublik, wo das Bestehende durch die Geschichtskultur kaum sakralisiert wurde.

Staatsfeiertage der DDR

Die übergreifende Erzählung der ostdeutschen Geschichtskultur zeigt sich in der „gründungsmythischen Dreieinigkeit" der DDR-Gedenk- und Feiertage: So wurde zum 15. Januar an die „Ermordung von Karl Liebknecht und Rosa Luxemburg" gedacht. Das alljährliche Trauer-Ritual am schon in der Weimarer Zeit geschaffenen Gedenkort in Berlin-Friedrichsfelde wurde dabei stets als Hauptthema in den Medien abgehandelt. Diese Erzählung widerspiegelt sich auch im Text des im April 1950 erlassenen Gesetzes zur Einführung der arbeitsfreien Feiertage: dem 8. Mai („Tag der Befreiung des deutschen Volkes vom Hitlerfaschismus", ab 1967 nicht mehr arbeitsfrei) und dem 7. Oktober („Tag der Republik"). Hier umschreibt man den 8. Mai auch als „Tag des Dankes an die Sowjetunion" und den 7. Oktober als „Tag des Stolzes auf die eigene Leistung". Obwohl die Reihenfolge der Daten im Jahreskalender natürlich nicht frei verfügbar war, fügten sie sich zu einer Erzählung, in der auf den *Kampf* und die *Opfer*, die *Erlösung* und der *Dank an die Befreier* sowie schließlich die *stolze Feier des Bestehenden* folgte.

Nicht alle Niederlagen wurden freilich in den Kanon der Tradition aufgenommen wie beispielsweise der durch die DDR-Macht nur mit sowjetischer Unterstützung überstandene Volksaufstand vom 17. Juni 1953 (▶ M2). Dieses Datum sollte dafür im Festkalender der anderen deutschen Nachkriegsgründung bald darauf die herausragende Rolle spielen.

Die Geschichtskultur der Bundesrepublik und ihre Mythen

Die DDR beanspruchte für sich den absoluten Bruch zum „Dritten Reich" und zu allen anderen vorangegangenen „Klassen-Herrschaften" und musste demzufolge eine vollkommen neue Traditionslinie erfinden. Aus diesem Grund hatte sie auch eine sehr elaborierte Geschichts-

---

* Vgl. dazu das Kapitel „Der Nationalsozialismus im Spiegel der Geschichtskultur", S. 290-299.

▲ **Ritual zum 8. Mai am sowjetischen Ehrenmal in Leipzig.**
Foto von 1989.

kultur. Bei der Bundesrepublik und den in Politik, Staat und Wirtschaft führenden Kräften war das Verhältnis von Diskontinuität und Kontinuität verwickelter. Hier bestand eine tiefe Verunsicherung hinsichtlich der symbolischen Repräsentation und geschichtskulturellen Selbstdeutung. Man wollte sich sowohl gegen die Festkultur des „Dritten Reiches" wie auch gegen die der DDR abgrenzen. Letztere hatte im Übrigen schon den 8. Mai „besetzt", an dem sie die Befreiung durch die Rote Armee feierte. Zudem verstand sich die Bundesrepublik als „Provisorium", welches – wie das Grundgesetz – nur so lange Bestand haben sollte, bis sich alle Deutschen in freier Selbstbestimmung eine Verfassung geben und einen Staat bilden würden. Einen wichtigen Schub für die Identitätsbildung dieses Provisoriums brachte der ostdeutsche Volksaufstand vom 17. Juni 1953. Andere Einschnitte, wie beispielsweise die Währungsunion von 1948 oder der Ereigniskomplex „1968", wurden erst allmählich zu positiven Brennpunkten in der westdeutschen Geschichtskultur.

Dass die Währungsunion zu einem Gründungsmythos der Bundesrepublik werden würde, war zunächst nicht absehbar. Der Währungsschnitt enteignete die Besitzer von Bargeld und begünstigte jene, die Land, Immobilien und Produktionsanlagen besaßen. Trotz des Lastenausgleiches von 1952 blieb sie mit dem Makel der Ungerechtigkeit behaftet. Zudem gab es 1950/51 noch eine Rezession, in deren Folge die Arbeitslosigkeit enorm anstieg. Zudem war die Währungsunion der erste Akt zur endgültigen Spaltung Nachkriegsdeutschlands: In den westlichen Besatzungszonen wurde mit ihr ein Finanz- und Wirtschaftssystem eingeführt, das durch die Amerikaner dominiert wurde und sich von der SBZ-Wirtschaft noch weiter entfernte. Die Sowjetunion verhängte deswegen die Berlin-Blockade. Deren Bewältigung aber brachte die West-Berliner, die Westdeutschen und die Westalliierten, vor allem die Amerikaner, einander entscheidend näher. Aus Besatzern wurden Verbündete. „Die Pointe des bundesrepublikanischen Gründungsmythos von Währungsunion und Wirtschaftswunder", so stellt der Politikwissenschaftler *Herfried Münkler* fest, „bestand nun darin, all diese politischen Verwicklungen wegzuerzählen und alles auf den Fleiß und die Tüchtigkeit der Deutschen zulaufen zu lassen." Während sich also die DDR auf einen geschichtsphilosophisch und zeitgeschichtlich konstruierten Gründungsmythos stützte, basierte das bundesdeutsche Selbstverständnis mit der Erzählung vom „Wirtschaftswunder" auf einem weniger transzendenten und dafür mehr materiell ausgerichteten Gründungsmythos. Um es auf eine Formel zu bringen: In der DDR standen *Vergangenheit* (schwere Zeiten und die revolutionäre Tradition) und *Zukunft* (bessere Zeiten, der Kommunismus) im Zentrum der Aufmerksamkeit, in der Bundesrepublik hingegen die *Gegenwart*, das Hier und Jetzt.

Auch die gesellschaftserschütternden Konflikte, die mit dem Ereigniskomplex „1968" verbunden waren – „Respektlosigkeit" und Anti-Autoritarismus, öffentliches Engagement und gewaltsam unterdrückte Demonstrationen, die Bewegung gegen die Notstandsgesetze und „Nazi, Nazi"- wie „Faschismus"-Rufe, die Suche nach neuen Formen des Zusammenlebens und nach anderen Politikstilen – ließen seinerzeit nicht erwarten, dass „1968" dereinst zum Traditionsbestand der Bundesrepublik gehören würde. Doch zwei Jahrzehnte nach der Krise begannen sich immer mehr Altersgenossen der einst kleinen rebellischen Minderheit von 1967/68 als „alte 68er" zu verstehen. Heute ist mit Blick auf „1968" auch von einer demokratischen „Neugründung" oder „Umgründung" der Bundesrepublik die Rede. Wie identitätsstiftend „1968" geworden ist, zeigte sich auch nach der Vereinigung mit der DDR, als man sich die kulturelle Andersartigkeit der Ostdeutschen damit erklärte, dass die Menschen in der DDR „kein '68 gehabt" hätten.

Insgesamt ist jedoch festzustellen, dass die alte Bundesrepublik nur ein schmales Mythenrepertoire entwickelte und sich symbolisch kaum in den Jahrhunderten deutscher Geschichte zu verankern suchte. Was die Geschichte der neuesten Zeit betrifft, so fasste man im „Provisorium" erst 1982 ins Auge, ein zentrales Museum zur „Geschichte unseres Staates und der geteilten Nation" (Helmut Kohl) zu errichten. 1989 wurde der Bau begonnen und 1994 als „Haus der Geschichte" in Bonn eröffnet.

Der Staatsfeiertag der Bundesrepublik Wenige Tage nach dem ostdeutschen Volksaufstand vom 17. Juni 1953, am 3. Juli, beschloss der Bundestag, dass an diesem Datum fortan der „Tag der Deutschen Einheit" zu feiern sei. Die Erhebung in der DDR brachte für das geschichtskulturelle Selbstverständnis der Bundesrepublik einen wichtigen Schub: Der 17. Juni wurde zum ersten und einzigen Staatsfeiertag der alten Bundesrepublik. Bevor die Bundesdeutschen ihren neuen Feiertag zum ersten Mal begingen, erklärte das Presse- und Informationsamt der Bundesregierung am 16. Juni 1954, dass der Aufstand vom Vorjahr ein für alle Mal die Behauptung widerlegt habe, „dass das deutsche Volk nicht die innere Kraft aufbringe, sich gegen Diktatur und Willkür zur Wehr zu setzen". Zwei Jahre später setzte der SPD-Politiker Carlo Schmid den ostdeutschen Aufstand in Bezug zur Vorgeschichte Deutschlands. Der 17. Juni habe „viele Flecken hinweggewaschen, mit denen das ruchlose Regime des Nationalsozialismus unseren Namen beschmutzt hat. Dies gibt uns Deutschen wieder das Recht, auch in der Mitte von Völkern, die ihren Kampf um die Freiheit schon längst gewonnen haben, das Haupt hoch zu tragen." Der 17. Juni wurde damit zum Bestandteil der Nach-Geschichte des Nationalsozialismus und der Vergangenheitsaufarbeitung (▶ M3). Die Bedeutung des ostdeutschen Volksaufstandes für die Geschichtskultur der Bundesrepublik taxiert der Historiker Edgar Wolfrum heute so: „Pointiert ausgedrückt war das Datum der eigentliche Gründungsakt der Bundesrepublik – und durfte es zugleich offiziell gar nicht sein. Der Rohbau der westdeutschen Republik war in Bonn errichtet worden, doch das Richtfest fand erst nach den Ereignissen in der DDR statt. Der Erfolg Bonns begann in Ost-Berlin."

▲ **Der Volksaufstand des 17. Juni.**
Das Plakat zeigt die Orte in der DDR, in denen es während des Volksaufstandes zu Unruhen gekommen ist.
Bundeszentrale für Heimatdienst der Bundesrepublik Deutschland, 1953.

Die Geschichtskultur des vereinigten Deutschland

Mit dem Beitritt der DDR verschwanden auch deren Geschichtskultur und symbolische Repräsentationen. Die Staatsbezeichnung des vereinigten Deutschland, die Flagge und Hymne waren diejenigen der Bundesrepublik. Die materielle Folie der DDR-Geschichtskultur, d.h. die Namen der Straßen, Plätze und Institutionen, die Denkmäler und symbolträchtigen Gebäude, so beispielsweise der ehemalige „Palast der Republik", verschwanden, während sich Benennungen, die sich an der Geschichtskultur der alten Bundesländer orientieren, allmählich auch im Beitrittsgebiet verbreiten.

Die Bundesrepublik wandte sich, anders als nach 1945, unverzüglich der Aufarbeitung der Vergangenheit zu. Die Verbrechen der DDR-Diktatur wurden öffentlich gemacht, den Opfern wurde materiell und symbolisch Genugtuung verschafft, die Täter wurden bestraft. Für die Geschichtswissenschaft gilt das Thema DDR inzwischen als „überforscht". Geschichtskulturell aber hat das Thema, vor allem in den Facetten „Repression und Mangel", weiter Konjunktur. Möglicherweise deutet sich hier die Entstehung eines neuen Geschichtsmythos an: Wenn in geschichtskulturell ausgerichteten Reden der Politik die DDR thematisiert wird, kommen fast ausschließlich nur deren Verbrechensbilanz und die Beschränkungen eines Lebens in der DDR zur Sprache. Durch die Akzentuierung der düsteren Vor- oder Parallelgeschichte kann so auch auf geschichtskulturellem Wege das durch Krisen angegriffene Selbstbewusstsein Deutschlands gestärkt werden. Diese offizielle Art der Erinnerung an die DDR wird jedoch nicht von allen Ostdeutschen geteilt (▶ M4).

Ein zentraler Geschichtsmythos der bundesdeutschen Geschichtskultur ist die Rede von der *Wieder*vereinigung. Es ist ein Mythos, weil das vereinigte Deutschland etwas völlig Neues ist. Weder war das Gebiet der heutigen Bundesrepublik schon einmal zuvor ein Ganzes, das erst getrennt und dann wiedervereint worden wäre, noch wurden 1990 die Territorien des Deutschen Reiches in den Grenzen von 1914, 1933, 1937 oder anderer Konstellationen wiedervereint. Emotional suggeriert die Rede von der Wiedervereinigung die gemeinsame Erlösung von der Trennung oder einen tröstlichen Heilungsprozess der deutschen Geschichte. Realpolitisch erkennt die Rede von der Wiedervereinigung implizit die europäische Nachkriegsordnung an und unterscheidet sich dadurch von einer einst wichtigen Formel bundesdeutscher Politik, der gemäß „die deutsche Frage noch offen" sei und die „derzeit unter polnischer, tschechischer und russischer Verwaltung stehenden deutschen Gebiete" wiedereingegliedert werden müssten.

Auffällig an der Geschichtskultur des vereinigten Deutschland ist, dass sich kein Revolutionsmythos herauszubilden scheint (▶ M5). Dabei trug die „friedliche Revolution" zum Ende der SED-Diktatur bei und die legendäre Leipziger Demonstration vom 9. Oktober 1989 schuf die Voraussetzung für die friedliche Maueröffnung am 9. November 1989. Immer noch scheint stattdessen der niedergeschlagene Volksaufstand vom 17. Juni zu einem „Großmythos" (Edgar Wolfrum) aufgebaut zu werden. Allmählich schwindet im vereinigten Deutschland die Scheu, sich darüber hinaus tiefer in der Geschichte zu verankern. Beispiele sind Fernsehsendungen wie „Unsere Besten", in der das ZDF 2003 durch die Zuschauer die 100 wichtigsten Deutschen küren ließ, oder die beiden Zehnteiler „Die Deutschen" aus den Jahren 2008 und 2011.

▲ **Ende der DDR-Geschichtskultur.**
Foto von 1993.
Wenige Jahre nach der politischen „Wende" von 1989 wird im Osten Berlins ein Haus abgerissen, an dessen Fassade noch für das längst geschlossene Museum für deutsche Geschichte geworben wird.

▲ Neuer Straßenname?
Foto aus Berlin vom 12. November 1989.

Der Staatsfeiertag des vereinigten Deutschland Knapp ein Jahr nach der „friedlichen Revolution" von 1989 legte die Volkskammer den Beitritt der DDR zur Bundesrepublik auf den 3. Oktober 1990 fest. Dass dieses Datum auch der Nationalfeiertag des vereinigten Deutschland werden solle, war nie Gegenstand einer eigenständigen Bundestagsdebatte und wurde nach vorheriger Absprache von Bundeskanzler Helmut Kohl mit den Ministerpräsidenten während der Aussprache zum Einigungsvertrag am 5. September 1990 als vollendete Tatsache präsentiert. Die Praxis, die zentrale Feier zum „Tag der Deutschen Einheit" jährlich in einer anderen Landeshauptstadt auszurichten, ging auf einen Vorschlag von Innenminister Wolfgang Schäuble zurück. Dieser sah dadurch die Gefahr „der Eintönigkeit und starrer Rituale" gebannt und erhoffte sich „gestalterische Variationsbreite", während der SPD-Politiker *Richard Schröder* 2006, als jedes Bundesland die zentrale Feier einmal ausgerichtet hatte, ein Ende des „Wanderzirkus" und die ständige Ausrichtung in der Hauptstadt forderte.

Formal knüpft die Ausrichtung der Feier an die antirituellen Traditionen der Bundesrepublik an (▶ M6). „In der Vergangenheit hat deutsches Nationalbewusstsein bei den benachbarten Völkern nicht nur Sympathie geweckt. Solange wir aber den ‚Tag der Deutschen Einheit' auch als einen symbolischen Tag der gesellschaftlichen Solidarität, einen Tag der Freiheit und der Völkerfreundschaft verstehen, werden wir ihn noch oft zusammen mit unseren ausländischen Nachbarn feiern können", äußerte der saarländische Ministerpräsident Oskar Lafontaine 1993 in seiner Festrede. Bremens Oberbürgermeister *Klaus Wedemeyer* empfahl ein Jahr später auf der zentralen Einheitsfeier: „Rücksichtnahme und Aufrichtigkeit, Behutsamkeit und Realitätssinn nach innen und nach außen sollten uns auch leiten, wenn wir über die deutsche Nation und die kollektive Identität der Deutschen diskutieren."

Da der „Tag der Deutschen Einheit" eine noch sehr junge Institution ist, scheinen immer noch Veränderungen möglich. *Hans Eichel* schlug 1994 als hessischer Ministerpräsident und 2004 als Bundesfinanzminister vor, den „Tag der Deutschen Einheit" jeweils am ersten Sonntag im Oktober zu feiern, um so einen Arbeitstag für die Pflegeversicherung und das Wirtschaftswachstum zu gewinnen. Die meisten Kritiker des 3. Oktober sind unzufrieden, weil das Datum lediglich auf einen Verwaltungsakt verweist und sich nicht mythisch überhöhen lässt – anders als beispielsweise der 9. November, ein Datum, in dem sich wie in keinem anderen die deutsche Geschichte spiegelt (▶ M7). Als Außenminister Joschka Fischer 1999 die Verlegung des „Tages der Deutschen Einheit" auf dieses Datum vorschlug, antwortete *Paul Spiegel*, Vorsitzender des Zentralrats der Juden, ihm sei „der Gedanke, sich zwischen Würstchenbuden und Volksfeststimmung an die Pogromnacht vom 9. November 1938 zu erinnern", unvorstellbar.

Letztlich bleibt als mythentaugliches Alternativdatum zum 3. Oktober noch der 9. Oktober. Doch die Diskussion um dieses Datum würde den Stolz der Ostdeutschen auf „ihre Revolution" mit dem Stolz der altbundesdeutschen Eliten auf „ihr diplomatisches Geschick" und „ihre Durchsetzungsfähigkeit auf der internationalen Bühne", die für die deutsche Vereinigung erforderlich waren, in Konkurrenz bringen.

Geschichtskulturelle Deutungen und die Relevanz des einen oder anderen Mythos sind in Demokratien letztlich immer das Ergebnis von Aushandlungsprozessen: So werden Vertreter verschiedener Binnenkulturen sowie sozialer und gesellschaftlicher Gruppen jeweils nach Maßgabe ihrer Möglichkeiten auch künftig versuchen, bestimmte Vorstellungen in der Öffentlichkeit zu verankern.

M1 Feste und Feiertage als Konstruktionen

Der Philosoph Thomas Macho erläutert die symbolischen Dimensionen von Herrschaft:

Neuere Theorien vom kulturellen Gedächtnis haben stets betont, dass sich Kulturen in ihren Festen und Feiertagen nicht nur manifestieren, sondern auch begründen und tradieren. Feste und Feiertage sind symbolische Konstruktio
5 nen. Sie bezeugen die politische Herrschaft über die Zeit, die der Herrschaft über ein Territorium entspricht. Während die Befehlsgewalt über Räume als geradezu selbstverständliche Konstitutionsleistung politischer Systeme verstanden werden kann, wird die Unterwerfung der Zeit häufig unter
10 schätzt oder vergessen. „Man könnte sagen, dass die Ordnung der Zeit das vornehmste Attribut aller Herrschaft sei", behauptete Elias Canetti in *Masse und Macht*. Denn nach „Ordnungen der Zeit lassen sich Zivilisationen noch am ehesten umgrenzen. Ihre Bewährung besteht in der Dauer ihrer
15 geregelten Überlieferung. Sie zerfallen, wenn niemand diese weiterführt. Ihre Zivilisation ist zu Ende, wenn es ihr mit ihrer Zeitrechnung nicht mehr ernst ist." Darum haben manche Herrscher versucht, sogar ihre Namen dem Kalender einzuprägen: Der Monat Juli sollte an Julius Caesar erinnern, der
20 Monat August an Kaiser Augustus. [...]
Die Frage nach neuen Festen, die eine kollektive Identität stiften könnten, wurde in den Zeiten der Gründung europäischer Nationalstaaten häufig aufgeworfen. Als Leitmodell fungierte der 14. Juli in Frankreich oder der amerikanische
25 Independence Day am 4. Juli; doch nur wenige Nationalfeiertage erreichten die Bedeutung und das Alter des Bastilletags oder des Unabhängigkeitstags. Zu viele Revolutionen scheiterten oder wurden nachträglich ins Zwielicht gerückt, sodass sie keine Anlässe zu einem jährlich wiederkehrenden
30 Festtag bilden konnten; obendrein ist das Spektrum der Möglichkeiten, einen Nationalfeiertag zu definieren, durchaus begrenzt. Infrage kommen Revolutions- und Unabhängigkeitstage, Gedenktage an eine aktive oder passive militärische Befreiung, Gründungstage, die einen staats
35 konstitutiven Akt – wie die Verabschiedung einer Verfassung oder die Ausrufung einer Republik – zum Ursprungsereignis erklären. [...] Nationale Feiertage sind häufig junge Feste mit vergleichsweise geringer kultureller Stabilität. Sie wurden auch oft genug gewechselt. Manche Nationen, beispiels
40 weise Deutschland oder Österreich, haben ihre gültigen Nationalfeiertage spät festgelegt, weshalb [...] nach wie vor darüber diskutiert werden kann, diese Feiertage wieder aufzugeben oder auf einen anderen Termin zu verlegen.

Thomas Macho, Die Feste der Berliner Republik, in: Merkur. Deutsche Zeitschrift für europäisches Denken 60 (2006) H. 9/10, S. 837-846, hier S. 837f.

1. Stellen Sie dar, wie Macho die herrschaftsstützende Funktion von Staatsfeiertagen definiert.
2. Erklären Sie die Aussage des Autors, nationale Feiertage seien häufig „junge Feste mit vergleichsweise geringer kultureller Stabilität" (Zeile 37f.).
3. Erörtern Sie, welche Mittel Staaten und Herrscher noch zur Verfügung haben, um politische Herrschaft zu repräsentieren und zu stützen.

M2 „Konterrevolutionäre Aktivitäten"

Wie in der DDR der Volksaufstand vom 17. Juni 1953 gedeutet worden ist:

Die „gefassten Beschlüsse für ein schnelleres Wachstumstempo der Volkswirtschaft" brachten eine Verschlechterung der Lebenslage der Werktätigen mit sich und erwiesen sich als fehlerhaft. [...] Diese undurchdachten Maßnahmen [...] stießen bei zahlreichen Arbeitern und 5 anderen Werktätigen auf Unverständnis und riefen Unzufriedenheit hervor. [...] Das erleichterte es dem Gegner, Verwirrung zu stiften, die er für seine konterrevolutionären Aktivitäten ausnutzte. [...] Am 17. Juni 1953 kam es in Berlin und einigen anderen Städten der DDR zu Arbeitsnieder- 10 legungen und Demonstrationen. Die Feinde des Sozialismus im Inneren der DDR nutzten die Unzufriedenheit und Missstimmung von Werktätigen für ihren konterrevolutionären Putschversuch aus; sie erhielten operative Anleitung durch in West-Berlin und der BRD stationierten imperialistischen 15 Geheimdienste und Agentenzentralen sowie Sender der USA. Von West-Berlin wurden Provokateure in die Hauptstadt und die Bezirke der DDR eingeschleust. Aber zu dem vom imperialistischen Feind mit allen Mitteln angestrebten „Generalstreik", der Ausgangspunkt weiterer konterrevolutionärer 20 Aktivitäten sein sollte, kam es nicht. Viele der Streikenden und Demonstranten distanzierten sich von den konterrevolutionären Provokateuren, die wie die Faschisten hausten. Die Provokateure zerfetzten und verbrannten Fahnen und andere Symbole der Arbeiterbewegung, verwüsteten Ein- 25 richtungen der Sozialistischen Einheitspartei Deutschlands, staatliche Dienststellen und Büros demokratischer Organisationen, plünderten und brandschatzten Warenhäuser, Buchhandlungen und Kioske. Brutal misshandelten und ermordeten sie klassenbewusste Arbeiter und andere Werk- 30 tätige, die ihnen mutig entgegentraten.

Geschichte der Sozialistischen Einheitspartei Deutschlands. Abriss, von einem Autorenkollektiv u.d. Leitung von Ernst Diehl und Gerhard Roßmann, Berlin 1978, S. 292-294

1. Beschreiben Sie, wer von den Autoren für den Aufstand vom 17. Juni verantwortlich gemacht wird.
2. Analysieren Sie, wie der Verweis auf die nationalsozialistische Vergangenheit zur Erklärung des Volksaufstandes genutzt wird.

M3 Antitotalitäre Volkserhebung

Wie in der Bundesrepublik der Volksaufstand vom 17. Juni 1953 gedeutet worden ist:

Die antitotalitäre Volkserhebung, als die der 17. Juni interpretiert wurde, war darüber hinaus für so gut wie alle Deutungseliten auch ein nachholendes Ereignis für den ausgebliebenen Massenaufstand im „Dritten Reich". [...] Künftig wuchs
5 dem Juni-Aufstand deshalb immer stärker eine Entlastungsfunktion zu. Die Schuld vieler Deutschen am Nationalsozialismus konnte mit dem Verweis auf seine Existenz zusätzlich beschwiegen, abgewehrt, verdrängt und verharmlost werden.
10 Die direkte Parallelisierung mit dem 20. Juli führte schließlich zu einem doppelten Ergebnis. Einerseits wurde durch die Gleichsetzung von Nationalsozialismus und SED-Diktatur nicht nur die Totalitarismus-Theorie populär, die in die Tiefenschichten der Gesellschaft eindrang, sondern die meisten
15 Deutschen, das machten Umfragen deutlich, hielten die SED-Diktatur für schlimmer als die NS-Diktatur. [...] Mit der behaupteten Wesensidentität der braunen und der roten Diktatur und der Parallelisierung der beiden Aufstände wurde andererseits der 20. Juli 1944 in der bundesdeutschen Öffent-
20 lichkeit erst aufgewertet und positiv besetzt. Man sollte sich glücklich schätzen, schrieb etwa Klaus Mehnert in „Christ und Welt", dass das deutsche Volk, „vertreten durch seine Besten – vor sieben Jahren waren es Adlige, Offiziere und Geistliche, vor einem Jahr Arbeiter", über sich selbst hinaus-
25 gewachsen sei. Der in der breiten Öffentlichkeit populäre und als positiv wahrgenommene Aufstand des 17. Juni stützte den bis dahin noch in weiten Kreisen negativ beurteilten 20. Juli in der kollektiven Erinnerung der Bundesdeutschen ab und spielte eine herausragende Rolle für die allmählich
30 wachsende Akzeptanz des Hitler-Attentats.
Das letzte dominierende Deutungsmuster war noch stärker auf der politisch-moralischen Ebene angesiedelt und lautete: Der 17. Juni hat die durch den Nationalsozialismus beschädigte „nationale Würde" Deutschlands wiederhergestellt.
35 Der Freiheitsdrang eines Teils des deutschen Volkes und sein Kampf gegen Willkür und Unmenschlichkeit kamen in den Augen vieler Westdeutscher einer geschichtlichen Ehrenrettung der gesamtdeutschen Nation gleich. Von der inter-

▲ **Propaganda an der Berliner Mauer.**
Foto von 1966.
Das Plakat mit einem Zitat aus der Rede des Regierenden Bürgermeisters von Berlin, Willy Brandt (SPD), zum Tag der Deutschen Einheit 1965 war weithin im Ostsektor zu lesen. Es wurde am 28. April 1966 vom West-Berliner „Studio am Stacheldraht" im Bezirk Kreuzberg angebracht.

nationalen Aufhellung des deutschen Images haben die Westdeutschen, obwohl nur Zuschauer und nicht Akteure 40 des Geschehens, in einem starken Maße profitiert.

Edgar Wolfrum, Geschichtspolitik in der Bundesrepublik Deutschland. Der Weg zur bundesrepublikanischen Erinnerung 1948-1990, Darmstadt 1999, S. 78 f.

1. Erörtern Sie die Bedeutung des Volksaufstandes für das Selbstverständnis der Bundesrepublik.
2. Diskutieren Sie, welchen Beitrag die dargestellte Deutung des 17. Juni für die bundesdeutsche Deutung der nationalsozialistischen Vorgeschichte hatte.

M4 Drei Formen von Gedächtnis

Der Historiker Martin Sabrow stellt fest, dass heute auf ganz unterschiedliche Art und Weise an die DDR erinnert wird:

Im Zentrum vor allem des öffentlichen Gedenkens steht das *Diktaturgedächtnis*, das auf den Unterdrückungscharakter der SED-Herrschaft und ihre mutige Überwindung in der friedlich gebliebenen Revolution von 1989/90 abhebt. Die diktaturzentrierte Erinnerung widmet ihre Aufmerksamkeit 5 vorrangig dem Macht- und Repressionsapparat des kommunistischen Regimes, und sie pocht darauf, dass zum Verständnis der DDR die Stasi wichtiger sei als die Kinderkrippe. In diesem Erinnerungsmodus wird den fundamentalen Unterschieden zwischen politischer Freiheit und politischer Unterwerfung ein entschieden höherer Wert für die Würde des menschlichen Lebens zugemessen als den sozialen und wirtschaftlichen Gratifikationen [...]. Stattdessen setzt sich die auf den Unrechtscharakter der SED-Herrschaft ausgerichtete Erinnerung dafür ein, in erster Linie die Schreckensorte der kommunistischen Herrschaft von den sowjetischen Internierungslagern und KGB-Gefängnissen bis zum Überwachungs- und Bespitzelungssystem der Staatssicherheit im Bewusstsein der Nachwelt präsent zu halten. Das Diktaturgedächtnis ist auf den Täter-Opfer-Gegensatz fokussiert. Es räumt Verbrechen, Verrat und Versagen unter der SED-Herrschaft hohen Stellenwert ein und sieht in der Erinnerung an Leid, Opfer und Widerstand die wichtigste Aufgabe einer Vergangenheitsbesinnung, die im Dienst der Gegenwart Lehren aus der Geschichte ermöglichen und so vor historischer Wiederholung schützen soll. Entsprechend ist das Diktaturgedächtnis normativ und teleologisch[1] strukturiert; es zeichnet die DDR als negatives Kontrastbild vor der Folie rechtsstaatlicher Normen und Freiheitstraditionen [...].

Während dieses staatlich approbierte DDR-Bild den Raum der öffentlichen Erinnerung beherrscht, wirkt ein zweites Organisationsmuster der DDR-Erinnerung stärker in die gesellschaftliche Tiefe und pocht hier mit stillem Trotz und dort mit lauter Vehemenz auf sein Eigenrecht. Dies ist ein in Ostdeutschland bis heute vielfach dominantes *Arrangementgedächtnis*, das vom richtigen Leben im falschen weiß und die Mühe des Auskommens mit einer mehrheitlich vielleicht nicht gewollten, aber doch als unabänderlich anerkannten oder für selbstverständliche Normalität gehaltenen Parteiherrschaft in der Erinnerung hält. Das Arrangementgedächtnis verknüpft Machtsphäre und Lebenswelt. Es erzählt von alltäglicher Selbstbehauptung unter widrigen Umständen, aber auch von eingeforderter oder williger Mitmachbereitschaft und vom Stolz auf das in der DDR Erreichte – kurz, es verweigert sich der säuberlichen Trennung von Biografie und Herrschaftssystem, die das Diktaturgedächtnis anbietet, und pflegt eine erinnerungsgestützte Skepsis gegenüber dem neuen Wertehimmel des vereinigten Deutschland, die zwischen ironischer Anrufung und ostalgischer Verehrung der ostdeutschen Lebensvergangenheit oszilliert. [...]

Noch stärker im Schatten der öffentlichen Wahrnehmung existiert schließlich ein weiteres Erinnerungsmuster, das an der Idee einer legitimen Alternative zur kapitalistischen Gesellschaftsordnung festhält. Dieses *Fortschrittsgedächtnis* denkt die DDR vor allem von ihrem Anfang her. Es baut seine Erinnerungen auf der vermeintlichen moralischen und politischen Gleichrangigkeit der beiden deutschen Staaten auf, die zu friedlicher Koexistenz und gegenseitiger Anerkennung geführt hätten [...]. Die Rückbesinnung auf die vermeintlich zu Unrecht verkannten Vorzüge des DDR-Bildungssystems, die hässlichen Gesichtszüge eines aus den Fugen geratenen Weltfinanzsystems, die rückblickende Vorstellung von einer geordneten DDR-Welt, in der der Mensch keine Ware war und für die Gleichstellung der Frau gesorgt war – solcher Art sind die Anknüpfungspunkte, aus denen das Fortschrittsgedächtnis seine Stabilität gewinnt.

In diesem tripolaren Kräftefeld zwischen Diktaturgedächtnis, Arrangementgedächtnis und Fortschrittsgedächtnis wird die DDR-Vergangenheit täglich neu verhandelt.

Martin Sabrow, Die DDR erinnern, in: Ders. (Hrsg.), Erinnerungsorte der DDR, München 2009, S. 18-20

1. *Arbeiten Sie heraus, welche Themen für das Diktaturgedächtnis, das Arrangementgedächtnis und das Fortschrittsgedächtnis jeweils bedeutsam sind.*

2. *Diskutieren Sie, welche Akteure jeweils als Vertreter der einen oder anderen Gedächtnisform infrage kommen.*

3. *Beurteilen Sie, welche der Gedächtnisformen am wirkungsmächtigsten ist und daher am ehesten im kollektiven Gedächtnis der Deutschen überdauern wird.*

4. *Vergleichen Sie die hier beschriebene Situation mit den beiden deutschen Geschichtskulturen nach 1945.*

M5 Zwischen Erinnern und Vergessen

Der Historiker Konrad Jarausch über die Gründe, warum die Herausbildung einer gemeinsam geteilten Erinnerung an den Umbruch von 1989 noch immer schwer fällt:

Trotz der Bedeutung des Herbstes 1989 für die Veränderung von Politik und Lebensläufen scheint die Erinnerung an dessen dramatische Ereignisse in der deutschen Bevölkerung schwach ausgeprägt zu sein. [...] Obwohl die Zahl von Memoiren und wissenschaftlichen Werken weiter ansteigt, herrscht ein weitgehendes Desinteresse an der „ostdeutschen Selbstbefreiung" vor, da manche Beteiligte nicht mehr gerne an ihre damaligen Positionen erinnert werden wollen. Im Gegensatz zu dem medialen Tsunami für das Gedenkjahr 2009 gibt es nur wenige Anzeichen für die Entstehung eines Kollektivgedächtnisses von unten wie z.B. in der Nikolaikirche in Leipzig, die den Sturz der SED-Diktatur und die Vereinigung als „ein Wunder biblischen Ausmaßes" feiert.

---

[1] teleologisch (griech. telos: Ziel, Zweck): auf Teleologie beruhend; Teleologie: Lehre, dass eine Entwicklung von vornherein zweckmäßig und zielgerichtet angelegt ist

In ironischer Umkehrung des Mitscherlich-Diktums[1] konstatiert der Theologe Richard Schröder daher eine „Unfähigkeit zur Freude", ein Fehlen von Glücksgefühl über das unverhoffte Ende des Kalten Krieges und der Teilung. In den bewusst maßvollen Inszenierungen des 3. Oktober feiert die politische Klasse meist sich selbst, ohne größere emotionale Anteilnahme der Bevölkerung. [...]

Möglicherweise ist aber in einer Mediengesellschaft die zeitliche Distanz noch zu gering für die Ausbildung einer gemeinsamen Erinnerungskultur, die nicht nur von Politikern propagiert, sondern auch von den Staatsbürgern akzeptiert wird. [...] Die Allgegenwärtigkeit der Medienbilder verwischt den Unterschied von Vergangenheit und Gegenwart, und die Rekapitulierung des Geschehenen während der Jubiläumswellen schafft ein Wechselbad von unterhaltsamer Übersättigung und anschließendem Vergessen. [...]

Ein erstes Problem stellt bereits das Fehlen eines eindeutig definierbaren Ortes dar, an dem sich die kulturelle Erinnerung an den demokratischen Aufbruch vom Herbst 1989 festmachen könnte. Die Mischung von langfristigen und kurzfristigen Ursachen des kommunistischen Kollapses und die Dezentralität von überlappenden Prozessen der politischen Mobilisierung haben bisher die Fokussierung auf eine einzelne Lokalität verhindert. So resultierte z.B. der ostdeutsche Massenexodus vom Sommer aus Tausenden von Einzelentscheidungen zur Flucht, die sich über die gesamte DDR erstreckten. Als ikonische Verdichtungen sind nur die Fernsehbilder von der Öffnung der ungarischen Grenze zu Österreich, von der Mitteilung Außenminister Genschers vom Balkon der Prager Botschaft und von der Ankunft der Ausreisenden in westdeutschen Auffanglagern im Gedächtnis geblieben. Aber diese vielfältigen Schnappschüsse lassen sich kaum auf einen einzelnen Ort reduzieren.

Besser lokalisierbar sind die Demonstrationen des Herbstes 1989, doch auch diese Proteste gegen die SED-Diktatur sind nicht ganz eindeutig zuzuschreiben. Kern der Bürgerbewegung waren die Friedensgebete im Umfeld der Nikolaikirche in Leipzig, die sich vom September 1989 an in die schnell wachsenden Montagsdemonstrationen auf dem Ring verwandelten. Aber andere Städte wie Dresden spielten ebenfalls eine Rolle, da dort die Friedfertigkeit schon vor dem 9. Oktober praktiziert wurde – und auf die knüppelnde Brutalität des SED-Regimes traf. Die größte Demonstration mit einer halben Million Teilnehmern fand am Berliner Alexanderplatz statt, und schließlich breiteten sich die Kundgebungen auf die gesamte Republik aus. Die Gründung von Oppositionsgruppen wie dem Neuen Forum oder von Parteien wie der SDP erfolgte ebenso dezentral, und der Treffpunkt des zentralen Runden Tisches ist nur noch Spezialisten bekannt. Daher bleibt die Protesterinnerung auf viele Plätze angewiesen. [...] Freilich hat es auch in Frankreich und den USA Jahrzehnte gedauert, bis der Sturm auf die Bastille oder die Unterzeichnung der Unabhängigkeitserklärung zu zentralen Symbolen der jeweiligen Revolutionen wurden.

Konrad Jarausch, Der Umbruch 1989/90, in: Martin Sabrow (Hrsg.), Erinnerungsorte der DDR, München 2009, S. 526-528 und 534

1. *Fassen Sie zusammen, welche Ursachen der Autor für die fehlende Ausbildung einer gemeinsamen Erinnerungskultur an die Ereignisse von 1989 anführt.*

2. *Diskutieren Sie, welcher Erinnerungsort Ihnen am besten geeignet erscheint, um an den demokratischen Aufbruch von 1989 zu erinnern. Recherchieren Sie dafür auch zum geplanten „Einheitsdenkmal" in Berlin und beziehen Sie die Informationen in die Debatte ein.*

M6 „Zivil, locker und trotzdem festlich"

Die Historikerin Vera Caroline Simon äußert sich zum Stil der Einheitsfeiern im vereinigten Deutschland, die auch von ehemaligen DDR-Oppositionellen positiv bewertet werden:

In Anbetracht der im In- und Ausland gezeichneten Renationalisierungsszenarien war es nicht verwunderlich, dass die symbolische Ausgestaltung des neuen Nationalfeiertags so unprovokativ, ja so zurückhaltend wie möglich ausfiel. [...] Die nichtmilitärische Ausgestaltung entsprach jedoch nicht allein der außenpolitischen Signalfunktion einer sich der internationalen Vorbehalte bewussten Bundesrepublik. Sie etablierte sich auch in dezidierter Abgrenzung zu den militärischen Zeremonien der DDR, die bereits zu Zeiten der Zweistaatlichkeit als Unterschied zwischen der säbelrasselnden, totalitären DDR und der demokratischen Bundesrepublik angeführt wurde. Bereits der Nationalfeiertag der alten Bundesrepublik, der 17. Juni, sollte [...] ein „geläutertes Nationalbewusstsein" präsentieren. Die DDR hingegen, die auf einen antifaschistischen Gründungsmythos aufbaute und somit ein positives militärisches Erbe für sich reklamierte, schöpfte aus dem Erinnerungsarsenal des preußischen Militarismus und führte die Tradition großer, staatlich implementierter Feiern fort. [...]

Der neue Tag der Deutschen Einheit führte damit die als symbolische Abgrenzung von totalitären Inszenierungen verstandene nichtmilitärische Darstellung fort. Diese Signal-

---

[1] Verweis auf die Studie von Alexander und Margarete Mitscherlich von 1967 „Die Unfähigkeit zu trauern. Grundlagen kollektiven Verhaltens", in der die Schwierigkeit der Deutschen, einen Weg zur Bewältigung der nationalsozialistischen Vergangenheit zu finden, einer psychoanalytischen Interpretation unterzogen wird

funktion wurde von ostdeutschen Beobachtern bestätigt: Der oppositionelle Schriftsteller Lutz Rathenow wies in seiner
Festrede in einer Feier des Thüringischen Landtages am 3. Oktober 2001 auf die zeitliche Nähe des alten Tags der Republik und des Tags der Deutschen Einheit hin und verglich beide Tage. Rathenow erinnerte an den Lärm der Panzer, die ab dem 3. oder 4. Oktober für die Militärparade anlässlich des Tags der Republik probten: „Sie werden verstehen, dass es mir leicht fällt, fast jede musikalische Alternative zu diesem Ton als eine unbestritten bessere anzunehmen." Etwas salopper stimmte ihm auch Richard Schröder in einem Fernsehinterview anlässlich des Festakts zum zehnten Jahrestag der Einheit in der Dresdner Semperoper zu, der die Festatmosphäre auf dem Dresdner Theaterplatz mit den Worten lobte: „Auch die Stimmung ist 1a. Wie ich es mir so vorstelle: zivil, locker und trotzdem festlich."

Vera Caroline Simon, Gefeierte Nation. Erinnerungskultur und Nationalfeiertag in Deutschland und Frankreich seit 1990, Frankfurt am Main u.a. 2010, S. 84 f.

1. *Skizzieren Sie, wie in der Bundesrepublik und in der DDR der Nationalfeiertag begangen wurde.*

2. *Vergleichen Sie die am Staatsfeiertag der Bundesrepublik und der DDR vorgenommenen Rituale mit denen anderer Demokratien und Diktaturen. Ziehen Sie dafür auch die Informationen heran, die Sie in diesem Band zum 4. Juli und zum 14. Juli erhalten (vgl. S. 42 ff. und S. 66 ff.).*

M7 Eine vergebene Chance?

Der Politikwissenschaftler Herfried Münkler äußert sich zum 9. November als möglichem Nationalfeiertag für Deutschland:

Aus der Perspektive der politischen Mythengeschichte Deutschlands [...] hätte man damit rechnen dürfen, dass der 9. November 1989 zu einem neuen Gründungsmythos der Deutschen, zumindest aber einem Additionsmythos geworden wäre, der den alten bundesrepublikanischen Gründungsmythos ergänzt: Im Anschluss an eine Pressekonferenz des SED-Politbüromitglieds Günter Schabowski kam es in den Abendstunden zu einem Ansturm der Ost-Berliner auf die Grenzübergänge nach West-Berlin, und innerhalb weniger Stunden brach ein Grenzregime zusammen, das die Welt mehrmals in Atem gehalten und an den Rand eines Krieges gebracht hatte. [...] Am 9. November 1989 wurde in Berlin einmal mehr Weltgeschichte gemacht, dieses Mal jedoch nicht von den Herrschenden, die über das Volk verfügten, sondern von der Bevölkerung selbst, und das in einer kurz

zuvor noch unvorstellbaren Form der Selbstermächtigung. Der Stoff, aus dem politische Mythen geformt werden, war somit im Übermaße vorhanden und ebenso die Bilder, die dieser dramatischen Wende Anschaulichkeit verliehen. [...] Was jahrzehntelang Angst und Schrecken verbreitet hatte, wurde zum Schauplatz ausgelassener Feiern. In Berlin kam es zu einem anarchisch-emanzipatorischen Fest, wie es die Deutschen bis dahin nicht gekannt hatten. [...] Die Bilder der Menschen, die sich auf der Mauer, buchstäblich der Trennlinie zwischen Ost und West, die Mitte ihrer Stadt zurückerobert hatten, waren ein politisches Symbol, mit dem sich eigentlich linksliberale wie konservative Kreise identifizieren konnten: Hier wurden die deutsche Teilung überwunden und die nationale Einheit wiederhergestellt, und erstmals in der deutschen Geschichte nahm eine Revolution einen glücklichen und bis zum Ende erfolgreichen Verlauf.
Die damit eröffnete Chance einer gründungsmythischen Neufundierung der Republik ist aus vielerlei Ursachen nicht wahrgenommen worden. [...] Dagegen sprach zunächst das Datum des 9. November, das unerwünschte und politisch gefährliche Erinnerungen an Ereignisse des 20. Jahrhunderts wachrief [...]. Das Problem einer gründungsmythischen Aufbereitung des 9. November 1989 war aber nicht nur das Datum, sondern auch der politisch-geografische Raum, der damit herausgehoben worden wäre: Das Gründungsgeschehen der neuen und größeren Bundesrepublik hätte sich dann ausnahmslos auf dem Territorium der DDR abgespielt, und der Deutsche Bundestag in Bonn hätte lediglich insofern mitgewirkt, als sich die Abgeordneten, als die ersten Nachrichten aus Berlin eintrafen, von ihren Stühlen erhoben und die dritte Strophe des Deutschlandlieds sangen. Die westdeutsche Bevölkerung war am 9. November bloß Zuschauer eines Geschehens, zu dem sie nichts beitragen konnte. Die bundesdeutsche Politik kam erst anschließend ins Spiel, wobei sie in innerdeutschen wie internationalen Verhandlungen Einfluss auf einen politischen Prozess gewann und diesen schließlich zu kontrollieren und zu steuern vermochte, sodass er am 3. Oktober 1990 mit der Zeremonie vor dem Reichstag erfolgreich abgeschlossen werden konnte.

Herfried Münkler, Die Deutschen und ihre Mythen, Berlin 2009, S. 477-479

1. *Erörtern Sie, warum der 9. November nach Münkler nicht zum Nationalfeiertag der Deutschen werden konnte.*

2. *Erläutern Sie, welche Qualitäten ein Ereignis haben muss, um „mythentauglich" zu sein.*

3. *Diskutieren Sie, ob der 9. November der „bessere Nationalfeiertag" für Deutschland wäre. Was spräche dafür, was dagegen?*

Geschichte vor Ort

Tatort Teilung: die Gedenkstätte Berliner Mauer als historischer Lernort

„Die Mauer muss weg!" So lautete vor 1989 die politische Forderung. Und nach 1989 führte die Freude über die friedliche Revolution sowie über die Einheit Deutschlands zum Abriss der Grenzanlagen. Bürgerschaftlichem Engagement ist es zu danken, dass gegen viele Widerstände aus Politik und Gesellschaft in der Bernauer Straße mit der Gedenkstätte Berliner Mauer eine zentrale Stätte des Erinnerns und Gedenkens eingerichtet wurde. Diese erinnert an einem authentischen Ort exemplarisch an das Grenzregime der SED, an die Teilung der Stadt und Deutschlands, an die Toten der Berliner Mauer und an gelungene und gescheiterte Fluchten.

Der historische Ort Gerade die Bernauer Straße war der Schauplatz dramatischer Ereignisse. Vier der zwölf Todesopfer der Berliner Mauer aus dem Jahr 1961 kamen allein hier bei Fluchtversuchen ums Leben. Um Fluchten zu verhindern, wurden auf der Ost-Berliner Straßenseite im August 1961 die Türen und Fenster der Wohnhäuser zugemauert, diese dann abgerissen und etwa 2 000 Bewohner zwangsumgesiedelt, Gräber und ein Friedhof wurden zerstört und eine Kirche gesprengt.

Die Gedenkstätte Berliner Mauer Die Gedenkstätte erstreckt sich auf einen 1,4 Kilometer langen Grenzstreifen. Die baulichen Überreste der Grenzanlagen wurden als Spuren der Vergangenheit erhalten und in ihrer historischen Bedeutung deutlich gemacht. Ergänzt werden diese durch ein Denkmal (1998), durch eine Kapelle (2000) am Ort der 1985 gesprengten Versöhnungskirche und durch die Ausstellungen „Berlin, 13. August 1961" (2001) und „Grenz- und Geisterbahnhöfe im geteilten Berlin" (2009). Das „Fenster des Gedenkens" ermöglicht die Erinnerung an die Todesopfer der Mauer (2010).

Vor dem Besuch
- Informieren Sie sich (mithilfe der Internetadressen) entweder über a) den historischen Ort Bernauer Straße 1961-1989, b) eines der (mindestens 136) Todesopfer der Berliner Mauer, c) einen Zeitzeugenbericht.
- Verständigen Sie sich darüber, ob und wie Sie vor Ort auch der Toten gedenken wollen.

Vor Ort
- Beschreiben und analysieren Sie (arbeitsteilig) eine der Dauerausstellungen: a) Berlin, 13. August 1961 (Dokumentationszentrum); b) Grenz- und Geisterbahnhöfe im geteilten Berlin (Nordbahnhof).
- Erkunden Sie das Außengelände und fassen Sie zusammen, welche a) historischen Überreste/Quellen aus der Vergangenheit und b) rückblickenden Darstellungen über die Vergangenheit zu finden sind.
- Notieren Sie Ihre Beobachtungen und Eindrücke, machen Sie Skizzen, fotografieren Sie.

Nach dem Besuch
- Führen Sie eine Pro- und Kontra-Diskussion zu den Fragen: Soll die Grenzanlage in der Bernauer Straße zur Veranschaulichung originalgetreu wieder errichtet werden? Oder: Sollen die historischen Überreste so erhalten werden, wie wir sie heute auffinden?
- Entwerfen Sie eine Präsentation (als Ausstellung in der Schule, für die Website, als Übung für eine Prüfung etc.), in der Sie die Gedenkstätte Bernauer Straße darstellen.

Internettipps
- www.berliner-mauer-gedenkstaette.de
- www.chronik-der-mauer.de
- www.berlin.de/mauer

Literaturtipps
- Klaus-Dietmar Henke u.a., Die Mauer. Errichtung, Überwindung, Erinnerung, München 2011
- Hans-Hermann Hertle, Maria Nooke u.a., Die Todesopfer an der Berliner Mauer 1961-1989. Ein biografisches Handbuch, hrsg. vom Zentrum für Zeithistorische Forschung und der Stiftung Berliner Mauer, Berlin 2009

Filmtipps
- *Die Mauer an der Bernauer Straße.* Eine Dokumentation der Grenzanlagen (ca. 1963, 5 Min., ohne Ton); www.bstu.de
- *Informationsfilm über die Gedenkstätte Berliner Mauer* www.berliner-mauer-gedenkstaette.de/de/film-ueber-die-gedenkstaette-779.html
- *Der Tunnel* (Spielfilm, 2011)

M1 Ist jeder des Erinnerns würdig?

2009 beschäftigt sich der Journalist Thomas Denkler mit der Frage, ob an die an der Mauer getöteten DDR-Grenzsoldaten ebenso erinnert werden sollte wie an die getöteten Flüchtlinge:

Offenbar ist nach dem Tod nicht jeder gleich, nicht jedes Opfer wie das andere Opfer – zumindest, wenn es um die Toten an der Berliner Mauer geht. Das […] „Biographische Handbuch" über die Todesopfer an der Berliner Mauer von 1961 bis 1989
5 weist 136 Todesopfer aus. Darunter […] auch die acht Grenzsoldaten, die in Erfüllung ihrer Dienstpflicht umkamen.
Sie sind Opfer, das haben die Autoren des Handbuches geklärt. Und doch lautet die auch am heutigen Mauergedenktag schwierige Frage: Sind diese acht des Erinnerns unwür-
10 dige Opfer, während alle anderen des Erinnerns würdig sind? Im Herbst soll in der Gedenkstätte Berliner Mauer an der Bernauer Straße in einem „Fenster der Erinnerung" den Opfern der Grenze mit Foto und Namen gedacht werden. Es wird der zentrale Gedenkort für die Maueropfer in der Bun-
15 desrepublik werden. Das erklärte Ziel der Initiatoren war, den Opfern ein Gesicht zu geben, eine Geschichte, sie zu lösen von Zahlen und Statistiken. Wer das biografische Handbuch liest, wird höchst unterschiedliche Menschen mit höchst unterschiedlichen Hintergründen kennenlernen. Das gilt
20 sowohl für die erschossenen Flüchtlinge, wie für die, die nur zufällig an der Mauer den Tod fanden. Es ist das Verdienst der Autoren, diese Biografien sachlich und unideologisch aufbereitet zu haben.
Wie die der acht getöteten Grenzsoldaten. Einer wurde ver-
25 sehentlich erschossen, weil er für einen Flüchtling gehalten wurde. Ein anderer wurde bei einem Schusswechsel mit der West-Berliner Polizei von einem Querschläger tödlich verletzt. Wieder ein anderer wurde von einem Flüchtenden aus nächster Nähe erschossen. Der Schütze kam später im Wes-
30 ten wegen Mordes ins Gefängnis. Die Geschichten der Grenzer sind so unterschiedlich wie die der 128 anderen Opfer. Diese acht aber werden nicht in das Fenster der Erinnerung aufgenommen, diesen acht dürfen ihre Angehörigen nicht an zentraler Stelle gedenken. So hat es der Beirat der Stiftung
35 Berliner Mauer kürzlich nach intensiver und durchaus kontroverser Diskussion beschlossen. Es habe die Gefahr bestanden, dass die Öffentlichkeit das „Fenster der Erinnerung" als Ehrenmal wahrnehme, wurde argumentiert. Und dass sich Angehörige von getöteten Flüchtlingen davon verletzt füh-
40 len könnten, wenn neben ihrem Kind, ihrem Bruder, ihrer Schwester diejenigen mit Bild und Namen zu sehen sind, die darauf trainiert waren, die Flucht aus der DDR zu verhindern. Doch andererseits: Die Grenztruppe der DDR war keine Freiwilligeneinrichtung. Es gab Soldaten, die haben bewusst nicht oder daneben geschossen, es gab aber auch Soldaten, 45 die haben ohne Rücksicht draufgehalten. Es gab auch Flüchtlinge, die Grenzsoldaten erschossen haben, die später im Westen wegen Mordes oder Totschlags verurteilt wurden. Es gab auch Flüchtlinge, die sich durch Flucht einer Strafverfolgung in der DDR entzogen haben. 50
Wer will da entscheiden, wer Täter, wer Opfer war? Es gibt hier kein ausschließlich gut und ausschließlich schlecht, es gibt kein schwarz, kein weiß, sondern – wie immer im Leben – viele Grautöne. Schon deshalb hätten die getöteten Grenzsoldaten mit in das „Fenster der Erinnerung" gehört. Es geht 55 um Mahnung, nicht um Ehrung. Es geht um Erinnerung an ein unmenschliches System, das nicht nur seine Gegner, sondern auch seine Unterstützer zu Opfern gemacht hat. Die Chance, dies deutlich zu machen, wurde vertan. Vielleicht braucht es noch ein paar Jahre, bis nach dem Tod endlich alle Opfer gleich sein dürfen.

Kommentar von Thomas Denkler in der Süddeutschen Zeitung, 13. August 2009

M2 Eine moralische Botschaft

Die Opferverbände bewerten die Entscheidung der Stiftung Berliner Mauer folgendermaßen:

Die Union der Opferverbände der kommunistischen Gewaltherrschaft (UOKG) e.V. begrüßt das durch den Beirat der Stiftung Berliner Mauer abgegebene Votum, das im Rahmen der Erweiterung der Gedenkstätte Berliner Mauer geplante „Fenster der Erinnerung" nicht dem Gedenken an getötete 5 DDR-Grenzsoldaten zu widmen.
Wir sehen darin eine eindeutige moralische Botschaft; zwar gehörten diese Militärangehörigen zu den Opfern des DDR-Grenzregimes, gleichzeitig waren sie jedoch potenzielle Täter, durch deren Agieren das menschenverachtende Grenzre- 10 gime aufrechterhalten wurde. Das abgegebene Votum würdigt nonkonformes Verhalten gegen die Diktatur und stellt ein Plädoyer für Zivilcourage angesichts totalitärer Strukturen dar.

Aussage von Rainer Wagner, UOKG-Bundesvorsitzender, Berlin 3. Juli 2009

1. *Fassen Sie in eigenen Worten die unterschiedlichen Auffassungen über das Gedenken an die Maueropfer zusammen und nennen Sie die jeweiligen Argumente.*

2. *Informieren Sie sich (arbeitsteilig) über die acht getöteten Grenzsoldaten (www.berliner-mauer-gedenkstaette.de/de/grenzsoldaten-456.html).*

3. *Nehmen Sie in einer Pro- und Kontra-Diskussion Stellung: Soll an getötete Grenzsoldaten ebenso erinnert werden wie an die Maueropfer?*

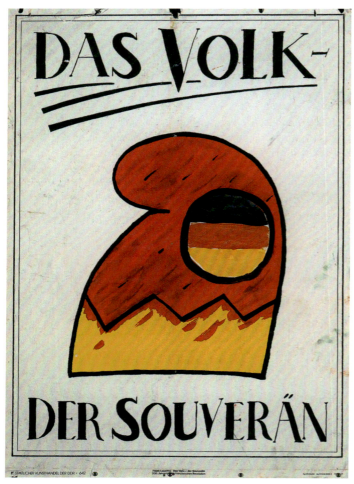

▲ Selbst gefertigtes Transparent, das auf der Demonstration am 4. November 1989 in Ost-Berlin mitgeführt wurde.
■ Erläutern Sie, worauf das Plakat anspielt, und erörtern Sie, ob der Vergleich angemessen ist.

1. Stellen Sie dar, welche Rolle die weltpolitischen Konstellationen des Kalten Krieges für die Verankerung der Bundesrepublik im Westen und der DDR im Osten spielten.

2. Analysieren Sie die gesellschaftspolitischen Herausforderungen und Weichenstellungen der Bundesrepublik in der Ära Adenauer (1949-1963).

3. „Bonn ist nicht Weimar". Mit dieser These betitelte der Schweizer Journalist Fritz René Allemann sein 1956 erschienenes Buch über die Bundesrepublik. Zu dieser Zeit waren Befürchtungen, auch die zweite deutsche Demokratie könne scheitern, noch weit verbreitet. Erläutern Sie, welche Gefahren für die Demokratie bestanden. Belegen Sie die These des Autors.

4. Ein im Jahr 2009 erschienenes Buch über die Geschichte der Bundesrepublik Deutschland trägt den Titel „Die Suche nach Sicherheit". Erörtern Sie, ob dieser Aspekt für die Geschichte der Bundesrepublik entscheidend ist.

5. Fassen Sie die Kennzeichen der sogenannten „68er-Bewegung" zusammen. Bewerten Sie, wie sich ihre gesellschaftlichen und politischen Ziele in der weiteren geschichtlichen Entwicklung auswirkten.

6. Erörtern Sie, ob die „Neue Ostpolitik" der sozial-liberalen Koalition in den 1970er-Jahren eine Abkehr von den Grundpositionen Adenauers bedeutete.

7. Der Historiker Christoph Kleßmann ist der Ansicht, die DDR habe niemals ohne die Bundesrepublik auskommen können. Finden Sie Argumente und Gegenargumente zu dieser Behauptung.

8. Arbeiten Sie heraus, wie in der DDR versucht wurde, die Akzeptanz des SED-Regimes zu steigern. Welche Leistungen, Kosten und Defizite der Wirtschafts- und Sozialpolitik in der Endphase der DDR standen einander gegenüber?

9. Stellen Sie die verschiedenen Formen der Opposition in der DDR dar und beurteilen Sie ihre Ziele und ihre Wirkung.

10. Nehmen Sie Stellung zu folgender These: „Die Berliner Mauer war ein Symbol sowohl für den Verlust der nationalen Einheit der Deutschen als auch für die Unerbittlichkeit im Kalten Krieg."

11. Die Frage, ob Bonn oder Berlin der Regierungssitz des wiedervereinigten Deutschland werden sollte, war heftig umstritten. Nur eine knappe Mehrheit im Bundestag entschied für Berlin. Sammeln und ordnen Sie die Argumente der Debatte und nehmen Sie selbst Stellung.

12. Erläutern Sie die wirtschaftlichen und politischen Probleme sowie die unterschiedlichen gesellschaftlichen Prägungen in der DDR und der Bundesrepublik, die das Zusammenwachsen der beiden deutschen Staaten noch immer schwierig gestalten.

13. Führen Sie eine Podiumsdiskussion durch zum Thema „Die DDR – ein Unrechtsstaat?". Überlegen Sie, welche Bereiche bei der Erörterung dieser Frage berücksichtigt werden müssen.

Literaturtipps

Wolfgang Benz, Auftrag Demokratie. Die Gründungsgeschichte der Bundesrepublik und die Entstehung der DDR 1945-1949, Bonn 2010

Mary Fulbrook, Ein ganz normales Leben. Alltag und Gesellschaft in der DDR, Darmstadt ²2011

Jens Gieseke, Der Mielke-Konzern: die Geschichte der Stasi 1945-1990, erweiterte und aktualisierte Neuausgabe, München 2006

Hans-Hermann Hertle und Stefan Wolle, Damals in der DDR. Der Alltag im Arbeiter- und Bauernstaat, München ²2006

Andreas Rödder, Geschichte der deutschen Wiedervereinigung, München 2011

Heinrich August Winkler, Der lange Weg nach Westen, 2 Bde., München 2000

Edgar Wolfrum, Die geglückte Demokratie. Geschichte der Bundesrepublik von ihren Anfängen bis zur Gegenwart, Stuttgart 2006

Internettipps

www.chronik-der-mauer.de

www.deinegeschichte.de
Portal zum Thema „deutsch-deutsche Geschichte"

www.deutschegeschichten.de
Infos, Zeitzeugenberichte und viele andere Materialien zur deutschen Geschichte von 1890 bis zur Gegenwart

www.dhm.de/lemo/home.html
Informationen und Materialien zur deutschen Geschichte seit 1850

www.friedlicherevolution.de

www.17juni1953.de
Homepage der Vereinigung 17. Juni 1953 e.V.

www.stiftung-aufarbeitung.de
Bundesstiftung, die die Beschäftigung mit Ursachen, Geschichte und Folgen der Diktatur in der Sowjetischen Besatzungszone und der DDR fördern will

www.zeitgeschichte-online.de

▲▶ **Gedenken an 40 Jahre deutsche Teilung.**
Fotos von 2011.
Während am Potsdamer Platz in Berlin der Mauerverlauf künstlich wiederhergestellt wurde, ist die Mauer an der Bernauer Straße noch die alte. Das „Fenster des Gedenkens" erinnert an die an der Berliner Mauer getöteten Menschen.

Hinweise zur Bearbeitung der Probeklausuren

Die Anforderungen und Erwartungen in Geschichtsklausuren liegen nicht in der bloßen Wiedergabe von Erlerntem ohne genauen Fragenbezug, sondern überwiegend im souveränen Anwenden gelernter Inhalte auf andere Sachverhalte und im angemessenen, eigenständigen Beschreiben und Beurteilen komplexer Problembereiche.

1. Lesen Sie die Aufgabenstellung langsam und sorgfältig durch.

2. Beachten Sie bei den Aufgaben die jeweiligen Anforderungsbereiche. Diese können Sie an den „Operatoren" erkennen (siehe dazu auch vorne im Buch). Je schwieriger die Aufgaben sind, desto stärker werden sie bei der Bewertung gewichtet – unabhängig davon, wie umfangreich die Ausarbeitung der Aufgaben ist.
Insgesamt gibt es drei Anforderungsniveaus:
Im Anforderungsbereich I (Reproduktion) wird von Ihnen bei der Bearbeitung das Wiedergeben und Beschreiben von Sachverhalten und Zusammenhängen aus einem abgegrenzten Gebiet erwartet.
Der Anforderungsbereich II (Reorganisation und Transfer) verlangt von Ihnen das selbstständige Erklären, Bearbeiten, Ordnen und Anwenden von Ihnen schon bekannten Inhalten und Methoden.
Im Anforderungsbereich III (Reflexion und Problemlösung) wird von Ihnen der genau durchdachte Umgang mit neuen Problemstellungen und Erkenntnissen sowie eingesetzten Methoden erwartet. Ziel Ihrer Arbeit ist es, Begründungen, Folgerungen, Beurteilungen oder Schlussfolgerungen für das eigene Verhalten zu finden.

3. Erschließen Sie die Intention der Aufgabenstellungen mit zentralen Fragen (z. B. Was verlangt die Aufgabe von mir? Welche Schlüsselbegriffe sind enthalten und welche Schwerpunkte muss ich deswegen bei der Beantwortung setzen?).

4. Halten Sie die Reihenfolge der Aufgaben möglichst ein. Nehmen Sie den Einsatz an Arbeit und damit den Zeitaufwand entsprechend der erreichbaren Punktezahl vor.

5. Arbeiten Sie bei der Analyse und Interpretation einer Quelle mit farbigen Stiften:
   a) Lesen Sie den Text sorgfältig durch, wenn nötig auch mehrfach, und markieren Sie wesentliche Gedanken und Schlüsselbegriffe, soweit sie zur Aufgabenstellung gehören.
   b) Verwenden Sie, soweit möglich und für das Textverständnis nötig, Angaben zum Autor (z. B. politischer Standort, seine Intentionen) und zur Quelle selbst (Entstehungszeit, historischer Kontext, Adressaten des Textes).
   c) Arbeiten Sie zu den gestellten Aufgaben aus der Quelle stichpunktartig, aber bereits grob strukturiert, wichtige inhaltliche Aussagen heraus und belegen Sie sie mit treffenden Zitaten (Zeilenbelege!) und eigenen Argumenten.

6. Schreiben Sie ganze, nicht zu lange Sätze und benutzen Sie die notwendigen Fachbegriffe. Die Wortwahl sollte klar und sachlich sein.

7. Achten Sie beim abschließenden Durchlesen in erster Linie auf den Inhalt, aber auch auf Rechtschreibung, Grammatik und Satzbau.

Übungsaufgabe 1: Interpretation einer schriftlichen Quelle

M Aus der Regierungserklärung von Willy Brandt am 28. Oktober 1969 vor dem Deutschen Bundestag

Die Deutschen sind nicht nur durch ihre Sprache und ihre Geschichte – mit ihrem Glanz und ihrem Elend – verbunden; wir sind alle in Deutschland zu Haus. Wir haben auch noch gemeinsame Aufgaben und gemeinsame Verantwortung: für den Frieden unter uns und in Europa. 20 Jahre nach Gründung der Bundesrepublik Deutschland und der DDR müssen wir ein weiteres Auseinanderleben der deutschen Nation verhindern, also versuchen, über ein geregeltes Nebeneinander zu einem Miteinander zu kommen.

Dies ist nicht nur ein deutsches Interesse, denn es hat seine Bedeutung auch für den Frieden in Europa und für das Ost-West-Verhältnis. Unsere und unserer Freunde Einstellung zu den internationalen Beziehungen der DDR hängt nicht zuletzt von der Haltung Ost-Berlins selbst ab. Im Übrigen wollen wir unseren Landsleuten die Vorteile des internationalen Handels und Kulturaustausches nicht schmälern. [...]

Die Bundesregierung wird sich von der Erkenntnis leiten lassen, dass der zentrale Auftrag des Grundgesetzes, allen Bürgern gleiche Chancen zu geben, noch nicht annähernd erfüllt wurde. Die Bildungsplanung muss entscheidend dazu beitragen, die soziale Demokratie zu verwirklichen. Aufgabe der praktischen Politik in den jetzt vor uns liegenden Jahren ist es, die Einheit der Nation dadurch zu wahren, dass das Verhältnis zwischen den Teilen Deutschlands aus der gegenwärtigen Verkrampfung gelöst wird. [...]

Wir wollen mehr Demokratie wagen. Wir werden unsere Arbeitsweise öffnen und dem kritischen Bedürfnis nach Information Genüge tun. Wir werden darauf hinwirken, dass durch Anhörungen im Bundestag, durch ständige Fühlungnahme mit den repräsentativen Gruppen unseres Volkes und durch eine umfassende Unterrichtung über die Regierungspolitik jeder Bürger die Möglichkeit erhält, an der Reform von Staat und Gesellschaft mitzuwirken.

Wir wenden uns an die im Frieden nachgewachsenen Generationen, die nicht mit den Hypotheken der Älteren belastet sind und belastet werden dürfen; jene jungen Menschen, die uns beim Wort nehmen wollen – und sollen. Diese jungen Menschen müssen aber verstehen, dass auch sie gegenüber Staat und Gesellschaft Verpflichtungen haben. [...]

Mitbestimmung, Mitverantwortung in den verschiedenen Bereichen unserer Gesellschaft wird eine bewegende Kraft der kommenden Jahre sein. Wir können nicht die perfekte Demokratie schaffen. Wir wollen eine Gesellschaft, die mehr Freiheit bietet und mehr Mitverantwortung fordert. Diese Regierung sucht das Gespräch, sie sucht kritische Partnerschaft mit allen, die Verantwortung tragen, sei es in den Kirchen, der Kunst, der Wissenschaft und der Wirtschaft oder in anderen Bereichen der Gesellschaft. [...]

Die Regierung kann in der Demokratie nur erfolgreich wirken, wenn sie getragen wird vom demokratischen Engagement der Bürger. Wir haben so wenig Bedarf an blinder Zustimmung, wie unser Volk Bedarf hat an gespreizter Würde und hoheitsvoller Distanz. Wir suchen keine Bewunderer; wir brauchen Menschen, die kritisch mitdenken, mitentscheiden und mitverantworten. Das Selbstbewusstsein dieser Regierung wird sich als Toleranz zu erkennen geben. Sie wird daher auch jene Solidarität zu schätzen wissen, die sich in Kritik äußert. Wir sind keine Erwählten; wir sind Gewählte. Deshalb suchen wir das Gespräch mit allen, die sich um diese Demokratie mühen. In den letzten Jahren haben manche in diesem Lande befürchtet, die zweite deutsche Demokratie werde den Weg der ersten gehen. Ich habe dies nie geglaubt. Ich glaube dies heute weniger denn je. Nein: Wir stehen nicht am Ende unserer Demokratie, wir fangen erst richtig an. Wir wollen ein Volk der guten Nachbarn werden im Innern und nach außen.

Zitiert nach: Klaus von Beyme, Die großen Regierungserklärungen der deutschen Bundeskanzler von Adenauer bis Schmidt, München/Wien 1979, S. 252 und 281

Aufgabenstellungen

1. *Arbeiten Sie heraus, mit welchen programmatischen Ankündigungen der neu gewählte Bundeskanzler den Beginn einer neuen Ära markieren will und wie sich dies auf den Satzbau und die Wortwahl der Rede niederschlägt.*
2. *Prüfen Sie, ob die angekündigten Zielsetzungen von der Politik der sozial-liberalen Koalition unter Bundeskanzler Willy Brandt eingelöst wurden.*

Lösungsvorschlag

1. *Arbeiten Sie heraus, mit welchen programmatischen Ankündigungen der neu gewählte Bundeskanzler den Beginn einer neuen Ära markieren will und wie sich dies auf den Satzbau und die Wortwahl der Rede niederschlägt.*

Der **Operator „Herausarbeiten"** gehört dem Anforderungsbereich II (Reorganisation und Transfer) an.

Herausarbeiten bedeutet,
Informationen und Sachverhalte (**hier: die programmatische Ankündigung und deren Ausdruck in Satzbau und Wortwahl der Rede**)
aus dem vorgegebenen Material (**hier: der Auszug der Regierungserklärung Brandts**)
herausfinden, die nicht explizit genannt werden (**hier: Ankündigungen, die auf den Beginn einer neuen Ära verweisen**)
und zwischen ihnen Zusammenhänge herstellen.

Nach den Jahren der Großen Koalition (CDU/CSU und SPD) von 1966 bis 1969 unter dem christdemokratischen Bundeskanzler Kurt Georg Kiesinger wurde mit Willy Brandt an der Spitze einer Koalition von SPD und FDP erstmals ein Sozialdemokrat zum Regierungschef in der Bundesrepublik Deutschland gewählt.

Brandt kündigt in seiner Rede an, dass sich die neue Bundesregierung den Beziehungen zur DDR besonders widmen will (Zeile 4 - 6). Brandt unterstreicht die herausragende Bedeutung dieser Beziehungen nicht nur für die gespaltene deutsche Nation, sondern für den gesamten Ost-West-Konflikt. Vorrangiges Ziel bleibt für Brandt die Wahrung der „Einheit der Nation" (Zeile 15/16). Allerdings bedeutet die Charakterisierung des angestrebten deutsch-deutschen Verhältnisses als „geregeltes Nebeneinander" (Zeile 5/6) eine Abkehr vom strikten Alleinvertretungsanspruch der Bundesrepublik, den die Regierungen vor der Großen Koalition vertreten hatten. Diesem Ziel ordnet Brandt nun den politischen Gegensatz und die fehlende demokratische Legitimation der DDR-Regierung unter.

Im Innern strebt Brandt eine „Reform von Staat und Gesellschaft" an (Zeile 22) an. Dabei sollen die Mitwirkungsmöglichkeiten der Bürgerinnen und Bürger erweitert werden. Die neue Regierung will einen Dialog mit allen gesellschaftlichen Schichten, Generationen und Führungskräften in Organisationen anstoßen (Zeile 31/32: „[...] in den Kirchen, der Kunst, der Wissenschaft und der Wirtschaft oder in anderen Bereichen der Gesellschaft"). Brandts Selbstverständnis als „Gewählter", nicht „Erwählter" streicht seine Verantwortung gegenüber den Wählern heraus.

Brandt erläutert, Regierung und Wählerinnen und Wähler müssten aufeinander zugehen. Die Regierung will eine offene Informationspolitik betreiben (Zeile 18 - 22: „[...] Anhörungen im Bundestag, [...] ständige Fühlungnahme mit den repräsentativen Gruppen unseres Volkes [...] umfassende Unterrichtung [...]"). Gleichzeitig wird aber auch an die Pflicht der Bürgerinnen und Bürger appelliert, sich für den Staat zu engagieren. Die Bemerkung „[Die] jungen Menschen müssen aber verstehen, dass auch sie gegenüber Staat und Gesellschaft Verpflichtungen haben" (Zeile 25 / 26) kann auch als Anspielung auf die Proteste der „1968er"-Bewegung verstanden werden, die Ende der Sechzigerjahre die politischen Verhältnisse im Land sowie vorherrschende Grundeinstellungen infrage stellte. In diesem Sinne verstanden, leitet Brandt aus der dort geäußerten Kritik die folgerichtige konstruktive Mitwirkung an Veränderungen ab. Die Verbindung der beiden Begriffe „Mitbestimmung" und „Mitverantwortung" zu Beginn eines Absatzes (Zeile 27) und die baldige Wiederholung des zweiten Begriffs (Zeile 29 / 30) unterstreichen, wie sehr die beiden Aspekte für Brandt zusammengehören und sich gegenseitig bedingen.

Ein Anliegen der sozial-liberalen Regierung ist auch die Solidarität innerhalb der Bevölkerung. Im Sinne einer „sozialen Demokratie" soll systematisch die Bildung breiter Bevölkerungsschichten (Zeile 14: „Bildungsplanung") gefördert und Chancengleichheit erzielt werden. Brandt sieht dabei noch erheblichen Nachholbedarf (Zeile 12 - 15).

Die Begriffe „Gespräch", „kritische Partnerschaft" (Zeile 30), „Solidarität" (Zeile 38) drücken aus, dass sich der Bundeskanzler „auf Augenhöhe" mit allen Bürgerinnen und Bürgern auseinandersetzen will. Die Bedeutung von Kooperation und Teamfähigkeit, die auch Kritik einschließt, verdeutlicht, dass er sich nicht in erster Linie als Chef seiner Regierung sieht, sondern als deren Repräsentant. Die ständige Wiederholung von „Wir", mit dem oft auch aufeinanderfolgende Sätze eingeleitet werden, legt die damit verbundene Abgrenzung vom Führungsstil Konrad Adenauers nahe, der in seiner Zeit als Bundeskanzler von 1949 bis 1963 für zentrale Weichenstellungen in der Bundesrepublik verantwortlich war. Dessen straffer und zum Teil autoritärer Führungsstil wurde bereits zu Beginn der Fünfzigerjahre in den Begriff „Kanzlerdemokratie" gefasst.

Die Stärkung und Ausgestaltung der Demokratie (Zeile 18: „Wir wollen mehr Demokratie wagen") und die Verbesserung der friedlichen Beziehungen zu den Nachbarstaaten als zentrale Vorhaben seiner Regierung führt Brandt im letzten Absatz zusammen und stellt sie damit heraus.

2. *Prüfen Sie, ob die angekündigten Zielsetzungen von der Politik der sozial-liberalen Koalition unter Bundeskanzler Willy Brandt eingelöst wurden.*

Der **Operator „Prüfen"** gehört dem Anforderungsbereich III (Reflexion und Problemlösung) an.

Prüfen bedeutet,
vorgegebene Aussagen bzw. Behauptungen (**hier: der Beginn einer neuen Ära**) auf ihre Angemessenheit hin untersuchen (**hier: die Politik der sozial-liberalen Koalition unter Bundeskanzler Willy Brandt**).

Willy Brandt war Bundeskanzler von 1969 bis 1974, bevor er anlässlich der Affäre um den DDR-Spion Günter Guillaume zurücktrat.

Die 1970 beschlossene Senkung des Wahlrechtsalters (beim aktiven Wahlrecht von 21 auf 18 Jahre, beim passiven von 25 auf 21 Jahre) verbreiterte die Wählerbasis. Nicht zuletzt aufgrund des großen politischen Engagements von Jugendlichen im Rahmen der Proteste der „1968er"-Bewegung hatte sich die Überzeugung durchgesetzt, dass auch Teenager die nötige politische Reife besäßen und deshalb die Möglichkeit zur Mitbestimmung bekommen sollten.

Die Voraussetzung dafür, dass in Betrieben Arbeitgeber und Arbeitnehmer gemeinsam soziale und personelle Angelegenheiten regelten, schuf die sozial-liberale Koalition mit dem Erlass des Betriebsverfassungsgesetzes 1972, das die Rechte von Betriebsräten stärkte.

Eine wichtige Entscheidung zugunsten einer besseren sozialen Absicherung der Bevölkerung war die Rentenreform von 1972. Nun wurden über die Angestellten hinaus auch nicht berufstätige Frauen und Selbstständige in die 1957 geschaffene gesetzliche Rentenversicherung einbezogen. Dies sowie die Einführung einer Mindestrente, die Erhöhung des Rentenniveaus und die Öffnung der gesetzlichen Krankenversicherung für Landwirte und Studierende führten von 1972 bis 1975 zu einer Verdoppelung der staatlichen Sozialausgaben. Langfristig verengte sich dadurch der finanzielle Spielraum der Sozialversicherungen und des Bundeshaushalts, besonders in wirtschaftlichen Krisenzeiten mit hoher Arbeitslosigkeit und geringeren Steuereinnahmen.

Auch bei der Bekämpfung des Bildungsnotstandes, den die OECD laut einer Studie von 1966 als Gefahr für die Leistungsfähigkeit der deutschen Wirtschaft angesichts eines drohenden Fachkräftemangels ansah, konnte die neue Bundesregierung auf erste Schritte der vorherigen Koalitionen aufbauen. Die gesetzliche Grundlage dafür, dass Bund und Länder beim Ausbau der Hochschulen und Fachhochschulen zusammenwirken, war im Mai 1969 gelegt worden. Der Mitte der Sechzigerjahre einsetzende Bau neuer Hochschulen und die Einstellung neuer Lehrer an den Schulen und von Dozenten wurden vorangetrieben. Das 1971 erlassene Bundesausbildungsförderungsgesetz (BAföG) gewährte Schülern und Studierenden aus einkommensschwachen Familien finanzielle Unterstützung. Die Investitionen führten zu einer starken Zunahme der Schülerzahlen an Realschulen und Gymnasien und insgesamt zu einer Erhöhung des Bildungsniveaus. Vor allem junge Frauen profitierten von dem größeren Bildungsangebot. Arbeiterkinder besuchten vermehrt Realschulen und Gymnasien, blieben aber auch weiterhin gemessen am Anteil an der Gesamtbevölkerung stark unterrepräsentiert.

Auch wenn bereits von der Großen Koalition eine Liberalisierung der Gesetzgebung eingeleitet wurde, beispielsweise mit der Abschaffung von Ehebruch und Homosexualität als Straftatbestand, konnte eine Koalition ohne Beteiligung der konservativen Union in den Siebzigerjahren die Gesetzgebung an den Wertewandel in der Gesellschaft anpassen. Die 1974 eingeführte Fristenlösung wollte die bisher geltende generelle Bestrafung von Schwangerschaftsabbrüchen abschaffen, musste aber nach dem Einspruch des Bundesverfassungsgerichts 1976 durch eine Indikationenlösung (Straffreiheit der Abtreibung nur bei bestimmten Indikationen und nach vorheriger Beratung) ersetzt werden. Das neue Ehe- und Familienrecht folgte dem Grundsatz von der Gleichheit der Geschlechter sowie dem Selbstbestimmungsrecht der Frau. Ab 1977 galt beim Scheidungsrecht das Zerrüttungsprinzip statt des Schuldprinzips. Das sich durchsetzende Verständnis von Kindern als schützenswerten, selbstständigen Persönlichkeiten führte zu einem teilweisen Verbot körperlicher Züchtigung. Im Strafvollzug bekam der Anspruch, Straftäter zu resozialisieren, einen größeren Stellenwert.

Die bedeutendste außenpolitische Weichenstellung während der Kanzlerschaft von Willy Brandt war die sogenannte Neue Ostpolitik. Bereits zu Beginn der Sechzigerjahre von Egon Bahr, einem engen Vertrauten von Willy Brandt, konzipiert, lag ihr die Vorstellung zugrunde, dass eine Wiedervereinigung der beiden deutschen Staaten durch eine konfrontative Haltung gegenüber der DDR und der Sowjetunion nicht zu erreichen sei. Die Politik sollte gegenseitiges Vertrauen schaffen, humanitäre Erleichterungen erzielen und damit einen „Wandel durch Annäherung" erreichen. In Verträgen mit der Sowjetunion (1970), Polen (1970) und der Tschechoslowakei (1973) akzeptierte die Bundesregierung den Status quo, verzichtete auf jegliche Gebietsansprüche und vertiefte die wirtschaftlichen und kulturellen Beziehungen zu diesen Ländern. Der Kniefall Willy Brandts vor dem Ehrenmal der Helden des Warschauer Ghettos im Rahmen des Staatsbesuchs zur Unterzeichnung des Vertrages mit Polen wurde zum Symbol der Verantwortung der Bundesrepublik gegenüber der NS-Vergangenheit. Besonders heftig bekämpft wurden von CDU/CSU und von den Vertriebenenverbänden die Anerkennung der Oder-Neiße-Grenze und damit der Verzicht auf die ehemaligen Ostgebiete. Auf heftigen Widerstand von konservativer Seite stieß auch der Grundlagenvertrag von 1972 mit der DDR. Zwar verweigerte auch er der DDR die völkerrechtliche Anerkennung durch die Bundesrepublik, bedeutete aber de facto eine Anerkennung der DDR als zweiten deutschen Staat. Damit verabschiedete sich die Bundesregierung endgültig von der 1955 formulierten Hallstein-Doktrin, nach der die Bundesrepublik jedem Staat nach dessen Anerkennung der DDR den Abbruch der Beziehungen androhte. Die Bundesrepublik verzichtete auf ihren bisherigen Alleinvertretungsanspruch und bekam dafür die Zusicherung, dass „praktische und humanitäre Fragen" einvernehmlich mit Ost-Berlin geregelt würden. Das Transit- sowie das Verkehrsabkommen sicherten den freien Zugang von der Bundesrepublik nach West-Berlin und erleichterten Reisen von Westbürgern in die DDR.

Zusammenfassend lässt sich sagen, dass die sozial-liberale Koalition unter Willy Brandt bzw. ab 1974 unter seinem Nachfolger Helmut Schmidt in Bereichen wie der Bildungspolitik, einer Modernisierung der Gesetzgebung sowie einer veränderten Haltung gegenüber dem Ostblock an Ansätze der Großen Koalition anknüpfen konnte und Veränderungen in diesen Bereichen intensivierte. Die Neue Ostpolitik schuf die Grundlage für eine Zusammenarbeit mit der DDR, die die Konsequenzen aus der verfestigten Ost-West-Konfrontation akzeptierte. Die 15 Jahre zuvor eingeführten Sozialversicherungen nutzte die sozial-liberale Koalition für den weiteren Abbau sozialer Ungleichheit.

Die zeitweilige Zerstrittenheit der Koalitionsparteien, die nur knappe Mehrheit im Bundestag und die Mehrheit der Opposition im Bundesrat verhinderten oft weitergehende Reformen. Zudem ließ der von der ersten Ölkrise 1973 ausgelöste wirtschaftliche Abschwung, der zu einer Zunahme der Arbeitslosigkeit und einem Sinken der staatlichen Einnahmen führte, kostspielige Neuerungen nur noch in geringem Umfang zu.

Übungsaufgabe 2: Interpretation einer bildlichen Quelle

M „Warum ziehen wir diesem boshaften Vieh nicht mal eins tüchtig über den Rücken?"
Karikatur von Horst Haitzinger in der Neuen Presse Hannover vom 21. Oktober 1980.

Aufgabenstellungen

1. *Die Karikatur spielt auf eine Erhöhung des Mindestumtausches von 13 auf 25 D-Mark an. Beschreiben Sie die Bild- und Textelemente der Karikatur und erklären Sie ihre Aussage.*

2. *Ordnen Sie die Karikatur in die Politik der DDR in der Ära Honecker sowie in den Ost-West-Konflikt ein.*

Lösungsvorschlag

1. *Die Karikatur spielt auf eine Erhöhung des Mindestumtausches von 13 auf 25 D-Mark an. Beschreiben Sie die Bild- und Textelemente der Karikatur und erklären Sie ihre Aussage.*

Der **Operator „Beschreiben"** gehört dem Anforderungsbereich I (Reproduktion) an.
Der **Operator „Erklären"** gehört dem Anforderungsbereich II (Reorganisation und Transfer) an.

Beschreiben bedeutet,
exakte Angaben selbst wählen, um Inhalte des Materials (**hier: Karikatur**) auszudrücken.

Erklären bedeutet,
Informationen (**hier: die Aussage der Karikatur**)
durch eigenes Wissen und eigene Einsichten in einen Zusammenhang (**hier: die deutsch-deutschen Beziehungen zur Zeit des Erscheinens der Karikatur**) einzuordnen und zu begründen.

Die Karikatur teilt sich in zwei Bildteile. In der linken Bildhälfte steht ein als Gärtner gekleideter Mann, der aufgrund der Gesichtszüge als Bundeskanzler Helmut Schmidt identifiziert werden kann. Diesen spricht die danebenstehende Gestalt, die die Schlaf- mütze als „deutschen Michel" kennzeichnet, mit den Worten an: „Warum ziehen wir diesem boshaften Vieh nicht mal eins tüchtig über den Rücken?" Die Nationalallegorie des Michel verkörpert die deutsche Bevölkerung, dessen Ausspruch gibt somit das vorherrschende Stimmungsbild in der Bundesrepublik wieder. Die Karikatur unterstellt, dass der Regierungschef und die Bevölkerung auf die Erhöhung der Mindestumtausch- gebühr, die Einreisende aus der Bundesrepublik bei Einreise in die DDR zu entrichten hatten, unterschiedlich reagieren. Dies drücken die Gegenstände aus, die die beiden Figuren in den Händen halten. Der Michel hält eine Keule schlagbereit in seiner Rechten hoch, Schmidt trägt hingegen eine Gießkanne, mit der er ein Feld wässern will. Dieses Feld wird rechts daneben als „Entspannung" bezeichnet und ist vollständig schwarz. Die noch verbliebenen Pflanzen wurden von dem darauf weidenden Esel zertrampelt oder herausgerissen. Das Halsband mit der Plakette verdeutlicht, dass diese Tierallego- rie die DDR-Staatspartei SED verkörpert. Die charakteristische Brille auf der Nase ver- weist zudem auf den DDR-Staatsratsvorsitzenden Erich Honecker. Auf dem Rücken des Tieres liegt ein Sack, in dem ein Mensch kopfüber eingebunden ist, von dem nur noch die Schuhe sichtbar sind. Der Schriftzug verdeutlicht, dass dieser Mensch für die ge- samte DDR-Bevölkerung steht.

Die Karikatur brandmarkt zum einen das Verhalten der SED-Führung. Diese miss- achte die Interessen und Rechte der eigenen Bevölkerung. In ihrer Reise- und Mei- nungsfreiheit eingeschränkt, dienten die Menschen den Machthabern nur als Instru- ment, um von der Bundesrepublik materielle Hilfen zu bekommen. Die Einschätzung, die Entspannung sei gescheitert, kann sich auf das innerdeutsche Verhältnis oder auf die Verschlechterung der Ost-West-Beziehungen insgesamt beziehen. Die Zeichnung appelliert an den Bundeskanzler Schmidt, seine verständnisvolle Position gegenüber der DDR-Führung zu ändern. Die Bildunterschrift verstärkt diese Aussage noch. Sie deutet an, dass der Esel, abfällig als „boshaftes Vieh" bezeichnet, durch Prügel, also eine härtere Gangart der Bundesregierung, seine unbewegliche Haltung noch am ehesten aufgeben könnte.

---

2. *Ordnen Sie die Karikatur in die Politik der DDR in der Ära Honecker sowie in den Ost-West-Konflikt ein.*

Der **Operator „Einordnen"** gehört dem Anforderungsbereich II (Reorganisation und Transfer) an.

Einordnen bedeutet,
einen oder mehrere Sachverhalte (**hier: die Aussage der Karikatur**) bzw. Vorgänge in einen größeren historischen Zusammenhang (**hier: die Politik der DDR in der Ära Honecker und den Ost-West-Konflikt**)
zu stellen.

Im Grundlagenvertrag von 1972 sicherte die DDR-Regierung der Bundesrepublik die Teilnahme am Prozess für Sicherheit und Zusammenarbeit in Europa zu. Die Unter- zeichnung der KSZE-Schlussakte in Helsinki durch die USA, Kanada, die Sowjetunion und alle europäischen Staaten mit Ausnahme Albaniens 1975 war einer der Höhe- punkte der Entspannung im Ost-West-Konflikt. Denn darin verpflichteten sich die

Unterzeichnerstaaten, Konflikte ausschließlich friedlich beizulegen und Menschenrechte wie etwa die Freiheit der eigenen Meinung zu respektieren. Die massive Aufrüstung der UdSSR und der Einmarsch sowjetischer Truppen in Afghanistan 1979, die die dortige prokommunistische Regierung gegenüber islamischen Milizen stützen sollten, beendeten die Entspannungsphase. Das westliche Bündnis reagierte mit Handelssanktionen, dem NATO-Nachrüstungsdoppelbeschluss 1979, nach dem die Aufstellung sowjetischer SS-20-Raketen gegebenenfalls mit der Stationierung US-amerikanischer Mittelstreckenraketen in der Bundesrepublik beantwortet werden sollte, und viele westliche Staaten verweigerten die Teilnahme an den Olympischen Sommerspiele in Moskau 1980. Die Karikatur entstand einige Monate später.

Bereits als Außenminister in der Großen Koalition hatte sich Willy Brandt für Verhandlungen mit der DDR eingesetzt. Die Pläne Walter Ulbrichts, eigenmächtig mit der Bundesrepublik enge wirtschaftliche Beziehungen zu knüpfen, hatten 1971 zu seiner von führenden SED-Funktionären in Abstimmung mit Moskau betriebenen Entmachtung beigetragen. Im Grundlagenvertrag bestand die SED unter Führung Erich Honeckers nun nicht mehr auf der vollen Anerkennung der DDR, sondern begnügte sich mit der staatsrechtlichen Anerkennung durch die Bundesregierung. Denn die Aufnahme in die UNO 1973 – gemeinsam mit der Bundesrepublik – brachte die erhoffte internationale Anerkennung des ostdeutschen Staates. Zudem versprach sich Honecker von der Vereinbarung eine bessere Legitimation der SED-Herrschaft.

Im Gegensatz zu Ulbricht vor dessen Sturz akzeptierte Honecker vorbehaltlos die Führungsrolle der Sowjetunion innerhalb des Ostblocks. Unter seiner Führung grenzte sich die SED nach innen und außen ab. In der neuen Verfassung von 1974 war der Hinweis auf die Wiedervereinigung Deutschlands gestrichen. Die Beziehungen zur Bundesrepublik verfolgten zwei Ziele: die volle Anerkennung der DDR und die notwendige Unterstützung der sich Ende der Siebzigerjahre verschärfenden Krise der DDR-Wirtschaft. Dafür gewährte die SED – allerdings nur zaghaft – humanitäre Erleichterungen wie die Herabsetzung der Altersgrenze bei Ost-West-Reisen, eine erleichterte Familienzusammenführung und den Freikauf politischer Häftlinge.

Ende der Siebzigerjahre zeichnete sich ab, dass Honecker mit der von ihm eingeleiteten „Einheit von Wirtschafts- und Sozialpolitik" gescheitert war. Zwar wurde die erstrebte bessere Versorgung der Bevölkerung mit Lebensmitteln und Konsumgütern zunächst erreicht. Deren Finanzierung mittels Krediten sowie die strukturellen Schwächen der Wirtschaft (veraltete Produktionsanlagen, Importüberschuss, Drosselung sowjetischer Rohstofflieferungen, Devisenmangel, geringe Produktivität, Währungsschwäche) führten letztendlich zu Versorgungsengpässen und einem immer größeren Haushaltsdefizit.

Neben einem höheren Lebensstandard sollte auch die massive personelle und materielle Aufstockung des Staatssicherheitsdienstes inneren Unruhen vorbeugen. Der Führungsanspruch der SED sollte behauptet und jegliche Opposition unterdrückt werden. Kritik am Regime oder an den Lebensverhältnissen wurde unnachgiebig verfolgt. Beispiele dafür sind die Ausbürgerung des Dichters und Liedermachers Wolf Biermann 1976 und die Repressionen gegen den Bürgerrechtler Robert Havemann.

Übungsaufgabe 3: Interpretation einer schriftlichen Quelle

M Aus der Presseerklärung des sowjetischen Staats- und Parteichefs Gorbatschow nach einem Treffen mit Bundeskanzler Helmut Kohl am 16. Juli 1990

Und schließlich das Wichtigste. Vergessen wir doch nicht, in welcher Zeit wir leben. In einer anderen Zeit hätten wir, wie ich denke, keine Vereinbarungen treffen und all das nicht erreichen können, was heute geschehen ist und was zur Vereinigung Deutschlands führt. Denn zugleich bringen wir den europäischen Prozess voran und nähern uns Vereinbarungen in Wien [Abrüs-
5 tungsverhandlungen]. Die Führung der Bundesrepublik Deutschland hat sich dafür ausgesprochen, dass die zukünftige Bundeswehr zahlenmäßig beinahe um die Hälfte [...] reduziert werden muss. Auch das ist ein Merkmal der verantwortungsbewussten Haltung der Bundesregierung, und ich hoffe, dass dies in die Politik jener eingehen wird, die dann im vereinigten Deutschland regieren werden. [...] Und schließlich ändert sich auch der Charakter der NATO. Es wird eine ge-
10 meinsame Deklaration beider Bündnisse geben. Sie öffnen sich einander, nehmen Kontakte auf, es werden entsprechende Institutionen gegründet und ein Zusammenwirken beginnt auch bei der Kontrolle. Das heißt, wir haben bereits eine ganz andere Situation. Eine, ich würde sagen, Situation des Übergangs zu zukünftigen europäischen Sicherheitsstrukturen.

Reden und Dokumente des 20. Jahrhunderts, Gütersloh/München 1996, S. 482-484

Aufgabenstellungen

1. *Erläutern Sie unter Einbeziehung der Presseerklärung die „Politik des neuen Denkens" in der Sowjetunion nach dem Amtsantritt Michail Gorbatschows als Generalsekretär der KPdSU.*
2. *Beurteilen Sie die Bedeutung des Kurswechsels in der Sowjetunion unter Gorbatschow für den Zusammenbruch der DDR und die Wiedervereinigung.*

Lösungsvorschlag

1. *Erläutern Sie unter Einbeziehung der Presseerklärung die „Politik des neuen Denkens" in der Sowjetunion nach dem Amtsantritt Michail Gorbatschows als Generalsekretär der KPdSU.*

Der **Operator „Erläutern"** gehört dem Anforderungsbereich II (Reorganisation und Transfer) an.

Erläutern bedeutet,
Informationen (**hier: die Presseerklärung Gorbatschows**)
durch eigenes Wissen und eigene Einsichten in einen Zusammenhang (**hier: „Politik des neuen Denkens" in der Sowjetunion**)
einzuordnen und zu begründen, sowie
diese durch Beispiele oder Belege zu verdeutlichen.

Nach dem Tod Leonid Breschnews und dessen nur kurz amtierenden beiden Nachfolgern Juri Andropow und Konstantin Tschernenko gelangte 1985 mit Michail Gorbatschow ein Mann an die Spitze, der es sich zur Aufgabe machte, den Sozialismus menschlicher zu gestalten und die wirtschaftliche Leistungsfähigkeit zu stärken, ohne den Führungsanspruch der KPdSU aufzugeben. In der Folge ließ er im Innern neue Formen der Mitbestimmung der Bürgerinnen und Bürger zu (u.a. erstmals seit 1917 freie und geheime Wahlen von Abgeordneten zum Kongress der Volksdeputierten), führte marktwirtschaftliche Elemente in die Wirtschaft ein (Gewinnorientierung von Betrieben) und ließ das Verwaltungs- und Rechtssystem zum Teil umorganisieren (Einführung rechtsstaatlicher Prinzipien). Die Veränderungen goss er in die beiden Schlagwörter „Glasnost" (Öffnung) und „Perestroika" (Umgestaltung).

Die Steigerung der Wirtschaftskraft und damit die langfristige Bewahrung des Großmachtstatus der Sowjetunion erforderten auch außenpolitische Kurskorrekturen. Denn die leistungsschwache und marode sowjetische Wirtschaft erzwang eine Abkehr von der Aufrüstungspolitik. Der Rüstungswettlauf der vergangenen Jahre hatte dazu geführt, dass die Militärausgaben einen Großteil der Staatsausgaben verbrauchten und zugleich der Lebensstandard der Bevölkerung immer mehr sank. Eine Verständigung mit dem Westen sowie der Verzicht auf eine Unterstützung sozialistischer Regime in Mittel- und Südamerika, in Afrika und Asien sollten zu einer langfristigen Reduzierung der Militärausgaben führen und ein Klima der Entspannung zwischen Ost und West schaffen.

Die vom amerikanischen Präsidenten Ronald Reagan nach dessen Amtsantritt 1981 verfolgte „Politik der Stärke" hatte auf Konfrontation mit der als „Reich des Bösen" gebrandmarkten UdSSR gesetzt. Das von ihm initiierte Rüstungsprogramm sollte die politische und wirtschaftliche Überlegenheit des Westens demonstrieren. Die Ankündigung Reagans, ein satellitengestütztes Raketenabwehrsystem zu entwickeln, schien die Schlagkraft der sowjetischen Militärmacht zusätzlich infrage zu stellen.

Nachdem Ende der Siebzigerjahre die Bemühungen um Rüstungsbegrenzung und Kontrolle eingestellt worden waren, erzielten die USA und die UdSSR bzw. ihre Nachfolgerin, die GUS, nun Vereinbarungen über eine umfassende Abrüstung und über eine Rüstungsbegrenzung (1987 INF-Vertrag, 1990 KSE-Vertrag, 1991 START-I-Vertrag, 1993 START-II-Vertrag).

In Abkehr von der Breschnew-Doktrin von 1968 reklamierte die Sowjetunion zumindest bis kurz vor ihrer Auflösung 1992 nun nicht mehr das Recht für sich, in anderen Ostblockstaaten wie etwa beim Aufstand in Ungarn 1956 oder dem „Prager Frühling" zu intervenieren. Bürgerrechtsbewegungen wie in Polen (Solidarność) und der Tschechoslowakei („Charta 77") beriefen sich auf die neue politische Grundhaltung in der Sowjetunion.

Die Entspannung der Ost-West-Beziehungen und das geschaffene Klima gegenseitigen Vertrauens werden auch in den Ausführungen Gorbatschows auf der Pressekonferenz am 16. Juli 1990 deutlich. (Zeile 7: „Auch das ist ein Merkmal der verantwortungsbewussten Haltung der Bundesregierung […]."") Sein mittelfristiges Ziel ist eine europäische Integration über die NATO, den Warschauer Pakt und die Europäische Gemeinschaft hinaus. (Zeile 10 - 13: „Sie [NATO und Warschauer Pakt] öffnen sich einander, nehmen Kontakte auf, es werden entsprechende Institutionen gegründet und ein Zusammenwirken beginnt auch bei der Kontrolle." „Eine […] Situation des Übergangs zu zukünftigen europäischen Sicherheitsstrukturen.")

2. *Beurteilen Sie die Bedeutung des Kurswechsels in der Sowjetunion unter Gorbatschow für den Zusammenbruch der DDR und die Wiedervereinigung.*

Der **Operator „Beurteilen"** gehört dem Anforderungsbereich III (Reflexion und Problemlösung) an.

Beurteilen bedeutet,
Aussagen (**hier: die Bedeutung des Kurswechsels in der Sowjetunion unter Gorbatschow für den Zusammenbruch der DDR und die Wiedervereinigung**), Behauptungen, Vorschläge oder Maßnahmen im Zusammenhang auf ihre Stichhaltigkeit bzw. Angemessenheit zu prüfen und dabei die angewandten Kriterien zu nennen.

Die sowjetische Politik der Öffnung machte die Lage der SED-Führung aus mehrerlei Gründen prekär. Die Bürgerrechtsgruppen wurden mit ihrer Forderung nach einer freiheitlichen Demokratie durch den Reformkurs Gorbatschows ermutigt. Die Nichteinmischung in die inneren Angelegenheiten der übrigen Staaten des Warschauer Pakts verbot eine Niederschlagung der Proteste durch die Rote Armee wie im Juni 1953. Damals war die machtpolitische Abhängigkeit der SED-Führung von der östlichen Führungsmacht für jedermann sichtbar geworden.

Honecker hatte nach dem Sturz Ulbrichts 1971 dessen Beharren auf einem eigenständigen Weg der DDR abgelehnt und die Führungsrolle der Sowjetunion bedingungslos anerkannt. Seit dem Kurswechsel in der Sowjetunion Mitte der Achtzigerjahre weigerte sich die DDR-Führung allerdings, Gorbatschows Reformpolitik zu folgen. Die SED-Führung wusste, dass eine Öffnung nach dem Vorbild der Sowjetunion die Machtstellung des Regimes gefährdet hätte.

Die DDR war auf die Zusammenarbeit mit der Bundesrepublik angewiesen. Denn sie benötigte kaufkraftstarke Westdevisen, um die schuldenfinanzierte Versorgung der Bevölkerung zu gewährleisten und den rasanten wirtschaftlichen Niedergang seit Ende der Siebzigerjahre zu stoppen. Allerdings verschaffte auch der von der Bundesregierung gewährte Milliardenkredit 1983 der DDR nur eine kurze Atempause und konnte nicht verhindern, dass das Land 1989 vor einem Staatsbankrott stand.

Der Druck auf das Regime wuchs durch den zunehmenden Massenprotest („Montagsdemonstrationen") und durch die steigende Abwanderung der Bevölkerung. Die Öffnung der Grenze zwischen Ungarn und Österreich im September 1989 bot eine zusätzliche Möglichkeit zur Massenflucht in den Westen. Die Ablösung Honeckers, der die Proteste notfalls gewaltsam niederschlagen lassen wollte, Gesprächsangebote an die oppositionellen Gruppen, die Gewährung von Reisefreiheit (9. November 1989: Öffnung der Berliner Mauer) sowie die genehmigte Übersiedlung der immer zahlreicheren Ausreisewilligen konnten das DDR-Regime nicht stabilisieren. Die Bevölkerung wollte sich mit kleineren Änderungen nicht mehr zufrieden geben.

Gegen diejenigen, die demokratische Reformen in einem eigenständigen ostdeutschen Staat forderten, setzten sich die Befürworter einer Wiedervereinigung durch.

Die Regierung der Sowjetunion hatte ihre Truppen in der DDR zum Stillhalten gegenüber der Protestbewegung beordert. Als nach der Wende in Ostdeutschland die Frage einer deutschen Einheit auf die Tagesordnung kam, war es erneut die UdSSR, von deren Haltung ein solcher Schritt abhing.

Völkerrechtlich gesehen war eine Zustimmung der Sowjetunion Voraussetzung für die Wiedervereinigung der beiden deutschen Staaten. Denn trotz der Gewährung der vollen Souveränität der Bundesrepublik Deutschland (Deutschlandvertrag 1955 zwischen der Bundesrepublik und den drei Westalliierten) bzw. der offiziellen Anerkennung der Souveränität der DDR durch die Sowjetunion ebenfalls 1955 behielten die Alliierten das Letztentscheidungsrecht bei Fragen, die Deutschland als Ganzes betrafen.

Die Staatsverträge zwischen der DDR und der Bundesrepublik Deutschland sowie der Zwei-plus-Vier-Vertrag zwischen den beiden deutschen Staaten und den vier Alliierten schufen die Voraussetzung für die Wiedervereinigung (Beitritt der fünf Bundesländer der DDR zur Bundesrepublik am 3. Oktober 1990).

Die Sowjetunion hatte unter Gorbatschow außenpolitisch ein „neues Denken" begonnen, das ein vertrauensvolles Verhältnis zum Westen suchte und auf überholte Vormachtansprüche verzichtete. Von der Wende in der DDR 1989/90 war Moskau ebenso überrascht worden wie der Westen. Das Verhalten Gorbatschows in der deutschen Frage entsprach völlig konsequent der Politik des „neuen Denkens", obwohl dies für die Sowjetunion schmerzliche Einschnitte bedeutete. Die Sowjetunion verlor einen Bündnispartner an die NATO und musste ihre Truppen aus der DDR abziehen. Sie verlor zudem mit der DDR ihren wichtigsten Wirtschaftspartner innerhalb des Ostblocks. Dies alles nahm Gorbatschow in Kauf und verteidigte sein Vorgehen gegen innenpolitische Gegner. Das vereinte Deutschland reduzierte dafür seine Streitkräfte und verzichtete auf eigene ABC-Waffen. Zudem revanchierte sich die Bundesregierung mit umfassenden Wirtschafts- und Finanzhilfen für Moskau und setzte sich für die weitere Verständigung zwischen Ost und West ein.

Abschließend kann festgestellt werden, dass die Zustimmung der Sowjetunion zur deutschen Wiedervereinigung unabdingbar war. Den vorausgehenden Zusammenbruch des SED-Regimes hat der von Gorbatschow eingeschlagene Reformkurs beschleunigt. Der Zusammenbruch der DDR und ihrer Wirtschaft hatte seine Ursachen hingegen in der Misswirtschaft der SED-Führung und ihrer fehlenden Reformbereitschaft. Angesichts der immer schlechteren Versorgungslage wuchs die Unzufriedenheit der Bevölkerung, die den wachsenden Abstand zum Lebensstandard in der Bundesrepublik wahrnahm und zuletzt nicht mehr akzeptierte. Die DDR nach der Wende war zwar politisch reformiert, ihre Wirtschaft schien jedoch nicht mehr zu retten. Dies verschlechterte auch die Position der frei gewählten DDR-Regierung bei den Beitrittsverhandlungen mit der Bundesregierung.

Personenregister

Die hervorgehobenen Seitenzahlen verweisen auf die Begriffserläuterungen.

Adams, Abigail 28 f., 42
Adams, John 26 - 29, 31, 42
Adenauer, Konrad 291, **418**, 429, 431, 436 - 440, 443, 455 - 458, 472, 529
Alexander II. von Russland 308
Andropow, Juri 383, 535
Apel, Erich **478**
Arkwright, Richard 80
Armstrong, Neil 389
Attlee, Clement R. 410
Auden, W. H. 216

Baader, Andreas 450 f.
Baden, Max von **186**
Baeyer, Adolf von 126
Bahr, Egon 462 f., 530
Bahro, Rudolf 508
Barth, Emil 187
Barzel, Rainer 450
Bauer, Gustav 203
Bebel, August 107
Beck, Ludwig 282
Benz, Carl 119
Biermann, Dagobert und Emmi 283 f.
Biermann, Wolf 478, 508, 534
Bismarck, Otto von 76, **107**, 111, 115, 136, 168 f., 173 f., 178 f., 191
Bloch, Ernst **477**
Bohley, Bärbel **497**
Borsig, Albert 92
Bouhler, Philipp 272
Brandt, Karl 272
Brandt, Willy **440**, 443, 445, 448 - 450, 461 f., 479, 502, 518, 527 - 531, 534
Brecht, Bertolt 212, 215
Breschnew, Leonid I. **372** f., 377, 383, 449, 479, 489, 535
Breuer, Marcel 141
Briand, Aristide 207 f.
Brüning, Heinrich 184, **222** - 225
Buback, Siegfried 451
Bülow, Bernhard von 169, 174 f.
Bush, George H. W. 387
Bush, George W. 43
Buß, Franz Josef Ritter von 112
Byrnes, James F. 424, 432

Campe, Joachim Heinrich 71
Carnegie, Andrew 334
Carter, Jimmy 373 f.
Cartwright, Edmond 76, 80
Castro, Fidel **369**, 375
Chagall, Marc 311
Chiang Kai-shek 361
Chruschtschow, Nikita S. 358, **363**, 368 - 370, 375 f., 472 - 474, 477, 479
Churchill, Winston **267**, 269, 280, 347, 361, 366, 410
Clay, Lucius D. **418** f., 432
Clemenceau, Georges 198, 203 f.
Condorcet, Marie-Jean-Antoine-Nicolas Caritat Marquis de 64
Corday, Charlotte 54
Crompton, Samuel 80

Daimler, Gottlieb 119
Danton, Georges Jacques **52**, 55
Darwin, Charles 152, 234
Dawes, Charles 207
Dehler, Thomas 457
Delp, Alfred 282
Dimitroff, Georgi 292, **512**
Dittmann, Wilhelm 187

Dohm, Hedwig **109**
Dubček, Alexander **372**, 445
Duisberg, Carl 121, 127
Duncker, Franz 108
Dutschke, Rudi **446**

Ebert, Friedrich 184, **186** - 188, 190 f., 193
Eden, Robert Anthony 438
Edison, Thomas A. 118
Eggers, Kurt 248
Eichmann, Adolf **273**, 293
Einstein, Albert **141**, 214
Eisenhower, Dwight D. 291
Eisner, Kurt 202, 214
Elser, Georg 279, 288 f.
Engels, Friedrich **106**, 113, 318, 510 f.
Eppelmann, Rainer **496**
Erhard, Ludwig **427** f., 441, 443, 455
Erzberger, Matthias 214

Fechter, Peter 403, 494 f.
Fischer, Joschka **504**, 516
Ford, Henry 116, 122
Franck, James 214
Franco 263
Frank, Hans 253, 416
Franklin, Benjamin 18, 31
Frick, Wilhelm 215, 225, 416
Fukuzawa Yukichi 165
Funk, Walter 416

Gagarin, Juri 389
Galen, Clemens August Graf von 272, 280, 284 f.
Gaulle, Charles de **439**, 445
Genscher, Hans-Dietrich 390, **453**, 502, 520
Goebbels, Joseph 239, **245**, 248, 251, 268, 275
Goerdeler, Carl Friedrich 282
Gorbatschow, Michail S. 358, **383** f., 386 f., 409, 497 - 499, 535 - 538
Göring, Hermann 225, **241**, 250, 416
Gouges, Olympe de **56**, 60
Graf, Willi 281
Groener, Wilhelm **188**, 190
Gropius, Walter 141, 211 f.
Grotewohl, Otto 297 f., **425**, 431, 433, 435, 485
Grynszpan, Herschel 251
Guillaume, Günter 450, 529
Guillotin, Joseph Ignace 55

Haase, Hugo 187, 196
Hallstein, Walter 436
Hardenberg, Karl August Fürst von 91
Hargreaves, James 76, 80
Harkort, Friedrich 106
Harnack, Arvid 280
Havel, Václav 422 f.
Havemann, Robert **477** f., 496, 534
Heine, Heinrich 357, 457, 508
Heine, Thomas Theodor 162, 200, 203
Heinemann, Gustav 457, 461
Hertz, Gustav 214
Herwegh, Georg 107
Heß, Rudolf 416
Heuss, Theodor 191, 296 f., **418**, 431
Heydrich, Reinhard **272** f., 278, 293
Himmler, Heinrich 247, **249** f., 272, 274 - 276, 278, 282, 293
Hindenburg, Paul von 184, **186**, 199 f., 203 f., 222, 224 f., 236, 239 f., 242

Hirsch, Max 108
Hirsch, Ralph 497
Hitler, Adolf 182, 184, **202**, 222 f., 225, 228, 232, 234 - 240, 242 - 245, 247, 249 f., 258, 260, 262 - 273, 275, 279 - 282, 285, 289, 293, 297, 323, 353, 427
Honecker, Erich 377, **450**, 474, 478 - 480, 482 f., 489, 498, 533 f., 537
Hoover, Herbert C. **220**
Houston, David F. 350
Hugenberg, Alfred **211**
Humboldt, Alexander von 137

Ito Hirobumi 165

Jarausch, Konrad H. 130 f., 395, 401, 519 f.
Jefferson, Thomas **22**, 31
Jelzin, Boris 384, 387
Jodl, Alfred 269
Johnson, Lyndon B. 370
Jünger, Ernst 218

Kaduk, Oswald 277
Kaltenbrunner, Ernst 416
Kapp, Wolfgang 201
Keitel, Wilhelm 269, 416
Kellogg, Frank B. 208
Kennan, George F. 365
Kennedy, John F. 43, **368** - 370, 375 f., 381 f., 463, 474
Kerenskij, Alexander F. 312 f.
Ketteler, Clemens von 156
Ketteler, Wilhelm von 110
Kiderlen-Waechter, Alfred von 171
Kiesinger, Kurt Georg 293, **443**, 445, 455, 528
Kirchner, Ernst Ludwig 146
Klarsfeld, Beate **293**
Kleiber, Günther 490
Kohl, Helmut **453**, 499, 502, 504, 514, 516, 535
Köhler, Horst 299, 398
Kolping, Adolf 110
Kopelew, Lew S. 329
Krause, Günther 501
Krenz, Egon 490, **498**
Krupp, Alfred 95, 106, 112 f.
Krupp, Friedrich 95
Kunert, Günter 508

Lafayette, Marie-Joseph Motier Marquis de 48
Lafontaine, Oskar **502**, 516
Landsberg, Otto 187
Langbein, Hermann 277 f.
Lange, Helene **109**, 125
Laqueur, Walter 215
Lassalle, Ferdinand **107**, 114
Leber, Julius 282
Legien, Carl 108, 188
Lehár, Franz 215
Leibing, Peter 474
Lenin, Wladimir I. 206, 266, 306, **312** f., 316, 318 - 320, 322, 326 - 328, 360, 363, 377, 445, 466
Leo XIII. 110
Leonhard, Wolfgang 424
Ley, Robert 260
Liebermann, Max 97, 141
Liebig, Justus von 118
Liebknecht, Karl **187** f., 511 f.
Liebknecht, Wilhelm 107
Lincoln, Abraham **333**
List, Friedrich 91 f., 98 f.

Lloyd George, David 198, 203
Locke, John 356 f.
Lubbe, Marinus van der 239
Ludendorff, Erich **186**, 199, 201 f.
Lüderitz, Adolf 169
Ludwig XIV. von Frankreich 67
Ludwig XVI. von Frankreich 10, 46, 48 f., 51, 53, 57
Luther, Martin **510** f.
Lüttwitz, Walther von 201
Luxemburg, Rosa **188**, 190, 214, 445, 511 f.
Lwow, Georgij J. **312**, 316

Madison, James 33
Mahan, Alfred Thayer **336** f., 342
Maizière, Lothar de **499**
Malthus, Robert T. 84
Mann, Thomas 215, 280
Mao Zedong **361**
Marat, Jean-Paul 54, 70
Marshall, George **362**
Marwitz, Friedrich August Ludwig von der 96-98
Marx, Karl **106** f., 113, 310 f., 318, 510 f.
Maybach, Wilhelm 119
McCarthy, Joseph 351, 365
McKinley, William 342
Meinhof, Ulrike 450
Mengele, Josef 278
Merkel, Angela **504**
Meyerhof, Otto 214
Mielke, Erich **468**, 479
Mitscherlich, Alexander und Margarete 520
Mittag, Günter **479**
Modrow, Hans **498** f.
Molotow, Wjatscheslaw M. 266, 323
Moltke, Helmuth James Graf von 282
Moltke, Helmuth von 176
Monroe, James **332**, 339
Montesquieu, Charles-Louis Baron de Secondat de 97
Morse, Samuel 118
Mosse, Rudolf 148
Müller, Hermann **222**
Müntzer, Thomas **510**
Mussolini, Benito 202, **262** f.
Mutsuhito 156 f., 165

Nachtigal, Gustav 169
Nadig, Friederike 430
Napoleon Bonaparte 10 f., **57**, 308, 323, 511
Neurath, Konstantin von 262
Niekisch, Ernst 243
Niemöller, Martin 281
Nikolaus II. von Russland 306, **310**, 312
Nixon, Richard 373, 382

O'Sullivan, John L. 339
Oelßner, Alfred 485
Ohnesorg, Benno 446
Ollenhauer, Erich 440, 458
Oppenheimer, Robert 216
Orlando, Vittorio 198
Otto, Nikolaus August 119
Otto-Peters, Louise **109**

Paine, Thomas 11, **22**, 27 f., 32
Palloy, Pierre-François 68, 70
Papen, Franz von 182, **225**
Patton, George S. 290
Pieck, Wilhelm 425, **431**, 433
Pierenkemper, Toni 86, 88 f.

Pius XI. 281
Pohl, Oswald 276
Poincaré, Raymond 207
Popow, Alexander S. 326, 331
Poppe, Gerd 497
Preuß, Hugo **193**

Quarck, Max 196

Raiffeisen, Friedrich Wilhelm 106
Ranavalona III. von Madagaskar 153
Rath, Ernst vom 251
Rathenau, Walther **200**, 206 214
Reagan, Ronald 374, 378, 383, 389, 536
Resa, Mohammed **446**
Reuter, Fritz 217
Rhodes, Cecil J. 158 f.
Ribbentrop, Joachim von 266, 323, 416
Robespierre, Maximilien de 10, **54** f.
Rockefeller, John D. 334 f.
Röhm, Ernst **249**
Roland, Manon 56
Roosevelt, Franklin D. **263**, 269, 346-348, 352-354, 410
Roosevelt, Theodore **337**, 343 f.
Rosenberg, Alfred 416
Rousseau, Jean-Jacques 47 f., 97

Schabowski, Günter 490, 521
Schacht, Hjalmar 215, 259, 416
Scharnhorst, Johann David von 511
Schäuble, Wolfgang **501**, 516
Schdanow, Andrei A. **325**, 367
Scheel, Walter **448**-450
Scheidemann, Philipp **187**, 199, 203, 214
Schiller, Karl **443**
Schleicher, Kurt von 184, **222**, 225
Schleyer, Hanns Martin 451
Schlieffen, Alfred Graf von 163
Schmid, Carlo **429**, 514
Schmidt, Helmut 373, **450**-453, 482, 531, 533
Schmorell, Alexander 281
Scholl, Hans und Sophie 232, 281
Scholtz-Klink, Gertrud 246
Schröder, Gerhard **504**
Schröder, Richard 516, 520 f.
Schulze-Boysen, Harro 280
Schulze-Delitzsch, Hermann 106
Schumacher, Kurt **418**, 425, 431, 435, 440, 458
Schürer, Gerhard 491
Schwammberger, Josef 417
Schwarzer, Alice **447**
Seeckt, Hans von 201, 209
Selbert, Elisabeth 430
Seward, William H. 335
Shays, Daniel 23
Siemens, Werner von 118
Sieyès, Emmanuel Joseph 46 f., 57, 59
Smith, Adam 76, 79, 85
Soboul, Albert 74 f.
Spengler, Oswald 204
Spiegel, Paul 516
Stalin, Josef **264**, 266, 269, 280, 306, 318, 320-325, 328, 331, 360-363, 357, 379, 410, 419, 427-429, 431, 437, 457, 465, 468-470, 477
Stauffenberg, Claus Schenk Graf von 282, 285
Stein, Karl Freiherr vom und zum 91, 96, 98
Stinnes, Hugo 188

Stolypin, Pjotr A. **310**
Stoph, Willi **449**
Straßer, Gregor 210, 219
Strauß, Franz Josef **443**, 455
Streicher, Julius **214**, 416
Stresemann, Gustav 149, **200**, 207-210, 222
Stroop, Jürgen 232
Südekum, Albert 142 f.
Sun Yatsen 156

Talleyrand, Charles Maurice **50**
Taylor, Frederick Winslow 116, **122**, 129
Templin, Wolfgang 497
Tenbruck, Friedrich H. 39
Thacher, Solon O. 341
Thälmann, Ernst **512**
Thévenin, Charles 66
Thyssen, Fritz 260
Tirpitz, Alfred von **170**, 175
Tito **361**
Tocqueville, Alexis de 16
Todt, Fritz 260
Townshend, Charles 19
Tresckow, Henning von 282, 285
Trotha, Lothar von 154, 163
Trotzkij, Leo D. 204, **312** f., 318, 320
Truman, Harry S. **269**, 361, 366 f., 410
Trumbull, John 31
Tschernenko, Konstantin 383, 535

Ulbricht, Walter **424**, 465, 467, 470-474, 479 f., 485, 489, 534, 537
Ullstein, Leopold 149

Vergniaud, Pierre-Victurnien 55
Vogel, Hans-Jochen **502**

Walker, George 78
Walser, Martin 293
Warburg, Otto H. 214
Washington, George 10, **22**-24, 34, 36 f., 43, 332, 344
Watt, James 76, **82**
Weber, Helene 430
Weber, Max 310
Wehner, Herbert **440**
Weil, Felix 256
Weizsäcker, Richard von 422
Wels, Otto 209
Wertheim, Abraham und Ida 140
Wessel, Helene 430
Wheatley, Phillis 32
Whitehead, Gustav 119
Wichern, Johann Hinrich 110
Wilhelm II. von Preußen **169**-171, 186, 234
Wilson, Woodrow **198** f., 203, 306, 344-346, 349-352, 357
Wirth, Joseph 206
Wolf, Christa 294, 507 f.
Wolfenstein, Alfred 146
Wolfrum, Edgar 291, 457, 514 f.
Wollenberger, Vera 497
Woolworth, Franklin W. 334
Wright, Orville und Wilbur 119
Wurm, Theophil 272

Young, Owen D. 207

Zeigner, Erich 202
Zeppelin, Ferdinand Graf von 119
Zetkin, Clara **110**
Zille, Heinrich 142
Zuckmayer, Carl 224

ABC-Waffen 438, 500, 538
Achse Berlin-Rom 263
68er-Bewegung 445 f., 514, 529
Agrarverfassung 78 f.
Ahlener Programm 418
Aktien, Aktiengesellschaft 76, 83, 93 f., 101, 220, 268, 335, 386, 426, 442
Aktion T4 232, 272
Alldeutscher Verband 170 f., 234
Alleinvertretungsanspruch 436, 450, 472, 528, 531
Allgemeine Deutsche Arbeiterverbrüderung 107
Allgemeiner Deutscher Arbeiterverein (ADAV) 107, 511
Allgemeiner Deutscher Frauenverein 109
Allianz für Deutschland 499
Alliierter Kontrollrat 414, 419 f., 424
Allrussischer Rätekongress 313
Allunions-Partei 319
Alters- und Invaliditätsversorgung 106, 111
Amendments 24, 34
Amerikanische Revolution 10 f., 18 - 34, 64 f., 117
Ancien Régime 46, 50, 63, 74
Anschluss Österreichs 232, 262
Anti-Atomkraft-Bewegung 455
Antifa-Block 425, 466
Antifaschismus 292 - 296, 475, 487, 507, 512
Antiföderalisten 24, 65
Anti-Hitler-Koalition 269, 324, 348, 354, 360
Anti-Imperialist League 337
Antikominternpakt 263
Antisemitismus 201, 213 f., 223, 235, 237, 252, 276, 294, 296
Appeasement 262 f.
Aprilthesen 312, 316
Arbeiter- und Soldatenräte 186 f.
Arbeiterbewegung 76, 107, 111, 138, 193, 280, 475, 487, 511, 517
Arbeitsgesetzbuch der DDR 481
Arbeitslosenversicherung 184, 221 f.
Arier, arisch 232, 234, 237, 246, 250 f., 262, 279
Arisierung 251
Artikel 131 GG 291
Asoziale 272, 294
Atlantik-Charta 347 f.
Atombombe, Atomwaffen 269, 298, 307, 325, 358, 363 f., 369 f., 372 f., 375 f., 382, 384, 388, 393, 398, 452, 500
Atomteststoppabkommen 372, 379
Atomwaffensperrvertrag 358, 372
Attentat vom 20. Juli 1944 232, 281 f., 285, 296, 518
Augustbeschlüsse 10, 49
Auschwitz 232, 274, 277 f., 295, 299
Auschwitz-Prozess 293, 417, 445
Außerparlamentarische Opposition (APO) 444, 446, 450
Autobahnbau 258, 260
Autokratie 308, 311, 316

BAföG 448, 530
Balkan-Krise, Balkan-Kriege 116, 172
Ballhausschwur 47, 69
Baltische Staaten 308, 318, 323 f., 384
Bank, Bankenwesen 76, 79, 83, 93 f., 106, 220, 259, 268, 346, 426, 442, 453
Basisdemokratie 455
Bastille 10, 45, 48, 51, 56, 66 - 72, 520

Bauernbefreiung 76, 91 f., 96 - 98, 308 f.
Bauhaus 116, 141, 211 f.
Bedingungslose Kapitulation 232, 269, 306, 324, 406, 409 - 411
Befreiungskriege 511
Bekennende Kirche 281
Bergbau, Bergwerk 79, 82, 92, 105, 120, 132
Bergen-Belsen-Prozess 290
Berlin-Blockade 362, 408, 428 f., 473, 513
Berliner Kongress 172
Berliner Vertrag 206
Berlin-Krisen 358, 364, 368 f., 388, 473 f.
Besatzungszonen 269, 290, 324, 414 - 416, 424, 429, 431
Bevölkerungswachstum 18, 76, 78 - 80, 84, 86, 92, 105, 131 - 133, 152, 159, 309, 332, 334
Big Stick Policy 337, 343
Bildung, Bildungswesen 108 f., 116, 123 - 125, 130 f., 240, 257, 319, 321, 329, 331, 443, 447 f., 476 f., 530
Bill of Rights 24, 34
Bizone 424
Blitzkrieg 267 f.
Blutsonntag 306, 310
Bodenreform 312, 386, 414, 425 f., 470, 481
Bolschewiki, Bolschewismus 190, 206, 262, 264 f., 273, 306, 311 - 313, 316 - 319, 328 f., 440
Börsencrash 346
Boston Tea Party 20 f., 26 f.
Boxeraufstand 156 f.
Breschnew-Doktrin 372, 377, 536
Briand-Kellogg-Pakt 208
Bücherverbrennung 246
Bund Deutscher Mädel (BDM) 219, 240, 246
Bundesentschädigungsgesetz 441
Bundestagswahl 291, 396, 431, 438 - 440, 445 f., 502, 505
Bundesversammlung 431
Bundesvertriebenengesetz 413, 441
Bündische Jugend 136
Bündnis 90/Die Grünen 504
Bürgerliches Gesetzbuch 193, 481
Bürgerrecht 50, 60, 319, 357, 408, 480, 485
BVP 200, 222

CARE 412
CDU 418, 425, 428, 429 - 431, 439, 443, 445, 448 - 450, 453, 455, 465 f., 499, 502, 504, 528, 531
Centralverein Deutscher Industrieller 120
Charta 77 373, 497, 536
Checkpoint Charlie 394 f., 399 f., 402 f., 494 f.
Checks and balances 24, 33
Chemie, Chemische Industrie 77, 116, 118, 120 f., 123 f., 126 f., 144, 259
Christliche Gewerkschaft 108, 257, 418
Citoyen 47, 51
Coercive Acts 21
Common Sense 22, 27 f., 33
Cruise Missiles 452
CSU 418, 429 - 431, 439, 443, 445, 448 f., 455, 502, 504, 528, 531

Dampfmaschine 76, 82 f., 134
Darmstädter und Nationalbank (Danat) 220
Dawes-Plan 207, 210
DDP 188 f., 191, 200, 214, 219, 222, 231
Declaratory Act 19

Deflation 201
Demokratische Bauernpartei Deutschlands (DBD) 465 f.
Demokratischer Aufbruch (DA) 497, 499
Demokratischer Frauenbund Deutschlands (DFD) 466
Demontage 419, 426
Denkmal für die ermordeten Juden Europas 295, 299
Deportation 252, 273, 277 f., 303, 330, 425
Depression 23, 76, 94, 104, 112, 220
Deutsche Arbeiterpartei 202
Deutsche Arbeitsfront (DAF) 232, 240, 250, 257, 260
Deutsche Christen 281
Deutsche Freischar 213
Deutsche Kommunistische Partei (DKP) 445
Deutsche Partei (DP) 430 f.
Deutsche Soziale Union (DSU) 499
Deutsche Volksunion (DVU) 505
Deutscher Flottenverein 170
Deutscher Volksrat 431
Deutscher Werkbund 141
Deutscher Zollverein 76, 91
Deutsches Frauenwerk (DFW) 246
Deutsch-französischer Freundschaftsvertrag 439
Deutschlandvertrag 438, 537
Devisen 259, 268, 434, 478, 482 f., 537
Die Grünen 452, 455, 504
Die Linke 505
Die Republikaner 505
Diktatur 185, 224, 232 f., 240, 262 f., 279, 295, 298, 304, 313, 319 - 323, 327, 369 f., 372 f., 385, 388, 391, 394, 406, 409, 433, 465 - 468, 498, 515, 518 - 520
Displaced Persons 411, 434
DNVP 189, 199 - 201, 208, 211, 219, 222 f., 231, 239
Dolchstoßlegende 199 f., 204, 219, 230 f.
Dollar Diplomacy 337, 346
Domino-Theorie 370 f.
Dreiklassenwahlrecht 105
Dritter Stand 10, 45 - 47, 58 f.
Duma 310 f.
DVP 189, 200, 222, 231

East India Company 20
Ebert-Groener-Abkommen 188
Edelweißpiraten 213
Eichmann-Prozess 293
Einigungsvertrag 501, 516
Eisenbahn 76 f., 82 - 95, 98 - 101, 133, 151, 154 f., 309, 332
Eiserner Vorhang 359, 361, 363, 366, 497
Elektroindustrie, Elektrotechnik 77, 116, 118, 120, 123
Emigration 246, 252, 256
Entartete Kunst 212, 246
Enteignung 154, 195, 206, 251, 257, 281, 311, 313, 425 f., 469, 481, 501
Entente cordiale 116, 169 - 171, 176, 344
Entnazifizierung 233, 290 f., 409, 417, 425, 432, 435, 470
Entstalinisierung 477
Enzyklika „Mit brennender Sorge" 281
Ermächtigungsgesetz 239 f., 242
Europäische Union (EU) 358, 385, 391
Europäische Wirtschaftsgemeinschaft (EWG) 408, 439, 442
Euthanasie 232, 272, 281, 290
EVG-Vertrag 438, 458

Exekutivkomitee der Sowjets 311 f.
Exil 260, 280

Fabrik 77, 81, 83, 91 - 93, 112, 122 f., 134
Faschismus 24, 292, 298, 347, 353, 394
Faschoda-Krise 116, 169
FDP 291, 418, 431, 439 f., 443, 448, 453, 463, 502, 504, 528
Februarrevolution 306, 311 f.
Federalist Papers 24, 33
Fließbandproduktion 116, 122, 138, 334
Flottenbauprogramm 170, 175 f., 336
Föderalismus, Föderalisten 24, 240, 429 f.
Fortschrittspartei 186
Frankfurter Wirtschaftsrat 408, 424, 427 f.
Französische Revolution 10 f., 45 - 72, 74 f., 117
Frauenarbeit 108 - 111, 114 f., 122 f., 193, 212, 217, 421, 447, 462, 476, 530
Frauenbewegung 76, 108 - 110, 123, 125, 193, 246, 447
Freie Deutsche Jugend (FDJ) 466, 469, 477
Freie Gewerkschaft 108, 188, 257
Freier Deutscher Gewerkschaftsbund (FDGB) 466
Freihandelspolitik 116, 119 f.
Freikorps 188, 202, 206, 511
French and Indian War 10, 18
Frieden von Paris 10, 18, 336
Frieden von Versailles 10, 23, 37
Friedensbewegung 388 f., 452, 496
Friedliche Revolution 354, 358, 408 f., 496 - 498, 515 f., 518, 522
Frontowiki 324
Führerkult 235 f., 239, 241 - 244

Gastarbeiter 441, 454
Gemeinschaft Unabhängiger Staaten (GUS) 384, 536
Generalgouvernement 272
Generalstände 10, 46, 48, 59, 70
Genossenschaft 106
Gentry 78 f.
Gesetz zur Wiederherstellung des Berufsbeamtentums 232, 240, 243, 249 f.
Gestapo 249 f., 253 f., 269, 280, 282, 284, 415 f.
Gewaltenteilung 22, 24, 30, 33, 53
Gewerbefreiheit 50, 76, 91 f., 109
Gewerkschaft 106, 108, 188, 201, 225, 232, 257, 260, 273, 280, 310, 314, 385, 418, 420, 438, 441, 444, 465
Ghetto 232, 272 f.
Girondisten 51 - 56
Glasnost und Perestroika 358, 383, 409, 536
Gleichgewicht des Schreckens 304, 363, 372
Gleichschaltung 232, 239 - 244, 246, 249, 257, 281, 470
Globalisierung 151
Godesberger Programm 440
Goldene Zwanziger 211, 258
Görlitzer Abkommen 469
Gothaer Programm 107, 114
Great Depression, Große Depression 76, 94, 104, 112, 306, 346
Große Furcht 10, 48
Große Koalition 443 - 446, 504, 528, 530, 534

Große Reformen in Russland 306, 308 f.
Großer Terror in der UdSSR 306, 321 - 324, 330 f.
Großer Vaterländischer Krieg 306, 323
Gründerzeit, Gründerkrise 76, 94 f., 119
Grundgesetz 429 - 431, 433 - 435, 443 f., 447, 454, 501
Grundherrschaft 45, 91, 308, 321
Grundlagenvertrag 408 f., 450, 480, 531, 533
Grundrechte 22, 24, 29 f., 34, 53, 182, 193 - 195, 232, 236, 239, 242, 279, 345, 378, 429, 430, 433
Grüne Liste Umweltschutz (GLU) 455
Gruppe Befreiung der Arbeit 310
Guerillakrieg 336, 369 f.
Guillaume-Affäre 450
Guillotine 55
GULag 322, 330 f., 477

Haager Landkriegsordnung 415
Hallstein-Doktrin 436, 531
Heimatschutzbewegung, Heimatschutzbund 136, 147
Heißer Draht 372, 379
Herero-Aufstand 116, 154, 163 f.
Hiroshima 157, 269
Historikerstreit 294
Historismus 141
Hitler-Jugend (HJ) 213, 219, 240, 250
Hitler-Putsch 184, 202
Hitler-Stalin-Pakt 264, 266 f., 306, 323
Hochimperialismus 116, 150, 154
Holocaust 232 f., 272 f., 274 - 278, 294 f., 298, 417, 437
Holocaustgedenktag, 27. Januar 232, 295, 299
Homestead Act 332
Horizontale Konzentration 120
Hugenotten 13
Hungersnot 309, 311, 320 f., 325, 331, 412, 414

Imperialismus 116 f., 150 - 176, 178 f., 279, 311, 336 - 338, 342, 347, 446, 475, 487
Indianer 12 f., 15, 18, 22, 24
Industrialisierung 76 - 101, 104, 117 - 137, 140, 151 f., 155 f., 213, 309 f., 321, 325, 331, 334, 452
Inflation 23, 54 f., 184 f., 189, 201, 207, 213, 223, 259, 443, 452 f.
INF-Vertrag 358, 383, 536
Initiative Frieden und Menschenrechte (IFM) 497
Inoffizielle Mitarbeiter (IM) 468
Intolerable Acts 21
Isolationismus 332, 346 f., 353, 360

Jakobinerklub 50 f., 54 - 57, 74
Jamestown 10, 12, 14
Jewish Claims Conference 436 f.
Juden, Judentum 50, 133, 202, 213 f., 232, 235, 237, 246, 250 - 252, 254 - 256, 258, 262, 272 - 279, 283, 293 - 300, 324, 344, 347, 436
Judenzählung 213
Jüdische Gemeinden in Brandenburg 252
Jüdischer Weltkongress 476
Jugendbewegung 135 f., 146 f., 213, 217
Julikrise 311

Kalter Krieg 304, 307, 325, 358 - 403, 406, 409
Kapitalismus 292, 316, 321, 327 f., 357, 360, 375, 409, 446, 475, 479 - 481, 490, 512, 519
Kap-Kairo-Linie 169
Kapp-Lüttwitz-Putsch 184, 201, 202
Kartell 120 f., 127, 335
Katholiken 12, 45, 50, 110, 281, 284, 333
Kindertransport 256, 303
Klerus 45 - 47, 50 f., 58
Koalitionskriege 55, 114
Koalitionsrecht 107, 108
Kolchose 321, 325
Kollektivierung 321, 328 - 331, 361, 426, 470, 473, 481
Kolonialismus, Kolonie, Kolonisation 10, 12 - 23, 25 f., 79 f., 90, 116 f., 150 - 154, 158 - 170, 173, 178 f., 234, 311, 335 f., 339 f.
Kominform 362, 367
Komintern 318
Kommunismus 106, 110, 113, 189, 213, 219, 239, 262 f., 273, 279 f., 283 f., 296, 304, 307, 318 - 328, 331, 357 - 377, 383 - 385, 394, 406, 409, 414 f., 424 f., 440, 446, 458, 465 f., 468, 474, 476, 479 f., 496, 502, 512, 519
Kommunistisches Manifest 510
Konferenz von Jalta 269, 324, 360 f., 366, 410, 414
Konferenz von München 263, 289
Konferenz von Teheran 324
Konföderationsartikel 23
Kongo-Konferenz 116, 167 - 169, 179
Kongress der Volksdeputierten 383, 536
Konstituante 48 - 51, 60
Konstitutionelle Monarchie 10 f., 51 f.
Konstruktives Misstrauensvotum 192, 430, 433, 453
Kontinentalkongresse 21 - 23, 29, 30 f., 42
Konzentrationslager 247, 250 - 252, 273 f., 277 f., 284, 289 f., 292 f., 298 - 301, 303, 354, 411
Korea-Krieg 358, 368, 379, 388, 428, 437, 442
KPD 200, 202, 223, 225, 231, 240, 250, 280, 296, 408, 418, 424 f., 430 - 433, 440, 512
KPdSU 362, 383 f., 465, 485, 535
Kraft durch Freude (KdF) 248, 257
Kreisauer Kreis 282
Kriegskommunismus 306, 320
Kriegsschuldartikel 199, 234
Krimkrieg 308, 311
KSE-Vertrag 384, 536
KSZE 358, 373, 378 f., 384, 408, 481 f., 490, 496, 533
Kuba-Krise 358, 368 - 370, 372, 375 f., 379, 382, 388
Kulaken 321, 329

Länderfinanzausgleich 503
Landwirtschaftliche Produktionsgenossenschaft (LPG) 426, 470 f., 473, 485
Lastenausgleichsgesetz 413, 441, 513
LDPD 425, 465 f.
Lebensraumideologie 234, 237, 258 f., 262, 265, 272
Lebensreformbewegung 136 f.
Leibeigenschaft 308 f.
Leningrad 323
Liberalismus 193, 236 f., 279, 357
Linksradikalismus, Linksextremismus 200, 231, 445 f., 450 f.

London Company of Virginia 12, 17
Londoner Abkommen 206
Londoner Schuldenabkommen 436
Louisiana Purchase 332
Luftbrücke 429
Lusitania 344
Luxemburger Abkommen 436

Machtergreifung, Machtübernahme 185, 239 f., 249 f., 258, 262, 265, 281
Madagaskar-Plan 273
Majdanek-Prozess 417
Malthusianismus 84
Manifest Destiny 332 f., 335, 339
Manufaktur 81, 83
Marktwirtschaft 79, 85, 304, 320, 360, 385 f., 427 f., 440 f., 473, 489, 502, 508, 536
Marokko-Krisen 116, 171, 176
Marshall-Plan 359, 362, 379, 408, 419, 426 f., 436
Marxismus 75, 106 f., 236, 246, 265, 510
Marxismus-Leninismus 318, 320, 360, 364, 377, 446, 465, 475-477, 484, 487
Maschinenbauindustrie 77, 82, 92, 94 f., 116, 420
Matrosenaufstand in Kronstadt 319
Mauerbau, Mauer 358 f., 369, 379, 382, 406, 408, 474 f., 477, 494 f., 522 f., 525
Mauerfall, Maueröffnung 358, 408 f., 449, 498, 515, 537
Mayflower, Mayflower-Compact 12, 16 f.
McCarthyismus 351, 365
Mefo-Wechsel 259
Mehrheitswahlrecht 192
Meiji-Ära, Meiji-Verfassung 156 f., 165
Menschewiki 311-313, 319
Merkantilismus 79, 85, 90
Mietskaserne 132, 142 f.
Milieupartei 200
Militarismus 169, 213, 224, 230 f., 477, 496, 520
Militärtribunal 290, 300, 425, 471
Miliz 21, 313
Mindestumtausch 483
Ministerium für Staatssicherheit (MfS) 408, 465, 467 f., 484, 498, 507
Mittelstreckenraketen 358, 369 f., 373, 375, 383, 452 f., 534
Mondlandung 363, 379, 389
Monroe-Doktrin 306, 332, 337, 339, 343
Montagnards 51, 53 f.
Montagsdemonstrationen 408 f., 497 f., 506 f., 520, 537
Moskauer Vertrag 449

Nagasaki 157, 269
Narodniki 310
Nationale Front des demokratischen Deutschland 466
Nationale Volksarmee (NVA) 393, 439, 472, 475, 477, 511
Nationalfeiertag 67, 69, 71 f., 472, 502, 510, 514, 516 f., 520 f.
Nationalgarde 48 f., 69
Nationalismus 152, 167, 176, 186, 200, 206 f., 209, 212 f., 223, 231, 234, 279, 318, 394, 444, 505
Nationalkonvent 52, 54 f., 57, 62
Nationalsozialismus 185, 223 f., 232-301, 322-324, 347, 353, 359 f., 406, 409, 411, 415-417, 424, 430, 436, 440, 475, 518

Nationalversammlung 10, 47-52, 69, 182, 184, 187 f., 190 f., 193, 199 f., 203
NATO 291, 358 f., 362, 363, 373, 376, 379, 384 f., 388 f., 391, 398, 408, 438 f., 452, 458, 472 f., 500, 534-536, 538
NATO-Doppelbeschluss 358, 373, 379, 452, 534
NDPD 466
Neomarxismus 446
Neue Ökonomische Politik (NEP) 320, 327 f.
Neue Ostpolitik 409, 449 f., 462 f., 480, 530 f.
Neues Forum 497, 520
Neues Ökonomisches System (NÖS) 478
Neues Ökonomisches System der Planung und Leitung (NÖSPL) 478
New Deal 346, 353
NKWD 322, 325, 330
Northwest Ordinance 332, 334
Notabeln 46
Notstandsgesetze 444, 446, 461, 514
Notverordnung 184, 192 f., 202, 222-224, 239
Novemberpogrom 232, 251 f., 255, 295, 347, 516
NPD 443-445, 505
NSDAP 184, 200-202, 219, 222-225, 228, 231, 235 f., 239-241, 244, 246, 249, 258, 279, 291, 415 f., 420, 440
Nürnberger Gesetze 232, 250, 254
Nürnberger Prozess 233, 290, 408, 415 f.

Oberste Heeresleitung 186, 188, 190, 204, 231
Oder-Neiße-Linie 411, 449, 469, 500, 531
OECD 443, 530
OEEC 426
OGPU 322, 330
Oktoberedikt 91, 96, 98
Oktoberrevolution 189, 202, 206, 306, 312 f., 318, 360
Ölkrise 481, 531
Open Door Policy 164 f., 337, 346 f.
Opiumkriege 155
Opposition 408, 425, 443 f., 446, 450, 455, 465, 496 f., 499, 520
Orthodoxe Kirche 308, 329

Panamakanal 337, 342
Panslawismus 311
Panthersprung nach Agadir 171, 176
Paragraf 50, Absatz 2 StGB 293
Pariser Frieden 311
Pariser Verträge 408, 438, 458
Parlamentarische Demokratie 306, 313, 360
Parlamentarische Monarchie 79
Parlamentarischer Rat 429 f., 433
Partisanen 324 f., 392
Passierscheinabkommen 477, 531
Patriot 46, 348, 351, 356
Pauperismus 92, 112
PDS 499, 501, 505
Pearl Harbor 269, 348
Persilschein 417
Pfadfinderbewegung 136, 213
Pilgrim Fathers 10, 12, 15 f.
Planwirtschaft 304, 320 f., 330, 353, 384, 473, 480, 482, 492, 502, 508
Platt Amendment 336, 342 f.
Plebiszite 192, 195, 430, 434

Pogrom 133, 344, 347
Point Alpha 393, 398
Politbüro 319 f., 325, 408, 465, 467, 470 f., 484 f., 491, 498
Polykratie 241
Potsdamer Konferenz, Potsdamer Abkommen 324, 360 f., 408-411, 413, 418-420, 425, 432, 435, 456, 500
Prager Deklaration 469
Prager Frühling 358, 372, 377, 379, 445, 536
Präsidialkabinett 184, 222, 239
Preußenschlag 225
Proletarier 105 f., 110, 113, 190, 204, 316, 326, 484
Protektorat Böhmen und Mähren 264
Protestanten 50, 110, 281, 333, 356
Puritaner 12-14, 16, 332

Quäker 13
Quarantäne-Rede 347, 352

Rassentrennung 333, 345
Rassismus, Rassenideologie 152, 213 f., 234 f., 237, 246, 272 f., 345, 394, 505
Rat der Vier 198
Rat der Volksbeauftragten 186-188, 190 f., 193, 221
Rat der Volkskommissare 313, 317 f.
Rat für Gegenseitige Wirtschaftshilfe (RGW) 362, 385, 408, 427, 468, 482
Räterepublik, Rätesystem 187 f., 200, 202
Rationalisierung 95, 121 f., 453, 481
Re-Education 233, 290, 414
Reformpädagogik 213, 476
Reichsarbeitsdienst 240
Reichsbank 94, 201, 268
Reichsbanner Schwarz-Rot-Gold 215, 219
Reichskongress der Arbeiter- und Soldatenräte 187 f.
Reichskonkordat 281
Reichskulturkammer 246
Reichsparteitag 245, 415
Reichssicherheitshauptamt (RSHA) 272 f., 293
Reichsstatthalter 240 f.
Reichstagsauflösung 222 f., 225, 239
Reichstagsbrand 239, 242
Reichstagswahl 107, 184, 197, 200, 208, 224 f., 228, 231, 239 f.
Reichswehr 192, 201 f., 205, 215, 222, 225, 230 f., 240, 249, 259, 266, 511
Rentenreform 441, 530
Reparationen 184 f., 189, 199, 201, 206 f., 222, 410, 415, 419-421, 434, 472, 476
Revolution von 1848/49 76, 107 f., 182
Revolution von 1918/19 184, 186 f., 191
Rezession 344, 443, 451, 513
Röhm-Putsch 249
Roosevelt Corollary 337, 343
Rosenstraße 279, 283
Rote Armee 268 f., 299, 318, 323 f., 413, 467, 511, 513, 537
Rote Armee Fraktion (RAF) 446, 450 f.
Rote Kapelle 280
Roter Frontkämpferbund 219
Ruhrkampf 184, 201, 207
Runder Tisch 498 f., 501, 520
Russische Sozialistische Föderative Sowjetrepublik (RSFSR) 206, 318, 326 f.

Saarstatut 438
SALT-Verträge 358, **373** f., 379
Sansculotten **51**, 53 f., 62
Schießbefehl 474, 489 f.
Schlussakte von Helsinki 373, 378 f., 408, 481, 490, 496, 533
Schreckensherrschaft 10, 53 - 55, 62, 65
Schrittmacherindustrie 77, **80**, 83, 92, 118
Schutzhaft 249 f., 257, 283
Schutzstaffel (SS) 232, 245, **249** f., 255 - 257, 272, 277 f., 285, 299 - 301, 415 f.
Schutzzollpolitik 116, 119 f., 309
Schwerindustrie 77, 82 f., 92, 94 f., 132, 259, 309, 320 f., 325, 470, 485
SED 291, 294, 406, 408, 425, 431 f., 440, 450, 465 - 473, 475 - 480, 483 - 489, 491, 496 - 499, 501, 517 - 520, 534, 537 f.
Septembrisaden 52
Sezessionskrieg 333, 357
Shays' Rebellion 23
Sicherheitsdienst (SD) **249**, 285, 415 f.
Siebenjähriger Krieg 18
Sinti und Roma 235, 250 f., 272 - 274, 300
Solidarność **373**, 401, 497, 536
Sowchose 321
Sowjetische Militäradministration (SMAD) 425, 428, 465
Sowjetisches Militärtribunal (SMT) **290** f.
Sowjets, Sowjetsystem 306, 311 - 313, 316, 318, 326 f.
Sozialdarwinismus **152**, **234**, 244, 336
Sozialdemokratie 107 f., 111 f., 114, 168, 170, 199 f., 219, 231, 239, 279 f., 361, 424 f.
Sozialdemokratische Arbeiterpartei (SDAP) 107, 511
Sozialdemokratische Partei (SDP) 497, 504, 520
Soziale Frage 76, 104 f., 107 f., 110, 114 f., 360
Soziale Marktwirtschaft **427** f., 440 f., 473, 489, 502, 508
Sozialenzyklika „Rerum Novarum" 110
Sozialgesetzgebung, Sozialversicherung 76, 107, 111, 115, 133, 136, 195 f., 221
Sozialimperialismus 152
Sozialistengesetz 76, 107 f., 111, 511
Sozialistische Arbeiterpartei 107, 114, 511
Sozialistische Reichspartei (SRP) 440
Sozialistischer Deutscher Studentenbund (SDS) 446
Sozialrevolutionäre **311** - 313, 319
Spanisch-Amerikanischer Krieg 306, 336, 342
Spartakus-Aufstand 184, 188, 511
SPD 107, 110, 184, 186 - 189, 200, 222 - 225, 231, 239 f., 250, 257, 260, 280, 408, 418, 425, 429 - 433, 438 - 440, 443, 445 f., 448, 450, 453, 455, 463, 499, 502, 504, 511, 528
Sputnik-Schock 363, 389
St. Petersburg **308**, 310 f., 314
Staatssicherheitsdienst (Stasi) 467 f., 471, 484, 496, 498, 506 f., 519, 534
Stadtdumen **309**
Stahlhelm 215, 219, 222
Stalingrad 268, 323 f.
Stalinismus 290, 322, 330 f., 425, 507
Stalin-Noten 431, 437, 456 f.
Stamp Act, Stamp Act Congress 19, 21, 25 f.
Stapelrecht **90**
START-Verträge **384**, 387, 536
Stellvertreterkrieg 359 f., **368**, 370, 388 f., 394, 397
Stinnes-Legien-Abkommen 188

Stolypinsche Agrarreformen 310
Strategic Defense Initiative 374
Strukturwandel 444, 460, 482, 503
Studentenunruhen 444 - 446, 461
Stunde Null 411
Sturm auf den Winterpalast 313
Sturmabteilung (SA) 219, 230 f., **249** f., 257, 288 f., 415
Suez-Krise 364, 379
Sugar Act 18
Syndikat 120 f., 127

Tag der Deutschen Einheit 472, 502, 514, 516, 520 f.
Tag von Potsdam 239
Tarifautonomie 257, 441, 481
Taylorismus 116, 122, 129
Terror 52 - 55, 62, 65, 250 - 252, 262, 272 - 278, 293, 311, 319, 321 - 324, 330 f., 361, 411, 467
Terrorismus 387, 446, 450 f.
Textilindustrie 77, 80 - 82, 95, 118, 123, 132, 181, 259, 309
Tirpitz-Plan 175
Todesmarsch 274, 299 f.
Totaler Krieg 268
Townshend-Gesetze 19 f.
Treuhandanstalt 502 f.
Trizone 363, 429
Truman-Doktrin 362, 366 f., 379
Tscheka 319, 322
Tuilerien 52

Ulmer Einsatzgruppenprozess 417
Umweltschutz, Umweltverschmutzung 77, 133 f., 136 f., 144, 451 f., 455, 460, 463
Unabhängigkeitserklärung 22, 28, 30 - 32, 42 - 44, 64, 520
Unabhängigkeitskrieg 10 f., 21 - 23, 28, 37, 43, 46, 48, 357
Uneingeschränkter U-Boot-Krieg **344**
Ungarn-Krise 364
United Fruit Company **337**
Urbanisierung 132 f., 142 f., 145, 321, 332
USPD **187** - 189, 200

Vereinigungsparteitag 425, 432 f.
Vereinte Nationen 360, 376, 378 f., 384, 437, 534
Verhältniswahlrecht 192, 194
Vernichtungskrieg 324, 334
Verordnung „Zum Schutz von Volk und Staat" 232, 239, 242, 249
Versailler Vertrag 184 f., 189, 198 - 200, 203, 206, 208 - 210, 223, 234, 262 f., 265, 346
Verstaatlichung 50, 94, 321, 326, 369, 425 f.
Vertikale Konzentration 120, 128
Vertrag über Freundschaft, Zusammenarbeit und gegenseitigen Beistand **363**
Vertrag von Algeciras 171
Vertrag von Brest-Litowsk 306, **318**
Vertrag von Locarno 185, 207 - 210
Vertrag von Nanjing 155
Vertrag von Rapallo 206, 209, 322
Vertreibung, Vertriebene 233, 251, 272, 408 f., 411 - 414, 422 f., 426, 440 f., 531
Vetorecht 49, 51, 192, 310
Viermächte-Abkommen über Berlin 449
Vierzehn-Punkte-Programm 306, 346, 352
Vietcong **370** f.
Vietnam-Krieg 358 f., 370 f., 379, 382, 388, 445 f.
Virginia Bill of Rights 10, 22, 24, 29 f., 49

Völkerbund 185, **198**, 208 - 210, 262, 346
Völkermord 154, 163 f., 272 - 274, 296, 415
Volksaufstand vom 17. Juni 1953 368, 408, 471, 485 f., 512 - 518, 520
Volkseigene Betriebe (VEB) 426, 469
Volksempfänger 245
Volksgemeinschaft 213, 219, 234 - 238, 243, 253, 284
Volksgerichtshof 249, 280, 293
Volkskammerwahl 466, 499, 505
Volkskongressbewegung **431**
Volkssouveränität **47**

Wahlalternative Arbeit und Soziale Gerechtigkeit (WASG) 505
Währungsreform 184, 201, 427 f., 513
Waldheimer Prozesse **291**
Waldsterben **452**
Wandervogelbewegung 136, 213
Wannsee-Konferenz 232, 273
Warschauer Ghettoaufstand 232, 273, 449, 531
Warschauer Vertragsorganisation, Warschauer Pakt 358, 372, 377, 379, 384 f., 388 f., 398, 439, 445, 452, 472, 477, 536 f.
Wehrmacht 190, 247, 265, 267 f., 270 - 273, 275, 292, 410, 415 f.
Weimarer Koalition 184, 188 f., 222
Weimarer Republik 182 - 228, 236, 262, 418, 430, 433 f., 439 f., 443
Weimarer Verfassung 182, 184, 192 - 197, 221, 236, 262, 433 f.
Weiße Rose 213, 280 f.
Weltwirtschaftskrise 184 f., 201, 213, 220 - 224, 231, 258, 306, 346
Westintegration 437, 440, 457, 469, 472
Widerstand 277, 279 - 285, 289
Wiederbewaffnung 437 f.
Wiedergutmachung 199, 296, 423, 436 f., 441
Wiener Kongress 76, 90, 166
Wirtschafts-, Währungs- und Sozialunion 500 f., 508
Wirtschaftsimperialismus 359
Wirtschaftskrise von 1973 **450**
Wirtschaftsliberalismus 79, 85, 346
Wirtschaftssektoren **83**, 87 - 89, 92, 95
Wirtschaftswunder 258, 439, 441, 460, 513 f.

Young-Plan 207, 222

Zar, Zarismus 308, 310 - 312, 315 f., 318, 321, 345
Zemstva **309**
Zensuswahlrecht **24**, 52, 55
Zentrale Stelle der Landesjustizverwaltungen zur Aufklärung nationalsozialistischer Verbrechen **292**, 417
Zentralkomitee 319, 465, 472, 485, 498
Zentrumspartei 184, 186, 188 f., 200, 219, 222, 224, 430
Zigeuner **274**, 294
Zwangsarbeit 268 f., 271, 273 f., 278, 294, 297, 300, 324, 330, 411, 415, 417, 466, 471
Zweifrontenkrieg 168
Zwei-Lager-Theorie 359, 367, 379
Zwei-plus-Vier-Vertrag 500, 538
Zwei-Staaten-Theorie 472
Zweitschlagfähigkeit **388**

Bildnachweis

Agentur Focus / Magnum Photos / Elliot Erwitt, Hamburg: S. 365; Alimdi.net / Jim West, Deisenhofen: S. 42; Alimdi.net / Thomas Müller, Deisenhofen: S. 498; Archiv der sozialen Demokratie der Friedrich-Ebert-Stiftung, Bonn: S. 9, 109, 114, 207, 471; Archiv des Liberalismus, Gummersbach: S. 291; Archiv für christlich-demokratische Politik der Konrad-Adenauer-Stiftung, St. Augustin: S. 440; Archiv für Kunst und Geschichte, Berlin: S. 9, 36, 47, 68, 71, 78, 79, 86, 91 (3), 97, 134, 137, 142, 146, 155, 161, 168, 171, 175, 187, 214, 219, 222, 251, 258, 282, 303, 320, 332, 334, 348, 448, 469; Archiv für Kunst und Geschichte, Berlin – © VG Bild-Kunst, Bonn 2012: S. 358, 480; Archiv für Kunst und Geschichte / Erich Lessing, Berlin: S. 76; Archiv für Kunst und Geschichte / Erich Lessing, Berlin – © VG Bild-Kunst, Bonn 2012: 189, 311; Archiv für Kunst und Geschichte / Famann, Berlin: S. 12; Archiv für Kunst und Geschichte / Jean-Pierre Verney, Berlin: S. 345; Archiv für Kunst und Geschichte / Ladislav Bielik, Berlin: S. 372; Archiv für Kunst und Geschichte / RIA Nowosti, Berlin – © VG Bild-Kunst, Bonn 2012: S. 305 (o), 313; Archiv für Kunst und Geschichte / RIA Nowosti, Berlin: S. 320; Archiv für Kunst und Geschichte / Visioars, Berlin: S. 57; Archiv für Kunst und Geschichte / Walter Ballhause, Berlin: S. 221; Archiv für Kunst und Geschichte / World History Archive / IAM, Berlin: S. 310; Archiv Gerstenberg, Wietze: S. 99; Archiv Leibnizschule, Hannover: S. 124; Artothek / ©Peter Willi, Weilheim – © VG Bild-Kunst, Bonn 2012: S. 212; Bayer-Archiv, Leverkusen: S. 118; Bayerisches Staatsarchiv, München: S. 162; Heinz Behling, Berlin: S. 491; Bibliothéque Nationale de France, Paris: S. 45; Bildarchiv Preußischer Kulturbesitz, Berlin: S. 92, 119, 123, 131, 140, 182 / 183, 192, 200, 216, 223, 245, 253, 255, 310, 312, 368, 395; Bildarchiv Preußischer Kulturbesitz / Alfredo Dagli Orti, Berlin: S. 346; Bildarchiv Preußischer Kulturbesitz / Geheimes Staatsarchiv, Berlin: S. 105; Bildarchiv Preußischer Kulturbesitz / Heinrich Hoffmann, Berlin: S. 224 (2); Bildarchiv Preußischer Kulturbesitz / Herbert Hensky, Berlin: S. 421; Bildarchiv Preußischer Kulturbesitz / Jewgeni Chaldej, Berlin: S. 268; Bildarchiv Preußischer Kulturbesitz / Kunstbibliothek, SMB / Knud Petersen, Berlin: S. 139; Bildarchiv Preußischer Kulturbesitz / M. P. Rice, Berlin: S. 333; Bildarchiv Preußischer Kulturbesitz / Roman Beniaminson, Berlin: S. 309; British Cartoon Archive / University of Kent, Canterbury: S. 385; Brockhaus. Die Bibliothek. Die Weltgeschichte, Bd. 5, Leipzig / Mannheim 1999, S. 274: S. 153; BStU / MfS ZAIG / Fo / 920, Berlin: S. 395 (u); Bundesarchiv, Koblenz: S. 56; Bundesarchiv / Signatur: Bild 146-1990-009-13, Fotograf: o. Ang., Koblenz: S. 482; Bundesarchiv / Signatur: Bild 146-2003-002-22, Fotograf: Seiler, Koblenz: S. 227; Bundesarchiv / Signatur: Bild 183-71043-0003, Fotograf: o. Ang., Koblenz: S. 312 (m); Bundesarchiv / Signatur: Bild 183-G0218-0040-001, Fotograf: Hubert Link, Koblenz: S. 445; Bundesarchiv / Signatur: Bild 183-K0630-0001-027, Fotograf: Anders, Koblenz: S. 479; Bundesarchiv / Signatur: Bild 183-S51620, Fotograf: o. Ang. Koblenz: S. 186; Bundesarchiv / Signatur: Plak 002-037-029, Grafiker: Geiss, Karl, August 1930, Koblenz: S. 230; Bündnis 90 / Die Grünen, Bundesgeschäftsstelle, Berlin: S. 455 (2); Centre Pompidou, Paris – © VG Bild-Kunst, Bonn 2012: S. 306; Cinetext / Bildarchiv, Frankfurt: S. 294; Cinetext / Sammlung Richter, Frankfurt: S. 397; Corbis GmbH / Joseph Sohm, Düsseldorf: Titel; Josef Heinrich Darchinger, Bonn: S. 463; ddp images / AP, Hamburg: S. 371; Der Spiegel, Hamburg: S. 302, 384, 429; Der wahre Jakob, Nr. 138, 1891 / Sammlung Udo Achten, Wuppertal: S. 111; Deutsches Historische Museum / Otto Häckel, Berlin: S. 116; Deutsches Historisches Museum, Berlin: S. 125, 141 (u), 184, 240, 260, 284, 292, 396 (2), 426 (2), 427 (o), 433, 438, 473, 496 (u), 512; Deutsches Technikmuseum, Berlin: S. 90; DIZ / Süddeutscher Verlag, Bilderdienst, München: S. 130, 138, 232, 410, 425, 427, 474; DIZ / Süddeutscher Verlag, Bilderdienst / ddp images / AP, München: S. 348, 494; DIZ / Süddeutscher Verlag, Bilderdienst / G. Pfeifer, München: S. 460; DIZ / Süddeutscher Verlag, Bilderdienst / Scherl, München: S. 201, 242, 422; Roy Douglas, Great nations still enchained. The cartoonists' vision of Empire 1848-1914, London 1993, S. 62, 192: S. 158, 173; dpa Picture-Alliance, Frankfurt: S. 107, 222, 325, 406 / 407, 419, 431, 452, 475, 492, 498, 502, 504, 506, 516; dpa Picture-Alliance / ©Jerry Tavin / Everett Collection, Frankfurt: S. 29; dpa Picture-Alliance / ©Selva / Leemage, Frankfurt: S. 141; dpa Picture-Alliance / A0009, Frankfurt: S. 478; dpa Picture-Alliance / ADN / Dewag, Frankfurt: S. 468; dpa Picture-Alliance / ADN, Frankfurt: S. 110; dpa Picture-Alliance / akg / RIA Nowosti, Frankfurt: S. 411; dpa Picture-Alliance / akg-images, Frankfurt: S. 136, 245, 250, 263, 323, 418 (2), 424, 428, 442, 450 (2), 470; dpa Picture-Alliance / Arco images GmbH / R. Kiedrowski, Frankfurt: S. 106; dpa Picture-Alliance / Arco Images GmbH / Woodhouse, J., Frankfurt: Titel; dpa Picture-Alliance / Artcolor / A. Koch, Frankfurt: S. 169; dpa Picture-Alliance / B3055 / TASS, Frankfurt: S. 369; dpa Picture-Alliance / Chris Hoffmann, Frankfurt: S. 518; dpa Picture-Alliance / Courtesy Everett Collection, Frankfurt: S. 337; dpa Picture-Alliance / CSU Archives / Everett Collection, Frankfurt: S. 263, 267; dpa Picture-Alliance / Erwin Elsner, Frankfurt: S. 504; dpa Picture-Alliance / Fritz Reiss, Frankfurt: S. 446; dpa Picture-Alliance / Gero Breloer, Frankfurt: S. 501; dpa Picture-Alliance / Hannibal Hanschke, Frankfurt: S. 405; dpa Picture-Alliance / Imagno, Frankfurt: S. 222; dpa Picture-Alliance / info@helga-lade.de / joke, Frankfurt: S. 43; dpa Picture-Alliance / KAP, Frankfurt: S. 361; dpa Picture-Alliance / Keystone Archives Heritage, Frankfurt: S. 269; dpa Picture-Alliance / Malte Ossowski / Sven Simon, Frankfurt: S. 447, 504; dpa Picture-Alliance / Michael Henschke, Frankfurt: S. 400; dpa Picture-Alliance / Nowosti, Frankfurt: S. 387; dpa Picture-Alliance / Peter Popp, Frankfurt: S. 451; dpa Picture-Alliance / Rohwedder, Frankfurt: S. 443; dpa Picture-Alliance / Schnoerrer, Frankfurt: S. 390; dpa Picture-Alliance / Sophie Tummschert, Frankfurt: S. 405; dpa Picture-Alliance / The Print Collector / Heritage I / Art Media, Frankfurt – © Succession Picasso / VG Bild-Kunst, Bonn 2012:S. 304 / 305, 368; dpa Picture-Alliance / United Archives / Topfoto, Frankfurt: S. 273, 361; dpa Picture-Alliance / Wolfgang Kumm, Frankfurt – S. 407; dpa Picture-Alliance / ZB / Andreas Lander, Frankfurt: S. 408; dpa Picture-Alliance / ZB / Bernd Settnik, Frankfurt: S. 181, 515; dpa Picture-Alliance / ZB / Jan-Peter Kasper, Frankfurt: S. 511; dpa Picture-Alliance / ZB / Jochen Eckel, Frankfurt: S. 393; dpa Picture-Alliance / ZB / Martin Schutt, Frankfurt: S. 181, 511; dpa Picture-Alliance / ZB / Klaus Franke, Frankfurt: S. 497, 502; dpa Picture-Alliance / ZB / Peter Grimm, Frankfurt: S. 324; dpa Picture-Alliance / Zentralbild, Frankfurt: S. 425; EMMA-Redaktion, Köln: S. 447; Doreen Eschinger, Bamberg: S. 34, 285, 295 (2), 303, 399 (2), 403 (4), 525 (2); Express Syndication Ltd., London: S. 291; Filmmuseum, Potsdam: S. 293; Focus, Hamburg: S. 371; Forschungs- und Gedenkstätte Normannenstraße, ASTAK e.V., Berlin: S. 496; Jean Garrigues, Images de la Révolution. L'imagerie républicaine de 1789 à nos jours, Paris 1988: S.69; Gedenkstätte Deutscher Widerstand, Berlin: S. 280; Imanuel Geiss, Chronik des 19. Jhds., Dortmund 1993, S. 688, 780: S. 121, 129; Getty Images, München: S. 413; Getty Images / National Geographic, München: S. 16; Martin Gilbert, Nie wieder! Die Geschichte des Holocaust, Berlin 2001, S. 91: S. 273; Bella Guttermann und Avner Shalev (Hrsg.), Zeugnisse des Holocaust. Gedenken in Yad Vashem, Yad Vashem 2005, S. 196: S. 278; Horst Haitzinger, München: S. 374, 528; Haus der Geschichte der Bundesrepublik Deutschland / Bestand: Erna Wagner-Hehmke, Bonn: S. 430 (2); Haus der Geschichte der Bundesrepublik Deutschland / © Die Waage e. V. Köln, Bonn; Haus der Geschichte der Bundesrepublik Deutschland / Michael Jensch, Axel Thünker, Bonn: S. 412; Haus der Geschichte der Bundesrepublik Deutschland, Bonn: S. 514; Historisches Archiv Friedrich Krupp, Essen: S. 95; Holocaust, Die Geschichte der Familie Weiß, DVD erhältlich im Handel. © polyband.de: S. 294; http://www.historyteacher.net / USProjects / DBQs1999 / UtzDBQ-1999-ChangingRelations-BetweenEngland%20AndUS.htm: S. 25; Institut für Zeitgeschichte, München: S. 247; Institut für Zeitungsforschung, Dortmund: S. 378, 457; Interfoto, München: S. 350; Interfoto, München – © Estate of George Grosz, Princeton, N.Y. / © VG Bild-Kunst, Bonn 2012: S. 211; Jüdisches Museum, Frankfurt: S. 132; Kartographie Kämmer, Berlin: S. 385; Dietmar Katz: S. 205; Keystone Pressedienst, Hamburg: S. 329; David King Collection, London: S. 366; David King. Roter Stern über Russland, Mehring Verlag GmbH, Essen, S. 84, 85, 210, 285: S. 317, 321, 322, 326; © Peter Leibing, Hamburg: S. 474; Library of Congress, Washington D.C.: S. 340, 351; Metropolitan Museum of Art, New York: S. 157; Münchner Stadtmuseum, München: S. 202, 228, 236; Musée Carnavalet, Paris: S. 8 / 9, 66; Musées Royaux des Beaux-Arts, Brüssel: S. 54; Museum für Kunst und Gewerbe, Hamburg: S. 305, 354; Museum of the City of New York, New York: S. 336; National Archives, Washington D.C.: S. 290; National Gallery, London: S. 82; Nationalarchiv Namibia, Windhoeck: S. 154 (2); Martin Naumann, Großpösna: S. 513; Bernhard Pfänder, Bamberg: S. 257; Photo Press Service, Wien: S. 392; Rheinisches Industriemuseum, Ratingen: S. 81; Sammlung der Mahn- und Gedenkstätte Ravensbrück / Stiftung Brandenburgische Gedenkstätten. Signatur: Fo II / D10, Foto 1622, Fürstenberg: S. 247 (u); Sammlung Karl Stehle, München: S. 135, 239; Sammlung Thyssen-Bornemisza, Lugano – © VG Bild-Kunst, Bonn 2012: S. 148; Andreas Schölzel, Berlin: S. 499; Rainer Schwalme, Groß-Wasserburg: S. 503; John C. Shield (Ed.), The Collected Works of Phillis Wheatly, N.Y. Oxford 1988: S. 32; Sven Simon, Berlin: S. 407, 449; SLUB Dresden / Deutsche Fotothek, Dresden: S. 389 (u); Söhnlein / Bormann Prod. / Mutoskop Film / Saturn Movie / BR / ORF: S. 288; Staatsarchiv, München: S. 225; Staatsbibliothek Bamberg, Bamberg: S. 203, 360; State Library of North Carolina, Raleigh NC: S. 350; Stiftung Auto Museum, Wolfburg: S. 442; Stiftung Brandenburgische Gedenkstätten / Gedenkstätte und Museum Sachsenhausen, Oranienburg – S. 301; Stefanie Strulik: S. 180; The Historical Society of Pennsylvania, Philadelphia: S. 18; Time Inc., New York City: S. 383; Ullstein-Bild, Berlin: S. 143 (2), 193, 301, 312; Ullstein-Bild / ADN-Bildarchiv, Berlin: S. 489; Ullstein-Bild / Jüschke, Berlin: S. 453M; Ullstein-Bild / Probst, Berlin: S. 449; Ullstein-Bild / Sven Simon, Berlin: S. 453; Ullstein-Bild / The Granger Collection, Berlin: S. 164, 178, 343, 404, 511; Ullstein-Bild / TopFoto, Berlin: S. 15; Universitätsbibliothek, Heidelberg: S. 238; US Army Center Military History, Washington: S. 183, 235; W. M. Weber / TV yesterday, München: S. 389; Wehrgeschichtliches Museum, Rastatt: S. 174; wikipedia / U.S. Government: S. 23; Stefanie Witt, Bamberg: S. 377; Dr. Hartmann Wunderer, Wiesbaden: S. 41; Yale University Art Gallery, New Haven: S. 31

Methoden wissenschaftlichen Arbeitens

Fachliteratur finden und nachweisen
Recherchieren und Ausleihen in der Bibliothek

- ☑ Um sich für ein Referat einen Überblick über ein Thema zu verschaffen oder es einzugrenzen, eignen sich Lexika und Nachschlagewerke als erste Informationsquellen. Für die gründliche Erarbeitung eines Themas benötigen Sie Fachliteratur.
- ☑ Angaben zu Fachbüchern spezieller Themen finden sich im Literaturverzeichnis von Handbüchern und Überblicksdarstellungen, im Internet und im Katalog der Bibliothek.
- ☑ In der Bibliothek sind Bücher alphabetisch in einem Verfasser- und in einem Sachkatalog aufgelistet und über eine Signatur, eine Folge von Zahlen und Buchstaben, im Karteikarten- oder Computersystem der Bibliothek für ein leichtes Auffinden genau verzeichnet.
- ☑ Bücher, die nicht in der örtlichen Bibliothek vorrätig sind, können über die Fernleihe aus anderen Bibliotheken entliehen werden. Über die Online-Kataloge können Titel nach Schlagworten oder dem Namen des Autors gesucht und direkt an die Ausgabestelle der Bibliothek bestellt werden.

Literatur auswerten und belegen

- ☑ Finden Sie zu einem Thema mehr Bücher, als Sie auswerten können, müssen Sie eine Auswahl treffen. Prüfen Sie anhand des Inhaltsverzeichnisses, der Einführung und/oder der Zusammenfassung sowie des Registers, ob das Buch ergiebig sein könnte. Benutzen Sie im Zweifel das Neueste.
- ☑ Weisen Sie jedes Buch, das Sie für Ihr Referat benutzt haben, am Schluss des Textes nach. Notieren Sie sich daher bei der Vorarbeit die Titel der Bücher. Aussagen, die Sie wörtlich oder indirekt zitieren, belegen Sie zusätzlich mit Seitenangaben. So kann jeder Leser nachlesen und überprüfen, woher und von wem die Aussagen stammen.
Beispiel für eine korrekte Literaturangabe:

Quellenarbeit in Archiven
Vorbereitung und Recherche

- ☑ Für die Recherche zu regional- und lokalgeschichtlichen Themen bieten sich Archive an. Dort werden Urkunden, Pläne, Karten, Zeitungen, Briefe, Tagebücher, Fotos sowie Akten mit anderen Unterlagen von Behörden, Firmen, Vereinen und Privatleuten aufbewahrt.
- ☑ Vor der Arbeit im Archiv sollten Sie sich genau über das Thema informieren, die zu erarbeitenden Aspekte festlegen und Fragen formulieren.
- ☑ Inzwischen werden viele Archivstücke elektronisch erfasst und in Datenbanken archiviert. Auf den Internetseiten der Archive können Sie sich über den Bestand informieren, digital vorliegende Dokumente einsehen oder die Signatur der Akten heraussuchen.

Material erfassen, ordnen und auswerten

- ☑ Haben Sie geeignetes Material gefunden, notieren Sie sich die genaue Fundstelle. Eine Ausleihe ist nicht üblich. Erfassen Sie das Material sicherheitshalber vor Ort (handschriftlich, per Laptop oder Scanner).
- ☑ Nach der Rückkehr aus dem Archiv müssen Sie das gesammelte Material sichten und ordnen, bevor Sie es zu einer Darstellung verarbeiten können.